오피스 분야 1위 베스트셀러

전면 개정판

최신 버전 완벽 대응

회사에서 바로 통하는 실무 엑셀 파워포인트 워드&한글

전미진, 이화진, 신면철 지음

챗GPT & AI 활용

모든 버전 사용 가능

현장 밀착형 입문서

개념은 쉽게 기능은 빠르게 실무활용은 바로

한빛미디어 Hanbit Media, Inc.

지은이 전미진 (smileimp@naver.com)

삼성전자, 삼성항공, 삼성코닝, 삼성멀티캠퍼스, 삼성석유화학, 삼성토탈, 지역난방공사, 농협대학, 국민건강보험공단, 경기경제과학진흥원, 한국생산성본부 등에서 업무 개선을 위한 엑셀과 파워포인트, 프로그래밍 관련 강의를 진행했습니다. 저서로는 《회사에서 바로 통하는 엑셀 핵심기능 34》, 《회사에서 바로 통하는 엑셀 FOR STARTERS : 왕초보가 시작하는 엑셀 입문서》, 《회사에서 바로 통하는 실무 엑셀 최강 업무 활용법》, 《회사에서 바로 통하는 엑셀 실무 강의》, 《회사에서 바로 통하는 엑셀+파워포인트+워드 2016&한글 NEO&윈도우 10》 등이 있습니다.

지은이 이화진 (hwajin@kkummolda.com)

삼성물산, KT, 포스코, 현대자동차, 농협, 마이크로소프트, 아모레퍼시픽, 유한킴벌리, 아워홈, 쌍용건설, 소니, 국민건강보험공단, 연합뉴스, 서울대학교, 경희대학교, 한국외국어대학교 등에서 프레젠테이션 강의를 진행했습니다. 현재 꿈몰다 및 꿈모닝스쿨 대표로서, 20년 넘게 프레젠테이션 전문가로 활동하며, 나다운스타일연구소 소장으로도 활약하고 있습니다. 저서로는 《회사에서 바로 통하는 파워포인트 FOR STARTERS : 왕초보가 시작하는 파워포인트 입문서》, 《회사에서 바로 통하는 엑셀+파워포인트+워드 2016&한글 NEO&윈도우 10》 등이 있습니다.

지은이 신면철 (bavo@naver.com)

(주)익스디디 대표이사, 두목넷 시무지동회 부본 대표 강사로 IT 자격증 분야에서 '왕두목'이라는 애칭으로 활발히 활동하고 있습니다. 경기공업대학 외래 교수, 철도대학 특강 교수로 강의했습니다. 저서로는 《회사에서 바로 통하는 엑셀+파워포인트+워드 2016&한글 NEO&윈도우 10》, 《회사에서 바로 통하는 한글 NEO FOR STARTERS》 등이 있습니다.

회사에서 바로 통하는

실무 엑셀 파워포인트 워드&한글(전면 개정판) – 챗GPT&AI 활용, 모든 버전 사용 가능

초판 1쇄 발행 2025년 8월 19일
초판 2쇄 발행 2025년 12월 8일

지은이 전미진, 이화진, 신면철 / **펴낸이** 임백준
펴낸곳 한빛미디어 / **주소** 서울특별시 서대문구 연희로2길 62 콘텐츠1부
전화 02-325-5544 / **팩스** 02-336-7124
등록 1999년 6월 24일 제2017-000058호 / **ISBN** 979-11-6921-411-7 13000

총괄 배윤미 / **책임편집** 장용희 / **기획·편집** 홍현정 / **교정** 박서연, 유희현 / **진행** 권용준
디자인 표지 윤혜원 내지 박정우 / **전산편집** 오정화, 김희정
영업마케팅 송경석, 김형진, 장경환, 조유미, 한종진, 이행은, 고광일, 성화정, 김한솔, 전차은 / **제작** 박성우, 김정우

한빛미디어는 한빛앤(주)의 IT 출판 브랜드입니다.

이 책에 대한 의견이나 오탈자 및 잘못된 내용은 출판사 홈페이지나 아래 이메일로 알려주십시오.
파본은 구매처에서 교환하실 수 있습니다. 책값은 뒤표지에 표시되어 있습니다.

홈페이지 www.hanbit.co.kr / **이메일** ask@hanbit.co.kr

Published by HanbitN, Inc. Printed in Korea
Copyright © 2025 전미진, 이화진, 신면철 & HanbitN, Inc.
이 책의 저작권은 전미진, 이화진, 신면철과 한빛앤(주)에 있습니다.
저작권법에 의해 보호를 받는 저작물이므로 무단 복제 및 무단 전재를 금합니다.

지금 하지 않으면 할 수 없는 일이 있습니다.
책으로 펴내고 싶은 아이디어나 원고를 메일(writer@hanbit.co.kr)로 보내주세요.
한빛앤(주)는 여러분의 소중한 경험과 지식을 기다리고 있습니다.

머리말

엑셀의 기초부터 충실히 다져야 실력이 쌓인다!

실무에서는 엑셀을 잘 다루기만 해도 업무 효율이 높아져서 유능하다는 소리를 듣는 경우가 많습니다. 하지만 엑셀은 어렵다는 꼬리표도 늘 달고 다닙니다. 잘 다루고 싶어도 생각만큼 쉽게 실력이 쌓이지 않죠. 그래서 엑셀을 익힐 때는 처음부터 기초를 탄탄하게 다지는 것이 매우 중요합니다. 이 책은 엑셀의 기초 기능을 빠르고 쉽게 익히고 싶어 하는 독자들을 위해서 집필했습니다. 꼭 알아두어야 할 기본적인 핵심기능이 실무 예제로 구성되어 있으므로 하루에 한두 가지 기능만 익혀도 금세 엑셀의 기본기를 다질 수 있습니다. 이 책이 엑셀을 처음 접하는 분들에게 기초를 탄탄히 다져주는 기본서가 되어, 엑셀에 흥미와 관심을 두는 계기가 되었으면 합니다.

전미진

보라, 생각하라, 하라! 그러면 자기 실력이 되리라!

이 책에는 저의 오랜 프레젠테이션 제작 경험과 노하우를 담았습니다. 또한 무수한 강의를 통해 현장에서 쌓은 활용도 높은 예제를 수록했습니다. 핵심기능을 하나하나 직접 따라 하다 보면 파워포인트의 주요 기능을 쉽게 마스터할 수 있을 것입니다. 이번 개정판에서는 최신 파워포인트의 업그레이드된 기능과 슬라이드 디자인을 돕는 AI 도구를 추가로 소개했습니다. 이를 통해 누구나 빠르고 효율적으로 전문가 수준의 슬라이드를 제작할 수 있습니다. 예제의 텍스트, 색, 이미지 등을 자유롭게 수정하여 자신의 업무에 맞게 활용해보길 바랍니다. 이 책이 여러분의 성공적인 프레젠테이션 제작을 위한 든든한 길잡이가 되길 바랍니다.

이화진

'핵심기능'으로 문서 작성의 기본기를 다져라!

워드는 일상 업무에서 문서를 작성할 때 가장 많이 사용되는 소프트웨어입니다. 워드의 간단한 기능만 알고 있어도 세련되고 정돈된 문서를 작성할 수 있습니다. 이 책에서는 워드의 주요 기능을 바로 찾아 실무에서 사용할 수 있도록 구성했습니다. 특히 직장에서 쓰는 실무 문서뿐만 아니라 일상에서 문서를 작성할 때도 활용할 수 있도록 폭넓은 예제를 수록했습니다. 몇 분이면 해결할 문제들을 인터넷에 검색하며 시간을 낭비한 경험이 있는 독자라면 이 책으로 답답함을 쉽게 해결할 수 있을 것입니다.

실무 예제로 익혀 문서 작업의 달인이 된다!

전 세계에서 자국 워드프로세서를 보유하고 있으며 사용률까지 높은 나라는 우리나라뿐입니다. 이 책에는 입력하기, 문서 편집하기, 글꼴과 문단, 쪽 꾸미기, 도형 및 개체 활용하기, 표 꾸미기 등 실무를 할 때 꼭 필요한 한글의 핵심기능을 알차게 수록했습니다. 이 책의 내용을 순서대로 학습하고 독자 여러분의 실무 문서에 적용하는 작업을 반복하다 보면 한글의 달인에 가까워질 수 있으리라 생각합니다. 이 책과 함께 활용도 높은 한글의 기능별 세부 설정을 마음껏 즐겨보기 바랍니다.

신면철

회사에서 바로 통하는 시리즈

300만 독자의 선택! 회사에서 바로 통하는 시리즈

회사 업무를 쉽고 빠르게 처리할 수 있도록 도와주는 직장인을 위한 현장밀착형 입문서로, OA 분야 누적 판매 1위 시리즈입니다. 회사에서 바로 써먹을 수 있는 다양한 실무 예제로 업무에 꼭 필요한 필수 기능을 익히고 활용 능력을 기를 수 있습니다.

※ FOR STARTERS(엑셀/파워포인트)는 2025년 하반기에 개정판이 출간될 예정입니다.

《회사에서 바로 통하는 실무 엑셀 파워포인트 워드&한글》

본 도서는 엑셀, 파워포인트, 워드, 한글을 한 권으로 쉽고 빠르게 익힐 수 있도록 구성했습니다. 처음 시작하는 입문자도 실무에 바로 써먹을 수 있는 핵심기능을 효율적으로 학습할 수 있습니다.

"엑셀, 파워포인트, 워드, 한글"을 한 권에 담았습니다!

실무에 꼭 필요한 엑셀, 파워포인트, 워드, 한글을 한 권으로 쉽고 빠르게 익힐 수 있습니다. 프로그램별로 실무에서 가장 많이 사용하는 핵심기능을 선별했고, 당장 필요한 기능은 '우선순위'로 구성하여 실무에 바로 활용할 수 있습니다. 회사에서 바로 통하는 핵심기능을 통해 오피스 프로그램의 기초부터 실무 활용 능력까지 단숨에 마스터해보세요!

이 책의 특징

회사에서 바로 통하는 현장밀착형
4단계 학습 전략

01 모든 버전에서 완벽하게 학습한다!

엑셀, 파워포인트, 워드, 한글의 모든 버전에서 학습할 수 있도록 구성했습니다. 버전에 상관없이 한 권의 책으로 핵심기능을 완벽하게 익힐 수 있습니다.

02 우선순위 기능부터 빠르게 마스터한다!

엑셀, 파워포인트, 워드, 한글을 마스터할 때 가장 먼저 학습해야 할 우선순위 기능을 표시해두었습니다. 기초부터 빠르고 탄탄하게 학습할 수 있도록 안내합니다.

03 실무에 바로 써먹는 핵심기능을 익힌다!

실무하는 데 꼭 필요한 핵심기능의 활용 방법을 효율적으로 익힙니다. 꼼꼼한 따라 하기 실습은 실무형 예제로 진행하므로 바로 익혀 바로 써먹을 수 있습니다.

04 챗GPT와 AI로 실무 효율을 높인다!

엑셀, 파워포인트, 워드, 한글에 챗GPT와 AI를 적용하는 방법을 소개합니다. 실무의 생산성과 효율을 한층 끌어올릴 수 있습니다.

우선순위 핵심기능

일 잘하는 직장인이 꼭 알아야 할 우선순위 핵심기능

효율적이고 효과적인 업무 관리의 시작! **엑셀**

항목	페이지
빠른 실행 도구 모음	038
워크시트	049
문자/숫자 입력	055
날짜/시간 입력	057
데이터 수정	064
서식 지정	082, 085
표시 형식 지정	088
조건부 서식 지정	100, 107
틀 고정	111
인쇄 설정	113, 116
머리글/바닥글	119, 122
수식 만들기	125, 127, 129
COUNTA, COUNTBLANK	145
IF	156
COUNTIF, COUNTIFS	170
UNIQUE, SUMIF, SUMIFS	173
VLOOKUP, XLOOKUP, HLOOKUP	186
차트	201, 204, 210
텍스트 나누기	226
중복 데이터 제거	228
데이터 통합	230
데이터 정렬	232
데이터 추출	238
부분합 작성	241
피벗 테이블	247
ChatGPT	258, 261, 264, 267

업무 보고에 최적화된 슬라이드 제작 노하우! **파워포인트**

항목	페이지
슬라이드 크기	296
슬라이드 레이아웃	298
슬라이드 이동/복사	299
빠른 스타일 적용	301
WordArt	303
도형 스타일	305
그림 스타일	307
표 스타일	309
차트 스타일	311
문서 열기 및 저장	313
테마 글꼴	316
테마 색	318
글꼴	338
원	351
SmartArt	365
오디오	413
비디오	417
애니메이션	448
모핑 전환 효과	452
슬라이드 쇼	467
발표자 도구	469
냅킨(Napkin)	484
샷츠(Shots)	489
미드저니(Midjourney)	494

실무에 바로 써먹는 문서 작성, 편집의 기본! **워드**

항목	페이지
Adobe PDF 저장	506
특수 기호	515
단위 기호	518
엑셀 표 가져오기	527
글자 간격, 장평	537
단락 번호, 탭 설정	541
글머리 기호	544
들여쓰기	546
스타일	551
서식	554
서명 추가	558
도형 제목 상자	565
엑셀 차트 가져오기	571
셀 병합/분할	577
셀 테두리/음영	580
표 분할, 열 너비	583
내용 정렬, 함수 입력	585
페이지 방향	590
머리글/바닥글	592, 595
페이지 번호	597
ChatGPT 활용	604
표지	606
표 제목 상자	611
출력	614
목차	620

필요한 어떤 문서든 제대로 작성하는 기술! **한글**

항목	페이지
암호 지정	629
자동 저장	631
PDF를 한글로 변환	633
글꼴 설치	634
특수 문자	641
책갈피/하이퍼링크	646
찾아 바꾸기	651
클립보드	654
글자 모양 복사	664
글꼴 한 번에 변경	666
내어쓰기, 들여쓰기	670
개요/문단 번호	672, 676
편집 용지	679
머리말/꼬리말	681
쪽 번호	684, 686
다단	688
그림	696, 700
서명	702
제목 상자	703, 727
표 설정	706
셀 합치기/나누기	710
셀 높이/폭 설정	712
셀 속성	716
ChatGPT 활용	724
문자열 표 변환	726
차례	733
인쇄	738

회사에서 바로 통하는 실습 파일 다운로드하기

이 책에 사용된 모든 실습 및 완성 파일은 한빛+ 홈페이지(www.hanbit.co.kr)에서 다운로드할 수 있습니다. 실습 파일은 따라 하기를 진행할 때마다 사용되므로 컴퓨터에 복사해두고 활용합니다.

1 한빛+ 홈페이지(www.hanbit.co.kr)로 접속합니다. 메인 페이지에서 [자료실]을 클릭합니다.

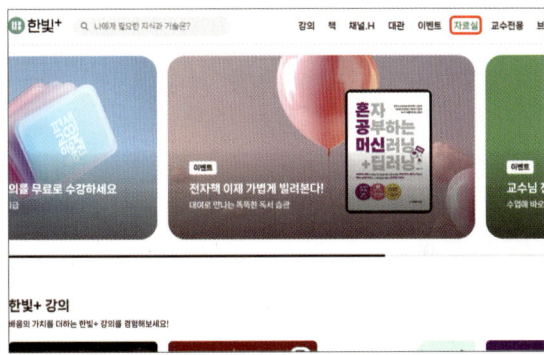

2 자료실 도서 검색란에 도서명을 입력하여 검색합니다.

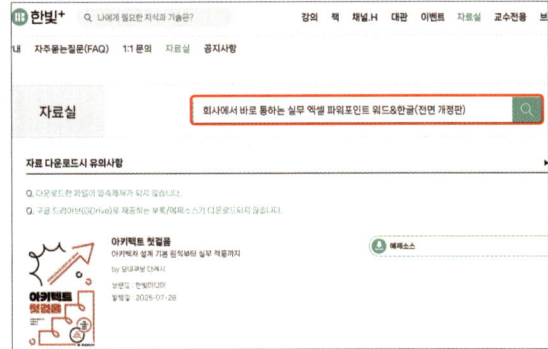

3 선택한 도서 정보가 표시되면 [예제소스]를 클릭해 실습 파일을 다운로드합니다.

다운로드한 예제 파일은 일반적으로 [다운로드] 폴더에 저장되며, 사용하는 웹 브라우저 설정에 따라 다를 수 있습니다.

이 책의 구성

핵심기능
프로그램별로 반드시 알아야 하는 핵심기능을 선별했습니다. 실습을 따라 하며 기초부터 탄탄하게 익힐 수 있습니다.

버전 표기
엑셀 버전에 따른 실습 가능한 기능을 따로 표시하여, 버전별 학습에 활용할 수 있도록 구성했습니다.

인수 설명
엑셀 함수의 이해를 돕기 위해, 각 함수의 인수 설명을 함께 제공합니다.

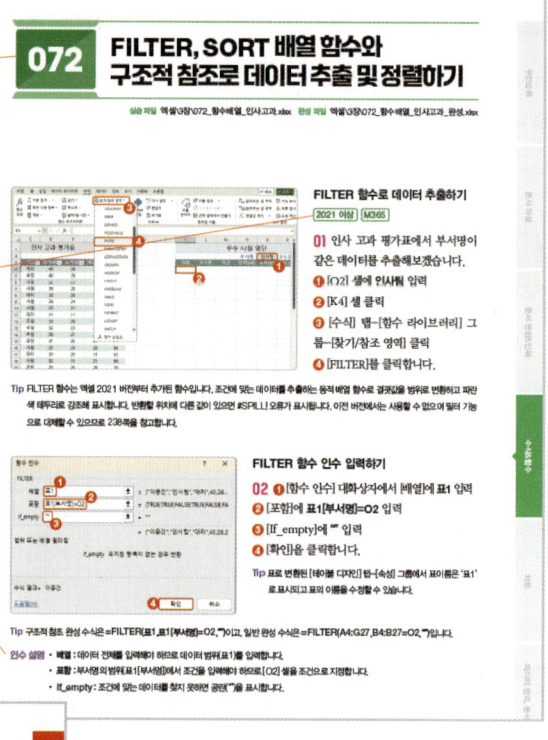

우선순위
먼저 학습해야 할 기능을 표시했습니다. 빠르게 익혀야 할 경우, 우선적으로 학습할 수 있습니다.

실습 파일&완성 파일
따라 하기에 필요한 실습 파일과 결과를 비교해볼 수 있는 완성 파일을 제공합니다.

따라 하기 단계별 제목

실습 과정마다 단계별 제목을 표시하여 작업 내용과 순서를 한눈에 파악할 수 있습니다.

인덱스

학습 중인 위치를 바로 확인할 수 있어, 전체 흐름 속에서 현재 진행 단계를 쉽게 파악할 수 있습니다. 우선순위 기능도 위치를 빠르게 찾아볼 수 있습니다.

Tip

실습 중 헷갈리기 쉬운 부분을 정리해주며, 버전 차이로 달라질 수 있는 내용도 함께 안내해 학습에 도움을 줍니다.

Note

추가로 알면 좋은 유용한 정보나 주요 개념을 더욱 깊이 이해할 수 있는 심화 정보 등을 상세히 소개합니다.

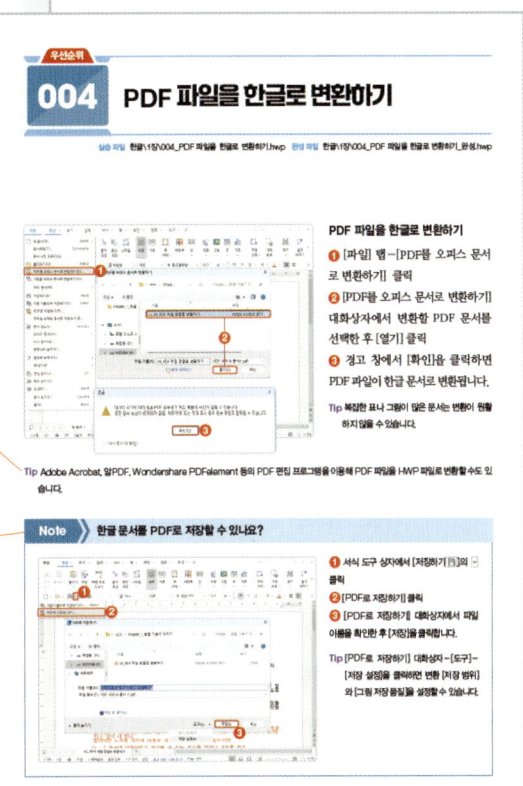

목차

PART 01 엑셀

CHAPTER 01
엑셀의 시작, 화면 구성과 데이터 입력으로 첫걸음 떼기

	000	엑셀의 기본 화면 구성 살펴보기	028
	001	엑셀 서식 파일로 열고 통합 문서 저장하기	033
	002	PDF 파일로 저장하기	035
	003	화면 구성 요소 눈금선, 리본 메뉴 보이기/숨기기	036
우선순위 ▶	004	빠른 실행 도구 모음에 명령어 추가하고 단축키로 실행하기	038
	005	키보드로 범위 지정하기	040
	006	이름 정의로 범위 지정하기	041
	007	행 높이와 열 너비 조절하기	043
	008	열 너비를 유지하여 붙여넣기 및 선택하여 붙여넣기	044
	009	그림으로 연결하여 붙여넣기	047
우선순위 ▶	010	워크시트 이름 및 탭 색 변경하기	049
	011	워크시트 이동/복사/삭제하기	050
	012	워크시트 보호하기	052
우선순위 ▶	013	문자/숫자 데이터 입력하기	055
우선순위 ▶	014	날짜/시간 입력하기	057
	015	한자/기호 입력하기	059
	016	노트 삽입 및 편집하기	062
우선순위 ▶	017	데이터 수정 및 행 삽입/삭제하기	064
	018	채우기 핸들로 데이터 채우기	067
	019	빠른 채우기로 신속하게 데이터 열 채우기	071
	020	데이터 유효성 검사로 한글/영문 모드 설정하기	072
	021	데이터 유효성 검사로 목록 설정하기	074

CHAPTER 02
문서 편집 및 인쇄하기

	번호	제목	페이지
	022	표 서식과 셀 스타일 적용하기	078
	023	표 디자인 변경 및 범위로 변환하기	080
우선순위 ▶	024	글꼴 그룹에서 서식 지정하기	082
우선순위 ▶	025	맞춤, 표시 형식 그룹에서 서식 지정하기	085
우선순위 ▶	026	문자, 숫자 데이터 표시 형식 사용자 지정하기	088
	027	숫자를 한글로 표시하는 서식 지정하기	090
	028	숫자 데이터 표시 형식으로 양수/음수/0의 서식 지정하기	092
	029	숫자 백만 단위 이하 자르고 네 자리마다 쉼표 표시하기	094
	030	요일과 누적 시간에 사용자 지정 표시 형식 설정하기	097
우선순위 ▶	031	셀 강조와 상위/하위 규칙으로 조건부 서식 지정하기	100
	032	색조, 아이콘으로 조건부 서식 지정하기	102
	033	막대로 조건부 서식 지정 및 규칙 편집하기	104
우선순위 ▶	034	수식으로 조건부 서식 지정하기	107
	035	빠른 분석 도구를 사용하여 표 서식과 조건부 서식 지정하기	109
우선순위 ▶	036	틀 고정하기	111
	037	문서를 바둑판식으로 정렬해서 작업하기	112
우선순위 ▶	038	인쇄 미리 보기에서 인쇄 선택 영역 및 여백 설정하기	113
우선순위 ▶	039	반복 인쇄할 제목 행 지정하기	116
	040	페이지 나누기 미리 보기 및 인쇄 배율 지정하기	117
	041	페이지 나누기 구분선 수정하기	118
우선순위 ▶	042	머리글/바닥글 설정하기	119
우선순위 ▶	043	머리글에 배경 그림 삽입하기	122

목차

CHAPTER 03
수식 작성 및 함수 활용하기

우선순위 ▶	**044** 상대 참조로 수식 만들기	125
우선순위 ▶	**045** 절대 참조로 수식 만들기	127
우선순위 ▶	**046** 혼합 참조로 수식 만들기	129
	047 이름 정의로 범위 지정하기	131
	048 다른 시트의 셀을 참조하여 수식 만들기	134
	049 자동 합계 기능으로 수식 계산하기	136
	050 표에서 구조적 참조를 이용해 한 번에 수식 계산하기	137
	051 표에서 요약 행 표시하기	139
	052 SUM, MAX, LARGE 함수로 합계, 최댓값 구하기	141
우선순위 ▶	**053** COUNTA, COUNTBLANK 함수로 출석일, 결석일 구하기	145
	054 INT, ROUND 함수로 내림과 반올림하기	147
	055 QUOTIENT, MOD 함수로 몫, 나머지 값 표시하기	150
	056 ROW, SUMPRODUCT 함수로 행 번호와 합계 금액 구하기	152
	057 RANK.EQ, RANK.AVG 함수로 순위 구하기	154
우선순위 ▶	**058** IF 함수로 과정 수료자와 교육점수 구하기	156
	059 중첩 IF 함수와 IFS 함수로 부서별 포상금과 부서 등급 구하기	159
	060 IF, AND, OR 함수로 기업 신용도 분류하기	162
	061 AVERAGE, AVERAGEIF 함수로 평균 구하기	165
	062 MIN, MINIFS 함수로 최솟값 구하기	168
우선순위 ▶	**063** COUNTIF, COUNTIFS 함수로 조건에 만족하는 인원수 구하기	170
우선순위 ▶	**064** UNIQUE, SUMIF, SUMIFS 함수와 구조적 참조로 조건에 맞는 합계 구하기	173
	065 CHOOSE, MID 함수로 주민번호에서 성별 구하기	176
	066 LEFT, FIND, SUBSTITUTE, TEXTJOIN 함수로 문자 수정하기	179
	067 DATE, LEFT, MID 함수로 생년월일 계산하기	182

	068	DATEDIF, EOMONTH 함수로 근무 기간과 퇴직금 지급일 구하기	184
우선순위 ▶	069	VLOOKUP, XLOOKUP, HLOOKUP 함수로 상품 정보 표시하기	186
	070	IFERROR 함수로 오류 처리하기	190
	071	INDEX, MATCH 함수로 최저가 업체 선정하기	192
	072	FILTER, SORT 배열 함수와 구조적 참조로 데이터 추출 및 정렬하기	195
	073	IMAGE 배열 함수로 이미지 불러오기	198

CHAPTER 04
차트 만들기

우선순위 ▶	074	데이터에 적합한 차트 만들고 차트 종류 변경하기	201
우선순위 ▶	075	차트 레이아웃, 색, 스타일 변경하고 차트 데이터 필터링하기	204
	076	차트의 눈금 간격 조절 및 레이블, 범례 표시하기	206
	077	차트 배경 설정 및 눈금선 없애기	208
우선순위 ▶	078	원형 차트 3차원 서식 및 테마 바꾸기	210
	079	이중 축 혼합(이중 축 콤보) 차트 만들기	212
	080	선버스트 차트로 사업 영역 한눈에 살펴보기	214
	081	스파크라인 차트 삽입하고 종류 변경하기	216
	082	스파크라인 차트 스타일과 디자인 변경하기	218

CHAPTER 05
데이터베이스 관리/분석 및 ChatGPT 사용하기

	083	텍스트 파일로 데이터베이스 만들기	221
우선순위 ▶	084	구분 기호로 텍스트 나누기	226

목차

우선순위	085	중복 데이터 제거하고 상품 목록표 만들기	228
우선순위	086	동일한 항목으로 데이터 통합하고 빠른 서식 적용하기	230
우선순위	087	셀 값을 기준으로 정렬하기	232
	088	사용자가 지정한 순서로 정렬하기	234
	089	SUBTOTAL 함수로 부분합 계산하기	236
우선순위	090	자동 필터로 데이터 추출하기	238
	091	평균과 상위 10 기준으로 데이터 추출하기	240
우선순위	092	여러 그룹으로 다중 부분합 작성하기	241
	093	부분합의 요약된 결과만 복사하기	244
	094	추천 피벗 테이블 만들기	246
우선순위	095	사용자 지정 새 피벗 테이블 만들기	247
	096	피벗 테이블 그룹 지정/해제 및 필드 필터링하기	250
	097	피벗 테이블 레이아웃 및 디자인 변경하기	252
	098	피벗 테이블 슬라이서와 시간 막대 삽입/제거하기	255
우선순위	099	ChatGPT에 엑셀 함수 질문하고 도움받기	258
우선순위	100	ChatGPT로 함수식 오류 수정 및 함수식 질문하기	261
우선순위	101	ChatGPT에 데이터 전달하고 함수식 질문하기	264
우선순위	102	ChatGPT로 데이터 분석하고 키워드 추출 및 분류하기	267

PART 02 파워포인트

CHAPTER 01
기본 프레젠테이션 만들기

| 000 | 파워포인트의 기본 화면 구성 살펴보기 | 272 |

	001	작업 효율을 높이는 기본 옵션 설정하기	275
	002	빠른 실행 도구 모음 사용자 지정하기	283
	003	나만의 리본 메뉴 만들기	286
	004	눈금선과 안내선, 눈금자 표시하기	289
	005	개체 이름 변경하고 개체를 표시하거나 숨기기	292
	006	배경 서식이 적용된 새 프레젠테이션 만들기	294
우선순위 ▶	007	슬라이드 크기 변경하기	296
우선순위 ▶	008	슬라이드 추가 및 레이아웃 변경하기	298
우선순위 ▶	009	슬라이드 이동, 복사, 붙여넣기, 삭제하기	299
우선순위 ▶	010	텍스트 입력 후 빠른 스타일 적용하기	301
우선순위 ▶	011	빠른 스타일이 적용된 WordArt로 텍스트 입력하기	303
우선순위 ▶	012	도형 그린 후 빠른 스타일 적용하기	305
우선순위 ▶	013	그림 삽입 후 빠른 스타일 적용하기	307
우선순위 ▶	014	표 삽입 후 빠른 스타일 적용하기	309
우선순위 ▶	015	차트 삽입 후 빠른 스타일 적용하기	311
우선순위 ▶	016	프레젠테이션 문서 열기 및 저장하기	313

CHAPTER 02
프레젠테이션 슬라이드 배경 서식 만들기

우선순위 ▶	017	새 테마 글꼴 만들기	316
우선순위 ▶	018	새 테마 색 만들기	318
	019	슬라이드 배경 서식 변경하기	321
	020	제목 슬라이드 배경 서식만 변경하기	324
	021	서식 변경한 레이아웃을 슬라이드로 사용하기	328
	022	슬라이드 번호 삽입하기	330
	023	새 테마 저장하기	332

목차

CHAPTER 03
프레젠테이션 내용 작성하고 서식 지정하기

	024 슬라이드에 텍스트 입력하기	335
우선순위 ▶	025 글꼴, 글꼴 크기, 글꼴 색 변경하기	338
	026 글머리 기호 설정 및 서식 변경하기	340
	027 글머리 기호를 번호로 변경하기	342
	028 줄 및 단락 간격 조정하기	344
	029 목록 수준 조정하기	347
	030 프레젠테이션 전체 글꼴 한 번에 바꾸기	349

CHAPTER 04
프레젠테이션 시각화 및 서식 지정하기

우선순위 ▶	031 원 그리고 서식 지정하기	351
	032 여러 도형을 병합하여 새로운 도형 만들기	354
	033 도형의 크기 변경 및 수평 복사하기	356
	034 균등한 간격으로 도형 정렬하기	358
	035 스포이트로 색을 추출해 도형에 적용하기	359
	036 도형 서식을 다른 도형에 똑같이 적용하기	360
	037 평면 도형을 입체 도형으로 만들기	362
우선순위 ▶	038 SmartArt 그래픽 삽입 후 텍스트 입력하기	365
	039 SmartArt 그래픽 서식 변경하기	366
	040 SmartArt 그래픽에 도형 추가하기	369
	041 텍스트를 SmartArt 그래픽으로 변환하기	370
	042 그림을 SmartArt 그래픽으로 변환하기	371
	043 표 디자인하기	372

044	차트 디자인하기	377
045	잘 만든 차트 서식 저장하고 재활용하기	381
046	온라인 그림 삽입하기	383
047	디자이너로 쉽고 빠르게 슬라이드 만들기	386
048	그림의 특정 부분만 강조하기	389
049	그림 서식 변경 후 서식은 유지하고 그림만 변경하기	392
050	그림에서 불필요한 부분 제거하기	395
051	원하는 모양으로 그림 자르고 용량 줄이기	397
052	사진 앨범으로 프레젠테이션 만들기	400
053	아이콘 삽입하고 편집하기	403
054	3D 모델 삽입하기	405
055	디지털 잉크로 그리고 리플레이하기	407
056	화면의 일부분을 캡처하여 슬라이드에 추가하기	411

CHAPTER 05

멀티미디어 요소 삽입하고 서식 지정하기

우선순위 ▶	057	오디오 삽입 후 특정 슬라이드까지 실행하기	413
	058	오디오 트리밍 후 시작과 끝부분 부드럽게 만들기	416
우선순위 ▶	059	비디오 삽입 후 빠른 스타일 적용하기	417
	060	비디오 모양 및 서식 변경하기	420
	061	전체 비디오 중 원하는 부분만 남기기	423
	062	비디오에 특정 지점 지정하기	425
	063	비디오 표지 만들기	426
	064	미디어 파일 압축하기	428

목차

CHAPTER 06
프레젠테이션 슬라이드 정리 및 저장하기

- 065 슬라이드를 구역으로 나누어 정리하기 — 430
- 066 자동 저장 파일 만들기 — 435
- 067 PDF 문서 만들기 — 437
- 068 비디오 파일 만들기 — 438
- 069 그림 프레젠테이션 만들기 — 440
- 070 각 슬라이드를 JPEG 파일로 저장하기 — 441
- 071 프레젠테이션 파일에 암호 설정하기 — 442

CHAPTER 07
프레젠테이션 발표 준비 및 발표하기

- 072 개체에 애니메이션 적용하기 — 445
- **우선순위** ▶ 073 애니메이션 추가하고 다른 개체에 똑같이 적용하기 — 448
- 074 슬라이드에 화면 전환 효과 적용하기 — 450
- **우선순위** ▶ 075 모핑 전환 효과 적용하기 — 452
- 076 자동으로 넘어가는 슬라이드 만들기 — 454
- 077 슬라이드 쇼 재구성하기 — 457
- 078 확대/축소 기능으로 목차 만들기 — 459
- 079 슬라이드 노트로 발표 원고 작성하고 인쇄하기 — 462
- 080 청중 유인물 만들고 인쇄하기 — 464
- 081 발표 전 예행 연습하기 — 466
- **우선순위** ▶ 082 슬라이드 쇼 시작하기 — 467
- **우선순위** ▶ 083 발표자 도구를 사용하여 발표하기 — 469
- 084 슬라이드에 라이브로 발표자 추가하기 — 474

| 085 | 슬라이드 쇼 녹화하기 | 478 |

CHAPTER 08
AI 도구를 활용한 프레젠테이션 슬라이드 제작하기

우선순위 ▶	086	냅킨(Napkin)으로 도해 슬라이드 제작하기	484
우선순위 ▶	087	샷츠(Shots)로 목업 슬라이드 제작하기	489
우선순위 ▶	088	미드저니(Midjourney)로 이미지 슬라이드 제작하기	494

PART 03 워드

CHAPTER 01
보기 좋고 편하게 워드 환경 설정하기

	000	워드의 기본 화면 구성 살펴보기	502
	001	새 문서 만들어 저장하기	504
우선순위 ▶	002	Adobe PDF 배포 문서로 저장하기	506
	003	다양한 화면 보기 기능 알아보기	509

CHAPTER 02
입력 및 기본 편집하기

| 004 | 한자 입력하고 자주 사용하는 한자 등록하기 | 512 |

목차

우선순위 ▶	005	특수 기호 입력하기	515
	006	수식 입력하기	517
우선순위 ▶	007	단위 기호 입력하고 자동 고침 사용하기	518
	008	찾기 및 바꾸기	520
	009	클립보드와 스마트 태그 활용하기	525
우선순위 ▶	010	엑셀 표를 워드로 가져오기	527
	011	변경 내용 추적하기	529

CHAPTER 03
글꼴과 단락 꾸미기

	012	글꼴, 글꼴 색, 글꼴 크기, 밑줄 및 음영 지정하기	534
우선순위 ▶	013	글자 간격과 장평 변경하기	537
	014	첨자 및 윗주 설정하기	539
우선순위 ▶	015	단락 번호 삽입하고 탭 설정하기	541
우선순위 ▶	016	단락에 글머리 기호 삽입하기	544
우선순위 ▶	017	첫 줄 들여쓰기와 둘째 줄 이하 들여쓰기	546
	018	다단과 탭 활용하여 메뉴판 만들기	549
우선순위 ▶	019	스타일 만들어 문서 체계 잡기	551
우선순위 ▶	020	서식 설정하고 스타일에 추가하기	554

CHAPTER 04
도형 및 개체 활용하기

| 우선순위 ▶ | 021 | 결재란에 서명 추가하기 | 558 |
| | 022 | 그림 삽입하고 도형에 맞춰 자르기(캡션 삽입) | 561 |

| 우선순위 | 023 | 도형 이용하여 제목 상자 만들기 | 565 |
| 우선순위 | 024 | 엑셀에서 차트 가져오기 | 571 |

CHAPTER 05
표 꾸미기

	025	표 삽입하고 기본 편집하기	574
우선순위	026	셀 병합 및 분할하고 텍스트 입력하기	577
우선순위	027	셀 테두리 및 음영 지정하기	580
우선순위	028	표 분할하고 열 너비 같게 설정하기	583
우선순위	029	표 내용 정렬하고 함수 입력하기	585

CHAPTER 06
페이지 관리 및 출력하기

우선순위	030	구역별로 페이지 방향 다르게 설정하기	590
우선순위	031	머리글/바닥글 작성하기	592
우선순위	032	구역별로 머리글 작성하기	595
우선순위	033	페이지 번호 삽입하기	597
	034	각주와 미주 삽입하기	599
	035	여러 문서를 하나로 합치기	601

CHAPTER 07
ChatGPT 활용하여 보고서 작성하기

목차

	036 ChatGPT 활용하여 출장 보고서 작성하기	603
우선순위 ▶	**037** 출장 경비 종이 영수증 정리하기	604
우선순위 ▶	**038** 문서에 표지 삽입하기	606
우선순위 ▶	**039** 표 활용하여 제목 상자 만들기	611
우선순위 ▶	**040** 한 페이지에 맞춰 출력하기	614
	041 페이지 및 여백 설정하기	616
우선순위 ▶	**042** 스타일 기준으로 목차 만들기	620

PART 04 한글

CHAPTER 01
한글 기본기 다지기

	000 한글 시작 화면과 기본 화면 구성 살펴보기	624
	001 새 문서 만들고 저장하기	627
우선순위 ▶	**002** 문서 불러와 암호 지정 및 해제하기	629
우선순위 ▶	**003** 자동 저장 설정하기	631
우선순위 ▶	**004** PDF 파일을 한글로 변환하기	633
우선순위 ▶	**005** 한컴 애셋 활용하여 글꼴 설치하기	634

CHAPTER 02
입력 및 기본 편집하기

	006 한자 입력 및 변환하기	636

	007	한자 사전에 자주 사용할 단어 직접 등록하기	639
우선순위 ▶	008	문자표를 이용하여 특수 문자 입력하기	641
	009	단위 기호 입력하기	643
	010	메모 사용하기	644
우선순위 ▶	011	책갈피/하이퍼링크 이용하기	646
	012	맞춤법 검사하기	649
우선순위 ▶	013	찾기 및 찾아 바꾸기	651

CHAPTER 03
문서 편집과 글꼴 꾸미기

우선순위 ▶	014	클립보드 사용하기	654
	015	글꼴, 글자 색, 글자 크기 변경하기	656
	016	밑줄, 음영, 테두리/배경 지정하기	658
	017	그림자, 강조점, 취소선 적용하기	660
	018	자간과 장평 조정하기	662
우선순위 ▶	019	글자 모양 복사하기	664
우선순위 ▶	020	문서 내 글꼴 종류 한 번에 변경하기	666

CHAPTER 04
스타일 활용하여 문단 꾸미기

우선순위 ▶	021	내어쓰기, 들여쓰기 적용하고 스타일 만들기	670
우선순위 ▶	022	스타일 활용하여 개요 번호 적용하기	672
우선순위 ▶	023	스타일 적용된 문서의 문단 번호 수정하기	676

목차

CHAPTER 05

쪽 꾸미기

우선순위 ▶	024	편집 용지 설정하기	679
우선순위 ▶	025	머리말/꼬리말 적용하기	681
우선순위 ▶	026	쪽 번호 넣기	684
우선순위 ▶	027	쪽 번호를 새 번호로 시작하기	686
우선순위 ▶	028	다단으로 문단 꾸미기	688
	029	문서 방향이 다른 문서 작성하기	691
	030	각주/미주로 부연 설명 작성하기	693

CHAPTER 06

도형 및 개체 활용하기

우선순위 ▶	031	그림 삽입하고 위치 설정하기	696
우선순위 ▶	032	그림 꾸미기	700
우선순위 ▶	033	문서에 내 서명 추가하기	702
우선순위 ▶	034	도형 이용하여 제목 상자 만들기	703

CHAPTER 07

표 꾸미기

우선순위 ▶	035	표 삽입, 크기 조절, 위치 설정하기	706
	036	줄/칸 삽입 및 지우기	708
우선순위 ▶	037	셀 합치고 나누기(테두리 변경)	710

우선순위 ▶	038	셀 높이와 폭 같게 설정하기(배분정렬)	712
	039	표 나누기, 붙이기, 여러 쪽 지원 기능 이용하기	714
우선순위 ▶	040	표 셀 속성 지정하기(대각선, 채우기)	716
	041	표 내용 정렬하고 천 단위 구분 쉼표 표시하기	719
	042	표 뒤집기와 표 마당 활용하기	721

CHAPTER 08
ChatGPT 활용해서 문서 작성하고 인쇄하기

우선순위 ▶	043	ChatGPT 활용하여 출장보고서 작성하기	724
우선순위 ▶	044	문자열을 표로 만들기	726
우선순위 ▶	045	표 활용하여 제목 상자 만들기	727
	046	기획안 표지 만들기	730
우선순위 ▶	047	문서 끼워 넣고 차례 만들기	733
	048	종이 영수증 경비 정리하기	735
우선순위 ▶	049	보고서 인쇄하기(골라 찍기, 모아 찍기)	738
	050	워터마크 인쇄하기(꼬리말에 문서 정보 출력하기)	741

찾아보기 — 743

PART 01

엑셀

CHAPTER
01

엑셀의 시작, 화면 구성과 데이터 입력으로 첫걸음 떼기

엑셀의 기본 화면 구성 살펴보기

실습 파일 없음 완성 파일 없음

기본 화면 구성

엑셀은 2007 버전부터 최신 버전까지 몇 년간 꾸준히 업그레이드되었습니다. 따라서 각 버전별로 인터페이스 모양이 일부 다를 수는 있지만 기본 화면 구성은 동일합니다. 여기서는 Microsoft 365 버전의 엑셀을 기준으로 설명합니다. 다음은 엑셀을 실행하면 나타나는 기본 화면입니다. ❶ 리본 메뉴, ❷ 워크시트, ❸ 상태 표시줄로 구성됩니다.

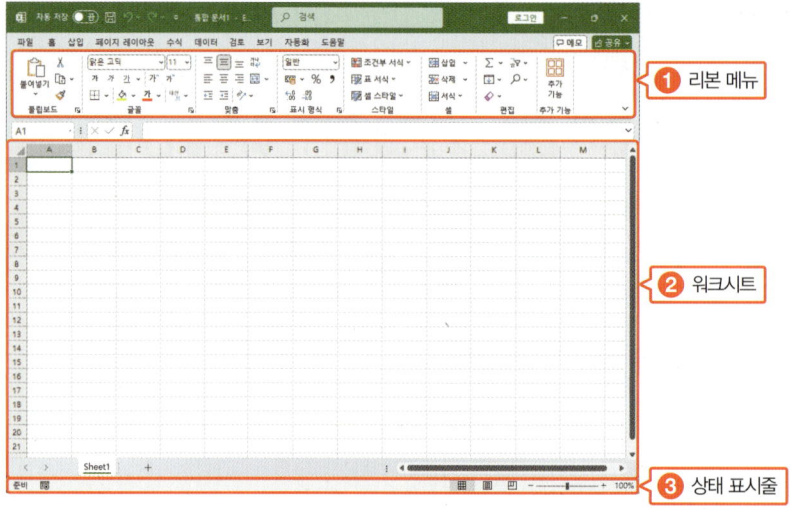

1 리본 메뉴

리본 메뉴는 화면 상단에서 확인합니다. 텍스트 형태의 메뉴와 아이콘 형태의 명령이 모여 있습니다.

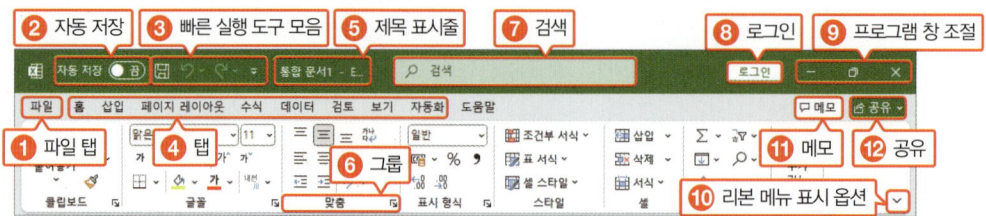

❶ **파일 탭** : 파일을 관리하는 메뉴가 모여 있으며 개인 정보를 설정하고 저장, 공유, 인쇄 및 옵션 등을 설정할 수 있습니다.

❷ **자동 저장** : 파일이 온라인 위치(OneDrive, SharePoint)에 저장되어 있고, [자동 저장]이 [켬]으로 활성화되어 있다면, 변경 사항은 자동으로 온라인에 저장됩니다.

❸ **빠른 실행 도구 모음** : 자주 사용하는 기능을 추가하여 빠르게 실행할 수 있습니다.

❹ **탭** : 비슷한 종류의 명령을 그룹별로 모은 메뉴입니다. 파일, 홈, 삽입, 페이지 레이아웃, 수식, 데이터, 검토, 보기 등으로 구성되어 있습니다.

❺ **제목 표시줄** : 프로그램 이름과 현재 작업 중인 파일 이름이 표시되며 작업 상태에 따라 [읽기 전용], [호환 모드], [공유], [그룹]이 표시됩니다. Microsoft 365에서 온라인 위치(OneDrive, SharePoint)에 저장하면 파일 이름, 저장 위치, 버전 기록을 알 수 있습니다.

❻ **그룹** : 각각의 탭 관련 기능을 세부적으로 구분합니다.

❼ **검색** : 작업에 필요한 키워드나 설명을 입력해 관련 엑셀 기능, 도움말, 스마트 조회 창을 열 수 있습니다.

❽ **로그인** : 로그인한 후 온라인 위치에 오피스 문서를 [업로드], [열기], [공유]할 수 있습니다.

❾ **프로그램 창 조절** : 엑셀 창을 최소화/최대화하거나 닫을 때 사용합니다.

❿ **리본 메뉴 표시 옵션** ☑ : [전체 화면 모드], [탭만 표시], [항상 리본 표시], [빠른 실행 도구 모음 표시], [빠른 실행 도구 모음 감추기]를 선택해 작업 영역을 조절할 수 있습니다.

⓫ **메모** : Microsoft 365의 대화형 메모를 활용하면 파일을 공유하거나 온라인 위치(OneDrive, SharePoint)를 이용해 공동 작업을 진행할 때 메신저를 사용하듯 셀에 댓글을 입력할 수 있습니다.

⓬ **공유** : 온라인 위치(OneDrive, SharePoint)에 저장한 오피스 문서를 다른 사용자와 공유합니다. 공유할 사용자를 추가하거나, 보기, 편집 링크를 활용해 공동 작업을 할 수 있습니다. Microsoft 365에서는 실시간으로 파일과 작업을 공유할 수 있으며 동기화 속도가 개선되었습니다.

2 워크시트(작업 영역)

워크시트는 격자 형태의 모눈종이처럼 보이는 공간입니다.

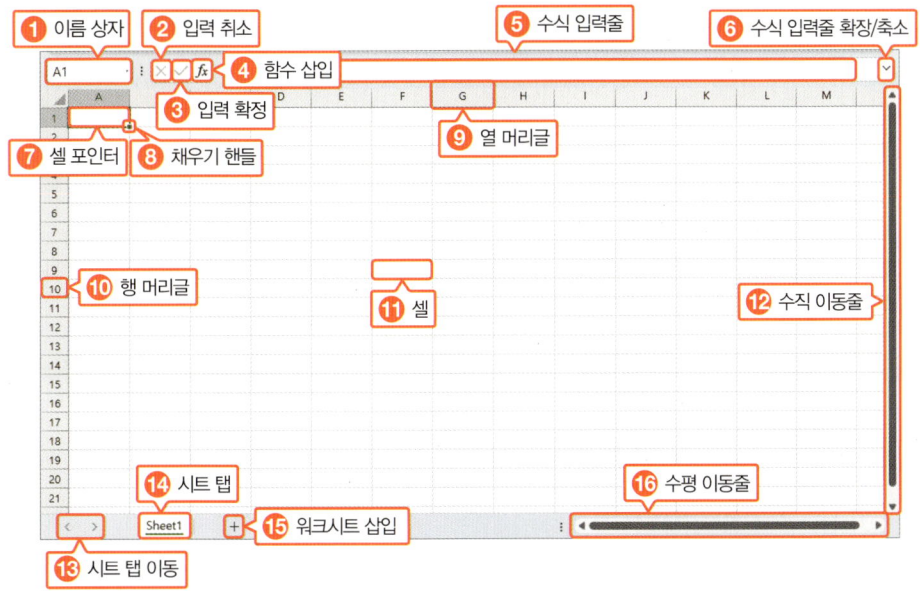

① **이름 상자** : 셀 주소와 정보 또는 수식이나 함수 목록이 나타납니다.
② **입력 취소** ✕ : 셀에 입력한 내용을 취소합니다. Esc 를 누르는 것과 같습니다.
③ **입력 확정** ✓ : 셀에 입력한 내용을 확정합니다. Enter 를 누르는 것과 같습니다.
④ **함수 삽입** *fx* : 함수 마법사를 실행하여 함수를 삽입합니다.
⑤ **수식 입력줄** : 선택한 셀에 입력한 내용이나 수식이 나타나며 셀 내용을 직접 입력하거나 수정할 수 있습니다.
⑥ **수식 입력줄 확장/축소** : 수식 입력줄을 확장/축소합니다.
⑦ **셀 포인터** : 셀이 선택되었다는 표시로 굵은 테두리가 셀 주위에 표시됩니다.
⑧ **채우기 핸들** : 셀 포인터 오른쪽 아래의 점입니다. 드래그하면 셀 내용을 연속으로 채울 수 있습니다.
⑨ **열 머리글** : 열 이름이 표시되는 곳으로 A열부터 XFD열까지 16,384개의 열이 있습니다.
⑩ **행 머리글** : 행 번호가 표시되는 곳으로 1행부터 1,048,576행까지 있습니다.
⑪ **셀** : 행과 열이 만나는 격자 형태의 사각형 영역으로 데이터나 수식 등을 입력할 수 있습니다.
⑫ **수직 이동줄** : 화면을 위/아래로 옮기면서 볼 수 있습니다.
⑬ **시트 탭 이동** : 시트 개수가 많아 가려진 시트 탭이 있을 경우 클릭하여 이동할 수 있습니다.
⑭ **시트 탭** : 현재 통합 문서에 있는 시트의 이름이 표시됩니다.
⑮ **워크시트 삽입** ⊕ : 새 워크시트를 삽입할 수 있습니다.
⑯ **수평 이동줄** : 화면을 왼쪽/오른쪽으로 옮기면서 볼 수 있습니다.

3 상태 표시줄

상태 표시줄에서는 현재의 작업 상태를 확인할 수 있습니다.

① **셀 모드** : 준비, 입력, 편집 등의 셀 작업 상태를 표시합니다.
② **표시 영역** : 키보드 기능키의 선택 상태를 표시하며, 숫자가 입력된 범위를 지정하면 자동 계산 결과를 표시합니다.
③ **보기 바로 가기** : 기본, 페이지 레이아웃, 페이지 나누기 미리 보기 등 워크시트 보기 상태를 선택할 수 있습니다.
④ **확대/축소 슬라이드** : 확대/축소 버튼을 클릭하여 10% 단위로 확대/축소하거나, 조절바를 드래그하여 확대/축소할 수 있습니다.
⑤ **확대/축소 비율** : [확대/축소] 대화상자를 열어 원하는 배율을 지정합니다.

작업 영역의 기본 구조

엑셀은 통합 문서, 워크시트(Worksheet), 셀(Cell)로 이루어져 있습니다. 엑셀의 기본 구조를 살펴보면 엑셀의 동작 원리와 용도를 명확하게 알 수 있습니다.

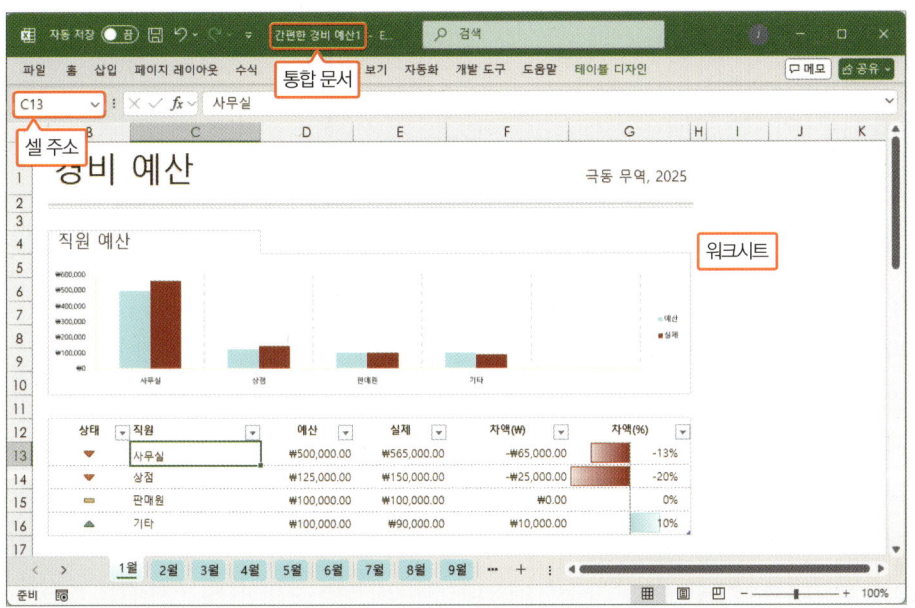

1 모든 작업의 시작, 셀과 셀 주소

엑셀의 작업 영역은 가로 행과 세로 열이 교차하여 격자 형태의 모눈종이처럼 직사각형으로 이루어져 있습니다. 이 직사각형 하나를 셀(Cell)이라 부릅니다. 셀은 데이터를 입력(저장)할 수 있는 공간으로 각 셀에는 고유한 주소(셀 주소)가 부여됩니다. 셀 주소는 열 머리글과 행 머리글을 조합해서 만듭니다.

2 데이터를 편집하는 공간, 워크시트

워크시트는 1,048,576행과 16,384열의 셀이 모여 문서를 만들고 편집하는 공간입니다. 엑셀을 처음 실행하면 기본으로 [Sheet1] 워크시트 하나가 생성되며 총 255개까지 삽입할 수 있습니다. 장부에 견출지를 붙이는 것처럼 각 워크시트 또한 이름이나 색으로 구분할 수 있습니다.

3 워크시트를 한꺼번에 관리하는 통합 문서

통합 문서는 한 권의 책에 해당합니다. 개별 문서에 해당하는 워크시트를 묶어서 관리하는 셈입니다. 엑셀에서는 통합 문서 단위로 문서를 저장하므로 관련 있는 내용을 하나로 묶어서 관리하면 편리합니다. 예를 들어 경비 예산 문서라면 2025년 1월부터 12월까지의 예산을 하나의 통합 문서에서 작성하고 관리하는 것입니다.

엑셀 시작하고 저장하기

엑셀을 시작하면 [홈] 화면이 나타납니다. [새로 만들기], [열기], [새 통합 문서], [추가 서식 파일], [최근 항목] 중에서 선택할 수 있습니다. 작업한 엑셀 문서는 컴퓨터, 이동식 디스크, 클라우드 등에 저장합니다.

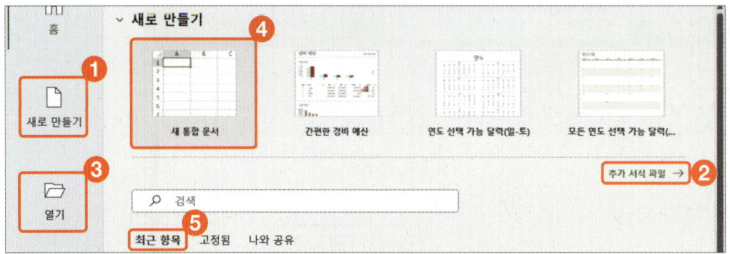

❶ **새로 만들기** : [새 통합 문서]를 엽니다.
❷ **추가 서식 파일** : [서식 파일]을 온라인에서 검색한 후 열어 빠르게 문서 작업을 할 수 있습니다.
❸ **열기** : 기존에 작업했던 통합 문서를 저장 공간(컴퓨터/OneDrive 등)에서 찾아옵니다.
❹ **새 통합 문서** : 새로운 통합 문서를 열어 데이터 입력, 편집, 서식 적용 등을 할 수 있습니다.
❺ **최근 항목** : 최근에 작업한 통합 문서 목록에서 통합 문서를 불러옵니다.

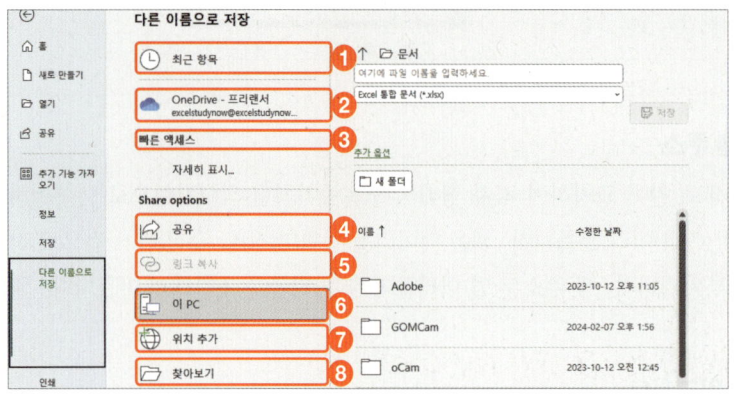

❶ **최근 항목** : 최근에 작업한 컴퓨터, 클라우드의 목록에서 폴더를 선택해 통합 문서를 저장합니다.
❷ **OneDrive** : OneDrive에 통합 문서를 저장합니다.
❸ **빠른 액세스** : 최근에 사용한 공유 라이브러리, Microsoft Teams 채널 및 폴더를 포함해 자주 사용되는 스토리지 위치를 쉽게 찾을 수 있습니다.
❹ **공유** : 오피스 문서를 클라우드에 저장한 다음 사용자(사용자, 그룹, 이메일)를 초대하면 효율적인 공동 작업을 할 수 있습니다.
❺ **링크 복사** : 문서에 액세스할 수 있는 링크를 복사합니다. 공동 작업자에게 링크를 전달하여 문서를 안전하게 공유할 수 있습니다.
❻ **이 PC** : 최근에 작업한 컴퓨터 목록에서 폴더를 선택해 통합 문서를 저장합니다.
❼ **위치 추가** : 온라인 위치를 추가하여 통합 문서를 클라우드(OneDrive, SharePoint)에 간편하게 저장할 수 있습니다.
❽ **찾아보기** : 로컬 컴퓨터에서 저장할 위치를 찾아 문서를 저장합니다.

001 엑셀 서식 파일로 열고 통합 문서 저장하기

실습 파일 없음 **완성 파일** 엑셀\1장\001_달력_2025년_완성.xlsx

서식 파일로 통합 문서 만들기

01 엑셀에서 제공하는 서식 파일을 열어서 문서를 작성합니다.

❶ [파일] 탭 클릭

❷ [새로 만들기] 클릭

❸ [온라인 서식 파일 검색]에서 [캘린더]를 클릭합니다.

Tip 새 통합 문서를 만들 때는 [새로 만들기]를 클릭합니다.

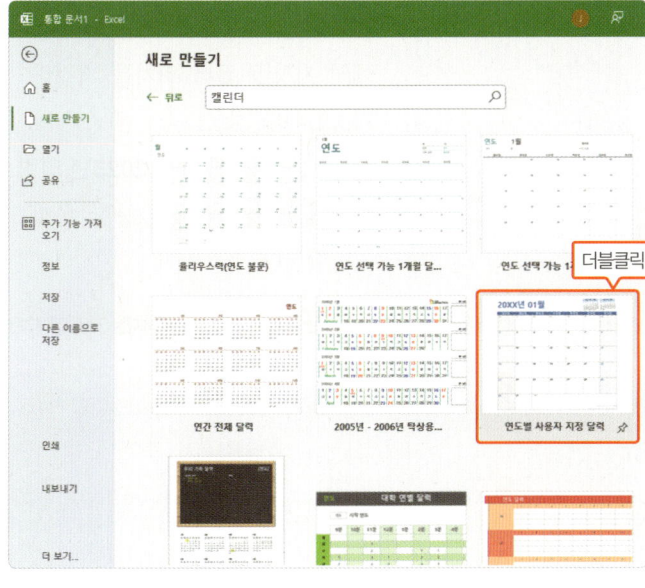

02 캘린더와 관련된 서식 파일 목록에서 [연도별 사용자 지정 달력]을 더블클릭합니다.

Tip 온라인(Office.com)에서 다운로드한 후 서식 파일이 열리므로 인터넷에 연결되어 있어야 합니다. 서식 파일 목록은 엑셀 버전에 따라 다를 수 있습니다.

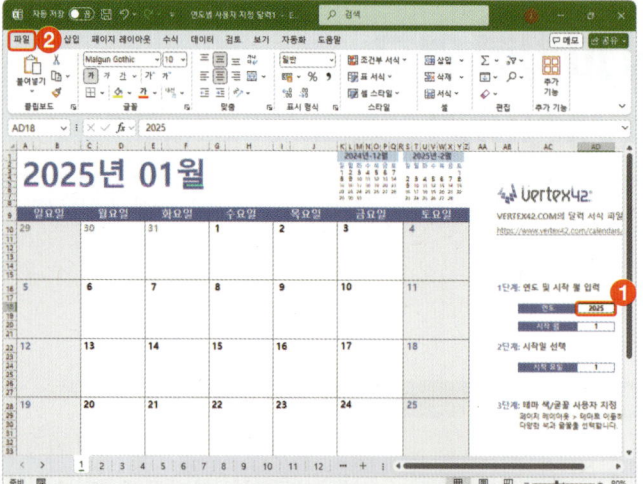

03 ❶ [AD18] 셀에 **2025** 입력
❷ [파일] 탭을 클릭합니다.

통합 문서 저장하기

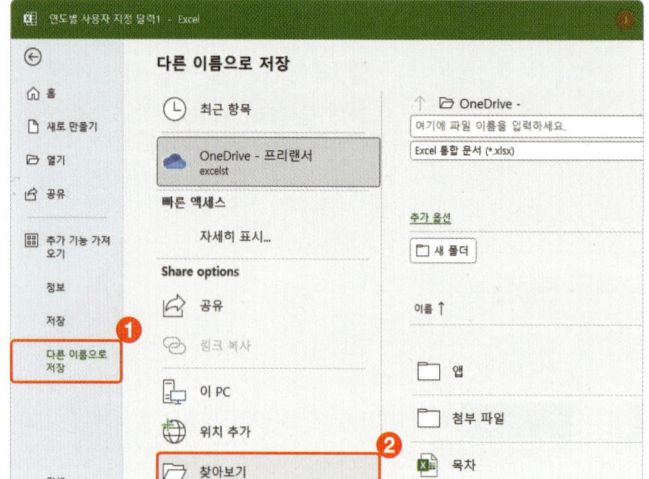

04 ❶ [다른 이름으로 저장] 클릭
❷ [찾아보기]를 클릭합니다.

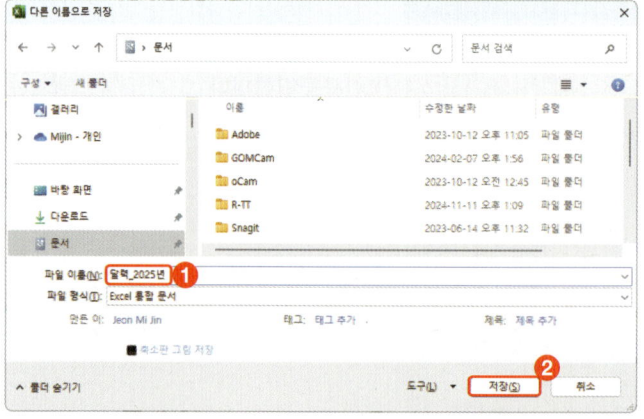

05 [다른 이름으로 저장] 대화상자에서 저장할 폴더 위치를 지정하고 저장합니다.

❶ [파일 이름]에 **달력_2025년** 입력
❷ [저장]을 클릭해서 통합 문서를 저장합니다.

Tip 통합 문서 저장 형식의 확장자는 .xlsx입니다.

002 PDF 파일로 저장하기

실습 파일 엑셀\1장\002_저장_견적서.xlsx **완성 파일** 엑셀\1장\002_저장_견적서_완성.pdf

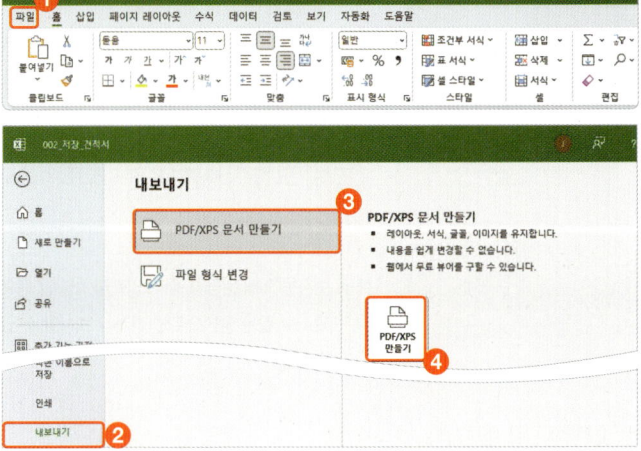

01 엑셀이 설치되어 있지 않은 컴퓨터에서도 파일 내용을 확인할 수 있도록 PDF 형식으로 저장해보겠습니다.

❶ [파일] 탭 클릭
❷ [내보내기] 클릭
❸ [PDF/XPS 문서 만들기] 클릭
❹ [PDF/XPS 만들기]를 클릭합니다.

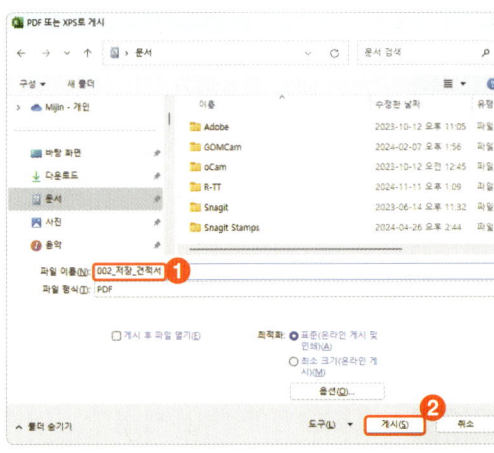

02 ❶ [PDF 또는 XPS로 게시] 대화상자에서 [파일 이름]에 **002_저장_견적서** 입력
❷ [게시]를 클릭합니다.

Tip '저장_견적서.pdf' 파일이 저장됩니다.

> **Note** PDF 파일의 크기 줄이기

PDF나 XPS 형식으로 저장할 때 인쇄 품질을 높이려면 최적화 항목에서 [표준(온라인 게시 및 인쇄)]를 선택하고 파일 크기를 줄이려면 [최소 크기(온라인 게시)]를 선택합니다. 그밖에 파일의 옵션을 설정하려면 [옵션]을 클릭합니다. 뷰어 프로그램(PDF Reader)을 통해 저장한 PDF 문서를 확인할 수 있습니다.

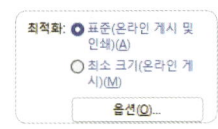

003 화면 구성 요소 눈금선, 리본 메뉴 보이기/숨기기

실습 파일 엑셀\1장\003_화면구성_경력증명서.xlsx 완성 파일 없음

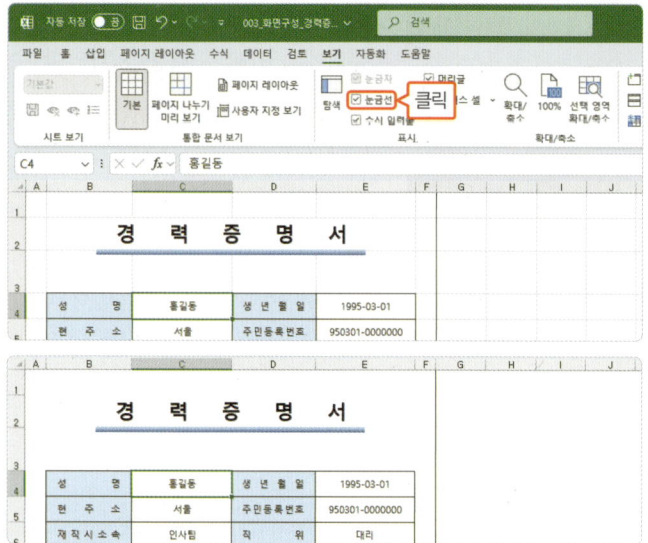

눈금선 숨기기

01 완성된 경력증명서를 확인할 때는 눈금선과 같은 불필요한 요소를 숨기는 것이 좋습니다. [보기] 탭-[표시] 그룹-[눈금선]을 클릭하여 체크를 해제합니다.

Tip 눈금선 외에 눈금자, 수식 입력줄, 머리글 등의 요소도 같은 방법으로 숨기거나 표시할 수 있습니다.

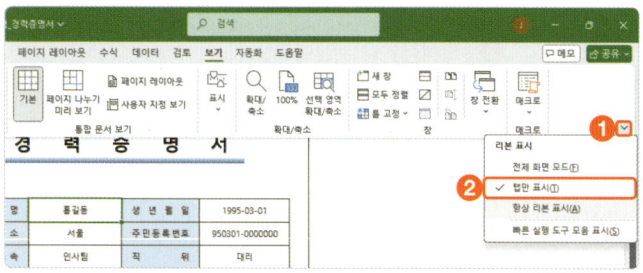

리본 메뉴 축소하기

02 ❶ [리본 메뉴 표시 옵션 ⌄] 클릭 ❷ [탭만 표시]를 클릭하면 리본 메뉴가 축소됩니다.

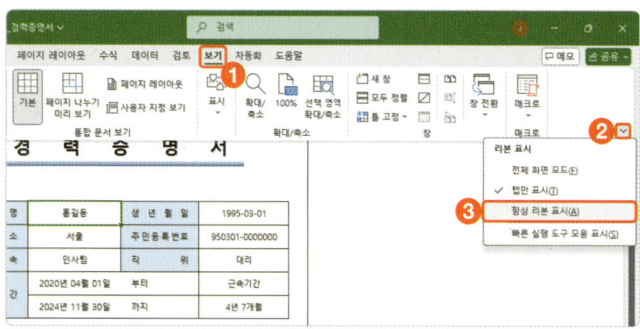

03 ❶ 임의의 리본 탭 클릭 ❷ [리본 메뉴 표시 옵션 ⌄] 클릭 ❸ [항상 리본 표시]를 클릭하면 원래 상태로 돌아갑니다.

Tip [탭만 표시]를 클릭하면 리본 메뉴가 축소되면서 작업창의 문서 내용을 좀 더 넓은 영역에서 볼 수 있습니다. 임의의 리본 탭을 더블클릭하거나 단축키 Ctrl + F1 을 눌러 리본 메뉴를 축소/확장할 수 있습니다.

Note > 내가 작업하고 있는 셀이 어디에 있는지 강조할 수 있나요? M365

Microsoft 365에 새롭게 추가된 포커스 셀 기능은 데이터가 많을 때 정확한 셀의 위치를 빠르게 확인할 수 있습니다.
엑셀\1장\003_TIP_포커스셀.xlsx 실습 파일로 확인할 수 있습니다.

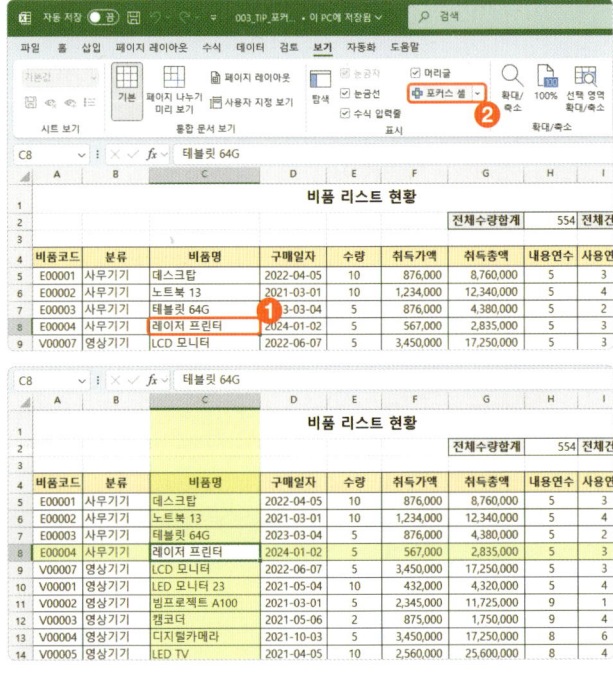

작업 셀 강조하기

❶ [C8] 셀 클릭

❷ [보기] 탭–[표시] 그룹–[포커스 셀]을 클릭합니다. 8행과 C열을 노란색으로 강조해서 보여줍니다. 행과 열이 교차하는 선택 셀을 빠르게 확인할 수 있습니다.

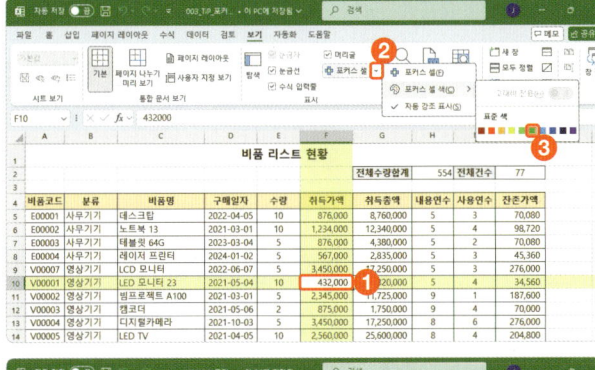

작업 셀 강조 색 변경하기

❶ [F10] 셀 클릭

❷ [보기] 탭–[표시] 그룹–[포커스 셀] 클릭

❸ [포커스 셀 색]–[녹색]을 클릭합니다. 포커스 셀의 강조색이 녹색으로 변경됩니다.

Tip [보기] 탭–[표시] 그룹–[포커스 셀]에서 ✓ 자동 강조 표시(S) 를 활성화하면 [찾기](Ctrl + F)로 특정 내용을 찾았을 때 위치를 강조해서 표시합니다.

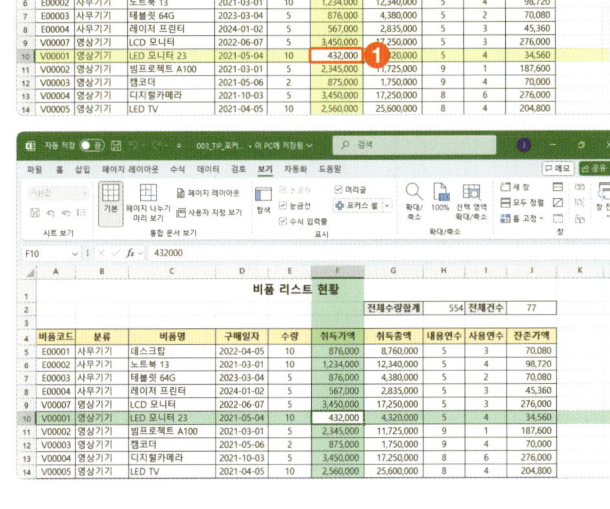

우선순위
004 빠른 실행 도구 모음에 명령어 추가하고 단축키로 실행하기

실습 파일 없음 완성 파일 없음

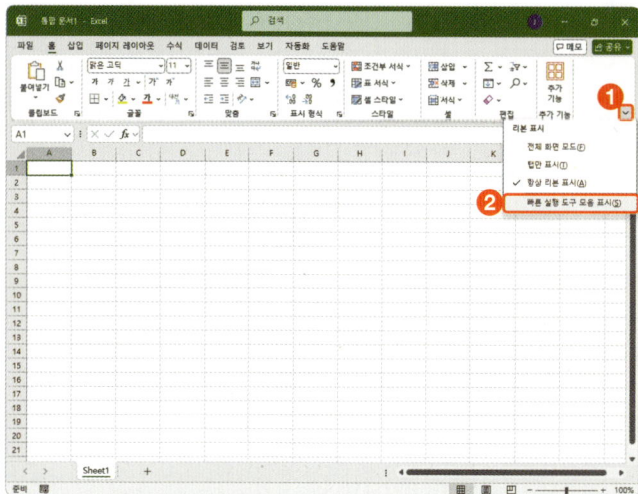

빠른 실행 도구 모음 표시하기

01 ❶ [리본 메뉴 표시 옵션 ⌄] 클릭
❷ [빠른 실행 도구 모음 표시]를 클릭합니다.

Tip 이미 빠른 실행 도구 모음이 표시된 경우에는 건너뜁니다.

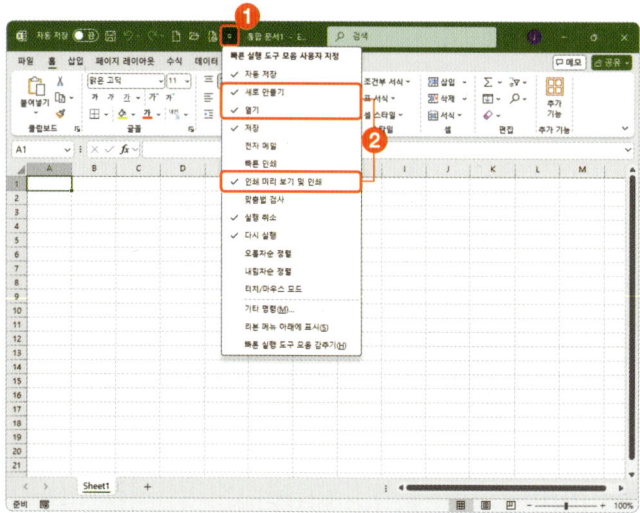

빠른 실행 도구 모음에 명령어 추가하기

02 ❶ [빠른 실행 도구 모음 사용자 지정 ⌄] 클릭
❷ [새로 만들기], [열기], [인쇄 미리 보기 및 인쇄]를 각각 클릭하여 빠른 실행 도구 모음에 추가합니다.

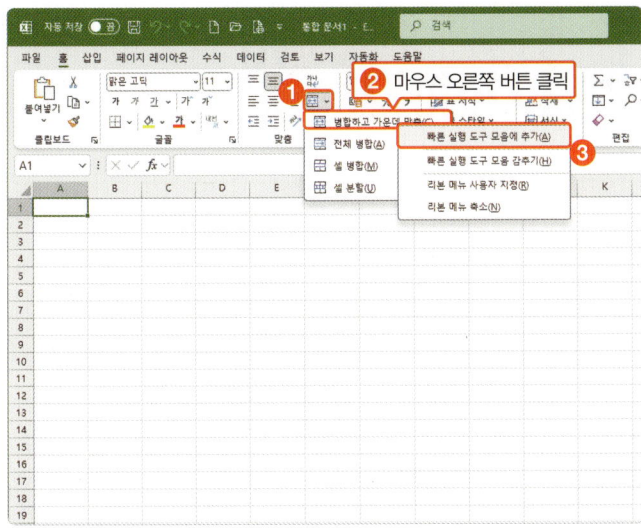

리본 메뉴 탭의 명령어 추가하기

03 ❶ [홈] 탭-[맞춤] 그룹-[병합하고 가운데 맞춤 ▼] 클릭

❷ [병합하고 가운데 맞춤]에서 마우스 오른쪽 버튼 클릭

❸ [빠른 실행 도구 모음에 추가]를 클릭합니다.

Tip [병합하고 가운데 맞춤]의 목록 버튼 ▼ 에서 마우스 오른쪽 버튼을 클릭하고 [빠른 실행 도구 모음에 추가]를 클릭하면 [병합하고 가운데 맞춤] 목록 메뉴 전체를 빠른 실행 도구 모음에 추가할 수 있습니다.

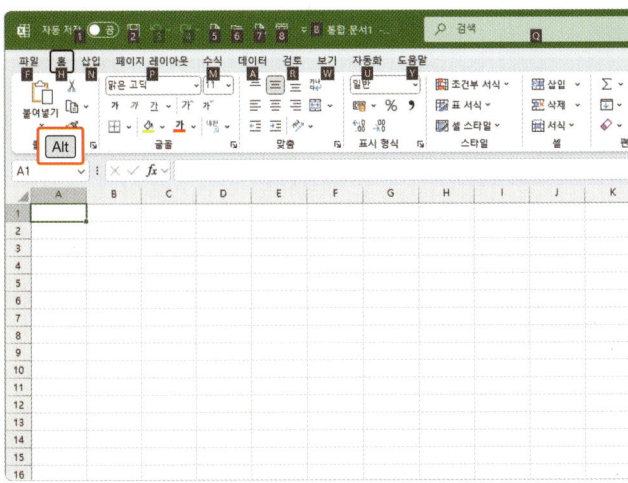

키 번호로 명령어 실행하기

04 Alt 를 누르면 빠른 실행 도구 모음과 리본 메뉴를 실행할 수 있는 키 번호가 표시됩니다. Alt + 5 를 누르면 통합 문서 [새로 만들기] 기능이 실행됩니다.

Tip 엑셀 환경이나 버전에 따라 키 번호가 다를 수 있으므로 빠른 실행 도구 모음에 추가한 순서를 확인하고 키 번호를 입력합니다.

Note ▶ 빠른 실행 도구 모음을 저장할 수 있나요?

자주 사용하는 명령어를 빠른 실행 도구 모음으로 등록한 후 이를 저장할 수 있습니다. [빠른 실행 도구 모음 사용자 지정 ▼]-[기타 명령]을 클릭하면 [Excel 옵션] 대화상자가 나타납니다. [빠른 실행 도구 모음] 항목에서 [가져오기/내보내기]-[모든 사용자 지정 항목 내보내기]를 클릭한 후 빠른 실행 도구 모음을 저장(*.exportedUI)합니다.

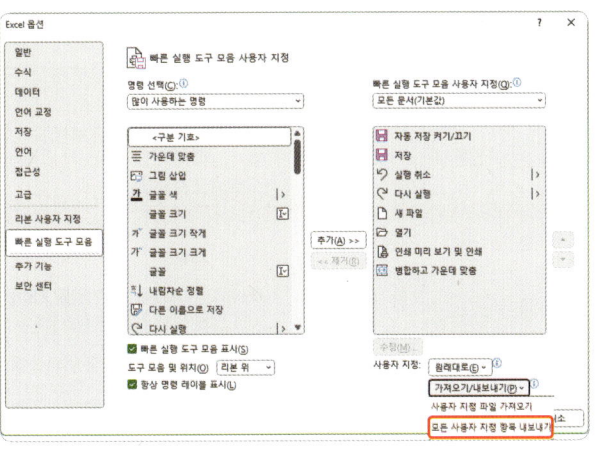

005 키보드로 범위 지정하기

실습 파일 엑셀\1장\005_셀범위_거래처판매현황1.xlsx **완성 파일** 없음

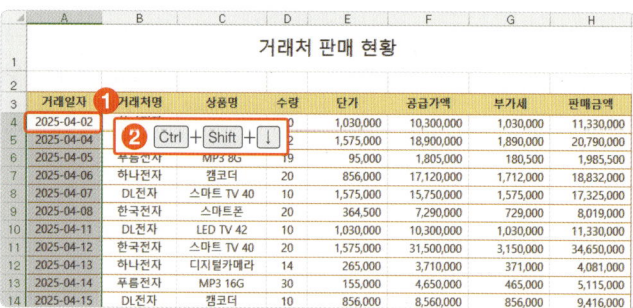

키보드로 범위 지정하기

01 ① [A4] 셀 클릭

② Ctrl + Shift + ↓ 를 누르면 [A4:A83] 범위가 지정됩니다.

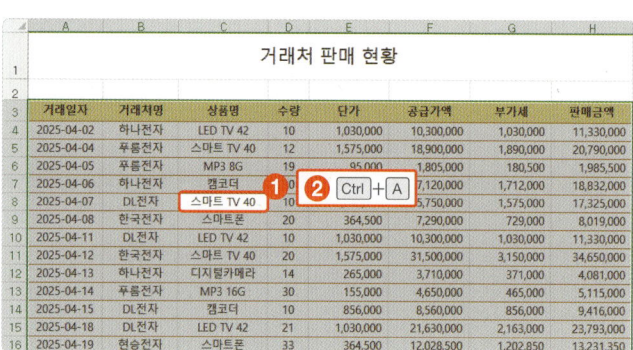

전체 데이터 범위 지정하기

02 ① 데이터 목록에서 임의의 셀 클릭

② Ctrl + A 를 누르면 데이터가 입력된 전체 범위가 지정됩니다.

Tip 워크시트 전체 범위를 지정할 때는 [A1] 셀 왼쪽 위에 있는 [전체 선택 ◢]을 클릭해도 됩니다.

Note 데이터의 범위를 지정할 때 꼭 알아야 할 단축키가 있나요?

다음 표의 단축키를 알아두면 빠르게 데이터의 범위를 지정할 수 있습니다.

단축키	수학/삼각
Ctrl + Shift + 방향키(↑/↓/←/→)	데이터가 입력된 현재 셀에서 열의 첫 행 또는 마지막 행, 첫 열 또는 마지막 열까지 범위를 지정합니다. 단, 데이터가 입력되지 않았을 때는 현재 열/행의 처음 또는 마지막 셀까지 범위가 지정됩니다.
Ctrl + Shift + *	데이터가 입력된 전체 범위를 지정합니다. 단, 데이터가 입력되지 않았을 때는 범위 지정이 되지 않습니다.
Ctrl + A	데이터가 입력된 전체 범위를 지정합니다. 단, 데이터가 입력되지 않았을 때는 현재 워크시트 전체 셀 범위가 지정됩니다.
Ctrl + Spacebar	현재 셀 위치의 열 전체를 범위 지정합니다.
Shift + Spacebar	현재 셀 위치의 행 전체를 범위 지정합니다.

이름 정의로 범위 지정하기

실습 파일 엑셀\1장\006_셀범위_거래처판매현황2.xlsx   **완성 파일** 엑셀\1장\006_셀범위_거래처판매현황2_완성.xlsx

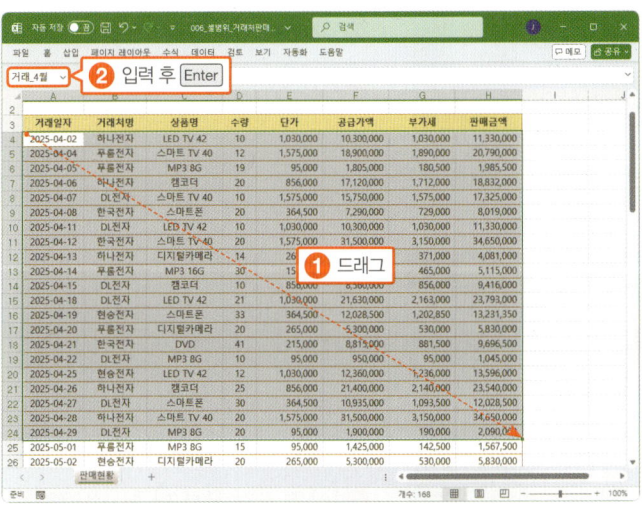

범위를 이름 정의하기

01 셀과 범위에 이름을 정의할 수 있습니다.

❶ [A4:H24] 범위 지정

❷ [이름 상자]에 **거래_4월**을 입력한 후 Enter 를 누릅니다.

Tip [A4:H24] 범위가 '거래_4월'이란 이름으로 정의됩니다.

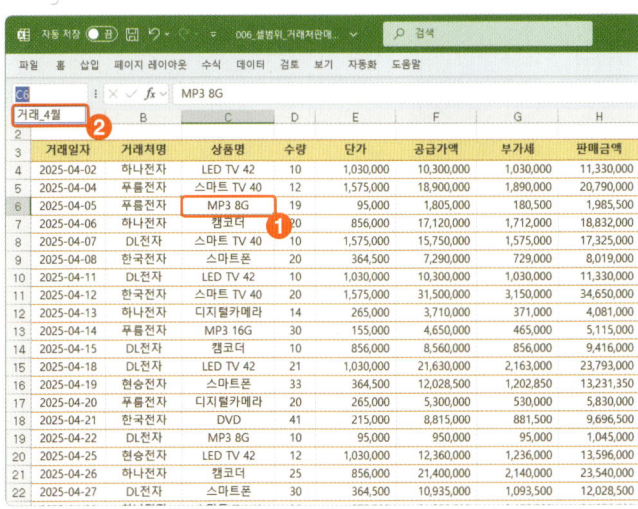

02 ❶ 임의의 셀 클릭

❷ [이름 상자]에서 [거래_4월]을 선택합니다.

Tip 특정 범위를 이름으로 정의하면 한 번에 그 범위를 지정할 수 있습니다.

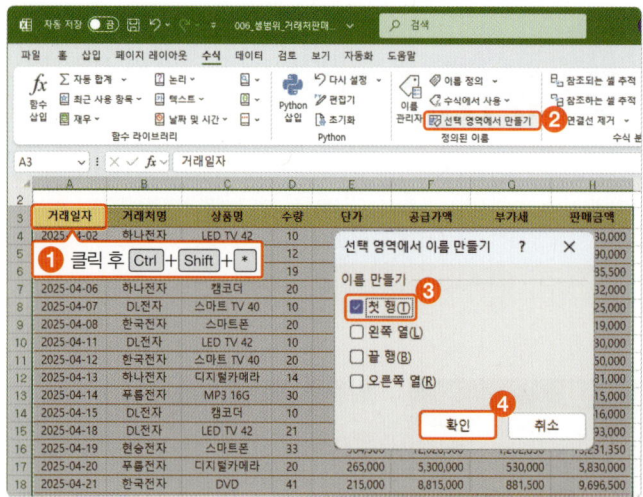

선택 영역에서 만들기

03 [선택 영역에서 만들기]를 이용하면 한 번에 이름을 지정할 수 있습니다.

① [A3] 셀 클릭 후 Ctrl + Shift + *
② [수식] 탭-[정의된 이름] 그룹-[선택 영역에서 만들기] 클릭
③ [선택 영역에서 이름 만들기] 대화상자에서 [첫 행]에 체크
④ [확인]을 클릭합니다.

Tip 선택 범위에서 각 열의 첫 행이 범위 이름으로 정의되며 단축키는 Ctrl + Shift + F3 입니다.

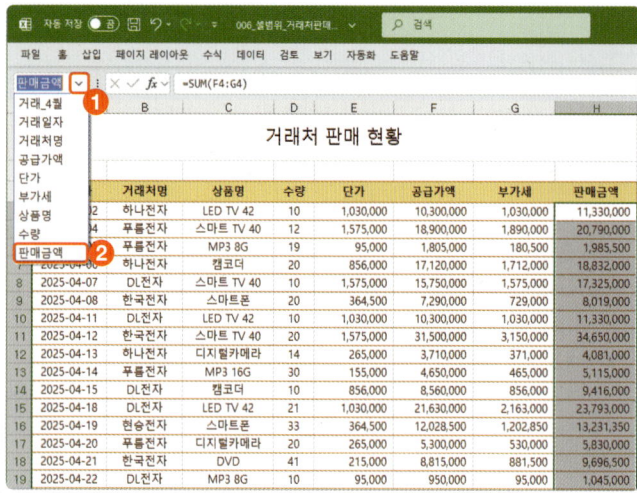

04 앞서 첫 행을 이름으로 정의하였으므로 [이름 상자]의 목록에는 거래일자, 거래처명, 공급가액, 단가, 부가세, 상품명, 수량, 판매금액이 추가됩니다.

① [이름 상자 목록 단추 ∨] 클릭
② 앞서 이름 정의한 범위 중에 [판매금액]을 클릭하면 판매금액 열이 선택됩니다.

Note 정의한 이름을 수정하거나 삭제할 수 있나요?

정의된 셀 이름 목록은 [수식] 탭-[정의된 이름] 그룹-[이름 관리자]에서 확인할 수 있습니다. [이름 관리자] 대화상자에서는 정의한 이름을 수정하거나 삭제할 수 있으며, 이름을 새로 정의할 수 있습니다. 이름 관리자의 단축키는 Ctrl + F3 입니다.

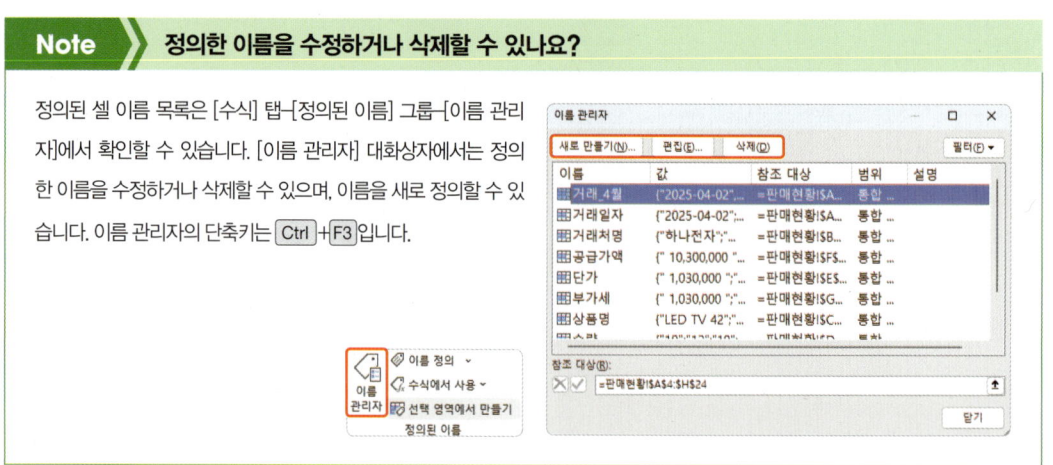

행 높이와 열 너비 조절하기

실습 파일 엑셀\1장\007_행열너비_청구서.xlsx　**완성 파일** 엑셀\1장\007_행열너비_청구서_완성.xlsx

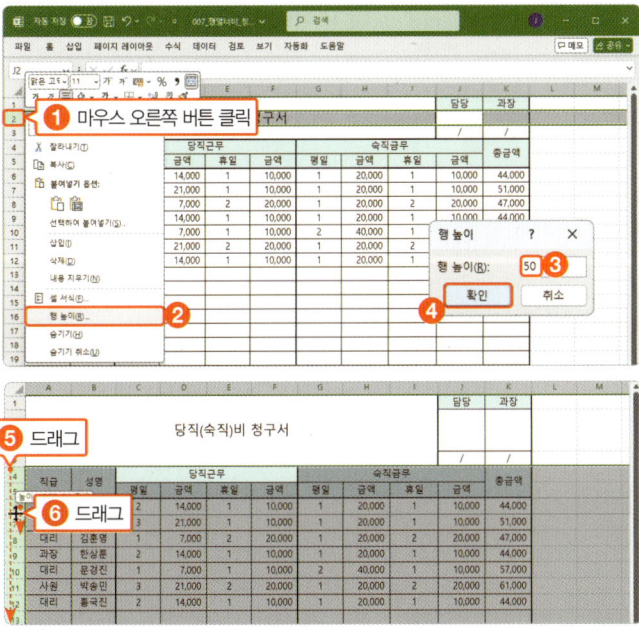

행 높이 조정하기

01 ❶ 2행 머리글에서 마우스 오른쪽 버튼 클릭

❷ [행 높이] 클릭

❸ [행 높이] 대화상자에 **50** 입력

❹ [확인] 클릭

❺ [4:21] 행 머리글 범위 지정

❻ 5행 머리글 경계선에 마우스 포인터를 위치시키고 아래쪽으로 드래그하여 행의 높이를 조절합니다.

Tip 행의 범위에 포함된 임의의 행 머리글의 경계를 드래그한 만큼 일괄적으로 나머지 행의 높이도 일괄로 변경됩니다.

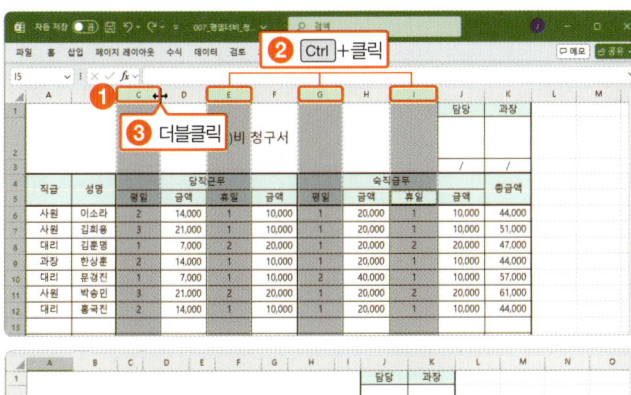

열 너비 자동 조절하기

02 ❶ C열 머리글 클릭

❷ Ctrl 을 누른 상태에서 E, G, I열 머리글 각각 클릭

❸ 선택한 열 머리글 사이 경계선에 마우스 포인터를 위치시키고 더블클릭합니다.

Tip 행/열 머리글에서 행의 아래쪽 및 열의 오른쪽 경계선을 더블클릭하면 행/열의 높이/너비가 셀에 입력된 내용에 맞춰 자동으로 조절됩니다.

008 열 너비를 유지하여 붙여넣기 및 선택하여 붙여넣기

실습 파일 엑셀\1장\008_복사_개인고객정보.xlsx   **완성 파일** 엑셀\1장\008_복사_개인고객정보_완성.xlsx

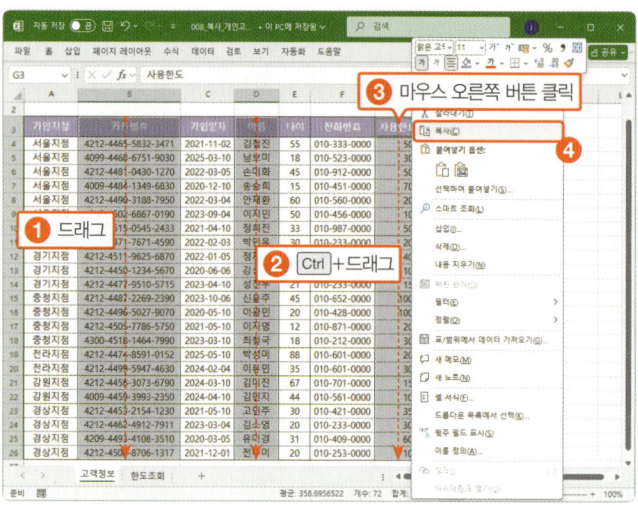

열 너비를 유지하여 붙여넣기

01 [고객정보] 시트의 카드번호, 이름, 사용한도를 열 너비를 유지한 채 [한도조회] 시트에 붙여 넣어보겠습니다.

❶ [고객정보] 시트에서 [B3:B26] 범위 지정

❷ Ctrl 을 누른 상태에서 [D3:D26], [G3:G26] 범위 각각 지정

❸ 마우스 오른쪽 버튼 클릭

❹ [복사]를 클릭합니다.

Tip [복사] 단축키는 Ctrl + C , [잘라내기]는 Ctrl + X , [붙여넣기]는 Ctrl + V 입니다.

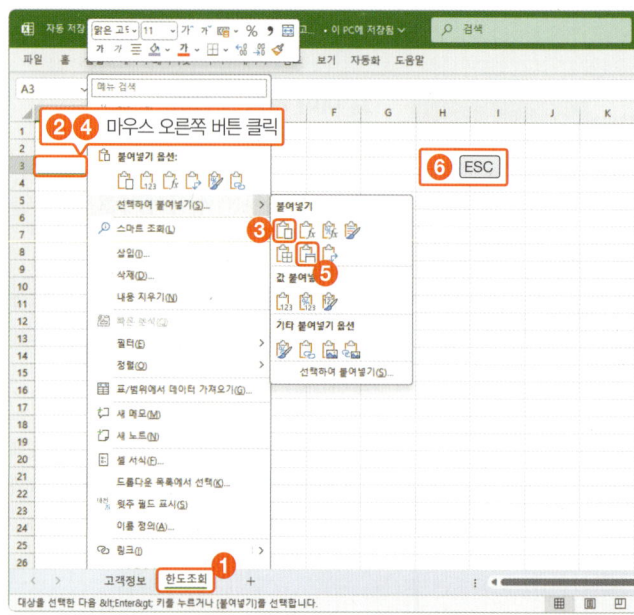

02 ❶ [한도조회] 시트 탭 클릭

❷ [A3] 셀에서 마우스 오른쪽 버튼 클릭

❸ [선택하여 붙여넣기]-[붙여넣기 📋] 클릭

❹ 한 번 더 마우스 오른쪽 버튼 클릭

❺ [선택하여 붙여넣기]-[원본 열 너비 유지 📋] 클릭

❻ ESC 를 눌러 복사 모드를 해제합니다.

Tip [붙여넣기 📋]는 복사한 데이터, 서식, [원본 열 너비 유지 📋]는 복사한 데이터의 열 너비가 유지된 채 붙여 넣어집니다.

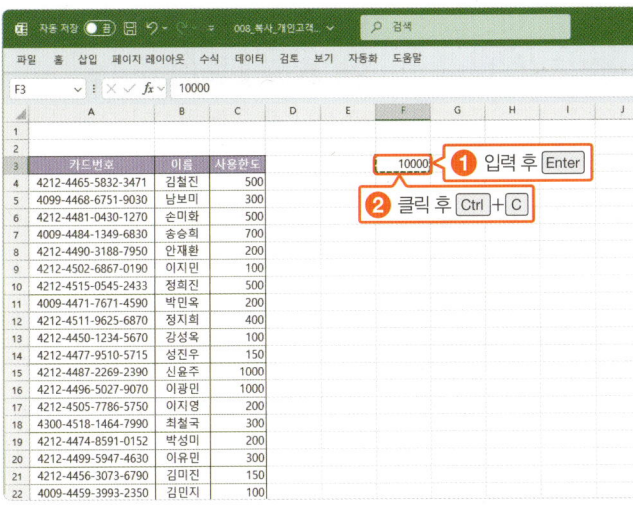

곱하여 붙여넣기

03 [선택하여 붙여넣기] 대화상자를 이용해 사용한도 금액에 10000을 곱해서 표시해보겠습니다.

❶ [F3] 셀에 **10000** 입력 후 Enter

❷ [F3] 셀을 클릭한 후 Ctrl + C 를 누릅니다.

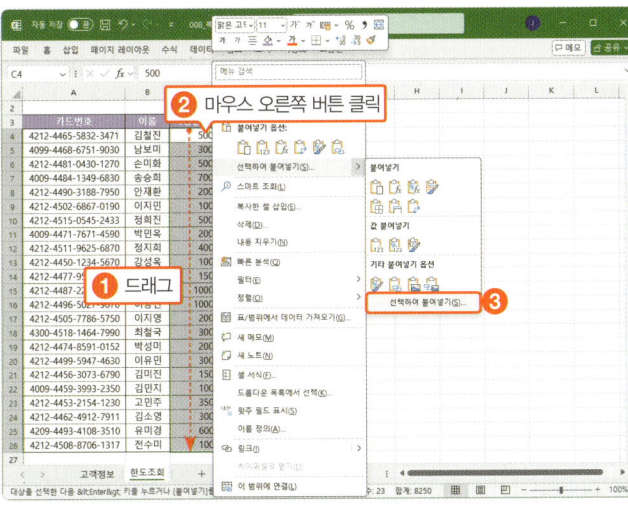

04 ❶ [C4:C26] 범위 지정

❷ 마우스 오른쪽 버튼 클릭

❸ [선택하여 붙여넣기]-[선택하여 붙여넣기]를 클릭합니다.

Tip [선택하여 붙여넣기] 단축키는 Ctrl + Alt + V 입니다.

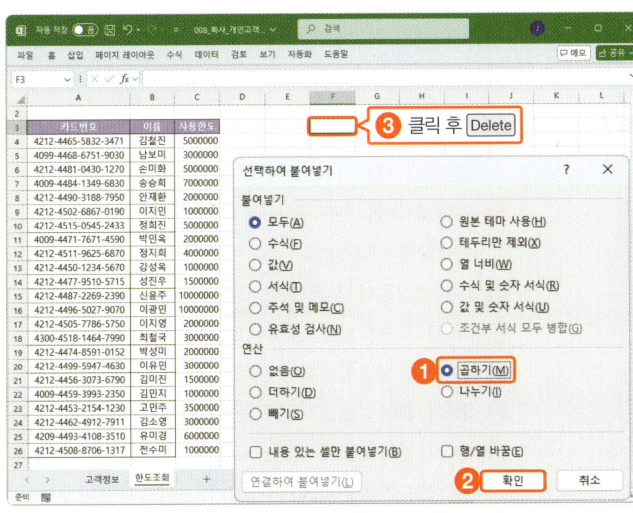

05 ❶ [선택하여 붙여넣기] 대화상자에서 [연산]-[곱하기] 클릭

❷ [확인] 클릭

❸ [F3] 셀을 클릭한 후 Delete 를 눌러 값을 삭제합니다.

Tip 선택한 범위의 값에 10000이 곱해집니다.

이름 열의 서식만 복사하기

06 ① [B4:B26] 범위 지정
② [홈] 탭-[클립보드] 그룹-[서식 복사 🖌]를 클릭합니다.

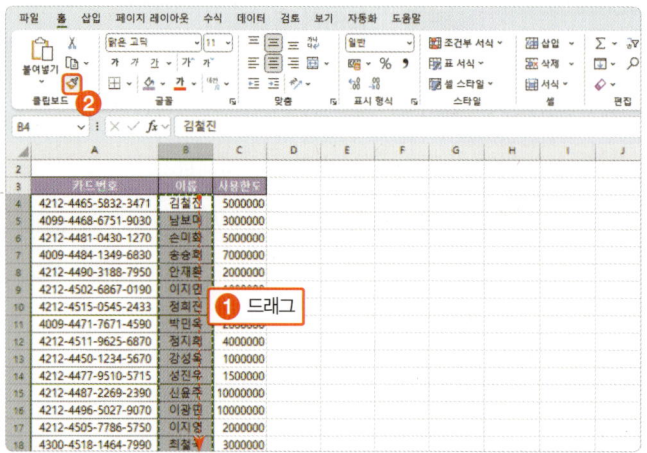

07 마우스 포인터가 서식 붙여넣기 모양 🗇🖌으로 변경됩니다. [C4] 셀을 클릭하면 이름 열의 서식이 사용한도 열로 복사됩니다.

Tip [서식 복사 🖌]를 더블클릭하면 동일한 서식을 반복해서 복사할 수 있습니다. 서식 복사를 중단하려면 ESC 를 누릅니다.

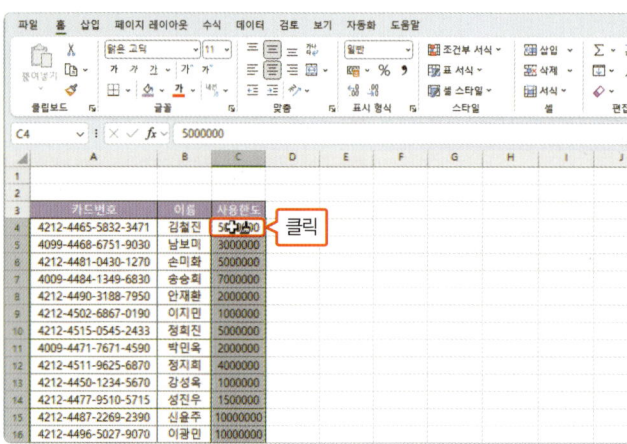

Note 붙여넣기(Ctrl+V)와 선택하여 붙여넣기 옵션(Ctrl+Alt+V)의 차이점은 무엇인가요?

일정 셀(범위)을 복사하면 지정한 셀(범위)의 값, 서식, 수식, 메모, 노트, 하이퍼링크 등이 붙여 넣어집니다. 하지만 [선택하여 붙여넣기]는 원하는 옵션만 선택해서 붙여 넣을 수 있습니다. [선택하여 붙여넣기] 단축키는 Ctrl + Alt + V 입니다.

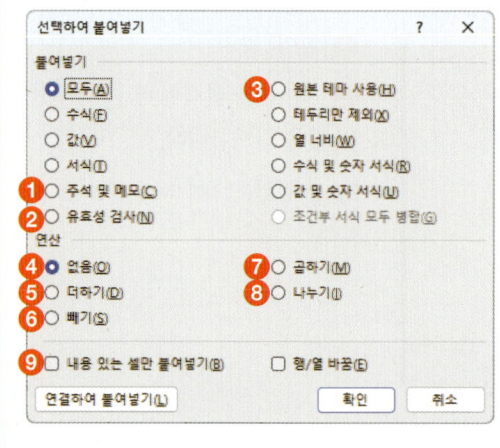

① **주석 및 메모** : 셀에 설명을 적은 메모만 붙여 넣음
② **유효성 검사** : 셀에 설정된 데이터 유효성 검사 규칙만 붙여 넣음
③ **원본 테마 사용** : 원본 데이터에 적용된 테마를 사용하여 모든 셀 내용과 서식을 붙여 넣음
④ **없음** : 연산 없이 복사할 영역의 내용을 붙여 넣음
⑤ **더하기** : 복사할 셀의 값을 붙여 넣을 범위의 값에 더함
⑥ **빼기** : 붙여 넣을 셀의 값에서 복사할 셀의 값을 뺌
⑦ **곱하기** : 붙여 넣을 셀의 값에 복사할 셀의 값을 곱함
⑧ **나누기** : 붙여 넣을 셀의 값을 복사할 셀의 값으로 나눔
⑨ **내용 있는 셀만 붙여넣기** : 내용이 있는 셀만 붙여 넣고 빈 셀은 붙여 넣지 않음

009 그림으로 연결하여 붙여넣기

실습 파일 엑셀\1장\009_복사_인사평가표.xlsx 완성 파일 엑셀\1장\009_복사_인사평가표_완성.xlsx

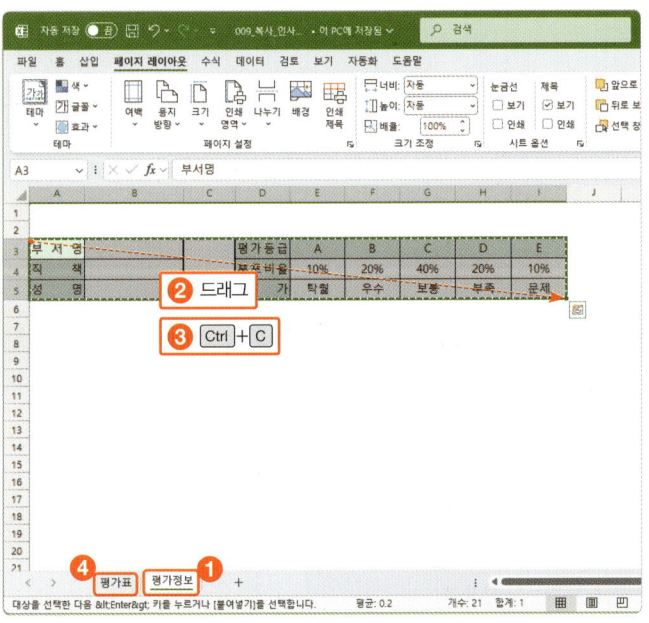

평가정보 표 복사하기

01 [평가정보] 시트에 작성된 표를 복사하여 [평가표] 시트에 그림으로 붙여 넣어보겠습니다.

① [평가정보] 시트 탭 클릭
② [A3:I5] 범위 지정
③ Ctrl + C
④ [평가표] 시트 탭을 클릭합니다.

Tip 그림으로 붙여넣기는 표뿐만 아니라 눈금선도 복사하므로 복사하기 전에 [보기] 탭-[표시] 그룹-[눈금선]의 체크를 해제합니다.

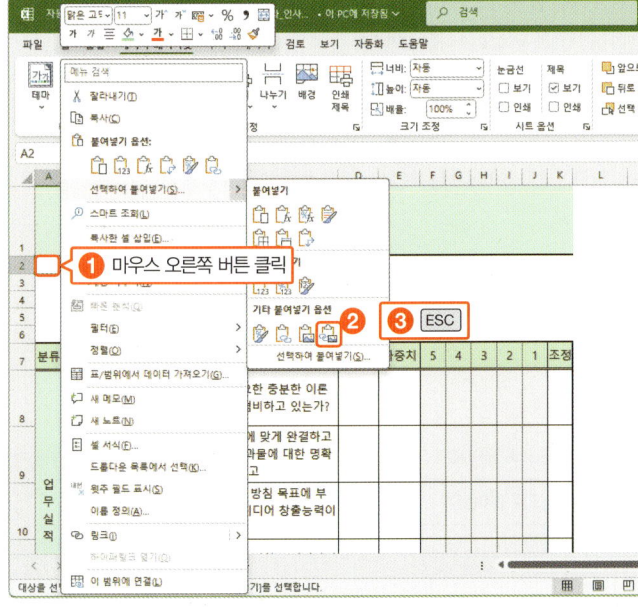

그림으로 붙여넣기

02 ① [A2] 셀에서 마우스 오른쪽 버튼 클릭
② [선택하여 붙여넣기]-[기타 붙여넣기 옵션]에서 [연결된 그림] 클릭
③ ESC 를 눌러 복사 모드를 해제합니다.

Tip [연결된 그림]을 사용하면 원본 데이터와 동일하게 자동으로 수정됩니다. 만약 원본 데이터의 영향을 받지 않으려면 [그림]을 선택합니다.

CHAPTER 01 엑셀의 시작, 화면 구성과 데이터 입력으로 첫걸음 떼기 **047**

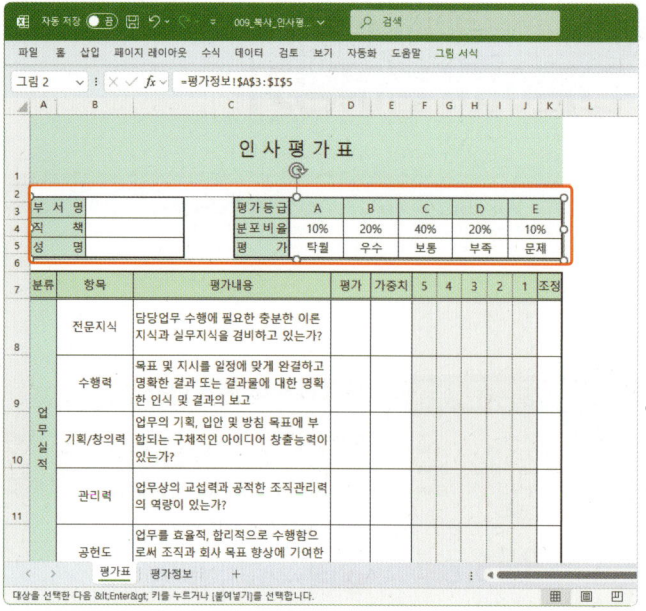

03 붙여 넣은 그림 개체를 클릭한 후 드래그하여 위치와 크기를 조절합니다.

Tip 개체를 선택한 후 방향키(←↑→↓)를 눌러 위치를 이동할 수 있습니다.

> **Note** 단축 메뉴에 있는 선택하여 붙여넣기 옵션 아이콘은 어떻게 다른가요?

엑셀 2010 이후 버전에서 마우스 오른쪽 버튼을 클릭할 때 나타나는 메뉴는 붙여넣기 옵션을 아이콘으로 제공합니다. 이 메뉴를 이용하면 좀 더 쉽고 편리하게 붙여넣기 옵션을 지정할 수 있습니다.

	선택하여 붙여넣기 옵션	설명
붙여넣기	: 붙여넣기	모든 셀 내용과 수식 및 서식 붙여넣기
	: 수식	수식 입력줄에 입력한 수식만 붙여넣기
	: 수식 및 숫자 서식	수식 입력줄에 입력한 수식과 숫자 서식을 붙여넣기
	: 원본 서식 유지	테마가 적용된 원본 서식을 유지하면서 다른 통합 문서에 셀 내용과 수식을 붙여넣기
	: 테두리 없음	테두리 없이 셀 내용과 서식 및 수식을 붙여넣기
	: 원본 열 너비 유지	원본 열 너비를 유지하면서 셀 내용과 서식, 수식을 붙여넣기
	: 행/열 바꿈	행과 열을 바꿔서 셀 내용과 서식, 수식을 붙여넣기
	: 조건부 서식 병합	조건부 서식을 붙여 넣을 영역에 있는 조건부 서식과 병합하여 붙여넣기
값 붙여넣기	: 값	셀 내용만 붙여넣기
	: 값 및 숫자 서식	셀 내용과 숫자 서식만 붙여넣기
	: 값 및 원본 서식	셀 내용과 서식을 붙여넣기
기타 붙여넣기	: 서식	셀 서식만 붙여넣기
	: 연결하여 붙여넣기	셀 내용만 연결하여 붙여넣기
	: 그림	원본과 연결 없이 그림으로 붙여넣기
	: 연결된 그림	원본과 연결하여 그림으로 붙여넣기

우선순위 010 워크시트 이름 및 탭 색 변경하기

실습 파일 엑셀\1장\010_시트_실적현황1.xlsx 완성 파일 엑셀\1장\010_시트_실적현황1_완성.xlsx

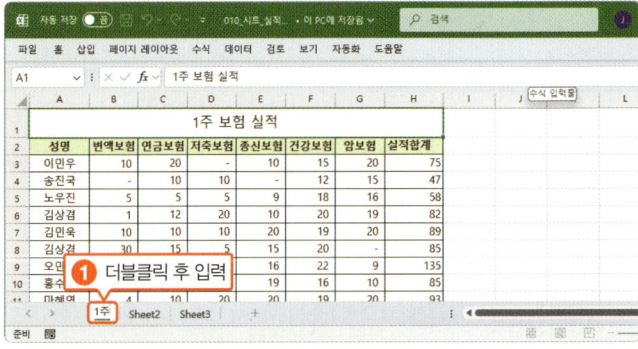

워크시트 이름 변경하기

01 ❶ [Sheet1] 시트 탭 더블클릭 후 **1주** 입력

❷ 같은 방법으로 [Sheet2], [Sheet3] 시트의 이름을 각각 **2주**, **3주**로 변경합니다.

Tip 워크시트 이름은 31자를 넘지 않아야 하며 \, /, ?, *, [,], '를 포함하지 않아야 합니다.

워크시트 탭 색 변경하기

02 ❶ [1주] 시트 탭에서 마우스 오른쪽 버튼 클릭

❷ [탭 색]-[바다색, 강조 1] 클릭

❸ 같은 방법으로 [2주], [3주] 시트 탭의 색을 각각 [녹색, 강조 2], [황금색, 강조 5]로 변경합니다.

 # 워크시트 이동/복사/삭제하기

실습 파일 엑셀\1장\011_시트_실적현황2.xlsx 완성 파일 엑셀\1장\011_시트_실적현황2_완성.xlsx

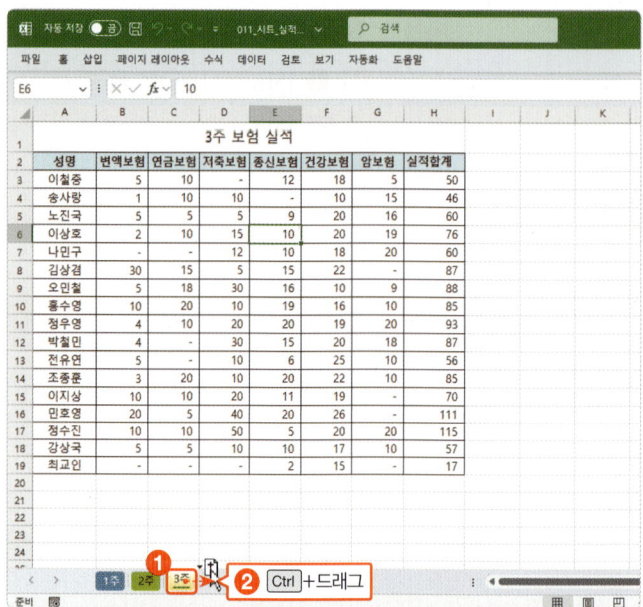

워크시트 복사하기

01 4주간의 매출 실적을 각각의 시트에 기록하려고 합니다. [4주] 시트가 없으므로 [3주] 시트를 복사한 후 이름을 바꿔보겠습니다.

❶ [3주] 시트 탭 클릭
❷ Ctrl 을 누른 상태에서 오른쪽으로 드래그합니다.

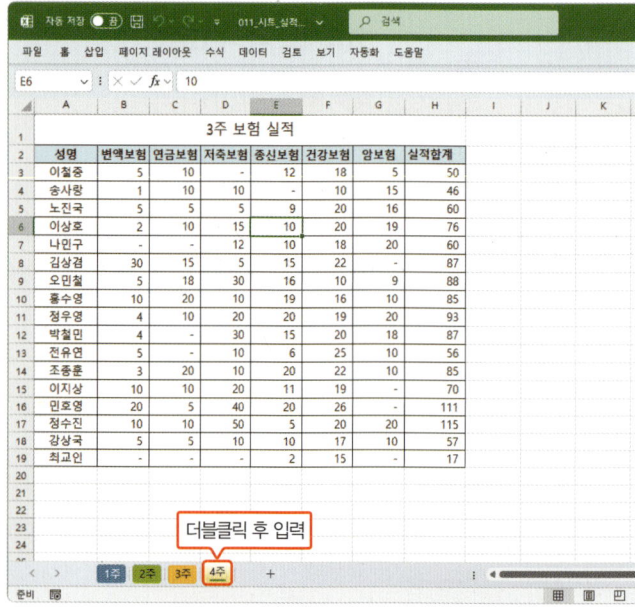

복사된 워크시트 이름 변경하기

02 복사된 시트를 더블클릭하고 **4주**를 입력합니다.

워크시트 삽입 및 이동하기

03 ❶ [새 시트 +] 클릭

❷ 새로운 시트 탭 더블클릭 후 **월실적** 입력

❸ [월실적] 시트 탭을 [1주] 시트 탭 왼쪽으로 드래그합니다.

Tip 시트는 최대 255개를 삽입할 수 있습니다. 새 통합 문서에서 시트의 개수를 조절하려면 [파일] 탭-[옵션]을 클릭하고 [Excel 옵션] 대화상자에서 [일반] 항목의 [포함할 시트 수]에서 1~255 사이의 값을 입력합니다.

워크시트 삭제하기

04 앞서 추가한 [4주] 시트를 삭제해보겠습니다.

❶ [4주] 시트 탭에서 마우스 오른쪽 버튼 클릭

❷ [삭제] 클릭

❸ 해당 시트를 삭제해도 되는지 물어보는 메시지가 나타나면 [삭제]를 클릭합니다.

Tip 삭제된 시트는 명령 취소를 할 수 없으므로 주의합니다.

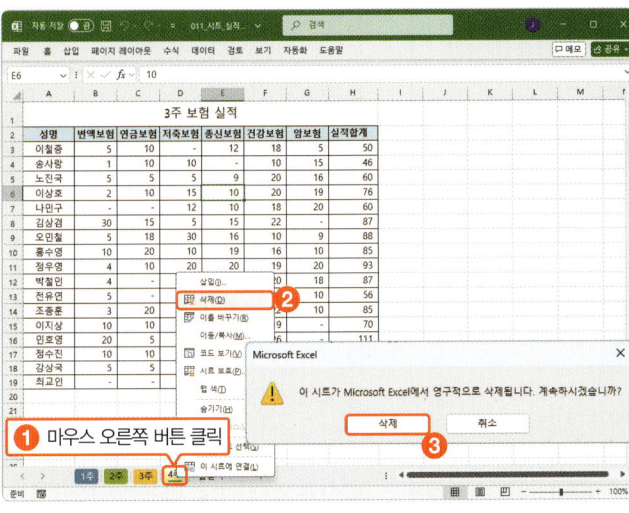

Note 워크시트와 관련해서 꼭 알아야 할 단축키가 있나요?

워크시트를 원하는 대로 다루기 위해서 알아두면 좋은 단축키입니다.

단축키	설명
Shift + F11	새 워크시트를 삽입합니다.
Ctrl + PgUp/PgDn	현재 워크시트에서 다음 또는 이전 워크시트로 이동합니다.
Ctrl + 시트 이동 단추 ‹ Ctrl + 시트 이동 단추 ›	워크시트의 처음/끝으로 이동합니다. (워크시트의 개수가 많아서 탭 위치에 시트가 모두 보이지 않을 때만 활성화됩니다)
시트 이동 단추(‹ ›)에서 마우스 오른쪽 버튼 클릭	[활성화] 대화상자에 전체 워크시트 목록이 표시됩니다. 워크시트 이름을 더블클릭하면 해당 워크시트로 이동합니다.
Shift + 시트 탭 클릭	Shift 를 누른 상태에서 워크시트를 클릭하면 처음 선택한 워크시트와 마지막에 선택한 워크시트 사이에 위치한 모든 워크시트가 그룹화됩니다.
Ctrl + 시트 탭 클릭	Ctrl 을 누른 상태에서 워크시트를 클릭하면 클릭한 워크시트만 그룹화됩니다.

012 워크시트 보호하기

실습 파일 엑셀\1장\012_시트보호_거래명세서.xlsx   완성 파일 엑셀\1장\012_시트보호_거래명세서_완성.xlsx

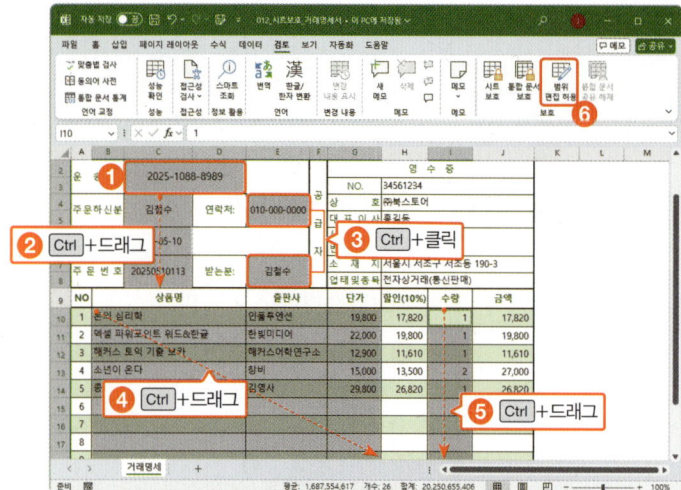

범위 편집 허용하기

01 지정한 범위 외에는 수정할 수 없도록 편집 허용 범위를 설정해보겠습니다.

❶ [C2] 셀 클릭

❷ Ctrl 을 누른 채 [C4:C7] 범위 지정

❸ Ctrl 을 누른 채 [E4] 셀, [E7] 셀 클릭

❹ Ctrl 을 누른 채 [B10:G19] 범위 지정

❺ Ctrl 을 누른 채 [I10:I19] 범위 지정

❻ [검토] 탭–[보호] 그룹–[범위 편집 허용 ▦]을 클릭합니다.

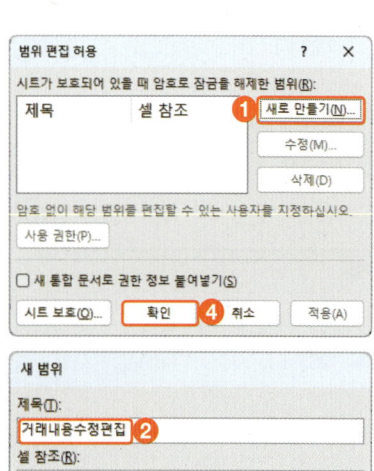

02 ❶ [범위 편집 허용] 대화상자에서 [새로 만들기] 클릭

❷ [새 범위] 대화상자의 [제목]에 **거래내용수정편집** 입력

❸ [확인] 클릭

❹ [범위 편집 허용] 대화상자에서도 [확인]을 클릭합니다.

Tip 지정한 범위만 편집할 수 있도록 편집 허용 범위가 설정됩니다.

시트 보호하기

03 데이터와 서식을 변경할 수 없도록 시트 보호를 설정해보겠습니다.

❶ 임의의 셀 클릭

❷ [검토] 탭–[보호] 그룹–[시트 보호] 클릭

❸ [시트 보호] 대화상자에서 [확인]을 클릭합니다.

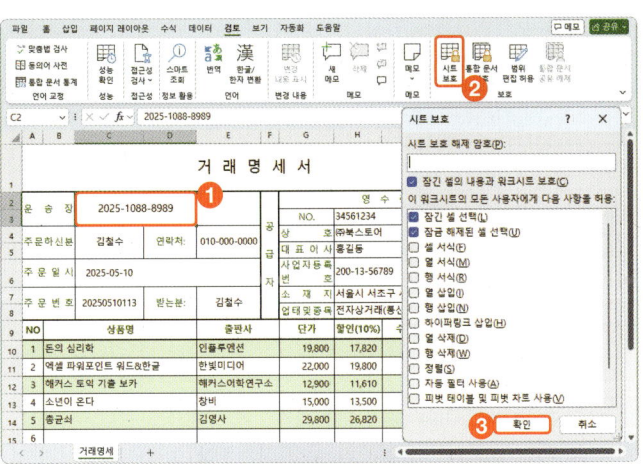

Tip 편집 허용 범위를 지정한 후 시트 보호를 설정하면 [거래내용수정편집]에서 지정한 [C2], [C4:C7], [E4], [E7], [B10:G19], [I10:I19] 셀만 수정할 수 있습니다. 만약 [시트 보호 해제 암호]를 입력했다면 암호를 잊어버리지 않도록 주의합니다.

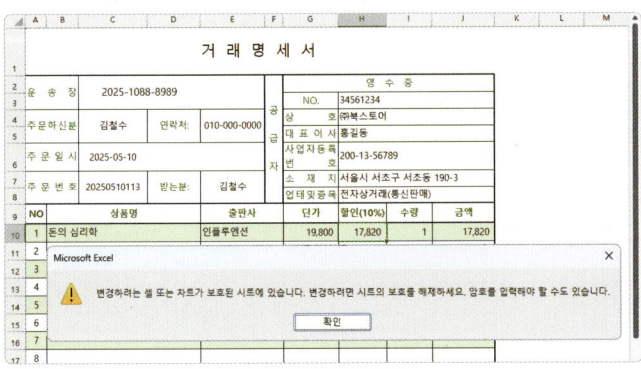

04 편집 범위를 허용한 운송장, 주문하신분, 연락처, 주문일시, 주문번호, 받는분, 상품명, 출판사, 단가, 수량 이외의 셀인 [H10] 셀에서 데이터 수정을 시도하면 경고 메시지가 나타납니다.

Tip 시트 보호를 해제하려면 [검토] 탭–[보호] 그룹–[시트 보호 해제]를 클릭합니다.

Note 수식 셀을 보호하고 수식을 숨길 수 있나요?

셀(범위)을 [잠금]하는 이유는 개인 사용자나 공유된 문서를 사용하는 여러 사용자가 실수나 고의로 워크시트 또는 통합 문서의 중요한 데이터를 변경, 이동, 삭제할 수 없도록 하기 위해서입니다. 특히 [숨김]은 계산 결과만 셀에 표시하고, 수식은 숨겨서 어떤 수식을 사용했는지 숨길 수 있습니다.

❶ 시트 보호를 해제한 상태에서 수식이 입력된 범위를 지정합니다. ❷ Ctrl + 1 을 누른 후 ❸ [셀 서식] 대화상자–[보호] 탭에서 [잠금], [숨김]에 체크합니다. ❹ [확인]을 클릭해 수식 셀을 보호하고 수식을 숨깁니다. 이후 [검토] 탭–[보호] 그룹–[시트 보호]를 클릭해 시트 보호를 설정합니다. 수식 셀을 클릭해보면 수식 입력줄의 수식이 숨겨집니다.

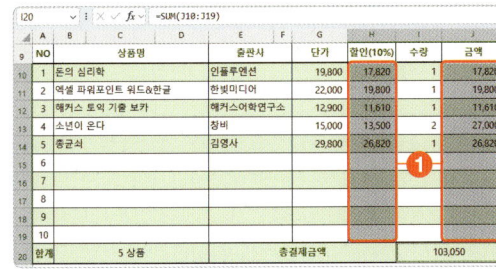
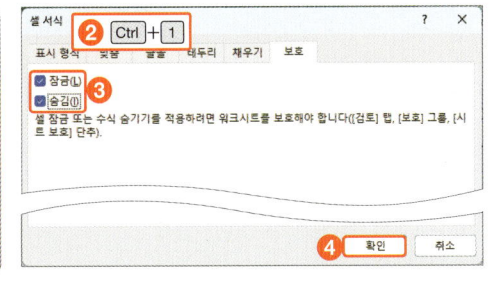

Note 셀 이동과 화면 이동 단축키

근처 셀로 이동할 때

↓ 또는 Enter	현재 셀의 위치를 아래 셀로 이동합니다.
↑ 또는 Shift+Enter	현재 셀의 위치를 위쪽 셀로 이동합니다.
→ 또는 Tab	현재 셀의 위치를 오른쪽 셀로 이동합니다.
↑ 또는 Shift+Tab	현재 셀 위치의 행 전체를 범위 지정합니다.

화면 단위로 이동할 때

키보드	PgUp/PgDn	화면 단위로 위 또는 아래 셀로 이동합니다.
	Alt+PgUp/PgDn	화면 단위로 왼쪽 또는 오른쪽 셀로 이동합니다.
마우스	마우스 휠 버튼	마우스 휠 버튼을 올리거나 내리면 화면 단위로 위 또는 아래로 이동합니다.
	Ctrl+Shift+마우스 휠 버튼	화면 단위로 왼쪽/오른쪽으로 이동합니다.

행/열의 처음이나 끝으로 이동할 때

Ctrl+방향키(↑/↓/←/→)	데이터가 입력된 현재 셀에서 행의 위, 아래, 열의 왼쪽, 오른쪽 셀로 이동합니다. 단, 데이터가 입력되지 않았을 때는 현재 행/열의 처음 또는 마지막 셀로 이동합니다.
Ctrl+Home	현재 셀 위치에서 [A1] 셀로 이동합니다. 단, 틀이 고정되어 있을 때는 고정된 위치의 첫 셀로 이동합니다.

Note 실행 취소와 다시 실행

[실행 취소]나 [다시 실행]을 이용하면 잘못 실행한 작업이나 명령을 100단계까지 취소하거나 다시 실행할 수 있습니다. 단, 메뉴 탭을 선택하거나 [시트 보호], [통합 문서 저장], [매크로 실행] 등의 일부 작업은 취소할 수 없습니다. [실행 취소]와 [다시 실행]은 빠른 실행 도구 모음에 있으며 단축키는 각각 Ctrl+Z 와 Ctrl+Y 입니다.

❶ **실행 취소(Ctrl+Z)** : 최근 작업이나 그 이전 작업을 취소하고 싶을 때는 빠른 실행 도구 모음에서 [실행 취소]를 클릭합니다.
❷ **다시 실행(Ctrl+Y)** : 실행 취소한 최근 작업을 다시 실행하려면 빠른 실행 도구 모음에서 [다시 실행]을 클릭합니다.

013 문자/숫자 데이터 입력하기

실습 파일 엑셀\1장\013_데이터입력.xlsx [문자], [숫자] 시트   완성 파일 엑셀\1장\013_데이터입력_완성.xlsx

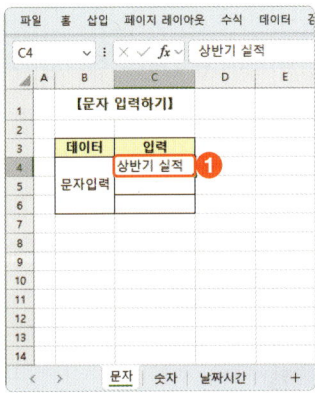
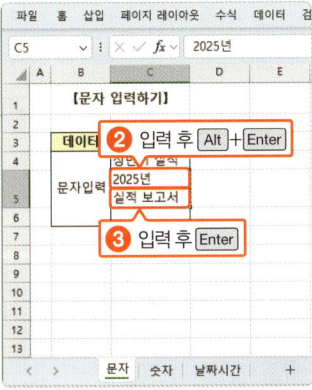

문자 데이터 입력하기

01 ❶ [문자] 시트에서 [C4] 셀에 **상반기 실적** 입력

❷ [C5] 셀에 **2025년** 입력 후 Alt + Enter 눌러 행갈이

❸ 이어서 **실적 보고서**를 입력한 후 Enter 를 누릅니다.

Tip 2025년 실적 보고서가 두 줄로 입력됩니다.

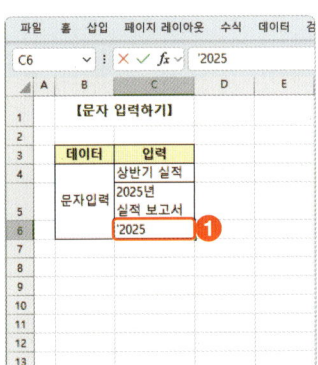
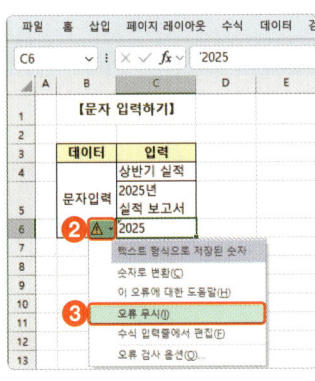

02 ❶ [C6] 셀에 **'2025** 입력

❷ [C6] 셀 옆 [오류 검사 ⚠] 클릭

❸ [오류 무시]를 클릭하여 오류 표시를 지웁니다.

Tip 숫자 데이터 앞에 아포스트로피(')를 입력하면 엑셀은 이를 문자 데이터로 인식합니다. 따라서 숫자에 아포스트로피를 붙여 입력한 데이터로는 계산에 포함되지 않습니다.

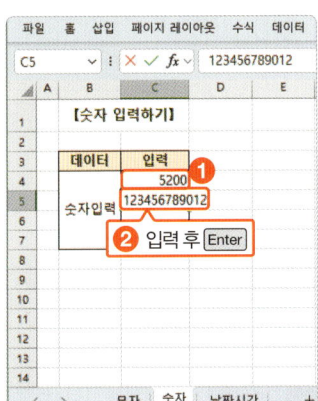
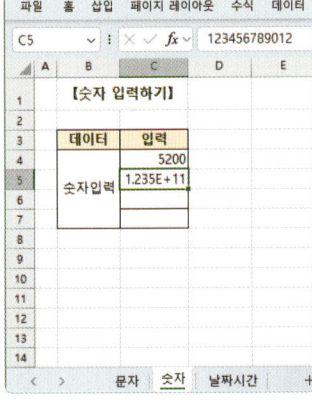

숫자 데이터 입력하기

03 ❶ [숫자] 시트에서 [C4] 셀에 **5200** 입력

❷ [C5] 셀에 **123456789012**를 입력한 후 Enter 를 누릅니다.

Tip 숫자 데이터는 셀 너비가 좁거나 12자리 이상이면 지수 형태로 표시됩니다.

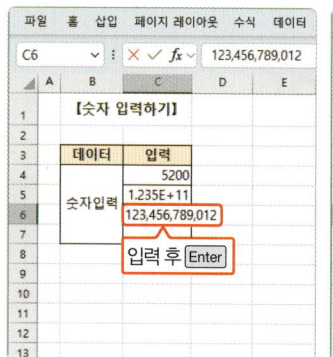

04 [C6] 셀에 **123,456,789,012**를 입력한 후 Enter를 누릅니다.

Tip 서식이 포함된 숫자 데이터가 셀 너비보다 길면 '#####'으로 표시됩니다. 열 너비를 조절하면 123,456,789,012 값이 나타납니다.

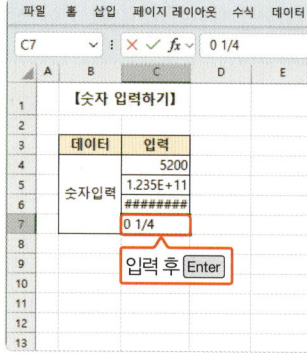 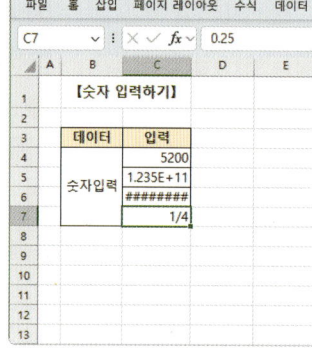

05 [C7] 셀에 **0 1/4**을 입력한 후 Enter를 누르면 분수로 입력됩니다.

Tip 셀에 '1/4'로 표시되고 수식 입력줄에는 '0.25'로 표시됩니다. 숫자 데이터를 분수로 표시하려면 0 이상의 숫자를 입력한 후 한 칸 띄고 분자/분모 값을 입력합니다.

> **Note** 문자와 숫자 데이터를 구별할 수 있나요?

데이터는 반드시 목적에 따라 정확한 데이터 형식을 정해야 합니다. 정해진 목적에 맞춰 문자, 숫자를 입력했을 때 문자는 왼쪽 맞춤, 숫자는 오른쪽 맞춤으로 표시되어 직관적으로 구별할 수 있습니다.

❶ **문자** : 한글, 한자, 일본어, 특수문자 등 계산할 수 없는 데이터로, 셀 내에서 왼쪽 정렬됩니다.

❷ **숫자** : 계산 및 통계에 사용되는 가장 기본적인 데이터로, 셀 내에서 오른쪽 정렬되며, 15자리(최대 999조)까지 정밀도가 보장됩니다.

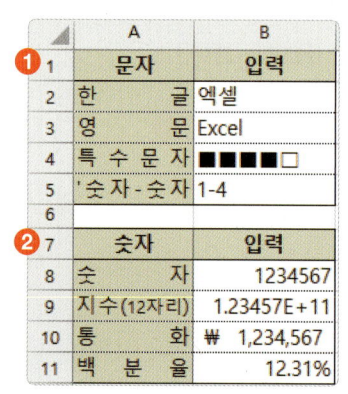

014 날짜/시간 입력하기

실습 파일 엑셀\1장\013_데이터입력.xlsx [날짜시간] 시트 **완성 파일** 엑셀\1장\013_데이터입력_완성.xlsx

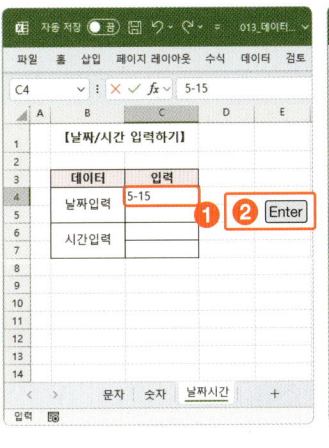
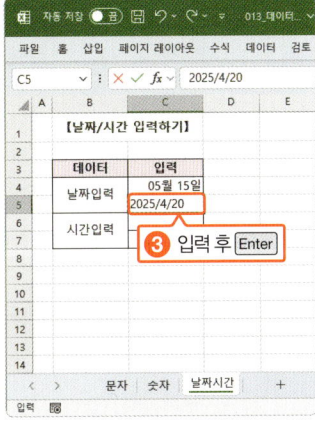

날짜 입력하기

01 ❶ [날짜시간] 시트에서 [C4] 셀에 **5-15** 입력

❷ Enter 를 눌러 해당 연도를 기준으로 날짜 표시

❸ [C5] 셀에 **2025/4/20**을 입력한 후 Enter 를 누릅니다.

Tip 2025/4/20을 입력하면 연-월-일로 인식해 2025-04-20으로 표시됩니다. 현재 날짜를 입력하는 단축키는 Ctrl + ; 입니다.

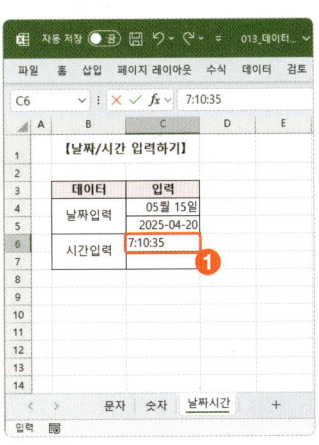
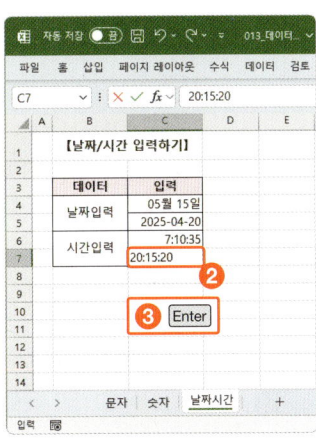

시간 입력하기

02 ❶ [C6] 셀에 **7:10:35** 입력

❷ [C7] 셀에 **20:15:20** 입력

❸ Enter 를 누릅니다.

Tip 기본적으로 시간 데이터는 24시간제로 표시되며 [C6] 셀, [C7] 셀을 클릭하면 수식 입력줄에 각각 7:10:35 AM, 8:15:20 PM이 표시됩니다. 현재 시간을 입력하는 단축키는 Ctrl + Shift + ; 입니다.

Note 날짜와 시간은 형식을 맞춰서 입력해야 하나요?

엑셀에서 날짜와 시간은 단순히 보여주는 문자 데이터일 경우 형식에 맞춰서 입력할 필요가 없지만 날짜 사이의 간격이나, 경과 시간 등을 계산하려면 반드시 날짜와 시간 형식에 맞춰 입력해야 합니다.

날짜 데이터

엑셀에서는 날짜를 1900년 1월 1일부터 9999년 12월 31일까지의 누적 일수에 따른 일련번호로 관리합니다. 예를 들어, 셀에 1900-01-01을 입력하면 일련번호 1로 저장되며, 1900-01-30을 입력하면 일련번호 30으로 저장됩니다. 셀에는 이 값이 날짜 형식(년-월-일)으로 표시됩니다. 따라서 날짜 간의 차이(일 수, 개월 수, 연 수 등)를 계산하려면 날짜 형식에 맞게 값을 입력해야 합니다.

날짜	1900-01-01	...	1900-12-31	...	2025-05-10	...	9999-12-31
실제 값	1		366		45,787		2,958,465

시간 데이터

엑셀에서 시간 데이터는 시, 분, 초로 구분되어 보이지만, 실제로는 1일을 24시간으로 나눈 소수 값으로 저장됩니다. 즉, 24시간은 숫자 1로 표현되며, 이 값을 24로 나눈 비율로 시간이 표시됩니다. 예를 들어 06:00:00은 0.25, 18:00:00은 0.75, 24:00:00은 1 로 저장됩니다. 숫자 1.25는 시간 형식으로 보면 1일 6시간, 즉 30시간(30H)을 의미합니다. 따라서 시간 간의 차이(시, 분, 초)를 계산하려면 시간 형식에 맞게 값을 입력해야 합니다.

시간	1:00:00	...	6:00:00	...	12:00:00	...	18:00:00	...	24:00:00
실제 값	0.041666667		0.25		0.5		0.75		1

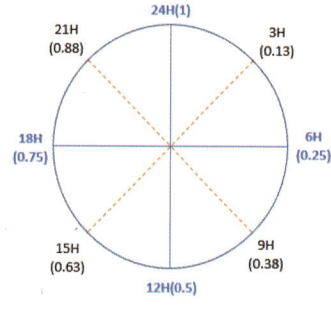

한자/기호 입력하기

실습 파일 엑셀\1장\015_데이터입력_설문조사.xlsx **완성 파일** 엑셀\1장\015_데이터입력_설문조사_완성.xlsx

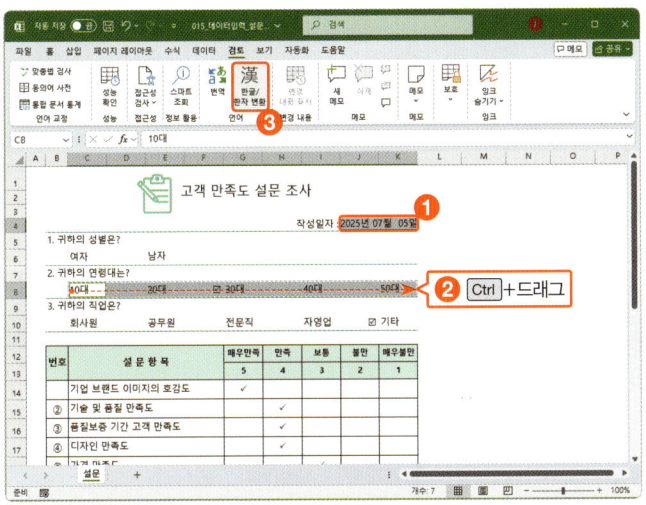

한자로 바꿀 범위 지정하기

01 한자로 바꿀 범위를 지정한 후 한글을 한자로 바꿔보겠습니다.

❶ [J4] 셀 클릭

❷ Ctrl 을 누른 상태에서 [C8:K8] 범위 지정

❸ [검토] 탭–[언어] 그룹–[한글/한자 변환 漢]을 클릭합니다.

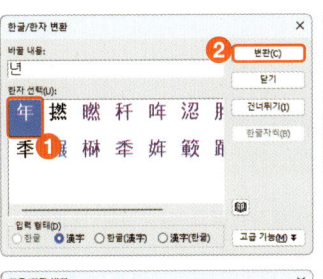
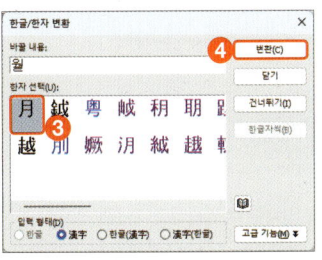
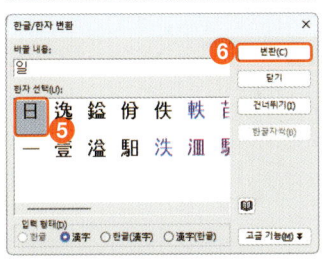
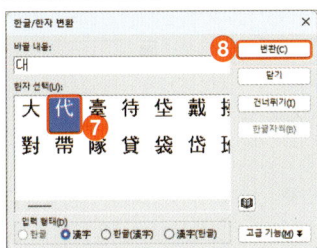

한자로 바꾸기

02 ❶ [한글/한자 변환] 대화상자에서 年(년) 클릭

❷ [변환] 클릭하여 한자 변환

❸❹❺❻❼❽ 月(월), 日(일), 代(대)를 순서대로 변환

❾ 한자 변환이 모두 끝났다는 메시지가 나타나면 [확인]을 클릭해서 변환을 마칩니다.

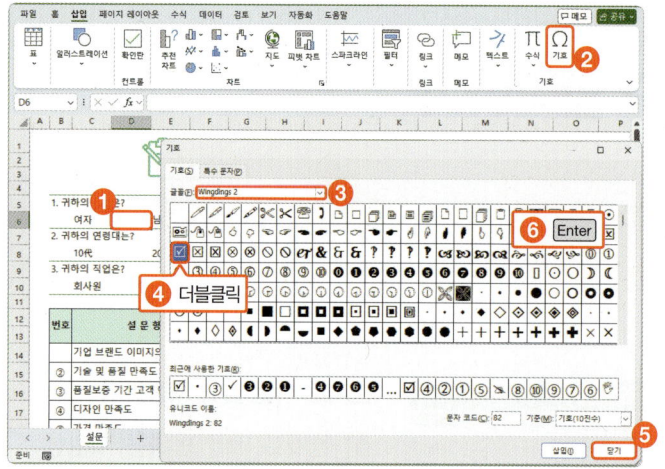

기호 입력하기

03 ① [D6] 셀 클릭
② [삽입] 탭-[기호] 그룹-[기호 Ω] 클릭
③ [기호] 대화상자의 [글꼴]에서 [Wingdings 2] 선택
④ [체크 ✓] 더블클릭
⑤ [닫기] 클릭
⑥ Enter 를 누릅니다.

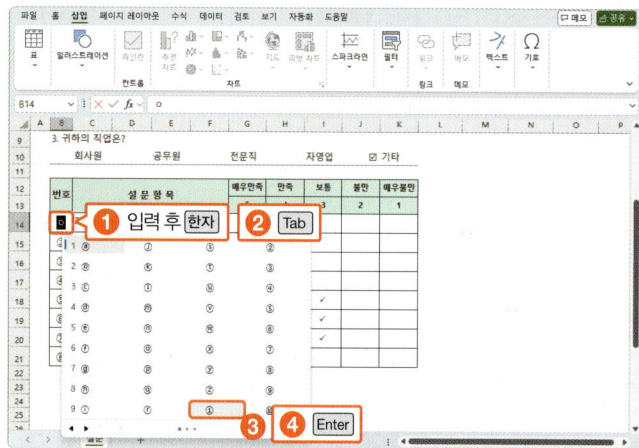

한자 를 이용하여 기호 입력하기

04 ① [B14] 셀에 ㅇ 입력 후 한자
② 목록이 나타나면 Tab
③ [①] 클릭
④ Enter 를 누릅니다.

Note 한글 자음과 한자를 조합해 다양한 특수문자를 입력하기

한글 자음을 입력한 후 한자 를 눌러서 특수문자를 입력할 수 있습니다. 자음을 입력한 후 한자 를 누르면 특수문자 목록이 나타나고 여기서 원하는 특수문자를 선택하거나 특수문자 옆에 있는 숫자를 입력합니다.

Note 특수 기호 대신 확인란(☑)을 셀에 삽입할 수 있나요? M365

Microsoft 365 구독자는 셀에 확인란(☑)을 삽입할 수 있습니다. 확인란을 클릭하면 체크(☑)되고 TRUE 값을, 한 번 더 클릭하면 체크가 해제(☐)되고 FALSE 값을 가집니다.

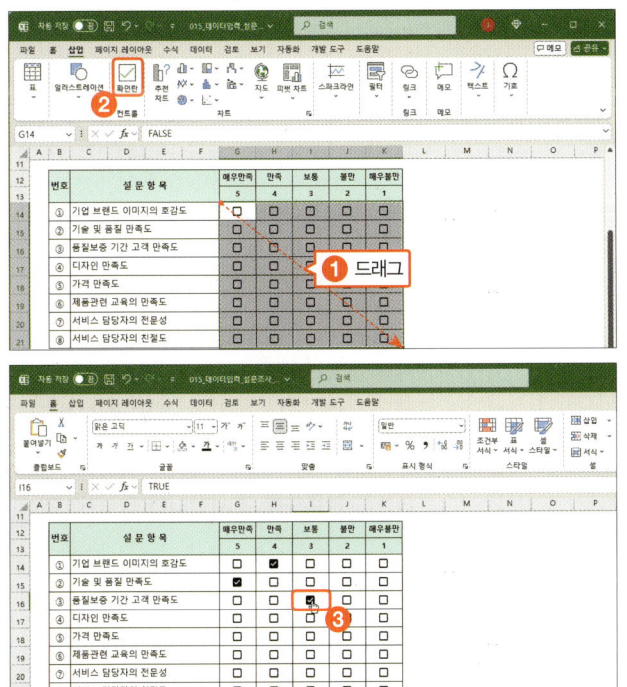

설문조사 항목을 선택하는 확인란을 삽입하려면 ① [G14:K21] 범위를 지정하고 ② [삽입] 탭-[컨트롤] 그룹-[확인란 ☑]을 클릭합니다. ③ 셀에 삽입된 확인란을 클릭하면 체크(☑)가 표시됩니다.

Tip 확인란 삽입 예제는 **015_데이터입력_설문조사_완성.xlsx** 실습 파일의 [설문확인란] 시트를 참고합니다.

Tip 확인란에 체크가 해제☐되어 있으면 Delete 를 누르고, 확인란에 체크☑되어 있다면 Delete 를 두 번 눌러 삭제합니다.

016 노트 삽입 및 편집하기

실습 파일 엑셀\1장\016_메모삽입_설문조사.xlsx   완성 파일 엑셀\1장\016_메모삽입_설문조사_완성.xlsx

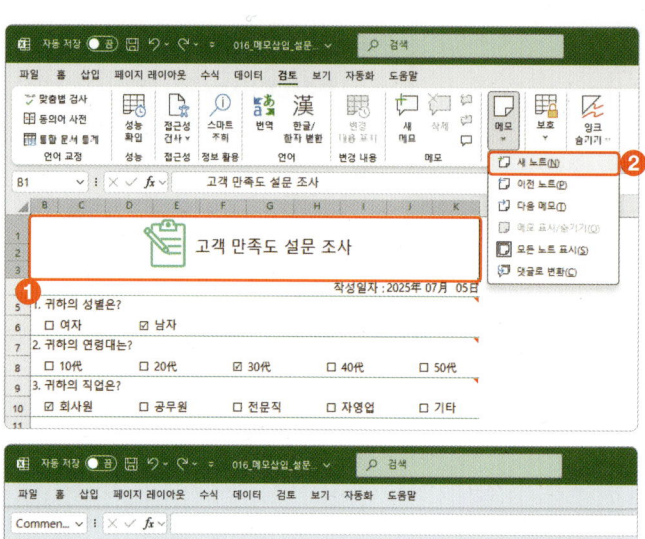

노트 추가하기

01 ❶ [B1] 셀 클릭

❷ [검토] 탭-[메모] 그룹-[새 노트] 클릭

❸ 노트 상자에 **기업의 브랜드 이미지와 품질, 디자인, 가격, 교육, 서비스 만족도를 조사합니다.** 를 입력합니다.

Tip 새 노트 단축키는 Shift + F2 입니다. 엑셀 2019 이전 버전에서는 [검토] 탭-[메모] 그룹-[새 메모]를 클릭합니다.

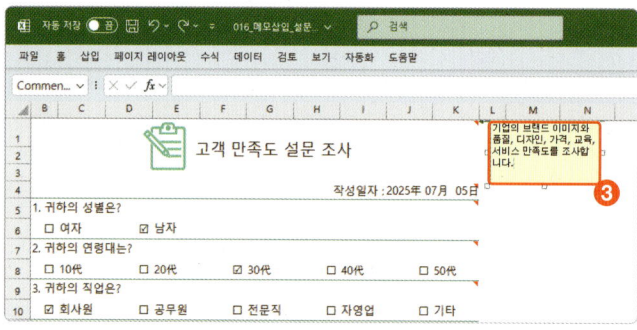

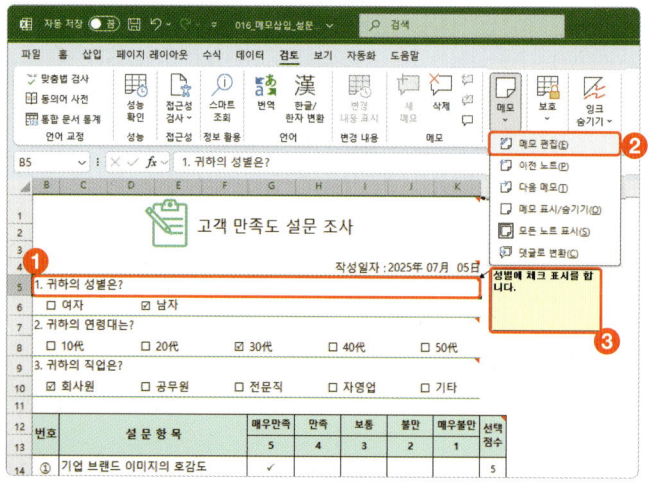

노트 수정하기

02 ❶ [B5] 셀 클릭

❷ [검토] 탭-[메모] 그룹-[메모 편집] 클릭

❸ 노트 상자의 내용을 **성별에 체크 표시를 합니다.** 로 수정합니다.

Tip 노트 편집 단축키는 Shift + F2 입니다.

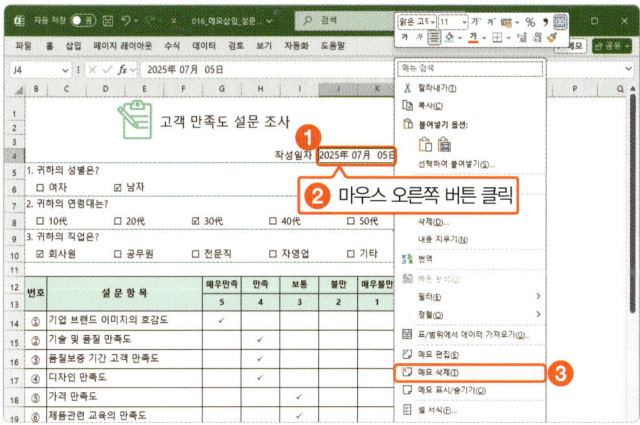

노트 삭제하기

03 ❶ [J4] 셀 클릭

❷ 마우스 오른쪽 버튼 클릭

❸ [메모 삭제]를 클릭합니다.

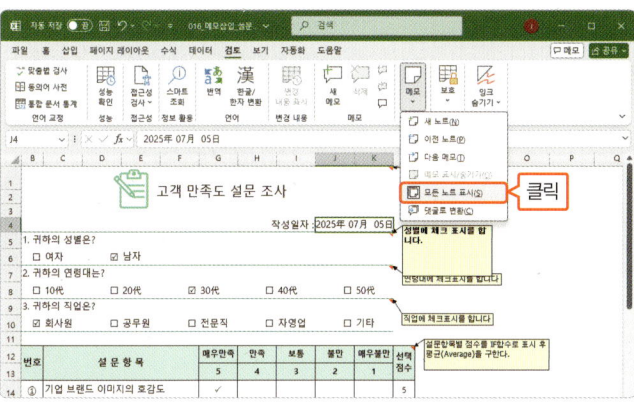

노트 모두 표시하기

04 [검토] 탭-[메모] 그룹-[모든 노트 표시]를 클릭합니다.

Tip 엑셀 2019 이전 버전에서 메모를 표시하거나 숨기려면 [검토] 탭-[메모] 그룹-[메모 모두 표시]를 클릭합니다.

> **Note** 메모와 노트는 무엇이 다른가요?

최신 버전의 엑셀에서는 [검토] 탭-[메모] 그룹에 ❶ 노트와 ❷ 메모 기능이 있으며, 두 기능의 차이는 다음과 같습니다.

❶ **노트**(엑셀 2019 버전에서는 '메모')는 셀에 간단한 설명을 입력할 때 사용하며, 노트가 추가된 셀에는 빨간색 삼각형이 표시됩니다. 회신 기능은 제공되지 않습니다.

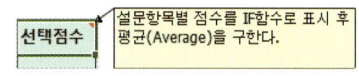

❷ **메모**는 파일을 공유하거나 클라우드를 이용한 공동 작업 시 유용하며, 메신저의 채팅처럼 셀에 설명을 입력하고 다른 사용자가 답글(멘션)을 달아 토론할 수 있습니다. 메모가 삽입된 셀은 자주색으로 표시됩니다.

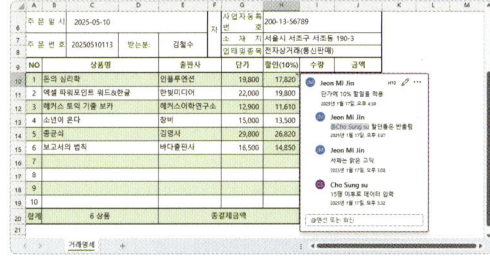
▲ 문서를 공유한 엑셀 화면

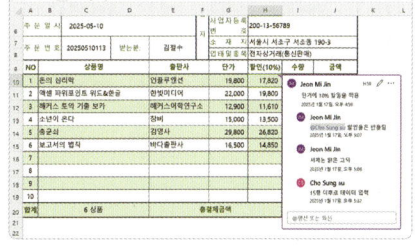
▲ 공유 대상자의 엑셀 화면

데이터 수정 및 행 삽입/삭제하기

실습 파일 엑셀\1장\017_수정_대출금.xlsx **완성 파일** 엑셀\1장\017_수정_대출금_완성.xlsx

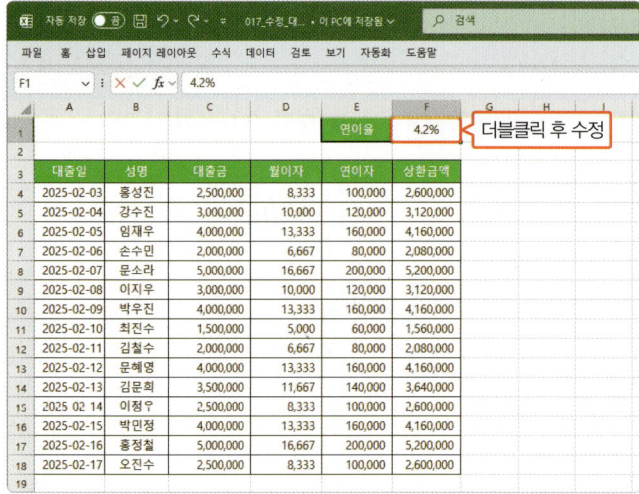

데이터 수정하기

01 셀을 더블클릭하여 데이터를 수정할 수 있습니다. [F1] 셀을 더블클릭하여 **4.2**로 수정합니다.

Tip 연이율에서는 백분율 서식이 지정되어 있어 '%'가 자동으로 입력됩니다.

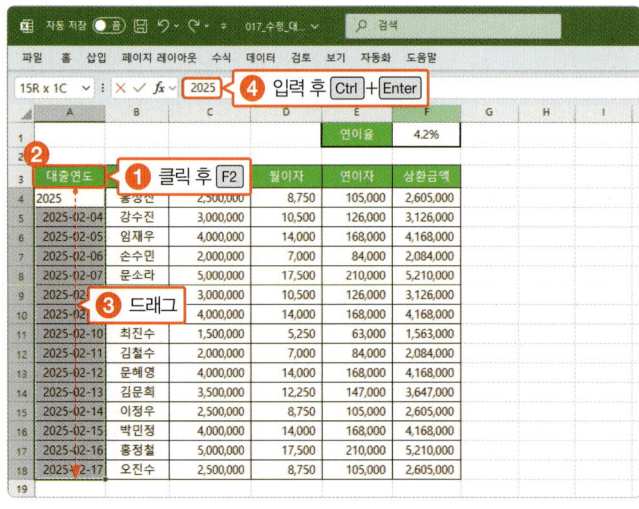

02 F2를 누르면 셀을 편집 상태로 만들어서 데이터를 수정할 수 있습니다.

① [A3] 셀 클릭 후 F2
② **대출연도**로 수정
③ [A4:A18] 범위 지정
④ 수식 입력줄에서 **2025**라고 입력한 후 Ctrl+Enter를 눌러 지정한 범위에 같은 값을 넣습니다.

Tip 대출연도 열에는 날짜 서식이 지정되어 있습니다.

서식 지우기

03 셀에 지정된 서식을 지워보겠습니다.

❶ [A4:A18] 범위 지정

❷ [홈] 탭-[편집] 그룹-[지우기 ◇▾] 클릭

❸ [서식 지우기 ◈]를 클릭합니다.

Tip 범위에 적용된 날짜 서식과 테두리가 지워져서 '2025'라는 숫자만 표시됩니다.

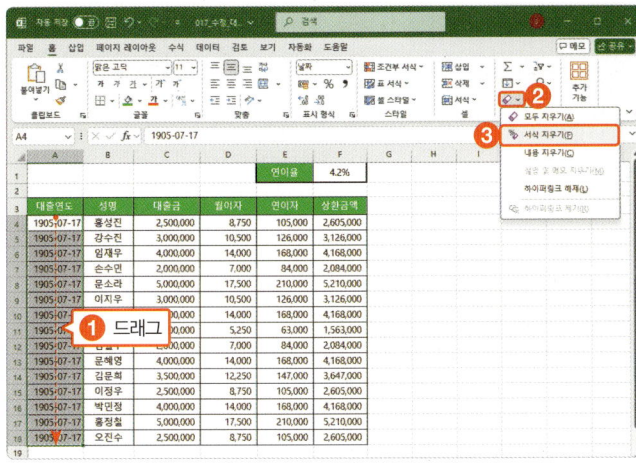

Note 엑셀에서 Delete 와 [지우기]는 무엇이 다른가요?

셀에 입력된 내용을 지우려면 Delete 를 누르거나 [홈] 탭-[편집] 그룹-[지우기 ◇▾]를 클릭합니다. Delete 를 누르면 셀에 입력된 내용만 지워지고, 서식, 메모, 노트, 하이퍼링크는 지워지지 않습니다. 따라서 셀에 적용된 일부 또는 전체를 선택적으로 지우려면 지우기 기능을 사용합니다.

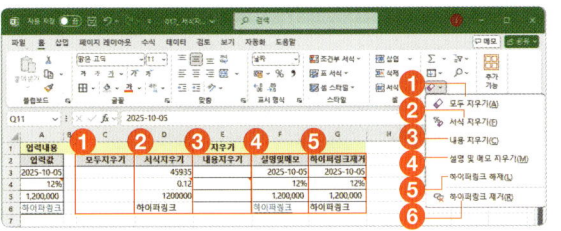

❶ **모두 지우기** : 셀에 입력된 서식, 내용, 메모를 모두 지웁니다.
❷ **서식 지우기** : 셀에 입력된 내용은 남겨두고 서식만 지웁니다.
❸ **내용 지우기** : 셀에 입력된 서식은 남겨두고 내용만 지웁니다.
❹ **설명 및 메모 지우기** : 셀에 입력된 설명 및 메모만 지웁니다.
❺ **하이퍼링크 해제** : 셀의 하이퍼링크 해제 옵션에서 하이퍼링크만 해제하거나 하이퍼링크 및 서식을 지웁니다.
❻ **하이퍼링크 제거** : 셀의 하이퍼링크를 해제하고 서식을 지웁니다.

행 삽입하기

04 ❶ 4행 머리글에서 마우스 오른쪽 버튼 클릭

❷ [삽입]을 클릭하여 행을 삽입합니다.

Tip 행/열을 삽입하는 단축키는 Ctrl + + 입니다.

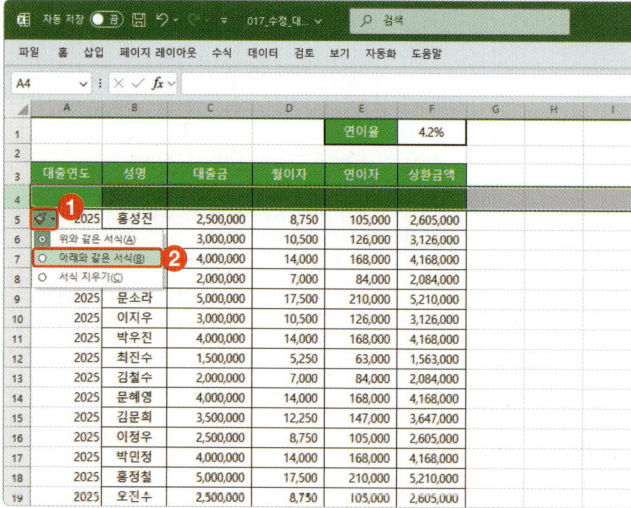

05 ❶ [삽입 옵션] 클릭

❷ [아래와 같은 서식]을 클릭합니다.

Tip 행을 삽입하면 기본적으로 위쪽 행의 서식이 적용되므로 서식을 변경하려면 [삽입 옵션]에서 원하는 항목을 선택합니다.

행 삭제하기

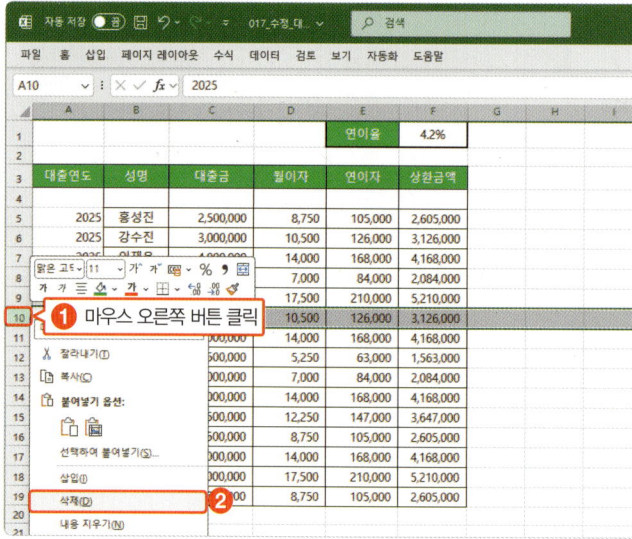

06 ❶ 10행 머리글에서 마우스 오른쪽 버튼 클릭

❷ [삭제]를 클릭하여 행을 삭제합니다.

Tip 행/열을 삭제하는 단축키는 Ctrl + - 입니다.

018 채우기 핸들로 데이터 채우기

실습 파일 엑셀\1장\018_채우기_생산현황.xlsx   완성 파일 엑셀\1장\018_채우기_생산현황_완성.xlsx

같은 내용으로 채우기

01 문서에서 제품 및 생산 공장에 해당하는 내용을 채우기 핸들을 이용해 채우겠습니다.

❶ [A4] 셀 클릭

❷ 채우기 핸들을 [A12] 셀까지 드래그합니다.

Tip 문자 데이터는 동일한 내용인 'LED TV'로 채워집니다.

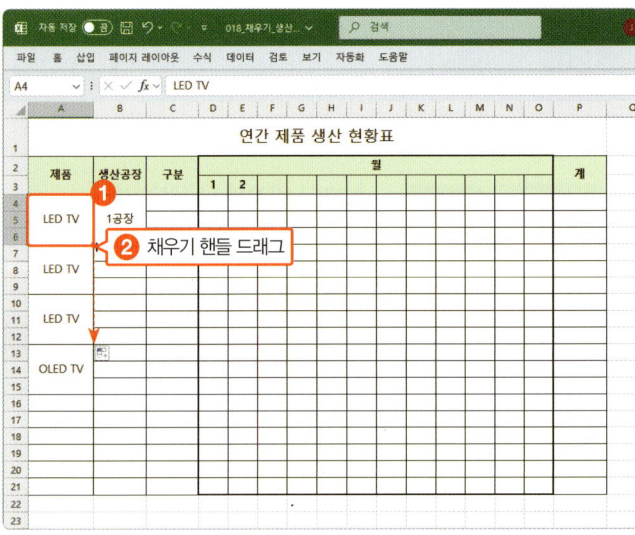

02 ❶ [A13] 셀 클릭

❷ 채우기 핸들을 [A21] 셀까지 드래그하면 동일한 데이터가 채워집니다.

Note 엑셀 데이터를 빠르게 채우는 가장 효과적인 방법은?

셀 포인터의 오른쪽 아래에 있는 점(□)을 '채우기 핸들'이라고 합니다. 마우스 포인터를 채우기 핸들 위에 올리면 십자 모양(✚)으로 바뀌며, 이때 드래그하면 데이터를 자동으로 채울 수 있습니다. ❶ 문자 데이터는 동일한 내용으로 채워지고, ❷ 문자와 숫자가 혼합된 경우에는 숫자만 1씩 증가하면서 채워집니다. ❸ 숫자 데이터는 두 셀을 선택한 후 드래그하면 두 값의 차이를 기준으로 증가하거나 감소하는 방식으로 채워집니다. 이처럼 채우기 핸들을 이용하면 연속적인 데이터나 일정한 규칙이 있는 데이터를 빠르게 입력할 수 있습니다.

숫자만 바꾸면서 채우기

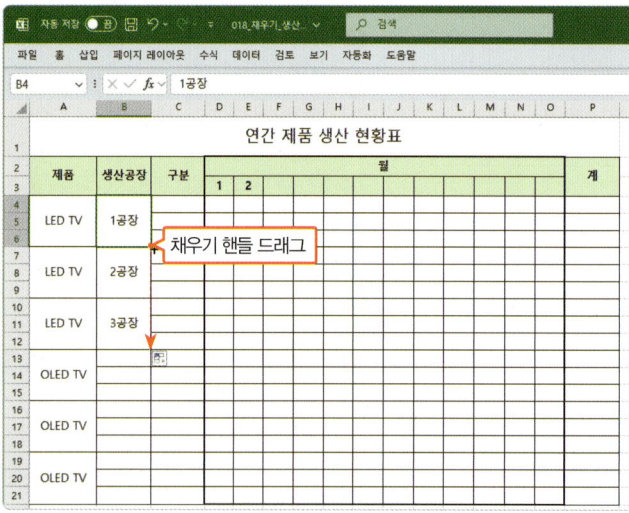

03 [B4] 셀의 채우기 핸들을 [B12] 셀까지 드래그합니다.

Tip 문자+숫자가 혼합된 문자는 숫자만 1씩 증가하므로 '1공장', '2공장', '3공장' 순서로 채워집니다.

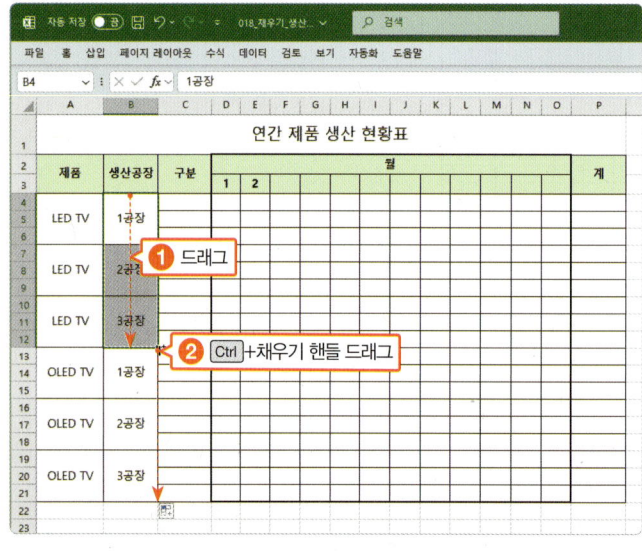

04 ❶ [B4:B12] 범위 지정 ❷ Ctrl 을 누른 상태에서 채우기 핸들을 [B21] 셀까지 드래그합니다.

Tip 문자+숫자가 혼합된 문자는 Ctrl 을 누른 상태에서 채우기 핸들을 드래그하면 동일한 내용이 복제됩니다. 숫자일 경우 Ctrl 을 누른 상태에서 채우면 1씩 증가합니다.

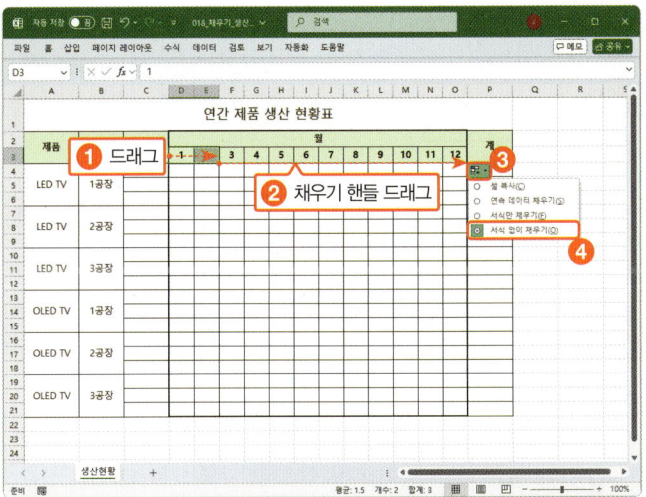

숫자 1씩 증가하면서 채우기

05 월에 해당하는 항목에 12월까지 숫자를 채워보겠습니다.

❶ [D3:E3] 범위 지정

❷ 채우기 핸들을 [O3] 셀까지 드래그

❸ [자동 채우기 옵션 📱] 클릭

❹ [서식 없이 채우기]를 클릭합니다.

Tip 서식은 그대로 유지되면서 숫자 데이터는 범위 지정한 셀 값의 차이만큼 증가하며 채워집니다.

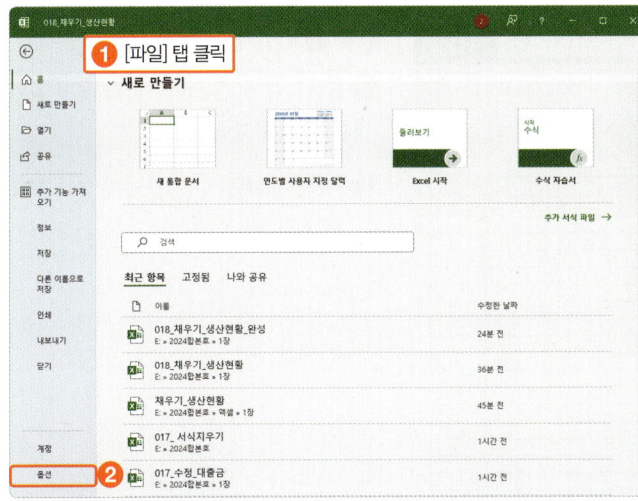

사용자가 지정한 목록에 등록된 요일로 데이터 채우기

06 ❶ [파일] 탭 클릭

❷ [옵션] 클릭

❸ [Excel 옵션] 대화상자에서 [고급] 클릭

❹ [일반]에서 [사용자 지정 목록 편집]을 클릭합니다.

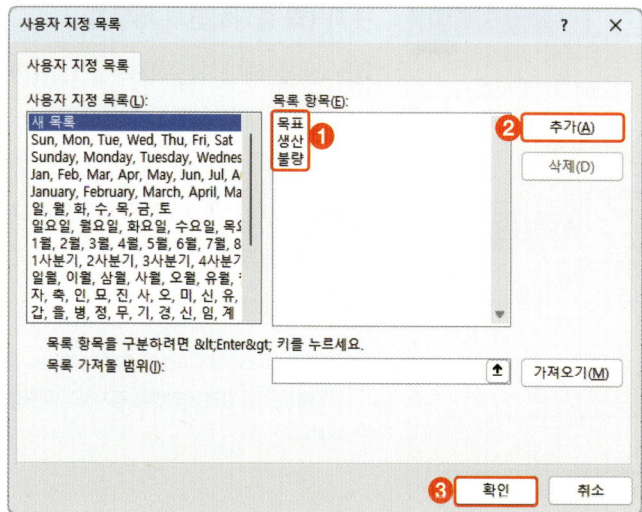

07 ① [사용자 지정 목록] 대화상자의 [목록 항목]에 **목표, 생산, 불량** 입력
② [추가]를 클릭해 사용자 지정 목록에 등록
③ [확인]을 클릭해서 대화상자를 닫습니다.

Tip 요일(일~토), 월(1월~12월) 등과 같이 시작과 끝이 정해진 상태에서 반복되는 데이터는 사용자 지정 목록에 등록되어 있으며 필요에 따라 사용자 지정 목록에 목록을 행갈이나 콤마(,)로 구분해서 추가합니다.

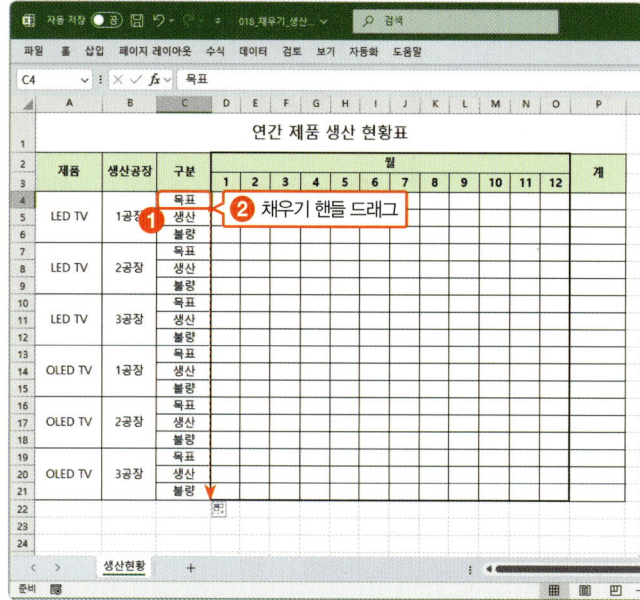

08 ① [C4] 셀에 **목표** 입력
② [C4] 셀의 채우기 핸들을 [C21] 셀까지 드래그합니다.

Tip 사용자 지정 목록에 추가한 '목표', '생산', '불량' 순서대로 셀이 채워집니다.

019 빠른 채우기로 신속하게 데이터 열 채우기

실습 파일 엑셀\1장\019_채우기_제품목록.xlsx   완성 파일 엑셀\1장\019_채우기_제품목록_완성.xlsx

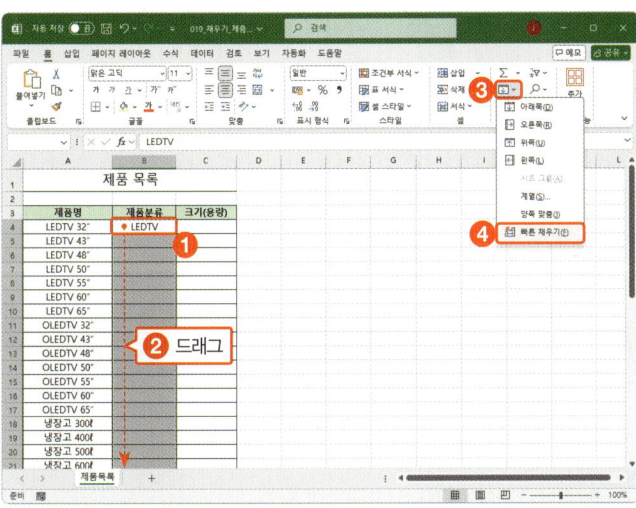

빠른 채우기로 같은 패턴의 데이터를 분할하여 입력하고 채우기

01 ❶ [B4] 셀에 **LEDTV** 입력

❷ [B4:B44] 범위 지정

❸ [홈] 탭-[편집] 그룹-[채우기 ⬇] 클릭

❹ [빠른 채우기 🔳]를 클릭합니다.

Tip [B44] 범위까지 같은 데이터의 패턴을 분석하여 제품명이 자동으로 채워집니다. 빠른 채우기는 일관성 있는 데이터를 채울 때 적합합니다. 빠른 채우기의 단축키는 Ctrl + E 입니다.

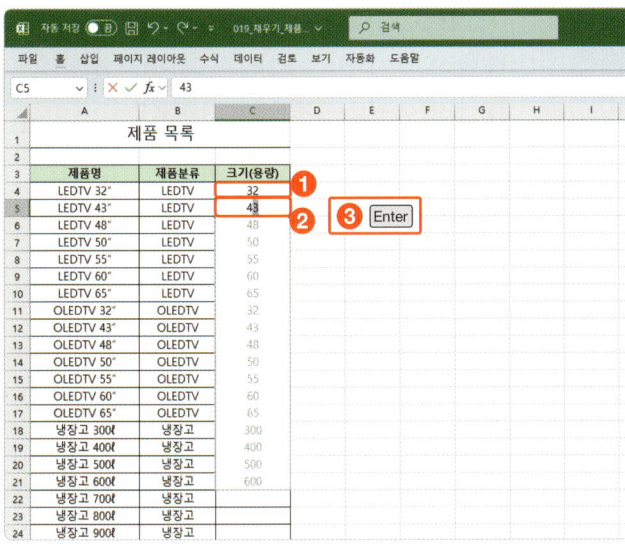

02 ❶ [C4] 셀에 **32** 입력

❷ [C5] 셀에 **4** 입력

❸ 빠른 채우기에서 제안한 목록이 나타나면 Enter 를 눌러 빠르게 데이터를 채웁니다.

Tip 제품 용량이 반복해서 채워집니다. 빠른 채우기에서 제안한 목록으로 채우지 않으려면 끝까지 데이터를 입력하거나 ESC 를 누릅니다. 만약 패턴 규칙을 발견하지 못한 경우 빠른 채우기 제안 목록이 나타나지 않습니다.

020 데이터 유효성 검사로 한글/영문 모드 설정하기

실습 파일 엑셀\1장\020_유효성_직무교육1.xlsx 완성 파일 엑셀\1장\020_유효성_직무교육1_완성.xlsx

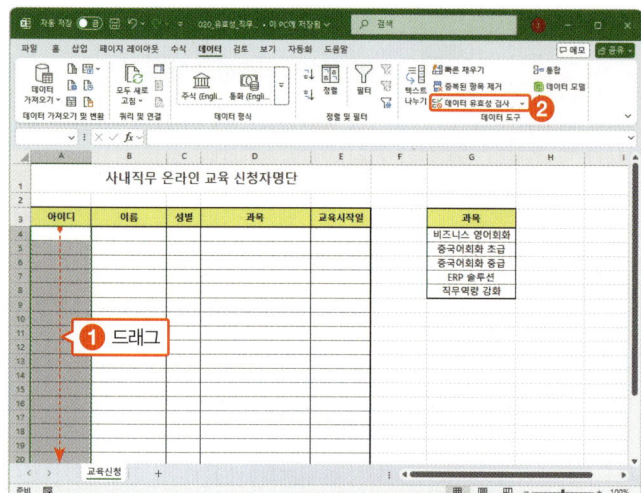

아이디 열에 데이터 유효성 검사 설정하기

01 데이터 유효성 검사를 설정하여 아이디 항목을 영문 모드 상태로만 입력할 수 있도록 변경해보겠습니다.

❶ [A4:A24] 범위 지정
❷ [데이터] 탭-[데이터 도구] 그룹-[데이터 유효성 검사 📋]를 클릭합니다.

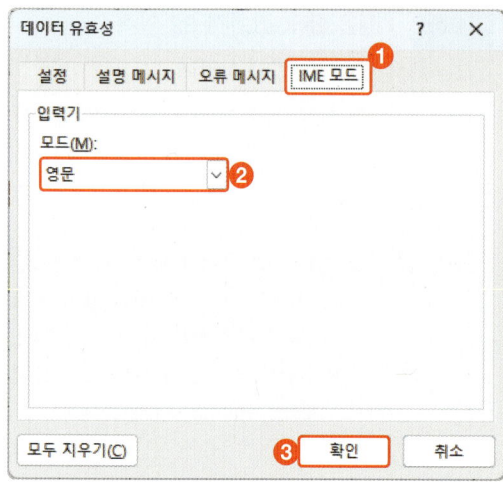

02 ❶ [데이터 유효성] 대화상자에서 [IME 모드] 탭 클릭
❷ [입력기]-[모드]에서 [영문] 선택
❸ [확인]을 클릭합니다.

Tip 데이터 유효성 검사가 설정되어 영문 모드로만 아이디 항목을 입력할 수 있습니다.

이름 열에 데이터 유효성 검사 설정하기

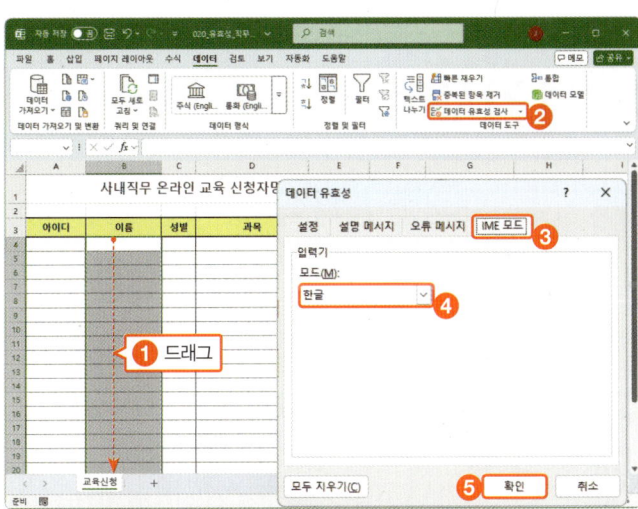

03 이름 항목을 한글 모드 상태로만 입력할 수 있도록 변경해보겠습니다.

❶ [B4:B24] 범위 지정

❷ [데이터] 탭–[데이터 도구] 그룹–[데이터 유효성 검사] 클릭

❸ [데이터 유효성] 대화상자에서 [IME 모드] 탭 클릭

❹ [입력기]–[모드]에서 [한글] 선택

❺ [확인]을 클릭합니다.

Tip 데이터 유효성 검사가 설정되어 한글 모드로만 이름 항목을 입력할 수 있습니다. 셀에서 한/영 을 누르면 설정한 모드가 변경됩니다.

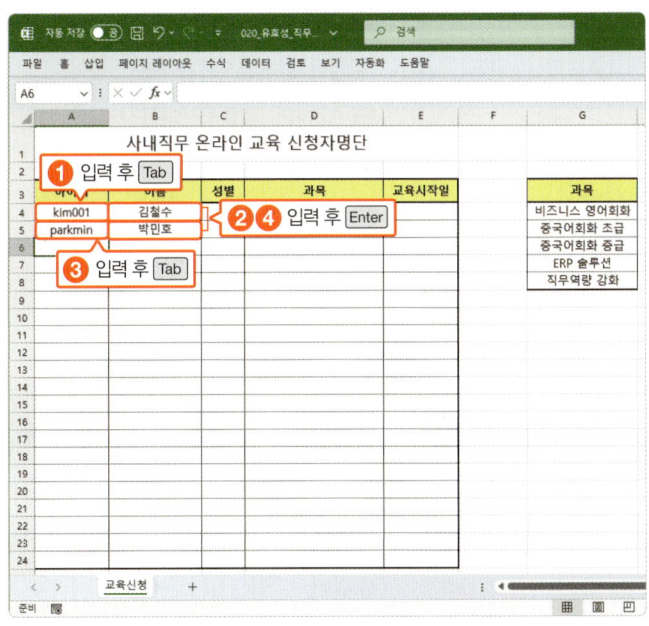

04 ❶ [A4] 셀에 **kim001** 입력 후 Tab

❷ [B4] 셀에 **김철수** 입력 후 Enter

❸ [A5] 셀에 **parkmin** 입력 후 Tab

❹ [B5] 셀에 박민호를 입력한 후 Enter 를 누릅니다.

Tip [IME 모드]에서 [한글] 또는 [영문] 모드를 설정하면 한/영 을 눌러 한글과 영문을 바꾸지 않아도 설정한 형식으로 데이터를 입력할 수 있습니다.

021 데이터 유효성 검사로 목록 설정하기

실습 파일 엑셀\1장\021_유효성_직무교육2.xlsx 완성 파일 엑셀\1장\021_유효성_직무교육2_완성.xlsx

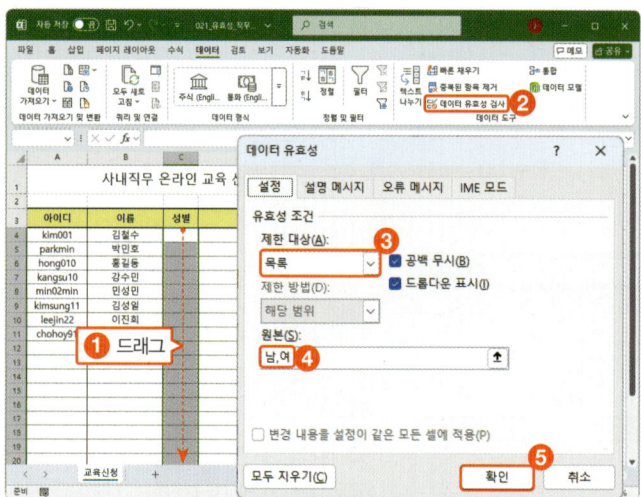

성별에 데이터 유효성 검사 설정하기

01 성별 셀을 클릭했을 때 목록에서 남, 여를 고를 수 있도록 설정해보겠습니다.

❶ [C4:C24] 범위 지정

❷ [데이터] 탭-[데이터 도구] 그룹-[데이터 유효성 검사] 클릭

❸ [데이터 유효성] 대화상자의 [설정] 탭-[제한 대상]으로 [목록] 선택

❹ [원본]에 **남,여** 입력

❺ [확인]을 클릭합니다.

Tip [설정] 탭에서 설정한 사항은 입력할 데이터에 대한 제한 조건입니다. [C4:C24] 범위에 제한 조건을 설정했으므로 '남', '여' 이외의 데이터는 입력할 수 없습니다.

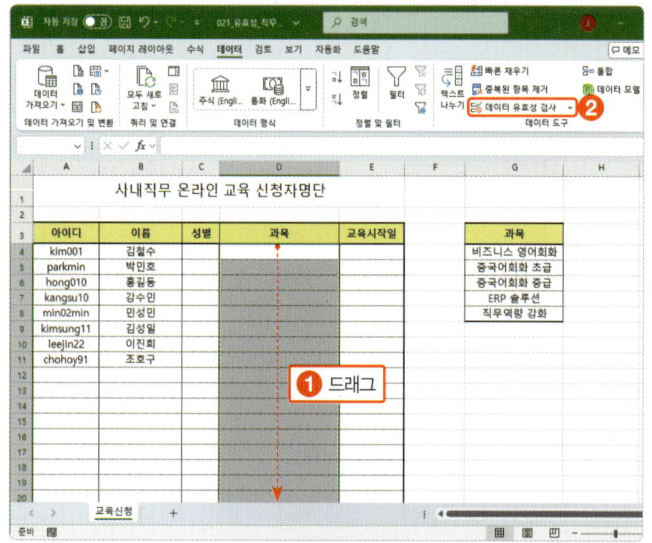

과목에 데이터 유효성 검사 설정하기

02 G열에 입력된 데이터 범위에서 과목을 고를 수 있도록 설정해보겠습니다.

❶ [D4:D24] 범위 지정

❷ [데이터] 탭-[데이터 도구] 그룹-[데이터 유효성 검사]를 클릭합니다.

074 PART 01 회사에서 바로 통하는 실무 엑셀

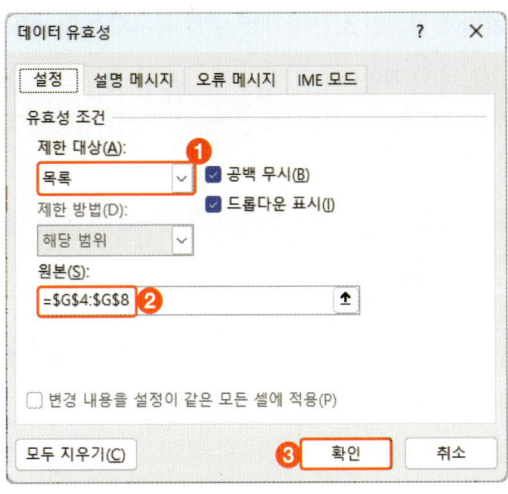

03 ① [데이터 유효성] 대화상자의 [설정] 탭-[유효성 조건]의 [제한 대상]으로 [목록] 선택

② [원본]에 **=$G$4:$G$8** 입력

③ [확인]을 클릭합니다.

Tip 데이터 유효성 검사가 설정되어 [G4:G8] 셀에 범위 입력된 과목 이외의 데이터는 입력할 수 없습니다.

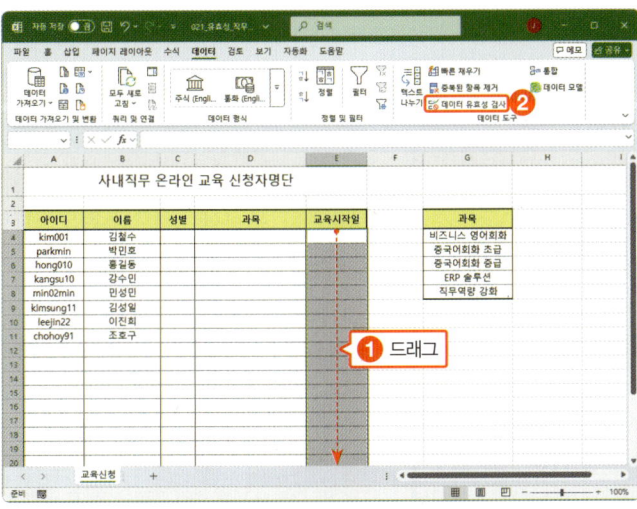

교육시작일에 데이터 유효성 검사 설정하기

04 특정 날짜 범위에서만 시작일과 종료일을 표시할 수 있도록 설정해보겠습니다.

① [E4:E24] 범위 지정

② [데이터] 탭-[데이터 도구] 그룹-[데이터 유효성 검사]를 클릭합니다.

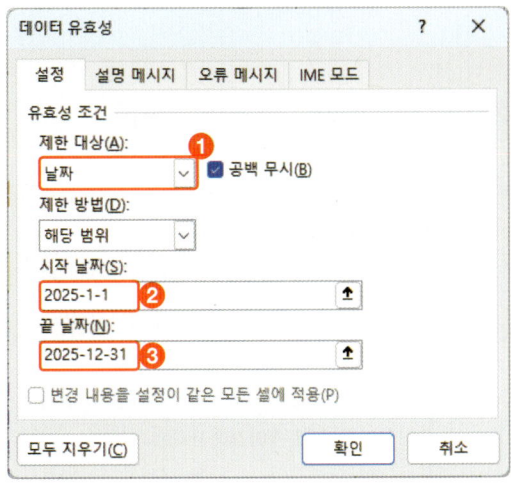

05 ① [데이터 유효성] 대화상자의 [설정] 탭-[제한 대상]으로 [날짜] 선택

② [시작 날짜]에 **2025-1-1** 입력

③ [끝 날짜]에는 **2025-12-31**을 입력합니다.

Tip 데이터 유효성 검사가 설정되어 2025년에 해당하는 날짜만 입력할 수 있습니다.

날짜에 설정한 조건에 대한 설명 메시지 입력하기

06 날짜 데이터를 입력할 때 데이터 유효성 검사에서 설정한 조건에 대한 설명 메시지를 입력해보겠습니다.

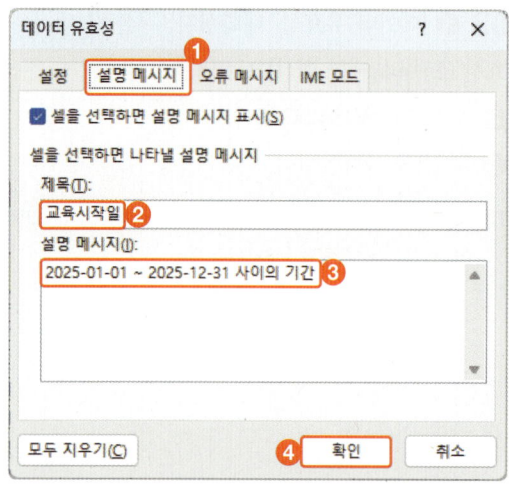

❶ [데이터 유효성] 대화상자에서 [설명 메시지] 탭 클릭

❷ [제목]에 **교육시작일** 입력

❸ [설명 메시지]에 **2025-01-01~2025-12-31 사이의 기간** 입력

❹ [확인]을 클릭합니다.

Tip 유효성 검사에서 설정한 유효 값 이외의 값을 입력했을 때 나타나는 오류 메시지는 [오류 메시지] 탭에서 입력합니다.

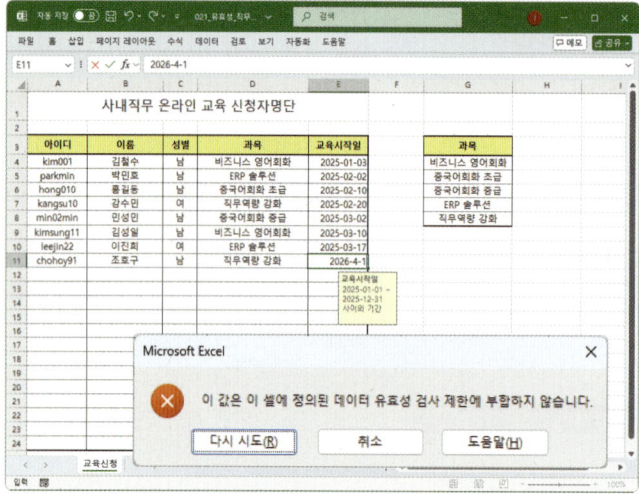

07 유효성 검사를 모두 설정했습니다. 성별과 과목 열에서 셀을 클릭한 후 목록 상자에서 원하는 항목을 선택하거나 목록에 있는 내용을 직접 입력합니다. 교육 시작일에는 2025-01-01~2025-12-31 사이의 날짜를 입력할 수 있고 잘못 입력하면 오류 메시지가 나타납니다.

Tip 성별이나 과목 등의 목록을 빠르게 입력하려면, Alt + ↓를 눌러 목록을 연 후, 방향키(↑, ↓)로 원하는 항목을 선택하고 Enter를 누릅니다.

Note 데이터 유효성 검사로 잘못 입력된 데이터를 찾을 수 있나요?

데이터 유효성 검사를 설정하지 않고 데이터를 입력했을 경우 잘못된 데이터를 표시할 수 있습니다.

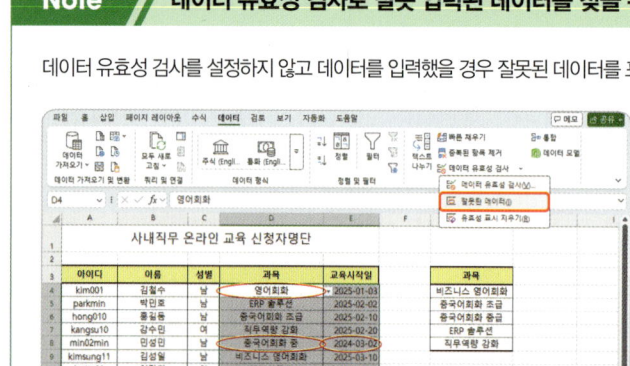

❶ 범위를 지정하고 [데이터 유효성 검사] 대화상자의 [설정] 탭에서 [제한 대상]을 설정합니다.

❷ 범위가 지정된 상태에서 [데이터] 탭-[데이터 도구] 그룹-[데이터 유효성 검사]-[잘못된 데이터]를 클릭하면 빨간색 타원형으로 잘못된 데이터를 찾아 셀에 표시합니다.

CHAPTER
02

문서 편집 및
인쇄하기

022 표 서식과 셀 스타일 적용하기

실습 파일 엑셀\2장\022_서식_교통비지불증1.xlsx 완성 파일 엑셀\2장\022_서식_교통비지불증1_완성.xlsx

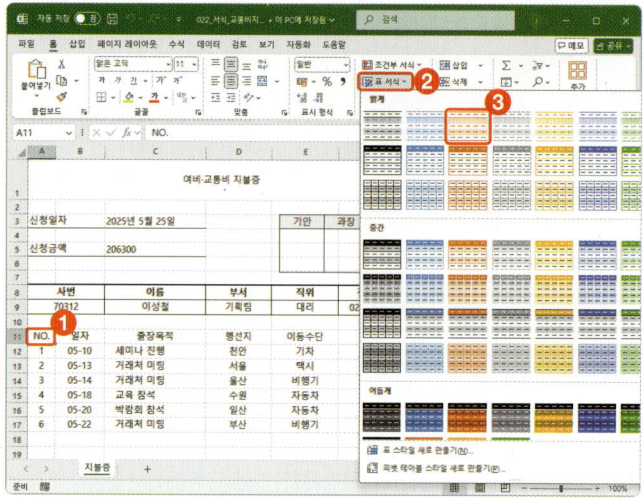

표 서식 적용하기

01 표 서식과 셀 스타일을 이용해 문서를 꾸며보겠습니다.

❶ [A11] 셀 클릭

❷ [홈] 탭-[스타일] 그룹-[표 서식] 클릭

❸ [밝게] 영역의 [연한 주황, 표 스타일 밝게 3]을 클릭합니다.

Tip 표 서식이 적용되는 범위에 셀이 병합되어 있으면 자동으로 병합이 해제됩니다.

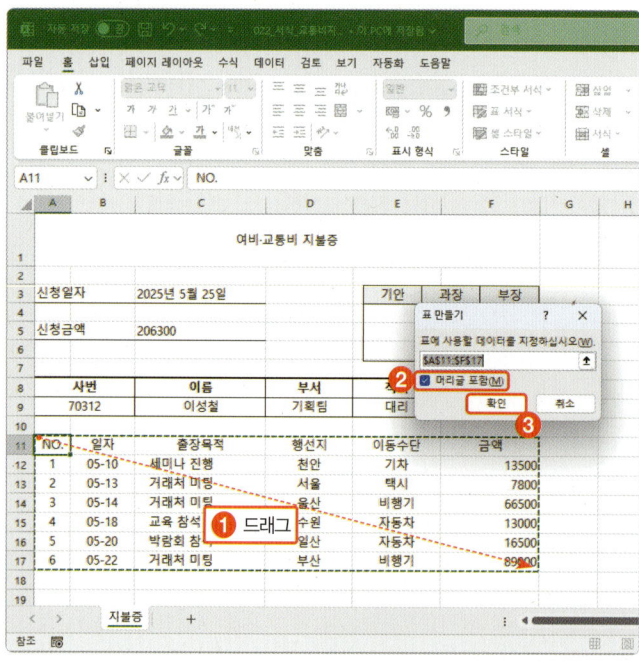

02 [표 만들기] 대화상자에서 표에 사용할 데이터를 범위로 지정해보겠습니다.

❶ [A11:F17] 범위 지정

❷ [머리글 포함]에 체크

❸ [확인]을 클릭해서 서식을 적용합니다.

Tip [머리글 포함]에 체크하면 표의 범위에서 첫 행은 제목 행이 되고 그 이후 행은 데이터가 됩니다. 표 서식이 적용되면 제목 행에는 필터 단추로 데이터를 빠르게 필터링하고 정렬할 수 있습니다. 표에서 수식을 입력하는 방법은 137쪽을 참고합니다.

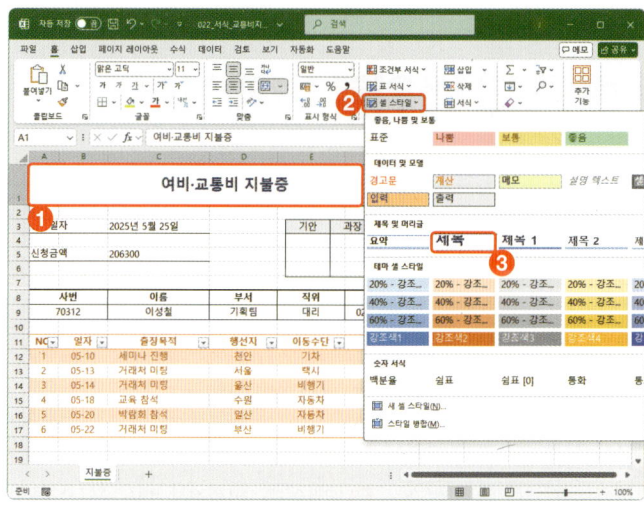

셀 스타일 적용하기

03 ❶ [A1] 셀 클릭

❷ [홈] 탭-[스타일] 그룹-[셀 스타일 🖌] 클릭

❸ [제목 및 머리글] 영역의 [제목]을 클릭해서 스타일을 변경합니다.

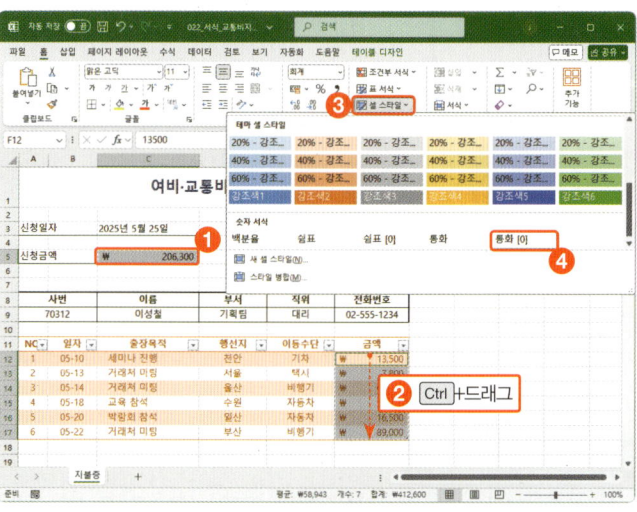

숫자 서식 셀 스타일 적용하기

04 ❶ [C5] 셀 클릭

❷ Ctrl 을 누른 상태에서 [F12:F17] 범위 지정

❸ [홈] 탭-[스타일] 그룹-[셀 스타일 🖌] 클릭

❹ [숫자 서식] 영역에서 [통화 [0]]을 클릭합니다.

Tip 숫자 서식에서 [통화]와 [통화[0]]은 둘 다 통화 기호(₩)와 천 단위 쉼표를 표시합니다. [통화]는 소수점 둘째 자리까지 표시하고 [통화[0]]은 정수만 표시합니다.

Note ▶ 표와 데이터를 일목요연하게 꾸미는 이유는?

엑셀은 기본적으로 표와 숫자로 구성되며 셀과 워크시트는 모두 격자로 이루어져 있습니다. 그러다 보니 계산과 통계에는 효율적이지만 직관적으로 데이터를 보기에는 어려움이 있습니다. 엑셀에서 제공하는 여러 디자인 도구(표 서식과 셀 스타일 또는 각종 서식 도구 등)를 사용하면 데이터를 훨씬 더 잘 보이도록 깔끔하게 꾸밀 수 있습니다.

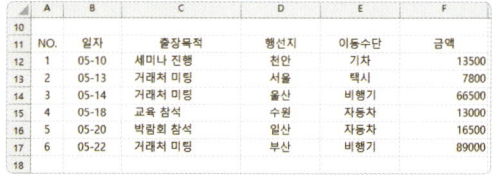

▲ 일반 표   ▲ 서식과 스타일을 적용한 표

 표 디자인 변경 및 범위로 변환하기

실습 파일 엑셀\2장\023_서식_교통비지불증2.xlsx   완성 파일 엑셀\2장\023_서식_교통비지불증2_완성.xlsx

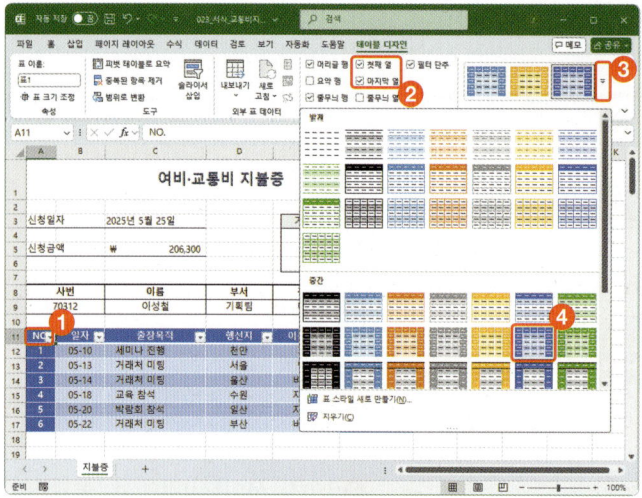

표 서식 적용하기

01 ❶ 표 영역에서 임의의 셀 클릭 ❷ [테이블 디자인] 탭-[표 스타일 옵션] 그룹에서 [첫째 열], [마지막 열]에 체크 ❸ [표 스타일] 그룹에서 [자세히 ▼] 클릭 ❹ [중간] 영역의 [파랑, 표 스타일 보통 13]을 클릭합니다.

Tip 첫째 열과 마지막 열이 굵게 처리되어 데이터를 쉽게 구분할 수 있습니다. 엑셀 2019 이전 버전에서는 [표 도구]-[디자인] 탭을 클릭합니다.

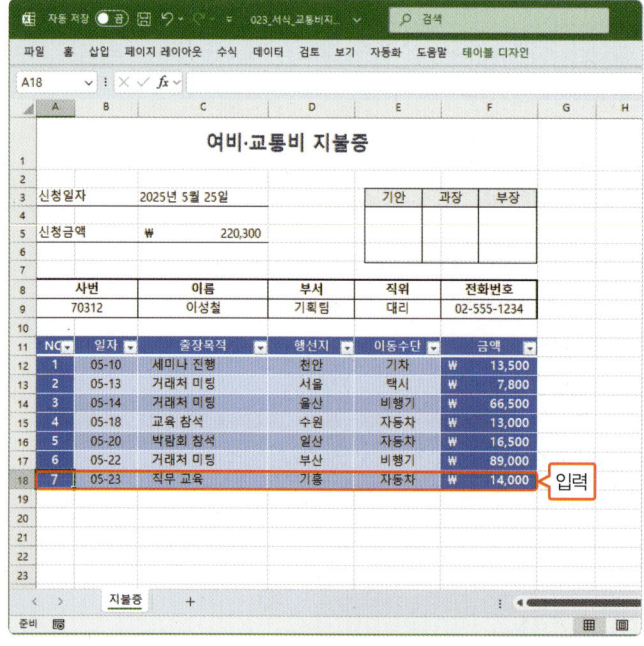

추가 데이터 입력하기

02 [A18:F18] 셀에 **7**, **5-23**, **직무 교육**, **기흥**, **자동차**, **14000**을 각각 입력하면 표 서식이 자동으로 확장됩니다.

표 서식을 지우고 범위로 변환하기

03 ❶ 표 영역에서 임의의 셀 클릭 ❷ [테이블 디자인] 탭-[표 스타일] 그룹에서 [자세히 ▼]를 클릭합니다.

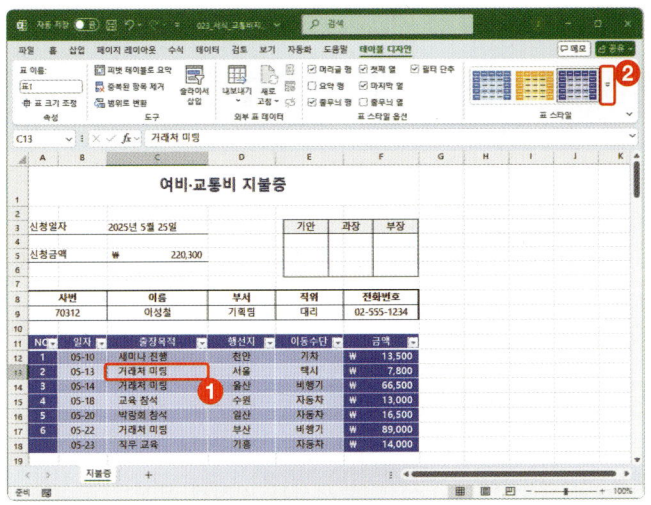

04 [밝게] 영역의 [없음]을 클릭합니다.

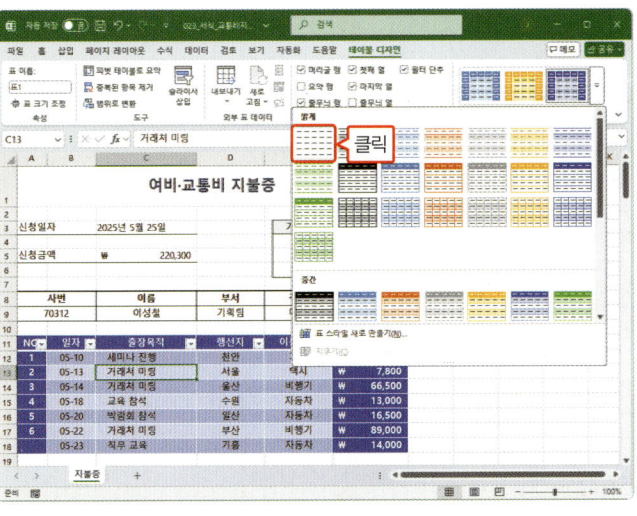

범위로 변경하기

05 표 스타일은 변경되었지만 아직 표로 변환되어 있으므로 표 범위를 일반 데이터 범위로 변경해보겠습니다.
❶ [테이블 디자인] 탭-[도구] 그룹-[범위로 변환 🗐] 클릭
❷ 표를 정상 범위로 변환하는 것인지 묻는 메시지가 나타나면 [예]를 클릭합니다.

Tip 표가 데이터 범위로 바뀝니다.

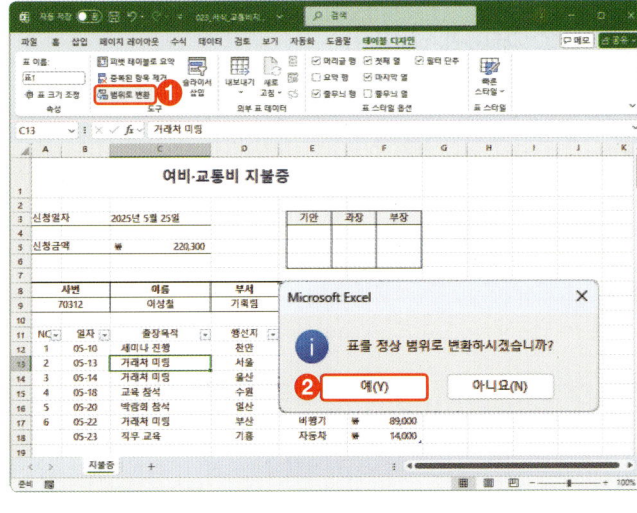

024 글꼴 그룹에서 서식 지정하기

실습 파일 엑셀\2장\024_서식_세금계산서.xlsx **완성 파일** 엑셀\2장\024_서식_세금계산서_완성.xlsx

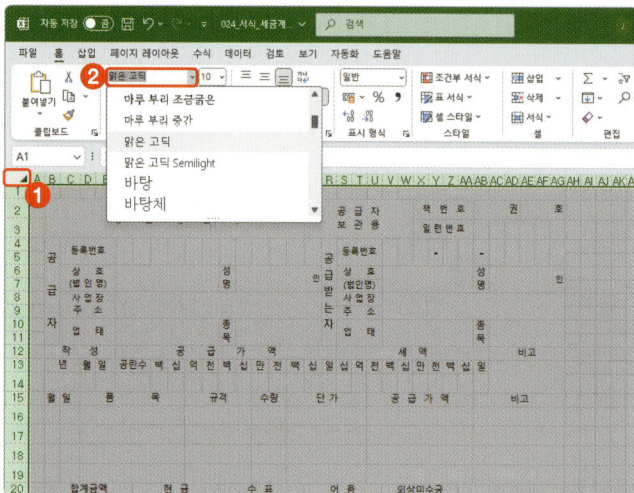

글꼴 지정하기

01 글꼴, 크기, 테두리, 채우기 색의 서식을 지정해 문서를 꾸며보겠습니다.

❶ [셀 전체 선택 ▲] 클릭

❷ [홈] 탭-[글꼴] 그룹-[맑은 고딕]을 선택합니다.

Tip 워크시트 전체가 범위로 지정되고 글꼴이 [맑은 고딕]으로 변경됩니다.

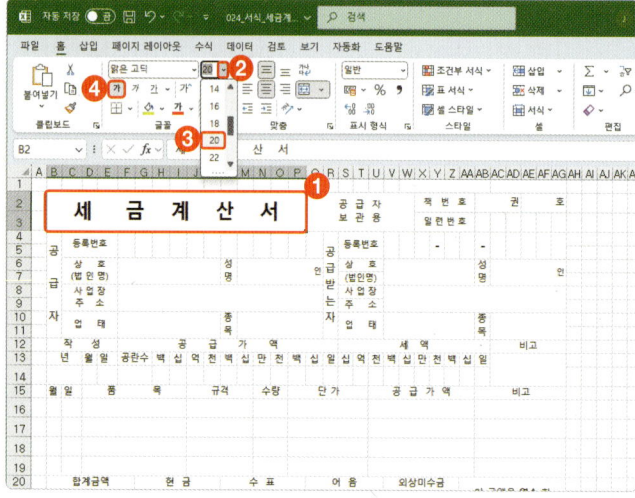

글꼴 크기와 굵기 지정하기

02 ❶ [B2] 셀 클릭

❷ [홈] 탭-[글꼴] 그룹-[글꼴 크기 ▼] 클릭

❸ [20]을 클릭

❹ [굵게 가]를 클릭해서 글꼴을 굵게 표시합니다.

테두리 설정하기

03 ① [B2:AG21] 범위 지정

② [홈] 탭–[글꼴] 그룹–[테두리 ⊞] 의 ▼ 클릭

③ [다른 테두리]를 클릭합니다.

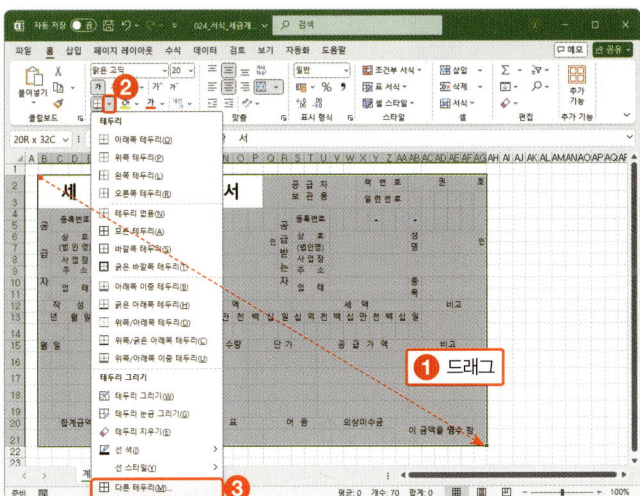

04 [셀 서식] 대화상자가 나타나면

① [테두리] 탭 클릭

② [선]–[스타일]에서 [중간 굵기] 클릭

③ [미리 설정]에서 [윤곽선] 클릭

④ 다시 [선]–[스타일]에서 [실선] 클릭

⑤ [미리 설정]에서 [안쪽] 클릭

⑥ [확인]을 클릭합니다.

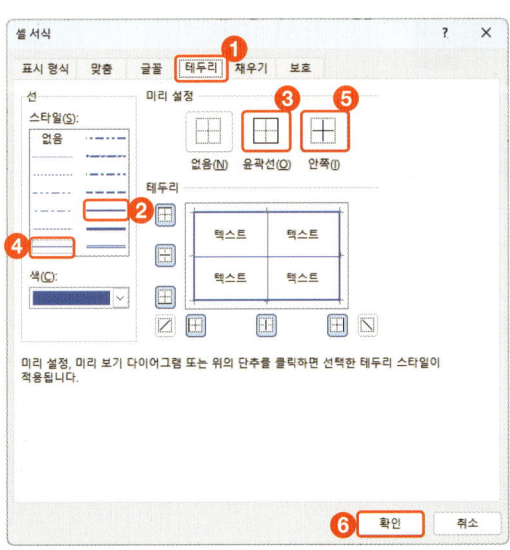

05 ① [F4:Q7] 범위 지정

② Ctrl 을 누른 채 [V4:AG5] 범위 지정

③ Ctrl 을 누른 채 [B12:AG14] 범위를 지정합니다.

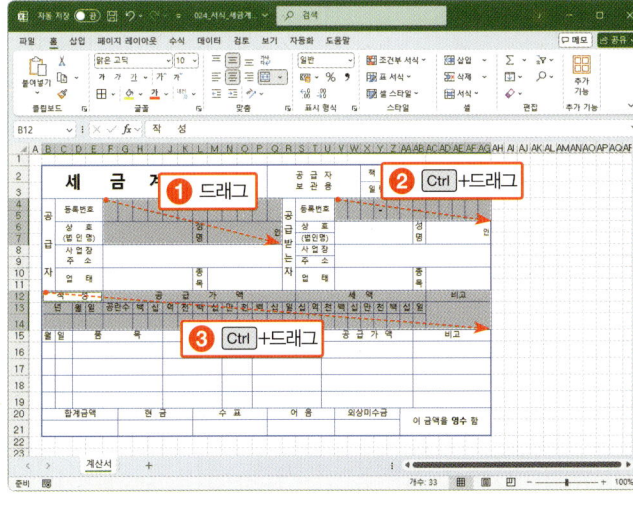

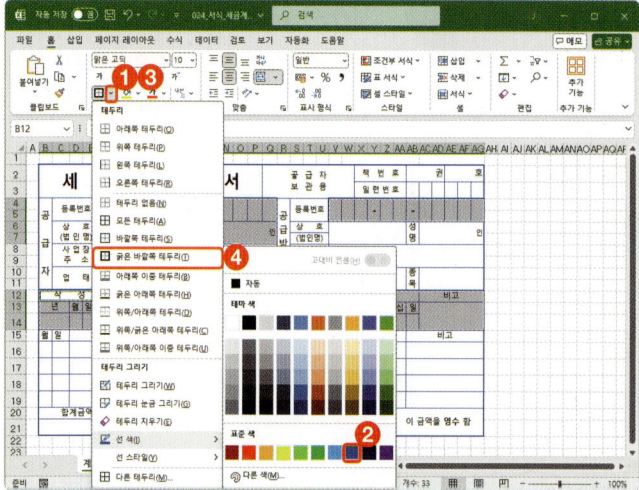

06 ❶ [홈] 탭-[글꼴] 그룹-[테두리]의 ⌄ 클릭
❷ [선 색]-[파랑] 클릭
❸ [글꼴] 그룹-[테두리]의 ⌄ 클릭
❹ [굵은 바깥쪽 테두리]를 클릭해서 각 선택 영역에 윤곽선을 적용합니다.

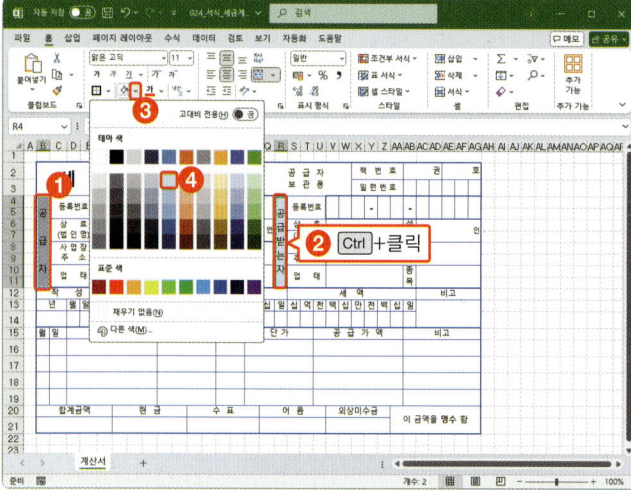

채우기 색 지정하기

07 ❶ [B4] 셀 클릭
❷ Ctrl 을 누른 상태에서 [R4] 셀 클릭
❸ [홈] 탭-[글꼴] 그룹-[채우기 색]의 ⌄ 클릭
❹ [테마 색]에서 [파랑, 강조 1, 80% 더 밝게]를 클릭해서 셀에 색을 채웁니다.

025 맞춤, 표시 형식 그룹에서 서식 지정하기

실습 파일 엑셀\2장\025_서식_실적분석.xlsx 완성 파일 엑셀\2장\025_서식_실적분석_완성.xlsx

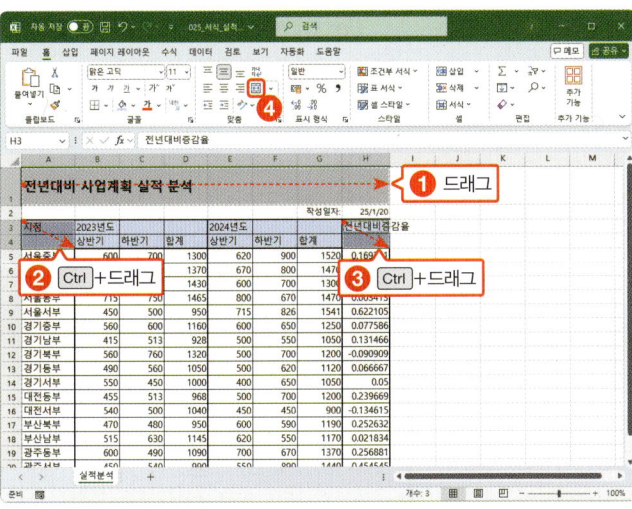

병합하고 가운데 맞춤 지정하기

01 ❶ [A1:H1] 범위 지정
❷ Ctrl 을 누른 채 [A3:A4] 범위 지정
❸ Ctrl 을 누른 채 [H3:H4] 범위 지정
❹ [홈] 탭–[맞춤] 그룹–[병합하고 가운데 맞춤 圄]을 클릭합니다.

Tip [병합하고 가운데 맞춤]은 여러 셀을 하나로 병합하고 셀의 가운데로 내용을 정렬합니다. 범위가 떨어져 있는 경우 Ctrl 을 누른 상태에서 각각의 범위를 지정합니다.

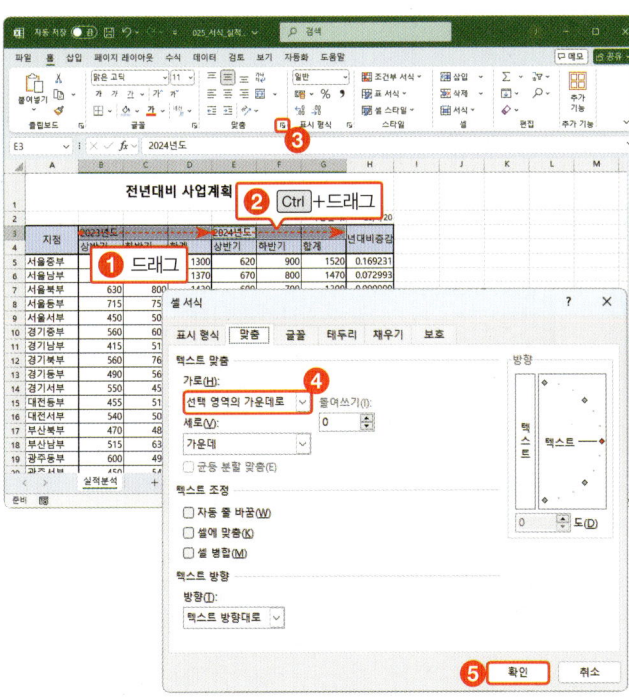

선택 영역의 가운데 맞춤 지정하기

02 여러 셀을 병합하지 않고 내용만 셀의 가운데로 정렬해보겠습니다.

❶ [B3:D3] 범위 지정
❷ Ctrl 을 누른 채 [E3:G3] 범위 지정
❸ [홈] 탭–[맞춤] 그룹–[맞춤 설정 ⌐] 클릭
❹ [셀 서식] 대화상자에서 [텍스트 맞춤]–[가로]–[선택 영역의 가운데로] 선택
❺ [확인]을 클릭합니다.

Tip [선택 영역의 가운데로]는 셀을 병합하지 않고도 내용을 가운데로 표시할 수 있습니다.

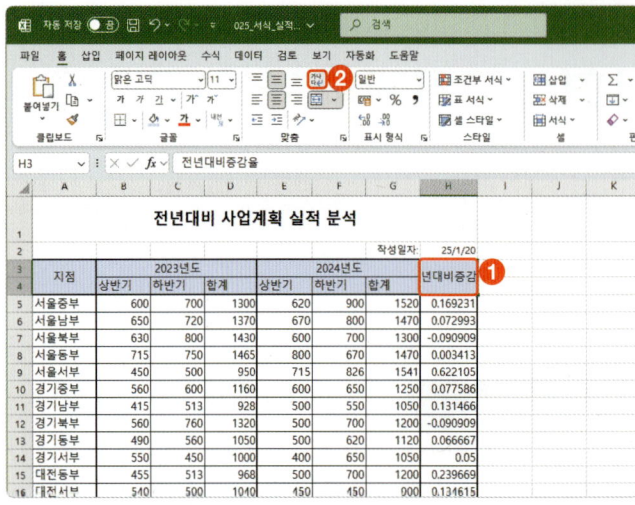

03 전년대비증감율이 표시된 [H3] 셀은 내용 전체가 보이지 않습니다. 텍스트를 행갈이하여 데이터가 한 셀에 모두 표시되도록 수정해보겠습니다.

❶ [H3] 셀 클릭

❷ [홈] 탭-[맞춤] 그룹-[자동 줄 바꿈]을 클릭합니다.

Tip 데이터를 입력할 때 Alt + Enter 를 눌러 텍스트의 줄을 바꿀 수도 있습니다.

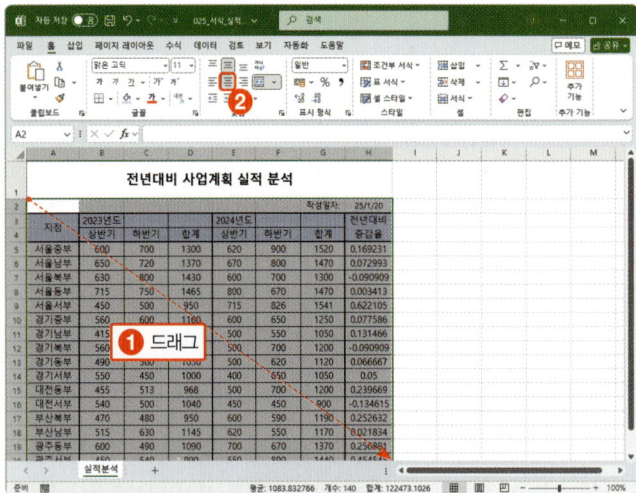

04 ❶ [A2:H20] 범위 지정

❷ [홈] 탭-[맞춤] 그룹-[가운데 맞춤]을 클릭합니다.

Tip 맞춤 옵션을 상세하게 지정하려면 [맞춤] 그룹-[맞춤 설정]을 클릭해서 [셀 서식] 대화상자를 불러옵니다.

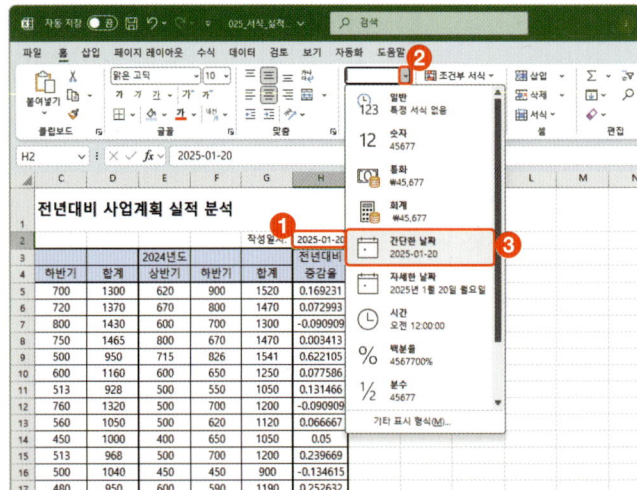

날짜 형식 표시하기

05 작성일자를 년-월-일 형태로 표시해보겠습니다.

❶ [H2] 셀 클릭

❷ [홈] 탭-[표시 형식] 그룹-[표시 형식] 클릭

❸ [간단한 날짜]를 클릭합니다.

Tip 날짜 형식이 년-월-일 형태로 바뀝니다.

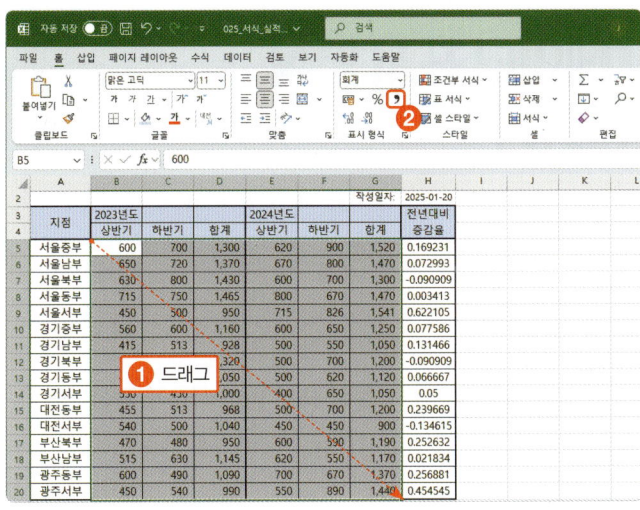

숫자 세 자리마다 쉼표 넣기

06 데이터에서 숫자 세 자리마다 구분 기호로 쉼표가 표시되도록 수정해보겠습니다.

❶ [B5:G20] 범위 지정

❷ [홈] 탭-[표시 형식] 그룹-[쉼표 스타일 ,]을 클릭합니다.

Tip 숫자 세 자리마다 쉼표가 표시됩니다.

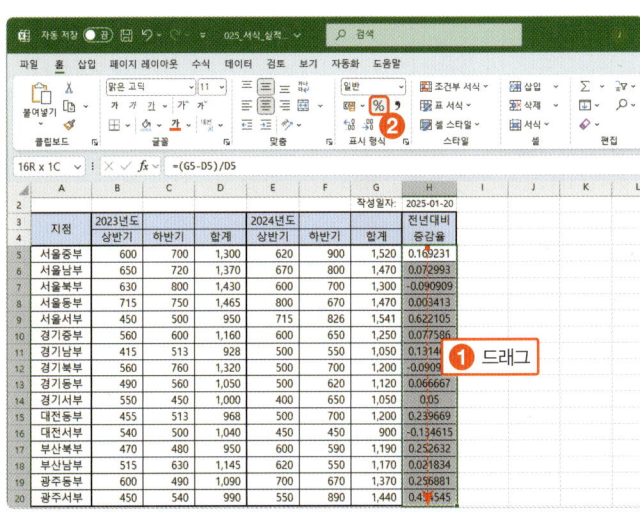

백분율 기호 넣기

07 전년대비증감율을 백분율 형식으로 표시해보겠습니다.

❶ [H5:H20] 범위 지정

❷ [홈] 탭-[표시 형식] 그룹-[백분율 스타일 %]을 클릭해서 숫자에 백분율 기호를 넣습니다.

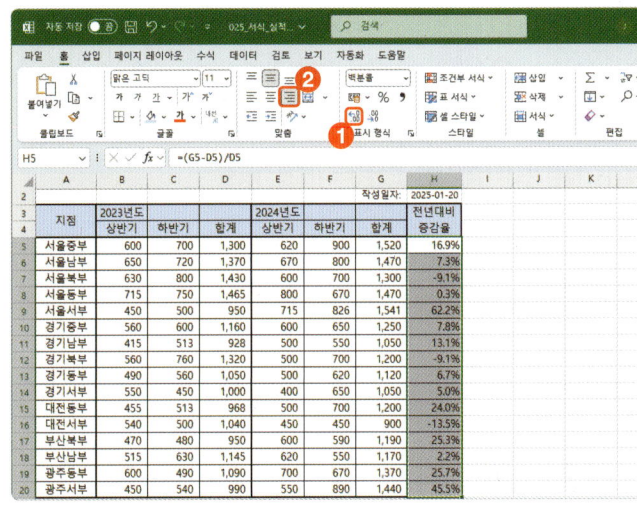

소수점 자릿수 늘리기

08 ❶ [홈] 탭의 [표시 형식] 그룹-[자릿수 늘림]을 한 번 클릭해서 소수점 첫째 자리까지 표시

❷ [홈] 탭-[맞춤] 그룹-[오른쪽 맞춤]을 클릭합니다.

Tip 소수점 자릿수를 줄이려면 줄일 자릿수만큼 [자릿수 줄임]을 클릭합니다.

026 문자, 숫자 데이터 표시 형식 사용자 지정하기

실습 파일 엑셀\2장\026_서식_견적서1.xlsx 완성 파일 엑셀\2장\026_서식_견적서1_완성.xlsx

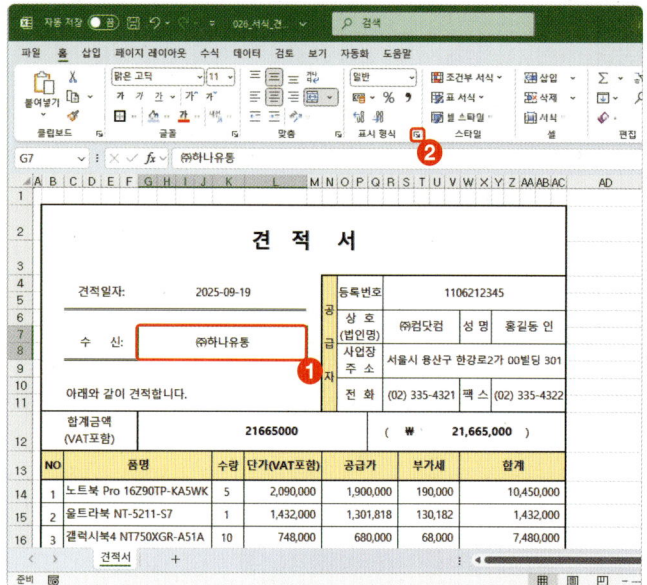

문자 표시 형식 사용자 지정하기

01 고객 명단이나 세미나 참석자 명단, 수신인 등을 표시할 경우 이름 뒤에 '님'이나 '귀하'를 붙이기도 합니다. 문자 사용자 코드인 '@'를 사용해 이름 뒤에 반복되는 문자를 표시할 수 있습니다.

① [G7] 셀 클릭

② [홈] 탭-[표시 형식] 그룹-[표시 형식 ⌐]을 클릭합니다.

Tip 단축키로 Ctrl + 1 을 누릅니다.

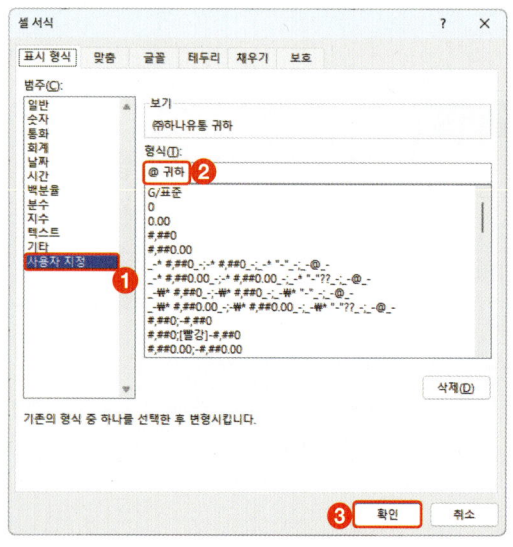

02 [셀 서식] 대화상자가 나타나면

① [표시 형식]-[범주]에서 [사용자 지정] 클릭

② [형식]에 **@ 귀하** 입력

③ [확인]을 클릭합니다. 수신자 뒤에 '귀하'가 표시됩니다.

Tip 문자 표시 형식 기호는 '@'를 사용합니다.

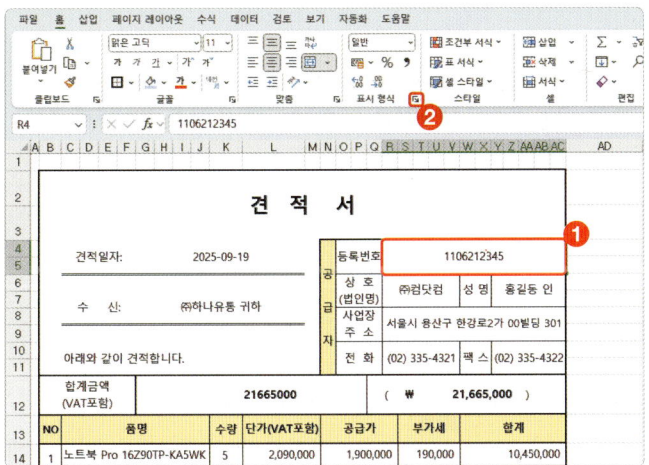

숫자 표시 형식 사용자 지정하기

03 계좌번호나 사업자 등록번호, 신용카드 일련번호 등 숫자의 자릿수를 맞춰 표시해야 하는 경우가 있습니다. 사업자 등록번호 10자리를 3자-2자-5자 형식으로 표시해보겠습니다.

❶ [R4] 셀 클릭

❷ [홈] 탭-[표시 형식] 그룹-[표시 형식 ⤢]을 클릭합니다.

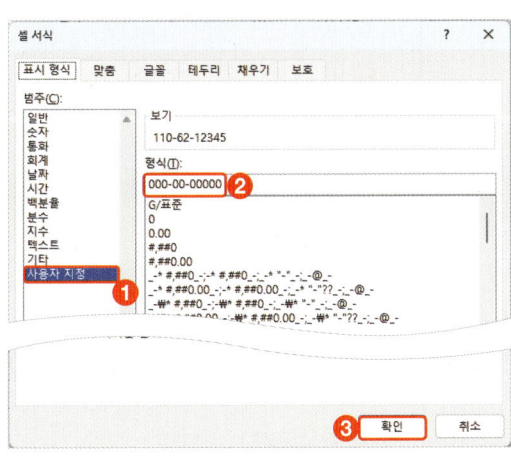

04 [셀 서식] 대화상자가 나타나면

❶ [표시 형식]-[범주]에서 [사용자 지정] 클릭

❷ [형식]에 **000-00-00000** 입력

❸ [확인]을 클릭해서 서식을 적용합니다. 사업자 등록 번호가 형식에 맞춰 표시됩니다.

Tip 숫자 형식 코드 '0' 기호를 사용하여 자릿수에 맞춰 표시합니다.

Note 숫자 형식 기호에서 '0' 과 '#'의 차이

숫자 데이터는 0과 # 기호를 주로 사용하여 세 자리마다 쉼표를 표시하는 #,##0 형태의 서식을 주로 사용합니다. 0 기호는 자릿수를 맞춰 숫자를 표시할 때, #은 자릿수와 상관없이 유효한 숫자만 표시할 때 사용합니다. 예를 들어 숫자 1을 '00001'로 표시하려면 '00000'으로, '1'로 표시하려면 '####' 형태로 표현합니다. 사용자 지정 표시 형식의 자세한 내용은 다음과 같습니다.

데이터 형식	형식 기호	기능
숫자	#	유효한 숫자를 표시하는 기호(무효한 0은 표시 안 함)입니다.
	0	숫자를 표시하는 기호(무효한 0을 표시하여 자릿수를 맞춤)입니다.
	?	숫자를 표시하는 기호(무효한 0을 공백으로 표시하여 자릿수를 맞춤)입니다.
	%	백분율을 표시합니다.
	.	소수점을 표시합니다.
	,	숫자 세 자리마다 구분 기호를 표시하거나 세 자리씩 잘라서 표시합니다.
	₩, $, ¥	통화 유형 기호를 표시합니다.
문자	@	문자를 대표하는 형식으로 문자에 특정 문자를 표시하고 싶을 때 사용합니다.

027 숫자를 한글로 표시하는 서식 지정하기

실습 파일 엑셀\2장\027_서식_견적서2.xlsx 완성 파일 엑셀\2장\027_서식_견적서2_완성.xlsx

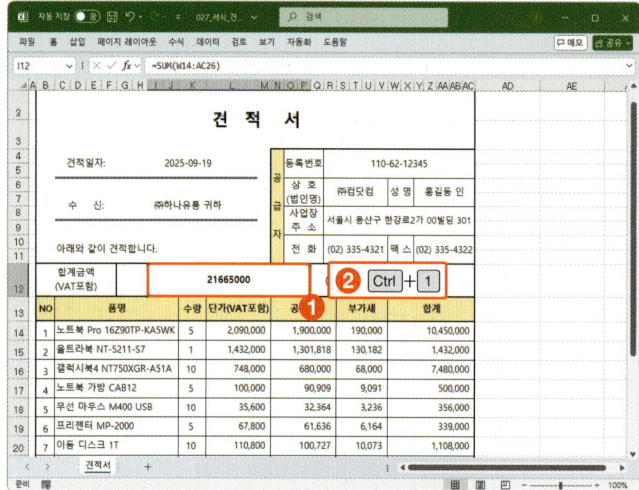

합계금액을 한글로 표시하기

01 견적서의 합계금액을 정확하게 읽을 수 있도록 한글로 표시해보겠습니다.

❶ [I12] 셀 클릭

❷ Ctrl + 1 을 누릅니다.

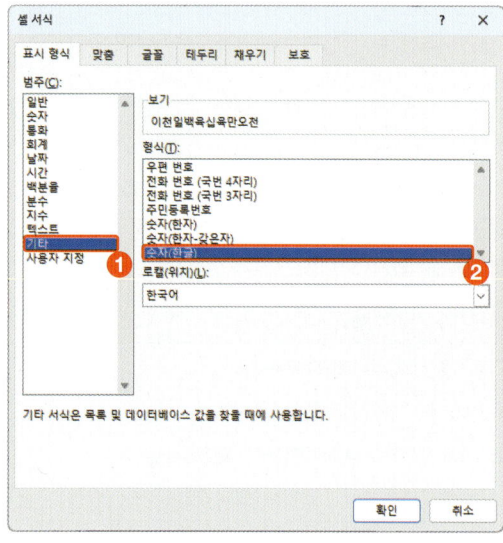

02 [셀 서식] 대화상자가 나타나면

❶ [표시 형식] 탭-[범주]에서 [기타] 클릭

❷ [형식]에서 [숫자(한글)]을 클릭합니다.

Tip [숫자(한글)]은 숫자를 한글로 표시하는 서식입니다. [형식] 목록에 [숫자(한글)]이 보이지 않으면 [로캘(위치)]를 [한국어]로 변경합니다.

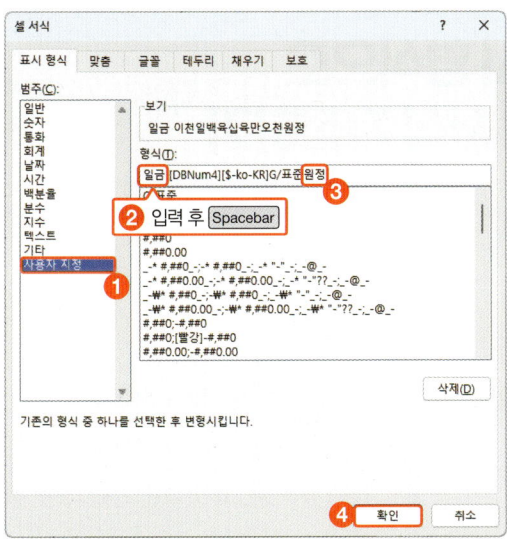

03 ❶ [범주]에서 [사용자 지정] 클릭

❷ [형식]에서 맨 앞에 **일금** 입력 후 Spacebar

❸ 맨 뒤에 **원정** 입력

❹ [확인]을 클릭해서 서식을 적용합니다.

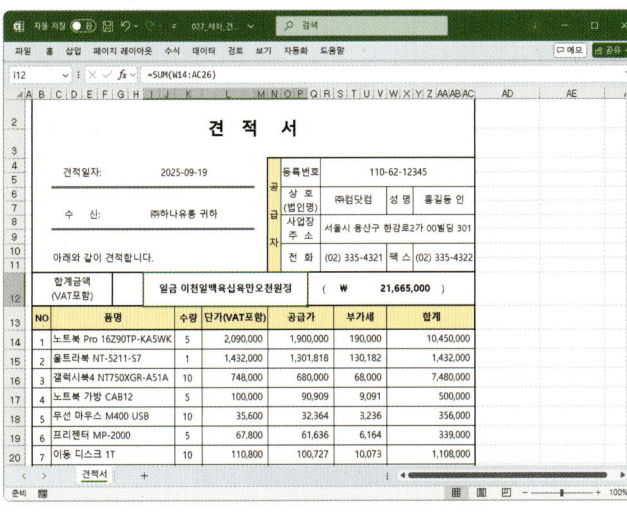

04 숫자가 한글로 표기되며 앞에 '일금', 뒤에 '원정'이 붙습니다.

> **Note** 숫자를 한글, 한자로 표시하는 형식 기호

엑셀에서는 숫자 데이터가 길어지면 값을 잘못 읽어 오해를 일으킬 가능성이 있습니다. 이런 경우에는 숫자를 한글이나 한자로 변경하여 직관적으로 읽을 수 있도록 합니다.

표시 형식 기호	설명	표시 형식
[DBNum1][$-ko-KR]G/표준	한자로 표시	一千二百五十万
[DBNum2][$-ko-KR]G/표준	한자 갖은자 표시	壹阡貳百伍拾萬
[DBNum3][$-ko-KR]G/표준	단위만 한자로 표시	千2百5十万
[DBNum4][$-ko-KR]G/표준	한글로 표시	일천이백오십만

028 숫자 데이터 표시 형식으로 양수/음수/0의 서식 지정하기

실습 파일 엑셀\2장\028_서식_표시형식.xlsx [실적분석] 시트   완성 파일 엑셀\2장\028_서식_표시형식_완성.xlsx

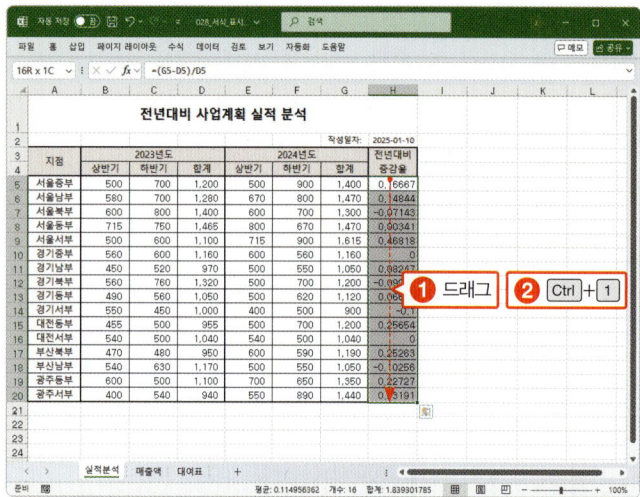

양수/음수/0의 형식 지정하기

01 전년 대비 실적이 증가했을 때와 하락했을 때, 0일 때를 구분하여 셀에 표시해보겠습니다.

❶ [실적분석] 시트에서 [H5:H20] 범위 지정

❷ Ctrl + 1 을 눌러 [셀 서식] 대화상자를 불러옵니다.

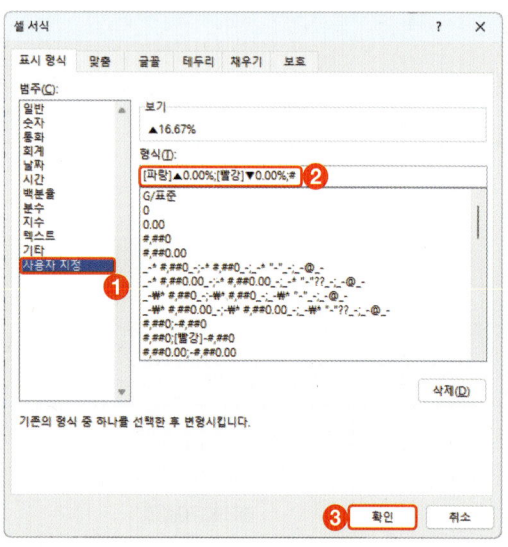

02 [셀 서식] 대화상자가 나타나면

❶ [표시 형식] 탭-[범주]에서 [사용자 지정] 클릭

❷ [형식]에 **[파랑]▲0.00%;[빨강]▼0.00%;#** 입력

❸ [확인]을 클릭합니다.

03 증감율 범위에 양수, 음수, 0의 서식이 적용되어 나타납니다.

	A	B	C	D	E	F	G	H
1				전년대비 사업계획 실적 분석				
2							작성일자:	2025-01-10
3	지점	2023년도			2024년도			전년대비
4		상반기	하반기	합계	상반기	하반기	합계	증감율
5	서울중부	500	700	1,200	500	900	1,400	▲16.67%
6	서울남부	580	700	1,280	670	800	1,470	▲14.84%
7	서울북부	600	800	1,400	600	700	1,300	▼7.14%
8	서울동부	715	750	1,465	800	670	1,470	▲0.34%
9	서울서부	500	600	1,100	715	900	1,615	▲46.82%
10	경기중부	560	600	1,160	600	560	1,160	
11	경기남부	450	520	970	500	550	1,050	▲8.25%
12	경기북부	560	760	1,320	500	700	1,200	▼9.09%
13	경기동부	490	560	1,050	500	620	1,120	▲6.67%
14	경기서부	550	450	1,000	400	500	900	▼10.00%
15	대전동부	455	500	955	500	700	1,200	▲25.65%
16	대전서부	540	500	1,040	540	500	1,040	
17	부산북부	470	480	950	600	590	1,190	▲25.26%
18	부산남부	540	630	1,170	500	550	1,050	▼10.26%
19	광주동부	600	500	1,100	700	650	1,350	▲22.73%
20	광주서부	400	540	940	550	890	1,440	▲53.19%

> **Note** 사용자 지정 형식은 어떤 구조로 입력하나요?

사용자 지정 형식은 **[색]양수 형식;[색]음수 형식;0;문자 형식**으로 입력합니다. 색상은 [검정], [파랑], [녹청], [녹색], [자홍], [빨강], [흰색], [노랑]으로 여덟 가지, 또는 [색1]~[색56]입니다. 기본적으로 0보다 크면 양수, 0보다 작으면 음수, 0이면 0, 문자면 문자 형식으로 표현합니다.

표시 형식 기호	설명
[파랑]▲#,##0;[빨강]▼#,##0;# ❶ ❷ ❸	❶ 양수일 때 파란색으로 ▲ 기호와 숫자 세 자리마다 쉼표를 표시 ❷ 음수일 때 빨간색으로 ▼ 기호와 숫자 세 자리마다 쉼표를 표시 ❸ 0일 때는 표시하지 않음

029 숫자 백만 단위 이하 자르고 네 자리마다 쉼표 표시하기

실습 파일 엑셀\2장\028_서식_표시형식.xlsx [매출액] 시트   완성 파일 엑셀\2장\028_서식_표시형식_완성.xlsx

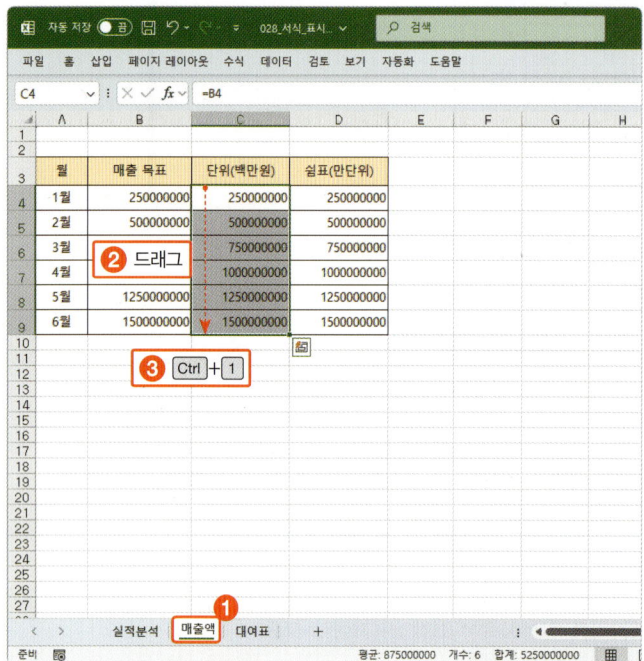

백만 단위 이하는 잘라서 표시하기

01 자릿수가 큰 매출 목표의 숫자를 백만 원 단위로 잘라서 간단히 표시해보겠습니다.

❶ [매출액] 시트 탭 클릭
❷ [C4:C9] 범위 지정
❸ Ctrl + 1 을 누릅니다.

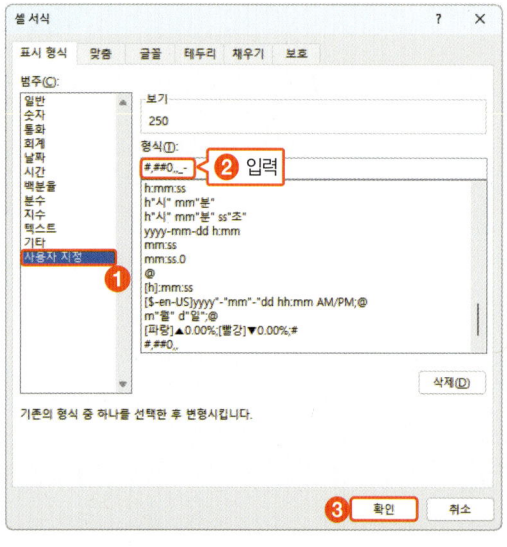

02 [셀 서식] 대화상자가 나타나면

❶ [표시 형식] 탭–[범주]에서 [사용자 지정] 클릭
❷ [형식]에 #,##0,,_- 입력
❸ [확인]을 클릭해서 서식을 적용합니다.

Tip 천 단위 또는 백만 단위로 잘라서 표시할 때는 쉼표(,)를 사용합니다. 천 원 단위는 '#,##0,', 백만 단위는 '#,##0,,'를 입력합니다. 밑줄(_) 기호 뒤에 특수문자(-)를 입력하면 '-' 자폭 너비로 여백을 숫자 뒤에 표시합니다.

네 자리마다 쉼표 표시하기

03 숫자 네 자리마다 쉼표를 표시해 만 단위, 억 단위로 읽을 수 있도록 수정해보겠습니다.

❶ [D4:D9] 범위 지정
❷ Ctrl + 1 을 누릅니다.

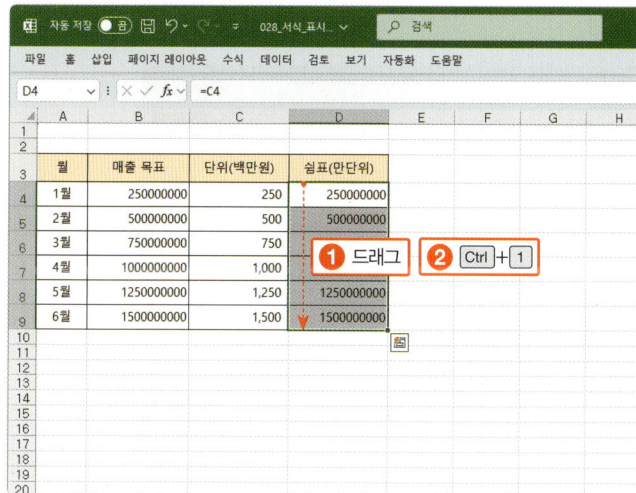

04 [셀 서식] 대화상자가 나타나면

❶ [표시 형식] 탭-[범주]에서 [사용자 지정] 클릭
❷ [형식]에 [>99999999]####","####","####;####","#### 입력
❸ [확인]을 클릭해서 서식을 적용합니다.

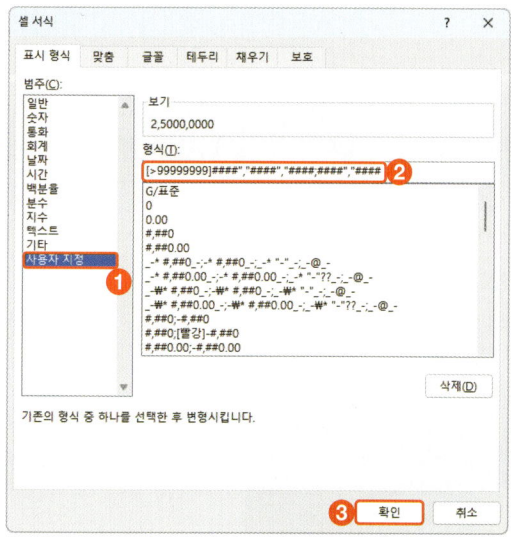

Note 자릿수 조건에 따라 표시 형식을 다르게 지정할 수 있나요?

사용자 서식은 **[조건]서식1;서식2**로 입력합니다. 조건을 만족하면 서식1을 적용하고, 조건을 만족하지 않으면 서식2를 적용합니다. 쉼표(,) 형식은 세 자리마다 쉼표를 표시하는 기호이므로, 네 자리마다 쉼표를 표시하려면 문자(",")로 입력해야 합니다.

표시 형식 기호	설명
❶ ❷ [>99999999]####","####","#### ; ####","#### ❸	❶ 숫자 자릿수가 12자리 이하, 8자리를 초과하면 ####","####","#### 서식을 적용합니다. ❷ 구분 기호 (;)을 입력합니다. ❸ 숫자 자릿수가 8자리 이하이면 ####","#### 서식을 적용합니다.

05 매출액에 네 자리마다 쉼표가 표시됩니다.

Note 조건, 색, 여백을 지정하는 표시 형식 기호

엑셀에서는 조건, 색을 지정할 때 대괄호([ ])를 사용하며, 반복은 별표(*), 여백은 밑줄(_)을 사용합니다.

데이터 형식	서식 기호	기능
기타	[ ]	조건이나 색을 지정할 때 대괄호([ ])를 입력합니다. 색상은 [검정], [파랑], [녹청], [녹색], [자홍], [빨강], [흰색], [노랑], [색1]~[색56]입니다.
	*	별표(*) 기호 뒤에 특수문자를 뒤의 빈 여백만큼 반복해서 표시합니다.
	_	밑줄(_) 기호 뒤에 특수문자 자폭만큼 여백을 표시합니다.

030 요일과 누적 시간에 사용자 지정 표시 형식 설정하기

실습 파일 엑셀\2장\028_서식_표시형식.xlsx [대여표] 시트 **완성 파일** 엑셀\2장\028_서식_표시형식_완성.xlsx

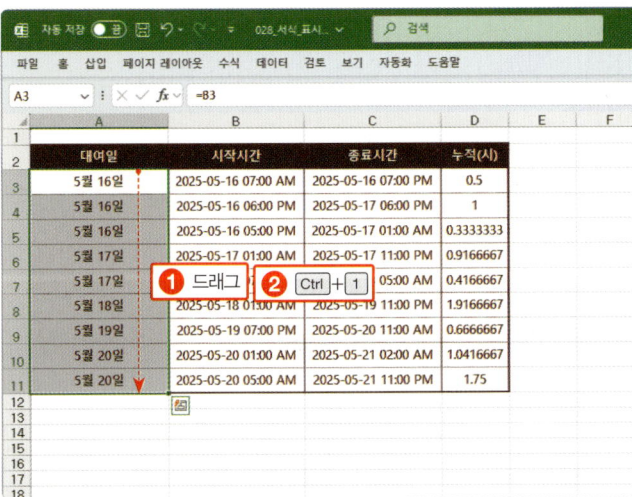

요일 표시하기

01 ❶ [대여표] 시트에서 [A3:A11] 범위 지정

❷ Ctrl + 1 을 눌러 [셀 서식] 대화상자를 불러옵니다.

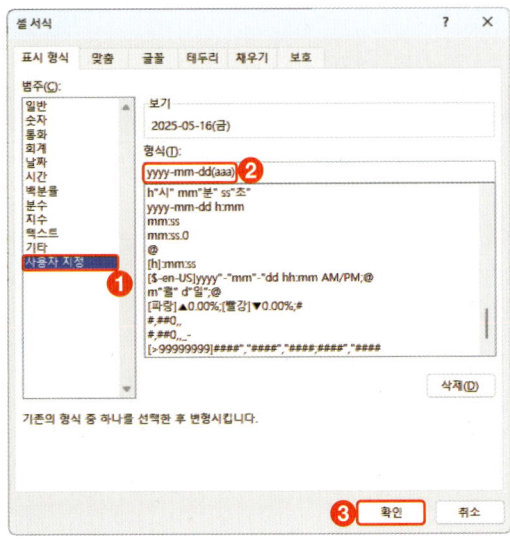

02 [셀 서식] 대화상자가 나타나면

❶ [셀 서식] 대화상자의 [표시 형식] 탭-[범주]에서 [사용자 지정] 클릭

❷ [형식]에 **yyyy-mm-dd(aaa)** 입력

❸ [확인]을 클릭해서 셀에 입력한 내용에 요일이 나타나도록 서식을 적용합니다.

Tip 연도-월-일(요일) 형식인 '2025-05-16(금)'으로 표시됩니다.

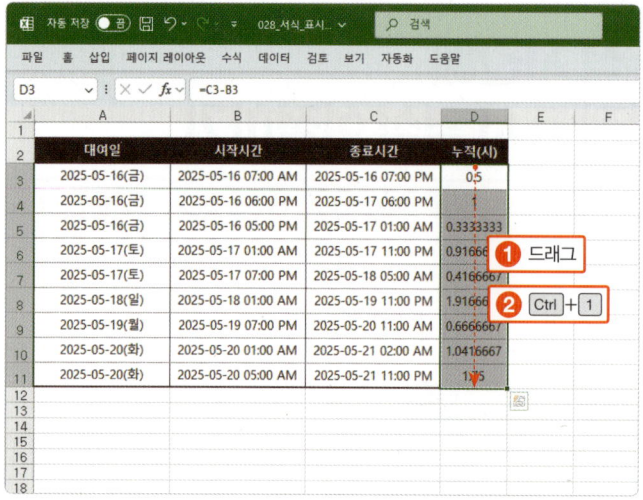

대여 시간 표시하기

03 ① [D3:D11] 범위 지정
② Ctrl + 1 을 눌러 [셀 서식] 대화상자를 불러옵니다.

Tip 1일은 24시간입니다. 1시간은 1을 24로 나눈 값인 숫자 0.041667입니다. 24시간은 24를 24로 나눈 값인 숫자 1로 표시합니다.

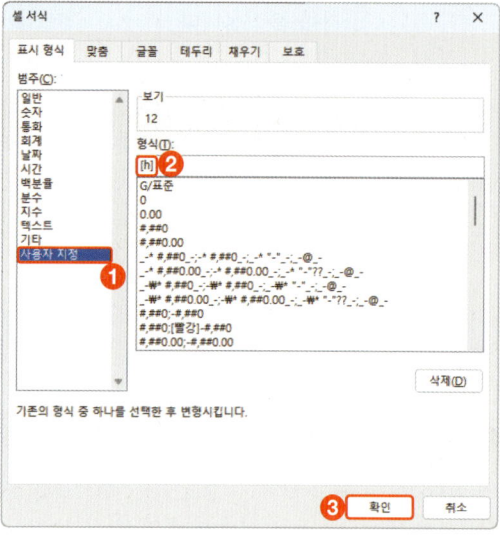

04 [셀 서식] 대화상자가 나타나면
① [표시 형식] 탭-[범주]에서 [사용자 지정] 클릭
② [형식]에 **[h]** 입력
③ [확인]을 클릭합니다.

Tip 23시간까지의 표시는 'h'를, 24시간이 넘는 시간은 대괄호([])와 함께 사용해서 '[h]'로 지정합니다.

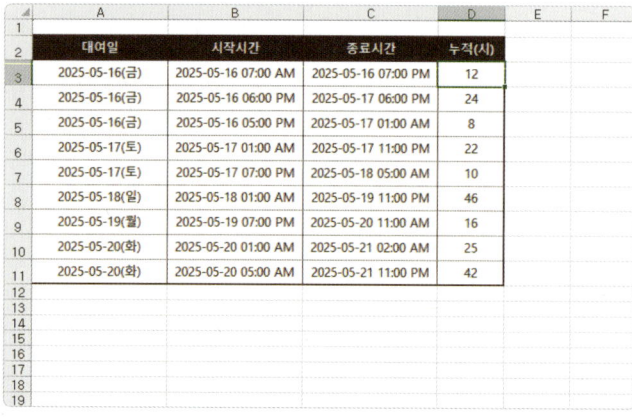

05 시작 시간부터 종료 시간까지 걸린 시간 즉 '=종료시간-시작시간'이 계산되어 누적 시간이 표시되도록 서식이 적용되었습니다.

> **Note** 날짜/시간 사용자 지정 형식에 사용되는 표시 형식 기호

날짜 형식은 주로 년-월-일 형태의 표시 형식을 사용하며 시간 형식은 주로 시:분:초 형태의 h:m:s 표시 형식을 사용합니다. 24시간이 넘는 누적 시간을 표시할 때는 대괄호([ ])와 함께 h,m,s 기호를 사용합니다.

데이터 형식	형식 기호	기능
날짜	YY/YYYY	연도를 두 자리 또는 네 자리로 표시합니다.
	M/MM/MMMM	월을 1~12 또는 01~12로 표시합니다.
	D/DD	일을 1~31 또는 01~31로 표시합니다.
	DDD/DDDD	요일을 영문 세 자리 또는 영문으로 표시(예 : Mon 또는 Monday)합니다.
	AAA/AAAA	요일을 한글 한 자리 또는 한글로 표시(예 : 월 또는 월요일)합니다.
시간	H/HH	시간을 0~23 또는 00~23으로 표시합니다.
	M/MM	분을 0~59 또는 00~59로 표시합니다.
	S/SS	초를 0~59 또는 00~59로 표시합니다.

우선순위
031 셀 강조와 상위/하위 규칙으로 조건부 서식 지정하기

실습 파일 엑셀\2장\031_서식_실적현황.xlsx   완성 파일 엑셀\2장\031_서식_실적현황_완성.xlsx

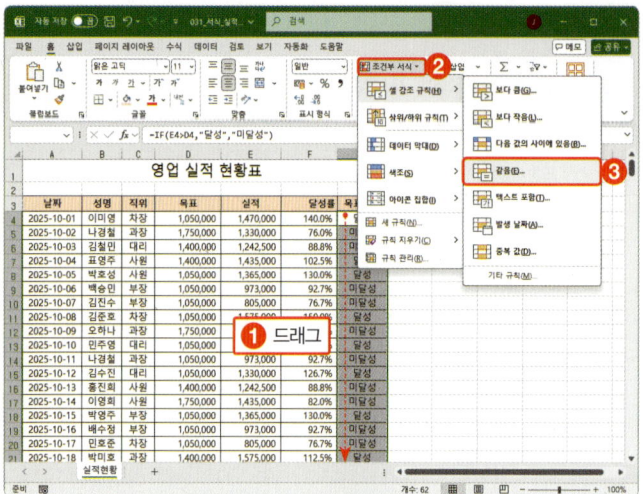

조건부 서식의 셀 강조 규칙 적용하기

01 목표 달성에서 '달성'인 셀을 색으로 강조해보겠습니다.

❶ [G4:G65] 범위 지정

❷ [홈] 탭-[스타일] 그룹-[조건부 서식] 클릭

❸ [셀 강조 규칙]-[같음]을 클릭합니다.

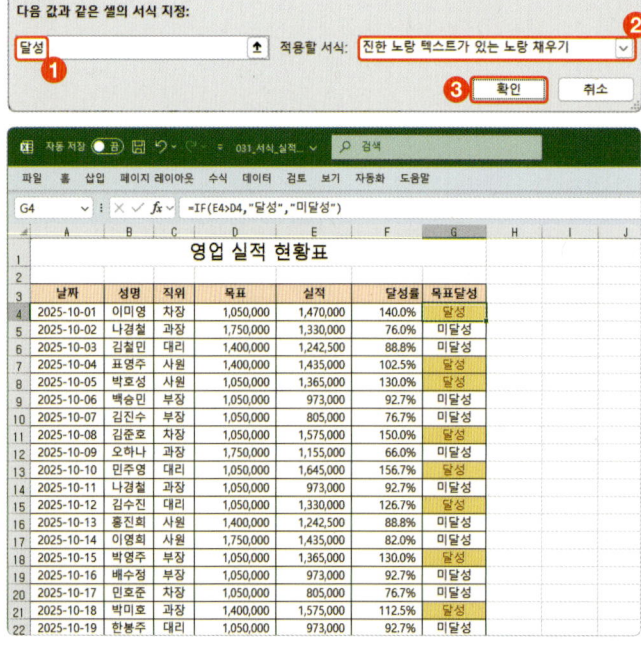

02 ❶ [같음] 대화상자의 서식을 지정할 셀 값에 **달성** 입력

❷ [적용할 서식]에서 [진한 노랑 텍스트가 있는 노랑 채우기] 선택

❸ [확인]을 클릭합니다.

Tip 목표달성에서 '달성'인 셀에 서식이 적용되어 강조됩니다.

상위/하위 규칙 적용하기

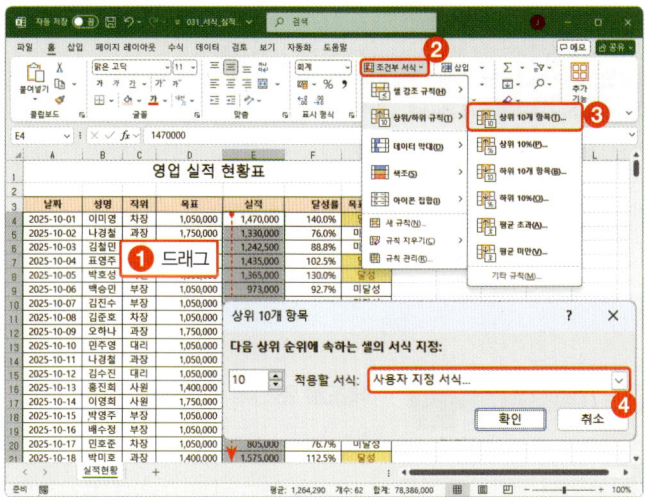

03 실적을 기준으로 상위 10개 목록에 포함되는 셀의 경우 글꼴을 굵게, 빨간색으로 표시해보겠습니다.

❶ [E4:E65] 범위 지정

❷ [홈] 탭-[스타일] 그룹-[조건부 서식] 클릭

❸ [상위/하위 규칙]-[상위 10개 항목] 클릭

❹ [상위 10개 항목] 대화상자의 [적용할 서식]에서 [사용자 지정 서식]을 선택합니다.

04 [셀 서식] 대화상자가 나타나면

❶ [글꼴] 탭 클릭

❷ [글꼴 스타일]은 [굵게] 클릭

❸ [색]은 [진한 빨강] 선택

❹ [확인]을 클릭합니다.

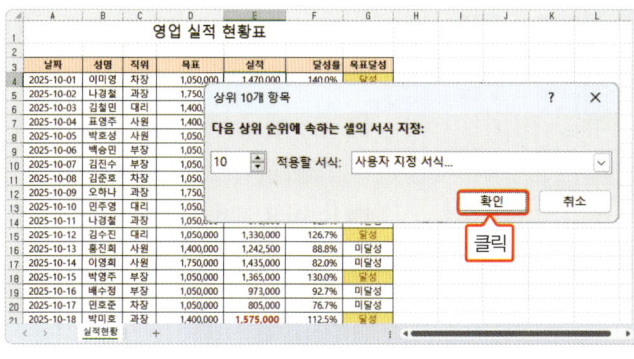

05 [상위 10개 항목] 대화상자에서 [확인]을 클릭하면 전체 실적 데이터에서 상위 10개에 포함되는 셀에 서식이 적용됩니다.

032 색조, 아이콘으로 조건부 서식 지정하기

실습 파일 엑셀\2장\032_서식_예산집계표1.xlsx 완성 파일 엑셀\2장\032_서식_예산집계표1_완성.xlsx

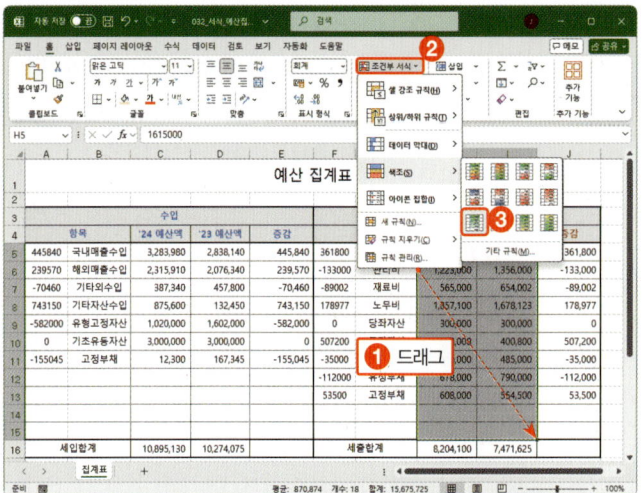

색조로 조건부 서식 지정하기

01 2023년과 2024년 예산액을 녹색과 흰색 두 가지 색조로 표시한 후 비교해보겠습니다.

❶ [H5:I15] 범위 지정

❷ [홈] 탭–[스타일] 그룹–[조건부 서식 ▦] 클릭

❸ [색조]–[녹색, 흰색 색조]를 클릭합니다.

Tip 색조로 값의 크고 작음을 시각화합니다. 예산액 값이 클수록 녹색에, 작은 값일수록 흰색에 가깝게 표시됩니다.

아이콘으로 조건부 서식 지정하기

02 2023년 대비 2024년의 수입이나 지출이 증가했을 때, 감소했을 때, 그대로일 때를 비교해 아이콘으로 표시해보겠습니다.

❶ [A5:A15] 범위 지정

❷ Ctrl 을 누른 상태에서 [F5:F15] 범위 지정

❸ [홈] 탭–[스타일] 그룹–[조건부 서식 ▦] 클릭

❹ [아이콘 집합]–[기타 규칙]을 클릭합니다.

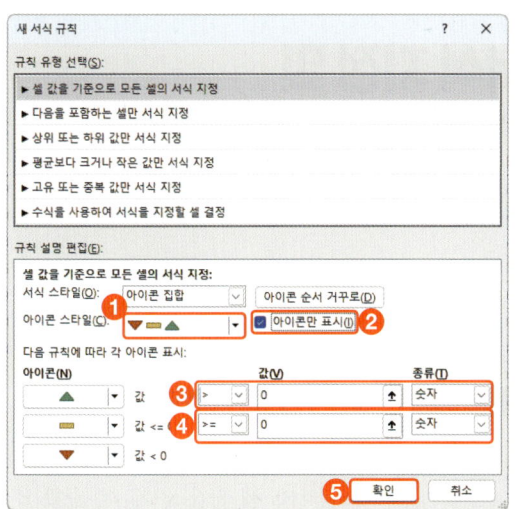

03 [새 서식 규칙] 대화상자에서

❶ [아이콘 스타일]은 [삼각형 3개 ▼ ━ ▲] 클릭

❷ [아이콘만 표시]에 체크

❸ [다음 규칙에 따라 아이콘 표시] 영역에서 [▲] 값에 [> , 0, 숫자] 지정

❹ [━] 값에 [>=, 0, 숫자] 지정

❺ [확인]을 클릭하여 대화상자를 닫습니다.

Tip 셀 값을 기준으로 백분율, 숫자, 백분위수, 수식으로 변경할 수 있습니다. 백분율과 백분위수에 0~100 사이 값을 입력합니다.

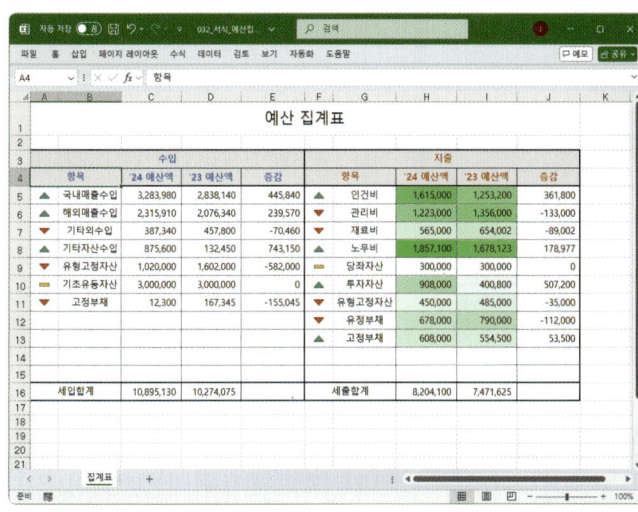

04 셀 값이 0 초과면 ▲, 0이면 ━, 0 미만이면 ▼ 아이콘이 표시됩니다. 아이콘에 맞춰서 A열과 F열의 너비를 적당히 조절합니다.

Note 조건부 서식이 적용된 범위를 찾거나 삭제할 수 있나요?

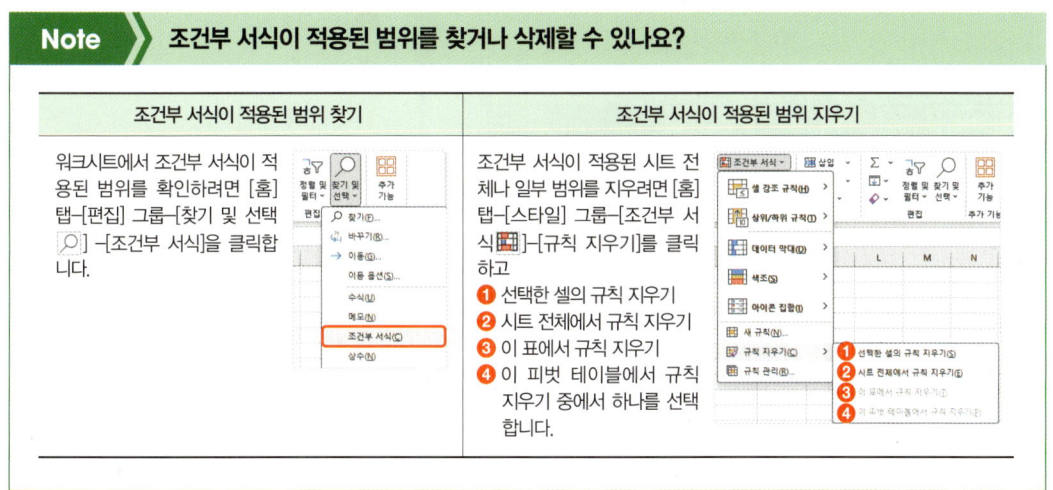

조건부 서식이 적용된 범위 찾기

워크시트에서 조건부 서식이 적용된 범위를 확인하려면 [홈] 탭-[편집] 그룹-[찾기 및 선택 🔍]-[조건부 서식]을 클릭합니다.

조건부 서식이 적용된 범위 지우기

조건부 서식이 적용된 시트 전체나 일부 범위를 지우려면 [홈] 탭-[스타일] 그룹-[조건부 서식]-[규칙 지우기]를 클릭하고

❶ 선택한 셀의 규칙 지우기
❷ 시트 전체에서 규칙 지우기
❸ 이 표에서 규칙 지우기
❹ 이 피벗 테이블에서 규칙 지우기 중에서 하나를 선택합니다.

033 막대로 조건부 서식 지정 및 규칙 편집하기

실습 파일 엑셀\2장\033_서식_예산집계표2.xlsx 완성 파일 엑셀\2장\033_서식_예산집계표2_완성.xlsx

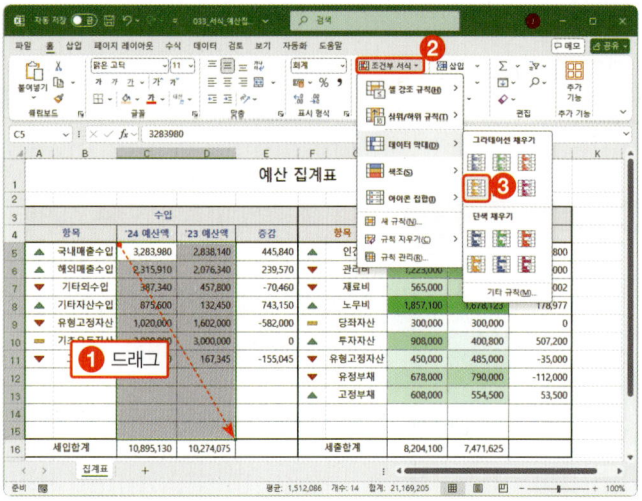

Tip 셀 값에 따라 막대 길이가 다르게 표시됩니다.

데이터 막대로 조건부 서식 지정하기

01 2023년과 2024년 예산액에 해당하는 각 셀 값을 전체 셀 값과 비교했을 때 예산액이 차지하는 비율을 데이터 막대 길이로 표시해보겠습니다.

❶ [C5:D15] 범위 지정

❷ [홈] 탭-[스타일] 그룹-[조건부 서식] 클릭

❸ [데이터 막대]-[그라데이션 채우기]-[주황 데이터 막대]를 클릭합니다.

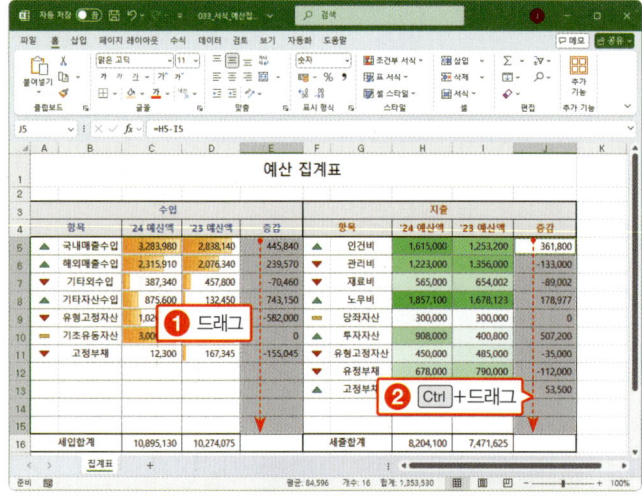

02 2023년 대비 2024년의 수입이나 지출의 증감을 데이터 막대로 표시해보겠습니다.

❶ [E5:E15] 범위 지정

❷ Ctrl 을 누른 상태에서 [J5:J15] 범위를 지정합니다.

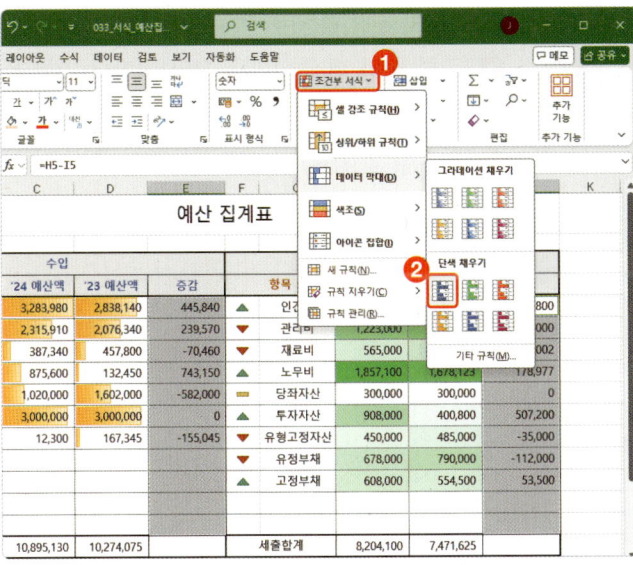

03 ❶ [홈] 탭-[스타일] 그룹-[조건부 서식] 클릭

❷ [데이터 막대]-[단색 채우기]-[파랑 데이터 막대]를 클릭합니다.

Tip 셀 값에 따라 음수와 양수 막대로 표시됩니다. 예산액이 증가한 경우 파란색 데이터 막대가 오른쪽으로 길게 표시되고 감소한 경우 빨간색 데이터 막대가 왼쪽으로 길게 표시됩니다.

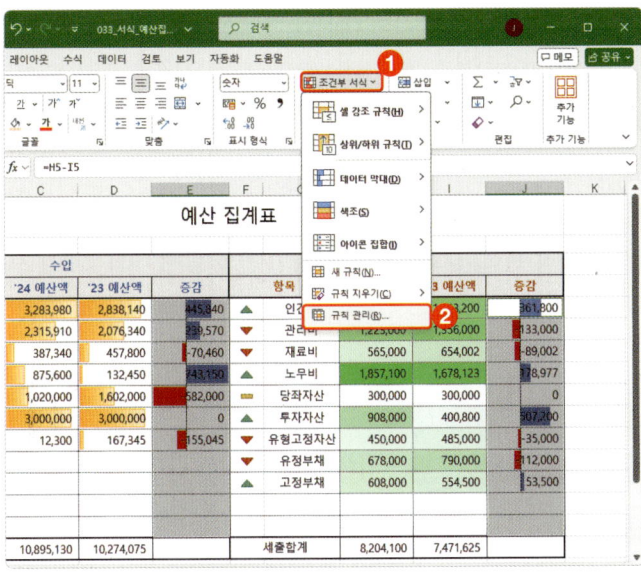

음수와 양수의 막대를 반대 방향으로 표시하기

04 예산액 증감이 표시된 데이터 막대의 방향을 바꿔보겠습니다.

❶ 범위가 지정된 상태에서 [홈] 탭-[스타일] 그룹-[조건부 서식] 클릭

❷ [규칙 관리]를 클릭합니다.

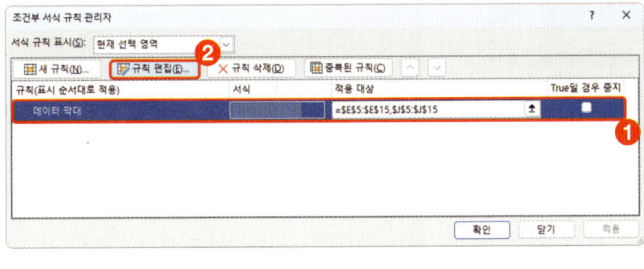

05 [조건부 서식 규칙 관리자] 대화상자가 나타나면

❶ [데이터 막대] 규칙 클릭

❷ [규칙 편집]을 클릭합니다.

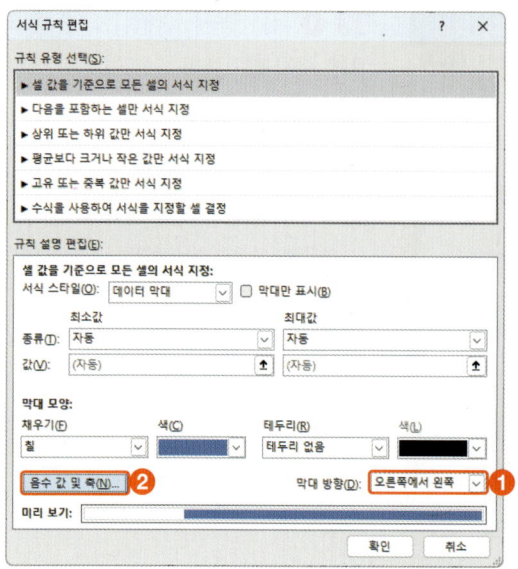

06 [서식 규칙 편집] 대화상자가 나타나면
❶ [규칙 설명 편집]-[막대 모양]-[막대 방향]을 [오른쪽에서 왼쪽] 선택
❷ [음수 값 및 축]을 클릭합니다.

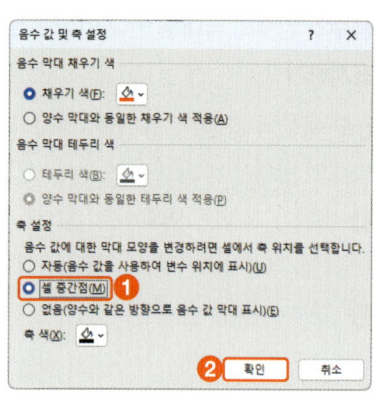

07 예산액 증감이 표시된 데이터 막대의 중심축을 셀 가운데로 바꿔보겠습니다.
❶ [음수 값 및 축 설정] 대화상자의 [축 설정]에서 [셀 중간점] 클릭
❷ [확인]을 클릭하고 [조건부 서식 규칙 관리자] 대화상자와 [서식 규칙 편집] 대화상자에서 [확인]을 클릭해 대화상자를 모두 닫습니다.

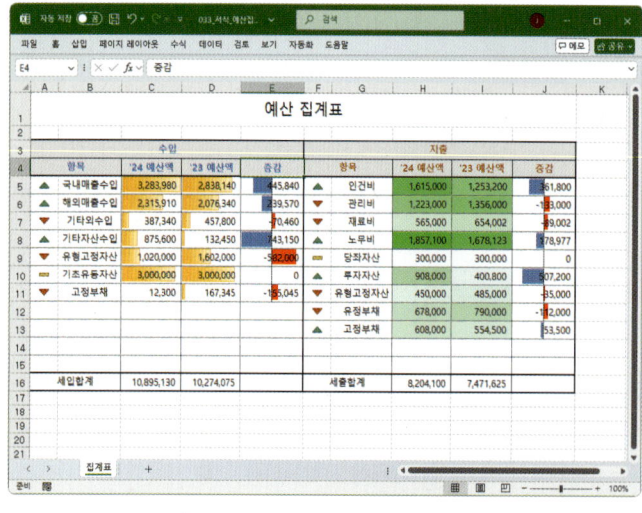

08 막대의 방향이 오른쪽에서 왼쪽으로 변경되고 중심축이 셀 중간으로 변경됩니다.

우선순위
034 수식으로 조건부 서식 지정하기

실습 파일 엑셀\2장\034_서식_신용평가.xlsx 완성 파일 엑셀\2장\034_서식_신용평가_완성.xlsx

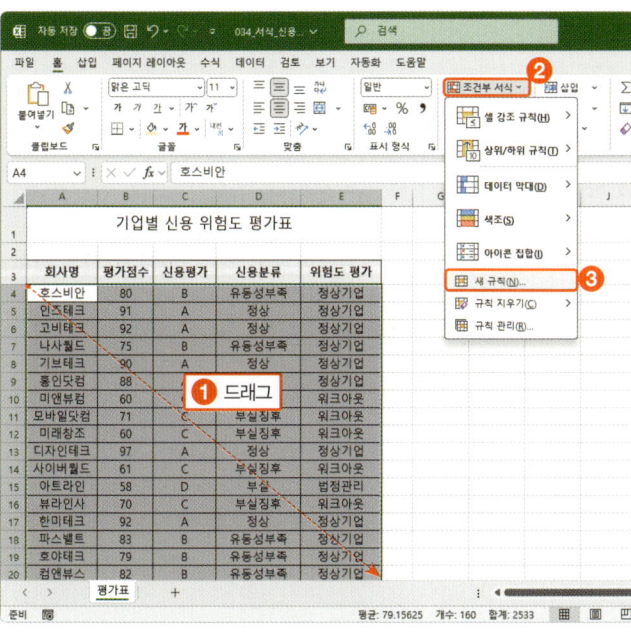

수식으로 조건부 서식 지정하기

01 위험도 평가에서 워크아웃 대상 기업인 경우 해당 행을 연한 노란색으로 채워보겠습니다.

❶ [A4:E35] 범위 지정

❷ [홈] 탭-[스타일] 그룹-[조건부 서식 📋] 클릭

❸ [새 규칙]을 클릭합니다.

02 [새 서식 규칙] 대화상자가 나타나면

❶ [규칙 유형 선택]에서 [수식을 사용하여 서식을 지정할 셀 결정] 클릭

❷ 목표를 달성한 행 전체에 서식을 적용하기 위해 수식 입력란에 **=$E4="워크아웃"** 입력

❸ [서식]을 클릭합니다.

Tip 수식 **=$E4="워크아웃"**은 [A4:E35] 범위에서 '워크아웃'을 찾아 E열 기준으로 행 전체를 강조합니다.

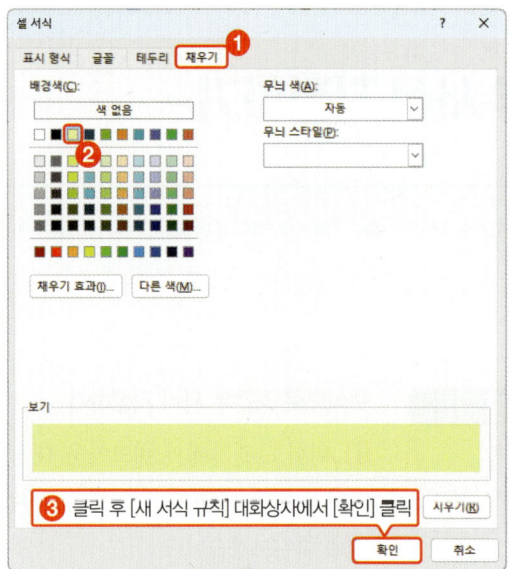

03 [셀 서식] 대화상자가 나타나면

❶ [채우기] 탭 클릭

❷ [배경색]의 [연한 노랑] 클릭

❸ [확인]을 클릭하고 [새 서식 규칙] 대화상자에서도 [확인]을 클릭해서 대화상자를 모두 닫습니다.

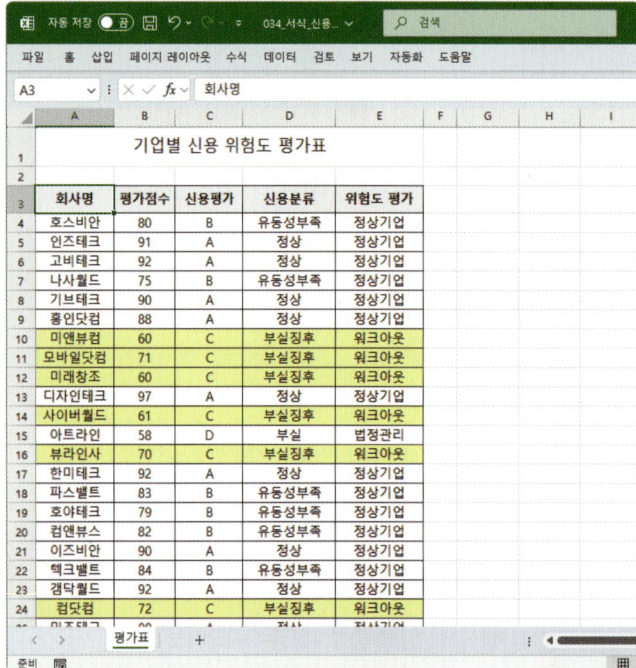

04 워크아웃이 포함된 셀의 행 전체가 연한 노란색으로 강조됩니다.

035 빠른 분석 도구를 사용하여 표 서식과 조건부 서식 지정하기

실습 파일 엑셀\2장\035_서식_수출입추이.xlsx 완성 파일 엑셀\2장\035_서식_수출입추이_완성.xlsx

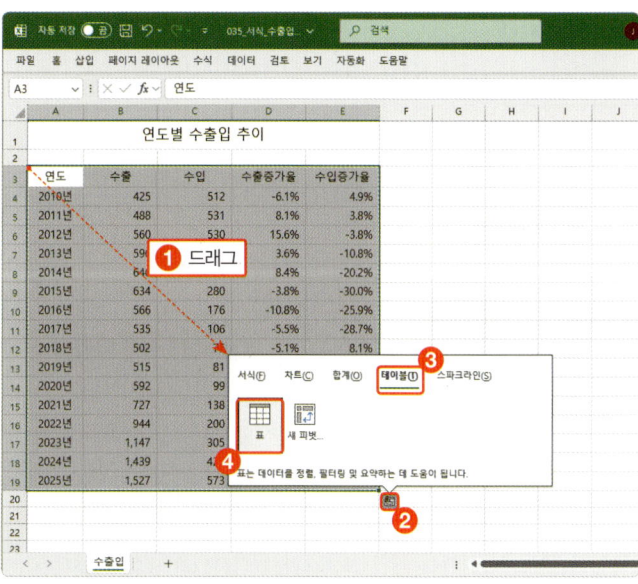

표 서식 지정하기

01 데이터 범위를 지정했을 때 범위 끝에 자동으로 표시되는 빠른 분석 도구를 이용해 표 서식을 지정해보겠습니다.

❶ [A3:E19] 범위 지정

❷ 표의 오른쪽 아래에 나타나는 [빠른 분석 📊] 클릭

❸ [테이블] 탭 클릭

❹ [표]를 클릭하여 지정한 범위에 표 서식을 적용합니다.

Tip 표 스타일이 적용되고 머리글 행에 필터 단추가 나타납니다. 빠른 분석 도구에서 적용한 표의 스타일은 [테이블 디자인] 탭-[표 스타일] 그룹에서 변경할 수 있습니다.

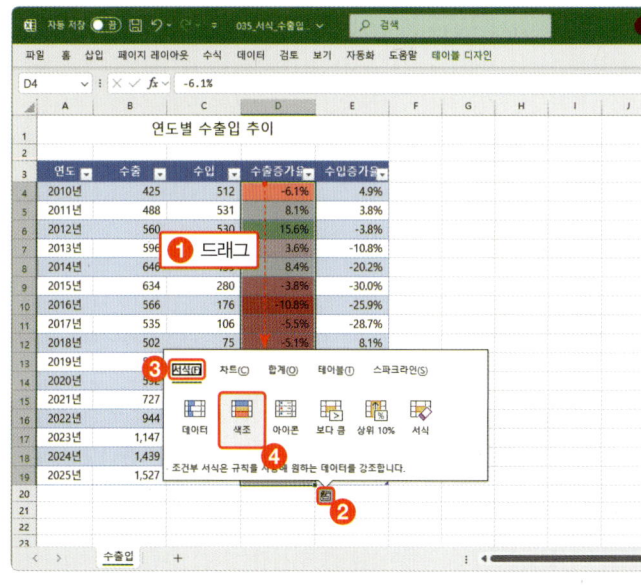

색조로 조건부 서식 지정하기

02 수출증가율이 클 때와 낮을 때를 비교하여 색조로 표시해보겠습니다.

❶ [D4:D19] 범위 지정

❷ [빠른 분석 📊] 클릭

❸ [서식] 클릭

❹ [색조]를 클릭합니다.

Tip 지정한 범위에 세 가지 색조(녹색-흰색-빨강)로 서식이 적용됩니다.

CHAPTER 02 문서 편집 및 인쇄하기 **109**

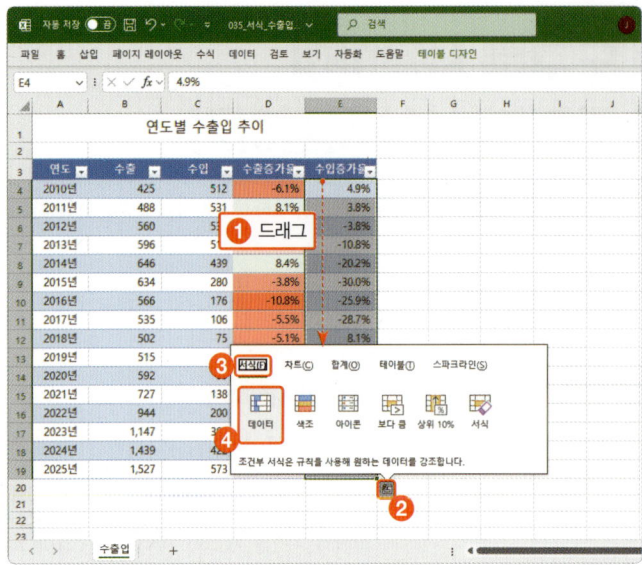

막대로 조건부 서식 지정하기

03 ❶ [E4:E19] 범위 지정
❷ [빠른 분석] 클릭
❸ [서식] 클릭
❹ [데이터]를 클릭하여 데이터 막대 서식을 적용합니다.

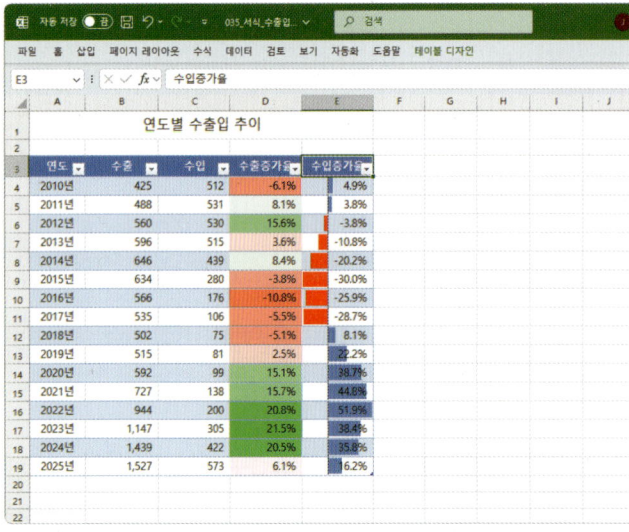

04 음수는 빨간색, 양수는 파란색의 데이터 막대로 표시됩니다.

Tip 빠른 분석 도구에서 적용한 조건부 서식 등의 스타일은 [홈] 탭-[스타일] 그룹-[조건부 서식]-[규칙 관리]에서 변경할 수 있습니다.

Note 빠른 분석 도구는 언제 사용하나요?

빠른 분석 도구는 데이터 범위의 자료를 시각화하거나 분석할 때 자주 사용하는 메뉴를 모아놓은 도구입니다. 서식 변경은 물론 차트와 스파크라인을 간편하게 만들어주고 합계 또는 피벗 테이블도 바로 작성할 수 있습니다.

036 틀 고정하기

실습 파일 엑셀\2장\036_틀고정_매출표.xlsx   완성 파일 없음

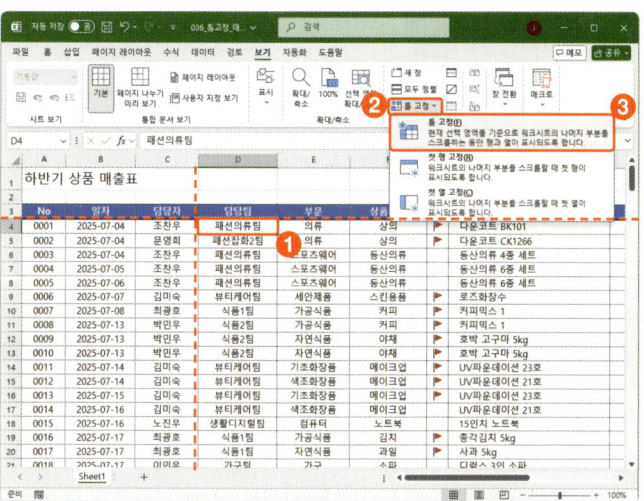

틀 고정하기

01 하반기 상품 매출표에서 화면을 이동해도 표 제목과 항목 이름, 연번과 일자, 담당자가 계속해서 보이도록 특정 범위를 고정해보겠습니다.

❶ [D4] 셀 클릭

❷ [보기] 탭-[창] 그룹-[틀 고정 📰] 클릭

❸ [틀 고정]을 클릭합니다.

Tip 셀 포인터를 기준으로 위쪽과 왼쪽에 있는 셀이 고정됩니다. 화면을 이동해도 [D4] 셀 위쪽의 [1:3] 행, 왼쪽의 [A:C] 열은 계속해서 나타납니다.

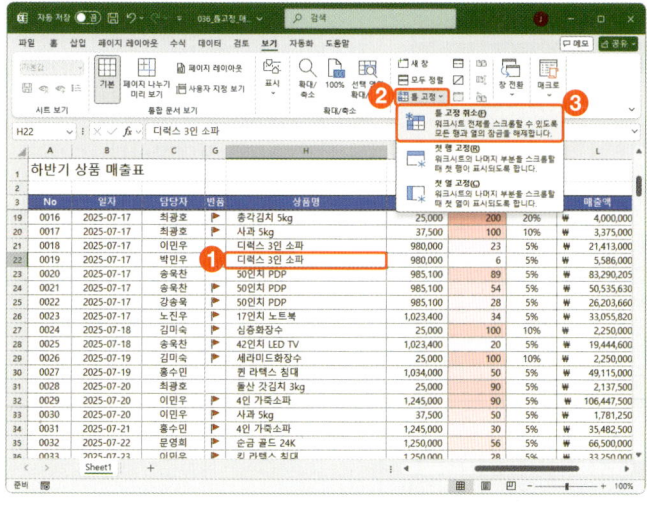

틀 고정 취소하기

02 화면을 아래로 이동한 후 오른쪽으로 이동하면 제목 행과 열이 고정된 것을 확인할 수 있습니다. 고정된 틀을 취소해보겠습니다.

❶ 임의의 셀을 클릭

❷ [보기] 탭-[창] 그룹-[틀 고정 📰] 클릭

❸ [틀 고정 취소]를 클릭합니다.

CHAPTER 02 문서 편집 및 인쇄하기 **111**

037 문서를 바둑판식으로 정렬해서 작업하기

실습 파일 엑셀\2장\037_창_매출실적.xlsx 완성 파일 없음

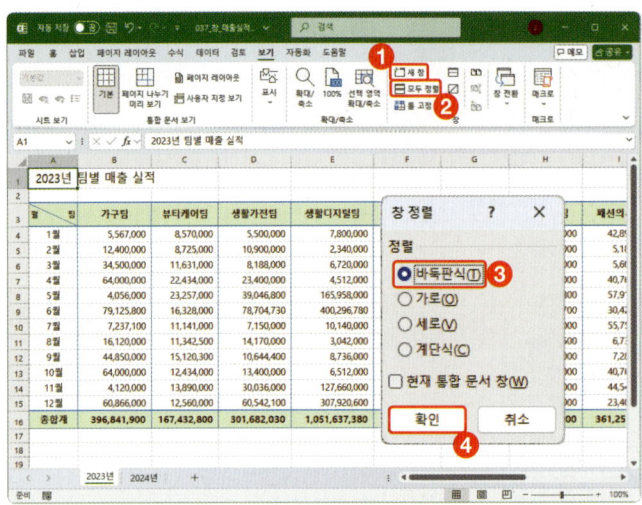

Tip [보기] 탭-[창] 그룹-[창 전환]을 클릭하면 '037_창_매출실적.xlsx - 1', '037_창_매출실적.xlsx - 2' 두 개의 문서가 열려 있는 것을 확인할 수 있습니다. 현재 열려 있는 문서를 새 창에 복제해서 한 번 더 엽니다.

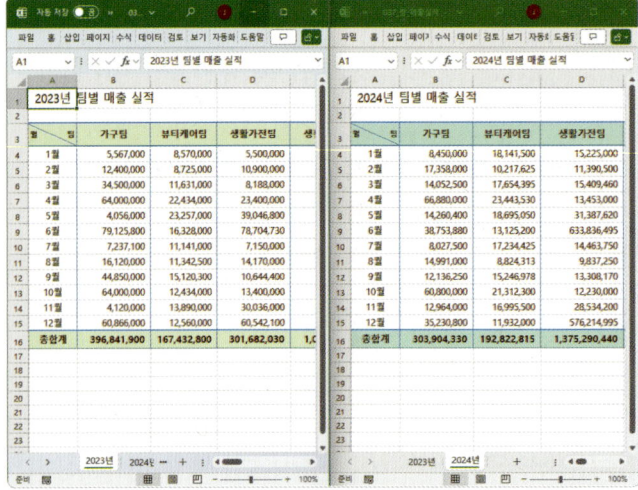

바둑판식으로 창 정렬하기

01 엑셀 창을 추가로 열고 [2023년]과 [2024년] 시트를 한 화면에 표시해보겠습니다.

❶ 작업 중인 문서를 새 창에 띄우기 위해 [보기] 탭-[창] 그룹-[새 창 🗗] 클릭

❷ [보기] 탭-[창] 그룹-[모두 정렬 🗗] 클릭

❸ [창 정렬] 대화상자에서 [바둑판식] 클릭

❹ [확인]을 클릭합니다.

창 나란히 비교하기

02 [2023년] 시트와 [2024년] 시트를 비교하면서 작업합니다.

Tip 작업이 모두 끝난 뒤에는 작업 창 중 하나에서 [닫기 ❌]를 클릭하여 작업 창을 닫습니다.

인쇄 미리 보기에서 인쇄 선택 영역 및 여백 설정하기

실습 파일 엑셀\2장\038_인쇄_주간일정표.xlsx **완성 파일** 엑셀\2장\038_인쇄_주간일정표_완성.xlsx

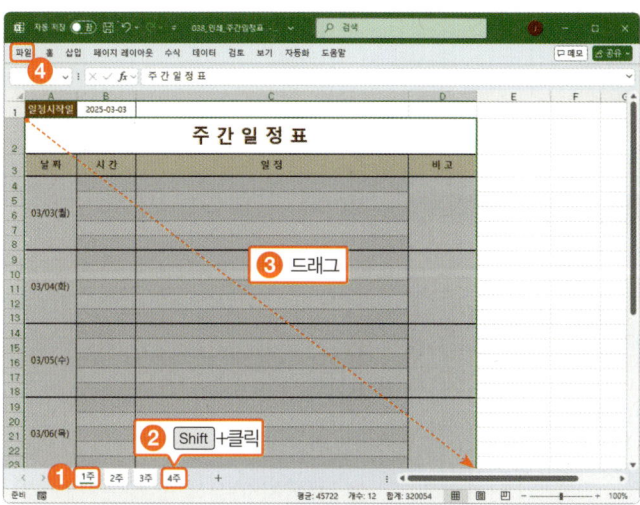

인쇄 영역 설정하기

01 ❶ [1주] 시트 탭 클릭

❷ Shift 를 누른 상태에서 [4주] 시트 탭 클릭

❸ 인쇄 영역을 설정하기 위해 [A2:D38] 범위 지정

❹ [파일] 탭을 클릭합니다.

Tip Shift 는 'A부터 B까지'라는 개념이고 Ctrl 은 'A와 B'라는 개념입니다. 따라서 Shift 를 누른 채 [1주]:[4주] 시트를 선택한 다음 작업하면 모든 시트에 동일하게 적용됩니다.

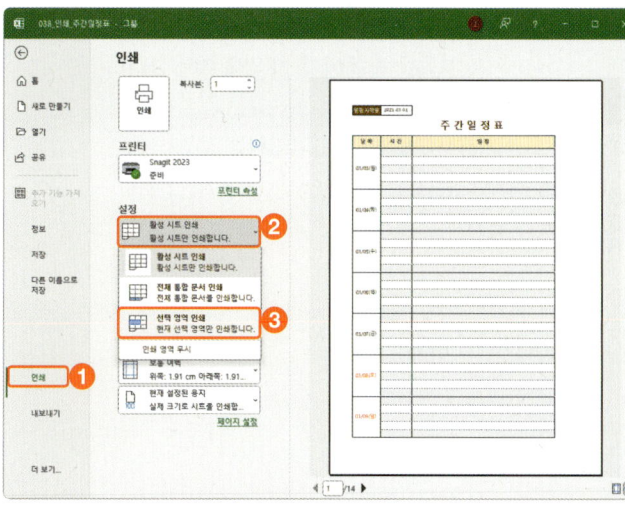

인쇄 미리 보기

02 인쇄 미리 보기 화면에서 인쇄 관련 메뉴와 미리 보기를 확인할 수 있습니다.

❶ [인쇄]를 클릭해 인쇄 미리 보기 화면 표시

❷ [설정]-[인쇄 영역] 클릭

❸ [선택 영역 인쇄]를 클릭합니다.

Tip [1주]~[4주] 시트에서 A행이 제외되고 [A2:D38] 범위가 인쇄 영역으로 설정되어 인쇄 미리 보기 화면에 표시됩니다.

Tip 편집 화면에서 단축키 Ctrl + P 를 누르면 인쇄 미리 보기가 바로 실행됩니다.

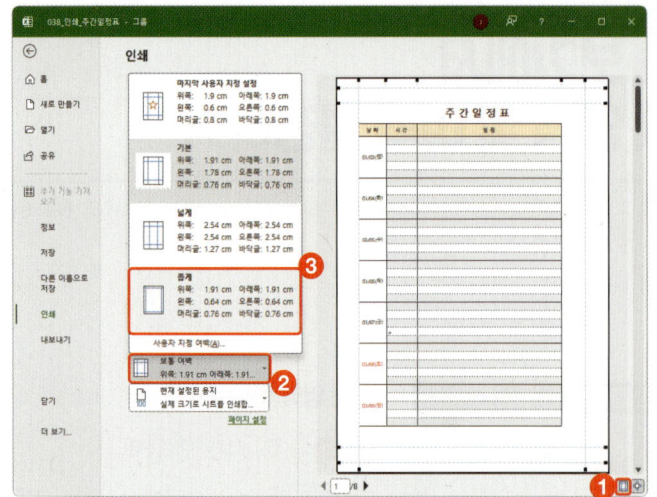

용지 여백 설정하기

03 넓은 용지 여백을 좁게 설정해보겠습니다.

❶ [여백 표시 🔲] 클릭

❷ [여백 설정] 클릭

❸ [좁게]를 클릭하여 여백을 조절합니다.

Tip 인쇄 미리 보기에서 좁은 여백이 적용된 페이지가 나타나며 비고 열이 나타납니다.

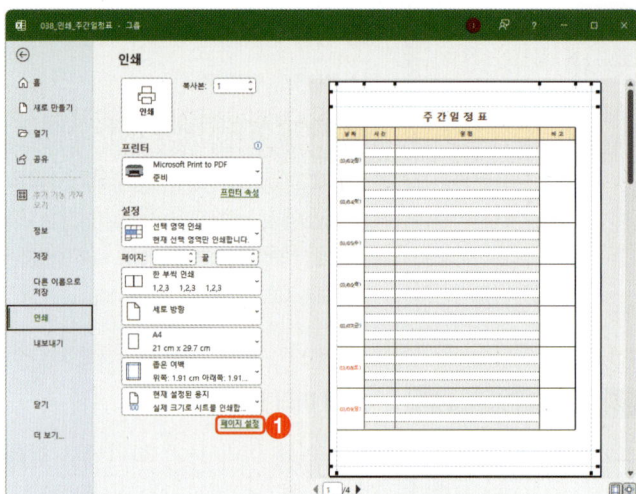

페이지 가운데 맞춤 지정하기

04 페이지에서 인쇄될 내용이 가운데 위치하도록 정렬해보겠습니다.

❶ [설정]-[페이지 설정] 클릭

❷ [페이지 설정] 대화상자에서 [여백] 탭 클릭

❸ [페이지 가운데 맞춤]에서 [가로], [세로]에 체크

❹ [확인]을 클릭하여 문서 내용을 페이지 가운데 정렬합니다.

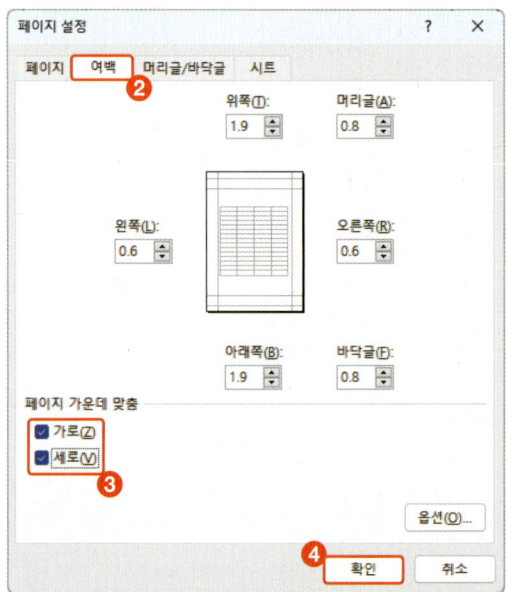

인쇄 미리 보기 확대/축소하기

05 인쇄 미리 보기에서 [다음 페이지▶]를 클릭하여 다음 페이지를 보거나 화면 오른쪽 아래의 [페이지 확대/축소 ⊕]를 클릭해서 미리 보기 화면을 확대/축소할 수 있습니다.

Tip [인쇄]를 누르면 프린터에서 출력이 시작되고 ESC 를 누르면 워크시트 편집 화면으로 돌아갑니다. 인쇄 작업 후에 그룹 시트를 해제하려면 [1주]~[4주] 시트 중에서 임의의 시트 탭을 클릭합니다.

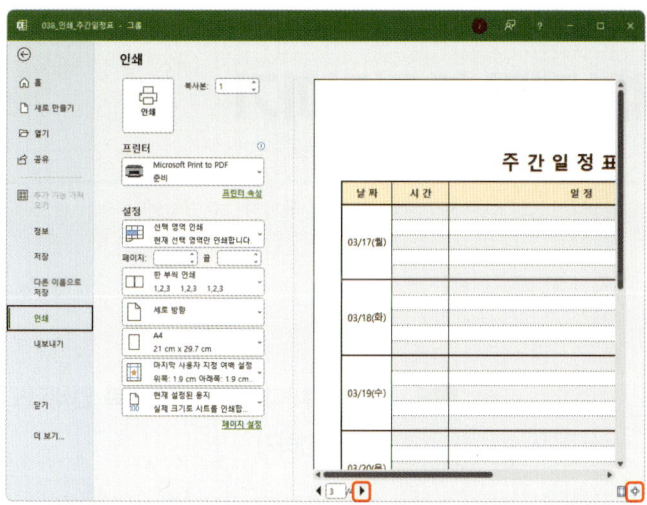

Note 종이 낭비 없이 A4 한 장에 딱 맞추는 인쇄 노하우

인쇄 설정을 제대로 해두지 않으면 불필요한 페이지가 인쇄되거나 원치 않는 부분이 잘려 인쇄되는 등 시간과 인쇄 용지를 낭비할 수 있습니다. 인쇄 용지에 맞게 인쇄하기 위해서는 [파일] 탭-[인쇄]에서 인쇄와 관련된 작업과 메뉴를 확인하여 다음과 같이 페이지를 설정합니다.

순차적으로 인쇄 페이지 설정하기

❶ 인쇄할 시트를 지정
❷ 용지 방향을 지정
❸ 작업한 문서에 맞는 용지 규격을 지정
❹ 미리 보기 화면을 확인하면서 용지의 여백을 지정
❺ 한 페이지로 인쇄할 인쇄 배율을 조절
❻ [페이지 설정] 대화상자에서 페이지, 여백, 머리글/바닥글, 시트 등을 설정합니다.

Tip 활성 시트, 전체 통합 문서 또는 선택 영역만 인쇄할 수 있습니다. 선택 영역으로 인쇄하려면 인쇄할 범위를 지정한 후 인쇄 영역을 설정합니다.

039 반복 인쇄할 제목 행 지정하기

실습 파일 엑셀\2장\039_인쇄_업무추진비1.xlsx **완성 파일** 엑셀\2장\039_인쇄_업무추진비1_완성.xlsx

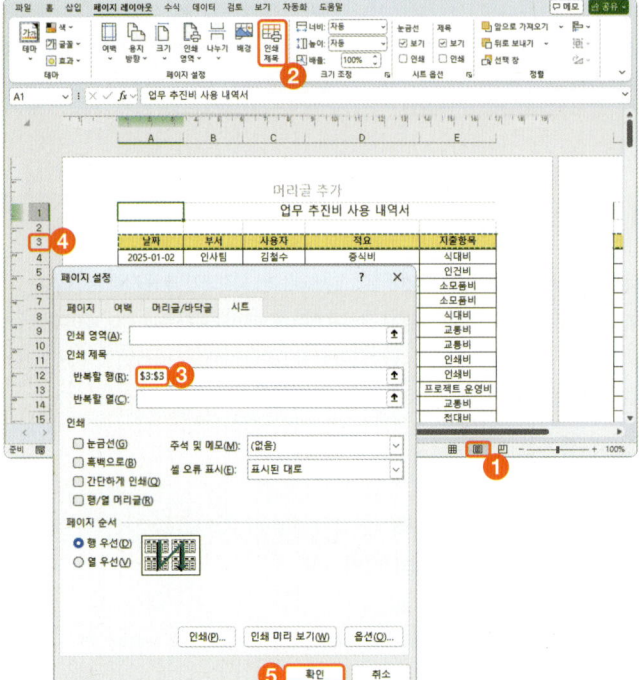

페이지마다 제목 행이 반복 인쇄되도록 설정하기

01 ❶ 상태 표시줄에서 [페이지 레이아웃囲] 클릭
❷ [페이지 레이아웃] 탭–[페이지 설정] 그룹–[인쇄 제목囲] 클릭
❸ [페이지 설정] 대화상자에서 [반복할 행] 클릭
❹ 3행 머리글을 클릭해 반복할 행 선택
❺ [확인]을 클릭합니다.

Tip [페이지 레이아웃囲] 보기는 인쇄될 페이지 모양 그대로 표시하므로 한 페이지에 인쇄될 내용을 확인할 수 있으며 인쇄와 관련된 작업을 지정할 수 있습니다.

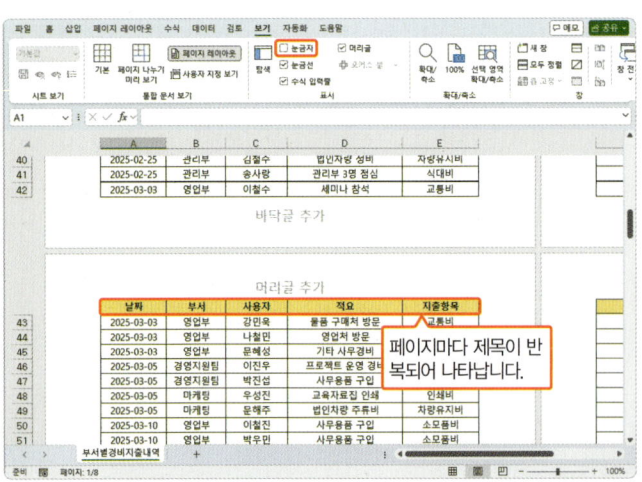

02 각 페이지로 이동하면서 살펴보면 제목이 반복되어 나타납니다. [보기] 탭–[표시] 그룹–[눈금자]의 체크를 해제하여 눈금자를 숨기고 작업 공간을 넓힙니다.

Tip 다음 페이지로 이동하면 제목 행([3행])이 표의 상단에 반복되어 표시됩니다. [인쇄 제목]은 인쇄 미리 보기에서는 실행할 수 없으므로 인쇄 미리 보기 화면으로 이동하기 전에 미리 워크시트에서 설정해놓습니다.

페이지 나누기 미리 보기 및 인쇄 배율 지정하기

실습 파일 엑셀\2장\040_인쇄_업무추진비2.xlsx   **완성 파일** 엑셀\2장\040_인쇄_업무추진비2_완성.xlsx

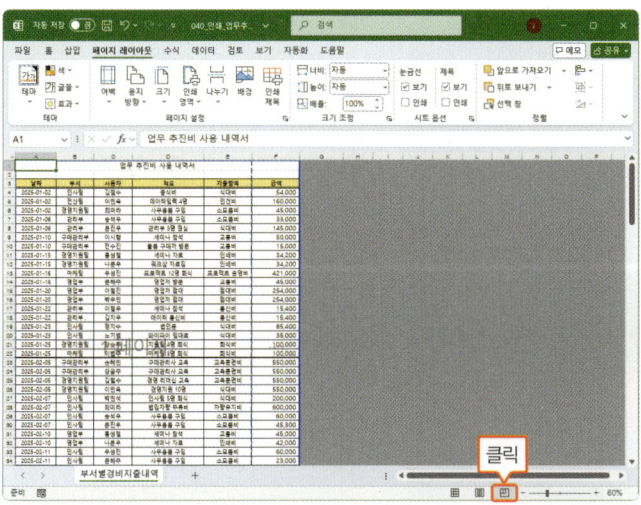

페이지 나누기 미리 보기 모드로 변경하기

01 상태 표시줄에서 [페이지 나누기 미리 보기 凹]를 클릭합니다. 페이지 나누기 창에서 인쇄 영역 전체는 파란색 실선으로, 자동으로 나눠진 페이지 구분선은 파란색 점선으로 표시됩니다.

Tip [페이지 나누기 미리 보기 凹] 보기는 화면에서 인쇄 영역 전체는 파란색 실선으로 표시되고, 인쇄 영역이나 페이지 구분선을 드래그하여 한 페이지에서 인쇄할 내용을 조절할 수 있습니다.

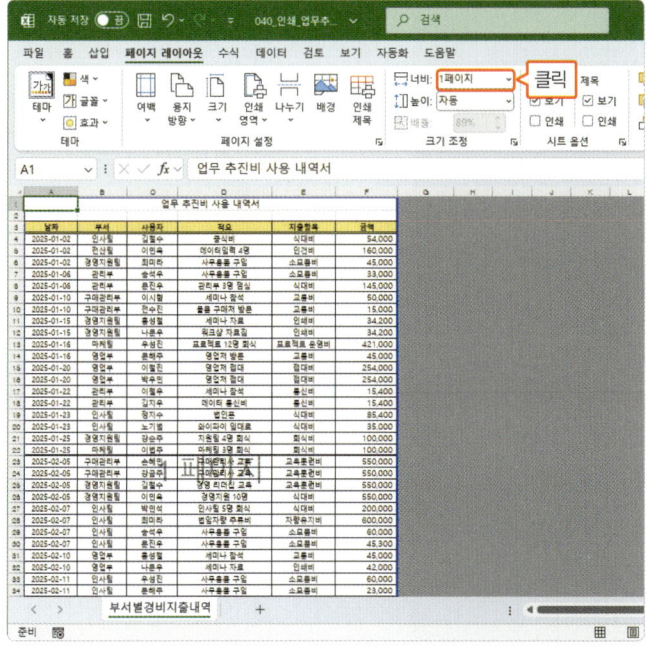

인쇄 배율 조정하기

02 [페이지 레이아웃] 탭-[크기 조정] 그룹에서 [너비 ↔]를 [1페이지]로 선택합니다.

Tip 인쇄 가로 배율이 [89%]로 조정됩니다. 임의로 가로 페이지 영역을 조절하려면 페이지 구분선인 파란색 점선 또는 파란색 실선을 오른쪽 또는 왼쪽으로 드래그하면 자동으로 인쇄 배율이 조정되어 한 페이지에 인쇄됩니다.

041 페이지 나누기 구분선 수정하기

실습 파일 엑셀\2장\041_인쇄_업무추진비3.xlsx　　**완성 파일** 엑셀\2장\041_인쇄_업무추진비3_완성.xlsx

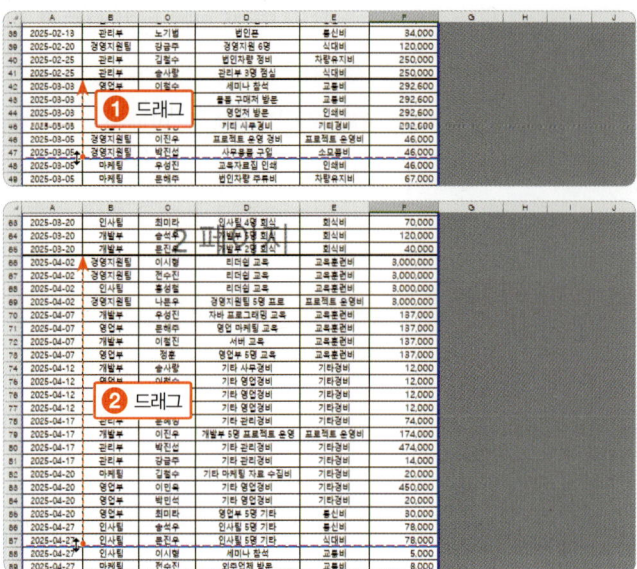

01 1~6월까지의 매출 보고 실적 데이터가 월별로 표시되도록 페이지를 나누겠습니다.

❶ 1페이지 나누기 구분선인 47행 위치의 파란색 점선을 41행 위치로 드래그

❷ 2페이지 나누기 구분선을 65행 위치로 드래그합니다.

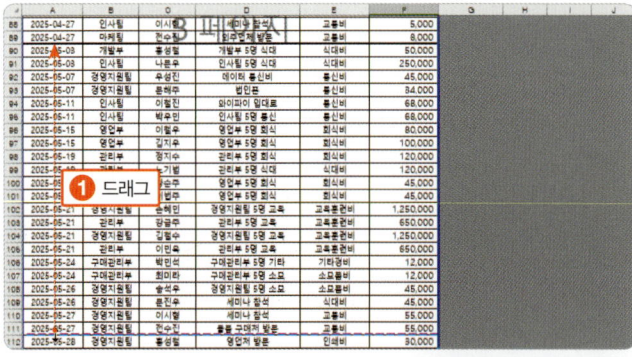

02 ❶ 3페이지 나누기 구분선을 89행으로 드래그

❷ 4페이지 나누기 구분선을 117행 위치로 각각 드래그합니다.

Tip [페이지 레이아웃] 탭-[페이지 설정] 그룹-[나누기]에서 다음 페이지가 시작될 위치를 삽입/제거할 수 있고, 모든 설정을 제거하고 페이지를 나누기 전의 상태로 되돌릴 수 있습니다.

우선순위

042 머리글/바닥글 설정하기

실습 파일 엑셀\2장\042_인쇄_업무추진비4.xlsx **완성 파일** 엑셀\2장\042_인쇄_업무추진비4_완성.xlsx

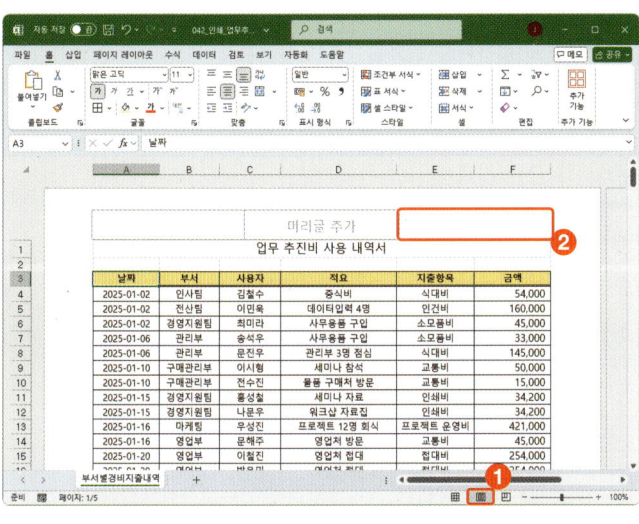

머리글에 현재 날짜 입력하기

01 ❶ 상태 표시줄에서 [페이지 레이아웃 🗐] 클릭
❷ 머리글 추가 영역의 오른쪽 빈칸을 클릭합니다.

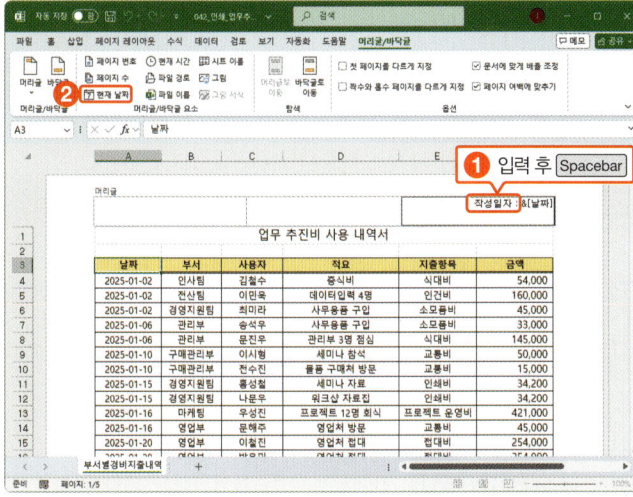

02 ❶ **작성일자 :** 을 입력한 후 Spacebar
❷ [머리글/바닥글] 탭-[머리글/바닥글 요소] 그룹-[현재 날짜 7]를 클릭해서 날짜를 표기합니다.

Tip 머리글 오른쪽 영역에서 작성일자 : 다음 현재 날짜가 입력됩니다. 엑셀 2019 이전 버전에서는 [머리글/바닥글 도구]-[디자인] 탭을 확인합니다.

바닥글에 페이지 번호 입력하기

03 [머리글/바닥글] 탭-[탐색] 그룹-[바닥글로 이동]을 클릭해서 바닥글로 이동합니다.

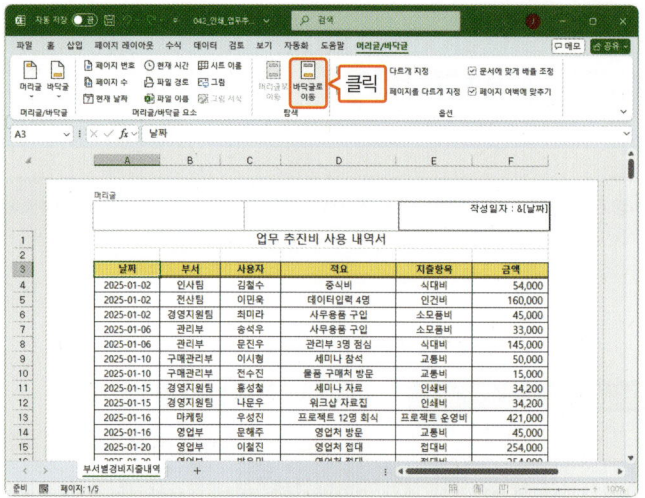

04 ❶ 바닥글 가운데 영역 클릭
❷ [머리글/바닥글] 탭-[머리글/바닥글 요소] 그룹-[페이지 번호] 클릭
❸ / 입력
❹ [페이지 수]를 클릭합니다.

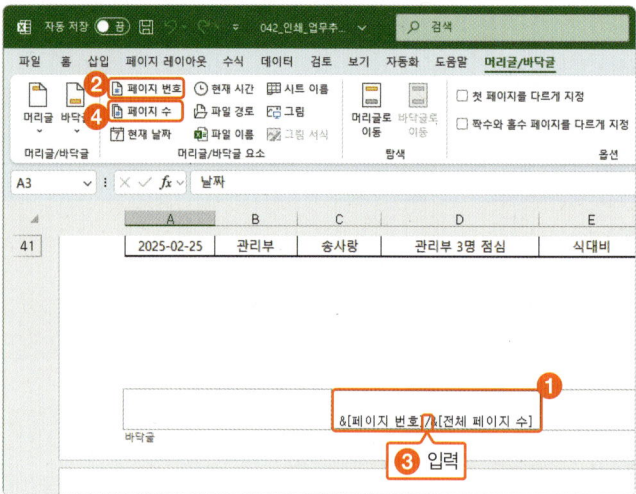

05 임의의 셀을 클릭하면 바닥글이 '페이지 번호/전체 페이지 수' 형식으로 표기됩니다.

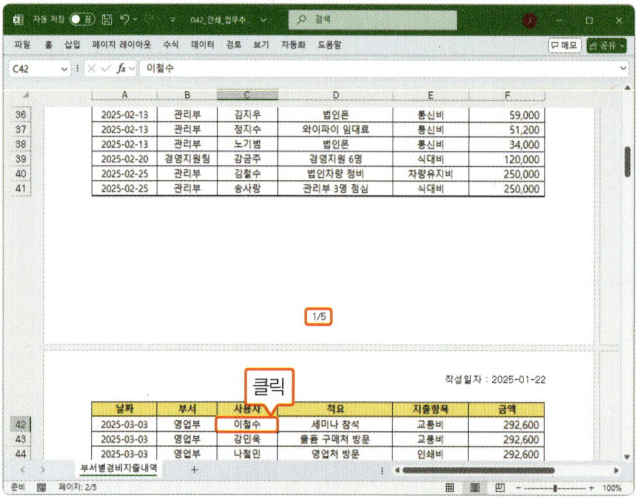

Note 머리글/바닥글을 삽입하는 이유

보고서를 인쇄할 때 페이지마다 반복할 요소(날짜, 부서명, 로고, 페이지 번호) 등을 표시하려면 페이지의 상단과 하단의 머리글/바닥글에 삽입해야 합니다.

[머리글/바닥글] 탭을 활용하기 위해서는 상태 표시줄의 [페이지 레이아웃 ▦]을 클릭하고 화면 상단의 [머리글 추가](또는 하단의 [바닥글 추가])를 클릭, [머리글/바닥글] 탭에서 필요한 요소를 삽입합니다.

❶ **머리글/바닥글** : 미리 설정된 머리글/바닥글 목록 16개를 이용해서 머리글과 바닥글을 설정합니다.
❷ **머리글/바닥글 요소** : 머리글과 바닥글에 삽입할 요소를 사용자가 직접 선택합니다.
❸ **탐색** : 머리글과 바닥글로 이동합니다.
❹ **옵션** : 첫 페이지 또는 홀수나 짝수 페이지의 머리글과 바닥글을 각각 다르게 설정하여 사용할 수 있습니다.

[페이지 설정] 대화상자를 활용하기 위해서는 [페이지 레이아웃] 탭–[페이지 설정] 그룹에서 [페이지 설정]을 클릭합니다. [페이지 설정] 대화상자가 나타나면 [머리글/바닥글] 탭에서 머리글과 바닥글을 편집합니다.

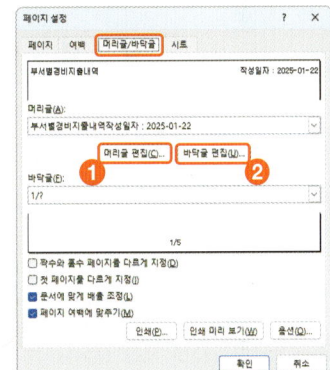

❶ [머리글 편집]을 클릭하고 [머리글] 대화상자에서 각각의 구역에 필요한 요소를 삽입하고 편집합니다.

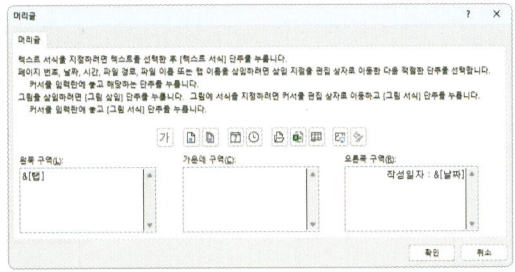

❷ [바닥글 편집]을 클릭하고 [바닥글] 대화상자에서 각각의 구역에 필요한 요소를 삽입하고 편집합니다.

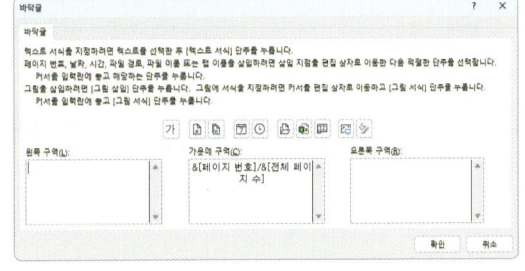

우선순위
043 머리글에 배경 그림 삽입하기

실습 파일 엑셀\2장\043_인쇄_경력증명서.xlsx 완성 파일 엑셀\2장\043_인쇄_경력증명서_완성.xlsx

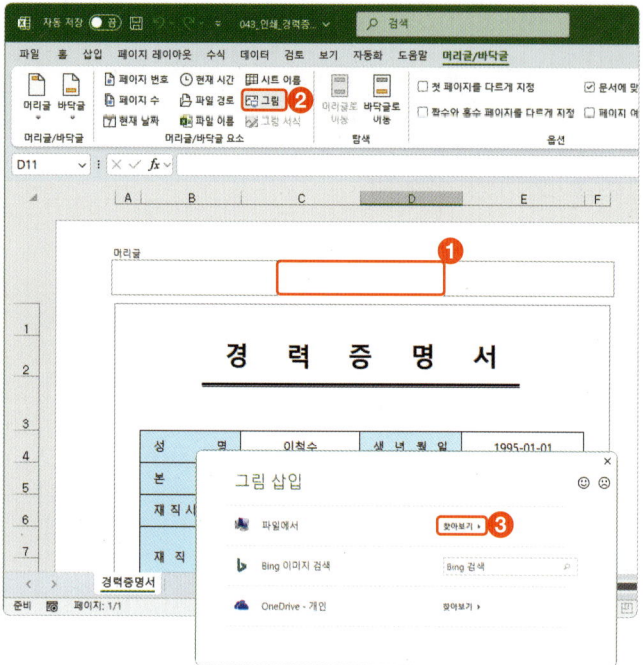

배경 그림 삽입하기

01 ❶ 머리글 가운데 영역 클릭 ❷ [머리글/바닥글] 탭-[머리글/바닥글 요소] 그룹-[그림] 클릭 ❸ [그림 삽입] 대화상자의 [파일에서]-[찾아보기]를 클릭합니다.

Tip 엑셀 2019 이전 버전에서는 [머리글/바닥글 도구]-[디자인] 탭을 확인합니다.

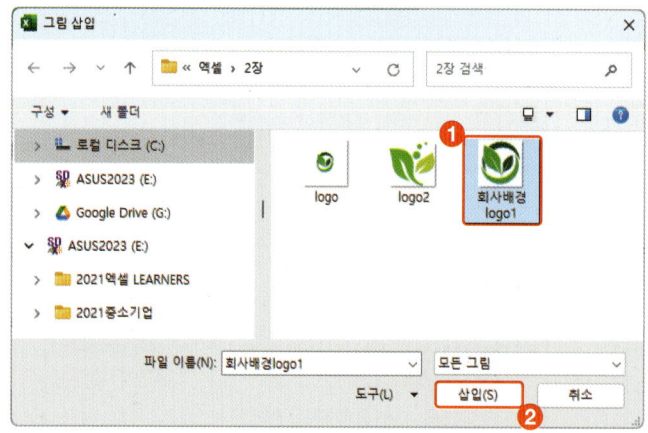

02 ❶ 엑셀 실습 폴더에서 '회사배경logo1.png' 파일 클릭 ❷ [삽입]을 클릭합니다.

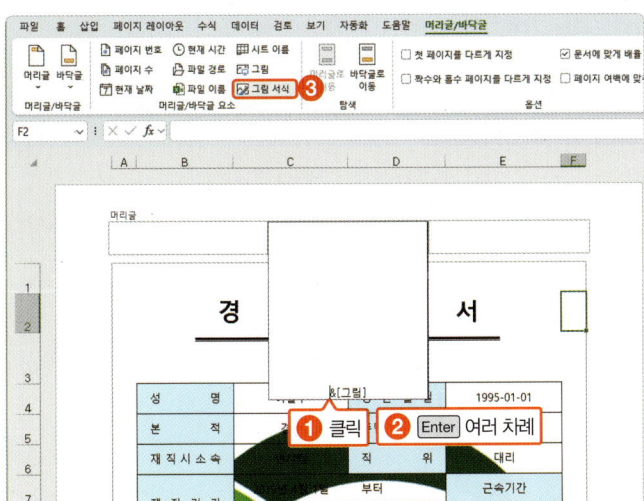

배경 그림 서식 지정하기

03 ① 그림을 가운데 배치하기 위해 '&[그림]' 앞 클릭

② Enter 여러 차례 누르기

③ [머리글/바닥글] 탭-[머리글/바닥글 요소] 그룹-[그림 서식 📝]을 클릭합니다.

Tip 머리글 위치에 배경 그림이 삽입되면 Enter 를 눌러 위치를 조절합니다.

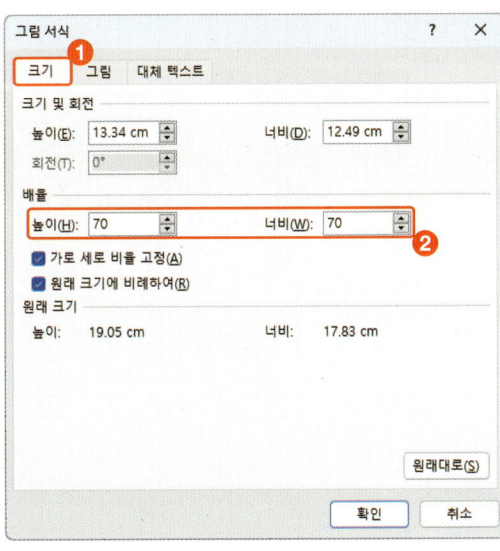

04 ① [그림 서식] 대화상자에서 [크기] 탭 클릭

② [배율]에서 [높이]와 [너비]에 각각 **70** 입력

③ [그림] 탭 클릭

④ [색]에서 [희미하게] 선택

⑤ [확인]을 클릭합니다.

Tip [그림 서식]에서 크기, 색을 조정한 후 임의의 셀을 클릭하면 머리글의 가운데 영역에 로고 그림이 배경으로 희미하게 삽입됩니다.

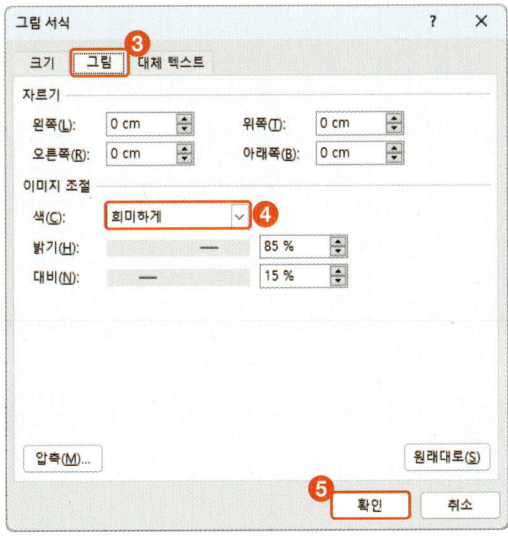

CHAPTER
03

수식 작성 및 함수 활용하기

우선순위

044 상대 참조로 수식 만들기

실습 파일 엑셀\3장\044_수식_셀참조.xlsx [상대참조] 시트   완성 파일 엑셀\3장\044_수식_셀참조_완성.xlsx

상대 참조로 재고량 구하기

01 생산량에서 판매량을 빼서 재고량을 구해보겠습니다.

❶ [상대참조] 시트-[D4] 셀에 수식 **=B4-C4** 입력

❷ Enter 를 누릅니다.

Tip 재고량=생산량-판매량

상대 참조로 판매율 구하기

02 판매율은 판매량을 생산량으로 나누어 구합니다.

❶ [E4] 셀에 수식 **=C4/B4** 입력

❷ Enter 를 누릅니다.

Tip 판매율=판매량÷생산량

Note 셀 위치에 따라 참조한 셀이 바뀌는 상대 참조

주소 형식	설명	수식 복사
[A1]	일반적인 셀 주소 형식입니다. 셀을 참조하여 수식을 만드는 방법으로 가장 많이 사용됩니다. 수식을 복제하면 셀 위치에 따라 참조한 셀 주소가 바뀝니다.	A1 → B1, C1, D1 / A2, A3, A4

CHAPTER 03 수식 작성 및 함수 활용하기 **125**

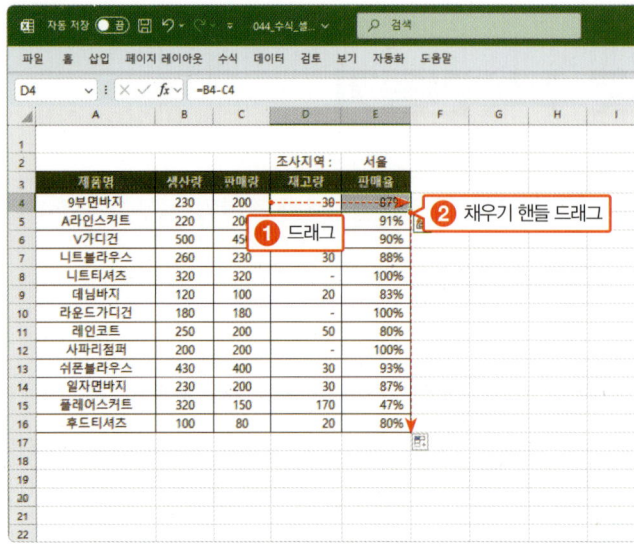

수식 복사하기

03 재고량과 판매율의 수식을 복사해 각 셀에 결괏값을 표시해보겠습니다.

① [D4:E4] 범위 지정
② 채우기 핸들을 [E16] 셀까지 드래그해 수식을 복사합니다. 셀 위치에 따라 재고량과 판매율의 수식이 바뀝니다.

Tip 재고량과 판매량의 각 셀을 클릭해서 수식 입력줄을 살펴보면 셀 위치에 따라 참조한 셀 주소가 바뀌었음을 알 수 있습니다.

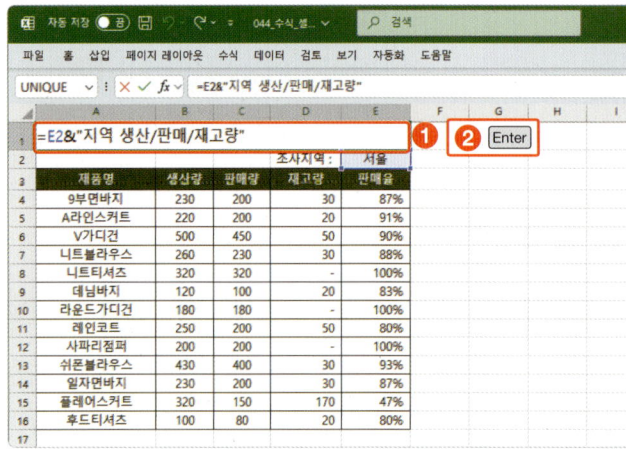

문자 연산자로 제목 표시하기

04 제목은 조사지역과 생산/판매/재고량의 문자를 합쳐서 표시합니다.

① [A1] 셀에 수식 **=E2&"지역 생산/판매/재고량"** 입력
② Enter 를 누릅니다.

Tip 제목이 '서울지역 생산/판매/재고량'으로 표시됩니다. 문자와 문자를 합칠 때는 문자 연산자(&)를 사용합니다.

Note 수식을 복사하는 방법

엑셀에서 수치 데이터는 다루기가 쉽고 편리하므로 이를 참조해서 계산식을 만들고 그 결과를 복사해서 빠르게 채울 수 있으며, 이를 통해 업무 시간을 단축할 수 있습니다. 수식을 복사하려면 ① 채우기 핸들을 드래그하거나 ② 채우기 핸들을 더블클릭하거나 ③ 범위를 지정하고 수식을 입력한 다음 Ctrl + Enter 를 누릅니다.

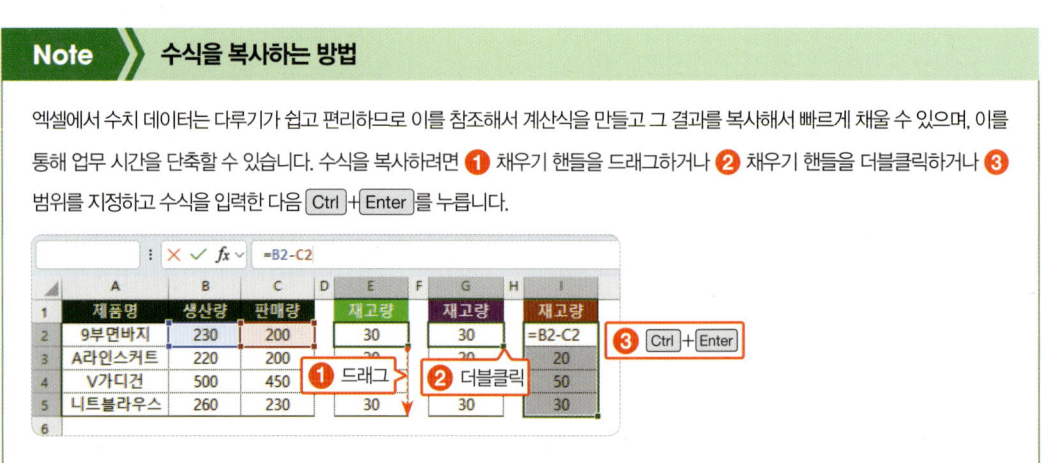

우선순위
045 절대 참조로 수식 만들기

실습 파일 엑셀\3장\044_수식_셀참조.xlsx [절대참조] 시트 완성 파일 엑셀\3장\044_수식_셀참조_완성.xlsx

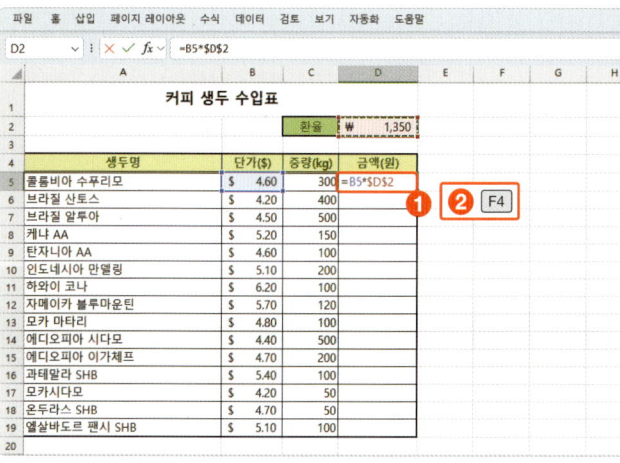

절대 참조로 금액 구하기

01 생두의 단가를 원화로 환산하고 중량을 곱하여 금액을 구합니다.
❶ [절대참조] 시트-[D5] 셀에 수식 **=B5*D2** 입력
❷ F4 를 눌러 수식 내의 [D2]를 절대 참조 **$D$2**로 바꿉니다.

Tip 셀 주소를 고정할 때는 $ 기호를 직접 입력하거나 F4 를 눌러 절대 참조로 바꿉니다.

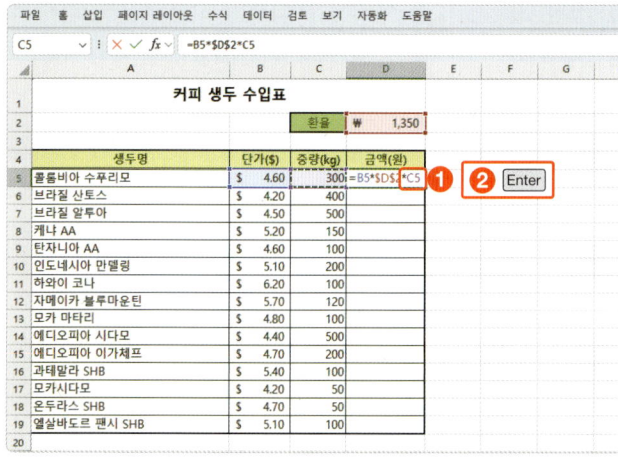

02 ❶ 계속해서 ***C5** 입력
❷ Enter 를 눌러 **=B5*$D$2*C5** 수식을 완성합니다.

Tip 금액=단가*환율*중량

Note 셀 주소를 고정할 때 사용하는 절대 참조

주소 형식	설명	수식 복사
[$A$1]	열 머리글과 행 머리글 앞에 $ 기호를 붙입니다. 절대 참조 수식을 입력한 후 수식을 복제하면 셀 위치와 관계없이 참조한 셀 주소가 바뀌지 않고 고정됩니다.	$A$1 → A1(고정) ↓ A1(고정)

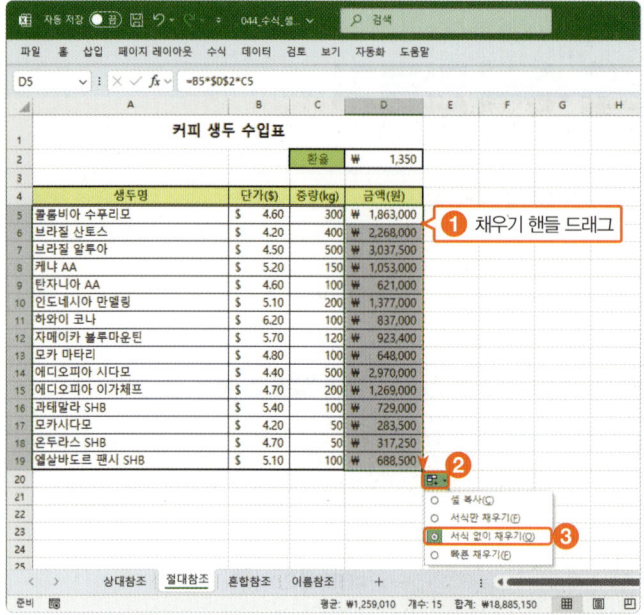

서식 없이 수식 채우기

03 완성된 수식을 [D19] 셀까지 채워보겠습니다.

❶ [D5] 셀의 채우기 핸들을 [D19] 셀까지 드래그

❷ [자동 채우기 옵션] 클릭

❸ [서식 없이 채우기]를 클릭하여 미리 지정된 서식을 유지합니다.

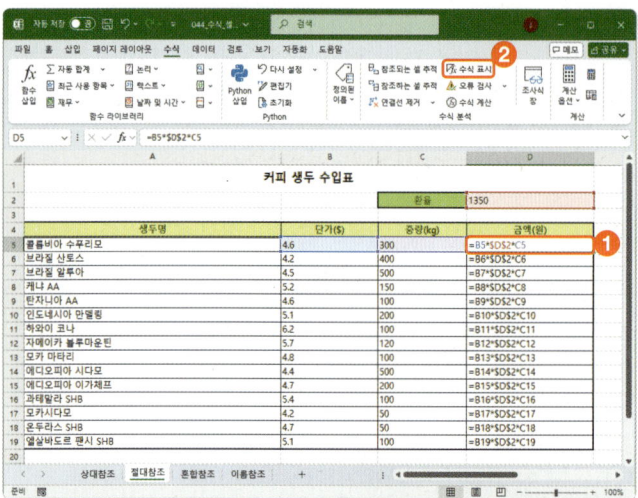

수식 표시하기

04 ❶ [D5] 셀 클릭

❷ [수식] 탭 –[수식 분석] 그룹 –[수식 표시]를 클릭합니다. 셀에 수식이 표시되며 수식에서의 참조 셀이 어떻게 바뀌었는지 확인해볼 수 있습니다.

Tip [수식] 탭-[수식 분석] 그룹-[수식 표시]를 한 번 더 누르면 수식을 숨기고 데이터와 결괏값으로 돌아옵니다. 수식 표시 단축키는 Ctrl + ~ 입니다.

Note 상대, 절대, 혼합 참조 유형을 변경하는 단축키는?

셀 참조를 변경하려면 F4 를 눌러 셀 참조 유형을 상대 참조→절대 참조→혼합 참조 순서로 바꿀 수 있습니다.

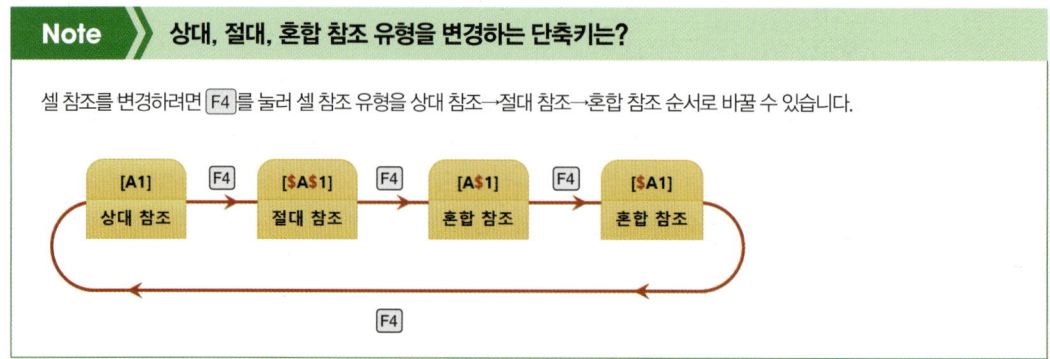

046 혼합 참조로 수식 만들기

실습 파일 엑셀\3장\044_수식_셀참조.xlsx [혼합참조] 시트 완성 파일 엑셀\3장\044_수식_셀참조_완성.xlsx

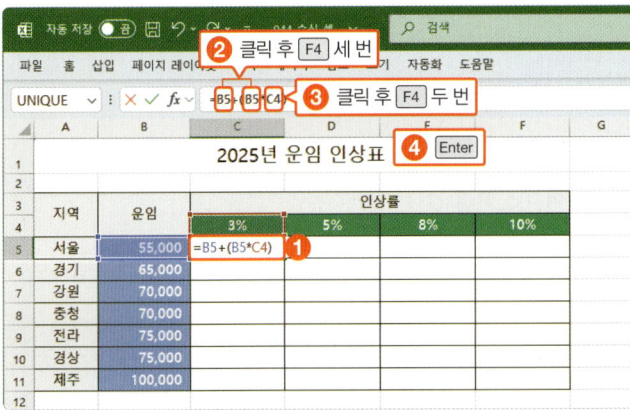

혼합 참조로 운임료 구하기

01 지역에 따른 운임을 기준으로 2025년 인상 운임을 구합니다.

❶ [혼합참조] 시트–[C5] 셀에 수식 **=B5+(B5*C4)** 입력

❷ 수식 내 **B5** 클릭 후 F4 세 번 눌러 **$B5**로 변경

❸ 수식 내 **C4** 클릭 후 F4 두 번 눌러 **C$4**로 변경

❹ Enter 를 눌러 **=$B5+($B5*C$4)** 수식을 완성합니다.

Tip 인상운임료=운임+(운임*인상률)

Tip [C5] 셀의 수식을 복사해도 B열과 4행은 고정되어야 하므로 B와 4행 앞에 $ 기호를 붙여 각각 $B5와 C$4로 변경합니다.

Note 수식에서 행 또는 열만 고정하는 혼합 참조

주소 형식	설명	수식 복사
[A$1]	행 앞에 $를 붙입니다. 행 고정 참조로 수식을 입력한 후 복제하면 셀 위치에 따라 $가 붙은 행이 고정되고 열만 바뀝니다.	A$1 → B1, C1, D1 ↓ A1(고정)
[$A1]	열 앞에 $를 붙입니다. 열 고정 참조로 수식을 입력한 후 복제하면 셀 위치에 따라 $가 붙은 열이 고정되고 행만 바뀝니다.	$A1 → A1(고정) ↓ A2, A3, A4

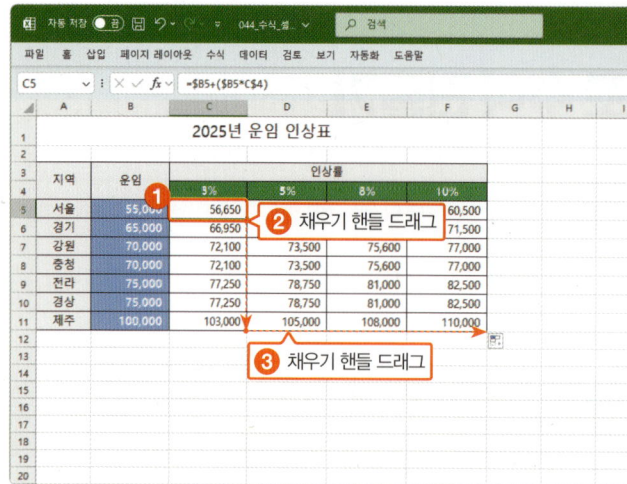

02 ① [C5] 셀 클릭

② 채우기 핸들을 [C11] 셀까지 드래그

③ [C5:C11] 범위가 지정된 상태에서 [C11] 셀의 채우기 핸들을 [F11] 셀까지 드래그하여 수식을 복사합니다.

Tip 수식을 복사하면 B열과 4행은 변하지 않고 $ 기호가 붙지 않은 부분의 값만 변하는 혼합 참조 형태의 수식이 복사됩니다.

Note 엑셀에서 사용하는 수식의 구조와 연산자 기호

수식은 등호(=)를 처음 입력하고 연산자, 피연산자, 함수 등을 조합하여 만듭니다. 피연산자는 숫자일 수도 있지만 셀 주소가 될 수도 있습니다. 연산자는 산술, 문자, 비교 연산자로 데이터를 계산하라는 명령 기호입니다.

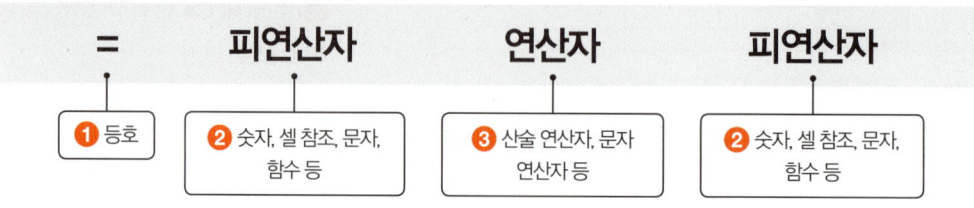

연산자 종류와 우선순위

연산자는 산술, 비교, 문자, 참조 연산자가 있습니다. 산술, 문자, 참조 연산자는 수식에 직접 사용하지만 비교 연산자는 TRUE, FALSE 값을 결과로 표시하기 때문에 함수식에 주로 쓰입니다. 각 연산자 사이에도 우선순위가 있으며, 우선순위가 같은 연산자는 왼쪽에 있는 연산자를 먼저 계산합니다. 연산자의 우선순위를 바꾸려면 괄호()를 사용합니다. 괄호 연산자 안에 있는 수식을 가장 먼저 계산합니다.

① **산술 연산자** : 더하기, 빼기, 곱하기와 같은 기본적인 산술 연산을 수행합니다. 1순위 연산자입니다.

기능	백분율	거듭제곱	곱하기	나누기	더하기	빼기
연산자	%	^	*	/	+	−

② **문자 연결 연산자** : 문자열을 여러 개 연결해서 하나로 만듭니다. 2순위 연산자입니다.

기능	연결
연산자	&

③ **비교 연산자** : 두 값을 비교하여 참 또는 거짓으로 결괏값이 나타납니다. 3순위 연산자입니다.

기능	같다	크다	크거나 같다	작다	작거나 같다	같지 않다
연산자	=	>	>=	<	<=	<>

이름 정의로 범위 지정하기

실습 파일 엑셀\3장\044_수식_셀참조.xlsx [이름참조] 시트 **완성 파일** 엑셀\3장\044_수식_셀참조_완성.xlsx

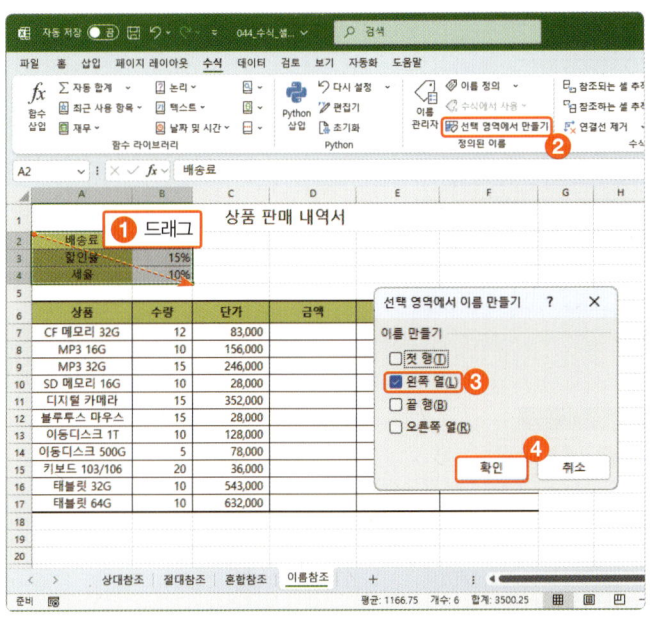

선택 영역에서 이름 정의하기

01 ① [이름참조] 시트-[A2:B4] 범위 지정
② [수식] 탭-[정의된 이름] 그룹-[선택 영역에서 만들기] 클릭
③ [선택 영역에서 이름 만들기] 대화상자에서 [왼쪽 열]에만 체크
④ [확인]을 클릭합니다.

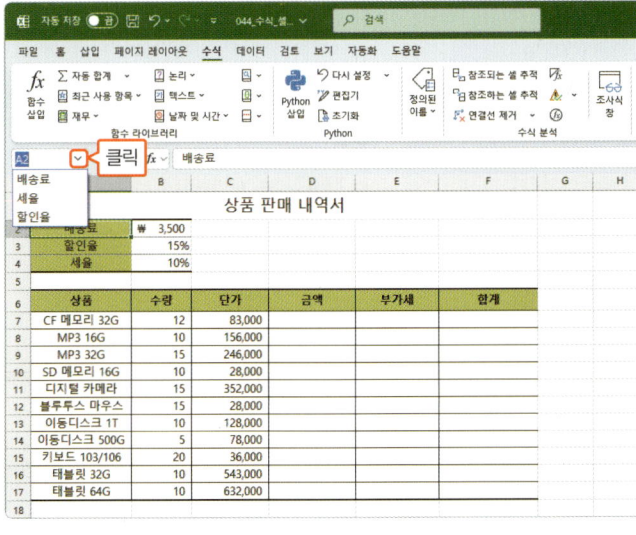

02 [이름 상자 목록 단추 ⌄]를 클릭하면 정의된 이름이 표시됩니다.

CHAPTER 03 수식 작성 및 함수 활용하기 **131**

정의된 이름으로 수식 만들기

03 정의한 이름으로 수식을 만들면 수식을 좀 더 직관적으로 이해할 수 있습니다.

❶ [D7] 셀에 수식 **=C7*(1-할인율)*B7** 입력

❷ Enter 를 누릅니다.

Tip 할인율이 적용된 금액이 표시됩니다.

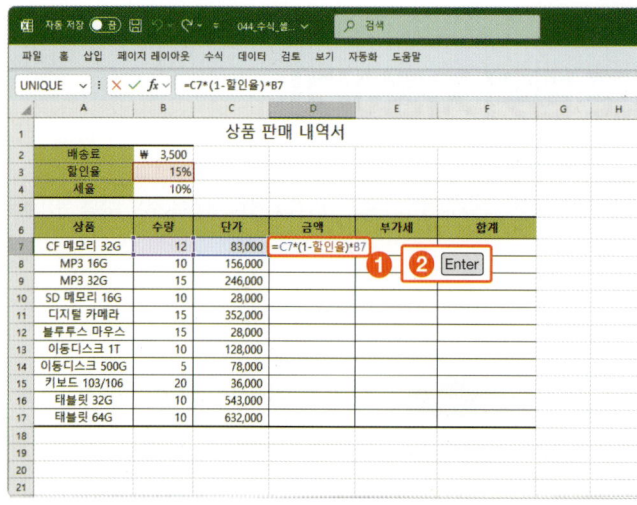

04 ❶ [E7] 셀에 수식 **=D7*세율** 입력

❷ Enter 를 누릅니다.

Tip 세율에 따른 부가세가 표시됩니다.

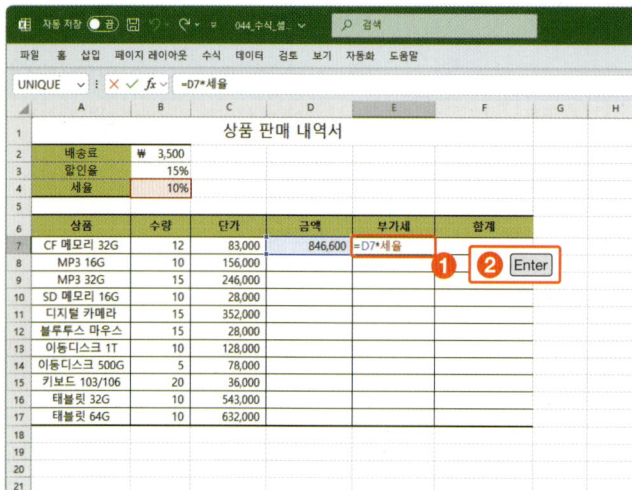

05 ❶ [F7] 셀에 수식 **=D7+E7+배송료** 입력

❷ Enter 를 누릅니다.

Tip 배송료가 포함된 전체 합계가 표시됩니다.

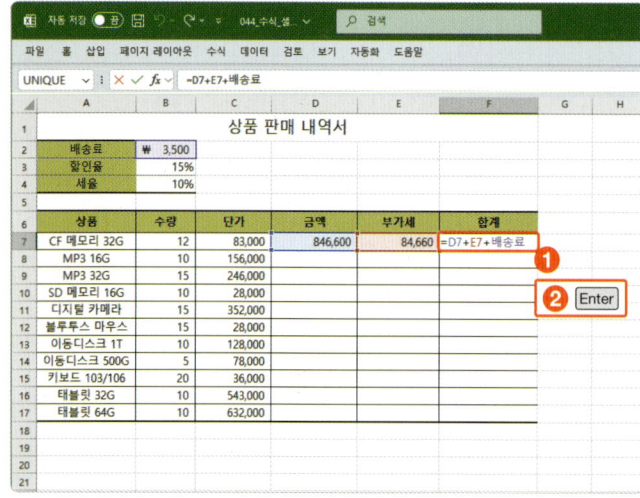

06 ❶ [D7:F7] 범위 지정 ❷ 채우기 핸들을 더블클릭해 수식 복사 ❸ [자동 채우기 옵션🗐] 클릭 ❹ [서식 없이 채우기]를 클릭합니다.

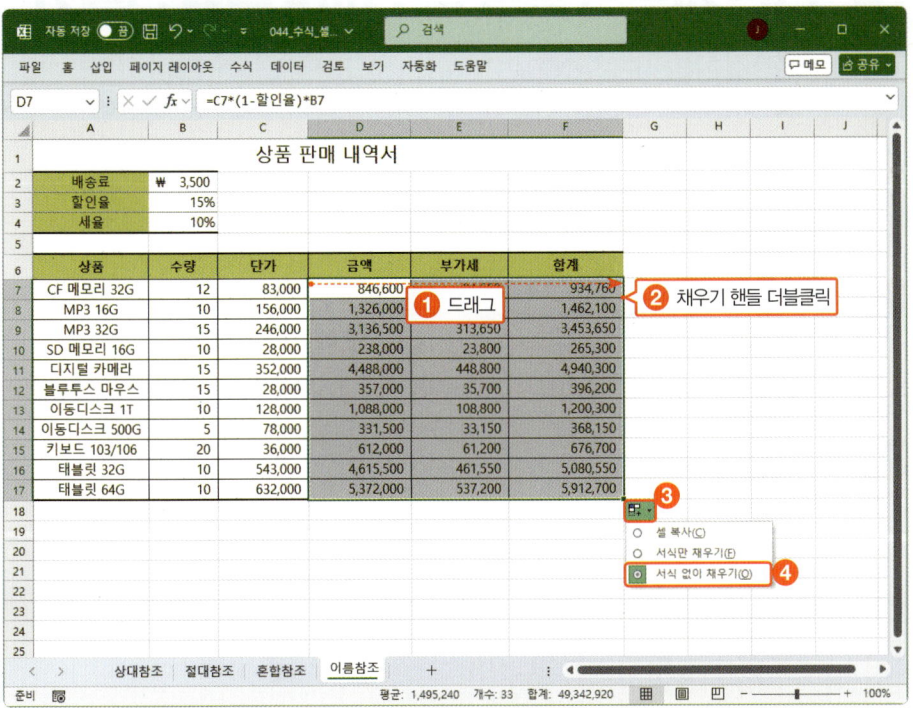

048 다른 시트의 셀을 참조하여 수식 만들기

실습 파일 엑셀\3장\048_수식_시트참조_매출실적.xlsx 완성 파일 엑셀\3장\048_수식_시트참조_매출실적_완성.xlsx

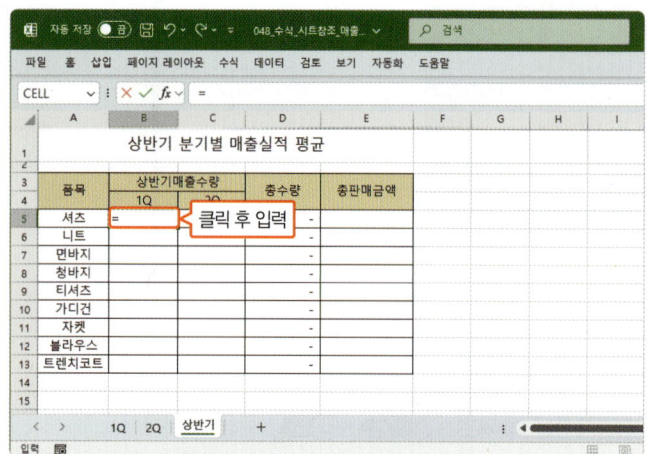

다른 시트의 셀을 참조하여 실적수량 데이터 가져오기

01 [상반기] 시트의 수량 데이터를 작성하기 위해 [1Q] 시트와 [2Q] 시트의 실적수량을 참조합니다. [상반기] 시트에서 [B5] 셀을 클릭한 후 =을 입력합니다.

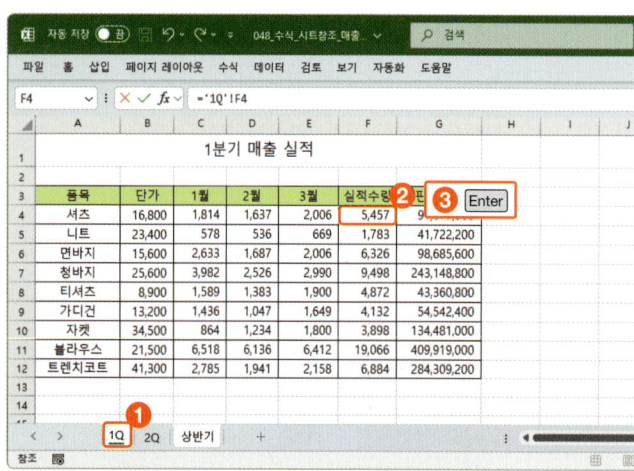

02 ❶ [1Q] 시트 탭 클릭
❷ [F4] 셀 클릭
❸ Enter 를 눌러 수식 **='1Q'!F4**를 완성합니다.

Tip 다른 시트의 셀을 참조할 때 **시트명!셀주소**로 입력합니다. 시트명이 숫자로 시작하거나 공백이 포함되면 작은따옴표(' ') 안에 시트명을 표시합니다.

Note 다른 통합 문서도 참조할 수 있나요?

다른 통합 문서를 참조할 때는 시트명 앞의 파일명을 대괄호([ ]) 안에 입력하여 **[파일명]시트명!셀주소**로 수식을 작성합니다.

[파일명]시트명!셀주소	'[파일명]시트명'!셀주소
[2025_매출실적.xlsx]상반기!$B$5	'[2025_매출실적.xlsx]2Q'!$F$4

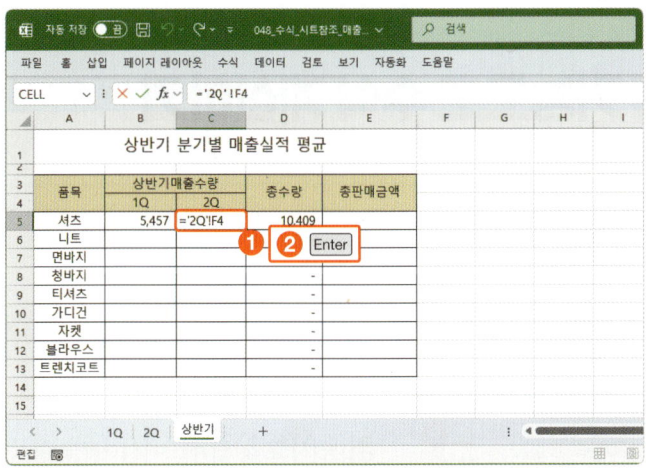

03 ❶ [상반기] 시트에서 [C5] 셀에 수식 **='2Q'!F4** 입력

❷ Enter 를 눌러 수식을 완성합니다.

Tip [C5] 셀에 '셔츠' 품목의 2분기 실적 수량 데이터가 표시됩니다.

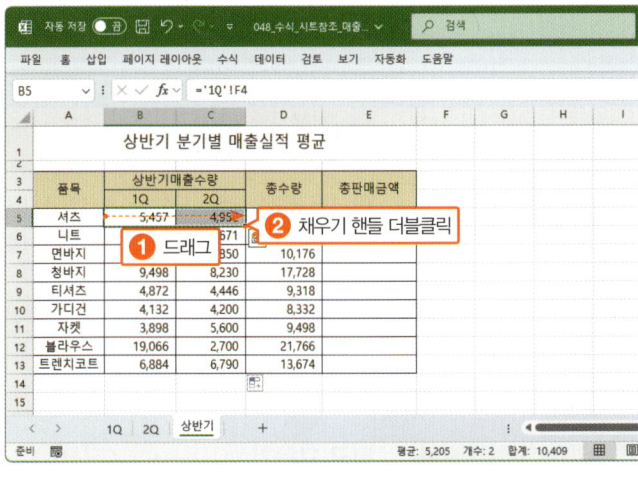

04 ❶ [B5:C5] 범위 지정

❷ 채우기 핸들을 더블클릭하여 수식을 복사합니다.

Tip 각 품목의 분기별 실적 수량이 모두 표시됩니다.

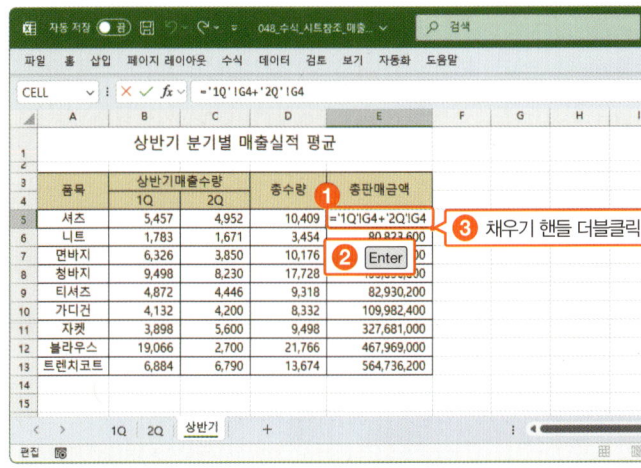

다른 시트의 셀을 참조하여 총판매금액 합계 구하기

05 [1Q] 시트와 [2Q] 시트의 판매금액을 참조하여 총판매금액을 구합니다.

❶ [상반기] 시트에서 [E5] 셀에 수식 **='1Q'!G4+'2Q'!G4** 입력

❷ Enter

❸ [E5] 셀의 채우기 핸들을 더블클릭하여 수식을 복사합니다.

Tip 각 품목의 분기별 총판매금액이 모두 표시됩니다.

 자동 합계 기능으로 수식 계산하기

실습 파일 엑셀\3장\049_수식_자동합계.xlsx   완성 파일 엑셀\3장\049_수식_자동합계_완성.xlsx

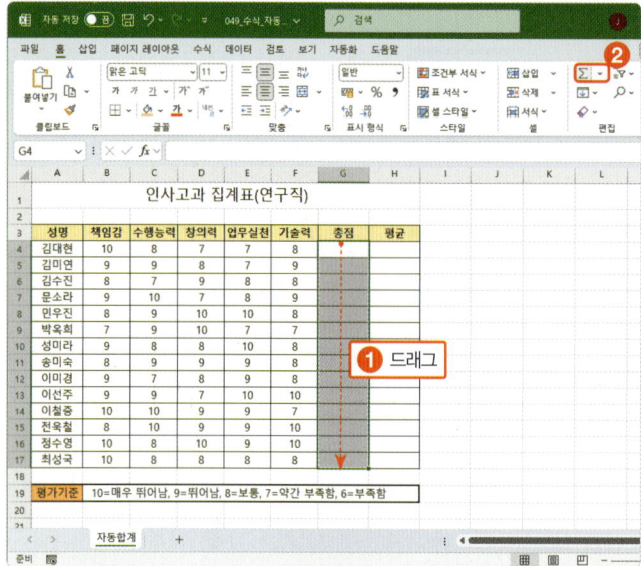

합계 구하기

01 인사고과 집계표에서 평가 항목별로 점수의 합계를 구해보겠습니다.

❶ [G4:G17] 범위 지정
❷ [홈] 탭-[편집] 그룹-[자동 합계 ∑]를 클릭합니다.

Tip 개인별 점수 합계가 계산됩니다. 완성 수식은 =SUM(B4:F4)입니다.

Tip 자동 합계는 엑셀이 아직 익숙하지 않은 사용자에게 함수식에 쉽게 접근해 간단한 계산을 할 수 있도록 도와줍니다.

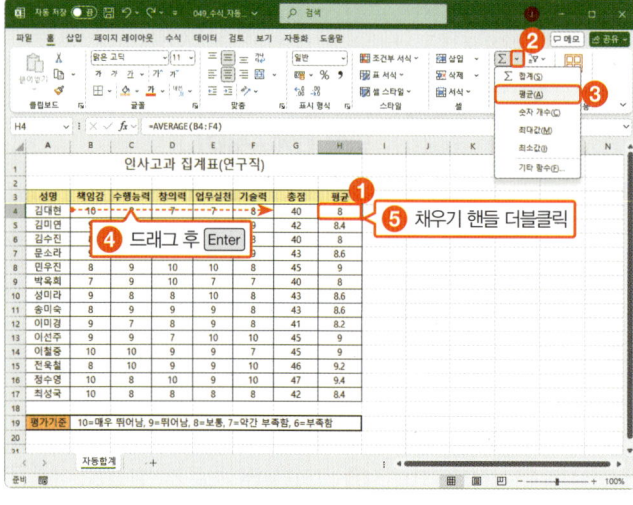

평균 구하기

02 다음은 평가 항목별 점수의 평균을 구해보겠습니다.

❶ [H4] 셀 클릭
❷ [자동 합계 ∑]의 ▼ 클릭
❸ [평균] 클릭
❹ [B4:F4] 범위 지정 후 Enter
❺ [H4] 셀의 채우기 핸들을 더블클릭하여 수식을 복사합니다.

Tip 개인별 점수 평균이 계산됩니다. 완성 수식은 =AVERAGE(B4:F4)입니다.

050 표에서 구조적 참조를 이용해 한 번에 수식 계산하기

실습 파일 엑셀\3장\050_수식_표수식.xlsx [표수식1] 시트   완성 파일 엑셀\3장\050_수식_표수식_완성.xlsx

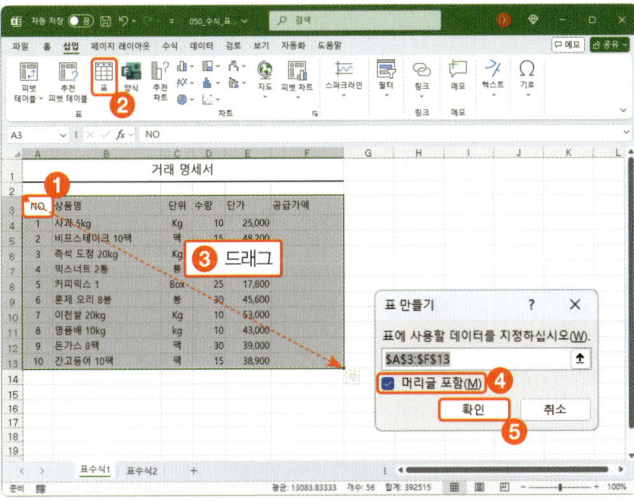

표 만들기

01 거래 명세서의 데이터를 표로 변환하고 서식을 적용해보겠습니다.

❶ [표수식1] 시트에서 임의의 셀 클릭

❷ [삽입] 탭–[표] 그룹–[표 ▦] 클릭

❸ [표 만들기] 대화상자에서 표에 사용할 데이터로 [A3:F13] 범위 지정

❹ [머리글 포함]에 체크

❺ [확인]을 클릭합니다.

Tip 표로 변환된 [테이블 디자인] 탭–[속성] 그룹에서 표 이름은 '표1'로 표시되며, 표의 이름은 수정할 수 있습니다.

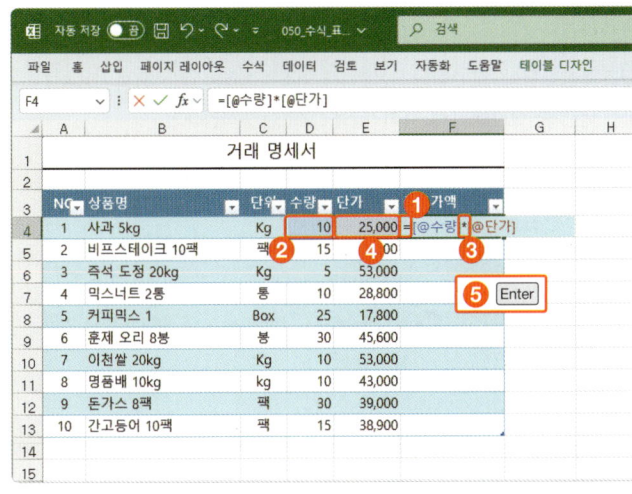

구조적 참조로 공급가액 구하기

02 상품의 수량과 단가를 곱해 공급가액을 계산해보겠습니다.

❶ [F4] 셀에 = 입력

❷ [D4] 셀 클릭

❸ * 입력

❹ [E4] 셀 클릭하여 **=[@수량]*[@단가]** 수식 자동 입력

❺ Enter 를 누릅니다.

Tip 표의 구조적 참조 수식에서 [열 머리글]은 열 전체의 범위를 의미하고, [@열 머리글]은 현재 셀이 위치하는 각각의 행을 의미합니다.

세액 열 구하기

03 ❶ [G3] 셀에 **세액** 입력

❷ Enter 를 누릅니다.

Tip 표가 오른쪽으로 확장됩니다.

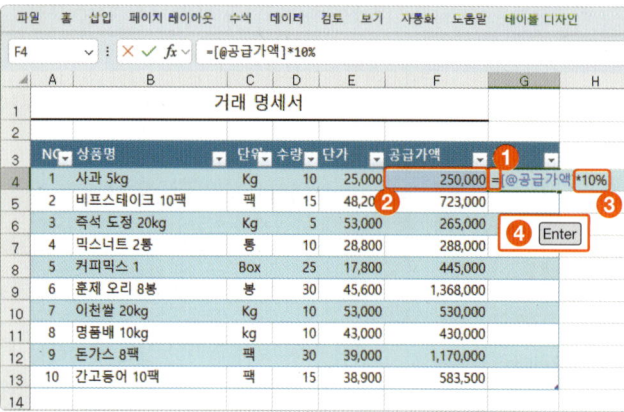

구조적 참조로 세액 구하기

04 ❶ [G4] 셀에 = 입력

❷ [F4] 셀 클릭

❸ *10% 입력하여 =[@공급가액]*10% 수식 자동 입력

❹ Enter 를 눌러 세액 전체를 구합니다.

Tip 자동 채우기 기능으로 모든 세액이 계산됩니다.

Note 표로 변환하면 구조적 참조로 수식을 작성해야 하나요?

표로 변환된 범위에서는 일반 셀 참조 형식이 아닌 구조적 참조 형식으로 수식을 작성합니다. 구조적 참조는 일반적으로 사용하는 [A1], [B$1], [$A$2] 등의 셀 참조를 수식에서 사용하지 않는 대신 표 이름과 행, 열 머리글을 참조하는 방식입니다.

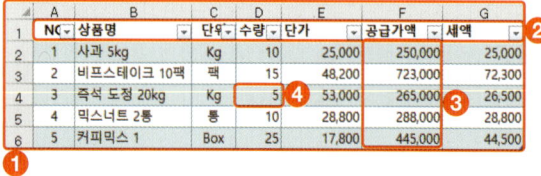

❶ **표1[#모두]** : 표 전체를 참조합니다.

❷ **표1[#머리글]** : 머리글 영역 전체를 참조합니다.

❸ **표1[공급가액]** : 머리글 영역을 제외한 데이터 영역을 참조합니다.

❹ **표1[@수량]** : 선택된 셀과 행 위치가 같은 값을 참조합니다.

구조적 참조로 수식 작성하기

표 안의 데이터를 참조해서 만들어진 수식은 대괄호([ ])와 열 머리글을 사용하는 구조적 참조 방식을 사용합니다.

구조적 참조 수식	일반 셀 참조 수식
표1의 수량과 단가를 곱하기 수식 : =[@수량]*[@단가]	수량(D2)과 단가(E2)를 곱하기 수식 : =D2*E2
표1의 금액 열의 합계를 계산 수식 : =SUM(표1[공급가액])	[F2:F6] 범위의 합계를 계산 수식 : =SUM(F2:F6)

051 표에서 요약 행 표시하기

실습 파일 엑셀\3장\050_수식_표수식.xlsx [표수식2] 시트 **완성 파일** 엑셀\3장\050_수식_표수식_완성.xlsx

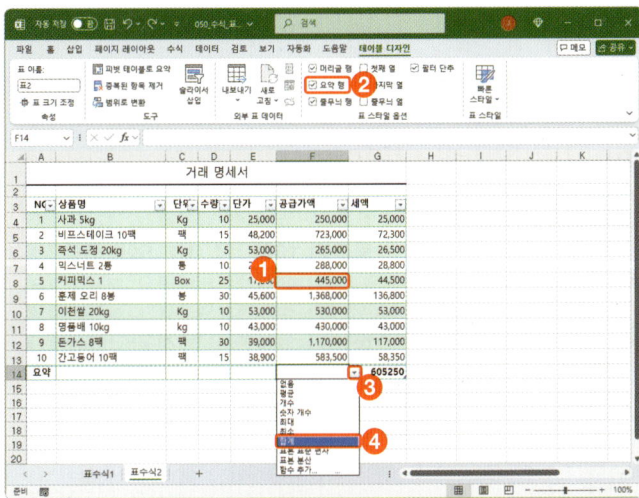

요약 행 표시 및 합계 구하기

01 ❶ [표수식2] 시트의 표 안에서 임의의 데이터 셀 클릭
❷ [테이블 디자인] 탭-[표 스타일 옵션] 그룹-[요약 행]에 체크해 요약 행 추가
❸ [F14] 셀의 [요약 목록 단추 ▼] 클릭
❹ [합계]를 클릭해서 공급가액의 합계를 구합니다.

Tip 표의 마지막 행에 요약 행이 삽입되어 열의 전체 합계를 간단히 구할 수 있습니다.

02 ❶ [D14] 셀 클릭
❷ [요약 목록 단추 ▼] 클릭
❸ [합계]를 클릭해서 수량의 합계를 구합니다.

Tip 수량의 합계가 요약 행에 표시됩니다.

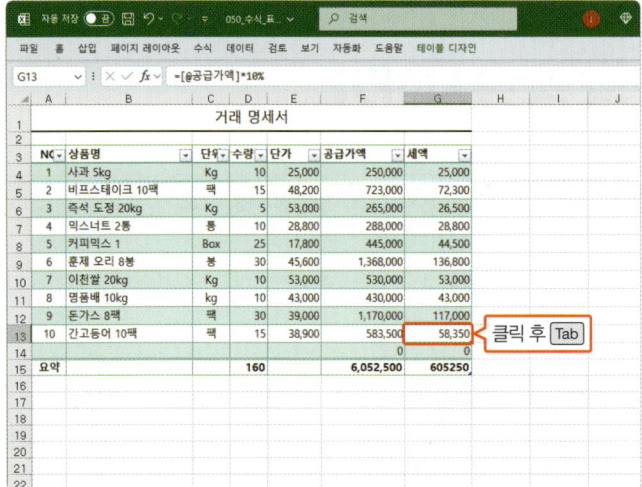

데이터 입력하기

03 표 범위에서 데이터의 마지막 셀인 [G13] 셀을 클릭하고 Tab 을 누르면 자동으로 행이 추가됩니다.

Tip 요약 행이 삽입되면 데이터를 추가할 때 데이터의 마지막 셀([G13])에서 Tab 을 눌러 행을 추가합니다.

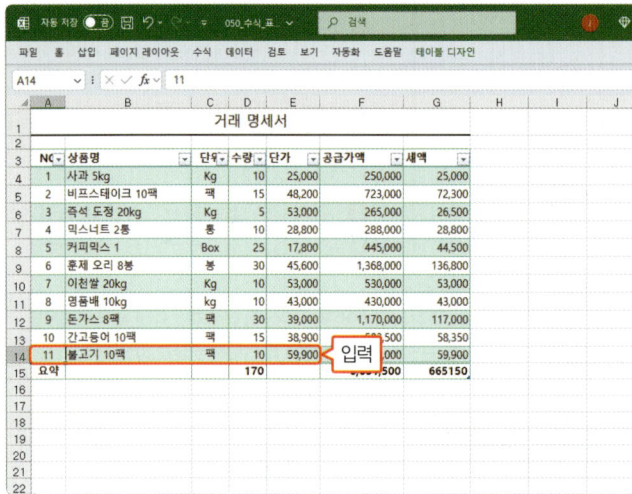

04 추가된 [A14:E14] 범위에 **11**, **불고기 10팩**, **팩**, **10**, **59900**을 각각 입력하면 공급가액, 세액, 요약 행의 합계가 자동으로 계산됩니다.

052 SUM, MAX, LARGE 함수로 합계, 최댓값 구하기

실습 파일 엑셀\3장\052_함수_SUM_인사고과.xlsx **완성 파일** 엑셀\3장\052_함수_SUM_인사고과_완성.xlsx

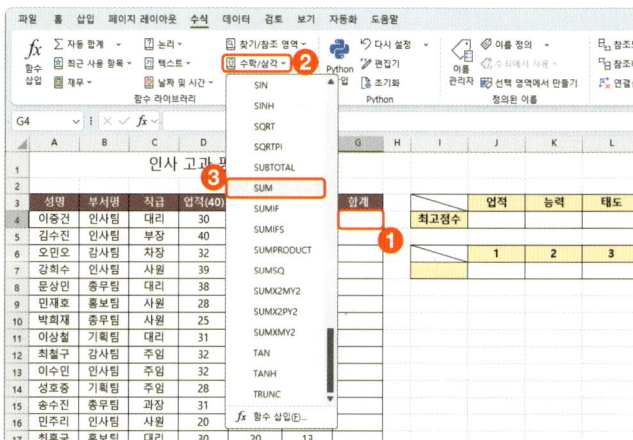

인사 고과 평가 항목의 합계 구하기

01 인사 고과의 평가 항목에 포함된 업적, 능력, 태도의 합계 점수를 구해보겠습니다.

① [G4] 셀 클릭

② [수식] 탭-[함수 라이브러리] 그룹-[수학/삼각 📕] 클릭

③ [SUM]을 클릭합니다.

Tip SUM 함수는 범위의 합계를 구합니다.

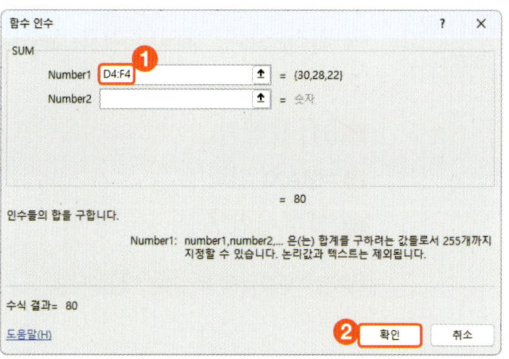

SUM 함수 인수 입력하기

02 ① [함수 인수] 대화상자의 [Number1]에 **D4:F4** 입력

② [확인]을 클릭합니다.

Tip 함수식에서 범위를 인수로 사용하면 '시작셀:종료셀' 형식으로 입력합니다. 평가 항목 합계의 완성 수식은 **=SUM(D4:F4)**입니다.

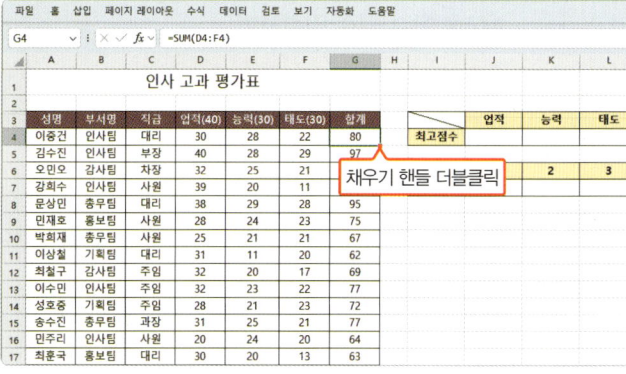

03 [G4] 셀의 채우기 핸들을 더블클릭하여 수식을 복사합니다.

Tip 모든 구성원의 업적, 능력, 태도 항목의 합계가 구해집니다.

Note 함수의 구조와 사용법 알아보기

함수는 엑셀에서 미리 정의된 수식을 통해, 필요한 값을 입력하면 복잡한 연산을 빠르고 정확하게 수행할 수 있도록 도와줍니다. 전체 함수의 수는 수백 개에 달하며, 그 범주만 해도 10가지 이상으로 나뉩니다. 다만 실제 실무에서는 날짜 및 시간, 재무, 논리, 찾기, 통계, 텍스트 함수 등 일부 범주에 속한 40~50개 정도의 함수가 주로 사용됩니다.

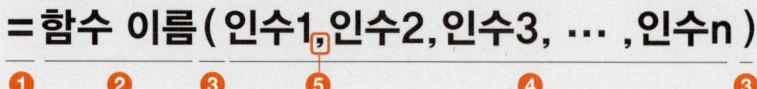

함수의 기본적인 형식은 다음과 같습니다.

❶ **등호** : 함수는 일반 수식과 마찬가지로 처음 시작할 때는 등호(=)로 시작합니다.
❷ **함수 이름** : 일련의 계산식이 약속되어 있으며 원하는 계산에 필요한 함수를 골라서 사용합니다.
❸ **괄호** : 함수의 시작과 끝을 알려주는 기호로 인수가 들어가는 공간입니다.
❹ **인수** : 함수 계산에 필요한 데이터(숫자, 문자, 셀 주소, 논리값, 수식, 함수식)입니다. 사용할 수 있는 인수의 종류와 개수는 함수에 따라 다릅니다.
❺ **쉼표** : 인수와 인수를 구분하는 기호입니다.

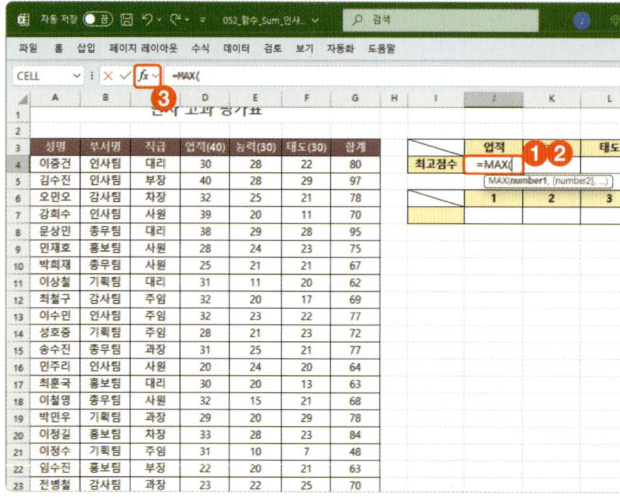

인사 고과 평가 항목의 최대 점수 구하기

04 인사 고과의 평가 항목에 포함된 업적, 능력, 태도의 최고 점수를 구해보겠습니다.

❶ [J4] 셀 클릭
❷ **=MAX(** 입력
❸ [함수 삽입 f_x]을 클릭합니다.

Tip 함수 삽입 단축키는 Shift + F3 입니다.

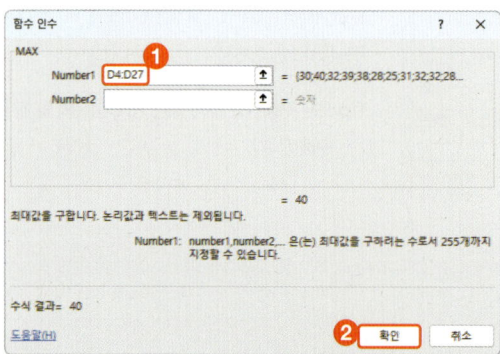

MAX 함수 인수 입력하기

05 ❶ [함수 인수] 대화상자의 [Number1]에 **D4:D27** 입력
❷ [확인]을 클릭합니다.

Tip MAX 함수는 범위의 최댓값을 구합니다. 평가 항목별 최고 점수의 완성 수식은 **=MAX(D4:D27)** 입니다.

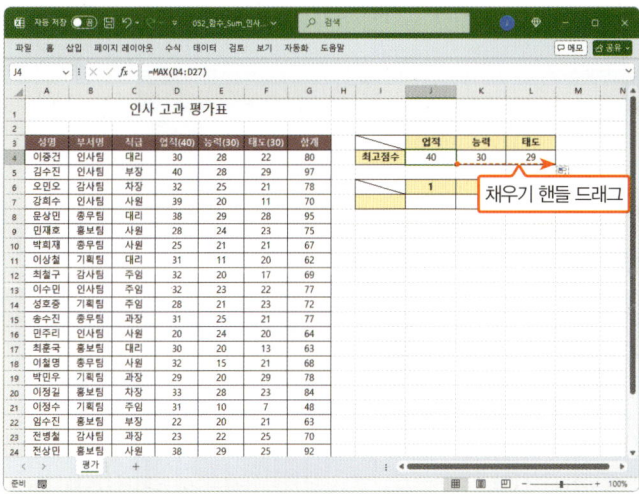

06 [J4] 셀의 채우기 핸들을 [L4] 셀까지 드래그해서 수식을 복사합니다.

Tip 함수식을 수정하고 싶으면 수식 입력줄에서 [함수 삽입 fx]을 클릭하여 [함수 인수] 대화상자를 불러옵니다. 직접 수정하려면 수식 입력줄을 클릭하거나 F2를 눌러 함수식을 수정합니다.

고과 점수에서 첫 번째~세 번째 큰 값을 구하기

07 인사 고과 합계 점수 중 가장 높은 순서로 상위 세 개 점수를 구해 보겠습니다.

① [J7] 셀 클릭

② =L 입력

③ 수식 자동 완성 목록 상자에서 [LARGE]를 클릭하고 Tab 을 누릅니다.

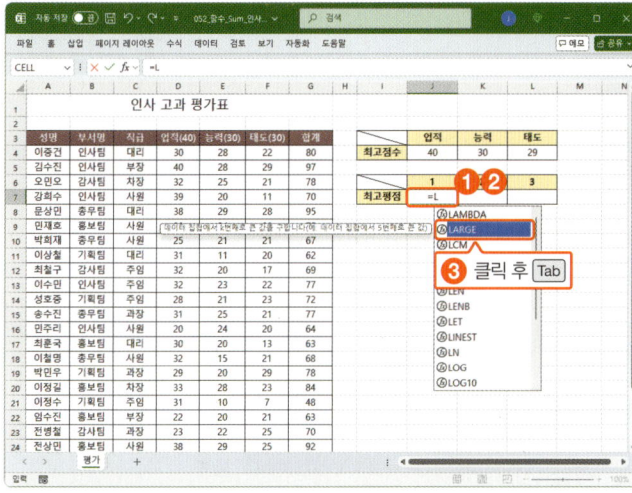

Tip LARGE 함수는 범위에서 지정한 인수 번째의 큰 값을 구합니다.

LARGE 함수 인수 입력하기

08 ① [G4:G27] 범위 지정

② F4 눌러 범위 고정

③ , 입력

④ [J6] 셀 클릭

⑤)를 입력한 후 Enter 를 눌러 수식을 완성하고 첫 번째로 큰 값을 구합니다.

Tip 고과 점수에서 첫 번째로 가장 큰 값을 구하는 완성 수식은 =LARGE($G$4:$G$27,J6) 입니다.

09 [J7] 셀의 채우기 핸들을 [L7] 셀까지 드래그해서 수식을 복사합니다.

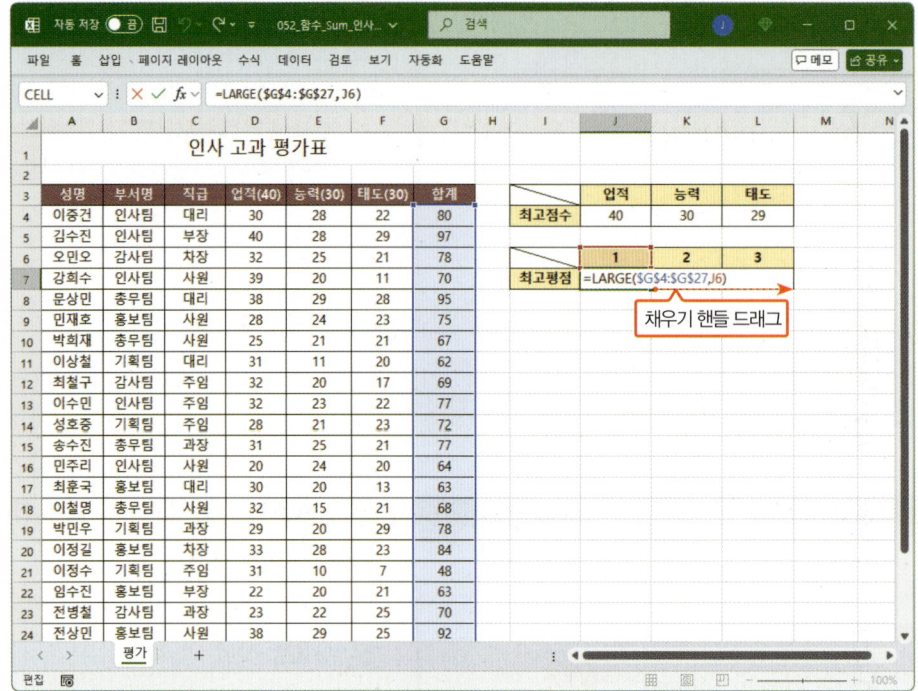

Tip [J7] 셀의 수식을 오른쪽으로 복사하면 두 번째 인수의 값이 2, 3으로 변하면서 두 번째, 세 번째로 큰 점수가 구해집니다.

> **Note** SUM 함수, MAX 함수, LARGE 함수 한눈에 보기

다음을 참고하여 SUM, MAX, LARGE 함수를 자세히 이해할 수 있습니다.

범주	이름	설명
수학/삼각 함수	SUM(숫자1,숫자1,숫자2,…,숫자255)	숫자의 합계를 구합니다.
통계 함수	MAX(숫자1,숫자2,…,숫자255)	숫자 중에서 최댓값을 구합니다.
	LARGE(범위, K번째)	범위에서 K번째로 큰 값을 구합니다.

COUNTA, COUNTBLANK 함수로 출석일, 결석일 구하기

실습 파일 엑셀\3장\053_함수_COUNTA_출석부.xlsx 완성 파일 엑셀\3장\053_함수_COUNTA_출석부_완성.xlsx

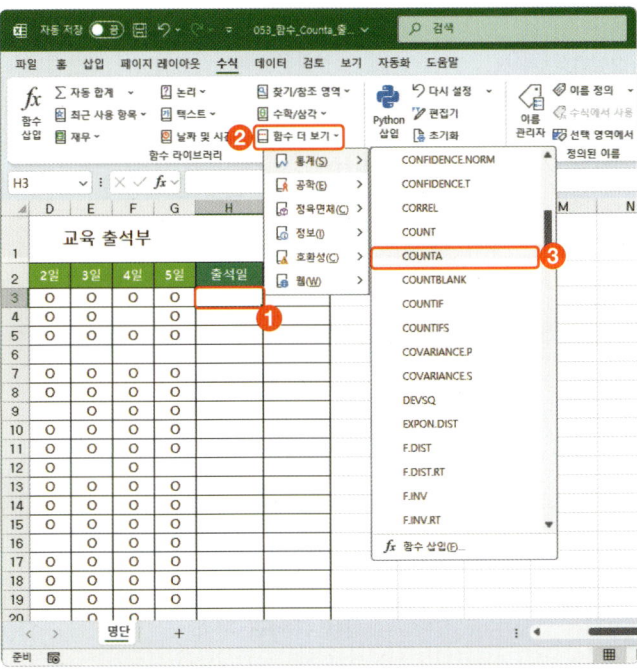

출석일 구하기

01 어학 교육에 출석한 인원의 출석일을 구해보겠습니다.

❶ [H3] 셀 클릭

❷ [수식] 탭-[함수 라이브러리] 그룹-[함수 더 보기] 클릭

❸ [통계]-[COUNTA]를 클릭합니다.

Tip COUNTA 함수는 범위의 공백을 제외한 셀 개수를 구합니다.

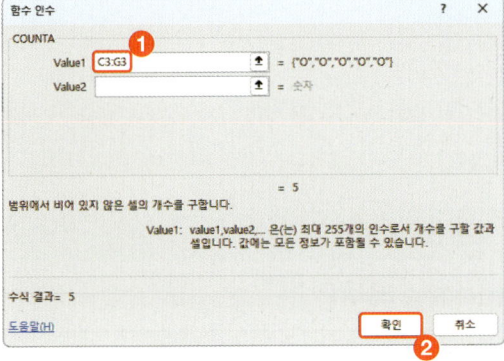

COUNTA 함수 인수 입력하기

02 ❶ [함수 인수] 대화상자에서 [Value1]에 **C3:G3** 입력

❷ [확인]을 클릭합니다.

Tip 입력한 범위(C3:G3)에서 공백을 제외한 셀의 개수를 구하는 완성 수식은 **=COUNTA(C3:G3)**입니다.

CHAPTER 03 수식 작성 및 함수 활용하기 **145**

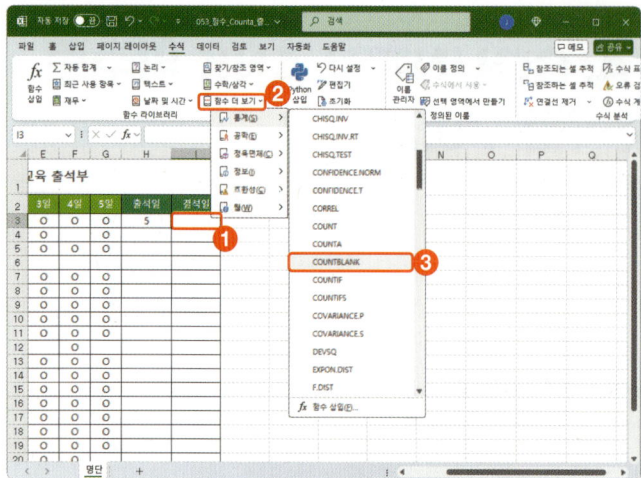

결석일 구하기

03 어학 교육에 결석한 인원의 결석일을 구해보겠습니다.

❶ [I3] 셀 클릭

❷ [수식] 탭-[함수 라이브러리] 그룹-[함수 더 보기] 클릭

❸ [통계]-[COUNTBLANK]를 클릭합니다.

Tip COUNTBLANK 함수는 범위의 공백 셀 개수를 구합니다.

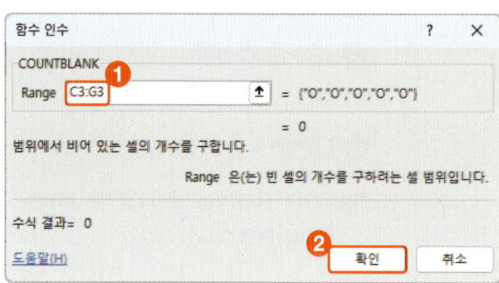

COUNTBLANK 함수 인수 입력하기

04 ❶ [함수 인수] 대화상자에서 [Range]에 **C3:G3** 입력

❷ [확인]을 클릭합니다.

Tip 입력한 범위(C3:G3)에서 빈 셀의 개수, 즉 결석일을 구하는 완성 수식은 **=COUNTBLANK(C3:G3)**입니다.

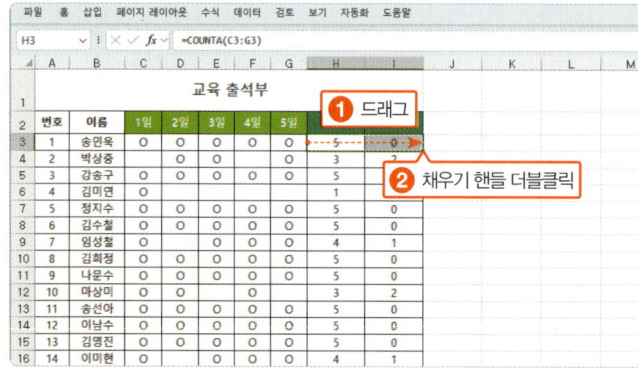

05 ❶ [H3:I3] 범위 지정

❷ 채우기 핸들을 더블클릭하여 수식을 복사합니다.

Note > COUNT, COUNTA, COUNTBLANK 함수 한눈에 보기

다음을 참고해 COUNT, COUNTA COUNTBLANK 함수를 자세히 이해할 수 있습니다.

범주	이름	설명
통계 함수	COUNT(값1,값2,…,값255)	값 중에서 공백을 제외한 범위의 숫자 개수를 구합니다.
	COUNTA(값1,값2,…,값255)	값 중에서 공백을 제외한 범위의 개수를 구합니다.
	COUNTBLANK(범위)	범위 중 비어 있는 셀의 개수를 구합니다.

INT, ROUND 함수로 내림과 반올림하기

실습 파일 엑셀\3장\054_함수_ROUND_제안비.xlsx 완성 파일 엑셀\3장\054_함수_ROUND_제안비_완성.xlsx

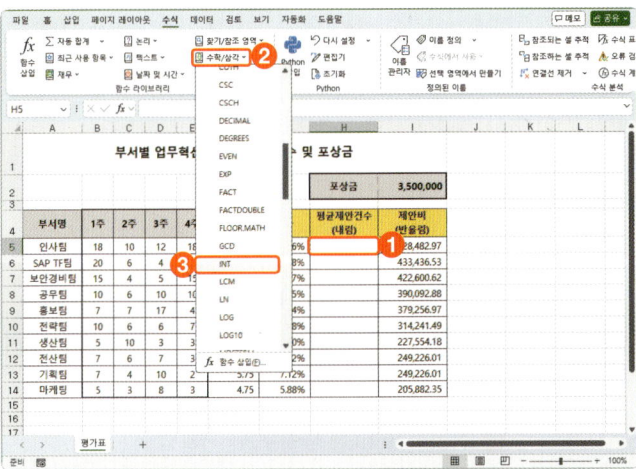

평균제안건수를 정수로 표시하기

01 부서별 평균제안건수를 정수로 내림해 값을 표시해보겠습니다.

❶ [H5] 셀 클릭

❷ [수식] 탭-[함수 라이브러리] 그룹-[수학/삼각] 클릭

❸ [INT]를 클릭합니다.

Tip INT 함수는 소수점 아래는 버리고 가장 가까운 정수로 내립니다.

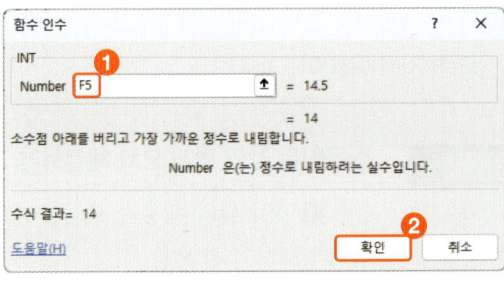

INT 함수 인수 입력하기

02 ❶ [함수 인수] 대화상자에서 [Number]에 **F5** 입력

❷ [확인]을 클릭합니다.

Tip 평균제안건수를 소수 첫째 자리에서 내림해 정수로 표시하는 완성 수식은 **=INT(F5)**입니다.

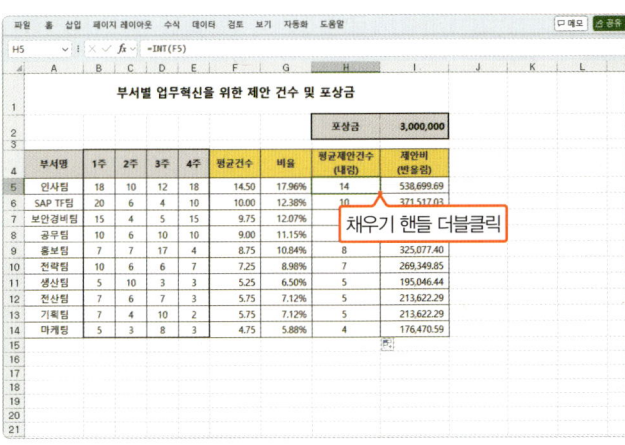

03 [H5] 셀의 채우기 핸들을 더블클릭해서 수식을 복사합니다.

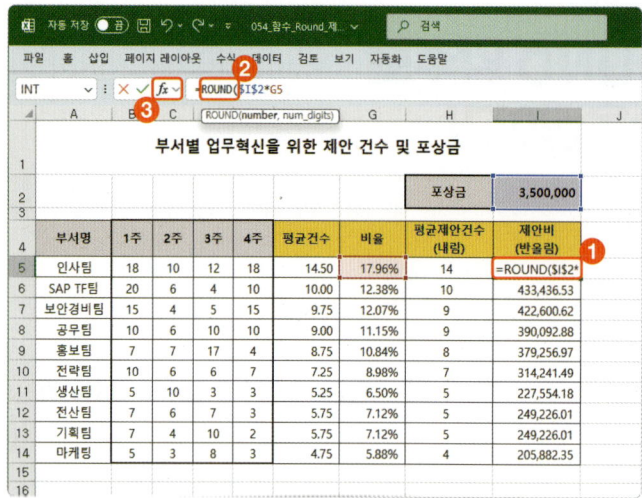

제안비 반올림하여 천의 자리까지 표시하기

04 부서별 제안 비율에 따른 제안비를 백의 자리에서 반올림해 천의 자리까지 값을 표시해보겠습니다.

❶ [I5] 셀 클릭

❷ 수식 입력줄에서 =의 뒷부분에 **ROUND(** 입력

❸ [함수 삽입 f_x]을 클릭합니다.

Tip ROUND 함수의 자릿수는 0을 기준으로 양수(1, 2, 3, …)로 지정하면 소수 아래 자리에서 반올림하고, 음수(-1, -2, -3, …)로 지정하면 소수점 위의 자리에서 반올림합니다.

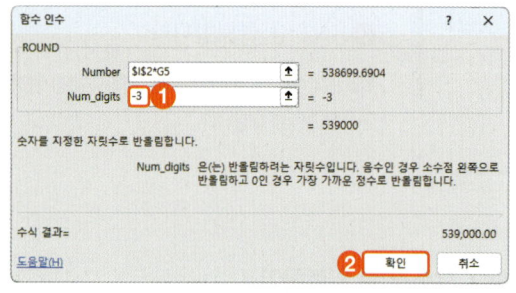

ROUND 함수 인수 입력하기

05 [함수 인수] 대화상자에서 [Number](반올림할 셀)에 **$I$2*G5**가 입력되어 있으면

❶ [Num_digits](자릿수)에 **-3** 입력

❷ [확인]을 클릭합니다.

Tip 제안비(I5)를 백의 자리(-3)에서 반올림해 천의 자리로 표시하는 완성 수식은 **=ROUND($I$2*G5,-3)** 입니다.

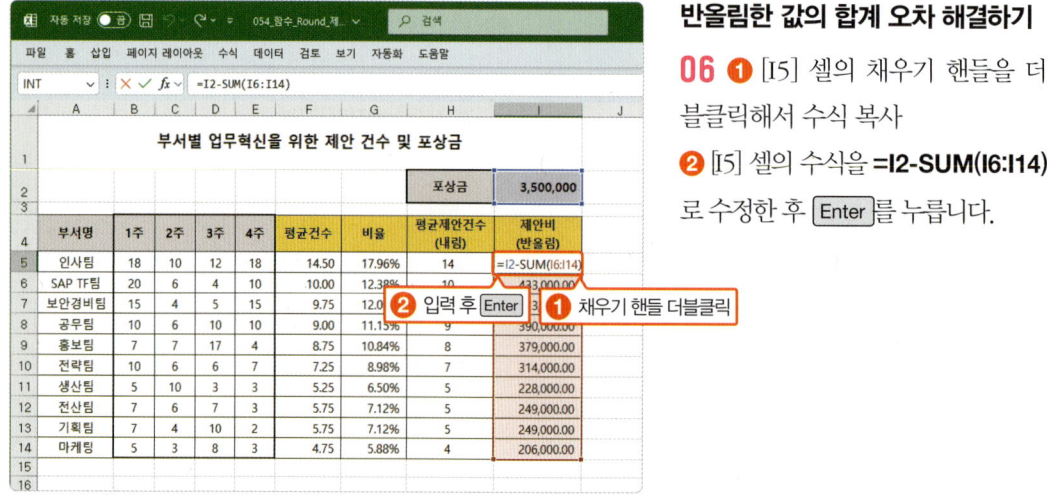

반올림한 값의 합계 오차 해결하기

06 ❶ [I5] 셀의 채우기 핸들을 더블클릭해서 수식 복사

❷ [I5] 셀의 수식을 **=I2-SUM(I6:I14)** 로 수정한 후 Enter 를 누릅니다.

Tip 제안비를 모두 반올림하면 제안비의 합계는 3,499,000원으로 포상금과 1,000원의 오차가 생깁니다. 따라서 첫 번째 제안비는 포상금(I2)에서 나머지 제안비의 합계(I6:I14)를 빼서 오차를 해결합니다.

Note INT, ROUND, ROUNDDOWN, ROUNDUP 함수 한눈에 보기

다음을 참고해 INT, ROUND, ROUNDDOWN, ROUNDUP 함수를 자세히 이해할 수 있습니다.

범주	이름	설명
수학/삼각 함수	INT(숫자)	소수점 아래를 버리고 가장 가까운 정수로 내림합니다.
	ROUND(숫자, 반올림할 자릿수) ROUNDDOWN(숫자, 내림할 자릿수) ROUNDUP(숫자, 올림할 자릿수)	인수를 지정한 자릿수로 반올림합니다. 인수를 지정한 자릿수로 내림합니다. 인수를 지정한 자릿수로 올림합니다.

Tip 자릿수는 0을 기준으로 양수(1, 2, 3,…)로 지정하면 소수 아래 자리에서 조절하고, 음수(-1, -2, -3,…)로 지정하면 소수점 위의 자리에서 조절합니다.

055 QUOTIENT, MOD 함수로 몫, 나머지 값 표시하기

실습 파일 엑셀\3장\055_함수_QUOTIENT_포장재.xlsx 완성 파일 엑셀\3장\055_함수_QUOTIENT_포장재_완성.xlsx

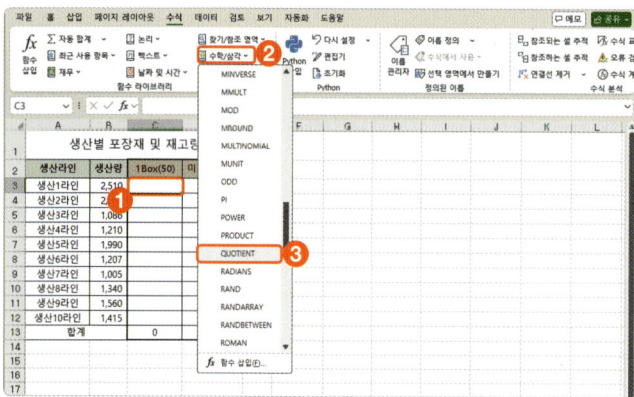

50개를 포장할 수 있는 포장재의 개수 구하기

01 생산라인의 생산량에 따라 50개를 포장할 수 있는 포장재의 개수를 구해보겠습니다.

❶ [C3] 셀 클릭

❷ [수식] 탭-[함수 라이브러리] 그룹-[수학/삼각] 클릭

❸ [QUOTIENT]를 클릭합니다.

Tip QUOTIENT 함수는 나누기 수식에서 몫을 구합니다.

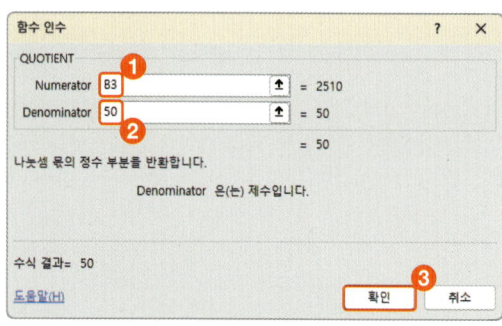

QUOTIENT 함수 인수 입력하기

02 ❶ [함수 인수] 대화상자의 [Numerator]에 **B3** 입력

❷ [Denominator]에 **50** 입력

❸ [확인]을 클릭합니다.

Tip 생산량에서 50개를 포장할 수 있는 포장재의 개수를 구하는 완성 수식은 =QUOTIENT(B3,50)입니다.

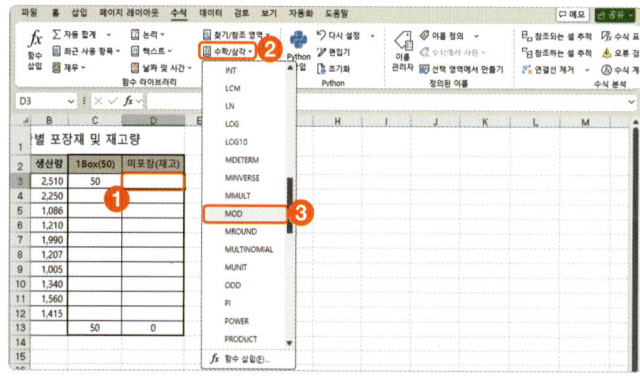

미포장한 재고량 구하기

03 생산량을 50개 단위로 포장하고 남은 미포장 재고의 수량을 구해보겠습니다.

❶ [D3] 셀 클릭

❷ [수식] 탭-[함수 라이브러리] 그룹-[수학/삼각] 클릭

❸ [MOD]를 클릭합니다.

Tip MOD 함수는 나누기 수식에서 나머지 값을 구합니다.

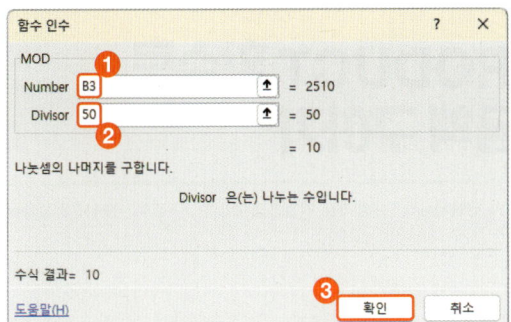

MOD 함수 인수 입력하기

04 ❶ [함수 인수] 대화상자의 [Number]에 **B3** 입력

❷ [Divisor]에 **50** 입력

❸ [확인]을 클릭합니다.

Tip 생산량에서 포장하지 못한 재고량을 구합니다. 완성 수식은 =MOD(B3,50)입니다.

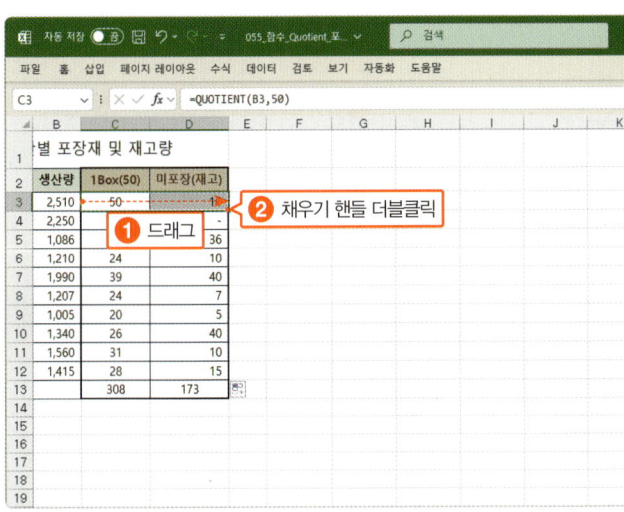

05 ❶ [C3:D3] 범위 지정

❷ 채우기 핸들을 더블클릭하여 수식을 복사합니다.

Note QUOTIENT, MOD 함수 한눈에 보기

다음을 참고해 QUOTIENT, MOD 함수를 자세히 이해할 수 있습니다.

범주	이름	설명
수학/삼각 함수	QUOTIENT(피제수,제수)	피제수(나뉘는 수)에서 제수(나누는 수)를 나눈 몫의 정수 부분을 구합니다.
	MOD(피제수,제수)	피제수(나뉘는 수)에서 제수(나누는 수)를 나눠 나머지를 구합니다.

ROW, SUMPRODUCT 함수로 행 번호와 합계 금액 구하기

실습 파일 엑셀\3장\056_함수_ROW_견적서.xlsx **완성 파일** 엑셀\3장\056_함수_ROW_견적서_완성.xlsx

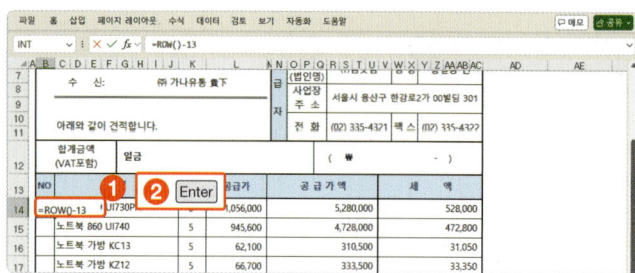

행 번호 구하기

01 품명의 행 번호를 구해보겠습니다.

❶ [B14] 셀에 **=ROW()-13** 입력

❷ Enter 를 누릅니다.

Tip ROW 함수는 행 번호를 표시합니다. [B14] 셀의 행 번호는 14이므로 13을 빼서 1로 표시합니다.

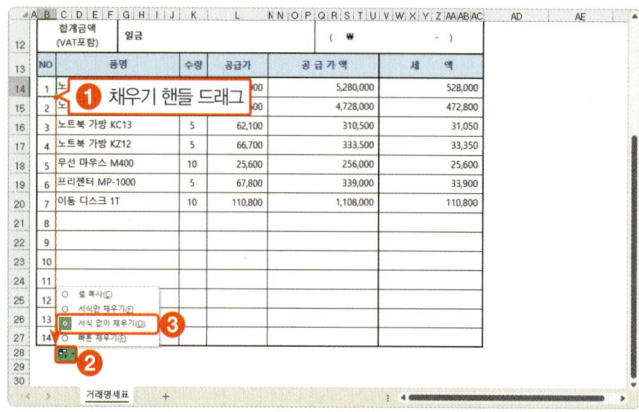

02 ❶ [B14] 셀의 채우기 핸들을 [B27] 셀까지 드래그

❷ [자동 채우기 옵션 📋] 클릭

❸ [서식 없이 채우기]를 클릭합니다.

Tip 1~14까지 행 번호가 채워집니다.

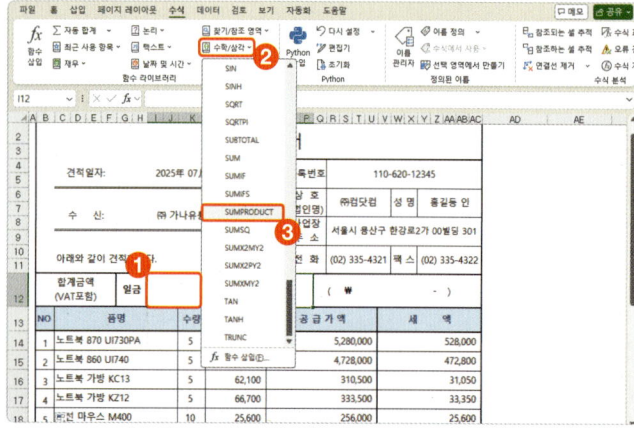

합계 금액 구하기

03 수량과 공급가를 곱한 후 모두 더하여 합계 금액을 구해보겠습니다.

❶ [I12] 셀 클릭

❷ [수식] 탭-[함수 라이브러리] 그룹-[수학/삼각] 클릭

❸ [SUMPRODUCT]를 클릭합니다.

Tip SUMPRODUCT 함수는 배열에서 대응하는 각 행의 값을 곱하고 더합니다.

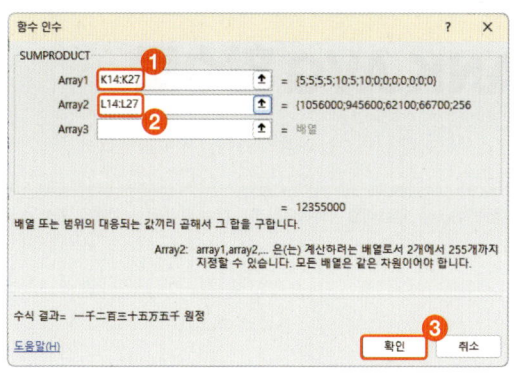

SUMPRODUCT 함수 인수 입력하기

04 ❶ [함수 인수] 대화상자에서 [Array1](대응하여 곱할 범위1)에 **K14:K27** 입력

❷ [Array2](대응하여 곱할 범위2)에 **L14:L27** 입력

❸ [확인]을 클릭합니다.

Tip 범위의 수량과 공급가를 곱한 후 모두 더한 값을 구하는 완성 수식은 **=SUMPRODUCT(K14:K27,L14:L27)**입니다.

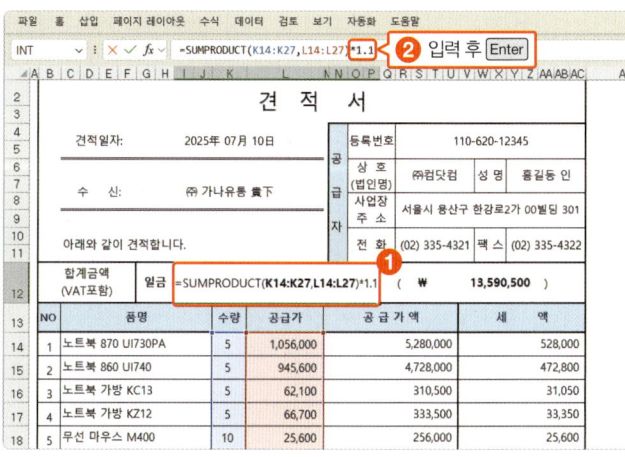

부가세 10%를 포함한 합계금액 구하기

05 ❶ [I12] 셀 클릭

❷ 수식 입력줄에서 수식의 마지막에 ***1.1**을 추가로 입력한 후 Enter 를 누릅니다.

Tip 공급가액의 합계에 10%를 추가한 완성 수식은 **=SUMPRODUCT(K14:K27,L14:L27)*1.1**입니다.

> **Note** ROW, SUMPRODUCT 함수 한눈에 보기
>
> 다음을 참고해 ROW, SUMPRODUCT 함수를 자세히 이해할 수 있습니다.
>
> | 범주 | 이름 | 설명 |
> |---|---|---|
> | 찾기/참조 함수 | ROW(셀 주소) | 현재 셀이나 특정 셀의 행 번호를 표시합니다. |
> | | COLUMN(셀 주소) | 현재 셀이나 특정 셀의 열 번호를 표시합니다. |
> | 수학/삼각 함수 | SUMPRODUCT(배열1,배열2,…) | 배열 또는 범위의 대응하는 값끼리 곱하고 더해줍니다. |

057 RANK.EQ, RANK.AVG 함수로 순위 구하기

실습 파일 엑셀\3장\057_함수_RANK_보험계약.xlsx 완성 파일 엑셀\3장\057_함수_RANK_보험계약_완성.xlsx

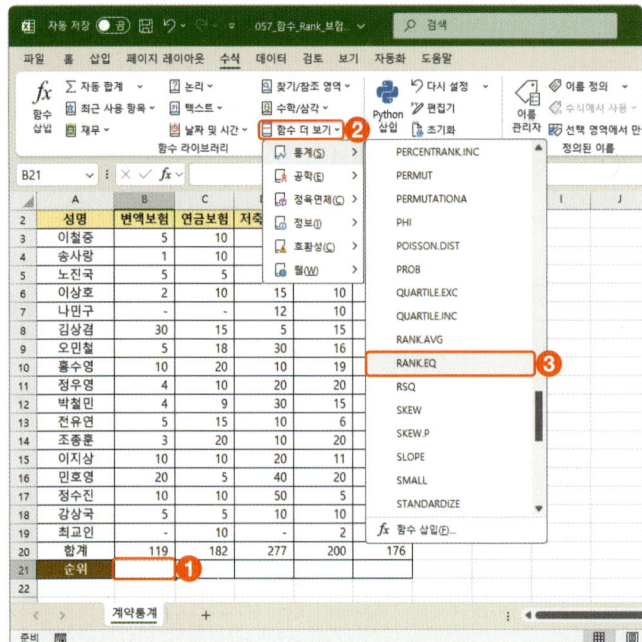

합계를 기준으로 순위 구하기

01 개인별 전체 계약 건수 중 보험 종류별로 가장 많이 계약된 보험의 순위를 알아보겠습니다.

❶ [B21] 셀 클릭

❷ [수식] 탭–[함수 라이브러리] 그룹–[함수 더 보기] 클릭

❸ [통계]–[RANK.EQ]를 클릭합니다.

Tip RANK.EQ 함수는 범위에서 셀의 순위를 구합니다.

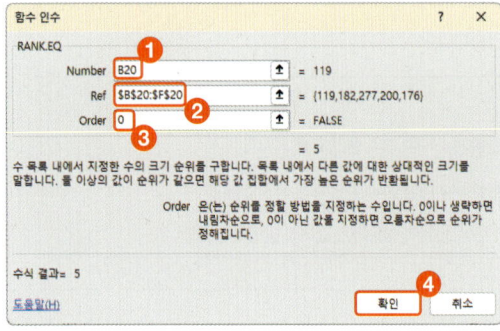

RANK.EQ 함수 인수 입력하기

02 ❶ [함수 인수] 대화상자에서 [Number](순위를 구할 셀)에 **B20** 입력

❷ [Ref](순위를 구할 때 참조할 범위)에 **$B$20:$F$20** 입력

❸ [Order](오름차순/내림차순)에 **0** 입력

❹ [확인]을 클릭합니다.

Tip 특정 셀(B20)이 범위([B20:F20])에서 몇 위인지 내림차순(0)으로 순위를 구하는 완성 수식은 **=RANK.EQ(B20,$B$20:$F$20,0)** 입니다.

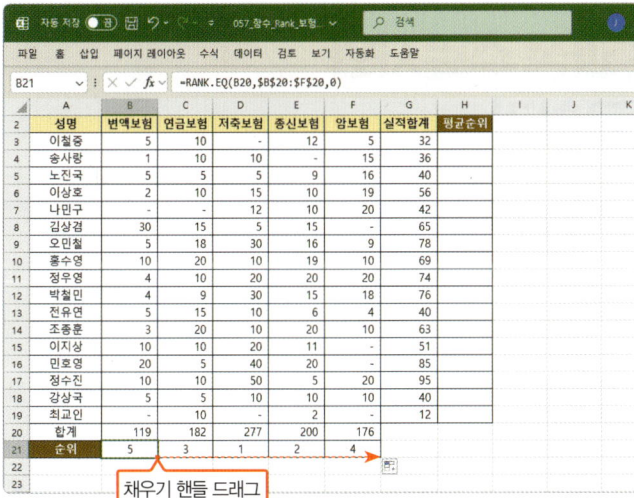

합계를 기준으로 순위 구하기

03 [B21] 셀의 채우기 핸들을 [F21] 셀까지 드래그해서 수식을 복사합니다.

Tip 가장 계약 건수가 많은 보험 순서대로 순위가 표시됩니다. 순위가 같으면 동순위(3위)로 표시되고 동순위의 개수만큼 건너뛴 다음 순위(5위)를 표시합니다.

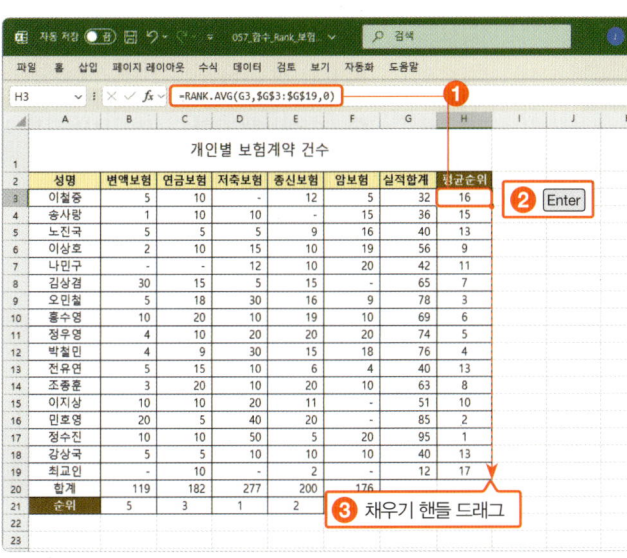

RANK.AVG 함수로 오름차순 순위 구하기

04 계약 건수가 많은 개인별 순위를 알아보겠습니다.

① [H3] 셀에 **=RANK.AVG(G3, $G$3:$G$19,0)** 입력

② Enter

③ [H3] 셀의 채우기 핸들을 [H19] 셀까지 드래그해서 수식을 복사합니다.

Tip 범위(G3:G19)에서 계약 건수의 합계 '40'이 3명으로 동순위입니다. 따라서 12위~14위의 구간 평균값 13위로 순위가 표시됩니다.

Note · RANK, RANK.EQ, RANK.AVG 함수 한눈에 보기

다음을 참고해 RANK, RANK.EQ, RANK.AVG 함수를 자세히 이해할 수 있습니다.

범주	이름	설명
수학/삼각 함수	RANK(순위를 구하는 수, 범위, 순위 결정 방법) RANK.EQ(순위를 구하는 수, 범위, 순위 결정 방법)	범위에서 지정한 수의 순위를 구합니다. 순위가 같으면 동순위를 표시합니다. 순위 결정 방법에는 0(내림차순) 또는 1(오름차순)을 입력합니다.
	RANK.AVG(순위를 구하는 수, 범위, 순위 결정 방법)	범위에서 지정한 수의 순위를 구합니다. 동순위가 나오면 순위의 구간 평균값을 표시합니다.

우선순위
058 IF 함수로 과정 수료자와 교육점수 구하기

실습 파일 엑셀\3장\058_함수_IF_과정수료.xlsx   완성 파일 엑셀\3장\058_함수_IF_과정수료_완성.xlsx

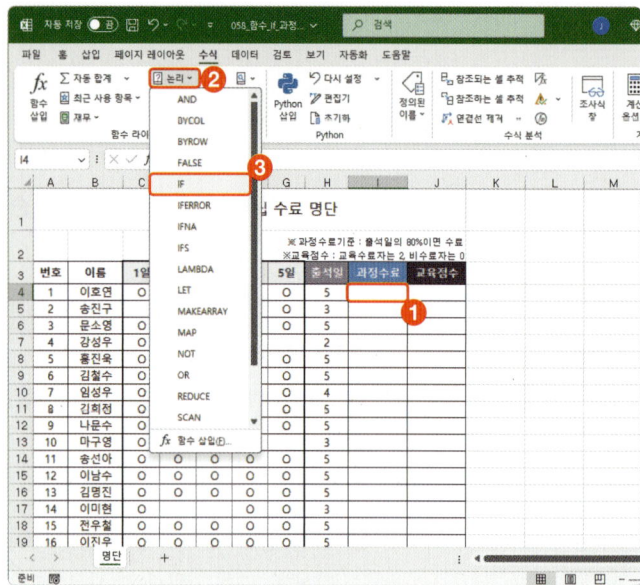

출석 일수에 따라 수료와 미수료 표시하기

01 출석 일수의 80%(4일) 이상 교육에 참여하면 '수료'를, 그렇지 않으면 '미수료'를 표시해보겠습니다.

❶ [I4] 셀 클릭

❷ [수식] 탭-[함수 라이브러리] 그룹-[논리] 클릭

❸ [IF]를 클릭합니다.

Tip IF 함수는 조건을 지정하고, 그 조건을 만족하면 참값, 아니면 거짓값을 표시합니다.

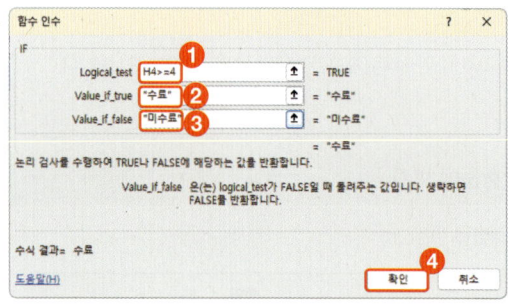

IF 함수 인수 입력하기

02 [함수 인수] 대화상자에서

❶ [Logical_test](조건)에 **H4>=4** 입력

❷ [Value_if_true](참값)에 **수료** 입력

❸ [Value_if_false](거짓값)에 **미수료** 입력

❹ [확인]을 클릭합니다.

Tip 출석 일수가 4일 이상이면 '수료', 아니면 '미수료'가 표시되는 완성 수식은 **=IF(H4>=4,"수료","미수료")**입니다.

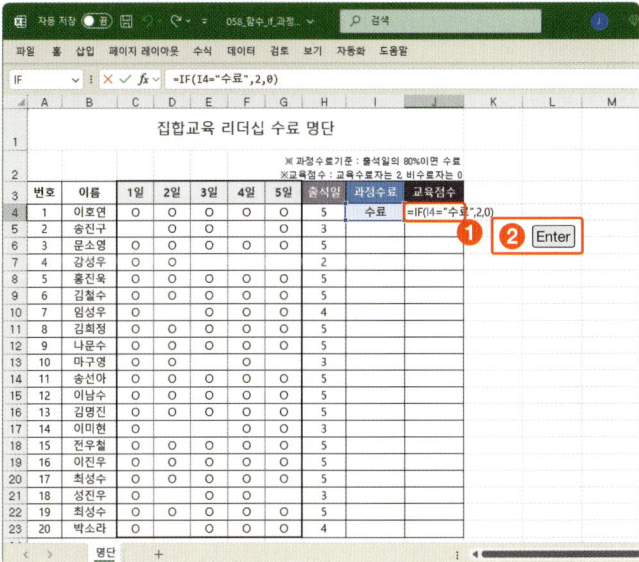

교육점수 표시하기

03 교육을 수료한 경우에는 교육점수에 '2', 미수료한 경우에는 '0'을 표시해보겠습니다.

❶ [J4] 셀에 **=IF(I4="수료",2,0)** 입력

❷ Enter 를 누릅니다.

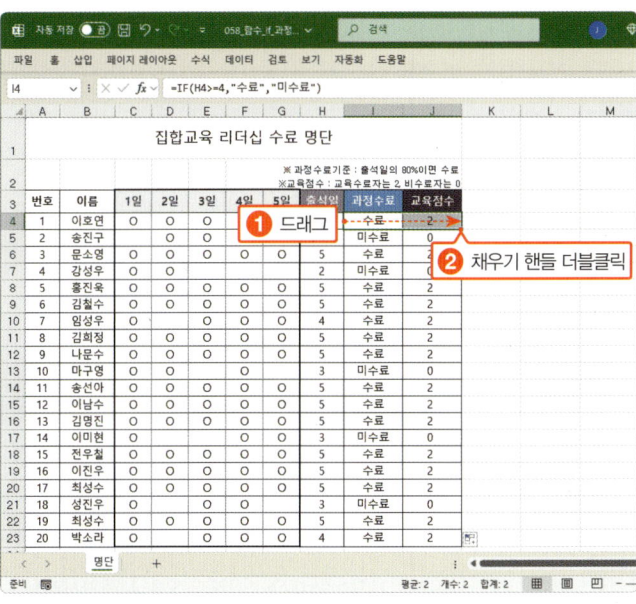

04 ❶ [I4:J4] 범위 지정

❷ 채우기 핸들을 더블클릭하여 수식을 복사합니다.

Note IF 함수 한눈에 보기

다음을 참고해 IF 함수를 자세히 이해할 수 있습니다.

범주	이름	설명
논리 함수	IF(조건식, 참값, 거짓값)	조건식에 따라 참 또는 거짓으로 구분합니다.

Note 확인란(☑)의 체크 여부에 따라 IF 함수로 수식을 만들 수 있나요? M365

확인란의 체크 여부에 따라 IF 함수의 참값 또는 거짓값을 설정하여 수식을 만들 수 있습니다. 확인란은 Microsoft 365에서 사용할 수 있습니다.

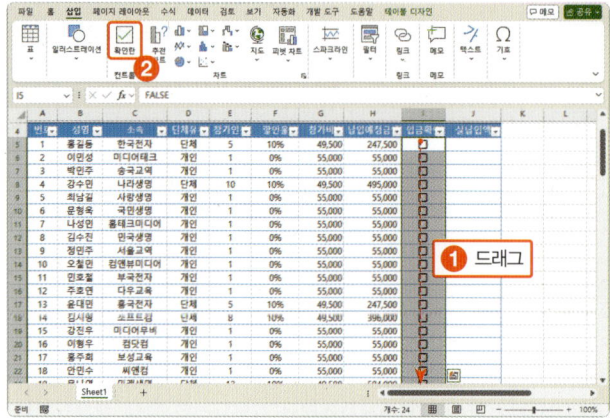

확인란 삽입하기

세미나 참가비 입금 여부를 확인할 수 있는 확인란을 삽입하겠습니다.

① [I5:I28] 범위 지정

② [삽입] 탭-[컨트롤] 그룹-[확인란☑]을 클릭합니다.

Tip 확인란이 삽입됩니다. 확인란에 체크하면 TRUE 값을, 체크를 해제하면 FALSE 값을 가집니다.

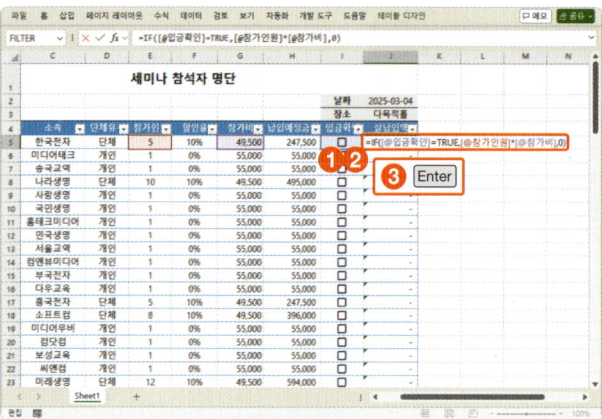

입금확인 셀의 체크 여부에 따라 실납입금액을 계산해보겠습니다.

① [J5] 셀 클릭

② 수식 =IF([@입금확인]=TRUE,[@참가인원]*[@참가비],0) 입력

③ Enter 를 누릅니다.

Tip 입금확인 셀을 체크(TRUE)하면 참가비([@참가인원]*[@참가비])를 계산하고, 입금확인 셀의 체크를 해제(FALSE)하면 참가비에 0을 입력합니다.

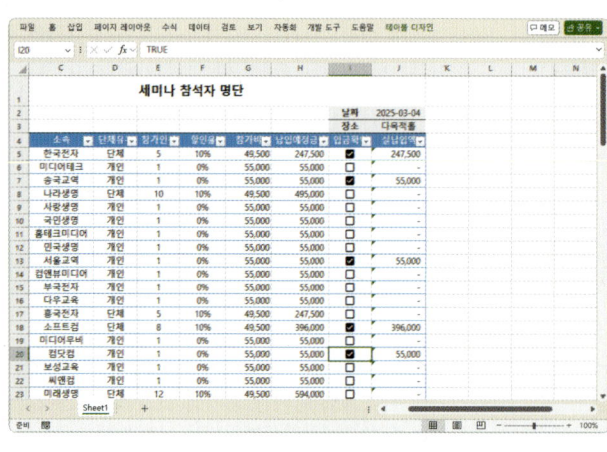

입금확인(I5:I28) 범위의 일부 셀을 클릭해서 체크하면 실납입액(J5:J28)의 금액이 표시됩니다.

Tip 실납입액(J5:J28)의 오류(⚠)가 표시되면 범위(J5:J28)를 지정하고 오류 옵션(⚠)을 클릭한 후 [오류 무시]를 클릭합니다.

Tip 확인란은 Microsoft 365에서만 사용할 수 있는 요소이므로, 다른 버전에서는 셀마다 개별적으로 확인란을 삽입해야 합니다. 이 과정이 다소 번거로울 수 있으므로, 완성 파일의 [참석자명단_이전버전] 시트를 참고하기를 바랍니다.

059 중첩 IF 함수와 IFS 함수로 부서별 포상금과 부서 등급 구하기

실습 파일 엑셀\3장\059_함수_IF중첩_업무제안.xlsx **완성 파일** 엑셀\3장\059_함수_IF중첩_업무제안_완성.xlsx

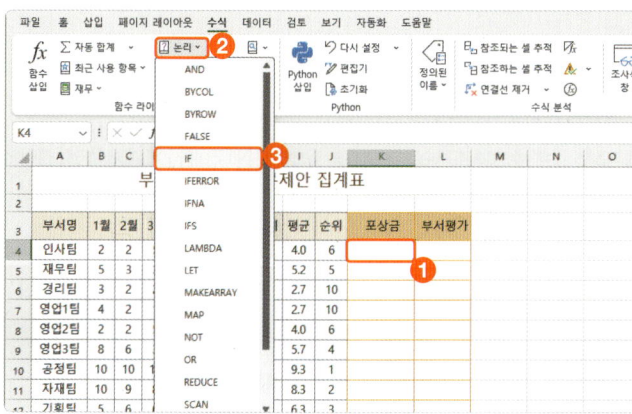

IF 함수 중첩해 포상금 표시하기

01 부서별 포상금을 업무제안 순위에 따라 1위면 100만 원, 2위면 50만 원, 3위면 30만 원을 표시해보겠습니다.

❶ 포상금을 표시할 [K4] 셀 클릭

❷ [수식] 탭-[함수 라이브러리] 그룹-[논리] 클릭

❸ [IF]를 클릭합니다.

Tip IF 함수는 단독으로 쓰일 때도 있지만 다수의 조건을 비교할 때는 중첩하여 사용할 수 있습니다.

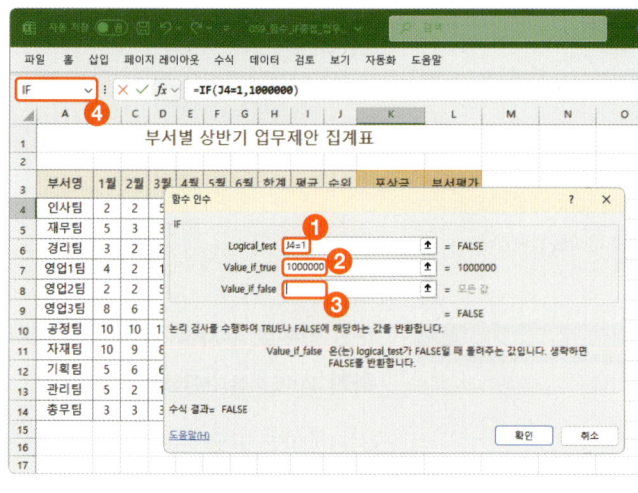

IF 함수 인수 입력하기

02 ❶ [함수 인수] 대화상자에서 [Logical_test]에 **J4=1** 입력

❷ [Value_if_true]에 **1000000** 입력

❸ [Value_if_false] 클릭

❹ [이름 상자]에서 [IF]를 클릭합니다.

인수 설명
- Logical_test(조건식) : 순위가 1인지 판단하는 조건식 **J4=1**을 입력합니다.
- Value_if_true(참값) : 순위가 1위면 포상금에 **1000000**을 입력합니다.
- Value_if_false(거짓값) : 첫 번째 조건이 거짓인 경우 두 번째 조건으로 IF 함수를 중첩하기 위해 [이름상자]에서 [IF]를 클릭합니다.

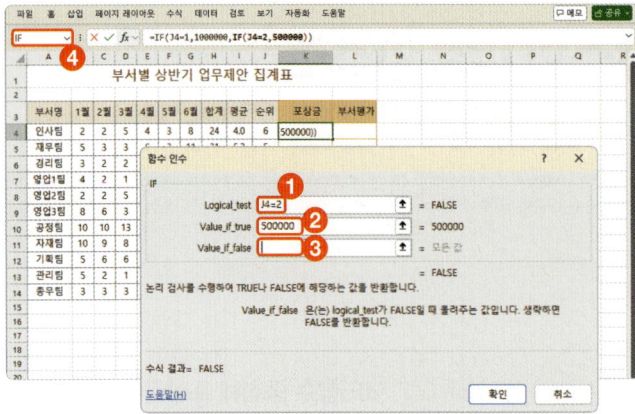

03 ① 새로운 [함수 인수] 대화상자의 [Logical_test]에 **J4=2** 입력

② [Value_if_true]에 **500000** 입력

③ [Value_if_false] 클릭

④ [이름 상자]에서 [IF]를 클릭합니다.

인수 설명 • Logical_test(조건식) : 순위가 2인지 판단하는 조건식 J4=2를 입력합니다.
• Value_if_true(참값) : 순위가 1위면 포상금에 500000을 입력합니다.
• Value_if_false(거짓값) : 두 번째 조건이 거짓인 경우 세 번째 조건으로 IF 함수를 중첩하기 위해 [이름상자]에서 [IF]를 클릭합니다.

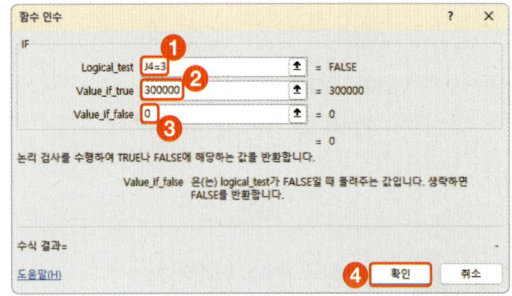

04 ① 새로운 [함수 인수] 대화상자의 [Logical_test]에 **J4=3** 입력

② [Value_if_true]에 **300000** 입력

③ [Value_if_false]에 **0** 입력

④ [확인]을 클릭합니다.

Tip 완성 수식은 =IF(J4=1,1000000,IF(J4=2,500000,IF(J4=3,300000,0)))입니다. IF 함수는 다른 함수와 중첩해서 사용하는 경우가 많으므로 직접 함수식을 입력해보는 것을 추천합니다.

인수 설명 • Logical_test(조건식) : 순위가 3인지 판단하는 조건식 J4=3을 입력합니다.
• Value_if_true(참값) : 순위가 1위면 포상금에 300000을 입력합니다.
• Value_if_false(거짓값) : 순위가 1~3이 아니면 0을 입력합니다.

IFS 함수로 부서별 평가 등급 표시하기 [2016 이상] [M365]

05 부서별 업무제안 건수의 평균이 7개 이상이면 'A', 5개 이상이면 'B', 5개 미만이면 'C'를 표시해보겠습니다.

① [L4] 셀에 **=IFS(I4>=7,"A",I4>=5,"B",TRUE,"C")** 입력

② Enter 를 누릅니다.

인수 설명
- Logical_test1 : 평균 제안 건수가 7개 이상인지를 판단하는 조건식으로 I4>=7을 입력합니다.
- Value_if_true1 : 평균 제안 건수가 7개 이상이면 "A"를 입력합니다.
- Logical_test2 : 평균 제안 건수가 5개 이상인지를 판단하는 조건식으로 I4>=5를 입력합니다.
- Value_if_true2 : 평균 제안 건수가 5개 이상이면 "B"를 입력합니다.
- Logical_test3 : 평균 제안 건수가 5개 미만인지를 판단하는 조건식으로 I4<5를 입력하거나 TRUE를 입력합니다.
- Value_if_true3 : 평균 제안 건수가 5개 미만이면 "C"를 입력합니다.

06 ❶ [K4:L4] 범위 지정
❷ 채우기 핸들을 더블클릭해서 수식을 복사합니다.

Note IF 중첩 함수와 IFS 함수 한눈에 보기

IF 함수 형식은 **=IF(Logical_test, Value_if_true, Value_if_False)**입니다.
　　　　　　　　　　조건식　　　　　참값　　　　　거짓값

기본적으로 조건이 하나일 때 사용하지만, 조건이 여러 개일 때도 IF 함수 안에 IF 함수를 64개 중첩해서 쓸 수 있습니다.

예를 들어 평가 점수가 90점 이상이면 교육 이수 점수를 2점, 70점 이상이면 1점, 70점 미만이면 0점을 주는 조건이라면 다음과 같이 설명할 수 있습니다.

=만약(점수가 90점 이상이면, 2점, 만약(점수가 70점 이상이면 1점, 70점 미만이면 0점을 준다))

이것을 함수식으로 표현하면 다음과 같습니다. 교육 점수에는 교육 점수가 담긴 셀 주소를 입력합니다.

=IF(교육점수>=90,2,IF(교육점수>=70,1,0))
　　　조건식①　　참값①　조건식②　　참값②　거짓값②
　　　　　　　　　　　　　　　　　　　　거짓값①

엑셀 2016 버전에 새로 추가된 IFS(조건식1,참값1,조건식2,참값2,…) 함수는 IF를 중첩하지 않고 127개의 조건식을 만들 수 있습니다. IFS 함수를 사용한 함수식은 다음과 같습니다.

=IFS(교육점수>=90,2,교육점수>=70,1,교육점수<70,0)
　　　조건식①　　참값①　조건식②　　참값②　조건식③　참값③

또는 다음과 같이 만들 수 있습니다.

=IFS(교육점수>=90,2,교육점수>=70,1,TRUE,0)
　　　조건식①　　참값①　조건식②　　참값②　조건식③　참값③

060 IF, AND, OR 함수로 기업 신용도 분류하기

실습 파일 엑셀\3장\060_함수_IF_AND_신용평가.xlsx 완성 파일 엑셀\3장\060_함수_IF_AND_신용평가_완성.xlsx

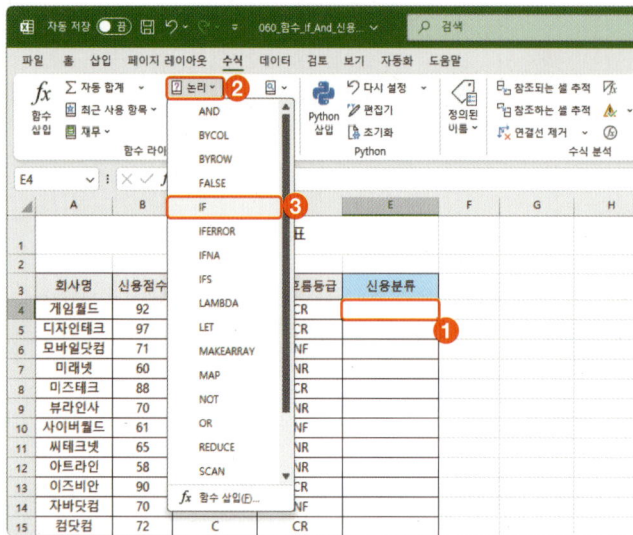

IF와 AND 함수를 중첩해 신용도 분류하기

01 기업별 신용 평가표에서 현금흐름등급이 CR이면서, 신용평가등급이 A나 B일 때는 신용분류에 '정상기업'을, 그렇지 않을 때는 '워크아웃'을 표시해보겠습니다.

❶ [E4] 셀 클릭

❷ [수식] 탭-[함수 라이브러리] 그룹-[논리] 클릭

❸ [IF]를 클릭하면 [함수 인수] 대화상자가 나타납니다.

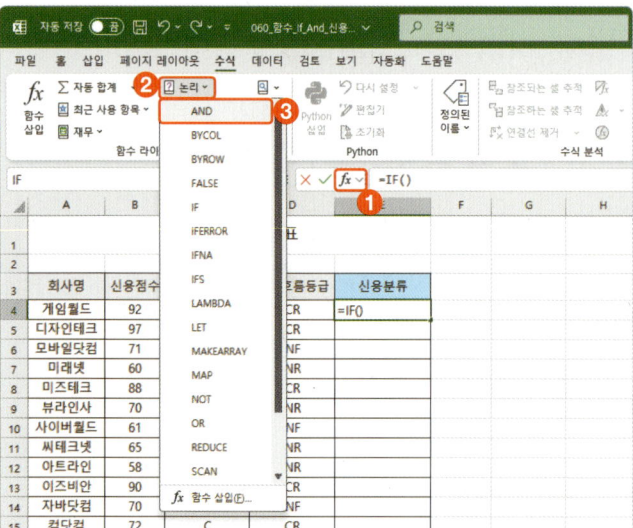

02 신용평가등급과 현금흐름등급의 두 가지 조건을 모두 만족해야 하므로 조건식에 AND 함수를 중첩시킵니다.

❶ 수식 입력줄에서 [함수 삽입 fx]을 클릭해 [함수 인수] 대화상자 닫기

❷ [수식] 탭-[함수 라이브러리] 그룹-[논리] 클릭

❸ [AND]를 클릭합니다.

Tip AND 함수는 다중 조건을 모두 만족하면 참값을, 그 외는 거짓값을 표시합니다.

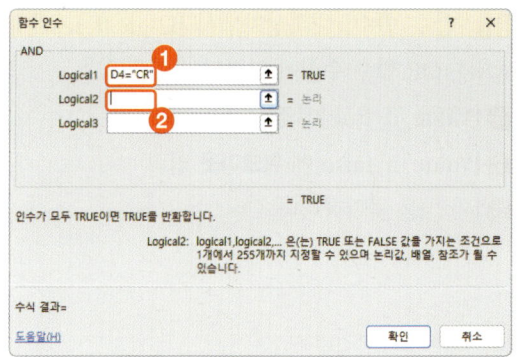

AND 함수 인수 입력하기

03 ① [함수 인수] 대화상자에서 [Logical1]에 **D4="CR"** 입력

② [Logical2]를 클릭합니다.

Tip IF 함수 수식에 AND 함수가 중첩되어 추가됩니다.

인수 설명 • Logical1(조건 1) : 현금흐름등급이 "CR"인지를 판단하는 조건입니다.

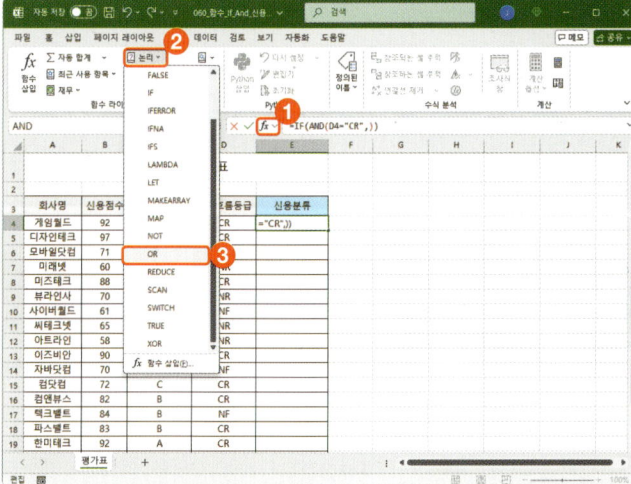

OR 함수 중첩하기

04 신용평가등급이 A나 B인 경우 조건을 만족하므로 OR 함수를 중첩시킵니다.

① 수식 입력줄에서 [함수 삽입 f_x]을 클릭해 [함수 인수] 대화상자 닫기

② [함수 라이브러리] 그룹-[논리] 클릭

③ [OR]을 클릭합니다.

Tip OR 함수는 다중 조건에 하나라도 만족하면 참값을, 그 외는 거짓값을 표시합니다.

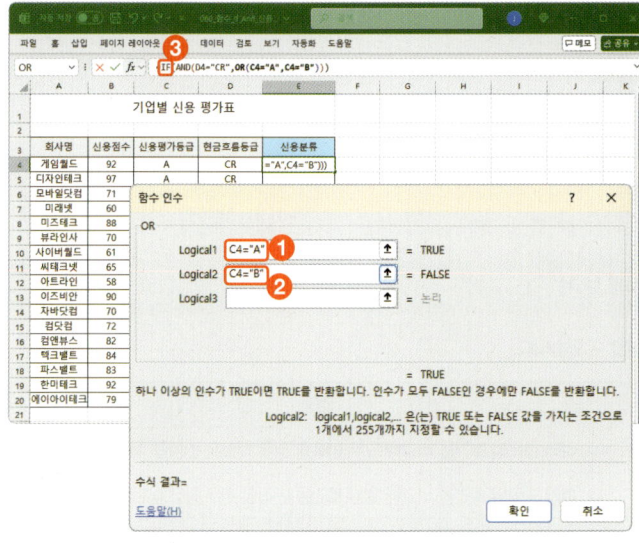

OR 함수 인수 입력하기

05 ① [함수 인수] 대화상자에서 [Logical1]에 **C4="A"** 입력

② [Logical2]에 **C4="B"** 입력

③ IF 함수의 [함수 인수] 대화상자로 돌아가기 위해 수식 입력줄에서 **IF**를 클릭합니다.

인수 설명 • Logical1(조건1) : 신용평가등급이 "A"인지 판단하는 조건입니다.
• Logical1(조건2) : 신용평가등급이 "B"인지 판단하는 조건입니다.

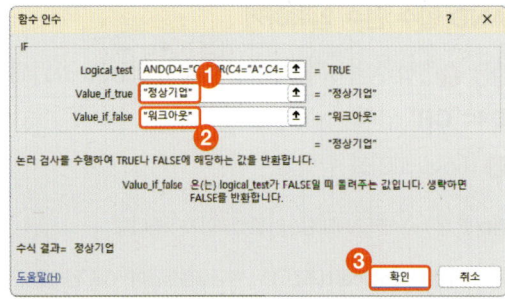

06 [함수 인수] 대화상자에서 [Logical_test]에 AND, OR 함수 수식이 입력되어 있습니다.

❶ [Value_if_true]에 **정상기업** 입력
❷ [Value_if_false]에 **워크아웃** 입력
❸ [확인]을 클릭합니다.

인수 설명
- Logical_test : 현금흐름등급이 "CR"이고, 신용평가등급이 "A"이거나 "B"인 조건입니다.
- Value_if_true : 조건 결과가 참이면 "정상기업"을 표시합니다.
- Value_if_false : 조건 결과가 거짓이면 "워크아웃"을 표시합니다.

Tip 완성 수식 살펴보기

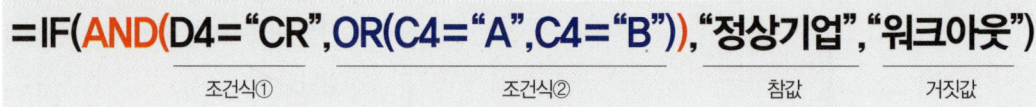

Tip IFS 함수를 사용한 완성 수식은 **=IFS(AND(D4="CR",OR(C4="A",C4="B")),"정상기업",TRUE,"워크아웃")** 입니다.

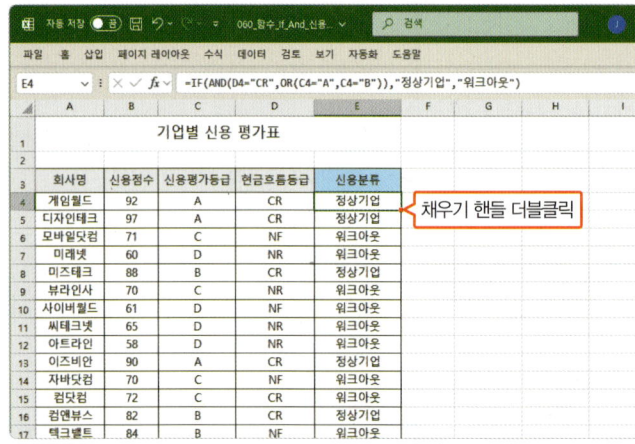

07 [E4] 셀의 채우기 핸들을 더블클릭하여 나머지 셀에 수식을 복사합니다.

Tip 중첩한 IF, AND, OR 함수의 조건에 따라 '정상기업'과 '워크아웃'으로 신용분류가 표시됩니다.

Note AND, OR, NOT 함수 한눈에 보기

다음을 참고해 AND, OR, NOT 함수를 자세히 이해할 수 있습니다.

범주	이름	설명
논리 함수	AND(조건1,조건2,…,조건255)	여러 항목의 조건을 비교해 모두 만족할 경우 참값을 반환합니다.
	OR(조건1,조건2,…,조건255)	여러 항목의 조건을 비교해 일부 조건을 만족할 경우 참값을 반환합니다.
	NOT(조건)	지정한 조건이 아니면 참값을 반환합니다.

 AVERAGE, AVERAGEIF 함수로 평균 구하기

실습 파일 엑셀\3장\061_함수_AVERAGE_교육평가표.xlsx   완성 파일 엑셀\3장\061_함수_AVERAGE_교육평가표_완성.xlsx

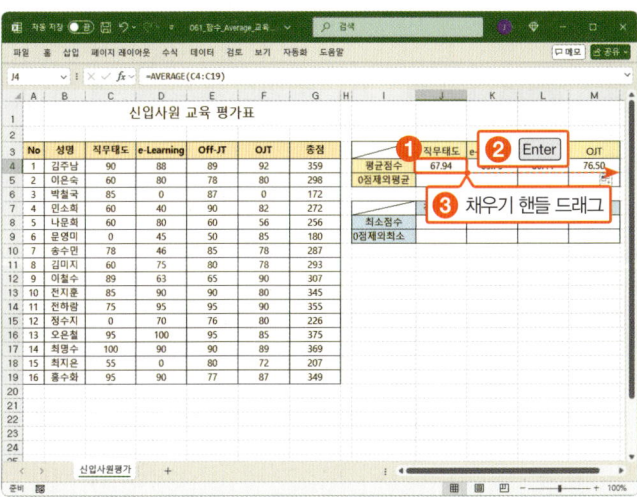

평가 항목의 평균 구하기

01 신입사원 교육 평가표에서 평가 항목의 전체 평균을 구해보겠습니다.

❶ [J4] 셀에 **=AVERAGE(C4:C19)** 입력

❷ Enter

❸ [J4] 셀의 채우기 핸들을 [M4] 셀까지 드래그해서 수식을 복사합니다.

Tip AVERAGE 함수는 범위의 평균을 구합니다.

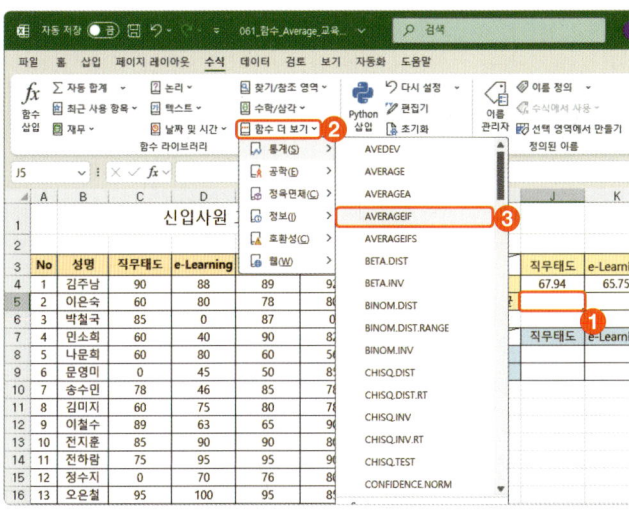

0을 제외한 평가 항목의 평균 구하기

02 신입사원 평가표에서 0점을 제외한 평가 항목의 평균을 구해보겠습니다.

❶ [J5] 셀 클릭

❷ [수식] 탭-[함수 라이브러리] 그룹-[함수 더 보기] 클릭

❸ [통계]-[AVERAGEIF]를 클릭합니다.

Tip AVERAGEIF 함수는 조건에 만족하는 범위의 평균을 구합니다.

CHAPTER 03 수식 작성 및 함수 활용하기 **165**

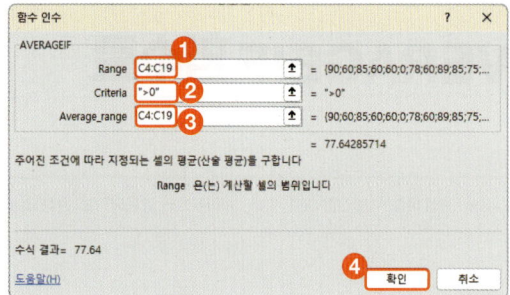

AVERAGEIF 함수 인수 입력하기

03 ① [함수 인수] 대화상자에서 [Range](범위)에 **C4:C19** 입력
② [Criteria](조건)에 **>0** 입력
③ [Average_range](평균 범위)에 **C4:C19** 입력
④ [확인]을 클릭합니다.

Tip 전체 평가 항목의 범위(C4:C19)에서 0을 제외한 조건(">0")에 만족하는 점수의 평균을 구하는 완성 수식은 **=AVERAGEIF(C4:C19,">0",C4:C19)**입니다.

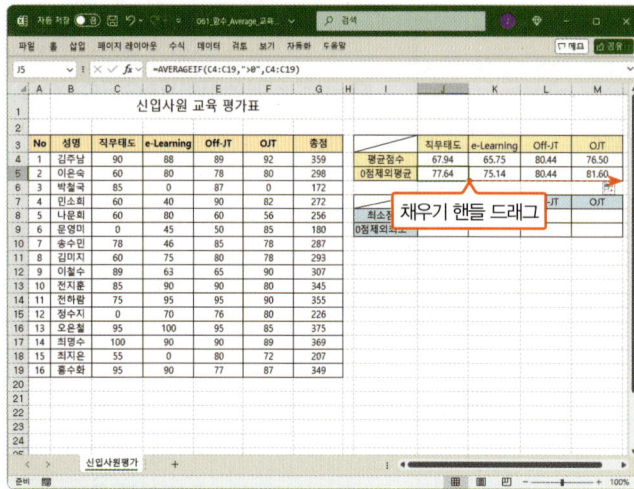

04 [J5] 셀의 채우기 핸들을 [M5] 셀까지 드래그해서 수식을 복사합니다.

Note 최고, 최저 점수를 제외한 절사평균을 구할 수 있나요?

절사평균이란, 편차가 큰 자료에서 산술평균이 적절하지 않을 경우, 자료의 상위와 하위에서 일정 비율만큼 값을 제거한 뒤 평균을 계산하는 방법입니다. TRIMMEAN 함수는 지정된 데이터 범위에서 상위와 하위 값의 일정 비율(n%, 혹은 n개)을 제외한 후, 그 나머지 값들의 평균을 계산합니다.

아래는 **=TRIMMEAN(B1:Q1,20%)** 수식을 사용한 예시입니다. 데이터 범위(B1:Q1)에서 비율(20%)만큼 상위/하위의 값을 제외하고 산술평균을 계산합니다. 여기서는 16개 항목의 20%는 3.2로 가장 가까운 2의 배수로 내림하면 2이므로 상위/하위의 값 각각 한 개를 제외하고 산술평균을 계산합니다. 만약 네 개의 점수를 제외하려면 '제외할 개수/COUNT(범위)'를 입력하여 비율을 계산합니다.

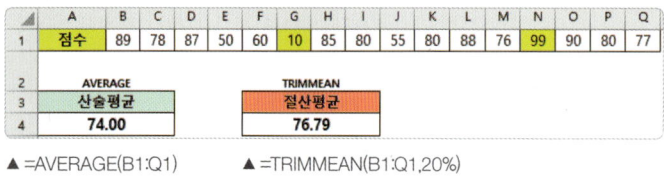

▲ =AVERAGE(B1:Q1)   ▲ =TRIMMEAN(B1:Q1,20%)

Note AVERAGE, AVERAGEIF, TRIMMEAN 함수 한눈에 보기

다음을 참고해 AVERAGE, AVERAGEIF, TRIMMEAN 함수를 자세히 이해할 수 있습니다.

범주	이름	설명
통계 함수	AVERAGE(평균을 계산할 범위,…)	셀의 평균을 계산합니다.
	AVERAGEIF(조건을 검사할 범위, 조건, 평균을 계산할 범위)	조건에 만족하는 셀의 평균을 구합니다.
	TRIMMEAN(평균을 계산할 범위, 상위/하위 값을 제외할 비율)	데이터 범위에서 양 끝(상위/하위)값의 비율(n%, n개)을 제외하고 평균을 계산합니다. n개 : TRIMMEAN(범위, 제외할 개수/COUNT(범위))

062 MIN, MINIFS 함수로 최솟값 구하기

실습 파일 엑셀\3장\062_함수_MIN_교육평가표.xlsx   **완성 파일** 엑셀\3장\062_함수_MIN_교육평가표_완성.xlsx

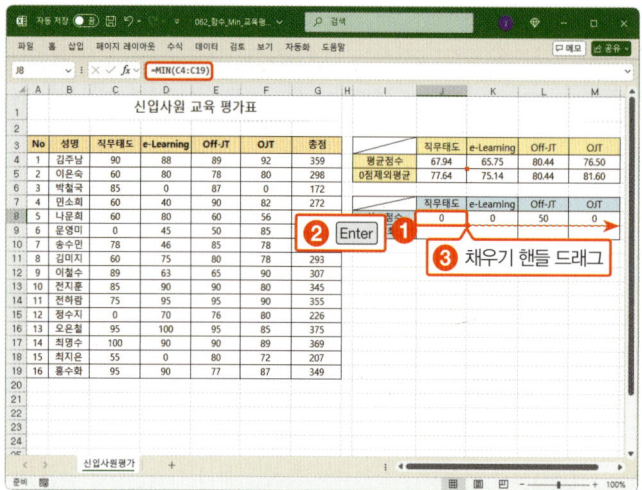

평가 항목의 최솟값 구하기

01 신입사원 교육 평가표에서 평가 항목의 전체 최솟값을 구해보겠습니다.

❶ [J8] 셀에 **=MIN(C4:C19)** 입력

❷ Enter

❸ [J8] 셀의 채우기 핸들을 [M8] 셀까지 드래그해서 수식을 복사합니다.

Tip MIN 함수는 범위의 최솟값을 구합니다.

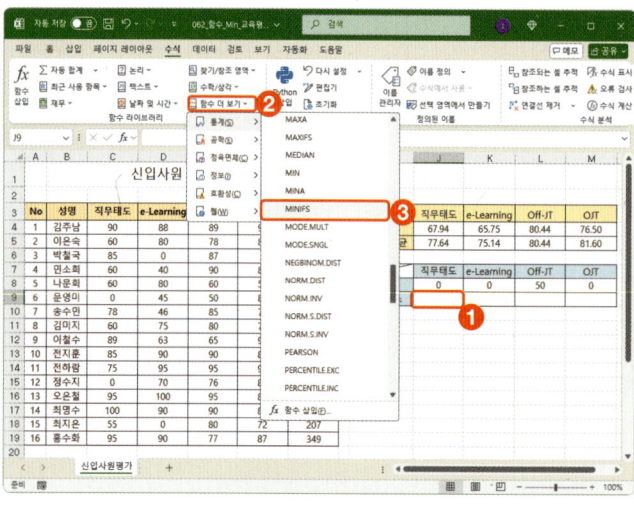

0을 제외한 평가 항목의 최솟값 구하기

02 신입사원 교육 평가표에서 0점을 제외한 평가 항목의 최솟값을 구해보겠습니다.

❶ [J9] 셀 클릭

❷ [수식] 탭-[함수 라이브러리] 그룹-[함수 더 보기] 클릭

❸ [통계]-[MINIFS]를 클릭합니다.

Tip MINIFS 함수는 엑셀 2019 버전에서 새로 추가된 함수로 조건에 만족하는 최솟값을 구합니다.

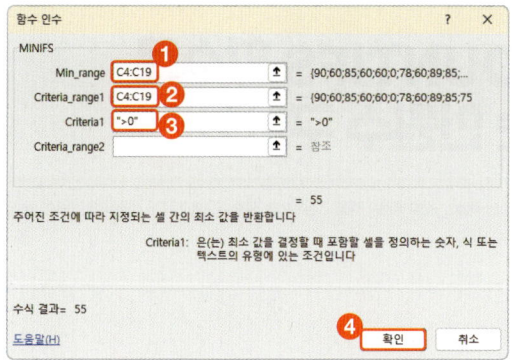

MINIFS 함수 인수 입력하기 [2019 이상] [M365]

03 ① [함수 인수] 대화상자의 [Min_range](최솟값 범위)에 **C4:C19** 입력

② [Criteria_range1](조건1 범위)에 **C4:C19** 입력

③ [Criteria1](조건1)에 **>0** 입력

④ [확인]을 클릭합니다.

Tip 전체 평가 항목의 범위(C4:C19)에서 0을 제외한 조건(">0")에 만족하는 점수의 최솟값을 구하는 완성 수식은 =MINIFS(C4:C19, C4:C19,">0")입니다. 엑셀 2016 이전 버전에서는 수식 =MIN(IF(C4:C19>0,C4:C19))를 입력하고 Ctrl + Shift + Enter 를 눌러 배열 수식으로 조건을 만족하는 최솟값을 구합니다.

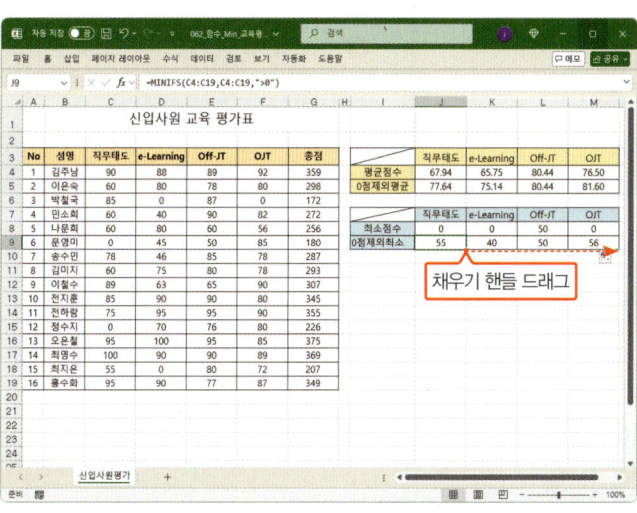

04 [J9] 셀의 채우기 핸들을 [M9] 셀까지 드래그해서 수식을 복사합니다.

Note > MIN, MINIFS 함수 한눈에 보기

다음을 참고해 MIN, MINIFS 함수를 자세히 이해할 수 있습니다. MINIFS 함수는 엑셀 2019 이상 버전에서만 사용할 수 있습니다.

범주	이름	설명
통계 함수	MIN(최솟값을 계산할 전체범위,…)	셀의 최솟값을 구합니다.
	MINIFS(최솟값을 계산할 범위, 조건1범위, 조건1, 조건2범위, 조건2,…)	다중 조건에 만족하는 셀의 최솟값을 구합니다.

CHAPTER 03 수식 작성 및 함수 활용하기 **169**

COUNTIF, COUNTIFS 함수로 조건에 만족하는 인원수 구하기

실습 파일 엑셀\3장\063_함수_COUNTIF_참가명단.xlsx   완성 파일 엑셀\3장\063_함수_COUNTIF_참가명단_완성.xlsx

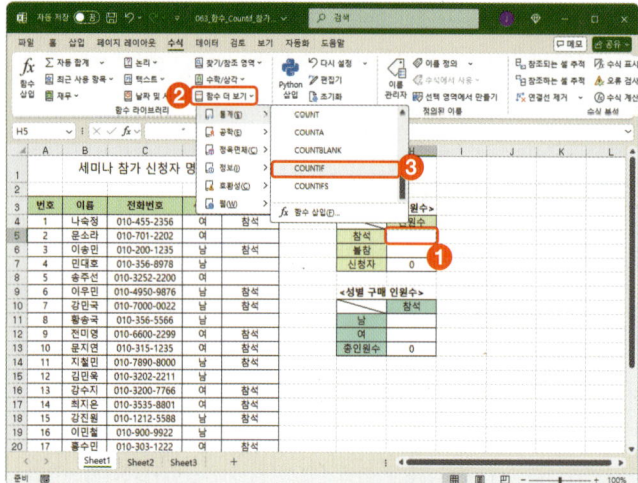

참석 인원수 구하기

01 세미나에 참석한 인원수를 세어 보겠습니다.

❶ [H5] 셀 클릭

❷ [수식] 탭–[함수 라이브러리] 그룹–[함수 더 보기] 클릭

❸ [통계]–[COUNTIF]를 클릭합니다.

Tip COUNTIF 함수는 조건에 맞는 개수를 구합니다.

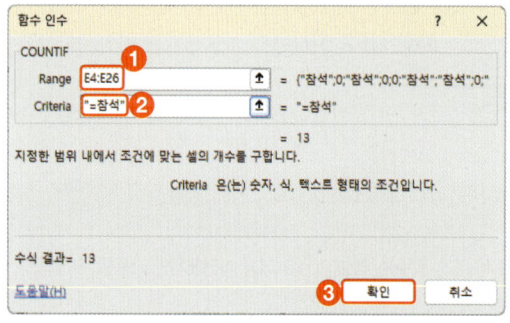

COUNTIF 함수 인수 입력하기

02 ❶ [함수 인수] 대화상자의 [Range](범위)에 **E4:E26** 입력

❷ [Criteria](조건)에 **=참석** 입력

❸ [확인]을 클릭합니다.

Tip 범위(E4:E26)에서 조건(참석)에 만족하는 셀의 개수, 즉 참석한 인원수가 표시되며 완성 수식은 **=COUNTIF(E4:E26, "=참석")**입니다.

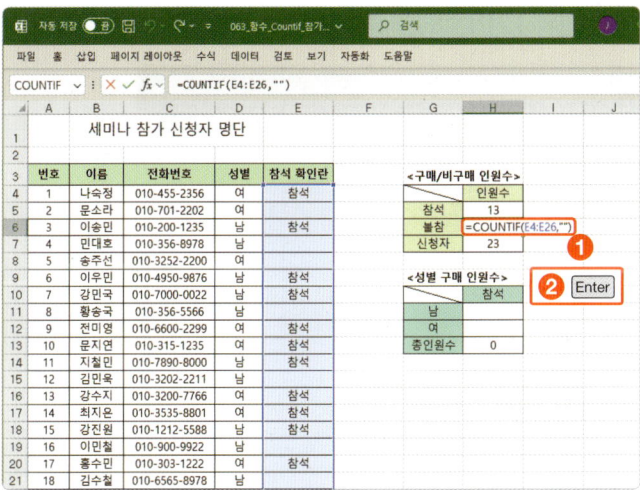

불참 인원수 구하기

03 참석자 확인란에 공란으로 표시된 셀의 개수를 세어보겠습니다.

❶ [H6] 셀에 **=COUNTIF(E4:E26, "")** 입력

❷ Enter 를 누릅니다.

Tip 범위(E4:E26)에서 조건(공란)에 만족하는 셀의 개수, 즉 불참석한 인원수가 표시됩니다.

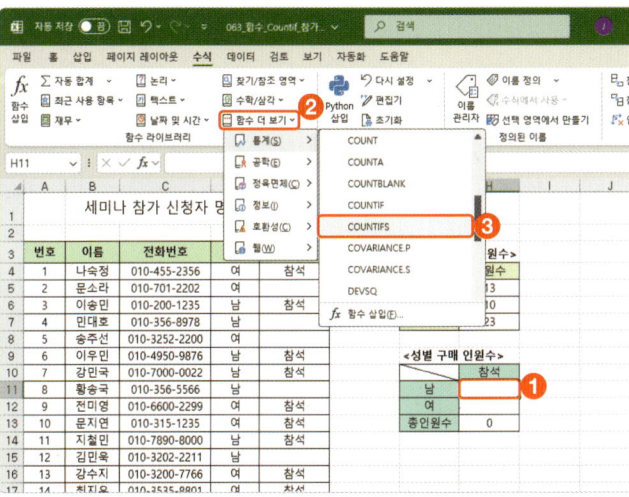

성별 참석 인원수 구하기

04 참석한 인원 중 성별에 따라 남, 여의 인원수를 세어보겠습니다.

❶ [H11] 셀 클릭

❷ [수식] 탭-[함수 라이브러리] 그룹-[함수 더 보기] 클릭

❸ [통계]-[COUNTIFS]를 클릭합니다.

Tip COUNTIFS 함수는 다중 조건에 만족하는 개수를 구합니다.

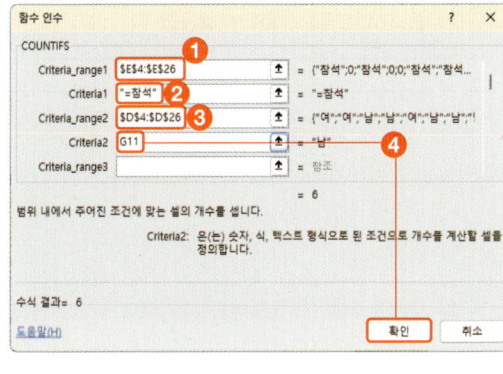

COUNTIFS 함수 인수 입력하기

05 ❶ [함수 인수] 대화상자에서 [Criteria_range1](조건1 범위)에 **$E$4:$E$26** 입력

❷ [Criteria1](조건1)에 **=참석** 입력

❸ [Criteria_range2](조건2 범위)에 **$D$4:$D$26** 입력

❹ [Criteria2](조건2)에 **G11**을 입력하고 [확인]을 클릭합니다.

Tip 완성 수식은 =COUNTIFS($E$4:$E$26,"=참석",$D$4:$D$26,G11)입니다.

06 [H11] 셀의 채우기 핸들을 [H12] 셀까지 드래그해서 수식을 복사합니다.

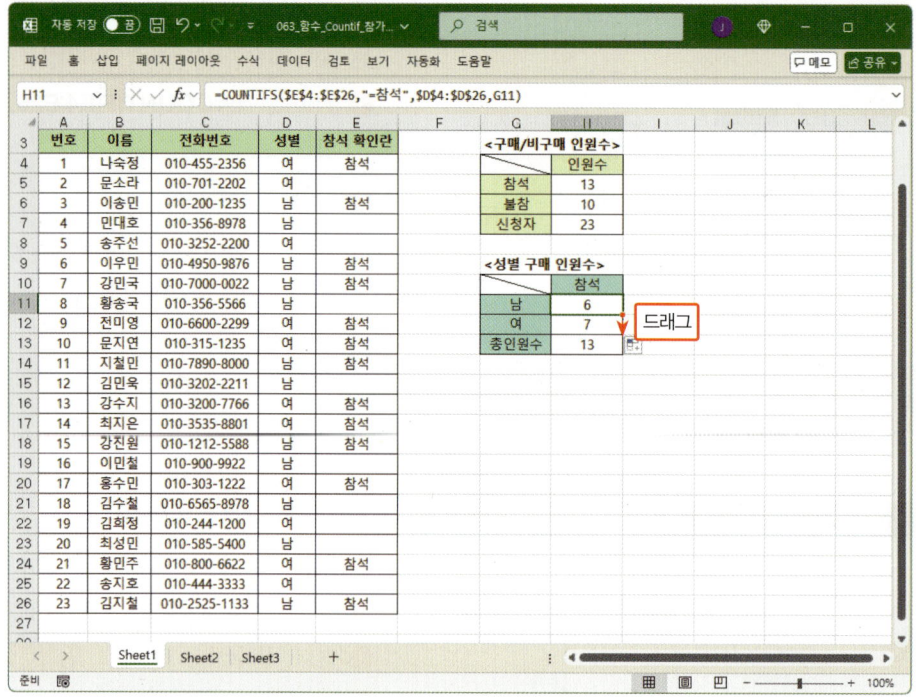

Tip 참석한 인원 중 남, 여 인원수가 표시됩니다.

| Note | COUNTIF, COUNTIFS 함수 한눈에 보기 |

다음을 참고해 COUNTIF, COUNTIFS 함수를 자세히 이해할 수 있습니다.

범주	이름	설명
통계 함수	COUNTIF(개수를 세고 싶은 범위, 조건)	조건에 맞는 셀의 개수를 구합니다.
	COUNTIFS(개수를 세고 싶은 범위1, 조건1, 개수를 세고 싶은 범위2, 조건2, …)	다중 조건에 만족하는 셀의 개수를 구합니다.

UNIQUE, SUMIF, SUMIFS 함수와 구조적 참조로 조건에 맞는 합계 구하기

실습 파일 엑셀\3장\064_함수_SUMIF_입금대장.xlsx   완성 파일 엑셀\3장\064_함수_SUMIF_입금대장_완성.xlsx

거래처 고윳값 추출하기 2021 이상 M365

01 주간 입금 대장 범위는 표로 변환되어 있으므로 거래처 범위의 고윳값을 구조적 참조 수식으로 추출해보겠습니다.

❶ [H4] 셀에 **=UNIQUE(표1[거래처])** 입력

❷ Enter 를 누르면 거래처 고윳값을 범위로 반환합니다.

Tip 엑셀 2021 버전부터 새롭게 추가된 UNIQUE 함수는 거래처 범위(표1[거래처])에서 중복된 값을 제거하고 고윳값을 추출하는 동적 배열 함수입니다. 결괏값을 범위로 변환하고 파란색 테두리로 강조해 표시합니다. 엑셀 2019 이전 버전에서는 [거래처] 시트의 [A2:A16] 범위를 복사해서 [주간입금] 시트의 [H4] 셀에 붙여 넣습니다.

Tip 표의 구조적 참조 수식에 대해 자세한 내용은 137쪽을 참고합니다.

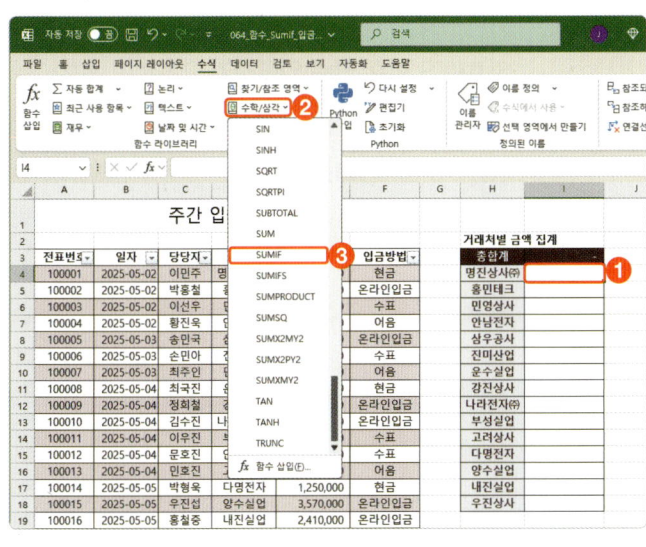

거래처별 금액의 합계 구하기

02 주간 입금 대장에서 거래처별로 입금액의 합계를 구해보겠습니다.

❶ [I4] 셀 클릭

❷ [수식] 탭-[함수 라이브러리] 그룹-[수학/삼각] 클릭

❸ [SUMIF]를 클릭합니다.

Tip SUMIF 함수는 조건에 맞는 셀의 합계를 구합니다.

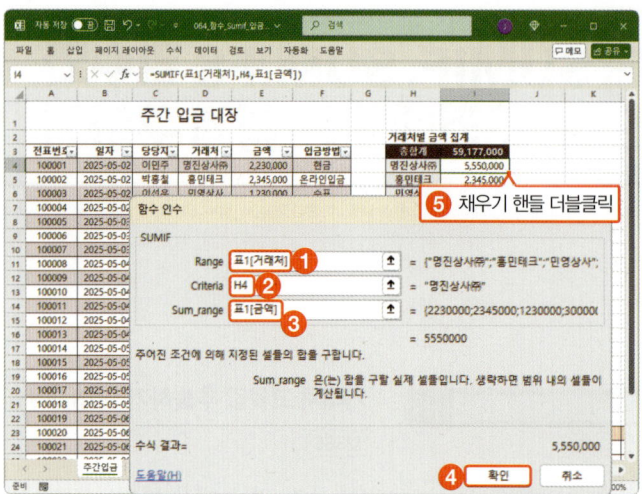

SUMIF 함수 인수 입력하기

03 ❶ [함수 인수] 대화상자의 [Range](범위)에 **표1[거래처]** 입력

❷ [Criteria](조건)에 **H4** 입력

❸ [Sum_range](합계 범위)에 **표1[금액]** 입력

❹ [확인] 클릭

❺ [I4] 셀의 채우기 핸들을 더블클릭하여 수식을 복사합니다.

Tip 거래처(H4) 조건을 거래처 범위(표1[거래처])에서 찾아 금액(표1[금액])의 합계를 표시하는 완성 수식은 **=SUMIF(표1[거래처],H4,표1[금액])**입니다.

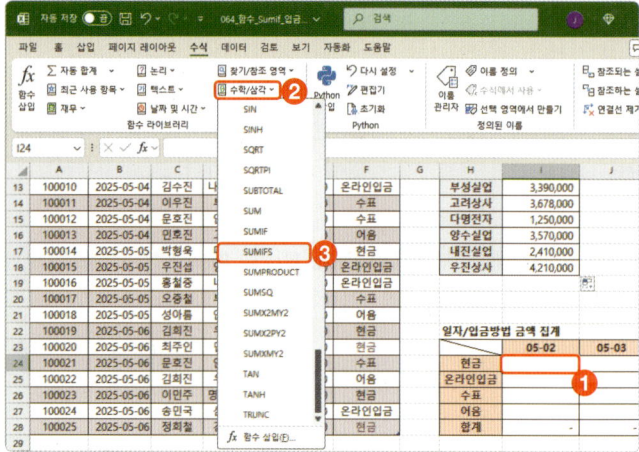

일자별 입금방법을 조건으로 금액의 합계 구하기

04 일자별로 입금한 방법에 따른 금액의 합계를 구해보겠습니다.

❶ [I24] 셀 클릭

❷ [수식] 탭-[함수 라이브러리] 그룹-[수학/삼각] 클릭

❸ [SUMIFS]를 클릭합니다.

Tip SUMIFS 함수는 다중 조건에 맞는 셀의 합계를 구합니다.

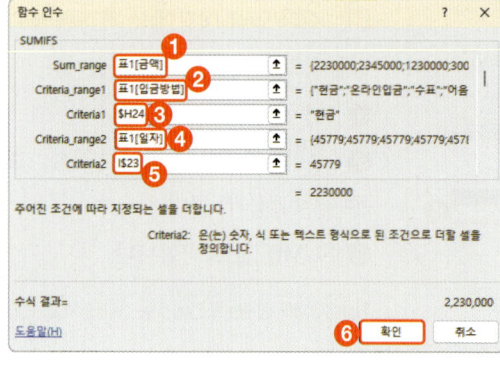

SUMIFS 함수 인수 입력하기

05 ❶ [함수 인수] 대화상자에서 [Sum_range](합계 범위)에 **표1[금액]** 입력

❷ [Criteria_range1](조건1 범위)에 **표1[입금방법]** 입력

❸ [Criteria1](조건1)에 **$H24** 입력

❹ [Criteria_range2](조건2 범위)에 **표1[일자]** 입력

❺ [Criteria2](조건2)에 **I$23** 입력

❻ [확인]을 클릭합니다.

Tip 완성 수식은 **=SUMIFS(표1[금액],표1[입금방법],$H24,표1[일자],I$23)**입니다.

06 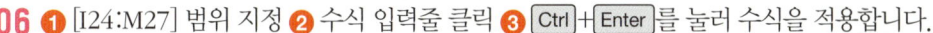 [I24:M27] 범위 지정 ❷ 수식 입력줄 클릭 ❸ Ctrl + Enter 를 눌러 수식을 적용합니다.

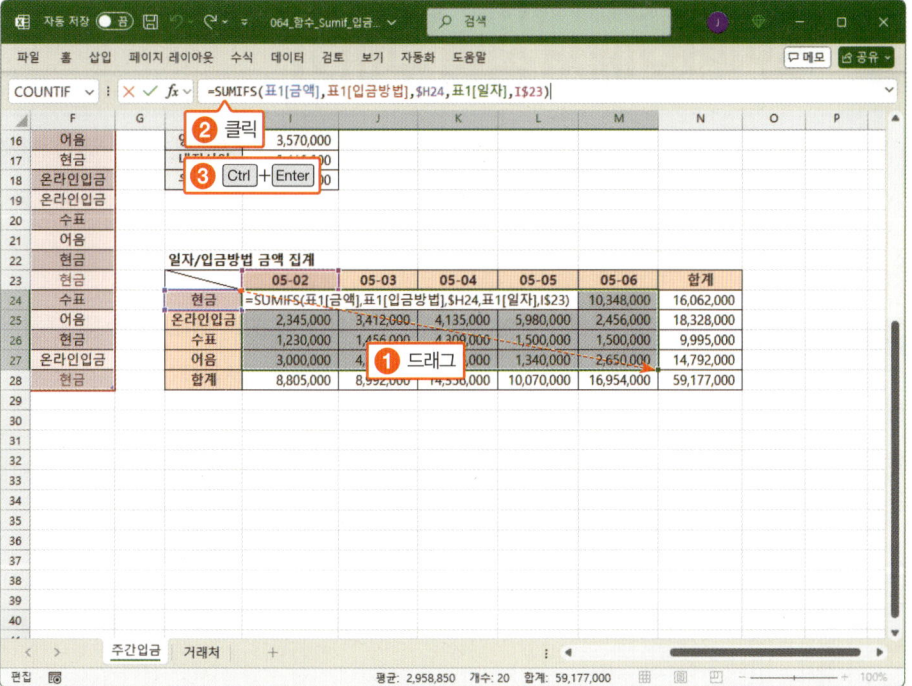

Tip 구조적 참조도 수식을 복사하면 상대 참조로 수식이 복사됩니다. 따라서 [금액], [입금방법], [일자] 열을 고정하기 위해 범위를 지정한 후 Ctrl + Enter 를 눌러 구조적 참조 열을 고정합니다.

Tip 입금한 날짜별로, 입금 방법에 따른 금액의 합계가 구해집니다.

Note ▶ SUMIF, SUMIFS, UNIQUE 함수 한눈에 보기

다음을 참고해 SUMIF, SUMIFS, UNIQUE 함수를 자세히 이해할 수 있습니다.

범주	이름	설명
통계 함수	SUMIF(조건을 검사할 범위, 조건, 합계를 계산할 범위)	조건에 맞는 셀의 합계를 구합니다.
	SUMIFS(합계를 계산할 범위, 조건을 검사할 범위1, 조건1, 조건을 검사할 범위2, 조건2, ⋯)	다중 조건에 만족하는 셀의 합계를 구합니다.
찾기/참조 영역	UNIQUE(고윳값을 반환할 범위,[방향],[고윳값])	동적 배열 함수로 범위에서 고윳값의 목록을 반환합니다. **방향** : 행(FALSE, 생략), 열(TRUE) **고윳값** : 모든 고윳값을 추출(FALSE, 생략), 정확하게 한 번 표시된 항목의 고윳값(TRUE)

CHOOSE, MID 함수로 주민번호에서 성별 구하기

실습 파일 엑셀\3장\065_함수_CHOOSE_사원명부.xlsx   완성 파일 엑셀\3장\065_함수_CHOOSE_사원명부_완성.xlsx

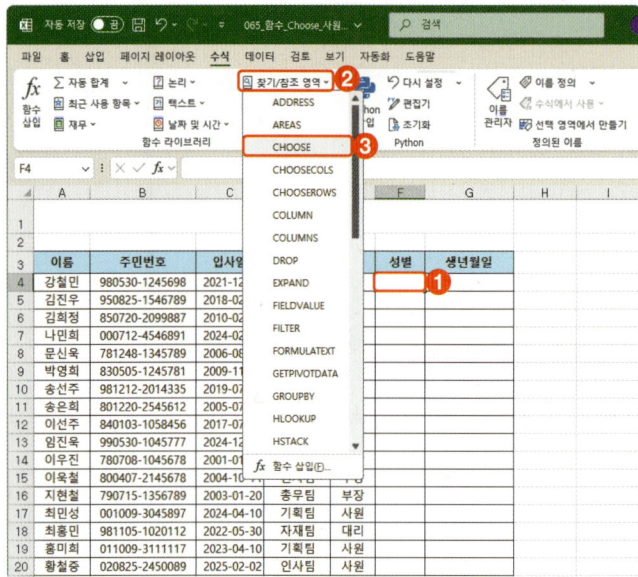

CHOOSE와 MID 함수를 중첩하여 성별을 표시하기

01 ❶ [F4] 셀 클릭

❷ [수식] 탭-[함수 라이브러리] 그룹-[찾기/참조 영역] 클릭

❸ [CHOOSE]를 클릭합니다.

Tip CHOOSE 함수는 인덱스 번호(1~254)에 대응하는 값을 찾아 표시합니다.

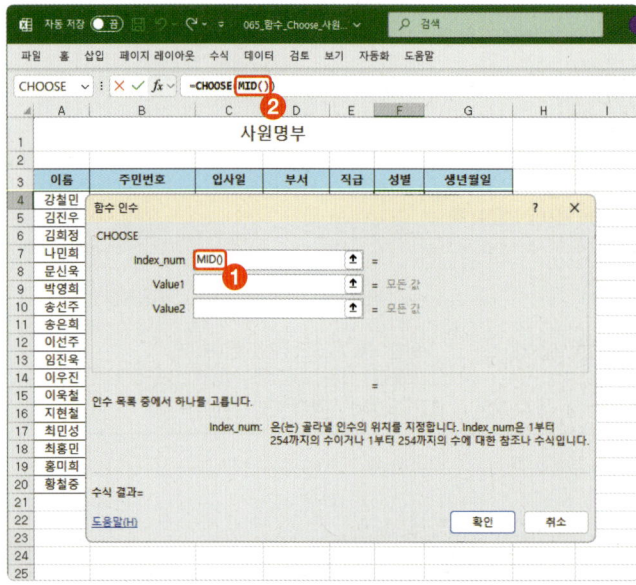

02 ❶ [함수 인수] 대화상자의 [Index_num]에 MID() 입력

❷ MID 함수의 인수를 입력하기 위해 수식 입력줄에서 MID()를 클릭합니다.

Tip MID 함수는 문자열에서 지정한 위치로부터 일부 글자를 추출합니다.

MID 함수 인수 입력하기

03 ① [함수 인수] 대화상자에서 [Text]에 **B4** 입력 ② [Start_num]에 **8** 입력 ③ [Num_chars]에 **1** 입력 ④ 수식 입력줄에서 **CHOOSE**를 클릭해서 CHOOSE 함수의 [함수 인수] 대화상자로 돌아갑니다.

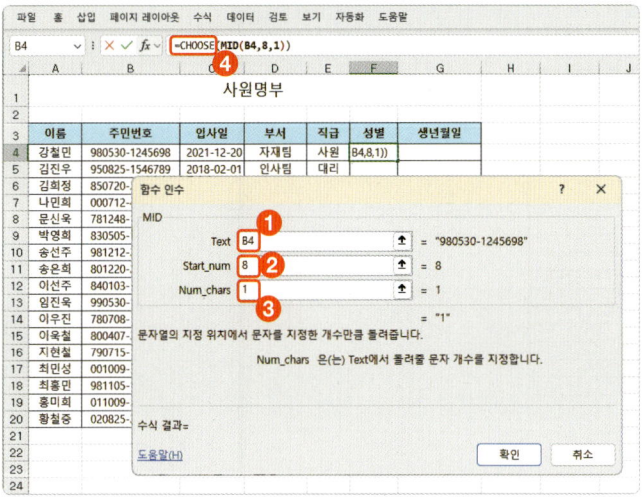

인수 설명
- **Text :** 주민번호가 있는 셀 주소(B4)를 지정합니다.
- **Start_num :** 주민번호에서 추출한 시작 위치(8)를 입력합니다.
- **Num_chars :** 시작 위치로부터 추출할 문자 개수(1)를 입력합니다.

CHOOSE 함수 인수 입력하기

04 ① [Value1]에 **남** 입력 ② [Value2]에 **여** 입력 ③ [Value3]에 **남** 입력 ④ [Value4]에 **여** 입력 ⑤ [확인]을 클릭합니다.

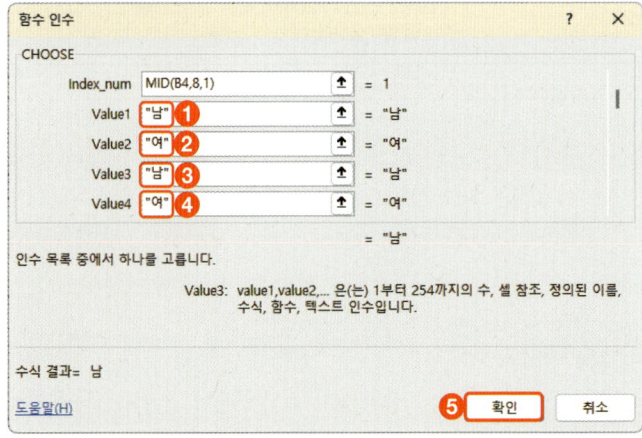

Tip 주민번호에서 여덟 번째 자리에 성별 구분 번호(1~4)에 따라 순서대로 "남", "여", "남", "여"를 반환하는 완성 수식은 =CHOOSE(MID(B4,8,1),"남","여","남","여")입니다.

05 [F4] 셀의 채우기 핸들을 더블클릭해서 수식을 복사합니다.

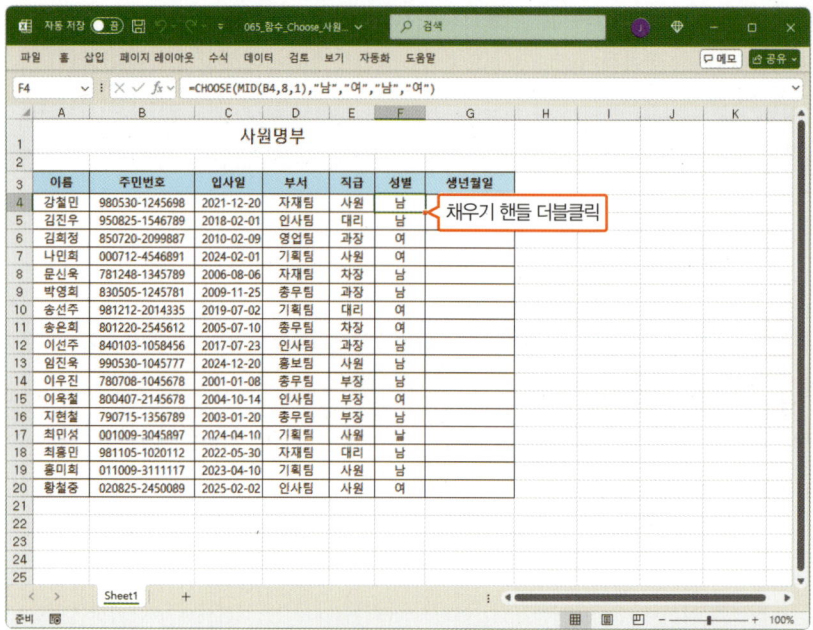

Note MID, CHOOSE 함수 한눈에 보기

다음을 참고해 MID, CHOOSE 함수를 자세히 이해할 수 있습니다.

범주	이름	설명
텍스트 함수	MID(문자열,추출할 시작 위치,추출할 문자의 수)	문자열에서 시작 위치로부터 일부 글자를 추출합니다.
찾기/참조 영역 함수	CHOOSE(인덱스 번호,값1,값2,…)	인덱스 번호(1~254)에 따른 위치의 목록(값1, 값2, …)을 찾아줍니다.

066 LEFT, FIND, SUBSTITUTE, TEXTJOIN 함수로 문자 수정하기

실습 파일 엑셀\3장\066_함수_FIND_이메일주소록.xlsx 완성 파일 엑셀\3장\066_함수_FIND_이메일주소록_완성.xlsx

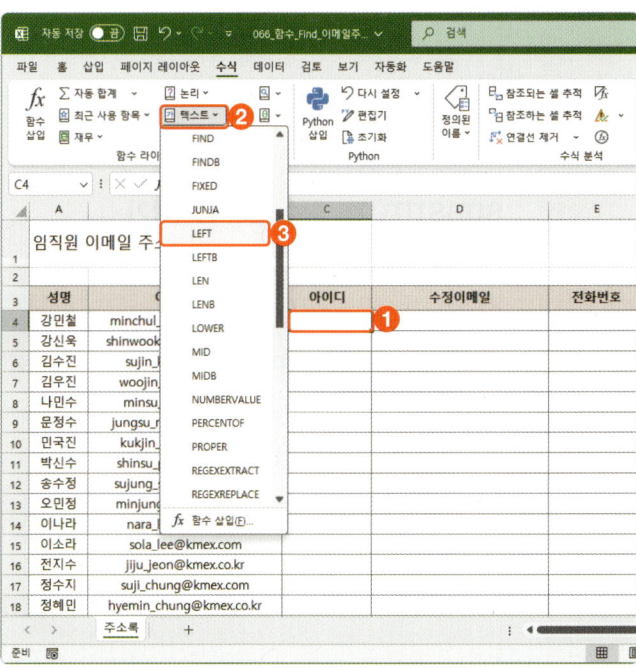

이메일 주소에서 아이디 추출하기

01 이메일 주소에서 @ 기호 앞부분에 위치한 사원별 아이디를 추출해보겠습니다.

❶ [C4] 셀 클릭

❷ [수식] 탭–[함수 라이브러리] 그룹–[텍스트] 클릭

❸ [LEFT]를 클릭합니다.

Tip LEFT 함수는 왼쪽에서 일부 문자를 추출합니다.

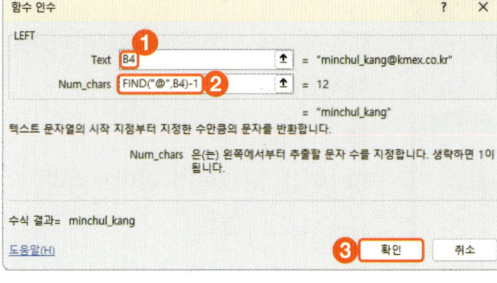

LEFT, FIND 함수 인수 입력하기

02 ❶ [함수 인수] 대화상자의 [Text]에 **B4** 입력

❷ [Num_chars]에 **FIND(“@”,B4)–1** 입력

❸ [확인]을 클릭합니다.

Tip FIND 함수는 특정 문자가 문자열에서 몇 번째 위치에 있는지를 숫자로 표시합니다. 이메일 주소에서 아이디만 추출하는 완성 수식은 **=LEFT(B4,FIND(“@”,B4)–1)**입니다.

인수 설명 • Text : 아이디를 추출할 이메일 주소(B4)를 지정합니다.
• Num_chars : 이메일 주소에서 @ 기호(FIND(“@”,B4))의 위치를 찾아서, @ 위치 전까지만 추출해야 하므로 –1을 입력합니다.

이메일 주소에서 수정하기

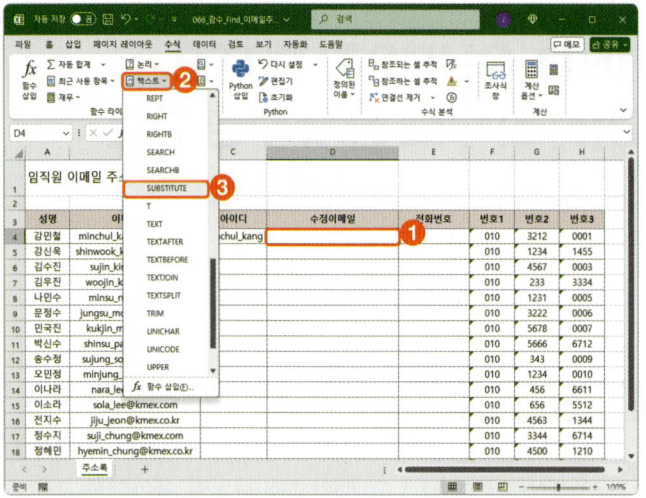

03 이메일 주소에서 co.kr을 com 으로 수정해보겠습니다.

① [D4] 셀 클릭

② [수식] 탭-[함수 라이브러리] 그룹-[텍스트] 클릭

③ [SUBSTITUTE]를 클릭합니다.

Tip SUBSTITUTE 함수는 문자열에서 일부 문자를 새로운 문자로 치환합니다.

SUBSTITUTE 함수 인수 입력하기

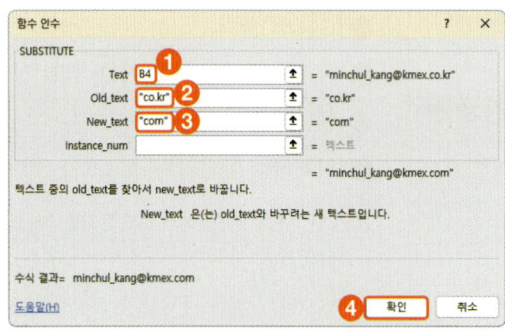

04 ① [함수 인수] 대화상자의 [Text]에 **B4** 입력

② [Old_text]에 **co.kr** 입력

③ [New_text]에 **com** 입력

④ [확인]을 클릭합니다.

Tip 완성 수식은 =SUBSTITUTE(B4,"co.kr","com")입니다.

인수 설명
- **Text** : 이메일 주소(B4)를 지정합니다.
- **Old_text** : 바꾸고자 하는 문자열을 찾기 위해 co.kr을 입력합니다.
- **New_text** : 새롭게 바꿀 문자열 com을 입력합니다.

전화번호 합치기

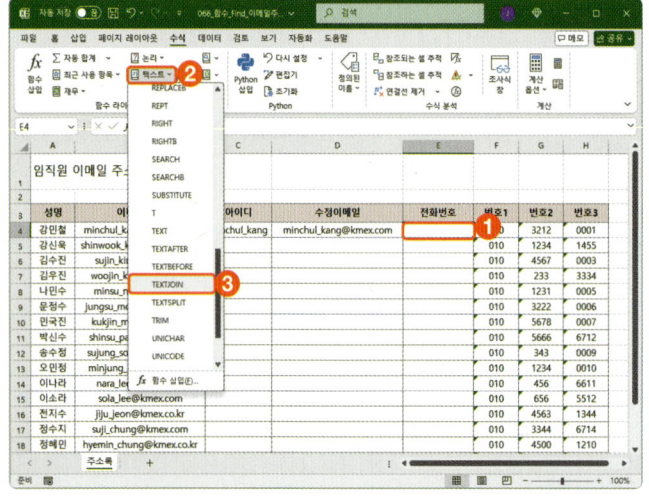

05 각각의 번호를 '-' 구분 기호로 합쳐보겠습니다.

① [E4] 셀 클릭

② [수식] 탭-[함수 라이브러리] 그룹-[텍스트] 클릭

③ [TEXTJOIN]을 클릭합니다.

Tip TEXTJOIN 함수는 엑셀 2019 버전에 새로 추가된 함수로 범위의 내용을 구분 기호를 사용하여 합칩니다.

TEXTJOIN 함수 인수 입력하기 [2019 이상]

[M365]

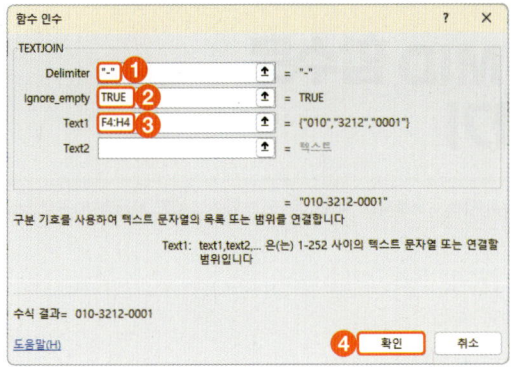

06 ① [함수 인수] 대화상자의 [Delimiter]에 **-** 입력

② [Ignore_empty]에 **TRUE** 입력

③ [Text1]에 **F4:H4** 입력

④ [확인]을 클릭합니다.

Tip 전화번호가 '-' 구분 기호로 합쳐지는 완성 수식은 **=TEXTJOIN ("-",TRUE,F4:H4)**입니다. 엑셀 2016 이전 버전에서는 수식 **=F4&"-"&G4&"-"&H4**를 입력합니다.

인수 설명 · Delimiter : 문자열을 합칠 때 구분 기호 '-'를 입력합니다.
· Ignore_empty : 합칠 범위에 빈 셀을 포함하지 않으려면 'TRUE'를 입력합니다.
· Text1 : 전화번호를 합칠 범위(F4:H4)를 지정합니다.

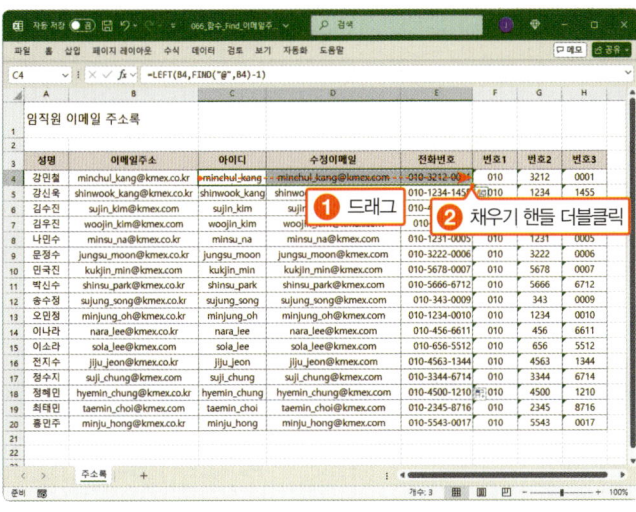

전화번호 합치기

07 ① [C4:E4] 범위 지정

② 채우기 핸들을 더블클릭해서 수식을 복사합니다.

Tip 아이디가 추출되고, 이메일이 수정되며 전화번호가 합쳐집니다.

Note LEFT, FIND, SUBSTITUTE, TEXTJOIN 함수 한눈에 보기

다음을 참고해 LEFT, FIND, SUBSTITUTE, TEXTJOIN 함수를 자세히 이해할 수 있습니다.

범주	이름	설명
텍스트 함수	LEFT(문자열, 왼쪽에서 추출할 문자의 수)	문자열에서 왼쪽 일부 글자를 추출합니다.
	FIND(찾을 문자, 문자열, 시작 위치)	문자열에서 시작 위치로부터 일부 글자를 추출합니다.
	SUBSTITUTE(문자열, 대상 문자, 바꿀 문자, 시작 위치)	문자열에서 일부 글자를 다른 글자로 대치하고자 할 때 사용합니다.
	TEXTJOIN(구분 기호, 빈 셀 포함 유무, 문자열1, 문자열2, …, 문자열252)	구분 기호를 사용하여 문자열을 합칩니다.

CHAPTER 03 수식 작성 및 함수 활용하기 **181**

067 DATE, LEFT, MID 함수로 생년월일 계산하기

실습 파일 엑셀\3장\067_함수_DATE_사용명부.xlsx [사원명부] 시트   **완성 파일** 엑셀\3장\067_함수_DATE_사용명부_완성.xlsx

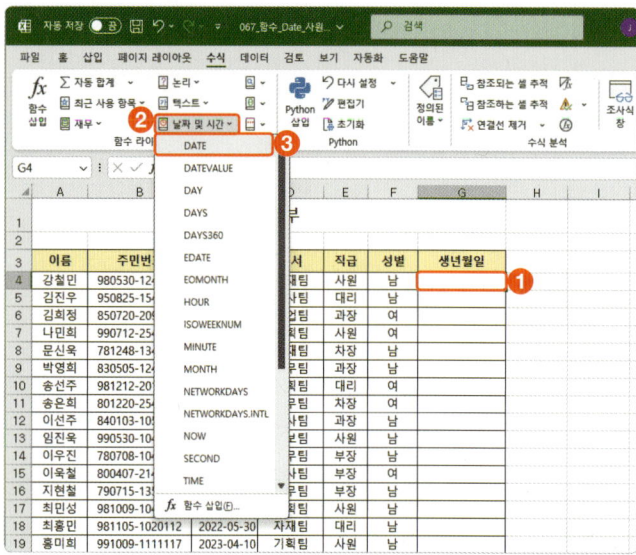

생년월일 구하기

01 ① [사원명부] 시트의 [G4] 셀 클릭
② [수식] 탭-[함수 라이브러리] 그룹-[날짜 및 시간] 클릭
③ [DATE]를 클릭합니다.

Tip DATE 함수는 연, 월, 일을 인수로 입력받아 날짜로 변환합니다.

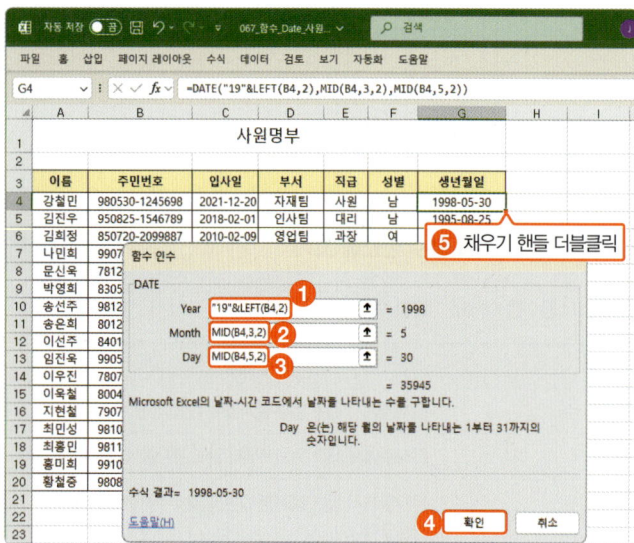

DATE 함수 인수 입력하기

02 ① [함수 인수] 대화상자에서 [Year]에 **"19"&LEFT(B4,2)** 입력
② [Month]에 **MID(B4,3,2)** 입력
③ [Day]에 **MID(B4,5,2)** 입력
④ [확인] 클릭
⑤ [G4] 셀의 채우기 핸들을 더블클릭해서 수식을 복사합니다.

Tip 완성 수식은 =DATE("19"&LEFT(B4,2),MID(B4,3,2),MID(B4,5,2))입니다.

인수 설명
- Year : 주민번호(B4)의 왼쪽에서 두 글자를 가져와 "19"를 합쳐 연도를 지정합니다.
- Month : 주민번호(B4)의 세 번째 글자부터 두 글자를 가져와서 월을 지정합니다.
- Day : 주민번호(B4)의 다섯 번째 글자부터 두 글자를 가져와서 일을 지정합니다.

Note 2000년 이후 출생자의 생년월일은 어떻게 계산하나요?

[사원명부] 시트에서 주민등록번호의 앞 두 자리는 출생 연도를 나타냅니다. 하지만 1900년대생과 2000년대생을 구분하려면, 주민등록번호의 여덟 번째 자리인 성별 식별 숫자를 함께 확인해야 합니다. 이 숫자가 1 또는 2이면 1900년대생, 3 또는 4이면 2000년대생이므로, 이를 반영한 IF 함수를 추가해 수식을 수정해야 합니다. 실습 파일의 [2000년이후출생] 시트에서 실습해보겠습니다.

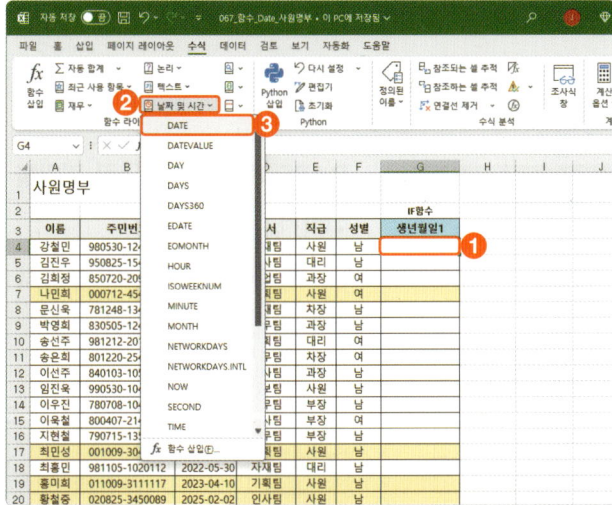

❶ [2000년이후출생] 시트의 [G4] 셀 클릭
❷ [수식] 탭-[함수 라이브러리] 그룹-[날짜 및 시간] 클릭
❸ [DATE]를 클릭합니다.

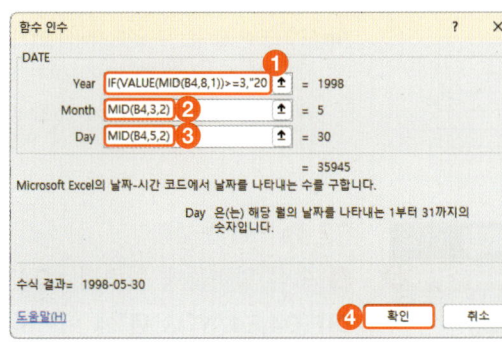

❶ [함수 인수] 대화상자에서 [Year]에 IF(VALUE(MID(B4,8,1))>=3,"20","19")&LEFT(B4,2) 입력
❷ [Month]에 MID(B4,3,2) 입력
❸ [Day]에 MID(B4,5,2) 입력
❹ [확인]을 클릭합니다.
이후 [G4] 셀의 채우기 핸들을 더블클릭해서 수식을 복사합니다.

인수 설명
- **Year** : 성별을 구분하는 숫자가 3 이상이면 주민번호(B4)의 왼쪽에서 두 글자를 가져와 '20' 또는 '19'로 합쳐 연도를 지정합니다.
- **Month** : 주민번호(B4)의 세 번째 글자부터 두 글자를 가져와서 월을 지정합니다.
- **Day** : 주민번호(B4)의 다섯 번째 글자부터 두 글자를 가져와서 일을 지정합니다.

Tip 완성 수식은 =DATE(IF(VALUE(MID(B4,8,1))>=3,"20","19")&LEFT(B4,2),MID(B4,3,2),MID(B4,5,2))입니다.

068 DATEDIF, EOMONTH 함수로 근무 기간과 퇴직금 지급일 구하기

실습 파일 엑셀\3장\068_함수_DATEDIF_퇴직금.xlsx **완성 파일** 엑셀\3장\068_함수_DATEDIF_퇴직금_완성.xlsx

DATEDIF 함수로 근무 기간을 계산하기

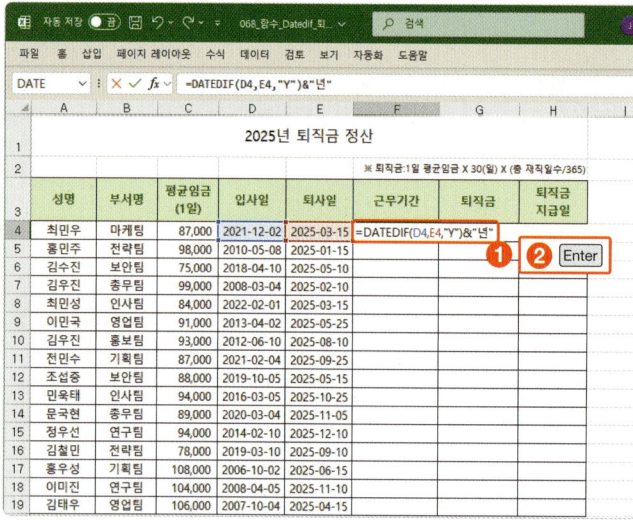

01 퇴직금 정산 목록의 입사일과 퇴사일을 비교해 근무기간을 계산해보겠습니다.

❶ [F4] 셀에 **=DATEDIF(D4,E4, "Y")&"년"** 입력

❷ Enter 를 누릅니다.

Tip DATEDIF 함수는 두 날짜 사이의 연(Y), 월(M), 일(D)로 계산합니다. 입사일(D4)과 퇴사일(E4) 사이의 경과 연수("Y")가 계산됩니다.

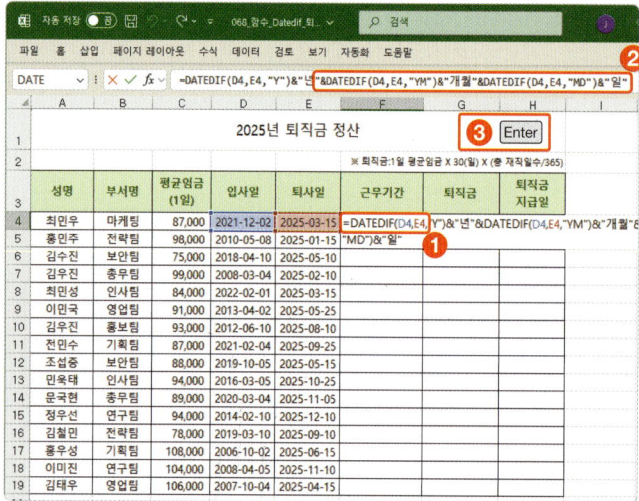

02 ❶ [F4] 셀 클릭

❷ 수식 입력줄에 입력된 **=DATEDIF(D4,E4,"Y")&"년"** 에 이어서 **&DATEDIF(D4,E4,"YM")&"개월"& DATEDIF(D4,E4,"MD")&"일"** 입력

❸ Enter 를 누릅니다.

인수 설명
- **DATEDIF(D4,E4,"Y")&"년"** : 입사일(D4)로부터 퇴직일(E4)까지의 경과 연수("Y")를 구한 후 "년"과 연결합니다.
- **&DATEDIF(D4,E4,"YM")&"개월"** : 입사일(D4)로부터 퇴직일(E4)까지의 경과 연도를 제외한 개월 수("YM")를 구한 다음 "개월"과 연결합니다.
- **&DATEDIF(D4,E4,"MD")&"일"** : 입사일(D4)로부터 퇴직일(E4)까지의 경과 개월 수를 제외한 일수("MD")를 구한 다음 "일"과 연결합니다.

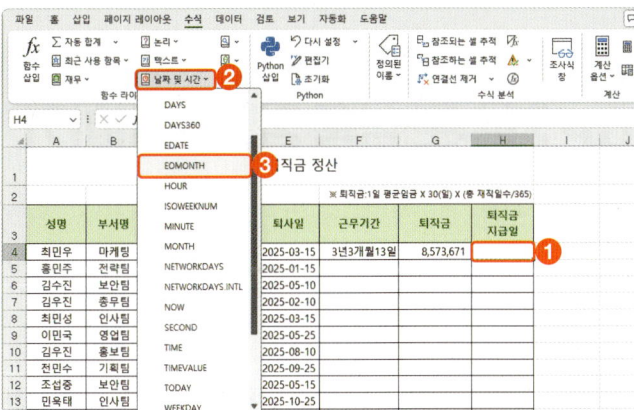

퇴직금 지급 일자 구하기

03 퇴직금은 퇴사일로부터 2개월이 경과한 후 그달의 마지막 날짜에 지급합니다. 퇴직금 지급일을 계산해보겠습니다.

❶ [H4] 셀 클릭

❷ [수식] 탭-[함수 라이브러리] 그룹-[날짜 및 시간] 클릭

❸ [EOMONTH]를 클릭합니다.

Tip EOMONTH 함수는 지정한 날짜의 전이나 후의 마지막 날짜를 계산합니다. 결괏값은 숫자로 반환하므로 날짜 표시 형식으로 지정해야 합니다.

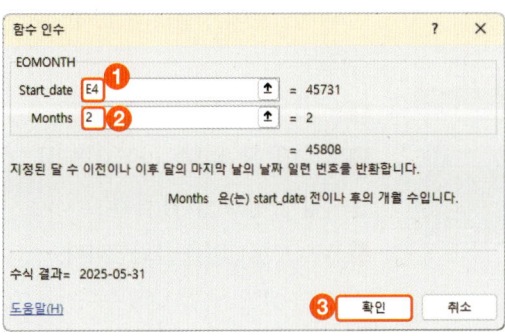

EOMONTH 함수 인수 입력하기

04 ❶ [함수 인수] 대화상자에서 [Start_date](시작일)에 **E4** 입력

❷ [Months](개월 수)에 **2** 입력

❸ [확인]을 클릭합니다.

Tip 완성 수식은 **=EOMONTH(E4,2)**입니다. 퇴사일로부터 2개월 후 그달의 마지막 날짜로 퇴직급 지급일을 계산합니다.

인수 설명
- Start_date : 시작일로, 여기서는 퇴사일(E4)을 입력합니다.
- Months : 개월 수로, 시작일로부터 2개월 후에 마지막 날짜를 표시하기 위해 2를 입력합니다.

05 ❶ [F4:H4] 범위 지정

❷ 채우기 핸들을 더블클릭해서 수식을 복사합니다.

Note DATEDIF, EOMONTH 함수 한눈에 보기

다음을 참고해 DATEDIF, EOMONTH 함수를 자세히 이해할 수 있습니다.

범주	이름	설명
날짜 및 시간 함수	DATEDIF(시작일, 종료일, 옵션)	두 날짜 사이의 연, 월, 일 간격을 계산합니다. (옵션 : Y, M, D, YM, YD, MD)
	EOMONTH(시작일, 전이나 후의 개월 수)	시작일로부터 개월 수만큼 전이나 후의 마지막 날짜를 계산하여 일련번호를 반환합니다.

VLOOKUP, XLOOKUP, HLOOKUP 함수로 상품 정보 표시하기

실습 파일 엑셀\3장\069_함수_VHLOOKUP_판매일보.xlsx **완성 파일** 엑셀\3장\069_함수_VHLOOKUP_판매일보_완성.xlsx

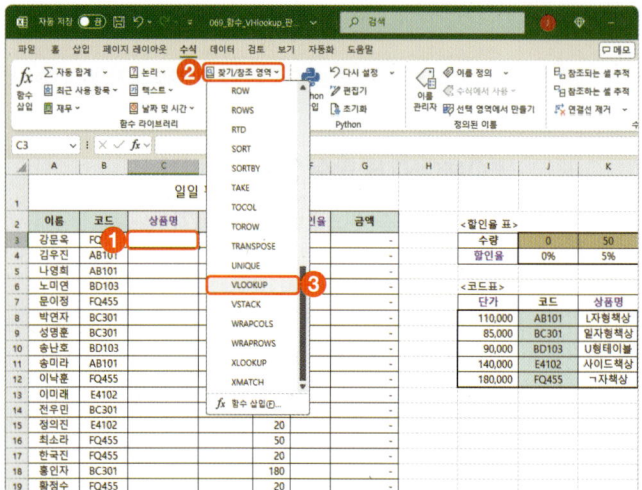

VLOOKUP 함수를 이용하여 상품명 입력하기

01 코드표에 입력된 코드를 참조하여 판매일보에 상품명을 표시해보겠습니다.

❶ [C3] 셀 클릭

❷ [수식] 탭-[함수 라이브러리] 그룹-[찾기/참조 영역] 클릭

❸ [VLOOKUP]을 클릭합니다.

Tip VLOOKUP 함수는 검색할 값을 코드표 범위에서 세로 방향으로 검색하여 대응하는 열의 값을 찾습니다.

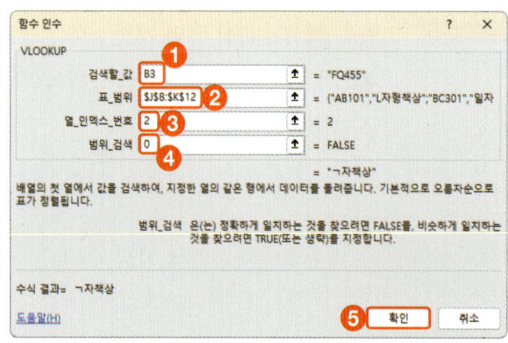

VLOOKUP 함수 인수 입력하기

02 ❶ [함수 인수] 대화상자의 [검색할_값]에 **B3** 입력

❷ [표_범위]에 **$J$8:$K$12** 입력

❸ [열_인덱스_번호]에 **2** 입력

❹ [범위_검색]에 **0** 입력

❺ [확인]을 클릭합니다.

Tip 코드표에서 [B3] 셀의 코드를 찾아서 상품명을 표시하는 완성 수식은 **=VLOOKUP(B3,$J$8:$K$12,2,0)**입니다.

인수 설명
- **검색할_값(Lookup_value)** : 상품 코드를 검색해 상품명을 입력해야 하므로 [B3] 셀을 입력합니다.
  - **표_범위(Table_array)** : [B3] 셀의 값을 찾을 범위로 코드표의 범위($J$8:$K$12)입니다.
  - **열_인덱스_번호(Col_index_no)** : 상품 코드별 코드표 범위에서 [B3] 셀 값을 검색해 상품명을 반영할 열 번호입니다.
  - **범위_검색(Range_lookup)** : 검색할 값이 정확하게 일치해서 찾을 때는 FALSE 또는 0을 입력합니다.

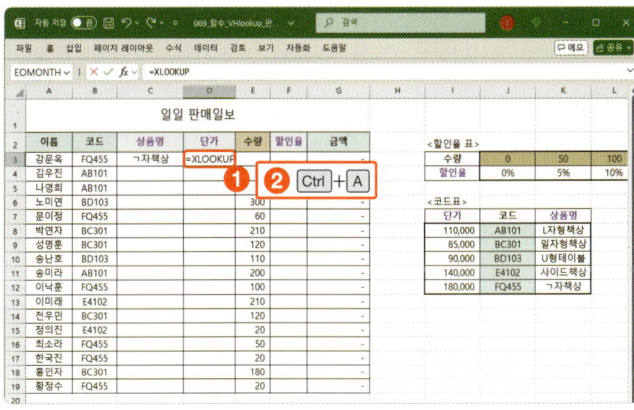

XLOOKUP 함수로 단가 표시하기

`2021 이상` `M365`

03 코드표에 입력된 단가를 참조하여 해당 상품의 단가를 입력해보겠습니다.

❶ [D3] 셀에 **=XLOOKUP** 입력

❷ **Ctrl** + **A** 를 누릅니다.

Tip 함수 인수 대화상자를 불러오는 단축키는 **Ctrl** + **A** 입니다.

Tip XLOOKUP 함수는 엑셀 2021 버전에서 새로 추가된 함수입니다. 찾을 값을 가로, 세로 방향으로 모두 검색할 수 있습니다. 이전 버전은 이 단계를 건너뛰고 다음 단계의 팁을 참고하세요.

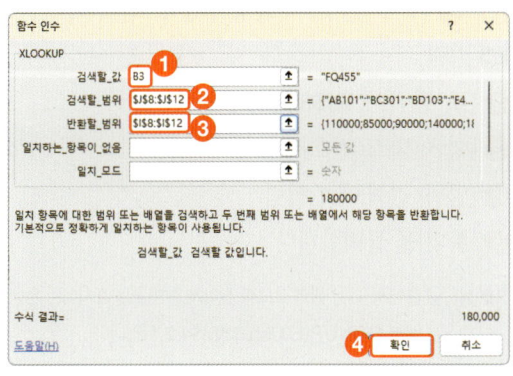

XLOOKUP 함수 인수 입력하기

04 ❶ [함수 인수] 대화상자의 [검색할_값]에 **B3** 입력

❷ [검색할 범위]에 **$J$8:$J$12** 입력

❸ [반환할_범위]에 **$I$8:$I$12** 입력

❹ [확인]을 클릭합니다.

Tip 코드표에서 [B3] 셀의 코드를 찾아서 단가를 표시하는 완성 수식은 **=XLOOKUP(B3,$J$8:$J$12,$I$8:$I$12)**입니다. 엑셀 2019 이전 버전에서는 수식 **=INDEX($I$8:$I$12,MATCH(B3,$J$8:$J$12,0),1)**를 입력합니다. LOOKUP 함수를 사용한 예시는 완성 파일을 참고합니다.

인수 설명
- **검색할_값(Lookup_value)** : 상품 코드를 검색해야 하므로 [B3] 셀을 입력합니다.
- **검색할_범위(Lookup_array)** : [B3] 셀의 값을 검색할 범위로, 코드표의 범위(J8:J12)입니다.
- **반환할_범위(Return_array)** : 결과를 표시할 단가의 범위(I8:I12)입니다.

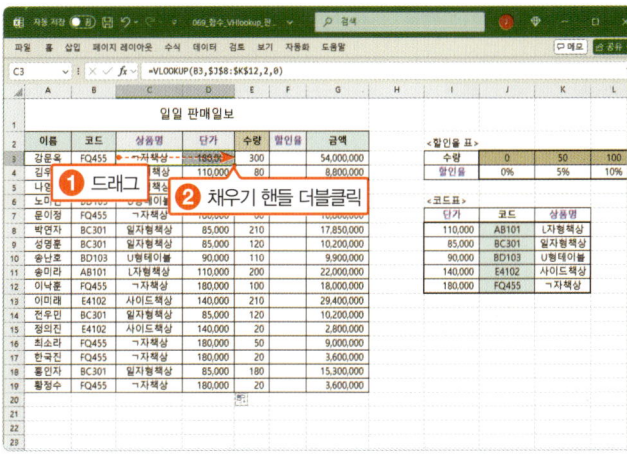

05 ❶ [C3:D3] 범위 지정

❷ 채우기 핸들을 더블클릭하여 수식을 복사합니다.

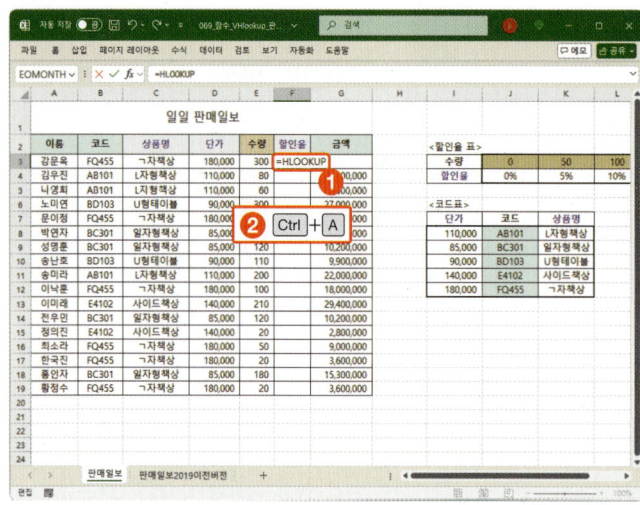

HLOOKUP 함수를 이용하여 할인율 입력하기

06 수량별 할인율을 참조하여 상품의 할인율을 입력해보겠습니다.

❶ [F3] 셀에 **=HLOOKUP** 입력

❷ Ctrl + A 를 누릅니다.

Tip HLOOKUP 함수는 검색할 값을 할인율 표 범위에서 가로 방향으로 검색하여 대응하는 행의 값을 찾습니다.

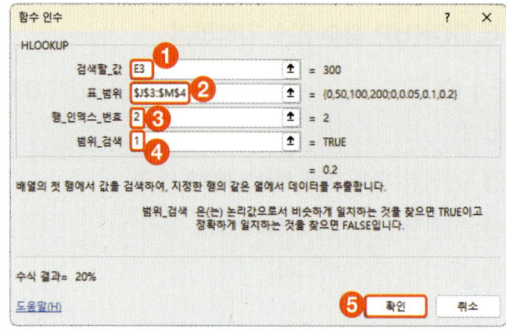

07 ❶ [함수 인수] 대화상자에서 [검색할_값]에 **E3** 입력

❷ [표_범위]에 **$J$3:$M$4** 입력

❸ [행_인덱스_번호]에 **2** 입력

❹ [범위_검색]에 **1** 입력

❺ [확인]을 클릭합니다.

Tip 할인율 표에서 [E3] 셀의 코드를 찾아서 할인율을 표시하는 완성 수식은 =HLOOKUP(E3,$J$3:$M$4,2,1)입니다.

인수 설명
- **검색할_값(Lookup_value)** : 수량을 검색해 할인율을 입력해야 하므로 [E3] 셀을 입력합니다.
- **표_범위(Table_array)** : [E3] 셀 값을 검색할 범위로, 할인율 표의 범위(J3:M4)입니다.
- **행_인덱스_번호(Row_index_no)** : 할인율 표 범위에서 [E3] 셀 값을 검색해 할인율을 반영할 행 번호입니다.
- **범위_검색(Range_lookup)** : 검색할 값의 근삿값을 찾을 때는 TRUE 또는 1을 입력합니다.

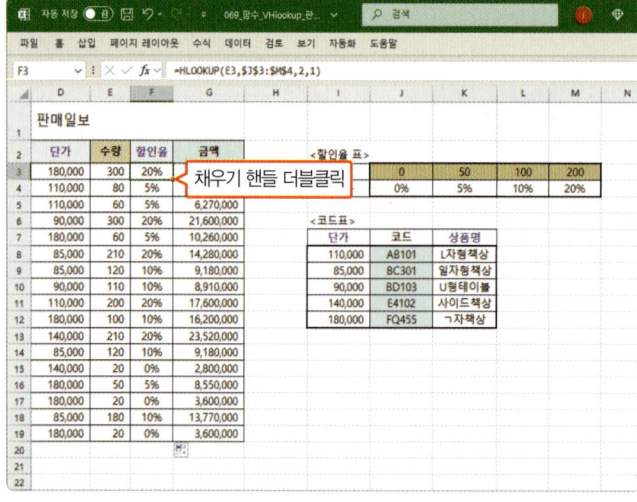

08 [F3] 셀의 채우기 핸들을 더블클릭하여 수식을 복사합니다.

Tip 수량에 따른 할인율이 모두 표시됩니다.

Note > HLOOKUP, VLOOKUP, XLOOKUP 함수 한눈에 보기

다음을 참고해 HLOOKUP 함수와 VLOOKUP 함수를 자세히 이해할 수 있습니다.

범주	이름	설명
찾기/ 참조 영역 함수	HLOOKUP(검색 값, 데이터를 검색하고 참조할 범위, 범위에서 추출할 열 번호, 옵션)	목록 범위의 첫 번째 행에서 가로(Horizontal) 방향으로 검색하면서 원하는 값을 추출합니다.
	VLOOKUP(검색 값, 데이터를 검색하고 참조할 범위, 범위에서 추출할 행 번호, 옵션)	목록 범위의 첫 번째 열에서 세로(Vertical) 방향으로 검색하면서 원하는 값을 추출합니다.

XLOOKUP 함수는 엑셀 2021에서 새로 추가된 함수로 VLOOKUP, HLOOKUP, LOOKUP 함수를 하나로 합쳐지면서 처리 속도가 향상되었습니다. 기존 함수(VLOOKUP, HLOOKUP)에서 반드시 첫 열(행)에 찾을 값이 위치해야만 했던 불편한 점이 개선되었으며, LOOKUP 함수에서 찾을 범위가 반드시 오름차순으로 정렬되어 있어야만 했던 점도 개선되었습니다.

범주	이름	설명
찾기/ 참조 영역 함수	XLOOKUP(검색 값, 검색 범위, 결과 범위, 불일치, 일치모드, 검색모드)	검색 범위에서 검색 값을 찾아서 결과 범위에서 원하는 값을 추출합니다. **일치모드** : 정확하게 일치할 때 0(생략), 작은 값(–1), 큰 값(1) **검색모드** : 순방향 검색 1(생략), 역방향 검색 –1

Note > VLOOKUP과 HLOOKUP 함수 사용 시 주의할 점

VLOOKUP과 HLOOKUP 함수를 사용할 때 주의할 점에 대해 살펴보겠습니다.

❶ 검색 값(Lookup_value)은 반드시 Table_array의 **첫 번째 행(열)**에 있어야 합니다. 예를 들어 VLOOKUP 함수에서 상품 코드를 찾아서 상품명을 반환하려면 [A3:C7] 범위가 아닌 [B3:C7] 범위를 지정해야 합니다.

	A	B	C	D	E	F
1	<코드표>					
2	단가	코드	상품명		코드	상품명
3	110,000	AB101	L자형책상		FQ455	ㄱ자책상
4	85,000	BC301	일자형책상		AB101	L자형책상
5	90,000	BD103	U형테이블		AB101	L자형책상
6	140,000	E4102	사이드책상		BD103	U형테이블
7	180,000	FQ455	ㄱ자책상		BC301	일자형책상

▲ [B3:C7] 범위를 참조하여 상품명을 찾음. 완성 수식은 =VLOOKUP(E3,$B$3:$C$7,2,0) 또는 =XLOOKUP(E3,$B$3:$B$7, $C$3:$C$7)

❷ Table_array의 첫 번째 열(행)에서 근삿값을 검색할 때는 반드시 **오름차순으로 정렬**되어 있어야 합니다.

	A	B	C	D	E	F	G	H
1	<할인율 표>							
2		0~49	50~99	100~199	200이상		수량	할인율
3	수량	0	50	100	200		45	0%
4	할인율	0%	5%	10%	20%		100	10%
5							160	10%
6							210	20%

▲ [B2:E3] 범위를 참조하여 할인율을 찾음. 완성 수식은 =HLOOKUP(G3,$B$3:$E$4,2,1) 또는 =XLOOKUP(G3,$B$3:$E$3,$B$4:$E$4,–1)

❸ VLOOKUP이나 HLOOKUP 함수를 사용할 때 원하는 값을 찾지 못하면 해당 셀에 **#N/A 오류**가 나타납니다.

070 IFERROR 함수로 오류 처리하기

실습 파일 엑셀\3장\070_함수_IFERROR_판매일보.xlsx 완성 파일 엑셀\3장\070_함수_IFERROR_판매일보_완성.xlsx

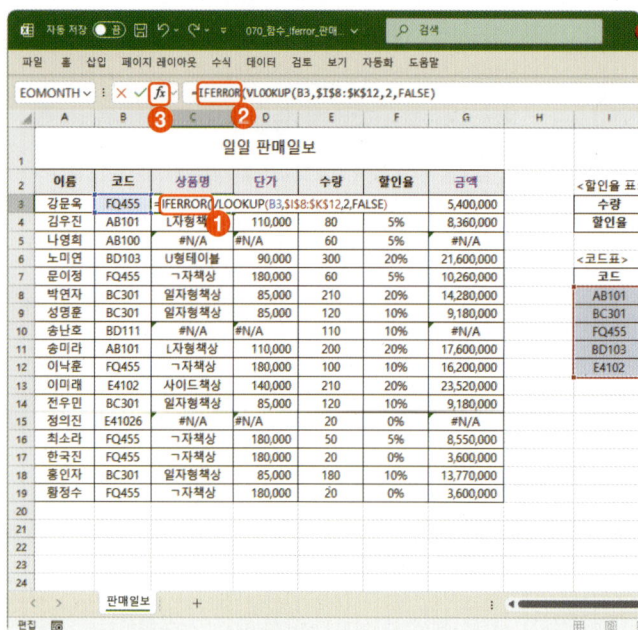

상품명에 #N/A 오류 발생 시 '코드 입력오류' 표시하기

01 ❶ [C3] 셀의 수식에서 =의 뒷부분에 **IFERROR(** 입력

❷ 수식 입력줄에서 **IFERROR** 클릭

❸ [함수 삽입 *fx*]을 클릭해 [함수 인수] 대화상자를 불러옵니다.

Tip IFERROR 함수는 수식이나 셀의 오류를 검사하고, 오류 발생 시 처리할 값을 지정합니다.

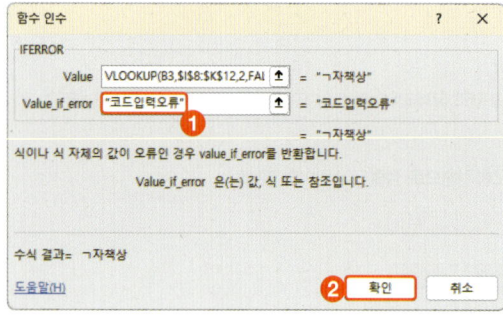

IFERROR 함수 인수 입력하기

02 [함수 인수] 대화상자의 [Value]에 **VLOOKUP (B3,$I$8:$K$12,2,FALSE)**가 입력되었다면

❶ [Value_if_error]에 **코드입력오류** 입력

❷ [확인]을 클릭합니다.

Tip 오류(#N/A)를 처리한 완성 수식은 =IFERROR(VLOOKUP (B3,$I$8:$K$12,2,FALSE),"코드입력오류")입니다.

인수 설명 • Value : [C3] 셀에 오류(#N/A, #VALUE!, #REF!, #DIV/0!, #NUM!, #NAME?, #NULL!)가 있는지 검사합니다.
• Value_if_error : 수식에서 오류(#N/A)가 발생했을 때 반환할 값으로 **코드입력오류**를 입력합니다.

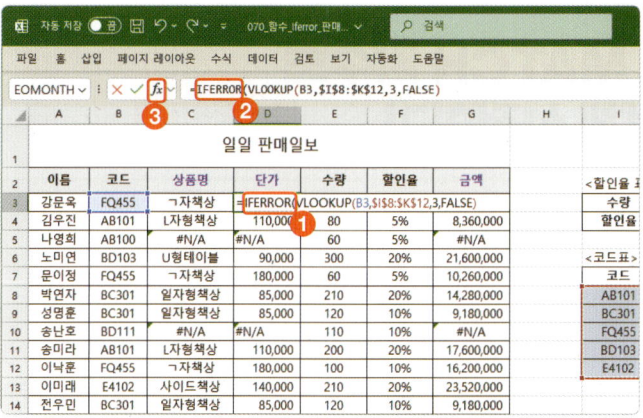

단가에 #N/A 오류 발생 시 '0'으로 표시하기

03 단가에 #N/A 오류가 발생한 경우 셀에 '0'을 표시해보겠습니다.

❶ [D3] 셀의 수식에서 =의 뒷부분에 **IFERROR(** 입력

❷ 수식 입력줄에서 **IFERROR** 클릭

❸ [함수 삽입 f_x]을 클릭해 [함수 인수] 대화상자를 불러옵니다.

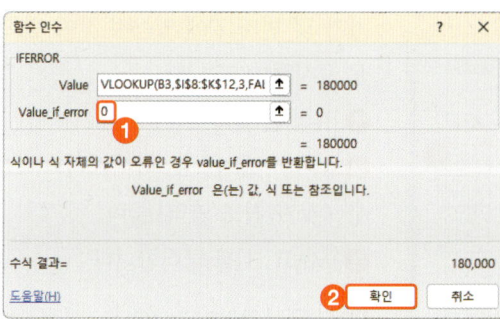

IFERROR 함수 인수 입력하기

04 [함수 인수] 대화상자의 [Value]에 **VLOOKUP(B3,$I$8:$K$12,3,FALSE)** 가 입력되었다면

❶ [Value_if_error]에 **0** 입력

❷ [확인]을 클릭합니다.

Tip #N/A 오류를 처리한 완성 수식은 =IFERROR(VLOOKUP(B3,$I$8:$K$12,3,FALSE),0)입니다.

인수 설명
- Value : [D3] 셀에 오류(#N/A, #VALUE!, #REF!, #DIV/0!, #NUM!, #NAME?, #NULL!)가 있는지 검사합니다.
- Value_if_error : 수식에서 오류(#N/A)가 발생했을 때 반환할 값으로 0을 입력합니다.

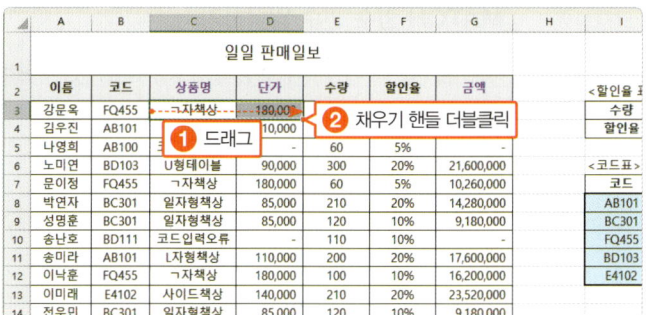

05 ❶ [C3:D3] 범위 지정

❷ 채우기 핸들을 더블클릭하여 수식을 복사합니다.

Tip 상품명의 #N/A 오류는 '코드입력오류'로, 단가의 #N/A 오류는 '0'으로 표시됩니다.

Note IFERROR, ISERROR 함수 한눈에 보기

다음을 참고해 IFERROR, ISERROR 함수를 자세히 이해할 수 있습니다.

범주	이름	설명
논리 함수	IFERROR(오류를 검사할 셀, 오류일 때 표시할 값)	수식이나 셀의 오류를 검사하고 오류가 있다면 이를 처리합니다.
정보 함수	ISERROR(오류를 검사할 셀)	수식이나 셀의 오류를 검사하고 오류가 있다면 TRUE, 없으면 FALSE를 반환합니다.

INDEX, MATCH 함수로 최저가 업체 선정하기

실습 파일 엑셀\3장\071_함수_INDEX_업체선정.xlsx   **완성 파일** 엑셀\3장\071_함수_INDEX:업체선정_완성.xlsx

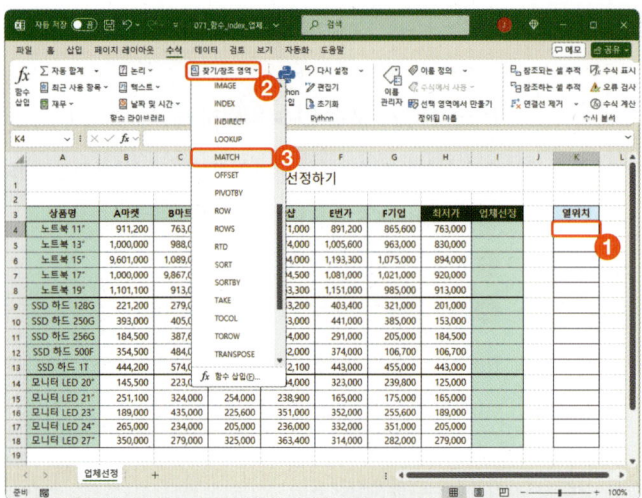

상품별 최저가 열의 위치(번호) 찾기

01 상품별로 최저 가격을 기록한 업체가 몇 번째 열에 있는지 찾아 번호로 표시해보겠습니다.

❶ [K4] 셀 클릭

❷ [수식] 탭-[함수 라이브러리] 그룹-[찾기/참조 영역] 클릭

❸ [MATCH]를 클릭합니다.

Tip MATCH 함수는 찾는 값이 몇 번째 행 또는 열에 있는지 숫자로 표시합니다.

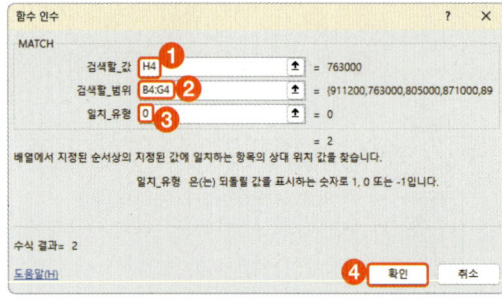

MATCH 함수 인수 입력하기

02 ❶ [함수 인수] 대화상자의 [검색할_값]에 **H4** 입력

❷ [검색할_범위]에 **B4:G4** 입력

❸ [일치_유형]에 **0** 입력

❹ [확인]을 클릭합니다.

Tip 완성 수식은 =MATCH(H4,B4:G4,0)입니다.

인수 설명
- **검색할_값(Lookup_value)** : 최저가의 열 번호를 찾기 위해 제조사 H4를 입력합니다.
- **검색할_범위(Lookup_array)** : [H4] 셀 값이 포함된 열의 위치를 찾기 위한 업체별 상품 가격의 범위(B4:G4)입니다.
- **일치_유형(Match_type)** : 정확하게 찾고 싶은 첫 번째 위치의 값을 검색해야 하므로 0을 입력합니다.

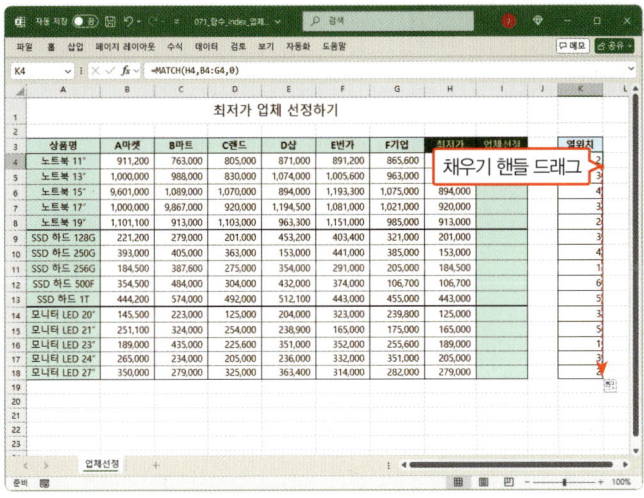

03 [K4] 셀의 채우기 핸들을 [K18] 셀까지 드래그하여 수식을 복사합니다.

Tip 상품별 최저가인 열의 위치를 표시됩니다.

상품별로 최저가인 업체 찾기

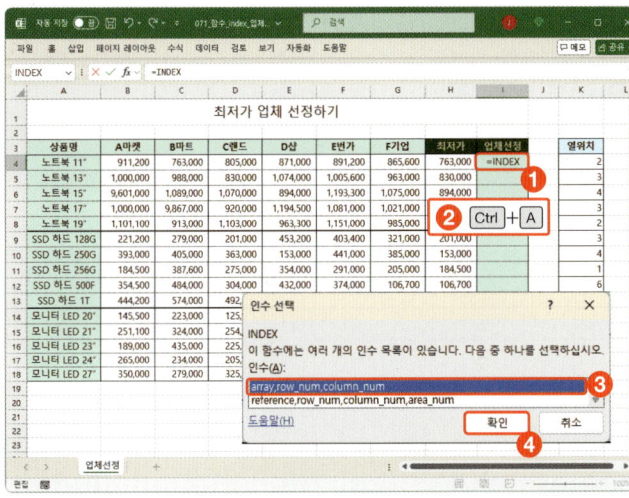

04 상품별로 최저가인 업체를 업체 선정에 표시해보겠습니다.

❶ [I4] 셀에 **=INDEX** 입력

❷ Ctrl + A

❸ [인수]에서 첫 번째 항목 [array_row_num, column_num] 클릭

❹ [확인]을 클릭합니다.

Tip INDEX 함수는 배열에서 행 번호와 열 번호로 해당 데이터를 찾습니다.

INDEX 함수 인수 입력하기

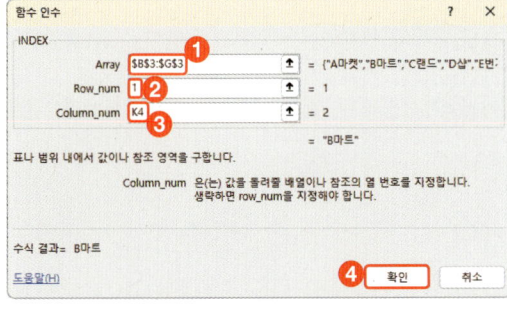

05 ❶ [함수 인수] 대화상자의 [Array]에 **$B$3:$G$3** 입력

❷ [Row_num]에 **1** 입력

❸ [Column_num]에 **K4** 입력

❹ [확인]을 클릭합니다.

Tip 완성 수식은 **=INDEX($B$3:$G$3,1,K4)**입니다.

인수 설명 • Array : 행 번호와 열 번호를 사용해서 검색할 업체 목록의 전체 범위 [$B$3:$G$3]입니다.
• Row_num : 행 번호를 지정하는 곳으로 1을 입력합니다.
• Column_num : 열 번호를 지정하는 곳으로 K4를 입력합니다.

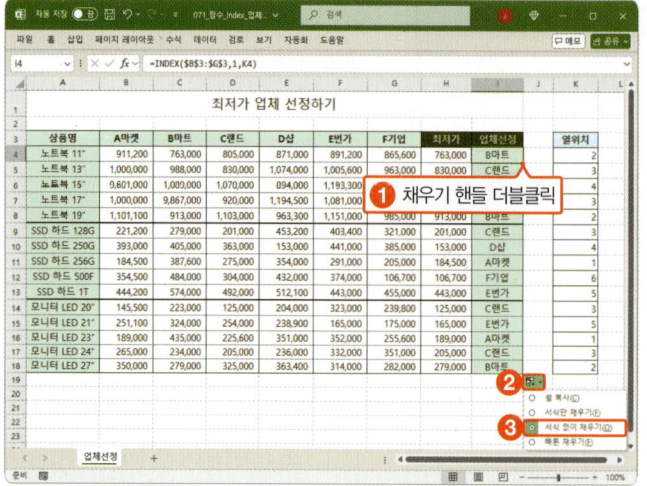

06 ❶ [I4] 셀의 채우기 핸들을 더블클릭하여 수식 복사
❷ [자동 채우기 옵션 🖼️] 클릭
❸ [서식 없이 채우기]를 클릭해 서식을 유지합니다.

Tip 상품별 최저가인 업체명이 표시됩니다.

Tip 업체를 선정한 후 불필요한 열을 숨기려면 K열 머리글에서 마우스 오른쪽 버튼을 클릭한 후 [숨기기]를 클릭합니다.

Note ▶ INDEX, MATCH 함수 한눈에 보기

다음을 참고해 INDEX 함수와 MATCH 함수를 자세히 이해할 수 있습니다.

범주	이름	설명
찾기/ 참조 영역 함수	INDEX(배열, 행 위치, 열 위치)	특정 범위에서 행 번호와 열 번호에 해당하는 셀 값을 찾아줍니다.
	MATCH(행 또는 열 번호를 찾으려는 값, 배열 행 또는 배열 열, 찾을 방법)	특정 범위 내에서 지정한 값과 일치하는 항목의 상대 위치를 찾아 번호를 반환합니다.

072 FILTER, SORT 배열 함수와 구조적 참조로 데이터 추출 및 정렬하기

실습 파일 엑셀\3장\072_함수배열_인사고과.xlsx   완성 파일 엑셀\3장\072_함수배열_인사고과_완성.xlsx

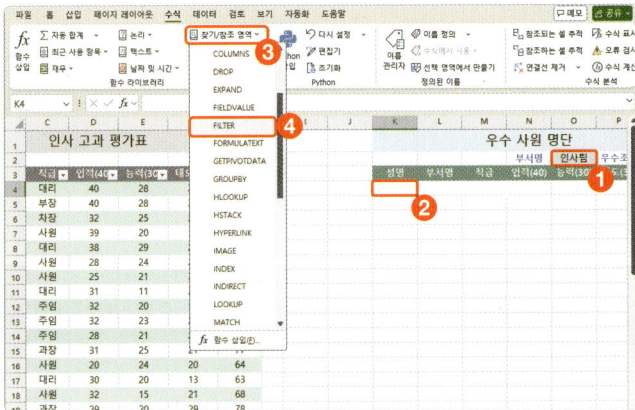

FILTER 함수로 데이터 추출하기

`2021 이상` `M365`

01 인사 고과 평가표에서 부서명이 같은 데이터를 추출해보겠습니다.

① [O2] 셀에 **인사팀** 입력

② [K4] 셀 클릭

③ [수식] 탭-[함수 라이브러리] 그룹-[찾기/참조 영역] 클릭

④ [FILTER]를 클릭합니다.

Tip FILTER 함수는 엑셀 2021 버전부터 추가된 함수입니다. 조건에 맞는 데이터를 추출하는 동적 배열 함수로 결괏값을 범위로 변환하고 파란색 테두리로 강조해 표시합니다. 반환할 위치에 다른 값이 있으면 #SPILL! 오류가 표시됩니다. 이전 버전에서는 사용할 수 없으며 필터 기능으로 대체할 수 있으므로 238쪽을 참고합니다.

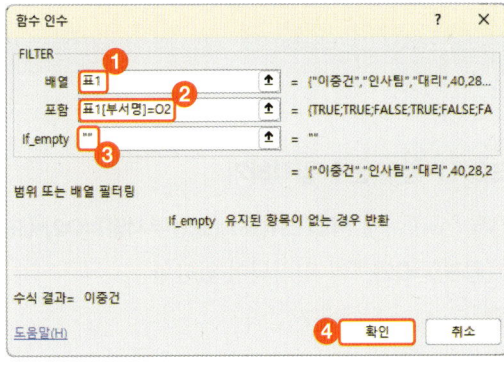

FILTER 함수 인수 입력하기

02 ① [함수 인수] 대화상자에서 [배열]에 **표1** 입력

② [포함]에 **표1[부서명]=O2** 입력

③ [If_empty]에 **""** 입력

④ [확인]을 클릭합니다.

Tip 표로 변환된 [테이블 디자인] 탭-[속성] 그룹에서 표이름은 '표1'로 표시되고 표의 이름을 수정할 수 있습니다.

Tip 구조적 참조 완성 수식은 =FILTER(표1,표1[부서명]=O2,"")이고, 일반 완성 수식은 =FILTER(A4:G27,B4:B27=O2,"")입니다.

인수 설명
- **배열** : 데이터 전체를 입력해야 하므로 데이터 범위(표1)를 입력합니다.
- **포함** : 부서명의 범위(표1[부서명])에서 조건을 입력해야 하므로 [O2] 셀을 조건으로 지정합니다.
- **If_empty** : 조건에 맞는 데이터를 찾지 못하면 공란("")을 표시합니다.

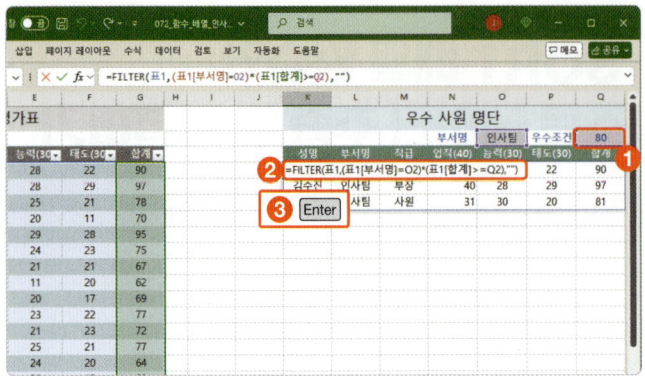

FILTER 함수에 조건 추가하기

03 우수사원을 추출하기 위해 합계가 80점 이상인 조건을 추가해보겠습니다.

❶ [Q2] 셀에 **80** 입력

❷ [K4] 셀에서 수식을 **=FILTER(표1,(표1[부서명]=O2)*(표1[합계]>=Q2),"")** 로 수정

❸ Enter 를 누릅니다.

Tip 인사팀 중에서 80점 이상인 명단을 추출합니다.

Tip FILTER 함수에서 다중 조건을 지정할 때 AND 조건이면 곱하기(*)를, OR 조건이면 더하기(+) 기호를 입력합니다.

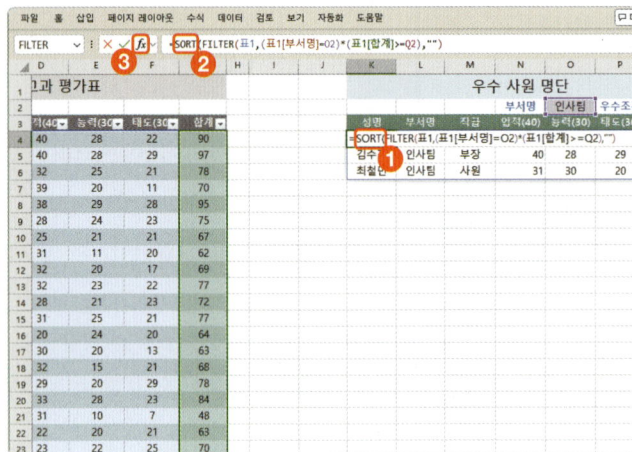

SORT 함수로 데이터 정렬하기
`2021 이상` `M365`

04 추출할 데이터를 합계 점수를 기준으로 내림차순으로 정렬해보겠습니다.

❶ [K4] 셀의 수식에서 =의 뒷부분에 **SORT(** 입력

❷ 수식 입력줄에서 **SORT** 클릭

❸ [함수 삽입 fx]을 클릭해 [함수 인수] 대화상자를 불러옵니다.

Tip SORT 함수는 엑셀 2021 버전부터 추가된 함수로 범위에 해당하는 데이터를 오름차순 또는 내림차순으로 정렬합니다. 이전 버전에서는 사용할 수 없으며 정렬 기능으로 대체할 수 있으므로 232쪽을 참고합니다.

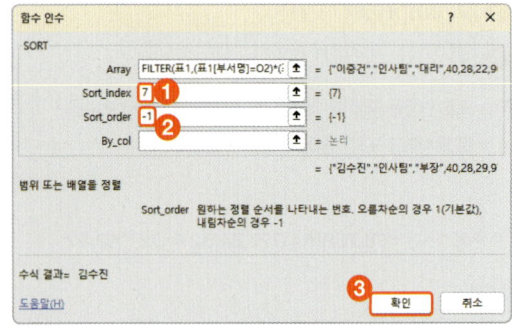

SORT 함수 인수 입력하기

05 [Array]에 **FILTER(표1,(표1[부서명]=O2)*(표1[합계])>=Q2),""** 가 입력되어 있다면

❶ [Sort_Index]에 **7** 입력

❷ [Sort_order]에 **-1** 입력

❸ [확인]을 클릭합니다.

Tip 완성 수식은 **=SORT(FILTER(표1,(표1[부서명]=O2)*(표1[합계]>=Q2),""),7,-1)** 입니다.

인수 설명
- **Array** : 정렬할 데이터 전체 범위입니다. 여기서는 FILTER 함수로 추출한 데이터 범위 수식을 지정합니다.
- **Sort_Index** : 정렬할 필드 번호로 [합계] 필드에 해당하는 7을 입력합니다.
- **Sort_order** : 정렬할 순서로 내림차순(-1)으로 지정합니다. 생략하면 오름차순(1)으로 지정합니다.

06 ① [O2] 셀에 **홍보팀** 입력 ② [Q2] 셀에 **70**을 입력합니다.

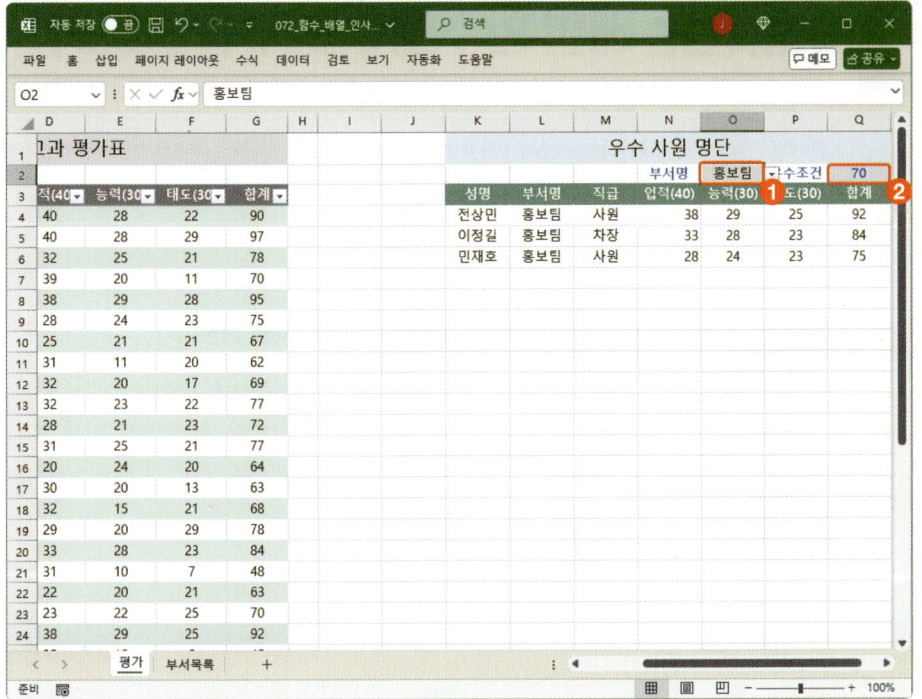

Tip 홍보팀 중에서 70점 이상인 명단을 추출하고 합계를 기준으로 내림차순으로 정렬합니다.

Note FILTER, SORT 함수 한눈에 보기

다음을 참고해 FILTER, SORT 함수를 자세히 이해할 수 있습니다.

범주	이름	설명
찾기/ 참조 함수	FILTER(배열, 배열 조건, 조건에 해당 데이터가 없을 경우 표시할 값)	배열에서 조건에 만족하는 데이터를 필터링할 수 있습니다.
	SORT(배열, [정렬 기준 번호], [정렬 방향])	배열에서 기준 열로 정렬(1 : 오름, -1 : 내림)합니다.

073 IMAGE 배열 함수로 이미지 불러오기

실습 파일 엑셀\3장\073_함수_Image_사진목록.xlsx 완성 파일 엑셀\3장\073_함수_Image_사진목록_완성.xlsx

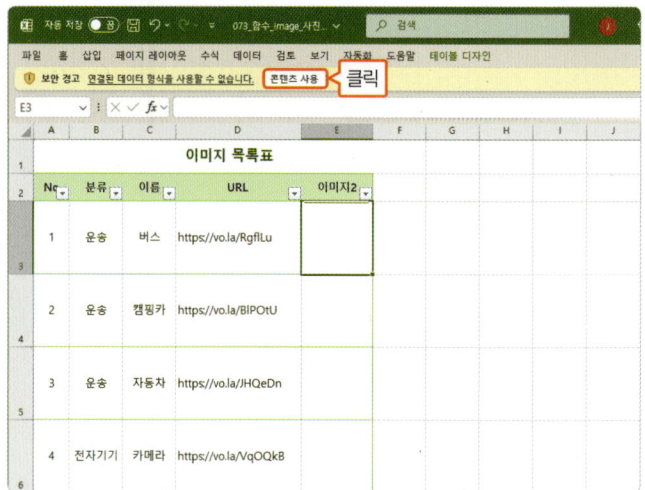

콘텐츠 사용 허용하기

01 실습 파일을 불러오면 인터넷의 연결된 그림을 불러오기 위해 보안 경고가 표시됩니다. [콘텐츠 사용]을 클릭합니다.

Tip 인터넷에 연결된 이미지를 삽입하기 위해 [콘텐츠 사용]을 클릭합니다. 인터넷이 연결되어 있지 않은 환경에서는 그림이 표시되지 않습니다.

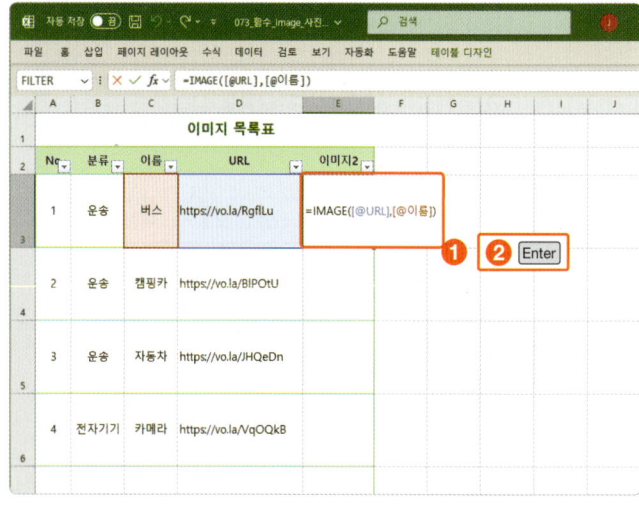

IMAGE 함수로 그림 삽입하기 M365

02 버스 사진을 업로드한 인터넷 URL 경로를 입력해 사진을 불러오겠습니다.

❶ [E3] 셀에 **=IMAGE([@URL],[@이름])** 입력

❷ Enter 를 누릅니다.

Tip IMAGE 함수는 Microsoft 365 버전에 추가된 함수로, URL로 이미지를 삽입합니다. 이미지 URL 주소와 대체 텍스트를 직접 입력하는 완성 수식은 **=IMAGE("https://vo.la/RgflLu","버스")** 입니다.

03 [E3] 셀의 채우기 핸들을 더블클릭하여 수식을 복사합니다.

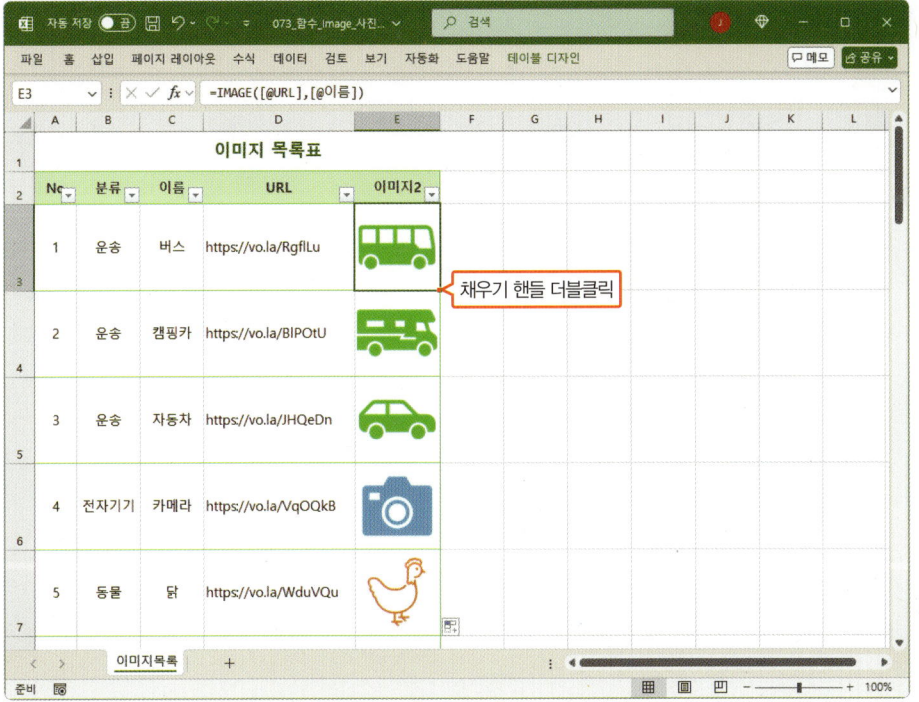

Tip URL 주소의 이미지가 셀에 삽입됩니다. 삽입된 이미지는 필터링, 정렬, 검색을 할 수 있습니다.

Note IMAGE 함수 한눈에 보기

Microsoft 365 버전에 추가된 IMAGE 함수는 대체 텍스트와 함께 원본 인터넷 URL 위치의 이미지를 셀에 삽입합니다. 지원되는 파일 형식에는 BMP, JPG/JPEG, GIF, TIFF, PNG, ICO 및 WEBP이며 다음을 참고해 자세히 이해할 수 있습니다.

범주	이름	설명
찾기/참조 영역 함수	IMAGE(원본, [대체_텍스트], [크기_조정], [높이], [너비])	셀에 원본 위치의 이미지를 삽입합니다. **원본** : 이미지 파일의 URL 경로 **대체 텍스트** : 이미지를 설명하는 텍스트 **크기 조정** : 0(셀에 맞추기), 1(셀에 채우기), 2(원본 이미지 크기), 3(높이, 너비에서 지정한 이미지 크기)

CHAPTER 03 수식 작성 및 함수 활용하기 **199**

CHAPTER 04

차트 만들기

074 데이터에 적합한 차트 만들고 차트 종류 변경하기

실습 파일 엑셀\4장\074_차트_기본1.xlsx   완성 파일 엑셀\4장\074_차트_기본1_완성.xlsx

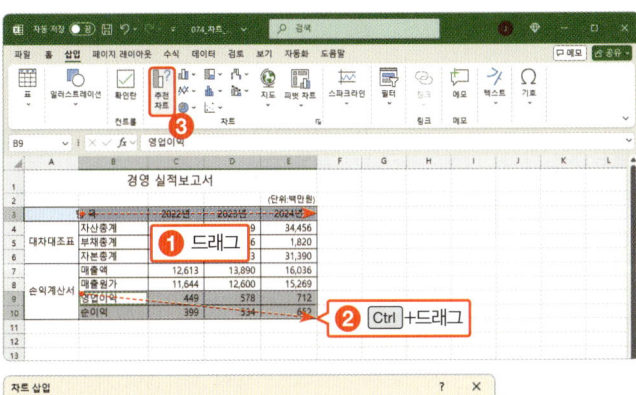

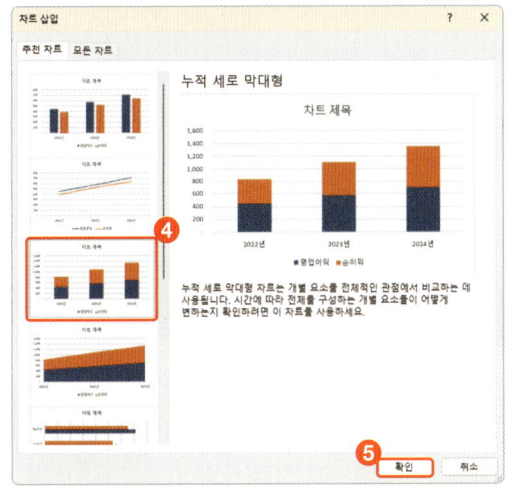

추천 차트로 데이터에 적합한 차트 삽입하기

01 연도별로 영업이익, 순이익의 데이터를 비교하는 차트를 만들어보겠습니다.

❶ [기본차트] 시트에서 차트로 만들 데이터인 [B3:E3] 범위 지정

❷ Ctrl 을 누르고 [B9:E10] 범위 지정

❸ [삽입] 탭-[차트] 그룹-[추천 차트] 클릭

❹ [차트 삽입] 대화상자의 [추천 차트] 탭에서 [누적 세로 막대형] 클릭

❺ [확인]을 클릭합니다.

Tip [추천 차트]에서는 선택한 데이터의 특징에 맞는 차트 종류를 추천합니다.

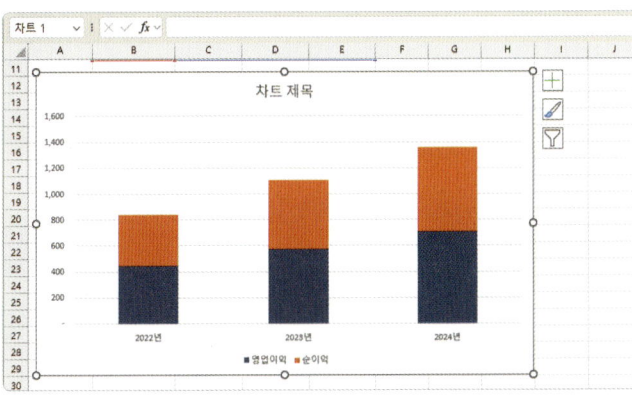

차트 위치와 크기 조절하기

02 삽입한 차트를 드래그해 [A11] 셀 기준으로 배치하고 차트 조절점을 드래그해서 적당한 크기로 조절합니다.

Tip 차트를 클릭하고 Delete 를 누르면 차트를 삭제할 수 있습니다.

차트 종류 변경하기

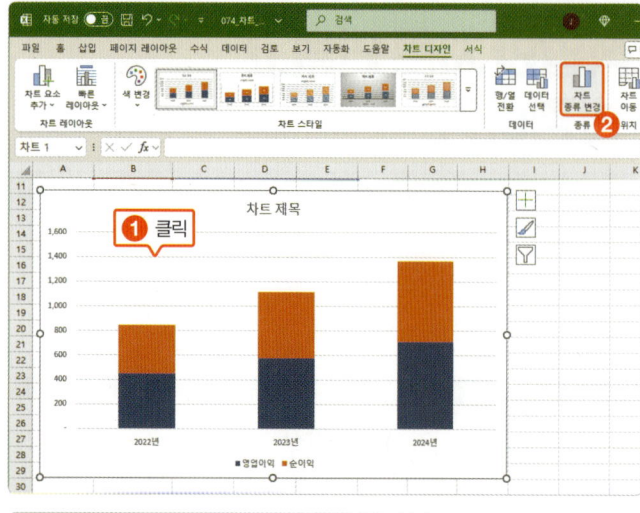

03 삽입된 차트의 종류를 변경해보겠습니다.

① 차트 영역 클릭

② [차트 디자인] 탭-[종류] 그룹-[차트 종류 변경] 클릭

③ [차트 종류 변경] 대화상자의 [모든 차트] 탭에서 [가로 막대형] 클릭

④ [3차원 묶은 가로 막대형] 클릭

⑤ [확인]을 클릭합니다.

Tip 엑셀 2019 버전에서는 [차트 도구]-[디자인] 탭을 클릭합니다.

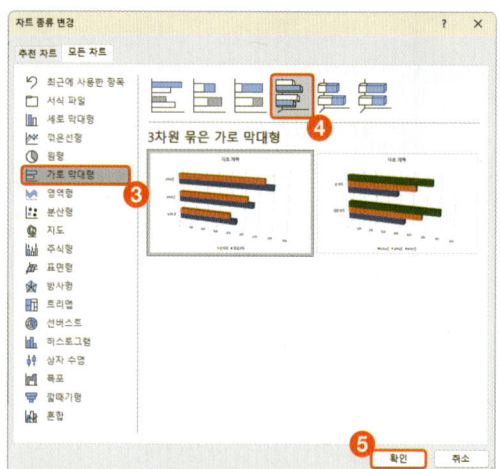

새 시트로 차트 이동하기

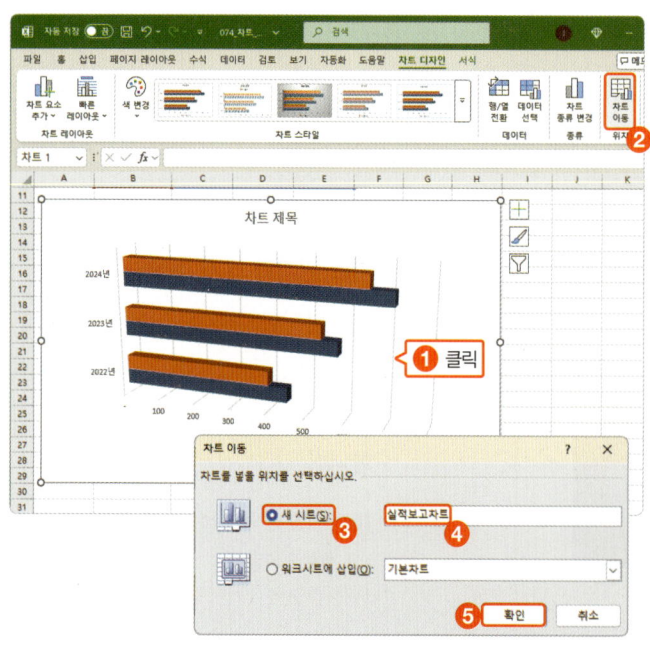

04 새 시트를 만들어 차트를 이동해보겠습니다.

① 차트 영역 클릭

② [차트 디자인] 탭-[위치] 그룹-[차트 이동] 클릭

③ [차트 이동] 대화상자에서 [새 시트] 클릭

④ **실적보고차트** 입력

⑤ [확인]을 클릭합니다.

Tip [실적보고차트] 시트가 생성되면서 차트가 생성된 시트로 이동합니다.

Note > 차트의 구성 요소

데이터를 한눈에 비교하는 차트의 기술

차트는 일반 텍스트나 표에 비해 데이터 추세나 유형을 한눈에 비교할 수 있습니다. 차트는 텍스트와 숫자로 이루어진 표에 비해 시각적으로 표현되어 정보를 비교하거나 파악하는 데 도움이 됩니다. 특히 프레젠테이션 자료를 만들거나 정보를 빠르게 전달할 때 유용합니다.

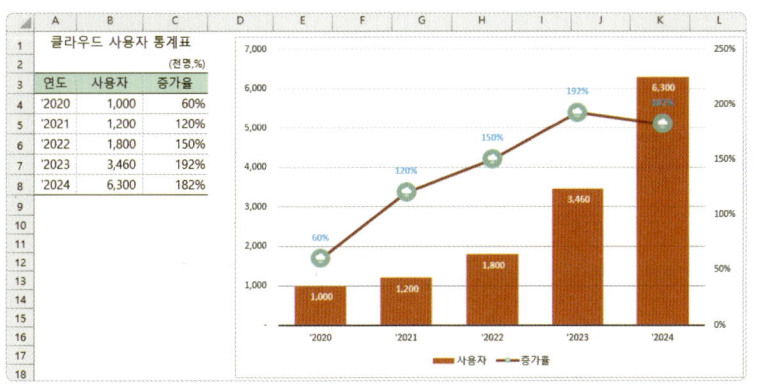

차트의 구성 요소 살펴보기

차트는 구성 요소에 대해 잘 알아두어야 원하는 차트를 만들 수 있습니다. 차트의 제목, 눈금선, 범례, 축, 레이블 등의 다양한 구성 요소 서식을 지정하려면 구성 요소의 이름을 알고 있는 것이 좋습니다. 그림을 참고하여 차트의 구성 요소에 대해 살펴보겠습니다.

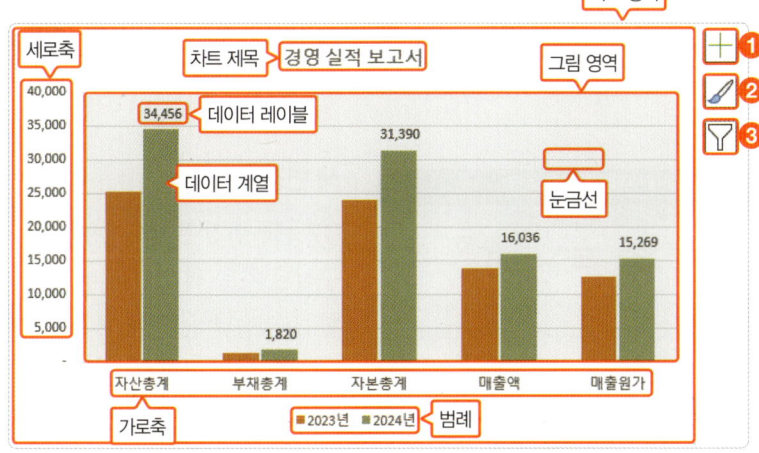

차트의 각 구성 요소는 차트 안에서 각각 독립적으로 이동하거나 크기 조절, 수정, 삭제할 수 있습니다.

❶ **차트 요소**(➕) : 축 제목, 데이터 레이블 등의 요소를 추가하거나 숨깁니다.

❷ **차트 스타일**(🖌) : 차트 스타일 및 색 구성표 등의 디자인을 지정합니다.

❸ **차트 필터**(▽) : 차트에 표시된 데이터 요소 및 이름을 변경합니다.

우선순위 075 차트 레이아웃, 색, 스타일 변경하고 차트 데이터 필터링하기

실습 파일 엑셀\4장\075_차트_기본2.xlsx [실적보고차트] 시트   완성 파일 엑셀\4장\075_차트_기본2_완성.xlsx

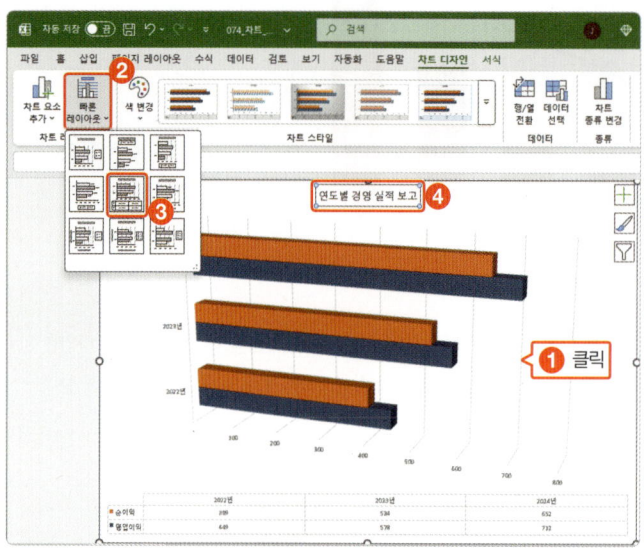

차트 레이아웃 변경하기

01 [빠른 레이아웃]을 이용하면 미리 구성된 차트 서식을 빠르게 적용할 수 있습니다. 차트 레이아웃을 변경해보겠습니다.

① [실적보고차트] 시트에서 차트 영역 클릭

② [차트 디자인] 탭-[차트 레이아웃] 그룹-[빠른 레이아웃 📊] 클릭

③ [레이아웃 5] 클릭

④ [차트 제목]에 **연도별 경영 실적 보고**를 입력합니다.

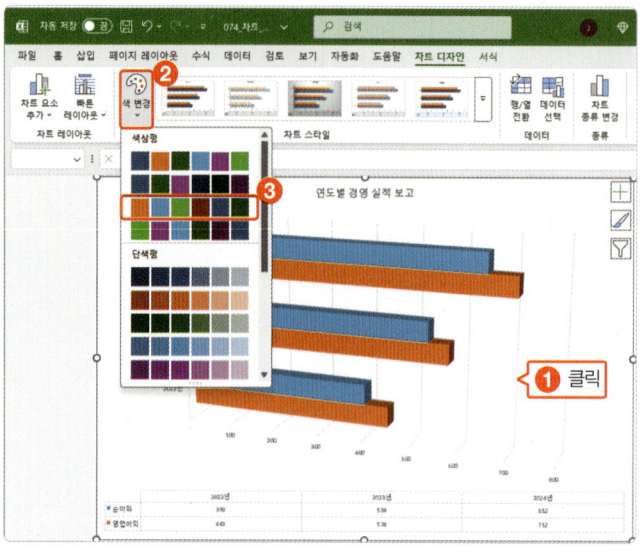

색 변경하기

02 [색 변경 🎨]을 이용하면 미리 구성된 차트 색 배합을 빠르게 적용할 수 있습니다.

① 차트 영역 클릭

② [차트 디자인] 탭-[차트 스타일] 그룹-[색 변경 🎨] 클릭

③ [색상형]-[다양한 색상표 3]을 클릭합니다.

Tip 각각의 데이터 계열을 클릭하고 [차트 도구]-[서식] 탭-[도형 스타일] 그룹-[도형 채우기]를 클릭한 후 원하는 색을 선택합니다.

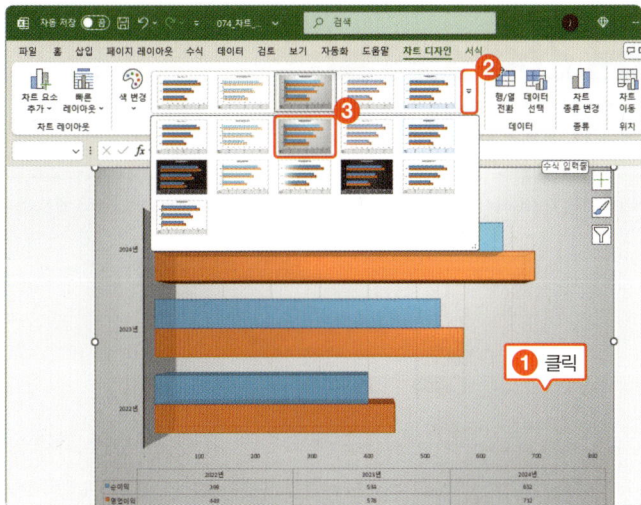

차트 스타일 변경하기

03 차트 스타일을 변경해보겠습니다.

① 차트 영역 클릭

② [차트 디자인] 탭-[차트 스타일] 그룹-[자세히 ▽] 클릭

③ [스타일 3]을 클릭합니다.

Tip 엑셀 버전에 따라 차트 스타일의 테마 목록이 다를 수 있습니다.

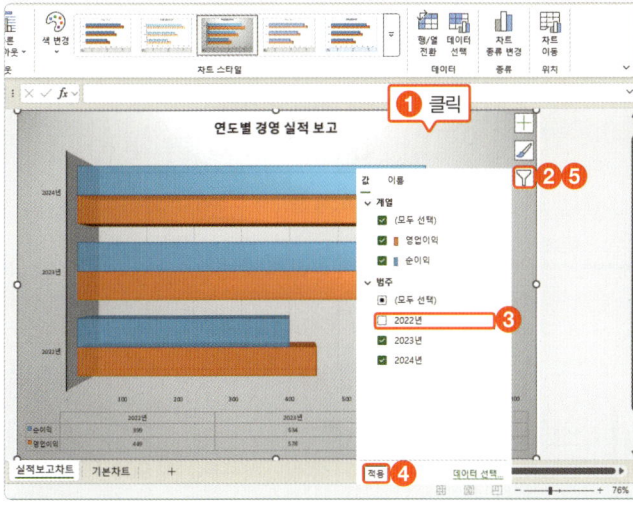

차트 데이터 필터링하기

04 차트 필터를 이용해 연도(2022)를 제외하고 나머지 계열과 범주를 표시해보겠습니다.

① 차트 영역 클릭

② [차트 필터 ▽] 클릭

③ [범주]에서 [2022년]의 체크 해제

④ [적용] 클릭

⑤ 다시 [차트 필터 ▽]를 클릭하여 필터링을 마칩니다.

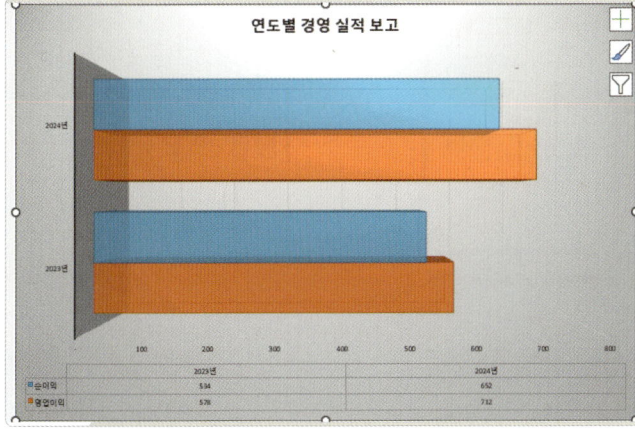

05 연도별(2023년, 2024년) 영업이익, 순이익으로 필터링된 데이터 계열이 표시됩니다.

076 차트의 눈금 간격 조절 및 레이블, 범례 표시하기

실습 파일 엑셀\4장\076_차트_기본3.xlsx [실적보고차트] 시트   완성 파일 엑셀\4장\076_차트_기본3_완성.xlsx

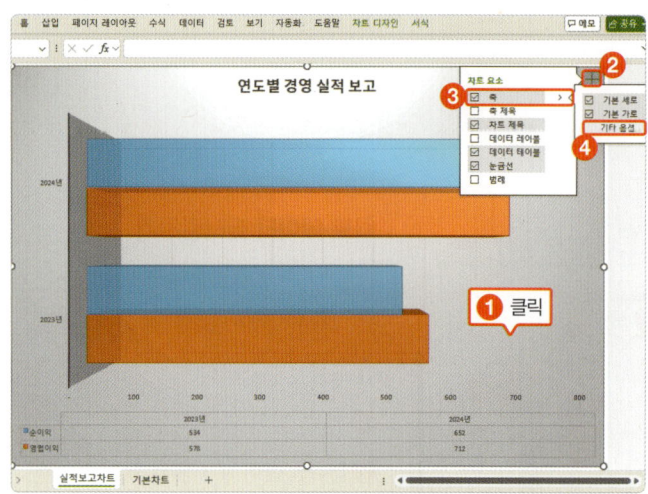

주 단위 눈금 조정하기

01 세로축의 주 단위 눈금 간격을 조정해보겠습니다.

① [실적보고차트] 시트에서 차트 영역 클릭

② [차트 요소 +] 클릭

③ [축 ▶] 클릭

④ [기타 옵션]을 클릭합니다.

Tip [축 서식] 작업 창이 나타납니다.

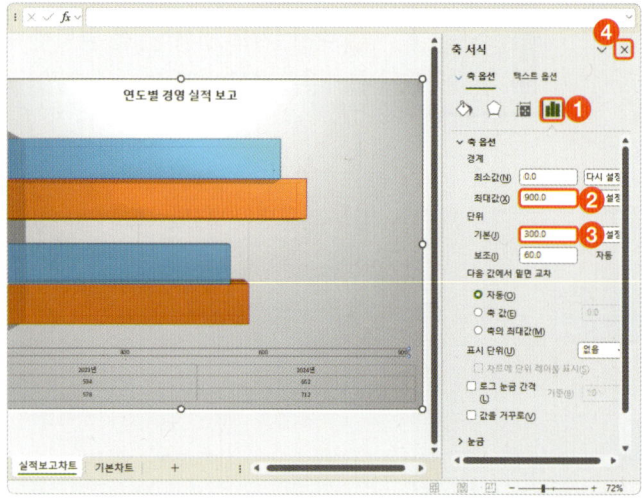

02 ① [축 서식] 작업 창에서 [축 옵션 ▮▮] 클릭

② [경계]-[최대값]에 **900** 입력

③ [단위]-[기본]에 **300** 입력

④ [닫기 ✕]를 클릭하여 [축 서식] 작업 창을 닫습니다.

Tip 축의 주 단위 눈금이 0부터 900까지 표시되고, 300 단위로 나눠 구분됩니다.

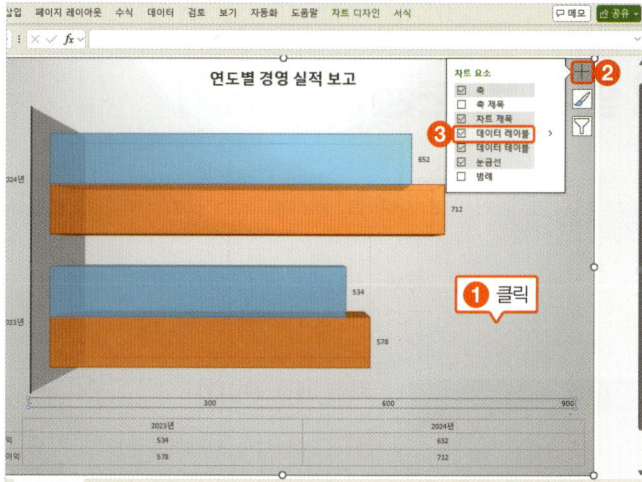

데이터 레이블 표시하기

03 데이터 계열 값을 명확히 보여줄 수 있도록 데이터 레이블을 차트에 표시해보겠습니다.

❶ 차트 영역 클릭

❷ [차트 요소 +] 클릭

❸ [데이터 레이블]에 체크합니다.

Tip 데이터 계열의 값이 표시됩니다.

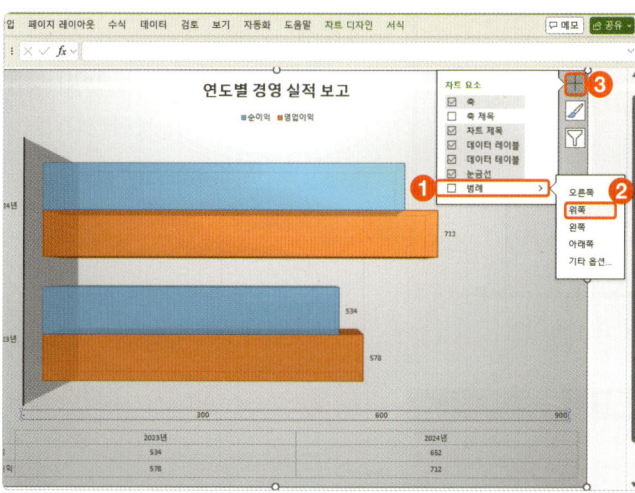

범례 위치 바꾸기

04 데이터 계열 위쪽으로 범례를 표시해보겠습니다.

❶ [범례 >] 클릭

❷ [위쪽] 클릭

❸ [차트 요소 +]를 다시 클릭하여 차트 요소 설정을 마칩니다.

Tip 범례가 제목 위쪽으로 표시됩니다.

077 차트 배경 설정 및 눈금선 없애기

실습 파일 엑셀\4장\077_차트_기본4.xlsx [실적보고차트] 시트 완성 파일 엑셀\4장\077_차트_기본4_완성.xlsx

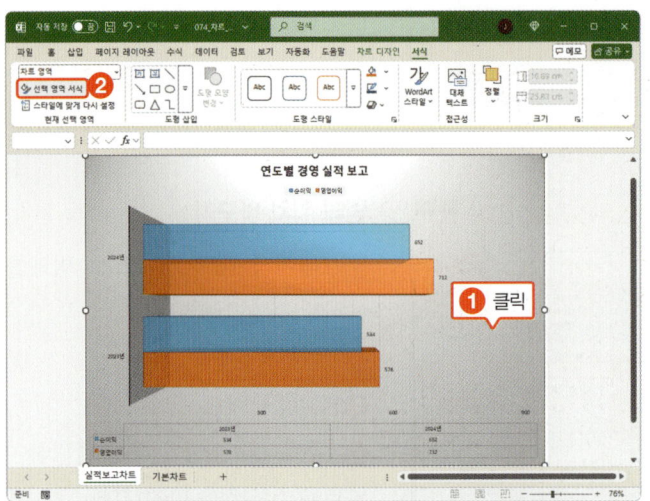

차트 배경 꾸미기

01 그림으로 차트 배경을 채워보겠습니다.

① [실적보고차트] 시트에서 차트 영역 클릭

② [서식] 탭-[현재 선택 영역] 그룹-[선택 영역 서식]을 클릭합니다.

Tip 엑셀 2019 버전에서는 [차트 도구]-[서식] 탭을 클릭합니다.

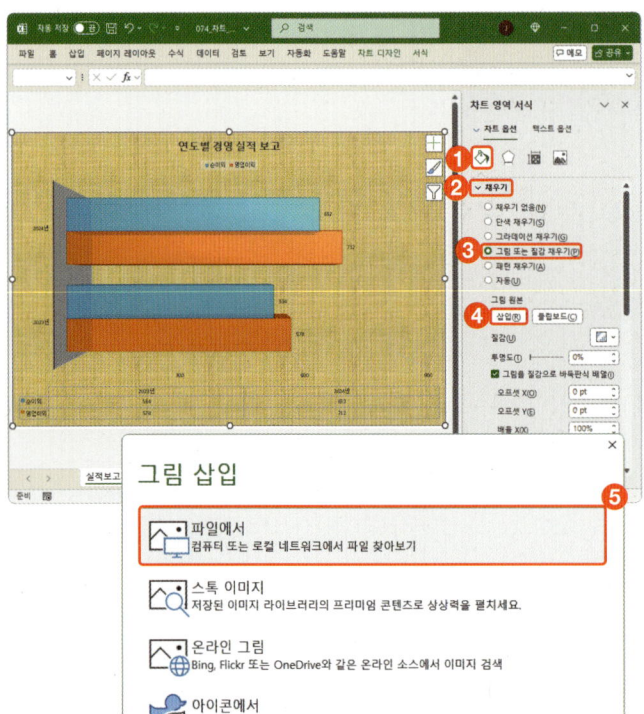

02 ① [차트 영역 서식] 작업 창에서 [채우기 및 선] 클릭

② [채우기] 클릭

③ [그림 또는 질감 채우기] 클릭

④ [삽입] 클릭

⑤ [그림 삽입] 대화상자에서 [파일에서]를 클릭합니다.

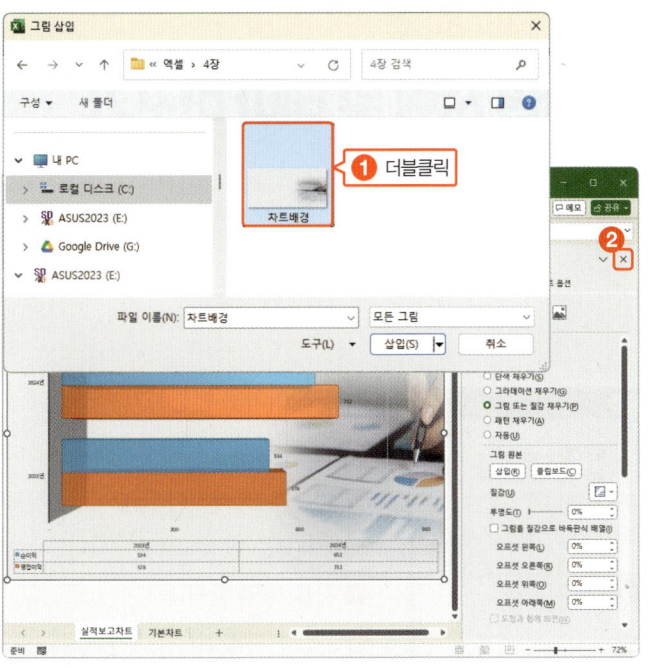

03 ❶ 실습 폴더에서 '차트배경.jpg' 이미지 파일 더블클릭

❷ [닫기 ✕]를 클릭하여 [차트 영역 서식] 작업 창을 닫습니다.

Tip 차트 영역이 선택한 그림으로 채워집니다.

Tip 예제의 사진은 엑셀에서 제공하는 스톡 이미지입니다. 스톡 이미지는 [삽입] 탭-[일러스트레이션] 그룹-[그림]-[스톡 이미지]를 클릭하고 원하는 그림을 삽입할 수 있습니다.

가로축 지우기

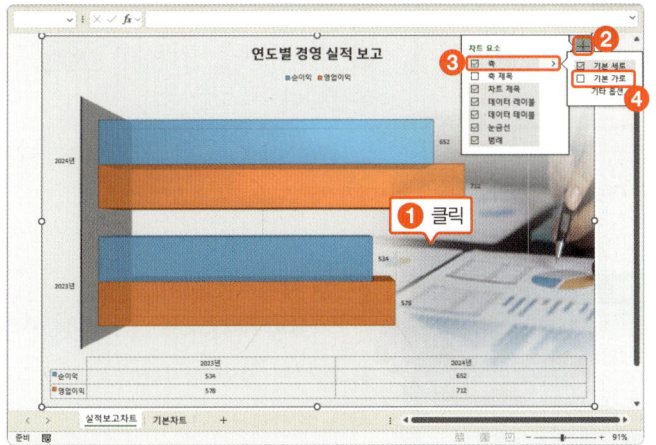

04 데이터 계열에 레이블 값이 표시되어 있으므로 가로축을 지워보겠습니다.

❶ 차트 영역 클릭

❷ [차트 요소 ➕] 클릭

❸ [축 ▶] 클릭

❹ [기본 가로]의 체크를 해제합니다.

눈금선 지우기

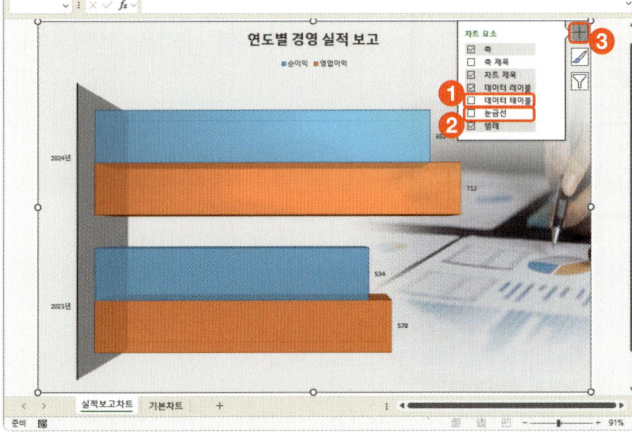

05 눈금선과 데이터 테이블을 지워보겠습니다.

❶ [데이터 테이블] 체크 해제

❷ [눈금선] 체크 해제

❸ [차트 요소 ➕]를 클릭하여 차트 요소 설정을 마칩니다.

우선순위
078 원형 차트 3차원 서식 및 테마 바꾸기

실습 파일 엑셀\4장\078_차트_원형.xlsx 완성 파일 엑셀\4장\078_차트_원형_완성.xlsx

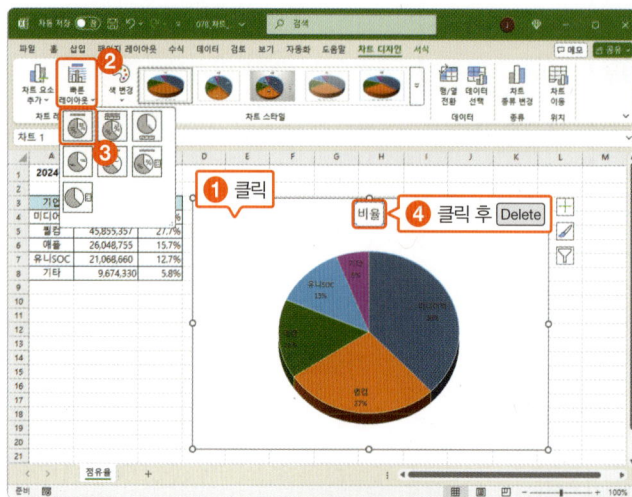

차트 레이아웃 변경하기

01 스마트폰 AP 시장 점유율이 원형 차트로 표시되어 있습니다. 차트 레이아웃을 변경해보겠습니다.

① 차트 영역 클릭

② [차트 디자인] 탭-[차트 레이아웃] 그룹-[빠른 레이아웃 📊] 클릭

③ [레이아웃 1] 클릭

④ 차트 제목을 클릭하고 Delete 를 누릅니다.

Tip 원형 차트는 각 항목의 전체에 대한 비율을 나타낼 때 사용하며, 원을 나누는 항목은 5~6개가 적당합니다.

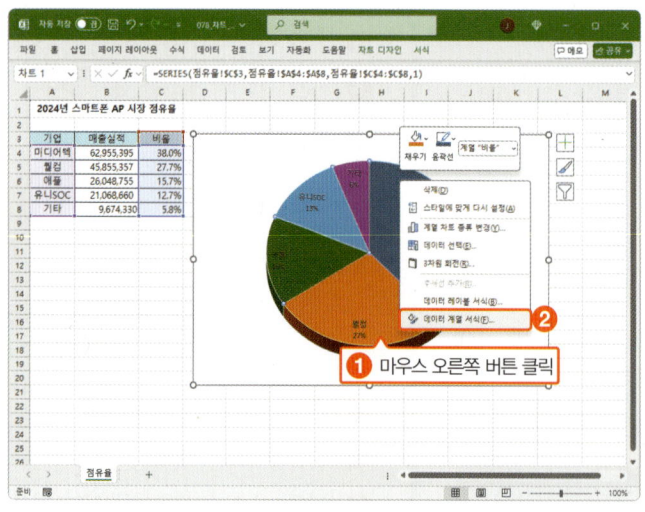

3차원 서식 지정하기

02 3차원 서식이 좀 더 두드러지도록 데이터 계열 서식에서 너비와 높이를 조절해보겠습니다.

① 원형 차트의 데이터 계열에서 마우스 오른쪽 버튼 클릭

② [데이터 계열 서식]을 클릭합니다.

210 PART 01 회사에서 바로 통하는 실무 엑셀

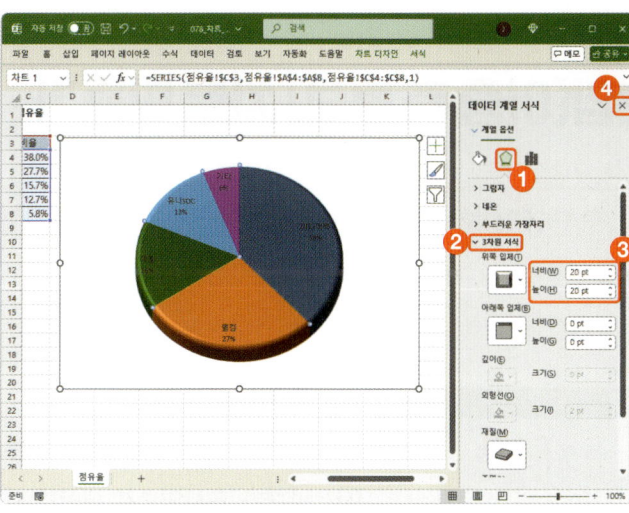

03 ① [데이터 계열 서식] 작업 창에서 [효과] 클릭
② [3차원 서식] 클릭
③ [위쪽 입체]-[너비], [높이]에 각각 **20** 입력
④ [닫기 ✕]를 클릭합니다.

Tip 차트에 부드러운 입체 효과가 적용됩니다.

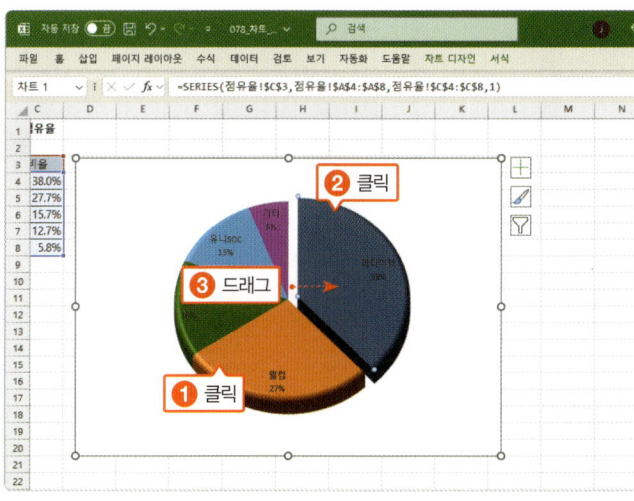

항목 조각내기

04 차트의 [미디어텍] 항목을 조각내서 보기 좋게 배치해보겠습니다.
① 원형 차트의 데이터 계열 클릭
② [미디어텍] 항목 클릭
③ [미디어텍] 항목을 오른쪽으로 적절히 드래그하여 조각을 분리합니다.

Tip 원형 차트에서 강조하고 싶은 항목을 조각내는 것이 좋습니다.

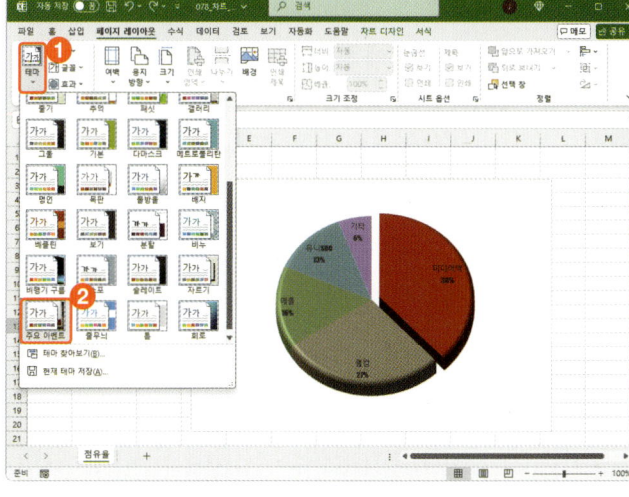

차트 테마 적용하기

05 ① [페이지 레이아웃] 탭-[테마] 그룹-[테마] 클릭
② [주요 이벤트]를 클릭해서 테마를 변경합니다.

Tip 테마에 따라 차트의 색상과 글꼴, 서식이 바뀝니다.

079 이중 축 혼합(이중 축 콤보) 차트 만들기

실습 파일 엑셀\4장\079_차트_혼합.xlsx   완성 파일 엑셀\4장\079_차트_혼합_완성.xlsx

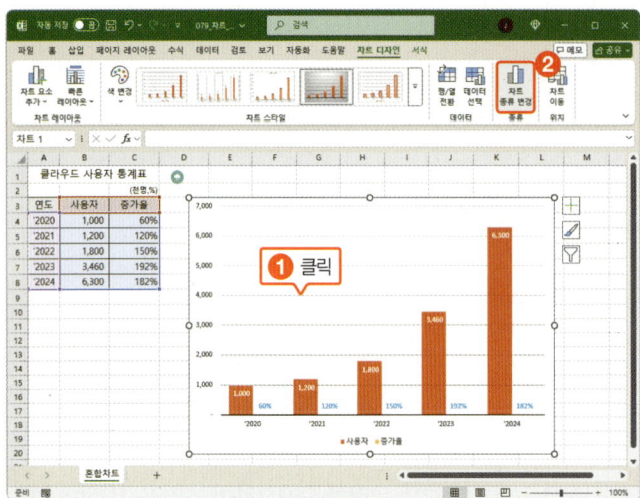

이중 축 혼합 차트 만들기

01 [증가율] 계열은 기본 축을 기준으로 막대가 표시되므로 데이터 값의 차이가 너무 커서 막대가 짧게 나타납니다. [증가율] 계열을 오른쪽 보조 축으로 지정한 후 꺾은선형으로 변경해보겠습니다.

① 차트 영역 클릭

② [차트 디자인] 탭-[종류] 그룹-[차트 종류 변경]을 클릭합니다.

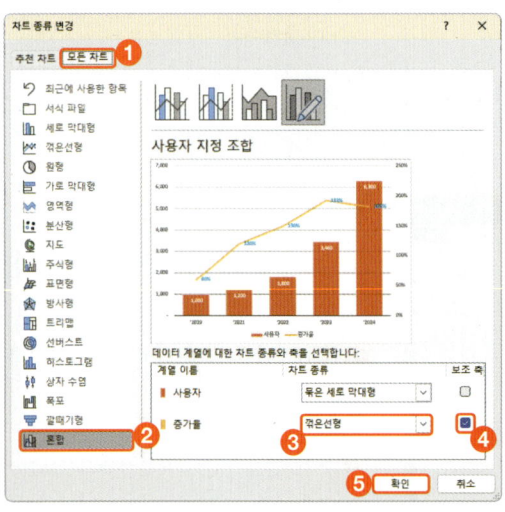

02 ① [차트 종류 변경] 대화상자의 [모든 차트] 탭 클릭

② [혼합] 클릭

③ [계열 이름]-[증가율]의 [차트 종류]로 [꺾은선형] 선택

④ [보조 축]에 체크

⑤ [확인]을 클릭합니다.

Tip 차트에 표식이 있는 꺾은선형 차트가 추가됩니다.

Tip 엑셀 2016 버전에서는 [차트 종류 변경] 대화상자의 [모든 차트] 탭에서 [콤보]를 클릭합니다.

차트 스타일 변경하기

03 ❶ 차트 영역 클릭
❷ [차트 디자인] 탭-[차트 스타일] 그룹-[자세히 ▼] 클릭
❸ [스타일 3]을 클릭합니다.

Tip 엑셀 버전에 따라 차트 스타일 목록이 다를 수 있습니다.

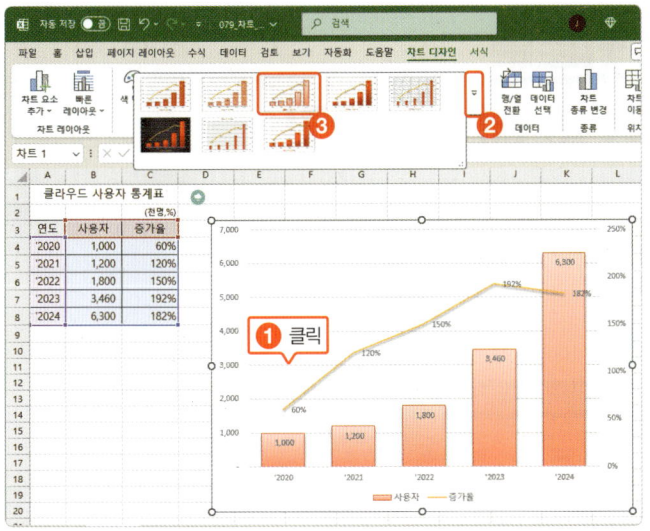

그림으로 표식 지정하기

04 꺾은선 차트의 표식을 그림으로 지정해보겠습니다.
❶ [D1] 셀 구름 그림 클릭
❷ Ctrl + C
❸ [증가율] 꺾은선형 데이터 계열 클릭
❹ Ctrl + V 를 눌러 그림으로 표식을 지정합니다.

Tip 표식에 복사한 구름 그림이 적용됩니다.

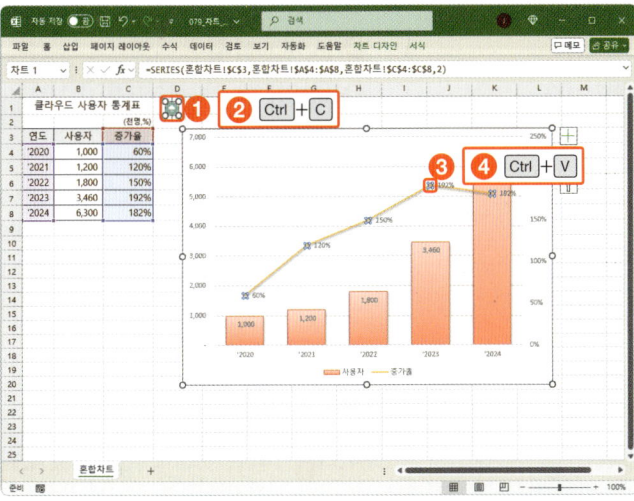

데이터 레이블 표시하기

05 [증가율] 꺾은선형 데이터 계열이 선택된 상태에서
❶ [차트 디자인] 탭-[차트 레이아웃] 그룹-[차트 요소 추가] 클릭
❷ [데이터 레이블]-[위쪽]을 클릭합니다.

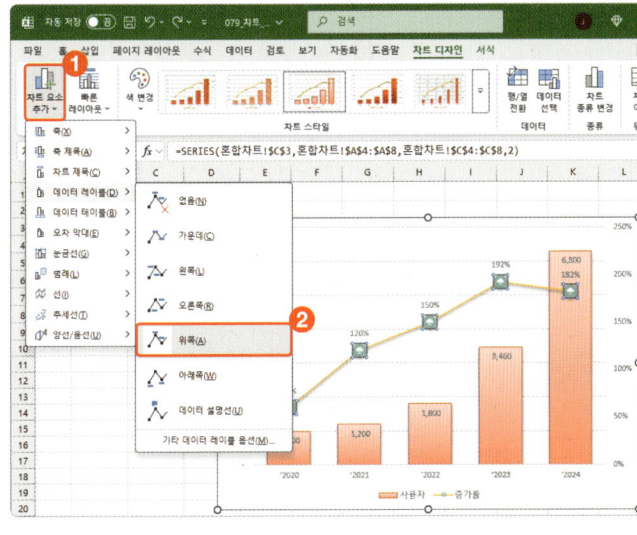

080 선버스트 차트로 사업 영역 한눈에 살펴보기

실습 파일 엑셀\4장\080_차트_사업영역_선버스트.xlsx 완성 파일 엑셀\4장\080_차트_사업영역_선버스트_완성.xlsx

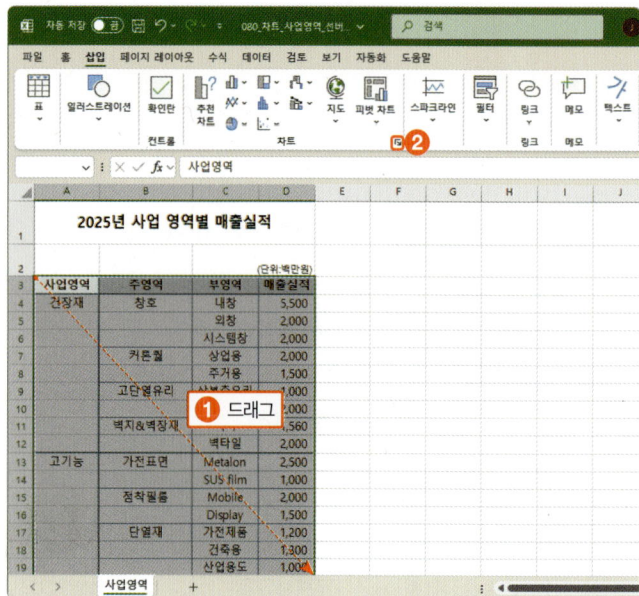

선버스트 차트 만들기 2016 이상
M365

01 사업 영역별 구조와 매출실적을 한눈에 볼 수 있도록 선버스트 차트를 만들어보겠습니다.

❶ [A3:D23] 범위 지정
❷ [삽입] 탭-[차트] 그룹-[추천 차트 ⬚]를 클릭합니다.

Tip 선버스트 차트는 계층 구조로 데이터가 입력되어 있어야 합니다. 사업 영역에서 주영역-부영역-소영역 등의 항목을 계층 구조로 입력하고 항목의 내용이 없으면 빈 셀로 둡니다.

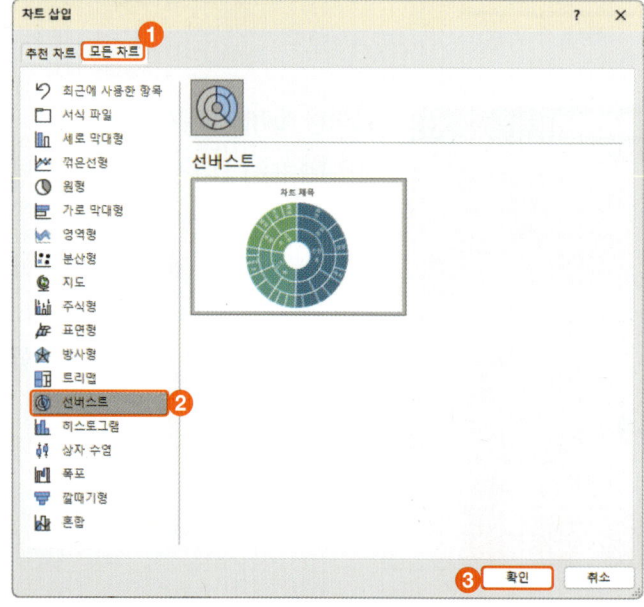

02 ❶ [차트 삽입] 대화상자에서 [모든 차트] 탭 클릭
❷ [선버스트] 클릭
❸ [확인]을 클릭합니다.

차트 위치와 크기 조절하기

03 삽입한 차트를 드래그하여 [F3] 셀 기준으로 배치하고 차트 조절점을 드래그하여 적당한 크기로 조절합니다.

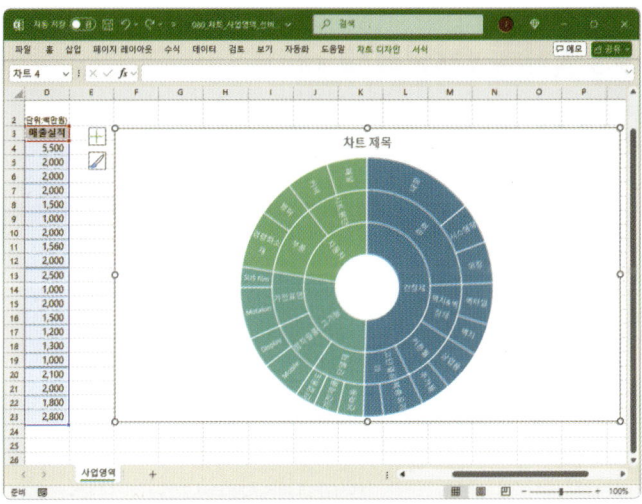

차트 스타일 변경하기

04 차트 스타일을 변경해보겠습니다.
❶ [차트 디자인] 탭-[차트 스타일] 그룹에서 [자세히 ▼] 클릭
❷ [스타일 6] 클릭
❸ 차트 제목을 클릭하고 Delete 를 누릅니다.

Tip 차트 제목을 삭제하면 제목 공간만큼 데이터 계열이 커집니다.

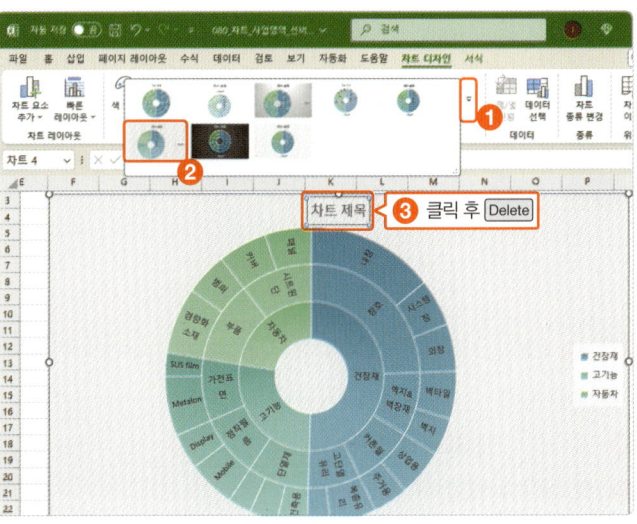

05 ❶ [차트 디자인] 탭-[차트 레이아웃] 그룹-[차트 요소 추가] 클릭
❷ [범례]-[위쪽]을 클릭합니다. 선버스트 차트가 완성되었습니다.

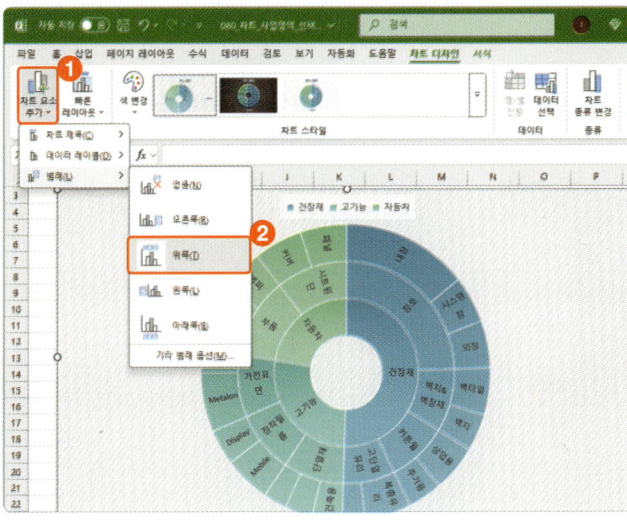

CHAPTER 04 차트 만들기 **215**

081 스파크라인 차트 삽입하고 종류 변경하기

실습 파일 엑셀\4장\081_차트_스파크라인.xlsx [스파크라인1] 시트 완성 파일 엑셀\4장\081_차트_스파크라인_완성.xlsx

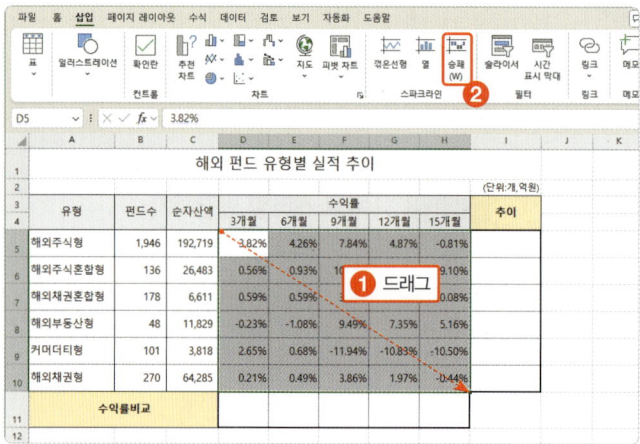

승패 스파크라인 차트 삽입하기

01 스파크라인 차트로 펀드 수익률을 비교해보겠습니다.

❶ [D5:H10] 범위 지정

❷ [삽입] 탭-[스파크라인] 그룹-[승패]를 클릭합니다.

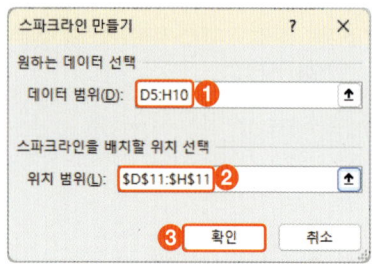

02 ❶ [스파크라인 만들기] 대화상자에서 [데이터 범위]에 **D5:H10** 입력

❷ [위치 범위]에 **$D$11:$H$11** 입력

❸ [확인]을 클릭합니다.

Tip 수익률을 비교하는 승패 스파크라인 차트가 삽입됩니다.

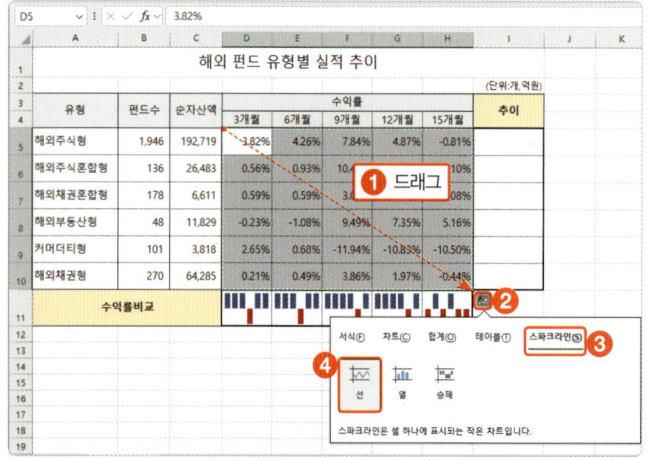

빠른 분석 도구로 스파크라인 차트 삽입하기

03 ❶ [D5:H10] 범위 지정

❷ [빠른 분석] 클릭

❸ [스파크라인] 클릭

❹ [선]을 클릭합니다.

Tip 지정한 범위의 오른쪽 열에 스파크라인 차트가 삽입됩니다.

04 [D11:H11] 범위에서는 각 펀드의 같은 기간 동안 수익률을 승패 차트로 비교할 수 있고, [I5:I10] 범위에서는 각 펀드의 전체 기간 수익률 추이를 선 차트로 확인할 수 있습니다.

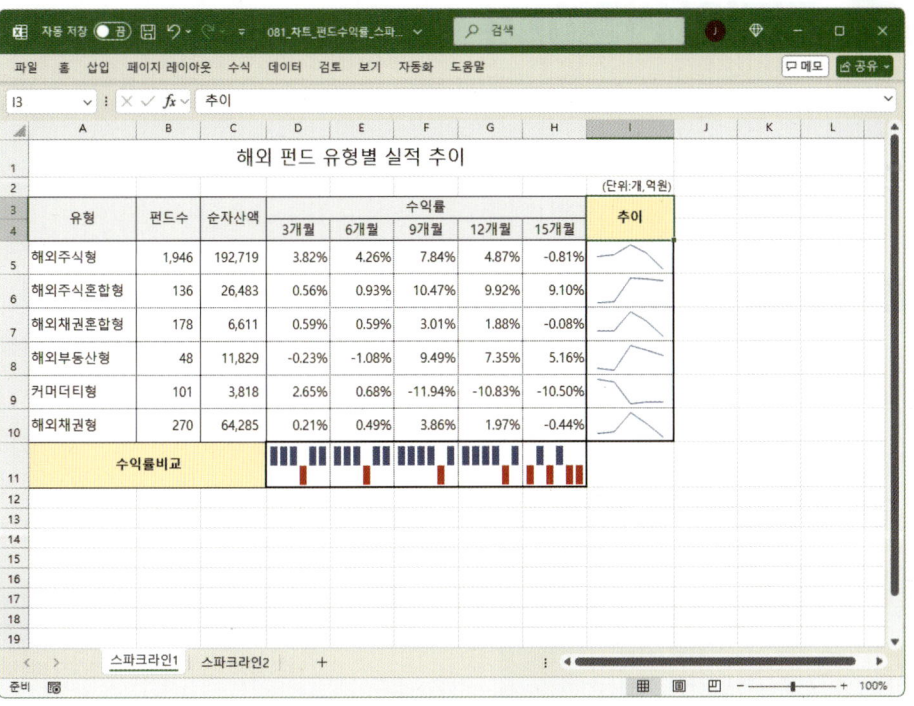

> **Note** **스파크라인 차트란?**
>
> 셀에 작은 추세 차트(선, 열, 승패)를 삽입해 데이터를 강조하고 비교합니다.
>
> ❶ 열 스파크라인은 데이터 값의 크기를 비교할 때 적합합니다.
>
> ❷ 선 스파크라인은 데이터의 추세를 나타낼 때 적합합니다.
>
> ❸ 승패 스파크라인은 음수를 표시해주므로 손익 등을 나타낼 때 적합합니다.
>
>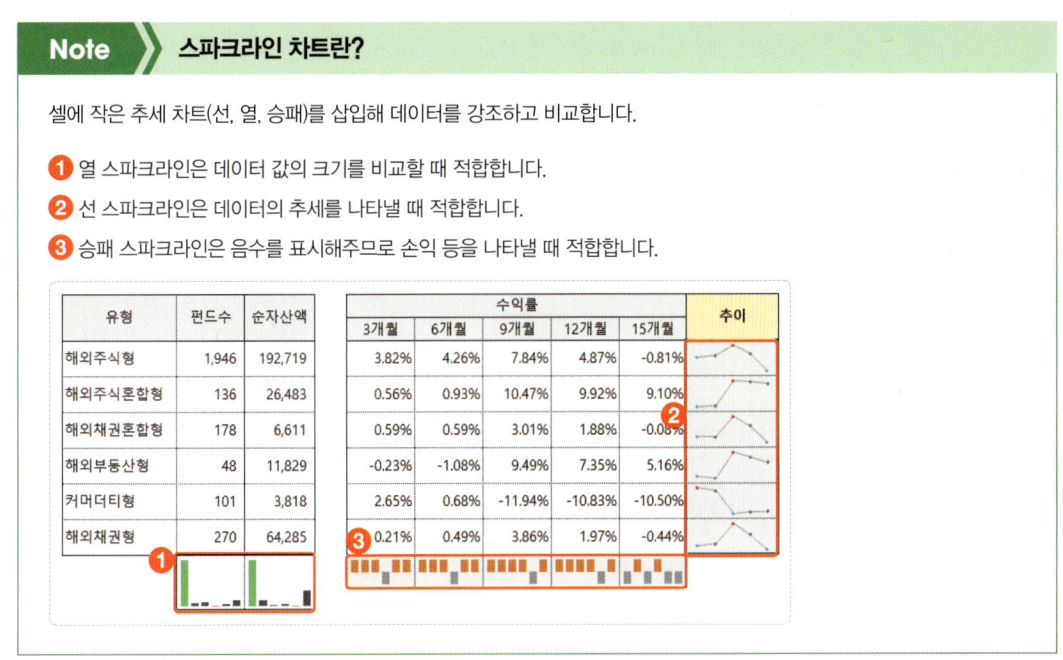

CHAPTER 04 차트 만들기 **217**

082 스파크라인 차트 스타일과 디자인 변경하기

실습 파일 엑셀\4장\081_차트_스파크라인.xlsx [스파크라인2] 시트   완성 파일 엑셀\4장\081_차트_스파크라인_완성.xlsx

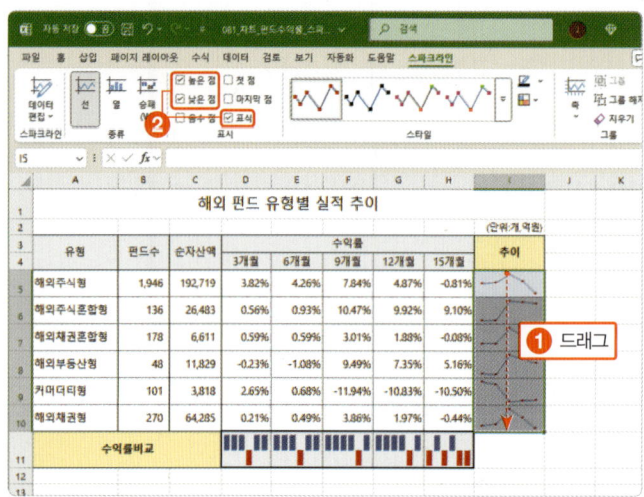

스파크라인 차트의 표시 강조하기

01 선 스파크라인 차트에서 표식을 강조해보겠습니다.

❶ [I5:I10] 범위 지정

❷ [스파크라인] 탭-[표시] 그룹에서 [높은 점], [낮은 점], [표식]에 체크합니다.

Tip 스파크라인 차트에서 표식이 나타나며 높은 점과 낮은 점이 강조됩니다. 엑셀 2019 버전에서는 [스파크라인 도구] 그룹-[디자인] 탭을 클릭합니다.

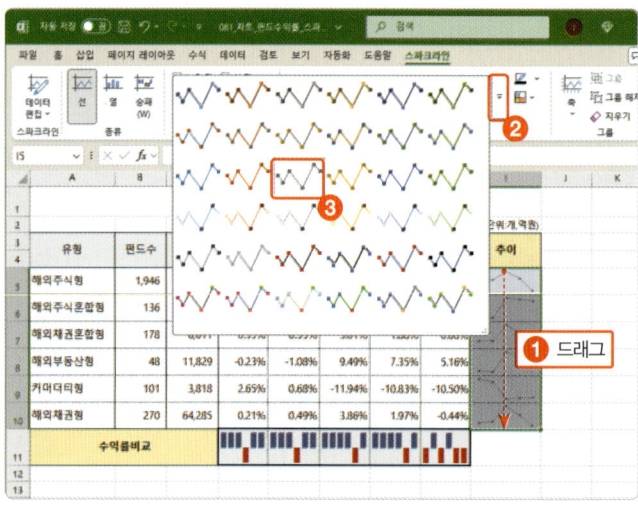

스파크라인 차트의 스타일 변경하기

02 ❶ [I5:I10] 범위 지정

❷ [스파크라인] 탭-[스타일] 그룹-[자세히 ▼] 클릭

❸ [회색, 스파크라인 스타일 강조 3]을 클릭합니다.

스파크라인 차트의 표식 색 변경하기

03 ❶ [스파크라인] 탭-[스타일] 그룹-[표식 색 🟧] 클릭
❷ [높은 점]-[빨강]을 클릭합니다.

Tip 스파크라인 차트에서 가장 높은 점이 빨간색으로 표시됩니다.

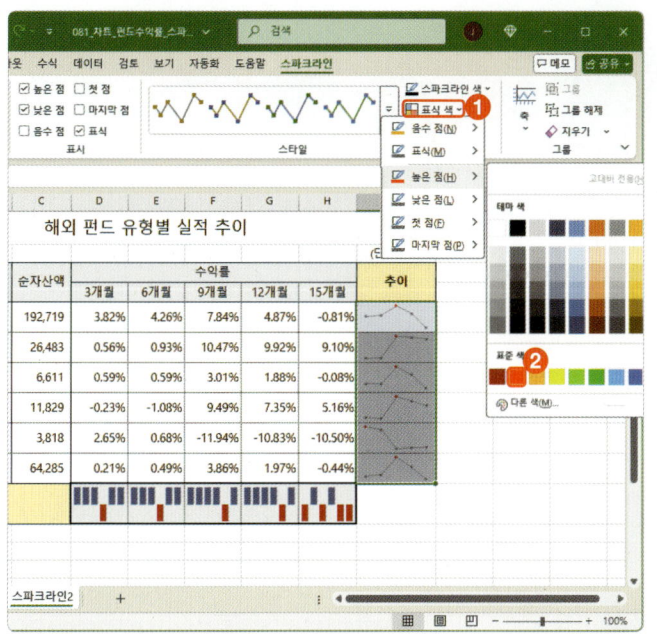

04 ❶ 다시 [표식 색 🟧] 클릭
❷ [낮은 점]-[연한 파랑]을 클릭합니다.

Tip 스파크라인 차트에서 가장 낮은 점이 연한 파란색으로 표시됩니다.

Tip 스파크라인 차트를 지우려면 [스파크라인] 탭-[그룹] 그룹-[지우기]를 클릭합니다.

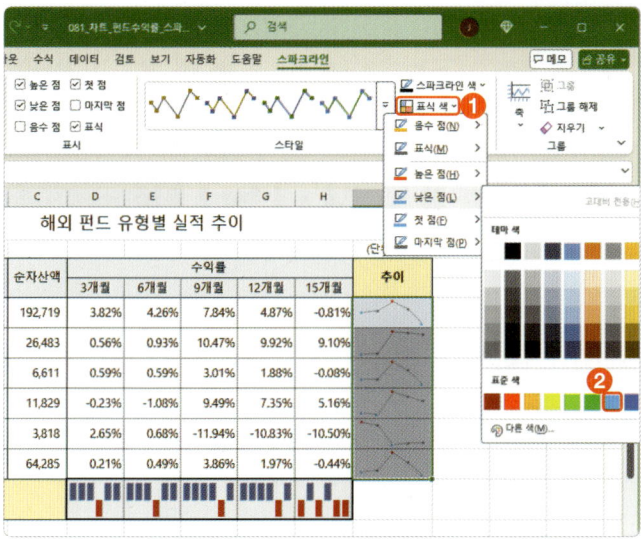

CHAPTER 04 차트 만들기 **219**

CHAPTER
05

데이터베이스 관리/분석 및 ChatGPT 사용하기

083 텍스트 파일로 데이터베이스 만들기

실습 파일 엑셀\5장\083_DB_텍스트_입출고.txt **완성 파일** 엑셀\5장\083_DB_텍스트_입출고_완성.xlsx

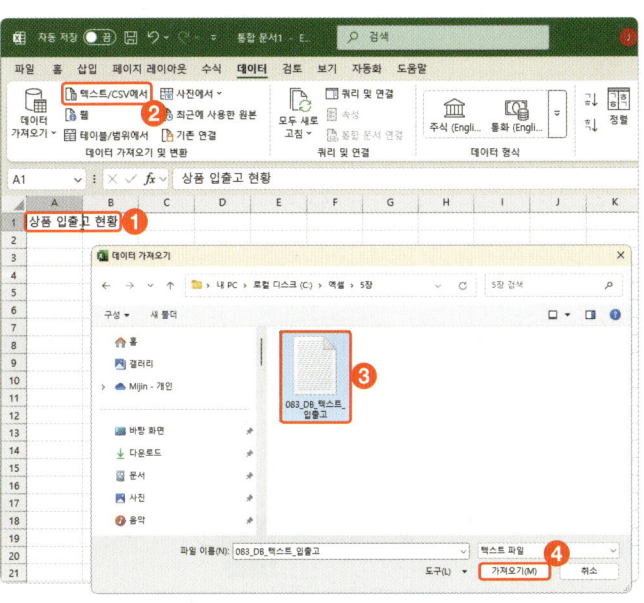

텍스트 파일 가져오기

01 ❶ 새 통합 문서에서 [A1] 셀에 **상품 입출고 현황** 입력

❷ [데이터] 탭-[데이터 가져오기 및 변환] 그룹-[텍스트/CSV에서 📄] 클릭

❸ [데이터 가져오기] 대화상자에서 '083_DB_텍스트_입출고.txt' 텍스트 파일 클릭

❹ [가져오기]를 클릭합니다.

Tip 엑셀 2016 이전 버전에서는 [데이터] 탭-[외부 데이터 가져오기] 그룹-[텍스트]를 클릭합니다.

02 [083_DB_텍스트_입출고.txt] 작업 창이 열리면 [파일 원본]에서 언어 코드인 [949:한국어]와 [구분 기호]에서 [탭]을 자동으로 인식합니다.

❶ [로드 ▼] 클릭

❷ [다음으로 로드]를 클릭합니다.

Tip 엑셀 2016 버전에서는 [텍스트 마법사-3단계 중 1단계] 대화상자에서 원본 데이터의 파일 유형을 [구분 기호로 분리됨]으로 선택하고 [다음]을 클릭합니다. [텍스트 마법사-3단계 중 2단계] 대화상자에서 [구분 기호]의 [탭]에 체크하고 [다음]을 클릭합니다. [텍스트 마법사-3단계 중 3단계] 대화상자에서 [데이터 미리 보기] 목록의 첫 번째 열인 [일자]를 클릭하고 [열 데이터 서식]을 [날짜]로 선택합니다. [마침]을 클릭해서 텍스트 마법사를 완료합니다.

03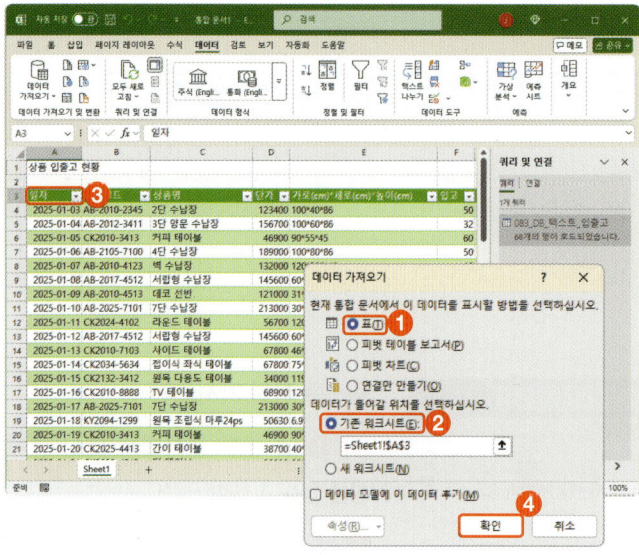

① [데이터 가져오기] 대화상자에서 [표] 클릭

② [기존 워크시트] 클릭

③ 데이터가 시작될 위치로 [A3] 셀 클릭

④ [확인]을 클릭합니다. [A3] 셀부터 데이터가 입력됩니다.

Tip [A3] 셀 위치에 표로 변환된 데이터가 로드되고 [쿼리 및 연결] 작업 창에 68개의 행이 로드되었다는 메시지가 표시됩니다.

Note 외부 데이터가 수정되면 엑셀에 로드된 데이터도 수정되나요?

① 텍스트 파일을 워크시트로 로드하면 원본 텍스트와 표가 연결되어 있습니다. 따라서 원본 텍스트 파일을 수정한 후 [데이터] 탭-[쿼리 및 연결] 그룹-[모두 새로 고침 📋]을 클릭하면 현재 워크시트에 담긴 표도 수정됩니다.

② 원본과 연결을 해제하려면 [쿼리 및 연결] 창의 [083_DB_텍스트_입출고]에서 마우스 오른쪽 버튼을 클릭하고 [삭제]를 클릭합니다. [쿼리 삭제] 경고 창에서 [삭제]를 클릭하면 텍스트 파일과의 연결이 끊어집니다.

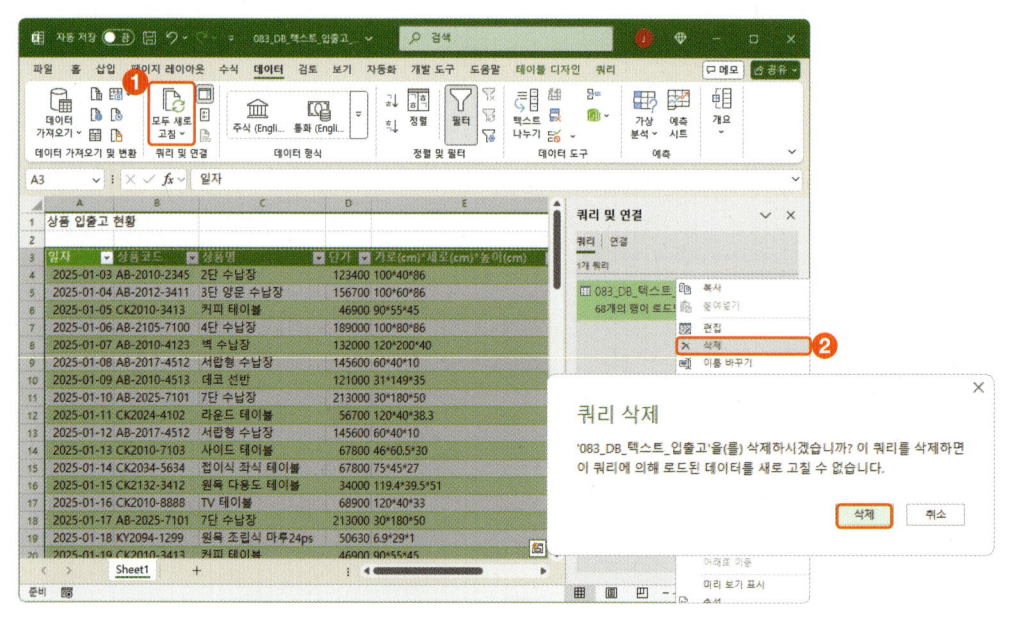

Note > 엑셀 표(Table) 작성 규칙 알아보고 데이터 효율적으로 관리하기

엑셀에서 제공하는 데이터베이스의 기능은 방대한 표(Table) 구조의 자료를 관리하고 요약해서 데이터를 효과적으로 분석하기에 유용합니다. 텍스트 나누기, 중복 데이터, 통합 기능을 사용하여 데이터를 관리하고, 정렬, 부분합, 피벗 테이블로 데이터를 분석할 수 있습니다.

표(Table)

데이터를 특정 용도에 맞게 체계적으로 정리하여 데이터를 처리할 수 있도록 테이블 구조로 표를 만듭니다. 테이블의 구조는 필드명(머리글), 레코드(행), 필드(열) 등으로 구성되어 있습니다. 일반적으로 표 구조로 데이터를 입력하지만, 관련 데이터를 쉽게 관리하고 분석하려면 범위를 엑셀 표로 변환하고 등록해서 사용하는 것이 좋습니다.

일반 표	엑셀 표
머리글, 행, 열로 구성된 표로 범위가 고정적입니다. 범위의 이름을 정의하거나 함수를 사용해야 동적인 참조가 가능합니다.	머리글, 행, 열로 구성된 엑셀 표로 별도의 작업 없이 각 구성 요소를 참조할 수 있고, 데이터의 양에 따라 범위가 동적으로 변합니다.

엑셀 표(Table)의 작성 규칙

데이터베이스로 관리할 표(Table)를 작성할 때는 다음과 같은 사항에 주의합니다.

❶ 필드명은 한 줄로 입력하고, 필드명이 입력된 셀은 병합하지 않아야 합니다.
❷ 각 셀에 입력한 데이터는 병합하지 않아야 하고, 빈 행이나 열이 없어야 합니다.
❸ 셀 하나에는 하나의 정보만 입력해야 합니다. 외부에서 데이터를 가져왔을 때 셀 하나에 여러 정보가 있으면 텍스트를 나눠서 여러 필드에 입력합니다.
❹ 세로 방향으로 데이터를 누적해서 입력합니다.

▲ 잘못 작성된 표　　　　　　　　　　　▲ 바르게 작성된 표

데이터베이스를 효율적으로 관리하고 분석하기

데이터를 효율적으로 관리하려면 열 하나에 여러 정보가 담기지 않도록 종류별로 데이터를 분류해야 합니다. 데이터가 중복되면 잘못된 결과가 나타나거나 검색 및 분석이 제대로 이뤄지지 않기 때문입니다. 데이터베이스를 관리 및 분석하는 방법에 대해 살펴보겠습니다. 각각의 관리 방법에 대한 자세한 내용은 083~098번 실습을 참고합니다.

❶ 텍스트 나누기 : 열 하나에 여러 정보가 담겨 있을 때 이를 종류별로 나눠 관리합니다.

입고	단가	가로(cm)*세로(cm)*높이(cm)
50	123,400	100*40*86
32	156,700	100*40*87
60	46,900	100*40*88
50	189,000	100*40*89
40	132,000	100*40*90

▲ 셀에 여러 정보가 있는 데이터

입고	단가	가로(cm)	세로(cm)	높이(cm)
50	123,400	100	40	86
32	156,700	100	40	87
60	46,900	100	40	88
50	189,000	100	40	89
40	132,000	100	40	90

▲ 텍스트 나누기로 셀에 하나의 정보만 있는 데이터

❷ 중복 데이터 삭제하기 : 잘못된 결과를 불러올 수 있는 중복 데이터를 삭제합니다.

코드	품명	입고단가	출고단가
H607	외장하드	85,000	97,750
EF345	출퇴근기록기	320,000	368,000
EF345	출퇴근기록기	320,000	368,000
BE500	지폐계수기	12,500	14,375
D204	문서 세단기	156,000	179,400
L451	코팅기	120,000	138,000
H607	외장하드	85,000	97,750
EF345	출퇴근기록기	320,000	368,000
RS130	제본기	450,000	517,500

▲ 상품코드, 품명 단가가 중복된 데이터

코드	품명	입고단가	출고단가
H607	외장하드	85,000	97,750
EF345	출퇴근기록기	320,000	368,000
BE500	지폐계수기	12,500	14,375
D204	문서 세단기	156,000	179,400
L451	코팅기	120,000	138,000
RS130	제본기	450,000	517,500

▲ 중복을 제거한 데이터

❸ 통합하기 : 여러 워크시트의 결과를 필드 항목 기준으로 통합하고 서식을 지정합니다. 여러 워크시트의 결과를 합계, 개수, 평균, 최댓값, 최솟값, 곱, 수치 개수, 표본 표준 편차, 표준 편차, 표본 분산, 분산 등으로 요약하고 집계합니다.

품명	1월수량
외장하드	5
출퇴근기록기	10
출퇴근기록기	50
지폐계수기	5
문서 세단기	25
코팅기	10
외장하드	6
출퇴근기록기	10
전자칠판	4
전자칠판	30

\+

품명	2월수량
외장하드	5
문서 세단기	11
지폐계수기	10
외장하드	22
출퇴근기록기	7
제본기	5
전자칠판	10

\+

품명	3월수량
외장하드	20
출퇴근기록기	10
지폐계수기	6
문서 세단기	5
출퇴근기록기	10
전자칠판	5

=

품명	1월수량	2월수량	3월수량
외장하드	11	27	20
출퇴근기록기	70	7	20
지폐계수기	5	10	11
문서 세단기	25	11	5
코팅기	10		
제본기		5	
전자칠판	34	10	5

▲ 통합 전의 1월 ~ 3월 데이터   ▲ 품명을 기준으로 통합한 데이터

❹ 자동 필터를 이용한 필터링하기 : 전체 데이터에서 조건에 맞는 데이터 목록만 필터링합니다.

▲ 자동 필터를 적용하고 조건을 지정하기 전의 데이터   ▲ 필드에 조건을 지정해 특정 분류의 목록만 추출한 데이터

❺ **정렬 및 다중 부분합 작성하기** : 데이터를 분석하기 편한 기준으로 오름차순, 내림차순, 사용자 지정 순서로 정렬합니다. 정렬된 특정 필드를 그룹화해 분류하고 합계, 평균, 개수 등을 계산합니다.

▲ 고객 정보를 지점, 보험상품 순서로 오름차순 정렬

▲ 고객 정보에서 지점별, 보험상품을 그룹화하고 부분합을 계산한 데이터

❻ **피벗 테이블로 크로스 탭 집계표와 피벗 차트 만들기** : 기초 데이터를 분석해 행/열 구조의 크로스 탭 표로 요약하여 집계표를 작성합니다.

▲ 일자별, 매입, 매출 데이터

▲ 피벗 테이블로 분기/상품명 수량의 합계를 요약한 집계표

084 구분 기호로 텍스트 나누기

실습 파일 엑셀\5장\084_DB_텍스트_입출고.xlsx   완성 파일 엑셀\5장\084_DB_텍스트_입출고_완성.xlsx

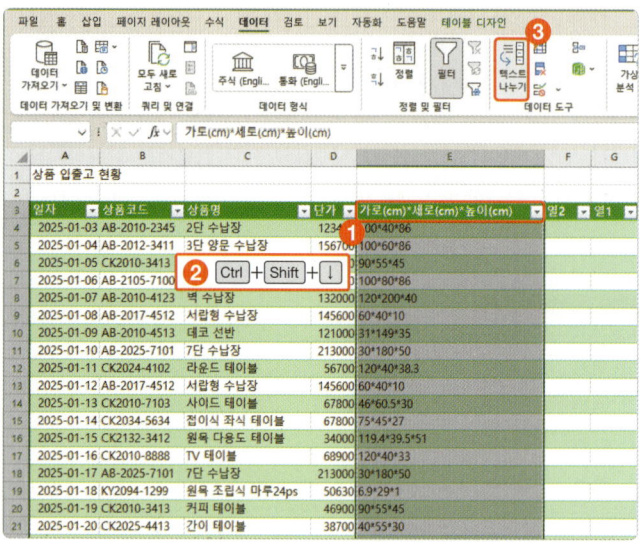

텍스트를 나눌 셀 범위 지정하기

01 일정한 너비나 기호를 기준으로 텍스트를 나눌 수 있습니다. 상품의 가로, 세로, 높이가 한 열에 입력되어 있으므로 각각 데이터를 나눠보겠습니다.

❶ [E3] 셀 클릭

❷ Ctrl + Shift + ↓ 를 눌러 [E3:E37] 범위 지정

❸ [데이터] 탭-[데이터 도구] 그룹-[텍스트 나누기]를 클릭합니다.

Tip 텍스트를 나누려면 나누려는 데이터 개수만큼 오른쪽에 빈 열이 있어야 합니다. 만약 빈 열이 없으면 나눠진 텍스트 값으로 오른쪽 열이 대치되므로 주의합니다.

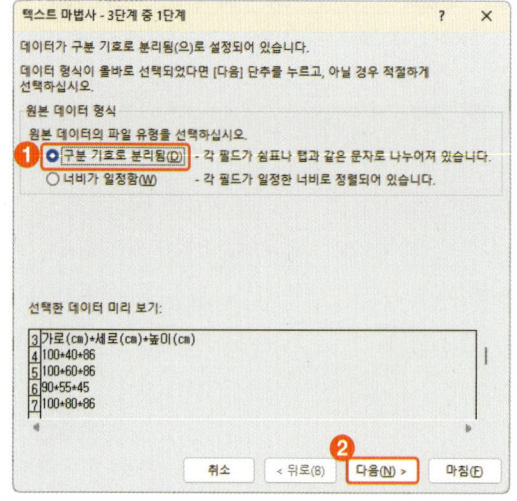

텍스트 마법사 - 3단계 중 1단계

02 ❶ [텍스트 마법사 - 3단계 중 1단계] 대화상자에서 [원본 데이터 형식]-[구분 기호로 분리됨] 클릭

❷ [다음]을 클릭합니다.

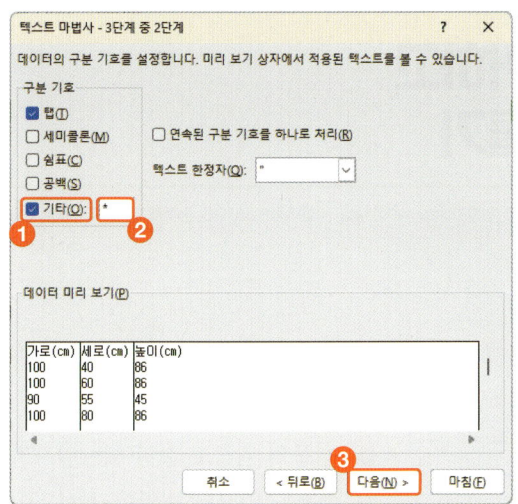

텍스트 마법사 – 3단계 중 2단계

03 ❶ [텍스트 마법사 – 3단계 중 2단계] 대화상자에서 [구분 기호]–[기타]에 체크

❷ * 입력

❸ [다음]을 클릭합니다.

Tip * 기호를 기준으로 텍스트가 분리됩니다.

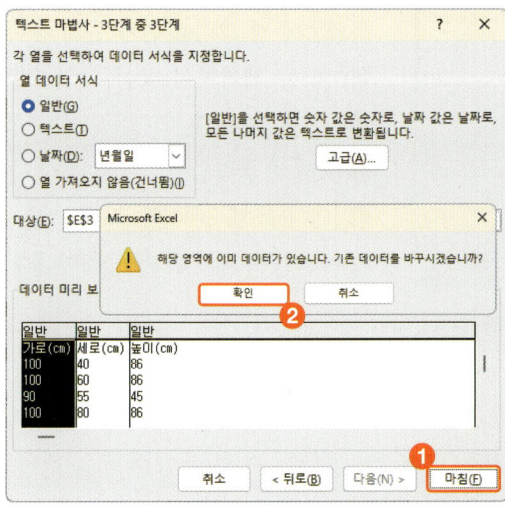

텍스트 마법사 – 3단계 중 3단계

04 [텍스트 마법사 – 3단계 중 3단계] 대화상자의 [데이터 미리 보기] 목록에서 서식을 지정합니다. 여기서는 지정할 서식이 없으므로 텍스트 마법사를 완료합니다.

❶ [마침] 클릭

❷ 기존 데이터를 바꿀 것인지 확인하는 메시지가 나타나면 [확인]을 클릭합니다.

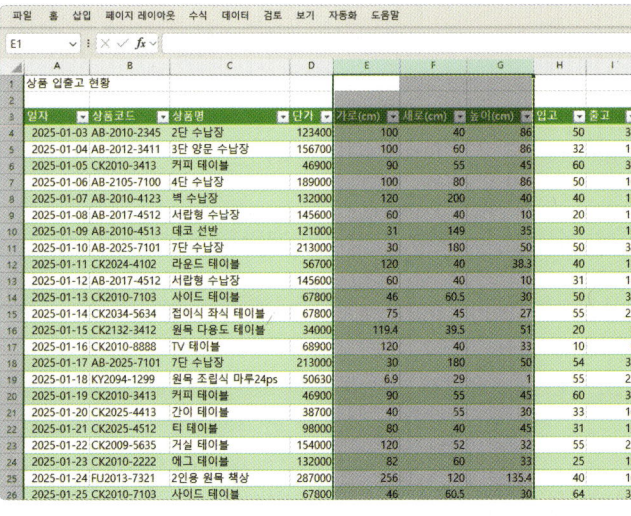

05 가로, 세로, 높이 항목이 나눠졌습니다. E, F, G 열의 너비를 적절하게 조절합니다.

085 중복 데이터 제거하고 상품 목록표 만들기

실습 파일 엑셀\5장\085_DB_중복제거_입출고.xlsx **완성 파일** 엑셀\5장\085_DB_중복제거_입출고_완성.xlsx

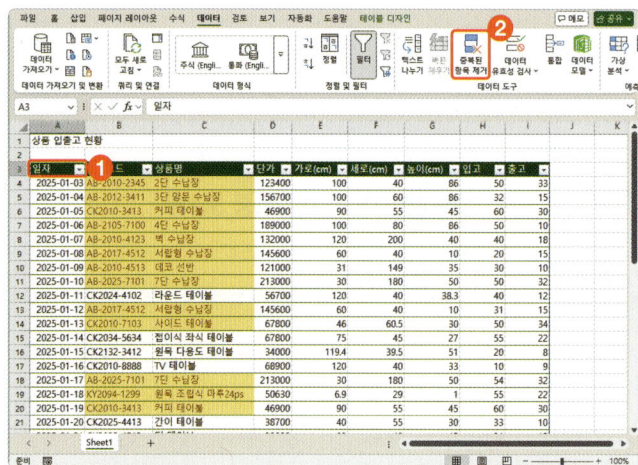

중복 데이터 제거하기

01 상품의 입출고 현황에는 일자별로 상품이 입고된 내역이 표시되어 있습니다. 목록에서 중복된 상품코드와 상품명 그리고 단가 등의 중복 데이터를 제거하여 상품 목록표를 만들어보겠습니다.

❶ [A3] 셀 클릭

❷ [데이터] 탭-[데이터 도구] 그룹-[중복된 항목 제거]를 클릭합니다.

Tip [B4:C45] 범위에는 [홈] 탭-[스타일] 그룹-[조건부 서식]-[셀 강조 규칙]-[중복 값]이 지정되어 있습니다.

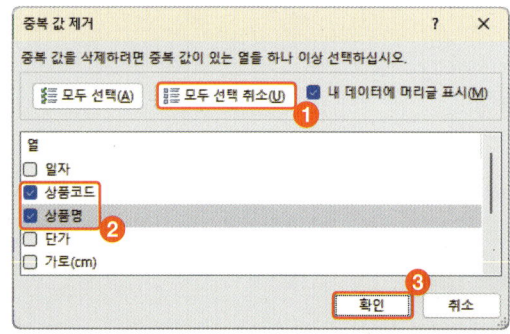

02 ❶ [중복 값 제거] 대화상자에서 [모두 선택 취소] 클릭

❷ [열]의 [상품코드], [상품명]에 체크

❸ [확인]을 클릭합니다.

Tip 체크한 항목에서 일치하는 레코드가 있을 때만 제거됩니다.

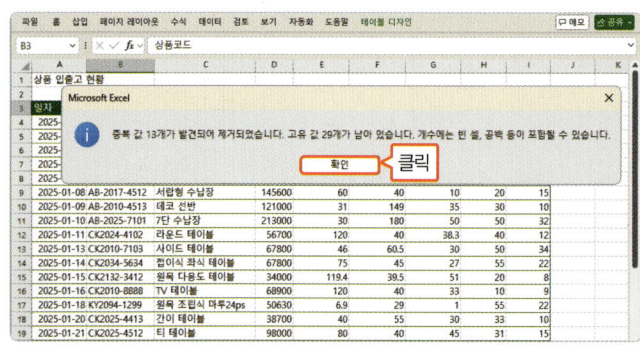

03 13개의 중복된 데이터가 제거되었다는 메시지가 나타나면 [확인]을 클릭합니다.

Tip 중복된 데이터를 제거하면 첫 번째 레코드 하나만 남고 두 번째 레코드부터는 삭제됩니다. 중복 값이 제거되었으므로 조건부 서식 규칙이 지워집니다.

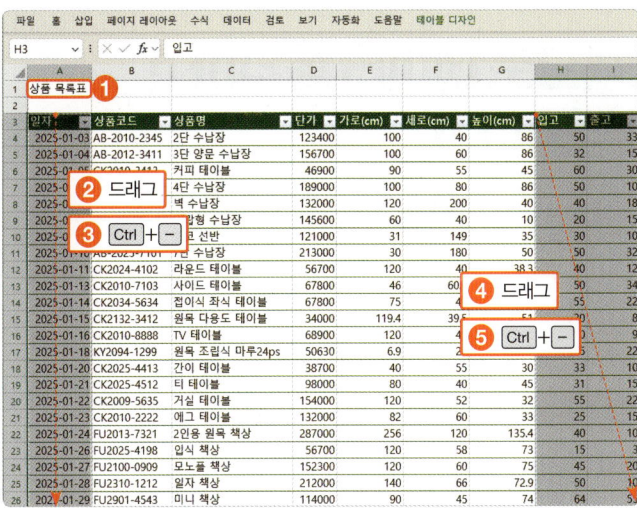

상품 목록표 만들기

04 ❶ [A1] 셀에 **상품 목록표** 입력

❷ [A3:A32] 범위 지정

❸ Ctrl + - 눌러 일자 열 삭제

❹ [H3:I32] 범위 지정

❺ Ctrl + - 를 눌러 입고, 출고 열을 삭제합니다.

Tip 일자, 입고, 출고 열이 삭제되어 상품코드, 상품명, 단가와 상품 사양만 남습니다.

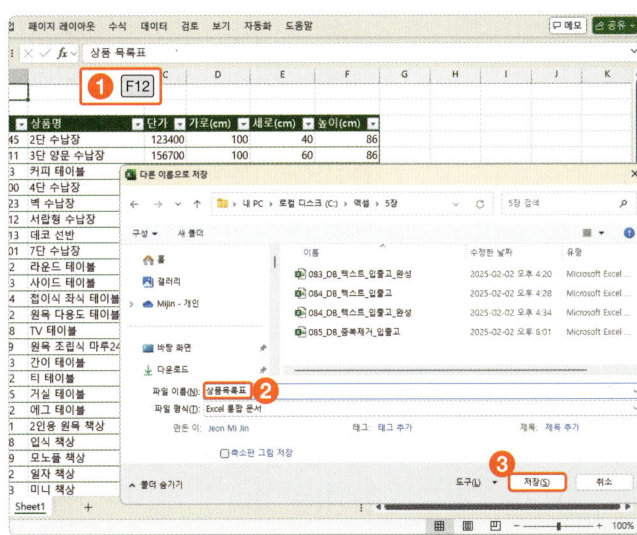

다른 이름으로 저장하기

05 ❶ F12

❷ [다른 이름으로 저장] 대화상자가 나타나면 [파일 이름]에 **상품목록표** 입력

❸ [저장]을 클릭합니다.

우선순위
086 동일한 항목으로 데이터 통합하고 빠른 서식 적용하기

실습 파일 엑셀\5장\086_DB_통합_월실적현황.xlsx 완성 파일 엑셀\5장\086_DB_통합_월실적현황_완성.xlsx

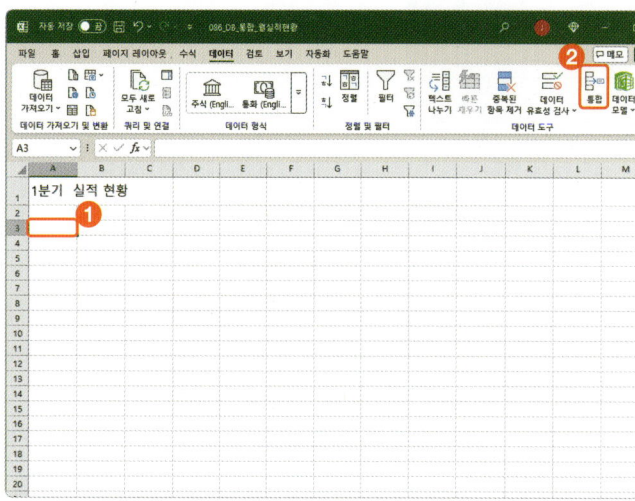

성명을 기준으로 1월~3월까지의 실적 통합하기

01 데이터를 통합하면 여러 워크시트에 담긴 결과를 요약하고 집계해서 볼 수 있습니다. 같은 통합 문서 내에 있는 [1월]~[3월] 시트의 데이터를 통합해보겠습니다.

❶ [통합] 시트에서 [A3] 셀 클릭

❷ [데이터] 탭-[데이터 도구] 그룹-[통합]을 클릭합니다.

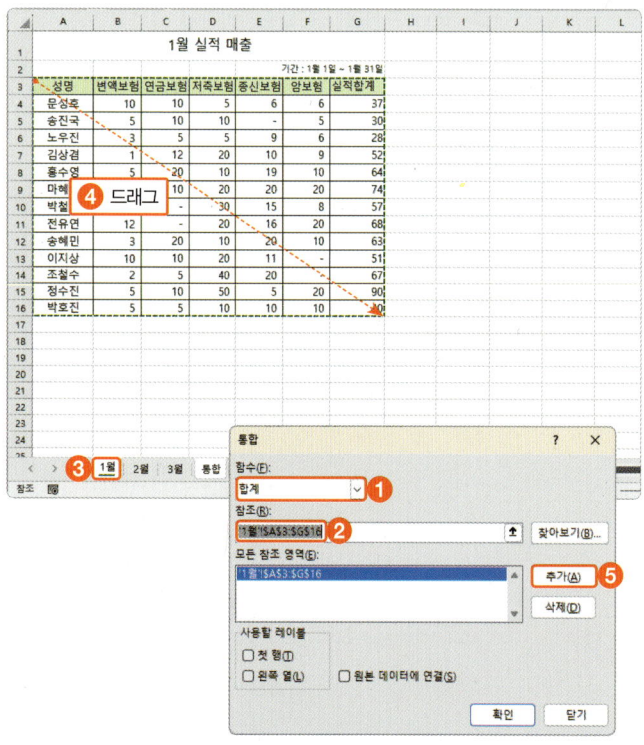

통합할 데이터를 범위 지정하기

02 ❶ [통합] 대화상자의 [함수]에서 [합계] 선택

❷ [참조] 클릭

❸ [1월] 시트 탭 클릭

❹ [A3:G16] 범위 지정

❺ [추가]를 클릭합니다.

Tip 데이터를 통합하면 첫 번째 열을 기준으로 여러 범위의 데이터를 하나로 합칩니다. 첫 번째로 통합할 범위(A3:G16)가 [모든 참조 영역]에 추가됩니다.

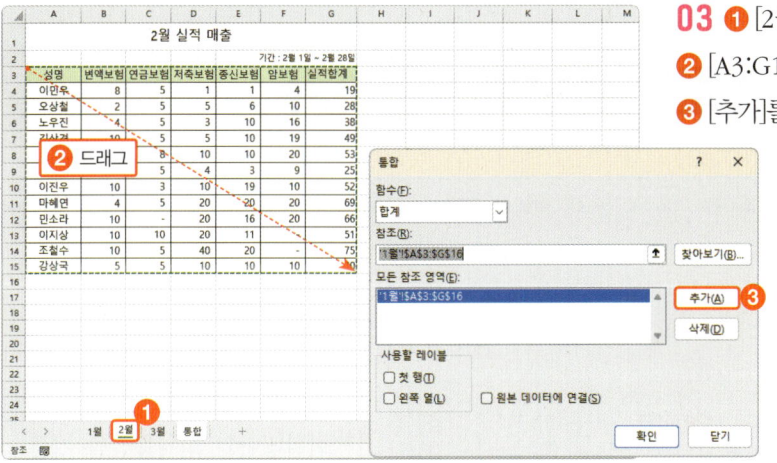

03 ❶ [2월] 시트 탭 클릭
❷ [A3:G15] 범위 지정
❸ [추가]를 클릭합니다.

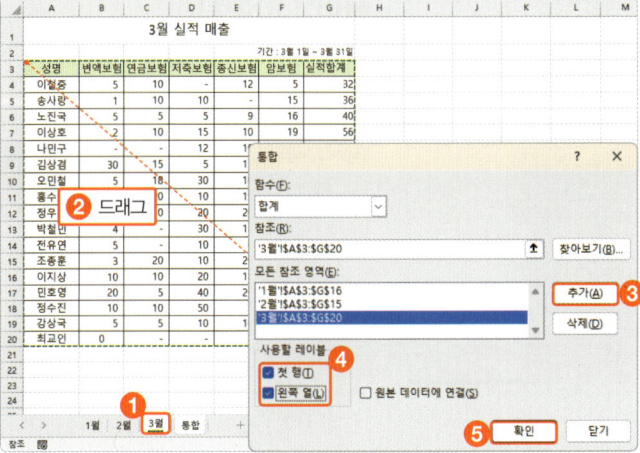

04 ❶ [3월] 시트 탭 클릭
❷ [A3:G20] 범위 지정
❸ [추가] 클릭
❹ [사용할 레이블]에서 [첫 행]과 [왼쪽 열]에 체크
❺ [확인]을 클릭합니다.

Tip [사용할 레이블]에서 [첫 행]과 [왼쪽 열]에 체크하면 제목 행과 제목 열을 기준으로 통합됩니다. 그러나 레이블을 사용하지 않고 통합하면 행과 열 방향의 순서대로 통합하기 때문에 잘못된 결과를 얻을 수도 있습니다.

데이터 통합하여 표 서식 지정하기

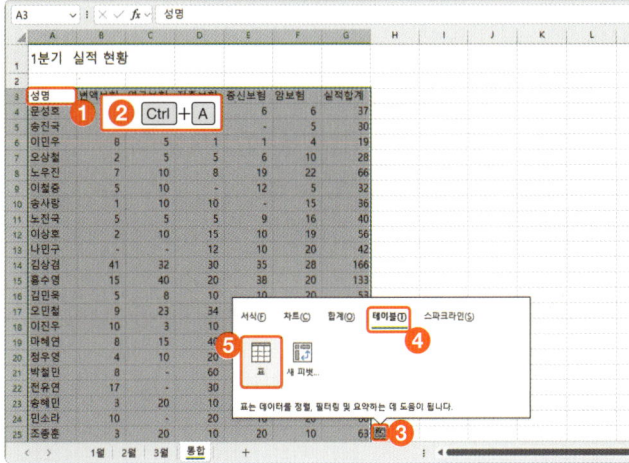

05 1월부터 3월까지의 데이터가 통합되어 [통합] 시트에 입력됩니다.
❶ [A3] 셀에 **성명** 입력
❷ Ctrl + A 눌러 [A3:G32] 범위 지정
❸ [빠른 분석 🔲] 클릭
❹ [테이블] 클릭
❺ [표]를 클릭합니다.

Tip 데이터가 엑셀 표로 변환되며 표 서식이 적용됩니다.

셀 값을 기준으로 정렬하기

실습 파일 엑셀\5장\087_DB_정렬_회원명단1.xlsx   완성 파일 엑셀\5장\087_DB_정렬_회원명단1_완성.xlsx

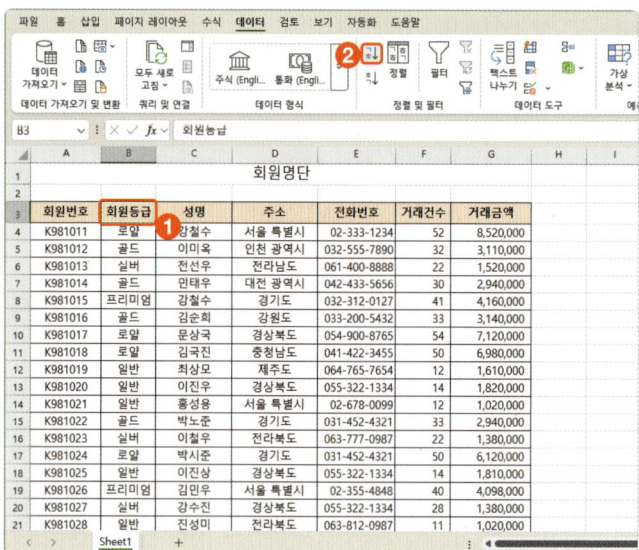

회원등급을 오름차순으로 정렬하기

01 회원명단의 회원등급을 기준으로 셀을 정렬해보겠습니다.

❶ [B3] 셀 클릭

❷ [데이터] 탭-[정렬 및 필터] 그룹-[오름차순]을 클릭합니다.

Tip 회원등급이 ㄱ~ㅎ 순서의 오름차순으로 정렬됩니다.

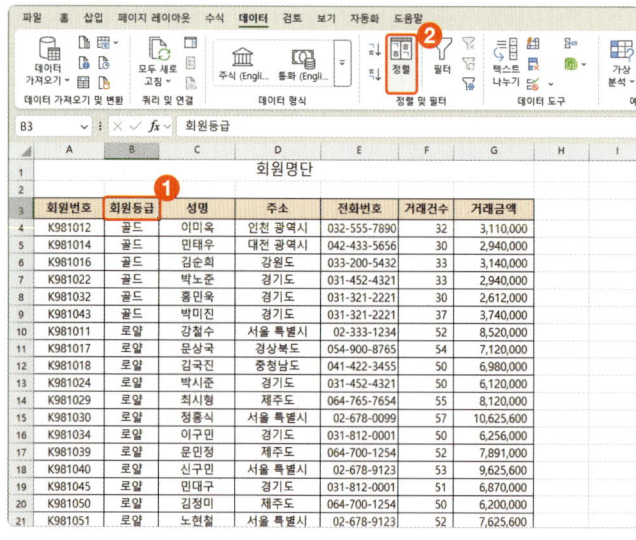

여러 조건으로 정렬하기

02 회원등급, 주소, 거래금액 순으로 정렬해보겠습니다.

❶ 데이터에서 임의의 셀 클릭

❷ [데이터] 탭-[정렬 및 필터] 그룹-[정렬]을 클릭합니다.

Tip [정렬] 대화상자를 이용하면 정렬 기준을 두 가지 이상으로 지정해서 정렬할 수 있습니다.

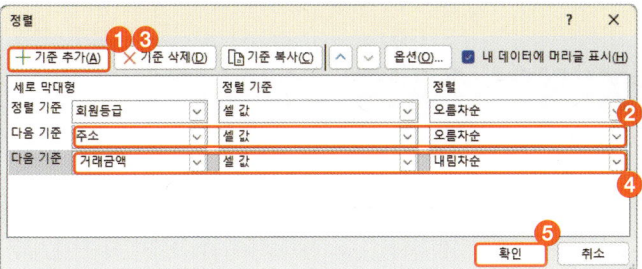

03 ❶ [정렬] 대화상자에서 두 번째 정렬 기준을 추가하기 위해 [기준 추가] 클릭

❷ [다음 기준]에서 [주소], [셀 값], [오름차순] 선택

❸ 세 번째 정렬 기준을 추가하기 위해 [기준 추가] 클릭

❹ [다음 기준]에서 [거래금액], [셀 값], [내림차순] 선택

❺ [확인]을 클릭합니다.

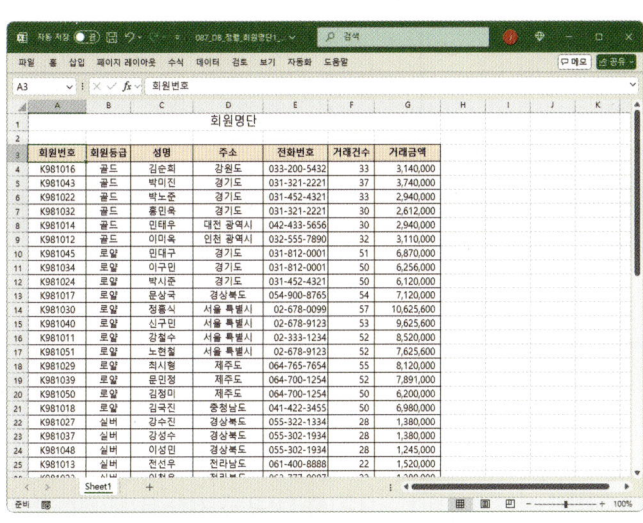

04 회원등급과 주소를 기준으로 오름차순, 거래금액을 기준으로 내림차순으로 데이터가 정렬됩니다.

Note 데이터를 정렬하는 순서

엑셀 데이터는 다음 표의 정렬 순서를 따릅니다.

숫자	가장 작은 음수에서 가장 큰 양수로 정렬됩니다.
날짜	가장 이전 날짜에서 가장 최근 날짜로 정렬됩니다.
문자 (문자와 숫자가 섞여 있는 경우)	0~9 (공백) ! # $ % & ( ) * , . / : ; ? @ [₩] ^ _ ` {	} ~ + < = > a-z, A-Z 순으로 정렬됩니다.
논리값	FALSE, TRUE순으로 정렬됩니다.
오류값	#N/A, #VALUE! 등의 오류값은 정렬 순서가 모두 동일합니다.

088 사용자가 지정한 순서로 정렬하기

실습 파일 엑셀\5장\088_DB_정렬_회원명단2.xlsx   완성 파일 엑셀\5장\088_DB_정렬_회원명단2_완성.xlsx

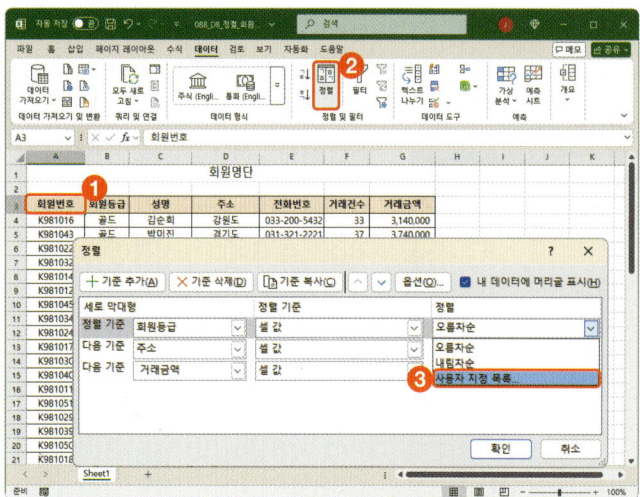

회원등급 사용자 지정 목록으로 정렬하기

01 회원등급을 사용자 지정 순서(로얄~일반)로 정렬해보겠습니다.

❶ 데이터에서 임의의 셀 클릭

❷ [데이터] 탭-[정렬 및 필터] 그룹-[정렬] 클릭

❸ [정렬] 대화상자가 나타나면 [회원등급]의 [정렬]에서 [사용자 지정 목록]을 클릭합니다.

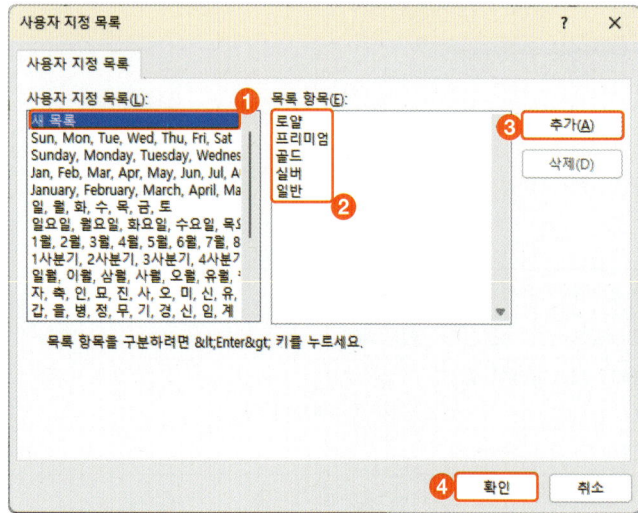

사용자 지정 목록 추가하기

02 ❶ [사용자 지정 목록] 대화상자의 [사용자 지정 목록]에서 [새 목록] 클릭

❷ [목록 항목]에 **로얄, 프리미엄, 골드, 실버, 일반** 순서대로 입력

❸ [추가] 클릭

❹ [확인]을 클릭합니다.

Tip [사용자 지정 목록] 대화상자에서 정렬 순서를 직접 입력하고 [추가]를 클릭하면 사용자 지정 순서가 등록됩니다.

03 [정렬] 대화상자에서 [회원등급]의 [정렬]이 로얄~일반순으로 지정되었습니다. [확인]을 클릭해서 [정렬] 대화상자를 닫습니다.

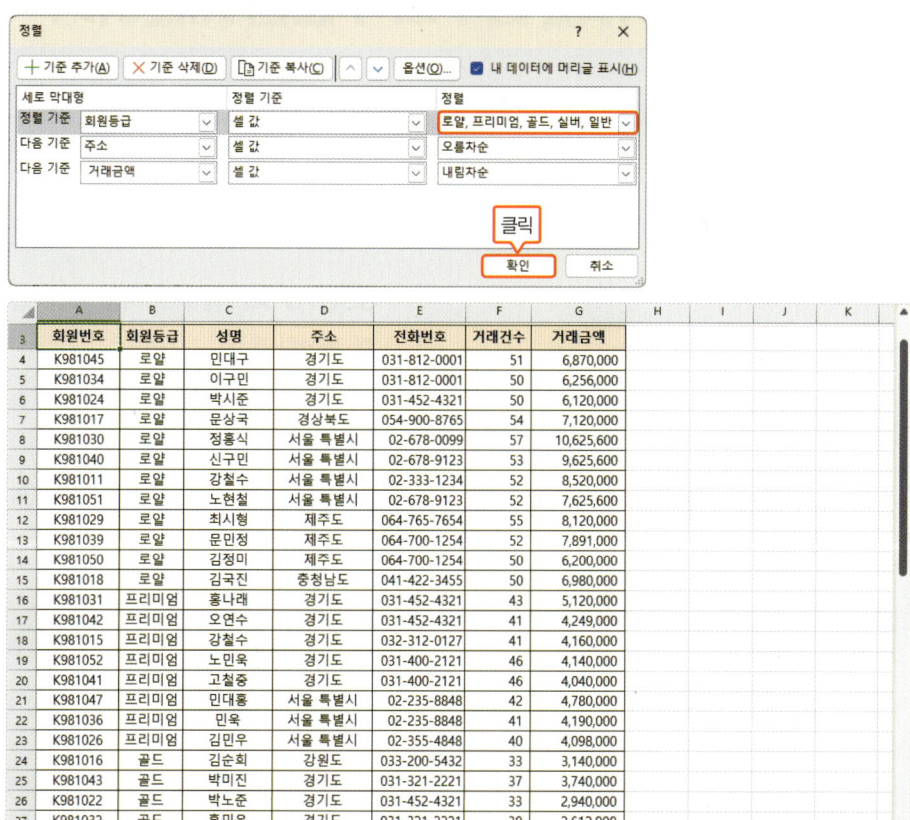

089 SUBTOTAL 함수로 부분합 계산하기

실습 파일 엑셀\5장\089_DB_필터_비품목록1.xlsx 완성 파일 엑셀\5장\089_DB_필터_비품목록1_완성.xlsx

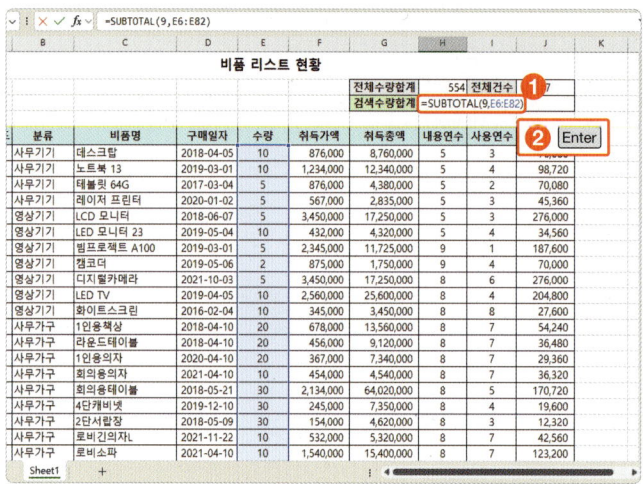

SUBTOTAL 함수로 비품 수량 합계 계산하기

01 비품 수량의 합계를 구해보겠습니다.

❶ [H3] 셀에 수식 **=SUBTOTAL(9, E6:E82)** 입력

❷ Enter 를 누릅니다.

Tip SUBTOTAL 함수로 비품 수량(E6:E82) 범위의 합계(9)를 구합니다.

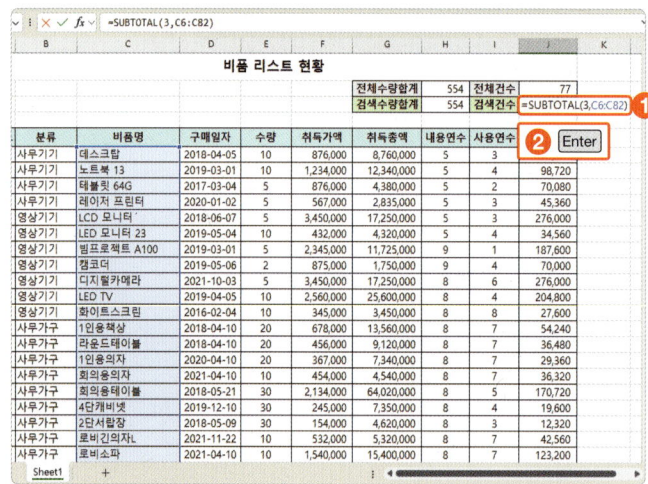

SUBTOTAL 함수로 비품 목록 개수 계산하기

02 전체 비품 목록의 개수를 구해보겠습니다.

❶ [J3] 셀에 수식 **=SUBTOTAL(3, C6:C82)** 입력

❷ Enter 를 누릅니다.

Tip SUBTOTAL 함수로 비품명(C6:C82) 범위의 개수(3)를 구합니다.

Tip 검색수량합계와 검색건수의 값은 전체수량합계와 전체건수와 같습니다. 하지만 자동 필터 기능으로 지정 조건에 맞는 데이터를 검색할 때 그 결과에 따라 SUBTOTAL 함수로 구한 검색수량합계와 검색건수의 값은 달라집니다. 이 결과는 다음 과정인 090번 실습을 참고합니다.

Note SUBTOTAL 함수는 SUM, COUNTA 함수와 무엇이 다른가요?

일반적인 SUM 함수나 COUNTA, AVERAGE 등의 함수는 숨겨진 데이터나 데이터 검색으로 일부 추출된 데이터 범위와 상관없이 전체 데이터 범위의 계산 결과를 표시합니다. SUBTOTAL 함수는 부분합을 계산하는 함수로 현재 화면에 보이는 데이터 범위의 계산된 결과를 표시합니다. 주로 필터 기능으로 숨겨진 데이터를 제외한 범위의 부분합을 계산할 때 SUBTOTAL 함수를 사용합니다.

SUM 함수
(전체 범위)

	A	B
1	비품명	수량
2	데스크탑	10
3	노트북 13	10
4	테블릿 64G	5
5	레이저 프린터	5
6	LCD 모니터	5
7	LED 모니터 23	10
8	빔프로젝트 A100	5
9	캠코더	2
10	디지털카메라	5
11		
12	합계	57

합계
수식 : =SUM(B2:B10)

SUBTOTAL 함수
(숨겨진 행을 제외한 범위)

	A	B
1	비품명	수량
2	데스크탑	10
4	테블릿 64G	5
5	레이저 프린터	5
7	LED 모니터 23	10
9	캠코더	2
10	디지털카메라	5
11		
12	합계	57
13	부 분 합 계	37

부분 합계
수식 : =SUBTOTAL(109,B2:B10)

SUBTOTAL 함수
(필터링된 범위)

	A	B
1	비품명	수량
3	노트북 13	10
6	LCD 모니터	5
7	LED 모니터 23	10
11		
12	합계	57
13	부 분 합 계	25

부분 합계
수식 : =SUBTOTAL(9,B2:B10)

다음의 설명을 참고해 자세히 이해할 수 있습니다.

함수 범주	수학/삼각 함수			
함수 형식	=SUBTOTAL(함수 번호,범위1,범위2…) **함수 번호** : 데이터 범위나 목록에서 부분합을 계산할 함수를 1~11 또는 101~111까지 지정할 수 있습니다. **1~11** : 숨겨진 행의 셀 값을 포함하여 계산(필터 기능 이외에 일부 행 숨기기를 한 경우)합니다. **101~111** : 숨겨진 행의 셀 값을 포함하지 않고 계산(필터 기능 이외에 일부 행 숨기기를 한 경우)합니다.			
	fun_num(숨겨진 값 포함)	fun_num(숨겨진 값 무시)	함수 유형	계산
	1	101	AVERAGE	평균
	2	102	COUNT	수치 개수
	3	103	COUNTA	개수
	4	104	MAX	최댓값
	5	105	MIN	최솟값
	6	106	PRODUCT	수치 곱
	7	107	STDEV	표본 표준 편차
	8	108	STDEVP	표준 편차
	9	109	SUM	합계
	10	110	VAR	표본 분산
	11	111	VARP	분산

우선순위
090 자동 필터로 데이터 추출하기

실습 파일 엑셀\5장\090_DB_필터_비품목록2.xlsx 완성 파일 엑셀\5장\090_DB_필터_비품목록2_완성.xlsx

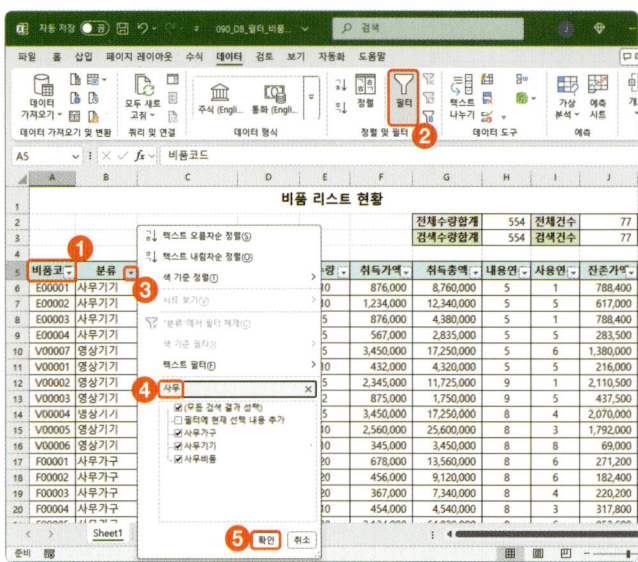

특정 문자가 포함된 데이터 표시하기

01 '사무'라는 문자가 포함된 레코드만 표시해보겠습니다.

① 데이터 목록에서 임의의 셀 클릭
② [데이터] 탭-[정렬 및 필터] 그룹-[필터 ▽] 클릭
③ [분류] 필드의 [필터 단추 ▼] 클릭
④ [텍스트 필터]의 검색란에 **사무** 입력
⑤ [확인]을 클릭합니다.

Tip 자동 필터 단축키는 Ctrl + Shift + L 입니다.

02 [분류] 필드에서 '사무'라는 문자가 포함된 레코드만 표시되면서 앞서 SUBTOTAL 함수로 수식을 입력한 [H3], [J3] 셀의 값이 검색된 레코드를 기준으로 다시 계산됩니다.

Tip 자동 필터의 필터 단추가 ▼면 아무 조건도 지정되지 않은 필드 열이라는 뜻이고, ▼면 필드 열에 조건이 지정되어 있다는 뜻입니다.

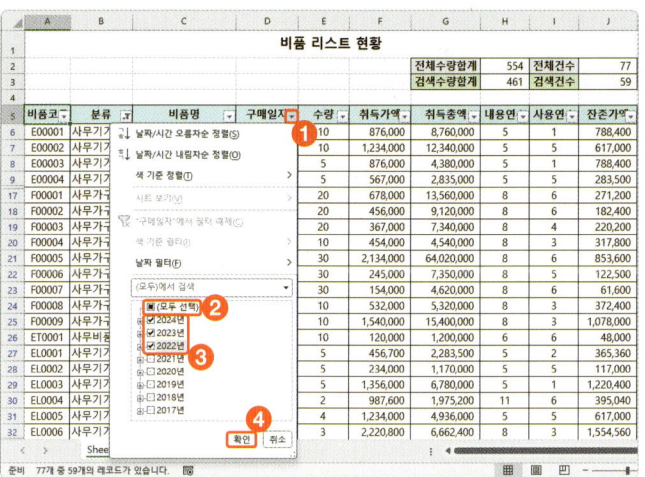

특정 날짜의 데이터 표시하기

03 2022년~2024년에 구입한 비품을 검색해보겠습니다.

❶ [구매일자] 필드의 [필터 단추 ▼] 클릭

❷ [모두 선택]의 체크 해제

❸ [2024년], [2023년], [2022년]에 체크

❹ [확인]을 클릭합니다.

Tip 2022~2024년의 데이터만 표시됩니다.

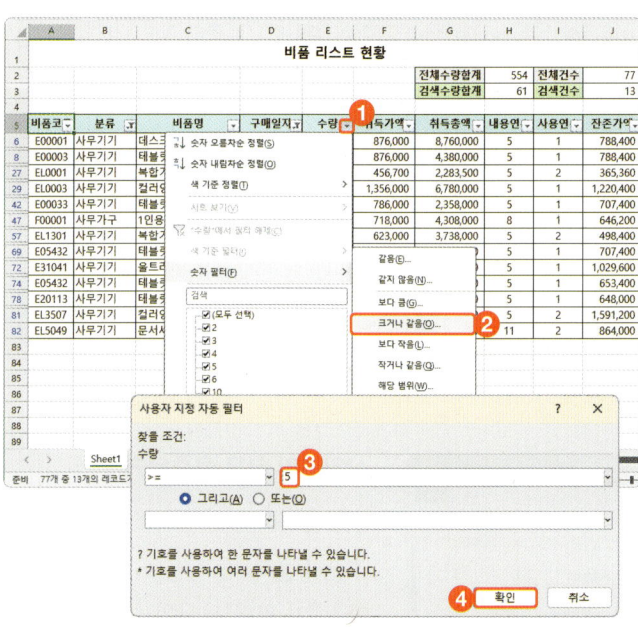

04 특정 수량의 데이터 표시하기

수량이 다섯 개 이상인 비품을 검색해보겠습니다.

❶ [수량] 필드의 [필터 단추 ▼] 클릭

❷ [숫자 필터]-[크거나 같음] 클릭

❸ [사용자 지정 자동 필터] 대화상자에서 [찾을 조건]에 **5** 입력

❹ [확인]을 클릭합니다.

Tip 수량이 다섯 개 이상인 비품만 표시됩니다.

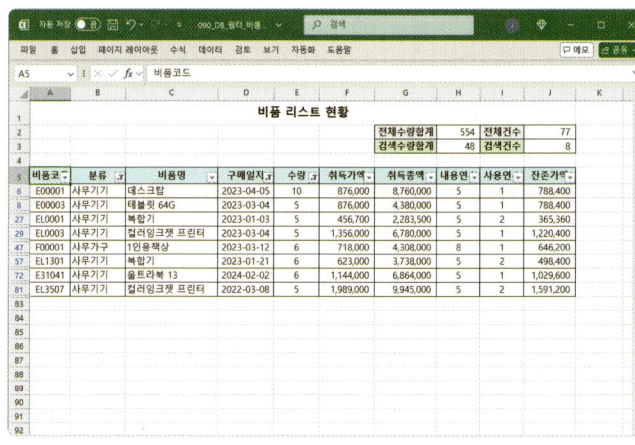

05 '사무'라는 문자가 포함되고, 구매일자는 2022년~2024년, 수량이 다섯 개 이상인 비품이 목록에 표시됩니다.

Tip [데이터] 탭-[정렬 및 필터] 그룹-[지우기 ▼]를 클릭하면 모든 데이터를 다시 표시합니다.

평균과 상위 10 기준으로 데이터 추출하기

실습 파일 엑셀\5장\091_DB_필터_비품목록3.xlsx　**완성 파일** 엑셀\5장\091_DB_필터_비품목록3_완성.xlsx

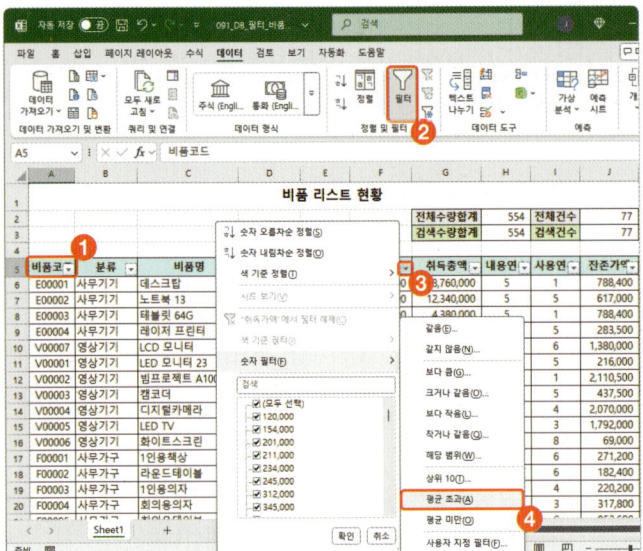

평균 초과 데이터 추출하기

01 ❶ 데이터 목록에서 임의의 셀 클릭

❷ [데이터] 탭-[정렬 및 필터] 그룹-[필터 ▽] 클릭

❸ [취득가액] 필드의 [필터 단추 ▼] 클릭

❹ [숫자 필터]-[평균 초과]를 클릭합니다.

Tip 취득가액이 평균 초과인 데이터를 추출합니다.

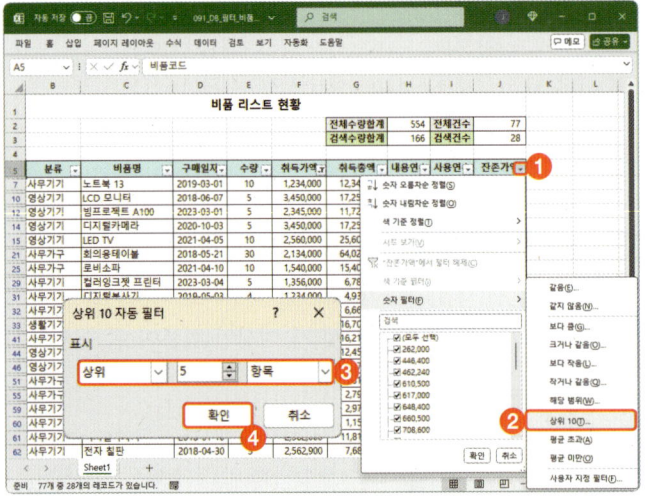

상위 5위 항목 추출하기

02 ❶ [잔존가액] 필드의 [필터 단추 ▼] 클릭

❷ [숫자 필터]-[상위 10] 클릭

❸ [상위 10 자동 필터] 대화상자의 [표시]에서 [상위], [5], [항목] 선택

❹ [확인]을 클릭합니다.

Tip 비품 목록에서 취득가액이 평균 초과이고, 잔존가액이 상위 5위에 해당하는 데이터가 추출됩니다.

Tip [데이터] 탭-[정렬 및 필터] 그룹-[필터]를 클릭하면 필터 조건과 [필터 단추]가 지워집니다.

092 여러 그룹으로 다중 부분합 작성하기

실습 파일 엑셀\5장\092_DB_부분합_고객정보1.xlsx   완성 파일 엑셀\5장\092_DB_부분합_고객정보1_완성.xlsx

필드를 정렬하기

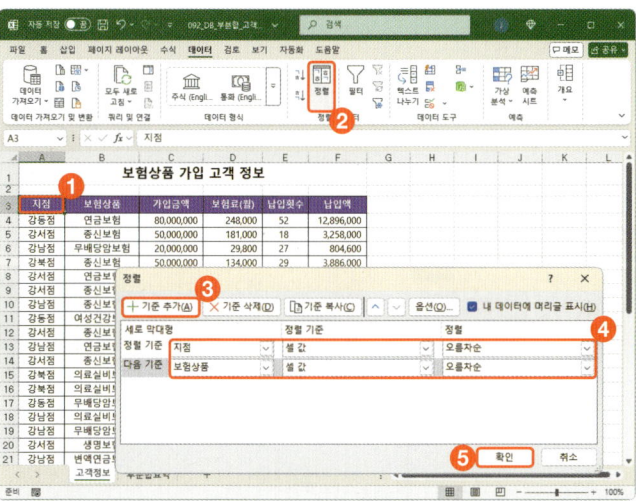

01 ❶ [고객정보] 시트의 데이터에서 임의의 셀 클릭

❷ [데이터] 탭-[정렬 및 필터] 그룹-[정렬] 클릭

❸ [정렬] 대화상자에서 [기준 추가] 클릭

❹ [지점]과 [보험상품]의 [정렬 기준]을 [셀 값], [정렬]을 [오름차순]으로 각각 선택

❺ [확인]을 클릭합니다.

Tip 부분합을 작성하려면 반드시 그룹화할 항목을 정렬해야 합니다. 여기서는 지점, 보험상품을 기준으로 오름차순으로 정렬합니다.

첫 번째 부분합 구하기

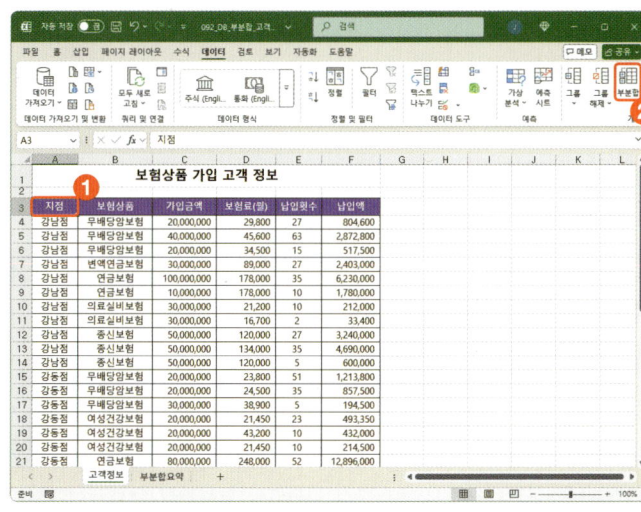

02 각 항목의 소계가 표시되는 첫 번째 부분합을 구해보겠습니다.

❶ 데이터에서 임의의 셀 클릭

❷ [데이터] 탭-[개요] 그룹-[부분합]을 클릭합니다.

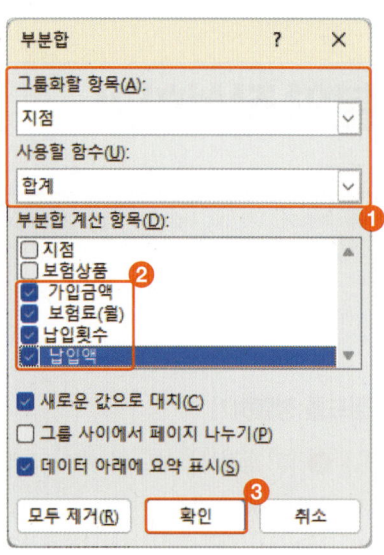

03 ① [부분합] 대화상자에서 [그룹화할 항목]을 [지점], [사용할 함수]를 [합계]로 선택

② [부분합 계산 항목]에서 [가입금액], [보험료(월)], [납입횟수], [납입액]에 체크

③ [확인]을 클릭합니다.

Tip 체크한 항목의 지점별 부분합이 구해집니다. 엑셀 2016 이전 버전에서는 [데이터] 탭-[윤곽선] 그룹-[부분합]을 클릭합니다.

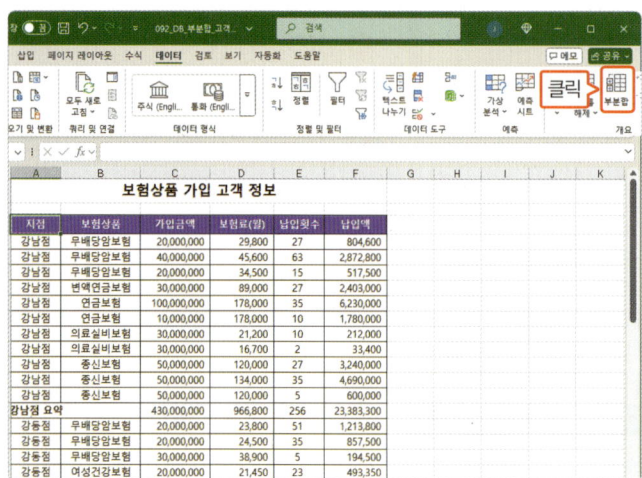

두 번째 부분합 구하기

04 보험상품별로 가입금액, 보험료, 납입횟수, 납입액의 소계가 표시되는 두 번째 부분합을 구해보겠습니다. [데이터] 탭-[개요] 그룹-[부분합]을 클릭합니다.

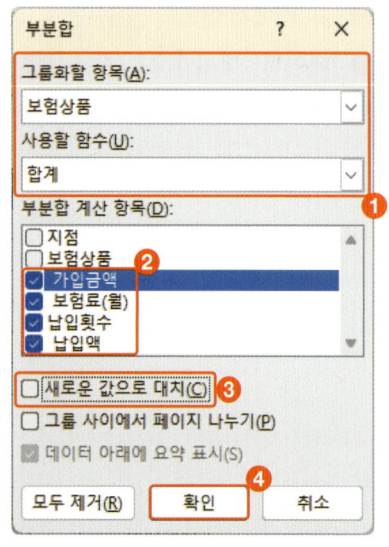

05 ① [부분합] 대화상자에서 [그룹화할 항목]을 [보험상품], [사용할 함수]로 [합계]를 선택

② [부분합 계산 항목]에서 [가입금액], [보험료(월)], [납입횟수], [납입액]에 체크

③ [새로운 값으로 대치]의 체크 해제

④ [확인]을 클릭합니다.

Tip [새로운 값으로 대치]의 체크를 해제하면 여러 그룹으로 부분합을 표시할 수 있습니다.

06 지점별, 보험상품별 가입금액 및 보험료, 납입횟수와 납입액의 합계가 나타납니다.

지점	보험상품	가입금액	보험료(월)	납입횟수	납입액
강남점	무배당암보험	20,000,000	29,800	27	804,600
강남점	무배당암보험	40,000,000	45,600	63	2,872,800
강남점	무배당암보험	20,000,000	34,500	15	517,500
무배당암보험 요약		80,000,000	109,900	105	4,194,900
강남점	변액연금보험	30,000,000	89,000	27	2,403,000
변액연금보험 요약		30,000,000	89,000	27	2,403,000
강남점	연금보험	100,000,000	178,000	35	6,230,000
강남점	연금보험	10,000,000	178,000	10	1,780,000
연금보험 요약		110,000,000	356,000	45	8,010,000
강남점	의료실비보험	30,000,000	21,200	10	212,000
강남점	의료실비보험	30,000,000	16,700	2	33,400
의료실비보험 요약		60,000,000	37,900	12	245,400
강남점	종신보험	50,000,000	120,000	27	3,240,000
강남점	종신보험	50,000,000	134,000	35	4,690,000
강남점	종신보험	50,000,000	120,000	5	600,000
종신보험 요약		150,000,000	374,000	67	8,530,000
강남점 요약		430,000,000	966,800	256	23,383,300
강동점	무배당암보험	20,000,000	23,800	51	1,213,800
강동점	무배당암보험	20,000,000	24,500	35	857,500
강동점	무배당암보험	30,000,000	38,900	5	194,500
무배당암보험 요약		70,000,000	87,200	91	2,265,800
강동점	여성건강보험	20,000,000	21,450	23	493,350

부분합의 요약된 결과만 복사하기

실습 파일 엑셀\5장\093_DB_부분합_고객정보2.xlsx   **완성 파일** 엑셀\5장\093_DB_부분합_고객정보2_완성.xlsx

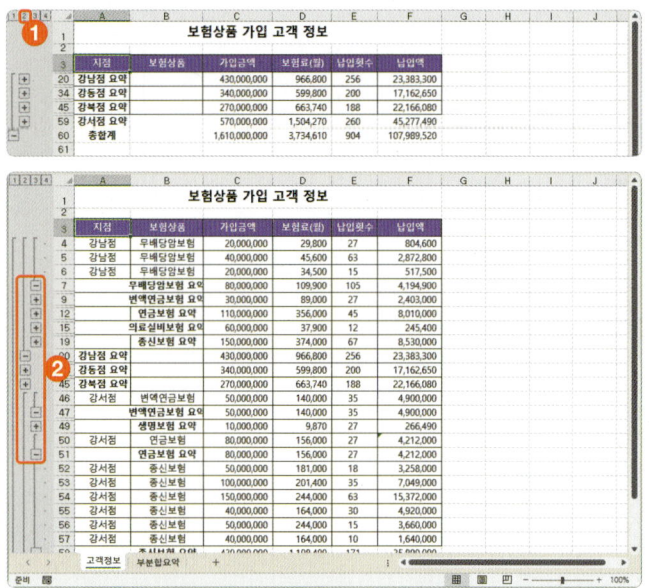

윤곽 기호를 이용해 데이터 요약하기

01 부분합을 작성하면 지점별, 보험상품별 가입금액, 보험료, 납입횟수, 납입액의 합계가 구해지고 윤곽 기호가 생깁니다.

❶ [고객정보] 시트의 윤곽 기호 [2번 2]을 클릭해 지점별 부분합 결과만 표시

❷ [확장 +]이나 [축소 -]를 클릭해서 데이터를 확장하거나 축소할 수 있습니다.

Tip 윤곽 기호를 이용하면 그룹별로 하위 수준을 숨기거나 표시할 수 있습니다. 1 은 전체 결과(총합계), 2 는 지점 소계, 3 은 보험상품별 소계, 4 는 전체 데이터를 표시합니다.

화면에 보이는 셀만 범위로 지정하기

02 ❶ 윤곽 기호 [3번 3]을 클릭해 보험상품별 소계만 표시

❷ 요약된 결과만 표시된 상태에서 [A3:F60] 범위 지정

❸ F5

❹ [이동] 대화상자에서 [옵션]을 클릭합니다.

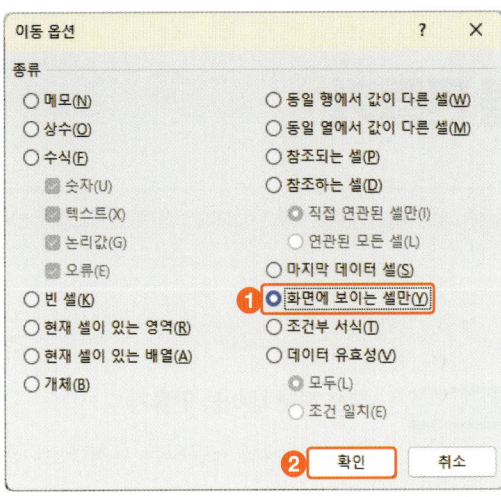

03 ① [이동 옵션] 대화상자에서 [화면에 보이는 셀만] 클릭

② [확인]을 클릭합니다.

Tip 화면에 보이는 셀만 범위로 지정합니다. 화면에 보이는 셀만 지정하는 단축키는 Alt + ; 입니다.

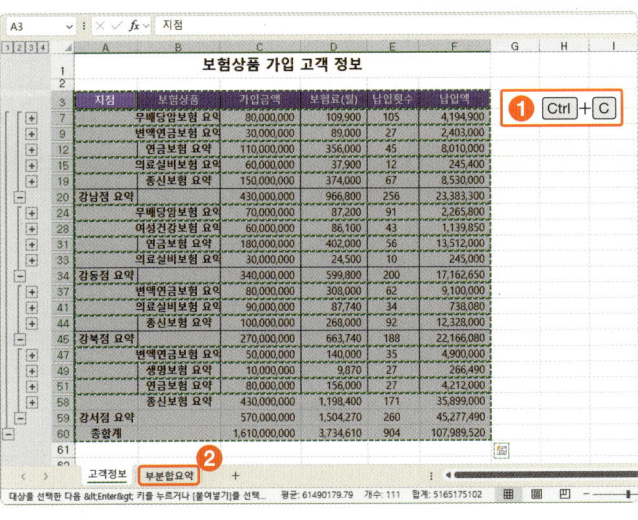

화면에 보이는 셀만 복사하기

04 화면에 보이는 셀만 선택된 상태에서

① Ctrl + C

② [부분합요약] 시트 탭을 클릭합니다.

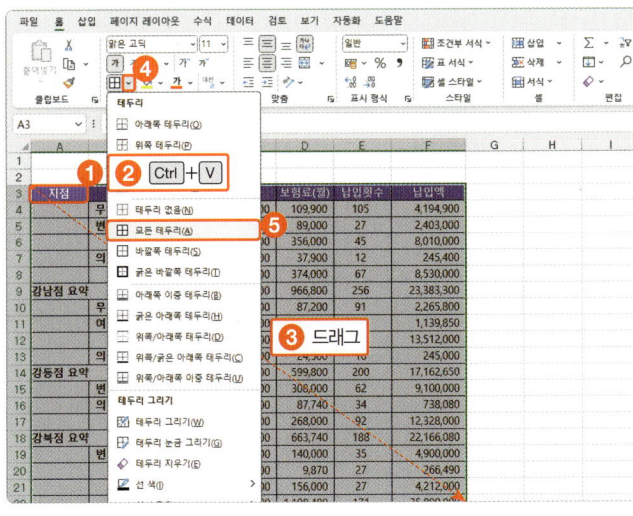

화면에 보이는 셀만 붙여 넣고 요약표 편집하기

05 ① [A3] 셀 클릭

② Ctrl + V 를 눌러 붙여 넣고 열 너비를 보기 좋게 조절

③ [A3:F24] 범위 지정

④ [홈] 탭-[글꼴] 그룹-[테두리 ⊞]의 ▼ 클릭

⑤ [모든 테두리]를 클릭합니다.

Tip [고객정보] 시트의 부분합을 제거하려면 [데이터] 탭-[개요] 그룹-[부분합]을 클릭해 [부분합] 대화상자에서 [모두 제거]를 클릭합니다.

 # 추천 피벗 테이블 만들기

실습 파일 엑셀\5장\094_DB_피벗_상품재고관리1.xlsx **완성 파일** 엑셀\5장\094_DB_피벗_상품재고관리1_완성.xlsx

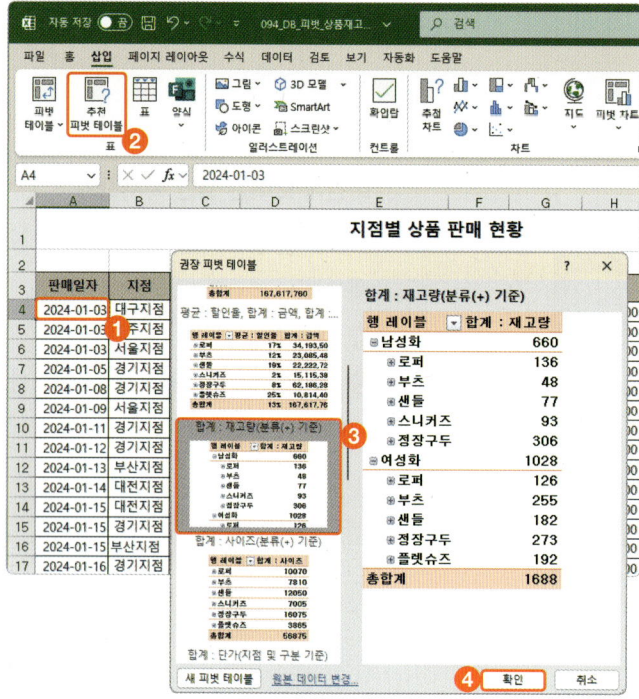

추천 피벗 테이블 만들기

01 엑셀에서 제공하는 추천 피벗 테이블로 피벗 테이블을 삽입해보겠습니다.

❶ 임의의 셀 클릭

❷ [삽입] 탭-[표] 그룹-[추천 피벗 테이블] 클릭

❸ [권장 피벗 테이블] 대화상자에서 [합계 : 재고량(분류(+) 기준)] 클릭

❹ [확인]을 클릭합니다.

Tip [권장 피벗 테이블] 대화상자에서 [새 피벗 테이블]을 클릭하면 사용자 지정 피벗 테이블을 만들 수 있습니다.

02 새로운 시트가 삽입되면서 피벗 테이블이 만들어집니다.

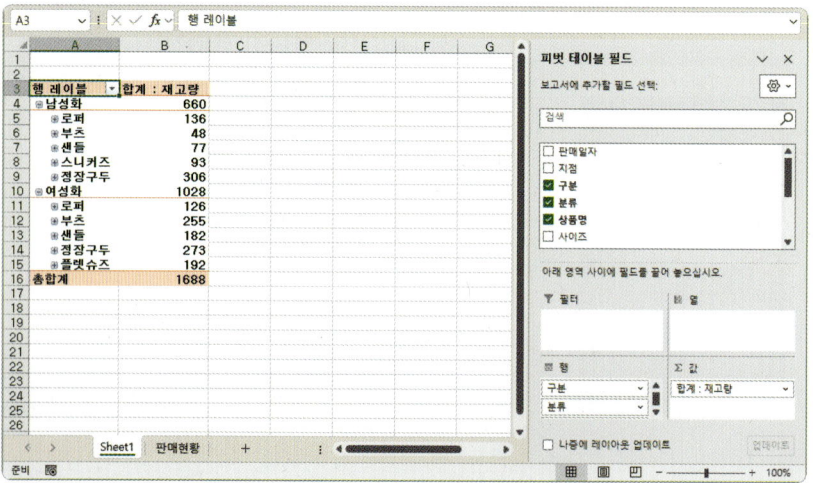

우선순위
095 사용자 지정 새 피벗 테이블 만들기

실습 파일 엑셀\5장\095_DB_피벗_상품재고관리2.xlsx **완성 파일** 엑셀\5장\095_DB_피벗_상품재고관리2_완성.xlsx

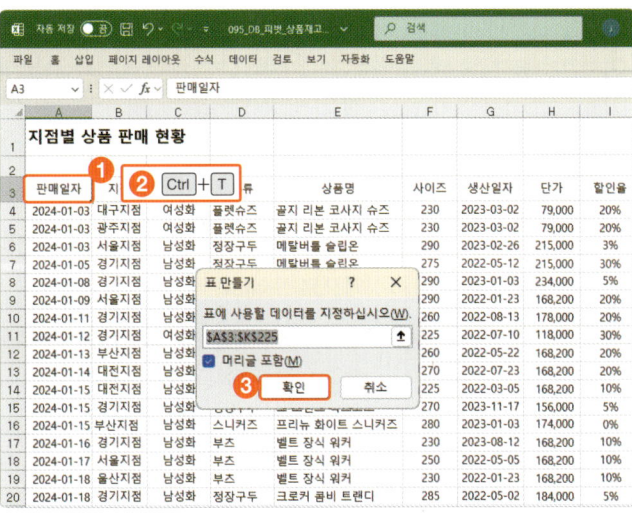

표로 변환하기

01 상품 재고 데이터의 범위를 표로 변환해보겠습니다.

❶ 임의의 셀 클릭

❷ Ctrl + T

❸ [표 만들기] 대화상자에서 전체 범위가 지정된 것을 확인하고 [확인]을 클릭합니다.

Tip 피벗 테이블 보고서의 범위를 고정하지 않고 동적으로 참조하려면 데이터의 범위를 표로 변환하는 것이 좋습니다. 표로 변환하면 데이터가 추가/삭제될 때 범위가 동적으로 변하므로 피벗 테이블 작성 시 매우 유용합니다.

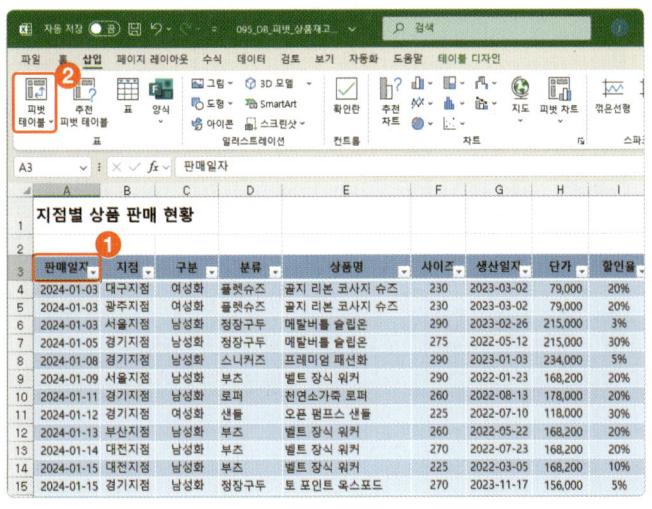

피벗 테이블 삽입하기

02 ❶ 데이터에서 임의의 셀 클릭

❷ [삽입] 탭-[표] 그룹-[피벗 테이블]을 클릭합니다.

Tip 피벗 테이블은 대화형 테이블로, 데이터를 나열하는 형태에 따라서 자동으로 집계표를 만듭니다.

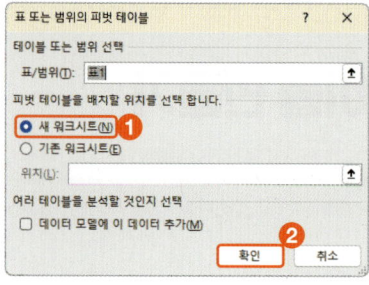

03 [표 또는 범위의 피벗 테이블] 대화상자의 [표/범위]에 데이터 범위인 '표1'이 자동으로 지정됩니다.

① 피벗 테이블 보고서를 배치할 위치로 [새 워크시트] 클릭

② [확인]을 클릭합니다.

Tip 피벗 테이블의 데이터 범위(A3:K255)는 표의 이름인 '표1'로 지정됩니다. 사용 환경에 따라 표의 이름은 다를 수 있으므로 [테이블 디자인] 탭-[속성] 그룹에서 표 이름을 확인합니다.

피벗 테이블 레이아웃 지정하기

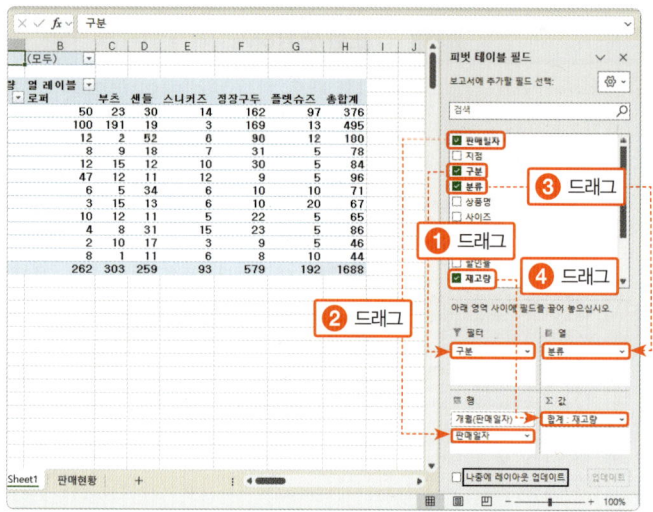

04 새로운 시트가 삽입되면서 왼쪽에는 피벗 테이블의 레이아웃을 설계할 영역이, 오른쪽에는 [피벗 테이블 필드] 작업 창이 나타납니다.

① 필드 목록에서 [구분]을 [필터] 영역으로 드래그

② [판매일자]를 [행] 영역으로 드래그

③ [분류]를 [열] 영역으로 드래그

④ [재고량]을 [값] 영역으로 드래그합니다.

Tip [피벗 테이블 필드] 작업 창에서 지정한 대로 피벗 테이블의 크로스 탭 형태로 표가 만들어집니다. 엑셀 2016 이후 버전에서는 개별 일자로 입력되어 있던 [판매일자]가 자동으로 [월] 단위로 그룹화됩니다.

필드 추가 및 이동하기

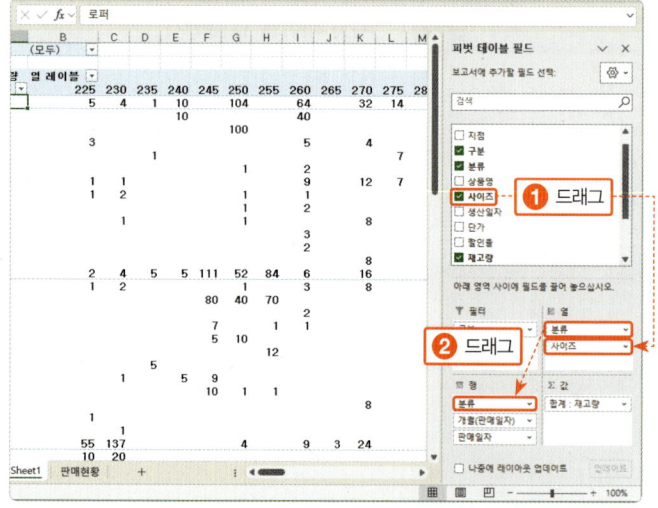

05 ① [사이즈]를 [열] 영역으로 드래그

② [열] 영역의 [분류]를 [행] 영역 맨 위로 드래그합니다. [피벗 테이블 필드] 작업 창에서 지정한 대로 피벗 테이블 레이아웃이 완성되었습니다.

Tip [필터], [행], [열], [Σ 값] 레이블 영역에 있는 필드를 제거하려면 원래 위치로 드래그하거나 필드를 클릭하고 단축 메뉴에서 [필드 제거]를 클릭합니다.

Note 원본 데이터를 추가하면 피벗 테이블에 자동으로 반영되나요?

[판매현황] 시트의 원본 데이터를 수정, 삭제, 추가하면 피벗 테이블에 자동으로 반영되지 않습니다. 피벗 테이블 보고서에 반영하려면 [피벗 테이블 분석] 탭-[데이터] 그룹-[새로 고침]을 클릭합니다.

Note 피벗 테이블 구성 살펴보기

엑셀에서 제공하는 추천 기능을 이용하거나 직접 피벗 테이블을 만들고 레이아웃을 설계할 수 있습니다. 피벗 테이블을 만들면 나타나는 [피벗 테이블 필드] 작업 창에서 보고서에 추가할 필드를 [필터], [열], [행], [값] 영역으로 드래그하여 피벗 테이블 레이아웃을 설계합니다.

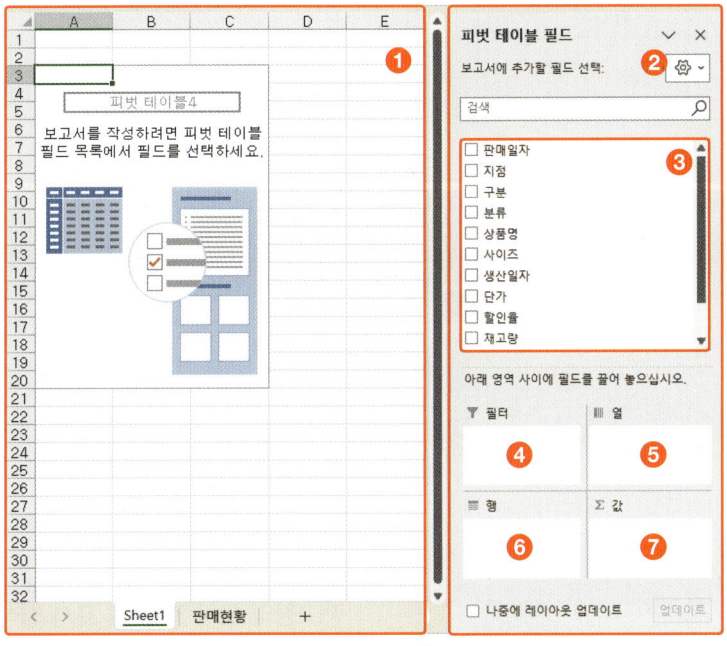

❶ **피벗 테이블 결과가 표시되는 영역입니다.**
❷ **피벗 테이블 필드** : 피벗 테이블을 만들기 위한 레이아웃을 설계합니다.
❸ **필드 목록** : 피벗 테이블을 만들기 위한 원본 데이터의 필드 목록이 표시됩니다. 필드를 아래쪽의 [필터], [열], [행], [값] 영역으로 드래그합니다.
❹ **필터** : 보고서 필터 전체 데이터 영역을 요약할 보고서 필드입니다.
❺ **열** : 열 방향으로 그룹화할 필드로 필드의 데이터 항목이 중복 없이 목록으로 표시됩니다.
❻ **행** : 행 방향으로 그룹화할 필드로 필드의 데이터 항목이 중복 없이 목록으로 표시됩니다.
❼ **값** : 일반적으로 숫자 값 필드가 위치합니다. 행과 열 레이블에서 지정할 필드를 분석하여 행과 열이 교차하는 위치에서 소계, 평균, 최대, 최소, 총계, 비율 등을 계산합니다. 만약 문자 값 필드가 위치하면 문자의 개수가 계산됩니다.

096 피벗 테이블 그룹 지정/해제 및 필드 필터링하기

실습 파일 엑셀\5장\096_DB_피벗_상품재고관리3.xlsx 완성 파일 엑셀\5장\096_DB_피벗_상품재고관리3_완성.xlsx

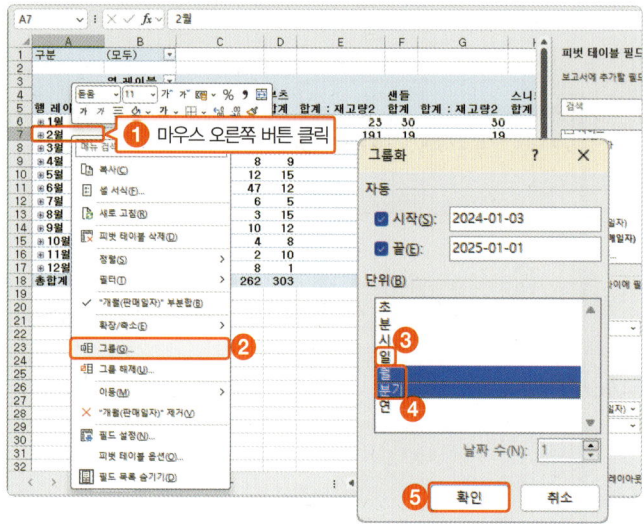

판매일자 필드 그룹화하기

01 날짜와 같은 숫자 데이터는 직접 그룹화할 수 있습니다. 월별로 그룹화된 [판매일자]를 분기별로 그룹화해보겠습니다.

❶ 행 레이블의 임의의 셀에서 마우스 오른쪽 버튼 클릭

❷ [그룹] 클릭

❸ [그룹화] 대화상자의 [단위]에서 [일]을 클릭해 선택 해제

❹ [월], [분기] 클릭해 선택

❺ [확인]을 클릭합니다.

Tip [판매일자] 필드가 분기별로 그룹화됩니다.

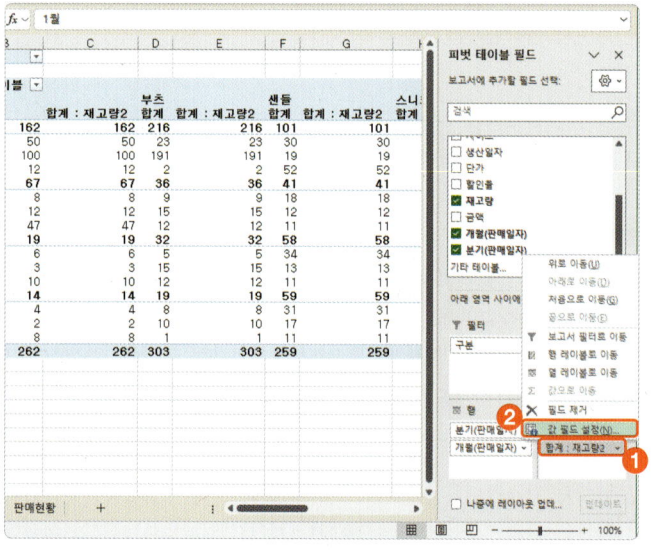

재고량의 요약 값을 값 표시 형식으로 변경하기

02 피벗 테이블은 기본적으로 합계로 요약됩니다. 요약 기준을 변경해 재고량을 총합계에 대한 비율로 표시해보겠습니다.

❶ [값] 영역에서 [합계 : 재고량2] 클릭

❷ [값 필드 설정]을 클릭합니다.

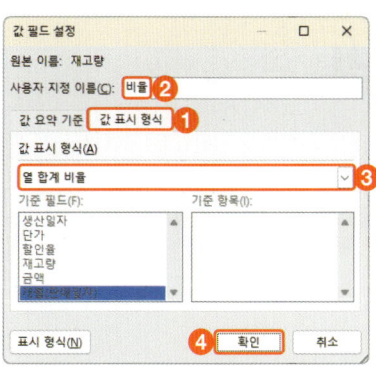

03 ❶ [값 필드 설정] 대화상자의 [값 표시 형식] 탭 클릭

❷ [사용자 지정 이름]에 **비율** 입력

❸ [값 표시 형식]에서 [열 합계 비율] 선택

❹ [확인]을 클릭합니다.

Tip [값 표시 형식]은 [값] 영역의 필드 값의 총합계, 열 합계, 행 합계 등의 비율이나 차이, 누계를 요약해서 보여줍니다. [열 합계 비율]은 상품 열의 총합계(100%)를 분기별로 나눠 비율로 표시합니다.

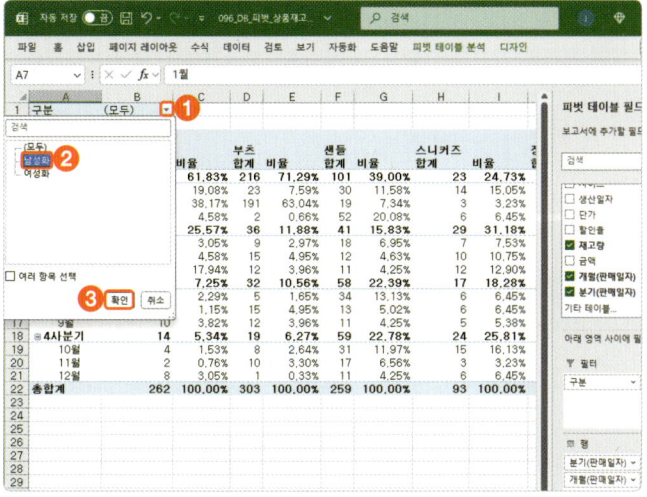

필드 필터링하기

04 남성화 중에서 로퍼와 스니커즈, 정장구두만 표시해보겠습니다.

❶ [구분] 필드의 [필터 단추 ▼] 클릭

❷ [남성화] 클릭

❸ [확인]을 클릭합니다.

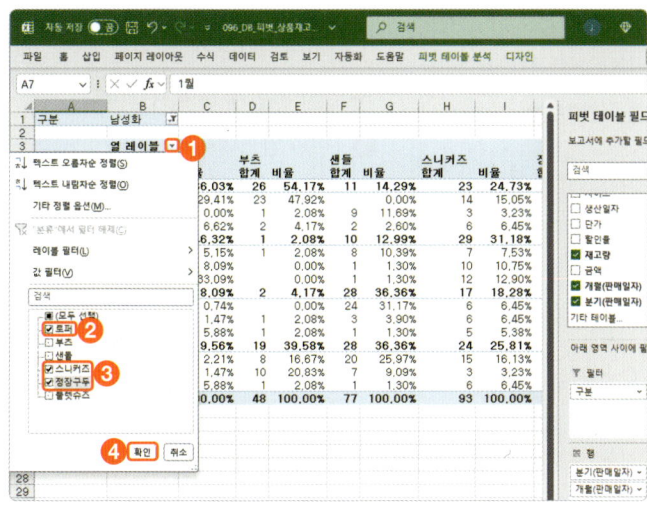

05 ❶ [열 레이블] 필드의 [필터 단추 ▼] 클릭

❷ [로퍼]에 체크

❸ [스니커즈], [정장구두]에 체크

❹ [확인]을 클릭합니다.

097 피벗 테이블 레이아웃 및 디자인 변경하기

실습 파일 엑셀\5장\097_DB_피벗_상품재고관리4.xlsx   완성 파일 엑셀\5장\097_DB_피벗_상품재고관리4_완성.xlsx

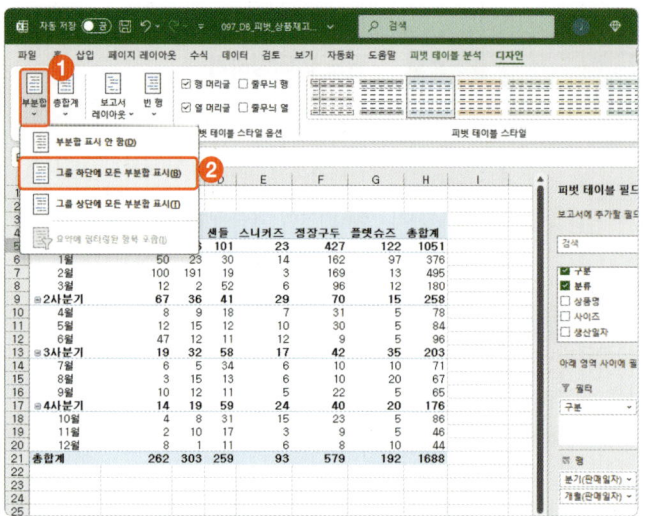

부분합 표시하기

01 분기별로 하단에 상품 재고량의 부분합을 구해보겠습니다

❶ [디자인] 탭-[레이아웃] 그룹-[부분합] 클릭

❷ [그룹 하단에 모든 부분합 표시]를 클릭합니다.

Tip 각 분기 하단에 분기별 재고량의 합계가 표시됩니다. 엑셀 2019 이전 버전에서는 [피벗 테이블 도구]-[디자인] 탭을 클릭합니다.

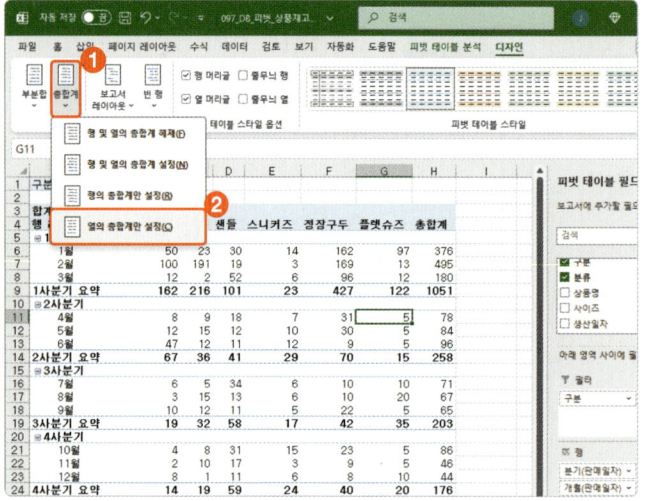

열의 총합계만 표시하기

02 피벗 테이블에는 기본적으로 행과 열의 총합계가 표시됩니다.

❶ [디자인] 탭-[레이아웃] 그룹-[총합계] 클릭

❷ [열의 총합계만 설정]을 클릭합니다.

Tip H열에 표시되었던 행의 총합계가 사라지고 열의 총합계만 표시합니다.

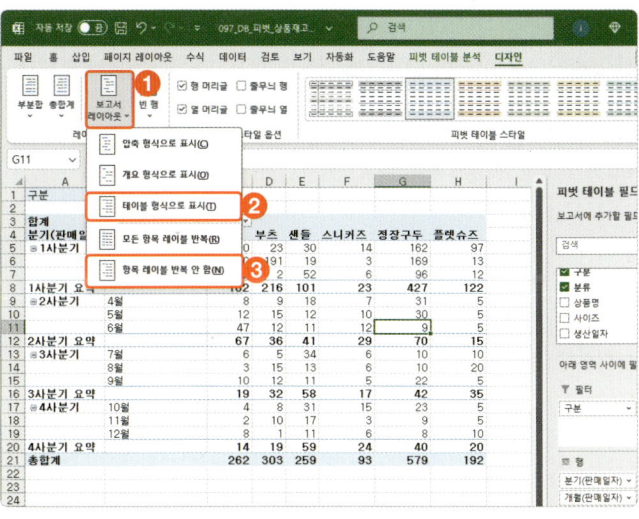

피벗 테이블을 테이블 형식으로 변경하기

03 ❶ [디자인] 탭-[레이아웃] 그룹-[보고서 레이아웃] 클릭

❷ [테이블 형식으로 표시] 클릭

❸ [항목 레이블 반복 안 함]을 클릭합니다.

Tip 분기와 월을 분리하여 레이아웃을 테이블 형식으로 변경합니다. 분기명은 반복되지 않고 한 번만 표시됩니다.

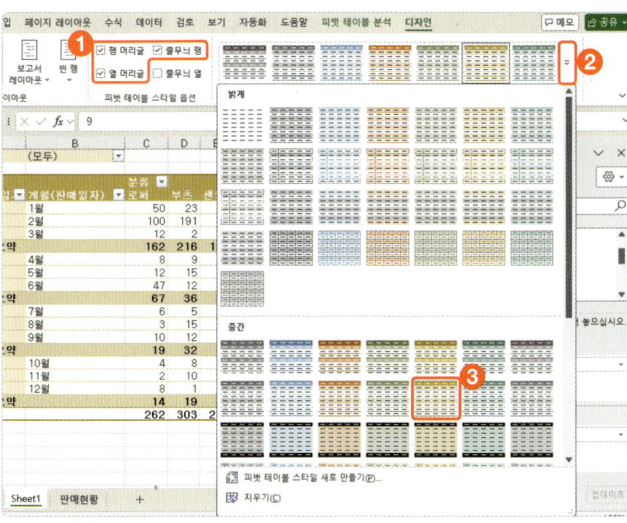

피벗 테이블 스타일 변경하기

04 ❶ [디자인] 탭-[피벗 테이블 스타일 옵션] 그룹에서 [행 머리글], [줄무늬 행], [열 머리글]에 체크

❷ [피벗 테이블 스타일] 그룹에서 [자세히] 클릭

❸ [연한 노랑, 피벗 스타일 보통 12]를 클릭합니다.

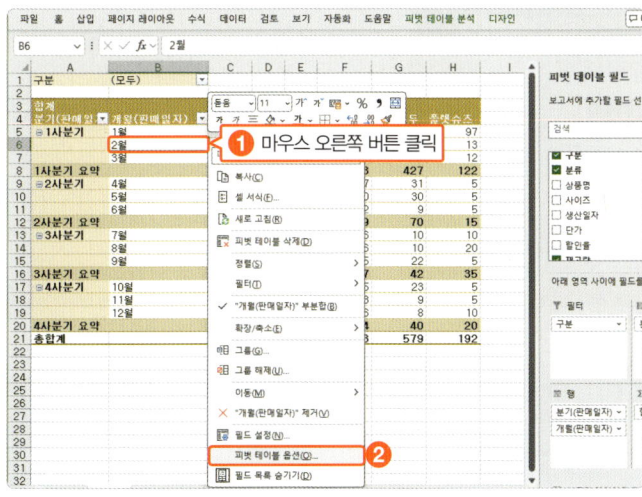

셀 병합하기

05 [행]과 [열] 영역에 두 개 이상의 필드가 있는 경우 첫 번째 항목으로 셀 병합을 할 수 있습니다.

❶ 피벗 테이블의 임의의 셀에서 마우스 오른쪽 버튼 클릭

❷ [피벗 테이블 옵션]을 클릭합니다.

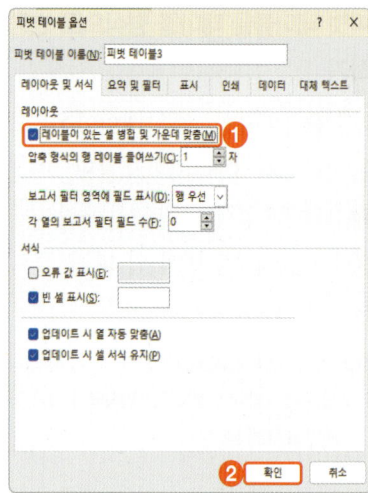

06 ❶ [피벗 테이블 옵션] 대화상자의 [레이아웃 및 서식] 탭-[레이아웃]-[레이블이 있는 셀 병합 및 가운데 맞춤]에 체크 ❷ [확인]을 클릭합니다.

Tip 행 레이블이 분기별로 병합됩니다.

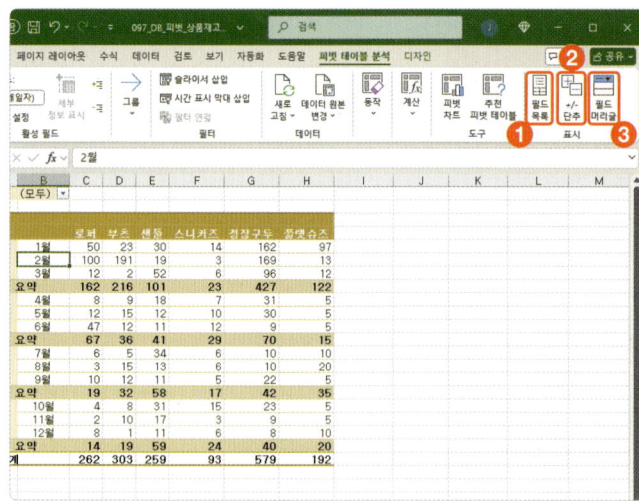

피벗 테이블 보고서 완성하기

07 ❶ [피벗 테이블 분석] 탭-[표시] 그룹에서 [필드 목록 📋] 클릭 ❷ [+/- 단추 📑] 클릭 ❸ [필드 머리글 📋]을 클릭하여 각각 숨깁니다.

Tip 엑셀 2019 버전에서는 [피벗 테이블 도구]-[분석] 탭을 클릭합니다.

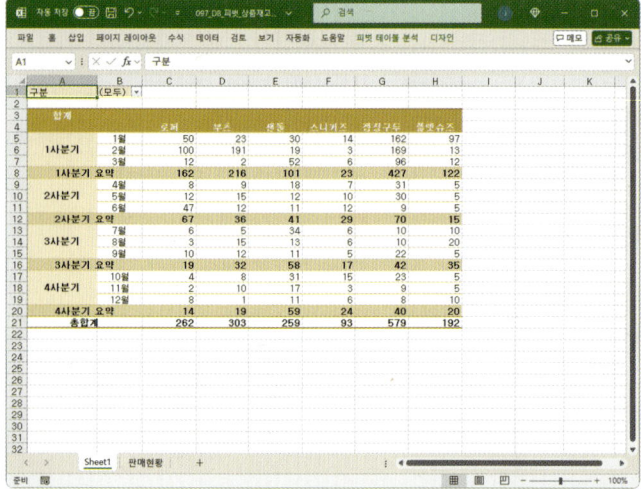

08 열 너비를 보기 좋게 조절하여 피벗 테이블 보고서를 완성합니다.

098 피벗 테이블 슬라이서와 시간 막대 삽입/제거하기

실습 파일 엑셀\5장\098_DB_피벗_상품재고관리5.xlsx 완성 파일 엑셀\5장\098_DB_피벗_상품재고관리5_완성.xlsx

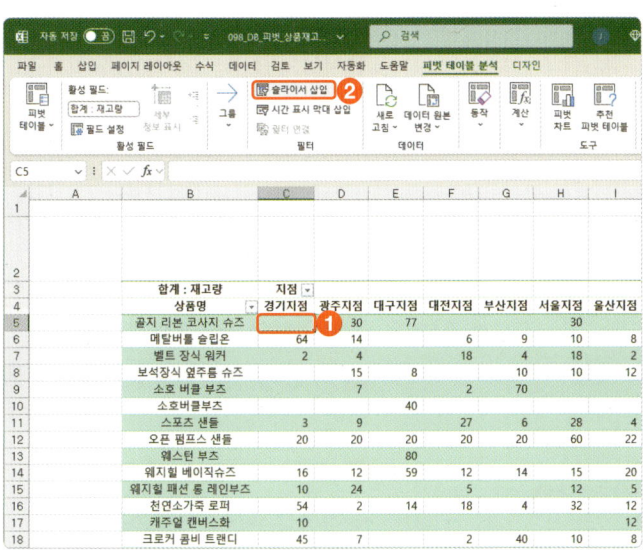

슬라이서 삽입하기

01 ① 피벗 테이블 목록에서 임의의 셀 클릭

② [피벗 테이블 분석] 탭–[필터] 그룹 –[슬라이서 삽입]을 클릭합니다.

Tip 표와 피벗 테이블에서는 슬라이서를 삽입하여 필드를 목록 형태로 표시할 수 있습니다. 이를 통해 데이터를 쉽게 필터링하고, 결과를 한눈에 확인할 수 있습니다.

Tip 엑셀 2019 이전 버전에서는 [피벗 테이블 도구]–[분석] 탭을 클릭합니다.

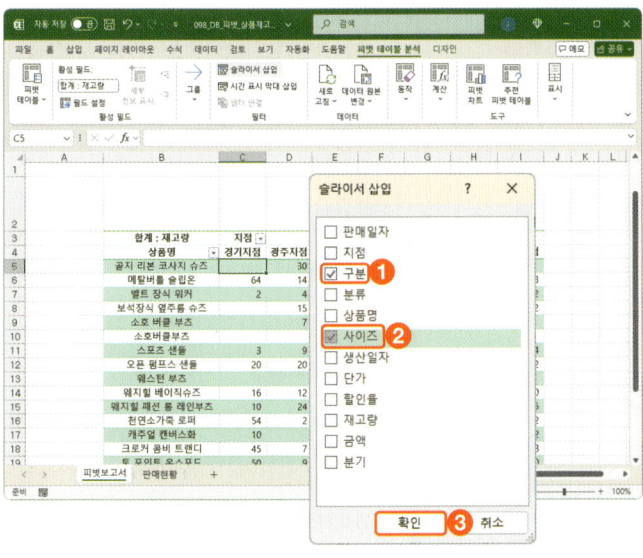

슬라이서 항목 표시하기

02 ① [슬라이서 삽입] 대화상자에서 [구분]에 체크

② [사이즈]에 체크

③ [확인]을 클릭합니다.

Tip [구분], [사이즈] 필드가 목록 형태로 슬라이서의 항목으로 표시됩니다.

CHAPTER 05 데이터베이스 관리/분석 및 ChatGPT 사용하기 **255**

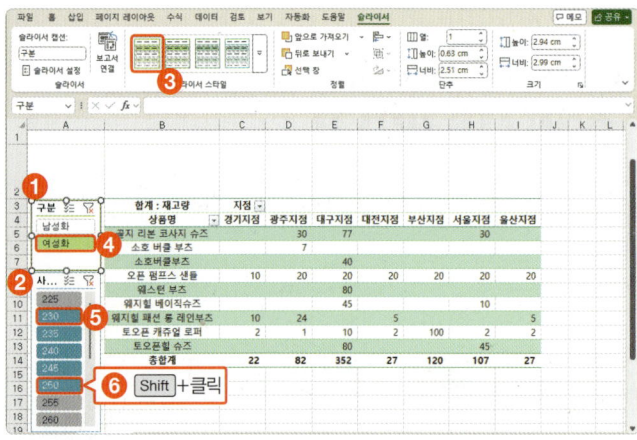

슬라이서 배치 및 필터링하기

03 ① [구분] 슬라이서를 A열에 배치
② [사이즈] 슬라이서를 A열에 배치
③ [슬라이서] 탭-[슬라이서 스타일] 그룹에서 원하는 스타일 클릭
④ [구분] 슬라이서에서 [여성화] 클릭
⑤ [사이즈] 슬라이서에서 [230] 클릭
⑥ Shift 를 누른 상태에서 [250]을 클릭합니다.

Tip 여성화 중 230~250 사이즈의 지점별 상품 재고량이 표시됩니다.

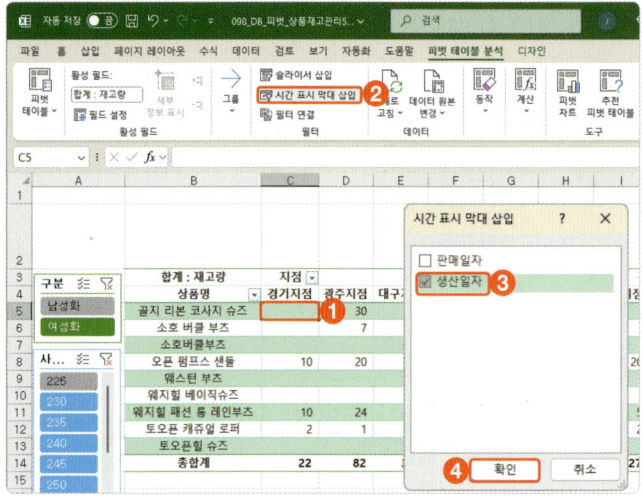

시간 표시 막대 삽입하기

04 날짜 필드인 '생산일자'를 시간 표시 막대로 삽입해보겠습니다.
① 피벗 테이블 목록에서 임의의 셀 클릭
② [피벗 테이블 분석] 탭-[필터] 그룹-[시간 표시 막대 삽입] 클릭
③ [시간 표시 막대 삽입] 대화상자가 나타나면 [생산일자]에 체크
④ [확인]을 클릭합니다.

Tip 표와 피벗 테이블에서는 시간 표시 막대를 삽입해 날짜나 시간의 간격을 막대로 표시하여 사용자가 특정 기간의 데이터를 필터링할 수 있도록 도와줍니다.

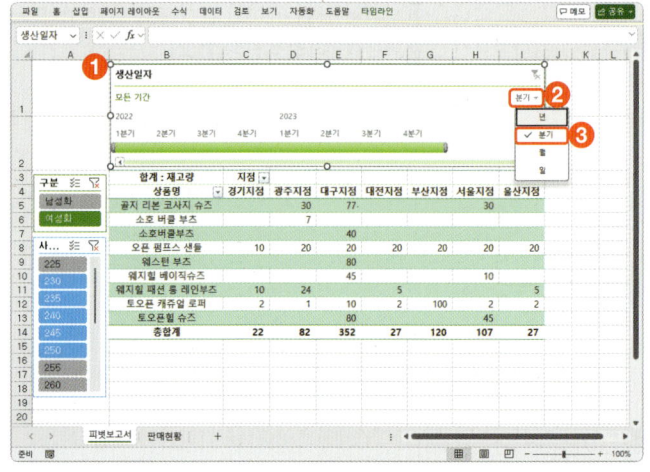

시간 표시 막대의 시간 수준 지정하기

05 ① [생산일자] 시간 표시 막대를 B열에 배치
② [월]로 표시된 시간 수준 항목 클릭
③ [분기]를 클릭합니다.

Tip 시간 표시 막대의 시간 수준이 연도와 분기 단위로 변경됩니다.

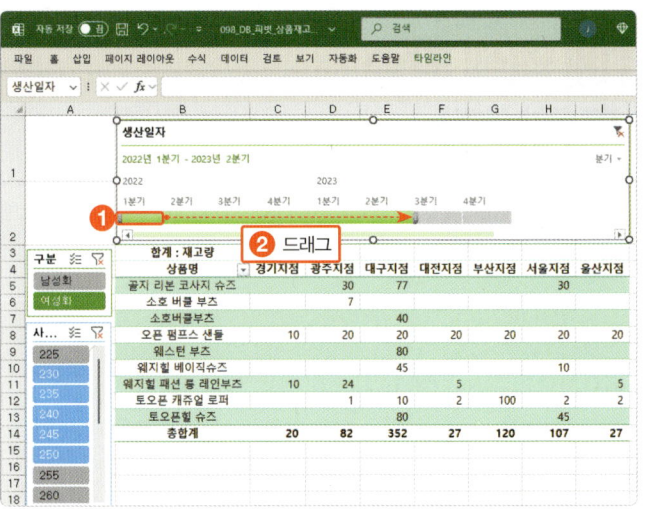

시간 표시 막대의 시작/종료 구간 설정하기

06 ❶ 시간 표시 막대의 [2022년 1분기] 클릭

❷ 종료 지점을 [2023년 2분기]까지 드래그합니다.

Tip 2022년 1분기~2023년 2분기에 생산된 상품의 재고량이 표시됩니다.

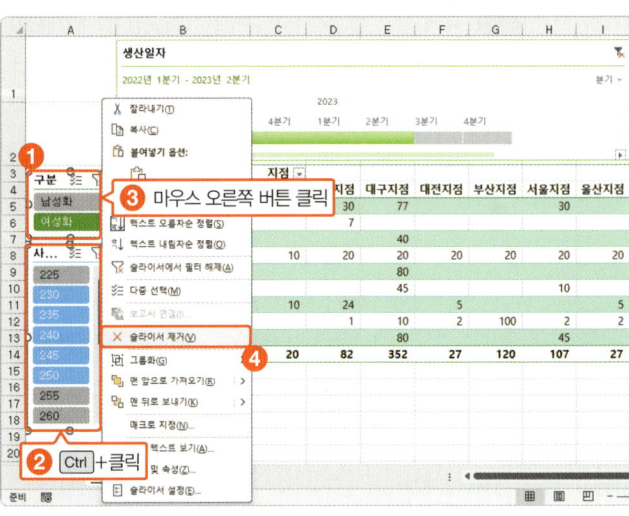

슬라이서와 시간 표시 막대 제거하기

07 ❶ [구분] 슬라이서 클릭

❷ Ctrl 을 누른 채 [사이즈] 슬라이서 클릭

❸ [구분] 슬라이서에서 마우스 오른쪽 버튼 클릭

❹ [슬라이서 제거]를 클릭합니다.

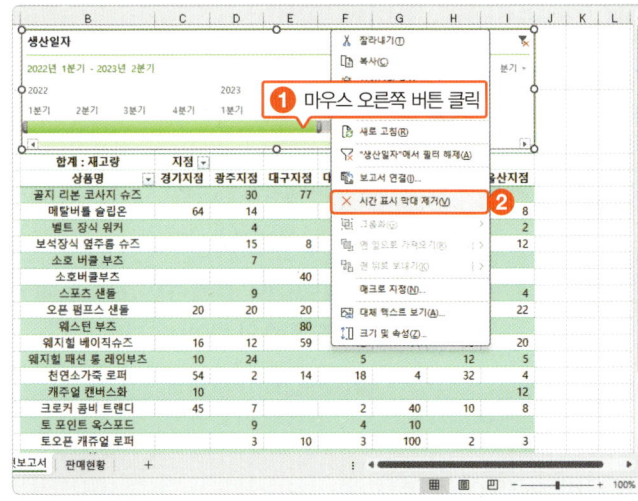

시간 표시 막대의 시작/종료 구간 설정하기

08 ❶ [생산일자] 시간 표시 막대에서 마우스 오른쪽 버튼 클릭

❷ [시간 표시 막대 제거]를 클릭합니다.

ChatGPT에 엑셀 함수 질문하고 도움받기

실습 파일 없음   완성 파일 없음

ChatGPT는 생성형 AI이기 때문에 같은 질문이라도 매번 다른 방식으로 답을 생성합니다. 따라서 책의 실습 화면과 실제로 실습하는 화면의 답변이 달라질 수 있습니다.

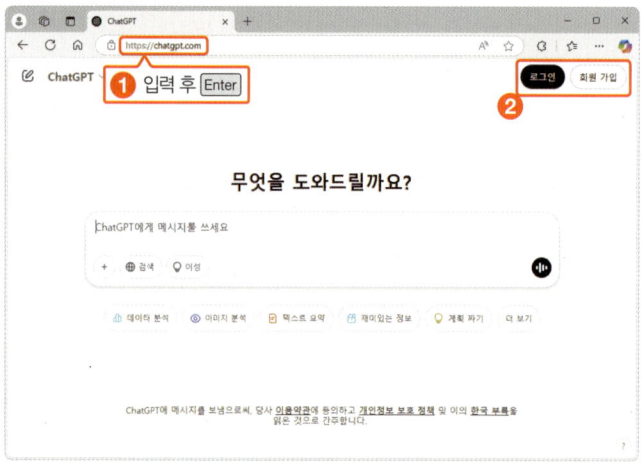

Tip ChatGPT 초기 화면은 사용하는 시점에 따라 달라질 수 있습니다. ChatGPT는 회원 가입 없이 무료로 사용할 수 있지만, 일부 기능에 제약이 있을 수 있습니다. 로그인을 원하지 않으면 이 단계를 건너뜁니다.

ChatGPT 웹사이트 접속하기

01 ChatGPT는 OpenAI가 개발한 대화 전문 인공지능 챗봇입니다. ChatGPT 웹사이트에 접속해보겠습니다.

❶ 인터넷 브라우저의 주소창에 **https://chatgpt.com** 입력 후 Enter
❷ ChatGPT 화면에서 [회원 가입]을 클릭하거나 이미 회원이라면 [로그인]을 클릭한 후 이메일 주소와 비밀번호를 입력해 로그인합니다.

Tip ChatGPT는 사용자가 프롬프트로 질문을 입력하면 이에 대해 자세한 응답을 제공하도록 훈련되었습니다.

ChatGPT 프롬프트로 질문하기

02 엑셀을 사용하면서 궁금한 내용이 있으면 ChatGPT에 질문하여 도움을 받을 수 있습니다. 엑셀 함수에 대해 물어보겠습니다.

❶ ChatGPT 프롬프트 창에 **IF 함수와 IFS 함수의 차이는?** 입력
❷ Enter 를 누릅니다.

03 잠시 후 ChatGPT의 응답 결과가 화면에 표시됩니다.

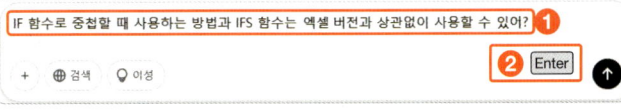

ChatGPT에 추가 질문하기

04 질문을 이어갈 수 있으므로 추가 질문을 입력해보겠습니다.

❶ ChatGPT 프롬프트 창에 **IF 함수로 중첩할 때 사용하는 방법과 IFS 함수는 엑셀 버전과 상관없이 사용할 수 있어?** 입력

❷ Enter 를 누릅니다.

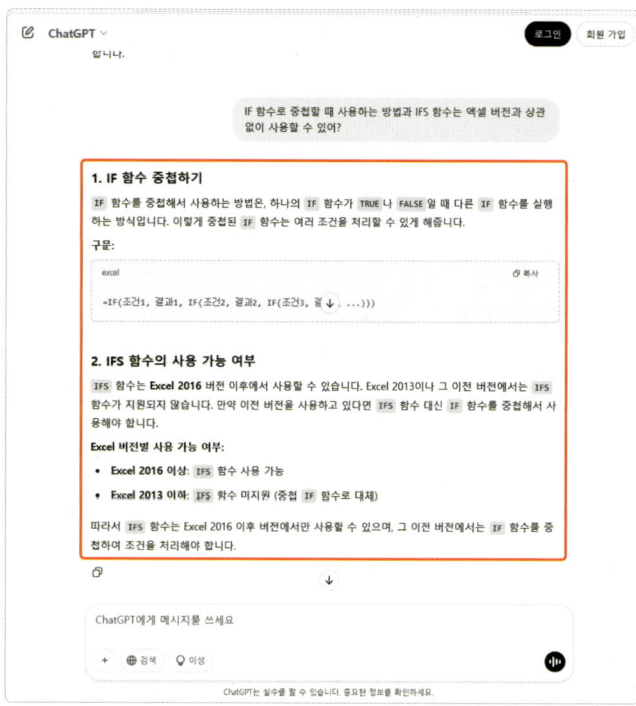

05 잠시 후 ChatGPT의 응답 결과가 화면에 표시됩니다.

Tip ChatGPT에서 새로운 주제로 대화를 이어가려면 [새 채팅 ✎]을 클릭합니다.

> **Note** **ChatGPT 프롬프트 창에 질문할 수 있는 텍스트 길이**
>
> 2025년 8월 기준으로, 로그인한 무료 사용자는 GPT-5를 기본적으로 사용할 수 있으며, 일정 사용량을 초과하면 자동으로 mini 버전으로 전환됩니다. 무료 사용자는 5시간당 최대 10개 메시지 전송이 가능하며, GPT-5 Thinking은 하루 1회만 사용할 수 있습니다. Plus 유료 사용자는 GPT-5를 사용할 수 있으며, 시스템이 자동으로 Chat 모드와 Thinking 모드를 선택합니다. Pro 유료 사용자는 GPT-5를 무제한으로 사용 가능하며, GPT-5 Pro 모드에 접근할 수 있습니다.

항목	무료 버전(로그인)	유료 버전(Plus)	유료 버전(Pro)
이용 가능 모델	GPT-5 (5시간당 10개 메시지, 초과 시 mini 버전 전환)	GPT-5 (3시간당 160개 메시지, 초과 시 mini 버전 전환)	GPT-5, GPT-5 Pro(무제한)
질문 텍스트 길이	최대 272,000토큰	최대 272,000토큰	최대 272,000토큰
응답 속도	보통(혼잡 시 다소 느려질 수 있음)	빠름	매우 빠름
대기 시간	있을 수 있음	거의 없음	없음
사용량 제한	있음(5시간당 10개 메시지)	있음(3시간당 160개 메시지)	없음
GPT-5 Thinking	하루 1회	주당 200개 메시지	무제한
대화 기록 저장	가능	가능(대화 검색 기능)	가능(대화 검색 기능)
응답 길이	표준	긴 답변 가능	매우 깊게(대용량 처리 가능)
기타 기능	기본 기능(코드 해석, 텍스트 대화, 웹 검색, 이미지 생성 등)	고급 기능(파일 업로드, 코드 실행, 대용량 분석, 고급 음성 모드)	모든 기능 + GPT-5 Pro 모드, 확장 에이전트 기능
사용자 지정 기능	기본 Custom GPT 접근	가능(Custom GPT, 파일 저장 등)	가능(고급 설정 포함)
Deep Research	경량 버전 월 5회	전체 모델 25회 + 경량 버전/월	전체 모델 250회 + 경량 버전/월
구독료	없음	$20/월(USD 기준)	$200/월(USD 기준)

우선순위 100. ChatGPT로 함수식 오류 수정 및 함수식 질문하기

실습 파일 엑셀\5장\100_ChatGPT_함수1.xlsx   완성 파일 엑셀\5장\100_ChatGPT_함수1_완성.xlsx

ChatGPT는 생성형 AI이기 때문에 같은 질문이라도 매번 다른 방식으로 답을 생성합니다. 따라서 책의 실습 화면과 실제로 실습하는 화면의 답변이 달라질 수 있습니다.

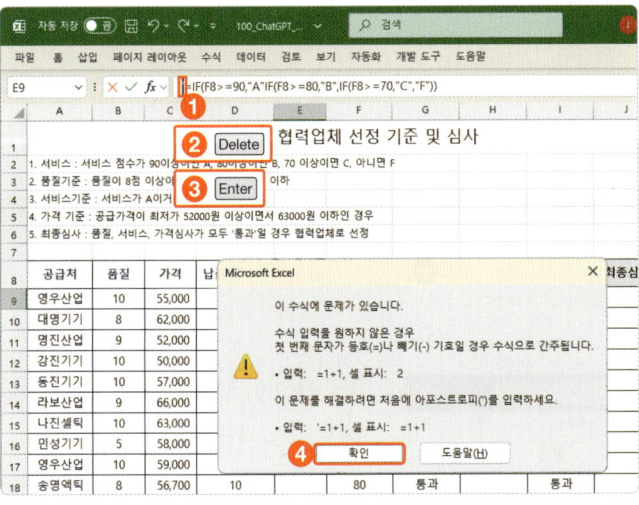

수식 오류 확인하기

01 ❶ [E9] 셀의 수식 입력줄에서 맨 앞의 '를 드래그

❷ Delete

❸ Enter

❹ 수식에 문제가 있다는 메시지가 나타나면 [확인]을 클릭합니다.

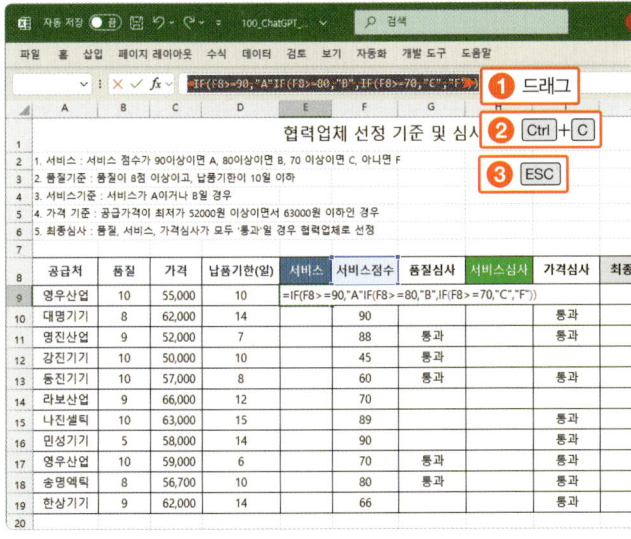

수식 복사하기

02 문제가 있는 함수식을 복사한 후 ChatGPT 프롬프트에 질문하여 수식의 오류를 수정해보겠습니다.

❶ [E9] 셀의 수식 입력줄에서 수식 전체 드래그

❷ Ctrl + C 를 눌러 수식 복사

❸ ESC 를 누릅니다.

CHAPTER 05 데이터베이스 관리/분석 및 ChatGPT 사용하기 **261**

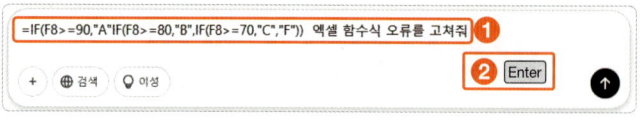

ChatGPT에서 수식 오류 질문하기

03 ❶ ChatGPT 프롬프트 창에 **=IF(F8>=90,"A"IF(F8>=80, "B",IF(F8>=70,"C","F")) 엑셀 함수식 오류를 고쳐줘** 입력

❷ Enter 를 누릅니다.

ChatGPT에서 함수식 복사하기

04 ChatGPT의 응답 결과가 화면에 표시되면 [복사]를 클릭하여 수식을 복사합니다.

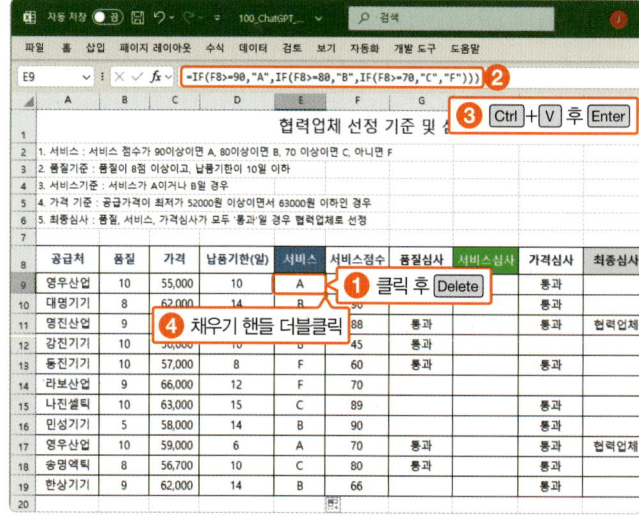

05 ❶ [E9] 셀 클릭 후 Delete

❷ 수식 입력줄 클릭

❸ Ctrl + V 후 Enter 눌러 수식 붙여넣기

❹ [E9] 셀의 채우기 핸들을 더블클릭해서 수식을 복사합니다.

Tip 완성 수식은 =IF(F8>=90,"A",IF(F8>=80,"B",IF(F8>=70,"C","F")))입니다.

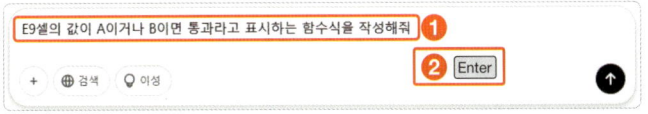

ChatGPT에서 함수식 질문하기

06 ❶ ChatGPT 프롬프트 창에 **E9 셀의 값이 A이거나 B이면 통과라고 표시하는 함수식을 작성해줘** 입력 ❷ Enter 를 누릅니다.

07 ChatGPT의 응답 결과가 화면에 표시되면 [복사]를 클릭하여 수식을 복사합니다.

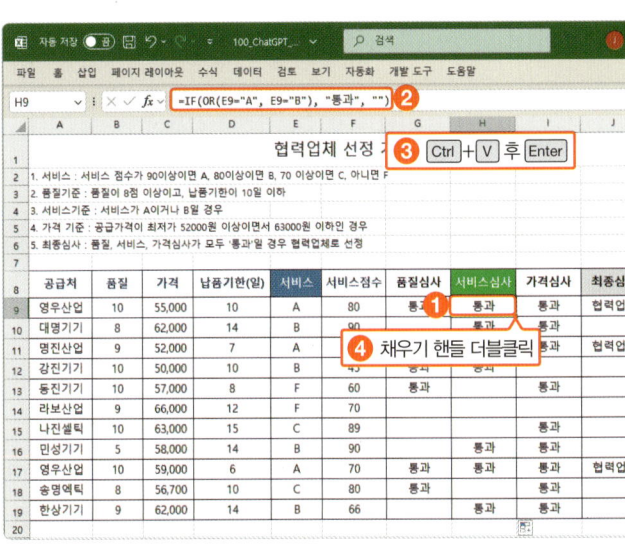

완성 수식 입력하기

08 ❶ [H9] 셀 클릭
❷ 수식 입력줄 클릭
❸ Ctrl + V 후 Enter 눌러 수식 붙여넣기
❹ [H9] 셀의 채우기 핸들을 더블클릭하여 수식을 복사합니다.

Tip 완성 수식은 =IF(OR(E9="A", E9="B"), "통과", "")입니다.

CHAPTER 05 데이터베이스 관리/분석 및 ChatGPT 사용하기 **263**

ChatGPT에 데이터 전달하고 함수식 질문하기

실습 파일 엑셀\5장\101_ChatGPT_함수2.xlsx, 099_102_ChatGPT질문.txt **완성 파일** 엑셀\5장\101_ChatGPT_함수2_완성.xlsx

ChatGPT는 생성형 AI이기 때문에 같은 질문이라도 매번 다른 방식으로 답을 생성합니다. 따라서 책의 실습 화면과 실제로 실습하는 화면의 답변이 달라질 수 있습니다.

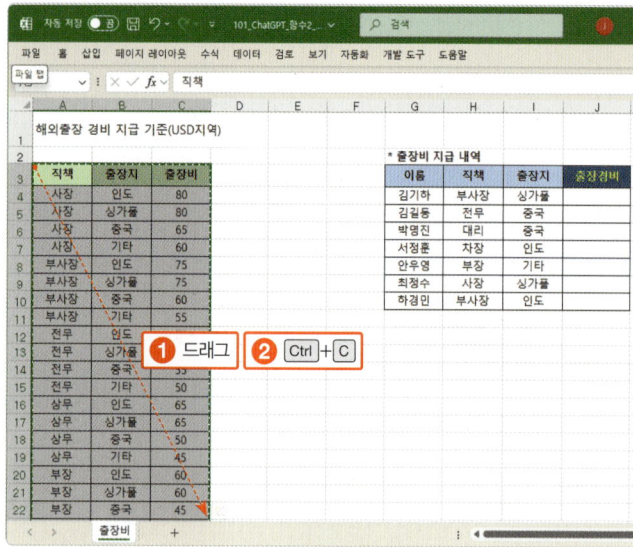

ChatGPT에서 수식 질문하기

01 ChatGPT를 활용해 직책과 출장지에 따른 출장비를 계산하여 출장경비를 찾는 수식을 입력해보겠습니다.

❶ [A3:C39] 범위 지정

❷ Ctrl + C 를 눌러 데이터를 복사합니다.

Tip 찾을 데이터의 범위와 구조를 ChatGPT에 알려주기 위해 데이터 범위를 복사하여 전달할 수 있습니다. 다만, 데이터 양이 많으면 나누어 복사한 후, 질문과 답변을 반복해야 합니다.

02 ❶ ChatGPT 프롬프트 창에서 Ctrl + V 를 눌러 데이터 붙여넣기

❷ Shift + Enter 를 눌러 행갈이

❸ **A4:C39 범위에서 출장비를 찾고 싶은데 H4셀에 직책이 입력되어 있고, I4셀에 출장지가 입력되어 있습니다. 출장비를 찾는 함수식을 작성해줘** 입력

❹ Enter 를 누릅니다.

Tip ChatGPT에서 Enter 를 누르면 메시지가 바로 전송되지만, Shift + Enter 를 누르면 행갈이되어 텍스트를 여러 줄로 나누어서 입력할 수 있습니다. '099_102_ChatGPT질문.txt' 파일에서 해당 질문을 복사해서 붙여 넣을 수 있습니다.

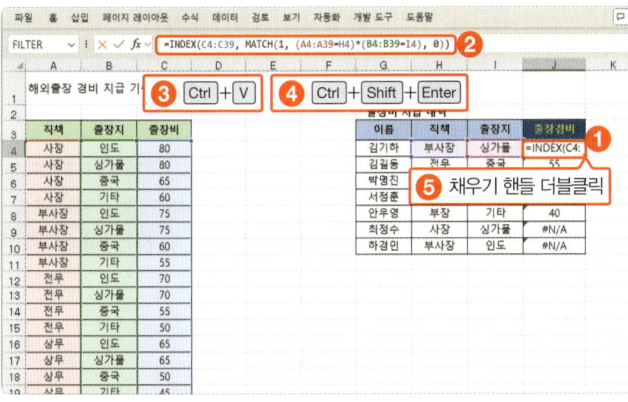

ChatGPT에서 함수식 복사하기

03 ChatGPT의 응답 결과가 화면에 표시되면 [복사]를 클릭하여 수식을 복사합니다.

Tip INDEX, MATCH 함수를 사용한 배열 수식을 작성하고, Ctrl + Shift + Enter 를 눌러 입력해야 한다는 답변이 표시됩니다.

완성 수식 입력하기

04 ❶ [J4] 셀 클릭

❷ 수식 입력줄 클릭

❸ Ctrl + V

❹ Ctrl + Shift + Enter

❺ [J4] 셀의 채우기 핸들을 더블클릭해서 수식을 복사합니다.

Tip 수식 =INDEX(C4:C39, MATCH(1, (A4:A39 =H4)*(B4:B39=I4), 0))를 입력한 후 Ctrl + Shift + Enter 를 누릅니다.

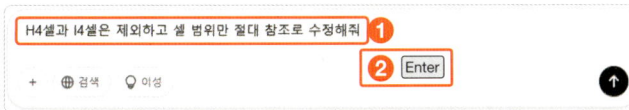

ChatGPT에 추가 질문하기

05 수식을 자세히 보면 상대 참조로 구성되어 있어서 [J9], [J10] 셀에 잘못된 결과가 표시됩니다. 수식의 일부를 수정하기 위해 추가 질문을 해보겠습니다.

❶ ChatGPT 프롬프트 창에 **H4셀과 I4셀은 제외하고 셀 범위만 절대 참조로 수정해줘** 입력

❷ Enter 를 누릅니다.

CHAPTER 05 데이터베이스 관리/분석 및 ChatGPT 사용하기 **265**

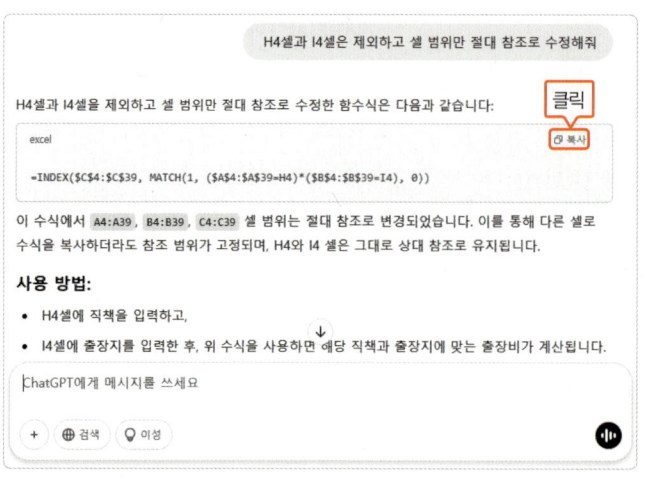

ChatGPT에서 함수식 복사하기

06 ChatGPT의 응답 결과가 화면에 표시되면 [복사]를 클릭해서 수식을 복사합니다.

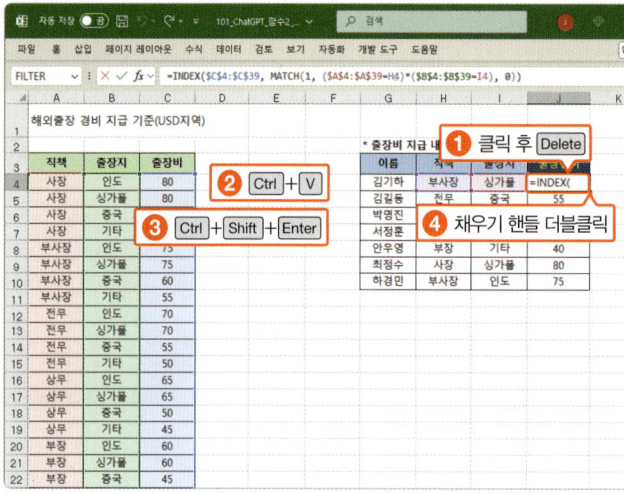

완성 수식 입력하기

07 ❶ [J4] 셀 클릭 후 Delete

❷ Ctrl + V

❸ Ctrl + Shift + Enter

❹ [J4] 셀의 채우기 핸들을 더블클릭해서 수식을 복사합니다.

Tip 완성 수식은 =INDEX($C$4:$C$39, MATCH(1, ($A$4:$A$39=H4)*($B$4:$B$39=I4), 0))입니다. 입력 후 Ctrl + Shift + Enter 를 누릅니다.

우선순위 102 ChatGPT로 데이터 분석하고 키워드 추출 및 분류하기

실습 파일 엑셀\5장\102_ChatGPT_키워드분류.xlsx, 099_102_ChatGPT질문.txt 완성 파일 엑셀\5장\102_ChatGPT_키워드분류_완성.xlsx

ChatGPT는 생성형 AI이기 때문에 같은 질문이라도 매번 다른 방식으로 답을 생성합니다. 따라서 책의 실습 화면과 실제로 실습하는 화면의 답변이 달라질 수 있습니다.

키워드 추출하기

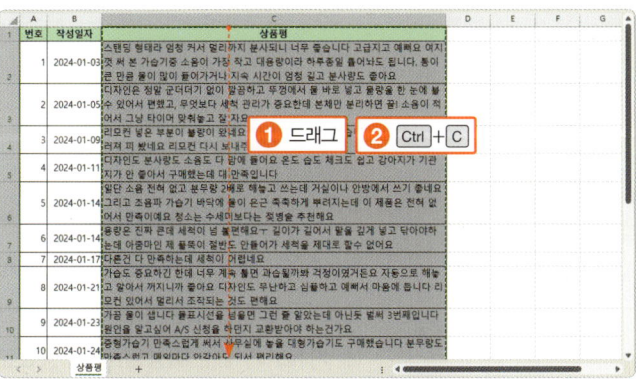

01 가습기 사용 상품평을 읽고 키워드를 추출해보겠습니다. ChatGPT에 질문하는 방법으로 여섯 개의 키워드를 뽑아보겠습니다.

❶ [C1:C23] 범위 지정
❷ Ctrl + C 를 눌러 데이터를 복사합니다.

Tip 찾을 데이터의 범위와 구조를 ChatGPT에 알려주기 위해 데이터 범위를 복사하여 전달할 수 있습니다. 다만, 데이터 양이 많을 경우 나누어 복사한 후, 질문과 답변을 반복해야 합니다.

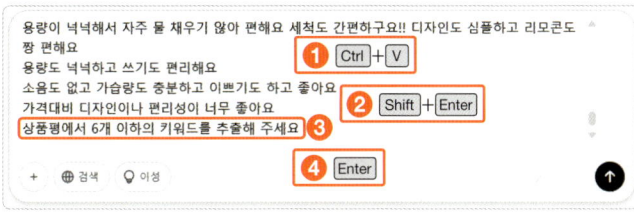

02 ❶ ChatGPT 프롬프트 창에서 Ctrl + V 를 눌러 데이터 붙여넣기
❷ Shift + Enter
❸ **상품평에서 6개 이하의 키워드를 추출해 주세요** 입력
❹ Enter 를 누릅니다.

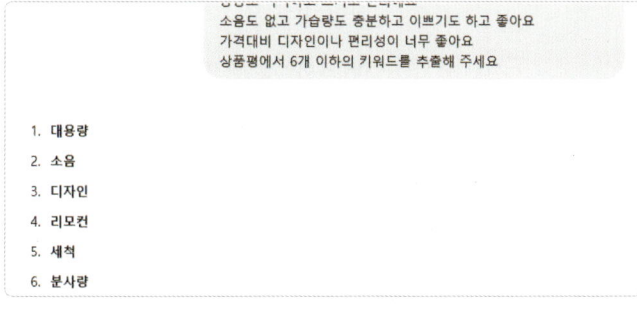

03 응답 결과로 여섯 개의 키워드가 추출됩니다. 분류에 용이하도록 일부를 수정한 키워드 여섯 개(디자인, 세척, 소음, 가습량, 용량, 고장)를 사용하겠습니다.

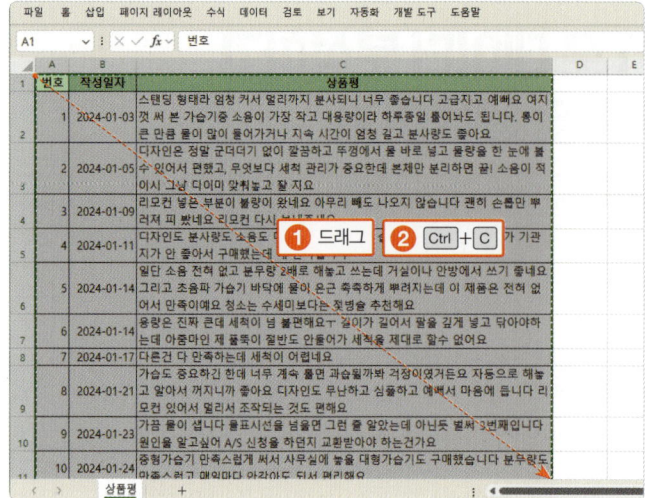

상품평에 맞는 키워드 분류하기

04 키워드를 여섯 개(디자인, 세척, 소음, 가습량, 용량, 고장)로 분류하기 위해 ChatGPT를 활용해보겠습니다.

① [A1:C23] 범위 지정

② Ctrl + C 를 누릅니다.

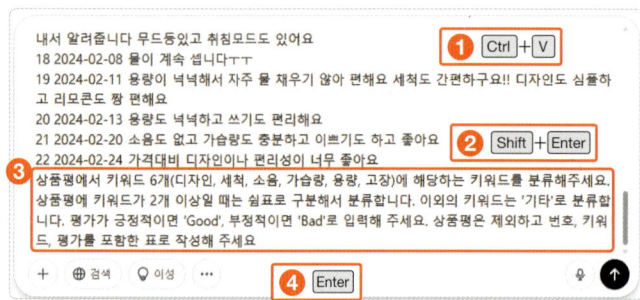

Tip '099_102_ChatGPT질문.txt' 파일에서 해당 질문을 복사해서 붙여 넣을 수 있습니다.

05 ① ChatGPT 프롬프트 창에서 Ctrl + V 를 눌러 데이터 붙여넣기

② Shift + Enter

③ 상품평에서 키워드 6개(디자인, 세척, 소음, 가습량, 용량, 고장)에 해당하는 키워드를 분류해주세요. 상품평에 키워드가 2개 이상일 때는 쉼표로 구분해서 분류합니다. 이외의 키워드는 '기타'로 분류합니다. 평가가 긍정적이면 'Good', 부정적이면 'Bad'로 입력해 주세요. 상품평은 제외하고 번호, 키워드, 평가를 포함한 표로 작성해 주세요 입력

④ Enter 를 누릅니다.

06 ChatGPT의 응답 결과가 나타나면 📋 를 클릭해서 표 전체를 복사합니다.

Tip 표 이외 설명이 표시되면 표와 설명이 같이 복사되므로 표만 범위를 지정한 후 Ctrl + C 를 누릅니다.

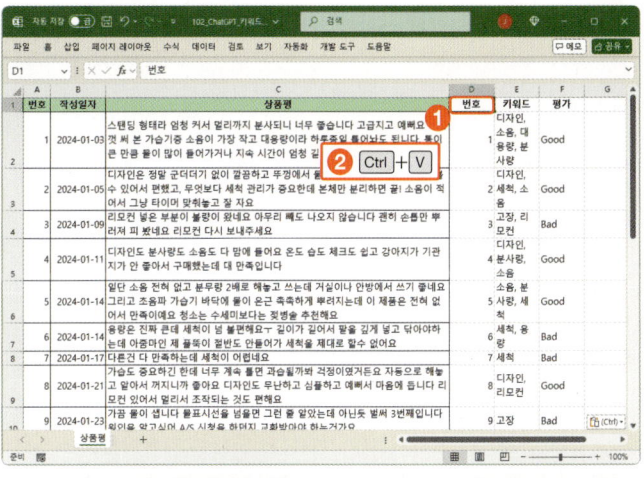

07 ❶ [D1] 셀 클릭

❷ Ctrl + V

❸ D열 머리글 클릭

❹ Ctrl + - 를 눌러 번호 열을 삭제합니다.

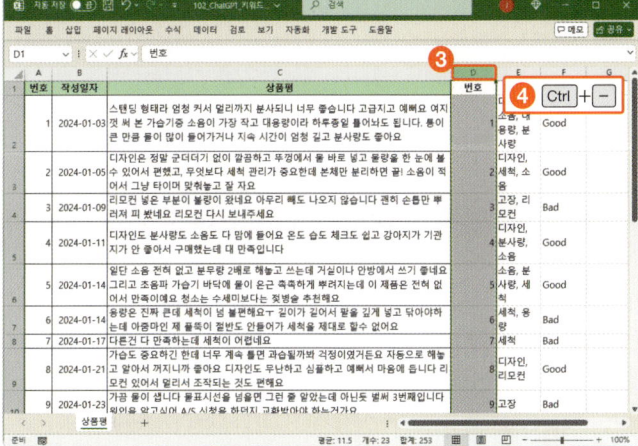

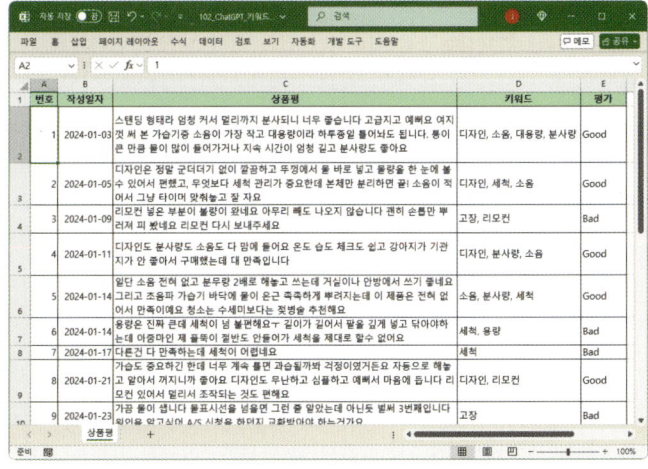

08 적당하게 열의 너비를 조절하고 테두리를 그립니다. 상품평을 분석하여 키워드를 추출하고 평가를 표시한 표를 완성합니다.

PART 02

파워포인트

CHAPTER 01

기본 프레젠테이션 만들기

 파워포인트의 기본 화면 구성 살펴보기

실습 파일 없음　완성 파일 없음

기본 화면 구성

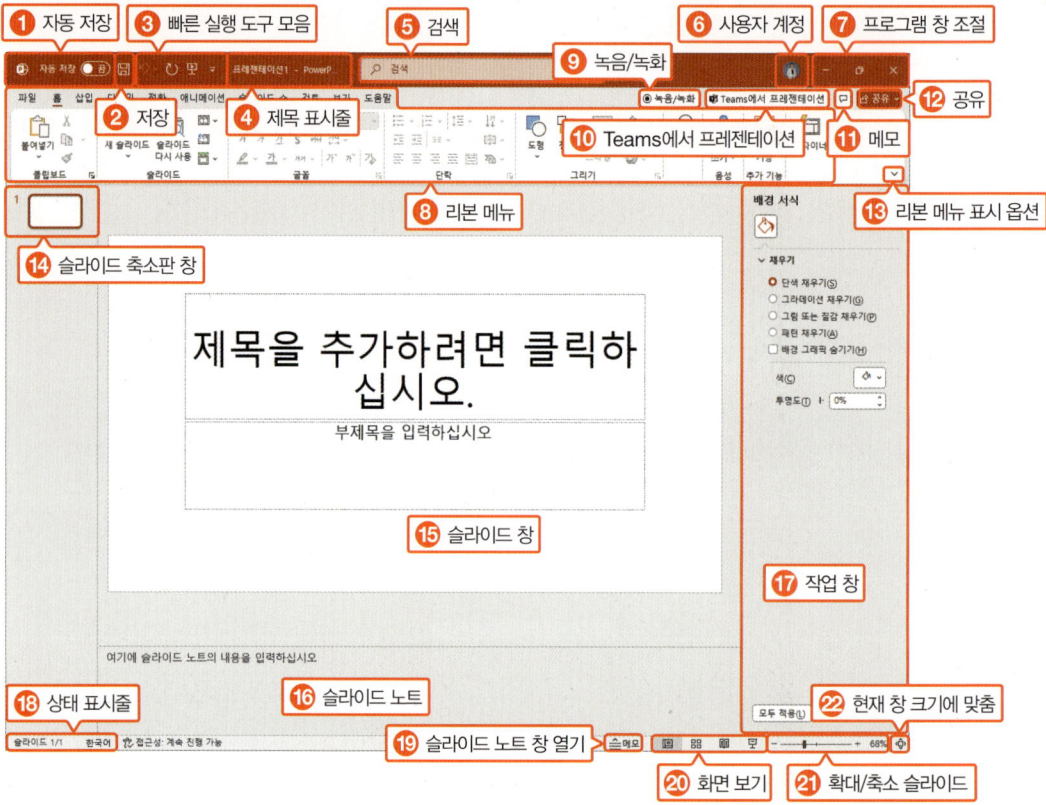

① **자동 저장** : Microsoft 365 구독자가 사용할 수 있으며, 작업 중인 파일을 몇 초마다 자동으로 저장합니다. OneDrive, 비즈니스용 OneDrive 또는 SharePoint Online에서 파일을 저장할 때 자동 저장이 기본으로 활성화됩니다.

② **저장** : 파일을 최초로 저장할 때 위치를 지정합니다. 수정된 내용을 현재 프레젠테이션에 저장하고 싶을 때 클릭합니다.

③ **빠른 실행 도구 모음** : 자주 사용하는 명령을 모아놓은 곳입니다. 필요에 따라 추가 또는 삭제할 수 있습니다. 리본 메뉴 아래에 빠른 실행 도구 모음 표시 후 명령 레이블 표시가 가능합니다.

❹ **제목 표시줄** : 프로그램 이름과 현재 편집 중인 문서의 이름이 나타납니다.
❺ **검색** : 텍스트부터 명령, 도움말 등까지 원하는 내용을 신속하게 찾을 수 있습니다.
❻ **사용자 계정** : 마이크로소프트에 로그인한 사용자의 프로필 사진이 보입니다. 내 계정을 관리하거나 다른 계정으로 전환할 수 있습니다.
❼ **프로그램 창 조절** : 파워포인트 창을 최소화/최대화하거나 닫을 때 사용합니다.
❽ **리본 메뉴** : 슬라이드를 작성할 때 필요한 각종 명령을 기능별로 구분해서 탭 형태로 표시합니다. 탭을 열어 필요한 명령 버튼을 클릭하여 실행합니다. 사용자는 리본에 탭과 명령 버튼을 삭제, 추가, 이동할 수 있으며, 변경된 상태를 저장할 수도 있습니다.
❾ **녹음/녹화** : 설명, 애니메이션, 전환, 잉크 및 레이저 포인터 제스처를 기록합니다. 현재 슬라이드에서 간편하게 녹화할 수 있습니다.
❿ **Teams에서 프레젠테이션** : 현재 참여 중인 Teams 모임에서 라이브로 프레젠테이션합니다.
⓫ **메모** : 문서에 대한 메모를 보거나 [새로 만들기]를 클릭하여 원하는 메모를 추가합니다.
⓬ **공유** : 프레젠테이션을 클라우드에 저장한 후 다른 사용자에게 전송하여 공유합니다.
⓭ **리본 메뉴 표시 옵션** : 리본 상태를 전환하거나 빠른 실행 도구 모음을 숨기거나 표시합니다. 화면이 좁아서 보기 불편할 경우 리본 메뉴를 축소하여 리본 메뉴 탭만 표시합니다.
⓮ **슬라이드 축소판 창** : 열려 있는 파워포인트 파일의 각 슬라이드가 작은 그림으로 나타납니다.
⓯ **슬라이드 창** : 슬라이드를 편집하는 작업 영역으로 도형, 텍스트, 이미지, 차트, 표 등의 개체를 삽입하고 편집합니다.
⓰ **슬라이드 노트** : 발표할 내용을 입력하는 곳입니다. 슬라이드와 슬라이드 노트 부분의 내용이 함께 인쇄됩니다. 인쇄물은 리허설이나 발표를 할 때 사용하면 유용합니다.
⓱ **작업 창** : 기본적으로 나타나지 않지만 명령을 세밀하게 조정하기 위해 표시합니다. 도형 서식, 그림 서식, 차트 서식 등 선택된 개체의 세부 서식을 편집할 수 있습니다.
⓲ **상태 표시줄** : 슬라이드 번호/전체 슬라이드 수, 맞춤법 검사 실행, 입력 언어, 접근성 검사를 표시해 줍니다.
⓳ **슬라이드 노트 창 열기** : 슬라이드 창 아래에 슬라이드 노트 창이 열립니다. 감추려면 다시 [메모]를 클릭하면 됩니다.
⓴ **화면 보기** : [기본], [여러 슬라이드], [읽기용 보기], [슬라이드 쇼] 보기를 통해 원하는 대로 화면 보기를 변경하여 작업할 수 있습니다.
㉑ **확대/축소 슬라이드** : ─ 를 클릭하면 화면이 축소되고, + 를 클릭하면 화면이 확대됩니다. 조절 바를 드래그하여 조정할 수도 있습니다.
㉒ **현재 창 크기에 맞춤** : 슬라이드 크기를 현재 창 크기에 최대한 맞춥니다.

Note 터치/마우스 모드 변경하기

터치 제스처를 통해 슬라이드를 살짝 밀고, 누르고, 스크롤하고, 확대/축소하며 프레젠테이션을 실감 나게 진행할 수 있습니다. 터치 사용에 최적화되도록 명령 사이의 간격이 넓어집니다.

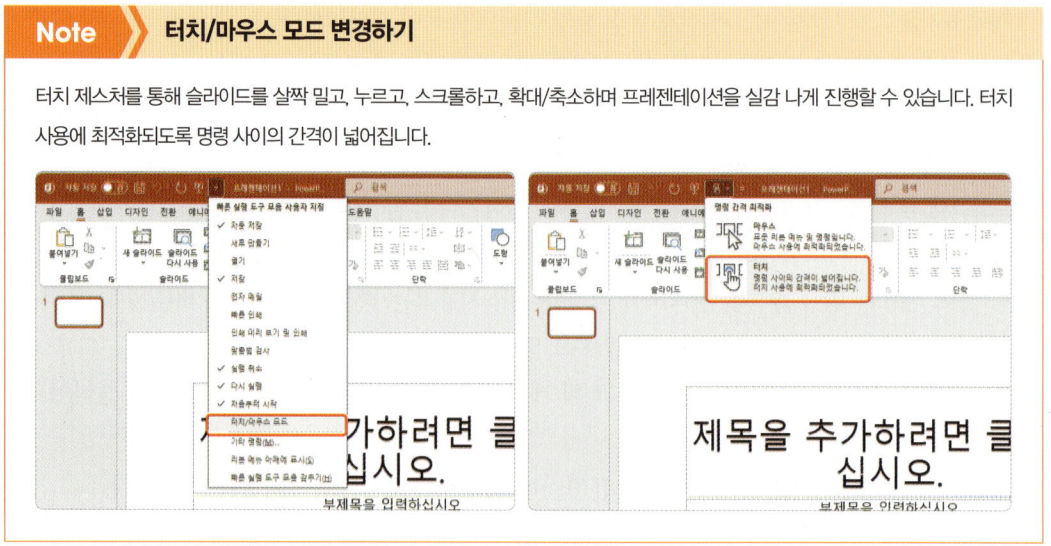

파워포인트 빠르게 시작하기

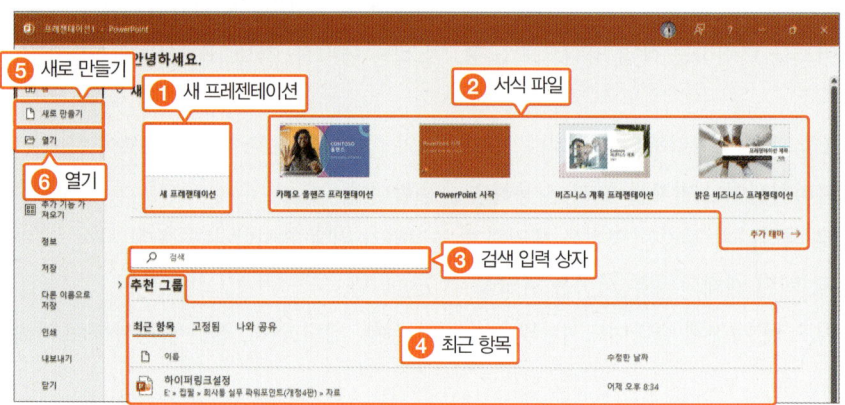

1 **새 프레젠테이션** : 흰색 배경의 새 프레젠테이션을 만들려면 선택합니다.

2 **서식 파일** : 파워포인트에서 기본으로 제공되는 서식 파일 중 하나를 선택할 수 있습니다. [추가 테마]를 클릭하면 다양한 서식 파일을 선택할 수 있습니다.

3 **검색 입력 상자** : 최근에 작업한 파워포인트 파일의 이름을 입력하면 빠르게 찾아서 실행할 수 있습니다.

4 **최근 항목** : 최근에 사용한 프레젠테이션 문서 목록이 보이며, 선택하여 빠르게 실행할 수 있습니다. [추가 프레젠테이션]을 클릭하면 더 많은 최근 항목의 프레젠테이션을 확인할 수 있습니다.

5 **새로 만들기** : 새 프레젠테이션과 제공되는 다양한 서식 파일 중 하나를 선택하여 만들 수 있습니다. 마음에 드는 것이 없다면 상단에 있는 [온라인 서식 파일 및 테마 검색] 창에 원하는 서식 이름을 입력한 후 선택하여 사용합니다.

6 **열기** : 최근에 연 파일 목록이 표시되고 일반적으로 파일을 저장하는 위치의 링크가 포함됩니다. 저장된 모든 프레젠테이션 파일을 찾아서 선택하여 열 수 있습니다.

001 작업 효율을 높이는 기본 옵션 설정하기

실습 파일 없음 완성 파일 없음

[PowerPoint 옵션] 대화상자 열기

01 ❶ [파일] 탭 클릭

❷ [옵션]을 클릭하면 [PowerPoint 옵션] 대화상자가 나타납니다.

PowerPoint Designer의 자동 제안 끄기

02 슬라이드에 이미지를 추가하면 그림과 같이 PowerPoint Designer가 자동으로 디자인 레이아웃을 제안합니다. 그러나 사용자가 정해놓은 디자인이 있다면 자동 제안은 불필요합니다. 디자인 레이아웃을 제공받지 않도록 설정해보겠습니다.

❶ [PowerPoint 옵션] 대화상자에서 [일반] 클릭

❷ [PowerPoint Designer]-[디자인 아이디어를 자동으로 표시]의 체크 해제

❸ [확인]을 클릭하면 슬라이드에 개체를 삽입해도 디자인 아이디어가 나타나지 않습니다.

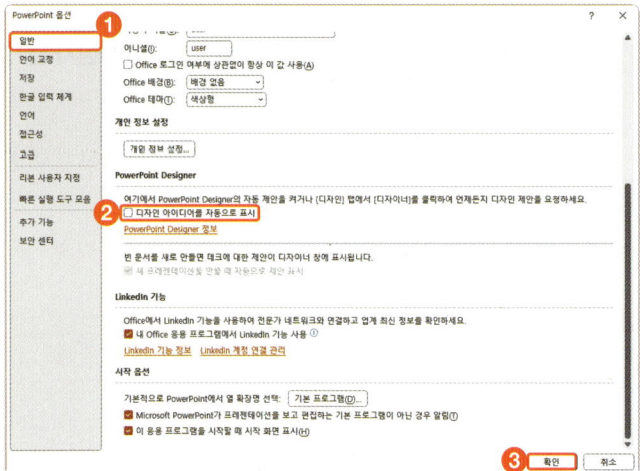

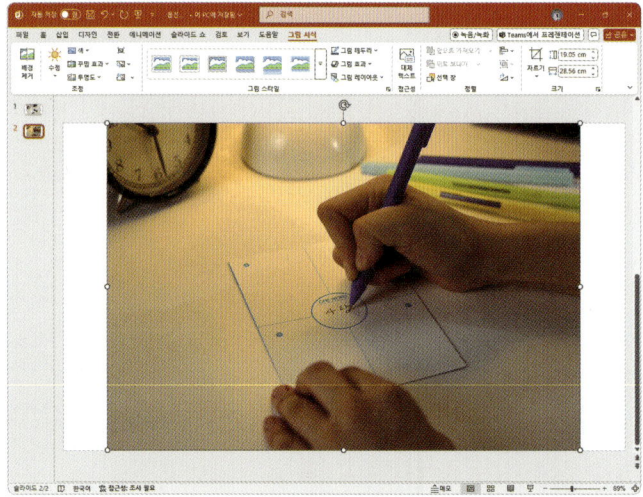

새 프레젠테이션(빈 화면)으로 시작하기

03 파워포인트를 실행하면 그림처럼 [홈] 화면이 나타납니다. 이 화면이 아닌 새 프레젠테이션(빈 화면)이 바로 나타나도록 설정해보겠습니다.

❶ [PowerPoint 옵션] 대화상자에서 [일반] 클릭

❷ [시작 옵션]-[이 응용 프로그램을 시작할 때 시작 화면 표시]의 체크 해제

❸ [확인]을 클릭하고 파워포인트를 다시 실행해보면 새 프레젠테이션(빈 화면)이 바로 나타납니다.

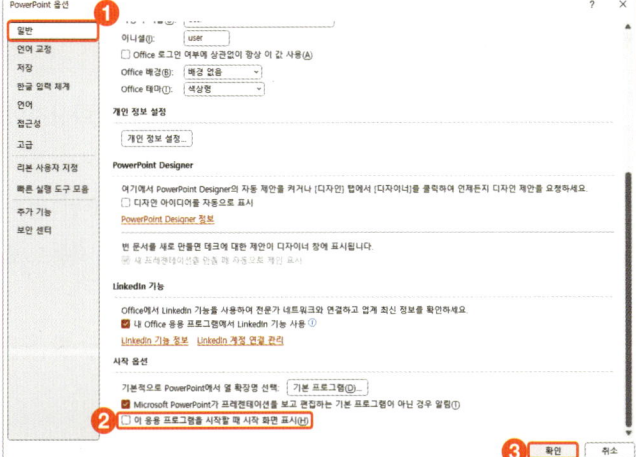

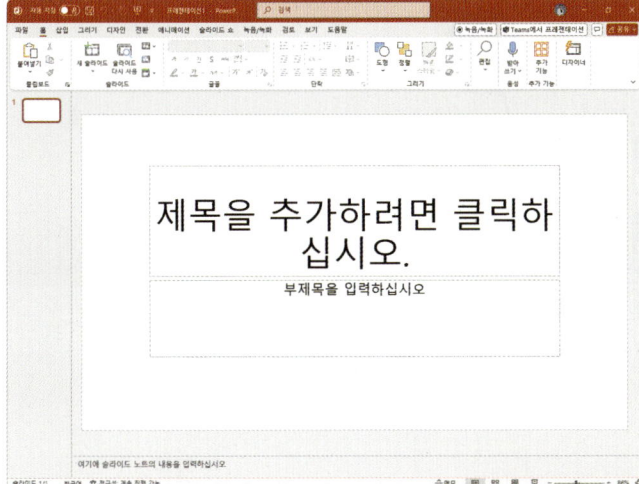

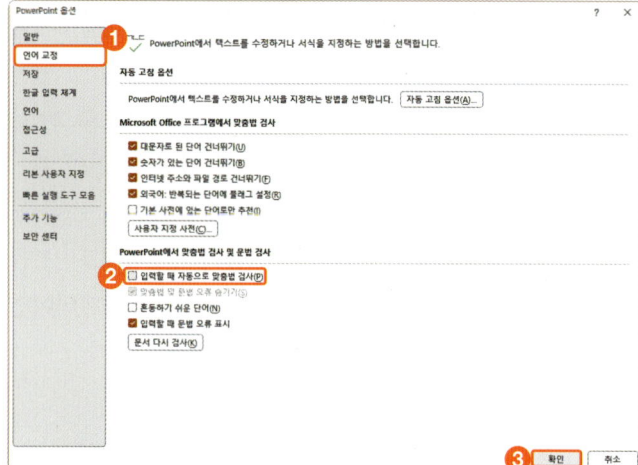

자동 맞춤법 검사 해제하기

04 파워포인트 작업 중에 맞춤법 검사가 자동으로 실행되면 프로그램 속도가 느려집니다. 맞춤법 검사는 슬라이드 작업이 끝난 후 내용을 검수할 때 하는 것이 좋습니다. 자동으로 설정된 맞춤법 검사를 해제해보겠습니다.

❶ [PowerPoint 옵션] 대화상자에서 [언어 교정] 클릭

❷ [PowerPoint에서 맞춤법 검사 및 문법 검사]-[입력할 때 자동으로 맞춤법 검사]의 체크 해제

❸ [확인]을 클릭하면 자동 맞춤법 검사가 해제됩니다.

하이퍼링크 설정 해제하기

05 파워포인트 작업 중에 홈페이지 주소를 입력하면 자동으로 밑줄이 표시됩니다. 원하지 않는 경우에도 하이퍼링크가 자동으로 생성되므로 하이퍼링크 설정을 해제해보겠습니다.

❶ [PowerPoint 옵션] 대화상자에서 [언어 교정] 클릭

❷ [자동 고침 옵션]-[자동 고침 옵션] 클릭

❸ [자동 고침] 대화상자에서 [입력할 때 자동 서식] 탭-[인터넷과 네트워크 경로를 하이퍼링크로 설정]의 체크 해제

❹ [확인] 클릭

❺ [PowerPoint 옵션] 대화상자에서 [확인]을 클릭하면 자동 하이퍼링크 표시가 해제됩니다.

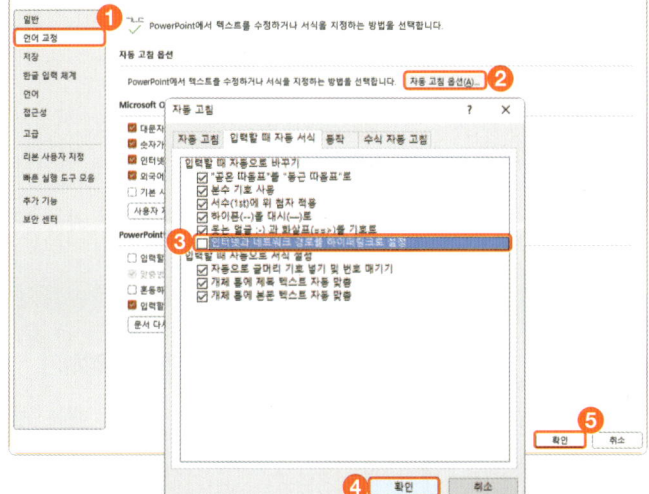

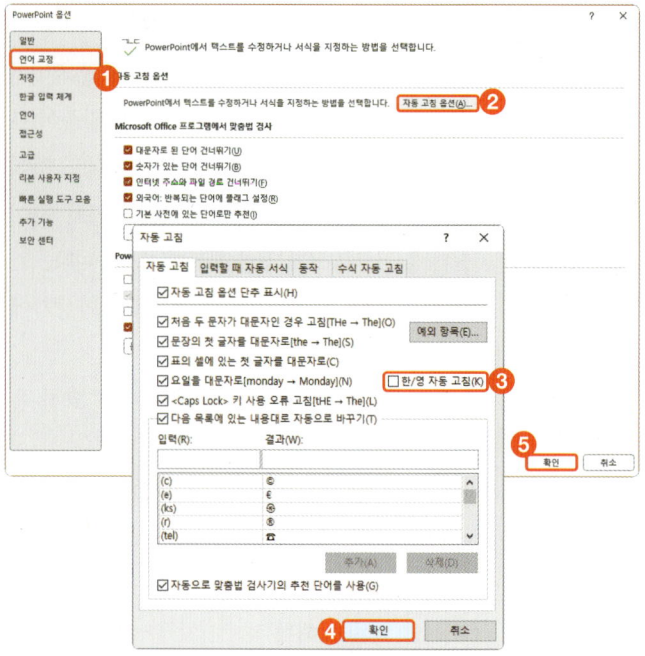

한/영 자동 고침 해제하기

06 텍스트를 입력할 때 사용자가 원하지 않아도 영어가 한글로, 한글이 영어로 바뀌는 경우가 있습니다. 이 문제를 해결해보겠습니다.

❶ [PowerPoint 옵션] 대화상자에서 [언어 교정] 클릭

❷ [자동 고침 옵션] 클릭

❸ [자동 고침] 대화상자에서 [자동 고침] 탭-[한/영 자동 고침]의 체크 해제

❹ [확인] 클릭

❺ [PowerPoint 옵션] 대화상자에서 [확인]을 클릭하면 한/영 자동 고침이 해제됩니다.

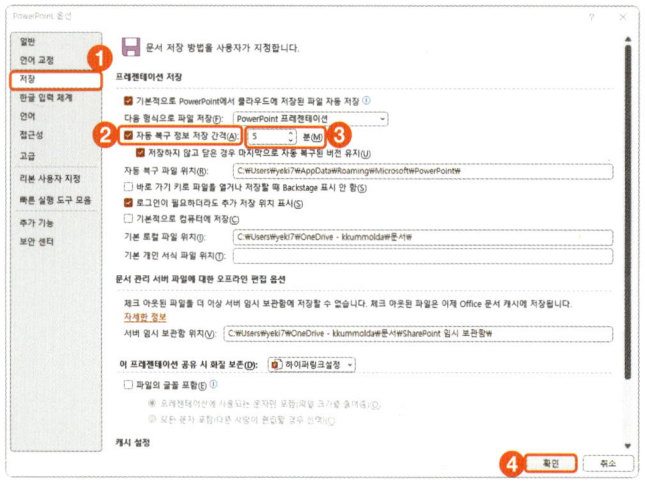

자동 복구 정보 저장 간격 설정하기

07 중요한 문서를 작업할 때는 자주 백업하여 파일 손상에 대비하는 것이 좋습니다. 파워포인트에서는 기본적으로 자동 복구 정보 저장 간격이 10분 간격으로 저장되도록 설정되어 있으며, 1분부터 120분까지 조정할 수 있습니다.

❶ [PowerPoint 옵션] 대화상자에서 [저장] 클릭

❷ [자동 복구 정보 저장 간격]에 체크

❸ **5분**으로 설정

❹ [확인]을 클릭하면 5분 간격으로 자동 저장됩니다.

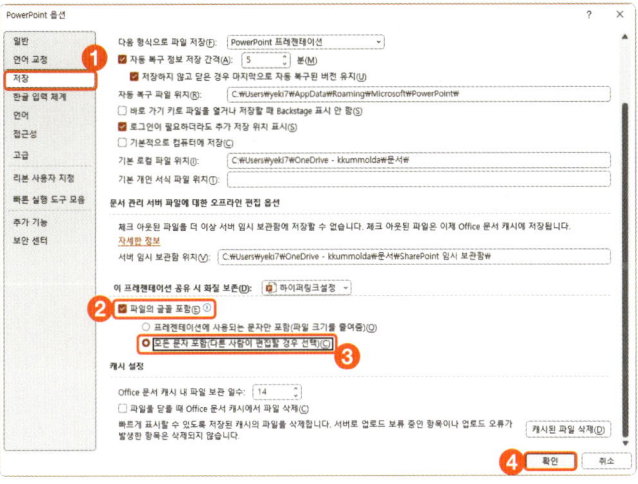

파일의 글꼴 포함 저장하기

08 문서를 저장할 때 글꼴을 포함해서 저장하면 다른 환경에서 문서를 열었을 때 글꼴이 깨지는 현상을 방지할 수 있습니다. 단, 글꼴을 포함하여 저장하면 파일의 용량이 늘어납니다.

❶ [PowerPoint 옵션] 대화상자에서 [저장] 클릭

❷ [파일의 글꼴 포함]에 체크

❸ [모든 문자 포함(다른 사람이 편집할 경우 선택)] 설정

❹ [확인]을 클릭하면 파일에 글꼴이 포함됩니다.

Tip
- **프레젠테이션에 사용되는 문자만 포함(파일 크기를 줄여줌)** : 문서에서 사용하지 않은 글꼴을 입력하면 문자가 깨져서 나타납니다.
- **모든 문자 포함(다른 사람이 편집할 경우 선택)** : 다른 문자를 입력해도 깨지지 않고 자유롭게 입력할 수 있습니다. 단, 파일의 용량이 커집니다.

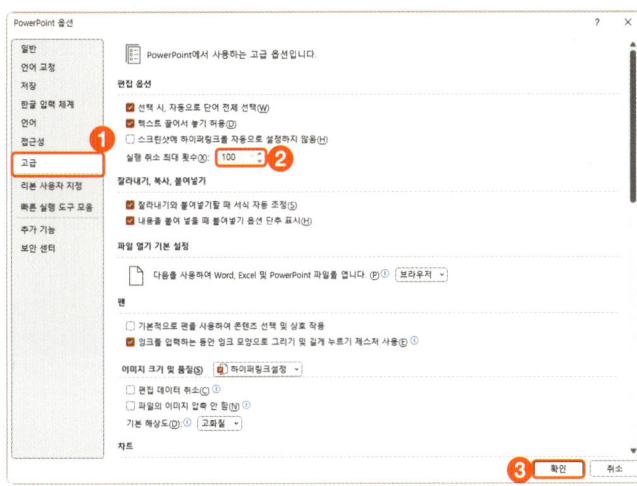

실행 취소 횟수 조정하기

09 파워포인트 작업 중 단축키 Ctrl + Z 를 누르면 작업 취소 기능이 실행됩니다. 파워포인트에서 작업을 취소할 수 있는 기본 횟수는 20회이며, 3회부터 최대 150회까지 설정할 수 있습니다.

❶ [PowerPoint 옵션] 대화상자에서 [고급] 클릭

❷ [편집 옵션]-[실행 취소 최대 횟수]에 **100** 입력

❸ [확인]을 클릭하면 최대 100회까지 작업을 취소할 수 있습니다.

고품질 인쇄 설정하기

10 슬라이드에서 투명한 효과를 적용한 개체가 인쇄물에 잘 나타나지 않을 때는 인쇄를 고품질로 설정한 후 인쇄하면 선명하게 인쇄됩니다. ❶ [PowerPoint 옵션] 대화상자에서 [고급] 클릭 ❷ [인쇄]-[고품질]에 체크 ❸ [확인]을 클릭하면 인쇄물이 선명해집니다.

002 빠른 실행 도구 모음 사용자 지정하기

실습 파일 없음　**완성 파일** 빠른 실행 도구 모음.exportedUI

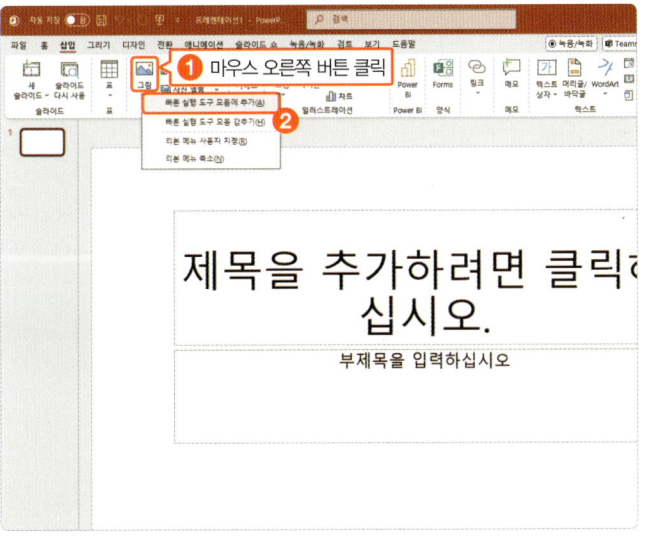

빠른 실행 도구 모음에 [그림 삽입] 명령 추가하기

01 ❶ [삽입] 탭-[이미지] 그룹-[그림 🖼]에서 마우스 오른쪽 버튼 클릭

❷ [빠른 실행 도구 모음에 추가]를 클릭하면 빠른 실행 도구 모음에 [그림 삽입] 명령이 추가됩니다.

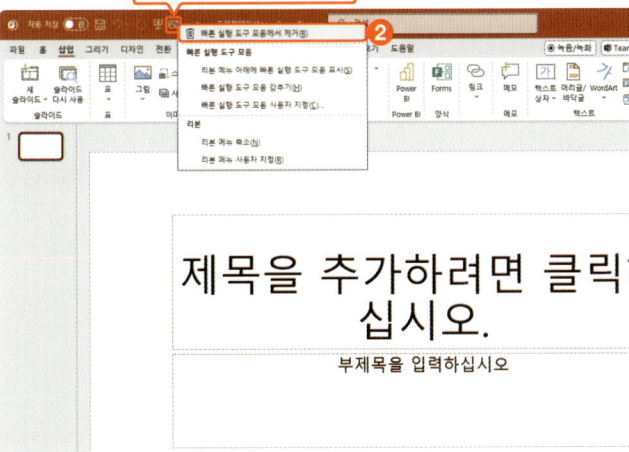

빠른 실행 도구 모음의 [그림 삽입] 기능 삭제하기

02 ❶ [그림 삽입]에서 마우스 오른쪽 버튼 클릭

❷ [빠른 실행 도구 모음에서 제거]를 클릭하면 빠른 실행 도구 모음에서 [그림 삽입]이 제거됩니다.

한 번에 여러 명령 추가하기

03 ① [파일] 탭 클릭

② [옵션] 클릭

③ [PowerPoint 옵션] 대화상자에서 [빠른 실행 도구 모음] 클릭

④ [명령 선택]에서 추가하고자 하는 명령 클릭

⑤ [추가] 클릭

⑥ [도구 모음 및 위치]–[리본 아래] 설정

⑦ 필요한 명령을 모두 추가한 후 [확인]을 클릭합니다.

Tip [개체 그룹화], [개체 그룹 해제], [앞으로 가져오기], [맨 앞으로 가져오기], [뒤로 보내기], [맨 뒤로 보내기]를 추가합니다.

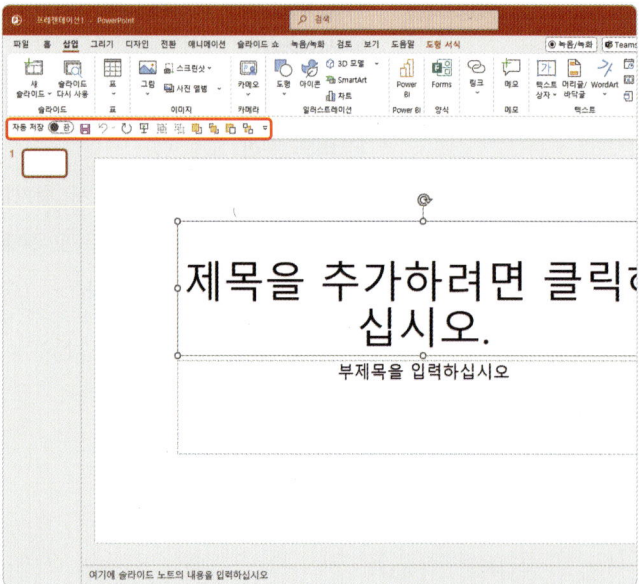

04 빠른 실행 도구 모음이 리본 메뉴 아래에 표시됩니다. 빠른 실행 도구 모음을 리본 메뉴 아래에 표시하면 슬라이드 화면과 빠른 실행 도구 모음 사이의 거리가 가까워 명령을 빠르게 실행할 수 있습니다.

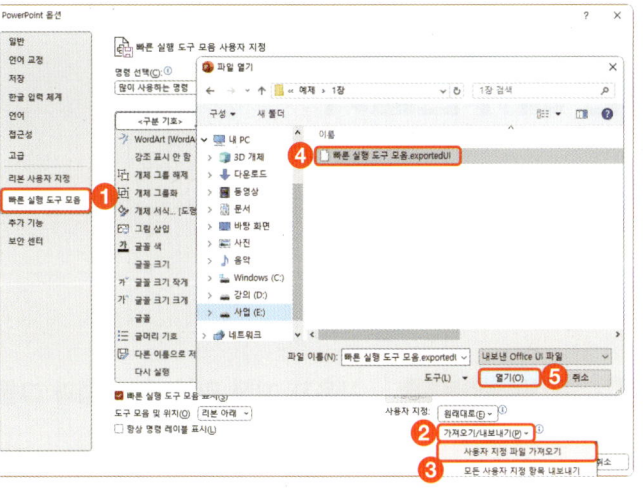

잘 만들어진 빠른 실행 도구 모음 가져오기

05 ① [PowerPoint 옵션] 대화상자에서 [빠른 실행 도구 모음] 클릭
② [가져오기/내보내기] 클릭
③ [사용자 지정 파일 가져오기] 클릭
④ [파일 열기] 대화상자에서 '빠른 실행 도구 모음.exportedUI' 클릭
⑤ [열기]를 클릭합니다.

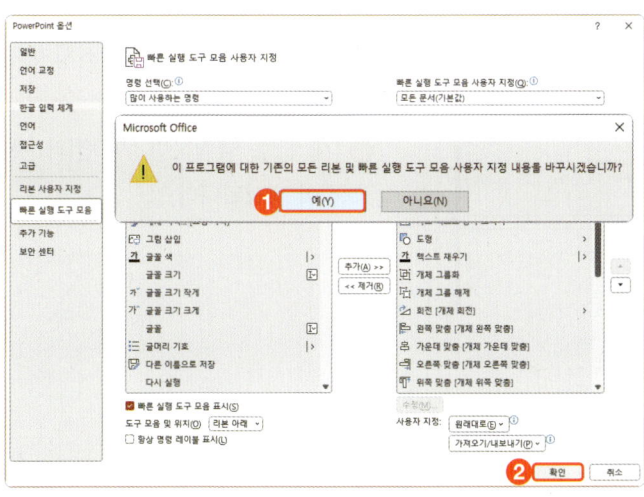

06 기존 빠른 실행 도구 모음을 변경할지 묻는 창이 나타납니다.
① [예] 클릭
② [PowerPoint 옵션] 대화상자에서 [확인]을 클릭합니다.

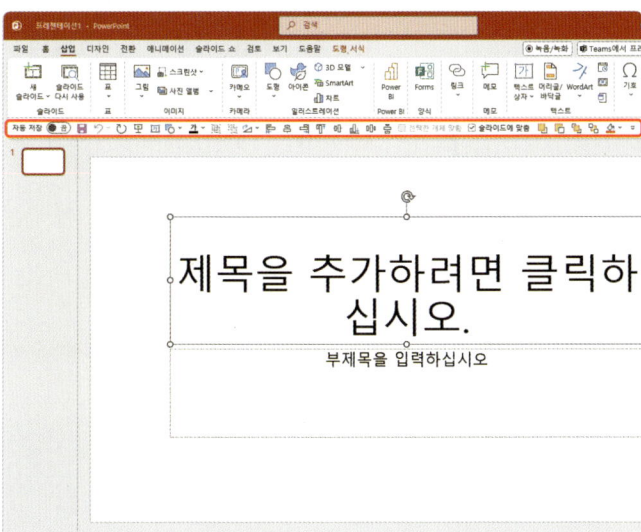

07 빠른 실행 도구 모음에서 사용자 지정 파일로 가져온 명령이 추가된 것을 확인할 수 있습니다.

Tip [PowerPoint 옵션] 대화상자의 [빠른 실행 도구 모음]-[가져오기/내보내기]-[모든 사용자 지정 항목 내보내기]를 클릭하여 현재 리본 메뉴 및 빠른 실행 도구 모음 사용자 지정 항목을 파일로 내보낸 후, 다른 컴퓨터에서 불러와 사용할 수 있습니다.

나만의 리본 메뉴 만들기

실습 파일 없음   완성 파일 없음

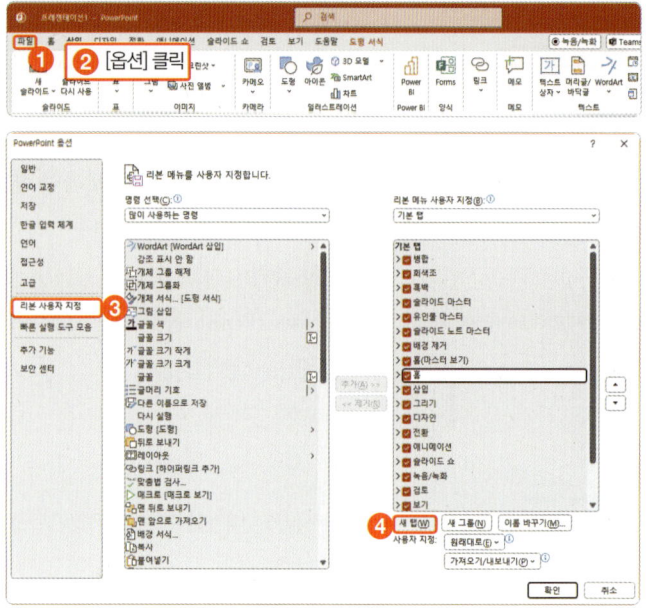

사용자 지정 리본 메뉴 탭과 그룹 만들기

01 ❶ [파일] 탭 클릭

❷ [옵션] 클릭

❸ [PowerPoint 옵션] 대화상자에서 [리본 사용자 지정] 클릭

❹ [새 탭]을 클릭하면 [새 탭]과 [새 그룹]이 생성됩니다.

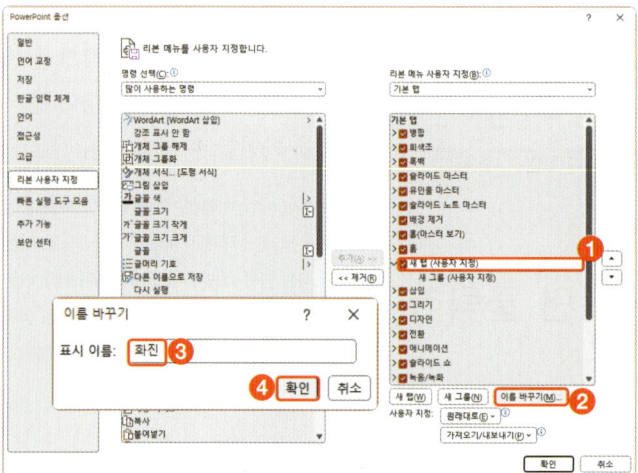

사용자 지정 리본 메뉴 이름 바꾸기

02 ❶ [새 탭 (사용자 지정)] 클릭

❷ [이름 바꾸기] 클릭

❸ [이름 바꾸기] 대화상자에서 [표시 이름]에 **화진** 입력

❹ [확인]을 클릭합니다.

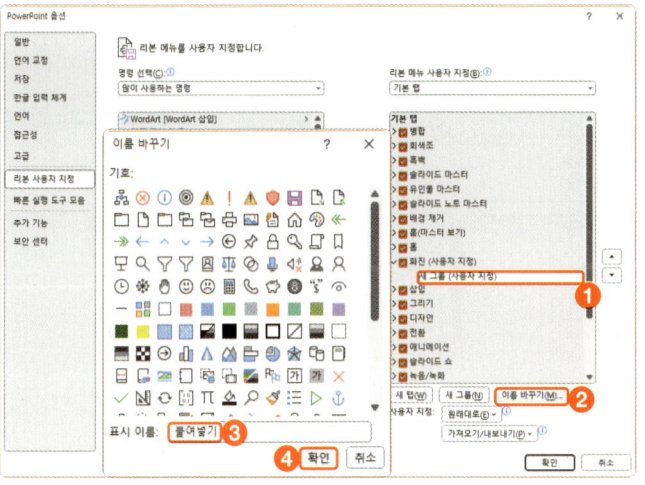

03 ❶ [새 그룹 (사용자 지정)] 클릭

❷ [이름 바꾸기] 클릭

❸ [이름 바꾸기] 대화상자에서 [표시 이름]에 **붙여넣기** 입력

❹ [확인]을 클릭합니다.

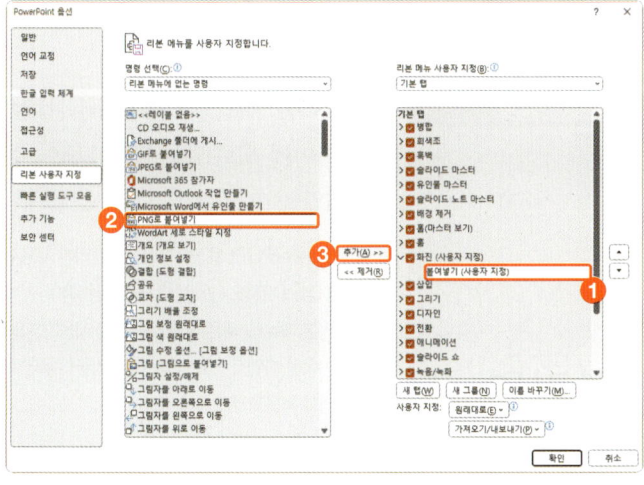

사용자 지정 리본 메뉴에 명령 추가하기

04 ❶ 새로 만든 그룹인 [붙여넣기] 클릭

❷ [명령 선택] 목록에서 필요한 명령 클릭

❸ [추가]를 클릭해 명령을 추가합니다.

Tip 새로 만든 그룹에 명령이 추가되었습니다.

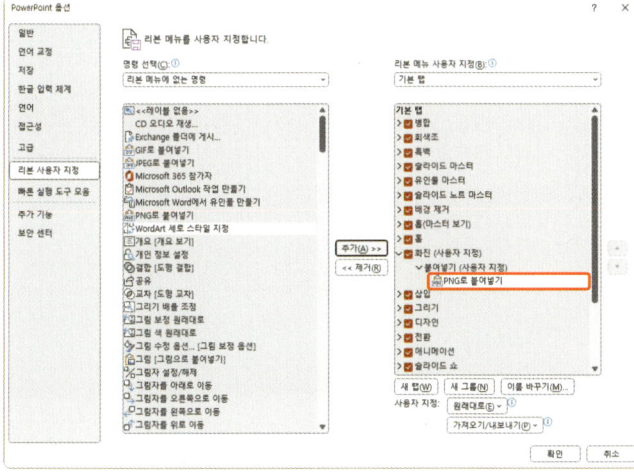

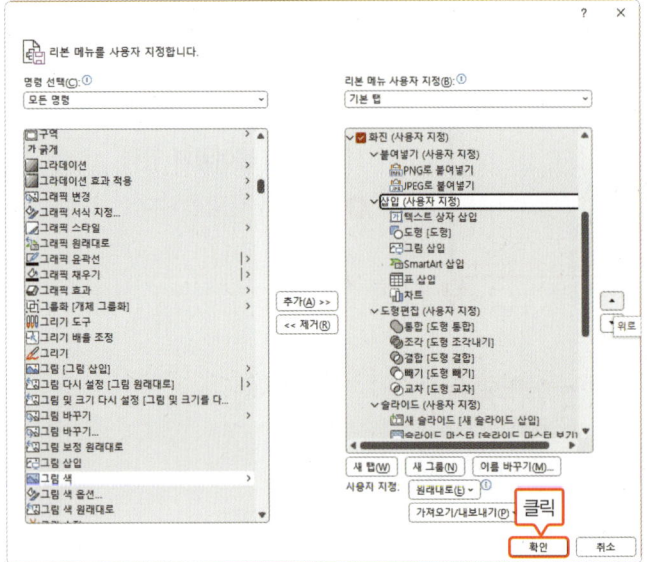

05 같은 방법으로 원하는 명령을 모두 추가한 후 [확인]을 클릭합니다.

Tip [위로 이동]/[아래로 이동]을 클릭하여 탭의 위치를 이동할 수도 있습니다.

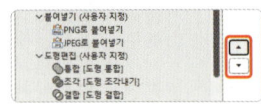

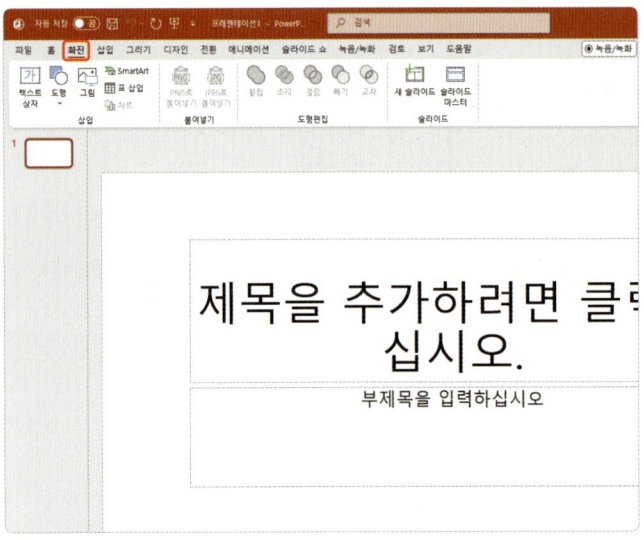

06 리본 메뉴에서 [홈] 탭과 [삽입] 탭 사이에 새로 만든 [화진] 탭이 추가되었습니다.

Tip [PowerPoint 옵션] 대화상자의 [리본 사용자 지정]-[가져오기/내보내기]를 클릭하여 현재 리본 메뉴 및 빠른 실행 도구 모음 사용자 지정 항목을 파일로 내보낸 후, 다른 컴퓨터에서 불러와 사용할 수도 있습니다.

004 눈금선과 안내선, 눈금자 표시하기

실습 파일 파워포인트\1장\004_눈금선과 안내선, 눈금자 표시하기.pptx 완성 파일 파워포인트\1장\004_눈금선과 안내선, 눈금자 표시하기_완성.pptx

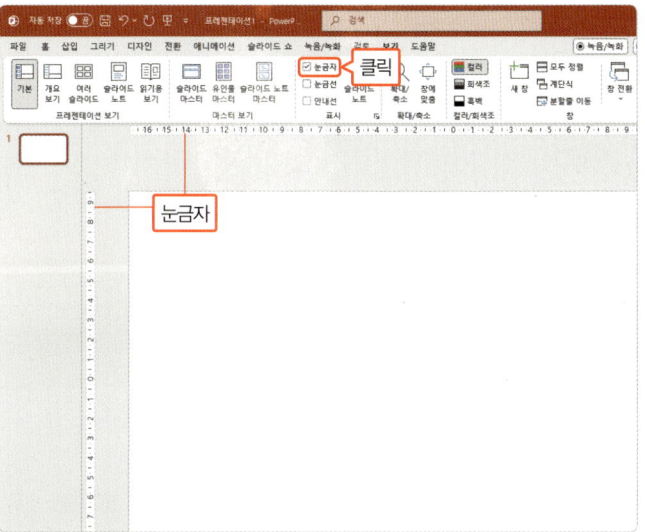

눈금자 표시하기

01 [보기] 탭-[표시] 그룹-[눈금자]에 체크합니다. 슬라이드 위쪽과 왼쪽에 눈금자가 나타납니다.

Tip 눈금자 표시/해제 단축키는 Alt + Shift + F9 입니다.

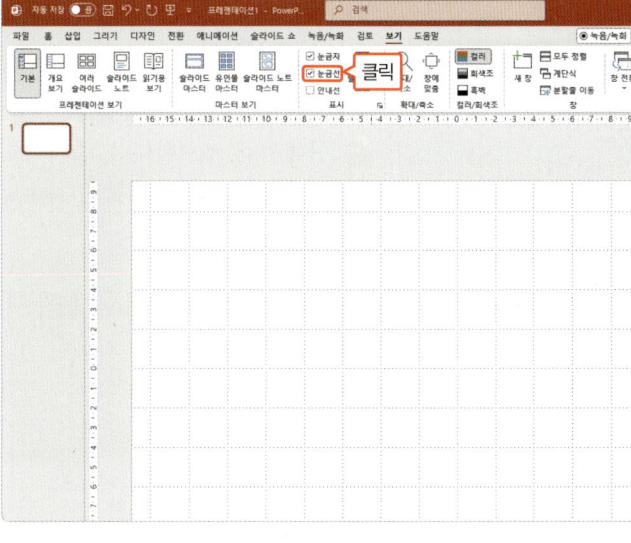

눈금선 표시하기

02 [보기] 탭-[표시] 그룹-[눈금선]에 체크합니다. 슬라이드에 바둑판 형태로 눈금선이 나타납니다.

Tip 눈금선 표시/해제 단축키는 Shift + F9 입니다.

눈금선 간격 설정하기

03 ① 슬라이드에서 마우스 오른쪽 버튼 클릭
② [눈금 및 안내선] 클릭
③ [눈금 및 안내선] 대화상자에서 [눈금 설정]-[간격]을 [2cm]로 설정
④ [확인]을 클릭합니다. 눈금선의 간격이 넓어집니다.

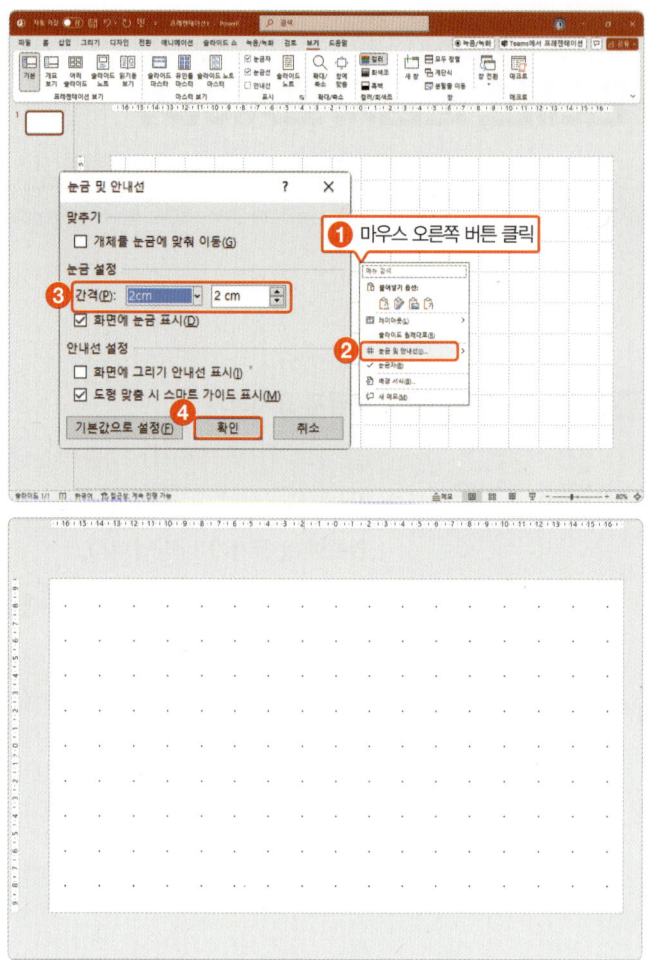

안내선 표시하기

04 ① [눈금선]의 체크 해제
② [안내선]에 체크합니다. 슬라이드에 가로 한 개, 세로 한 개의 안내선이 나타납니다.

Tip 안내선의 표시/해제 단축키는 Alt + F9 입니다.

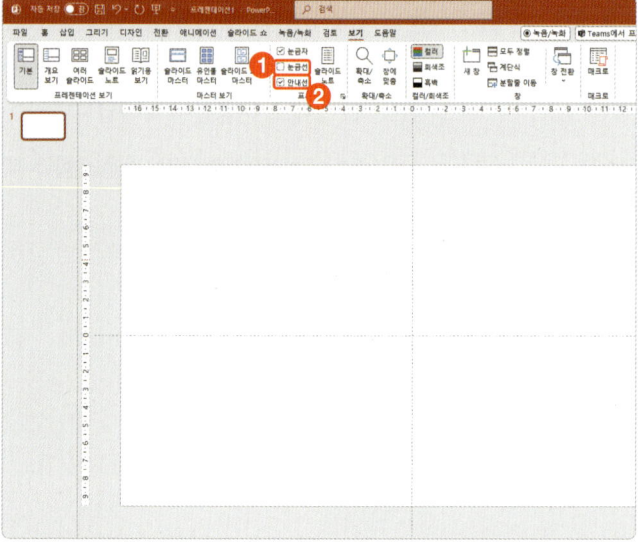

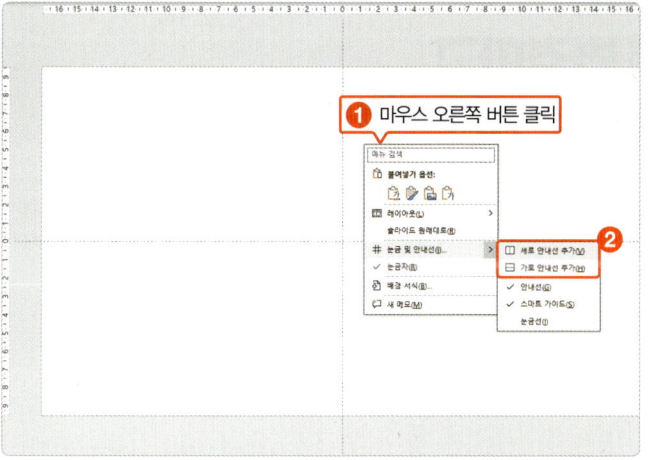

안내선 추가하기

05 ① 슬라이드 빈 영역에서 마우스 오른쪽 버튼 클릭

② [눈금 및 안내선]-[세로 안내선 추가] 또는 [가로 안내선 추가]를 클릭하면 안내선이 추가됩니다.

Tip Ctrl 을 누른 상태에서 안내선을 원하는 방향으로 드래그하면 안내선이 추가됩니다.

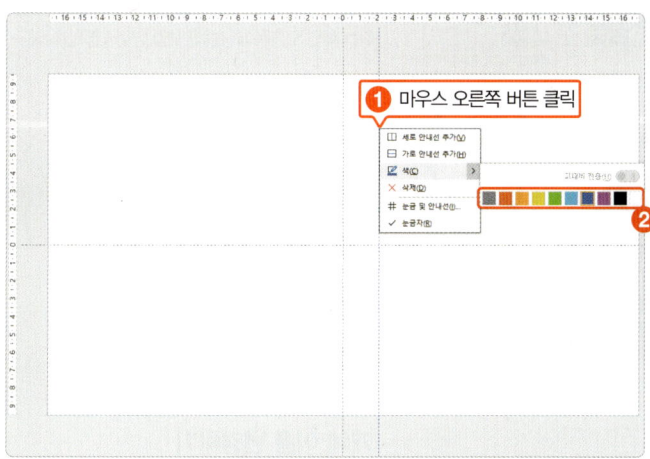

안내선 색 변경하기

06 ① 안내선에서 마우스 오른쪽 버튼 클릭

② [색]의 색상표에서 원하는 색을 클릭합니다.

개체 이름 변경하고 개체를 표시하거나 숨기기

실습 파일 파워포인트\1장\005_개체 이름 변경하고 개체를 표시하거나 숨기기.pptx
완성 파일 파워포인트\1장\005_개체 이름 변경하고 개체를 표시하거나 숨기기_완성.pptx

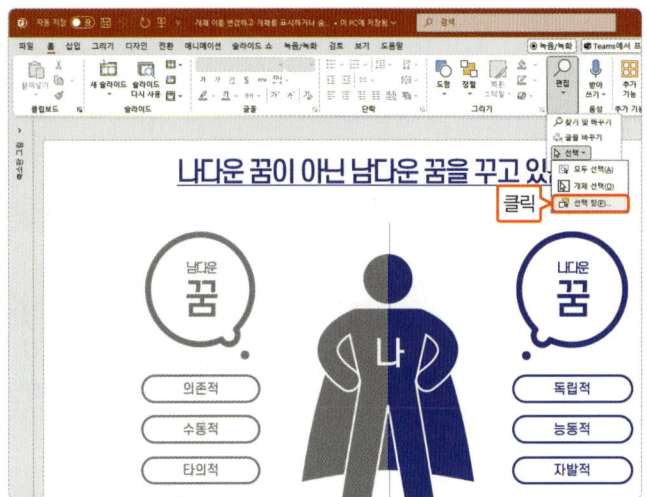

[선택] 작업 창 열기

01 [홈] 탭-[편집] 그룹-[선택]-[선택 창]을 클릭합니다.

Tip 화면 오른쪽에 [선택] 작업 창이 나타납니다.

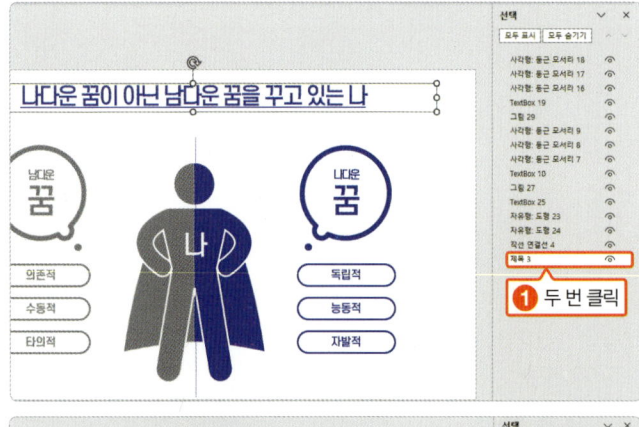

개체 이름 변경하기

02 ❶ [선택] 작업 창에서 [제목 3] 두 번 클릭

❷ 이름을 **슬라이드 제목**으로 변경합니다.

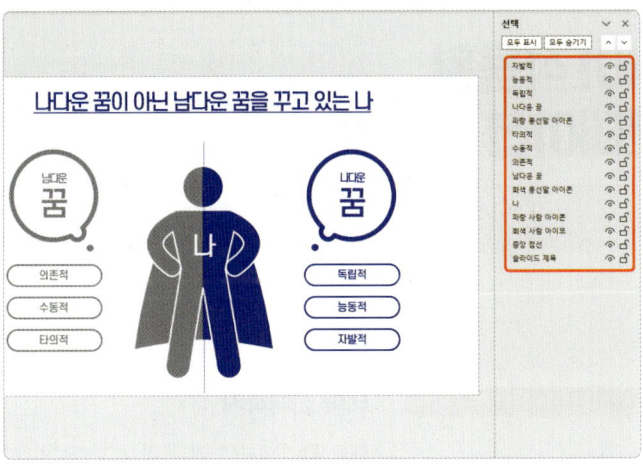

03 같은 방법으로 나머지 개체의 이름도 변경합니다.

개체 숨기기

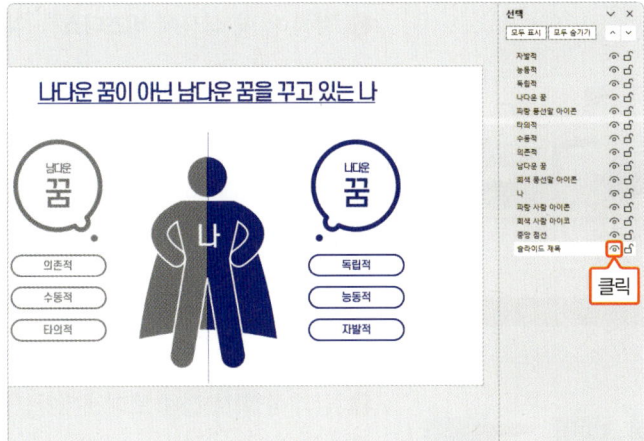

04 [선택] 작업 창에서 [슬라이드 제목] 개체의 오른쪽 눈 모양 을 클릭합니다. 개체가 화면에서 숨겨집니다.

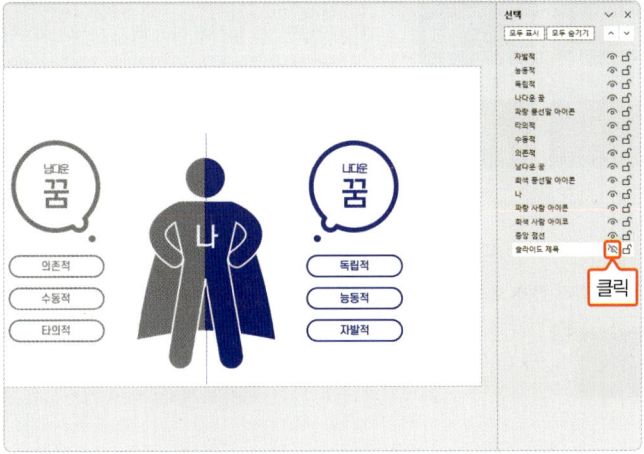

05 닫힌 눈 모양 을 클릭하면 개체가 슬라이드에 표시됩니다.

Tip 눈 모양 아이콘은 슬라이드의 개체가 숨겨지거나 표시된 상태를 보여줍니다. 눈을 뜨고 있는 모양( )이면 슬라이드의 개체가 표시되고 눈에 사선이 있는 닫힌 모양( )으로 바뀌면 개체가 표시되지 않습니다. 포토샵과 같은 그래픽 프로그램의 레이어에 있는 눈 모양과 같은 역할을 합니다.

배경 서식이 적용된 새 프레젠테이션 만들기

실습 파일 파워포인트\1장\006_배경 서식이 적용된 새 프레젠테이션 만들기.pptx
완성 파일 파워포인트\1장\006_배경 서식이 적용된 새 프레젠테이션 만들기_완성.pptx

테마 선택하기

01 ❶ [파일] 탭-[새로 만들기 🗋] 클릭

❷ 검색 입력 상자에 **비즈니스**를 입력해 검색합니다.

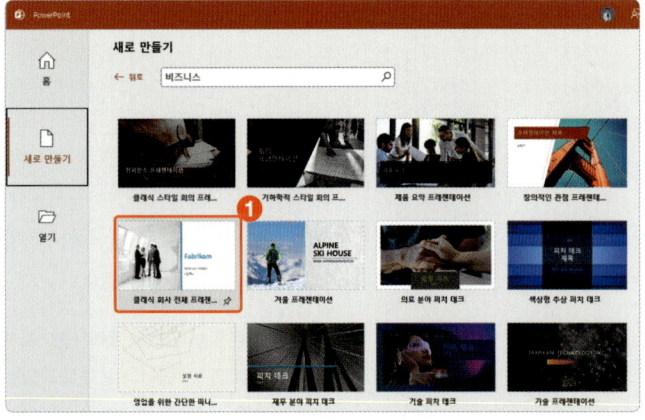

02 비즈니스 관련 테마가 여러 개 나타납니다.

❶ [클래식 회사 전체 프레젠테이션] 클릭

❷ [만들기]를 클릭합니다.

Tip 파워포인트 버전에 따라 배경 서식이 적용된 프레젠테이션 템플릿이 다르게 보일 수 있습니다. 찾는 템플릿이 없다면 원하는 임의의 템플릿으로 작업하면 됩니다.

03 선택한 테마가 적용된 프레젠테이션이 열립니다.

우선순위
007 슬라이드 크기 변경하기

실습 파일 파워포인트\1장\007_슬라이드 크기 변경하기.pptx 완성 파일 파워포인트\1장\007_슬라이드 크기 변경하기_완성.pptx

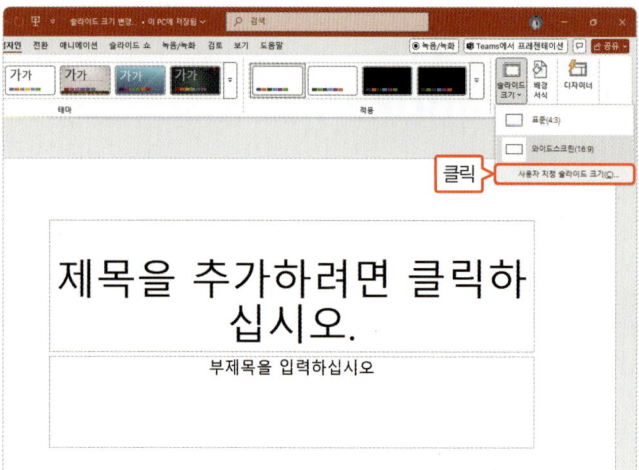

슬라이드 크기 및 방향 바꾸기

01 기본적으로 적용된 16:9 비율의 슬라이드를 A4 크기, 세로 형태로 변경해보겠습니다. [디자인] 탭-[사용자 지정] 그룹-[슬라이드 크기]-[사용자 지정 슬라이드 크기]를 클릭합니다. [슬라이드 크기] 대화상자가 나타납니다.

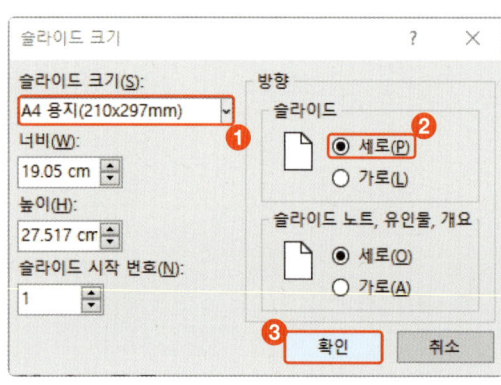

02 ❶ [슬라이드 크기]-[A4 용지(210×297mm)] 설정
❷ [방향]-[슬라이드]-[세로] 클릭
❸ [확인]을 클릭합니다.

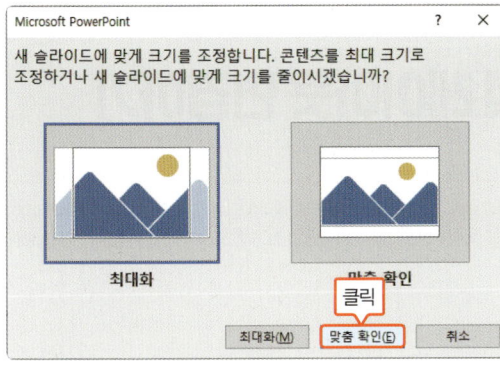

03 콘텐츠의 크기를 어떻게 조정할지 묻는 메시지가 나타나면 [맞춤 확인]을 클릭합니다.

Tip 슬라이드 크기 변경 옵션 알아보기

파워포인트에서 슬라이드에 있는 개체 크기를 자동으로 조정하지 못할 때 다음 두 가지 옵션이 메시지로 표시됩니다.

- **최대화** : 슬라이드 크기는 변경되지만 슬라이드에 있는 개체의 원래 크기는 유지합니다. 이 옵션을 선택하면 개체가 슬라이드에 맞지 않을 수 있습니다.
- **맞춤 확인** : 슬라이드 크기가 변경되면 그 크기에 맞춰 슬라이드에 있는 개체 크기도 변경됩니다. 이 옵션을 선택하면 개체 크기가 변경되지만 슬라이드에서 모든 개체를 볼 수 있습니다.

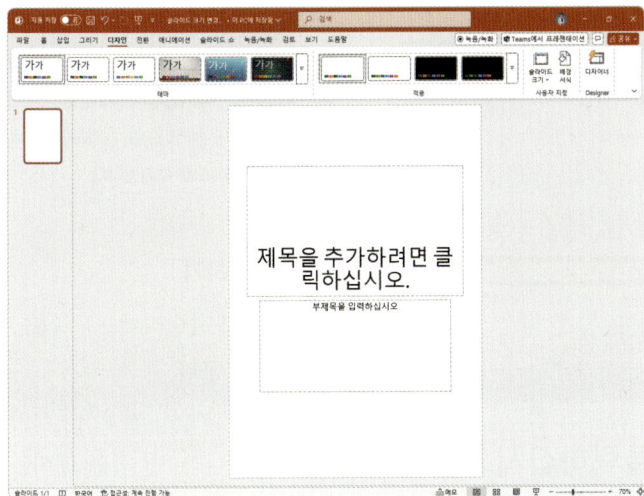

04 슬라이드의 크기가 A4 용지 세로 모양에 맞게 변경된 것을 확인할 수 있습니다.

우선순위 008 슬라이드 추가 및 레이아웃 변경하기

실습 파일 파워포인트\1장\008_슬라이드 추가 및 레이아웃 변경하기.pptx
완성 파일 파워포인트\1장\008_슬라이드 추가 및 레이아웃 변경하기_완성.pptx

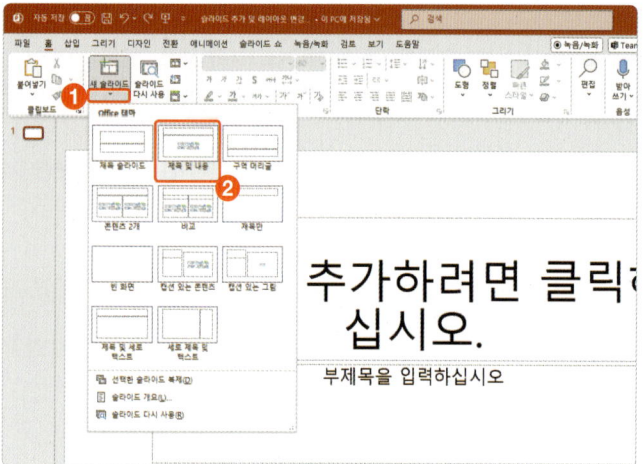

슬라이드 추가하기

01 ❶ [홈] 탭-[슬라이드] 그룹-[새 슬라이드]의 ▼ 클릭
❷ [Office 테마]에서 [제목 및 내용] 레이아웃을 클릭합니다.

Tip 새 슬라이드를 만드는 단축키는 Ctrl + M 입니다. 레이아웃을 지정하지 않고 새 슬라이드를 추가하면 바로 앞 슬라이드의 레이아웃과 같은 슬라이드가 추가됩니다. [제목 슬라이드] 레이아웃에서 새 슬라이드를 추가하면 [제목 및 내용] 레이아웃으로 추가됩니다.

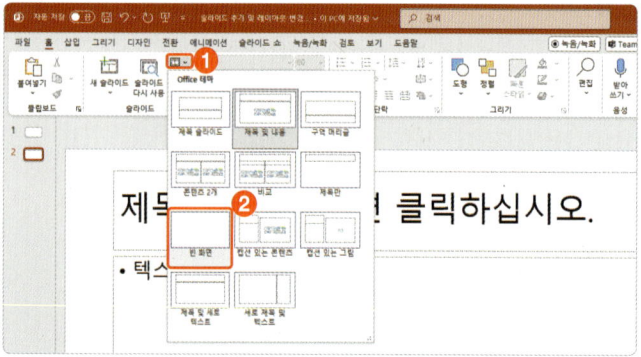

레이아웃 변경하기

02 ❶ [홈] 탭-[슬라이드] 그룹-[레이아웃] 클릭
❷ [Office 테마]에서 [빈 화면] 레이아웃을 클릭합니다. 빈 화면 레이아웃으로 변경됩니다.

우선순위
009 슬라이드 이동, 복사, 붙여넣기, 삭제하기

실습 파일 파워포인트\1장\009_슬라이드 이동, 복사, 붙여넣기, 삭제하기.pptx
완성 파일 파워포인트\1장\009_슬라이드 이동, 복사, 붙여넣기, 삭제하기_완성.pptx

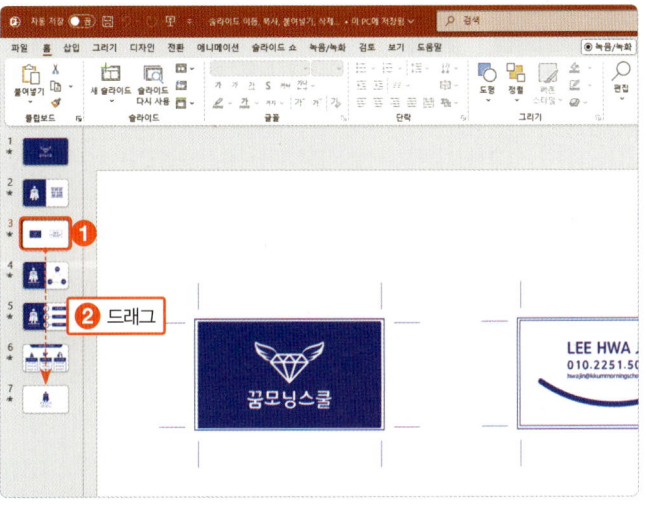

슬라이드 이동하기

01 ❶ 슬라이드 축소판 창에서 [3번 슬라이드] 클릭
❷ [3번 슬라이드]를 드래그하여 [6번 슬라이드]와 [7번 슬라이드] 사이로 이동합니다.

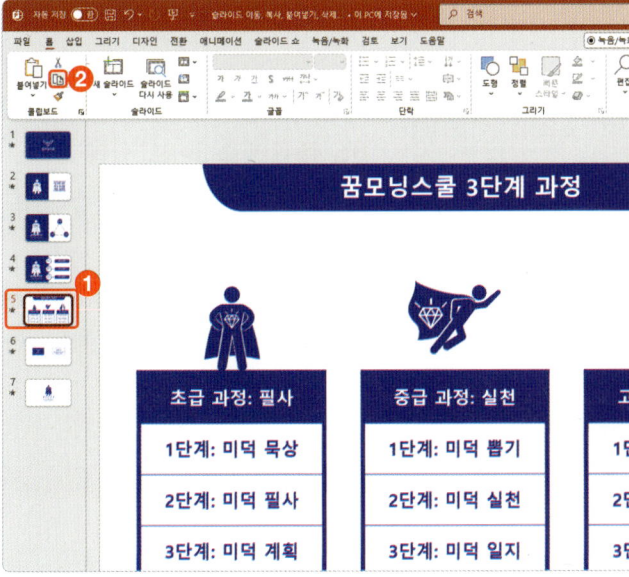

슬라이드 복사하기

02 ❶ [5번 슬라이드] 클릭
❷ [홈] 탭-[클립보드] 그룹-[복사 📋]를 클릭합니다.

Tip 슬라이드 복사 단축키는 Ctrl + C 입니다. 슬라이드 축소판 창에서 슬라이드를 클릭한 후 Ctrl + C 를 누릅니다.

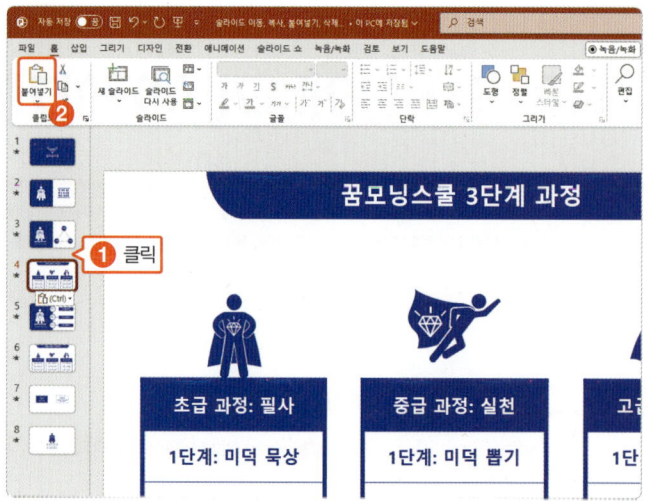

복사한 슬라이드 붙여넣기

03 ① 붙여 넣고 싶은 위치인 [3번 슬라이드]와 [4번 슬라이드] 사이 클릭 ② [홈] 탭-[클립보드] 그룹-[붙여넣기]를 클릭합니다. 복사한 슬라이드가 두 슬라이드 사이에 삽입됩니다.

Note 붙여넣기 옵션의 세 가지 기능

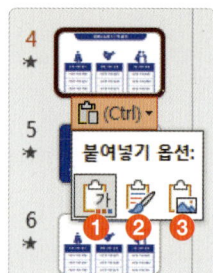

슬라이드를 붙여 넣으려는 위치에서 마우스 오른쪽 버튼을 클릭하면 다음과 같은 [붙여넣기 옵션]이 나타납니다. 원하는 옵션을 선택해 슬라이드를 붙여 넣을 수 있습니다.

① **대상 테마 사용** : 붙여 넣을 위치의 프레젠테이션 테마를 그대로 사용할 때 클릭합니다.
② **원본 서식 유지** : 복사하려는 프레젠테이션 테마를 유지할 때 클릭합니다.
③ **그림** : 복사하려는 프레젠테이션 슬라이드를 그림으로 붙여 넣을 때 클릭합니다.

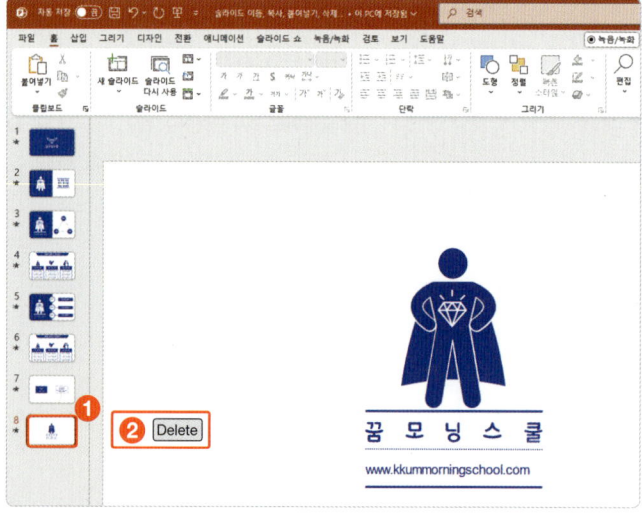

슬라이드 삭제하기

04 ① [8번 슬라이드] 클릭 ② Delete 를 누르면 해당 슬라이드가 삭제됩니다.

Tip 여러 개의 슬라이드를 한 번에 삭제하려면 Ctrl 을 누른 상태에서 슬라이드를 각각 클릭한 후 Delete 를 누릅니다.

우선순위

010 텍스트 입력 후 빠른 스타일 적용하기

실습 파일 파워포인트\1장\010_텍스트 입력 후 빠른 스타일 적용하기.pptx
완성 파일 파워포인트\1장\010_텍스트 입력 후 빠른 스타일 적용하기_완성.pptx

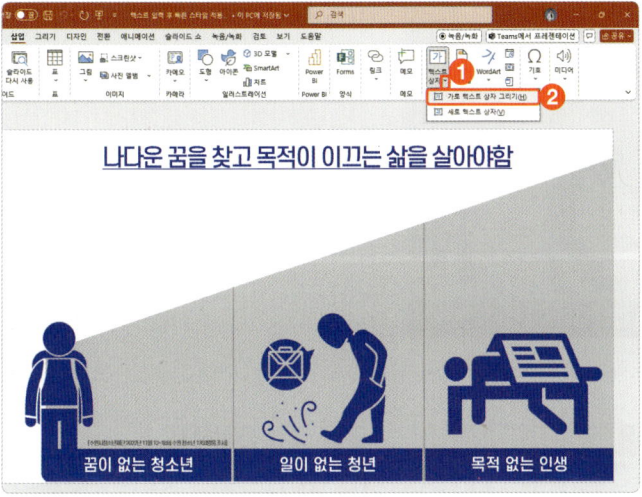

텍스트 입력하기

01 ❶ [삽입] 탭-[텍스트] 그룹-[텍스트 상자 가]의 ▼ 클릭
❷ [가로 텍스트 상자 그리기 가]를 클릭합니다.

02 드래그하여 텍스트 상자를 삽입하고 **46.8%**를 입력합니다.

CHAPTER 01 기본 프레젠테이션 만들기 **301**

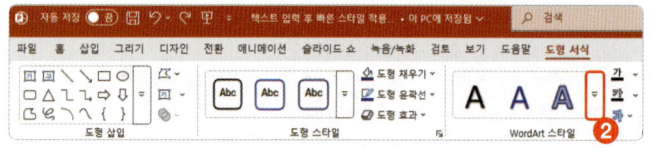

텍스트에 빠른 스타일 적용하기

03 ❶ '46.8%'를 입력한 텍스트 상자 클릭

❷ [도형 서식] 탭-[WordArt 스타일] 그룹-[자세히 ▼] 클릭

❸ [무늬 채우기 : 진한 파랑, 강조색 1, 50%, 진한 그림자 : 진한 파랑, 강조색 1]을 클릭합니다. 텍스트에 WordArt 스타일이 적용됩니다.

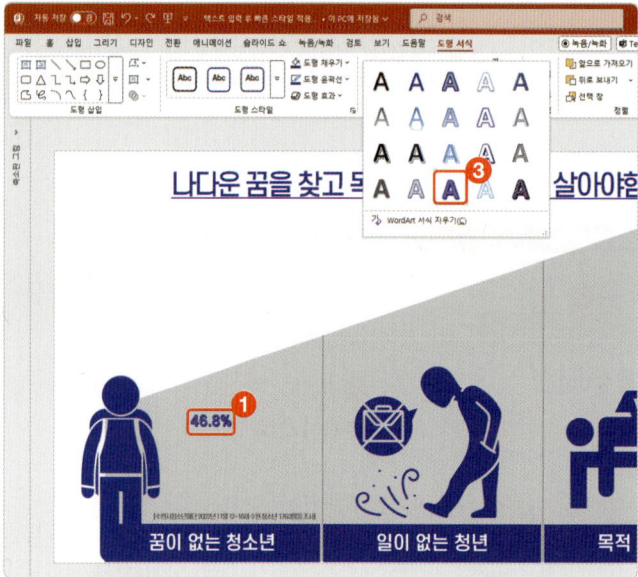

글꼴 크기 변경하기

04 ❶ [홈] 탭-[글꼴] 그룹-[글꼴 크기]의 ▼ 클릭

❷ [54]를 클릭합니다.

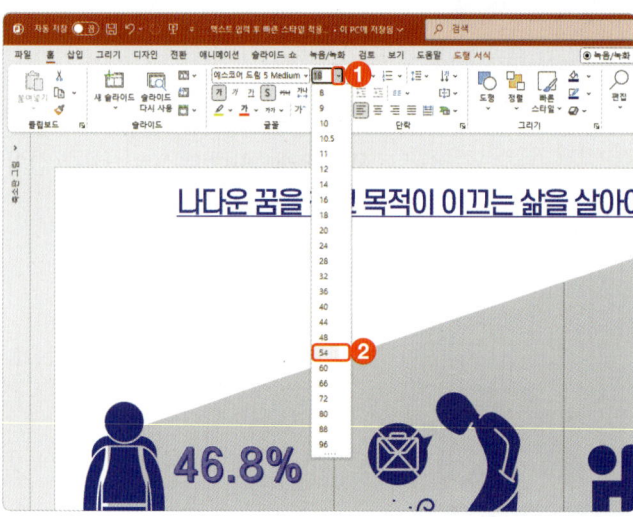

우선순위 011 빠른 스타일이 적용된 WordArt로 텍스트 입력하기

실습 파일 파워포인트\1장\011_빠른 스타일이 적용된 WordArt로 텍스트 입력하기.pptx
완성 파일 파워포인트\1장\011_빠른 스타일이 적용된 WordArt로 텍스트 입력하기_완성.pptx

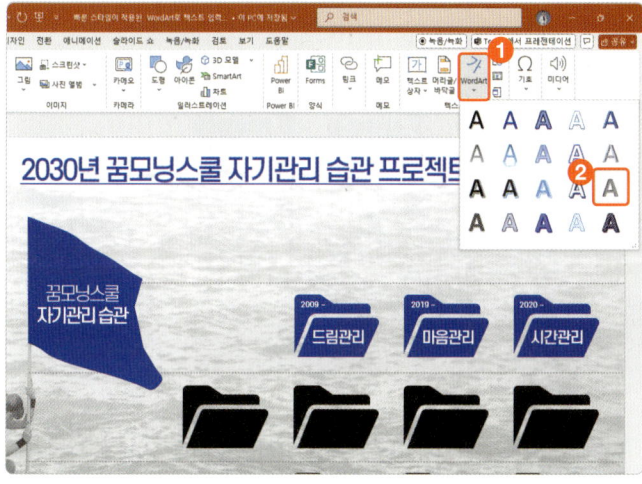

WordArt 스타일 선택하기

01 ❶ [삽입] 탭-[텍스트] 그룹-[WordArt] 클릭

❷ [채우기: 회색, 배경색 2, 안쪽 그림자]를 클릭합니다.

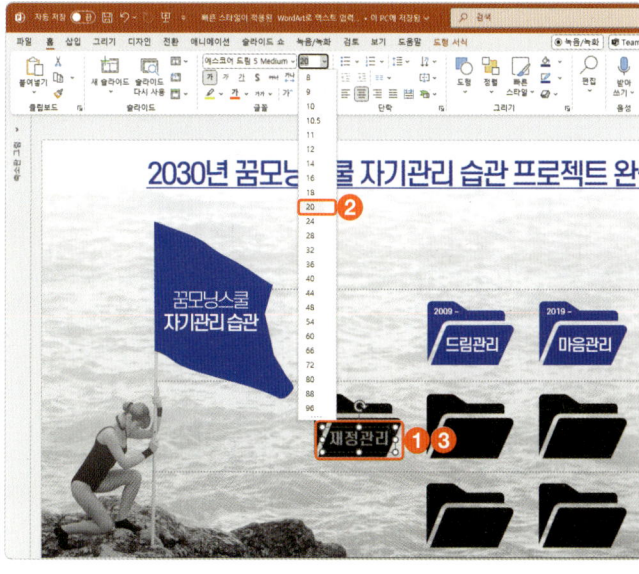

WordArt 텍스트 상자를 사용해 텍스트 입력하기

02 WordArt 텍스트 상자가 슬라이드에 나타납니다.

❶ WordArt 텍스트 상자에 **재정관리** 입력

❷ 글꼴 크기 [20]으로 설정

❸ 검은색 폴더 위에 배치합니다.

입력한 텍스트 적절히 배치하기

03 텍스트를 복사하여 나머지 여섯 개의 검은색 폴더 위에 텍스트를 작성합니다.

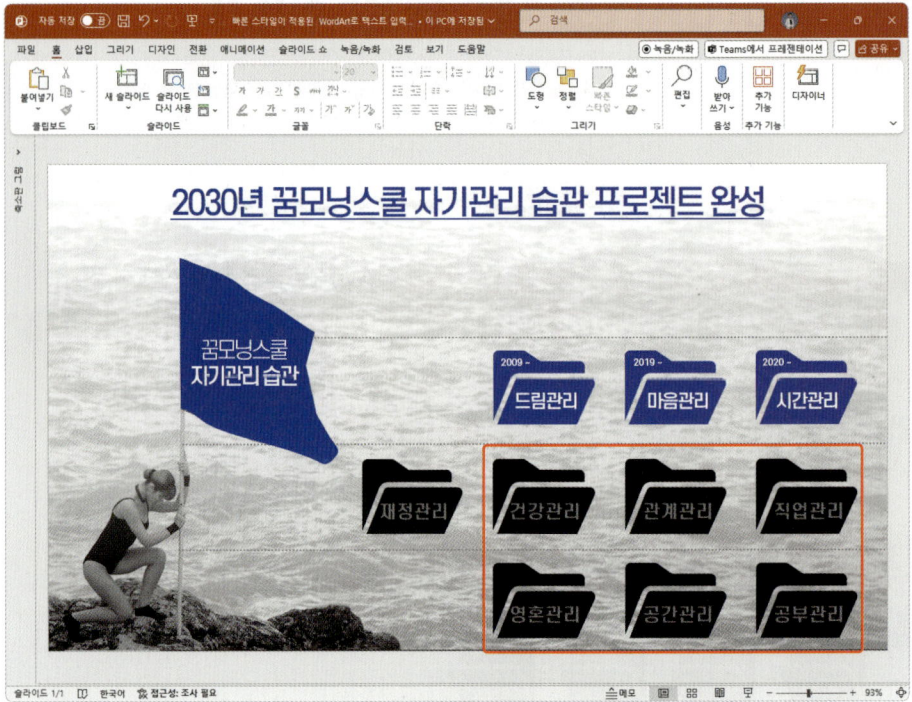

Tip 텍스트를 수평 복사하려면 텍스트를 선택한 상태에서 Ctrl + Shift 를 누르고 수평으로 드래그합니다.

우선순위 012 도형 그린 후 빠른 스타일 적용하기

실습 파일 파워포인트\1장\012_도형 그린 후 빠른 스타일 적용하기.pptx
완성 파일 파워포인트\1장\012_도형 그린 후 빠른 스타일 적용하기_완성.pptx

슬라이드에 원 그리기

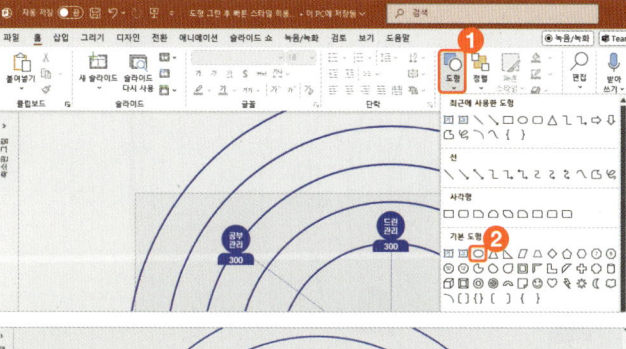

01 ❶ [홈] 탭-[그리기] 그룹-[도형] 클릭

❷ [타원] 클릭

❸ Ctrl + Shift 를 누른 상태에서 대각선으로 드래그하여 **꿈모닝 3000 프로젝트** 텍스트를 감쌀 수 있는 크기로 원을 그려줍니다.

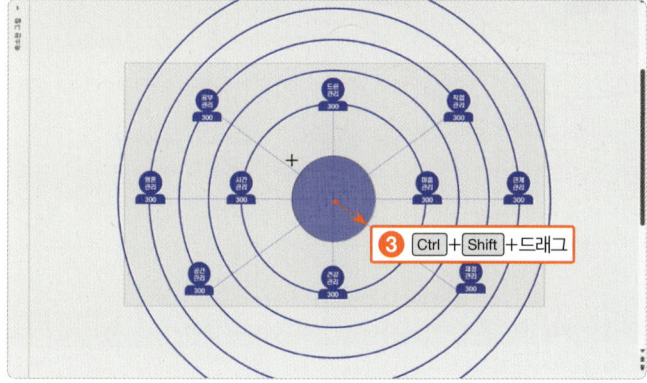

> **Tip** Shift 를 누른 채 드래그하면 도형의 사방이 같은 모양으로 확대되고 Ctrl 을 누른 채 드래그하면 클릭한 지점이 중심이 되는 도형이 그려집니다.

도형에 빠른 스타일 적용하기

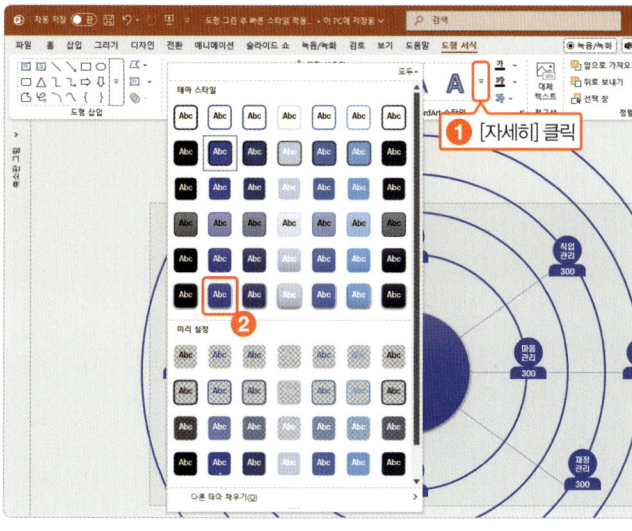

02 삽입한 도형이 선택된 상태에서
❶ [도형 서식] 탭-[도형 스타일] 그룹-[자세히] 클릭

❷ [강한 효과-진한 파랑, 강조 1]을 클릭합니다. 도형에 빠른 스타일이 적용됩니다.

CHAPTER 01 기본 프레젠테이션 만들기 **305**

도형 뒤로 보내기

03 ❶ 빠른 스타일이 적용된 도형 클릭 ❷ [도형 서식] 탭–[정렬] 그룹–[뒤로 보내기]를 클릭합니다. 도형이 텍스트 뒤에 위치합니다.

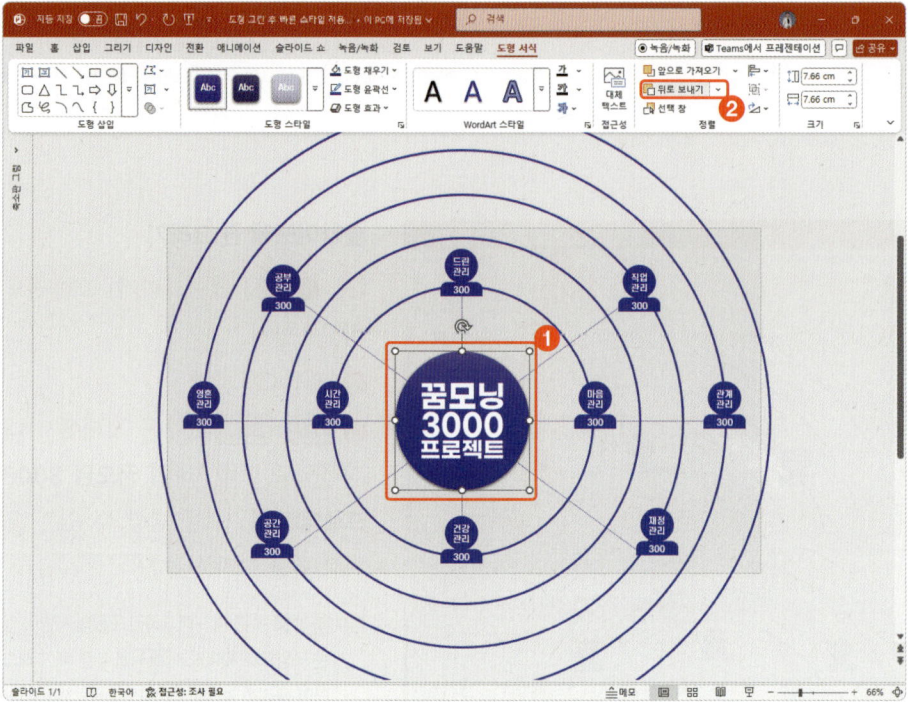

우선순위
013 그림 삽입 후 빠른 스타일 적용하기

실습 파일 파워포인트\1장\013_그림 삽입 후 빠른 스타일 적용하기.pptx **완성 파일** 파워포인트\1장\013_그림 삽입 후 빠른 스타일 적용하기_완성.pptx

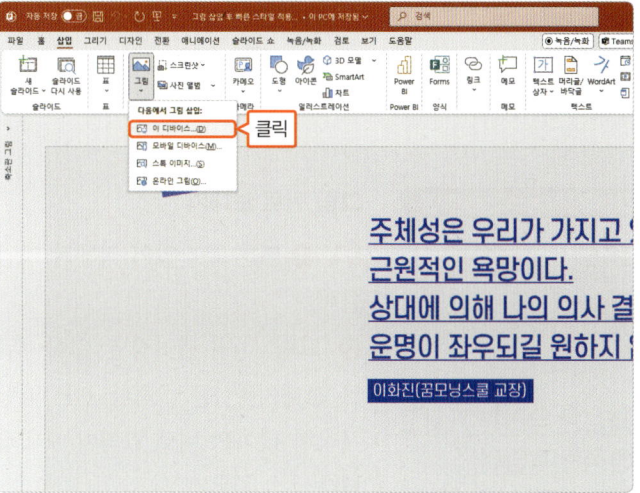

그림 삽입하기

01 [삽입] 탭-[이미지] 그룹-[그림]-[이 디바이스]를 클릭합니다. [그림 삽입] 대화상자가 나타납니다.

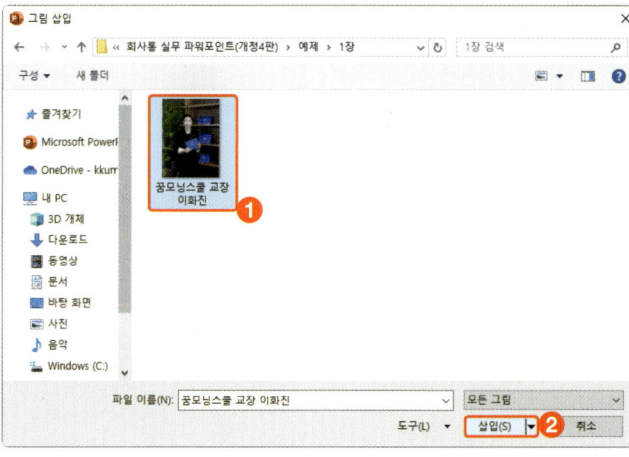

02 ❶ [그림 삽입] 대화상자에서 '꿈모닝스쿨 교장 이화진.jpg' 파일 클릭
❷ [삽입]을 클릭하면 슬라이드에 그림이 삽입됩니다.

CHAPTER 01 기본 프레젠테이션 만들기 **307**

그림에 빠른 스타일 적용하기

03 ① [그림 서식] 탭-[그림 스타일] 그룹-[자세히 ▼] 클릭
② 그림 스타일 중에서 [회전, 흰색]을 클릭합니다.

그림 뒤로 보내기

04 ① 빠른 스타일이 적용된 그림 클릭
② [그림 서식] 탭-[정렬] 그룹-[뒤로 보내기 ▣]를 클릭합니다. 파랑 사각형 테이프 뒤로 그림이 보내집니다.

우선순위
014 표 삽입 후 빠른 스타일 적용하기

실습 파일 파워포인트\1장\014_표 삽입 후 빠른 스타일 적용하기.pptx **완성 파일** 파워포인트\1장\014_표 삽입 후 빠른 스타일 적용하기_완성.pptx

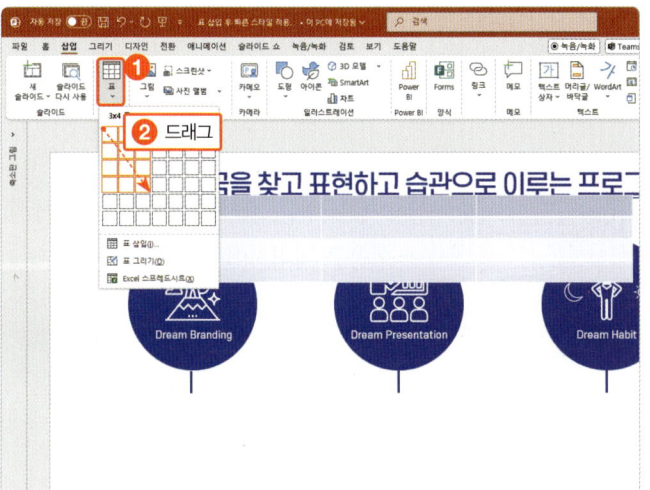

표 삽입하기

01 ❶ [삽입] 탭-[표] 그룹-[표 ▦] 클릭

❷ [3×4], 즉 3열 4행을 드래그해 표를 삽입합니다.

Tip 행과 열 목록에서 10열 8행 이내의 표만 삽입할 수 있습니다. 이보다 더 큰 표를 삽입하려면 [표 삽입]을 클릭하고 원하는 행과 열의 개수를 입력하여 만듭니다.

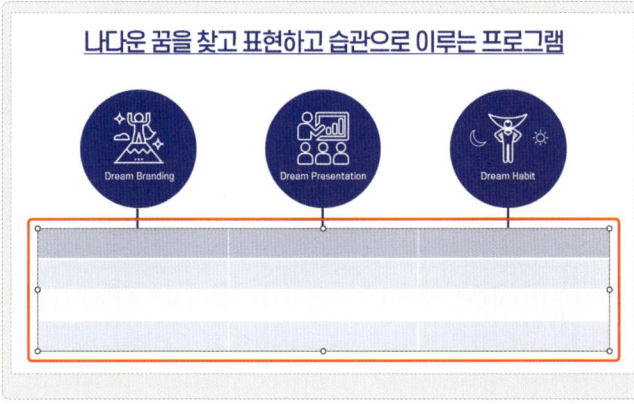

02 삽입된 표의 테두리를 드래그하여 그림 아래쪽으로 배치하고 크기를 조정합니다.

Tip 표의 크기를 조정할 때는 테두리의 크기 조절 핸들을 드래그합니다.

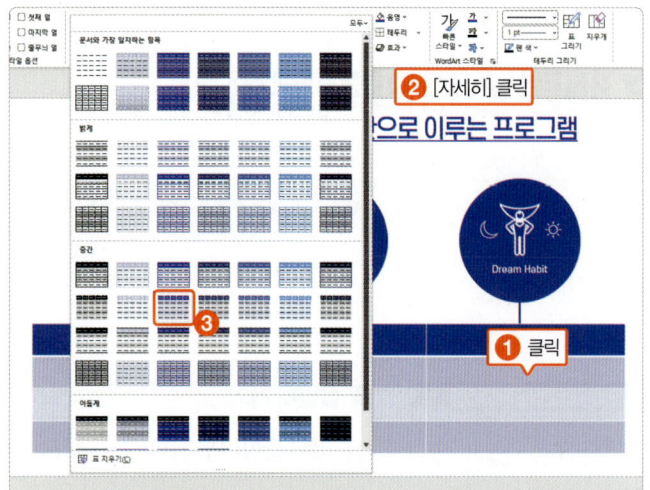

표에 빠른 스타일 적용하기

03 ① 표 클릭
② [테이블 디자인] 탭-[표 스타일] 그룹-[자세히 ⌄] 클릭
③ 표 스타일 중에서 [보통 스타일 2-강조2]를 클릭합니다.

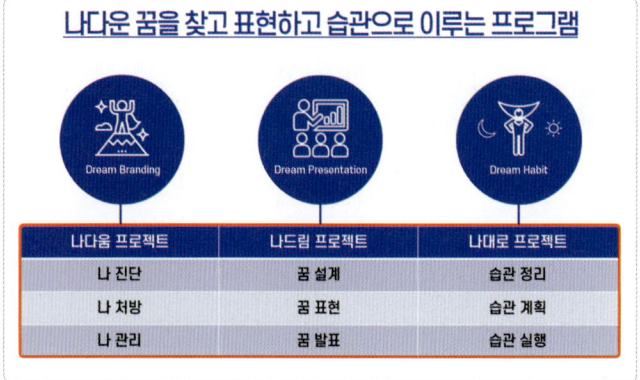

04 빠른 스타일이 적용된 표에 내용을 입력하여 표를 완성합니다.

015 차트 삽입 후 빠른 스타일 적용하기

실습 파일 파워포인트\1장\015_차트 삽입 후 빠른 스타일 적용하기.pptx
완성 파일 파워포인트\1장\015_차트 삽입 후 빠른 스타일 적용하기_완성.pptx

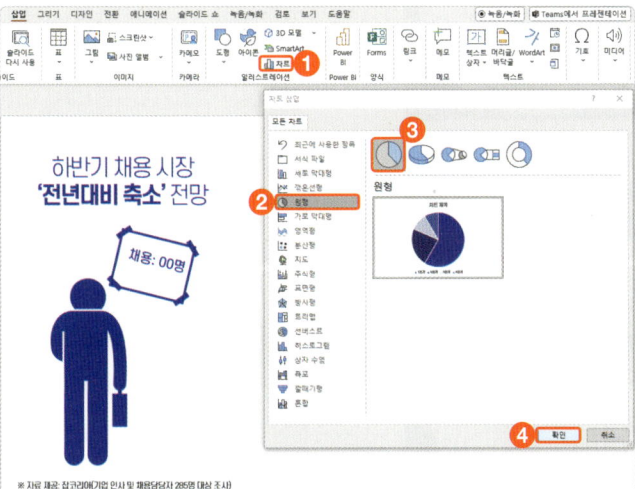

차트 삽입하기

01 ① [삽입] 탭-[일러스트레이션] 그룹-[차트] 클릭
② [차트 삽입] 대화상자에서 [원형] 클릭
③ [원형] 클릭
④ [확인]을 클릭하면 [Microsoft PowerPoint의 차트] 엑셀 창이 나타납니다.

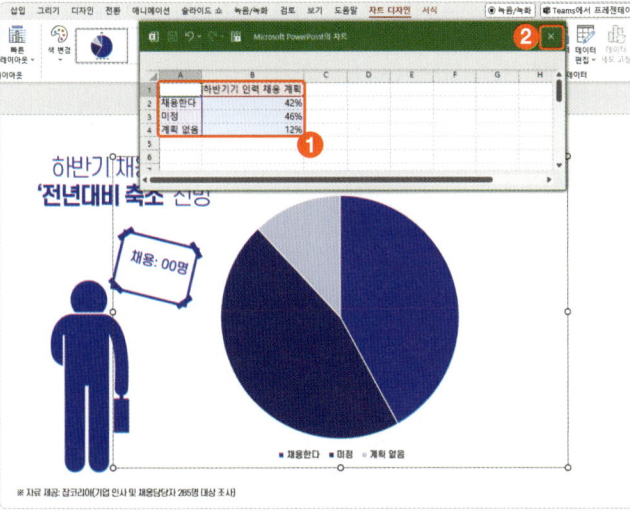

데이터 값 입력하기

02 [Microsoft PowerPoint의 차트] 엑셀 창에서 데이터 시트에 기본으로 입력되어 있는 값을 삭제하고 새로 입력합니다.
① 그림과 같이 임의의 값을 입력
② [닫기]를 클릭하여 데이터 시트를 닫습니다.

Tip 데이터가 잘못 입력된 경우에는 [차트 디자인] 탭-[데이터] 그룹-[데이터 편집]을 클릭하여 나타나는 엑셀 창에서 수정할 수 있습니다.

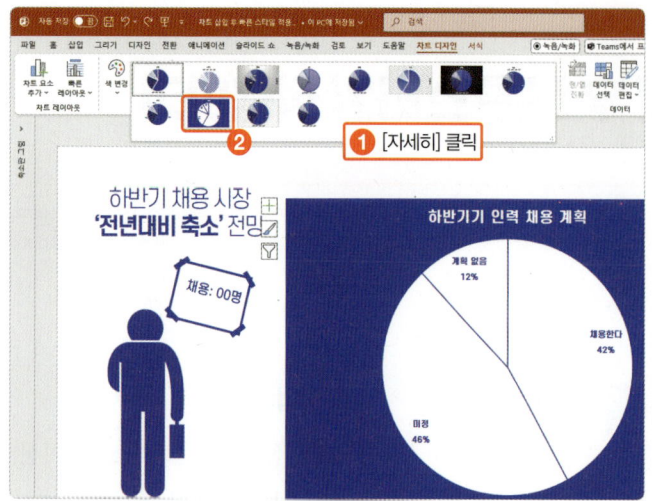

차트에 빠른 스타일 적용하기

03 ① 차트가 선택된 상태에서 [차트 디자인] 탭-[차트 스타일] 그룹-[자세히 ▼] 클릭
② 차트 스타일에서 [스타일 10]을 클릭합니다. 차트에 빠른 스타일이 적용됩니다.

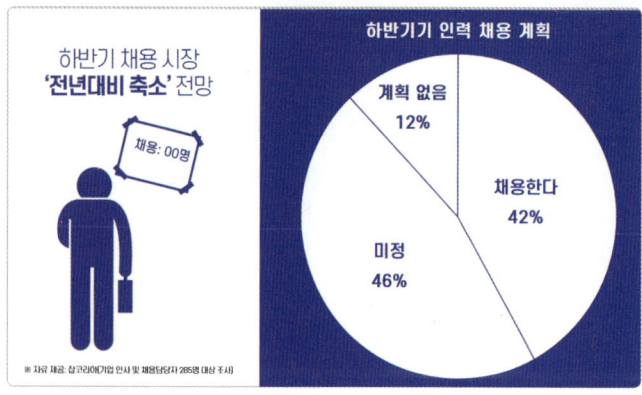

04 데이터 레이블과 원형 그래프를 화면에 맞게 조정하여 차트를 완성합니다.

우선순위

016 프레젠테이션 문서 열기 및 저장하기

실습 파일 파워포인트\1장\016_프레젠테이션 문서 열기 및 저장하기.pptx
완성 파일 파워포인트\1장\016_프레젠테이션 문서 열기 및 저장하기_완성.pptx

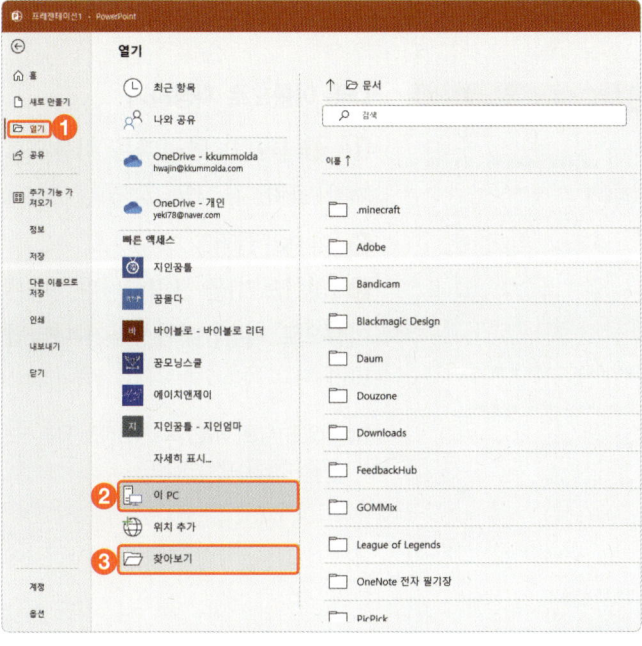

파일 열기

01 ① [파일] 탭-[열기 📁] 클릭
② [이 PC] 클릭
③ [찾아보기]를 클릭합니다. [열기] 대화상자가 나타납니다.

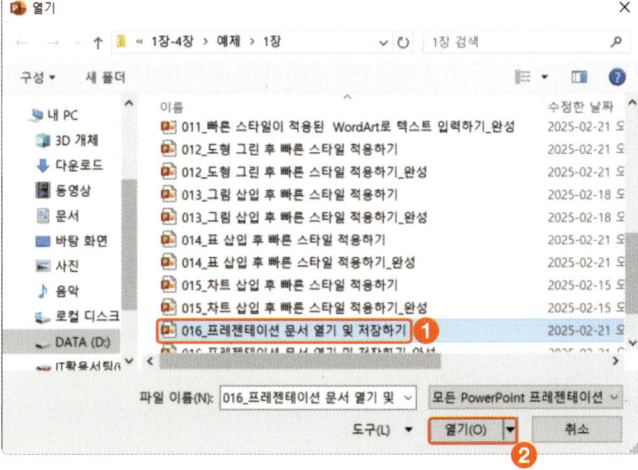

02 ① [열기] 대화상자에서 '016_프레젠테이션 문서 열기 및 저장하기.pptx' 파일 클릭
② [열기]를 클릭합니다.

CHAPTER 01 기본 프레젠테이션 만들기 **313**

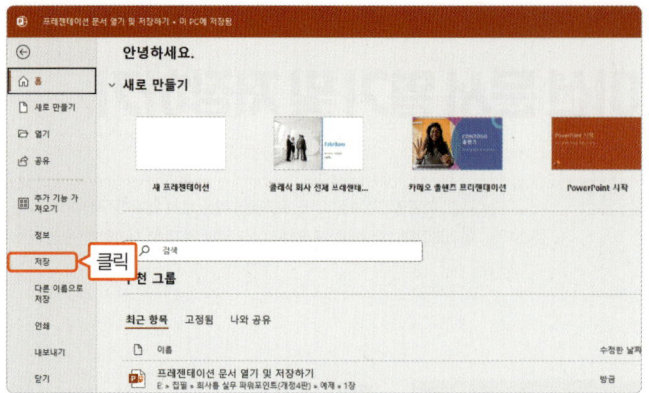

파일 저장하기

03 문서 수정 후 열린 파일을 저장하기 위해 [파일] 탭-[저장]을 클릭합니다.

Tip 파일을 저장하는 단축키는 Ctrl + S 입니다.

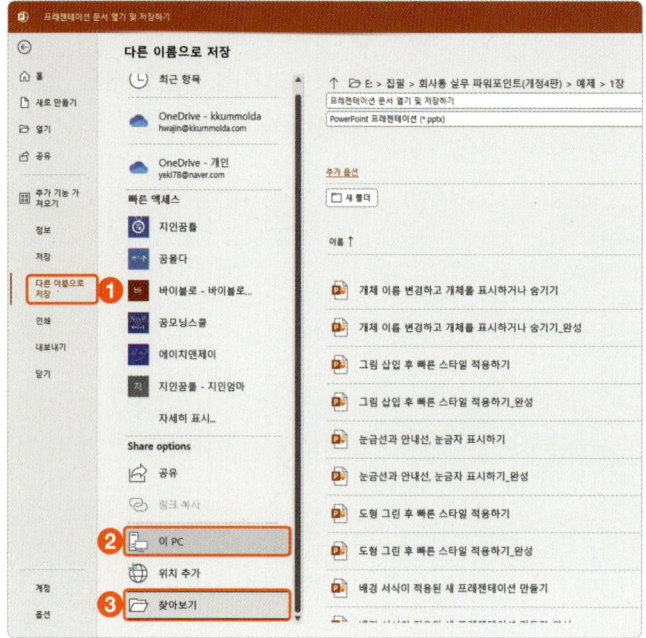

다른 이름으로 저장하기

04 ❶ [파일] 탭-[다른 이름으로 저장] 클릭
❷ [이 PC] 클릭
❸ [찾아보기]를 클릭합니다. [다른 이름으로 저장] 대화상자가 나타납니다.

Tip 파일을 다른 이름으로 저장하는 단축키는 Ctrl + Shift + S 입니다.

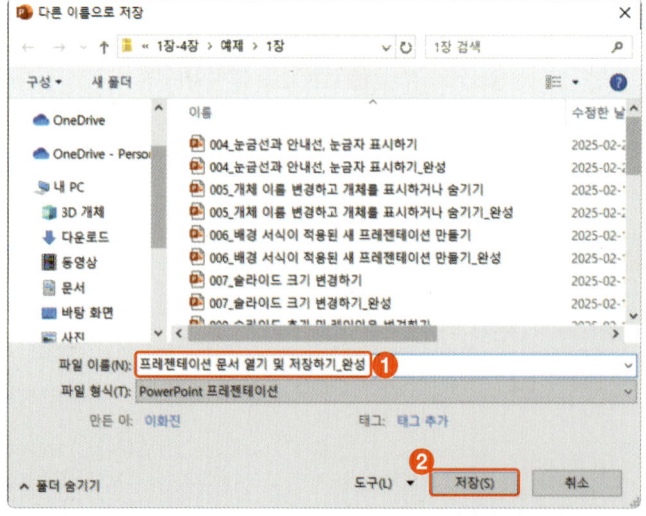

05 ❶ [다른 이름으로 저장] 대화상자에서 [파일 이름]에 **프레젠테이션 문서 열기 및 저장하기_완성** 입력
❷ [저장]을 클릭합니다. 입력한 이름의 프레젠테이션 문서가 따로 저장됩니다.

CHAPTER 02

프레젠테이션 슬라이드 배경 서식 만들기

우선순위
017 새 테마 글꼴 만들기

실습 파일 파워포인트\2장\017_새 테마 글꼴 만들기.pptx **완성 파일** 파워포인트\2장\017_새 테마 글꼴 만들기_완성.pptx

새 테마 글꼴 만들기

01 ① [디자인] 탭-[적용] 그룹-[자세히 ▼] 클릭
② [글꼴]-[글꼴 사용자 지정]을 클릭합니다.

> **Tip** 다른 방법으로 테마 글꼴을 사용자 지정하려면 슬라이드 마스터 보기 상태에서 [슬라이드 마스터] 탭-[배경] 그룹-[글꼴]-[새 테마 글꼴 만들기]를 선택합니다.

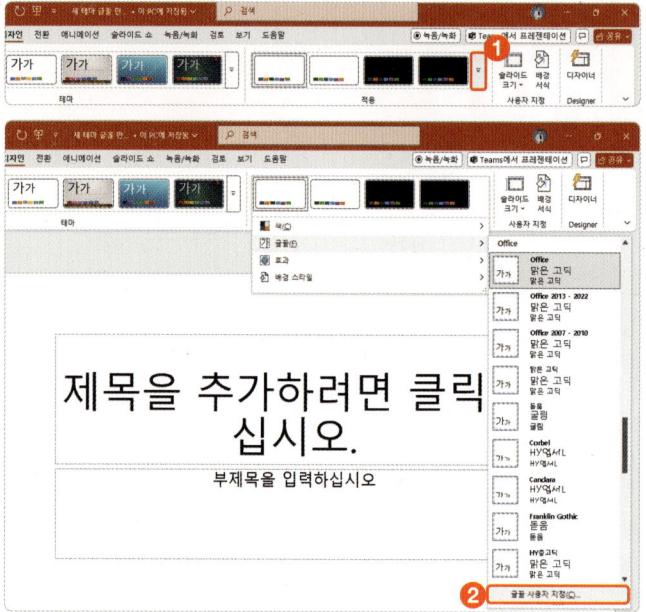

02 ① [새 테마 글꼴 만들기] 대화상자에서 프레젠테이션의 내용에 어울리는 [영어 글꼴]과 [한글 글꼴]의 제목 및 본문 글꼴로 변경
② [이름]에 **꿈모닝스쿨** 입력
③ [저장]을 클릭합니다.

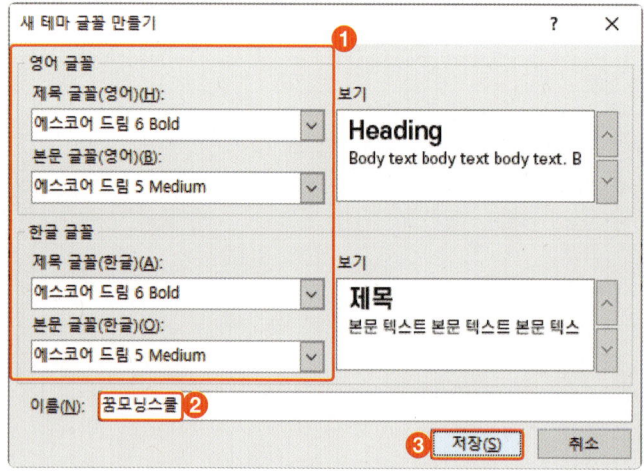

03 개체 틀의 글꼴이 변경됩니다. 또한 새로 만든 글꼴이 [사용자 지정] 목록에 추가되었습니다.

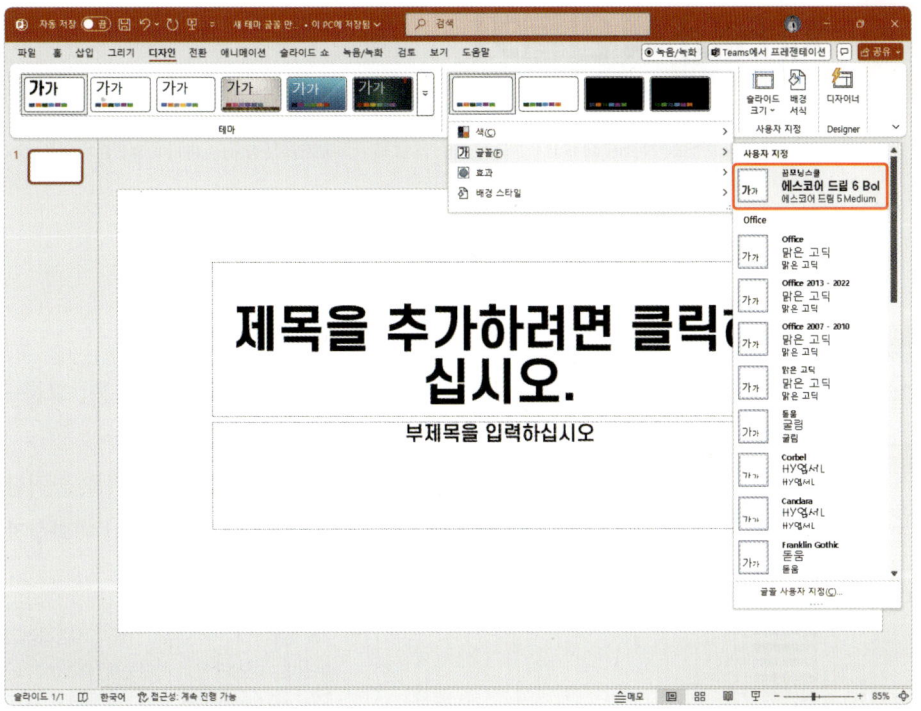

Tip 글꼴을 사용자 지정하면 [홈] 탭-[글꼴] 그룹-[글꼴] 목록에서 [테마 글꼴] 항목이 사용자가 지정한 글꼴로 변경된 것을 확인할 수 있습니다.

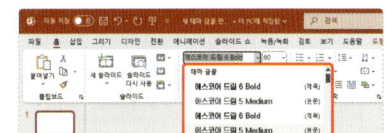

> **Note** 일반 글꼴과 테마 글꼴의 차이
>
> 테마 글꼴을 지정하면 해당 테마의 텍스트에 일괄적으로 적용됩니다. 테마 글꼴을 잘 사용하면 문서 작업 시간을 단축할 수 있습니다.
>
> ❶ **일반 글꼴이 적용된 텍스트** : 사용자가 글꼴을 변경하는 대로 적용됩니다. 테마 글꼴을 변경해도 일반 글꼴은 변경되지 않습니다.
> ❷ **테마 글꼴이 적용된 텍스트** : 테마 글꼴이 변경되면 테마 글꼴이 적용된 텍스트가 자동으로 변경됩니다.

> **Note** 테마 글꼴을 설정할 때 영어 글꼴과 한글 글꼴을 동일하게 설정해야 하나요?
>
> ❶ **한글 프레젠테이션** : 한글 글꼴과 영어 글꼴을 같은 글꼴로 사용하는 것이 좋습니다. 다른 글꼴을 사용하면 같은 단락에서 한글과 영어 글꼴이 다르게 표시되어 어색할 수 있습니다.
> ❷ **영어 프레젠테이션** : 영어 글꼴만 원하는 글꼴로 설정하고 한글 글꼴은 기본값인 맑은 고딕을 그대로 유지합니다.

우선순위
018 새 테마 색 만들기

실습 파일 파워포인트\2장\018_새 테마 색 만들기.pptx 완성 파일 파워포인트\2장\018_새 테마 색 만들기_완성.pptx

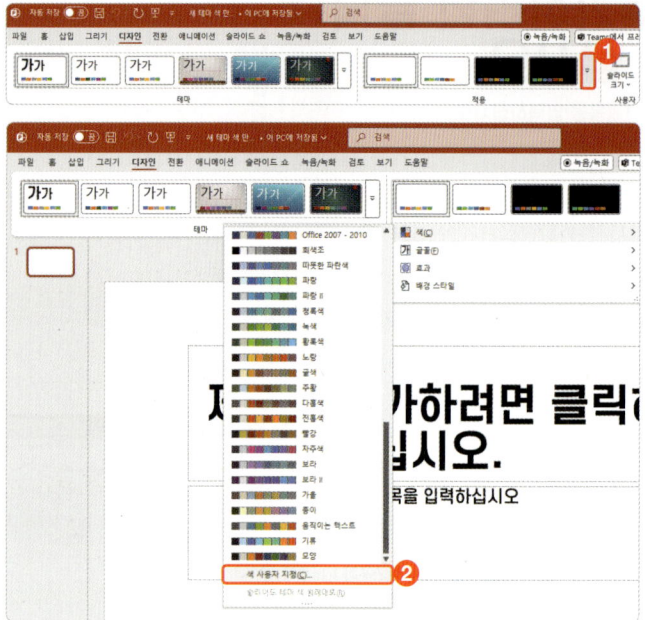

새 테마 글꼴 만들기

01 ❶ [디자인] 탭-[적용] 그룹-[자세히]를 클릭

❷ [색]-[색 사용자 지정]을 클릭합니다. [새 테마 색 만들기] 대화상자가 나타납니다.

Tip 다른 방법으로 테마 색을 사용자 지정하려면 슬라이드 마스터 보기 상태에서 [슬라이드 마스터] 탭-[배경] 그룹-[색]-[색 사용자 지정]을 클릭합니다.

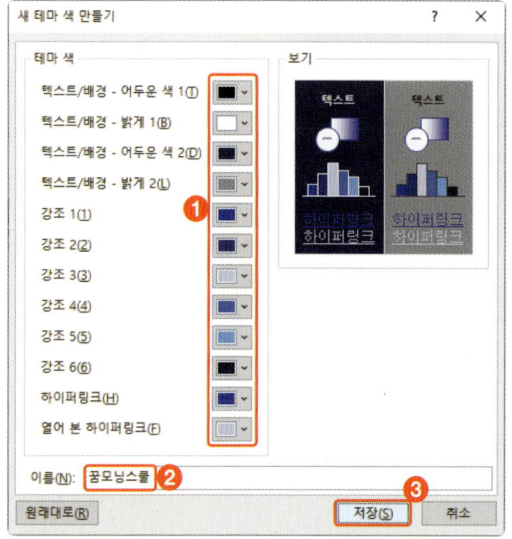

02 ❶ [새 테마 색 만들기] 대화상자에서 프레젠테이션의 스타일에 맞게 색 변경

❷ [이름]에 **꿈모닝스쿨** 입력

❸ [저장]을 클릭합니다.

Note 테마 색은 어떻게 구성하는 것이 좋나요?

새 테마 색은 다음의 표와 같이 구성합니다. [강조 1(1)]에 적용한 색은 도형을 그리면 자동으로 도형에 채워지는 색입니다. [강조 1(1)]은 가장 많이 사용하는 색을 적용하는 것이 좋습니다.

테마 색	RGB 값	색상 코드
텍스트/배경 – 어두운 색 1(t)	빨강(R) : 0, 녹색(G) : 0, 파랑(B) : 0	#000000
텍스트/배경 – 밝은 색 1(B)	빨강(R) : 255, 녹색(G) : 255, 파랑(B) : 255	#FFFFFF
텍스트/배경 – 어두운 색 2(D)	빨강(R) : 6, 녹색(G) : 7, 파랑(B) : 97	#060761
텍스트/배경 – 밝은 색 2(L)	빨강(R) : 158, 녹색(G) : 158, 파랑(B) : 158	#9E9E9E
강조 1(1)	빨강(R) : 1, 녹색(G) : 35, 파랑(B) : 180	#0123B4
강조 2(2)	빨강(R) : 20, 녹색(G) : 58, 파랑(B) : 130	#143A82
강조 3(3)	빨강(R) : 206, 녹색(G) : 210, 파랑(B) : 230	#CED2E6
강조 4(4)	빨강(R) : 40, 녹색(G) : 99, 파랑(B) : 179	#2863B3
강조 5(5)	빨강(R) : 87, 녹색(G) : 165, 파랑(B) : 225	#57A5E1
강조 6(6)	빨강(R) : 9, 녹색(G) : 23, 파랑(B) : 75	#09174B
하이퍼링크(H)	빨강(R) : 1, 녹색(G) : 35, 파랑(B) : 180	#0123B4
열어 본 하이퍼링크(F)	빨강(R) : 206, 녹색(G) : 210, 파랑(B) : 230	#CED2E6

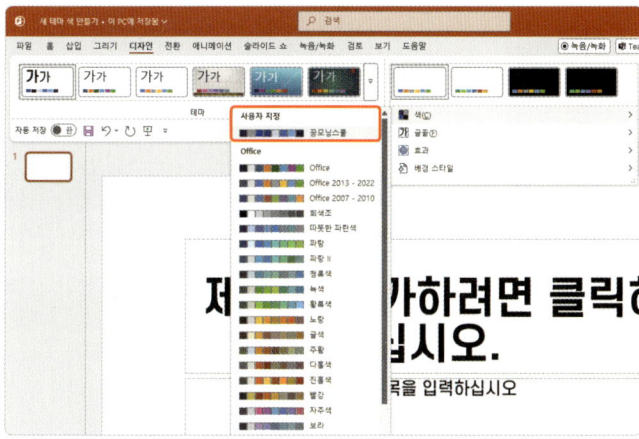

03 새로 만든 테마 색이 [사용자 지정] 목록에 추가되었습니다.

Tip [색]을 [사용자 지정] 목록에서 선택하면 [도형 서식] 탭–[도형 스타일] 그룹–[도형 채우기]를 클릭했을 때 나타나는 [테마 색] 부분이 사용자가 지정한 색으로 변경된 것을 확인할 수 있습니다. 모든 테마 색이 전부 변경됩니다.

Note 테마 색이 적용되는 범위 알아보기

색을 사용자 지정하면 텍스트 빠른 스타일, 도형 빠른 스타일, 표 빠른 스타일, 차트 색 변경, SmartArt 그래픽 색 변경 부분이 사용자 지정 색으로 변경된 것을 확인할 수 있습니다.

▲ 텍스트 빠른 스타일   ▲ 도형 빠른 스타일   ▲ 표 빠른 스타일   ▲ 차트 색   ▲ SmartArt 그래픽 색

Note 개체에 색을 적용할 때 일반 색과 테마 색의 차이는 무엇인가요?

❶ **일반 색이 적용된 개체** : 사용자가 개체의 색을 변경하는 대로 적용됩니다. 테마 색을 변경해도 일반 색이 적용된 개체는 변경되지 않습니다.

❷ **테마 색이 적용된 개체** : 테마 색이 변경되면 테마 색이 적용된 모든 개체의 색이 자동으로 변경됩니다.

019 슬라이드 배경 서식 변경하기

실습 파일 파워포인트\2장\019_슬라이드 배경 서식 변경하기.pptx   완성 파일 파워포인트\2장\019_슬라이드 배경 서식 변경하기_완성.pptx

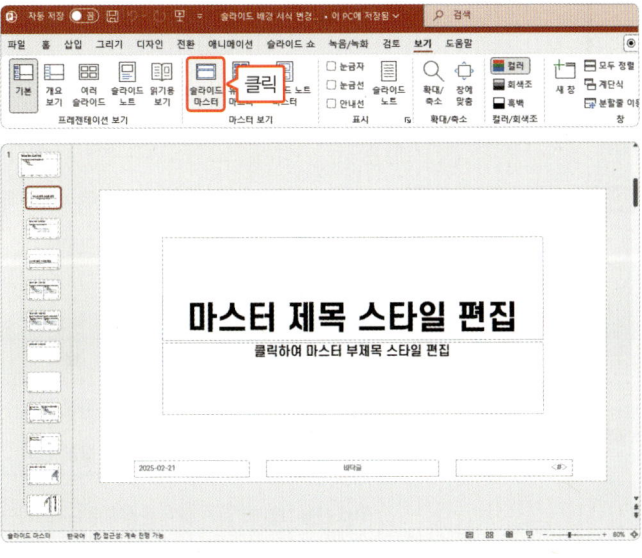

슬라이드 마스터로 이동하기

01 [보기] 탭-[마스터 보기] 그룹-[슬라이드 마스터 ▢]를 클릭합니다. 슬라이드 마스터 보기 상태로 전환됩니다.

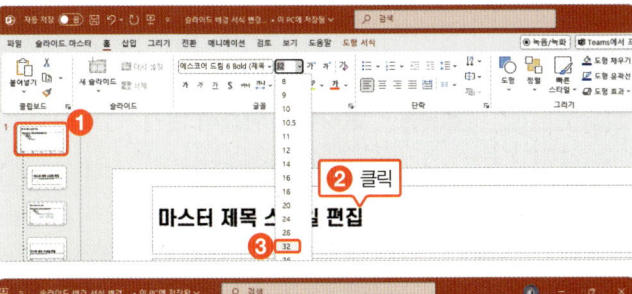

마스터 제목 스타일 편집하기

02 ❶ 슬라이드 축소판 창에서 첫 번째 [Office 테마 슬라이드 마스터] 클릭
❷ 제목 개체 틀 클릭
❸ [홈] 탭-[글꼴] 그룹-[글꼴 크기]를 [32]로 설정
❹ [도형 서식] 탭-[크기] 그룹-[도형 높이 ↕]를 [1.5cm]로 변경합니다.

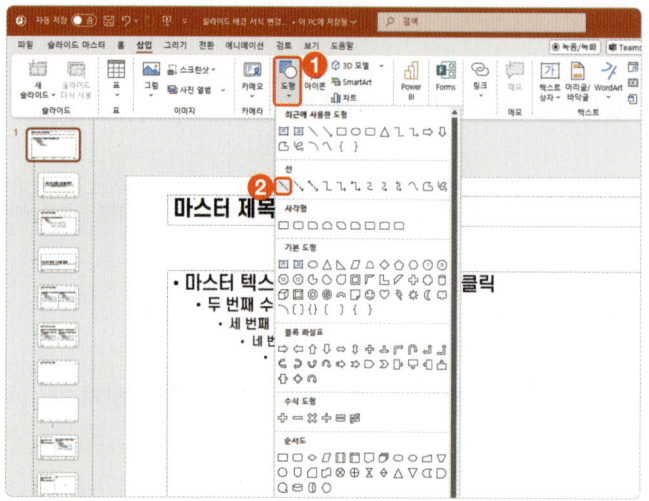

배경에 선 그리기

03 삽입할 개체가 모든 레이아웃에 공통적으로 적용되도록 슬라이드 마스터에서 계속 작업하겠습니다.

❶ [삽입] 탭-[일러스트레이션] 그룹-[도형] 클릭

❷ [선 \]을 클릭합니다. 마우스 포인터가 십자 모양으로 바뀌며 슬라이드 창에 도형을 삽입할 준비가 됩니다.

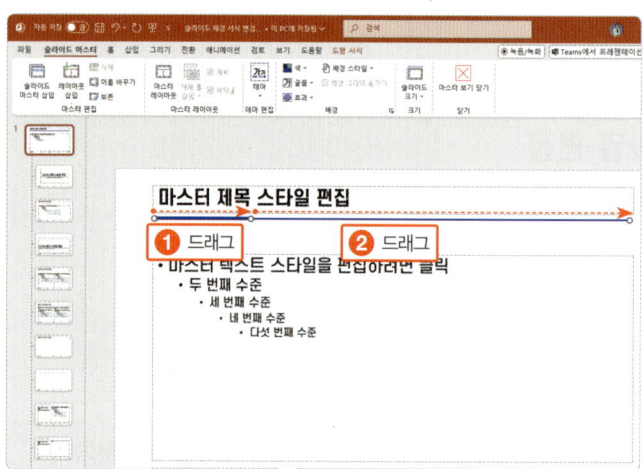

04 ❶❷ 제목 개체 틀 바로 아래에서 드래그하여 선 두 개를 그립니다. 서식은 표를 참고합니다.

도형	길이	두께	색
선1	6cm	6pt	진한 파랑, 강조1
선2	29cm	3pt	진한 파랑, 강조1

Tip 선을 그릴 때 Shift 를 누른 상태로 드래그하면 직선을 그릴 수 있습니다.

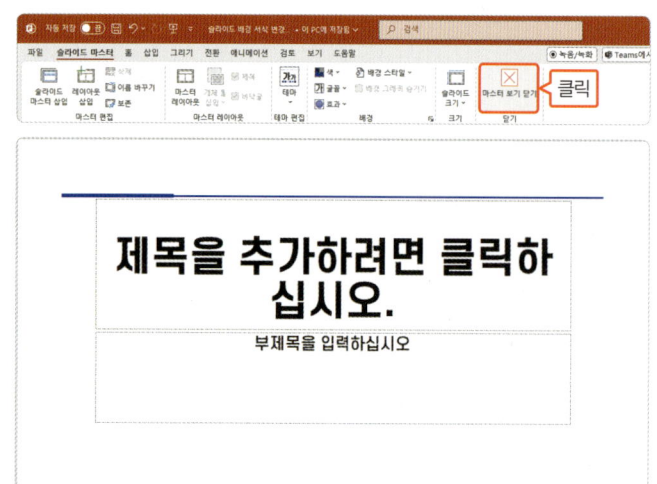

슬라이드 마스터 닫기

05 [슬라이드 마스터] 탭-[닫기] 그룹-[마스터 보기 닫기 ⊠]를 클릭하면 슬라이드 마스터에서 그린 선이 슬라이드에 적용된 것을 확인할 수 있습니다.

Tip [홈] 탭-[슬라이드] 그룹-[레이아웃]을 클릭하면 [Office 테마] 목록에서 슬라이드 마스터로 수정한 마스터 제목 스타일을 확인할 수 있습니다.

Note 슬라이드 마스터 알아보기

❶ **슬라이드 마스터** : 글꼴이나 로고와 같은 이미지를 모든 슬라이드에 똑같이 적용할 때는 슬라이드 마스터에서 변경합니다. 슬라이드 마스터 보기를 열려면 [보기] 탭-[마스터 보기] 그룹-[슬라이드 마스터]를 클릭합니다. 슬라이드 마스터 보기 상태에서 슬라이드 마스터는 슬라이드 창 왼쪽의 슬라이드 축소판 그림 창에서 맨 위에 있는 슬라이드입니다.

❷ **레이아웃 마스터** : 슬라이드 마스터 바로 아래에는 형태가 다른 11개의 레이아웃이 기본으로 제공됩니다. 목적에 맞게 추가하거나 삭제할 수 있습니다. 슬라이드 마스터와 레이아웃 마스터는 연결되어 있어서 슬라이드 마스터에 서식을 변경하면 레이아웃 마스터에도 똑같이 적용됩니다. 레이아웃 마스터별로 슬라이드 마스터의 적용 내용을 숨기거나 원하는 디자인을 적용할 수 있습니다.

❸ **테마** : 통일되고 전문적인 느낌을 표현하는 슬라이드에 적용할 색, 글꼴 및 시각 효과의 집합입니다. 테마를 사용하면 최소한의 노력으로 프레젠테이션을 조화롭게 보이도록 꾸밀 수 있습니다. 미리 디자인된 테마는 기본 보기 상태의 [디자인] 탭에서 제공합니다. 프레젠테이션에서 사용하는 모든 테마에는 슬라이드 마스터와 관련 레이아웃이 포함되어 있습니다. 프레젠테이션에 여러 테마를 사용할 때는 두 개 이상의 슬라이드 마스터와 여러 가지 레이아웃이 생성됩니다.

❹ **새 슬라이드** : 슬라이드 마스터에서 디자인한 레이아웃이 표시됩니다. 파워포인트는 기본적으로 형태가 다른 11개의 레이아웃을 제공합니다. 레이아웃은 사용자의 목적에 맞게 슬라이드 마스터에서 더 만들거나 삭제할 수 있습니다.

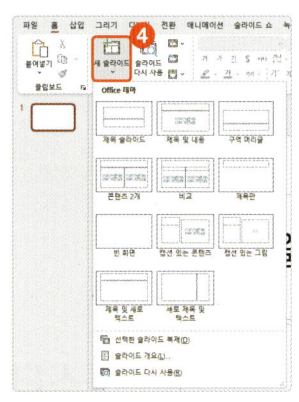

❺ **슬라이드 레이아웃** : 모든 슬라이드에 표시되는 서식, 위치 및 개체 틀 상자가 포함됩니다. [홈] 탭-[슬라이드] 그룹-[레이아웃]을 클릭하면 나타나는 레이아웃 중 하나를 선택하여 적용합니다. 슬라이드 마스터 보기 상태에서 슬라이드 레이아웃을 변경하고 관리할 수 있습니다. 모든 테마에는 여러 가지 슬라이드 레이아웃이 있어 슬라이드 내용에 가장 적합한 레이아웃을 선택하여 슬라이드를 디자인할 수 있습니다.

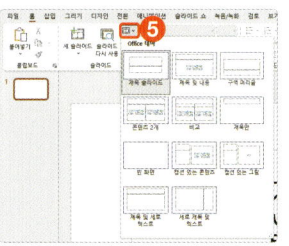

020 제목 슬라이드 배경 서식만 변경하기

실습 파일 파워포인트\2장\020_제목 슬라이드 배경 서식만 변경하기.pptx
완성 파일 파워포인트\2장\020_제목 슬라이드 배경 서식만 변경하기_완성.pptx

제목 슬라이드 레이아웃 선택하기

01 ① [보기] 탭-[마스터 보기] 그룹-[슬라이드 마스터 ] 클릭
② 슬라이드 축소판 창에서 두 번째 [제목 슬라이드 레이아웃]을 클릭합니다.

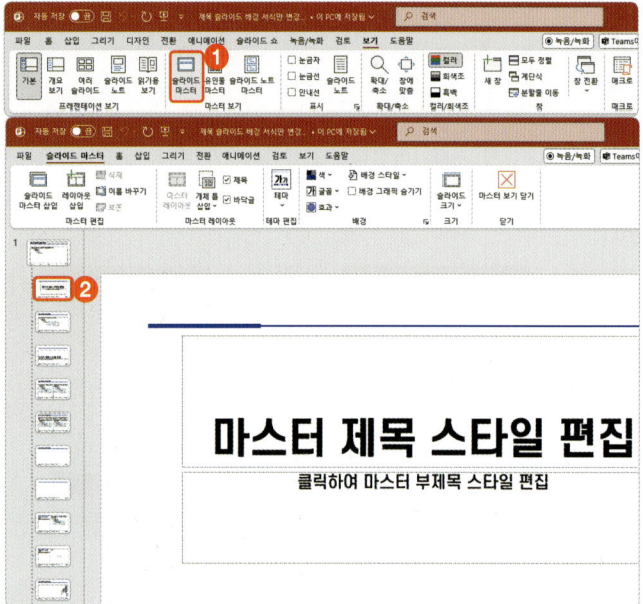

배경 그래픽 숨기기

02 [슬라이드 마스터] 탭-[배경] 그룹-[배경 그래픽 숨기기]에 체크하면 [제목 레이아웃]에서 배경 그래픽이 사라집니다.

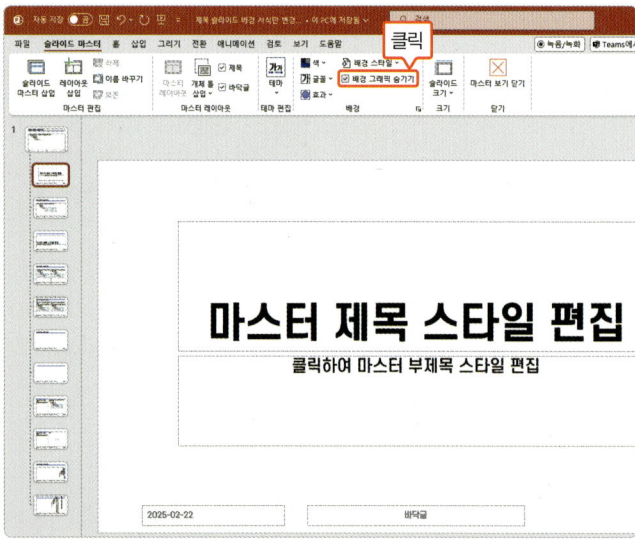

이미지 삽입하기

03 ① [삽입] 탭-[이미지] 그룹-[그림 🖼] 클릭
② [이 디바이스] 클릭
③ [그림 삽입] 대화상자에서 '아이디어 회의.jpg' 파일 클릭
④ [삽입]을 클릭합니다. 슬라이드 전체에 이미지가 꽉 차게 보입니다.

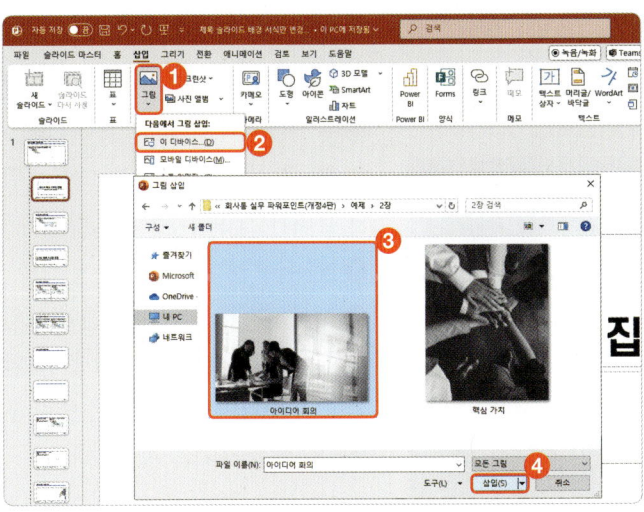

도형 그리기

04 ① [삽입] 탭-[일러스트레이션] 그룹-[도형 🔷] 클릭
② [직사각형 ▢] 클릭
③ ④ 슬라이드 좌우에 각각 드래그하여 사각형 도형을 그립니다. 서식은 다음 표를 참고합니다.

도형	크기		도형 채우기 색상	투명도	도형 윤곽선
왼쪽 사각형	높이	19.05cm	진한 파랑, 강조 1	10%	윤곽선 없음
	너비	3cm			
오른쪽 사각형	높이	19.05cm	진한 파랑, 강조 1	125%	윤곽선 없음
	너비	19cm			

Tip [도형 서식] 탭-[크기] 그룹에서 도형의 높이와 너비를 지정할 수 있습니다. 투명도는 [도형 스타일] 그룹에서 [도형 서식]을 클릭하면 화면 오른쪽에 나타나는 [도형 서식] 작업 창에서 지정할 수 있습니다.

텍스트 개체 틀 편집하기

05 ❶ Ctrl 을 누른 채 이미지와 사각형 두 개를 각각 클릭하여 모두 선택
❷ [도형 서식] 탭-[정렬] 그룹-[뒤로 보내기]의 ▾ 클릭
❸ [맨 뒤로 보내기] 클릭
❹ 제목 레이아웃의 개체 틀이 보입니다. 제목과 부제목 개체 틀만 남기고 아래 나머지 개체 틀은 클릭 후 Delete 를 눌러 각각 삭제합니다.

06 다음 표를 참고하여 개체 틀의 서식과 위치를 변경한 후 내용을 입력하여 제목 슬라이드 레이아웃을 완성합니다.

개체 틀	크기		색상
제목 개체 틀	높이	2.87cm	흰색, 배경 1
	너비	17.91cm	
부제목 개체 틀	높이	1.01cm	흰색, 배경 1
	너비	17.91cm	

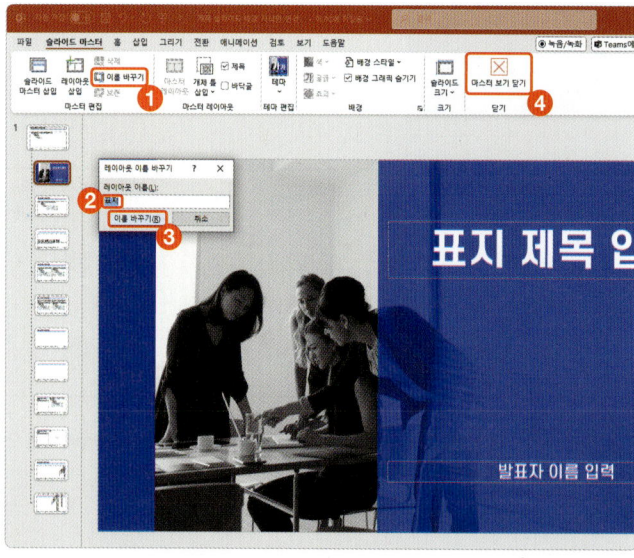

레이아웃 이름 바꾸기

07 ❶ [슬라이드 마스터] 탭-[마스터 편집] 그룹-[이름 바꾸기] 클릭
❷ [레이아웃 이름 바꾸기] 대화상자에서 [레이아웃 이름]을 **표지**로 수정
❸ [이름 바꾸기] 클릭
❹ [슬라이드 마스터] 탭-[닫기] 그룹-[마스터 보기 닫기 ⨯]를 클릭합니다.

08 제목 슬라이드의 배경 서식 변경을 완료합니다.

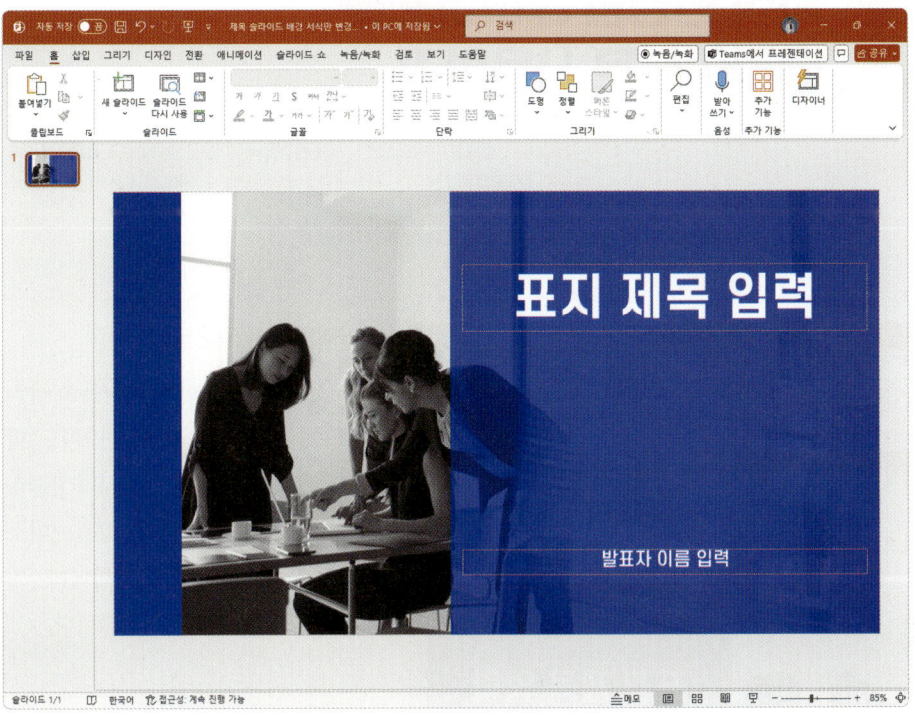

Tip 슬라이드 마스터에서 변경한 대로 적용되지 않으면 [홈] 탭-[슬라이드] 그룹-[레이아웃]을 클릭한 후 [표지]를 클릭합니다.

> **Note** 슬라이드 레이아웃에 텍스트 개체 틀 추가하기
>
> ❶ [슬라이드 마스터] 탭-[마스터 레이아웃]-[개체 틀 삽입]을 클릭한 후 ❷ [텍스트]를 클릭합니다. ❸ 원하는 위치에 텍스트 개체 틀을 그린 후 서식을 변경하여 사용합니다.
>
>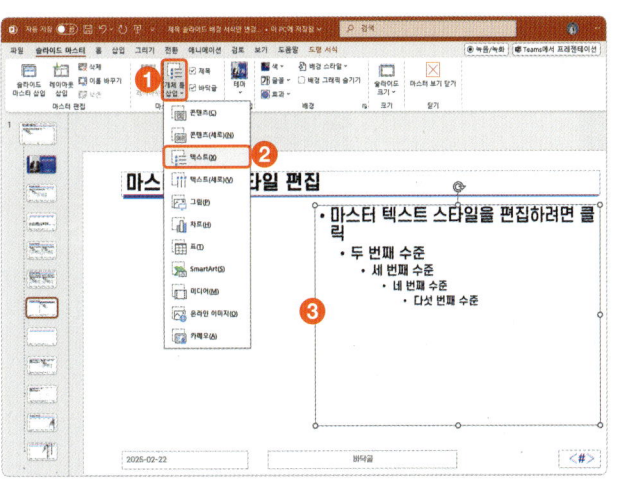

021 서식 변경한 레이아웃을 슬라이드로 사용하기

실습 파일 파워포인트\2장\021_서식 변경한 레이아웃을 슬라이드로 사용하기.pptx
완성 파일 파워포인트\2장\021_서식 변경한 레이아웃을 슬라이드로 사용하기_완성.pptx

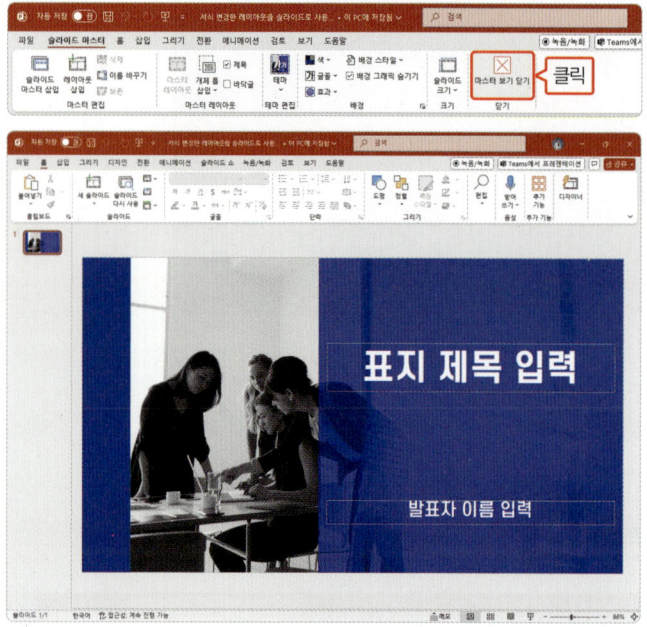

슬라이드 마스터 닫기

01 서식을 변경한 레이아웃을 슬라이드에 적용하기 위해 슬라이드 마스터 보기를 닫아보겠습니다. [슬라이드 마스터] 탭-[닫기] 그룹-[마스터 보기 닫기⊠]를 클릭합니다. 기본 보기 화면으로 바뀌었습니다.

개체 틀에 텍스트 입력하기

02 ❶ '표지 제목 입력'이 표시된 개체 틀에 **꿈모닝스쿨 소개** 입력
❷ '발표자 이름 입력'이라고 표시된 개체 틀에 **이화진(꿈모닝스쿨 교장)**을 입력해 표지 슬라이드를 완성합니다.

레이아웃이 다른 슬라이드 추가하기

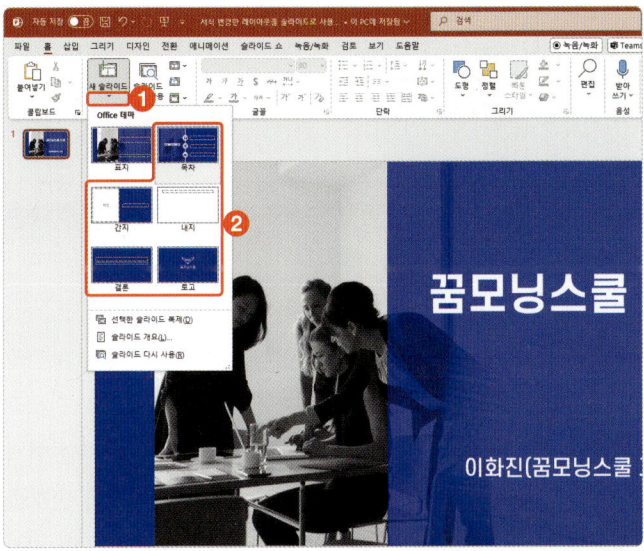

03 ❶ [홈] 탭-[슬라이드] 그룹-[새 슬라이드]의 클릭
❷ [목차], [간지], [내지], [결론], [로고]를 차례대로 클릭합니다. 차례대로 슬라이드가 추가됩니다.

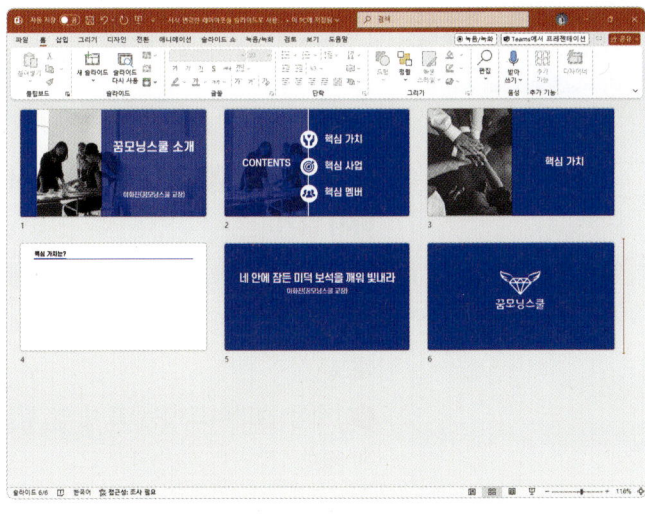

04 추가된 슬라이드의 텍스트 개체 틀에 원하는 내용을 입력하여 슬라이드 화면을 완성합니다.

슬라이드 번호 삽입하기

실습 파일 파워포인트\2장\022_슬라이드 번호 삽입하기.pptx **완성 파일** 파워포인트\2장\022_슬라이드 번호 삽입하기_완성.pptx

슬라이드에 번호 삽입하기

01 원하는 슬라이드의 위치를 쉽게 찾을 수 있도록 슬라이드에 번호를 넣어보겠습니다. [삽입] 탭-[텍스트] 그룹-[슬라이드 번호 ▦]를 클릭합니다. [머리글/바닥글] 대화상자가 나타납니다.

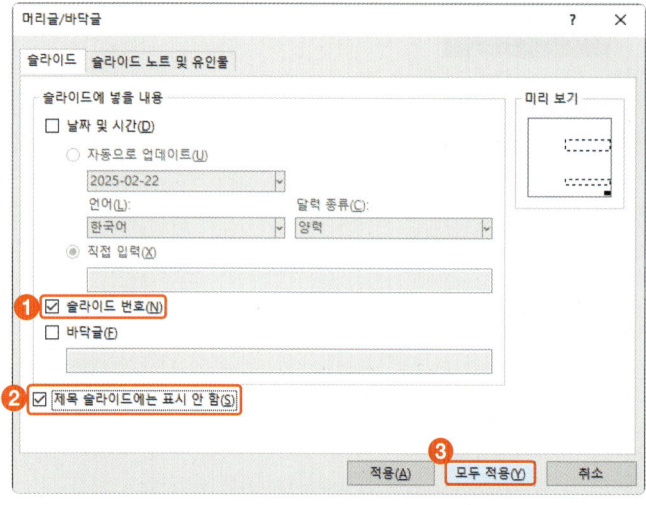

제목 슬라이드에 페이지 번호 표시하지 않기

02 ❶ [머리글/바닥글] 대화상자에서 [슬라이드] 탭-[슬라이드 번호]에 체크

❷ [제목 슬라이드에는 표시 안 함]에 체크

❸ [모두 적용]을 클릭합니다.

Tip 첫 번째 제목 슬라이드를 제외한 모든 슬라이드의 오른쪽 아래에 슬라이드 번호가 나타납니다.

▲ 목차 레이아웃

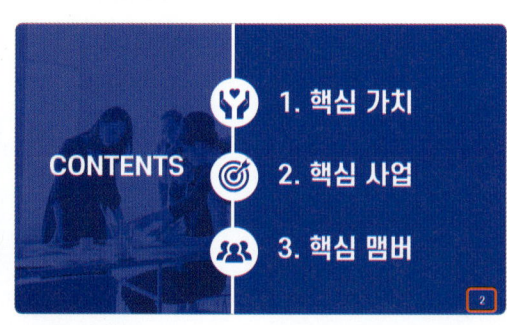

▲ 목차 슬라이드

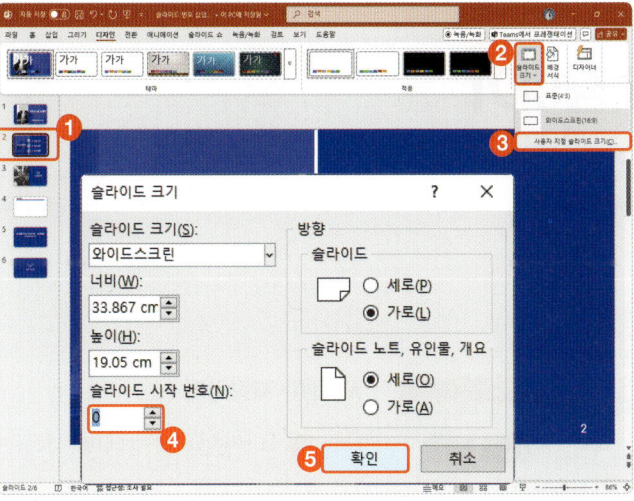

[2번 슬라이드]의 시작 번호가 1이 되도록 수정하기

03 슬라이드 축소판 창을 살펴보면 제목 슬라이드부터 슬라이드 번호가 '1'로 표시되어 [2번 슬라이드]는 '2'로 표시됩니다. [2번 슬라이드]가 '1'로 표시되도록 수정해보겠습니다.

❶ [2번 슬라이드] 클릭

❷ [디자인] 탭-[사용자 지정] 그룹 -[슬라이드 크기 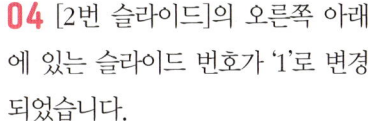] 클릭

❸ [사용자 지정 슬라이드 크기] 클릭

❹ [슬라이드 크기] 대화상자의 [슬라이드 시작 번호]에 0 입력

❺ [확인]을 클릭합니다.

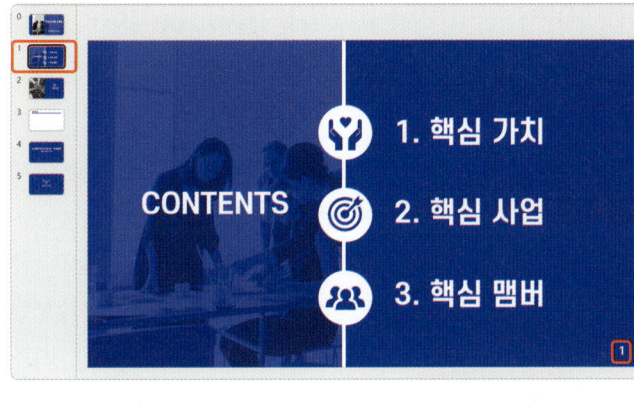

04 [2번 슬라이드]의 오른쪽 아래에 있는 슬라이드 번호가 '1'로 변경되었습니다.

Tip 첫 번째 제목 슬라이드의 슬라이드 번호는 '0'입니다. 그러나 이번 실습에서는 [제목 슬라이드에는 표시 안 함]에 체크했기 때문에 '0'이 보이지 않습니다.

Tip [보기] 탭-[마스터 보기] 그룹-[슬라이드 마스터]를 클릭한 후 슬라이드 번호 개체 틀의 서식 및 위치를 변경합니다. 글꼴, 글꼴 크기, 글꼴 색 등을 원하는 대로 변경할 수 있습니다.

023 새 테마 저장하기

실습 파일 파워포인트\2장\023_새 테마 저장하기.pptx　　**완성 파일** 파워포인트\2장\023_새 테마 저장하기_완성.pptx

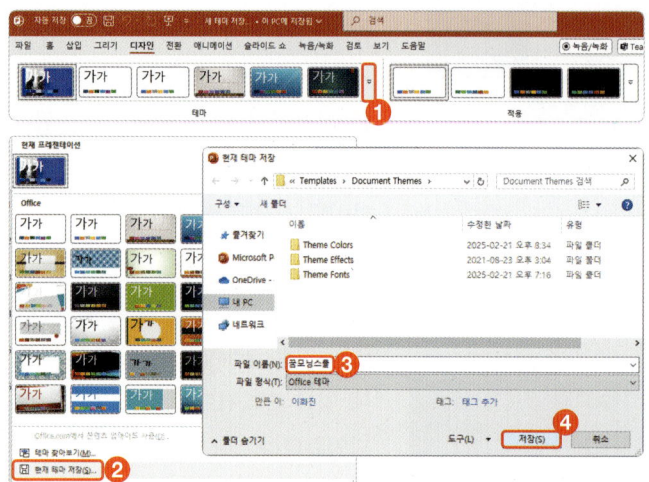

새 테마 저장하기

01 ❶ [디자인] 탭-[테마] 그룹-[자세히 ▽] 클릭

❷ [현재 테마 저장] 클릭

❸ [현재 테마 저장] 대화상자에서 [파일 이름]에 **꿈모닝스쿨** 입력

❹ [저장]을 클릭합니다.

Tip 새 테마는 기본적으로 Microsoft\Templates 경로의 [Document Themes] 폴더 내에 저장됩니다.

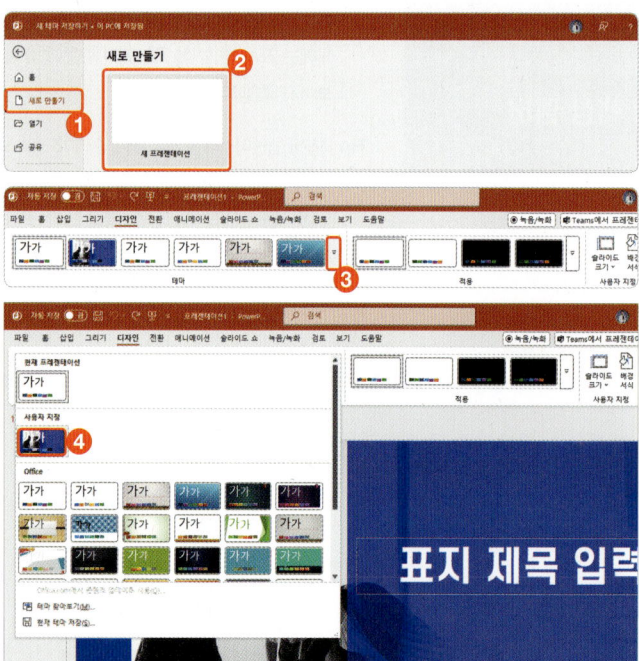

새로 저장한 테마 적용하기

02 새 프레젠테이션을 만들고 [꿈모닝스쿨]이라는 테마를 적용해보겠습니다.

❶ [파일] 탭-[새로 만들기 □] 클릭

❷ [새 프레젠테이션] 클릭

❸ [디자인] 탭-[테마] 그룹-[자세히 ▽] 클릭

❹ [사용자 지정] 항목에서 [꿈모닝스쿨] 테마를 클릭하면 새 프레젠테이션에 [꿈모닝스쿨] 테마가 적용됩니다.

03 [홈] 탭-[새 슬라이드]의 를 클릭하면 [꿈모닝스쿨] 테마가 적용된 레이아웃을 확인할 수 있습니다.

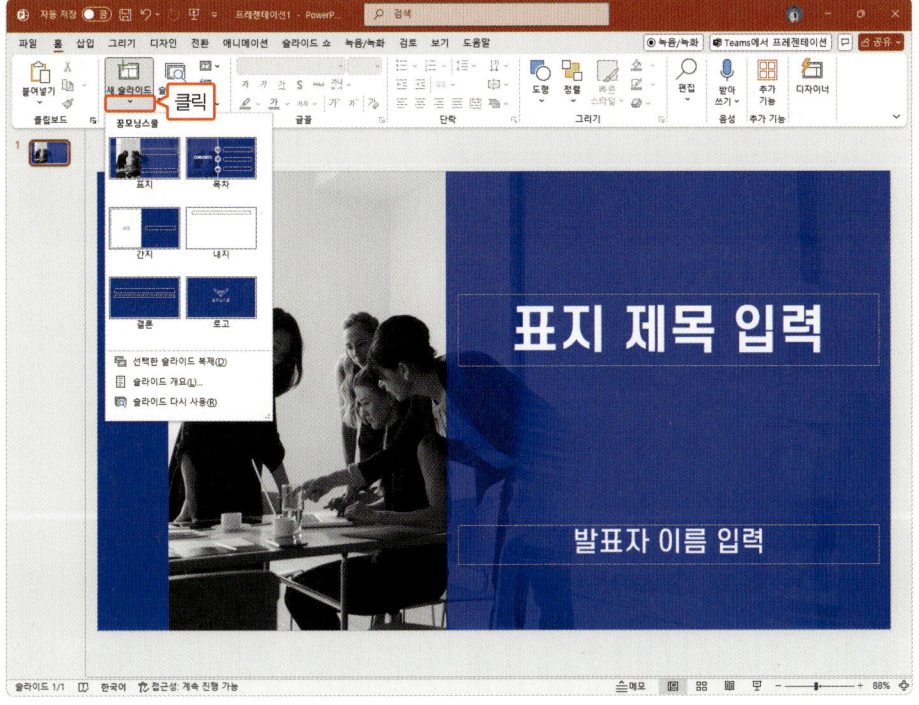

CHAPTER 03

프레젠테이션 내용 작성하고 서식 지정하기

024 슬라이드에 텍스트 입력하기

실습 파일 파워포인트\3장\024_슬라이드에 텍스트 입력하기.pptx 완성 파일 파워포인트\3장\024_슬라이드에 텍스트 입력하기_완성.pptx

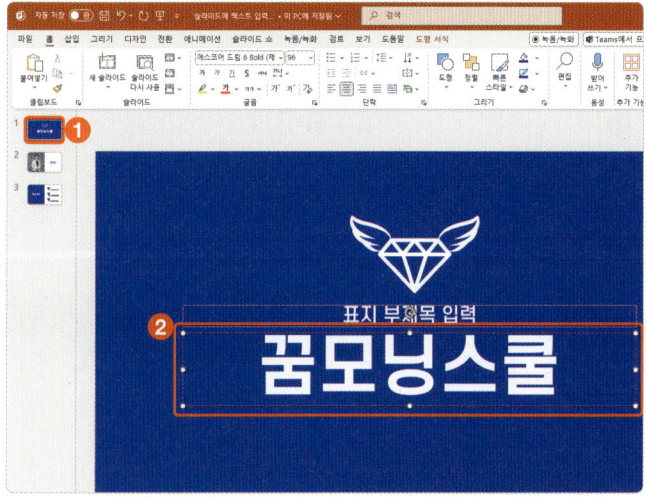

개체 틀에 텍스트 입력하기

01 ① [1번 슬라이드] 클릭
② '표지 제목 입력'이라는 텍스트가 쓰여 있는 텍스트 개체 틀에 **꿈모닝스쿨**을 입력합니다.

Tip 개체 틀에서 텍스트를 편집할 때 사용하는 단축키
- Ctrl + Enter : 다음 개체 틀로 이동, 마지막 개체 틀일 경우 새 슬라이드를 생성
- Tab 또는 Alt + Shift + → : 수준 낮추기
- Tab + Shift 또는 Alt + Shift + ← : 수준 높이기

텍스트 상자에 텍스트 입력하기

02 ① [2번 슬라이드] 클릭
② [삽입] 탭-[텍스트] 그룹-[텍스트 상자]의 ▼ 클릭
③ [가로 텍스트 상자 그리기]를 클릭합니다.

03 텍스트를 입력할 위치를 클릭한 후 생성되는 텍스트 상자에 **꿈모닝스쿨 교장**을 입력합니다.

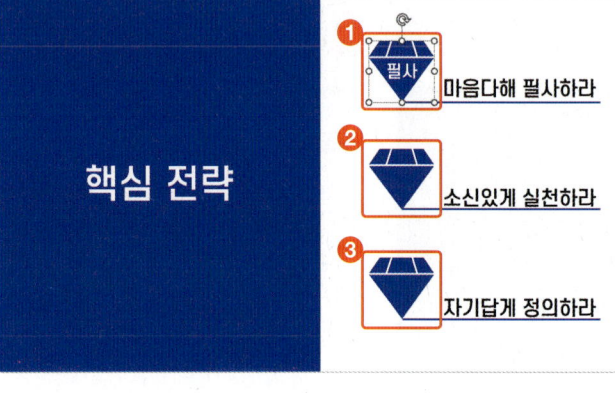

도형에 텍스트 입력하기

04 ❶ [3번 슬라이드]의 첫 번째 다이아몬드 모양 도형에 **필사** 입력

❷ 두 번째 다이아몬드 모양 도형에 **실천** 입력

❸ 마지막 다이아몬드 모양 도형에 **정의**를 입력하여 완성합니다.

> **Note** 한글을 한자로 변경하기
>
> 한자로 변환하고자 하는 단어 뒤에 커서를 두거나 드래그한 후 키보드의 한자 를 누릅니다. 원하는 한자를 선택하면 한글이 한자로 변경되는 것을 확인할 수 있습니다.
>
>

> **Note** 특수 문자를 입력하려면 어떻게 해야 하나요?

[삽입] 탭-[기호] 그룹-[기호]를 클릭합니다. [기호] 대화상자에서 원하는 기호를 선택한 후 [삽입]을 클릭하면 기호가 입력됩니다. 단축키로 기호를 입력하려면 Alt + N + U 를 누릅니다. 단축키를 입력할 때 커서는 텍스트 창 내에 활성화되어 있어야 합니다.

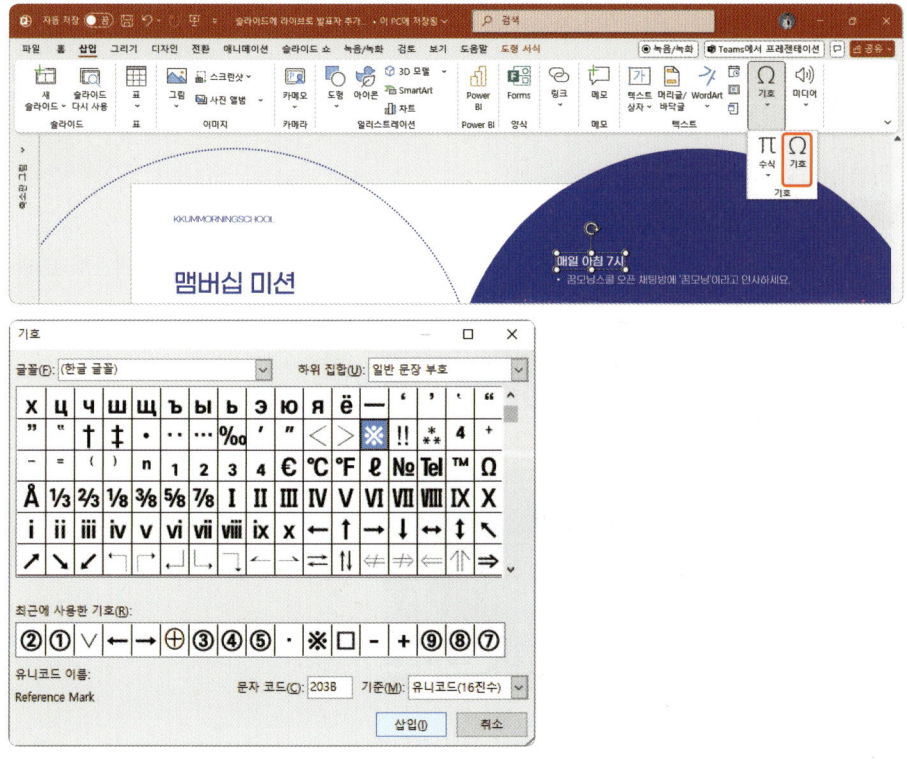

우선순위 025 글꼴, 글꼴 크기, 글꼴 색 변경하기

실습 파일 파워포인트\3장\025_글꼴, 글꼴 크기, 글꼴 색 변경하기.pptx **완성 파일** 파워포인트\3장\025_글꼴, 글꼴 크기, 글꼴 색 변경하기_완성.pptx

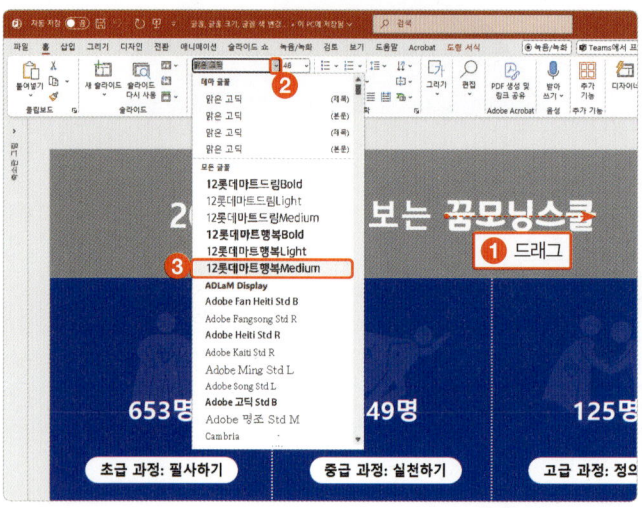

글꼴 변경하기

01 ① '꿈모닝스쿨' 텍스트 드래그
② [홈] 탭-[글꼴] 그룹-[글꼴]의 ⌄ 클릭
③ [12롯데마트행복Medium]을 클릭합니다. 텍스트가 선택한 글꼴로 변경됩니다.

Note 무료 폰트를 다운로드해 파워포인트에서 사용하기

윈도우 운영체제에 포함되어 있지 않으나 인터넷에서 무료로 다운로드하여 사용할 수 있는 폰트가 많습니다. 직접 폰트명을 검색할 수도 있지만 무료 한글 폰트 사이트 눈누(https://noonnu.cc)를 활용하면 원하는 폰트를 더 쉽고 빠르게 찾을 수 있습니다. 해당 사이트에 접속하여 폰트명을 입력해 검색하거나 원하는 문구를 입력하여 제시되는 폰트 중 하나를 선택해 다운로드합니다.

다운로드한 폰트는 컴퓨터에서 [제어판]-[모양 및 개인 설정]-[글꼴] 폴더에 넣어줍니다.

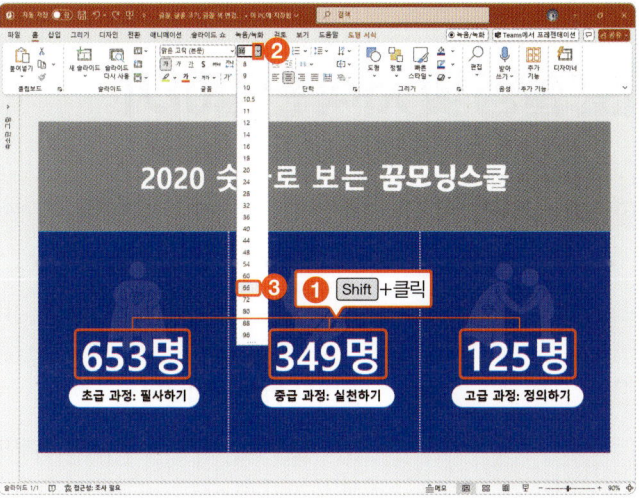

글꼴 크기 변경하기

02 ❶ Shift 를 누른 상태에서 '653명', '349명', '125명' 클릭

❷ [홈] 탭-[글꼴] 그룹-[글꼴 크기]의 ⏷ 클릭

❸ [66]을 클릭합니다.

Tip 글꼴 크기 조절 단축키
- 글꼴 크게 : Ctrl + Shift + 〉
- 글꼴 작게 : Ctrl + Shift + 〈

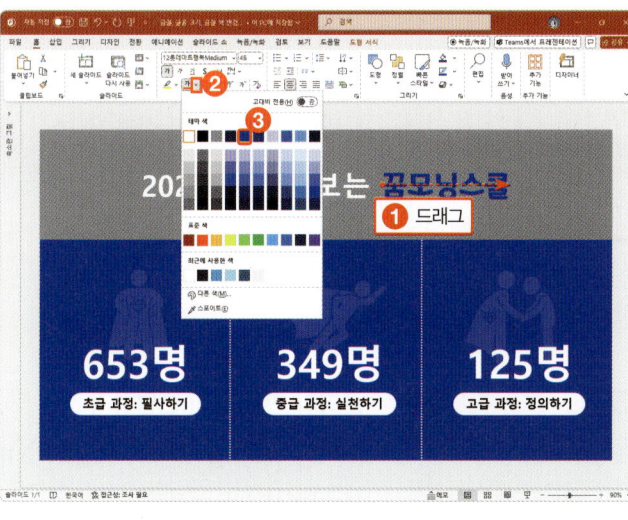

글꼴 색 변경하기

03 ❶ '꿈모닝스쿨' 텍스트 드래그

❷ [홈] 탭-[글꼴] 그룹-[글꼴 색 가]의 ⏷ 클릭

❸ [테마 색]-[진한 파랑, 강조 1]을 클릭합니다. 텍스트의 색이 변경됩니다.

026 글머리 기호 설정 및 서식 변경하기

실습 파일 파워포인트\3장\026_글머리 기호 설정 및 서식 변경하기.pptx **완성 파일** 파워포인트\3장\026_글머리 기호 설정 및 서식 변경하기_완성.pptx

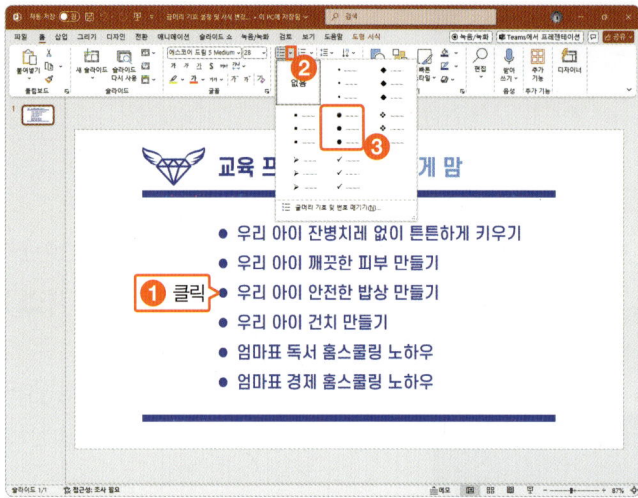

글머리 기호 삽입하기

01 ① 여섯 개의 교육 프로그램명이 입력된 텍스트 상자 클릭
② [홈] 탭-[단락] 그룹-[글머리 기호 :≡]의 ˅ 클릭
③ [속이 찬 큰 둥근 글머리 기호]를 클릭합니다. 텍스트 상자 내 여섯 개의 프로그램명 앞에 글머리 기호가 삽입됩니다.

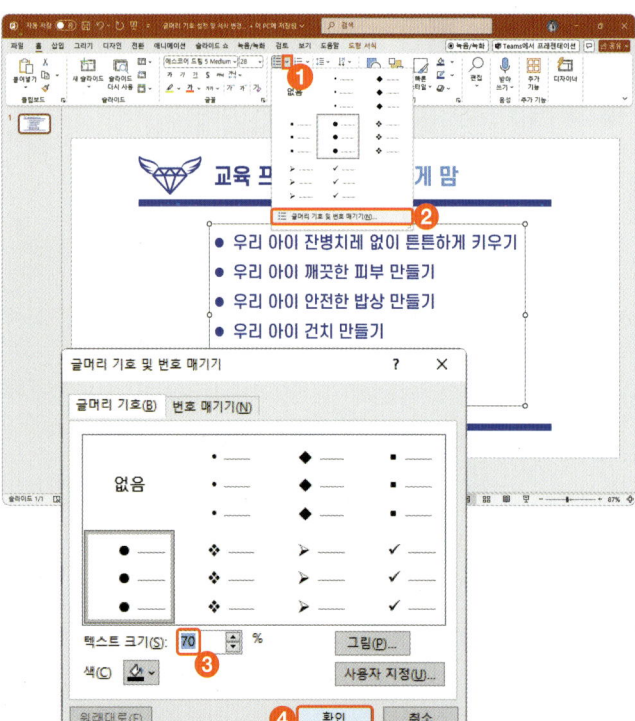

글머리 기호 크기 변경하기

02 ① [홈] 탭-[단락] 그룹-[글머리 기호 :≡]의 ˅ 클릭
② [글머리 기호 및 번호 매기기]를 클릭
③ [글머리 기호 및 번호 매기기] 대화상자에서 [텍스트 크기]에 **70** 입력
④ [확인]을 클릭합니다. 글머리 기호의 크기가 변경됩니다.

Note | 글머리 기호를 그림으로 변경하기

❶ [글머리 기호 및 번호 매기기] 대화상자에서 [글머리 기호] 탭-[그림]을 클릭합니다. ❷ [그림 삽입] 대화상자에서 [파일에서]를 클릭하고 원하는 그림을 불러온 후 [삽입]을 클릭하면 불러온 그림이 글머리 기호로 삽입됩니다.

Note | 글머리 기호를 원하는 기호로 변경하기

❶ [글머리 기호 및 번호 매기기] 대화상자에서 [사용자 지정]을 클릭한 후 ❷ [기호] 대화상자에서 원하는 기호를 클릭하고 [확인]을 클릭합니다. 불러온 기호가 글머리 기호로 삽입됩니다.

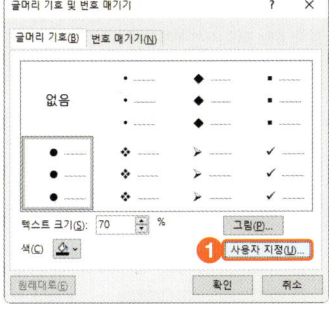
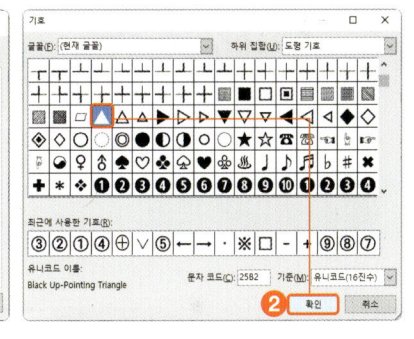

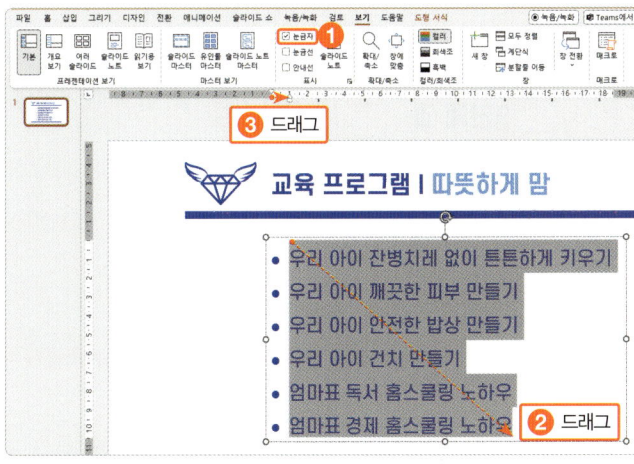

글머리 기호와 텍스트 사이의 간격 조정하기

03 텍스트의 시작 위치를 조절하면 글머리 기호와 텍스트 사이의 간격을 조정할 수 있습니다.

❶ [보기] 탭-[표시] 그룹-[눈금자] 체크

❷ 간격을 조정할 텍스트 드래그

❸ 상단 눈금자에 있는 [내어쓰기]를 눈금자의 1까지 드래그합니다. 글머리 기호와 텍스트 사이의 간격이 좁아집니다.

Tip 내어쓰기와 들여쓰기 아이콘 알아보기
- **첫 줄 들여쓰기** ▽ : 글머리 기호와 번호 매기기의 시작 위치를 지정합니다.
- **내어쓰기** △ : 글머리 기호 뒤에 텍스트 위치를 지정합니다.
- **왼쪽 들여쓰기** ☐ : 첫 줄 들여쓰기와 내어쓰기 두 개의 아이콘 간격을 유지한 상태에서 이동할 수 있습니다.

027 글머리 기호를 번호로 변경하기

실습 파일 파워포인트\3장\027_글머리 기호를 번호로 변경하기.pptx 완성 파일 파워포인트\3장\027_글머리 기호를 번호로 변경하기_완성.pptx

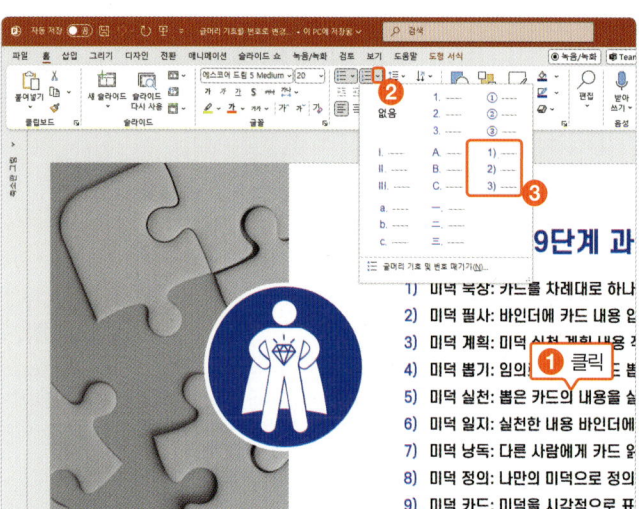

글머리 기호를 번호로 변경하기

01 ❶ 아홉 개의 글머리 기호가 적용된 텍스트 상자 클릭

❷ [홈] 탭-[단락] 그룹-[번호 매기기]의 ▼ 클릭

❸ [1) 2) 3)]을 클릭합니다. 글머리 기호가 번호로 변경됩니다.

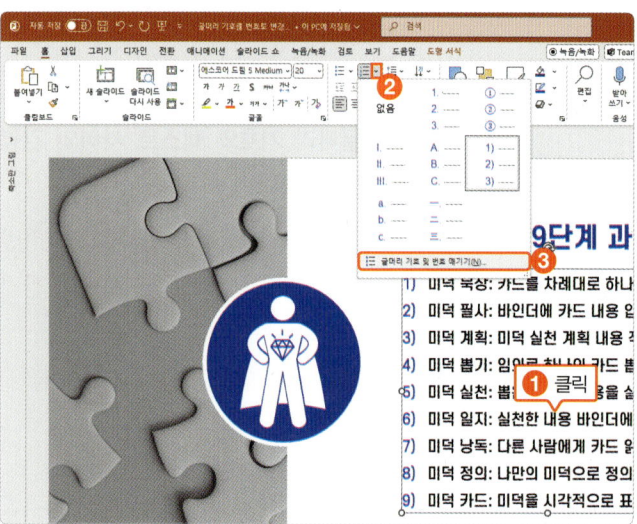

시작 번호 변경하기

02 ❶ 텍스트 상자 클릭

❷ [홈] 탭-[단락] 그룹-[번호 매기기]의 ▼ 클릭

❸ [글머리 기호 및 번호 매기기]를 클릭합니다.

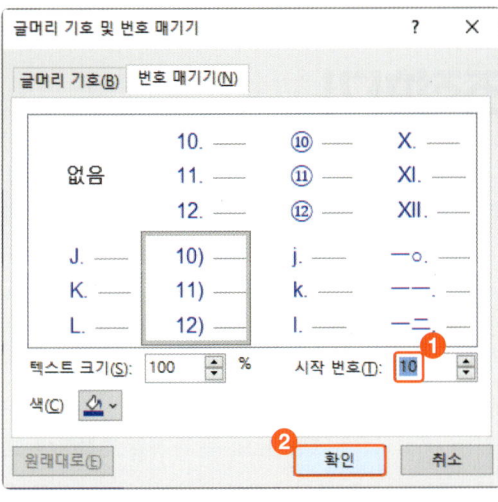

03 ❶ [글머리 기호 및 번호 매기기] 대화상자에서 [번호 매기기] 탭-[시작 번호]에 **10** 입력 ❷ [확인]을 클릭합니다.

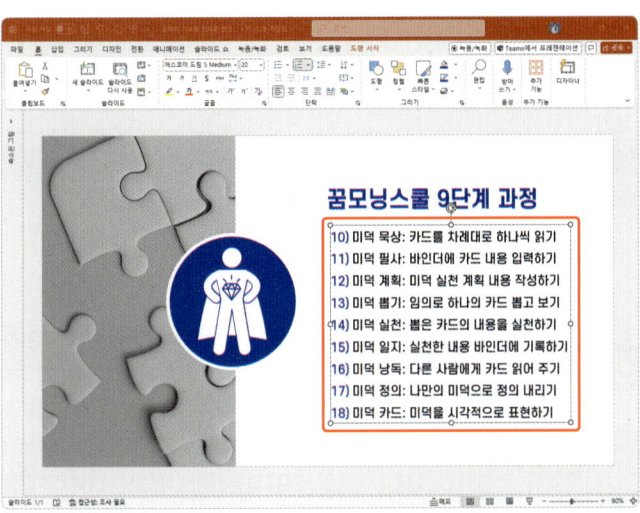

04 시작 번호가 '10'으로 변경됩니다.

028 줄 및 단락 간격 조정하기

실습 파일 파워포인트\3장\028_줄 및 단락 간격 조정하기.pptx   완성 파일 파워포인트\3장\028_줄 및 단락 간격 조정하기_완성.pptx

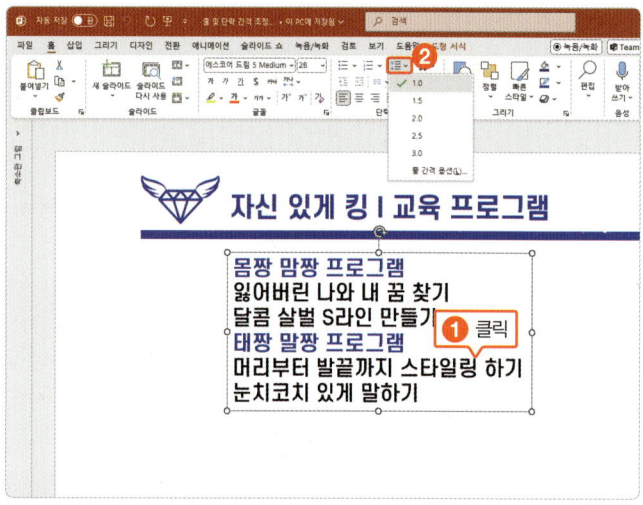

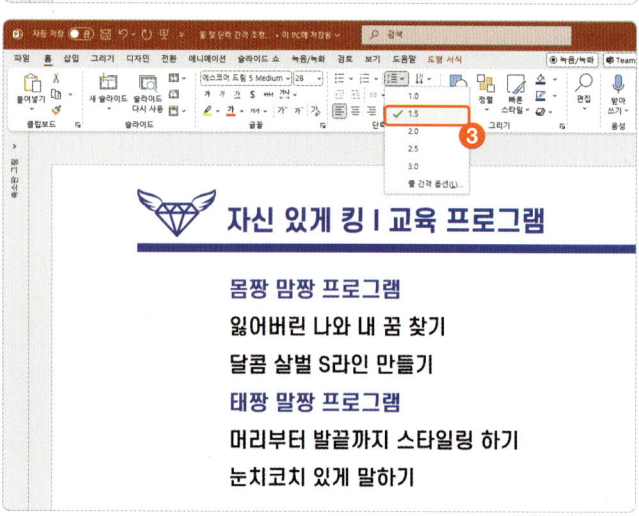

줄 간격 넓히기

01 텍스트의 줄 간격을 조정하여 교육 프로그램의 분류와 프로그램별 내용을 보기 좋게 수정해보겠습니다.

❶ 교육 프로그램이 입력된 텍스트 상자 클릭

❷ [홈] 탭-[단락] 그룹-[줄 간격 ≣] 클릭

❸ [1.5]를 클릭합니다. 줄 간격이 넓어집니다.

Tip 줄 간격은 글꼴의 120% 정도 설정하면 읽기 편합니다. 줄 간격을 설정하려면 [홈] 탭-[단락] 그룹-[줄 간격]-[줄 간격 옵션]을 클릭합니다. [단락] 대화상자가 나타나면 [들여쓰기 및 간격] 탭-[간격]-[배수]로 선택하고 값은 [1.2]로 설정한 후 [확인]을 클릭합니다.

세밀하게 줄 간격 조정하기

02 ① 텍스트 상자 클릭

② [홈] 탭-[단락] 그룹-[줄 간격] 클릭

③ [줄 간격 옵션] 클릭

④ [단락] 대화상자의 [들여쓰기 및 간격] 탭-[간격]-[줄 간격]을 [고정]으로 선택

⑤ [값]에 **45** 입력

⑥ [확인]을 클릭합니다.

Tip [줄 간격]을 [고정]으로 설정하면 포인트(pt) 값으로 세밀하게 조정할 수 있습니다. 값이 글꼴 크기보다 작은 경우 줄이 겹쳐 보일 수 있으므로 주의합니다.

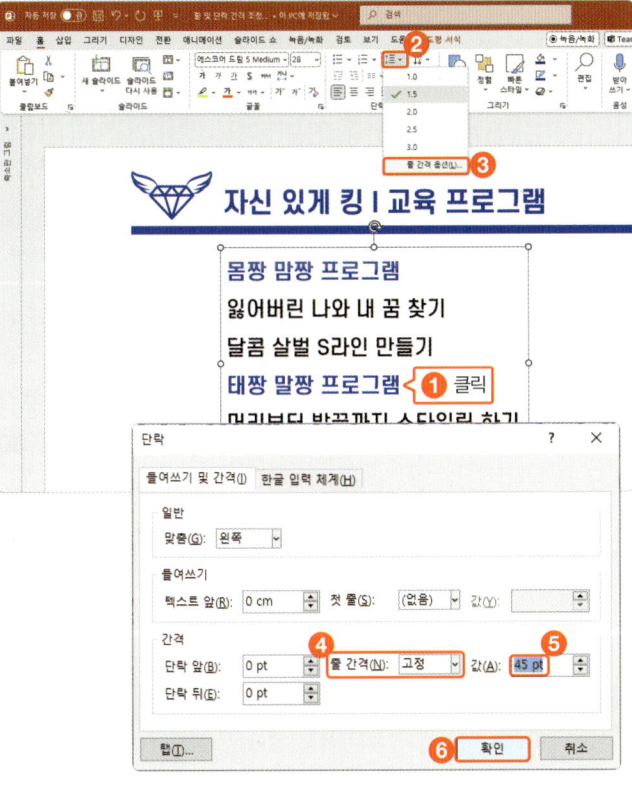

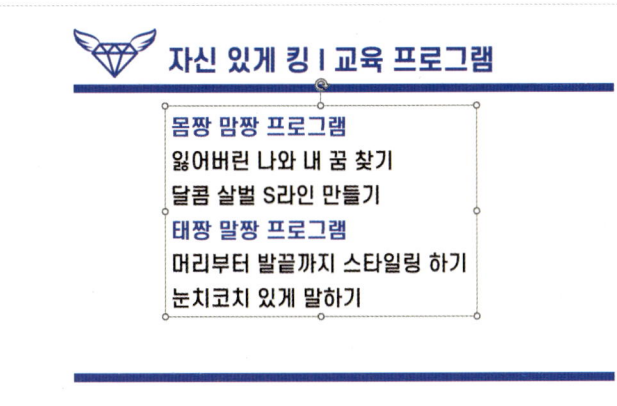

03 텍스트 상자의 줄 간격이 적당하게 줄어들었습니다.

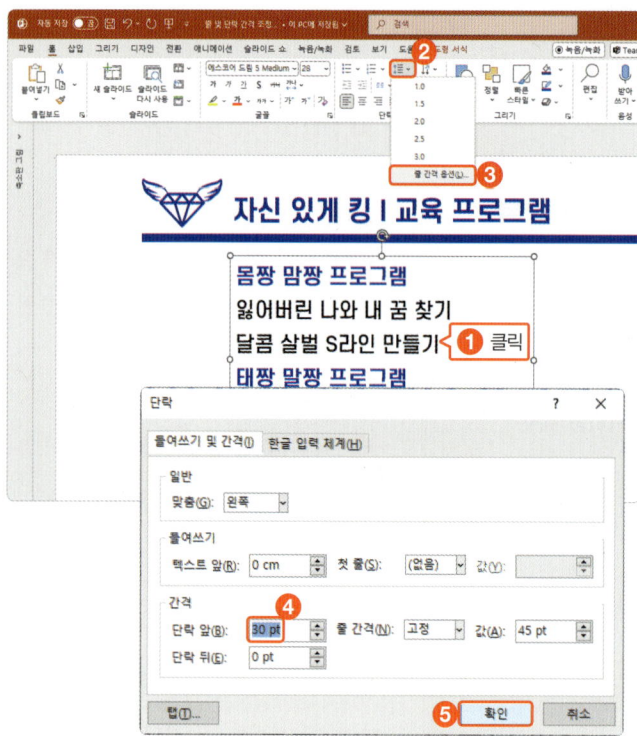

단락 간격 조정하기

04 단락 간격을 조정하여 '몸짱 맘짱 프로그램'과 '태짱 말짱 프로그램'의 하위 항목을 구분해보겠습니다.

❶ 텍스트 상자 클릭

❷ [홈] 탭-[단락] 그룹-[줄 간격] 클릭

❸ [줄 간격 옵션] 클릭

❹ [단락] 대화상자에서 [들여쓰기 및 간격] 탭-[간격]-[단락 앞]에 **30** 입력

❺ [확인]을 클릭합니다.

Tip 선택한 텍스트에서 마우스 오른쪽 버튼을 클릭한 후 [단락]을 클릭해도 [단락] 대화상자가 나타납니다.

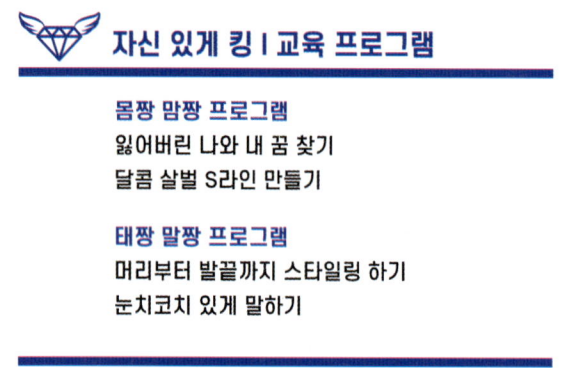

05 단락 간격이 넓어져 구분이 더욱 뚜렷해졌습니다.

Tip 줄을 바꾸는 단축키는 Shift + Enter, 단락을 바꾸는 단축키는 Enter 입니다.

029 목록 수준 조정하기

실습 파일 파워포인트\3장\029_목록 수준 조정하기.pptx   **완성 파일** 파워포인트\3장\029_목록 수준 조정하기_완성.pptx

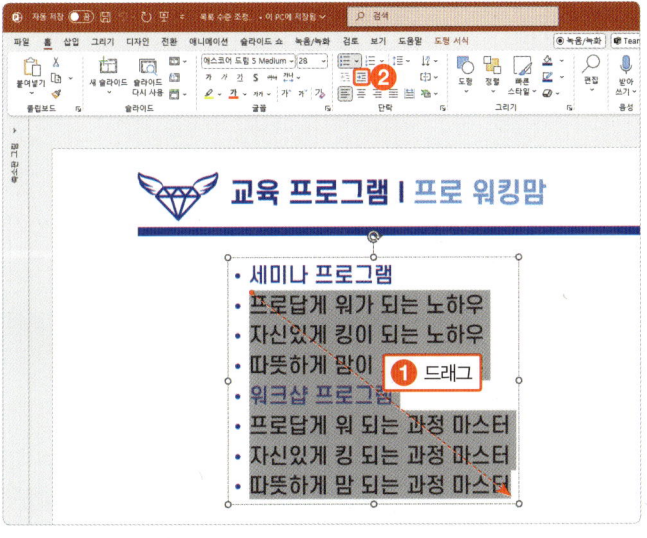

들여쓰기

01 ❶ '세미나 프로그램' 아래 있는 내용을 모두 드래그하여 선택

❷ [홈] 탭-[단락] 그룹-[목록 수준 늘림 ]을 클릭합니다.

02 '세미나 프로그램'을 제외한 내용이 한 칸씩 들여쓰기되었습니다.

Tip 들여쓰기 단축키는 Tab 입니다.

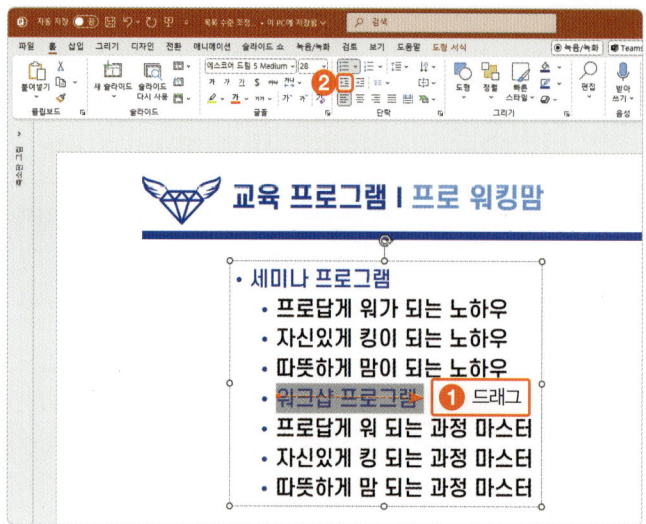

내어쓰기

03 '워크샵 프로그램'은 제목 역할을 하므로 다시 한 칸 앞으로 나오게 하여 아래 내용과 구분해보겠습니다.

① '워크샵 프로그램' 드래그
② [홈] 탭-[단락] 그룹-[목록 수준 줄임]을 클릭합니다.

04 '워크샵 프로그램'이 내어쓰기 되었습니다.

Tip 내어쓰기 단축키는 Shift + Tab 입니다.

030 프레젠테이션 전체 글꼴 한 번에 바꾸기

실습 파일 파워포인트\3장\030_프레젠테이션 전체 글꼴 한 번에 바꾸기.pptx
완성 파일 파워포인트\3장\030_프레젠테이션 전체 글꼴 한 번에 바꾸기_완성.pptx

들여쓰기

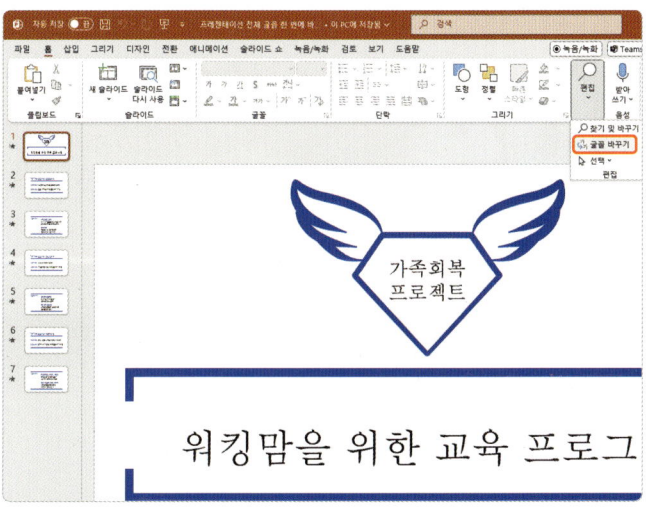

01 프레젠테이션 전체에 바탕 글꼴이 사용되었습니다. 바탕 글꼴을 나눔바른고딕 글꼴로 변경해보겠습니다. [홈] 탭-[편집] 그룹-[글꼴 바꾸기]를 클릭하면 [글꼴 바꾸기] 대화상자가 나타납니다.

Tip 파워포인트 창의 너비가 좁으면 [편집] 그룹이 별도의 아이콘 메뉴로 표시됩니다. [글꼴 바꾸기]가 바로 나타나지 않으면 [찾기 및 바꾸기]의 ▼를 클릭해 [글꼴 바꾸기]를 클릭합니다.

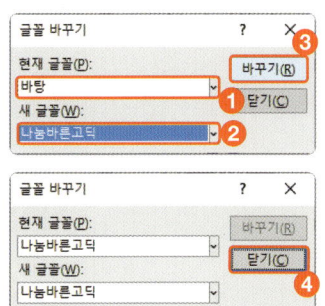

02 ❶ [글꼴 바꾸기] 대화상자에서 [현재 글꼴]을 [바탕]으로 선택
❷ [새 글꼴]을 [나눔바른고딕]으로 선택
❸ [바꾸기]를 클릭합니다.
❹ [현재 글꼴]이 [나눔바른고딕]으로 바뀐 것을 확인할 수 있습니다. [닫기]를 클릭합니다.

Tip 나눔바른고딕 글꼴이 컴퓨터에 설치되어 있지 않다면 [새 글꼴]에서 다른 글꼴을 선택해 실습을 진행합니다.

03 프레젠테이션 전체 글꼴이 나눔바른고딕 글꼴로 변경되었습니다.

CHAPTER 03 프레젠테이션 내용 작성하고 서식 지정하기 **349**

CHAPTER
04

프레젠테이션 시각화 및 서식 지정하기

우선순위
031 원 그리고 서식 지정하기

실습 파일 파워포인트\4장\031_원 그리고 서식 지정하기.pptx 완성 파일 파워포인트\4장\031_원 그리고 서식 지정하기_완성.pptx

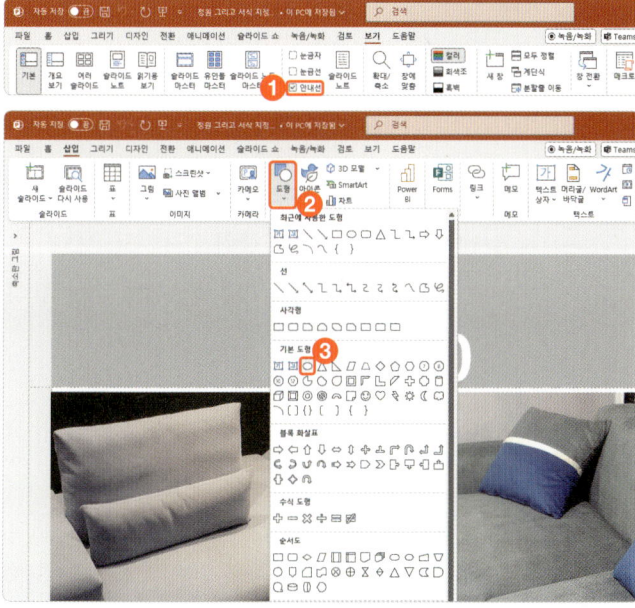

슬라이드에 원 그리기

01 '2020 Furniture Interior' 뒤쪽으로 원을 그리기 위해 화면에 가로와 세로 안내선을 표시하고 두 개의 안내선이 교차하는 지점이 원의 중심이 되도록 그려보겠습니다.

❶ [보기] 탭-[표시] 그룹-[안내선]에 체크

❷ [삽입] 탭-[일러스트레이션] 그룹-[도형 ◎] 클릭

❸ [타원 ○]을 클릭합니다.

02 Ctrl + Shift 를 누른 상태에서 안내선 교차점 바깥쪽으로 드래그하여 텍스트를 감싸도록 원을 그립니다.

Tip 정사각형, 원과 같이 비율이 일정한 정다각형을 그릴 때는 Shift 를 누른 상태에서 도형을 그리고, 드래그를 시작하는 지점이 도형의 중심이 되게 하려면 Ctrl 을 누른 상태에서 도형을 그립니다. Ctrl 과 Shift 를 같이 누른 상태에서 드래그하면 드래그 시작 지점이 중심인 정다각형이 그려집니다.

도형 순서 바꾸기

03 ❶ 원 클릭

❷ [도형 서식] 탭-[정렬] 그룹-[뒤로 보내기 🗐] 클릭

❸ 한 번 더 [뒤로 보내기 🗐]를 클릭합니다. 원이 텍스트보다 뒤로 보내지면서 텍스트가 나타납니다.

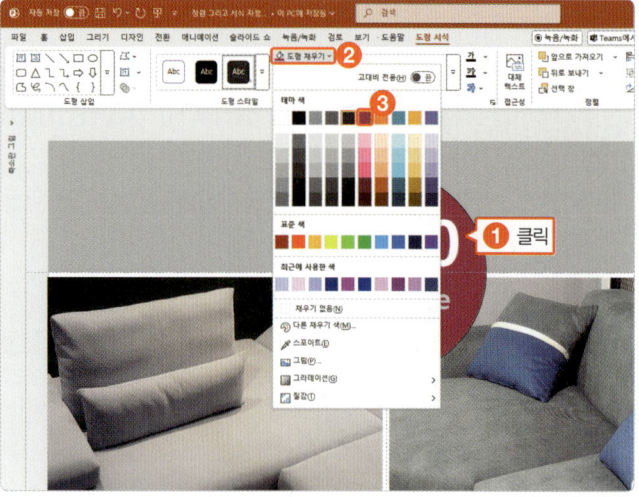

도형 채우기 및 윤곽선 변경하기

04 ❶ 원 클릭

❷ [도형 서식] 탭-[도형 스타일] 그룹-[도형 채우기 🎨] 클릭

❸ [진한 보라, 강조 2] 클릭

❹ [도형 서식] 탭-[도형 스타일] 그룹-[도형 윤곽선 📝] 클릭

❺ [흰색, 배경 1] 클릭

❻ [두께]에서 [6pt]를 클릭하면 원의 채우기 색과 윤곽선 서식이 변경됩니다.

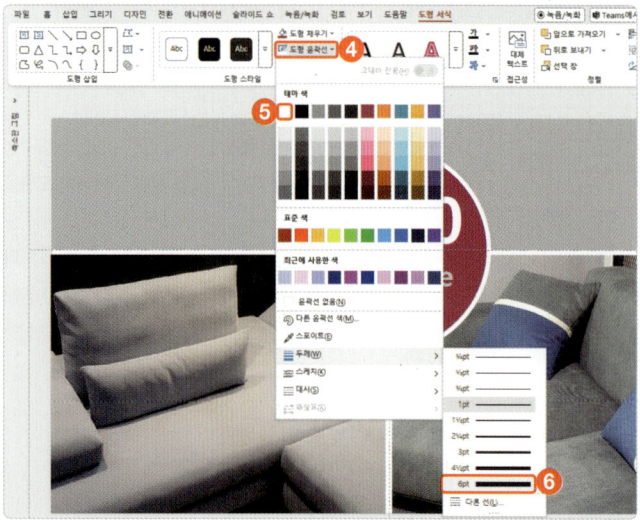

| Note | 같은 도형을 반복해서 그리기 |

같은 도형을 반복해서 그릴 때는 그리려고 하는 도형 위에서 마우스 오른쪽 버튼을 클릭한 후 [그리기 잠금 모드]를 클릭하여 실행합니다. 선택한 도형이 반복적으로 그려지는 것을 확인할 수 있습니다. 해제하려면 Esc 를 누릅니다.

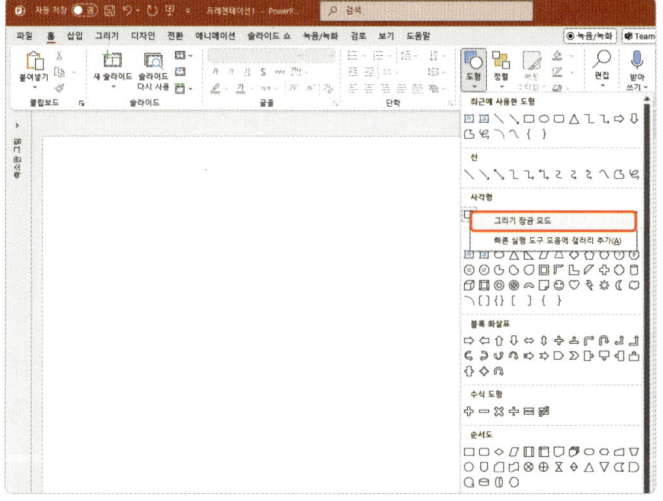

032 여러 도형을 병합하여 새로운 도형 만들기

실습 파일 파워포인트\4장\032_여러 도형을 병합하여 새로운 도형 만들기.pptx
완성 파일 파워포인트\4장\032_여러 도형을 병합하여 새로운 도형 만들기_완성.pptx

도형 다중 선택하기

01 ① 집 모양을 이루고 있는 삼각형 클릭

② Ctrl 을 누른 상태에서 사각형을 클릭합니다. 삼각형과 사각형 도형이 모두 선택됩니다.

Tip 도형을 다중 선택할 때는 Shift 를 눌러도 됩니다.

도형 병합하기

02 ① [도형 서식] 탭-[도형 삽입] 그룹-[도형 병합 ⊘] 클릭

② [통합]을 클릭합니다. 삼각형과 사각형이 병합되어 집 모양 도형으로 변경됩니다.

Tip 도형 병합 작업에서는 다중 선택할 때 가장 먼저 선택한 도형의 서식을 따릅니다. 흰색 집 모양을 만들기 위해서는 흰색 삼각형을 먼저 선택해야 합니다.

03 ❶ Ctrl 을 누른 상태에서 H 모양을 이루고 있는 직사각형 세 개를 각각 클릭

❷ [도형 서식] 탭-[도형 삽입] 그룹-[도형 병합 ◎] 클릭

❸ [통합]을 클릭합니다. 세 개의 직사각형이 병합되어 H 모양 도형으로 변경됩니다.

도형 빼기

04 집 모양 도형에서 원 모양을 빼겠습니다.

❶ Ctrl 을 누른 상태에서 집 모양과 원형, 두 개의 도형을 각각 클릭

❷ [도형 서식] 탭-[도형 삽입] 그룹-[도형 병합 ◎] 클릭

❸ [빼기]를 클릭합니다. 원 도형은 삭제되고 집 모양에서 원 모양이 빠진 도형이 완성됩니다.

Tip [도형 병합]의 [빼기]는 먼저 선택한 도형에서 나중에 선택한 도형의 모양을 뺍니다. 따라서 여기에서는 집 모양을 먼저 선택한 후 원을 선택해야 합니다.

05 H 모양의 도형을 하나 복사한 후 그림과 같이 화면을 완성합니다.

Tip 수평 또는 수직으로 도형을 복사하려면 Ctrl + Shift 를 누른 상태로 도형을 드래그합니다.

033 도형의 크기 변경 및 수직 복사하기

실습 파일 파워포인트\4장\033_도형의 크기 변경 및 수직 복사하기.pptx
완성 파일 파워포인트\4장\033_도형의 크기 변경 및 수직 복사하기_완성.pptx

도형 크기 변경하기

01 ① 모서리가 둥근 사각형 클릭 ② 오른쪽 테두리 선 중간의 크기 조절 핸들을 오른쪽으로 드래그하면 도형의 가로 크기가 늘어나 텍스트가 사각형 안쪽으로 배치됩니다.

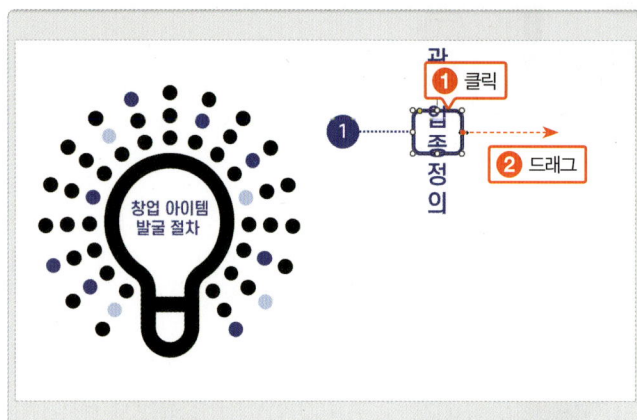

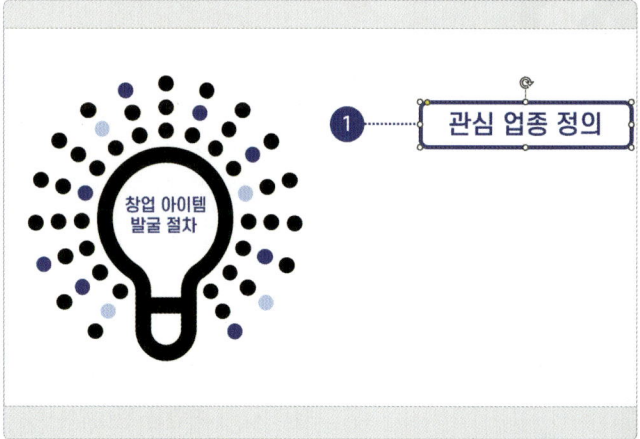

여러 개체 그룹하기

02 ① Ctrl 을 누른 상태에서 1번 동그라미, 가로 점선, 텍스트가 써 있는 모서리가 둥근 직사각형 클릭
② [도형 서식] 탭-[정렬] 그룹-[개체 그룹화] 클릭
③ [그룹]을 클릭합니다. 세 개의 개체가 하나의 개체처럼 그룹화됩니다.

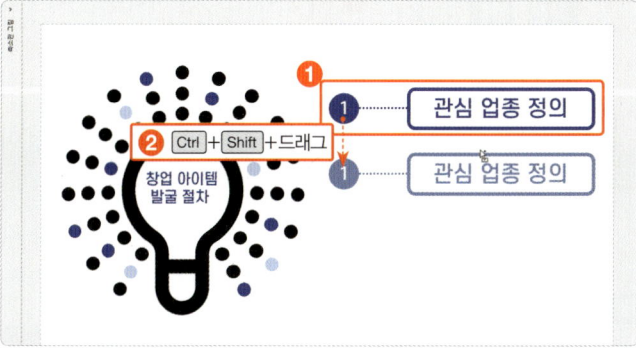

개체 수직 복사하기

03 ① 복사할 개체 클릭
② Ctrl + Shift 를 누른 상태에서 아래로 드래그
③ 같은 방식으로 두 번 더 개체를 수직 복사하고 내용을 변경하여 슬라이드를 완성합니다.

Tip 도형을 복사하려면 Ctrl 을 누른 상태에서 드래그하고, 수직이나 수평으로 이동하려면 Shift 를 함께 누릅니다. 개체를 선택한 후 Ctrl + Shift 를 함께 누른 상태에서 드래그하면 수평이나 수직으로 이동하면서 개체가 복사됩니다.

Note | 도형 모양과 크기를 조절하고 회전하기

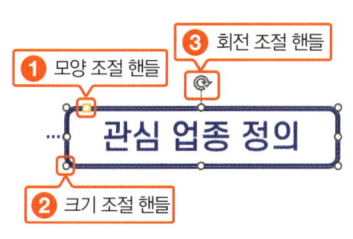

① **모양 조절 핸들** : 도형 모양을 변경할 수 있습니다.
② **크기 조절 핸들** : 도형의 크기를 조절할 수 있습니다. 도형마다 여덟 개의 핸들이 있습니다.
③ **회전 조절 핸들** : 도형을 회전할 수 있습니다. Shift 를 누른 상태로 드래그하면 15도씩 회전합니다.

 균등한 간격으로 도형 정렬하기

실습 파일 파워포인트\4장\034_균등한 간격으로 도형 정렬하기.pptx　　**완성 파일** 파워포인트\4장\034_균등한 간격으로 도형 정렬하기_완성.pptx

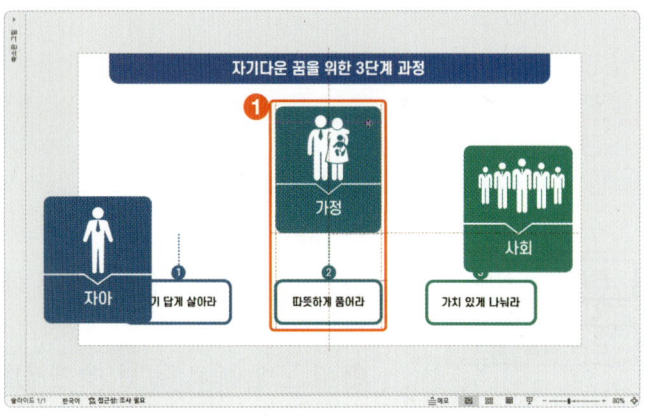

스마트 가이드로 도형 배치하기

01 드래그할 때 자동으로 나타나는 스마트 가이드를 활용해보겠습니다.
❶ '가정'이 입력된 사각형을 '따뜻하게 품어라'가 입력된 도형과 가운데 맞춤하여 배치
❷ '자아'가 입력된 사각형을 '가정'이 입력된 사각형과 동일한 높이로, '자기 답게 살아라'가 입력된 도형과 가운데 맞춤하여 배치합니다.

> **Tip** 맞추기 옵션을 일시적으로 무시하려면 Alt 를 누른 상태로 개체를 드래그합니다.

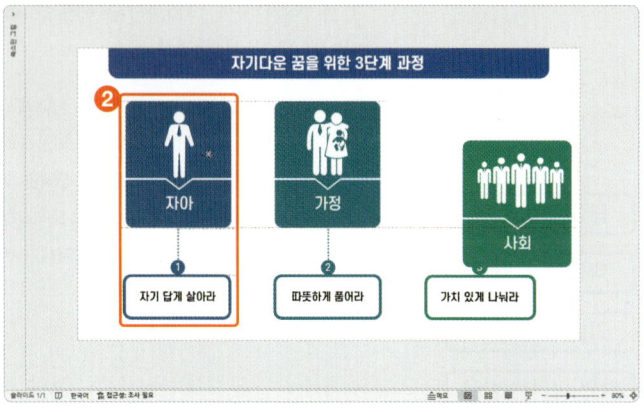

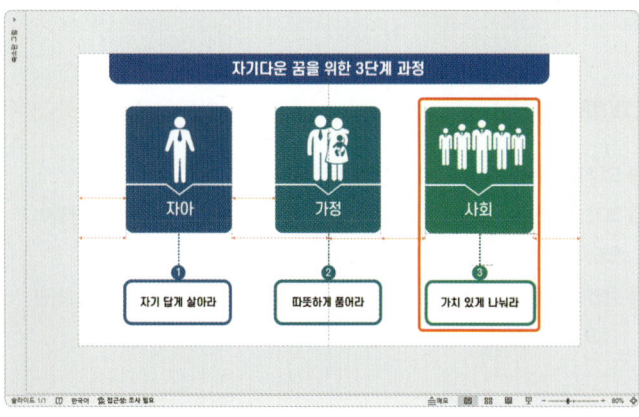

02 '사회'가 입력된 사각형을 다른 사각형과 동일한 높이로 맞추고 '가치 있게 나눠라'가 입력된 도형 위에 배치합니다.

> **Tip** 스마트 가이드 해제하기
> 스마트 가이드 표시를 해제하려면 [보기] 탭-[표시] 그룹-[눈금 설정]을 클릭합니다. [눈금 및 안내선] 대화상자가 나타나면 [도형 맞춤 시 스마트 가이드 표시]의 체크를 해제합니다.

035 스포이트로 색을 추출해 도형에 적용하기

실습 파일 파워포인트\4장\035_스포이트로 색을 추출해 도형에 적용하기.pptx
완성 파일 파워포인트\4장\035_스포이트로 색을 추출해 도형에 적용하기_완성.pptx

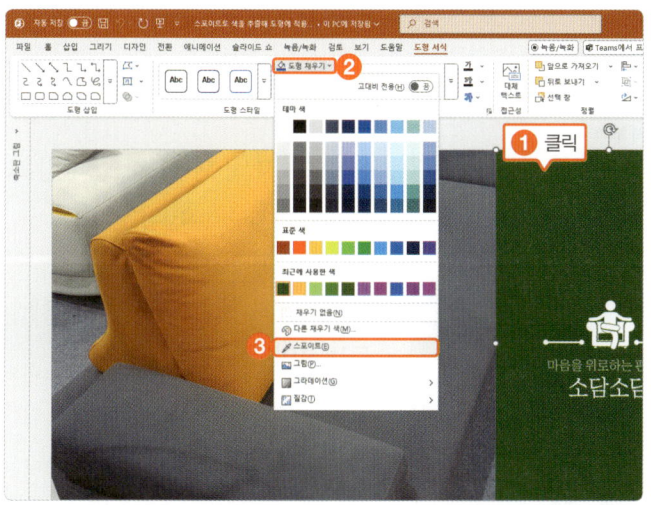

스포이트 선택하기

01 ① 색을 적용할 도형 클릭
② [도형 서식] 탭-[도형 스타일] 그룹-[도형 채우기 🎨] 클릭
③ [스포이트]를 클릭합니다. 마우스 포인터가 스포이트 모양으로 바뀌어 슬라이드 창에서 색을 추출할 수 있는 상태가 됩니다.

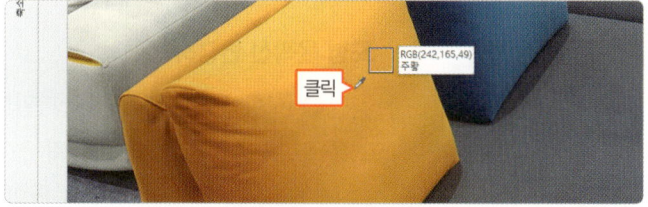

색 추출하기

02 원하는 색이 있는 곳에 스포이트를 가져간 후 클릭합니다. 추출한 색이 도형에 적용됩니다.

> **Tip** 색 위에 마우스 포인터를 올려놓으면 RGB(빨강, 녹색, 파랑) 색 좌표와 간략한 색 이름을 확인할 수 있습니다. 색을 추출할 때 마우스 왼쪽 버튼을 클릭하지 않고 [Enter]나 [Spacebar]를 눌러도 됩니다.

> **Tip** 슬라이드 화면 밖에 있는 색을 추출하려면 마우스 왼쪽 버튼을 클릭한 상태에서 추출하고자 하는 색이 있는 곳으로 스포이트를 드래그합니다. 마우스 왼쪽 버튼을 놓으면 색이 추출됩니다.

도형 서식을 다른 도형에 똑같이 적용하기

실습 파일 파워포인트\4장\036_도형 서식을 다른 도형에 똑같이 적용하기.pptx
완성 파일 파워포인트\4장\036_도형 서식을 다른 도형에 똑같이 적용하기_완성.pptx

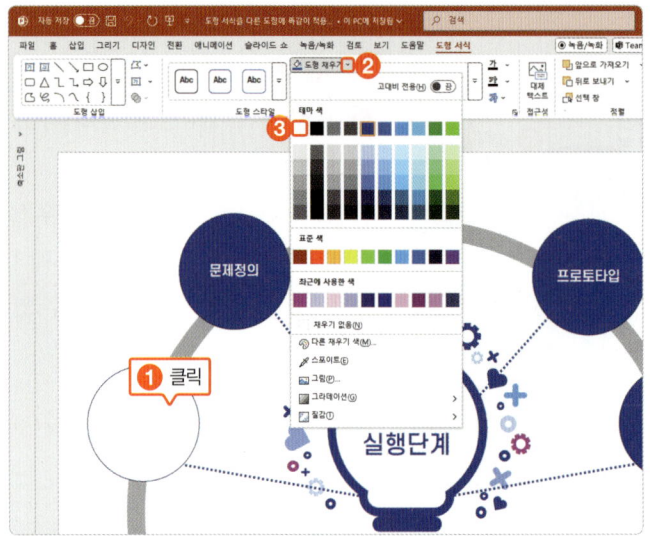

도형 채우기 변경하기

01 ❶ '공감'이라는 텍스트가 있는 원 클릭

❷ [도형 서식] 탭-[도형 스타일] 그룹-[도형 채우기 🖌]의 ▼ 클릭

❸ [흰색, 배경 1]을 클릭합니다. 원이 흰색으로 채워집니다. 흰색 텍스트는 보이지 않게 됩니다.

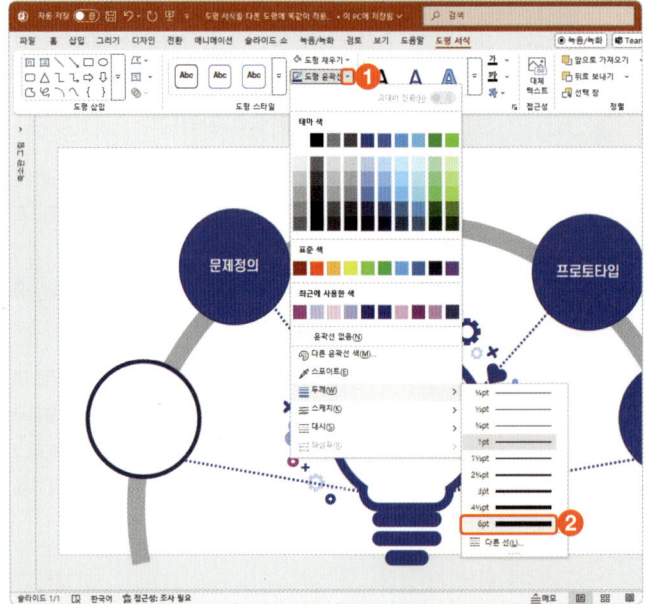

도형 윤곽선 변경하기

02 ❶ [도형 서식] 탭-[도형 스타일] 그룹-[도형 윤곽선 🖌]의 ▼ 클릭

❷ [두께]-[6pt]를 클릭합니다. 원의 윤곽선이 두껍게 변경됩니다.

글꼴 서식 변경하기

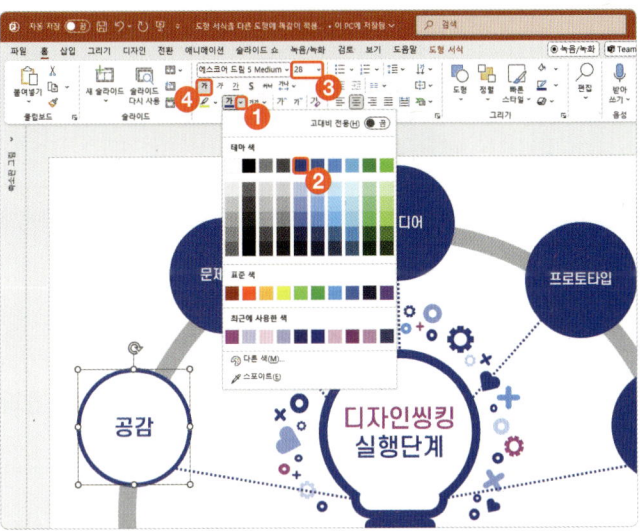

03 ❶ [홈] 탭-[글꼴] 그룹-[글꼴 색 가]의 ▼ 클릭

❷ [진한 파랑, 강조 1] 클릭

❸ [글꼴 크기]는 [28]로 설정

❹ [굵게 가]를 클릭하여 텍스트를 굵게 표시합니다. 흰색 원에서 텍스트가 강조되도록 글꼴 서식이 변경됩니다.

도형 서식 복사하고 붙여넣기

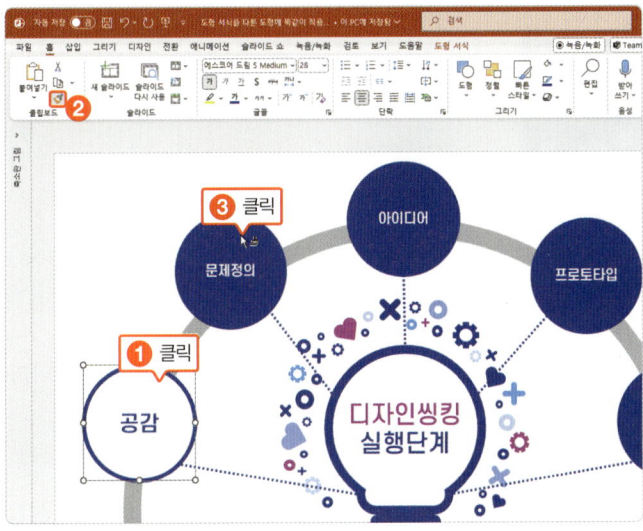

04 ❶ 서식이 변경된 도형 클릭

❷ [홈] 탭-[클립보드] 그룹-[서식 복사] 클릭

❸ 마우스 포인터가 페인트 붓 모양으로 바뀌면 서식을 붙여 넣을 개체를 클릭합니다. 복사한 서식이 한 번에 적용됩니다.

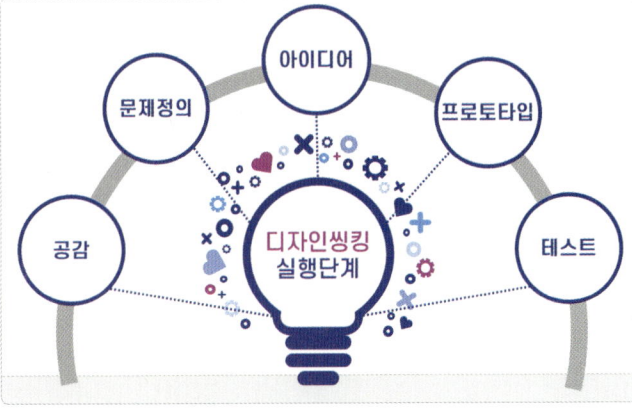

05 나머지 개체에도 같은 방법으로 도형 서식을 적용합니다.

Tip 도형 서식 명령을 여러 개체에 반복 실행하려면 [서식 복사]를 더블클릭합니다. 서식 복사를 중지하려면 Esc 를 누릅니다.

037 평면 도형을 입체 도형으로 만들기

실습 파일 파워포인트\4장\037_평면 도형을 입체 도형으로 만들기.pptx   완성 파일 파워포인트\4장\037_평면 도형을 입체 도형으로 만들기_완성.pptx

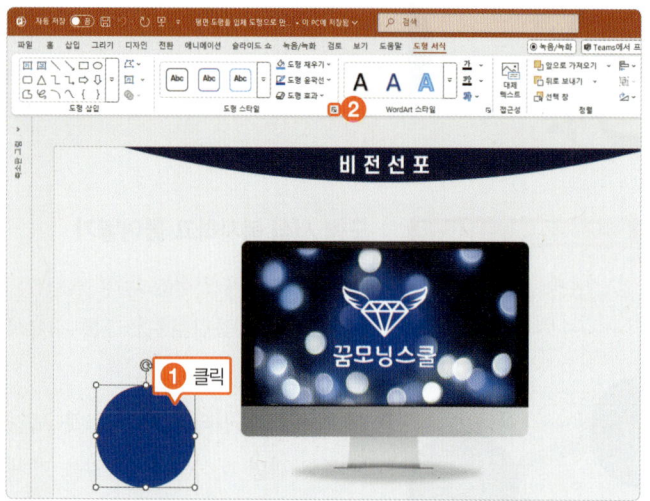

[도형 서식] 작업 창에서 입체 효과 적용하기

01 ① 슬라이드의 원 클릭

② [도형 서식] 탭–[도형 스타일] 그룹–[도형 서식]을 클릭합니다.

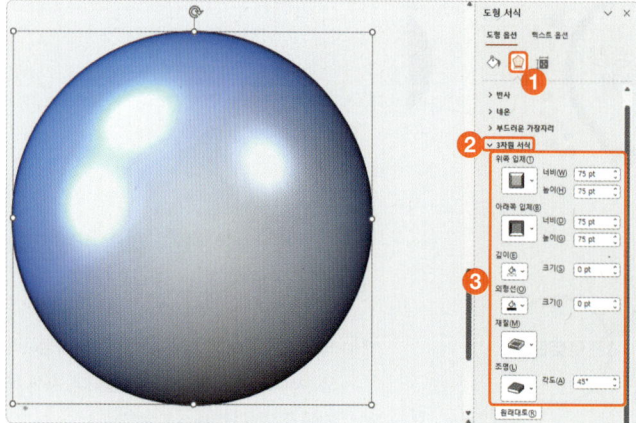

02 ① [도형 서식] 작업 창이 나타나면 [효과] 클릭

② [3차원 서식] 클릭

③ 입체 효과를 다음 표와 같이 설정합니다. 원에 3차원 서식이 적용됩니다.

위쪽 입체	너비	75pt
	높이	75pt
아래쪽 입체	너비	75pt
	높이	75pt
재질		투명하게
조명		퍼지게
	각도	45°

그림자 적용하기

03 ① [도형 서식] 작업 창에서 [효과]-[그림자] 클릭

② [미리 설정]-[그림자 □] 클릭

③ [원근감]-[원근감: 아래]를 클릭합니다. 도형 아래에 그림자가 나타납니다.

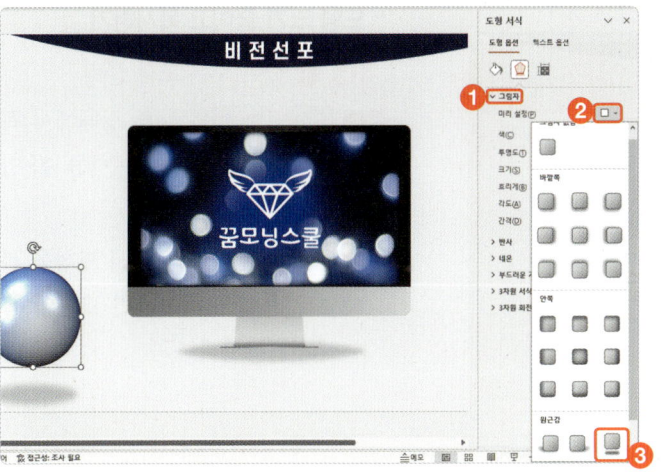

도형 복사 후 그림으로 붙여넣기

04 ① 입체가 적용된 도형에서 마우스 오른쪽 버튼 클릭

② [복사] 클릭

③ 슬라이드 창에서 마우스 오른쪽 버튼 클릭

④ [붙여넣기 옵션]에서 [그림 📷]을 클릭합니다. 구 모양 입체 도형이 PNG 형식으로 붙여 넣어집니다.

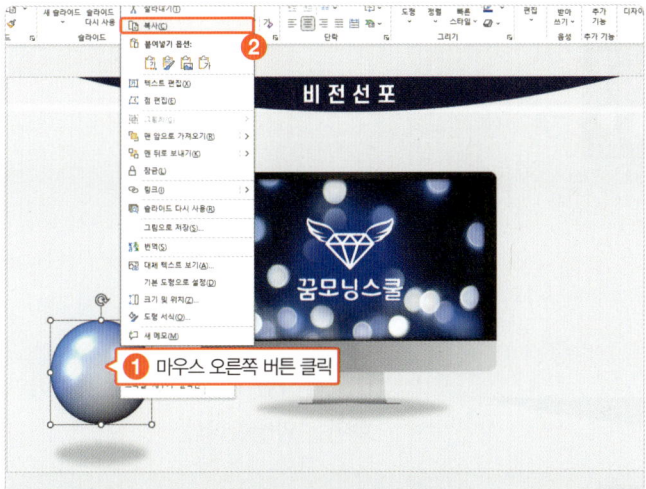

도형 크기 줄이고 복사하기

05 ① 붙여 넣은 도형 클릭

② Ctrl + Shift 를 누른 상태에서 꼭 지점의 크기 조절 핸들 중 하나를 안쪽으로 드래그

③ Ctrl 을 누른 상태에서 도형을 복사할 위치로 드래그하면 도형이 복사되어 이동합니다.

06 복사한 입체 도형을 배치하여 화면을 완성합니다.

038 SmartArt 그래픽 삽입 후 텍스트 입력하기

실습 파일 파워포인트\4장\038_SmartArt 그래픽 삽입 후 텍스트 입력하기.pptx
완성 파일 파워포인트\4장\038_SmartArt 그래픽 삽입 후 텍스트 입력하기_완성.pptx

SmartArt 그래픽 삽입하기

01 ❶ [삽입] 탭-[일러스트레이션] 그룹-[SmartArt 🔲] 클릭
❷ [SmartArt 그래픽 선택] 대화상자에서 [관계형] 클릭
❸ [세그먼트 피라미드형] 클릭
❹ [확인]을 클릭합니다.

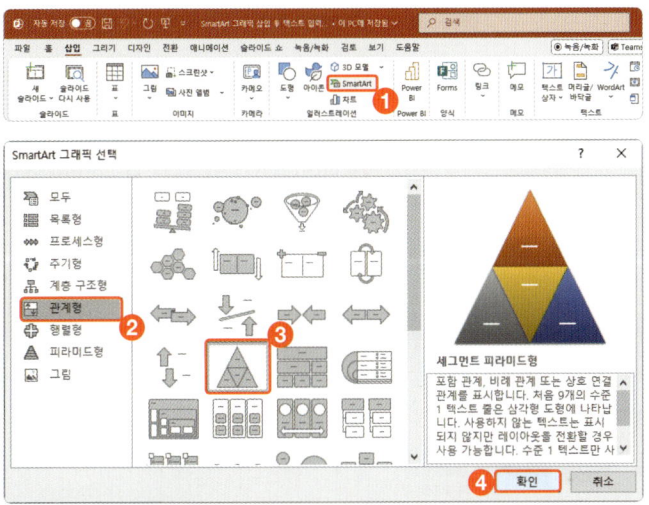

SmartArt 그래픽에 텍스트 입력하기

02 ❶ 텍스트 창이 표시되면 **교육, 코칭, 사업 영역, 출판** 각각 입력
❷ 텍스트가 자동으로 SmartArt 그래픽에 표시되면 텍스트 창에서 [닫기]를 클릭합니다. SmartArt 그래픽이 완성됩니다.

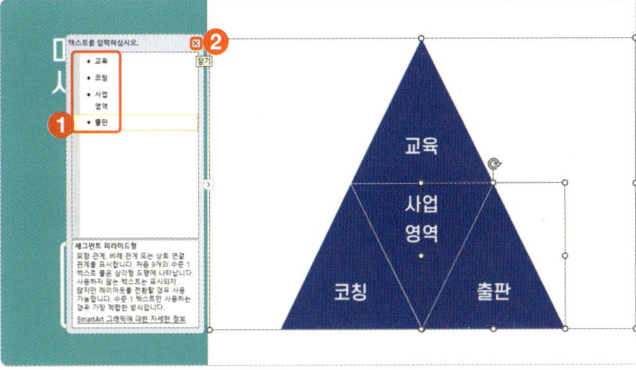

Tip 텍스트 창을 나타내려면 [SmartArt 디자인] 탭-[그래픽 만들기] 그룹-[텍스트 창]을 클릭하거나 SmartArt 그래픽 왼쪽 중간에 있는 화살표(>)를 클릭해도 됩니다. SmartArt 그래픽의 도형을 선택한 후 텍스트를 직접 입력할 수도 있습니다.

039 SmartArt 그래픽 서식 변경하기

실습 파일 파워포인트\4장\039_SmartArt 그래픽 서식 변경하기.pptx   완성 파일 파워포인트\4장\039_SmartArt 그래픽 서식 변경하기_완성.pptx

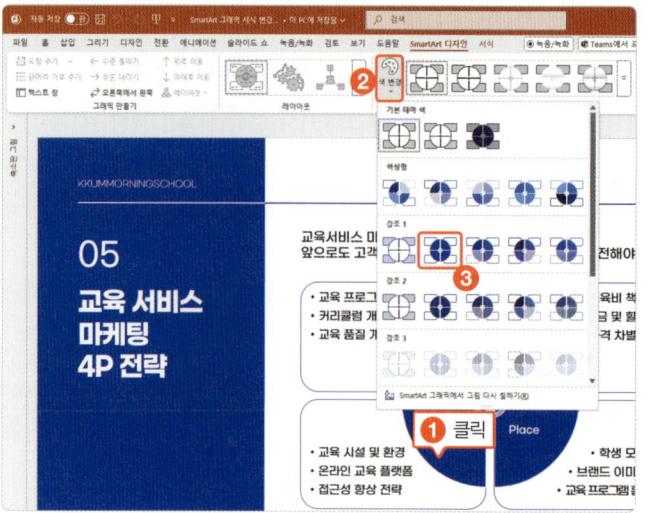

SmartArt 그래픽의 색 변경하기

01 ① 슬라이드에 삽입된 SmartArt 그래픽 클릭

② [SmartArt 디자인] 탭-[SmartArt 스타일] 그룹-[색 변경 🎨] 클릭

③ [색 채우기-강조 1]을 클릭합니다. SmartArt 그래픽 전체 색상이 변경됩니다.

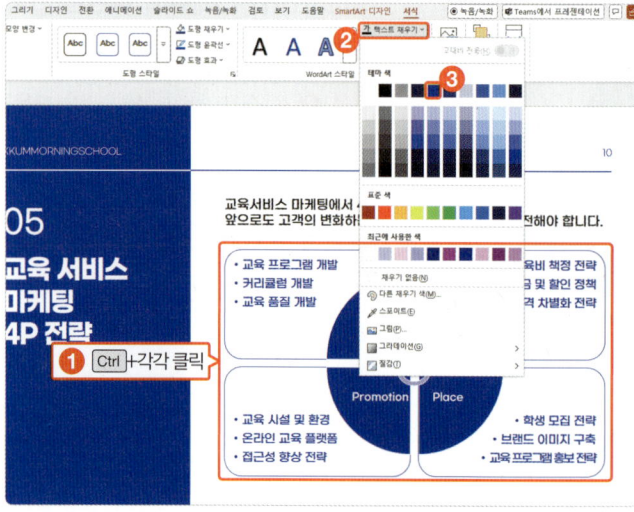

SmartArt 그래픽의 텍스트 색상 변경하기

02 ① Ctrl 을 누른 상태에서 모서리가 둥근 사각형 네 개 클릭

② [서식] 탭-[WordArt 스타일] 그룹-[텍스트 채우기 가] 클릭

③ [진한 파랑, 강조 1]을 클릭합니다. 글꼴 색이 변경됩니다.

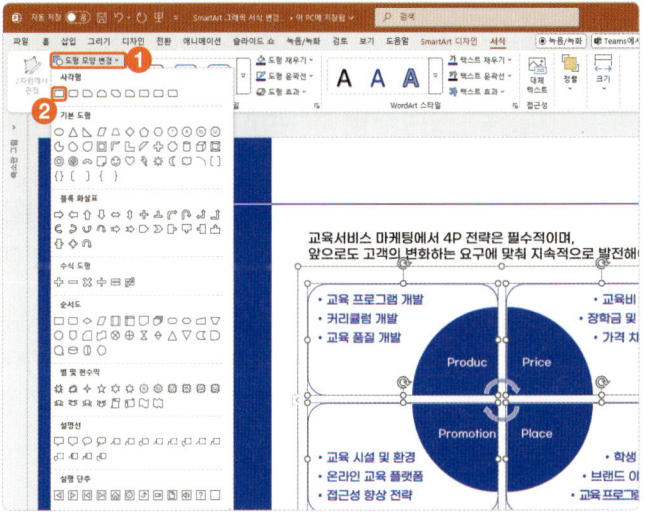

SmartArt 그래픽의 도형 서식 변경하기

03 모서리가 둥근 사각형이 선택된 상태에서

❶ [서식] 탭-[도형] 그룹-[도형 모양 변경] 클릭

❷ [사각형]-[직사각형 □]을 클릭합니다. 모서리가 둥근 사각형이 직사각형 모양으로 변경됩니다.

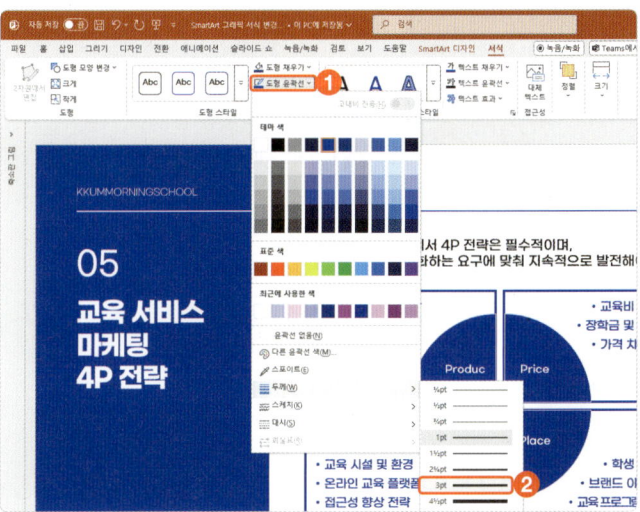

04 ❶ [서식] 탭-[도형 스타일] 그룹-[도형 윤곽선] 클릭

❷ [두께]-[3pt]를 클릭합니다. 사각형 윤곽선 두께가 변경됩니다.

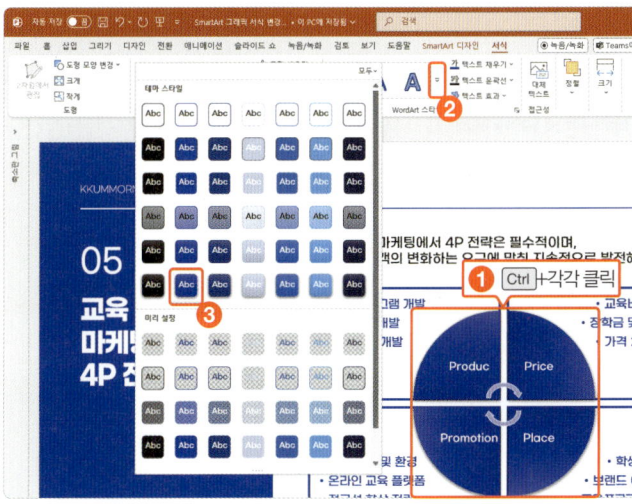

SmartArt 그래픽의 도형에 빠른 스타일 적용하기

05 ❶ Ctrl 을 누른 상태에서 가운데 네 개의 원형 클릭

❷ [서식] 탭-[도형 스타일] 그룹-[자세히] 클릭

❸ [강한 효과, 진한 파랑, 강조 1]을 클릭합니다. 도형에 빠른 스타일이 적용됩니다.

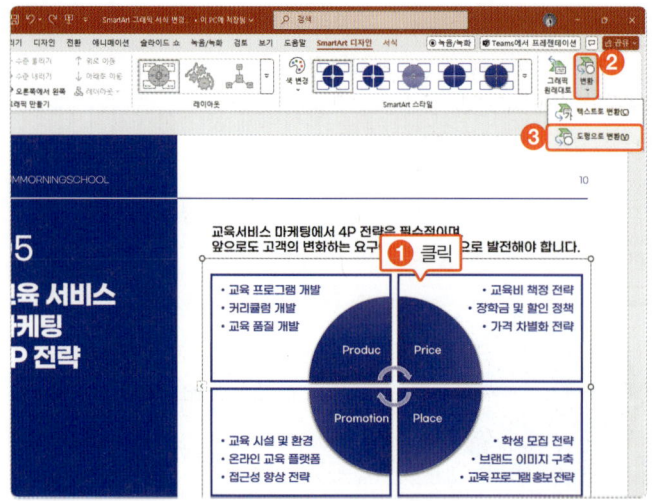

SmartArt 그래픽의 도형 삭제하기

06 ❶ SmartArt 그래픽 클릭
❷ [SmartArt 디자인] 탭-[원래대로] 그룹-[변환] 클릭
❸ [도형으로 변환]을 클릭합니다. SmartArt 그래픽이 도형으로 변환됩니다.

Tip SmartArt 그래픽을 도형으로 변환하면 개체가 그룹화되어 있습니다. 개체를 편집하기 위해 그룹을 해제합니다.

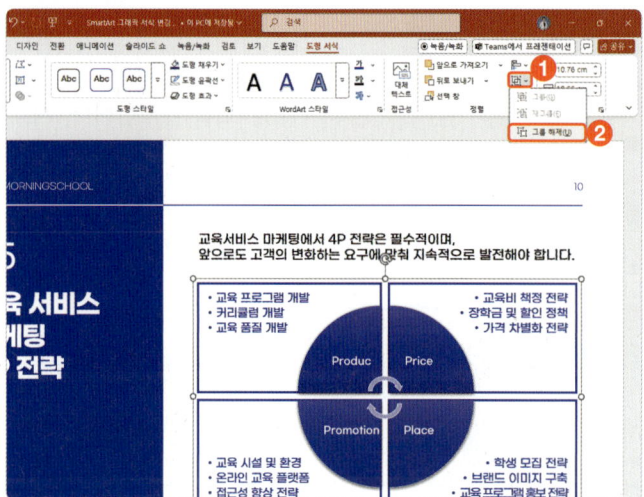

07 그룹을 해제하기 위해
❶ [도형 서식] 탭-[정렬] 그룹-[개체 그룹화] 클릭
❷ [그룹 해제]를 클릭합니다.

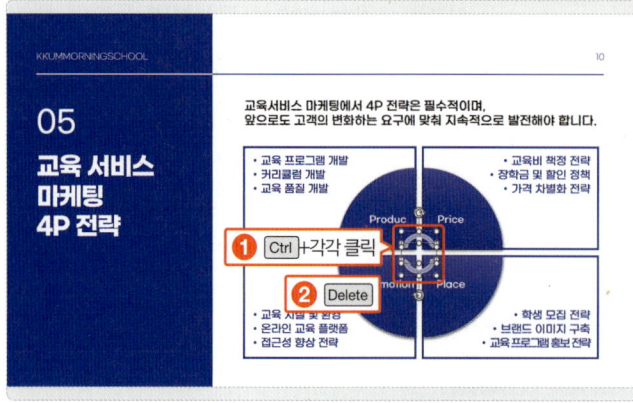

08 ❶ Ctrl 을 누른 상태에서 가운데 있는 원호 화살표 두 개 클릭
❷ Delete 를 눌러 삭제합니다.

040 SmartArt 그래픽에 도형 추가하기

실습 파일   파워포인트\4장\040_SmartArt 그래픽에 도형 추가하기.pptx
완성 파일   파워포인트\4장\040_SmartArt 그래픽에 도형 추가하기_완성.pptx

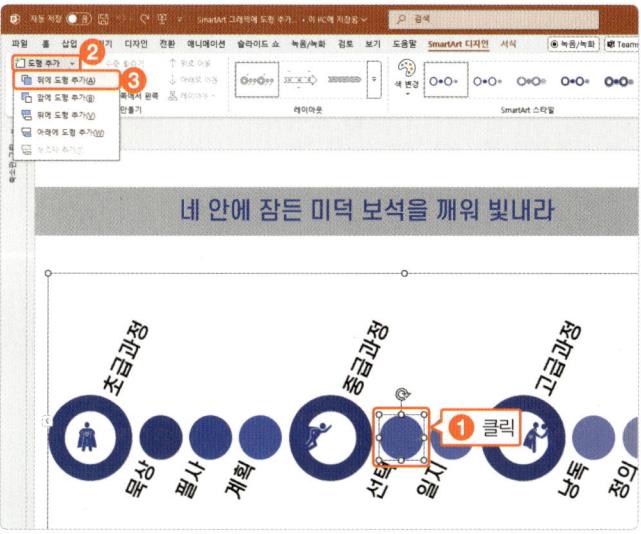

도형 추가하기

01 ❶ '선택'이 입력된 텍스트 상자 위의 원 클릭
❷ [SmartArt 디자인] 탭-[그래픽 만들기] 그룹-[도형 추가 ⊞] 클릭
❸ [뒤에 도형 추가]를 클릭합니다. '선택'이 입력된 도형 뒤에 원과 텍스트 상자가 추가됩니다.

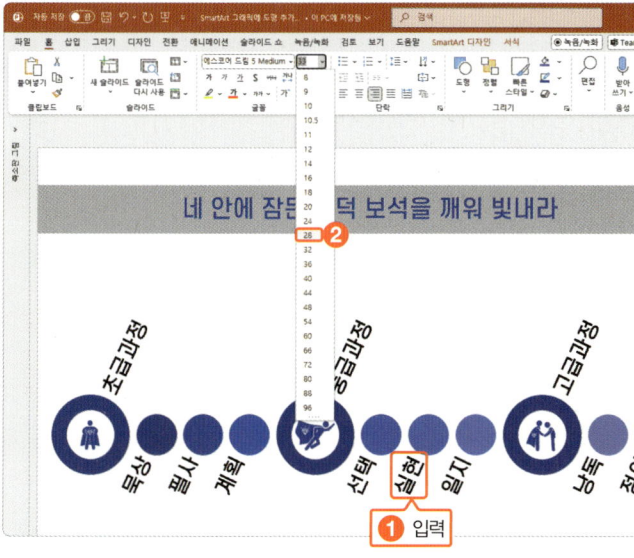

텍스트 입력하기

02 추가된 도형 아래로 텍스트 상자가 선택되어 있습니다.
❶ **실현** 입력
❷ [홈] 탭-[글꼴] 그룹-[글꼴 크기]를 [28]로 변경하고 슬라이드를 완성합니다.

041 텍스트를 SmartArt 그래픽으로 변환하기

실습 파일 파워포인트\4장\041_텍스트를 SmartArt 그래픽으로 변환하기.pptx
완성 파일 파워포인트\4장\041_텍스트를 SmartArt 그래픽으로 변환하기_완성.pptx

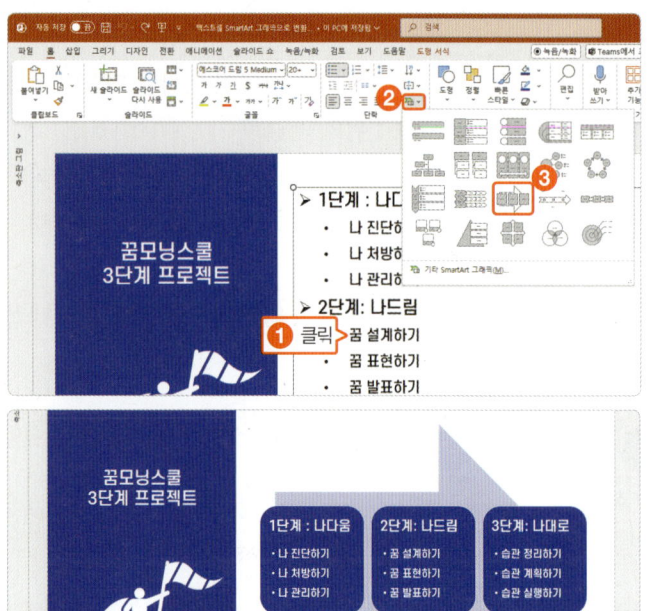

텍스트를 SmartArt 그래픽으로 변환하기

① 슬라이드 창에서 본문 텍스트 상자 클릭
② [홈] 탭-[단락] 그룹-[SmartArt 그래픽으로 변환] 클릭
③ [연속 블록 프로세스형]을 클릭합니다. 텍스트가 SmartArt 그래픽으로 변경됩니다.

Note 텍스트를 SmartArt 그래픽으로 변환할 때 더 많은 SmartArt 그래픽을 보는 방법

[기타 SmartArt 그래픽]을 클릭하면 메시지에 적합한 레이아웃을 선택하여 SmartArt 그래픽을 만들 수 있습니다. 빠르고 쉽게 레이아웃을 전환할 수 있으므로 메시지를 가장 잘 표현하는 항목을 찾을 때까지 여러 유형의 레이아웃을 시험해보세요.

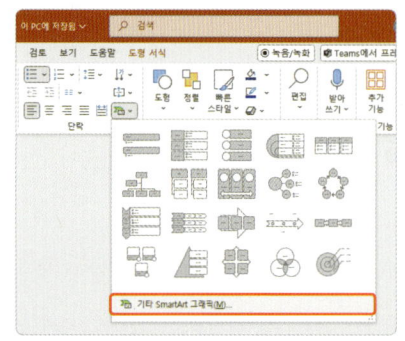 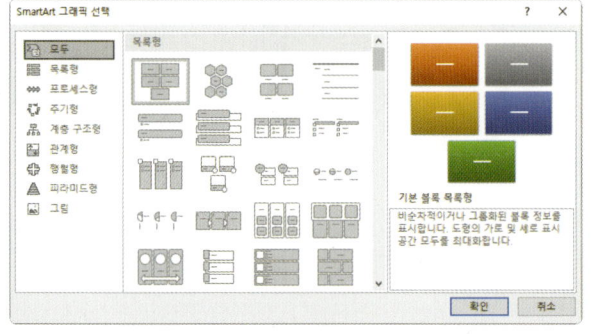

042 그림을 SmartArt 그래픽으로 변환하기

실습 파일 파워포인트\4장\042_그림을 SmartArt 그래픽으로 변환하기.pptx
완성 파일 파워포인트\4장\042_그림을 SmartArt 그래픽으로 변환하기_완성.pptx

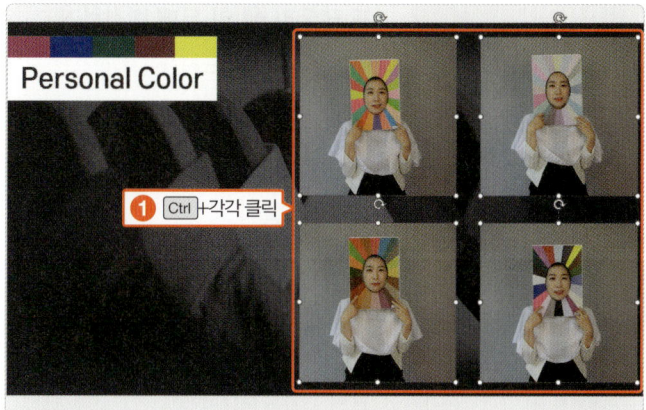

그림을 SmartArt 그래픽으로 변환하기

01 ❶ Ctrl 을 누른 상태에서 슬라이드에 있는 그림 네 개 클릭 ❷ [그림 서식] 탭-[그림 스타일] 그룹-[그림 레이아웃 🖼] 클릭 ❸ [그림 설명형]을 클릭합니다. 선택한 그림이 SmartArt 그래픽으로 변환되어 아래에 설명 텍스트를 추가할 수 있습니다.

Tip 그림을 선택하는 순서대로 그림이 SmartArt 그래픽으로 변형됩니다.

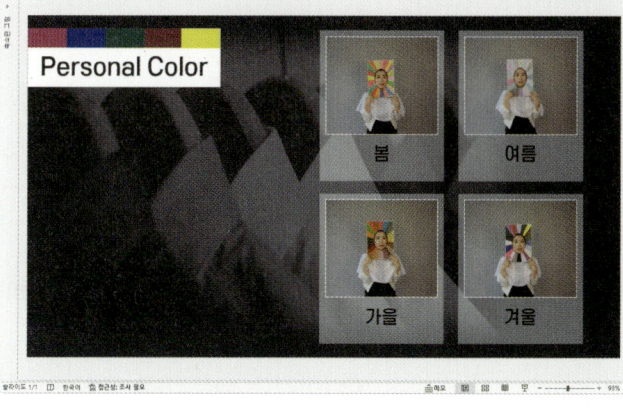

02 텍스트를 입력하여 슬라이드를 완성합니다.

043 표 디자인하기

실습 파일 파워포인트\4장\043_표 디자인하기.pptx 완성 파일 파워포인트\4장\043_표 디자인하기_완성.pptx

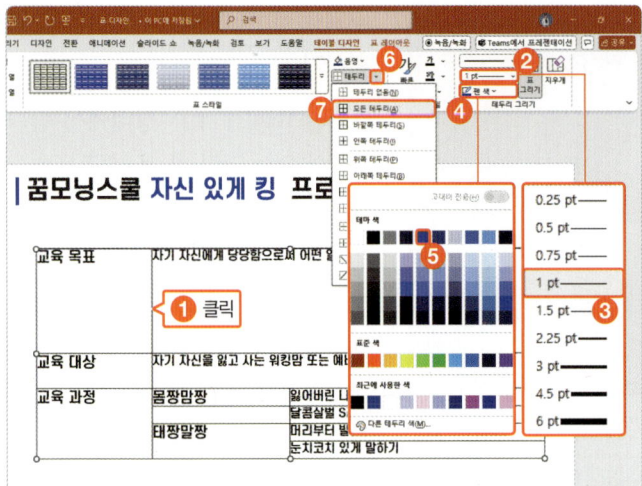

표 테두리 색 및 두께 변경하기

01 ❶ 슬라이드의 표 클릭
❷ [테이블 디자인] 탭-[테두리 그리기] 그룹-[펜 두께]의 ⌄ 클릭
❸ [1pt] 클릭
❹ [펜 색]의 ⌄ 클릭
❺ [진한 파랑, 강조 1] 클릭
❻ [표 스타일] 그룹-[테두리]의 ⌄ 클릭
❼ [모든 테두리]를 클릭합니다.

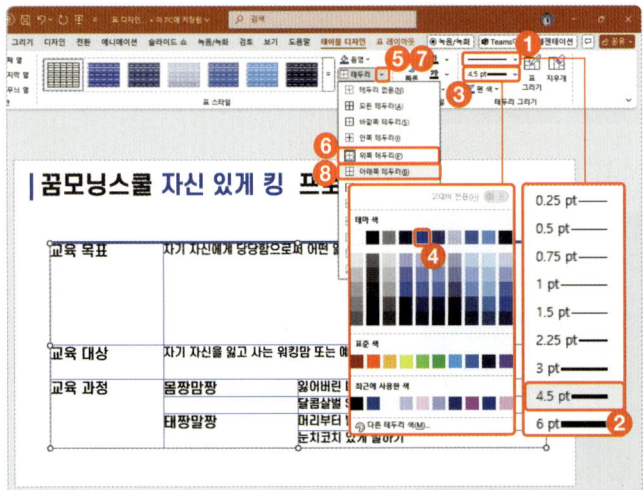

표 위쪽, 아래쪽 테두리 두껍게 하기

02 ❶ 표가 선택된 상태에서 [테이블 디자인] 탭-[테두리 그리기] 그룹-[펜 두께]의 ⌄ 클릭
❷ [4.5pt] 클릭
❸ [펜 색]의 ⌄ 클릭
❹ [진한 파랑, 강조 1] 클릭
❺ [표 스타일] 그룹-[테두리]의 ⌄ 클릭
❻ [위쪽 테두리] 클릭
❼ 다시 [표 스타일] 그룹-[테두리]의 ⌄ 클릭
❽ [아래쪽 테두리]를 클릭합니다. 위쪽, 아래쪽 테두리만 진하게 변경됩니다.

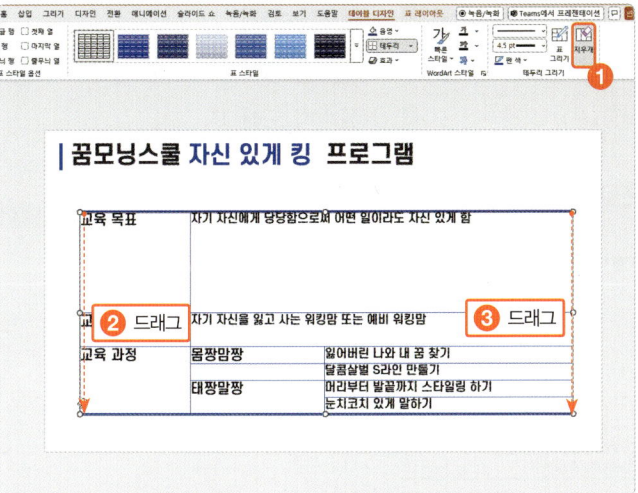

표 왼쪽 테두리와 오른쪽 테두리 지우기

03 ❶ [테이블 디자인] 탭-[테두리 그리기] 그룹-[지우개] 클릭
❷❸ 표의 왼쪽 테두리와 오른쪽 테두리를 드래그합니다. 표 왼쪽, 오른쪽 테두리가 지워집니다.

Tip 지우개로 드래그할 때 표시되는 지우개의 경로가 점선이면 선이 지워지지 않습니다. 실선 형태일 때만 지워집니다.

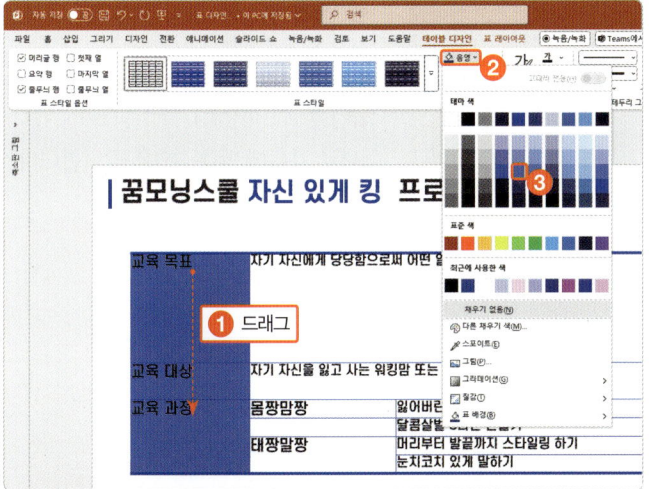

셀에 배경색 채우기

04 ❶ 표의 1열 드래그
❷ [테이블 디자인] 탭-[표 스타일] 그룹-[음영] 클릭
❸ [진한 파랑, 강조 1, 40% 더 밝게] 클릭
❹ '몸짱맘짱'부터 '태짱말짱'까지 드래그
❺ [테이블 디자인] 탭-[표 스타일] 그룹-[음영] 클릭
❻ [진한 파랑, 강조 1, 80% 더 밝게]를 클릭합니다. 선택한 셀에 배경색이 채워져 표 내용을 쉽게 구분할 수 있습니다.

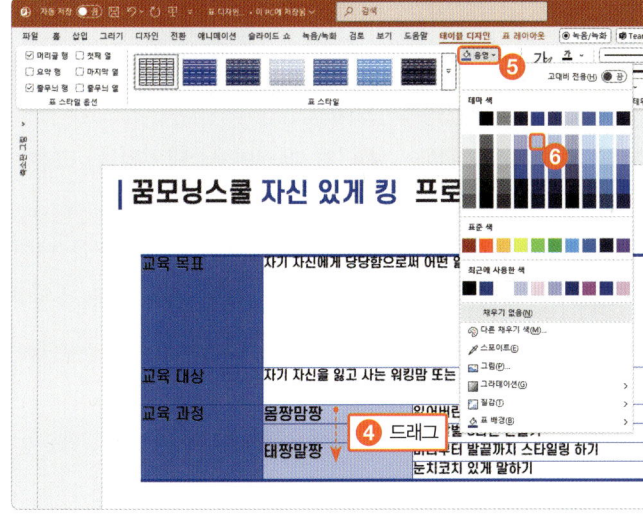

셀 병합하기

05 ① '몸짱맘짱' 텍스트와 아래쪽 셀까지 드래그
② [표 레이아웃] 탭-[병합] 그룹-[셀 병합]을 클릭합니다. 선택한 셀 두 개가 하나로 병합됩니다.

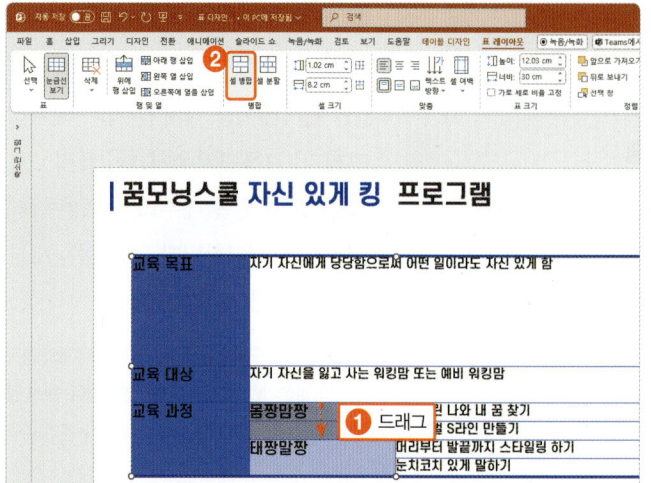

셀 안에 텍스트 위치 맞추기

06 ① 표 클릭
② [표 레이아웃] 탭-[맞춤] 그룹-[세로 가운데 맞춤]을 클릭합니다.

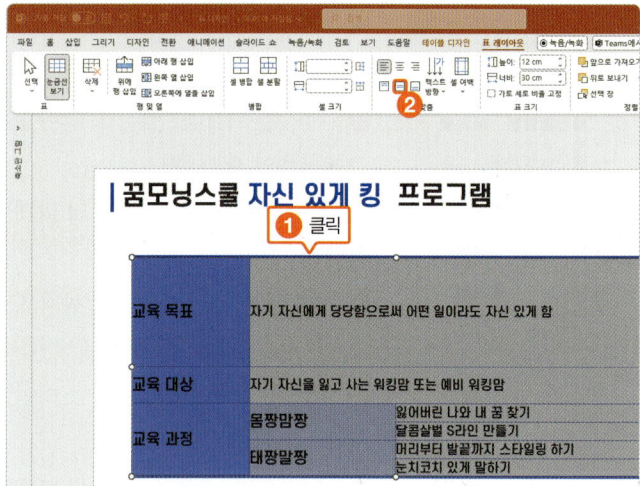

07 ① 표에서 구분에 해당하는 1열 드래그
② [표 레이아웃] 탭-[맞춤] 그룹-[가운데 맞춤] 클릭
③ 같은 방법으로 '몸짱맘짱'과 '태짱말짱'의 셀 안 텍스트 위치를 가운데로 맞춥니다.

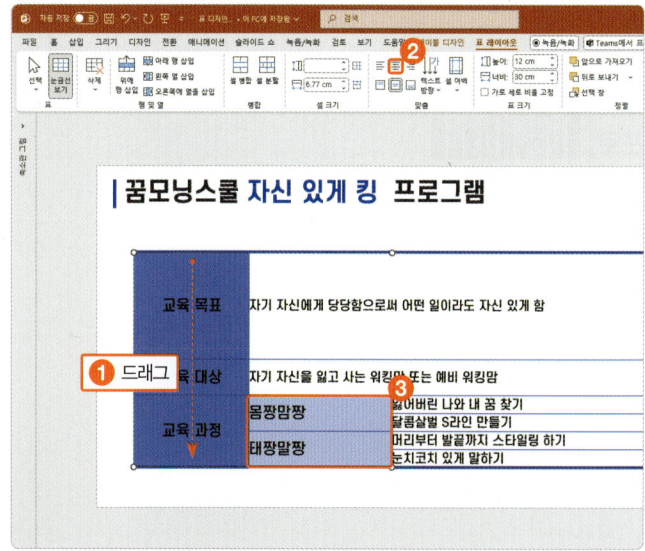

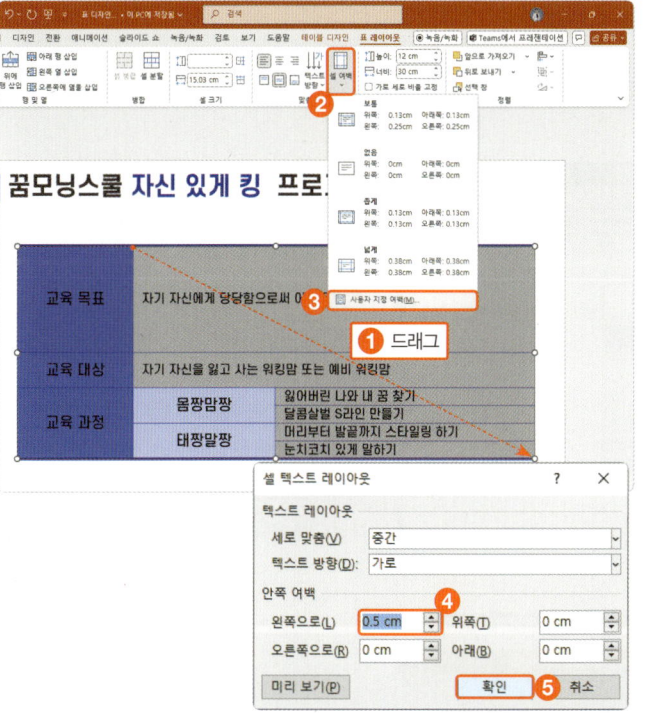

셀 여백 지정하기

08 ❶ 내용에 해당하는 셀 전체 드래그

❷ [표 레이아웃] 탭-[맞춤] 그룹-[셀 여백] 클릭

❸ [사용자 지정 여백] 클릭

❹ [셀 텍스트 레이아웃] 대화상자에서 [안쪽 여백]-[왼쪽으로]에 **0.5** 입력

❺ [확인]을 클릭합니다.

Tip 표의 구분에 해당하는 '몸짱맘짱'부터 '태짱말짱'까지 셀의 여백이 변경된다면 해당 셀을 드래그한 후 [레이아웃] 탭-[맞춤] 그룹-[셀 여백]-[없음]을 클릭합니다.

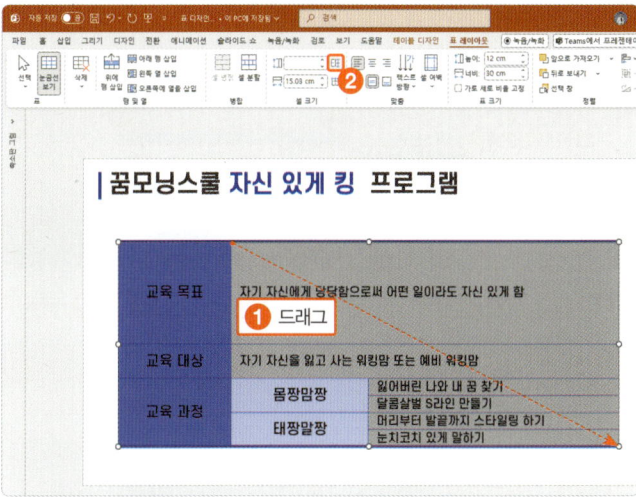

행 높이 같게 하기

09 ❶ 내용에 해당하는 셀 전체 드래그

❷ [표 레이아웃] 탭-[셀 크기] 그룹-[행 높이를 같게]를 클릭합니다. 내용에 해당하는 셀의 높이가 모두 같게 설정됩니다.

Note 파워포인트에 자동으로 엑셀 표 연동하기

엑셀의 표 서식을 그대로 유지한 상태에서 파워포인트에 붙여 넣으면 엑셀 데이터의 서식이 바뀌어도 주기적으로 업데이트되므로 유용하게 사용할 수 있습니다.

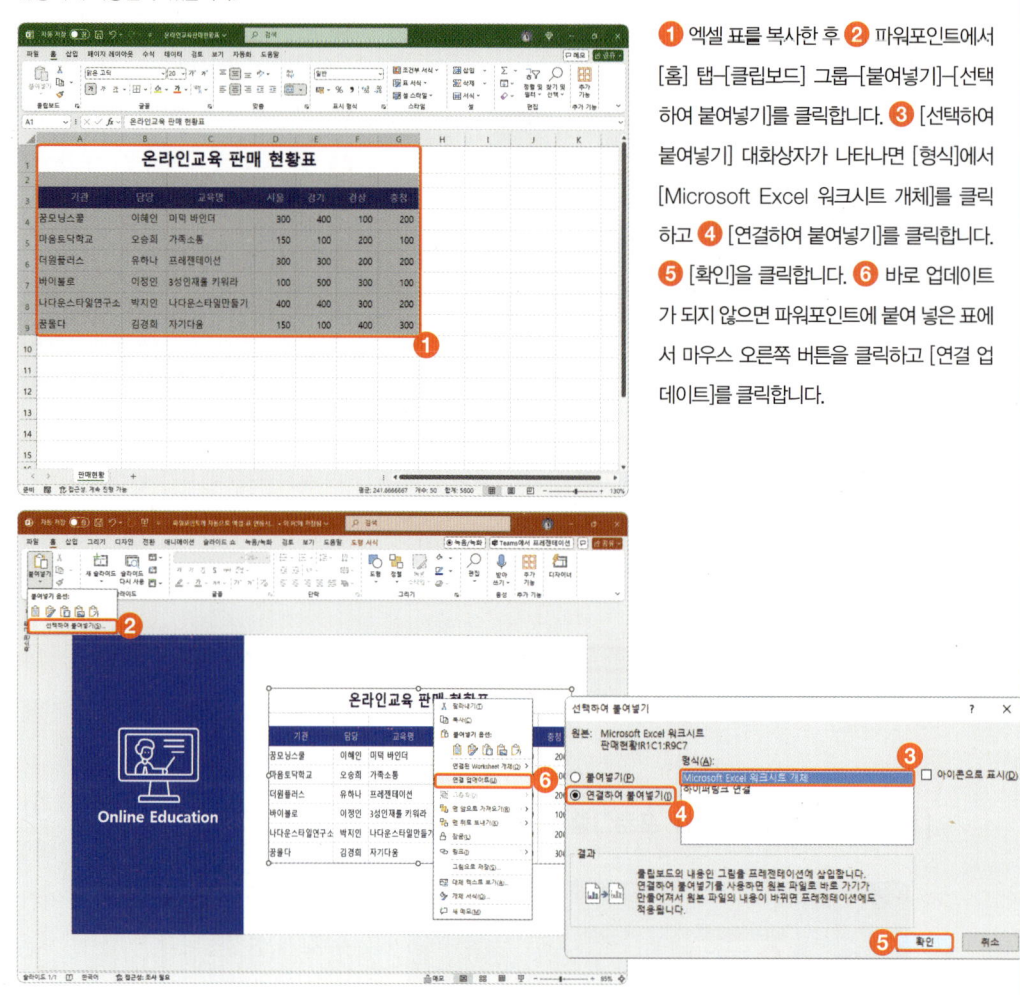

① 엑셀 표를 복사한 후 ② 파워포인트에서 [홈] 탭-[클립보드] 그룹-[붙여넣기]-[선택하여 붙여넣기]를 클릭합니다. ③ [선택하여 붙여넣기] 대화상자가 나타나면 [형식]에서 [Microsoft Excel 워크시트 개체]를 클릭하고 ④ [연결하여 붙여넣기]를 클릭합니다. ⑤ [확인]을 클릭합니다. ⑥ 바로 업데이트가 되지 않으면 파워포인트에 붙여 넣은 표에서 마우스 오른쪽 버튼을 클릭하고 [연결 업데이트]를 클릭합니다.

차트 디자인하기

실습 파일 파워포인트\4장\044_차트 디자인하기.pptx **완성 파일** 파워포인트\4장\044_차트 디자인하기_완성.pptx

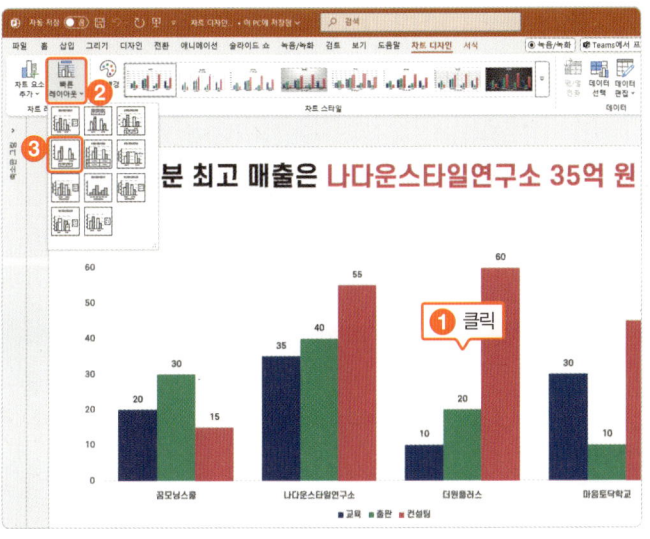

차트 레이아웃 변경하기

01 ❶ 차트 영역 클릭
❷ [차트 디자인] 탭-[차트 레이아웃] 그룹-[빠른 레이아웃 📊] 클릭
❸ [레이아웃 4]를 클릭합니다. 차트 레이아웃이 선택한 레이아웃으로 변경됩니다.

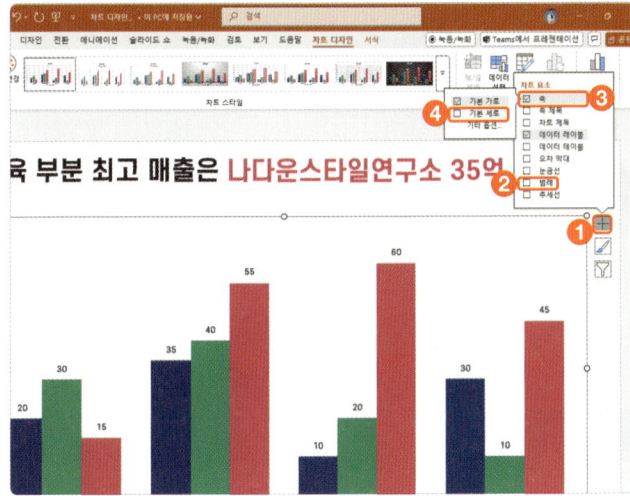

차트 범례 및 세로 축 없애기

02 ❶ [차트 요소 ➕] 클릭
❷ [차트 요소]에서 [범례] 체크 해제
❸ [축] 체크
❹ [기본 세로]의 체크를 해제합니다. 차트 아래쪽 범례와 세로축이 사라집니다.

CHAPTER 04 프레젠테이션 시각화 및 서식 지정하기 **377**

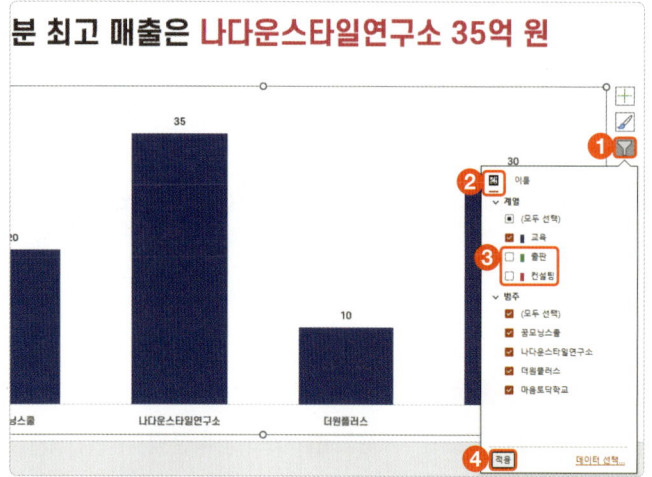

원하는 계열만 보이기

03 차트 필터를 이용하면 차트에 표시할 데이터 요소를 간편하게 선택할 수 있습니다.

❶ [차트 필터 ▽] 클릭
❷ [값] 클릭
❸ [계열] 항목 중 [출판], [컨설팅]의 체크 해제
❹ [적용]을 클릭합니다. 교육에 해당하는 막대만 표시됩니다.

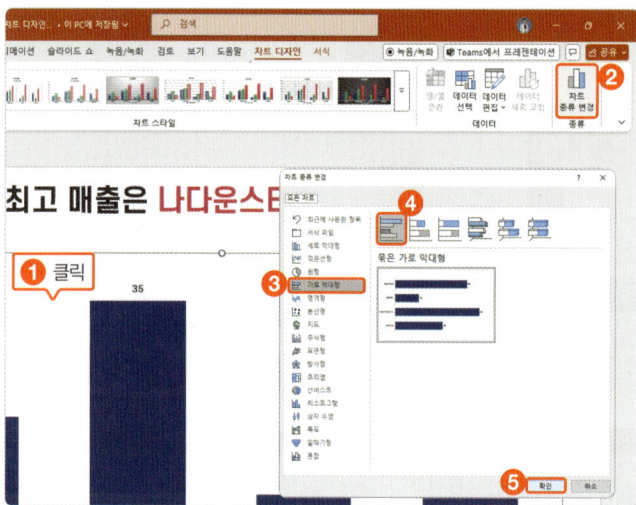

차트 종류 변경하기

04 세로 막대형 차트를 가로 막대형 차트로 변경해보겠습니다.

❶ 차트 영역 클릭
❷ [차트 디자인] 탭-[종류] 그룹-[차트 종류 변경] 클릭
❸ [차트 종류 변경] 대화상자에서 [가로 막대형] 클릭
❹ [묶은 가로 막대형] 클릭
❺ [확인]을 클릭하면 차트가 변경됩니다.

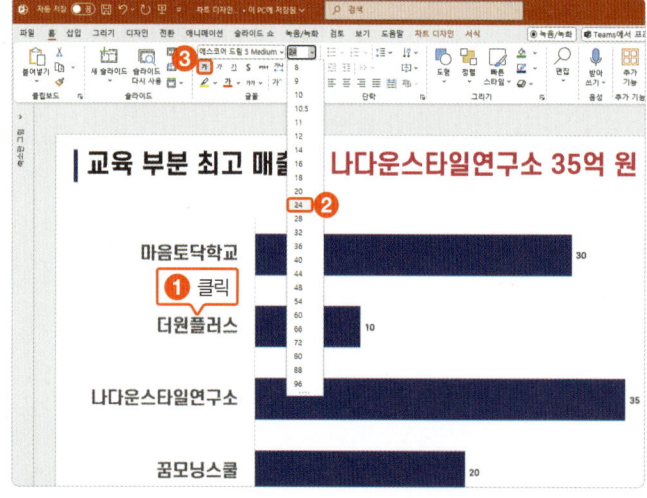

항목 글꼴 크기 변경하기

05 ❶ 세로축의 항목 클릭
❷ [홈] 탭-[글꼴] 그룹-[글꼴 크기]를 [24]로 설정
❸ [굵게 가]를 클릭합니다. 세로축 항목의 글꼴 크기가 커지고 진해집니다.

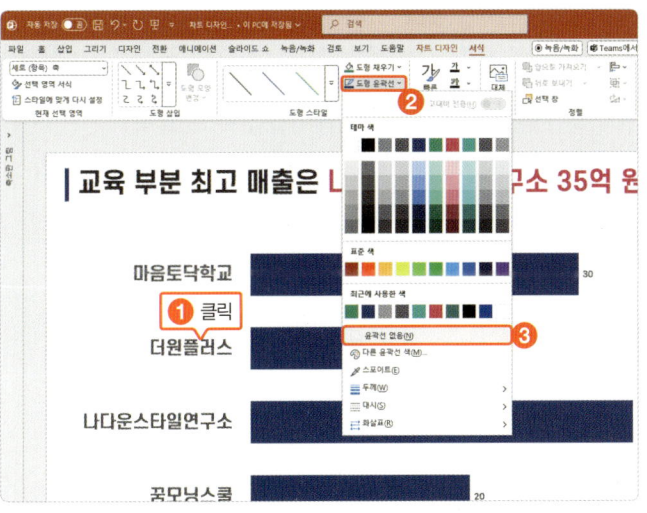

세로축 도형 윤곽선 없애기

06 ① 세로축의 항목 클릭
② [서식] 탭-[도형 스타일] 그룹-[도형 윤곽선] 클릭
③ [윤곽선 없음]을 클릭합니다. 차트의 세로축 윤곽선이 사라집니다.

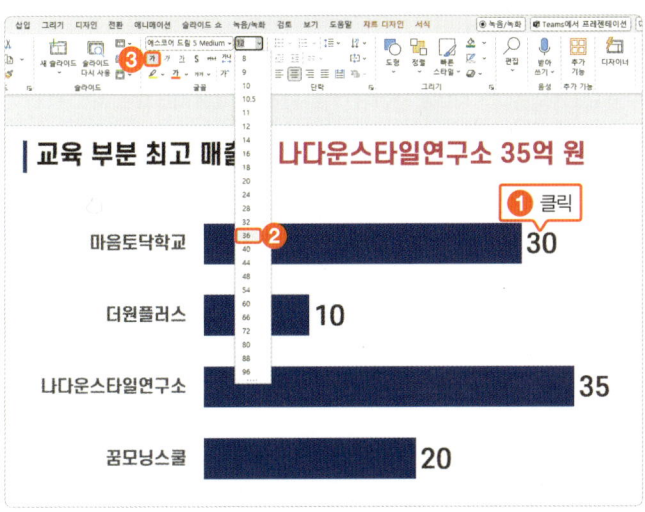

데이터 값의 글꼴 크기 변경하기

07 ① 데이터 레이블 클릭
② [홈] 탭-[글꼴] 그룹-[글꼴 크기]를 [36]으로 설정
③ [굵게]를 클릭합니다. 데이터 값의 크기가 커지고 진해집니다.

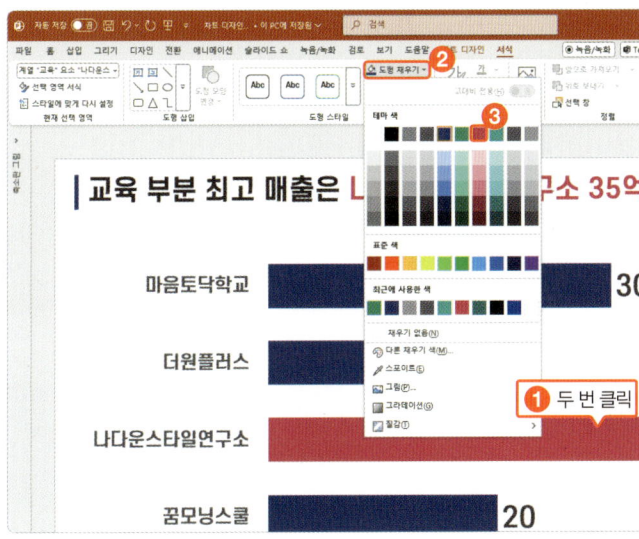

한 개의 막대 서식만 변경하기

08 ① 나다운스타일연구소 항목의 막대를 두 번 클릭
② [서식] 탭-[도형 스타일] 그룹-[도형 채우기] 클릭
③ [분홍, 강조 3]을 클릭합니다. 선택한 가로 막대가 분홍색으로 채워져 강조됩니다.

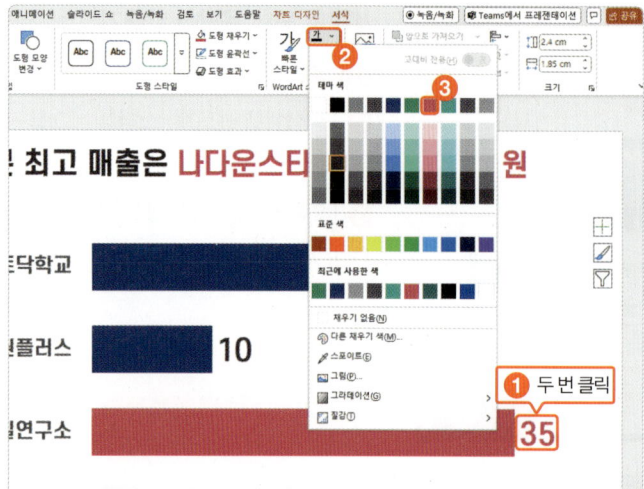

한 개의 텍스트 서식만 변경하기

09 ❶ 나다운스타일연구소의 데이터 레이블을 두 번 클릭

❷ [서식] 탭-[WordArt 스타일] 그룹-[텍스트 채우기] 클릭

❸ [분홍, 강조 3]을 클릭합니다.

> **Note** 차트를 구성하는 요소에는 어떤 것이 있나요?

차트에는 계열, 축, 범례, 데이터 레이블 등 다양한 구성 요소가 있습니다. 차트를 선택하면 차트 영역 오른쪽에 차트 요소, 차트 스타일, 차트 필터가 표시됩니다. 간편하게 차트 요소를 추가, 제거하거나 차트 스타일을 선택할 수 있습니다. 차트 필터를 사용하면 원하는 데이터만 표시할 수 있습니다.

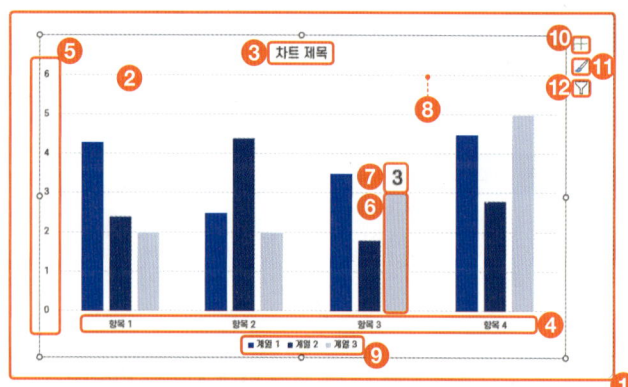

❶ **차트 영역** : 차트 전체 영역을 말하며 모든 구성 요소가 포함됩니다.
❷ **그림 영역** : 차트가 그려진 영역으로 데이터 계열, 항목, 항목 이름, 눈금선, 레이블 등을 포함합니다.
❸ **차트 제목** : 차트 제목을 표시합니다.
❹ **가로축** : 데이터 계열의 이름을 표시합니다.
❺ **세로축** : 데이터 계열의 값을 표시합니다.
❻ **데이터 계열/요소** : 데이터 요소나 값을 선택한 그래프 형태로 표시합니다.
❼ **데이터 레이블** : 데이터 계열 또는 요소의 값과 이름을 표시합니다.
❽ **눈금선** : 데이터의 값을 알기 쉽게 표시합니다.
❾ **범례** : 데이터 계열별 이름과 색을 표시합니다.
❿ **차트 요소** : 차트 요소를 숨기거나 표시할 수 있습니다.
⓫ **차트 스타일** : 차트 디자인 스타일을 선택할 수 있습니다.
⓬ **차트 필터** : 차트 데이터 중에서 특정 항목을 숨기거나 표시할 수 있습니다.

045 잘 만든 차트 서식 저장하고 재활용하기

실습 파일 파워포인트\4장\045_잘 만든 차트 서식 저장하고 재활용하기.pptx
완성 파일 파워포인트\4장\045_잘 만든 차트 서식 저장하고 재활용하기_완성.pptx

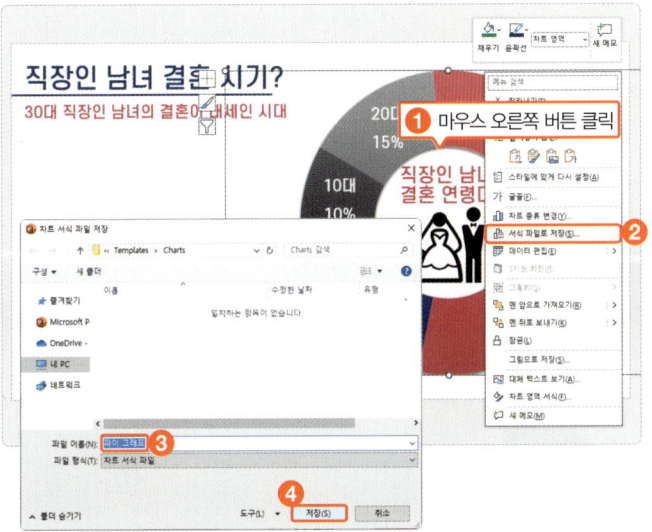

차트 서식 저장하기

01 ❶ [1번 슬라이드]에 삽입된 차트에서 마우스 오른쪽 버튼 클릭

❷ [서식 파일로 저장] 클릭

❸ [차트 서식 파일 저장] 대화상자에서 [파일 이름]에 **파이 그래프** 입력

❹ [저장]을 클릭합니다. 선택한 차트의 서식이 '파이 그래프.crtx' 파일로 저장됩니다.

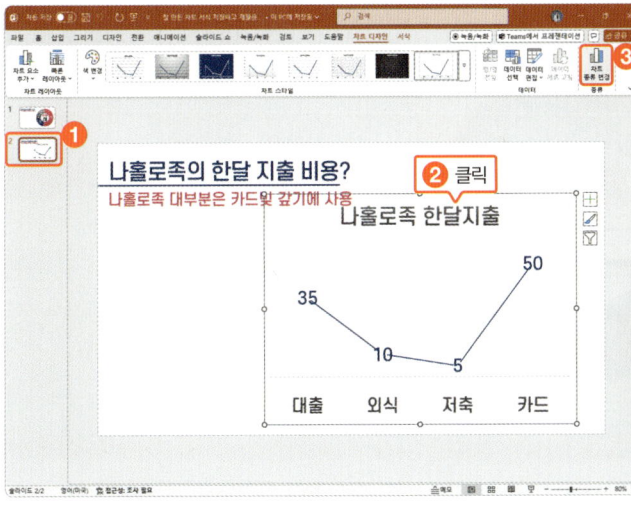

저장된 서식 파일 적용하기

02 ❶ 슬라이드 축소판 창에서 [2번 슬라이드] 클릭

❷ 차트 영역 클릭

❸ [차트 디자인] 탭-[종류] 그룹-[차트 종류 변경]을 클릭합니다.

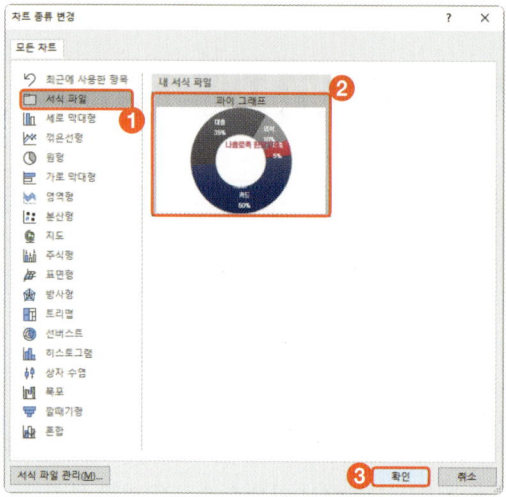

03 ① [차트 종류 변경] 대화상자에서 [서식 파일] 클릭

② [내 서식 파일]-[파이 그래프] 클릭

③ [확인]을 클릭합니다.

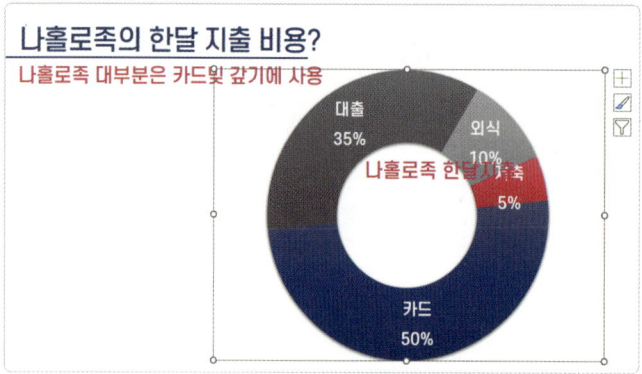

04 저장된 차트 서식 파일이 적용되어 차트 종류가 변경됩니다.

05 내용을 정리하여 그래프를 보기 좋게 완성합니다.

046 온라인 그림 삽입하기

실습 파일 파워포인트\4장\046_온라인 그림 삽입하기.pptx 완성 파일 파워포인트\4장\046_온라인 그림 삽입하기_완성.pptx

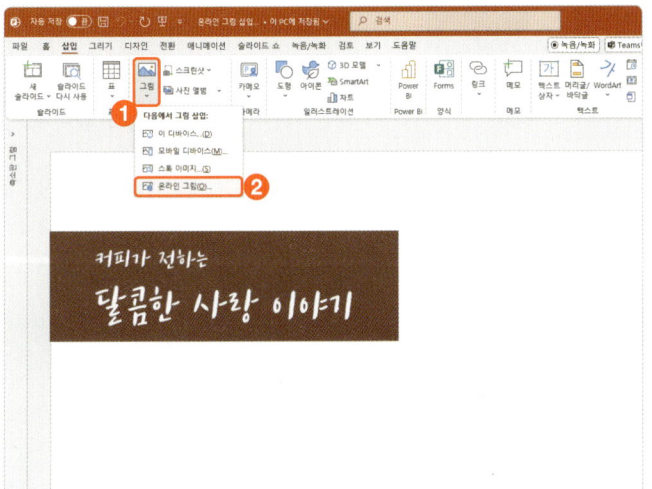

온라인에서 그림 검색하기

01 ❶ [삽입] 탭-[이미지] 그룹-[그림 🖼] 클릭

❷ [온라인 그림]을 클릭합니다. [온라인 그림] 대화상자가 나타납니다.

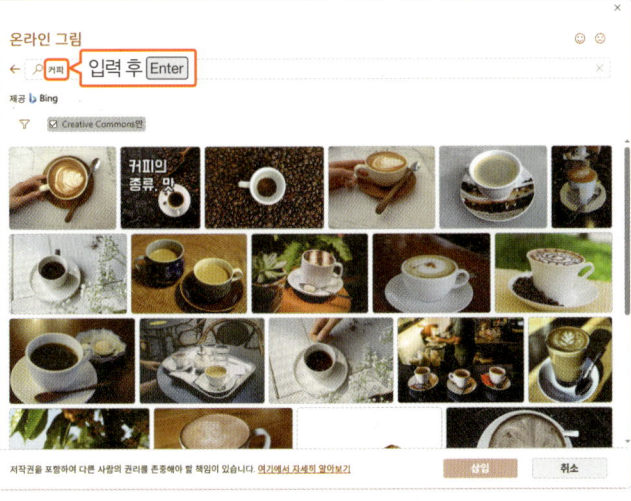

02 [온라인 그림] 대화상자에서 [Bing 검색]에 **커피**를 입력한 후 Enter 를 누릅니다. 커피와 관련된 다양한 이미지가 나타납니다.

Tip [Creative Commons만]에 체크한 후 검색한 그림은 일정한 기준 아래에서 창작물을 마음대로 활용할 수 있습니다.

이미지 필터링하기

03 ❶ [필터 ▽] 클릭

❷ [크기]-[크게] 클릭

❸ [유형]-[사진] 클릭

❹ [레이아웃]-[넓게] 클릭

❺ [색]-[컬러만] 클릭

❻ 필터링된 이미지만 나타나는 것을 확인하고 검색된 이미지 중에 하나를 클릭

❼ [삽입]을 클릭합니다. 선택한 이미지가 슬라이드 창에 삽입됩니다.

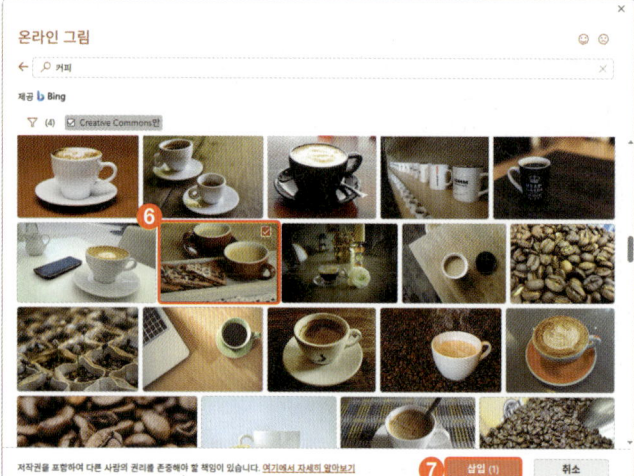

04 삽입된 이미지를 슬라이드의 적당한 위치에 배치해 화면을 완성합니다.

Tip [온라인 그림]은 Microsoft Bing 검색 서비스의 실시간 검색 결과입니다. 따라서 예제와 다른 이미지가 나올 수 있습니다.

> **Note** **이미지 무료로 다운로드하기**
>
> 무료로 이미지를 다운로드할 수 있는 웹사이트로는 Pixabay, Unsplash, Pexels가 대표적입니다. 저작권 없이 다양한 고품질의 이미지를 영리 및 비영리 목적으로 사용할 수 있습니다. 검색 상자에 검색어를 입력한 후 검색 이미지를 클릭하면 무료로 다운로드할 수 있습니다.
>
>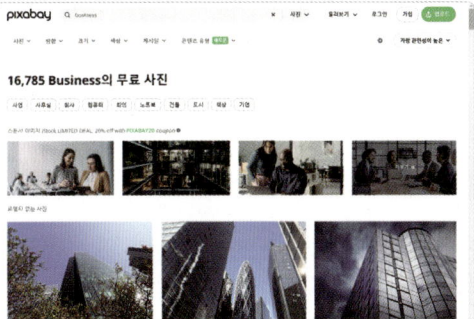
>
>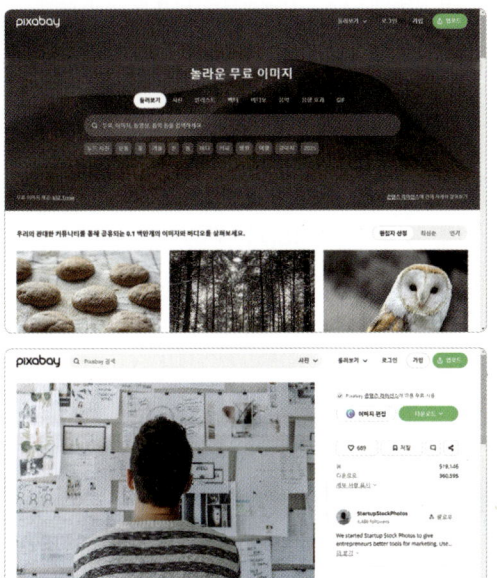

047 디자이너로 쉽고 빠르게 슬라이드 만들기

실습 파일 파워포인트\4장\047_디자이너로 쉽고 빠르게 슬라이드 만들기.pptx
완성 파일 파워포인트\4장\047_디자이너로 쉽고 빠르게 슬라이드 만들기_완성.pptx

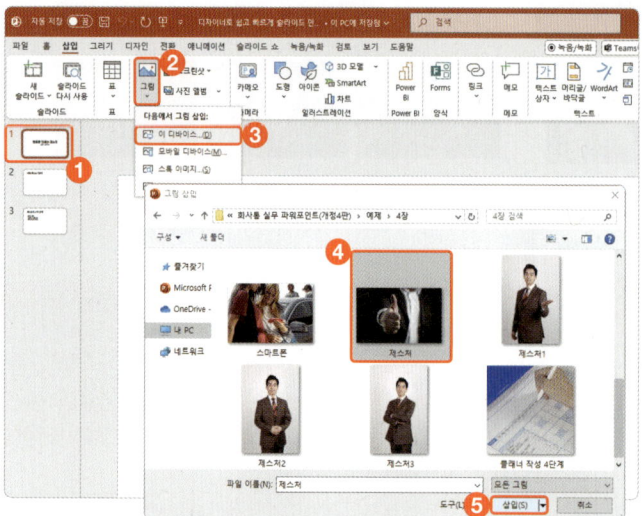

표지 슬라이드에 디자인 아이디어 적용하기

01 ① 슬라이드 축소판 창에서 표지로 사용할 [1번 슬라이드] 클릭
② [삽입] 탭-[이미지] 그룹-[그림 🖼] 클릭
③ [이 디바이스] 클릭
④ [그림 삽입] 대화상자에서 '제스처.jpg' 파일 클릭
⑤ [삽입]을 클릭합니다.

02 슬라이드에 그림이 삽입되며 자동으로 [디자이너] 작업 창이 나타납니다. 다양한 디자인 아이디어 중에서 원하는 디자인을 클릭하면 바로 슬라이드에 적용됩니다.

Tip 작업 창에 원하는 디자인이 없다면 작업 창 가장 아래쪽의 [더 많은 디자인 아이디어 보기]를 클릭하여 더 많은 디자인을 찾아볼 수 있습니다.

Tip [디자인 아이디어] 작업 창이 보이지 않는 경우에는 [디자인] 탭-[Designer] 그룹-[디자이너]를 클릭합니다.

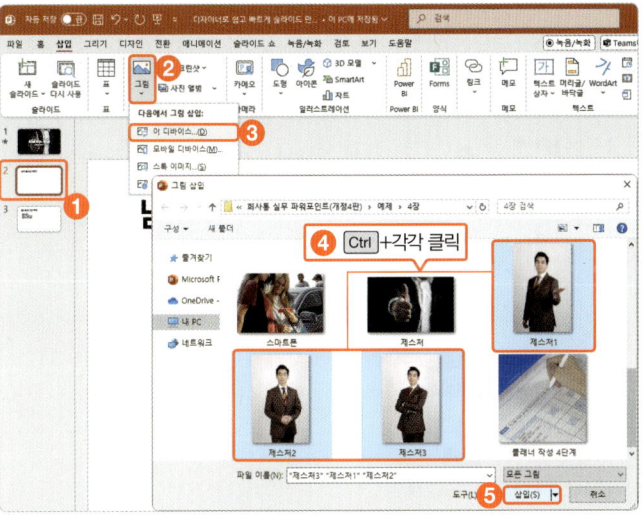

그림이 세 개인 슬라이드에 디자인 아이디어 적용하기

03 ❶ [2번 슬라이드] 클릭
❷ [삽입] 탭-[이미지] 그룹-[그림 🖼] 클릭
❸ [이 디바이스] 클릭
❹ [그림 삽입] 대화상자에서 Ctrl 을 누른 상태로 '제스처1.jpg, 제스처2.jpg, 제스처3.jpg' 파일 클릭
❺ [삽입]을 클릭합니다.

Tip 그림을 다중 선택할 때는 Ctrl 또는 Shift 를 누른 상태에서 선택합니다.

04 슬라이드에 그림이 삽입되며 자동으로 [디자이너] 작업 창이 나타납니다. 다양한 디자인 아이디어 중에서 원하는 디자인을 클릭하면 바로 슬라이드에 적용됩니다.

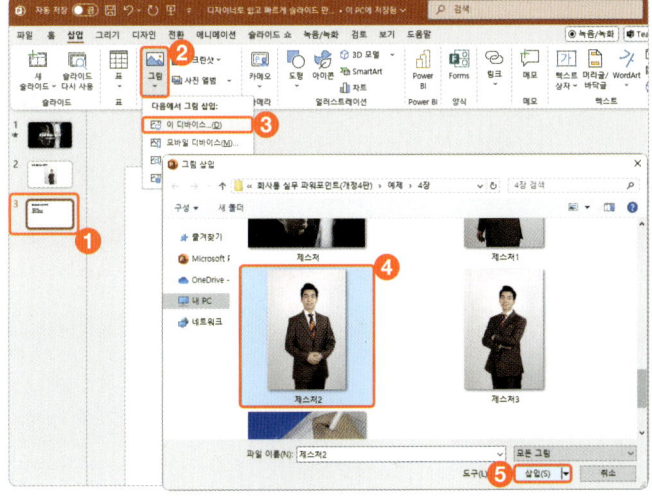

그림 한 개와 텍스트로 이루어진 슬라이드에 디자인 아이디어 적용하기

05 ❶ [3번 슬라이드] 클릭
❷ [삽입] 탭-[이미지] 그룹-[그림 🖼] 클릭
❸ [이 디바이스] 클릭
❹ [그림 삽입] 대화상자에서 '제스처2.jpg' 파일 클릭
❺ [삽입]을 클릭합니다.

06 슬라이드에 그림이 삽입되며 자동으로 [디자이너] 작업 창이 나타납니다. 다양한 디자인 아이디어 중에서 원하는 디자인을 클릭하면 바로 슬라이드에 적용됩니다.

048 그림의 특정 부분만 강조하기

실습 파일 파워포인트\4장\048_그림의 특정 부분만 강조하기.pptx   완성 파일 파워포인트\4장\048_그림의 특정 부분만 강조하기_완성.pptx

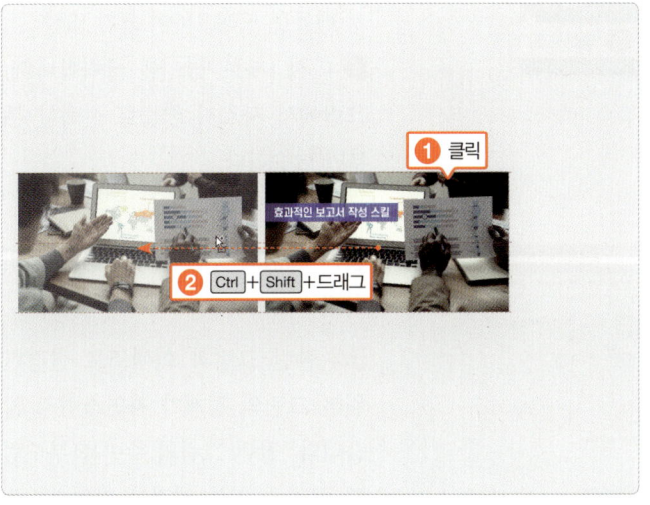

그림을 수평으로 이동 복사하기

01 그림의 특정 부분만 강조하기 위해 그림을 복사하여 원본과 겹쳐 두고 강조할 부분만 남긴 후 잘라내 겠습니다.

① 슬라이드의 그림 클릭

② Ctrl + Shift 를 누른 상태에서 왼쪽으로 드래그합니다. 선택한 그림이 드래그한 방향으로 수평 복사됩니다.

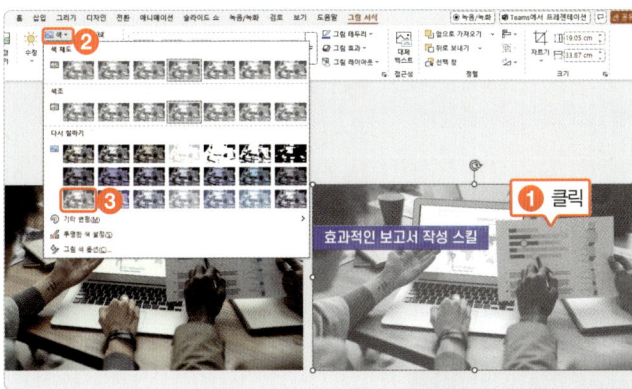

그림 색 변경하기

02 ① 원본 그림 클릭

② [그림 서식] 탭-[조정] 그룹-[색] 클릭

③ [다시 칠하기]에서 [회색, 배경색 밝게 2]를 클릭합니다. 원본 그림이 흑백 사진처럼 변경됩니다.

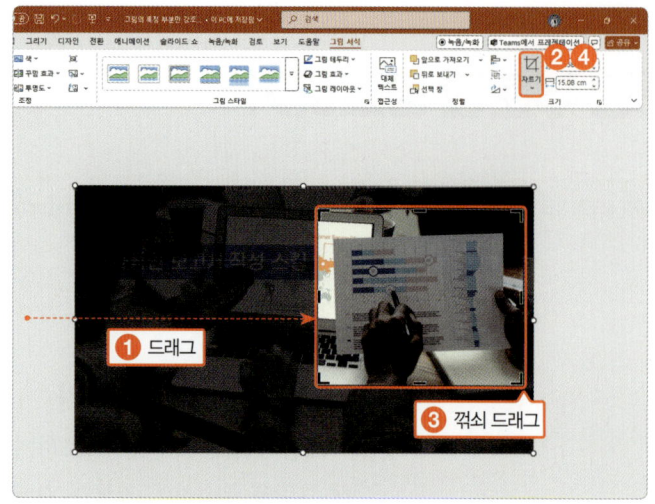

그림에서 원하는 부분만 남기고 자르기

03 ① 복사한 그림을 원본과 겹치도록 드래그

② [그림 도구]–[서식] 탭–[크기] 그룹–[자르기] 클릭

③ 강조하고 싶은 부분만 남도록 그림 테두리에 생긴 꺾쇠 모양의 자르기 핸들을 드래그하여 크기 조절

④ 다시 [자르기]를 클릭합니다. 그림에서 자르기 핸들로 선택한 부분만 남습니다.

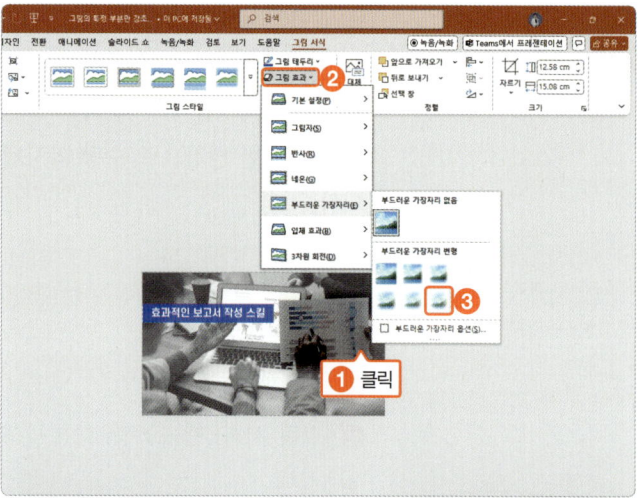

잘린 그림의 주변을 부드럽게 처리하기

04 잘린 그림과 회색조로 변경한 원본 그림의 경계가 자연스럽지 않습니다. 잘린 그림의 주변을 부드럽게 처리해 원본 배경과 자연스럽게 어울리도록 수정해보겠습니다.

① 잘린 그림 클릭

② [그림 서식] 탭–[그림 스타일] 그룹–[그림 효과] 클릭

③ [부드러운 가장자리]–[50 포인트]를 클릭합니다. 전체 그림 중 특정 부분의 색이 자연스럽게 강조되었습니다.

> **Note** 그림의 투명도를 조정할 수 있나요?

그림 뒤의 항목이 표시되도록 그림의 투명도를 조정할 수 있습니다. 투명도를 적용할 그림을 선택한 후 [그림 서식] 탭-[조정] 그룹-[투명도]를 클릭한 후 원하는 투명도를 클릭합니다.

049 그림 서식 변경 후 서식은 유지하고 그림만 변경하기

실습 파일 파워포인트\4장\049_그림 서식 변경 후 서식은 유지하고 그림만 변경하기.pptx
완성 파일 파워포인트\4장\049_그림 서식 변경 후 서식은 유지하고 그림만 변경하기_완성.pptx

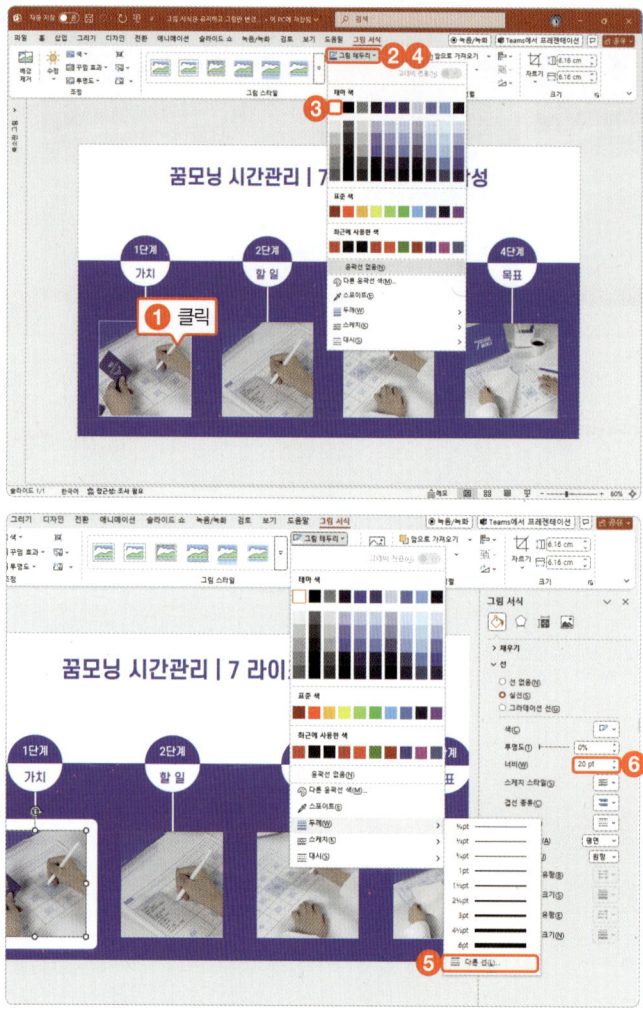

그림 테두리 색과 두께 변경하기

01 ① 슬라이드에 있는 첫 번째 그림 클릭

② [그림 서식] 탭-[그림 스타일] 그룹-[그림 테두리] 클릭

③ [흰색, 배경 1] 클릭

④ 다시 한번 [그림 테두리] 클릭

⑤ [두께]-[다른 선] 클릭

⑥ [그림 서식] 작업 창에서 [선]-[실선]-[너비]에 **20**을 입력합니다. 왼쪽 첫 번째 그림에 흰색 테두리가 적용됩니다.

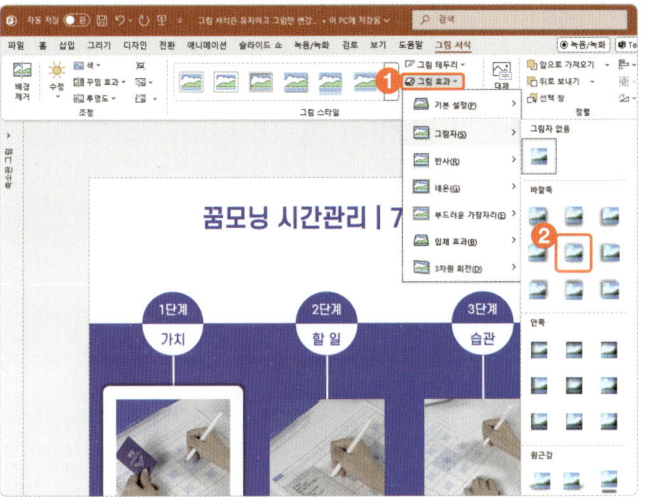

그림에 그림자 적용하기

02 ❶ [그림 서식] 탭-[그림 스타일] 그룹-[그림 효과] 클릭
❷ [그림자]-[바깥쪽]-[오프셋 가운데]를 클릭합니다. 왼쪽 첫 번째 그림에 그림자 효과가 적용됩니다.

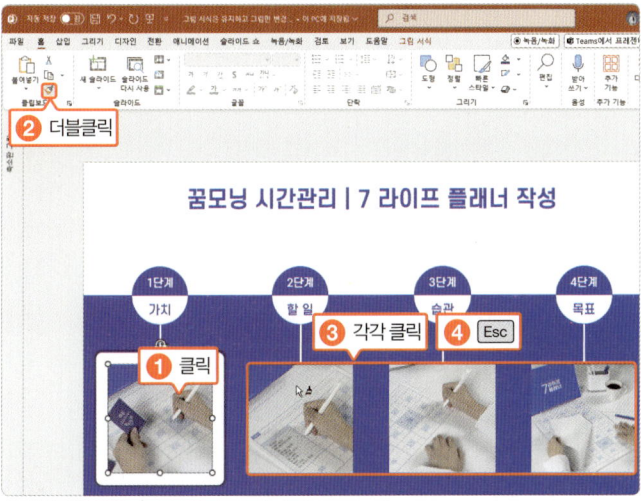

그림 서식 복사하고 붙여넣기

03 ❶ 서식이 적용된 그림 클릭
❷ [홈] 탭-[클립보드] 그룹-[서식 복사] 더블클릭
❸ 마우스 포인터가 페인트 붓 모양이 되면 서식을 붙여 넣을 그림 각각 클릭
❹ 작업을 완료했으면 Esc 를 눌러 다중 복사 모드를 종료합니다.

Tip [서식 복사]를 사용하면 한 개체의 모든 서식을 복사하여 다른 항목에 똑같이 적용할 수 있습니다.

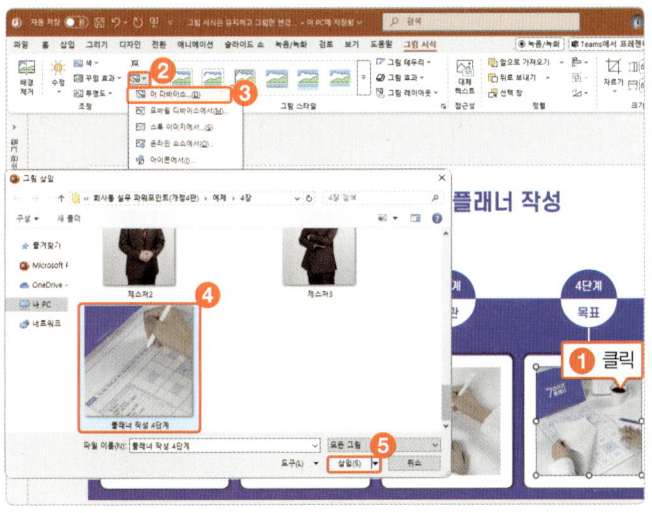

다른 그림으로 변경하기

04 그림에 적용한 서식은 유지한 채 그림만 변경해보겠습니다.
❶ 네 번째 그림 클릭
❷ [그림 서식] 탭-[조정] 그룹-[그림 바꾸기] 클릭
❸ [이 디바이스] 클릭
❹ [그림 삽입] 대화상자에서 '플래너 작성 4단계.jpg' 클릭
❺ [삽입]을 클릭합니다.

05 서식은 그대로 유지한 채 그림이 바뀌었습니다.

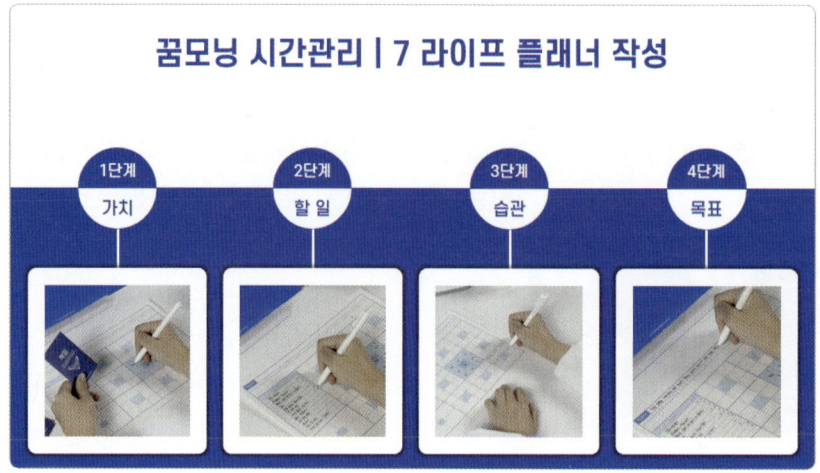

Tip 그림 원래대로 만들기

현재 그림에 적용된 다양한 효과(꾸밈 효과, 색, 밝기, 대비, 선명도, 투명도 등)를 제거하여 원래대로 만들고 싶다면 [그림 서식] 탭-[조정] 그룹-[그림 원래대로]를 클릭합니다.

050 그림에서 불필요한 부분 제거하기

실습 파일 파워포인트\4장\050_그림에서 불필요한 부분 제거하기.pptx 완성 파일 파워포인트\4장\050_그림에서 불필요한 부분 제거하기_완성.pptx

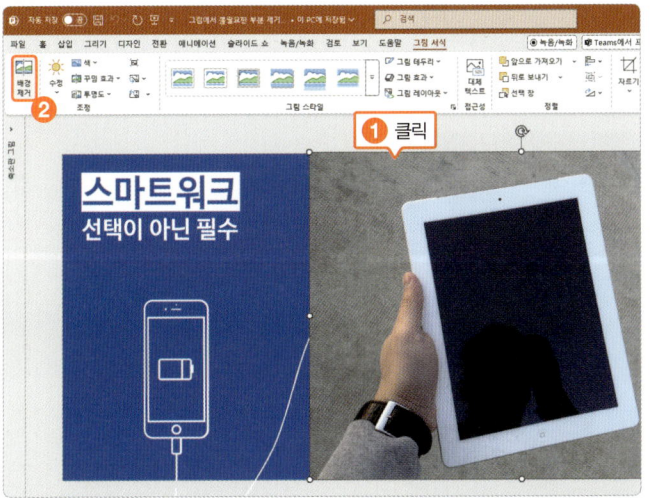

배경 제거하기

01 ❶ 슬라이드의 그림 클릭 ❷ [그림 서식] 탭-[조정] 그룹-[배경 제거 🖼]를 클릭합니다. 리본 메뉴에서 [배경 제거] 탭이 선택되고 이미지의 배경 부분이 자홍색으로 표시됩니다.

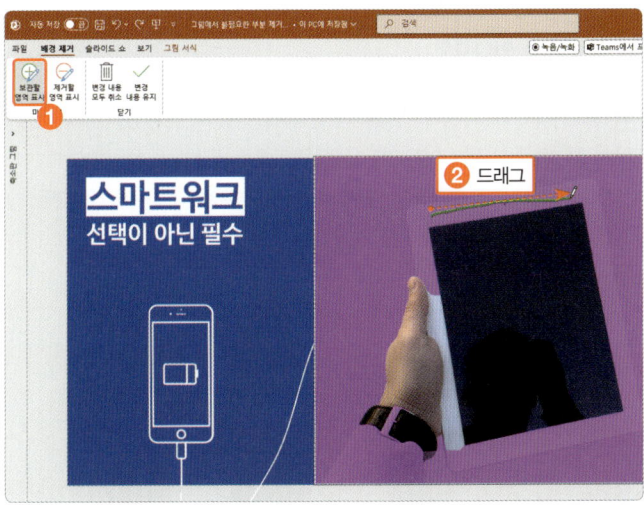

02 자홍색이 칠해진 부분이 그림에서 제거될 배경입니다. 그림에서 불필요한 부분만 선택되도록 조절해 보겠습니다.
❶ [배경 제거] 탭-[미세 조정] 그룹-[보관할 영역 표시 ✏] 클릭
❷ 마우스 포인터가 연필 모양으로 바뀌면 자홍색 부분에서 남기고 싶은 부분을 드래그하여 원래 이미지 색이 나오도록 합니다.

Tip 그림에서 제거할 영역을 표시하고 싶을 때는 [제거할 영역 표시]를 클릭합니다. 마우스 포인터가 연필 모양으로 바뀌면 드래그하여 제거할 영역을 표시합니다.

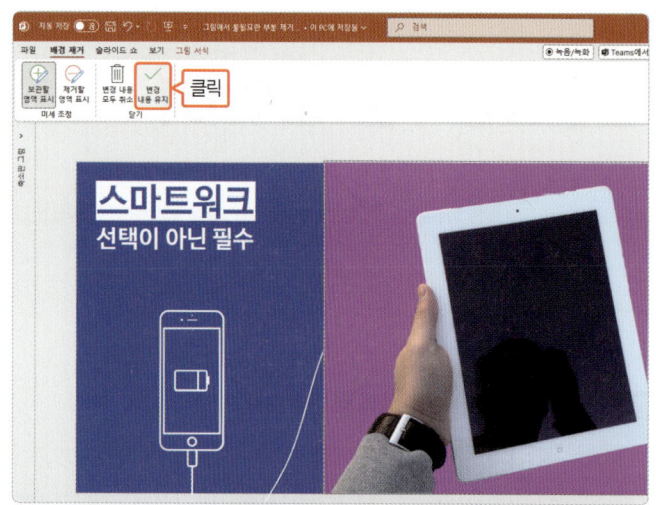

03 그림에서 남기고 싶은 부분만 원래 이미지 색이 되었다면 [배경 제거] 탭-[닫기] 그룹-[변경 내용 유지☑]를 클릭합니다. 그림에서 자홍색으로 선택되었던 부분이 제거되고 프레젠테이션에 필요한 그림만 남습니다.

> **Note** 그림에서 특정 색만 투명하게 설정할 수 있나요?
>
> [투명한 색 설정]은 전체 그림을 투명하게 만드는 것과 달리 하나의 색만 투명하게 만듭니다. 클립아트와 같이 간단한 단색 이미지에 사용하기 적합한 기능입니다. 투명하게 할 그림을 클릭하고 [그림 서식] 탭-[조정] 그룹-[색]을 클릭한 후 [투명한 색 설정]을 클릭하여 투명하게 만들고 싶은 색을 선택합니다. 단, 단색처럼 보이지만 실제로 여러 가지 색이 섞여 구성된 경우에는 원하는 효과를 얻을 수 없습니다.
>
>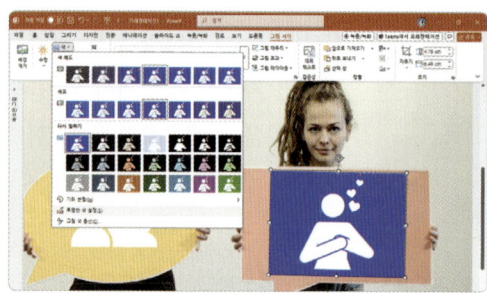

051 원하는 모양으로 그림 자르고 용량 줄이기

실습 파일 파워포인트\4장\051_원하는 모양으로 그림 자르고 용량 줄이기.pptx
완성 파일 파워포인트\4장\051_원하는 모양으로 그림 자르고 용량 줄이기_완성.pptx

그림 삽입하기

01 ❶ [삽입] 탭-[이미지] 그룹-[그림 🖼] 클릭
❷ [이 디바이스] 클릭
❸ [그림 삽입] 대화상자에서 '스마트폰.jpg' 클릭
❹ [삽입]을 클릭합니다.

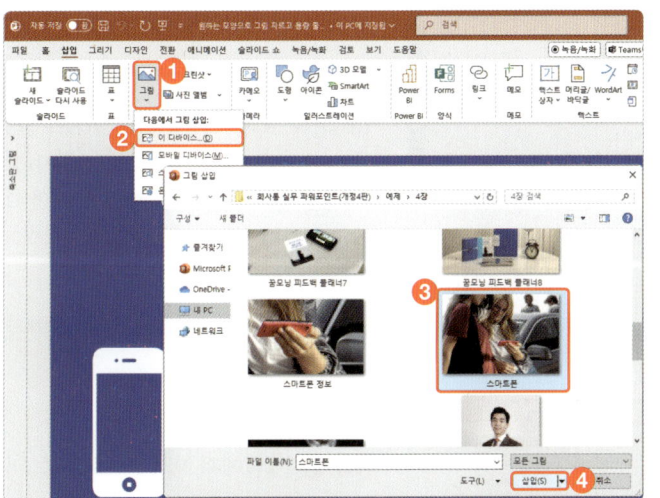

그림 자르기

02 ❶ 슬라이드에 삽입된 그림 클릭
❷ [그림 서식] 탭-[크기] 그룹-[자르기 ⬜] 클릭
❸ 꺾쇠 모양의 자르기 핸들을 드래그하여 원하는 부분만 남도록 영역 조정
❹ 그림 외의 부분을 클릭합니다. 그림에서 필요한 부분만 남습니다.

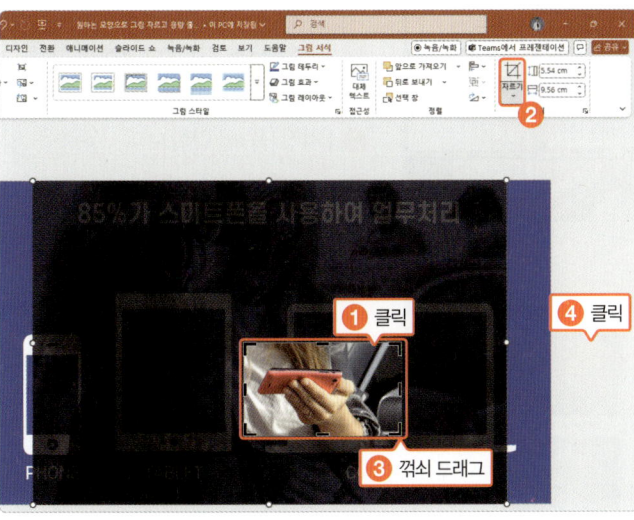

Tip 직사각형이 아닌 다른 모양으로 자르려면 [그림 서식] 탭-[크기] 그룹-[자르기]를 클릭한 후 [도형에 맞춰 자르기]에서 원하는 모양을 선택합니다.

그림 용량 줄이기

03 ① 자르고 남은 부분의 그림 클릭
② [그림 서식] 탭-[조정] 그룹-[그림 압축] 클릭
③ [그림 압축] 대화상자의 [압축 옵션]-[이 그림에만 적용]과 [잘려진 그림 영역 삭제]에 각각 체크
④ [확인]을 클릭합니다. 그림에서 잘려진 부분이 완전히 삭제되어 그림의 용량이 줄어듭니다.

> **Tip** 파워포인트에서 그림을 자르면 슬라이드 장에서는 보이지 않지만 그림의 원본은 유지되고 용량 역시 그대로입니다. 용량을 줄이려면 [그림 압축]을 사용해 잘린 부분을 완전히 없애야 합니다.

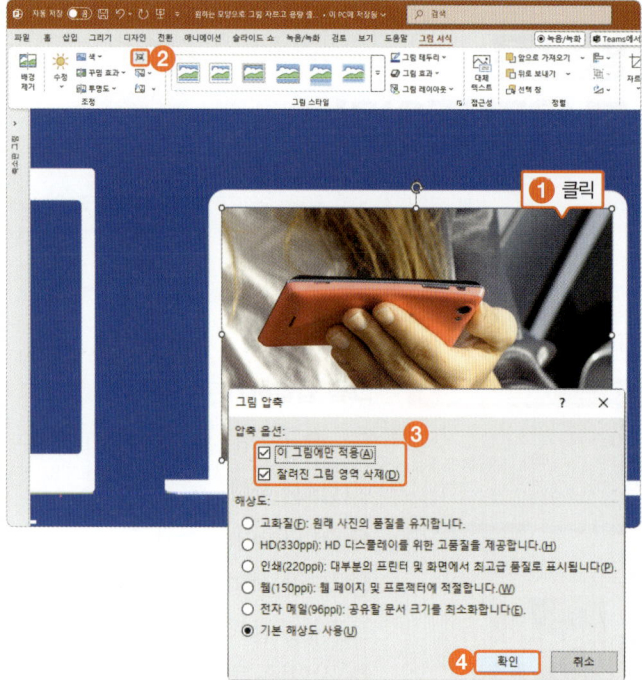

압축한 그림 저장하기

04 ① 그림에서 마우스 오른쪽 버튼 클릭
② [그림으로 저장] 클릭
③ [그림으로 저장] 대화상자에서 [파일 이름]에 **스마트폰 정보** 입력
④ [저장]을 클릭합니다. 용량을 압축한 그림이 JPEG 이미지 파일로 저장됩니다.

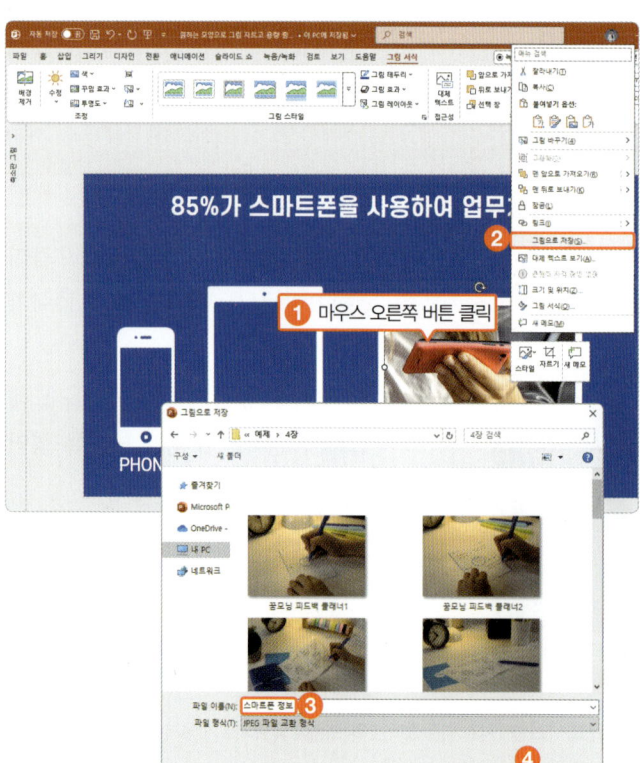

05 저장한 그림의 파일 크기를 비교해보면 원본 그림 '스마트폰.jpg' 파일은 6.21MB이고, 압축한 그림 '스마트폰 정보.jpg' 파일은 59.9KB입니다. 용량이 크게 줄었습니다.

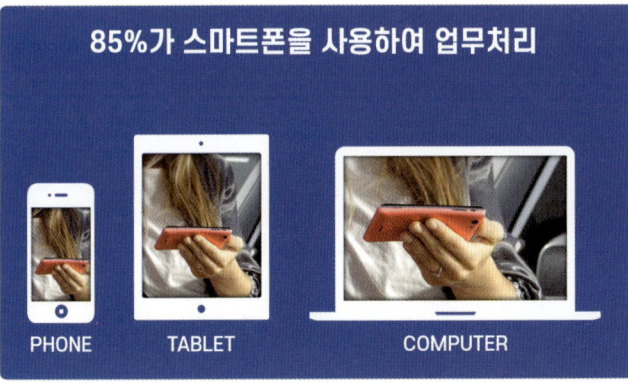

06 크기를 줄인 그림은 테두리와 그림자를 적용하여 서식을 변경합니다. 옆으로 그림 두 개를 복사한 후 화면에 어울리게 배치하여 슬라이드를 완성합니다.

052 사진 앨범으로 프레젠테이션 만들기

실습 파일 파워포인트\4장\052_사진 앨범으로 프레젠테이션 만들기.pptx
완성 파일 파워포인트\4장\052_사진 앨범으로 프레젠테이션 만들기_완성.pptx

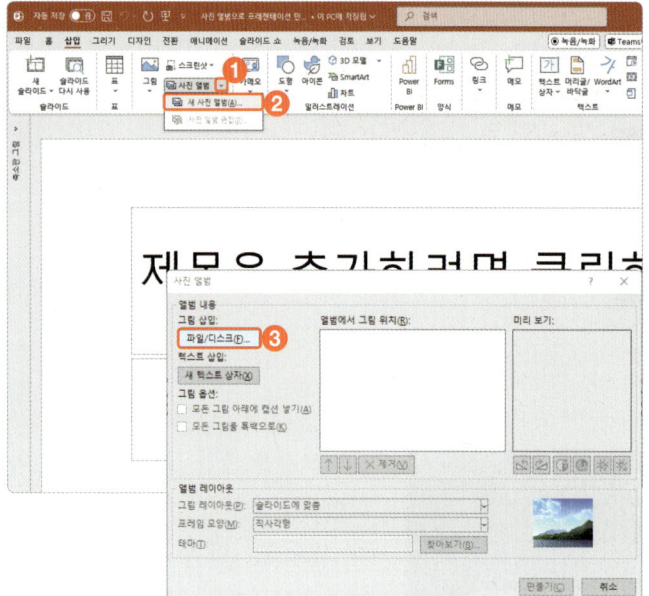

새 사진 앨범 만들기

01 ① [삽입] 탭-[이미지] 그룹-[사진 앨범 ]의 ▼ 클릭
② [새 사진 앨범] 클릭
③ [사진 앨범] 대화상자에서 [앨범 내용]-[그림 삽입]-[파일/디스크]를 클릭합니다. [새 그림 삽입] 대화상자가 나타납니다.

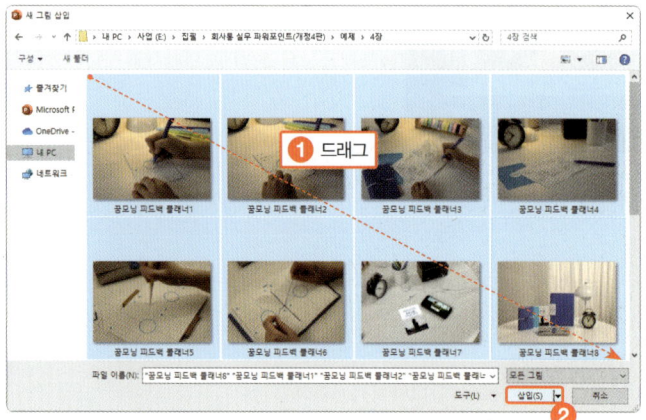

02 ① [새 그림 삽입] 대화상자에서 '꿈모닝 피드백 플래너1.jpg'부터 '꿈모닝 피드백 플래너8.jpg' 파일까지 모두 선택
② [삽입]을 클릭합니다. 선택한 그림이 모두 [사진 앨범] 대화상자에 추가됩니다.

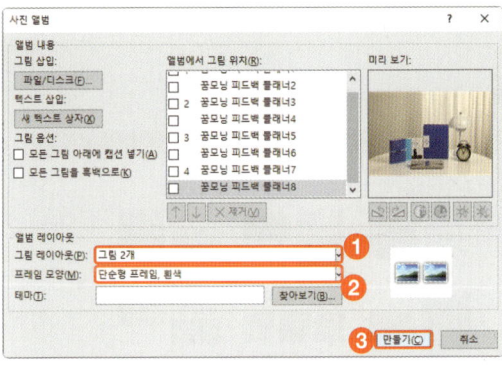

03 [사진 앨범] 대화상자에서 [앨범 내용]–[앨범에서 그림 위치]에 삽입한 사진이 선택한 차례대로 추가됩니다.

① [앨범 레이아웃]–[그림 레이아웃]을 [그림 2개]로 설정

② [프레임 모양]을 [단순형 프레임, 흰색]으로 설정

③ [만들기]를 클릭합니다.

04 제목 슬라이드 아래로 이미지가 두 개씩 들어간 슬라이드가 네 장 만들어집니다. 첫 번째 슬라이드에 사진과 어울리는 제목을 입력하여 슬라이드를 완성합니다.

Tip 앨범 배경 변경하기

배경을 변경하고 싶다면 [삽입] 탭–[이미지] 그룹–[사진 앨범]을 클릭하고 [사진 앨범 편집]을 클릭합니다. [사진 앨범 편집] 대화상자에서 [테마]–[찾아보기]를 클릭한 후 [테마 선택] 대화상자에서 원하는 테마를 클릭하고 [열기]를 클릭합니다. [사진 앨범 편집] 대화상자에서 [업데이트]를 클릭하여 적용합니다.

Note [사진 앨범] 대화상자의 구성 요소 알아보기

① **파일/디스크** : 추가하고 싶은 그림을 선택합니다.

② **새 텍스트 상자** : 텍스트 개체 틀이 슬라이드에 추가됩니다.

③ **모든 그림 아래에 캡션 넣기** : 그림의 파일명이 그림 아래에 텍스트로 표시됩니다. [모든 그림 아래에 캡션 넣기]가 회색으로 표시되어 사용할 수 없는 경우에는 [앨범 레이아웃]에서 [슬라이드에 맞춤] 이외의 레이아웃을 선택해주어야 합니다.

④ **모든 그림을 흑백으로** : 추가된 그림이 모두 흑백으로 바뀝니다.

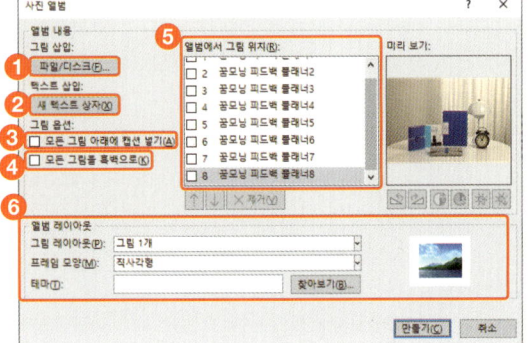

⑤ **앨범에서 그림 위치** : 각각의 슬라이드에 추가한 그림과 텍스트 상자가 어떻게 표시되는지를 보여주며, 체크하면 위치, 제거, 회전, 대비, 밝기를 변경할 수 있습니다.

⑥ **앨범 레이아웃** : 슬라이드에서 그림의 레이아웃과 모양을 어떻게 표시할지 결정합니다. 전체 배경의 디자인을 테마 부분에서 선택하여 적용할 수 있습니다.

> **Note** 사진 앨범 서식 다운로드하기
>
> 온라인에서 파워포인트 사진 앨범 서식 파일을 다운로드하여 사진 앨범을 만들 수 있습니다.
>
>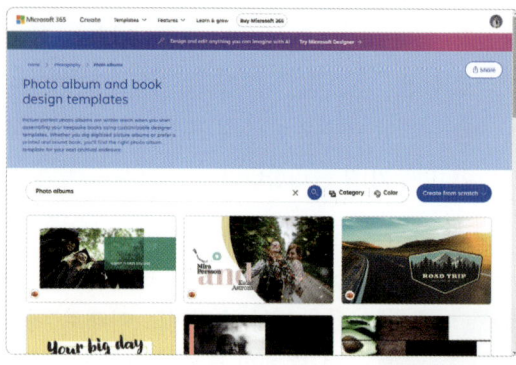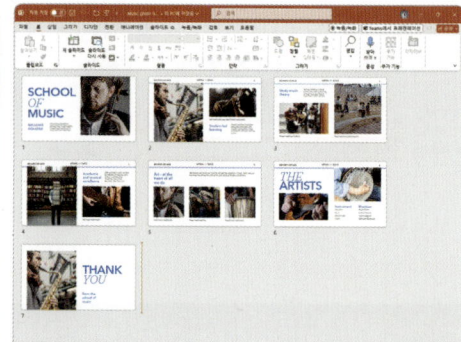
>
> ▲ https://create.microsoft.com/en-us/templates/photo-albums

053 아이콘 삽입하고 편집하기

실습 파일 파워포인트\4장\053_아이콘 삽입하고 편집하기.pptx 완성 파일 파워포인트\4장\053_아이콘 삽입하고 편집하기_완성.pptx

아이콘 삽입하기

01 ❶ [삽입] 탭-[일러스트레이션] 그룹-[아이콘] 클릭

❷ 검색 상자에 **책** 입력

❸ 나타나는 책 모양 아이콘 중 원하는 아이콘 클릭

❹ [삽입]을 클릭합니다. 슬라이드 창에 책 모양 아이콘이 삽입됩니다.

아이콘 크기 조정하기

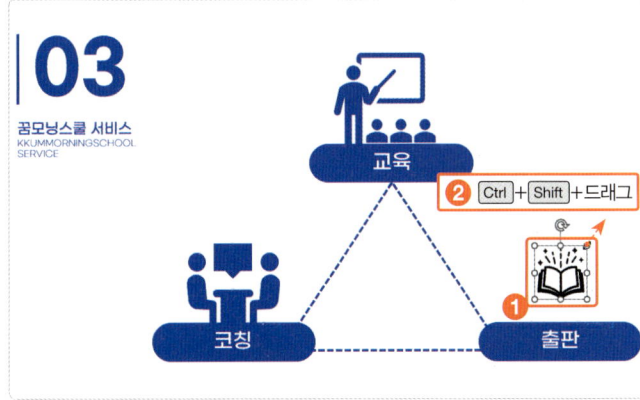

02 ❶ 삽입한 아이콘을 '출판' 위쪽으로 배치

❷ 아이콘 개체의 크기 조절 핸들 위에 마우스 포인터를 위치하여 마우스 포인터가 양쪽 화살표 모양으로 변하면 Ctrl + Shift 를 누른 채 드래그해 크기를 조절합니다.

Tip Shift 를 누른 상태에서 크기 조절 핸들을 드래그하면 개체의 가로세로 비율을 유지하며 크기를 조절할 수 있습니다. Ctrl 을 누른 상태로 크기 조절 핸들을 드래그하면 개체의 중심을 기준으로 크기가 조절됩니다.

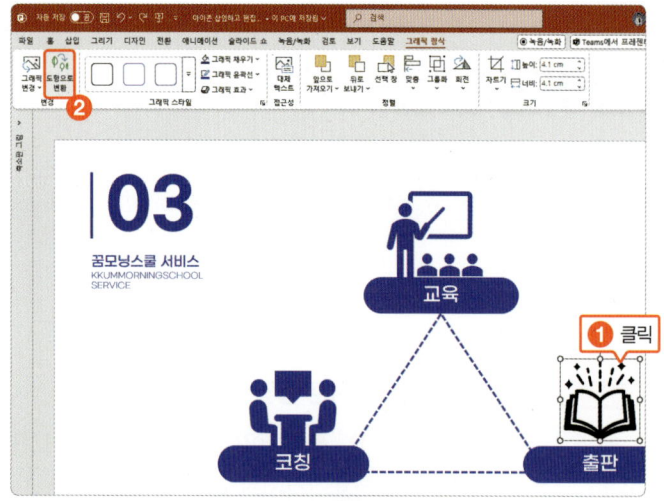

아이콘을 도형으로 변환하기

03 ① 삽입한 아이콘 클릭
② [그래픽 형식] 탭-[변경] 그룹-[도형으로 변환] 클릭
③ 아이콘의 그룹이 해제되어 개별 도형으로 변경되면 책 모양 도형 위쪽에서 드래그하여 빛 효과 모양 도형을 모두 선택
④ Delete 를 눌러 삭제합니다.

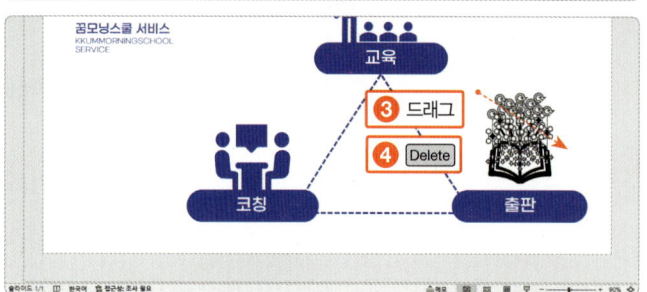

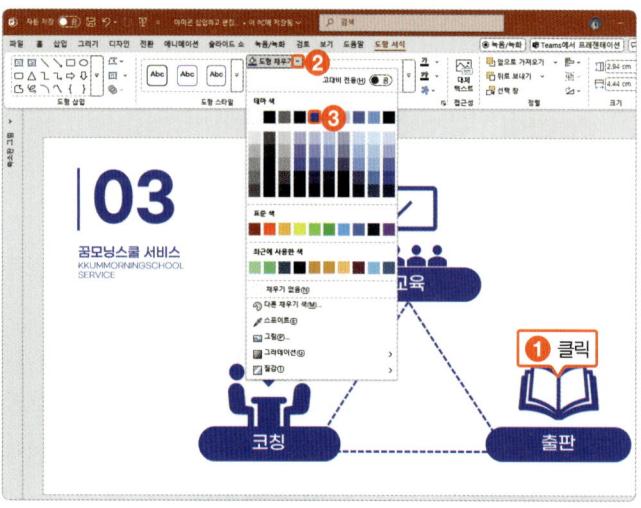

아이콘 색 변경하기

04 ① 책 모양 도형 클릭
② [도형 서식] 탭-[도형 스타일] 그룹-[도형 채우기]의 ▼ 클릭
③ [진한 파랑, 강조 1]을 클릭합니다. 책 모양 도형의 색이 변경됩니다.

054 3D 모델 삽입하기

실습 파일 파워포인트\4장\054_3D 모델 삽입하기.pptx 완성 파일 파워포인트\4장\054_3D 모델 삽입하기_완성.pptx

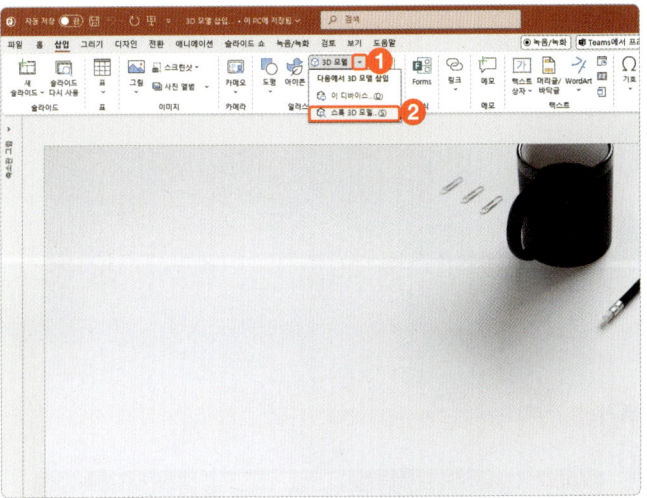

3D 모델 삽입하기

01 ① [삽입] 탭-[일러스트레이션] 그룹-[3D 모델 ⬢]의 ▼ 클릭
② [스톡 3D 모델]을 클릭합니다. [온라인 3D 모델] 대화상자가 나타납니다.

Tip 파워포인트 2019 이후 버전에서만 3D 모델을 삽입할 수 있습니다.

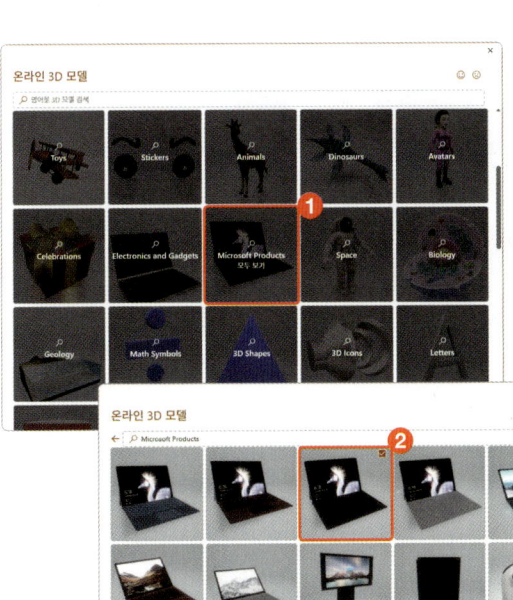

02 ① [온라인 3D 모델] 대화상자에서 [Microsoft Products] 클릭
②③ 서피스와 마우스 각각 클릭
④ [삽입]을 클릭합니다. 선택한 3D 모델이 슬라이드 창에 삽입됩니다.

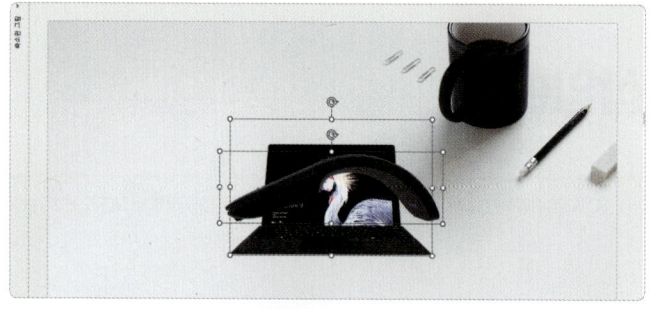

03 삽입된 서피스와 마우스 모델을 3D 컨트롤을 이용하여 회전하거나 기울인 후 크기를 조절하여 화면에 어울리도록 배치합니다.

> **Note** 3D 모델의 구성 요소 알아보기

❶ **3D 컨트롤** : 3D 모델을 원하는 방향으로 회전하거나 기울입니다. 3D 컨트롤을 사용하면 3D 이미지를 더 풍부하게 표현할 수 있습니다.

❷ **이미지 핸들** : 3D 모델을 확대하거나 축소합니다.

❸ **회전 핸들** : 3D 모델을 시계 방향 또는 시계 반대 방향으로 회전할 수 있습니다.

❹ **이동 및 확대/축소** : 3D 모델의 위치와 크기를 프레임 내에서 조정합니다. [3D 모델] 탭-[크기] 그룹-[이동 및 확대/축소]를 클릭한 후 프레임 내에서 개체를 드래그하여 이동합니다. 프레임 오른쪽에 있는 확대/축소 아이콘을 사용하여 프레임 내에서 개체를 확대하거나 축소할 수 있습니다.

❺ **3D 모델 형식 지정** : 3D 모델의 모양을 세밀하게 조정합니다.

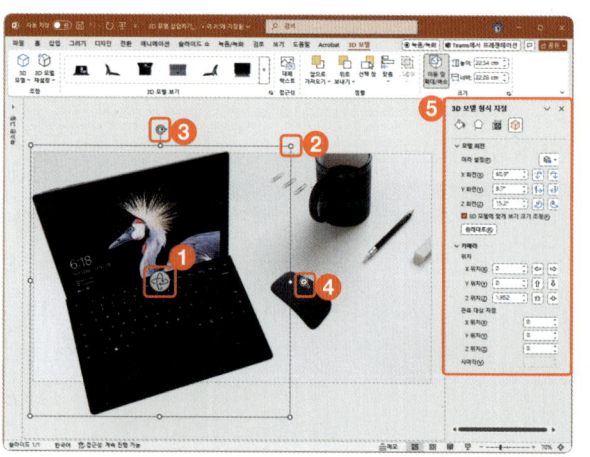

055 디지털 잉크로 그리고 리플레이하기

실습 파일 파워포인트\4장\055_디지털 잉크로 그리고 리플레이하기.pptx
완성 파일 파워포인트\4장\055_디지털 잉크로 그리고 리플레이하기_완성.pptx

그리기 도구 선택하기

01 [그리기] 탭-[그리기 도구] 그룹에서 원하는 그리기 도구를 클릭합니다.

Tip 태블릿 PC처럼 터치가 지원되면 [그리기] 탭이 자동으로 활성화됩니다. 터치 지원 장치에서 손가락, 디지털 펜 또는 마우스를 사용하여 그립니다.

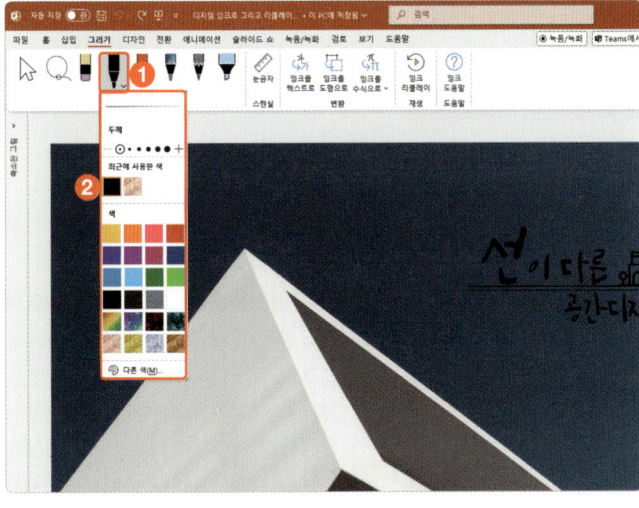

펜 두께, 색상 변경하기

02 ❶ 선택한 펜을 다시 한번 클릭 ❷ 두께와 색상을 변경합니다.

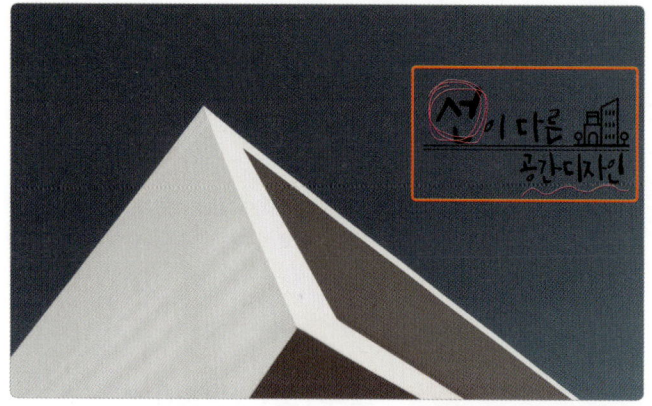

펜으로 그리기

03 변경된 펜으로 슬라이드에서 자유롭게 그려줍니다.

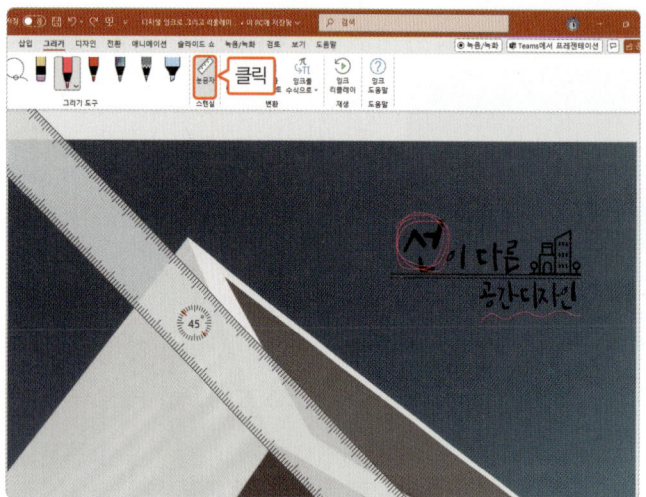

눈금자 사용하기

04 [그리기] 탭-[스텐실] 그룹-[눈금자 ⌰]를 클릭합니다. 화면에 눈금자가 나타납니다.

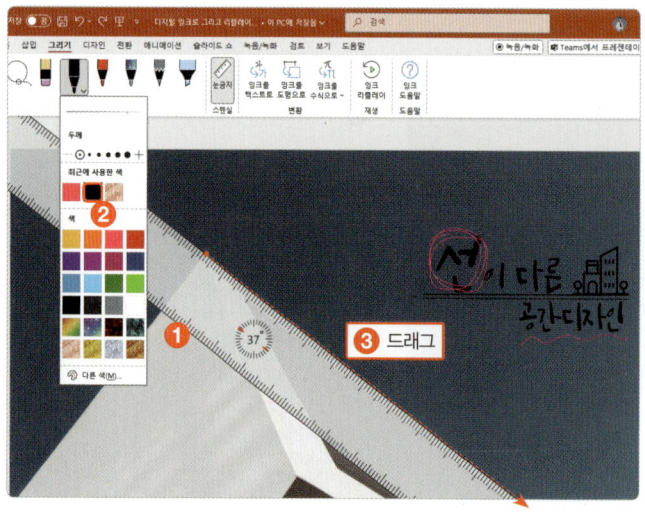

05 ❶ 배경 이미지에 있는 건물의 외곽선에 맞춰 눈금자 이동
❷ 펜은 [검정]으로 색 선택
❸ 눈금자를 따라 선을 그립니다.

Tip 마우스를 사용하여 눈금자를 이동시키려면 마우스 왼쪽 버튼을 클릭한 상태에서 눈금자를 드래그합니다. 마우스 왼쪽 버튼을 놓으면 눈금자 제어가 중지됩니다. 마우스 휠 버튼을 위로 스크롤하면 눈금자가 1도씩 늘어나며 회전하고, 아래로 스크롤하면 1도씩 줄어들며 회전합니다.

> **Note** 손과 키보드, 각각 어떻게 눈금자를 제어하나요?

손을 사용하여 눈금자 제어하기

① 한 손가락을 사용하여 눈금자를 위/아래 또는 왼쪽/오른쪽으로 이동합니다.
② 두 손가락을 사용하여 눈금자를 원하는 각도로 회전합니다.
③ 세 손가락을 사용하여 눈금자를 5도씩 회전합니다.

키보드를 사용하여 눈금자 제어하기

키보드 사용을 선호하는 경우에는 슬라이드 표면에 눈금자를 활성화한 후 단축키를 조합하여 눈금자를 조작할 수 있습니다.

① [그리기] 탭-[스텐실] 그룹-[눈금자]를 클릭하여 슬라이드의 그리기 화면에 눈금자가 나타나도록 합니다.
② 눈금자를 클릭합니다.
③ Shift + F6 을 눌러 눈금자 조작 모드를 시작합니다.
④ 바로 가기 키를 사용하여 눈금자를 조작합니다.

작업	단축키
눈금자를 위쪽, 아래쪽, 왼쪽 또는 오른쪽으로 이동	↑, ↓, ←, →
눈금자를 15도씩 회전	Alt 를 누른 채 15도마다 ← 또는 → 를 한 번씩 누릅니다. ← 는 눈금자를 시계 반대 방향으로 회전하고 → 는 시계 방향으로 회전합니다.
눈금자를 1도씩 회전	Alt + Ctrl 을 누른 채 ← 또는 → 를 한 번씩 누르면 1도씩 회전합니다. ← 는 눈금자를 시계 반대 방향으로 회전시키고 → 는 시계 방향으로 회전합니다.

눈금자를 이동하면 눈금자 가장자리에 눈금자 조작 모드가 켜져 있음을 나타내는 진한 회색 테두리가 표시됩니다.

06 슬라이드 배경 이미지를 삭제하면 펜으로 그린 화면만 남습니다.

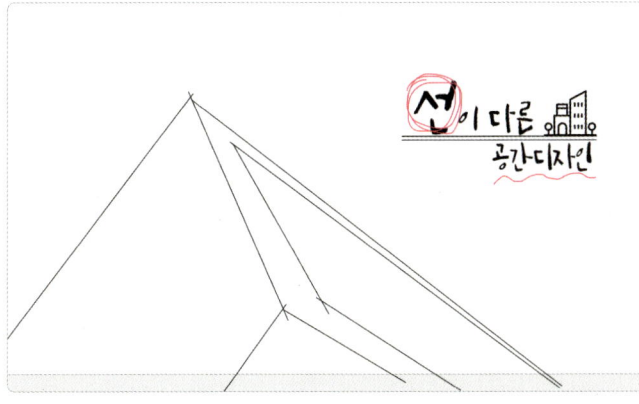

잉크 리플레이 실행하기

07 [그리기] 탭-[재생] 그룹-[잉크 리플레이]를 클릭합니다. 잉크 스트로크가 그려지는 모습을 볼 수 있습니다.

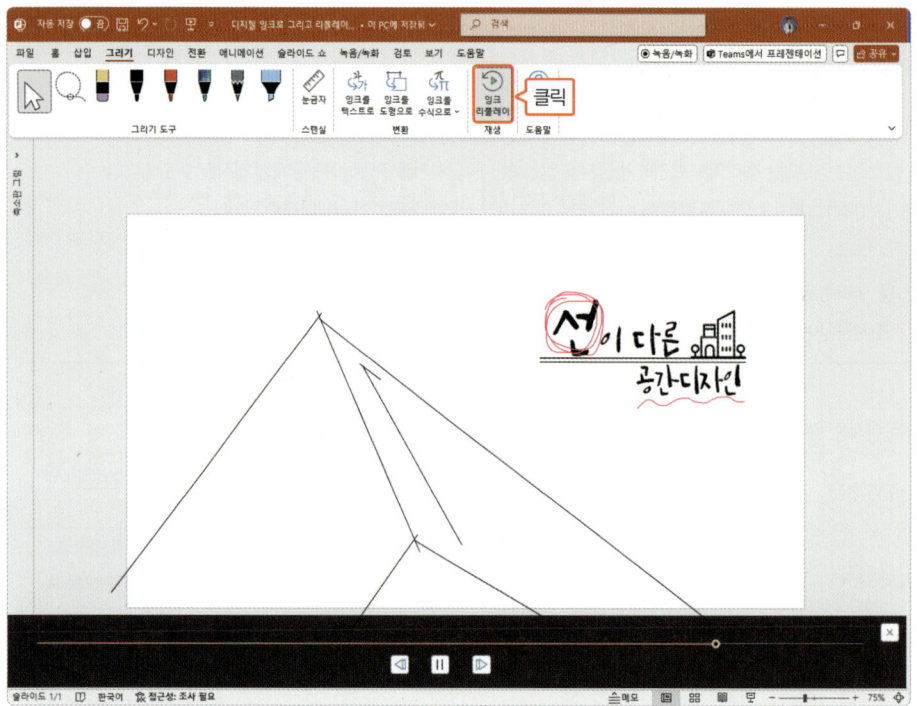

Tip 슬라이드 쇼에서 잉크 리플레이를 실행하려면 [애니메이션] 탭-[애니메이션] 그룹에서 [재생] 또는 [되감기]를 적용한 후 파일을 저장합니다.

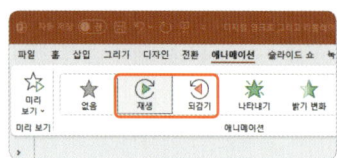

화면의 일부분을 캡처하여 슬라이드에 추가하기

실습 파일 파워포인트\4장\056_화면의 일부분을 캡처하여 슬라이드에 추가하기.pptx
완성 파일 파워포인트\4장\056_화면의 일부분을 캡처하여 슬라이드에 추가하기_완성.pptx

화면 캡처하기

01 캡처할 화면이 있는 웹사이트에 접속한 후 파워포인트를 실행합니다.

❶ [삽입] 탭-[이미지] 그룹-[스크린샷] 클릭

❷ [화면 캡처]를 클릭합니다.

Tip 여러 개의 창이 열려 있으면 화면 캡처를 하기 전에 캡처할 부분이 있는 창을 클릭해야 합니다. 해당 창이 [화면 캡처]를 클릭했을 때 바로 열립니다.

02 파워포인트 화면을 표시하기 직전에 창이 열리며 화면이 흐린 상태로 변경됩니다. 마우스 포인터가 십자 모양으로 바뀌면 캡처할 영역을 드래그합니다. 드래그한 부분이 캡처되어 슬라이드에 추가됩니다. 캡처한 이미지는 화면에 어울리게 크기를 조절하고 적당한 위치에 배치합니다.

CHAPTER
05

멀티미디어 요소 삽입하고 서식 지정하기

우선순위 057 오디오 삽입 후 특정 슬라이드까지 실행하기

실습 파일 파워포인트\5장\057_오디오 삽입 후 특정 슬라이드까지 실행하기.pptx
완성 파일 파워포인트\5장\057_오디오 삽입 후 특정 슬라이드까지 실행하기_완성.pptx

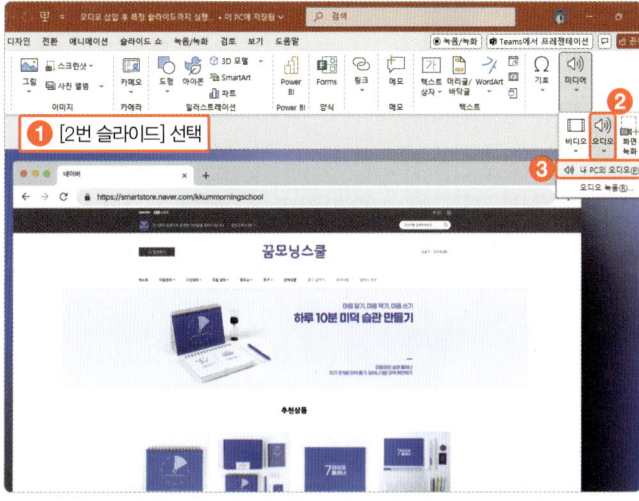

오디오 삽입하기

01 ❶ [2번 슬라이드] 클릭
❷ [삽입] 탭-[미디어] 그룹-[오디오] 클릭
❸ [내 PC의 오디오]를 클릭합니다. [오디오 삽입] 대화상자가 나타납니다.

Tip 파워포인트 창의 너비가 좁으면 [미디어] 그룹이 별도의 아이콘 메뉴 로 표시됩니다.

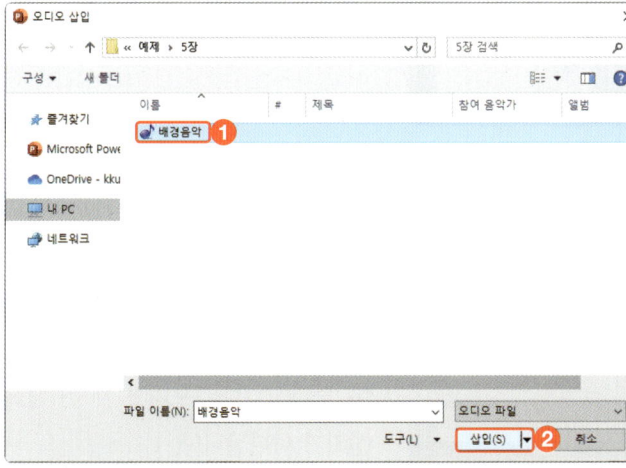

02 ❶ [오디오 삽입] 대화상자에서 '배경음악.mp3' 파일 클릭
❷ [삽입]을 클릭합니다.

Tip 오디오 삽입 옵션 알아보기

[오디오 삽입] 대화상자에서 [삽입]의 ▼를 클릭하면 삽입 관련 옵션을 지정할 수 있습니다.
• **삽입** : 파워포인트 문서에 오디오 파일이 포함되므로 파일의 용량이 커집니다.
• **파일에 연결** : 파워포인트 파일과 오디오 파일의 경로가 같아야 하며 연결된 오디오 파일의 경로가 다를 경우 오디오가 실행되지 않습니다.

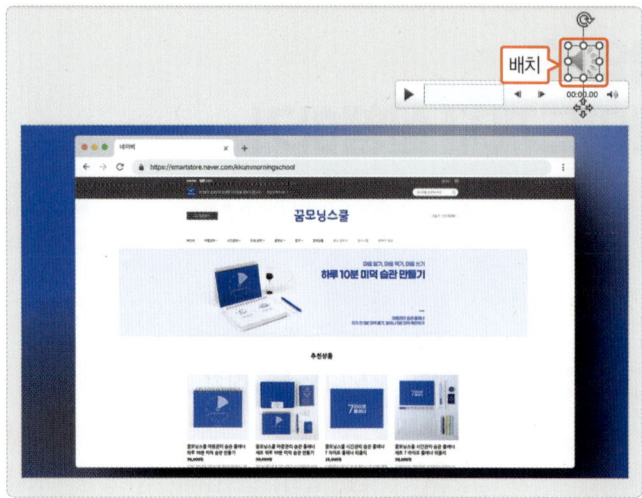

03 오디오 파일이 삽입되면 스피커 모양의 오디오 아이콘을 슬라이드 창 밖으로 배치합니다.

Tip 오디오 아이콘은 [재생] 탭-[오디오 옵션] 그룹-[쇼 동안 숨기기]에 체크하면 슬라이드 쇼 화면에서 보이지 않습니다.

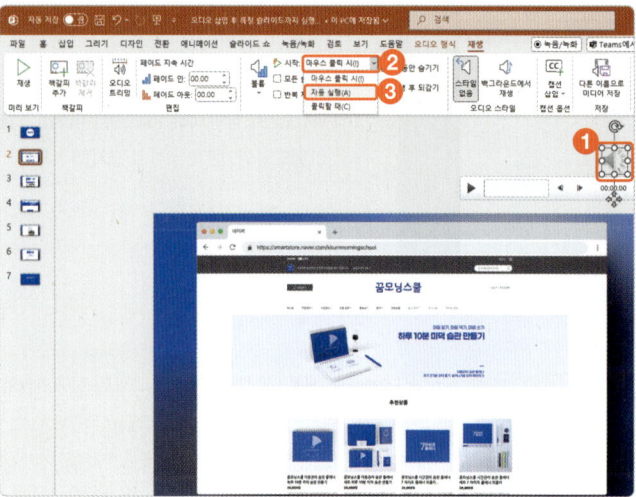

슬라이드 쇼 실행 시 오디오 자동 실행하기

04 ❶ 오디오 아이콘 클릭
❷ [재생] 탭-[오디오 옵션] 그룹-[시작] 클릭
❸ [자동 실행]을 클릭합니다. 슬라이드 쇼를 실행하면 삽입한 오디오가 자동으로 재생됩니다.

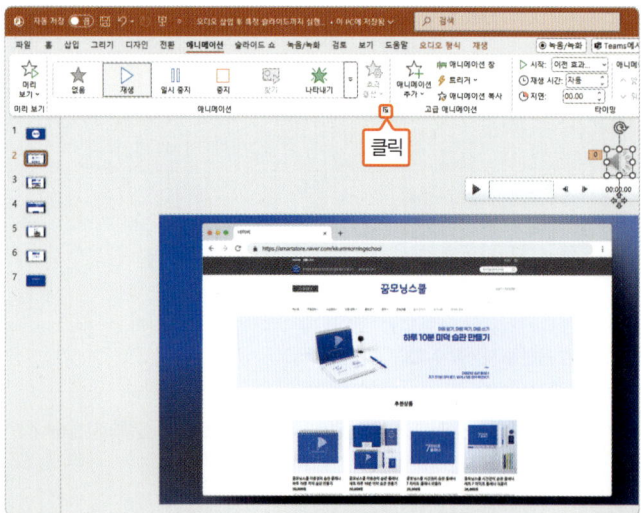

오디오를 [6번 슬라이드]까지 실행하기

05 [애니메이션] 탭-[애니메이션] 그룹에서 [추가 효과 옵션 표시]를 클릭합니다. [오디오 재생] 대화상자가 나타납니다.

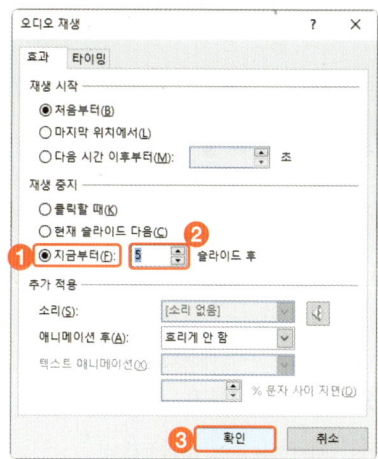

06 ① [오디오 재생] 대화상자에서 [효과] 탭-[재생 중지]-[지금부터] 클릭

② **5** 입력

③ [확인]을 클릭합니다.

슬라이드 쇼 실행하기

07 [슬라이드 쇼] 탭-[슬라이드 쇼 시작] 그룹-[처음부터]를 클릭합니다. 첫 번째에 해당하는 [1번 슬라이드]에서는 오디오가 실행되지 않습니다. 슬라이드를 넘기면 두 번째에 해당하는 [2번 슬라이드]부터 오디오가 함께 실행됩니다. [3번 슬라이드], [4번 슬라이드], [5번 슬라이드], [6번 슬라이드]까지 오디오가 계속 실행되다가 일곱 번째인 [7번 슬라이드]에서 재생이 중지됩니다.

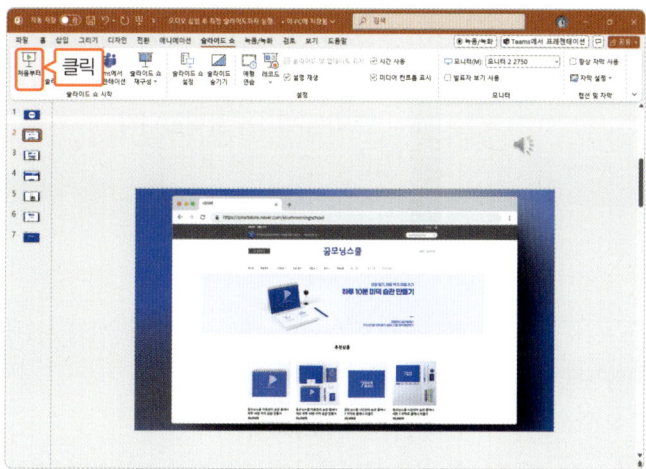

Tip 빠른 실행 도구 모음에서 [처음부터 시작]을 클릭하거나 F5 를 눌러도 처음부터 슬라이드 쇼가 실행됩니다.

Note 지원되는 오디오 파일 형식 알아보기

MP4 파일은 파워포인트 2013 이상 버전에서만 사용 가능합니다. 32비트의 파워포인트 2010 버전에서 사용하려면 컴퓨터에 QuickTime Player가 설치되어 있어야 합니다.

파일 형식	확장자
AIFF 오디오 파일	aiff
AU 오디오 파일	au
MIDI 파일	mid 또는 midi
MP3 오디오 파일	mp3
고급 오디오 코딩 - MPEG-4 오디오 파일	m4a, mp4
Windows 오디오 파일	wav
Windows Media 오디오 파일	wma

058 오디오 트리밍 후 시작과 끝부분 부드럽게 만들기

실습 파일 파워포인트\5장\058_오디오 트리밍 후 시작과 끝부분 부드럽게 만들기.pptx
완성 파일 파워포인트\5장\058_오디오 트리밍 후 시작과 끝부분 부드럽게 만들기_완성.pptx

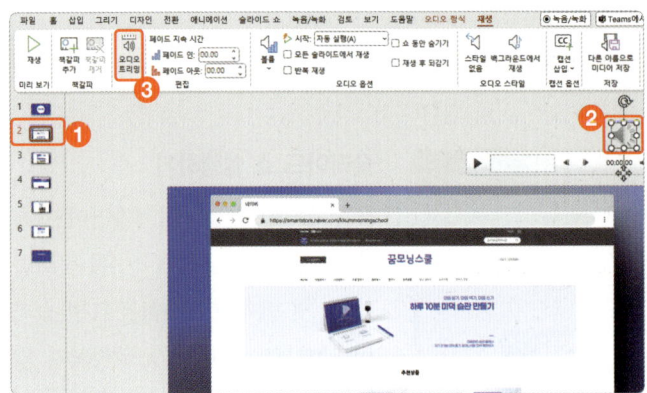

오디오 트리밍하기

01 ① [2번 슬라이드] 클릭
② 슬라이드에 있는 오디오 아이콘 클릭
③ [재생] 탭-[편집] 그룹-[오디오 트리밍]을 클릭합니다.

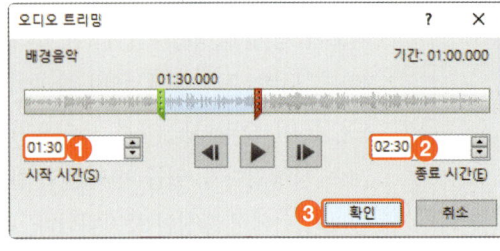

02 ① [오디오 트리밍] 대화상자에서 [시작 시간]에 **01:30** 입력
② [종료 시간]에 **02:30** 입력
③ [확인]을 클릭합니다. 오디오를 재생하면 [시작 시간]부터 [종료 시간]까지에 해당하는 부분만 재생됩니다.

Tip 시간 표시 막대에서 초록색 표식으로 시작 시간을, 빨간색 표식으로 종료 시간을 설정할 수 있습니다. 트리밍을 해도 파일 용량은 변하지 않으며 오디오를 원상태로 복원할 수 있습니다.

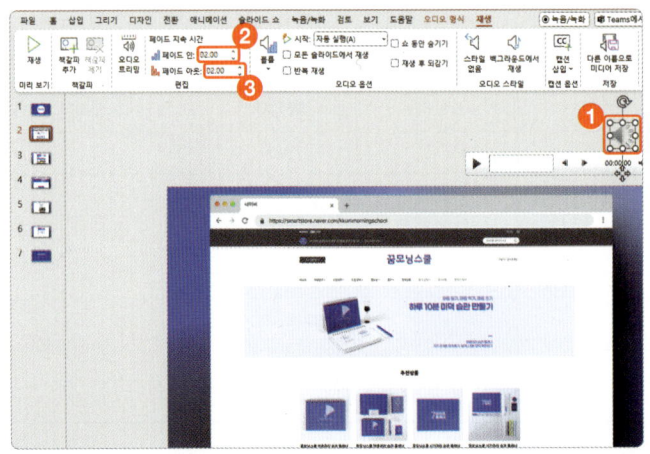

페이드 인/아웃 설정하기

03 ① 오디오 아이콘 클릭
② [재생] 탭-[편집] 그룹-[페이드 인]에 **02:00** 입력
③ [페이드 아웃]에 **02:00**을 입력합니다. 페이드 인/아웃 처리되어 오디오가 부드럽게 시작하고 부드럽게 끝납니다.

Tip 오디오를 재생하려면 오디오 컨트롤에서 [재생 ▶]을 클릭합니다.

우선순위
059 비디오 삽입 후 빠른 스타일 적용하기

실습 파일 파워포인트\5장\059_비디오 삽입 후 빠른 스타일 적용하기.pptx
완성 파일 파워포인트\5장\059_비디오 삽입 후 빠른 스타일 적용하기_완성.pptx

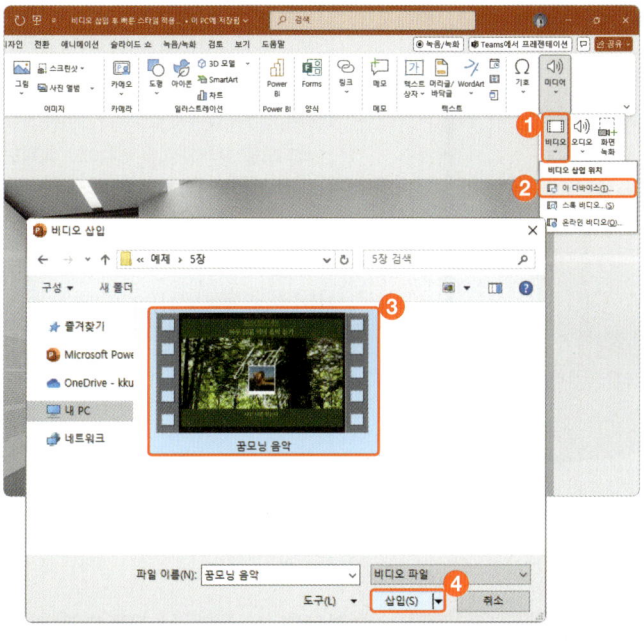

비디오 삽입하기

01 ① [삽입] 탭-[미디어] 그룹-[비디오 □] 클릭
② [이 디바이스] 클릭
③ [비디오 삽입] 대화상자에서 '꿈 모닝 음악.mp4' 파일 클릭
④ [삽입]을 클릭합니다. 슬라이드 창에 비디오가 삽입됩니다.

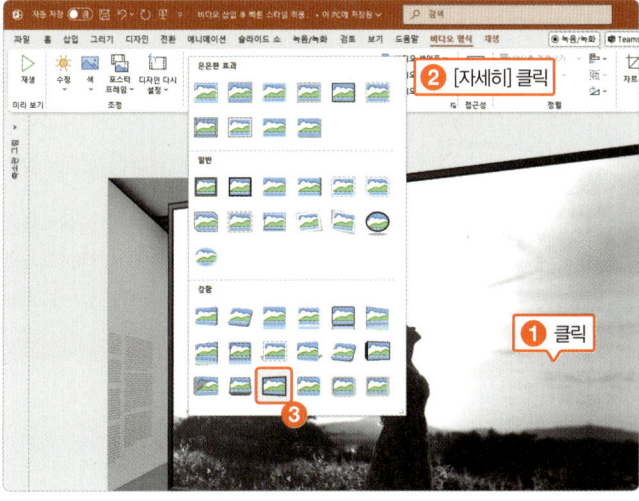

비디오에 빠른 스타일 적용하기

02 ① 슬라이드 창에서 비디오 클릭
② [비디오 형식] 탭-[비디오 스타일] 그룹-[자세히 ▽] 클릭
③ [강함]-[모니터, 회색]을 클릭합니다. 비디오가 모니터에 표시되는 것처럼 보입니다.

CHAPTER 05 멀티미디어 요소 삽입하고 서식 지정하기 **417**

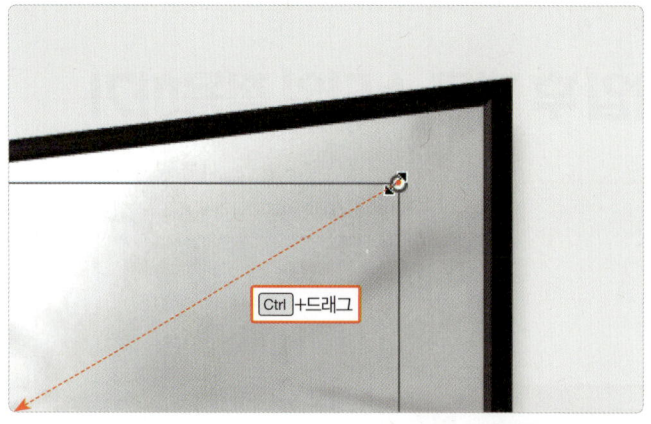

비디오 크기 줄이기

03 비디오를 클릭한 후 크기 조절 핸들 위에 마우스 포인터를 위치시키고 마우스 포인터가 양쪽 화살표 모양으로 변하면 Ctrl을 누른 채 드래그해 크기를 조절합니다.

Tip 온라인 비디오 삽입하기

슬라이드에 Youtube, SlideShare, Vimeo, SharePoint, OneDrive for Business의 온라인 비디오를 삽입할 수 있습니다. 온라인 비디오를 성공적으로 재생하려면 인터넷에 연결되어 있어야 합니다. 웹 브라우저에서 원하는 비디오를 찾아 URL을 복사하고, 파워포인트의 비디오를 배치할 슬라이드에서 [삽입] 탭-[미디어] 그룹-[비디오]-[온라인 비디오]를 클릭합니다. [온라인 비디오] 대화상자에 복사한 URL을 붙여 넣고 [삽입]을 클릭합니다.

슬라이드 쇼 실행 시 자동으로 비디오 실행하기

04 ① 비디오 클릭
② [재생] 탭-[비디오 옵션] 그룹-[시작] 클릭
③ [자동 실행]을 클릭합니다.

Tip [전체 화면 재생]에 체크하면 비디오에 적용된 서식과 상관없이 비디오만 화면 전체에서 재생됩니다. 슬라이드 공간이 부족하거나 비디오를 선택적으로 재생할 때 유용합니다.

슬라이드 쇼 실행하기

05 [슬라이드 쇼] 탭-[슬라이드 쇼 시작] 그룹-[처음부터]를 클릭합니다. 슬라이드 쇼가 실행되며 비디오도 함께 실행됩니다.

> **Note** 지원되는 비디오 형식 알아보기

mp4 파일은 파워포인트 2013 이상 버전에서만 사용할 수 있습니다. 32비트 버전의 파워포인트 2010에서 사용하려면 컴퓨터에 QuickTime Player가 설치되어 있어야 합니다. 일부 윈도우 비디오 파일은 추가 코덱이 필요할 수 있습니다.

파일 형식	확장자
윈도우 미디어 파일	asf
윈도우 비디오 파일	avi
MP4 비디오 파일	mp4, m4v, mov
동영상 파일	mpg 또는 mpeg
Windows Media 비디오 파일	wmv

060 비디오 모양 및 서식 변경하기

실습 파일 파워포인트\5장\060_비디오 모양 및 서식 변경하기.pptx **완성 파일** 파워포인트\5장\060_비디오 모양 및 서식 변경하기_완성.pptx

비디오 밝기 및 대비 개선하기

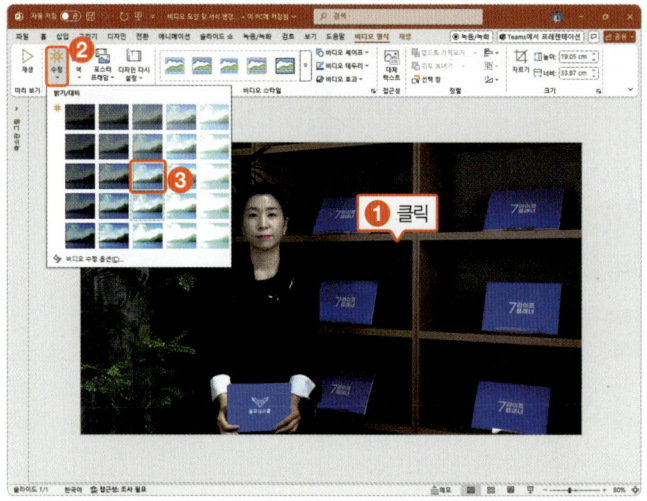

01 ❶ 슬라이드 창에 삽입된 비디오 클릭

❷ [비디오 형식] 탭-[조정] 그룹-[수정 ☀] 클릭

❸ [밝기: 0% (표준), 대비: +20%]를 클릭합니다. 비디오 화면이 선명해집니다.

비디오 자르기

02 ❶ 비디오가 선택된 상태에서 [비디오 형식] 탭-[크기] 그룹-[자르기 ⌷] 클릭

❷ 꺾쇠 모양의 자르기 핸들을 드래그하여 원하는 부분만 남도록 영역 조정

❸ 슬라이드 창에서 비디오 외의 영역을 클릭합니다. 비디오에서 필요한 부분만 남습니다.

Tip 남겨지는 비디오 영역을 변경하려면 비디오를 드래그하여 이동합니다.

비디오 모양 변경하기

03 ① 비디오 클릭
② [비디오 형식] 탭–[비디오 스타일] 그룹–[비디오 셰이프] 클릭
③ [사각형: 둥근 위쪽 모서리] 클릭
④ 오른쪽 상단의 모양 조절 핸들을 좌우로 움직여 원하는 모양으로 변경합니다.

비디오 테두리와 그림자 효과 적용하기

04 비디오를 선택한 상태에서
① [비디오 형식] 탭–[비디오 스타일] 그룹–[비디오 테두리] 클릭
② [흰색, 배경 1] 클릭
③ [두께]는 [6pt]를 클릭합니다. 비디오에 흰색 테두리가 생깁니다.

05 ① [비디오 형식] 탭-[비디오 스타일] 그룹-[비디오 효과] 클릭 ② [그림자]-[바깥쪽]-[오프셋: 가운데]를 클릭합니다. 비디오 바깥쪽으로 그림자가 생깁니다.

Tip 선택한 비디오에서 변경한 모든 서식을 취소하려면 비디오를 클릭한 후 [비디오 형식] 탭-[조정] 그룹-[디자인 다시 설정]을 클릭합니다.

06 비디오가 슬라이드와 어울리게 크기를 조정한 후 배치합니다.

061 전체 비디오 중 원하는 부분만 남기기

실습 파일 파워포인트\5장\061_전체 비디오 중 원하는 부분만 남기기.pptx
완성 파일 파워포인트\5장\061_전체 비디오 중 원하는 부분만 남기기_완성.pptx

비디오 트리밍하기

01 ① 슬라이드에서 비디오 클릭
② [재생] 탭-[편집] 그룹-[비디오 트리밍]을 클릭합니다. [비디오 트리밍] 대화상자가 나타납니다.

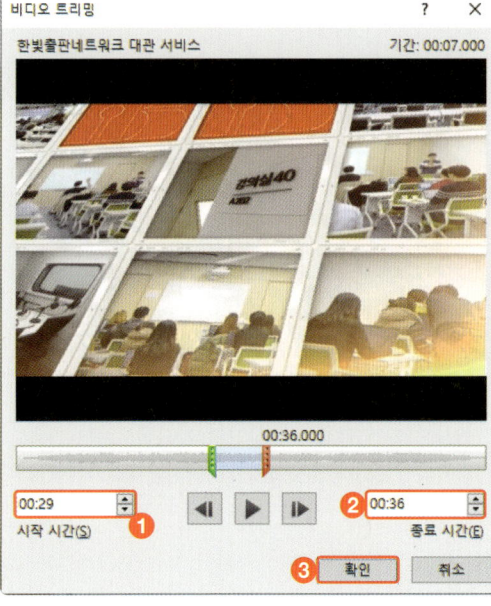

시작과 종료 지점 지정하기

02 ① [비디오 트리밍] 대화상자에서 [시작 시간]에 **00:29** 입력
② [종료 시간]에 **00:36** 입력
③ [확인]을 클릭합니다.

CHAPTER 05 멀티미디어 요소 삽입하고 서식 지정하기

03 비디오 하단의 컨트롤에서 [재생/일시 중지]를 클릭합니다. 앞서 트리밍한 약 7초 분량의 구간만 재생되는 것을 확인할 수 있습니다.

062 비디오에 특정 지점 지정하기

실습 파일 파워포인트\5장\062_비디오에 특정 지점 지정하기.pptx   완성 파일 파워포인트\5장\062_비디오에 특정 지점 지정하기_완성.pptx

비디오 클립에 책갈피 추가하기

01 비디오에 특정 지점을 표시해 보겠습니다.
① 슬라이드에서 비디오 클릭
② 비디오 하단 컨트롤의 [재생/일시 중지 ▶] 클릭
③ 표시하고 싶은 특정 지점에서 [재생/일시 중지 ❚❚]를 클릭해 일시 중지
④ [재생] 탭-[책갈피] 그룹-[책갈피 추가]를 클릭합니다.

02 책갈피를 추가한 지점에 노란색 원이 표시됩니다.

Tip 추가된 책갈피를 삭제하려면 시간 표시 막대에서 제거할 책갈피를 찾아 클릭한 후 [재생] 탭-[책갈피] 그룹-[책갈피 제거]를 클릭합니다.

CHAPTER 05 멀티미디어 요소 삽입하고 서식 지정하기

063 비디오 표지 만들기

실습 파일 파워포인트\5장\063_비디오 표지 만들기.pptx 완성 파일 파워포인트\5장\063_비디오 표지 만들기_완성.pptx

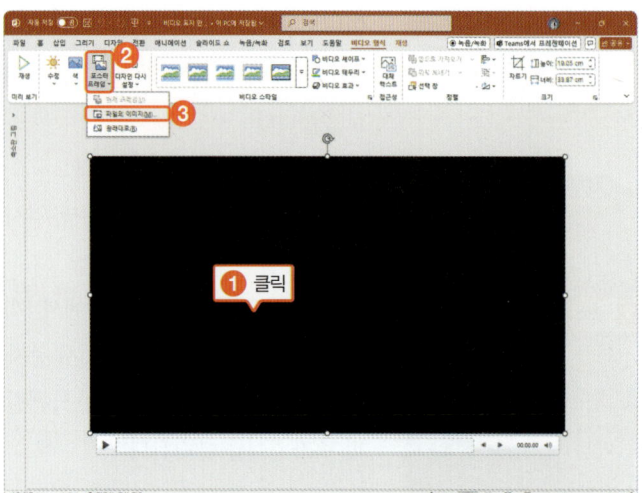

비디오 미리 보기 이미지 설정하기

01 비디오의 내용을 잘 전달할 수 있도록 관련 이미지를 비디오의 표지로 설정해보겠습니다.
① 비디오 클릭
② [비디오 형식] 탭-[조정] 그룹-[포스터 프레임 🖼] 클릭
③ [파일의 이미지]를 클릭합니다.

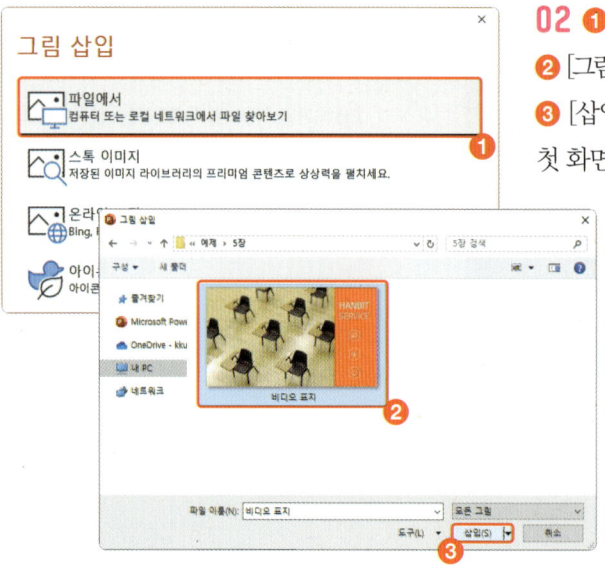

02 ① [그림 삽입]-[파일에서] 클릭
② [그림 삽입] 대화상자에서 '비디오 표지.jpg' 클릭
③ [삽입]을 클릭합니다. 삽입한 그림이 비디오의 첫 화면으로 적용됩니다.

페이드 인 기능으로 비디오를 부드럽게 시작하기

03 미리 보기 이미지에서 비디오 영상으로 부드럽게 넘어가도록 설정해보겠습니다. ❶ 비디오 클릭 ❷ [재생] 탭-[편집] 그룹-[페이드 인]에 **03.00** 입력 ❸ [재생 ▷]을 클릭합니다. 페이드 인 기능이 적용되어 미리 보기 이미지에서 비디오 영상으로 부드럽게 시작합니다.

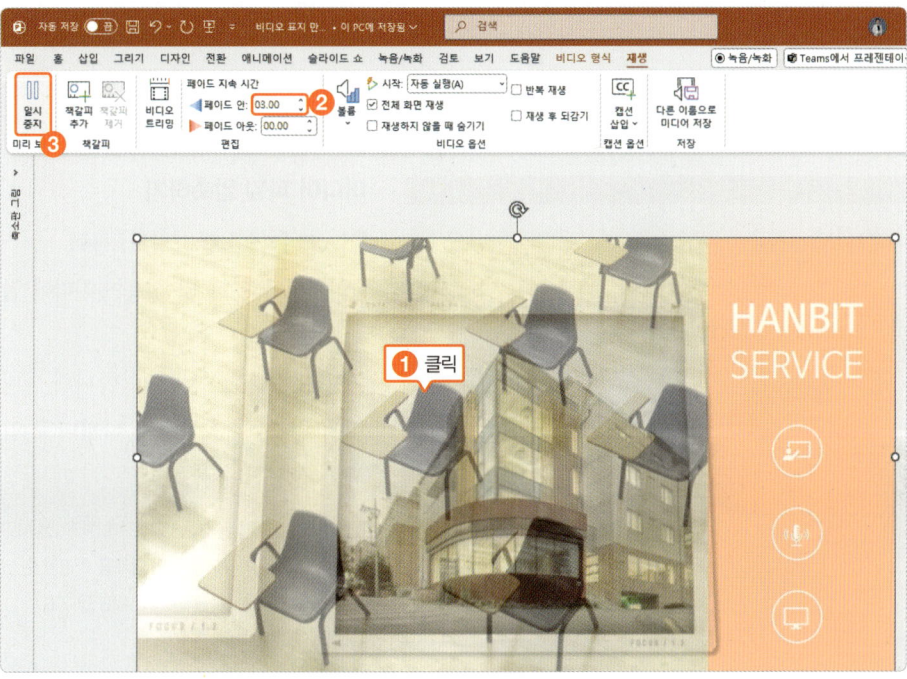

Tip 비디오를 재생하려면 하단의 비디오 컨트롤에서 [재생 ▶]을 클릭해도 됩니다.

064 미디어 파일 압축하기

실습 파일 파워포인트\5장\064_미디어 파일 압축하기.pptx   완성 파일 파워포인트\5장\064_미디어 파일 압축하기_완성.pptx

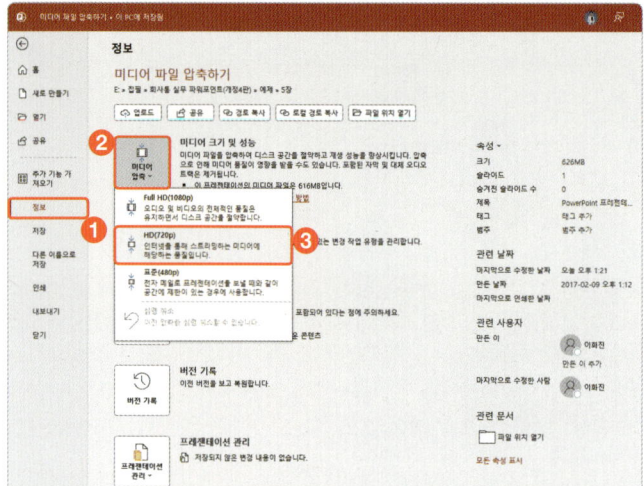

미디어 파일 압축하기

01 ❶ [파일] 탭-[정보] 클릭
❷ [미디어 크기 및 성능]-[미디어 압축 ] 클릭
❸ [HD(720p)]를 클릭합니다. [미디어 압축] 대화상자가 나타나고 압축이 진행됩니다.

Tip [미디어 크기 및 성능]에서 프레젠테이션 파일에 포함된 미디어 용량의 합계를 확인할 수 있습니다. 압축 전 용량은 616MB입니다.

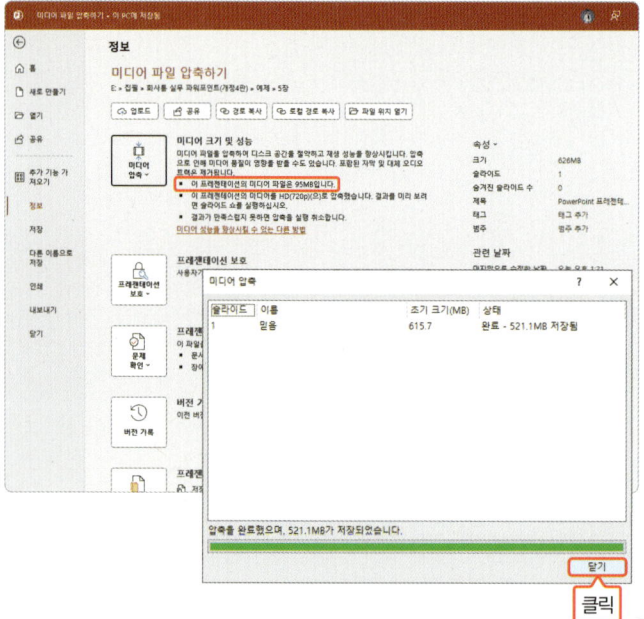

02 [미디어 압축] 대화상자에서 압축 진행률을 확인할 수 있습니다. 압축이 끝나면 [닫기]를 클릭하여 대화상자를 닫아줍니다. 미디어 파일의 용량이 95MB로 줄어들었습니다.

Tip 압축된 미디어 파일을 원래대로 복구하려면 [파일] 탭-[정보]를 클릭한 후 [미디어 압축]-[실행 취소]를 클릭합니다.

CHAPTER 06

프레젠테이션 슬라이드 정리 및 저장하기

065 슬라이드를 구역으로 나누어 정리하기

실습 파일 파워포인트\6장\065_슬라이드를 구역으로 나누어 정리하기.pptx
완성 파일 파워포인트\6장\065_슬라이드를 구역으로 나누어 정리하기_완성.pptx

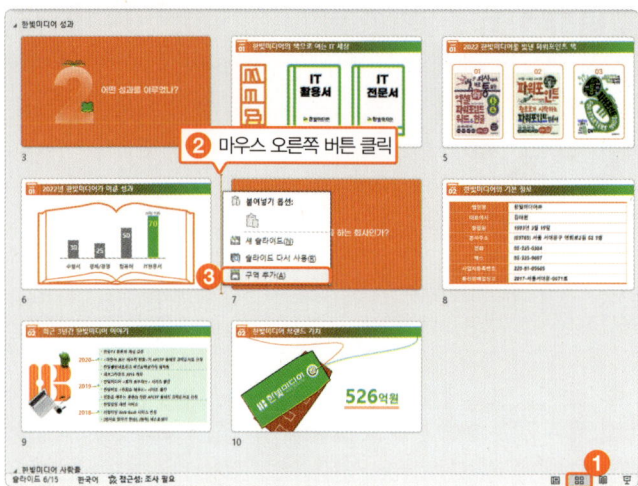

구역 추가하기

01 ❶ 화면 오른쪽 아래에서 [여러 슬라이드 보기 ] 클릭

❷ 구역을 추가하고자 하는 [6번 슬라이드]와 [7번 슬라이드] 사이에서 마우스 오른쪽 버튼 클릭

❸ [구역 추가]를 클릭합니다. [7번 슬라이드]부터 새로운 구역이 추가됩니다.

Tip 여러 슬라이드 보기는 [보기] 탭-[프레젠테이션 보기] 그룹-[여러 슬라이드]를 클릭해도 됩니다.

Tip 구역을 추가할 때는 [홈] 탭-[슬라이드] 그룹-[구역]을 클릭한 후 [구역 추가]를 클릭해도 됩니다.

구역 이름 바꾸기

02 ❶ [구역 이름 바꾸기] 대화상자가 나타나면 [구역 이름]에 **한빛미디어가 하는 일** 입력

❷ [이름 바꾸기]를 클릭합니다. 구역 이름이 '한빛미디어가 하는 일'로 변경되었습니다.

Tip 구역 이름을 바꿀 때는 구역 이름에서 마우스 오른쪽 버튼을 클릭하여 [구역 이름 바꾸기]를 클릭하거나 [홈] 탭-[슬라이드] 그룹-[구역]을 클릭한 후 [구역 이름 바꾸기]를 클릭합니다.

구역 이동하기

03 ① 이동하려는 [한빛미디어가 하는 일] 구역에서 마우스 오른쪽 버튼 클릭

② [구역을 위로 이동]을 클릭합니다. 구역이 위로 이동하면서 슬라이드 순서도 변경되었습니다.

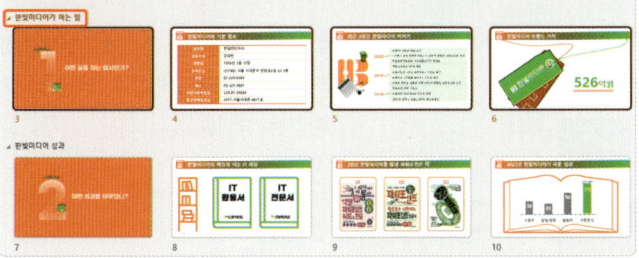

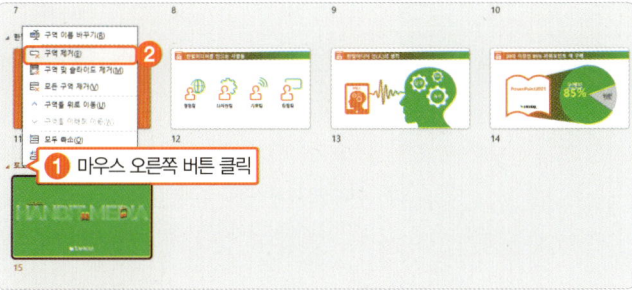

구역 삭제하기

04 ① 불필요한 [로고] 구역에서 마우스 오른쪽 버튼 클릭

② [구역 제거]를 클릭해 구역을 삭제합니다. 구역은 제거되고 슬라이드는 그대로 남습니다.

> **Tip** 구역을 제거할 때는 [홈] 탭-[슬라이드] 그룹-[구역]을 클릭한 후 [구역 제거]를 클릭해도 됩니다. 만들어진 모든 구역을 제거하려면 [홈] 탭-[슬라이드] 그룹-[구역]을 클릭한 후 [모든 구역 제거]를 클릭합니다.

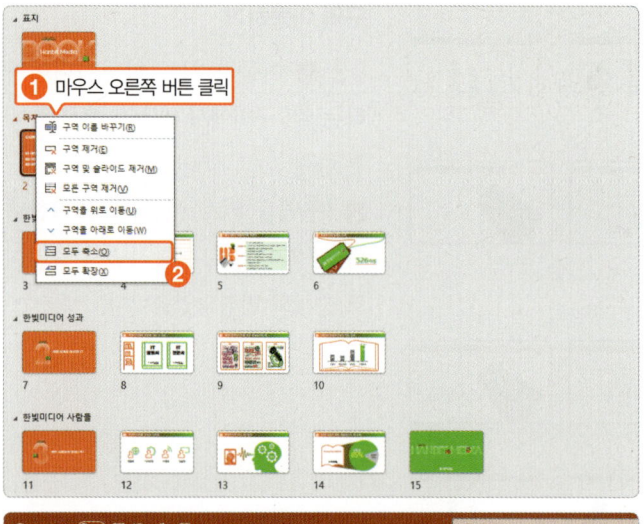

모든 구역 축소하기

05 ❶ 임의의 구역 이름에서 마우스 오른쪽 버튼 클릭

❷ [모두 축소]를 클릭합니다. 모든 구역이 축소되고 각 구역 이름 옆에 해당 구역이 포함하는 슬라이드 개수가 표시됩니다.

Tip 모든 구역을 축소할 때는 [홈] 탭-[슬라이드] 그룹-[구역]을 클릭한 후 [모두 축소]를 클릭해도 됩니다.

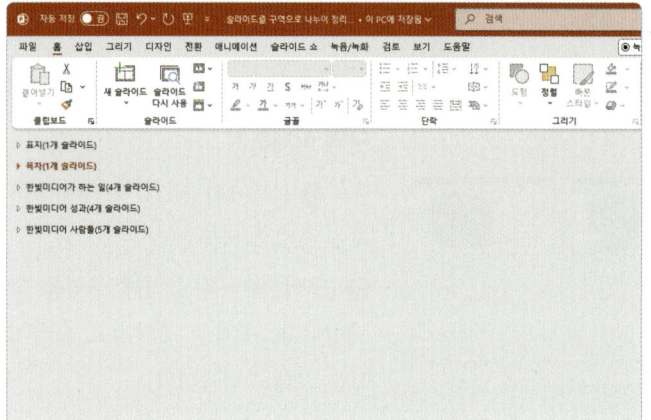

특정 구역만 확장하기

06 [한빛미디어 성과] 구역을 더블클릭합니다. 더블클릭한 구역이 확장됩니다.

Tip 특정 구역만 축소하고 싶다면 확장된 구역을 더블클릭합니다.

모든 구역 확장하기

07 ❶ 임의의 구역 이름에서 마우스 오른쪽 버튼 클릭

❷ [모두 확장]을 클릭합니다. 모든 구역이 확장되었습니다.

Tip 모든 구역을 확장할 때는 [홈] 탭-[슬라이드] 그룹-[구역]을 클릭하고 [모두 확장]을 클릭해도 됩니다.

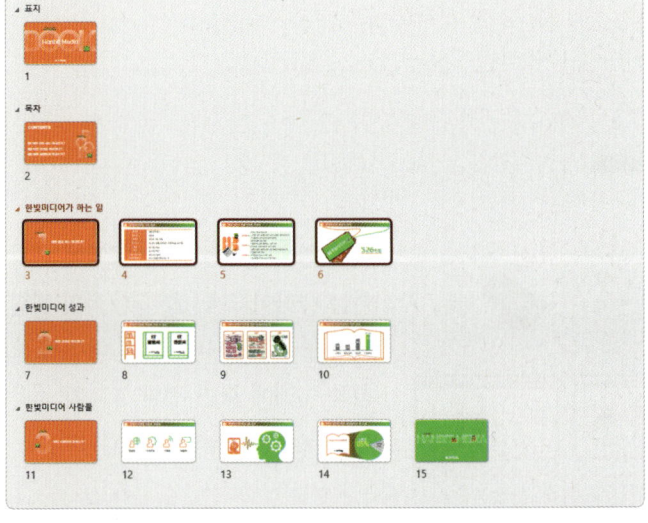

특정 구역 슬라이드만 인쇄하기

08 ❶ [파일] 탭-[인쇄] 클릭

❷ [설정]-[구역] 클릭

❸ [한빛미디어가 하는 일] 클릭

❹ [인쇄]를 클릭합니다. [한빛미디어가 하는 일]에 해당하는 슬라이드만 인쇄됩니다.

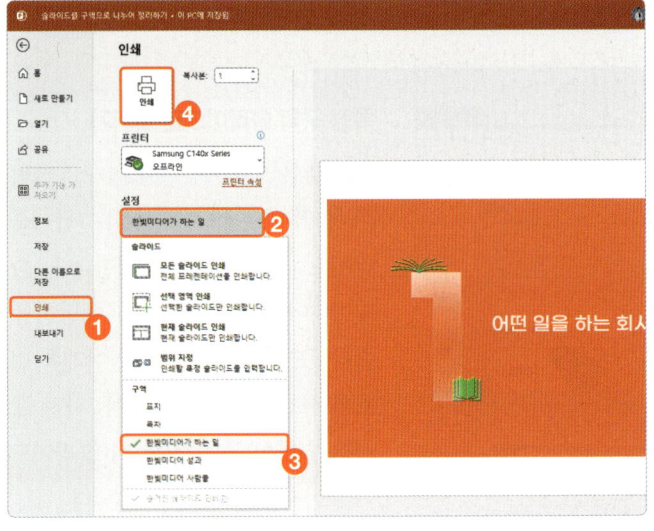

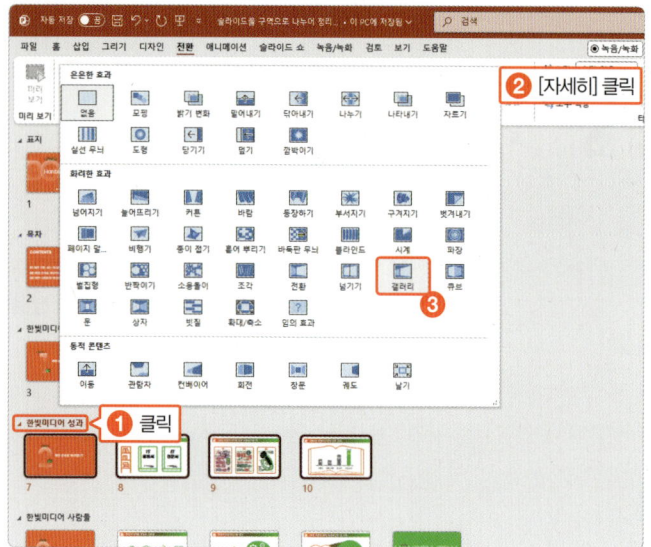

특정 구역 슬라이드만 화면 전환하기

09 ① [한빛미디어 성과] 구역 클릭
② [전환] 탭-[슬라이드 화면 전환] 그룹-[자세히 ⏷] 클릭
③ [화려한 효과]-[갤러리]를 클릭합니다.

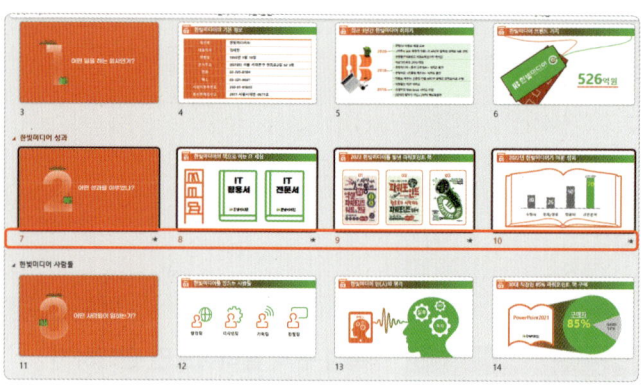

10 [한빛미디어 성과] 구역에 해당하는 슬라이드에 [갤러리] 화면 전환 효과가 적용됩니다. 각 슬라이드 오른쪽 아래에 화면 전환 효과가 적용되었다는 별 모양이 표시됩니다.

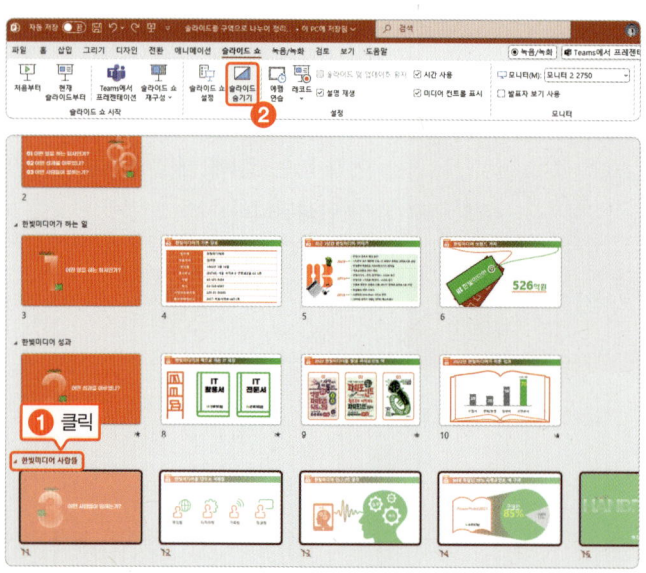

특정 구역 슬라이드만 숨기기

11 ① [한빛미디어 사람들] 구역 클릭
② [슬라이드 쇼] 탭-[설정] 그룹-[슬라이드 숨기기 ▨]를 클릭합니다. [한빛미디어 사람들] 구역에 해당하는 슬라이드가 흐리게 변하고 아래쪽 번호에 사선 표시가 생깁니다. 사선 표시는 슬라이드 쇼 실행 시 슬라이드가 보이지 않는다는 의미입니다.

자동 저장 파일 만들기

실습 파일 파워포인트\6장\066_자동 저장 파일 만들기.pptx 완성 파일 없음

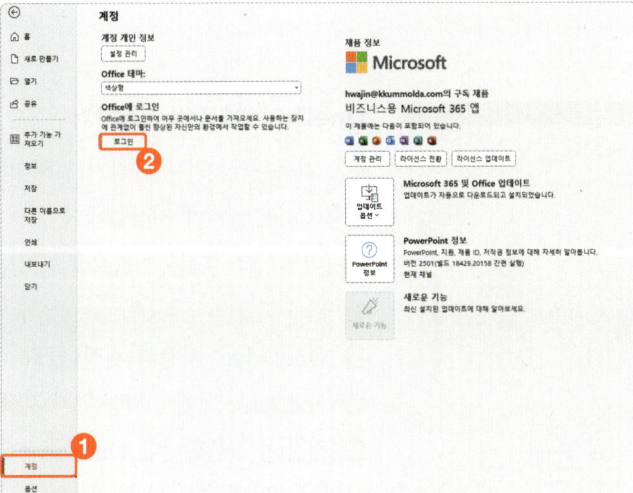

로그인하기

01 자동 저장 기능을 사용하기 위해 OneDrive에 로그인합니다.

❶ [파일] 탭-[계정] 클릭
❷ [Office에 로그인]-[로그인] 클릭
❸ Microsoft에 등록된 이메일 계정 입력
❹ [다음] 클릭
❺ 암호 입력
❻ [로그인]을 클릭합니다.

Tip OneDrive 계정을 설정하려면 Microsoft 계정이 있어야 합니다.

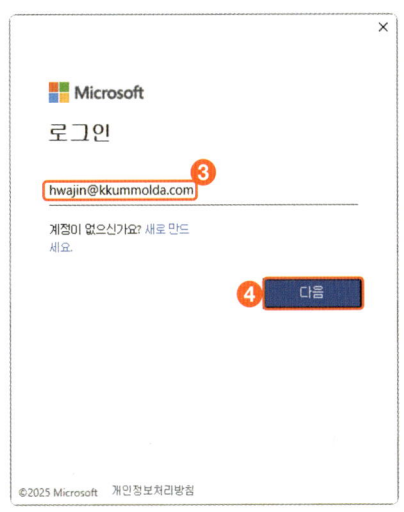
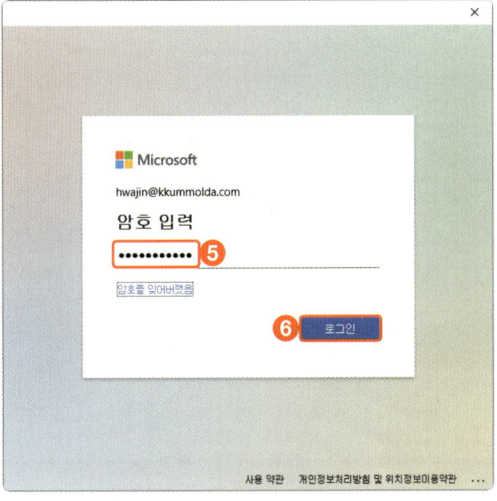

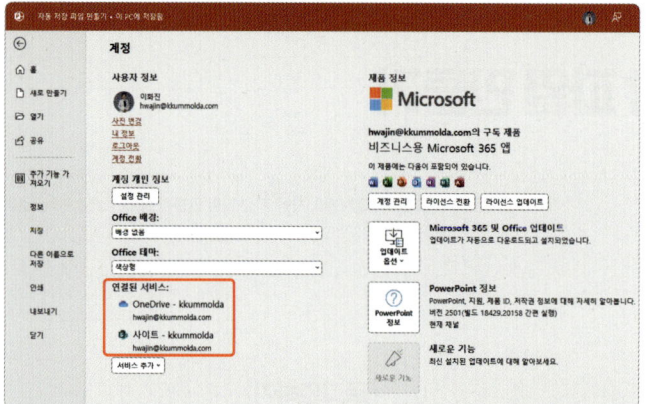

02 연결된 서비스에 OneDrive가 추가됩니다.

Tip OneDrive가 보이지 않으면 [서비스 추가]–[저장소]–[OneDrive]를 클릭합니다.

OneDrive에 파일 저장하기

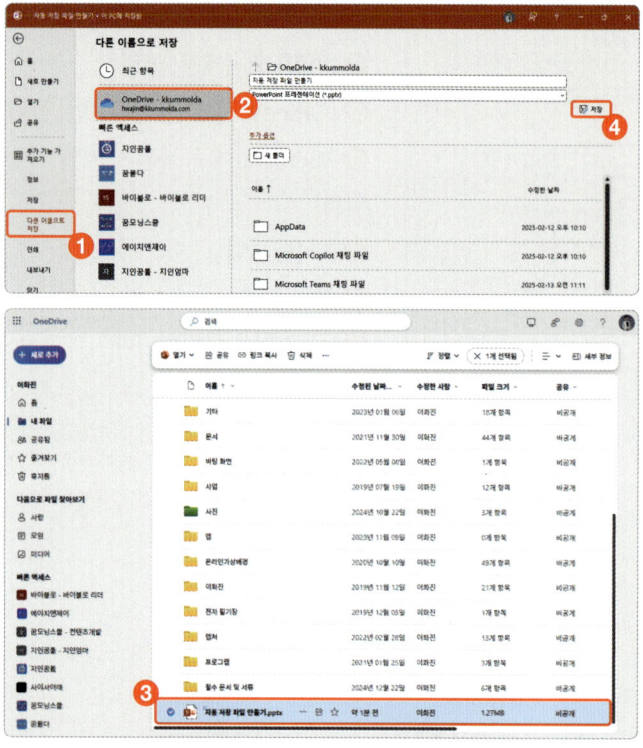

03 자동 저장 기능을 켜기 위해 파일을 OneDrive에 저장합니다.
① [파일] 탭–[다른 이름으로 저장] 클릭
② [OneDrive–사용자 계정] 클릭
③ OneDrive 내에서 저장 위치 지정
④ [저장]을 클릭합니다. OneDrive에 파일이 저장됩니다.

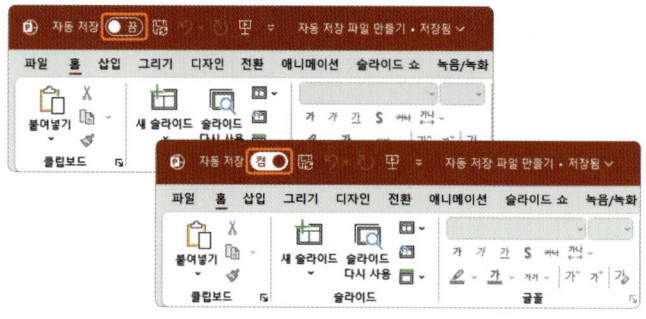

04 화면 왼쪽 상단의 자동 저장 [끔]이 자동 저장 [켬]으로 전환됩니다.

Tip 자동 저장 스위치가 [켬]이면 자동 저장이 설정되고 [끔]이면 자동 저장이 해제됩니다. 자동 저장은 Microsoft 365 버전에서 사용할 수 있는 기능입니다. 자동 저장 기능을 사용하면 몇 초마다 파일을 저장합니다.

067 PDF 문서 만들기

실습 파일 파워포인트\6장\067_PDF 문서 만들기.pptx 완성 파일 파워포인트\6장\067_PDF 문서 만들기_완성.pdf

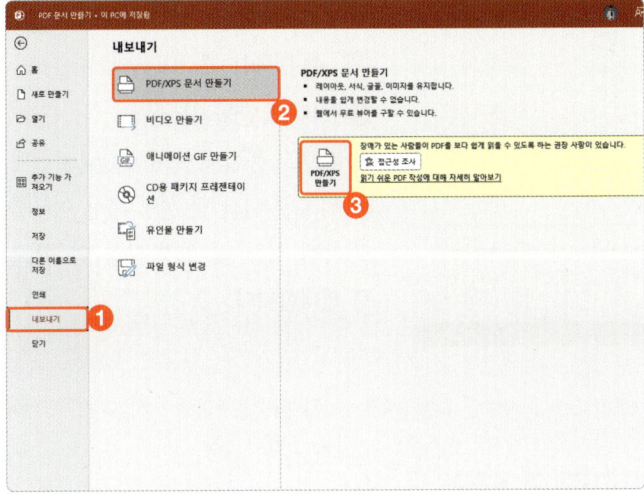

PDF 문서 만들기

01 ① [파일] 탭–[내보내기] 클릭
② [PDF/XPS 문서 만들기] 클릭
③ [PDF/XPS 만들기]를 클릭합니다.

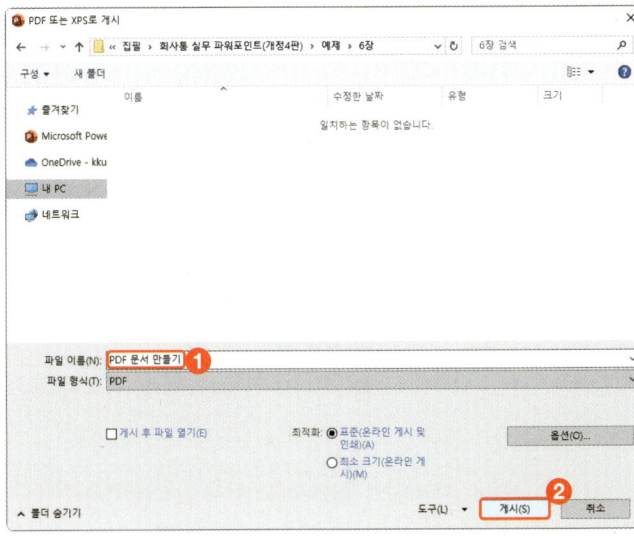

02 ① [PDF 또는 XPS로 게시] 대화상자에서 [파일 이름]에 **PDF 문서 만들기** 입력
② [게시]를 클릭합니다. 전체 슬라이드 내용이 PDF 형식으로 변경됩니다.

Tip PDF Reader가 설치되어 있어야 PDF 파일을 볼 수 있습니다.

Tip [PDF 또는 XPS로 게시] 대화상자에서 [옵션]을 클릭하면 PDF 문서의 범위 및 게시 형태를 사용자가 원하는 대로 설정할 수 있습니다.

068 비디오 파일 만들기

실습 파일 파워포인트\6장\068_비디오 파일 만들기.pptx   완성 파일 파워포인트\6장\068_비디오 파일 만들기_완성.mp4

비디오 저장하기

01 ① [파일] 탭-[내보내기] 클릭
② [비디오 만들기] 클릭
③ [비디오 품질]을 [표준(480p)]로 선택
④ 기록된 시간 및 설명 사용 여부를 [기록된 시간 및 설명 사용 안 함]으로 선택합니다.

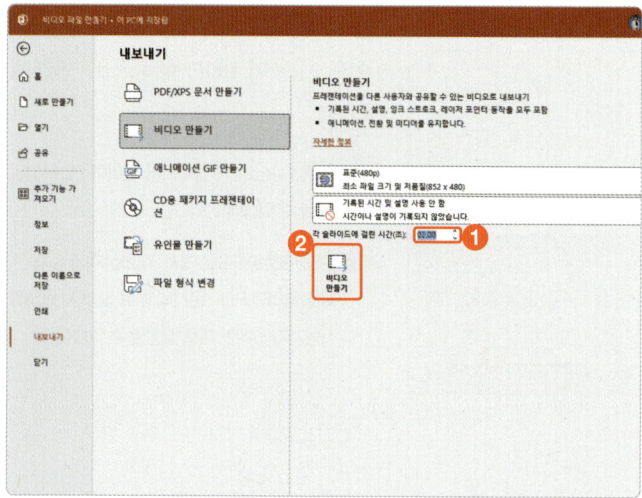

02 비디오 재생 시 각각의 슬라이드를 2초씩 보여주면서 화면이 재생되도록 설정해보겠습니다.
① [각 슬라이드에 걸린 시간(초)]에 **02.00** 입력
② [비디오 만들기]를 클릭합니다.

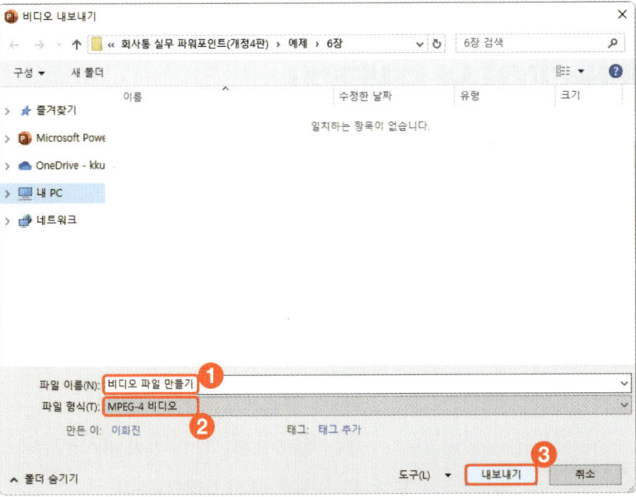

03 ① [비디오 내보내기] 대화상자에서 [파일 이름]에 **비디오 파일 만들기** 입력

② [파일 형식]을 [MPEG-4 비디오] 선택

③ [내보내기]를 클릭합니다. '비디오 만들기.mp4' 파일이 저장됩니다.

Tip 압축률이 좋은 MPEG-4 비디오가 기본 파일 형식(.mp4)이지만 Windows Media 비디오 형식(.wmv)으로도 저장할 수 있습니다.

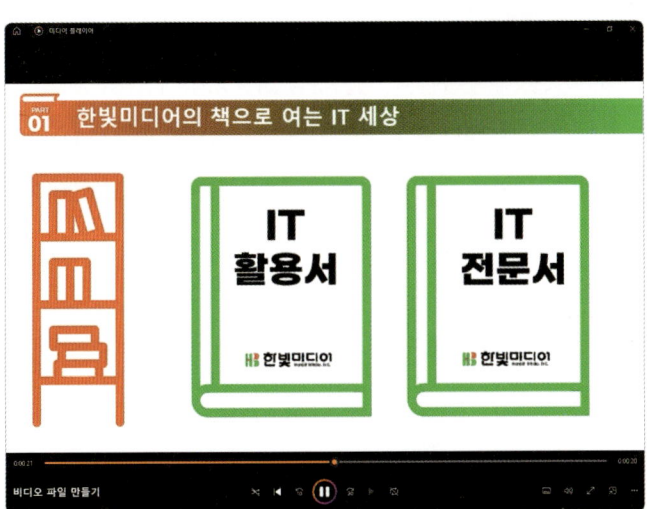

04 저장된 비디오 파일을 실행해서 프레젠테이션을 확인할 수 있습니다.

Note 비디오 품질을 선택하는 기준은 무엇인가요?

비디오를 재생하는 기기에 따라 달라집니다. 비디오 품질이 높을수록 파일 크기가 커집니다. Ultra HD(4K) 옵션은 Windows 10 이상의 사용 환경에서만 사용할 수 있습니다.

옵션	해결 방법	표시
Ultra HD(4K)	최대 파일 크기 및 매우 높은 품질(3840×2160)	큰 모니터
Full HD(1080p)	큰 파일 크기와 전체 고품질(1920×1080)	컴퓨터 및 HD 화면
HD(720p)	중간 파일 크기 및 중간 품질(1280×720)	인터넷 및 DVD
Standard(480p)	최소 파일 크기 및 저품질(852×480)	휴대용 장치

069 그림 프레젠테이션 만들기

실습 파일 파워포인트\6장\069_그림 프레젠테이션 만들기.pptx   완성 파일 파워포인트\6장\069_그림 프레젠테이션 만들기_완성.pptx

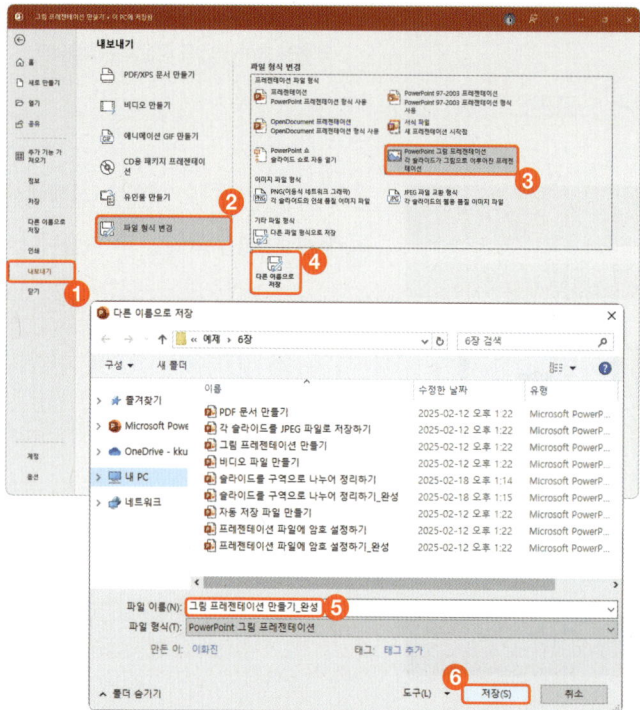

그림 프레젠테이션 만들기

01 ① [파일] 탭-[내보내기] 클릭

② [파일 형식 변경] 클릭

③ [PowerPoint 그림 프레젠테이션] 클릭

④ [다른 이름으로 저장] 클릭

⑤ [다른 이름으로 저장] 대화상자에서 [파일 이름]에 **그림 프레젠테이션 만들기_완성** 입력

⑥ [저장]을 클릭합니다.

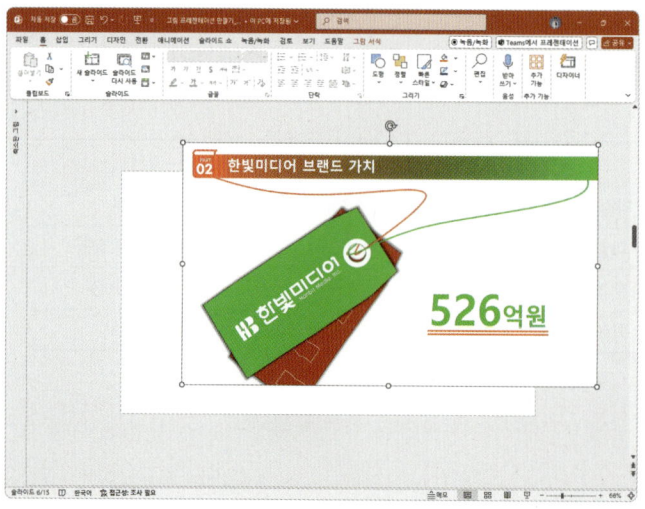

02 저장된 '그림 프레젠테이션 만들기_완성.pptx' 파일을 열어보면 각 슬라이드가 그림으로 이루어져 있는 것을 확인할 수 있습니다.

070 각 슬라이드를 JPEG 파일로 저장하기

실습 파일 파워포인트\6장\070_각 슬라이드를 JPEG 파일로 저장하기.pptx
완성 파일 파워포인트\6장\070_각 슬라이드를 JPEG 파일로 저장하기_완성 폴더

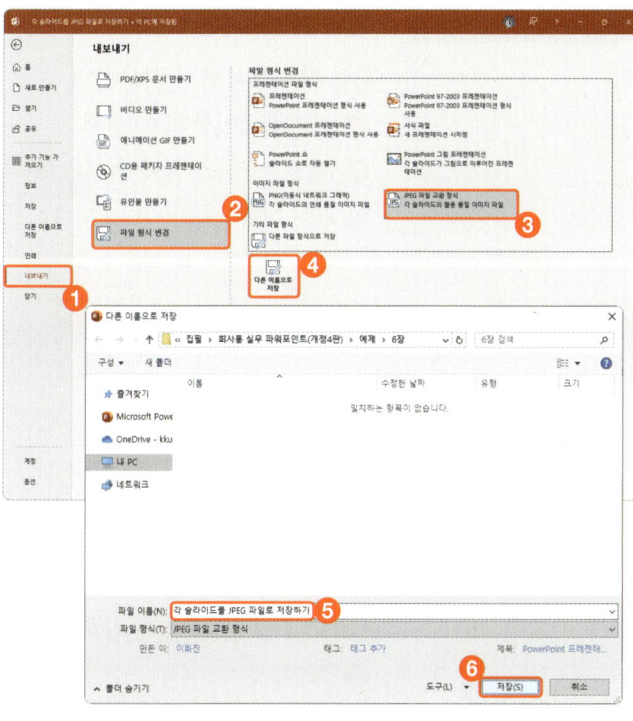

이미지 파일로 저장하기

01 ❶ [파일] 탭-[내보내기] 클릭
❷ [파일 형식 변경] 클릭
❸ [JPEG 파일 교환 형식] 클릭
❹ [다른 이름으로 저장] 클릭
❺ [다른 이름으로 저장] 대화상자에서 [파일 이름]에 **각 슬라이드를 JPEG 파일로 저장하기** 입력
❻ [저장]을 클릭합니다.

02 ❶ 내보낼 슬라이드를 선택하라는 메시지가 나타나면 [모든 슬라이드] 클릭
❷ 저장 경로를 표시하는 메시지가 나타나면 [확인]을 클릭합니다. 생성된 폴더 안에 각각의 슬라이드가 JPEG 이미지 파일로 저장됩니다.

CHAPTER 06 프레젠테이션 슬라이드 정리 및 저장하기 **441**

프레젠테이션 파일에 암호 설정하기

실습 파일 파워포인트\6장\071_프레젠테이션 파일에 암호 설정하기.pptx
완성 파일 파워포인트\6장\071_프레젠테이션 파일에 암호 설정하기_완성.pptx

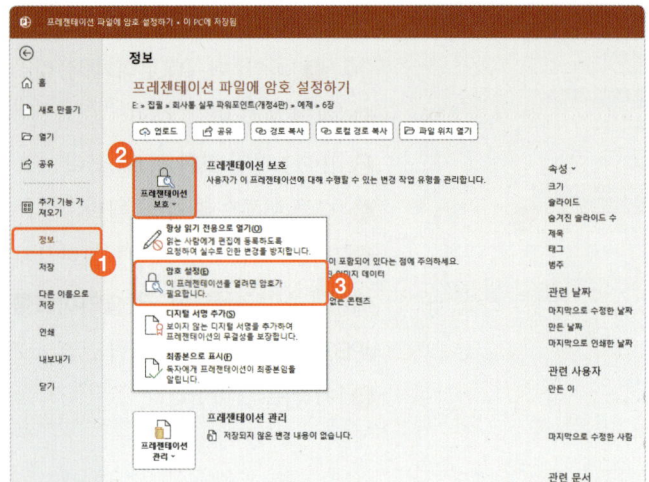

암호 설정하기

01 ❶ [파일] 탭-[정보] 클릭
❷ [프레젠테이션 보호] 클릭
❸ [암호 설정]을 클릭합니다. [문서 암호화] 대화상자가 나타납니다.

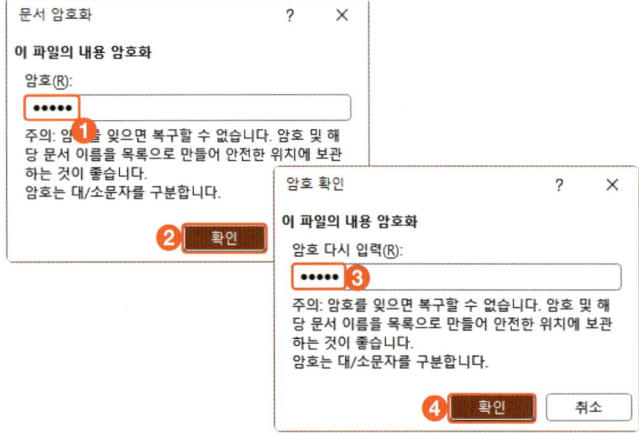

02 ❶ [문서 암호화] 대화상자에서 [암호]에 설정하고 싶은 암호 입력
❷ [확인] 클릭
❸ [암호 확인] 대화상자가 나타나면 [암호 다시 입력]에 동일한 암호 입력
❹ [확인]을 클릭합니다.

Tip 완성 파일 암호는 '12345'로 설정했습니다.

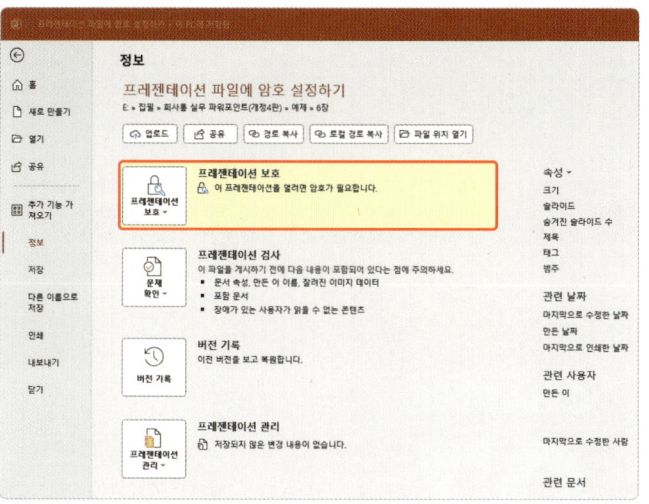

03 [프레젠테이션 보호]가 노란색으로 표시되며 암호가 설정됩니다.

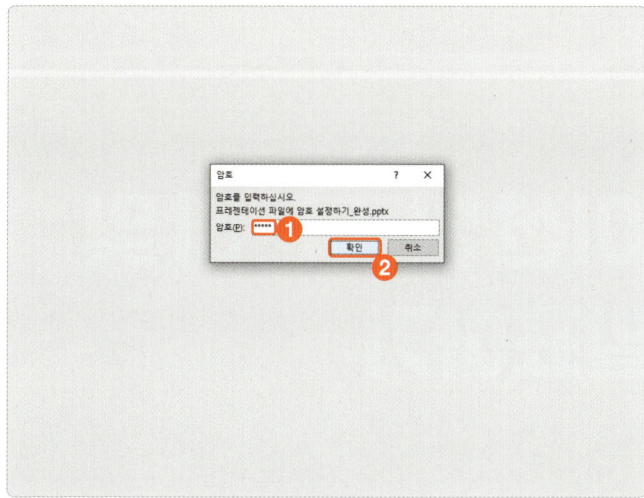

암호가 설정된 프레젠테이션 파일 열기

04 암호가 설정된 프레젠테이션 파일을 저장한 후 다시 열면 [암호] 대화상자가 나타납니다.
❶ [암호]에 설정한 암호 입력
❷ [확인]을 클릭합니다. 프레젠테이션 파일이 열리는 것을 확인할 수 있습니다.

> **Note** 프레젠테이션 파일의 암호는 어떻게 해제하나요?
>
> [파일] 탭-[정보]-[프레젠테이션 보호]를 클릭한 후 [암호 설정]을 클릭합니다. [문서 암호화] 대화상자가 나타나면 [암호]에 입력된 기존 암호를 삭제하고 [확인]을 클릭합니다.
>
>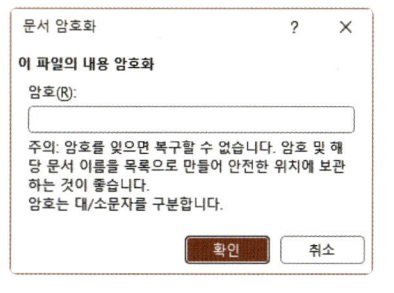

CHAPTER 06 프레젠테이션 슬라이드 정리 및 저장하기 **443**

CHAPTER 07

프레젠테이션 발표 준비 및 발표하기

072 개체에 애니메이션 적용하기

실습 파일 파워포인트\7장\072_개체에 애니메이션 적용하기.pptx 완성 파일 파워포인트\7장\072_개체에 애니메이션 적용하기_완성.pptx

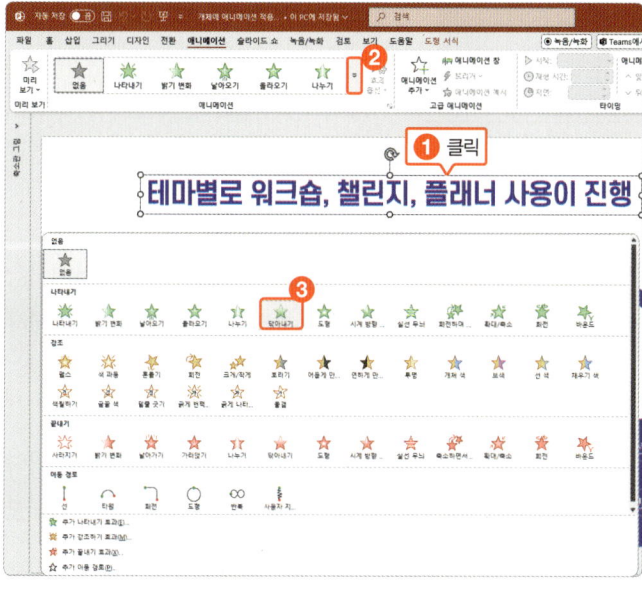

텍스트에 애니메이션 적용하기

01 ① 슬라이드에서 제목 텍스트 상자 클릭
② [애니메이션] 탭-[애니메이션] 그룹-[자세히 ▼] 클릭
③ 애니메이션 목록에서 [나타내기]-[닦아내기]를 클릭하면 텍스트가 아래쪽부터 나타나는 애니메이션이 적용됩니다.

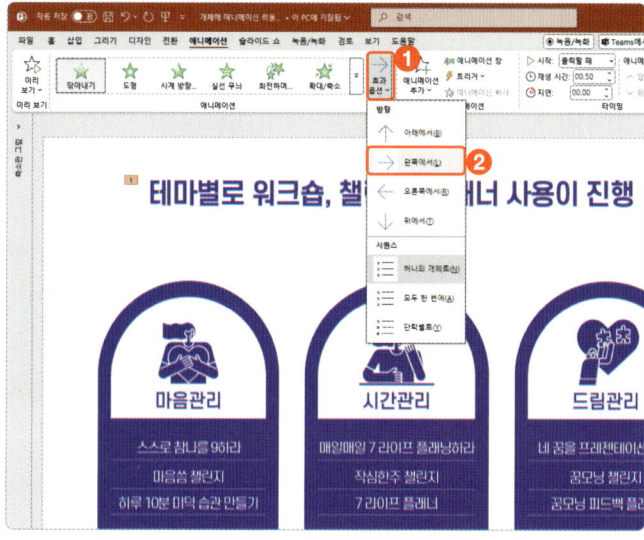

애니메이션 효과 옵션 변경하기

02 ① 텍스트 상자가 선택된 상태에서 [애니메이션] 탭-[애니메이션] 그룹-[효과 옵션 →] 클릭
② [왼쪽에서]를 클릭합니다. 텍스트가 왼쪽부터 나타나는 애니메이션으로 옵션이 변경됩니다.

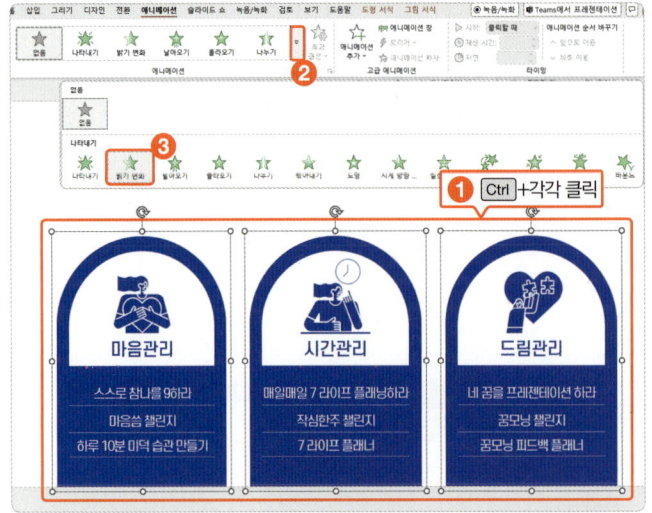

세 개의 개체에 같은 애니메이션 적용하기

03 ① 세 개의 개체를 Ctrl을 누른 상태에서 각각 클릭
② [애니메이션] 탭–[애니메이션] 그룹–[자세히] 클릭
③ 애니메이션 목록에서 [나타내기]–[밝기 변화]를 클릭합니다. 세 개의 개체가 서서히 나타나는 애니메이션이 적용됩니다.

> **Tip** 애니메이션 목록 하단에 있는 [추가 나타내기 효과]를 클릭하면 더 많은 종류의 애니메이션을 지정할 수 있습니다.

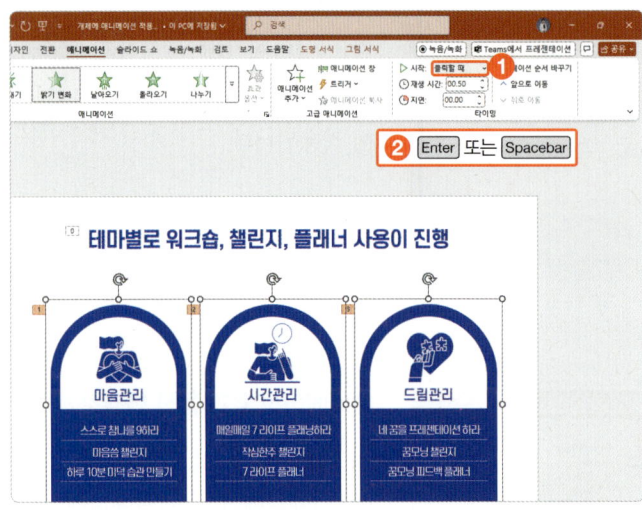

애니메이션 시작 방법 변경하기

04 세 개의 개체가 선택된 상태에서
① [애니메이션] 탭–[타이밍] 그룹–[시작 ▷]을 [클릭할 때]로 설정
② 슬라이드 쇼에서 화면을 클릭하거나 Enter 또는 Spacebar 를 누르면 애니메이션이 실행됩니다.

> **Tip** 슬라이드 제목 개체의 시작은 [이전 효과와 함께]로 변경합니다.

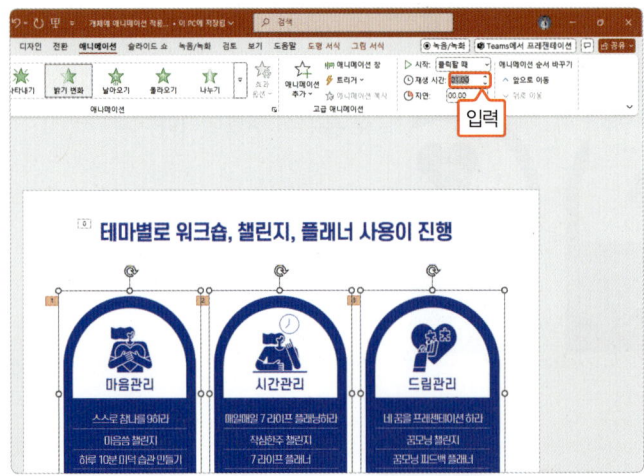

애니메이션 재생 시간 변경하기

05 세 개의 개체가 선택된 상태에서 [애니메이션] 탭–[타이밍] 그룹–[재생 시간]에 **01.00**을 입력합니다. 적용한 애니메이션이 1초 동안 동작하도록 설정됩니다.

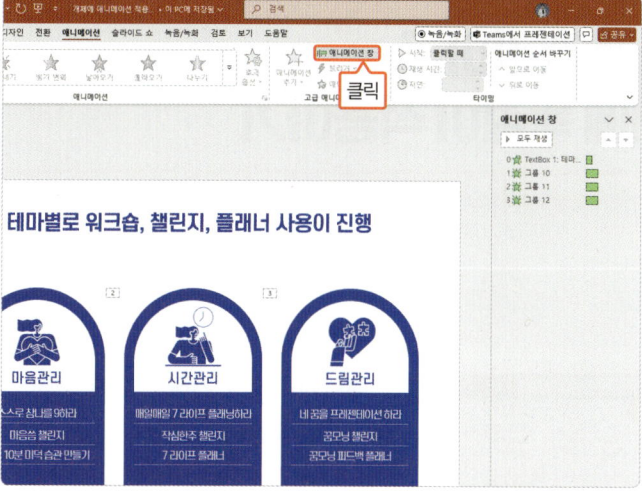

애니메이션 창 열기

06 [애니메이션] 탭-[고급 애니메이션] 그룹-[애니메이션 창]을 클릭하면 화면 오른쪽에 [애니메이션 창] 작업 창이 나타납니다. [애니메이션 창] 작업 창에는 지금까지 개체에 적용한 애니메이션 목록이 나타납니다.

Tip 개체에 적용한 애니메이션의 종류, 실행 순서, 시작 방법, 시간을 확인할 수 있습니다.

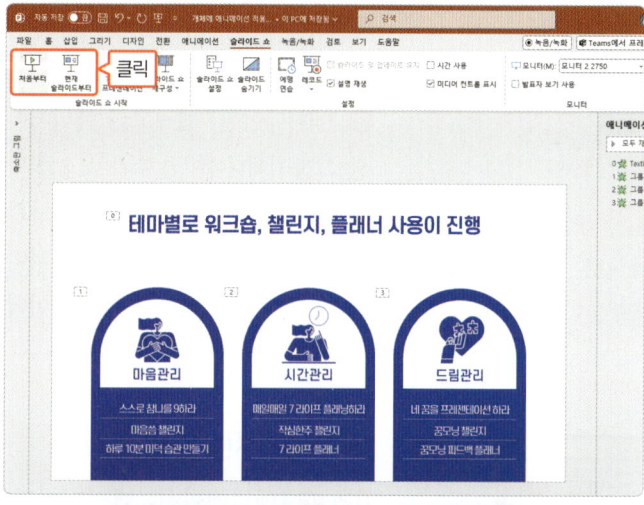

애니메이션 실행하기

07 [슬라이드 쇼] 탭-[슬라이드 쇼 시작] 그룹-[처음부터] 또는 [현재 슬라이드부터]를 클릭합니다. 슬라이드 쇼가 실행되면 개체에 적용된 애니메이션 효과를 확인할 수 있습니다.

Tip 슬라이드 쇼를 끝내려면 Esc 를 누릅니다.

우선순위 073 애니메이션 추가하고 다른 개체에 똑같이 적용하기

실습 파일 파워포인트\7장\073_애니메이션 추가하고 다른 개체에 똑같이 적용하기.pptx
완성 파일 파워포인트\7장\073_애니메이션 추가하고 다른 개체에 똑같이 적용하기_완성.pptx

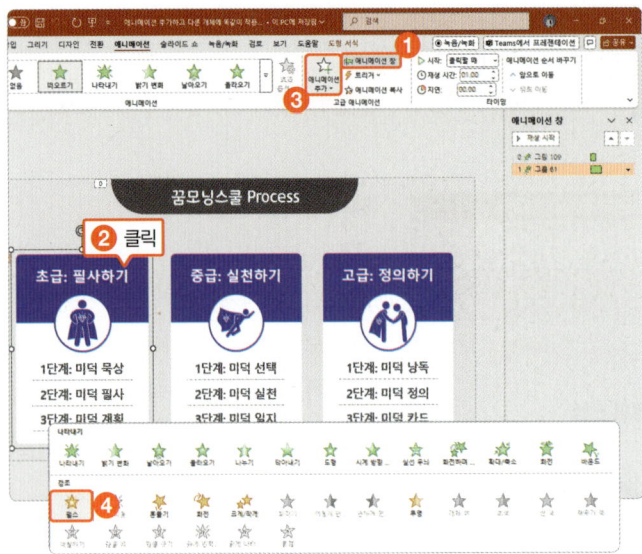

애니메이션 추가하고 다른 개체에 똑같이 적용하기

01 ① [애니메이션] 탭-[고급 애니메이션] 그룹-[애니메이션 창] 클릭
② '초급: 필사하기' 개체 클릭
③ [애니메이션] 탭-[고급 애니메이션] 그룹-[애니메이션 추가] 클릭
④ 애니메이션 목록에서 [강조]-[펄스]를 클릭합니다. 개체에 적용되어 있던 [나타내기] 애니메이션에 이어 [펄스] 애니메이션이 추가됩니다.

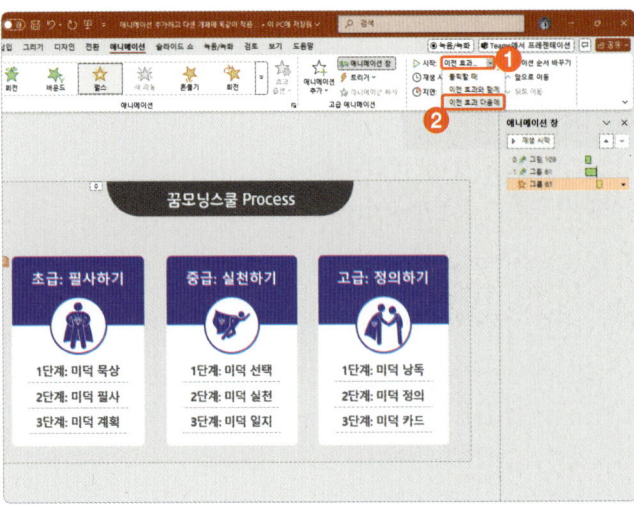

애니메이션 시작 방법 변경하기

02 ① [애니메이션] 탭-[타이밍] 그룹-[시작] 클릭
② [이전 효과 다음에]를 클릭합니다. 개체에 추가한 [펄스] 애니메이션은 이전 애니메이션이 실행된 후 자동으로 실행됩니다.

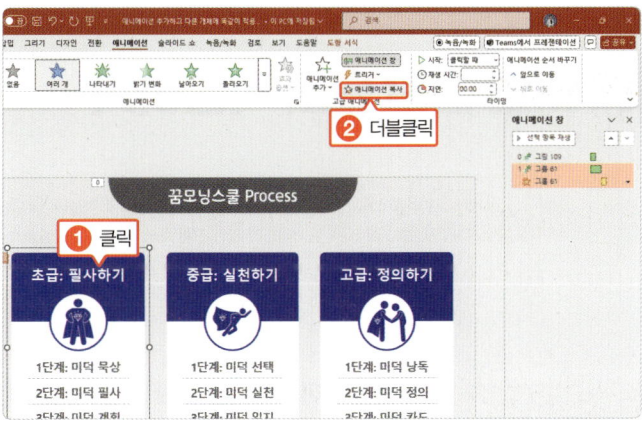

애니메이션 복사하기

03 ① '초급: 필사하기' 개체 클릭
② [애니메이션] 탭-[고급 애니메이션] 그룹-[애니메이션 복사 ☆]를 더블클릭합니다.

Tip [애니메이션 복사]를 더블클릭하면 여러 개체에 같은 애니메이션을 연속으로 적용할 수 있습니다.

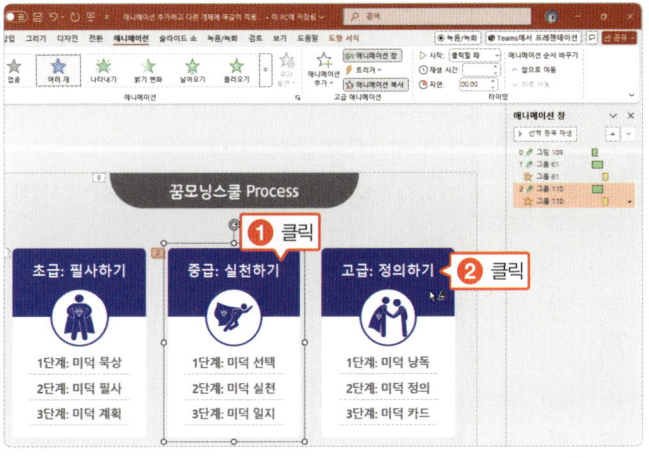

복사한 애니메이션 효과를 다른 개체에 붙여넣기

04 마우스 포인터가 붓 모양으로 변경되면 복사한 애니메이션 효과를 붙여 넣을 수 있습니다.
① '중급: 실천하기' 개체 클릭
② '고급: 정의하기' 개체도 클릭하여 애니메이션을 붙여 넣습니다. 첫 번째 개체에 적용된 애니메이션이 다른 두 개체에 똑같이 적용됩니다.

Tip 애니메이션 복사를 끝내려면 Esc 를 누릅니다.

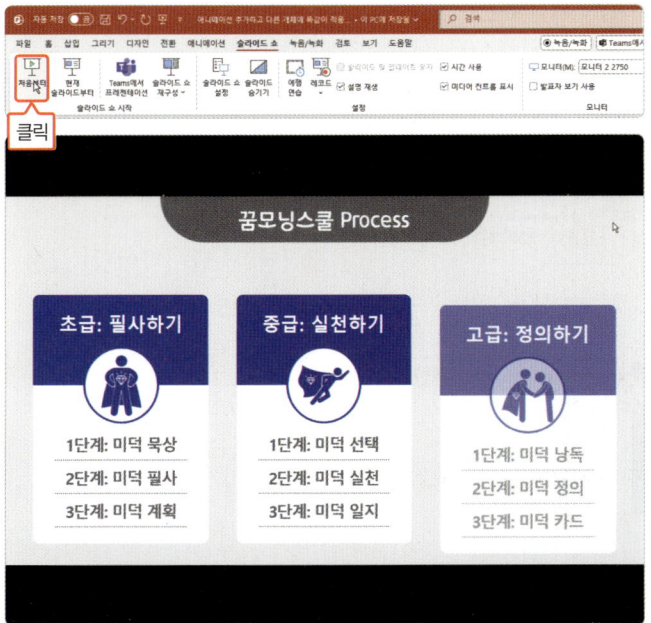

애니메이션 실행하기

05 [슬라이드 쇼] 탭-[슬라이드 쇼 시작] 그룹-[처음부터 ▣]를 클릭합니다. 슬라이드 쇼가 실행되며 개체에 적용된 애니메이션 효과를 확인할 수 있습니다.

074 슬라이드에 화면 전환 효과 적용하기

실습 파일 파워포인트\7장\074_슬라이드에 화면 전환 효과 적용하기.pptx
완성 파일 파워포인트\7장\074_슬라이드에 화면 전환 효과 적용하기_완성.pptx

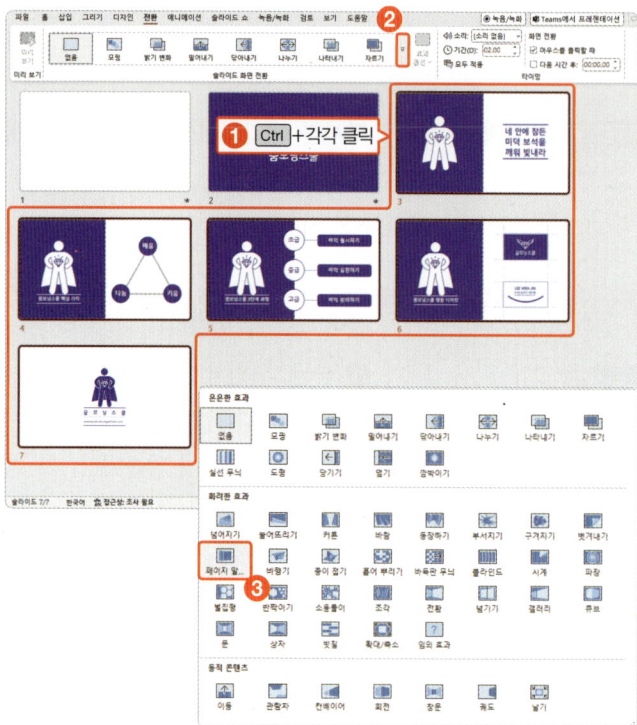

슬라이드에 화면 전환 효과 적용하기

01 여러 슬라이드 보기 상태에서
❶ Ctrl 을 누른 상태로 [3번 슬라이드], [4번 슬라이드], [5번 슬라이드], [6번 슬라이드], [7번 슬라이드] 각각 클릭

❷ [전환] 탭-[슬라이드 화면 전환] 그룹-[자세히 ▽] 클릭

❸ 전환 효과 목록에서 [화려한 효과]-[페이지 말아 넘기기]를 클릭합니다. 선택한 슬라이드에 페이지를 넘기는 듯한 전환 효과가 적용됩니다.

Tip 여러 슬라이드 보기 상태로 만들기 위해서는 [보기] 탭-[프레젠테이션 보기] 그룹-[여러 슬라이드]를 클릭합니다. 화면 전환 효과를 선택하면 슬라이드 창에서 미리 보기가 제공되므로 원하는 전환 효과를 쉽게 확인할 수 있습니다.

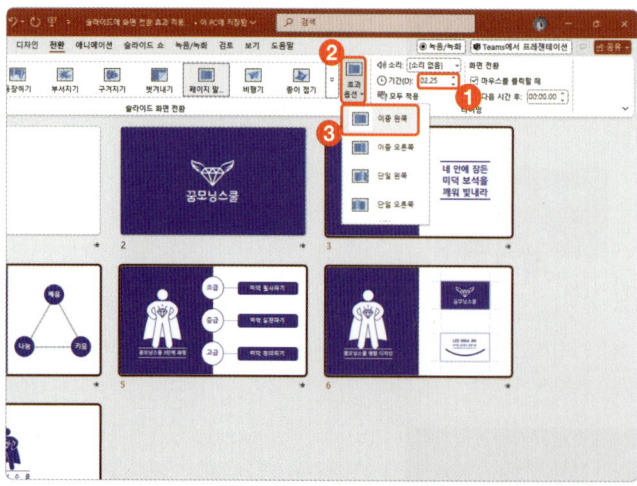

전환 길이 지정하고 효과 옵션 변경하기

02 ❶ [전환] 탭-[타이밍] 그룹-[기간]에 **02.25** 입력

❷ [전환] 탭-[슬라이드 화면 전환] 그룹-[효과 옵션 ▣] 클릭

❸ [이중 왼쪽]을 클릭합니다. 선택한 슬라이드에 2.25초 동안 페이지를 안쪽으로 넘기는 듯한 전환 효과가 적용됩니다.

화면 전환 효과 실행하기

03 [슬라이드 쇼] 탭-[슬라이드 쇼 시작] 그룹-[현재 슬라이드부터]를 클릭합니다.

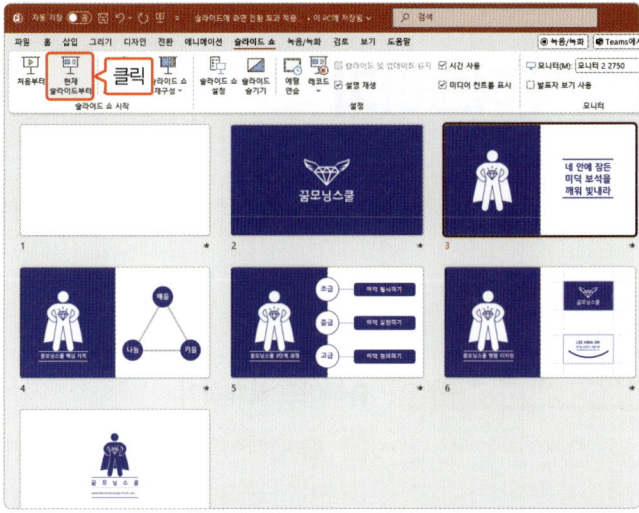

04 슬라이드 쇼가 실행되고 다음 슬라이드로 넘기면 적용한 화면 전환 효과가 나타납니다.

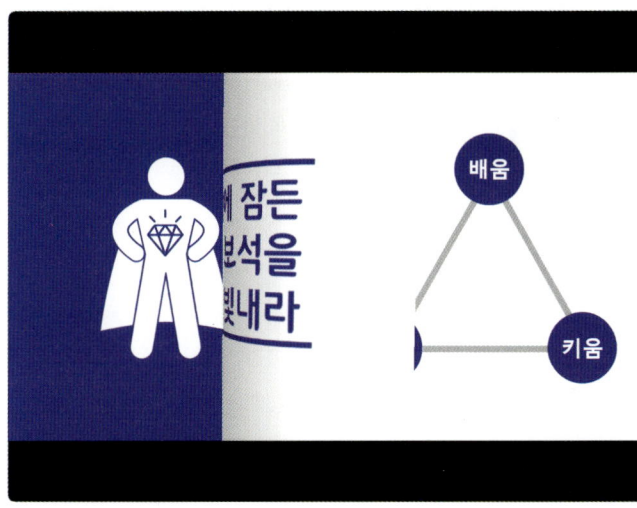

우선순위

075 모핑 전환 효과 적용하기

실습 파일 파워포인트\7장\075_모핑 전환 효과 적용하기.pptx   완성 파일 파워포인트\7장\075_모핑 전환 효과 적용하기_완성.pptx

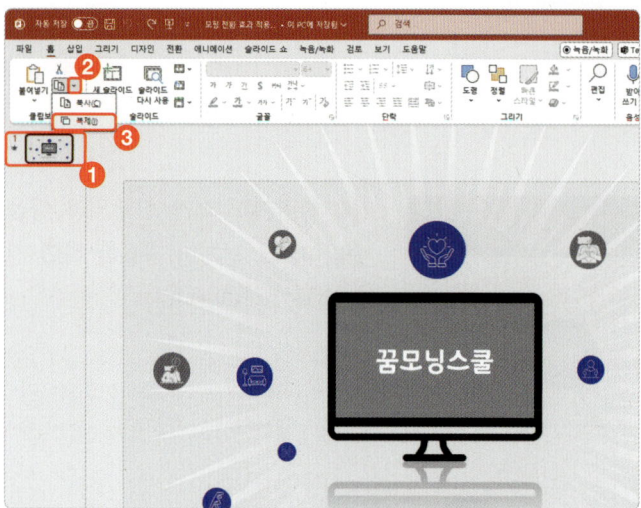

슬라이드 복제하기

01 ① 슬라이드 축소판 창에서 [1번 슬라이드] 클릭

② [홈] 탭-[클립보드] 그룹-[복사]의 ▾ 클릭

③ [복제]를 클릭합니다. [1번 슬라이드]를 복제한 [2번 슬라이드]가 아래쪽에 추가됩니다.

02 ① 복제된 [2번 슬라이드] 클릭

② 동그라미 개체를 보기 좋게 배치하고 색상도 변경합니다. 모니터와 빛의 위치를 아래로 이동시키고 모니터와 텍스트의 색상을 변경합니다.

Tip 복제 단축키는 Ctrl + D 입니다.

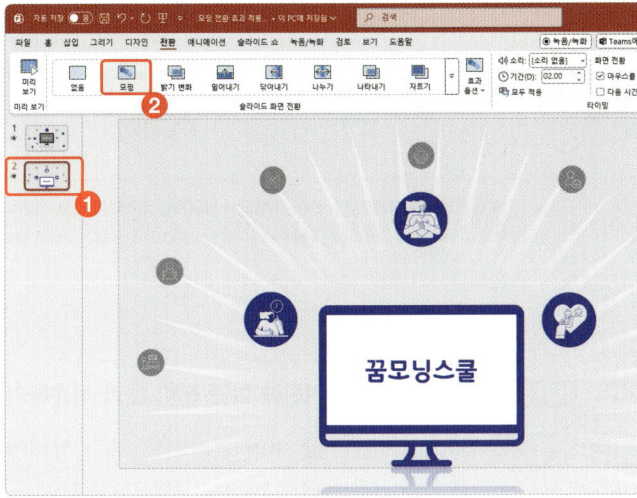

모핑 전환 효과 적용하고 슬라이드 쇼 실행하기

03 ❶ [2번 슬라이드] 클릭
❷ [전환] 탭-[슬라이드 화면 전환] 그룹-[모핑]을 클릭합니다. [2번 슬라이드]에 슬라이드 모양이 서서히 전환되는 효과가 적용됩니다.

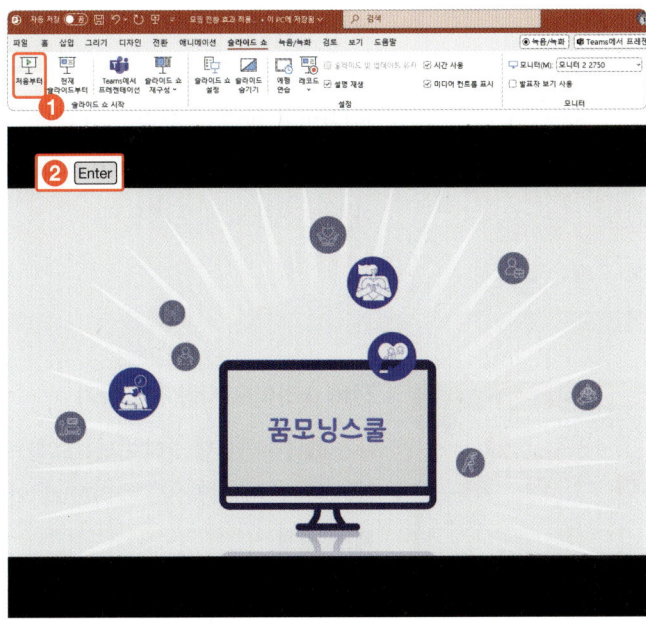

04 ❶ [슬라이드 쇼] 탭-[슬라이드 쇼 시작] 그룹-[처음부터] 클릭
❷ 슬라이드 쇼가 실행되면 Enter 를 누릅니다. 동그라미 개체가 부드럽게 이동하고 색과 크기가 변경됩니다. 모니터와 빛이 아래로 이동하고 색이 변경됩니다.

076 자동으로 넘어가는 슬라이드 만들기

실습 파일 파워포인트\7장\076_자동으로 넘어가는 슬라이드 만들기.pptx
완성 파일 파워포인트\7장\076_자동으로 넘어가는 슬라이드 만들기_완성.pptx

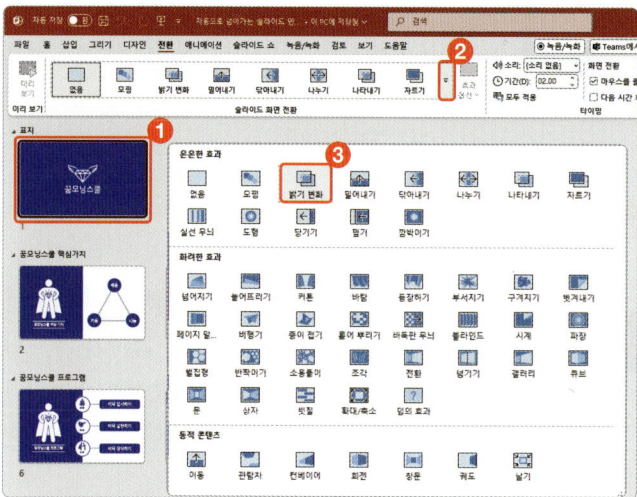

슬라이드에 화면 전환 효과 적용하기

01 ① 여러 슬라이드 보기 상태에서 [1번 슬라이드] 클릭
② [전환] 탭-[슬라이드 화면 전환] 그룹-[자세히 ▼] 클릭
③ 전환 효과 목록에서 [은은한 효과]-[밝기 변화]를 클릭합니다. [1번 슬라이드]에 슬라이드가 서서히 밝아지는 전환 효과가 적용됩니다.

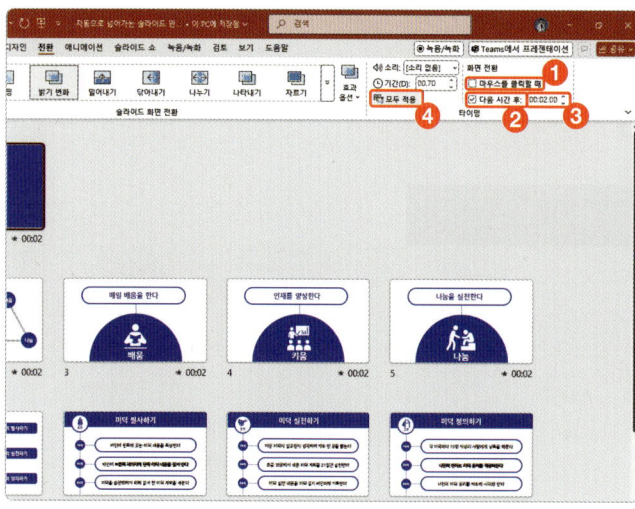

전체 슬라이드 자동 전환하기

02 ① [전환] 탭-[타이밍] 그룹-[화면 전환]-[마우스를 클릭할 때]의 체크 해제
② [다음 시간 후]에 체크
③ **00:02.00** 입력
④ [모두 적용]을 클릭합니다. 슬라이드 전체에 같은 전환 효과와 시간이 적용됩니다.

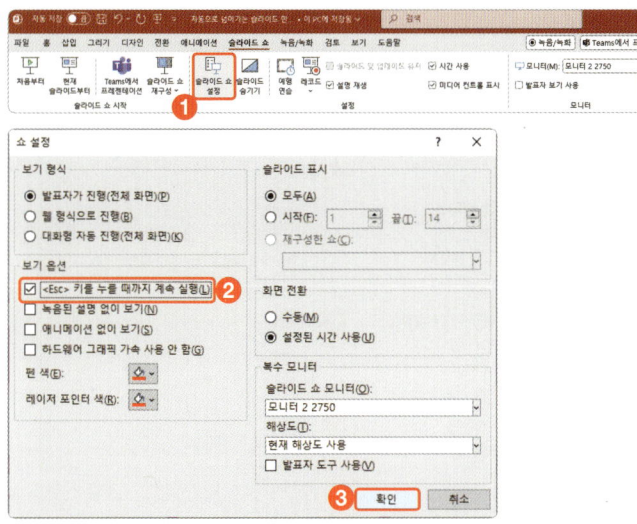

슬라이드 쇼 계속 실행하기

03 ❶ [슬라이드 쇼] 탭–[설정] 그룹–[슬라이드 쇼 설정] 클릭
❷ [쇼 설정] 대화상자에서 [보기 옵션]–[〈Esc〉 키를 누를 때까지 계속 실행]에 체크
❸ [확인]을 클릭합니다. Esc를 누르기 전까지 슬라이드 쇼가 반복됩니다.

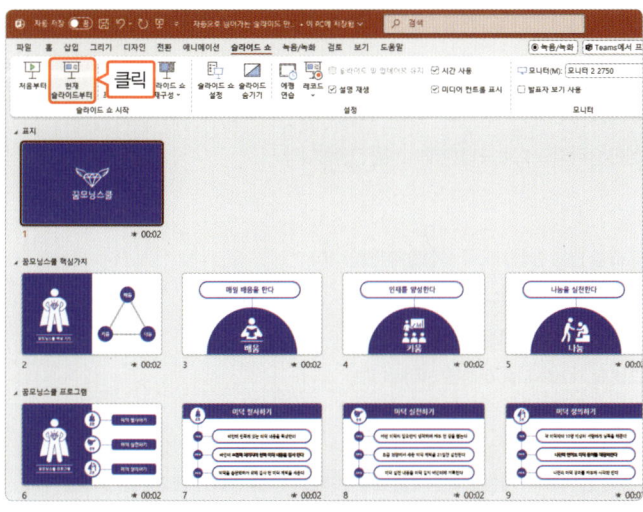

화면 전환 효과 실행하기

04 [슬라이드 쇼] 탭–[슬라이드 쇼 시작] 그룹–[현재 슬라이드부터]를 클릭합니다.

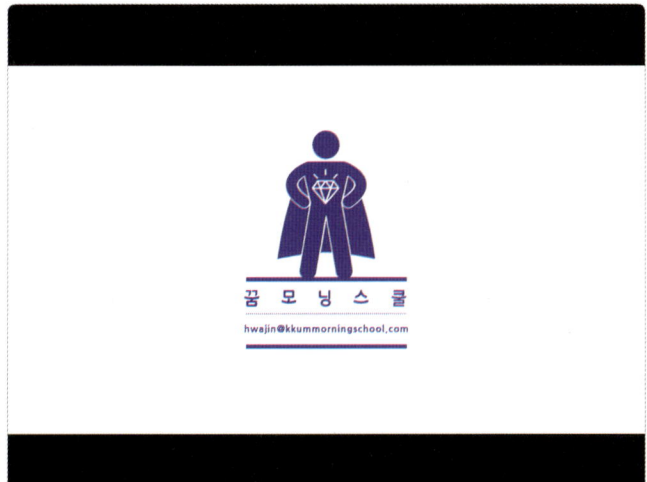

05 슬라이드 쇼가 실행되며 2초마다 다음 슬라이드로 넘어갑니다. 마지막 슬라이드에서는 다시 처음 슬라이드로 넘어가는 것을 확인할 수 있습니다.

Tip 슬라이드 쇼를 끝내려면 Esc를 누릅니다.

Note   슬라이드 쇼를 설정할 수 있는 옵션 알아보기

① 보기 형식

- **발표자가 진행(전체 화면)(P)** : 일반적인 쇼 보기 상태입니다. 발표자가 Enter 나 마우스 왼쪽 버튼을 클릭하면 다른 슬라이드로 전환됩니다.
- **웹 형식으로 진행** : 슬라이드 쇼를 [읽기용 보기]에서 진행합니다. 웹 페이지처럼 표시합니다.
- **대화형 자동 진행(전체 화면)(K)** : 슬라이드 쇼에서 Enter 나 클릭을 사용할 수 없으며 하이퍼링크로 설정된 개체를 클릭하여 슬라이드 쇼를 진행합니다.

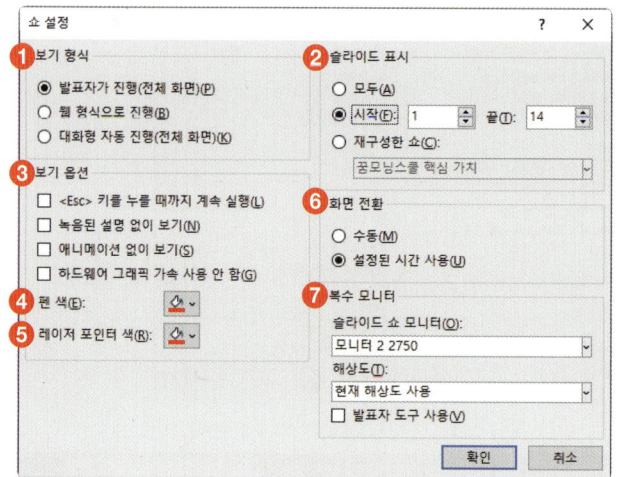

② 슬라이드 표시

- **모두(A)** : 프레젠테이션 내의 모든 슬라이드를 보여줍니다.
- **시작(F)/끝(T)** : 시작 슬라이드와 끝 슬라이드를 지정합니다.
- **재구성한 쇼(C)** : [슬라이드 쇼 재구성]에서 재구성한 슬라이드 쇼로 프레젠테이션을 진행합니다.

③ 보기 옵션

- **〈ESC〉 키를 누를 때까지 계속 실행(L)** : 슬라이드 쇼를 반복 실행하도록 설정할 수 있습니다.
- **녹음된 설명 없이 보기(N)** : 녹음된 설명 없이 슬라이드 쇼를 진행합니다.
- **애니메이션 없이 보기(S)** : 애니메이션을 사용하지 않고 슬라이드 쇼를 진행합니다.
- **하드웨어 그래픽 가속 사용 안 함(G)** : 하드웨어 그래픽 가속의 사용 여부를 선택합니다.

④ 펜 색

슬라이드 쇼에서 밑줄이나 코멘트를 표시할 수 있는 펜의 초기 색상을 지정해줍니다. Ctrl + P 를 누르면 펜 기능을 실행할 수 있습니다.

⑤ 레이저 포인터 색

슬라이드 쇼에서 레이저 포인터를 사용하는 경우 레이저 포인터의 색상을 지정해줍니다. 기본값은 빨간색입니다.

⑥ 화면 전환

- **수동** : 발표자가 직접 조작하여 화면 전환을 실행합니다.
- **설정된 시간 사용** : 화면 전환 시간을 지정하여 자동으로 화면 전환을 실행합니다.

⑦ 복수 모니터

- **슬라이드 쇼 모니터** : 복수 모니터 혹은 프로젝터 사용 시 슬라이드 쇼가 표시될 모니터를 선택합니다.
- **해상도** : 모니터 해상도를 선택합니다.
- **발표자 도구 사용** : 발표자 도구 사용 여부를 선택합니다.

077 슬라이드 쇼 재구성하기

실습 파일 파워포인트\7장\077_슬라이드 쇼 재구성하기.pptx   완성 파일 파워포인트\7장\077_슬라이드 쇼 재구성하기_완성.pptx

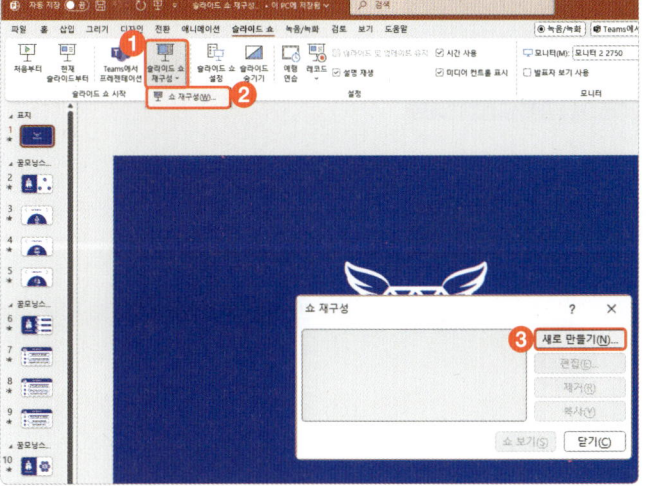

슬라이드 쇼 재구성하기

01 ① [슬라이드 쇼] 탭-[슬라이드 쇼 시작] 그룹-[슬라이드 쇼 재구성 🖥️] 클릭
② [쇼 재구성] 클릭
③ [쇼 재구성] 대화상자에서 [새로 만들기]를 클릭합니다. [쇼 재구성하기] 대화상자가 나타납니다.

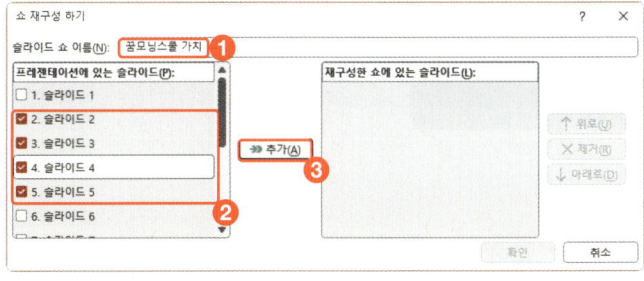

02 ① [쇼 재구성하기] 대화상자에서 [슬라이드 쇼 이름]에 **꿈모닝스쿨 가치** 입력
② [프레젠테이션에 있는 슬라이드]에서 2~5번 슬라이드에 체크
③ [추가]를 클릭합니다.

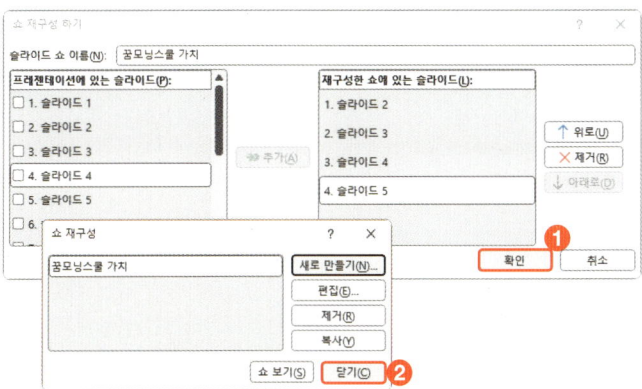

03 ① [재구성한 쇼에 있는 슬라이드]에 2~5번 슬라이드가 추가된 것을 확인하고 [확인] 클릭
② [쇼 재구성] 대화상자의 목록에 추가된 [꿈모닝스쿨 가치]를 확인한 후 [닫기]를 클릭합니다.

CHAPTER 07 프레젠테이션 발표 준비 및 발표하기   **457**

재구성한 슬라이드 쇼 실행하기

04 ① [슬라이드 쇼] 탭-[슬라이드 쇼 시작] 그룹-[슬라이드 쇼 재구성] 클릭

② [꿈모닝스쿨 가치]를 클릭합니다.

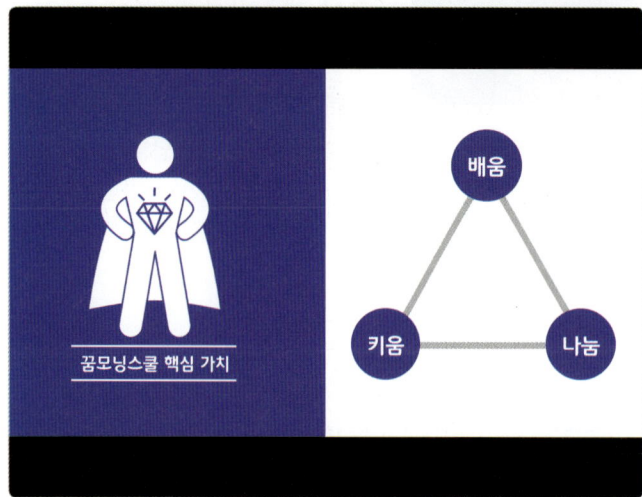

05 전체 슬라이드 중 [꿈모닝스쿨 가치]에 해당하는 슬라이드만 슬라이드 쇼에 나타납니다.

078 확대/축소 기능으로 목차 만들기

실습 파일 파워포인트\7장\078_확대/축소 기능으로 목차 만들기.pptx   **완성 파일** 파워포인트\7장\078_확대/축소 기능으로 목차 만들기_완성.pptx

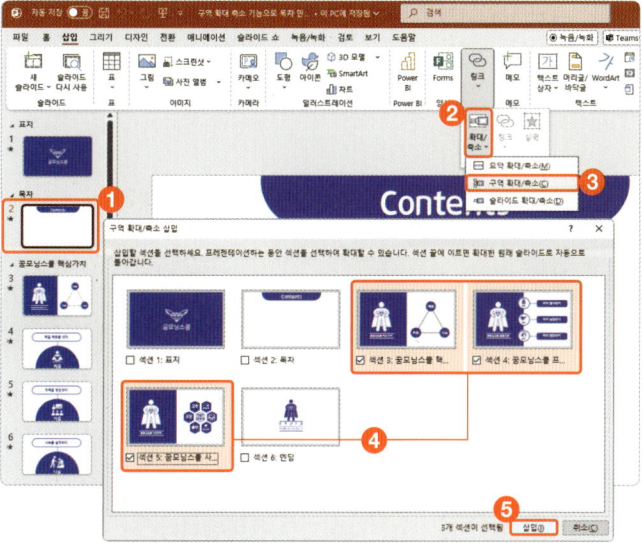

구역 확대/축소 만들기

01 ① 슬라이드 축소판 창에서 [2번 슬라이드] 클릭
② [삽입] 탭-[링크] 그룹-[확대/축소] 클릭
③ [구역 확대/축소] 클릭
④ [구역 확대/축소 삽입] 대화상자에서 목차로 사용할 [섹션 3], [섹션 4], [섹션 5]에 체크
⑤ [삽입]을 클릭합니다.

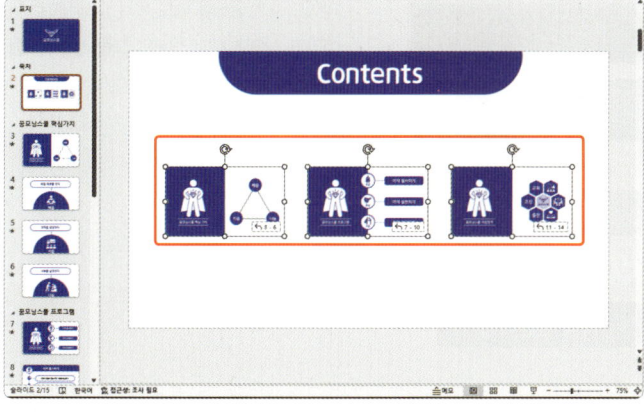

02 체크한 섹션의 슬라이드가 그림 형태로 나타나면 순서대로 배치합니다.

Tip 추가된 그림 형태의 슬라이드 오른쪽 아래의 번호는 몇 번 슬라이드부터 몇 번 슬라이드까지 보여지는지 표시합니다.

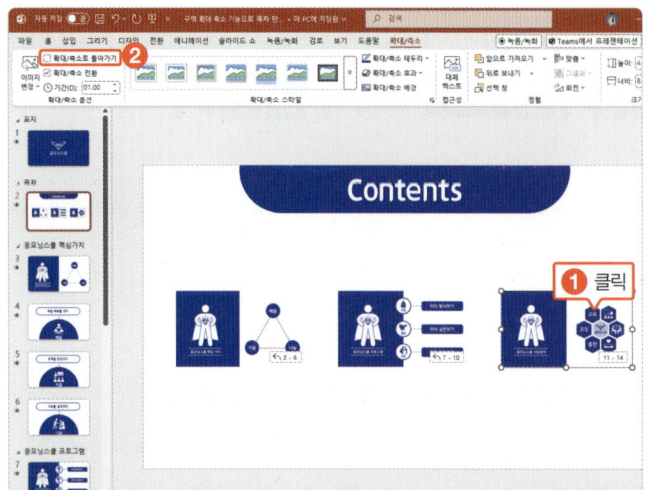

영역 확대/축소 편집하기

03 ① [섹션 5: 꿈모닝스쿨 사업영역]에 해당하는 그림 슬라이드 클릭 ② [확대/축소] 탭-[확대/축소 옵션] 그룹-[확대/축소로 돌아가기]의 체크를 해제합니다. 섹션의 끝에서 목차로 돌아가지 않고 다음 섹션의 슬라이드로 넘어갑니다.

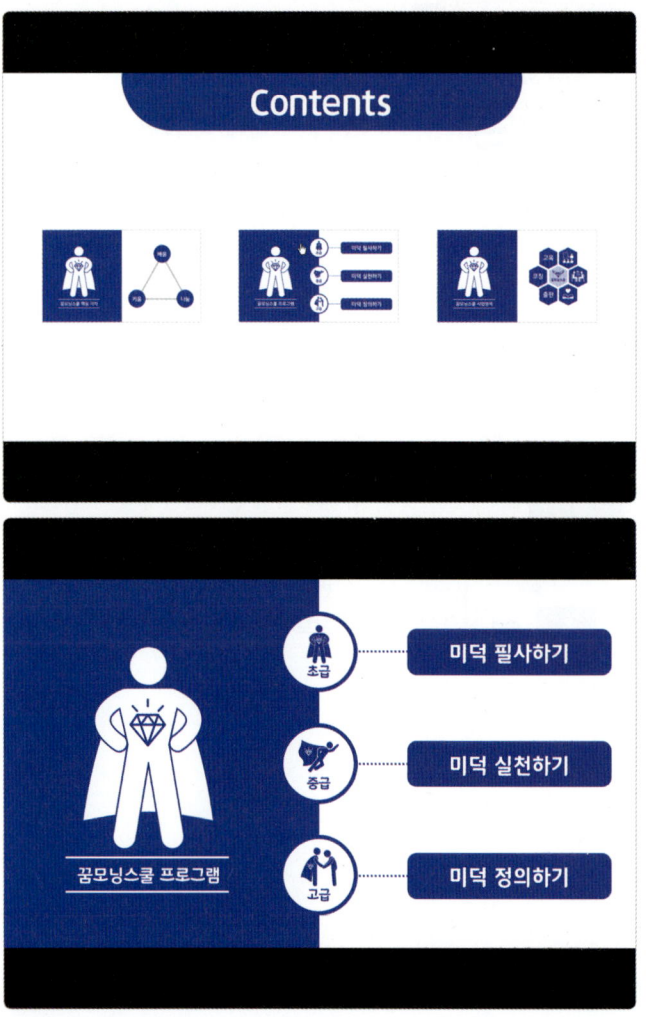

구역 확대/축소 확인하기

04 슬라이드 쇼를 진행하여 구역 확대/축소를 확인합니다. 이동하려는 섹션의 그림 슬라이드를 클릭하면 해당 섹션으로 바로 이동합니다. [섹션 5]를 제외하고는 해당 섹션의 슬라이드 쇼가 끝나면 다시 목차 슬라이드로 돌아옵니다.

Tip [섹션 5: 꿈모닝스쿨 사업영역]에 해당하는 슬라이드 쇼가 끝났을 때도 목차 슬라이드로 돌아가고 싶으면 해당 섹션의 그림 슬라이드를 클릭한 후 [확대/축소] 탭-[확대/축소 옵션] 그룹-[확대/축소로 돌아가기]에 체크합니다.

> **Note** 확대/축소 만들기의 종류와 각각의 기능 알아보기

① 요약 확대/축소 만들기

요약 확대/축소는 프레젠테이션의 구성을 한눈에 볼 수 있는 방문 페이지와 비슷합니다. 각 구역의 시작 슬라이드를 선택하여 프레젠테이션 중에 빠르게 이동할 수 있으며 해당 구역의 마지막 슬라이드가 끝나면 요약 확대/축소가 삽입된 슬라이드로 돌아옵니다.

 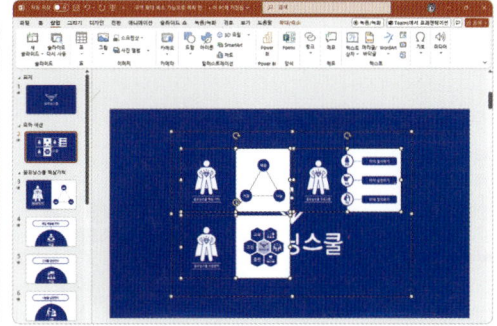

② 구역 확대/축소 만들기

구역 확대/축소를 사용하여 목차 슬라이드를 만들면 프레젠테이션의 특정 부분이 연결되는 방식을 강조할 수 있습니다. 구역 확대/축소로 만들 구역을 선택하여 프레젠테이션 중에 바로 이동할 수 있으며 해당 구역의 마지막 슬라이드가 끝나면 구역 확대/축소가 삽입된 슬라이드로 돌아옵니다.

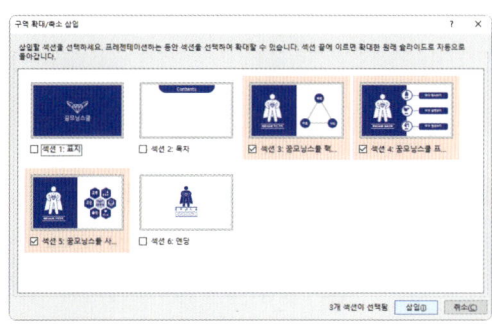 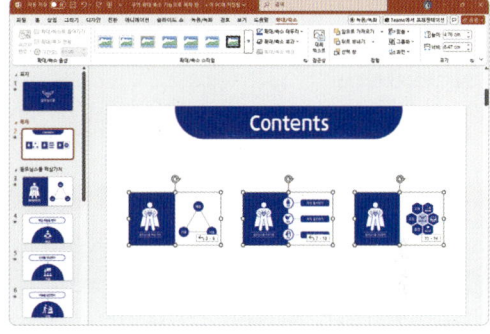

③ 슬라이드 확대/축소 만들기

슬라이드의 링크를 만들어줍니다. 슬라이드 확대/축소를 사용하면 프레젠테이션 흐름을 방해하지 않으면서 선택한 슬라이드로 자유롭게 이동할 수 있습니다. 슬라이드 확대/축소는 구역이 많지 않은 짧은 프레젠테이션에서 사용하기 좋은 옵션이며 다양한 프레젠테이션 시나리오에서 슬라이드 확대/축소를 활용할 수 있습니다.

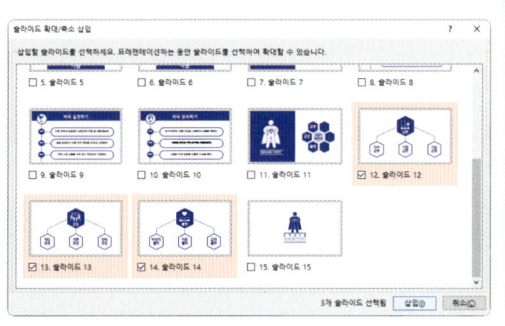 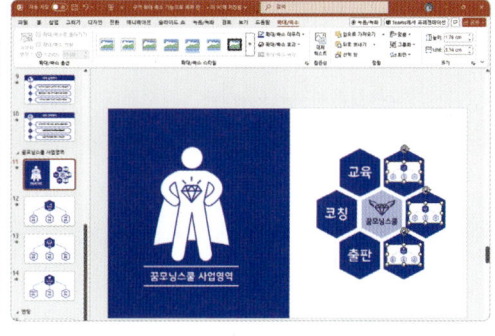

079 슬라이드 노트로 발표 원고 작성하고 인쇄하기

실습 파일 파워포인트\7장\079_슬라이드 노트로 발표 원고 작성하고 인쇄하기.pptx
완성 파일 파워포인트\7장\079_슬라이드 노트로 발표 원고 작성하고 인쇄하기_완성.pptx

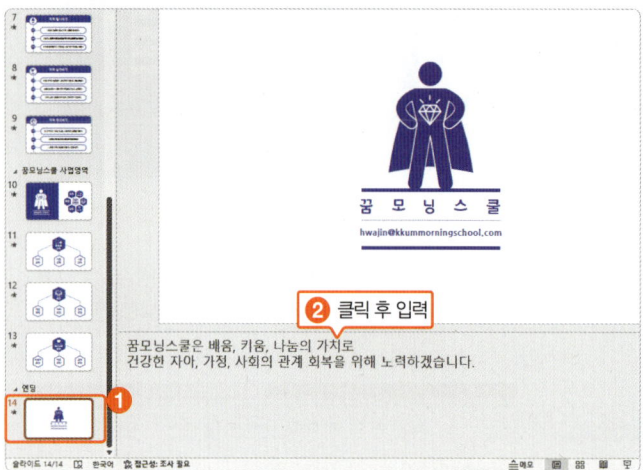

슬라이드 노트 창 열기

01 ① 슬라이드 축소판 창에서 [14번 슬라이드] 클릭

② 슬라이드 아래에서 [메모]를 클릭하고 슬라이드 노트 창이 나타나면 원하는 발표 내용을 입력합니다.

Tip [보기] 탭-[프레젠테이션 보기] 그룹-[슬라이드 노트]를 클릭하면 노트와 함께 인쇄되는 프레젠테이션의 모양을 확대하면서 편집할 수 있습니다.

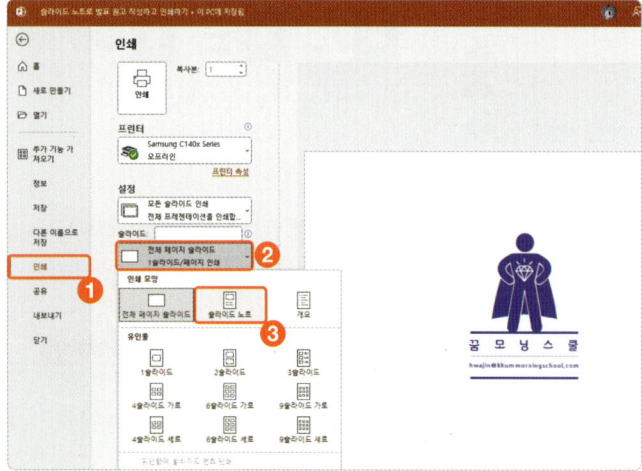

슬라이드 노트 인쇄하기

02 ① [파일] 탭-[인쇄] 클릭

② [설정]에서 [전체 페이지 슬라이드] 클릭

③ [인쇄 모양]-[슬라이드 노트]를 클릭합니다.

03 [인쇄]를 클릭하면 각 페이지에 하나의 슬라이드와 해당 슬라이드 노트가 포함되어 인쇄됩니다.

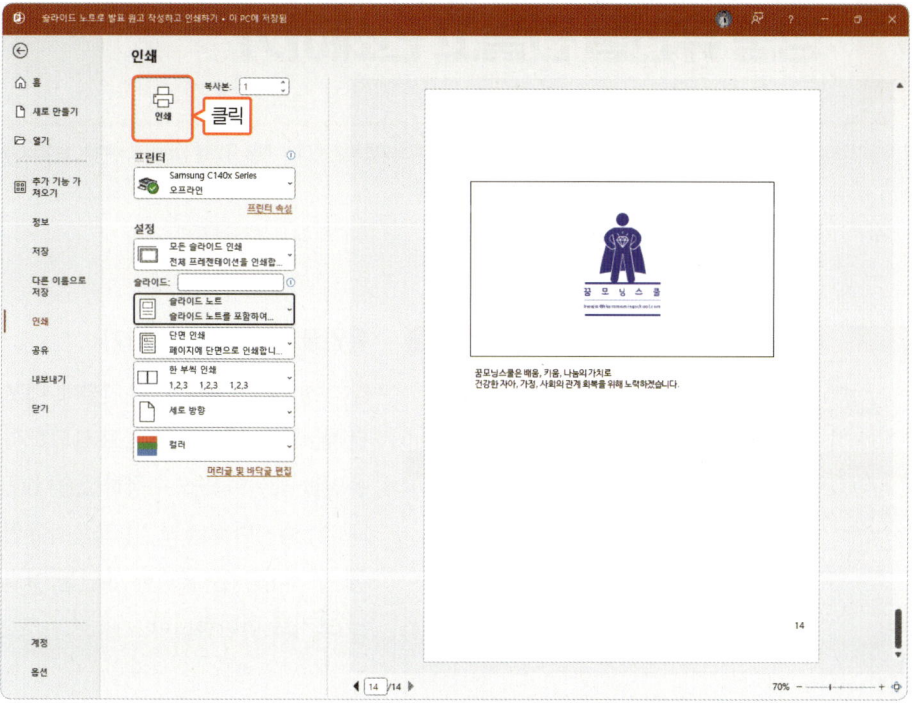

080 청중 유인물 만들고 인쇄하기

실습 파일 파워포인트\7장\080_청중 유인물 만들고 인쇄하기.pptx 완성 파일 파워포인트\7장\080_청중 유인물 만들고 인쇄하기_완성.pptx

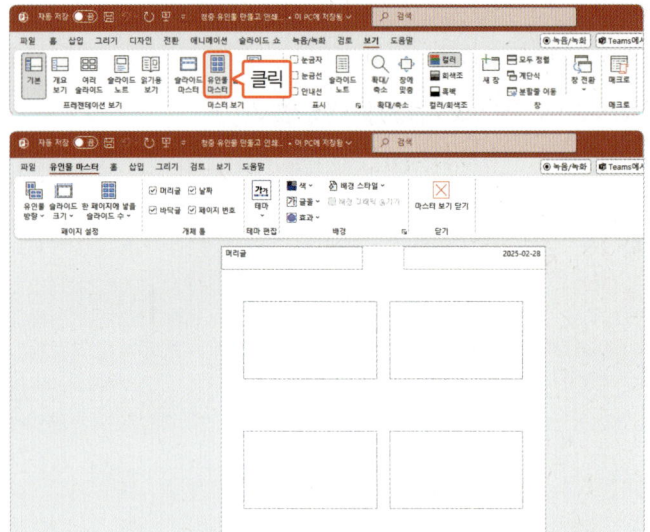

유인물 레이아웃 설정하기

01 청중에게 배포할 유인물에 배포 단체, 날짜, 로고 등이 표시되도록 유인물 레이아웃을 수정하겠습니다. [보기] 탭-[마스터 보기] 그룹-[유인물 마스터]를 클릭해 유인물 마스터 보기로 전환합니다.

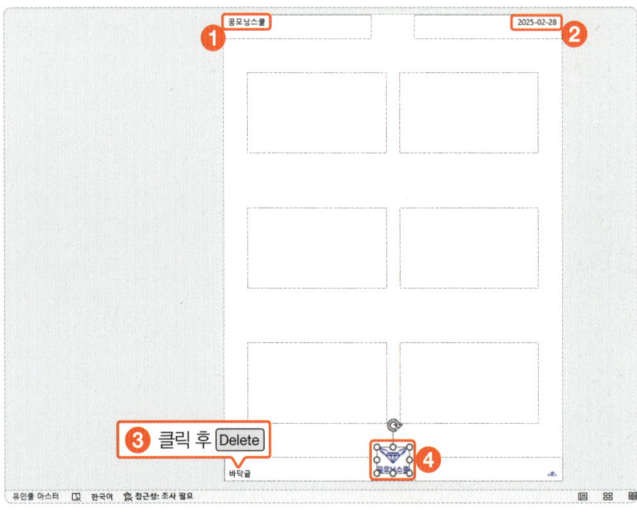

02 ❶ 왼쪽 위 머리글 개체 틀에 **꿈모닝스쿨** 입력

❷ 오른쪽 위 머리글 개체 틀에 원하는 날짜 입력

❸ 왼쪽 아래의 바닥글 개체 틀을 클릭한 후 Delete 를 눌러 삭제

❹ 가운데 아래에 '꿈모닝스쿨 로고.png' 파일을 삽입합니다.

Tip 로고 삽입은 [삽입] 탭-[이미지] 그룹-[그림]-[이 디바이스]를 이용합니다. 로고 삽입 후 로고의 크기와 위치를 적절히 조절합니다.

Tip 오른쪽 아래의 '〈#〉'은 슬라이드 번호 개체입니다. 슬라이드 번호 개체의 글꼴 서식을 변경하려면 '〈#〉'을 클릭하고 [홈] 탭-[글꼴] 그룹에서 글꼴 색과 글꼴 크기 등을 변경합니다.

인쇄물 인쇄하기

03 ❶ [파일] 탭-[인쇄] 클릭
❷ [설정]-[인쇄 모양]-[전체 페이지 슬라이드] 클릭
❸ [유인물]-[3슬라이드]를 클릭합니다.

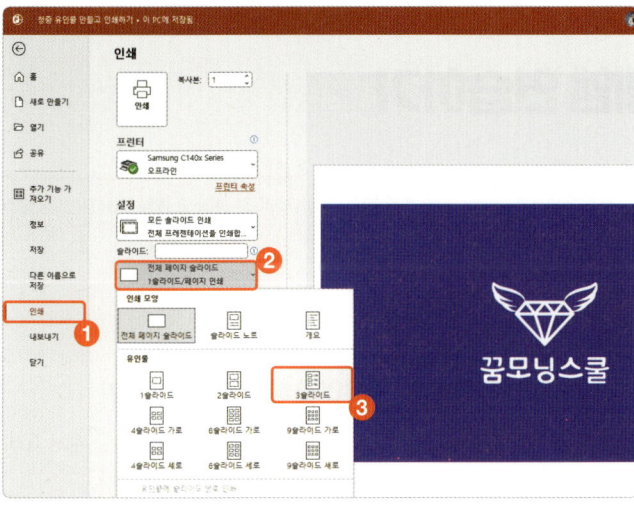

04 [인쇄]를 클릭합니다. 유인물 마스터에서 적용한 레이아웃 모양대로 인쇄됩니다.

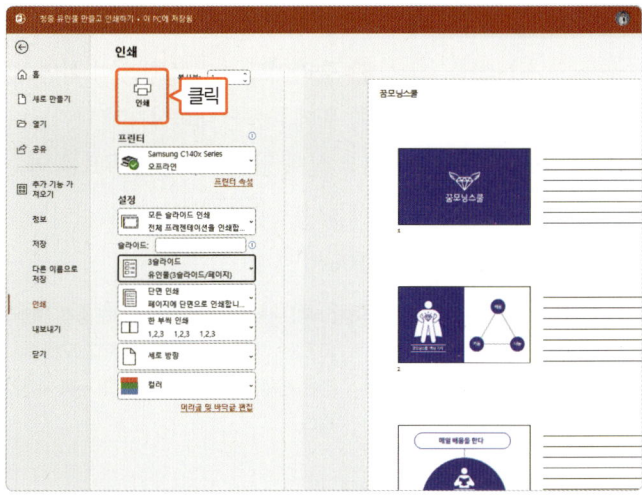

> **Note** 유인물의 페이지 번호는 어떻게 설정해야 하나요?
>
> [삽입] 탭-[텍스트] 그룹-[슬라이드 번호 삽입]을 클릭합니다. [머리글/바닥글] 대화상자에서 [슬라이드 노트 및 유인물] 탭을 클릭하고 [페이지 번호]에 체크합니다. [모두 적용]을 클릭하면 유인물 오른쪽 아래에 페이지 번호가 표시됩니다.
>
>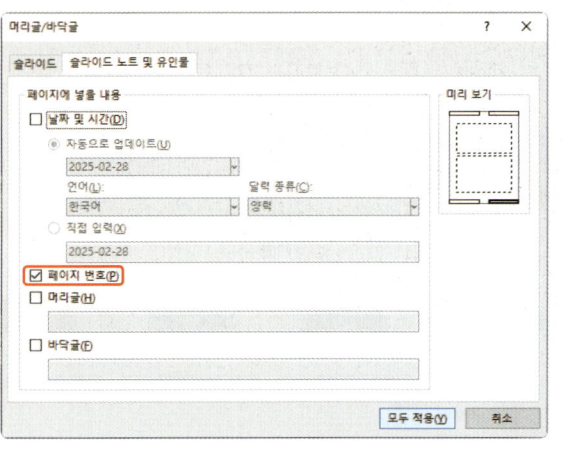

081 발표 전 예행 연습하기

실습 파일 파워포인트\7장\081_발표 전 예행 연습하기.pptx   완성 파일 파워포인트\7장\081_발표 전 예행 연습하기_완성.pptx

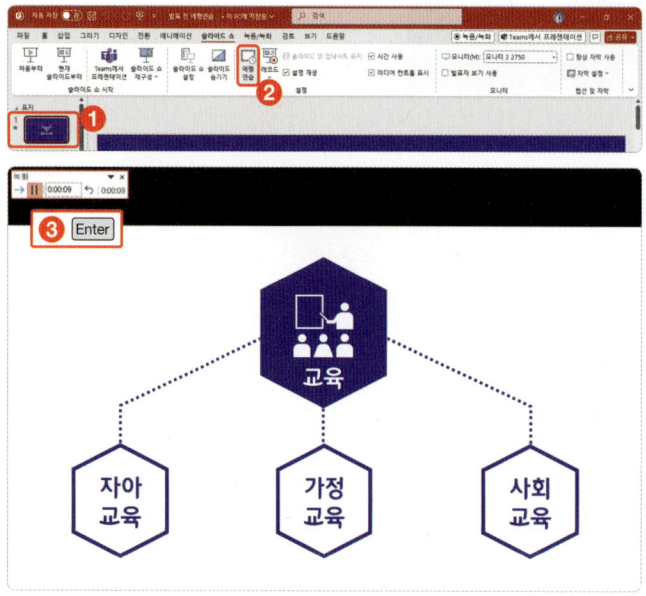

유인물 레이아웃 설정하기

01 ❶ 슬라이드 축소판 창에서 [1번 슬라이드] 클릭
❷ [슬라이드 쇼] 탭-[설정] 그룹-[예행 연습 🔲] 클릭
❸ 슬라이드 쇼가 실행되며 화면 왼쪽 위에 [녹화] 대화상자가 나타납니다. 실제 원고를 이용해 발표를 연습해봅니다. Enter 를 눌러 슬라이드를 넘깁니다.

> **Tip** [녹화] 대화상자에서 왼쪽 시간은 쇼가 진행되고 있는 현재 슬라이드의 시간이고 오른쪽 시간은 전체 녹화된 슬라이드 쇼의 누적 시간입니다.

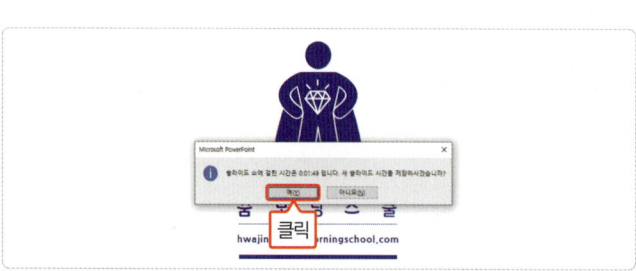

02 슬라이드 쇼가 끝까지 실행되면 마지막에 사용 시간 저장 여부를 묻는 메시지가 나타납니다. [예]를 클릭합니다. 여러 슬라이드 보기 화면에서 각각의 슬라이드 아래에 발표 소요 시간이 표시됩니다.

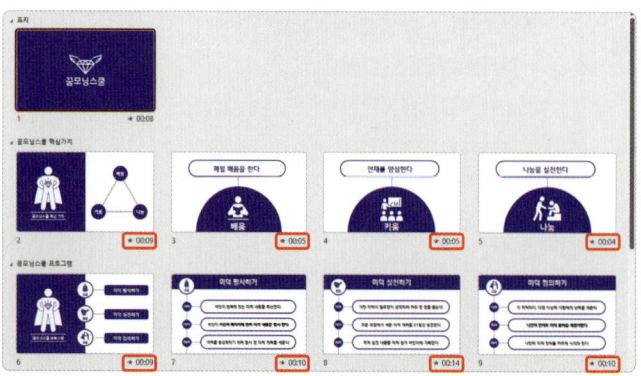

우선순위

082 슬라이드 쇼 시작하기

실습 파일 파워포인트\7장\082_슬라이드 쇼 시작하기.pptx 완성 파일 파워포인트\7장\082_슬라이드 쇼 시작하기_완성.pptx

첫 번째 슬라이드부터 슬라이드 쇼 하기

01 [슬라이드 쇼] 탭-[슬라이드 쇼 시작] 그룹-[처음부터]를 클릭합니다. 첫 번째 슬라이드부터 쇼가 시작됩니다.

Tip 첫 번째 슬라이드부터 슬라이드 쇼를 시작하려면 빠른 실행 도구 모음의 [처음부터 시작]을 클릭하거나 F5 를 눌러도 됩니다.

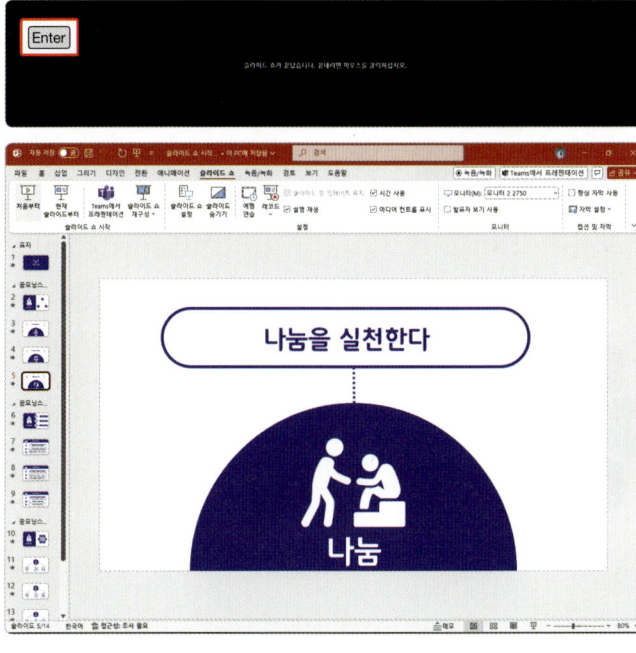

02 Enter 를 눌러 슬라이드를 넘깁니다. 마지막 슬라이드 다음에 나타나는 화면을 클릭하거나 Enter 를 눌러 기본 보기 화면으로 돌아옵니다.

Tip 슬라이드 쇼를 도중에 바로 끝내려면 Esc 를 누릅니다.

CHAPTER 07 프레젠테이션 발표 준비 및 발표하기 **467**

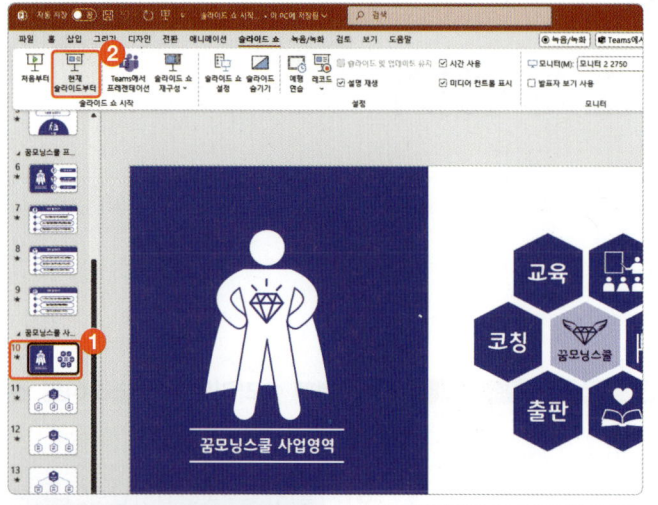

현재 슬라이드부터 슬라이드 쇼 시작하기

03 ❶ [10번 슬라이드] 클릭 ❷ [슬라이드 쇼] 탭-[슬라이드 쇼 시작] 그룹-[현재 슬라이드부터 🖵]를 클릭합니다. [10번 슬라이드]부터 슬라이드 쇼가 시작됩니다.

Tip 현재 슬라이드부터 슬라이드 쇼를 시작하려면 화면 오른쪽 아래에 있는 [슬라이드 쇼 🖵]를 클릭하거나 Shift + F5 를 눌러도 됩니다.

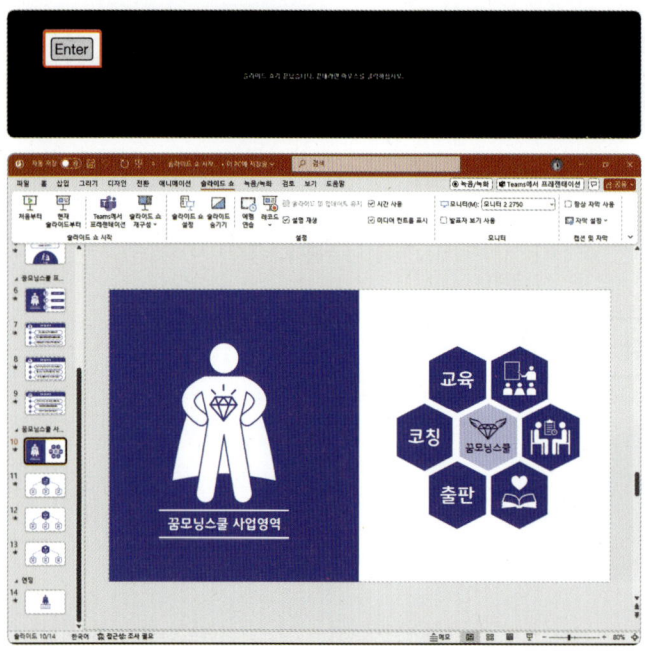

04 Enter 를 눌러 슬라이드를 넘깁니다. 마지막 슬라이드 다음에 나타나는 화면을 클릭하거나 Enter 를 눌러 기본 보기 화면으로 돌아옵니다.

우선순위
083 발표자 도구를 사용하여 발표하기

실습 파일 파워포인트\7장\083_발표자 도구를 사용하여 발표하기.pptx **완성 파일** 파워포인트\7장\083_발표자 도구를 사용하여 발표하기_완성.pptx

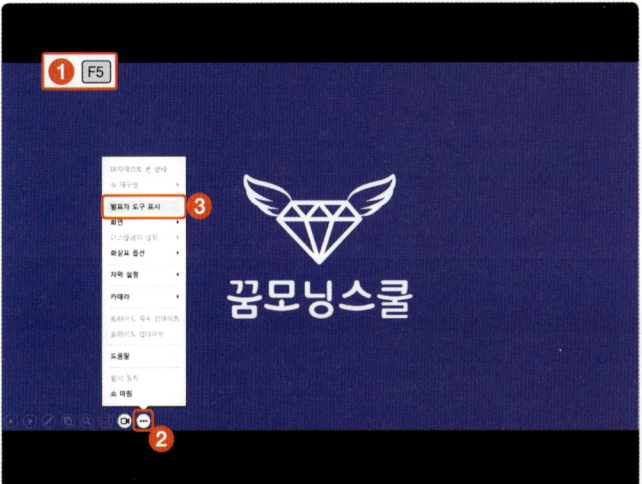

발표자 도구 표시하기

01 ① F5 를 눌러 슬라이드 쇼 실행 ② 화면 왼쪽 아래에 있는 컨트롤 막대에서 [슬라이드 쇼 옵션 더 보기 ⊙] 클릭 ③ [발표자 도구 표시]를 클릭합니다. 발표자 보기 화면으로 바뀝니다.

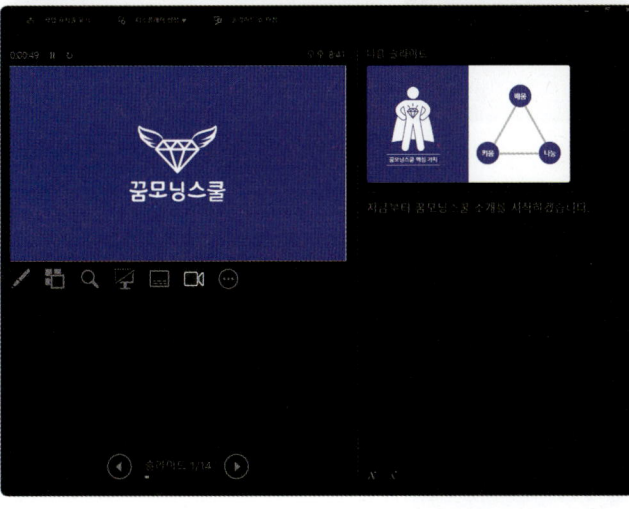

CHAPTER 07 프레젠테이션 발표 준비 및 발표하기 **469**

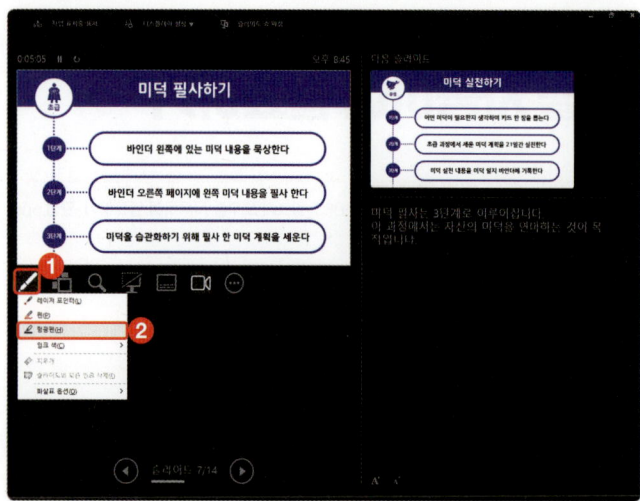

펜으로 주석 달기

02 ❶ 발표자 도구에서 [펜 및 레이저 포인트 도구 ✎] 클릭

❷ [형광펜] 클릭

❸ 마우스 포인터가 형광펜으로 변경되면 원하는 곳을 드래그하여 표시합니다.

Tip 마우스 포인터를 본래 화살표 모양으로 변경하려면 Ctrl + A 를 누릅니다.

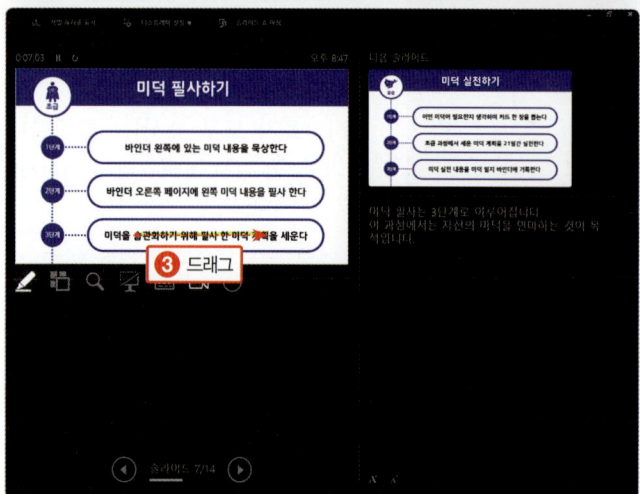

모든 슬라이드 보기

03 발표자 도구에서 [모든 슬라이드 보기 ▦]를 클릭합니다. 모든 슬라이드를 확인할 수 있습니다.

Tip 이전 상태로 돌아가려면 Esc 를 누릅니다.

슬라이드 특정 부분 확대하기

04 ❶ 발표자 도구에서 [슬라이드 확대 🔍] 클릭
❷ 확대하려는 부분에 클릭합니다. 해당 부분이 확대됩니다.

Tip 이전 상태로 돌아가려면 발표자 도구에서 [축소 🔍]를 클릭합니다.

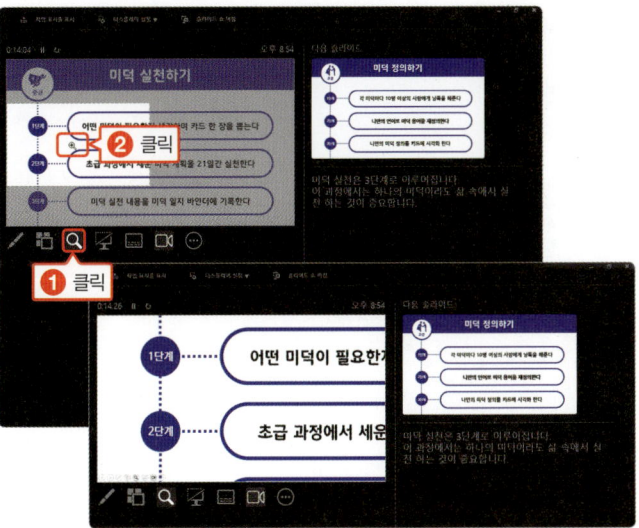

화면을 검은색으로 만들기

05 발표자 도구에서 [슬라이드 쇼를 검정으로 설정/취소 ▪]를 클릭하면 화면이 검은색으로 변경됩니다.

Tip 이전 상태로 돌아가려면 [슬라이드 쇼 검정으로 설정/취소 ▪]를 다시 클릭합니다.

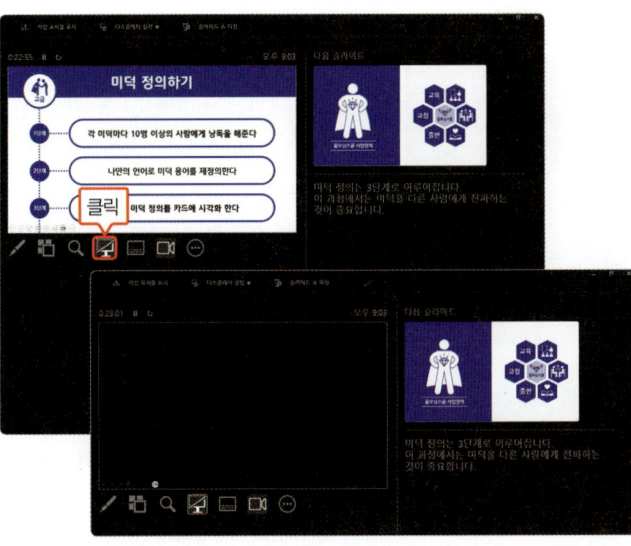

자막 켜기

06 발표자 도구에서 [자막 켜기/끄기 ▭]를 클릭합니다. 슬라이드 아래에 자막이 나타납니다.

Tip 자막을 끄려면 [자막 켜기/끄기 ▭]를 다시 클릭합니다.

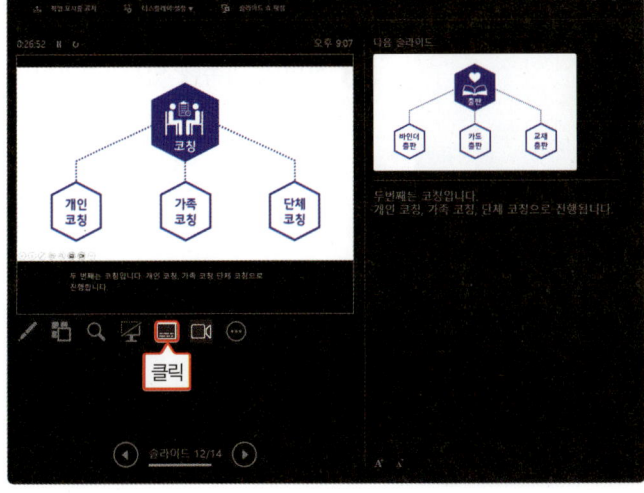

> **Note** 자막의 위치나 자막 언어를 변경하려면 어떻게 해야 하나요?
>
> [슬라이드 쇼 옵션 더 보기]-[자막 설정]-[기타 설정]에서 변경합니다.

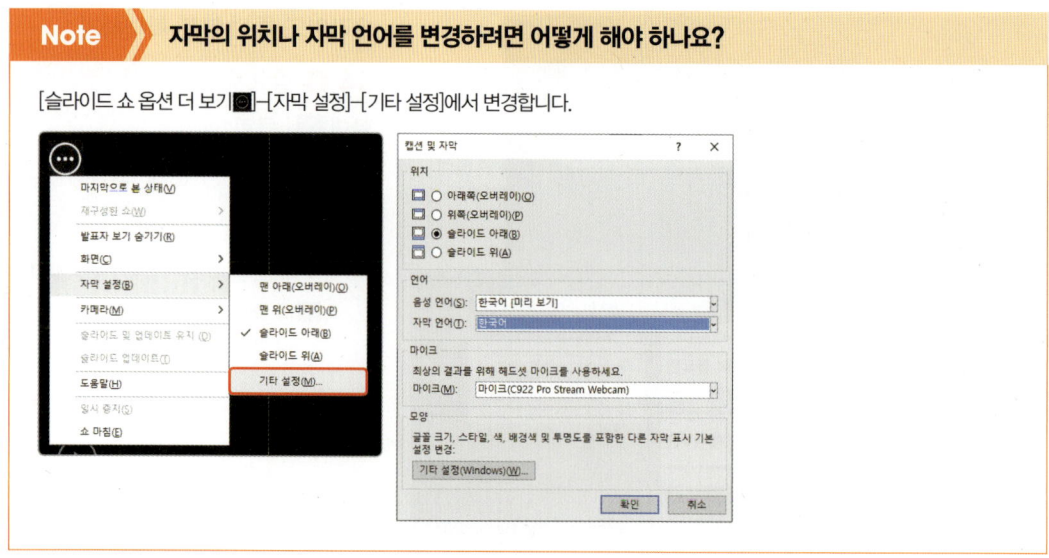

카메라 켜기

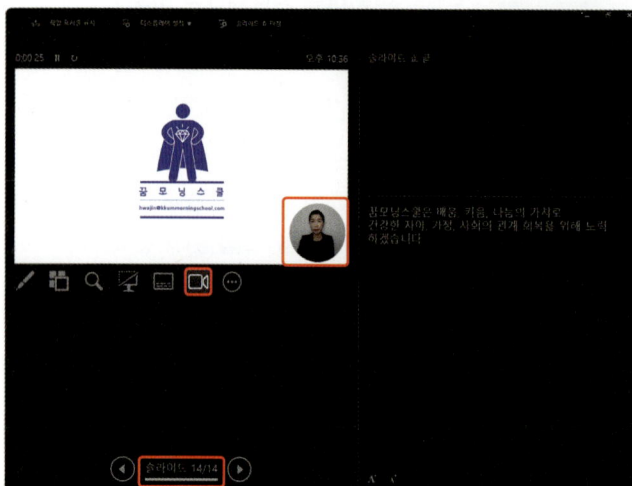

07 [카메라 토글]이 활성화되어 있는 것을 확인한 후 마지막 슬라이드인 14번 슬라이드로 이동합니다. 슬라이드 오른쪽 아래에 동그라미 모양으로 발표자가 라이브로 보입니다.

Tip 카메라를 끄려면 [카메라 토글]을 클릭하여 아이콘에 사선이 나타나게 합니다.

Tip 슬라이드에 카메라를 켜기 위해서는 사전에 슬라이드 창에서 [삽입] 탭-[카메라] 그룹-[카메오]를 클릭하여 카메오 개체가 슬라이드에 나타나도록 해야 합니다.

슬라이드 쇼 마치기

08 화면의 위쪽에 있는 [슬라이드 쇼 마침]을 클릭합니다. 기본 보기 화면으로 돌아옵니다.

| Note | 발표자 도구의 구성 요소 알아보기 |

슬라이드 쇼를 실행할 때 나타나는 발표자 도구는 발표자에게만 보입니다. 발표자 도구에서는 현재 슬라이드와 다음 슬라이드에 추가한 노트 내용을 미리 볼 수 있는 기능 등 발표할 때 유용한 기능이 제공됩니다.

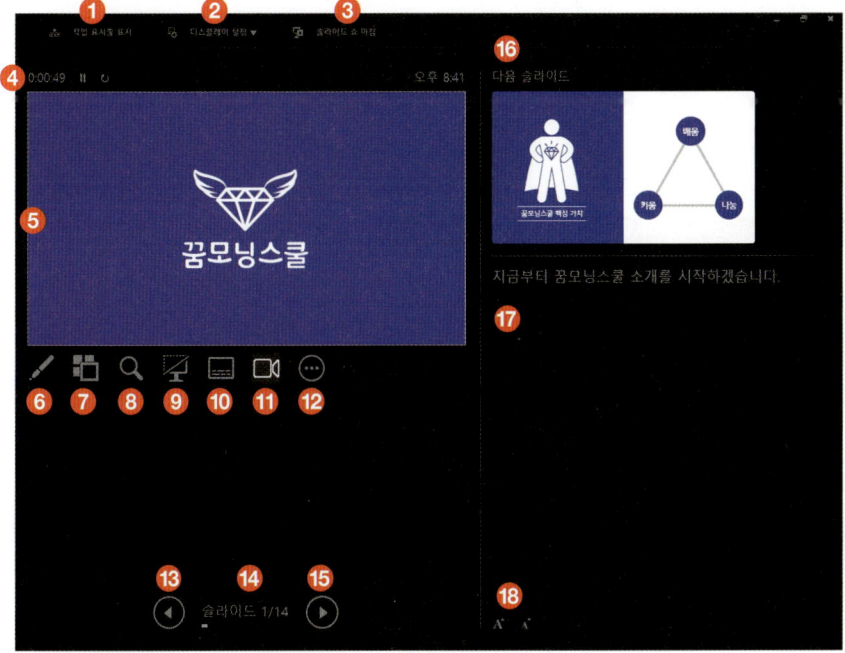

❶ **작업 표시줄 표시** : 프로그램을 전환할 수 있도록 작업 표시줄을 표시합니다.
❷ **디스플레이 설정** : 발표자 보기 및 슬라이드 쇼 화면을 바꾸거나 슬라이드 쇼 화면을 복제할 수 있습니다.
❸ **슬라이드 쇼 마침** : 현재 슬라이드 쇼를 마칩니다.
❹ **시간 표시** : 슬라이드 쇼 진행 시간, 타이머 일시 중지 시간, 타이머 다시 시작, 현재 시간을 표시합니다.
❺ **현재 슬라이드** : 현재 청중이 보는 화면입니다.
❻ **펜 및 레이저 포인터 도구** : 레이저 포인터, 펜, 형광펜, 지우개를 실행합니다.
❼ **모든 슬라이드 보기** : 모든 슬라이드의 축소판 그림을 볼 수 있고, 원하는 슬라이드를 클릭하면 해당 슬라이드만 보입니다.
❽ **슬라이드 확대** : 슬라이드에서 확대하고 싶은 특정 부분을 클릭하면 해당 부분이 확대됩니다. Esc 를 누르면 원래 상태로 바뀝니다.
❾ **슬라이드 쇼를 검정으로 설정/취소** : 화면이 검은색으로 변하며 Esc 를 누르면 원래 상태로 바꿉니다.
❿ **자막 켜기/끄기** : 발표자가 말하고 있는 것과 동일한 언어의 자막으로, 또는 다른 언어의 자막으로 번역하여 화면에 표시합니다. 자막 위치와 언어를 변경할 수 있습니다.
⓫ **카메라 토글** : 카메오를 삽입한 슬라이드에서 라이브로 발표자를 보이게 합니다.
⓬ **슬라이드 쇼 옵션 더 보기** : 슬라이드 쇼 관련 옵션을 지정합니다.
⓭ **이전** : 이전 애니메이션이나 슬라이드로 돌아갑니다.
⓮ **슬라이드 번호** : 전체 슬라이드 중에서 현재 슬라이드가 몇 번째 슬라이드인지 보여줍니다.
⓯ **다음** : 다음 애니메이션이나 슬라이드로 넘어갑니다.
⓰ **다음 슬라이드** : 다음 슬라이드를 미리 보여줍니다.
⓱ **슬라이드 노트** : 현재 슬라이드에 입력한 노트 내용이 보입니다.
⓲ **텍스트 확대/축소** : 슬라이드 노트의 텍스트 크기를 조정합니다.

084 슬라이드에 라이브로 발표자 추가하기

실습 파일 파워포인트\7장\084_슬라이드에 라이브로 발표자 추가하기.pptx
완성 파일 파워포인트\7장\084_슬라이드에 라이브로 발표자 추가하기_완성.pptx

슬라이드에 카메오 추가하기

01 ① 슬라이드 축소판 창에서 [3번 슬라이드] 클릭
② [삽입] 탭-[카메라] 그룹-[카메오 ] 클릭
③ [이 슬라이드]를 클릭합니다. 슬라이드의 오른쪽 아래에 원 모양으로 카메오 개체가 표시됩니다.

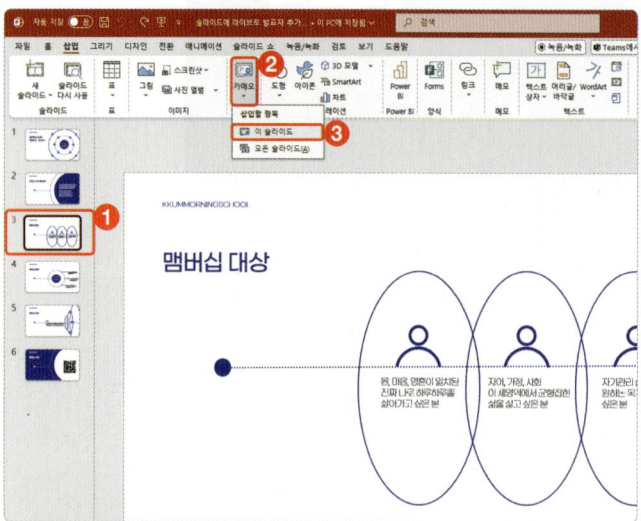

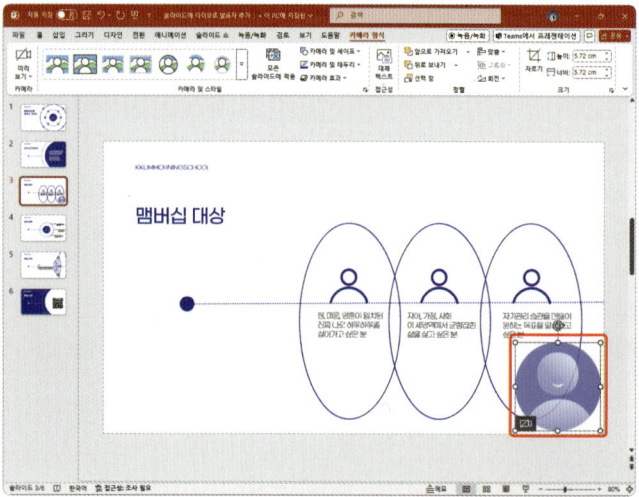

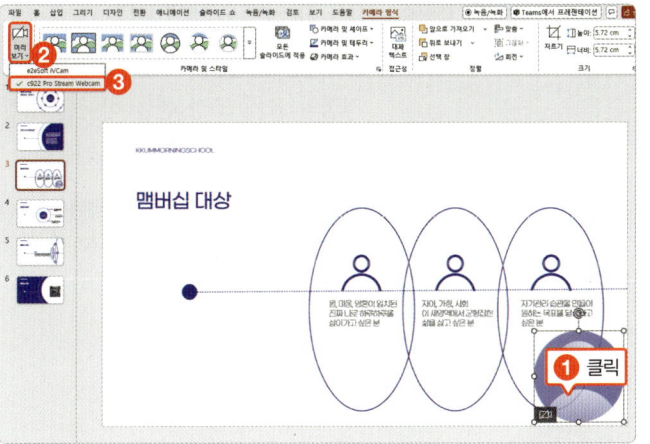

카메라 선택하기

02 ❶ 카메오 개체 클릭

❷ [카메라 형식] 탭-[카메라] 그룹
-[미리 보기 ▢] 클릭

❸ 사용할 카메라를 클릭합니다.

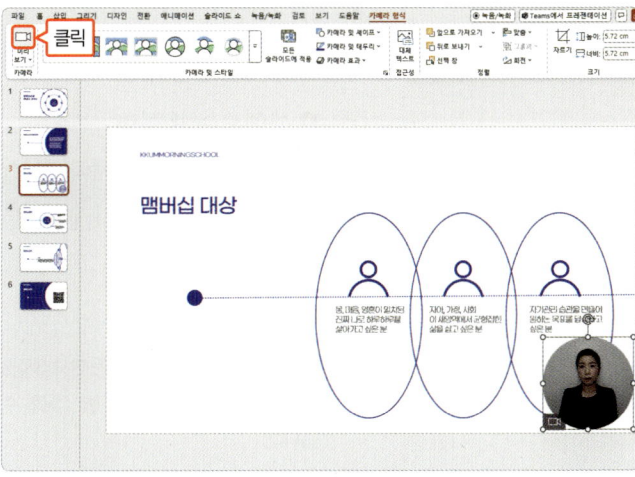

03 [카메라 형식] 탭-[카메라] 그룹-[카메라 미리 보기 사용 ▢]을 클릭합니다. 모든 슬라이드의 카메오 개체에 발표자가 보입니다.

Tip 카메오 개체에 있는 [카메라 미리 보기 사용 ▢] 아이콘을 클릭해도 카메오 개체에 발표자가 보입니다.

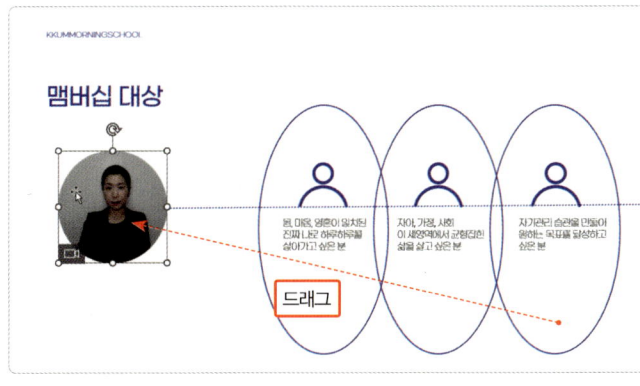

카메오 위치 변경 및 크기 조정하기

04 카메오 개체를 드래그하여 원하는 위치에 배치합니다.

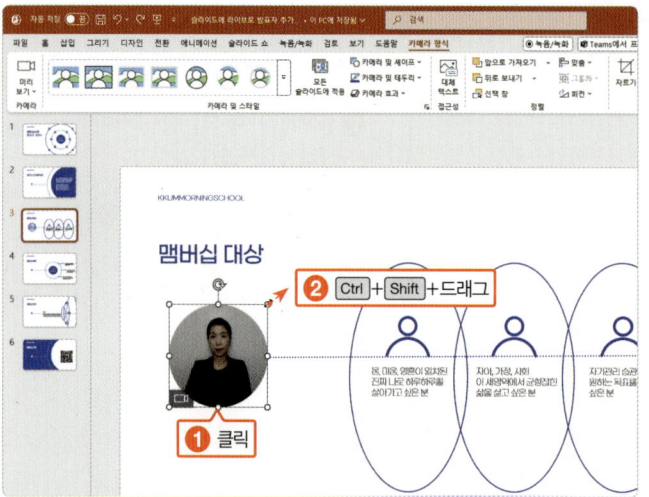

05 ① 카메오 개체 클릭

② Ctrl + Shift 를 누른 상태에서 꼭 지점의 크기 조정 핸들 하나를 바깥쪽으로 드래그하여 크기를 키웁니다.

Tip Ctrl 과 Shift 를 같이 누른 상태에서 드래그하면 정비례로 개체가 커지거나 작아집니다.

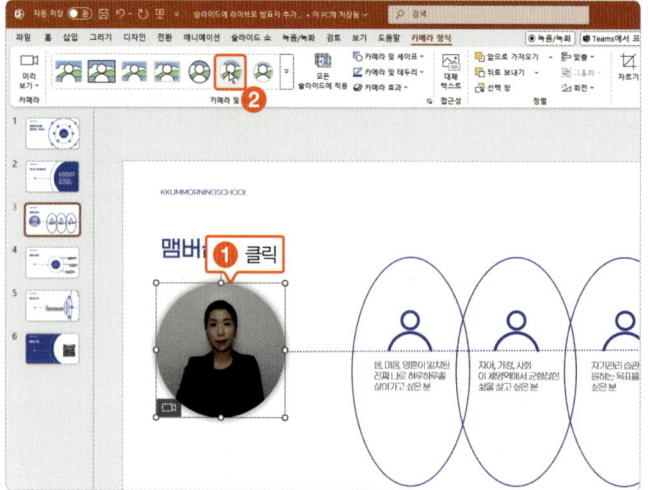

카메오 스타일 변경하기

06 ① 카메오 개체 클릭

② [카메라 형식] 탭-[카메라 및 스타일] 그룹-[가운데 그림자 원]을 클릭합니다. 카메오 개체에 그림자 효과가 적용됩니다.

Tip 카메오 모양, 테두리, 그림자, 네온 반사, 3차원 회전과 같은 시각 효과를 다양하게 적용할 수 있습니다.

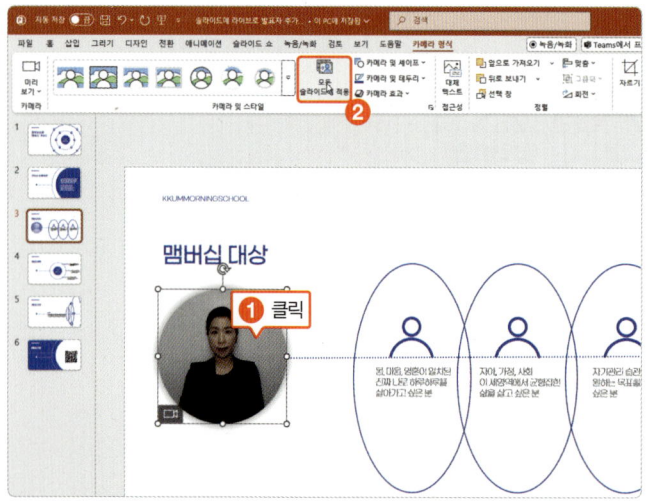

카메오 위치 및 서식을 모든 슬라이드에 적용하기

07 ① 카메오 개체 클릭

② [카메라 형식] 탭-[카메라 및 스타일] 그룹-[모든 슬라이드에 적용]을 클릭합니다.

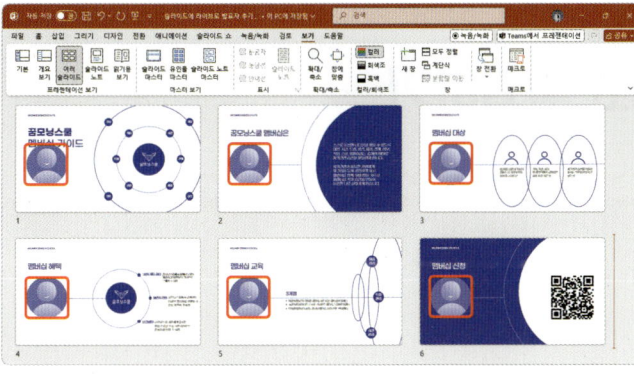

08 모든 슬라이드에서 카메오 개체가 같은 위치에 추가됩니다.

Tip [여러 슬라이드] 보기로 표시하려면 [보기] 탭-[프레젠테이션 보기] 그룹-[여러 슬라이드 田]를 클릭합니다.

특정 슬라이드의 카메오 위치 변경하기

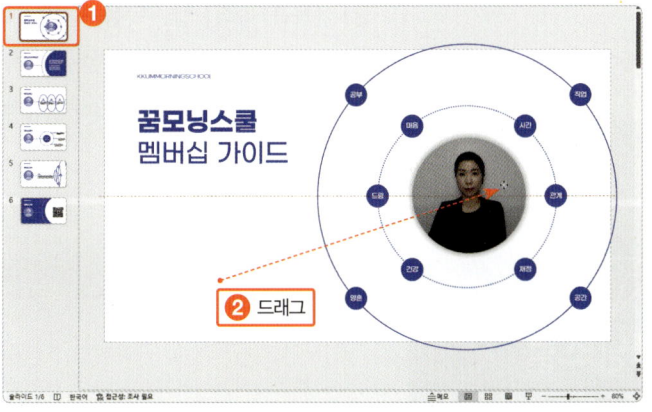

09 ① 슬라이드 축소판 창에서 [1번 슬라이드] 클릭
② 카메오 개체를 드래그해서 원하는 위치로 이동합니다.

라이브로 발표자 보기

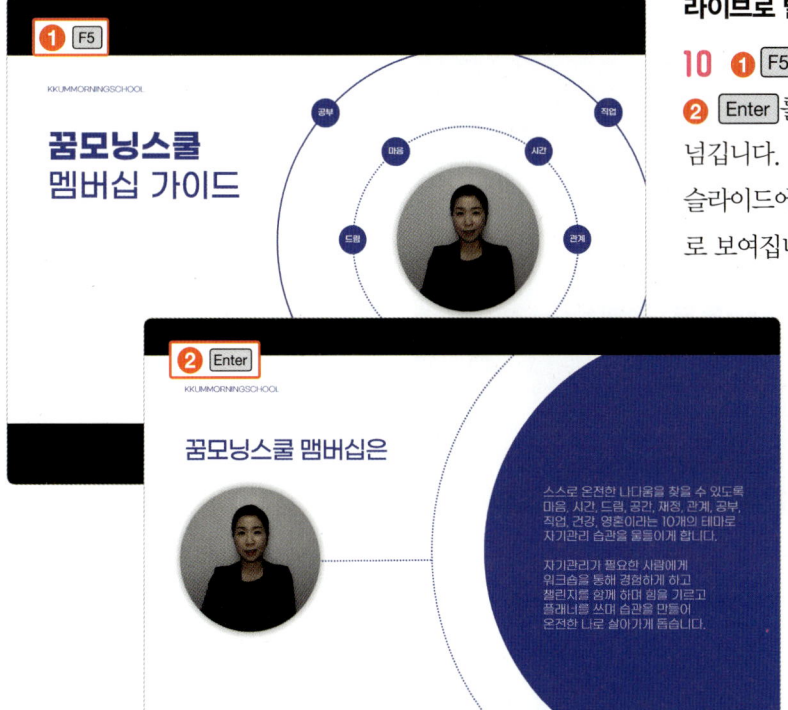

10 ① F5 를 눌러 슬라이드 쇼 실행
② Enter 를 눌러 다음 슬라이드로 넘깁니다. 슬라이드 쇼 동안 각각의 슬라이드에 발표자의 모습이 라이브로 보여집니다.

085 슬라이드 쇼 녹화하기

실습 파일 파워포인트\7장\085_슬라이드 쇼 녹화하기.pptx   완성 파일 파워포인트\7장\085_슬라이드 쇼 녹화하기_완성.pptx

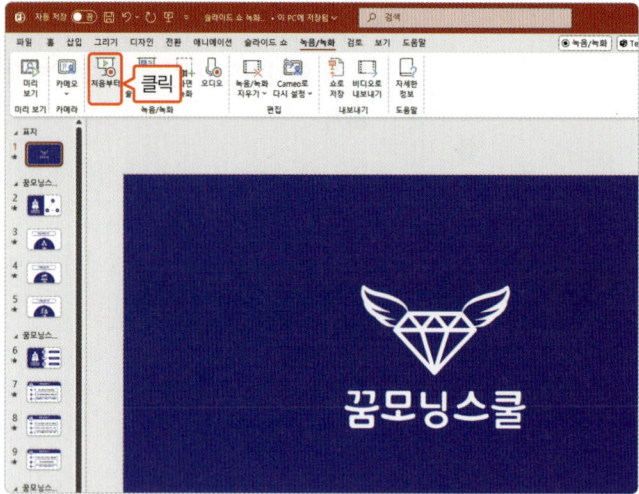

녹음/녹화 창으로 이동하기

01 [녹음/녹화] 탭–[녹음/녹화] 그룹–[처음부터]를 클릭합니다. 녹음/녹화 창에서 슬라이드 쇼가 시작됩니다.

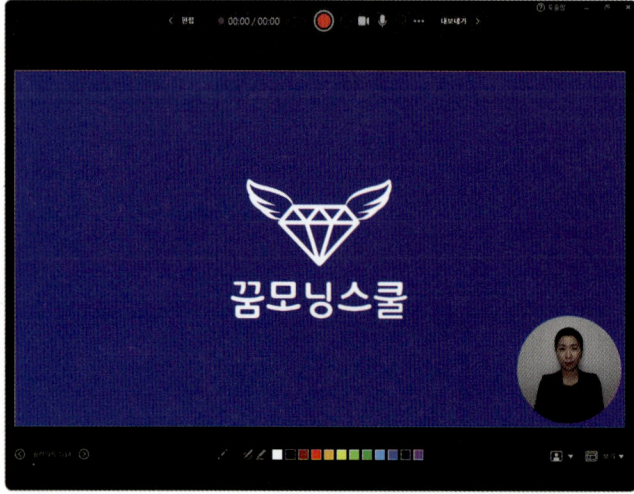

02 녹음/녹화 창에서는 프레젠테이션 발표를 녹음/녹화하기 위한 여러 기능이 제공됩니다.

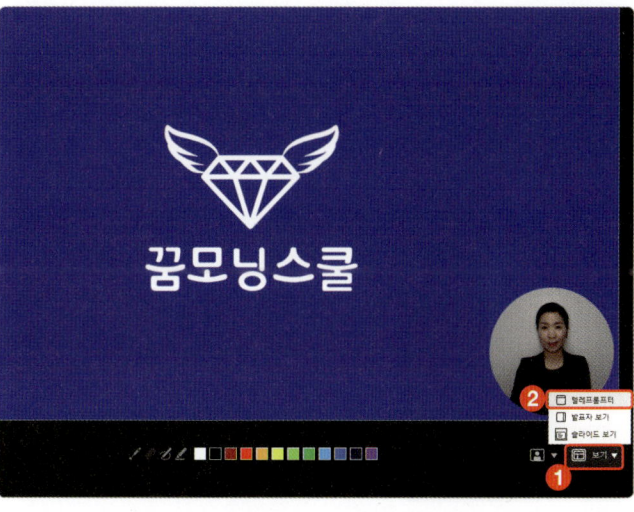

녹음/녹화 창 설정하기

03 현재 녹음/녹화 창은 슬라이드 보기 상태입니다. 발표 원고로 활용할 슬라이드 노트를 화면 상단에 표시하여 발표자가 청중과 시선을 마주하도록 만들어보겠습니다.

① 오른쪽 아래에서 [보기 🔲] 클릭
② [텔레프롬프터]를 클릭합니다. 화면 상단에 노트 내용이 표시됩니다.

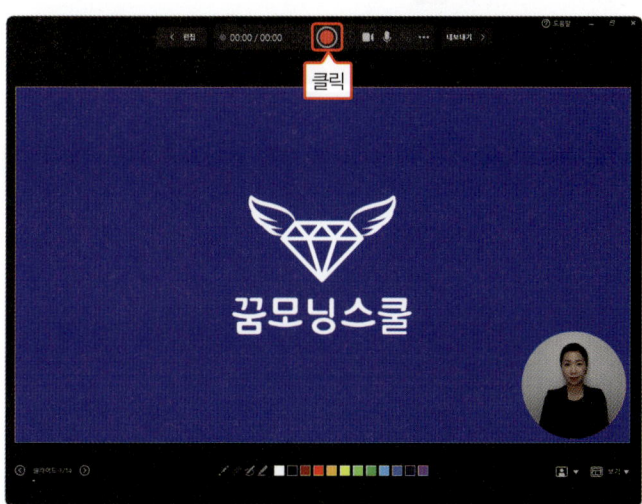

슬라이드 쇼 녹화하기

04 발표 준비가 완료됐다면 [녹음/녹화 시작 🔴]을 클릭하거나 단축키 R 을 눌러 녹화를 시작합니다. 3초 카운트 후에 녹화가 시작됩니다.

Tip 발표자 영상을 원하지 않는다면 화면 위쪽의 [카메라 끄기]를 클릭합니다.

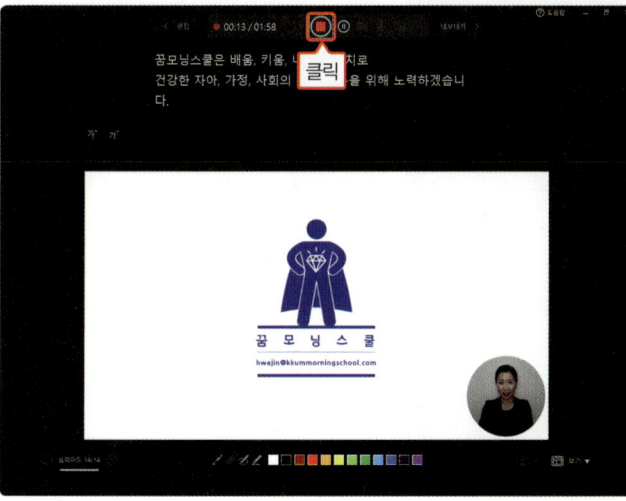

슬라이드 쇼 녹화 중지하기

05 녹화가 끝나면 [녹음/녹화 중지 🔴]를 클릭하거나 단축키 S 를 눌러 녹화를 저장합니다. 슬라이드 쇼를 실행하여 확인할 수 있습니다.

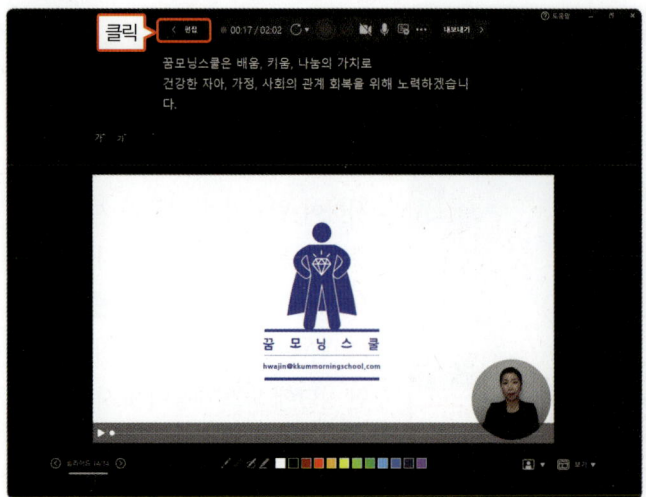

녹화된 영상 확인하기

06 기본 보기 화면으로 돌아가기 위해 [편집◀]을 클릭합니다. 슬라이드 창의 오른쪽 아래에 녹화된 발표자 영상이 나타납니다.

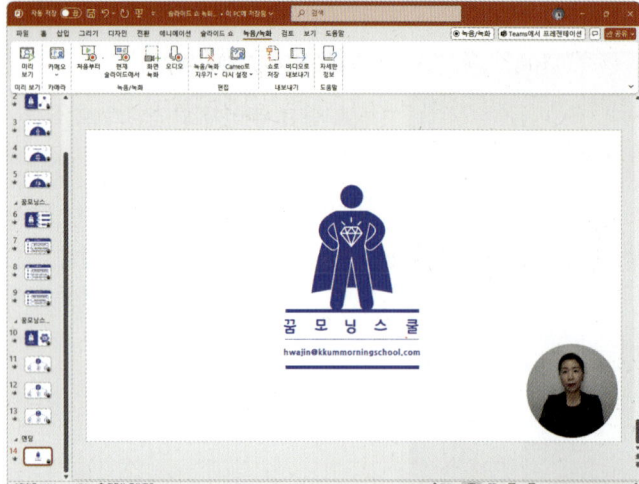

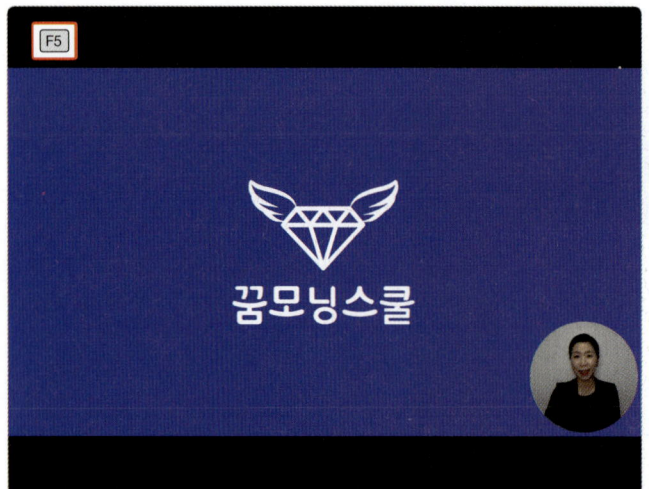

07 단축키 F5 를 눌러 슬라이드 쇼를 실행해보면 슬라이드 쇼에 발표자 영상이 함께 보입니다.

Tip 각 슬라이드에 녹화된 시간이 지나면 다음 슬라이드로 자동으로 넘어갑니다.

Note > 녹음/녹화 창은 어떤 요소로 구성되어 있나요?

녹음/녹화 창에서는 프레젠테이션을 진행하며 녹음/녹화하기 위한 여러 가지 기능이 제공됩니다.

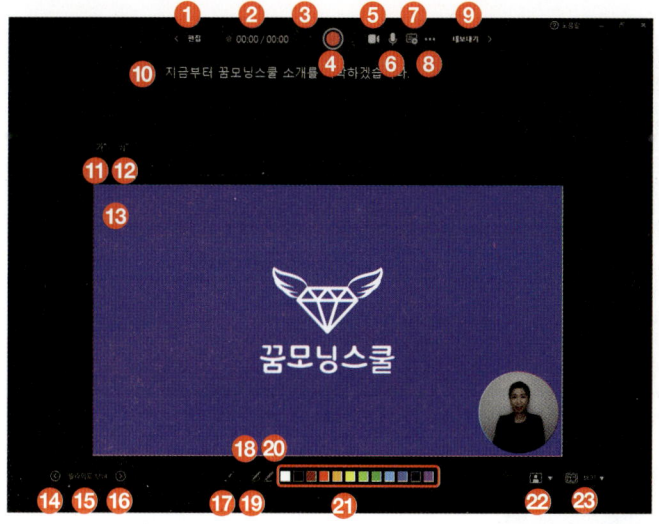

① **편집** : 기본 보기 화면으로 이동합니다.
② **타이머** : 현재 슬라이드의 녹화 시간과 누적 녹화 시간을 표시합니다.
③ **재촬영** : 현재 슬라이드 또는 모든 슬라이드에서 간단하게 영상을 다시 녹화할 수 있습니다.
④ **녹음/녹화** : 클릭하면 슬라이드 쇼 녹음/녹화가 시작되고 다시 클릭하면 중지됩니다.
⑤ **카메라** : 발표자의 모습을 촬영할 수 있습니다.
⑥ **마이크** : 녹음할 수 있습니다.
⑦ **자동 스크롤** : 자막을 자동으로 스크롤할 수 있습니다. 스크롤의 속도를 조정할 수 있습니다.
⑧ **더 보기** : 녹음/녹화를 위한 카메라, 마이크 옵션을 설정할 수 있습니다.
⑨ **내보내기** : 녹음/녹화한 비디오를 파일로 저장할 수 있습니다. 기본적으로 영상은 MP4 비디오 파일 형식의 Full HD(1080p) 해상도로 제공되며 프레젠테이션이 저장되는 곳과 동일한 위치에 저장됩니다.
⑩ **슬라이드 노트** : 현재 슬라이드에 대한 노트를 표시합니다.
⑪ **텍스트 확대** : 슬라이드 노트의 텍스트 크기를 크게 합니다.
⑫ **텍스트 축소** : 슬라이드 노트의 텍스트 크기를 작게 합니다.
⑬ **현재 슬라이드** : 현재 녹화되고 있는 슬라이드를 표시합니다.
⑭ **이전** : 이전 슬라이드로 돌아갑니다.
⑮ **슬라이드 번호** : 전체 슬라이드 중에 현재 슬라이드가 몇 번째 슬라이드인지 보여줍니다.
⑯ **다음** : 다음 슬라이드로 넘어갑니다.
⑰ **레이저 포인터** : 녹음/녹화 중인 슬라이드에 레이저 포인터를 사용할 수 있습니다.
⑱ **지우개** : 펜 및 형광펜 표시를 지워줍니다.
⑲ **펜** : 녹음/녹화 중인 슬라이드에 펜을 사용하여 주석을 표시할 수 있습니다.
⑳ **형광펜** : 녹음/녹화 중인 슬라이드에 형광펜을 사용하여 내용을 강조할 수 있습니다.
㉑ **펜 및 형광펜 색상** : 펜과 형광펜의 색상을 선택합니다.
㉒ **카메라 모드 선택** : 배경을 표시하거나 녹화하는 동안 주변을 흐리게 만드는 효과를 적용할 수 있습니다.

㉓ **보기 선택** : [텔레프롬프터], [발표자 보기], [슬라이드 보기]를 선택할 수 있습니다. [텔레프롬프터]는 현재 슬라이드 위쪽에 슬라이드 노트를 표시하여 녹화된 영상에서 청중과 시선을 마주하도록 연출할 수 있습니다. [발표자 보기]는 슬라이드 노트를 현재 슬라이드 오른쪽에 표시하고 작은 화면에 다음 슬라이드를 표시합니다.

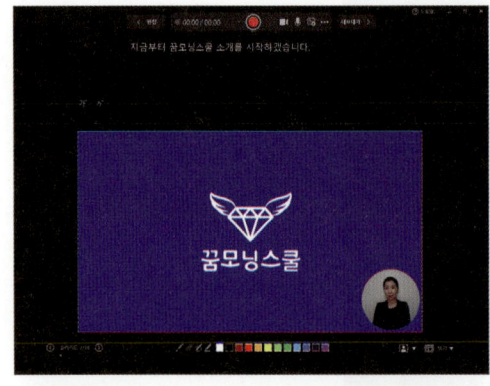

▲ 텔레프롬프터　　　　　　　　　　　▲ 발표자 보기

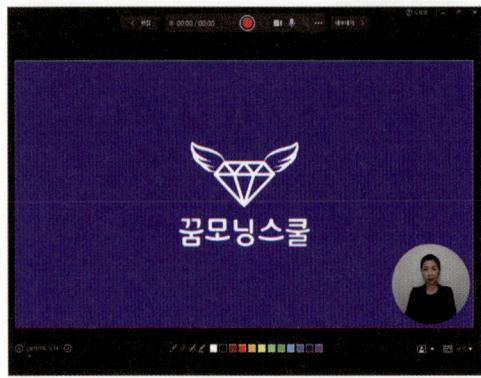

▲ 슬라이드 보기

CHAPTER
08

AI 도구를 활용한 프레젠테이션 슬라이드 제작하기

냅킨(Napkin)으로 도해 슬라이드 제작하기

실습 파일 파워포인트\8장\086_냅킨(napkin)으로 도해 슬라이드 제작하기.pptx
완성 파일 파워포인트\8장\086_냅킨(napkin)으로 도해 슬라이드 제작하기_완성.pptx

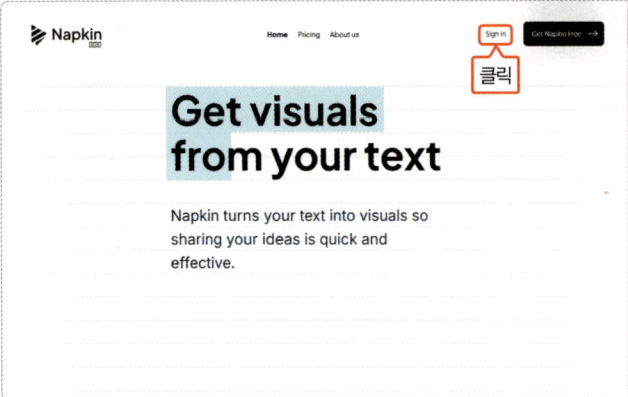

냅킨 로그인 및 시작하기

01 냅킨 웹사이트(**napkin.ai**)에 접속하여 [Sign in]을 클릭합니다.

Tip 구글 계정으로 회원가입합니다.

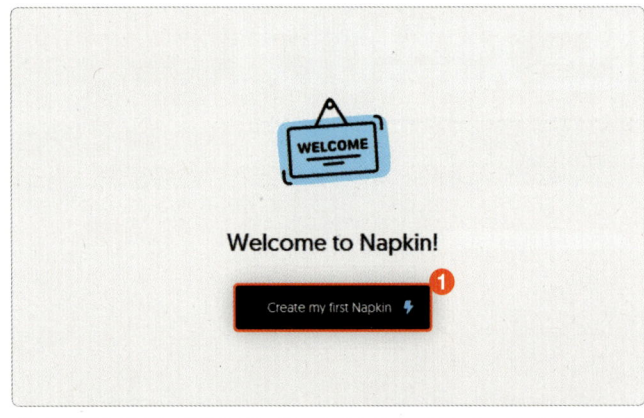

02 ❶ 로그인한 후 [Create my first Napkin] 클릭
❷ [By generating text using AI]를 클릭합니다.

Tip 냅킨을 처음 사용하면 직업, 사용 목적을 묻는 메시지가 나타납니다. 원하는 항목을 선택해 진행합니다.

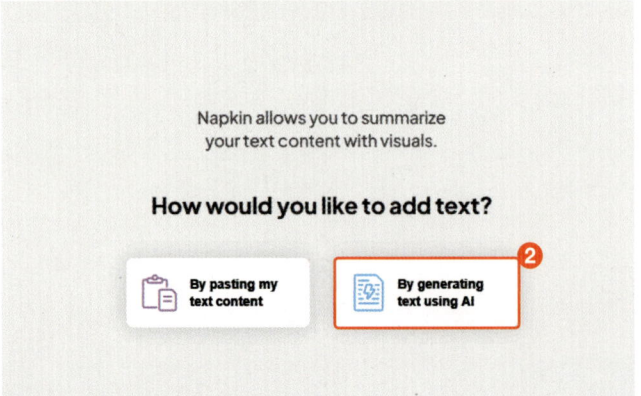

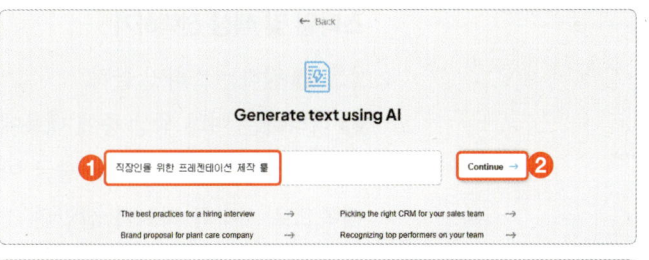

AI 활용하여 내용 생성하기

03 ① 직장인을 위한 프레젠테이션 제작 툴 입력

② [Continue]를 클릭합니다. 관련 내용이 작성된 것을 확인할 수 있습니다.

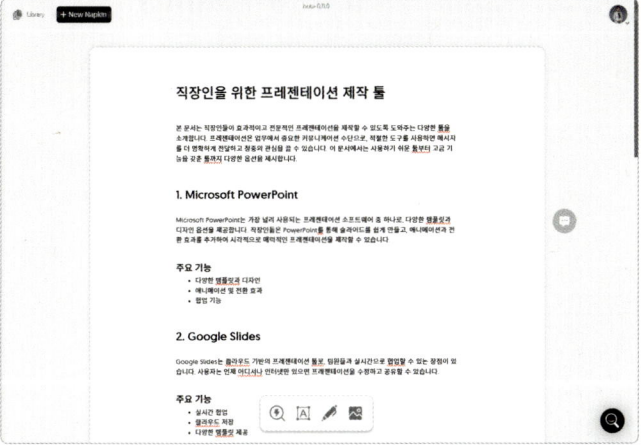

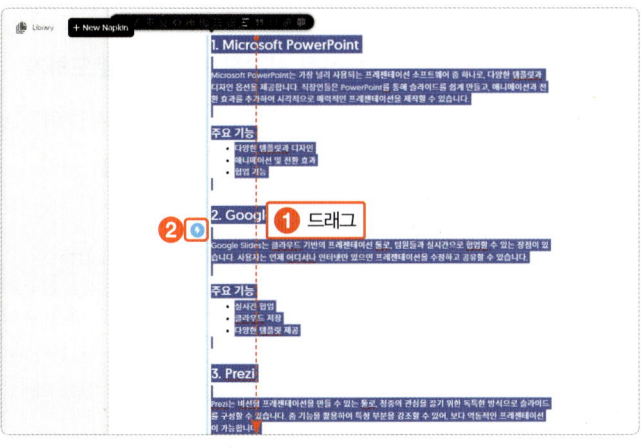

시각화 자료 생성하기

04 ① 1번 내용부터 5번 내용까지 드래그하여 선택

② 왼쪽에 나타나는 [Generate Visual]의 번개 모양 아이콘[Generate Visual ⚡]을 클릭합니다. 내용 아래쪽에 다양한 형태의 시각화 옵션이 나타납니다.

Tip 냅킨은 AI 도구이므로 같은 질문이라도 매번 다른 방식으로 답을 생성합니다. 따라서 책의 실습 화면과 실제로 실습하는 화면의 답변이 다를 수 있습니다.

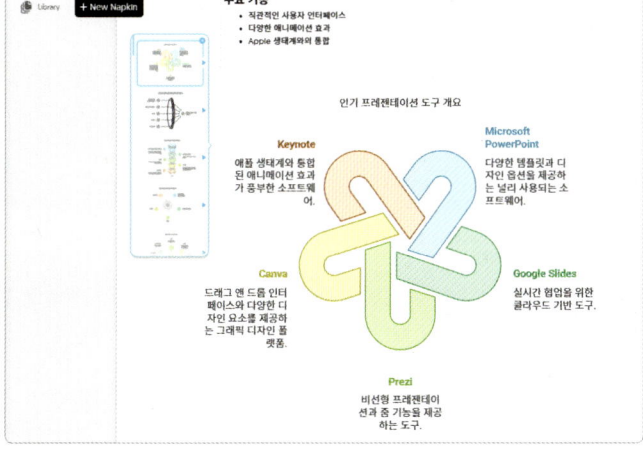

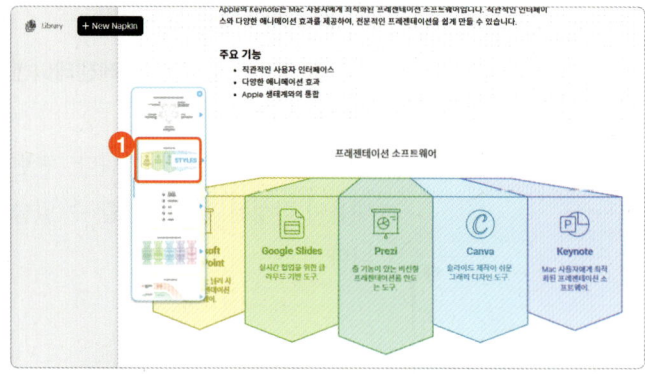

스타일 및 색상 선택하기

05 ❶ 원하는 스타일 클릭
❷ 나타나는 여러 색상 중에 내용에 적합한 색상을 클릭합니다. 줄글 아래쪽으로 시각화 자료가 삽입된 것을 확인할 수 있습니다.

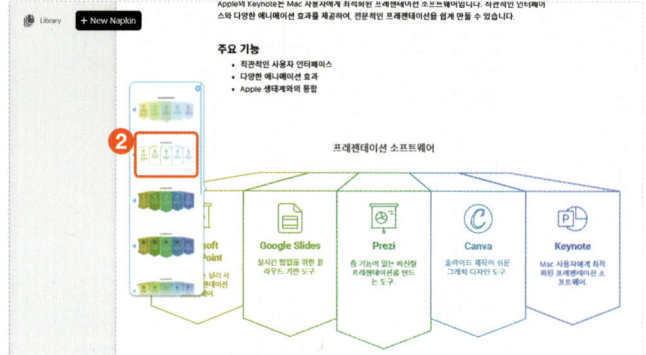

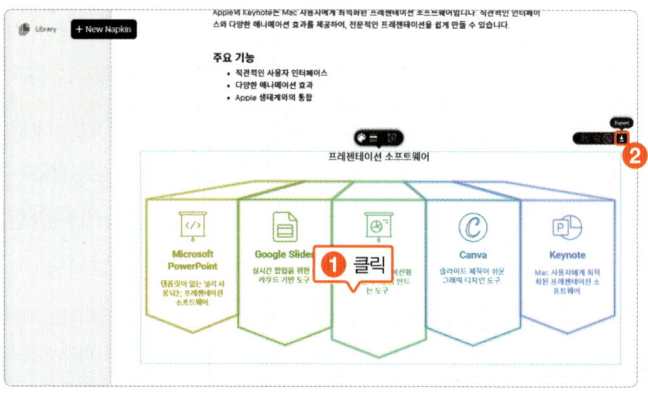

생성된 시각화 자료 다운로드하기

06 ❶ 생성된 시각화 자료 클릭
❷ 오른쪽 상단 [Export ⬇] 클릭
❸ [SVG] 클릭
❹ [Download]를 클릭합니다.

Tip PNG, SVG, PDF, PPT 파일로 저장할 수 있습니다. 또는 [Clipboard]를 클릭해 복사하여 바로 슬라이드에 붙여 넣을 수도 있습니다.

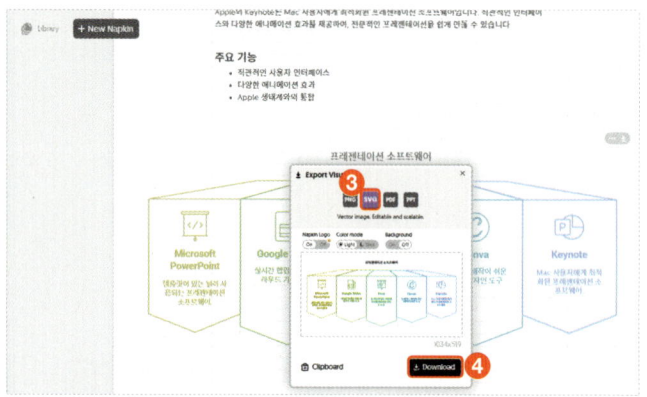

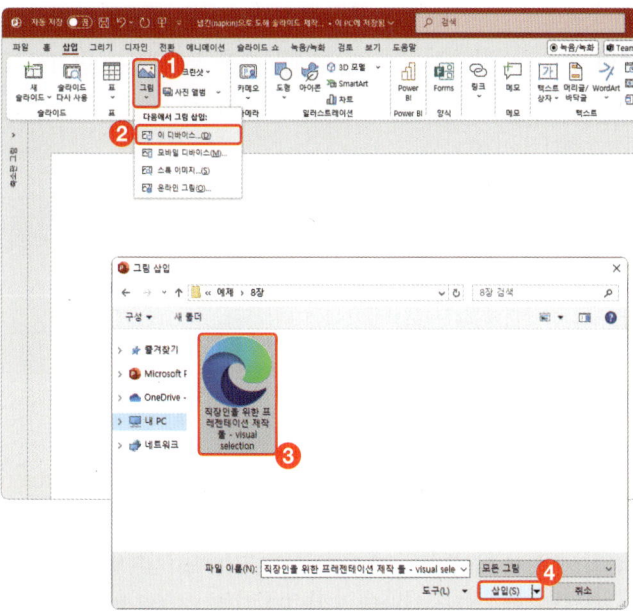

생성된 시각화 자료를 파워포인트에 삽입하기

07 ❶ [삽입] 탭-[이미지] 그룹-[그림 🖼] 클릭

❷ [이 디바이스에서] 클릭

❸ [그림 삽입] 대화상자에서 다운로드한 이미지 클릭

❹ [삽입]을 클릭합니다. 다운로드한 이미지가 삽입됩니다.

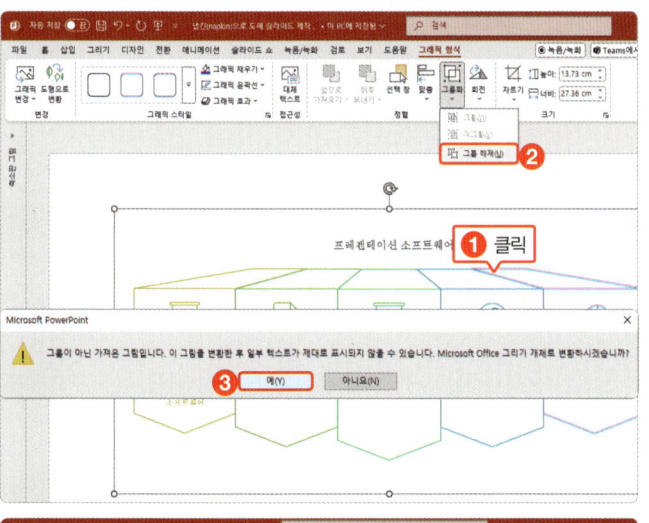

특정 부분 서식 변경하기

08 ❶ 삽입된 이미지 클릭

❷ [그래픽 형식] 탭-[정렬] 그룹-[그룹화]-[그룹 해제 🔲] 클릭

❸ 개체로 변환을 묻는 메시지 창이 나타나면 [예] 클릭

❹ [도형 서식] 탭-[정렬] 그룹-[개체 그룹화]-[그룹 해제 🔲]를 클릭합니다. 이미지가 여러 개체로 변환됩니다.

Tip 그룹 해제 단축키는 Ctrl + Shift + G, 그룹 만들기 단축키는 Ctrl + G 입니다.

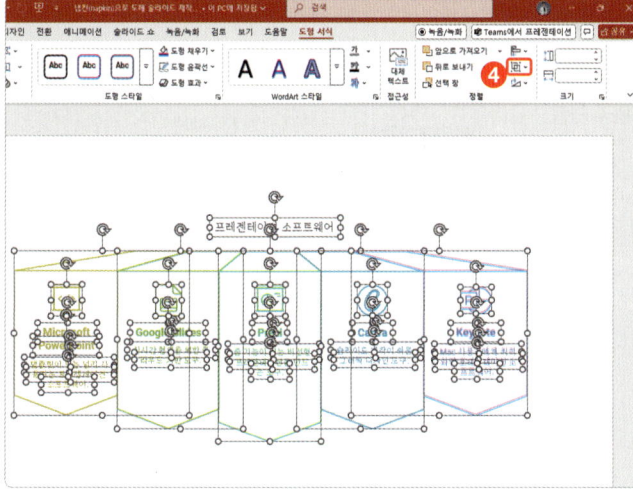

CHAPTER 08 AI 도구를 활용한 프레젠테이션 슬라이드 제작하기 **487**

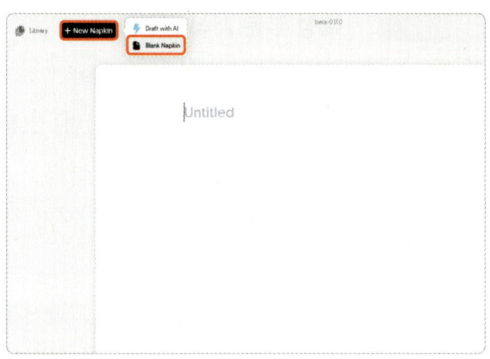

09 변경하고 싶은 개체를 클릭하고 색, 효과, 글꼴 등 서식을 변경하여 화면을 완성합니다.

> **Note** 냅킨에서 직접 내용을 입력하여 만들 수도 있나요?
>
> [New Napkin]-[Blank Napkin]을 클릭하여 나타나는 빈 화면에 직접 준비한 내용을 넣어줍니다. 시각화하고 싶은 텍스트를 드래그하여 [Generate Visual]을 클릭한 후 원하는 스타일을 클릭합니다. 텍스트 아래로 시각화 자료가 만들어진 것을 확인할 수 있습니다.
>
>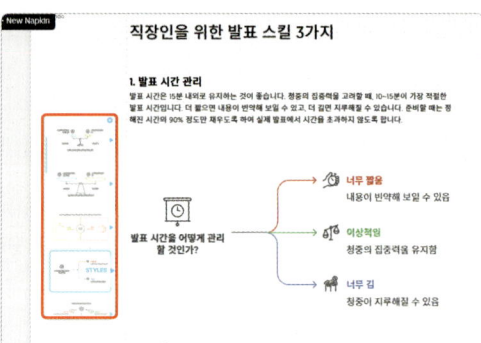

만들어진 시각화 요소 변경하기

변경하고 싶은 개체를 클릭한 후 나타나는 메뉴 중 원하는 것을 클릭하여 변경합니다.

이미지, 텍스트, 아이콘 등 새로운 개체를 삽입하기

화면 아래쪽에서 네 개의 아이콘을 클릭하여 개체를 삽입할 수 있습니다.

❶ **Spark Search** : 원하는 아이콘을 찾아서 넣을 수 있습니다.
❷ **Label** : 텍스트를 입력할 수 있습니다.
❸ **Sketch** : 선을 자유롭게 그릴 수 있습니다.
❹ **Image** : 내가 가지고 있는 이미지를 삽입할 수 있습니다.

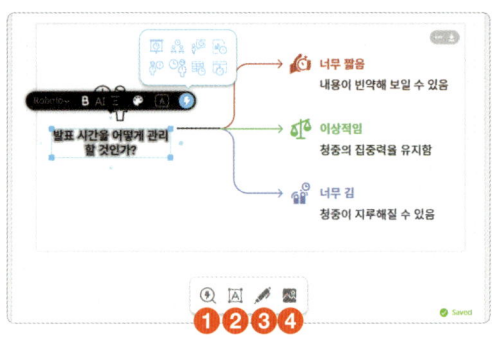

우선순위
087 샷츠(Shots)로 목업 슬라이드 제작하기

실습 파일 파워포인트\8장\087_샷츠(shots)로 목업 슬라이드 제작하기.pptx
완성 파일 파워포인트\8장\087_샷츠(shots)로 목업 슬라이드 제작하기_완성.pptx

샷츠 시작하기

01 ❶ 샷츠 웹사이트(**shots.so**)에 접속
❷ [Start Creating] 클릭
❸ [Drop or Paste]를 클릭합니다.

Tip 회원가입 없이도 바로 목업 제작을 시작할 수 있습니다.

Tip [Drop or Paste]에 마우스 포인터를 갖다 대면 [select Media]로 변경됩니다. 클릭하여 02 단계를 진행합니다.

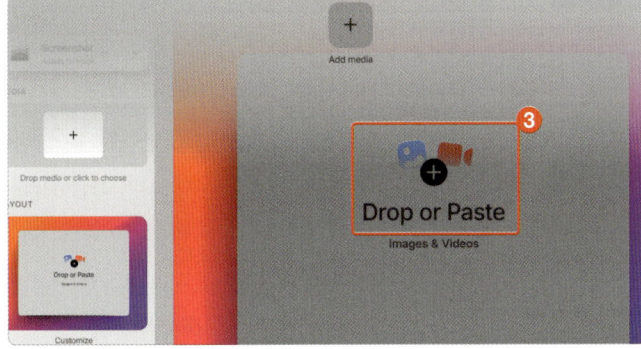

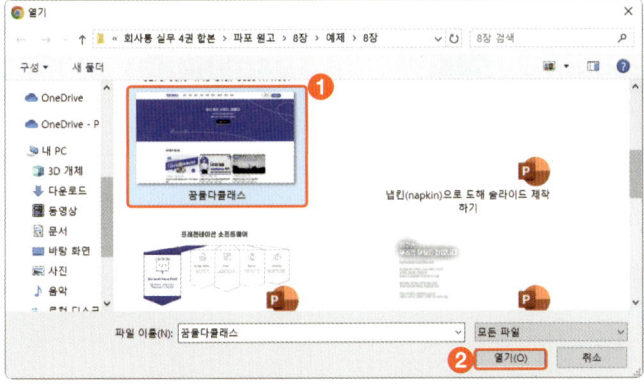

이미지 업로드하기

02 ❶ [열기] 대화상자에서 '꿈몰다클래스.jpg' 클릭
❷ [열기]를 클릭합니다.

Tip 업로드된 이미지가 자동으로 목업에 적용됩니다.

목업 유형 선택하기

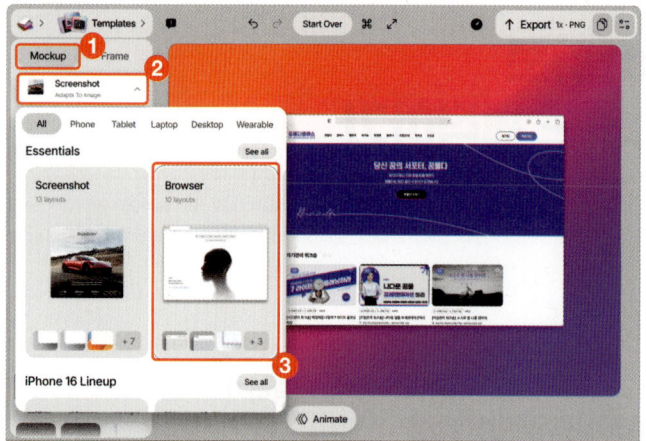

03 ❶ [Mockup] 클릭

❷ [Screenshot] 클릭

❸ [Browser]를 클릭합니다.

Tip 브라우저 선택을 마친 후 작업 영역의 빈 곳을 클릭하면 [Mockup] 옵션 창이 닫힙니다.

브라우저 서식 변경하기

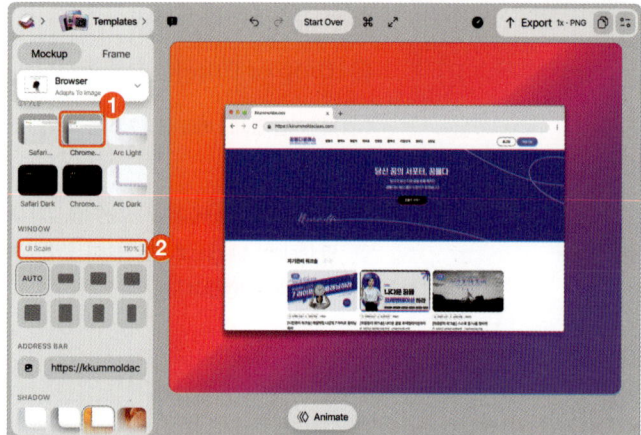

04 ❶ [STYLE]에서 [Chrome] 클릭

❷ [WINDOW]-[UI Scale]을 **110**으로 지정

❸ [ADRESS BAR]에서 [URL]에 **https://kkummoldaclass.com** 입력

❹ [SHADOW]에서 [Spread] 클릭

❺ [Opacity]는 **30**으로 지정

❻ [Adjust Light]를 클릭한 후 슬라이더 위치를 가운데보다 조금 아래로 지정합니다.

Tip [UI Scale]과 [Opacity]는 슬라이더 바를 좌우로 움직여 값을 지정합니다.

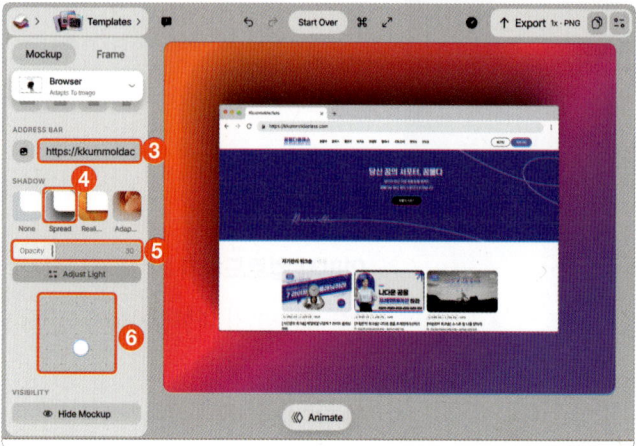

프레임 크기 변경하기

05 ❶ [Frame] 클릭

❷ [Default 4:3] 클릭

❸ [16:9]를 클릭합니다. 프레임의 크기가 16:9로 변경됩니다.

배경 스타일 변경하기

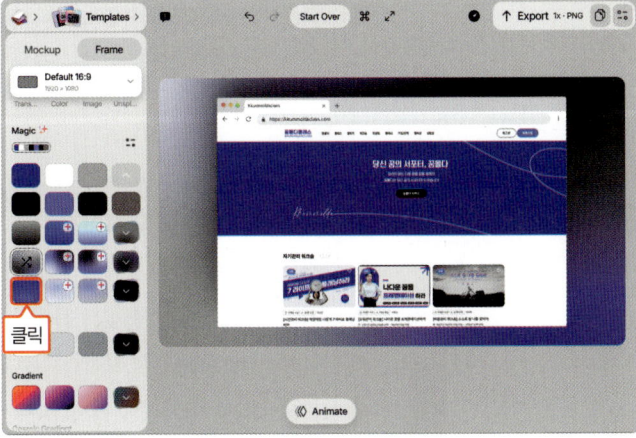

06 [Magic] 아래에 있는 스타일 중 하나를 클릭합니다. 배경에 바로 적용됩니다.

Tip 스타일을 클릭할 때마다 배경이 변경됩니다. 원하는 스타일을 확인하려면 여러 스타일을 클릭해봅니다.

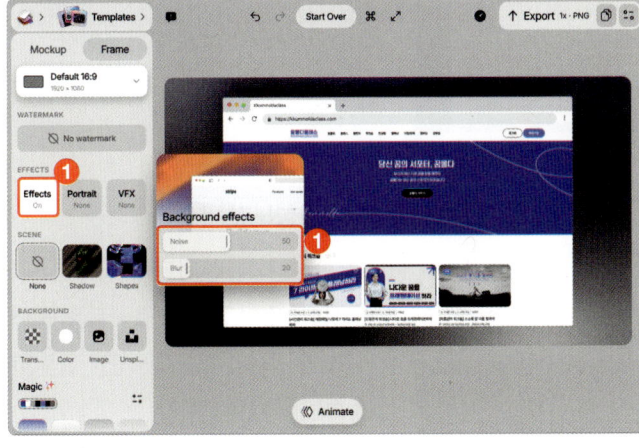

07 ❶ [EFFECTS]에서 [Effects] 클릭

❷ [Noise]를 **50**, [Blur]를 **20**으로 지정합니다.

Tip [BACKGROUND]에서 배경 스타일을 설정할 수 있습니다. 투명, 단색, 이미지 배경 등의 옵션이 있습니다.

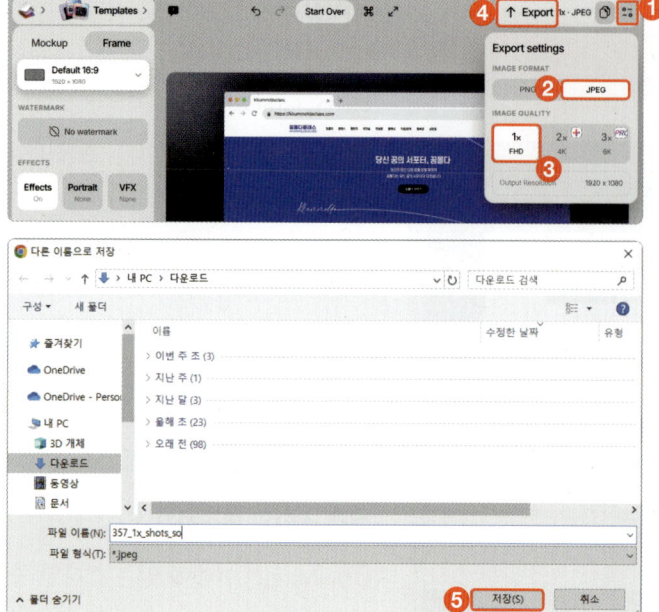

이미지 다운로드하기

08 ❶ [Export settings] 클릭
❷ [IMAGE FORMAT]은 [JPEG] 클릭
❸ [IMAGE QUALITY]는 [FHD] 클릭
❹ [Export] 클릭
❺ [다른 이름으로 저장] 대화상자에서 [저장]을 클릭합니다.

Tip 다운로드한 이미지는 내 컴퓨터의 [다운로드] 폴더에서 확인할 수 있습니다.

Tip 샷츠는 로그인(회원가입)하지 않아도 서비스를 이용해 목업을 만들 수 있습니다. ➕가 표시된 아이콘은 로그인해야 사용할 수 있는 서비스입니다.

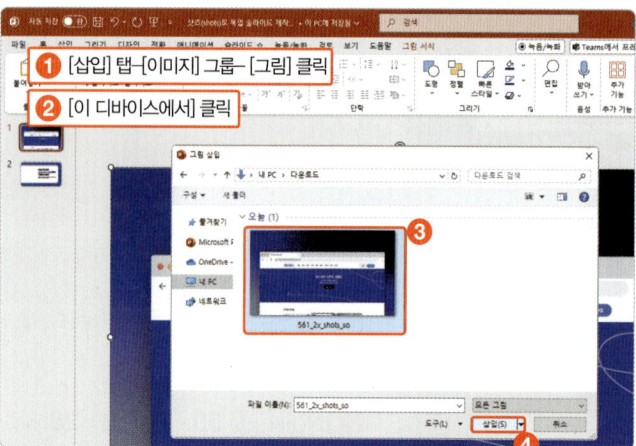

파워포인트에 이미지 삽입하기

09 ❶ [1번 슬라이드]에서 [삽입] 탭–[이미지] 그룹–[그림] 클릭
❷ [이 디바이스에서] 클릭
❸ [그림 삽입] 대화상자에서 [다운로드] 폴더에 저장된 이미지 클릭
❹ [삽입]을 클릭합니다. 이미지가 슬라이드에 꽉 차게 삽입됩니다.

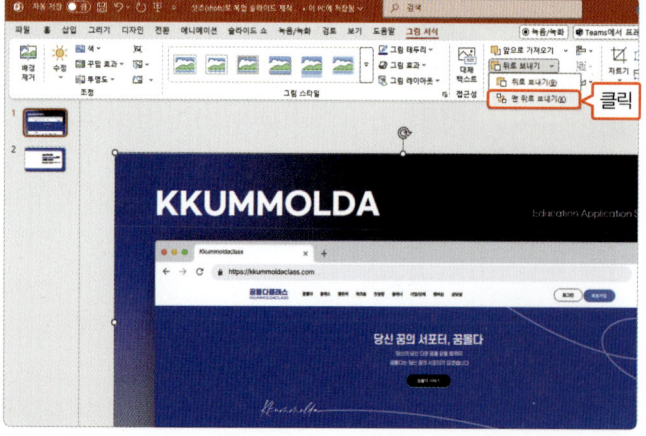

화면 완성하기

10 이미지가 선택된 상태에서 [그림 서식] 탭–[정렬] 그룹–[뒤로 보내기]–[맨 뒤로 보내기]를 클릭하여 화면을 완성합니다.

| Note | 배경이 투명한 목업 만들기 |

샷츠에서는 배경이 투명한 목업도 만들 수 있습니다. [Frame]에서 [BACKGROUND]를 [Transparency]를 선택해 배경을 투명하게 지정하고 파일 형식을 PNG로 저장하면 됩니다.

샷츠를 실행하고 [8장]의 '꿈모닝스쿨.jpg' 파일을 불러온 후 작업합니다.

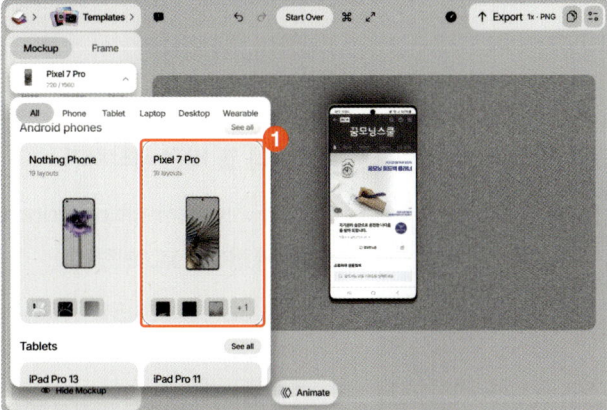

❶ [Mockup] - [Screenshot] - [Android phones] - [Pixel 7 Pro] 클릭
❷ [Frame]에서 [BACKGROUND]- [Transper] 클릭
❸ [Export settings] 클릭
❹ [IMAGE FORMAT]을 [PNG] 클릭
❺ [IMAGE QUALITY]를 [FHD] 클릭
❻ [복사] 클릭
❼ 파워포인트에서 Ctrl + V 를 눌러 붙여넣습니다. 투명한 목업 이미지가 삽입되는 것을 확인할 수 있습니다.

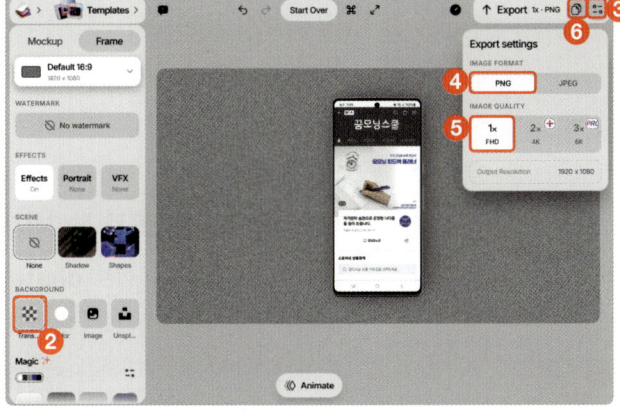

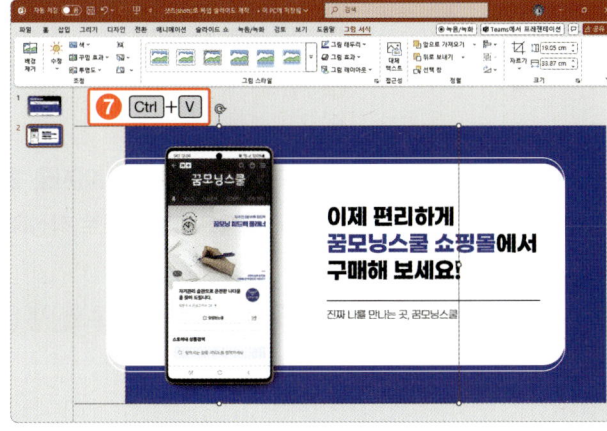

088 미드저니(Midjourney)로 이미지 슬라이드 제작하기

실습 파일 파워포인트\8장\088_미드저니(Midjourney)로 이미지 슬라이드 제작하기.pptx
완성 파일 파워포인트\8장\088_미드저니(Midjourney)로 이미지 슬라이드 제작하기_완성.pptx

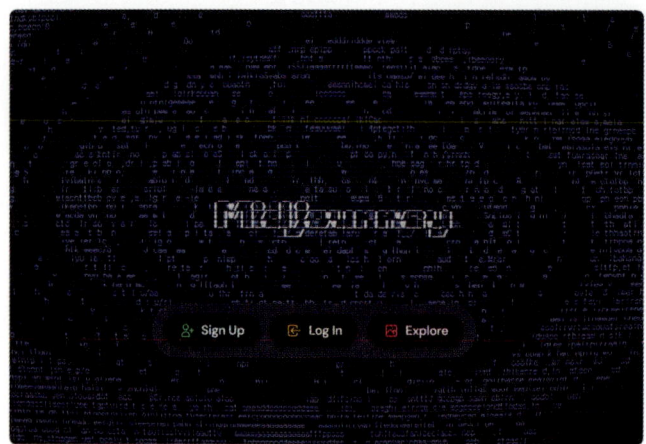

미드저니 웹 버전 시작하기

01 미드저니 웹사이트(**midjourney.com**)에 접속해 로그인합니다.

Tip 미드저니는 유료로만 사용할 수 있습니다. 유료로 구독하지 않는다면 이미지 생성 AI의 흐름만 참고하세요.

ChatGPT로 프롬프트 작성하기

02 ChatGPT 웹사이트(**chatgpt.com**)에 접속해 프롬프트 입력 창에 원하는 이미지를 설명하는 텍스트를 입력해보겠습니다.

❶ 프롬프트 창 클릭
❷ [첨부]-[이미지]를 클릭해 '지구환경.jpg' 파일 업로드
❸ 미드저니에서 이런 이미지를 뽑으려고 해. 프롬프트를 영어로 작성해줘. 입력
❹ Enter 를 눌러 프롬프트 생성을 시작합니다.

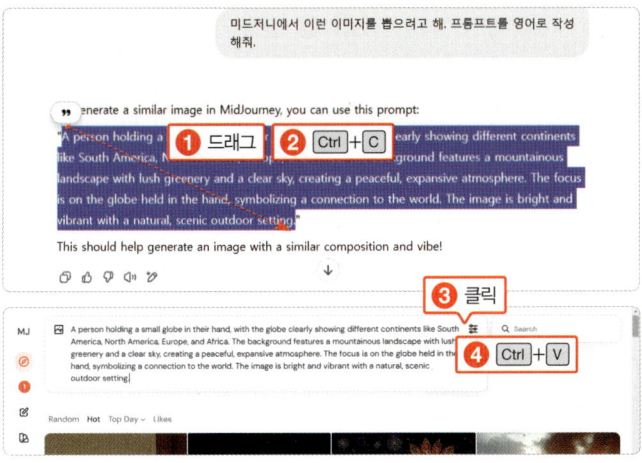

03 ① 생성된 프롬프트 드래그
② Ctrl + C
③ 미드저니 프롬프트 입력 창 클릭
④ Ctrl + V 를 눌러 붙여 넣습니다.

이미지 사이즈 및 스타일 설정하기

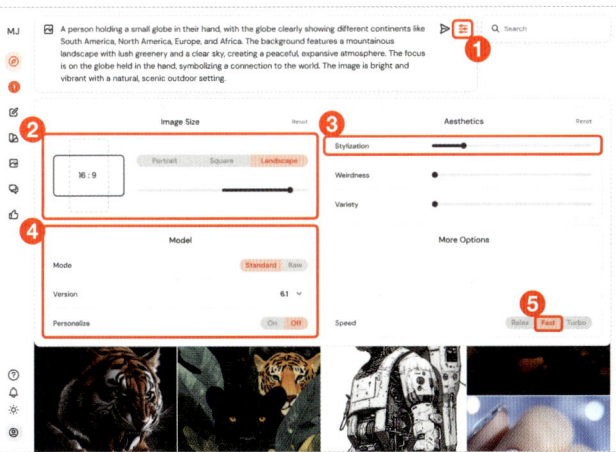

04 ① 프롬프트 입력 창 오른쪽의 [설정] 클릭

② [Image Size]-[Landscape]를 [16:9]로 설정

③ [Aesthetics]-[Stylization]을 [200]으로 설정

④ [Model]에서 [Mode]-[Standard], [Version]-[6.1], [Personalize]-[Off]로 설정

⑤ [More Options]-[Speed]-[Fast]를 클릭하여 설정을 완료합니다.

Tip 설정 패널 알아보기

Image Size	슬라이더를 사용하여 원하는 비율을 선택	Portrait	세로형 이미지
		Square	정사각형 이미지
		Landscape	가로형 이미지
Aesthetics	Stylization		이미지의 예술적 스타일 강도를 조정, 낮은 값은 프롬프트에 더 충실한 이미지를 생성하며, 높은 값은 미드저니의 예술적 해석이 강하게 반영 기본값은 중간(100)이며, 낮음(50), 높음(250), 매우 높음(750)으로 설정할 수 있음
	Weirdness		이미지의 독창성과 창의성을 조정
	Variety		생성된 이미지 간의 변화를 조정
Model	Mode	Standard	일반적인 스타일을 적용
		Raw	스타일이 최소화된 자연스러운 이미지를 생성
	Version		미드저니 버전을 선택하여 사용, 최신 버전이 기본값으로 설정
	Personalize		활성화 시 프롬프트에 자동으로 --p가 추가됨 개인화 프로필을 설정하려면 웹사이트에서 관리해야 함
More Options	Speed	Relax	처리 시간이 길지만 비용이 들지 않는 모드
		Fast	기본 처리 속도
		Turbo	가장 빠른 속도로 이미지를 생성하지만 GPU 비용이 두 배로 증가

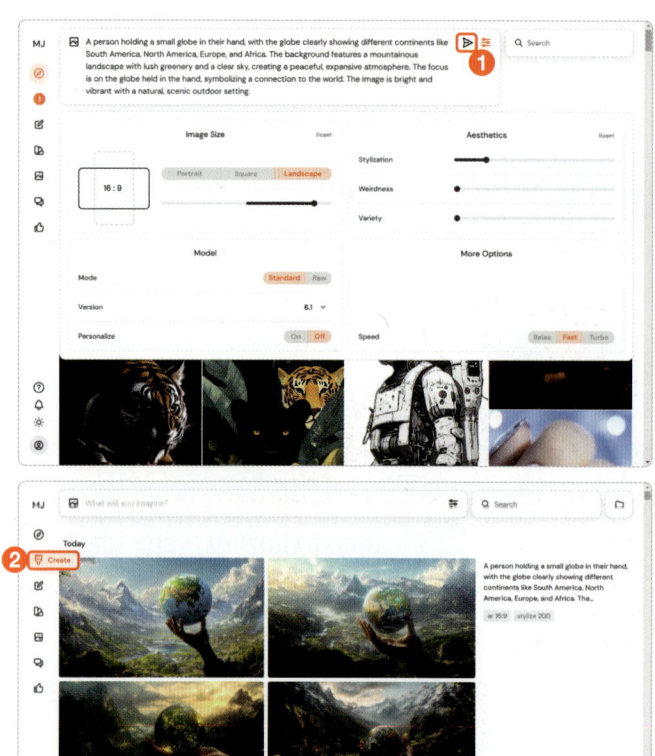

05 ❶ 설정 창을 닫은 후 [보내기] 클릭

❷ 왼쪽 메뉴 중 [Create]를 클릭하여 생성된 이미지를 확인합니다.

Tip [보내기] 대신 Enter 를 눌러 프롬프트를 전송할 수도 있습니다.

Tip 미드저니 메뉴 알아보기

Explore	미드저니에서 제공하는 다양한 예제와 템플릿을 탐색합니다.
Create	새로운 이미지를 생성하거나 프로젝트를 시작합니다.
Edit	기존 이미지를 수정하거나 편집합니다.
Personalize	개인화된 스타일 또는 설정을 적용합니다.
Organize	생성한 콘텐츠를 정리하고 관리합니다.
Chat	미드저니 봇과 상호작용하거나 도움을 요청할 수 있습니다.
Tasks	진행 중인 작업이나 대기열을 확인할 수 있습니다.
Help	도움말과 가이드를 확인할 수 있습니다.
Updates	최신 업데이트 및 변경 사항을 확인할 수 있습니다.
Light Mode	인터페이스의 밝기 모드를 전환할 수 있습니다.
사용자 프로필	계정 정보와 설정을 관리할 수 있습니다.

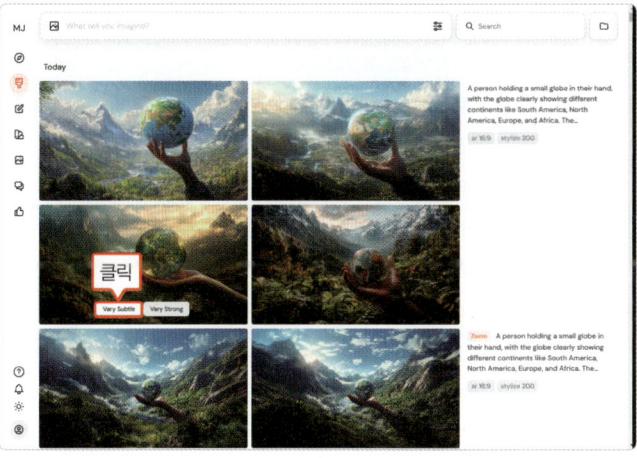

이미지 변형하기

06 마음에 드는 이미지의 [Vary Subtle]을 클릭하여 이미지에서 작은 변화를 줍니다.

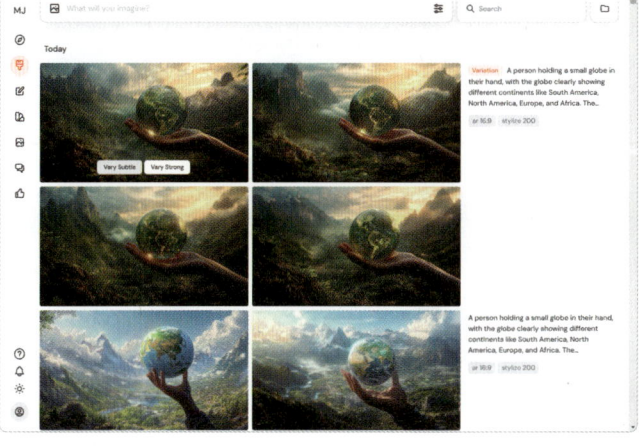

이미지 세부적으로 조정하기

07 세부 조정을 하고 싶은 이미지를 선택했다면 [Creation Actions]에서 이미지 변형, 위치 조정, 해상도 높이기 등 원하는 이미지가 생성될 때까지 버튼을 클릭하여 값을 조정합니다. 생성된 이미지는 [Create]를 클릭하여 확인합니다.

Tip Creation Actions(생성 작업) 알아보기

Vary	Subtle	선택한 이미지의 미세한 변형을 생성합니다.
	Strong	선택한 이미지의 강력한 변형을 생성하여 더 큰 변화가 나타납니다.
Upscale	Subtle	선택한 이미지를 약간 더 높은 해상도로 업스케일합니다.
	Creative	선택한 이미지를 창의적으로 재해석하며 고해상도로 업스케일합니다.
Remix	Subtle	기존 프롬프트를 기반으로 약간 수정된 이미지를 생성합니다.
	Strong	기존 프롬프트를 크게 변경하여 새로운 결과물을 만듭니다.
Pan		이미지의 뷰를 이동하여 다른 각도를 탐색합니다.
Zoom	1.5x	선택한 이미지를 1.5배 확대합니다.
	2x	선택한 이미지를 2배 확대합니다.
More	Rerun	동일한 프롬프트를 다시 실행하여 새로운 이미지 세트를 생성합니다.
	Editor	이미지를 편집할 수 있는 도구입니다.
Use	Image	기존 이미지를 참조하여 새로운 작업을 시작합니다.
	Style	스타일 설정을 기반으로 작업을 시작합니다.
	Prompt	이전에 사용한 프롬프트를 다시 활용하여 작업을 시작합니다.

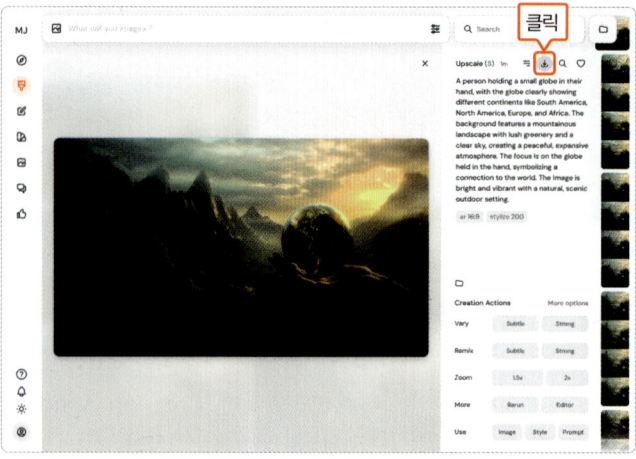

이미지 다운로드하기

08 [Download Image]를 클릭하여 이미지를 다운로드합니다. 다운로드 폴더에서 이미지를 확인할 수 있습니다.

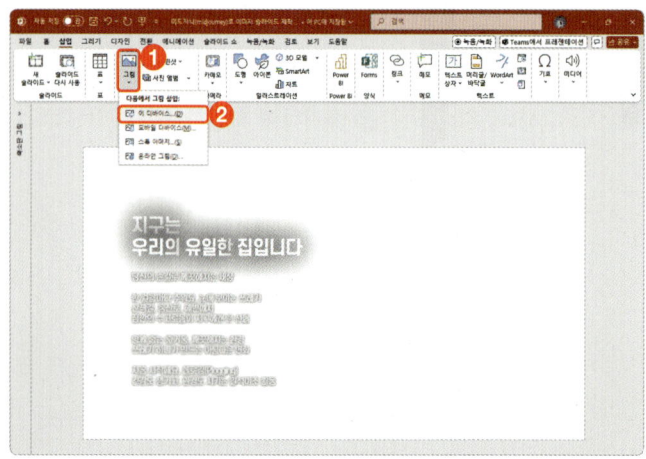

파워포인트에 이미지 삽입하기

09 ❶ 파워포인트에서 [삽입] 탭-[이미지] 그룹-[그림 🖼️] 클릭 ❷ [이 디바이스]를 클릭합니다.

10 ① [그림 삽입] 대화상자에서 [다운로드] 폴더에 저장된 이미지 클릭

② [삽입]을 클릭합니다. 이미지가 슬라이드에 꽉 차게 삽입됩니다.

화면 완성하기

11 이미지가 선택된 상태에서 [그림 서식] 탭-[정렬] 그룹-[뒤로 보내기]-[맨 뒤로 보내기]를 클릭하여 화면을 완성합니다.

PART 03

워드

CHAPTER
01

보기 좋고 편하게
워드 환경 설정하기

워드의 기본 화면 구성 살펴보기

실습 파일 없음 완성 파일 없음

기본 화면 구성

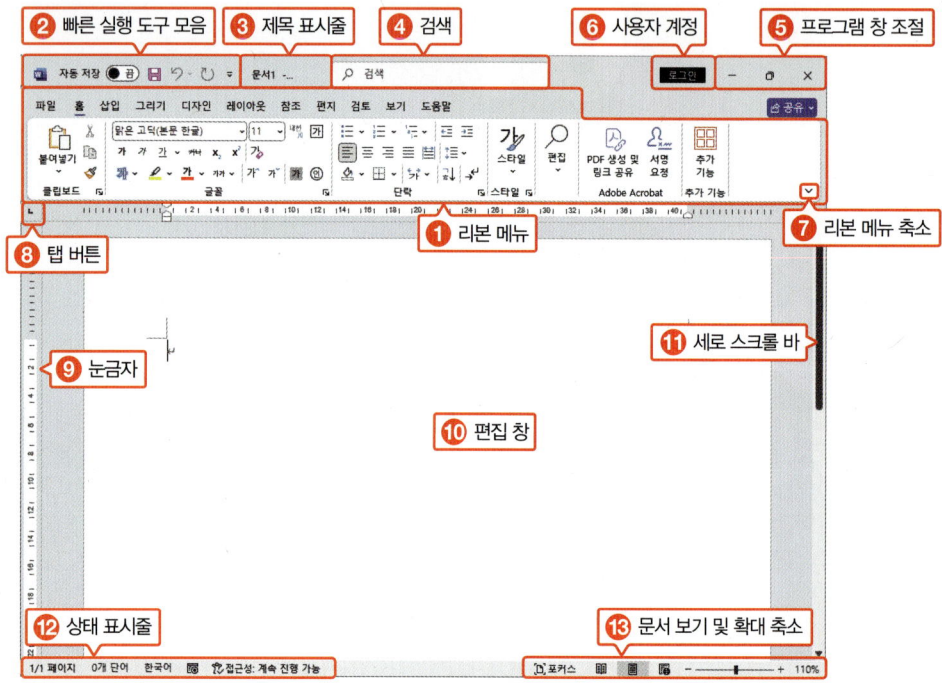

1. **리본 메뉴** : 리본처럼 탭을 펼쳐 메뉴를 표시합니다. 탭은 [파일], [홈], [삽입], [그리기], [디자인], [레이아웃], [참조], [편지], [검토], [보기], [도움말] 등으로 구성되어 있습니다.
2. **빠른 실행 도구 모음** : 사용자가 자주 사용하는 명령을 빠르게 실행하도록 모아놓은 도구함입니다. 필요에 따라 명령을 추가하거나 삭제할 수 있습니다.
3. **제목 표시줄** : 현재 작업 중인 문서의 이름을 표시합니다. 문서 이름을 별도로 지정하지 않으면 새로운 문서를 열었을 때 문서1, 문서2, 문서3 … 순서로 이름이 자동 부여됩니다.
4. **검색** : 작업에 필요한 키워드나 설명을 입력하면 관련 워드 기능을 실행하거나 도움말 또는 스마트 조회 창을 엽니다.
5. **프로그램 창 조절** : 워드 창을 최소화/최대화하거나 닫습니다.
6. **사용자 계정** : 마이크로소프트의 클라우드 서비스인 원드라이브(OneDrive)의 사용자 계정 정보를

표시합니다. 로그인하면 사용자 정보가 표시됩니다.

❼ 리본 메뉴 축소 : 문서 편집 창을 넓게 사용하고자 할 때 클릭하면 리본 메뉴를 숨길 수 있습니다.

❽ 탭 버튼 : [보기] 탭–[표시] 그룹–[눈금자]에 체크하면 탭 버튼이 표시됩니다. 클릭할 때마다 왼쪽 탭, 가운데 탭, 오른쪽 탭, 소수점 탭, 줄 탭, 첫 줄 들여쓰기, 내어쓰기 등으로 탭을 전환할 수 있습니다.

❾ 눈금자 : [보기] 탭–[표시] 그룹–[눈금자]에 체크하면 표시됩니다. 문서를 작성할 때 글의 위치를 확인하거나 도형, 표 등을 규칙적으로 배열할 수 있도록 도와줍니다.

❿ 편집 창 : 문자, 표, 도형, 차트 등의 개체를 입력해 문서를 편집하는 공간입니다.

⓫ 세로 스크롤 바 : 스크롤 바를 드래그하면 문서 위치를 위아래로 이동할 수 있습니다.

⓬ 상태 표시줄 : 편집 창에서 마우스 포인터가 놓인 곳의 페이지 번호, 단어 개수, 입력 언어, 입력 모드(삽입/겹쳐 쓰기) 등의 정보를 표시합니다.

⓭ 문서 보기 및 확대 축소 : [읽기 모드], [인쇄 모양], [웹 모양], [확대/축소] 슬라이드 등으로 구성되어 있으며 화면에서 문서를 표현하는 방식을 변경할 수 있습니다. 기본 설정은 [인쇄 모양]입니다.

워드 빠르게 시작하기

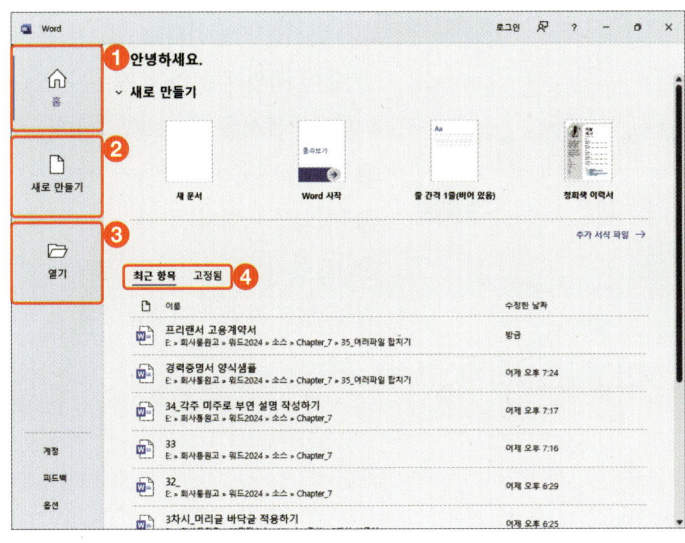

워드 2024를 실행하면 그림과 같은 시작 화면이 표시됩니다.

❶ 홈 : 현재 화면을 표시합니다.

❷ 새로 만들기 : 새 문서 또는 MS Word에서 제공하는 다양한 서식 파일을 사용하여 빠르게 문서를 만들 수 있습니다.

❸ 열기 : 최근 항목, One Drive, 이 PC 등에 저장된 문서를 열 수 있습니다.

❹ 최근 항목, 고정됨 : 이전에 사용했거나 공유된 문서를 빠르게 열 수 있습니다.

새 문서 만들어 저장하기

실습 파일 없음   완성 파일 없음

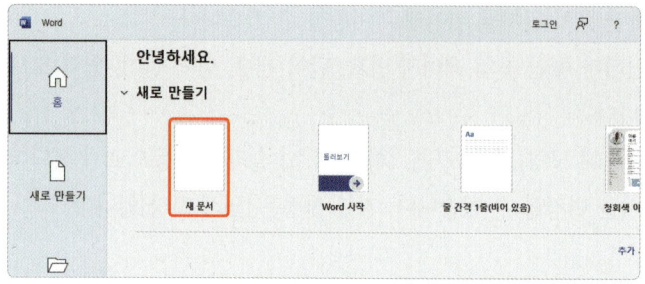

새 문서 만들기

01 워드를 실행하고 시작 화면에서 [새 문서] 템플릿을 클릭합니다.

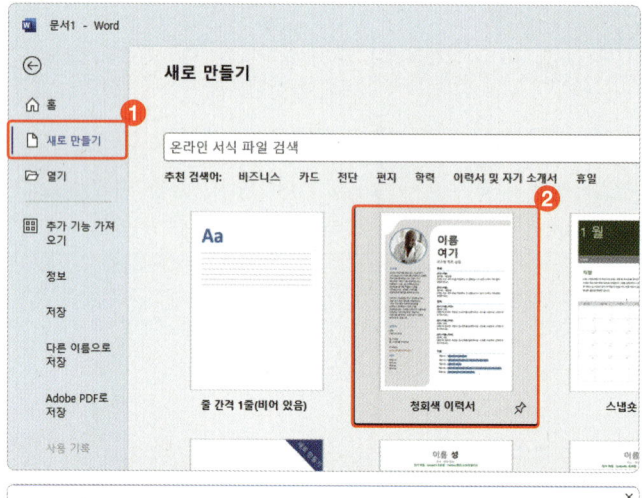

문서 작업 중 새 문서 만들기

02 문서를 작성하다가 새로운 문서를 열어 작업해야 하는 경우가 있습니다. 새 문서를 열어보겠습니다.

❶ [파일] 탭-[새로 만들기] 클릭
❷ [청회색 이력서] 클릭
❸ [만들기]를 클릭하면 '청회색 이력서' 서식 파일이 실행됩니다.

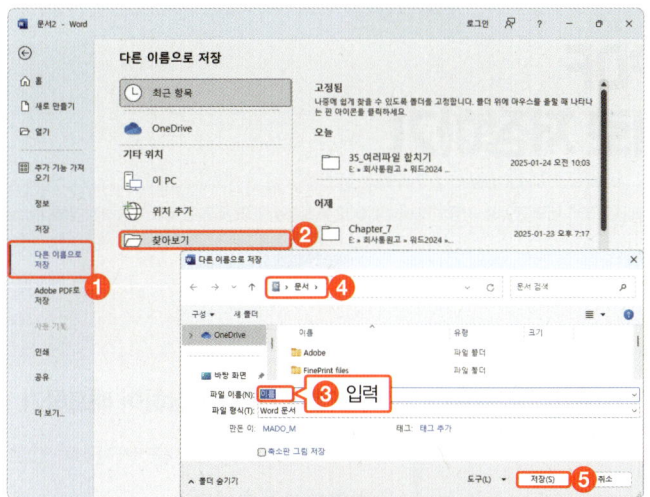

문서 저장하기

03 이력서를 저장해보겠습니다.

❶ [파일] 탭-[다른 이름으로 저장] 클릭

❷ [찾아보기] 클릭

❸ [다른 이름으로 저장] 대화상자
-[파일 이름]에 **이름** 입력

❹ 저장할 위치를 [문서]로 두고

❺ [저장]을 클릭합니다. 문서가 **이름.docx** 파일로 저장됩니다.

> **Note** 다른 형식(하위 버전)으로 문서 저장하기

워드에서 작성한 문서를 하위 버전에서 열 수 있도록 파일 형식을 변경하고 저장해보겠습니다.

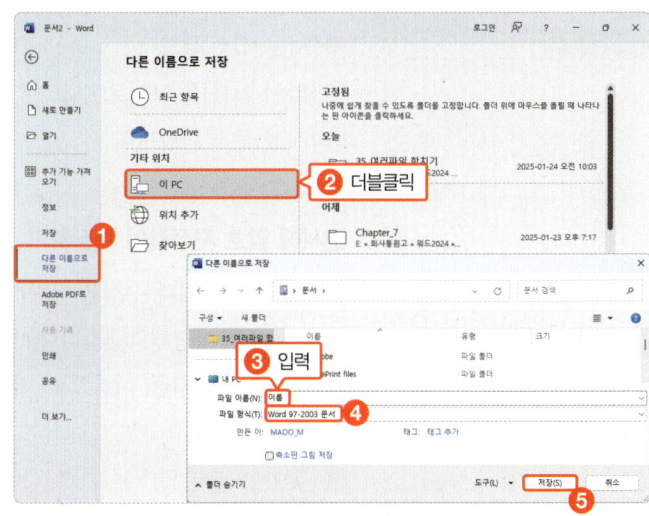

❶ [파일] 탭-[다른 이름으로 저장] 클릭

❷ [이 PC] 더블클릭

❸ [다른 이름으로 저장] 대화상자-[파일 이름]에 **이름** 입력

❹ [파일 형식]에 [Word 97 – 2003 문서] 선택

❺ [저장]을 클릭하면 문서가 **이름.doc** 파일로 저장됩니다.

Tip 현재 최신 버전의 워드 파일 확장자는 docx입니다. 이전 하위 버전의 워드 파일의 확장자는 doc입니다.

Adobe PDF 배포 문서로 저장하기

실습 파일 워드\1장\002_Adobe PDF 배포 문서로 저장하기.docx, 002_Adobe PDF 배포 문서로 저장하기_암호.docx
완성 파일 없음

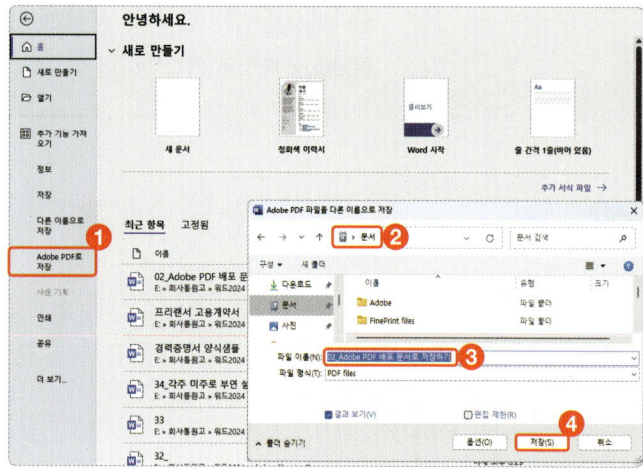

워드를 PDF로 저장하여 배포하기

01 작성한 품의서를 PDF 파일로 변환해보겠습니다.

❶ [파일] 탭-[Adobe PDF로 저장] 클릭
❷ [Adobe PDF 파일을 다른 이름으로 저장] 대화상자에서 저장할 위치를 [문서]로 두고
❸ [파일 이름]을 그대로 두고
❹ [저장]을 클릭합니다.

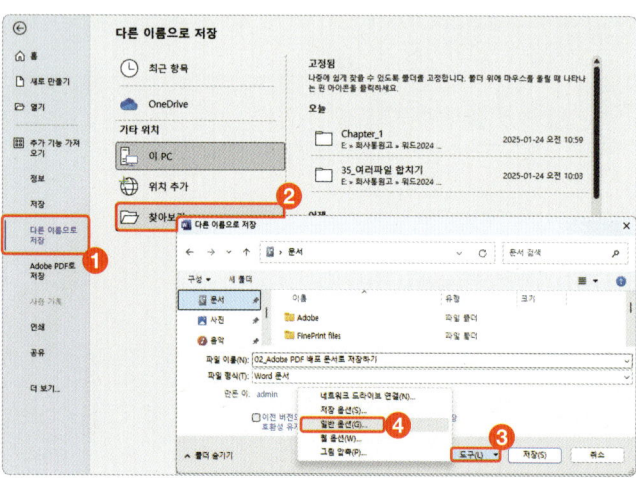

문서에 암호 지정하여 저장하기

02 문서 열람이나 수정을 방지하기 위해 암호를 지정해보겠습니다.

❶ [파일] 탭-[다른 이름으로 저장] 클릭
❷ [찾아보기] 클릭
❸ [다른 이름으로 저장] 대화상자-[도구] 클릭
❹ [일반 옵션]을 클릭합니다.

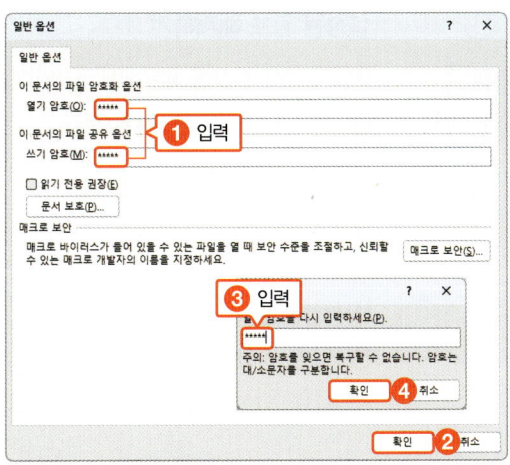

[일반 옵션] 대화상자에 암호 입력하기

03 열기 암호, 쓰기 암호를 입력해보겠습니다.

❶ [열기 암호]에 **12345** 입력, [쓰기 암호]에 **12345** 입력

❷ [확인] 클릭

❸ [암호 확인] 대화상자에 **12345** 입력(이어서 대화상자가 나타나면 동일하게 입력)

❹ [암호 확인] 대화상자의 [확인] 클릭

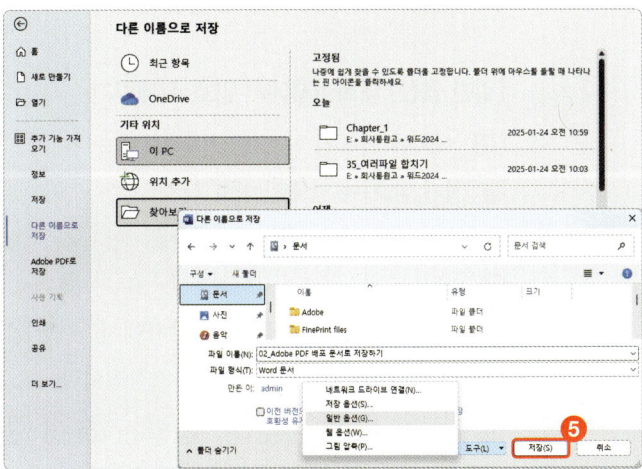

❺ [다른 이름으로 저장] 대화상자에서 [저장]을 클릭합니다.

Tip 열기 암호는 파일을 열 때 필요한 암호이고, 쓰기 암호는 파일을 수정한 후 저장할 때 묻는 암호입니다. 문서를 열지 못하도록 할 때는 열기 암호를 설정하고, 문서를 열어 열람할 수는 있지만 내용을 수정하지 못하도록 할 때는 쓰기 암호를 설정합니다.

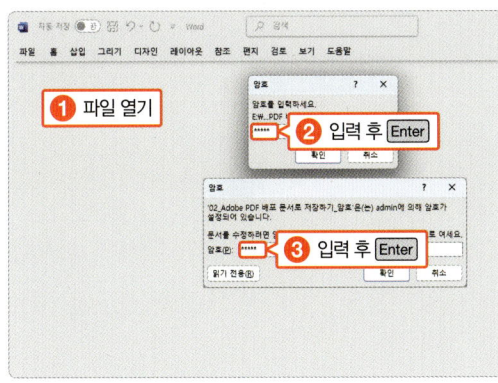

암호가 설정된 문서 열기

04 암호가 설정된 파일을 실행해 확인해보겠습니다.

❶ '002_Adobe PDF 배포 문서로 저장하기_암호.docx' 파일 열기

❷ [암호] 대화상자에서 **12345** 입력 후 Enter

❸ 다시 [암호] 대화상자에서 **12345**를 입력하고 Enter 를 누릅니다. 암호가 지정된 문서가 실행됩니다.

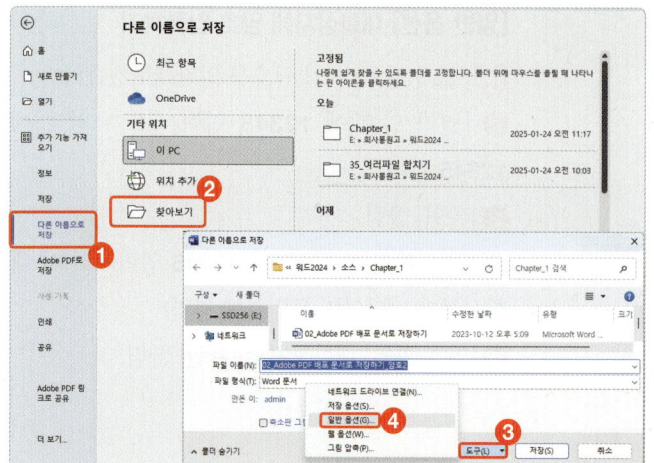

설정된 암호 해제하기

05 설정된 암호를 해제해보겠습니다.
❶ [파일] 탭-[다른 이름으로 저장] 클릭
❷ [찾아보기] 클릭
❸ [다른 이름으로 저장] 대화상자-[도구] 클릭
❹ [일반 옵션]을 클릭합니다.

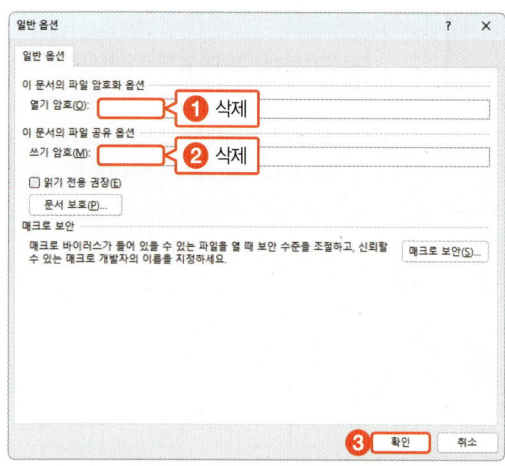

[일반 옵션] 대화상자에서 암호 삭제하기

06 기존에 입력된 암호를 삭제해보겠습니다.
❶ [열기 암호]에 입력된 암호 삭제
❷ [쓰기 암호]에 입력된 암호 삭제
❸ [확인] 클릭
❹ [다른 이름으로 저장] 대화상자에서 [저장]을 클릭하면, 암호가 해제된 문서가 저장됩니다.

Tip 실습 파일에서 '002_Adobe PDF 배포 문서로 저장하기_암호 3.docx' 파일이 암호를 해제하여 다른 이름으로 저장한 파일입니다.

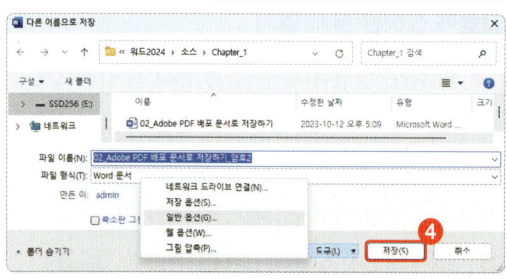

003 다양한 화면 보기 기능 알아보기

실습 파일 워드\1장\003_다양한 화면 보기 기능 알아보기.docx 완성 파일 없음

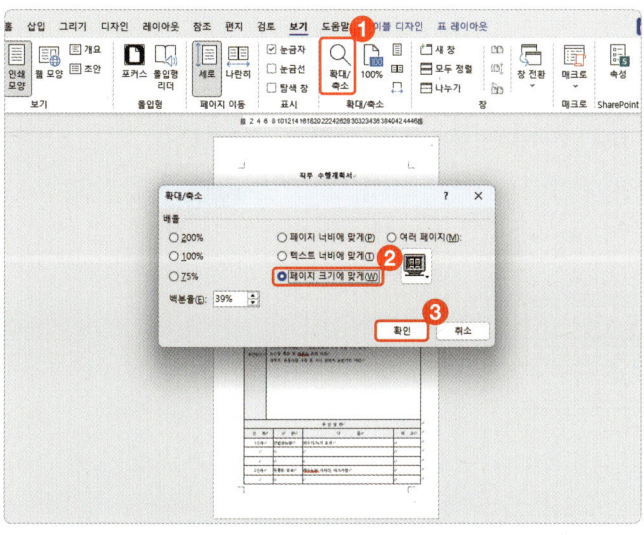

페이지 크기에 맞게 보기

01 문서를 편집하다 보면 화면을 확대/축소하면서 작업해야 할 때가 있습니다. 작성한 문서를 페이지 크기에 맞게 볼 수 있도록 설정해보겠습니다.

❶ [보기] 탭-[확대/축소] 그룹-[확대/축소 🔍] 클릭

❷ [확대/축소] 대화상자-[페이지 크기에 맞게] 선택

❸ [확인]을 클릭합니다. 문서 1페이지가 화면에 모두 표시됩니다.

Tip 화면 오른쪽 하단의 비율을 클릭해도 [확대/축소] 대화상자가 나타납니다.

Note 화면을 빠르게 확대/축소하는 두 가지 방법 살펴보기

화면의 확대/축소 비율을 변경하는 방법에는 다양한 방법이 있습니다.

방법 ① Ctrl + 마우스 휠

- Ctrl 을 누른 상태에서 마우스 휠을 아래로 굴리면 화면이 축소됩니다.
- Ctrl 을 누른 상태에서 마우스 휠을 위로 굴리면 화면이 확대됩니다.

방법 ② 슬라이드 드래그

화면 오른쪽 하단의 슬라이드를 왼쪽/오른쪽으로 드래그하여 확대/축소할 수 있습니다.

Note 작업 표시줄의 보기 도구 기능 살펴보기

① **포커스 모드** : 방해 요소를 제거하여 문서에 집중할 수 있습니다.

② **읽기 모드** : 읽기 전용으로 디자인된 일부 도구를 포함하여 문서를 읽을 때 사용합니다.

③ **인쇄 모양** : 가장 일반적으로 사용하는 보기 방식으로, 문서를 인쇄할 때 예상되는 모양을 확인합니다.

④ **웹 모양** : 웹 페이지에 표시되는 형태로 문서를 표시합니다.

Note 페이지 나란히 보기

[보기] 탭-[페이지 이동] 그룹-[나란히 📖]를 클릭합니다. 한 화면에 두 페이지를 펼친 형태로 볼 수 있습니다.

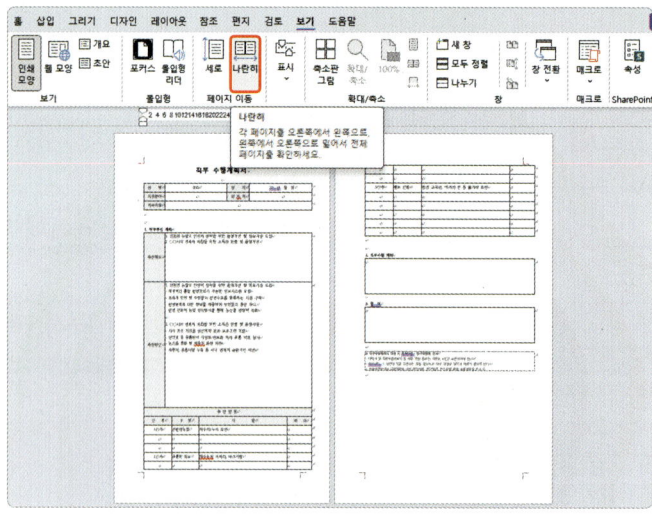

CHAPTER
02

입력 및 기본 편집하기

한자 입력하고 자주 사용하는 한자 등록하기

실습 파일 워드\2장\004_한자 입력하고 자주 사용하는 한자 등록하기.docx
완성 파일 워드\2장\004_한자 입력하고 자주 사용하는 한자 등록하기_완성.docx

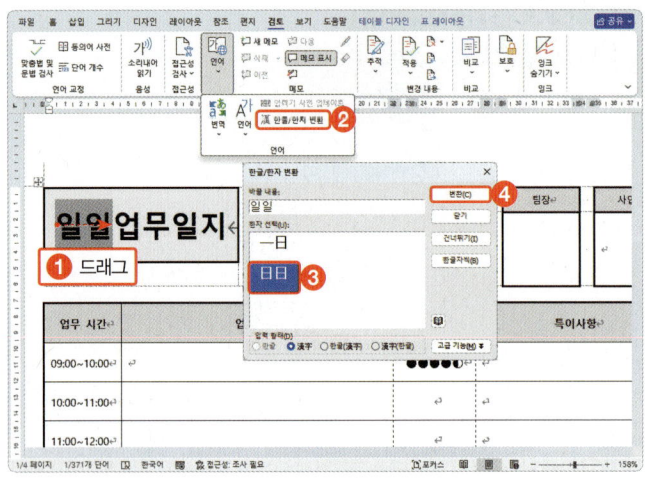

한자 변환하기(Ctrl + Alt + F7)

01 입력된 한글 단어를 한자로 변환해보겠습니다.

① '일일' 드래그

② [검토] 탭–[언어] 그룹–[한글/한자 변환 漢] 클릭

③ [한글/한자 변환] 대화상자에서 '日日' 선택

④ [변환]을 클릭합니다.

Tip '일일'이 선택된 상태에서 키보드의 한자 를 눌러도 됩니다.

바로 가기 메뉴에서 한자 변환하기

02 바로 가기 메뉴에서 빠르게 한자로 변환해보겠습니다.

① '업무' 드래그 후 마우스 오른쪽 버튼 클릭

② [業務]를 선택합니다.

한글과 한자 병용하기

03 한글과 한자를 병용하여 표시해 보겠습니다.

❶ '일지' 드래그

❷ 키보드에서 한자 누르기

❸ [한글/한자 변환] 대화상자에서 [입력 형태]-[한글(漢字)]을 선택합니다.

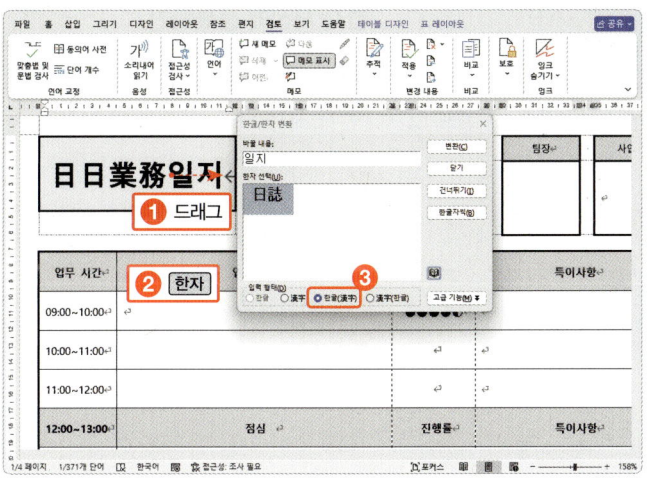

한자 사전 활용하기

04 한자의 뜻을 모를 때는 [한자 사전]을 활용합니다.

❶ [한글/한자 변환] 대화상자-[한자 사전 📖] 클릭 ❷ [한자 사전]에서 음과 뜻 확인 후 [확인] 클릭 ❸ [변환]을 클릭합니다.

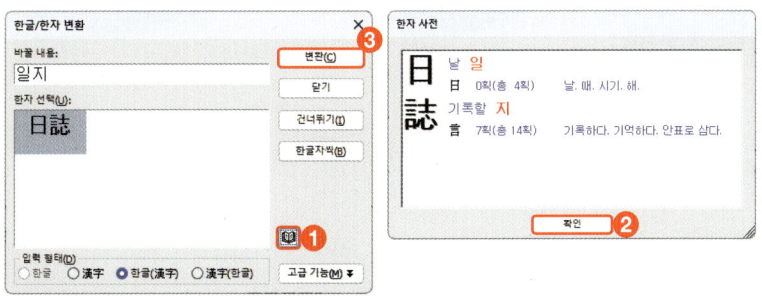

> **Note** 한자를 한글로 변환하기
>
> 문서 내의 한자를 한글로 변환할 수도 있습니다.
>
> ❶ '日誌' 드래그
>
> ❷ 한자 누르기
>
> ❸ [한글/한자 변환] 대화상자-'일지' 선택
>
> ❹ [변환]을 클릭합니다.
>
>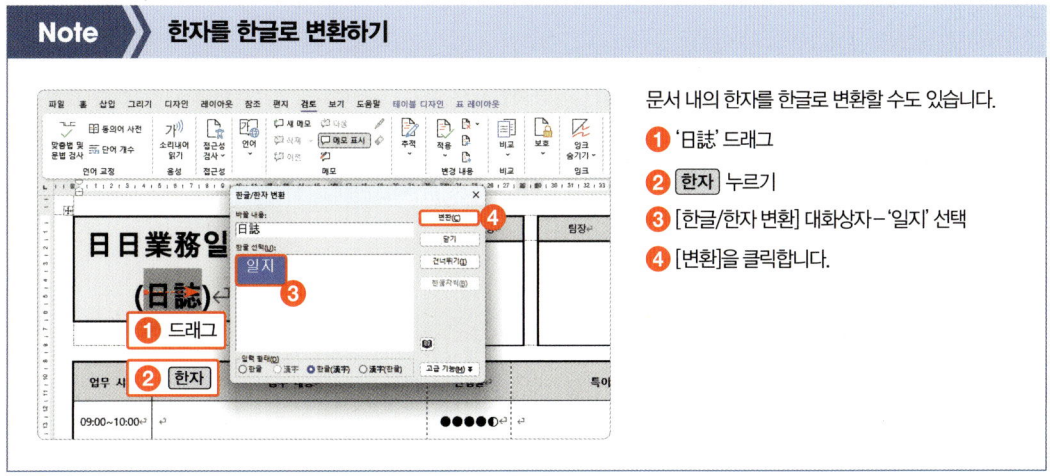

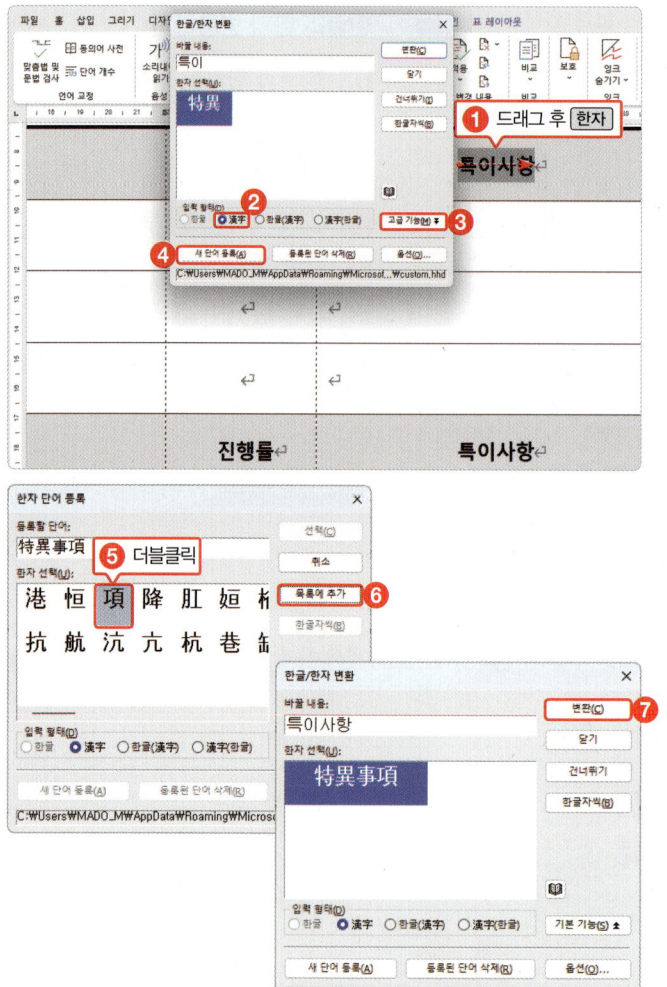

한자 사전에 등록하기

05 문서에서 자주 사용하는 한자를 [한자 사전]에 등록해보겠습니다.

❶ '특이사항' 드래그한 후 한자

❷ [한글/한자 변환] 대화상자에서 [입력 형태]-[漢字] 선택

❸ [고급 기능] 클릭

❹ [새 단어 등록] 클릭

❺ [한자 단어 등록] 대화상자에서 훈과 음이 맞는 한자를 한 글자씩 더블클릭

❻ [목록에 추가] 클릭

❼ [변환]을 클릭합니다. 한자 사전에 특이사항(特異事項)이 입력됩니다.

특수 기호 입력하기

실습 파일 워드\2장\005_특수 기호 입력하기.docx 완성 파일 워드\2장\005_특수 기호 입력하기_완성.docx

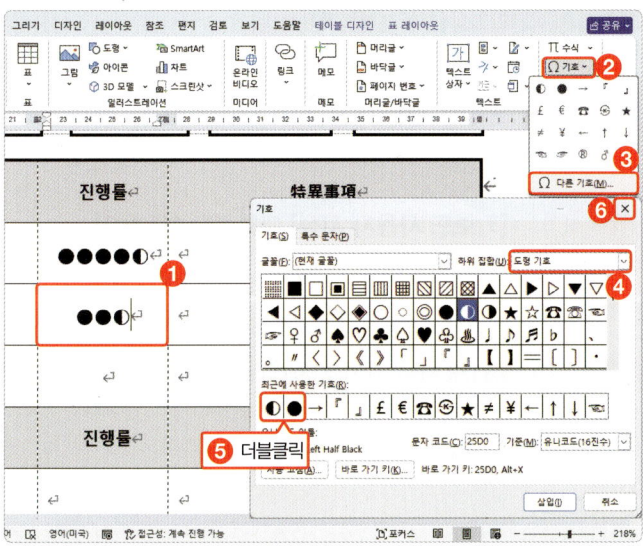

기호 대화상자 사용하기

01 문서에 기호를 삽입해보겠습니다.
❶ '진행률' 셀의 두 칸 아래 클릭
❷ [삽입] 탭-[기호] 그룹-[기호 Ω] 클릭
❸ [다른 기호 Ω] 클릭
❹ [기호] 대화상자-[하위 집합] 클릭 후 [도형 기호] 선택
❺ [●] 더블클릭을 두 번 한 후 [◐] 더블클릭
❻ [기호] 대화상자를 닫습니다.

[한자]를 활용하여 기호 삽입하기

02 한글 자음을 입력하고 [한자]를 활용하여 기호를 삽입해보겠습니다.
❶ ㅁ 입력 후 [한자] 누르기
❷ 기호 목록에서 [○]를 클릭합니다.

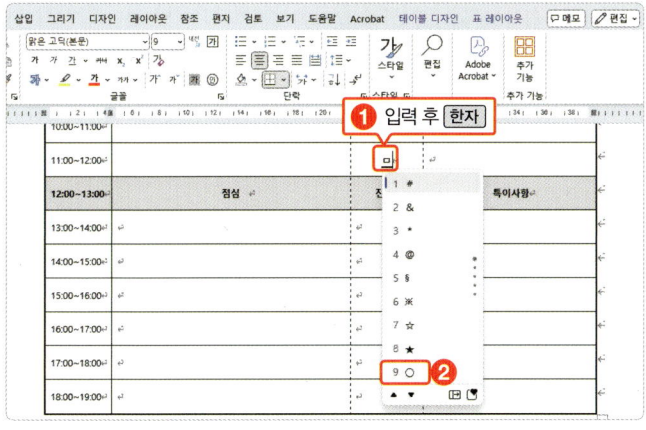

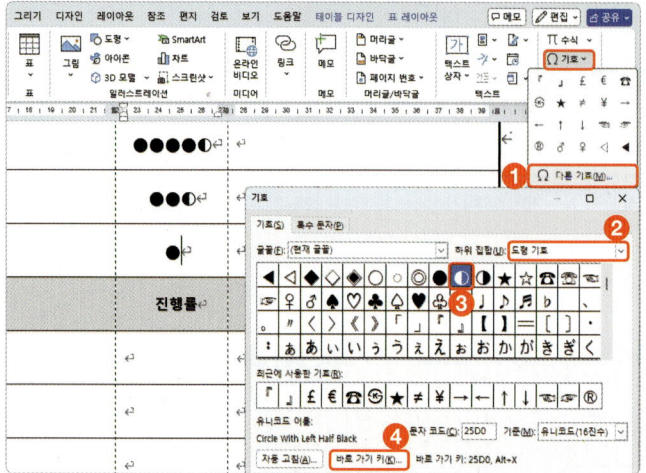

기호에 바로 가기 키 설정하기

03 자주 사용하는 기호에 바로 가기 키를 설정해보겠습니다.

❶ [삽입] 탭-[기호] 그룹-[기호]-[다른 기호 Ω] 클릭

❷ [기호] 대화상자에서 [하위 집합]-[도형 기호] 선택

❸ [◐] 선택

❹ [바로 가기 키]를 클릭합니다.

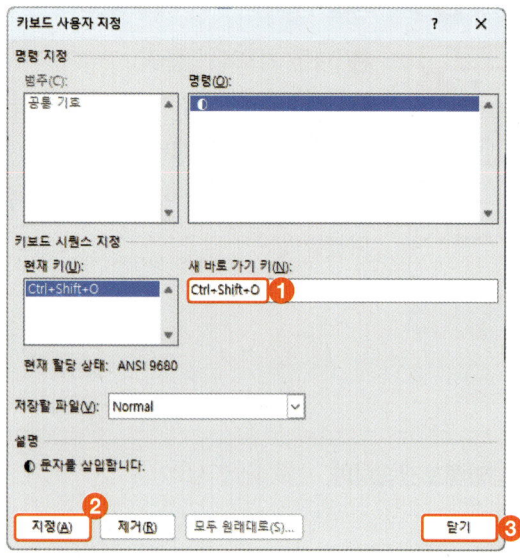

[키보드 사용자 지정] 대화상자 설정하기

04 [키보드 사용자 지정] 대화상자에서 선택한 기호에 단축키를 설정해보겠습니다.

❶ [새 바로 가기 키]에서 동시에 Ctrl + Shift + O

❷ [지정] 클릭

❸ [닫기]를 클릭합니다.

Note 워드에서 제공하는 특수 문자 바로 가기 키를 확인하는 방법

[기호] 대화상자-[특수 문자] 탭에서 바로 가기 키를 확인하거나 수정할 수 있습니다.

❶ [특수 문자] 탭 클릭

❷ 원하는 문자 클릭

❸ [바로 가기 키]를 클릭하면 현재 지정한 바로 가기 키를 수정할 수 있습니다.

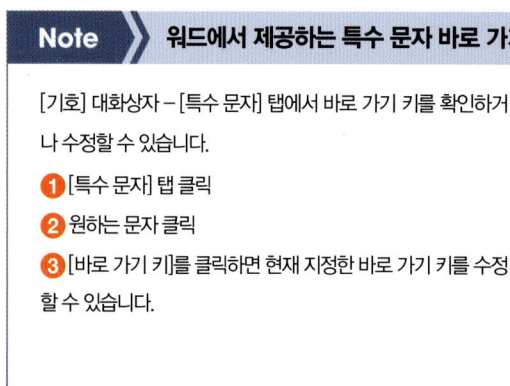
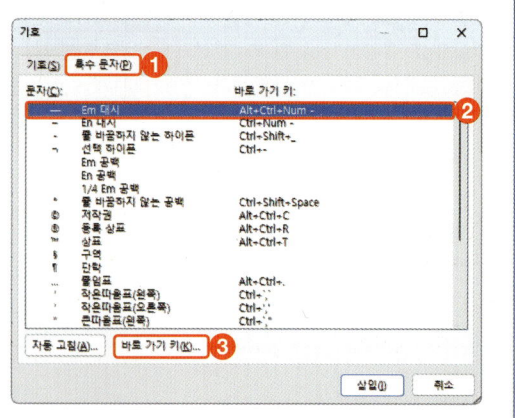

수식 입력하기

실습 파일 없음 완성 파일 워드\2장\006_수식 입력하기_완성.docx

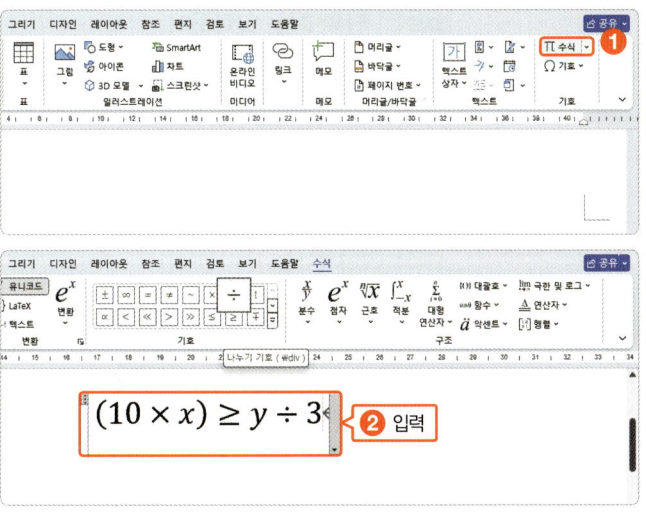

사칙 연산 기호와 부등호 입력하기

01 수식 도구를 이용하여 사칙 연산 수식을 작성해보겠습니다.

❶ [삽입] 탭-[기호] 그룹-[수식 π] 클릭

❷ '여기에 수식을 입력하세요'가 나타나면 [기호] 그룹에서 필요한 기호를 선택하여 수식을 입력합니다.

Tip 괄호, 알파벳, 숫자는 키보드로 입력합니다.

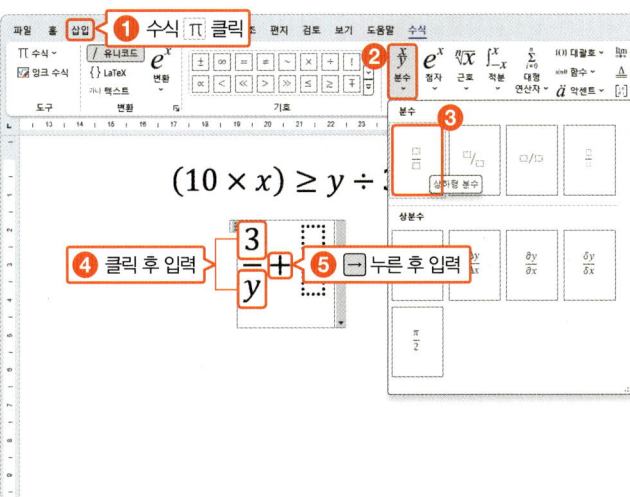

분수 수식 입력하기

02 수식 도구를 이용하여 분수 수식을 입력해보겠습니다.

❶ [삽입] 탭-[기호] 그룹-[수식 π] 클릭

❷ [구조] 그룹-[분수] 클릭

❸ [상하형 분수] 선택

❹ 분모, 분자를 클릭하여 값 입력

❺ →를 눌러 분수 입력 상태를 해제하고 +를 입력해 분수를 입력합니다.

Tip 분수 입력 상태를 해제하려면 →를 누르면 됩니다. 분모나 분자 위치에서 바로 분수를 추가하면 복잡 분수가 생성됩니다. →를 누르거나 분수가 아닌 위치를 클릭해 분수 입력 상태를 해제합니다.

단위 기호 입력하고 자동 고침 사용하기

실습 파일 워드\2장\007_단위 기호 입력하고 자동 고침 사용하기.docx
완성 파일 워드\2장\007_단위 기호 입력하고 자동 고침 사용하기_완성.docx

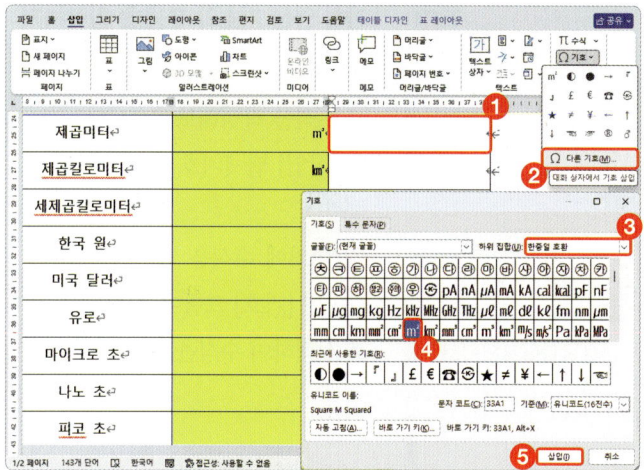

단위 기호 입력하기

01 [기호] 대화상자를 이용해서 단위 기호를 입력해보겠습니다.

❶ '제곱미터'의 '연습' 셀 클릭
❷ [삽입] 탭-[기호] 그룹-[기호]-[다른 기호 Ω] 클릭
❸ [기호] 대화상자-[하위 집합] 클릭 후 [한중일 호환] 선택
❹ [m²] 선택
❺ [삽입]을 클릭하고 [기호] 대화상자를 닫습니다.

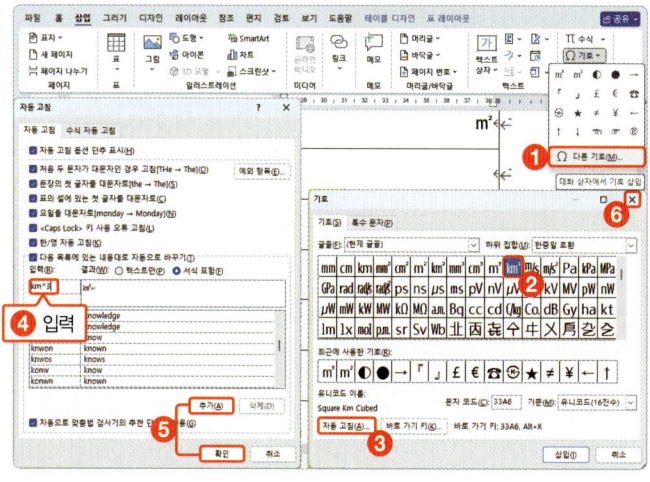

자동 고침 등록하여 빠르게 입력하기

02 빠르게 입력할 수 있도록 자동 고침에 기호를 등록해보겠습니다.

❶ [삽입] 탭-[기호] 그룹-[기호]-[다른 기호 Ω] 클릭
❷ [기호] 대화상자에서 [km³] 선택
❸ [자동 고침] 클릭
❹ [자동 고침] 대화상자-[입력]에 **km^3** 입력
❺ [추가] 클릭 후 [확인] 클릭
❻ [기호] 대화상자를 닫습니다.

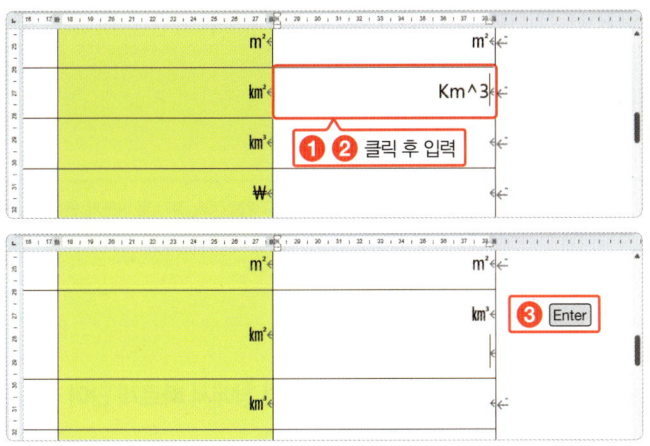

자동 고침 사용해보기

03 자동 고침에 등록한 문자를 사용해보겠습니다.

❶ '세제곱킬로미터'의 '연습' 셀 클릭

❷ **km^3** 입력

❸ Enter 를 누릅니다. 등록된 자동 고침 문자인 ㎦로 변경됩니다.

Tip Enter 를 눌러 셀이 두 줄로 변경되었습니다. ㎦ 뒤에 마우스 커서를 두고 Delete 를 눌러 다시 한 줄로 만듭니다.

Note [자동 고침 옵션] 살펴보기

자동 고침된 문자를 클릭하면 문자에 밑줄 도구가 표시됩니다. [자동 고침 옵션]을 클릭하면 하위 메뉴가 나타납니다.

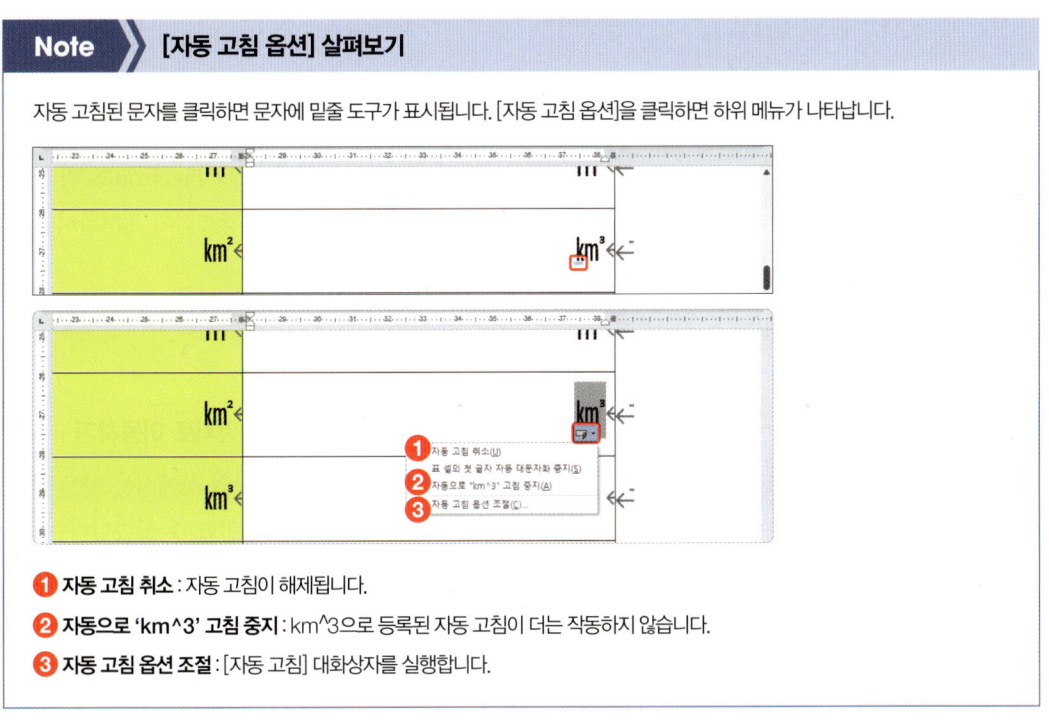

❶ **자동 고침 취소** : 자동 고침이 해제됩니다.

❷ **자동으로 'km^3' 고침 중지** : km^3으로 등록된 자동 고침이 더는 작동하지 않습니다.

❸ **자동 고침 옵션 조절** : [자동 고침] 대화상자를 실행합니다.

008 찾기 및 바꾸기

실습 파일 워드\2장\008_찾기 및 바꾸기.docx   완성 파일 워드\2장\008_찾기 및 바꾸기_완성.docx

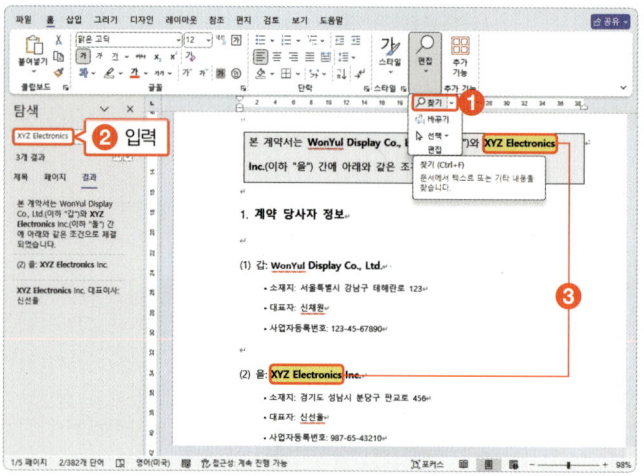

[탐색] 작업 창에서 빠르게 단어 찾기 (Ctrl+F)

01 탐색 작업 창에서 원하는 단어를 빠르게 찾아보겠습니다.

① [홈] 탭-[편집] 그룹-[찾기 🔍] 클릭
② [탐색] 작업 창에 **XYZ Electronics** 입력
③ 본문에 'XYZ Electronics'가 노란색 음영으로 강조되어 표시됩니다.

Tip [탐색] 작업 창에는 탐색 결과가 실시간으로 표시됩니다.

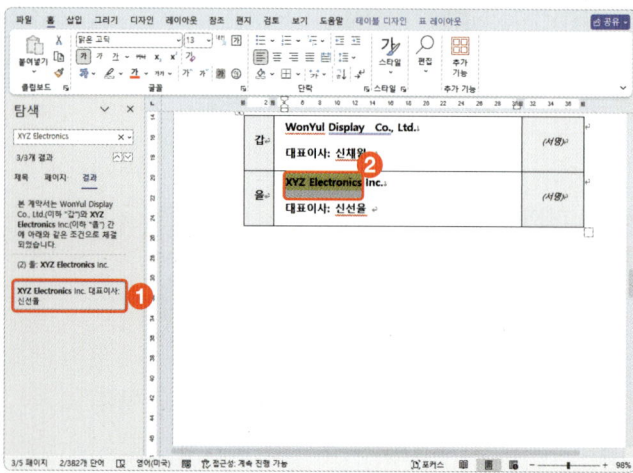

찾은 단어의 위치로 이동하기

02 [탐색] 작업 창에서는 찾은 단어의 위치를 확인할 수 있습니다. 찾은 단어의 세 번째 위치로 빠르게 이동해보겠습니다.

① [탐색] 작업 창에서 세 번째 탐색 결과 클릭
② 'XYZ Electronics'가 입력된 세 번째 위치로 빠르게 이동합니다.

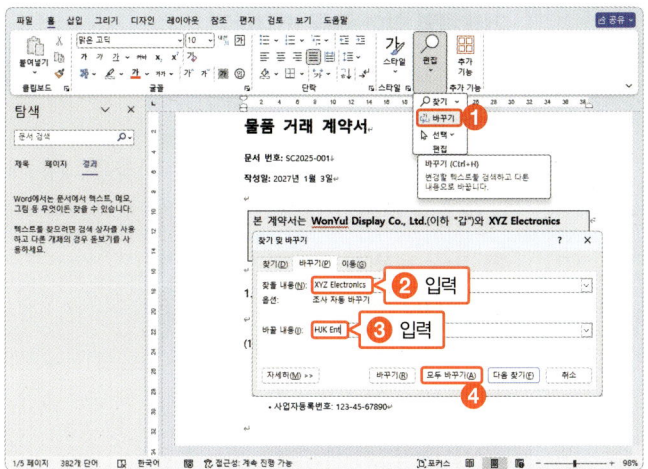

거래처명을 한 번에 변경하기 (Ctrl+H)

03 [찾기 및 바꾸기] 대화상자를 활용해 거래처명을 한 번에 바꿔보겠습니다.

❶ [홈] 탭–[편집] 그룹–[바꾸기] 클릭

❷ [찾기 및 바꾸기] 대화상자에서 [찾을 내용]에 **XYZ Electronics** 입력

❸ [바꿀 내용]에 **HJK Ent** 입력

❹ [모두 바꾸기]를 클릭합니다.

Note [찾기 및 바꾸기] 대화상자 알아보기

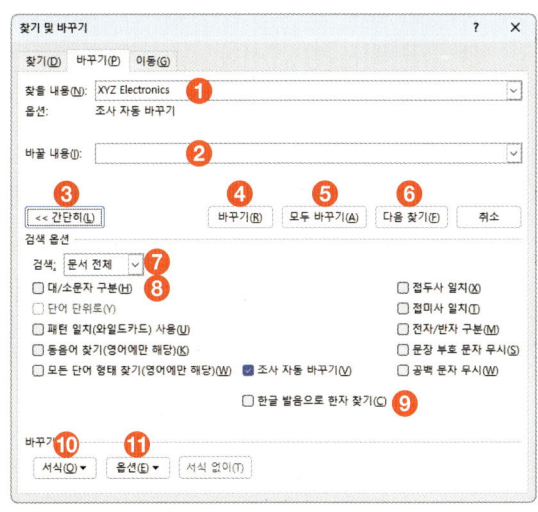

❶ **찾을 내용** : 찾을 내용을 입력합니다.

❷ **바꿀 내용** : 찾아서 바꿀 내용을 입력합니다.

❸ **자세히/간단히** : 하위의 검색 옵션을 열고 닫을 수 있습니다.

❹ **바꾸기** : 찾을 내용을 바꿀 내용으로 한 개씩 바꿉니다.

❺ **모두 바꾸기** : 본문의 모든 찾을 내용을 바꿀 내용으로 한 번에 바꿉니다.

❻ **다음 찾기** : 클릭할 때마다 찾을 내용을 위에서부터 아래로 이동하며 찾습니다.

❼ **검색** : 검색 범위를 '아래쪽', '위쪽', '문서 전체'의 옵션으로 검색 방향 및 범위를 변경할 수 있습니다.

❽ **대/소문자 구분** : 대/소 문자를 구분하여 찾습니다.

❾ **한글 발음으로 한자 찾기** : 한글 발음으로 한자를 찾을 수 있습니다.

❿ **서식** : 서식을 조건으로 찾거나 변경할 수 있습니다.

⓫ **옵션** : 단락 기호 등 다양한 조건을 옵션으로 선택할 수 있습니다.

거래처명 찾아 글꼴 변경하기

04 거래처명을 찾아 글꼴 색을 변경해 강조해보겠습니다.

❶ [찾기 및 바꾸기] 대화상자에서 [찾을 내용]에 **HJK Ent** 입력

❷ [바꿀 내용]에 입력된 단어 클릭

❸ [자세히] 클릭

❹ [서식] 클릭

❺ [글꼴]을 선택합니다.

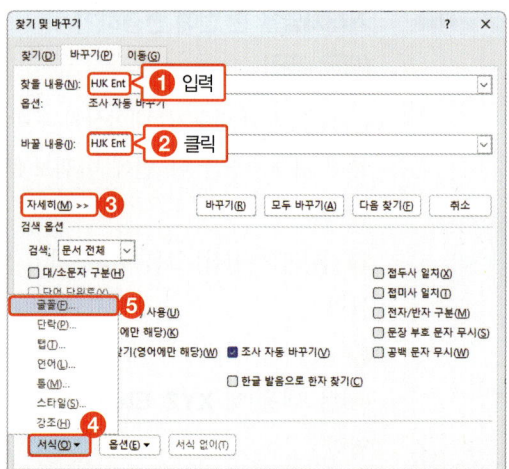

글꼴 속성 설정하기

05 변경할 글꼴 속성을 설정해보겠습니다.

❶ [글꼴 찾기] 대화상자에서 [한글 글꼴]과 [글꼴]로 [궁서체] 선택

❷ [글꼴 색]은 [빨강] 선택

❸ [글꼴 스타일]은 [굵게] 선택

❹ [확인] 클릭

❺ [찾기 및 바꾸기] 대화상자에서 [모두 바꾸기]를 클릭하고 [닫기 ×]를 클릭합니다. 문서 내의 'HJK Ent'의 단어의 글꼴 속성이 모두 변경됩니다.

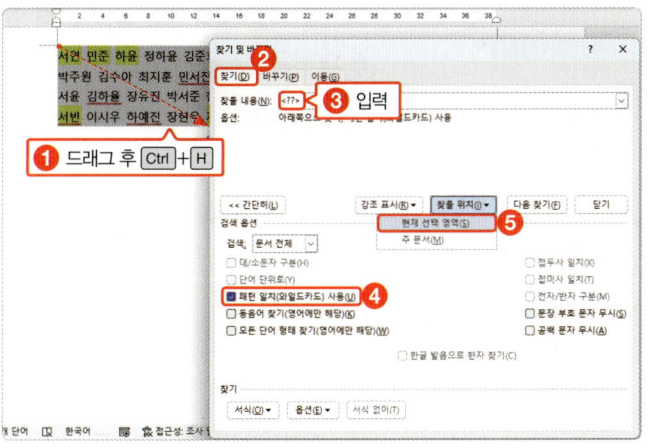

와일드카드로 두 글자 찾기

06 4페이지로 이동하여 직원 명단 중 두 글자 이름만 찾아보겠습니다.

❶ 4페이지의 이름을 모두 드래그한 후 Ctrl + H

❷ [찾기 및 바꾸기] 대화상자에서 [찾기] 탭 클릭

❸ [찾을 내용]에 <??> 입력

❹ [패턴 일치(와일드카드) 사용] 체크

❺ [찾을 위치]-[현재 선택 영역]을 선택합니다.

Tip 만능 문자

물음표(?) 한 개는 한 글자를 의미합니다. < > 안에 만능 문자인 물음표(?)를 입력하면 지정한 조건으로 검색할 수 있습니다. 만약 네 글자인 단어를 찾고 싶다면 <????>와 같이 입력하면 됩니다.

Note 원하는 페이지로 이동하기

[찾기 및 바꾸기] 대화상자에서 원하는 페이지로 빠르게 이동해보겠습니다.

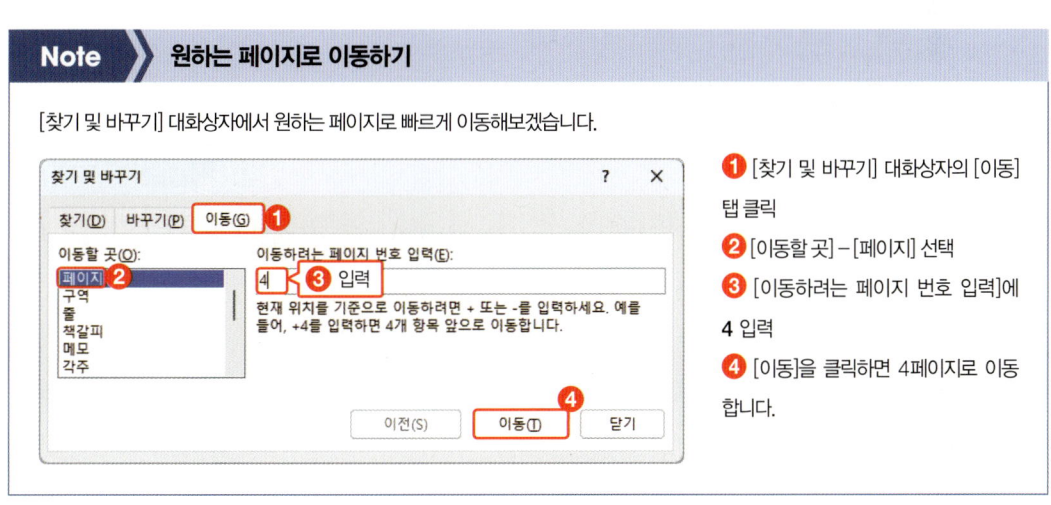

❶ [찾기 및 바꾸기] 대화상자의 [이동] 탭 클릭

❷ [이동할 곳]-[페이지] 선택

❸ [이동하려는 페이지 번호 입력]에 4 입력

❹ [이동]을 클릭하면 4페이지로 이동합니다.

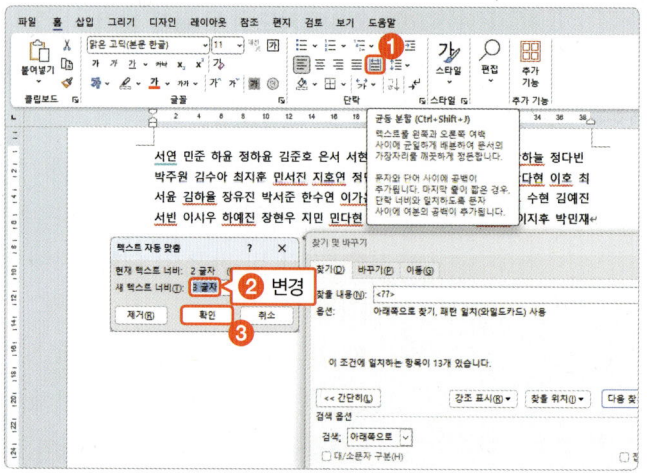

텍스트 자동 맞춤으로 글자 간격 맞추기(Ctrl+Shift+J)

07 두 글자와 세 글자 이름이 혼용되어 있을 때, 두 글자 이름을 세 글자 너비로 간격을 맞춰보겠습니다.

❶ [홈] 탭-[단락] 그룹-[균등 분할] 클릭

❷ [텍스트 자동 맞춤] 대화상자에서 **3글자**로 변경

❸ [확인]을 클릭합니다. 두 글자 이름이 세 글자 너비만큼 간격이 변경됩니다.

Tip [찾기 및 바꾸기] 대화상자도 [닫기 ✕]를 클릭하여 창을 닫습니다.

Tip 글자 간격이 변경되어 다음과 같이 적용됩니다.

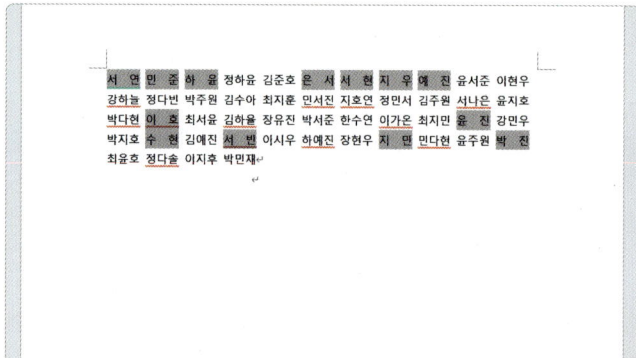

009 클립보드와 스마트 태그 활용하기

실습 파일 워드\2장\009_클립보드와 스마트 태그 활용하기.docx 완성 파일 워드\2장\009_클립보드와 스마트 태그 활용하기_완성.docx

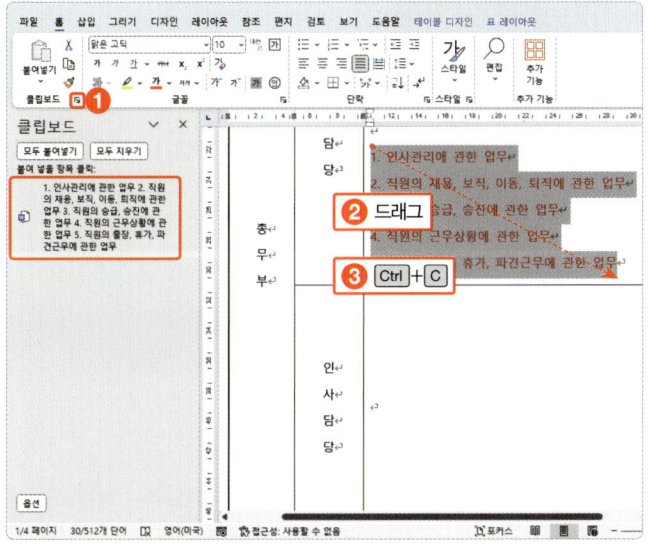

[클립보드] 창 활용하기

01 클립보드는 복사한 내용이 저장되는 임시 공간으로, 저장한 내용을 확인하고 활용할 수 있습니다. 클립보드를 활용하여 문단을 복사하고 다른 영역에 붙여 넣어보겠습니다.

❶ [홈] 탭-[클립보드] 그룹-[클립보드] 클릭
❷ 복사할 영역 드래그
❸ Ctrl + C 를 눌러 복사합니다. [클립보드] 창에 복사한 내용이 표시됩니다.

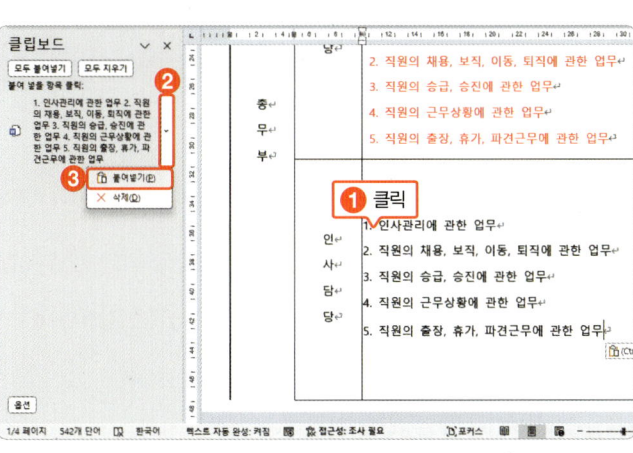

클립보드를 활용해 붙여넣기

02 클립보드에 저장된 내용을 다른 위치에 붙여 넣어보겠습니다.

❶ 붙여 넣을 셀 클릭
❷ [클립보드] 창에서 복사한 내용에 마우스 포인터를 갖다 댄 후 ⌵ 클릭
❸ [붙여넣기]를 클릭합니다.

CHAPTER 02 입력 및 기본 편집하기 **525**

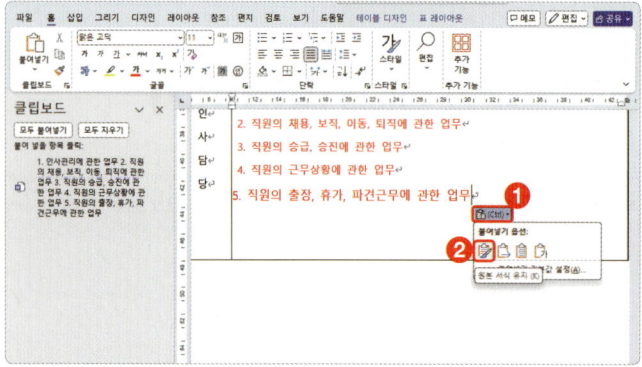

붙여넣기 옵션 사용하기

03 붙여 넣은 위치에서 [붙여넣기 옵션]을 변경해 서식 유지 조건을 변경해보겠습니다.

❶ [붙여넣기 옵션] 클릭

❷ [원본 서식 유지]를 클릭하면 원본 서식이 적용됩니다.

Note 스마트 태그의 각 옵션 기능 알아보기

스마트 태그는 문장을 붙여 넣을 때 적용할 서식을 선택하는 기능입니다. 문장을 복사해 붙여 넣으면 스마트 태그가 활성화되고 [붙여넣기 옵션]을 선택할 수 있습니다.

❶ **원본 서식 유지** : 복사한 원본 문장의 서식을 유지한 상태로 붙여 넣습니다.
❷ **서식 병합** : 붙여 넣을 위치의 서식으로 변경하여 붙여 넣습니다.
❸ **그림** : 그림 형태로 붙여 넣습니다.
❹ **텍스트만 유지** : 서식을 모두 제거한 상태로 붙여 넣습니다.

Note [클립보드] 작업 창 알아보기

복사할 내용을 차례로 저장해 보관했다가 원하는 내용을 붙여 넣을 때 클립보드를 사용할 수 있습니다.

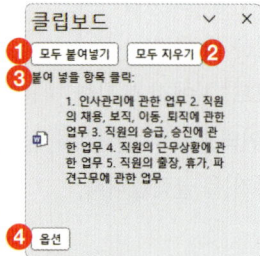

❶ **모두 붙여넣기** : 여러 내용을 클립보드에 복사하고 해당 내용을 한꺼번에 붙여 넣습니다.
❷ **모두 지우기** : 클립보드의 내용을 모두 지웁니다.
❸ **붙여 넣을 항목 클릭** : 붙여 넣을 항목을 클릭하거나 클립보드의 [붙여넣기] 및 [삭제] 메뉴를 활성화합니다.
❹ **옵션** : 클립보드 표시 방법을 선택합니다.

010 엑셀 표를 워드로 가져오기

실습 파일 워드\2장\010_엑셀 표를 워드로 가져오기.docx, 워드\2장\010_엑셀 표를 워드로 가져오기.xlsx
완성 파일 워드\2장\010_엑셀 표를 워드로 가져오기_완성.docx

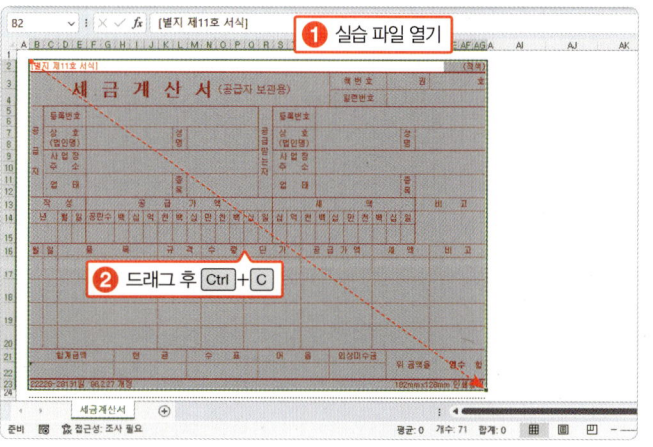

엑셀 표 복사하기

01 엑셀에서 작업한 표를 워드에 연결하여 복사할 수 있습니다. 이때 엑셀의 내용이 변경되면 워드에 복사한 내용도 변경됩니다. 엑셀의 표를 원본 서식을 유지하여 복사해보겠습니다.

❶ 엑셀 실습 파일 열기
❷ 복사할 범위를 드래그한 후 Ctrl + C 를 누릅니다.

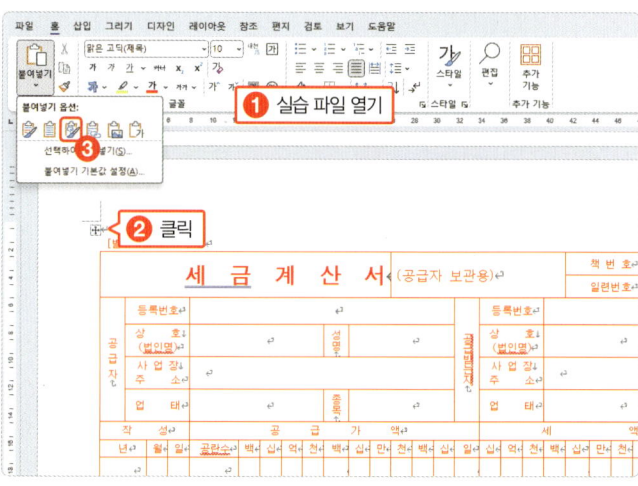

엑셀에서 복사한 표와 연결하여 붙여넣기

02 엑셀에서 복사한 표를 워드에 붙여 넣어보겠습니다.

❶ 워드 실습 파일 열기
❷ 2페이지 첫 줄 클릭
❸ [홈] 탭-[클립보드] 그룹-[붙여넣기 📋]의 ⌄ 클릭 후 [연결 및 원본 서식 유지 📎]를 클릭합니다.

Tip 엑셀에서 세금계산서의 내용을 수정하고 저장한 뒤 워드 파일을 닫았다가 다시 실행하면 다음과 같이 문서 업데이트 메시지 창이 나타납니다. [예]를 클릭하면 엑셀에서 변경한 내용이 워드에 적용됩니다.

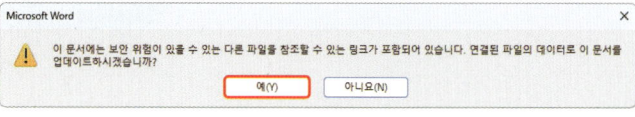

> **Note** [붙여넣기 옵션]의 각 기능 살펴보기
>
>
>
> ❶ **원본 서식 유지** : 원본 서식을 유지하면서 붙여 넣습니다.
> ❷ **대상 스타일 사용** : 붙여 넣을 위치의 서식으로 붙여 넣습니다.
> ❸ **연결 및 원본 서식 유지** : 원본과 연결되고 원본 서식을 유지하면서 붙여 넣습니다.
> ❹ **대상 스타일 연결 및 사용** : 원본과 연결되고 붙여 넣을 위치의 서식으로 붙여 넣습니다.
> ❺ **그림** : 원본 내용을 그림 형태로 붙여 넣습니다.
> ❻ **텍스트만 유지** : 서식은 생략하고 텍스트만 붙여 넣습니다.

011 변경 내용 추적하기

실습 파일 워드\2장\011_변경 내용 추적하기.docx 완성 파일 워드\2장\011_변경 내용 추적하기_완성.docx

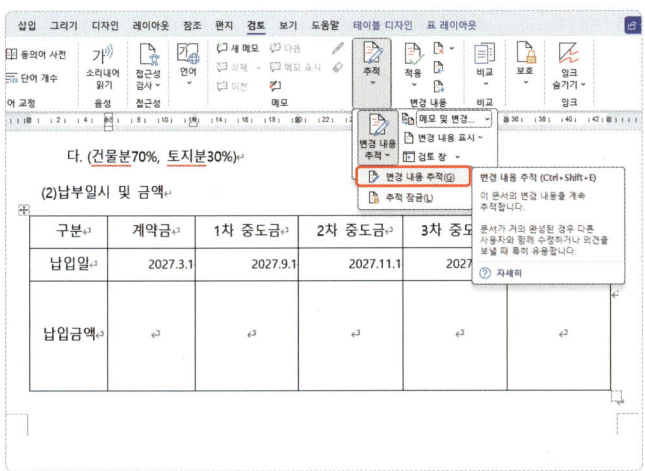

변경 내용 추적 실행하기
(Ctrl + Shift + E)

01 문서의 내용이 변경될 때 그 내용을 추적할 수 있는 기능입니다. [변경 내용 추적] 도구를 활용하여 변경 내역을 추적해보겠습니다. [검토] 탭-[추적] 그룹-[변경 내용 추적]을 클릭합니다. [변경 내용 추적]이 눌린 상태로 전환되면서 내용 기록이 시작됩니다.

Tip [검토용 표시 메모 및 변경...]를 클릭한 후 [메모 및 변경 내용 모두]를 선택해야 추적되는 변경 내용을 확인할 수 있습니다.

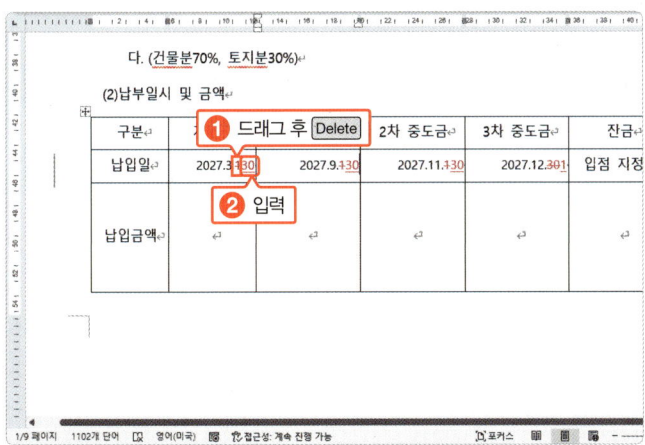

문서 내용 변경하기

02 표의 납입일을 변경해보겠습니다.
❶ 납입일의 '1'을 드래그한 후 Delete
❷ **30**을 입력합니다. '1'에는 취소선이 표시되고 새로운 날짜는 밑줄로 표시됩니다.

CHAPTER 02 입력 및 기본 편집하기

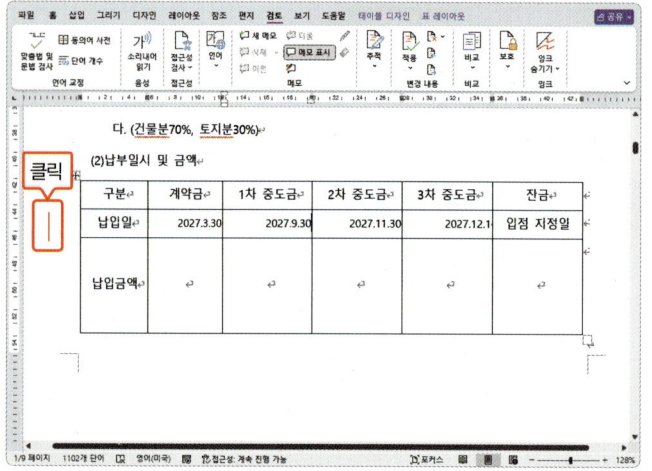

변경 내용 보기 수정하기

03 변경 내용이 최종값으로 보이도록 수정해보겠습니다.
회색 세로줄을 클릭합니다. 세로줄이 빨간색으로 변경되면서 변경 최종 상태로 변환됩니다. 세로줄을 다시 클릭하면 회색으로 바뀌면서 수정 내역을 표시합니다.

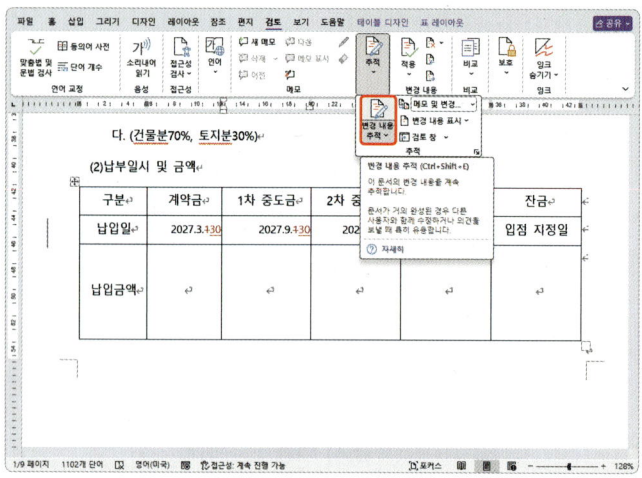

변경 내용 추적 중단하기

04 변경 내용 추적을 중단해보겠습니다.
[검토] 탭-[추적] 그룹-[변경 내용 추적]을 클릭합니다. 변경 내용 추적이 해제되면서 기록이 중단됩니다.

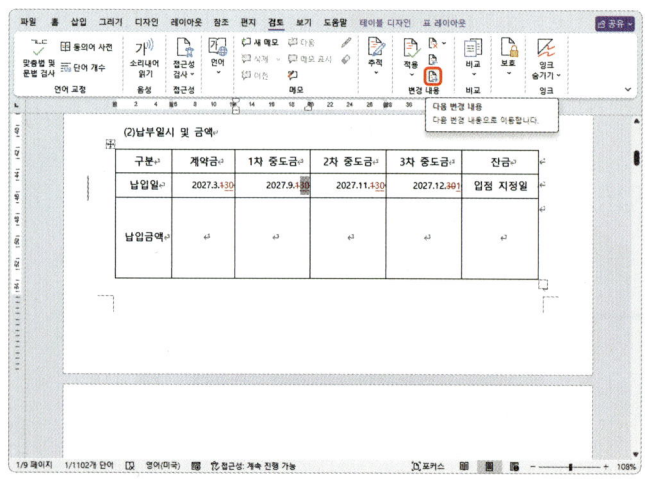

변경 내용 추적하기

05 변경 내용을 순서대로 확인해보겠습니다.
[검토] 탭-[추적] 그룹-[다음 변경 내용]을 클릭합니다. [다음 변경 내용]을 클릭할 때마다 변경된 순서대로 마우스 포인터가 이동합니다.

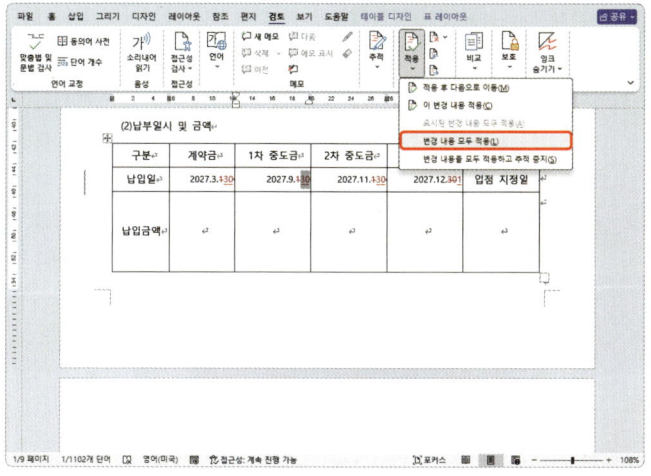

변경 내용 적용하기

06 변경된 내용을 모두 수용하여 문서에 반영해보겠습니다. [검토] 탭-[추적] 그룹-[적용]-[변경 내용 모두 적용]을 클릭합니다. 변경된 내용이 모두 문서에 적용됩니다.

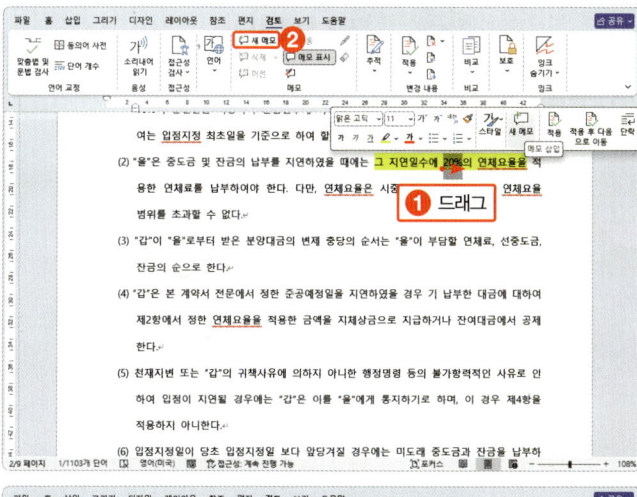

메모 삽입하기

07 문서 내에 팀원과 의견을 주고받을 때 사용하는 메모를 삽입해보겠습니다.

❶ 2페이지에서 '20%' 드래그

❷ [검토] 탭-[메모] 그룹-[새 메모] 클릭

❸ 메모 영역에 내용을 입력하고 Ctrl + Enter 를 누릅니다.

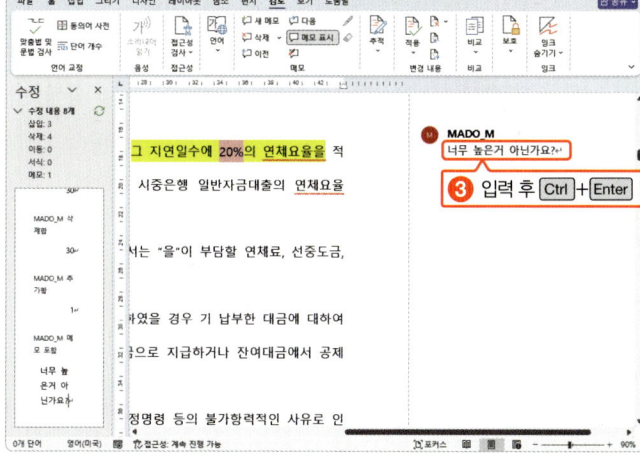

Note 〉 메모 영역이 보이도록 설정하기

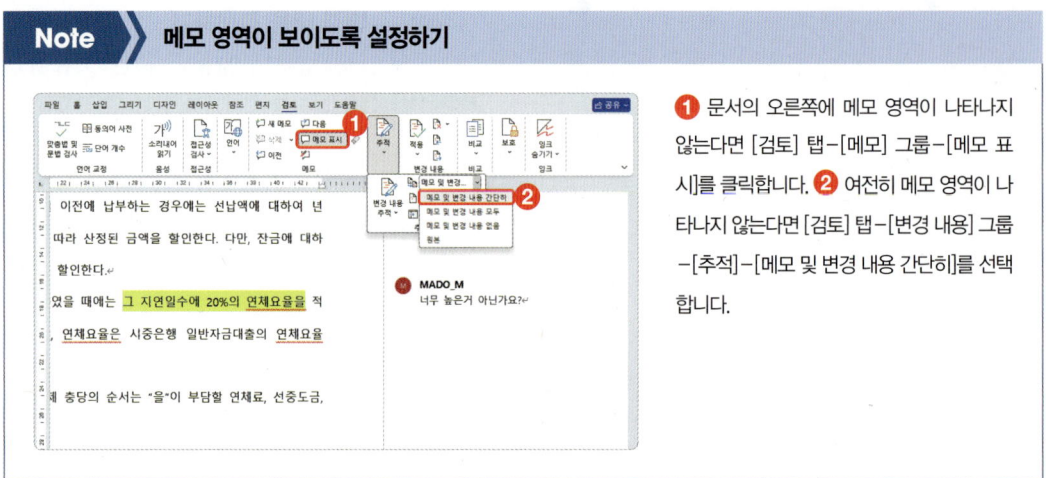

❶ 문서의 오른쪽에 메모 영역이 나타나지 않는다면 [검토] 탭-[메모] 그룹-[메모 표시]를 클릭합니다. ❷ 여전히 메모 영역이 나타나지 않는다면 [검토] 탭-[변경 내용] 그룹-[추적]-[메모 및 변경 내용 간단히]를 선택합니다.

문서 보호하기

08 작업 중인 문서를 보호해 내용이 수정되지 않게 해보겠습니다.

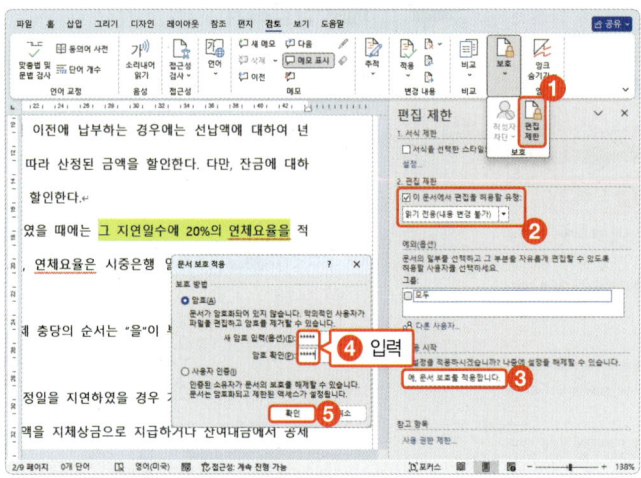

❶ [검토] 탭-[보호]-[편집 제한 🗋] 클릭
❷ [이 문서에서 편집을 허용할 유형]에 체크한 후 [읽기 전용(내용 변경 불가)] 선택
❸ [예, 문서 보호를 적용합니다.] 클릭
❹ [문서 보호 적용] 대화상자에서 [새 암호 입력]과 [암호 확인]에 같은 암호 입력
❺ [확인]을 클릭합니다. 문서에 '읽기 전용' 편집 제한이 설정됩니다.

Tip 문서 보호가 적용되면 문서를 편집할 수 없습니다. [보호 중지]를 클릭하고 암호를 입력하면 다시 편집할 수 있습니다.

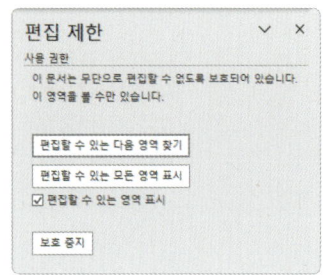

CHAPTER 03

글꼴과 단락 꾸미기

012 글꼴, 글꼴 색, 글꼴 크기, 밑줄 및 음영 지정하기

실습 파일 워드\3장\012_글꼴, 글꼴 색, 글꼴 크기, 밑줄 및 음영 지정하기.docx
완성 파일 워드\3장\012_글꼴, 글꼴 색, 글꼴 크기, 밑줄 및 음영 지정하기_완성.docx

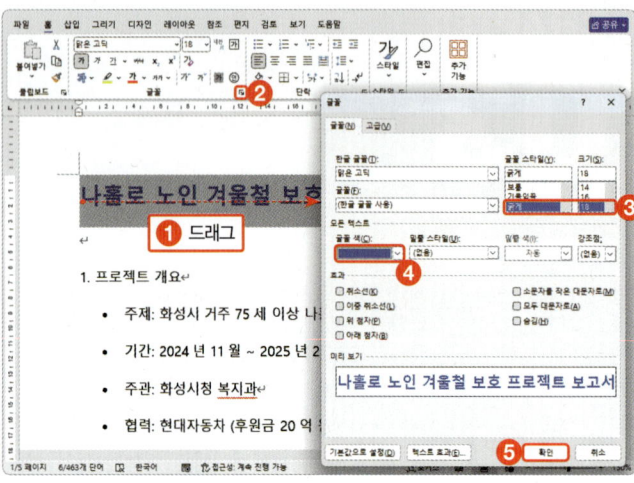

[글꼴] 대화상자로 글꼴 서식 변경하기

01 보고서의 제목을 글꼴 대화상자를 이용해서 변경해보겠습니다.

❶ '나홀로 노인 겨울철 보호 프로젝트 보고서' 드래그

❷ [홈] 탭–[글꼴] 그룹–[글꼴 🗔] 클릭

❸ [글꼴] 대화상자에서 [글꼴 스타일]은 [굵게], [크기]는 **18**로 설정

❹ [글꼴 색]은 [표준 색]–[파랑]

❺ [확인]을 클릭합니다.

> **Note** 미니 도구 모음으로 글꼴 변경하기
>
> 글꼴 서식 변경은 다양한 방법으로 가능합니다. 워드에서 제공하는 미니 도구를 활용해서 글꼴을 변경해보겠습니다.
>
> ❶ '1. 프로젝트 개요' 드래그
> ❷ [미니 도구 모음]이 활성화되면 [글꼴 크기]는 **14**
> ❸ [굵게] 선택
> ❹ [글꼴 색]은 [표준 색]–[연한 파랑]을 선택합니다.

534 _ PART 03 회사에서 바로 통하는 실무 워드

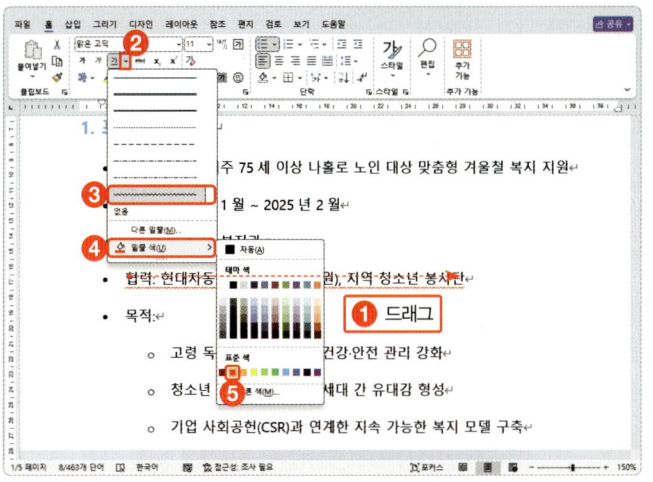

Tip 물결선과 색이 적용된 밑줄 범위를 드래그한 후 Ctrl + U 를 누르면 직선으로 밑줄이 변경되고, Ctrl + U 를 한 번 더 누르면 밑줄이 해제됩니다.

Tip [글꼴] 대화상자의 [밑줄 스타일]에서 좀 더 다양한 밑줄 서식을 사용할 수 있습니다.

[홈] 탭에서 글꼴 밑줄 설정하기 (Ctrl+U)

02 [홈] 탭을 활용하면 좀 더 빠르고 정확하게 글꼴 서식을 변경할 수 있습니다.

❶ '협력:~봉사단' 드래그
❷ [홈] 탭-[글꼴] 그룹-[밑줄 가]의 ∨ 클릭
❸ [물결선 밑줄] 선택
❹ [홈] 탭-[글꼴] 그룹-[밑줄 가]의 ∨-[밑줄 색] 클릭
❺ [표준 색]-[진한 빨강]을 선택합니다.

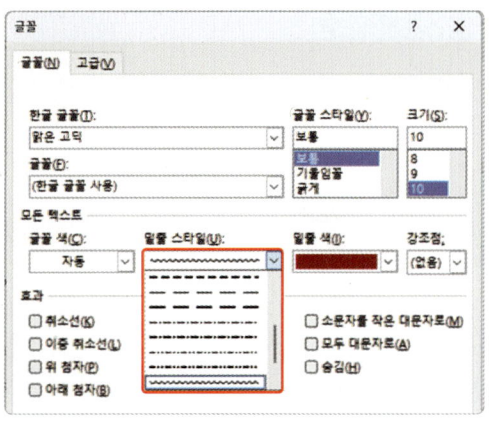

텍스트 강조 색으로 중요한 부분 강조하기

03 텍스트 강조 색을 활용하여 중요 문장을 강조해보겠습니다.

❶ '2024년~30,341명' 드래그
❷ [홈] 탭-[글꼴] 그룹-[텍스트 강조 색 ✏] 클릭
❸ [노랑]을 선택합니다.

Note 텍스트 강조 색이 인쇄되지 않게 설정하기

텍스트 강조 색이 인쇄되지 않도록 설정해보겠습니다.

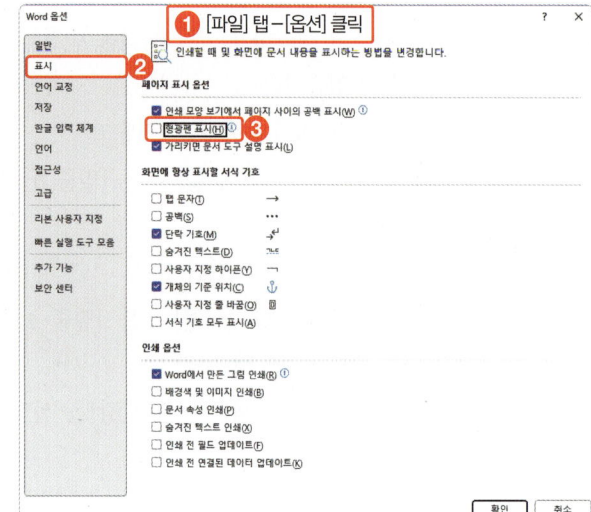

❶ [파일] 탭-[옵션] 클릭

❷ [Word 옵션] 창에서 [표시] 선택

❸ [형광펜 표시]의 체크를 해제합니다.

기본값으로 [형광펜 표시]가 체크되어 있으므로 체크를 해제하면 인쇄 또는 편집할 때 형광펜을 숨길 수 있습니다.

글자 간격과 장평 변경하기

실습 파일 워드\3장\013_글자 간격 장평 변경하기.docx 완성 파일 워드\3장\013_글자 간격 장평 변경하기_완성.docx

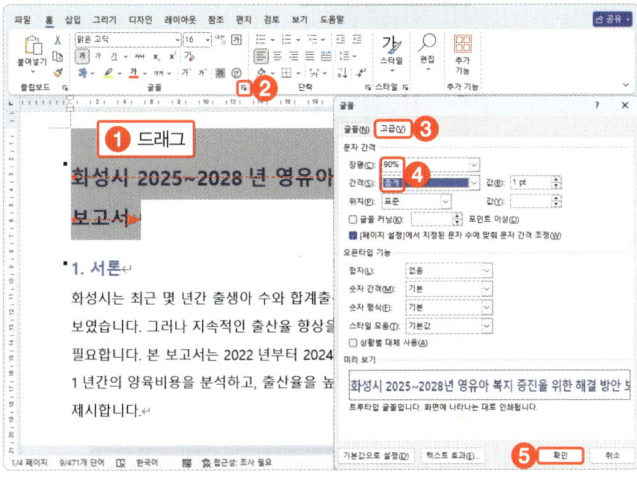

글자 간격과 장평 변경하기

01 제목을 작성할 때 제목의 길이가 길어 두 줄이 되지 않도록 글자 간격과 장평을 변경해보겠습니다.

❶ 제목 텍스트 드래그

❷ [홈] 탭-[글꼴] 그룹-[글꼴 🔽] 클릭

❸ [글꼴] 대화상자의 [고급] 탭 클릭

❹ [장평]에 **90%**, [간격]에 [좁게] 선택

❺ [확인]을 클릭합니다.

> **Note** 글자 간격과 장평의 차이 알아보기

표준을 기준으로 글자 간격을 [넓게]로 지정하면 글자 사이의 간격이 넓어지고 [좁게]를 선택하면 글자 사이의 간격이 좁아집니다. 이와 달리 장평은 글자의 세로 길이 대비, 폭의 비율을 설정합니다. 장평 200%는 세로 길이를 100%로 보았을 때 가로 길이를 200%로 늘린다는 의미입니다.

표준	회사통 Word
글자 간격 넓게(2pt)	회사통 Word
글자 간격 좁게(2pt)	회사통Word
장평(200%)	회사통Word
장평(50%)	회사통Word

세로 문단 범위만 글자 위치 올리기

02 워드에서는 세로 문단 범위를 쉽게 선택할 수 있습니다. 세로 문단 범위 선택을 활용하여 글자 위치를 올려보겠습니다.

❶ 4페이지에 '챕터 ○○(챕터 01~챕터 12)'를 Alt 를 누른 상태로 드래그 ❷ [홈] 탭-[글꼴] 그룹-[글꼴 ⬚] 클릭 ❸ [글꼴] 대화상자-[고급] 탭 클릭 ❹ [위치]는 [글자 위치 올림] 선택 ❺ [확인]을 클릭합니다. 선택한 범위의 글자 위치가 3pt 올라갑니다.

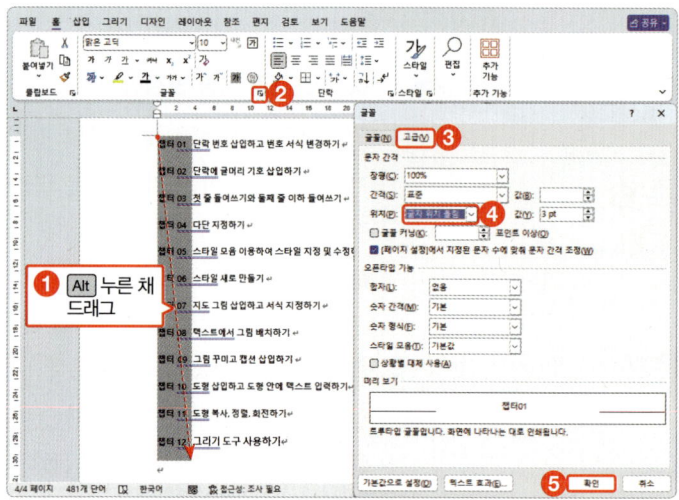

Tip · Alt 를 누른 상태에서 드래그하고 Backspace 를 누르면 해당 범위만 쉽게 삭제할 수도 있습니다.
· Ctrl 을 누른 상태에서 각 행의 '챕터 ~'를 드래그하여 연속 선택할 수도 있습니다.

첨자 및 윗주 설정하기

실습 파일 워드\3장\014_첨자 및 윗주 설정하기.docx 완성 파일 워드\3장\014_첨자 및 윗주 설정하기_완성.docx

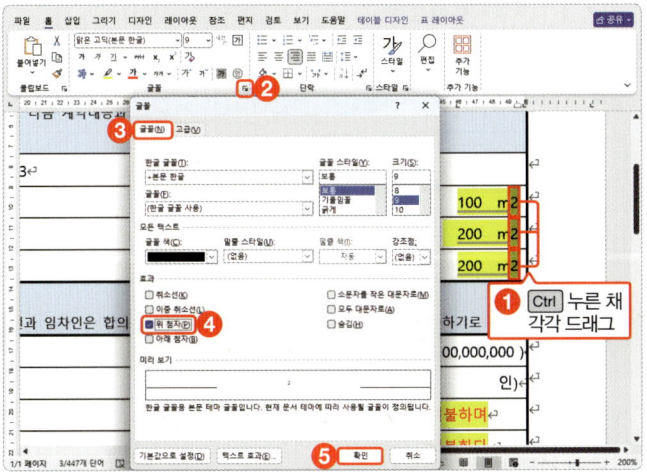

위 첨자 설정하기

01 위 첨자 기능을 이용하여 면적 단위의 승수를 표현해보겠습니다.

❶ Ctrl 을 누른 상태에서 '2'를 각각 드래그
❷ [홈] 탭-[글꼴] 그룹-[글꼴 ⌐] 클릭
❸ [글꼴] 대화상자-[글꼴] 탭 클릭
❹ [효과]에서 [위 첨자] 체크
❺ [확인]을 클릭합니다.

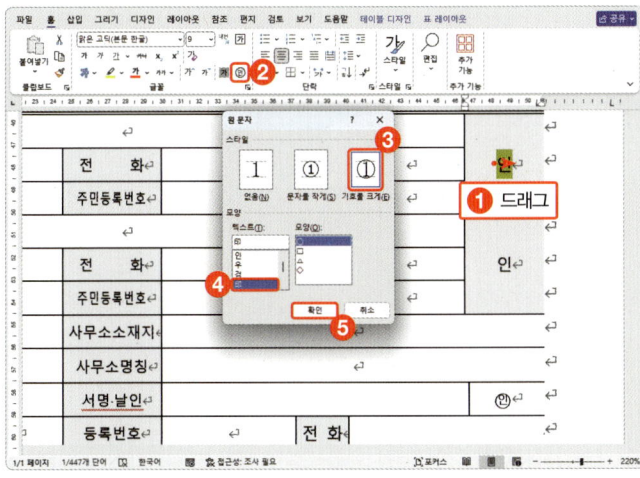

원 문자로 표현하기

02 문서 작성 중 직인을 찍을 위치에 ㉑을 입력해보겠습니다.

❶ '인' 드래그
❷ [홈] 탭-[글꼴] 그룹-[원 문자 ㉭] 클릭
❸ [원 문자] 대화상자에서 [기호를 크게] 선택
❹ [텍스트]는 [인] 선택
❺ [확인]을 클릭합니다.

강조점 이용하여 강조하기

03 문서 내의 특정 단어를 강조하기 위해 강조점을 적용해보겠습니다.

❶ '특약사항' 드래그 ❷ [홈] 탭-[글꼴] 그룹-[글꼴 ⌐] 클릭 ❸ [글꼴] 대화상자-[글꼴] 탭 클릭 ❹ [모든 텍스트]-[강조점] 클릭 후 ▪ 선택 ❺ [확인]을 클릭합니다.

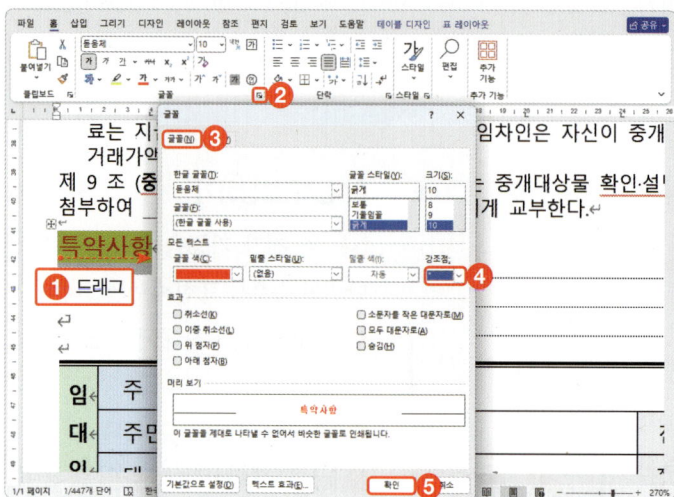

015 단락 번호 삽입하고 탭 설정하기

실습 파일 워드\3장\015_단락 번호 삽입하고 번호 서식 변경하기.docx
완성 파일 워드\3장\015_단락 번호 삽입하고 번호 서식 변경하기_완성.docx

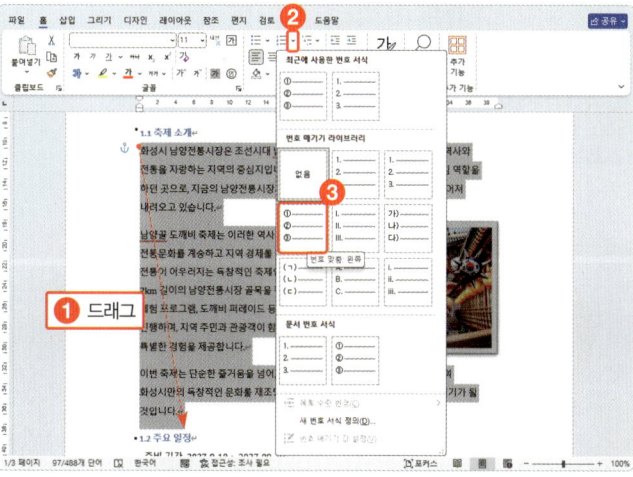

단락 번호 삽입하기

01 문서의 각 단락에 번호를 삽입하여 문서 체계를 잡아보겠습니다.

❶ '화성시~것입니다.' 드래그
❷ [홈] 탭-[단락] 그룹-[번호 매기기 ≡]의 ⌄ 클릭
❸ [번호 맞춤: 왼쪽]을 선택합니다.

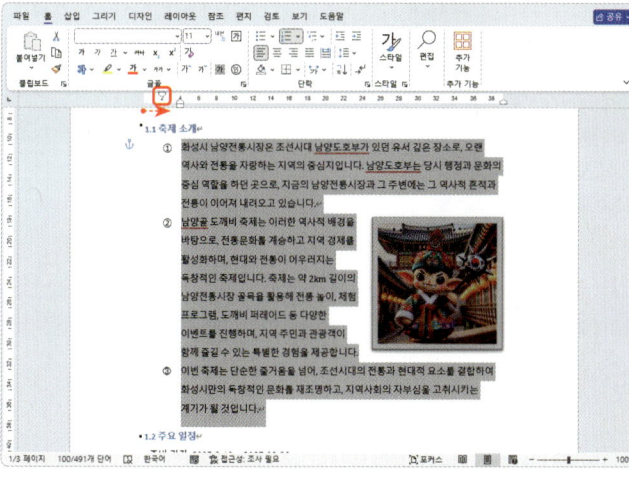

들여쓰기 변경하기

02 번호 매기기를 하면 들여쓰기가 적용됩니다. 눈금자를 이용해 들여쓰기 위치를 변경해보겠습니다. 범위가 선택된 상태에서 [첫 줄 들여쓰기]를 클릭해 소제목 번호인 '1.1'의 뒤쪽까지 드래그합니다.

Tip 눈금자 표시하기

[보기] 탭-[표시] 그룹-[눈금자]에 체크하여 가로, 세로 눈금자를 표시하거나 숨길 수 있습니다.

CHAPTER 03 글꼴과 단락 꾸미기 **541**

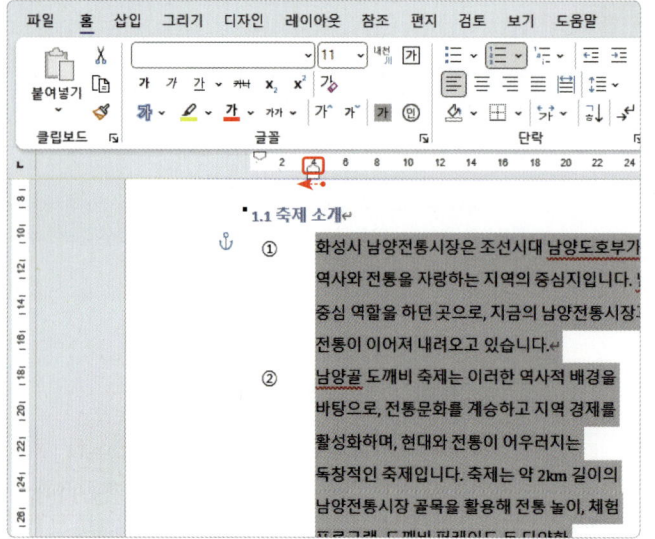

단락 번호와 본문 여백 변경하기

03 내어쓰기를 이용하여 단락 번호와 본문의 여백을 줄여보겠습니다. 범위가 선택된 상태에서 [내어쓰기]를 클릭해 글자 '축'의 뒤쪽까지 드래그합니다.

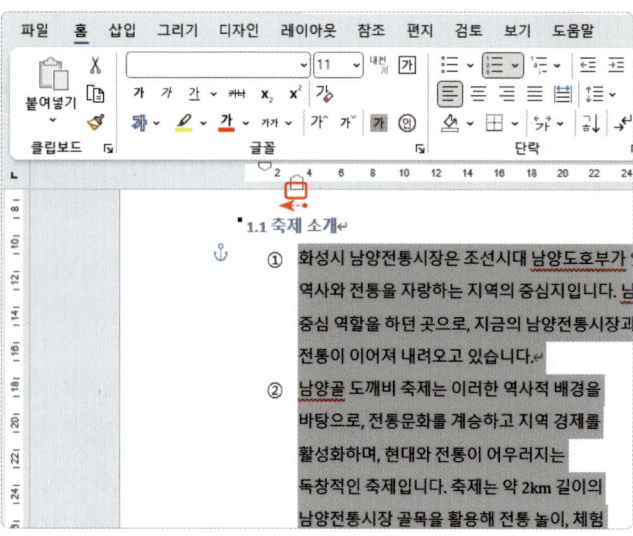

왼쪽 들여쓰기 변경하기

04 [왼쪽 들여쓰기]를 이용하여 선택 영역의 내어쓰기 간격을 유지하면서 왼쪽 들여쓰기를 변경해보겠습니다. 범위가 선택된 상태에서 [왼쪽 들여쓰기]를 클릭해 왼쪽으로 드래그하여 소제목의 '축제' 사이까지 드래그합니다.

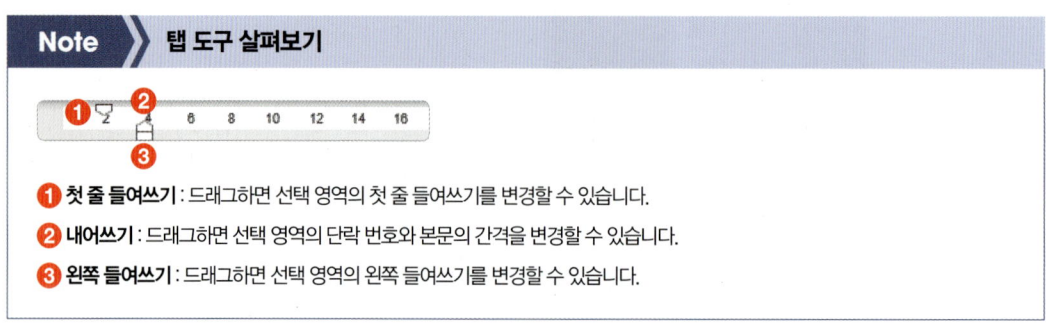

> **Note** 탭 도구 살펴보기
>
> ❶ **첫 줄 들여쓰기** : 드래그하면 선택 영역의 첫 줄 들여쓰기를 변경할 수 있습니다.
> ❷ **내어쓰기** : 드래그하면 선택 영역의 단락 번호와 본문의 간격을 변경할 수 있습니다.
> ❸ **왼쪽 들여쓰기** : 드래그하면 선택 영역의 왼쪽 들여쓰기를 변경할 수 있습니다.

[단락] 대화상자 이용하여 조절하기

05 [단락] 대화상자를 이용하여 좀 더 세부적으로 들여쓰기, 내어쓰기 값을 변경해보겠습니다.
❶ 범위가 선택된 상태에서 [홈] 탭-[단락] 그룹-[단락 설정 🔽] 클릭 ❷ [단락] 대화상자에서 [들여쓰기]-[왼쪽]에 **0.6cm** 설정 ❸ [첫 줄]에 [둘째 줄 이하] 선택, [값]에 **0.5cm** 설정 ❹ [확인]을 클릭합니다.

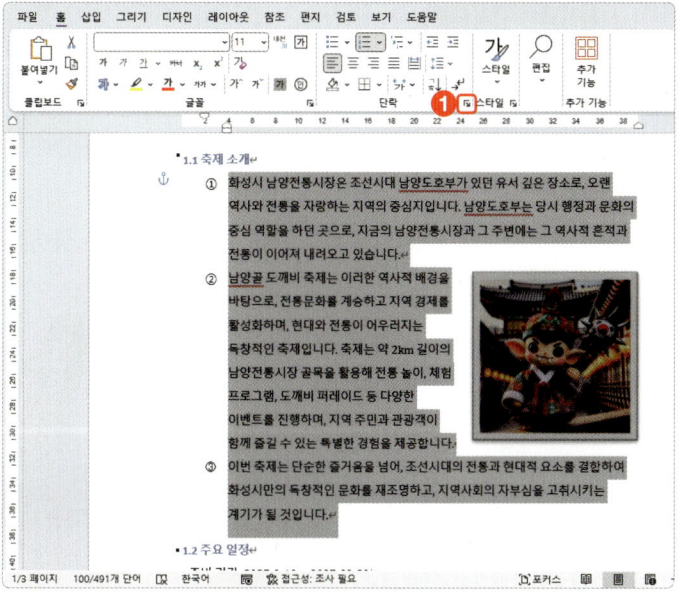
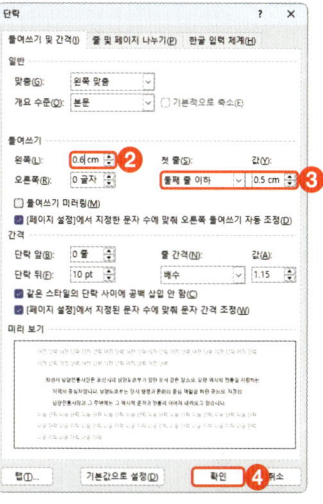

단락에 글머리 기호 삽입하기

실습 파일 워드\3장\016_단락에 글머리 기호 삽입하기.docx 완성 파일 워드\3장\016_단락에 글머리 기호 삽입하기_완성.docx

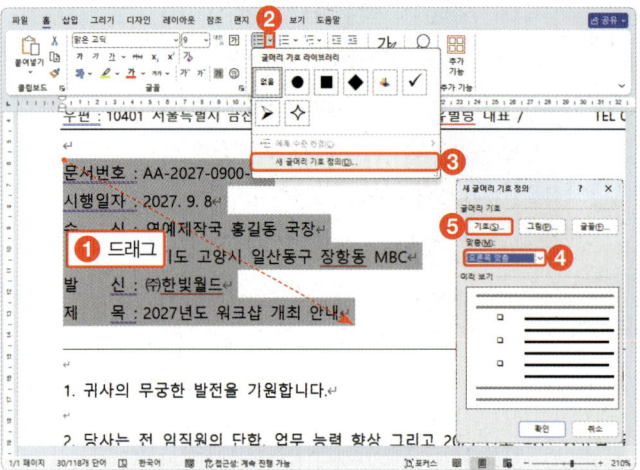

글머리 기호 삽입하기

01 공문서의 문서 정보에 글머리 기호를 적용해보겠습니다.

❶ '문서번호~개최 안내' 드래그
❷ [홈] 탭-[단락] 그룹-[글머리 기호]의 클릭
❸ [새 글머리 기호 정의] 클릭
❹ [새 글머리 기호 정의] 대화상자-[맞춤]-[오른쪽 맞춤] 선택
❺ [기호]를 클릭합니다.

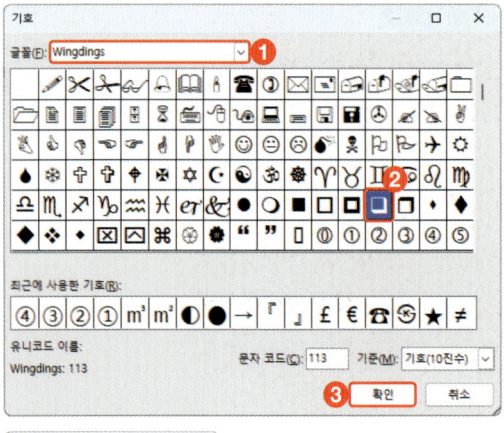

기호 선택하기

02 [기호] 대화상자에서 원하는 기호를 선택해보겠습니다.

❶ [기호] 대화상자에서 [글꼴]-[Wingdings] 선택
❷ 글머리 기호로 사용할 임의의 기호 선택
❸ [확인] 클릭
❹ [새 글머리 기호 정의] 대화상자에서 [확인]을 클릭합니다.

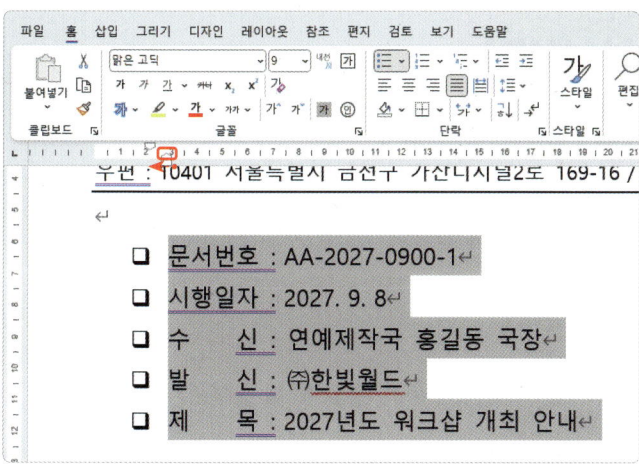

글머리 기호와 문단 간격 수정하기

03 글머리 기호를 삽입한 뒤 탭을 이용하여 왼쪽 여백과 들여쓰기를 수정해보겠습니다. 범위가 선택된 상태에서 눈금자에 있는 [내어쓰기]를 왼쪽으로 조금만 드래그합니다. 글머리 기호와 문단 사이의 간격이 수정됩니다.

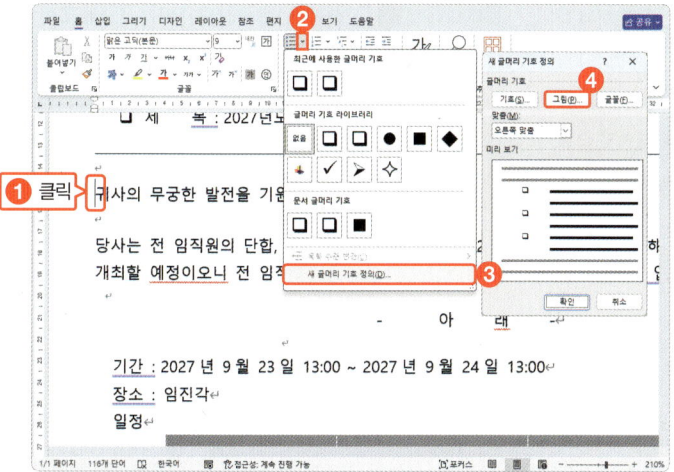

그림 글머리 기호 적용하기

04 외부에 저장된 그림을 불러와서 글머리 기호로 적용해보겠습니다.

❶ 글머리 기호를 적용할 부분 클릭
❷ [홈] 탭-[단락] 그룹-[글머리 기호]의 클릭
❸ [새 글머리 기호 정의] 클릭
❹ [새 글머리 기호 정의] 대화상자에서 [그림]을 클릭합니다.

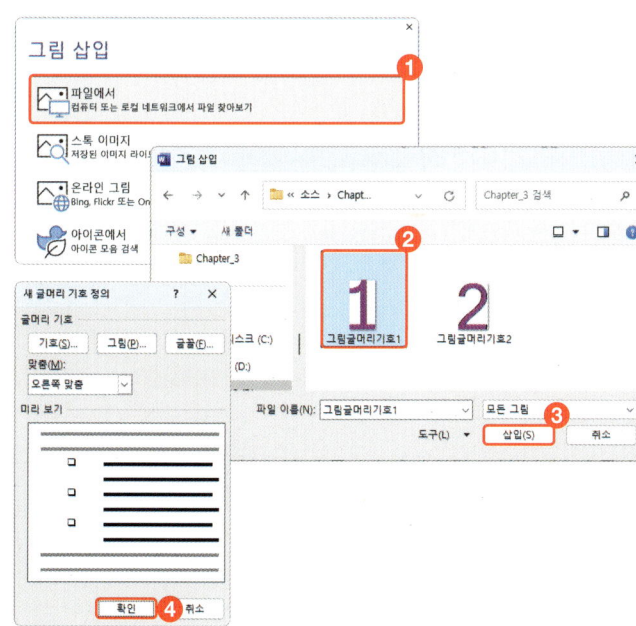

그림 선택하여 삽입하기

05 글머리로 사용할 그림을 선택해보겠습니다.

❶ [그림 삽입] 대화상자-[파일에서] 클릭
❷ [예제 소스] 폴더에서 글머리 기호로 사용할 이미지 선택
❸ [삽입] 클릭
❹ [새 글머리 기호 정의] 대화상자에서 [확인]을 클릭합니다.

Tip 글머리 그림을 삽입하고 글머리 기호와 문장 간격을 적절히 수정합니다.

017 첫 줄 들여쓰기와 둘째 줄 이하 들여쓰기

실습 파일 워드\3장\017_첫 줄 들여쓰기와 둘째 줄 이하 들여쓰기.docx
완성 파일 워드\3장\017_첫 줄 들여쓰기와 둘째 줄 이하 들여쓰기_완성.docx

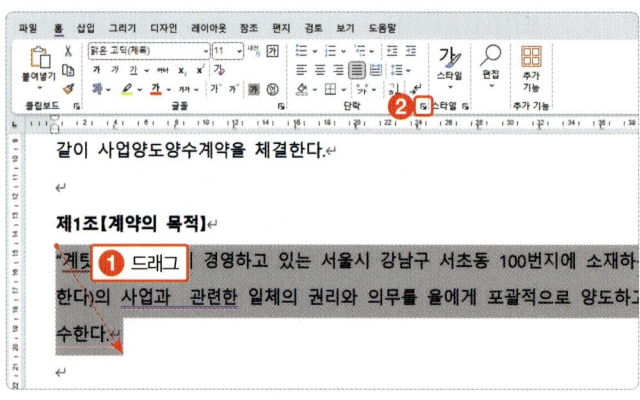

문단 첫 줄 들여쓰기

01 문단의 첫 줄에 들여쓰기를 해 보겠습니다.

❶ '"계탓네"은~양수한다.' 드래그
❷ [홈] 탭-[단락] 그룹-[단락 설정 ⬚] 클릭
❸ [단락] 대화상자에서 [첫 줄]에 [첫 줄], [값]에 [1글자] 선택
❹ [확인]을 클릭합니다.

Tip 첫 줄 들여쓰기는 문단의 첫 줄만 들여쓰기하여 문단의 시작을 표시할 때 사용합니다.

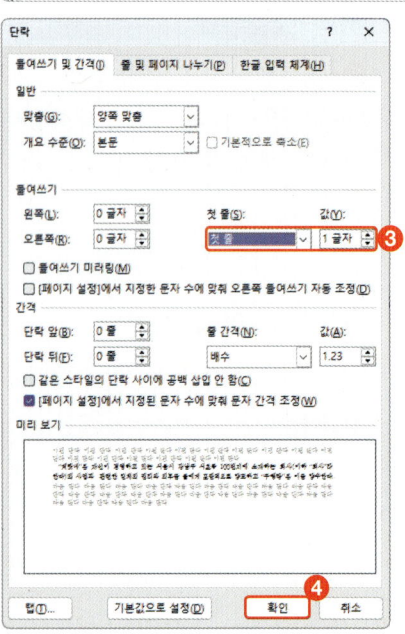

둘째 줄 이하 들여쓰기

02 문단의 둘째 줄 이하에 들여쓰기를 해보겠습니다.

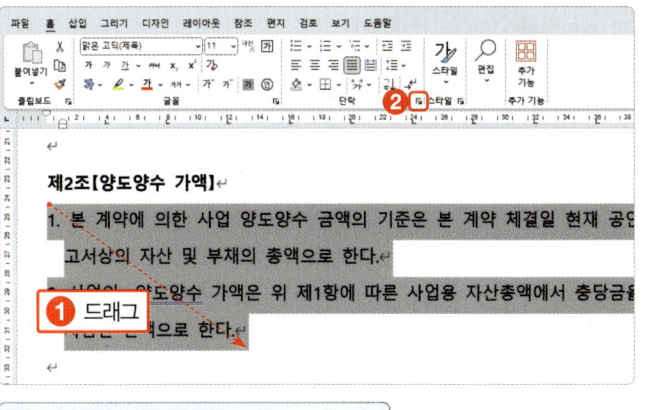

❶ '1. 본 계약에 ~한다.' 드래그
❷ [홈] 탭-[단락] 그룹-[단락 설정 ⬚] 클릭
❸ [단락] 대화상자에서 [첫 줄]에 [둘째 줄 이하], [값]에 [1글자] 선택
❹ [확인]을 클릭합니다.

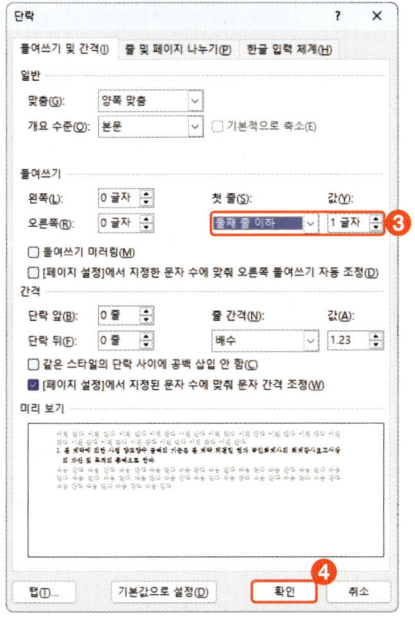

Tip 둘째 줄 이하 들여쓰기는 단락 번호가 적용되면 둘째 줄부터 들여쓰기가 됩니다. 단락 번호를 시각적으로 구분할 때 사용합니다.

단락의 첫 문자 장식하기

03 단락의 첫 문자를 장식하여 단락의 시작을 표현해보겠습니다.

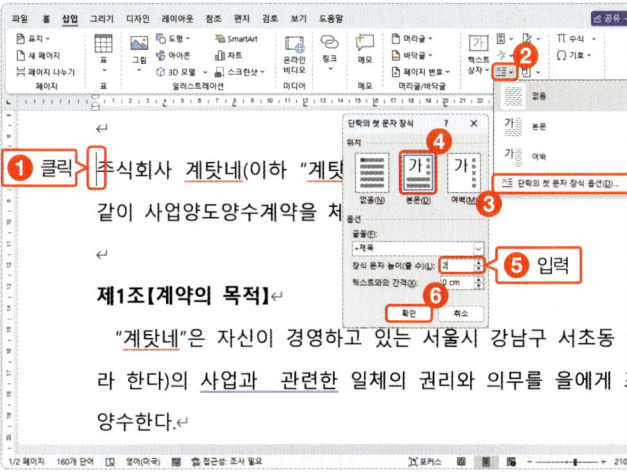

❶ 첫 번째 문단의 앞 클릭
❷ [삽입] 탭-[텍스트] 그룹-[단락의 첫 문자 장식 ⬚] 클릭
❸ [단락의 첫 문자 장식 옵션] 클릭
❹ [단락의 첫 문자 장식] 대화상자에서 [위치]-[본문] 선택
❺ [장식 문자 높이(줄 수)]는 **2** 입력
❻ [확인]을 클릭합니다.

Note 한글과 숫자 간격을 자동으로 조절하기

문서 내에 한글과 숫자가 혼용될 때, 한글과 숫자의 간격 차이로 인한 부자연스러움을 해결할 수 있습니다.

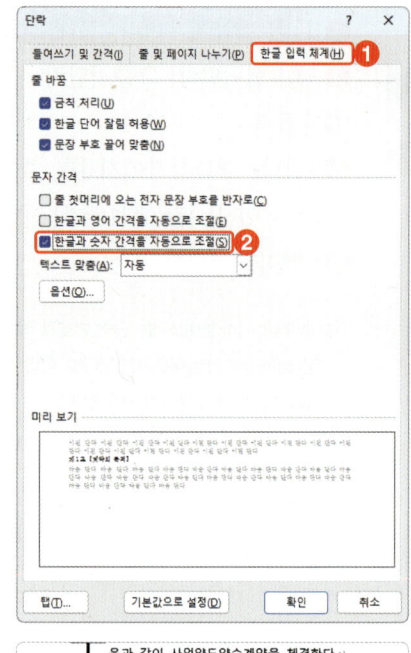

① [단락] 대화상자에서 [한글 입력 체계] 탭 클릭
② [한글과 숫자 간격을 자동으로 조절]에 체크합니다.

018 다단과 탭 활용하여 메뉴판 만들기

실습 파일 워드\3장\018_다단과 탭 활용하여 메뉴판 만들기.docx 완성 파일 워드\3장\018_다단과 탭 활용하여 메뉴판 만들기_완성.docx

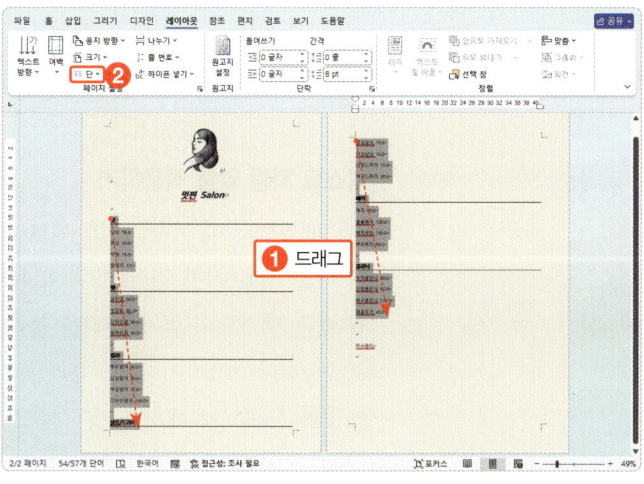

다단 설정하기

01 문서의 내용을 다단으로 표시하여 다양한 형태로 문서를 표현해보겠습니다.

① '컷~앰플추가 20.0' 드래그

② [레이아웃] 탭-[페이지 설정] 그룹-[단 ▦]을 클릭하고 [둘]을 선택합니다.

Tip [보기] 탭-[페이지 이동] 그룹-[나란히 ▦]를 클릭하면 한 화면에 두 페이지를 나란히 볼 수 있습니다.

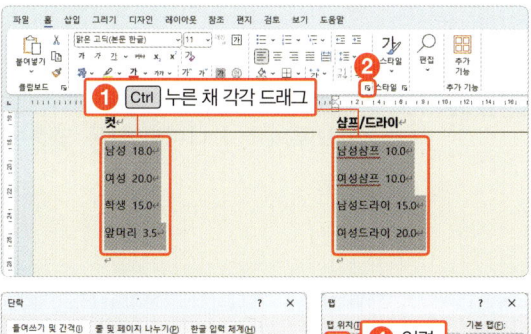

단락 탭 설정하기

02 Tab 을 누를 때 탭 간격에 채워질 채움선을 설정해보겠습니다.

① 탭을 적용할 범위를 Ctrl 을 눌러 연속 선택

② [홈] 탭-[단락] 그룹-[단락 설정 ▦] 클릭

③ [단락] 대화상자에서 [탭] 클릭

④ [탭] 대화상자에서 [탭 위치]에 **16** 입력

⑤ [채움선]에 [3] 선택

⑥ [확인]을 클릭하여 [탭 위치]와 [채움선]을 설정합니다.

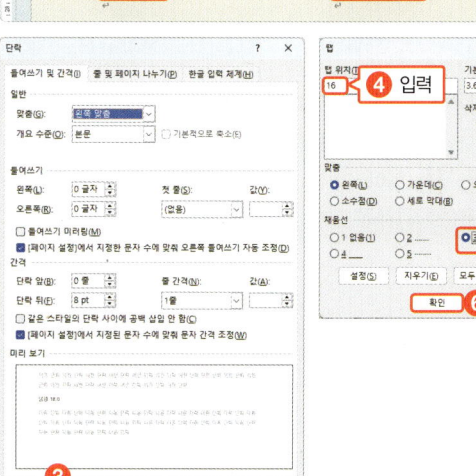

CHAPTER 03 글꼴과 단락 꾸미기 **549**

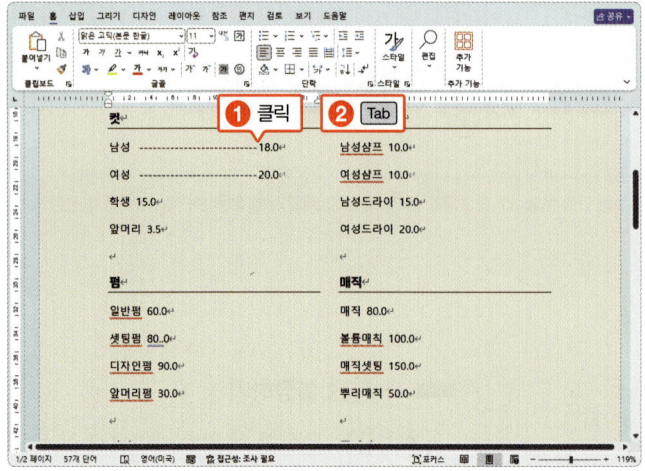

Tab 을 눌러 채움선 넣기

03 Tab 을 눌러서 채움선을 넣어 보겠습니다.

❶ 숫자(금액) 앞을 클릭

❷ Tab 을 누릅니다.

Tip 나머지 메뉴도 Tab 을 눌러 채움선을 적용합니다.

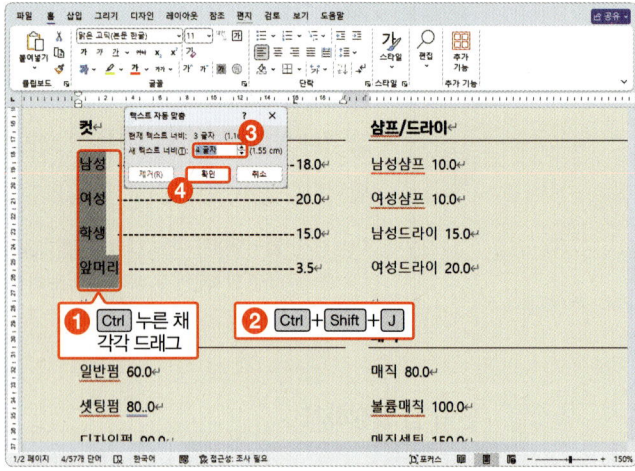

텍스트 자동 맞춤 적용하기

04 메뉴의 글자 수에 따라 세로줄이 다를 경우 가장 긴 글자 수에 맞춰 짧은 텍스트의 글자 간격을 늘려 보겠습니다.

❶ Ctrl 누른 상태에서 '남성', '여성', '학생', '앞머리' 드래그

❷ Ctrl + Shift + J

❸ [텍스트 자동 맞춤] 대화상자에서 [새 텍스트 너비]에 [4 글자] 설정

❹ [확인]을 클릭합니다. 메뉴 이름이 모두 4글자 너비로 자동 맞춤됩니다.

Tip Ctrl + Shift + J 외에 [홈] 탭-[단락] 그룹-[균등 분할]을 클릭해도 됩니다.

Note 알아두면 편리한 문단 관련 단축키

Ctrl + L : 왼쪽 정렬	Ctrl + T : 첫 글자 들여쓰기
Ctrl + R : 오른쪽 정렬	Ctrl + Shift + T : 첫 글자 내어쓰기
Ctrl + E : 가운데 정렬	Ctrl + M : 들여쓰기
Ctrl + J : 양쪽 정렬	Ctrl + Shift + M : 내어쓰기

우선순위
019 스타일 만들어 문서 체계 잡기

실습 파일 워드\3장\019_스타일 모음 이용하여 스타일 지정 및 수정하기.docx
완성 파일 워드\3장\019_스타일 모음 이용하여 스타일 지정 및 수정하기_완성.docx

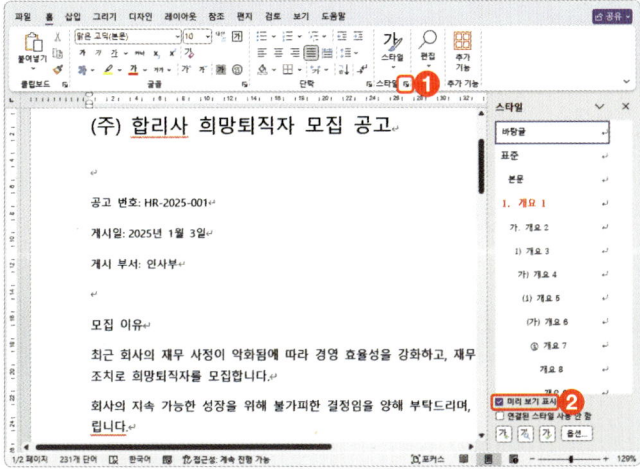

[스타일] 작업 창 표시하기

01 스타일을 빠르게 적용하기 위해 [스타일] 작업 창을 표시해보겠습니다.

❶ [홈] 탭-[스타일] 그룹-[스타일 ▫] 클릭

❷ [스타일] 작업 창에서 [미리 보기 표시]에 체크합니다.

Tip 실습 파일의 '개요 1' 스타일에 글꼴 색이 미리 설정되어 있습니다.

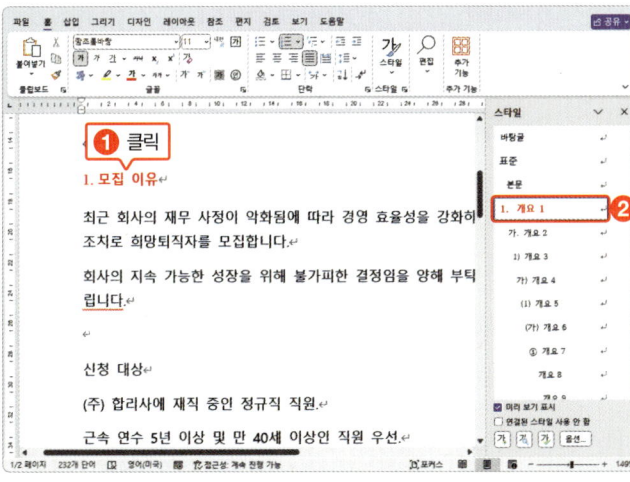

스타일 적용하기

02 [스타일] 작업 창을 이용해서 문서에 스타일을 적용해보겠습니다.

❶ '모집 이유' 글자 부분 클릭

❷ [스타일] 작업 창에서 [개요 1]을 선택합니다.

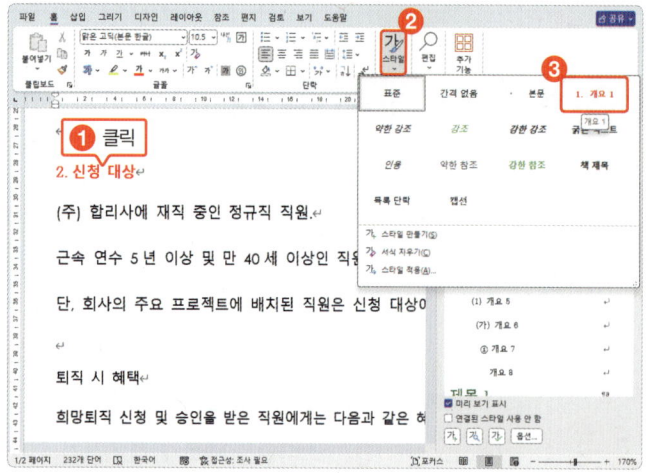

스타일 갤러리에서 적용하기

03 스타일 갤러리에서 스타일을 적용해보겠습니다.

① '신청 대상' 글자 부분 클릭
② [홈] 탭-[스타일] 그룹-[스타일 가] 클릭
③ [개요 1]을 선택합니다.

Tip 스타일 갤러리에 스타일 추가하기

스타일 작업창→[개요 1]에서 마우스 오른쪽 버튼 클릭 → [스타일 갤러리에 추가]를 선택합니다.

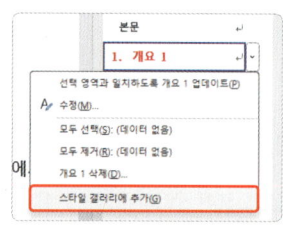

스타일 서식 변경하기

04 문서에 적용된 스타일의 글꼴 서식을 변경해보겠습니다.
① [스타일] 작업 창의 [개요 1]에서 마우스 오른쪽 버튼 클릭 ② [수정] 선택 ③ [스타일 수정] 대화상자-[글꼴 크기]에 **12** 입력 ④ [글꼴 색]은 [표준 색]-[파랑] 선택 ⑤ [확인]을 클릭합니다.

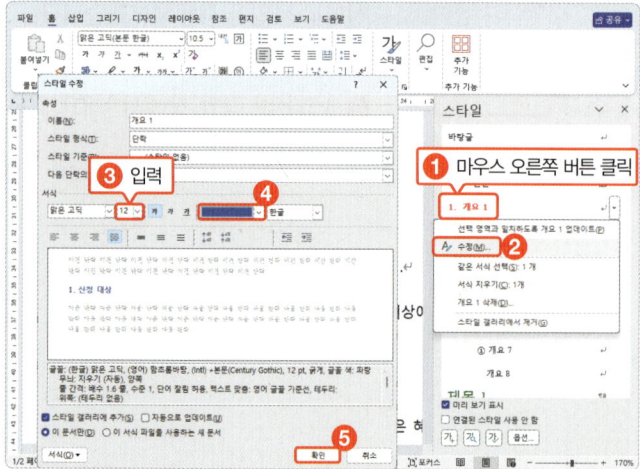

스타일 바로 가기 키 설정하기

05 스타일을 빠르게 적용하기 위해 바로 가기 키를 설정해보겠습니다.
❶ [스타일 수정] 대화상자에서 [서식] 클릭 ❷ [바로 가기 키] 선택 ❸ [키보드 사용자 지정] 대화상자에서 [새 바로 가기 키] 클릭 ❹ Alt + F + 3 동시에 누르고 ❺ [지정] 클릭 후 [닫기]를 클릭 ❻ [스타일 수정] 대화상자에서 [확인]을 클릭합니다.

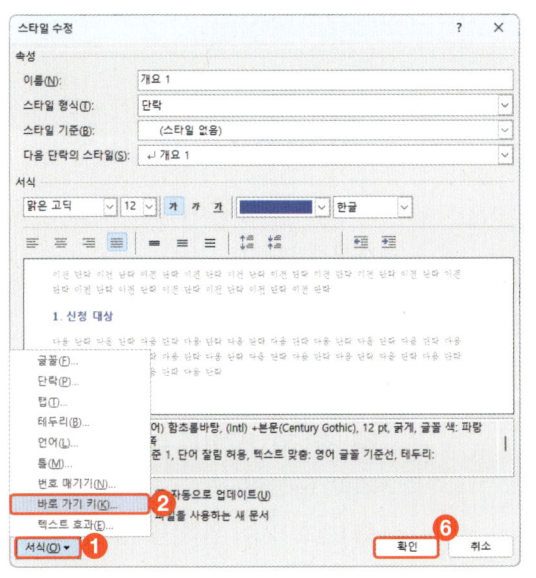
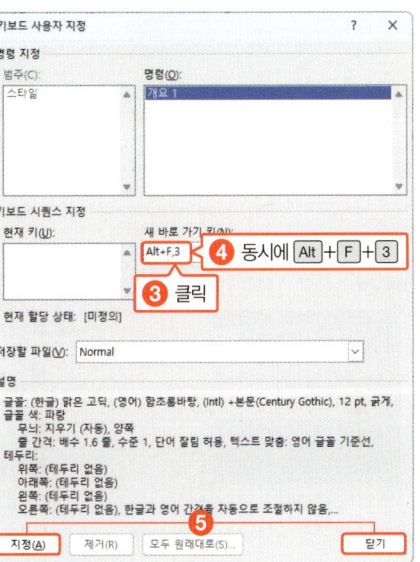

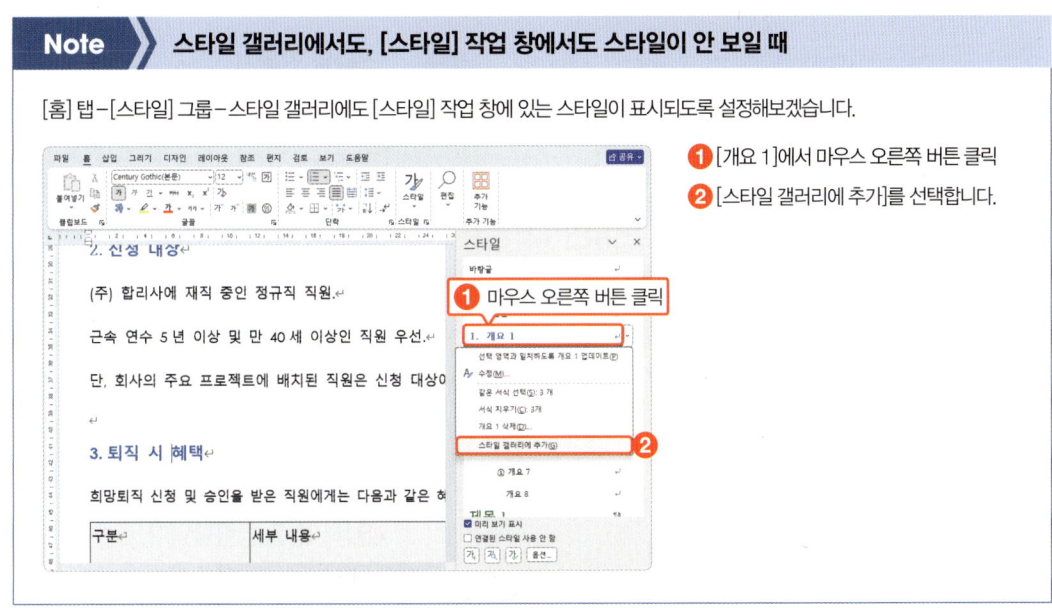

Note 스타일 갤러리에서도, [스타일] 작업 창에서도 스타일이 안 보일 때

[홈] 탭-[스타일] 그룹-스타일 갤러리에도 [스타일] 작업 창에 있는 스타일이 표시되도록 설정해보겠습니다.

❶ [개요 1]에서 마우스 오른쪽 버튼 클릭
❷ [스타일 갤러리에 추가]를 선택합니다.

서식 설정하고 스타일에 추가하기

실습 파일 워드\3장\020_서식 설정하고 스타일에 추가하기.docx   완성 파일 워드\3장\020_서식 설정하고 스타일에 추가하기_완성.docx

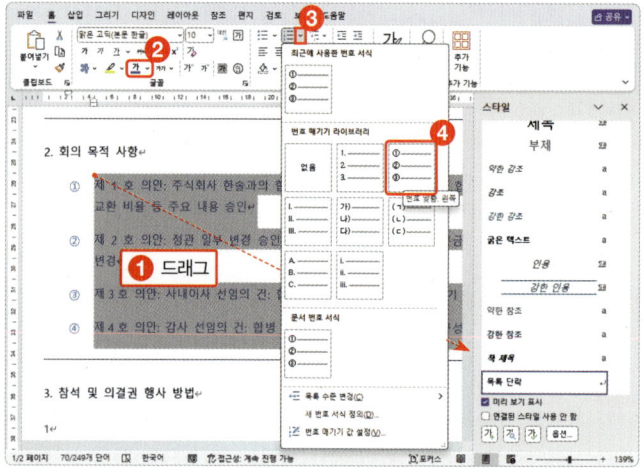

서식 설정하기

01 단락 번호와 글꼴 서식을 적용해보겠습니다.

❶ '제1호 의안:~구성 승인' 드래그

❷ [홈] 탭-[글꼴] 그룹-[글꼴 색]-[파랑] 선택

❸ [홈] 탭-[단락] 그룹-[번호 매기기]의 ▼ 클릭

❹ [번호 맞춤: 왼쪽]을 선택합니다.

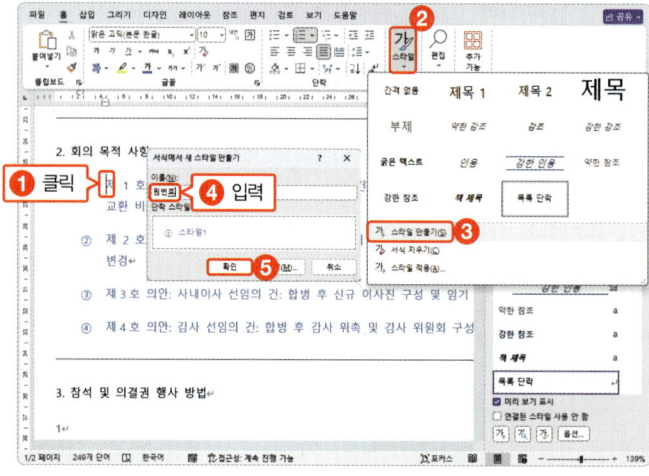

스타일 만들기

02 앞서 설정한 서식을 스타일에 적용해보겠습니다.

❶ 서식이 적용된 단락의 임의의 위치 클릭

❷ [홈] 탭-[스타일] 그룹-[스타일 가] 클릭

❸ [스타일 만들기] 선택

❹ [서식에서 새 스타일 만들기] 대화상자에서 [이름]에 **원번호** 입력

❺ [확인]을 클릭합니다.

Tip [스타일] 작업 창에서 [새 스타일]을 클릭해도 됩니다.

같은 계열에 스타일 적용하고 새 번호로 시작하기

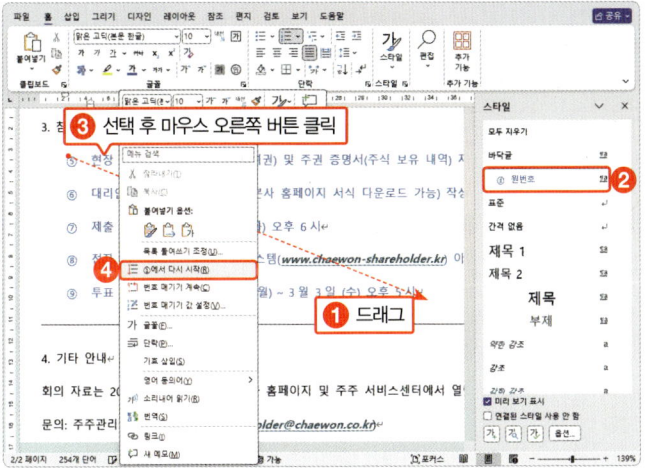

03 앞서 저장한 '원번호' 스타일을 같은 계열에 적용해보겠습니다.

❶ '현장 참석:~오후 5시' 드래그
❷ [스타일] 작업 창에서 [원번호] 선택
❸ '현장 참석~' 행 선택 후 마우스 오른쪽 버튼 클릭
❹ [①에서 다시 시작]을 선택합니다.

단락 스타일 변경하기

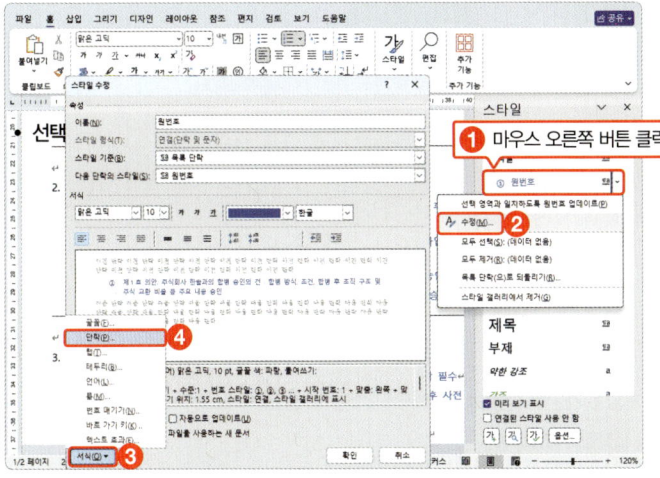

04 스타일이 적용된 문서에서 줄 간격을 변경하여 한 번에 해당 스타일의 단락 줄 간격을 변경해보겠습니다.

❶ [스타일] 작업 창의 [원번호]에서 마우스 오른쪽 버튼 클릭
❷ [수정] 선택
❸ [스타일 수정] 대화상자에서 [서식] 클릭
❹ [단락]을 선택합니다.

스타일 줄 간격 변경하기

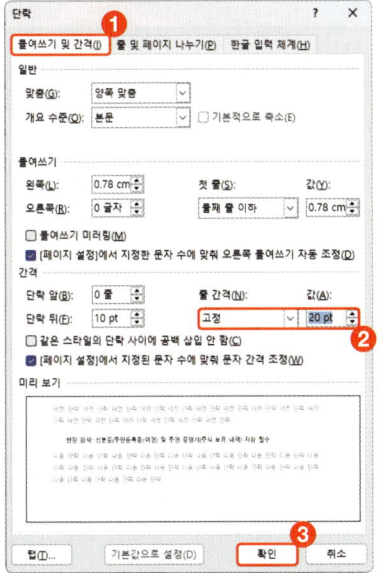

05 [단락] 대화상자에서 줄 간격을 변경해보겠습니다.

❶ [단락] 대화상자에서 [들여쓰기 및 간격] 탭 클릭
❷ [줄 간격]에 [고정], [값]에 **20pt** 설정
❸ [확인]을 클릭합니다.

Note 줄 간격 설정 살펴보기

워드에서는 줄 간격을 다양하게 설정할 수 있습니다.

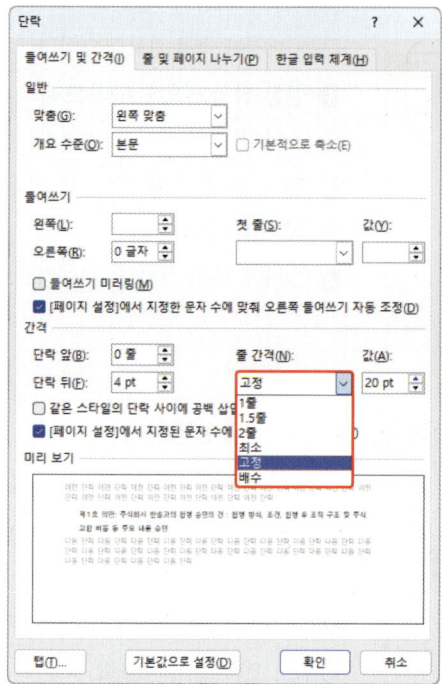

❶ **1줄** : 글꼴 크기가 줄 간격 단위입니다. 예를 들어, 글꼴 크기가 12pt이면 줄 간격도 12pt가 됩니다.

❷ **2줄** : [1줄] 단위의 2배 줄 간격을 의미합니다.

❸ **최소** : 최소 줄 간격을 의미합니다. 해당하는 줄에 있는 가장 큰 글꼴이나 그래픽에 맞추는 데 필요한 최소 간격으로 설정됩니다.

❹ **고정** : 포인트(pt) 단위의 고정 값으로 줄 간격을 설정할 수 있습니다.

❺ **배수** : [1줄]의 배수 값으로 줄 간격을 설정할 수 있습니다.

CHAPTER
04

도형 및 개체 활용하기

021 결재란에 서명 추가하기

실습 파일 워드\4장\021_결재란에 서명 추가하기.docx 완성 파일 워드\4장\021_결재란에 서명 추가하기_완성.docx

그림을 텍스트 앞에 배치하기

01 종이에 서명하고 이를 스캔하거나 스마트폰으로 촬영한 이미지를 워드 문서에 추가해보겠습니다. ① 2페이지에 있는 그림 클릭 ② [레이아웃 옵션 ▤] 클릭 ③ [텍스트 배치]-[텍스트 앞]을 선택합니다.

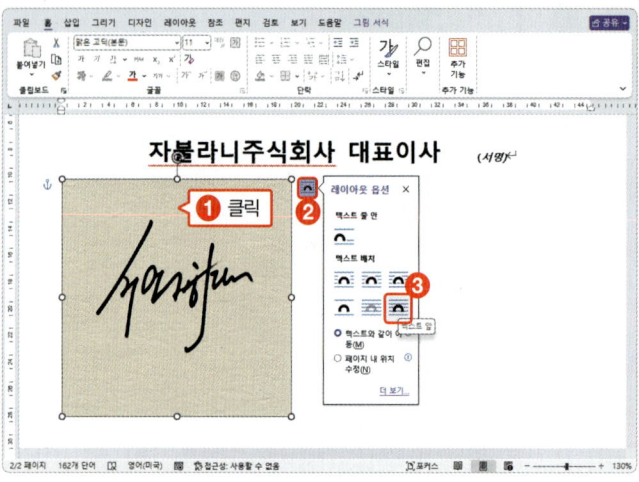

Tip [그림 서식] 탭-[정렬] 그룹-[텍스트 줄 바꿈]을 클릭해도 됩니다.

그림 크기 변경하기

02 그림 크기를 변경해보겠습니다. 그림이 선택된 상태에서 크기 조절점을 드래그하여 적당한 크기로 변경합니다.

Tip [그림 서식] 탭-[크기] 그룹에서 그림의 크기를 cm 단위로 변경할 수 있습니다.

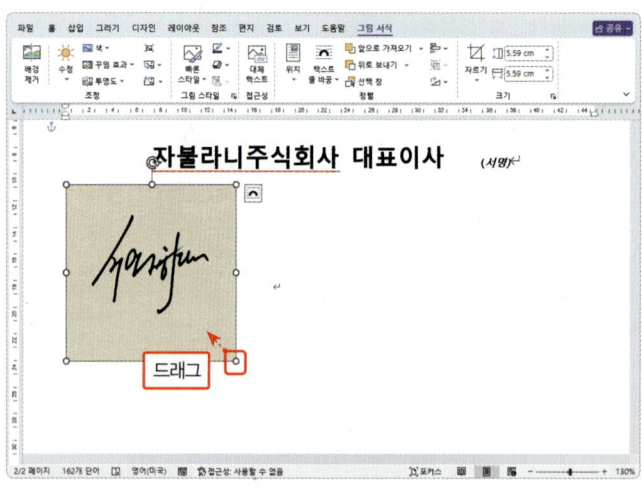

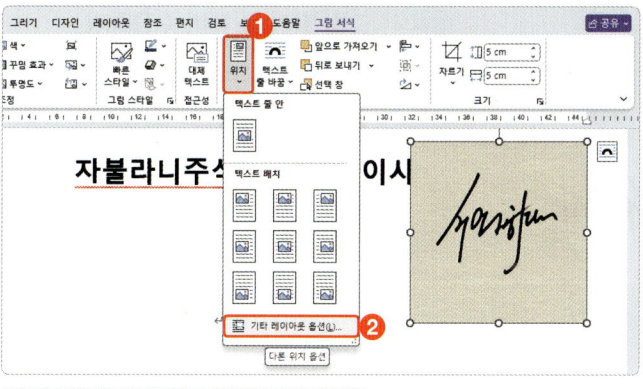

그림의 위치 변경하기

03 그림의 위치를 [레이아웃] 대화상자를 활용하여 변경해보겠습니다.

❶ 그림이 선택된 상태에서 [그림 서식] 탭–[정렬] 그룹–[위치 🖼] 클릭

❷ [기타 레이아웃 옵션] 클릭

❸ [레이아웃] 대화상자에서 [가로]–[맞춤]에 [오른쪽 맞춤] 선택

❹ [세로]–[절대 위치]에 **0.04cm** 설정

❺ [확인]을 클릭합니다.

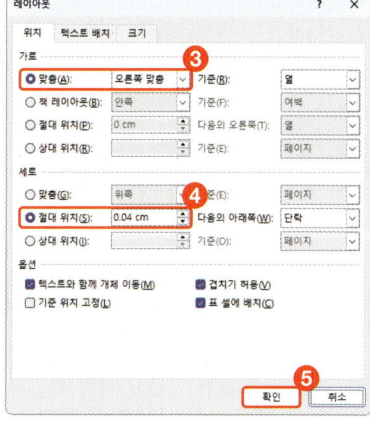

Tip 그림을 드래그하여 위치를 변경해도 됩니다.

적당한 크기로 그림 자르기

04 그림(서명 이미지)에서 불필요한 부분을 잘라보겠습니다.

❶ 그림이 선택된 상태에서 [그림 서식] 탭–[크기] 그룹–[자르기 🖼] 클릭 ❷ 테두리와 모서리에 표시되는 검은색 부분을 드래그하여 불필요한 여백 잘라내기 ❸ 화면의 빈 곳을 클릭합니다.

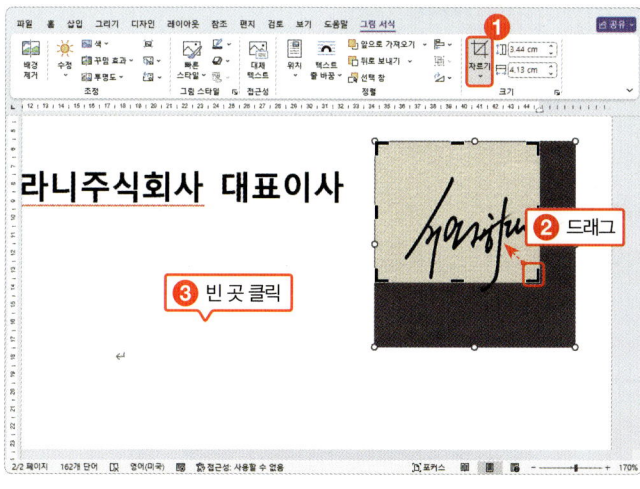

그림 밝기 및 대비 수정하기

05 그림의 배경을 제거하기 위해 밝기 및 대비를 수정해보겠습니다.

① 그림 클릭

② [그림 서식] 탭-[조정] 그룹-[수정] 클릭

③ [밝기: +40% 대비: +40%]를 선택합니다.

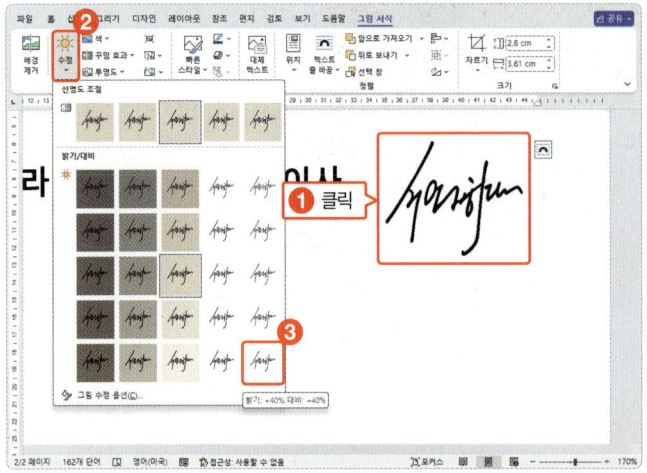

그림에 투명 효과 적용하기

06 그림에 투명 효과를 적용해 직접 서명한 것처럼 보이게 해보겠습니다.

① 그림이 선택된 상태에서 [그림 서식] 탭-[조정] 그룹-[색] 클릭

② [투명한 색 설정] 클릭

③ 그림의 투명한 바탕 부분을 클릭합니다. 그림에 가려져 있던 '(서명)'이 투영되어 표시됩니다.

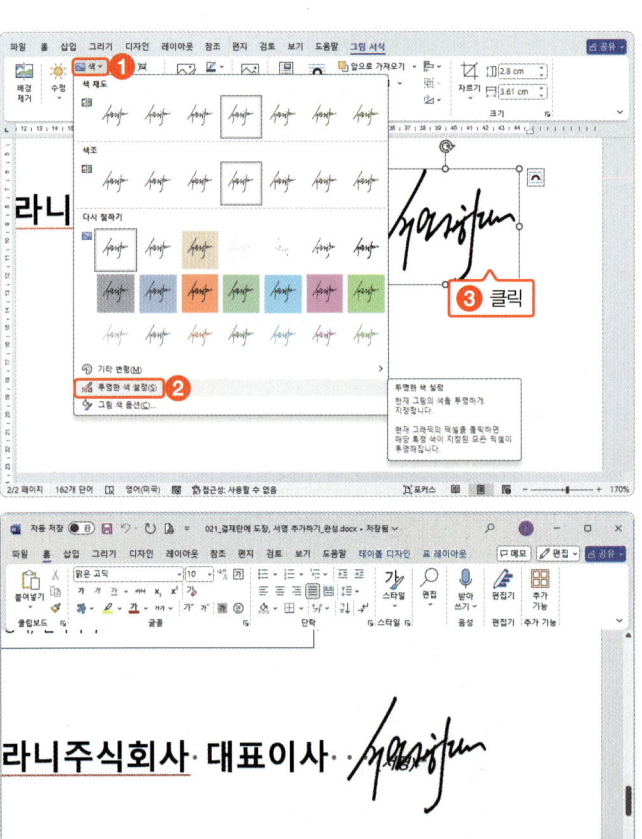

그림 삽입하고
도형에 맞춰 자르기(캡션 삽입)

실습 파일 워드\4장\022_그림 삽입하고 도형에 맞춰 자르기(캡션 삽입).docx
완성 파일 워드\4장\022_그림 삽입하고 도형에 맞춰 자르기(캡션 삽입)_완성.docx

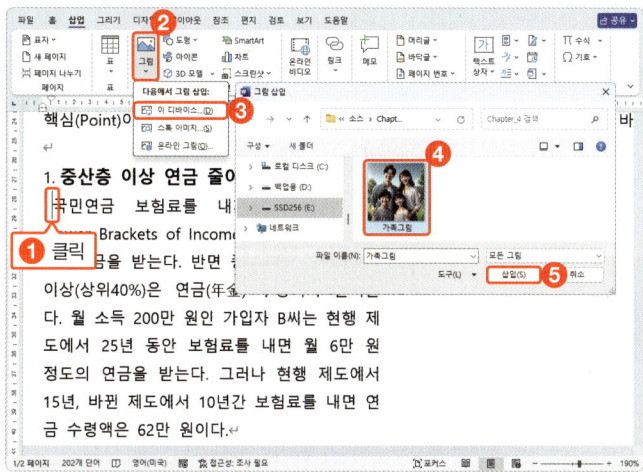

Tip 558쪽에서 학습한 내용을 참고하여 [레이아웃 옵션]–[텍스트 배치]–[정사각형]으로 레이아웃 옵션을 설정하고 이미지의 크기를 조절합니다.

[이 디바이스]에서 그림 삽입하기

01 워드에서는 스톡 이미지, 온라인 이미지를 제공하지만, 저작권 관련하여 문제의 소지가 될 수 있습니다. AI로 생성한 이미지를 문서에 삽입해보겠습니다.

❶ '1. 중산층 이상 연금 줄어' 다음 줄인 '국민연금' 왼쪽 클릭
❷ [삽입] 탭–[일러스트레이션] 그룹–[그림] 클릭
❸ [이 디바이스] 클릭
❹ [그림 삽입] 대화상자에서 '가족그림.jpg' 선택
❺ [삽입]을 클릭합니다.

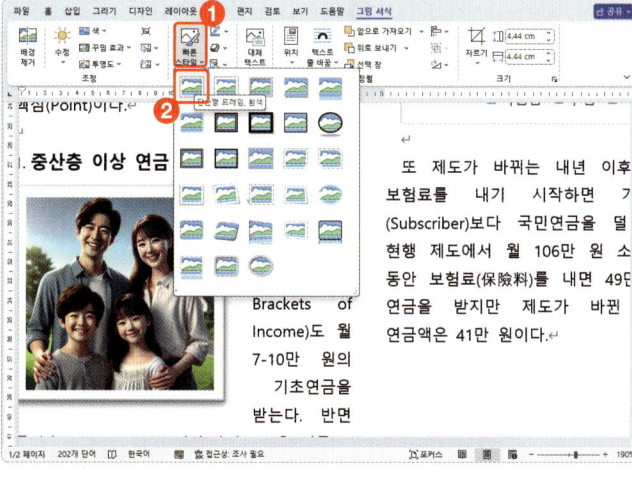

그림에 액자 스타일 적용하기

02 그림에 간단하게 액자 스타일을 적용해보겠습니다.

❶ 이미지가 선택된 상태에서 [그림 서식] 탭–[그림 스타일] 그룹–[빠른 스타일] 클릭
❷ [단순형 프레임, 흰색]을 선택합니다.

액자 두께 변경하기

03 기본 액자는 테두리의 두께가 두꺼워 투박해보일 수 있습니다. 액자의 테두리 두께를 변경해보겠습니다.

① 이미지가 선택된 상태에서 [그림 서식] 탭-[그림 스타일] 그룹-[그림 서식] 클릭

② [그림 서식] 작업 창에서 [채우기 및 선] 클릭

③ [선]-[너비]를 **3.75pt**로 변경합니다.

그림과 텍스트 여백 변경하기

04 그림과 텍스트 사이의 여백을 변경해보겠습니다.

① 이미지가 선택된 상태에서 [그림 서식] 탭-[정렬] 그룹-[위치] 클릭

② [기타 레이아웃 옵션] 클릭

③ [레이아웃] 대화상자-[텍스트 배치] 탭 클릭

④ [텍스트와의 간격]의 [왼쪽], [오른쪽] 모두 **0.1cm**로 설정

⑤ [확인]을 클릭합니다.

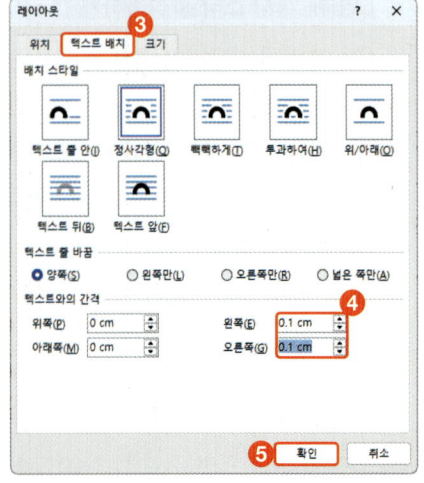

Note 그림 삽입 시 텍스트 줄 바꿈 오류 해결하기

그림과 텍스트를 배치할 때 단어별 워드랩(단어 보호) 기능으로 인해 텍스트 줄 넘김이 단어 기준으로 설정됩니다. 그로 인해 자간이 일정하지 않게 표시될 수 있습니다. 이를 해결하기 위해 한글 단어 잘림 허용 기능을 적용해보겠습니다. 먼저 적용할 텍스트 단락을 드래그한 후 [홈] 탭-[단락] 그룹-[단락 설정]을 클릭합니다.

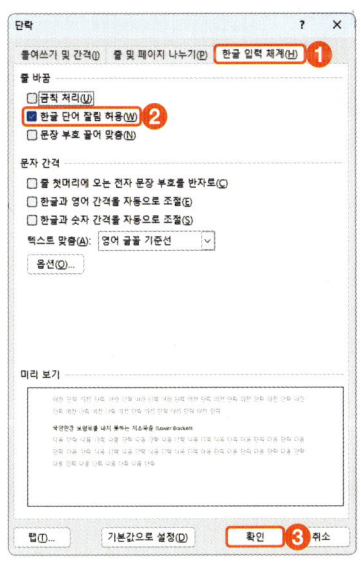

① [단락] 대화상자-[한글 입력 체계] 탭 클릭
② [한글 단어 잘림 허용] 체크
③ [확인]을 클릭합니다.

그림에 캡션 삽입하기

05 그림에 제목이나 이름을 표시할 수 있도록 캡션을 삽입해보겠습니다.

① 이미지가 선택된 상태에서 마우스 오른쪽 버튼 클릭
② [캡션 삽입] 선택
③ [캡션] 대화상자에서 [확인]을 클릭합니다.

Tip 캡션 이름을 수정하고 [확인]을 클릭해도 됩니다.

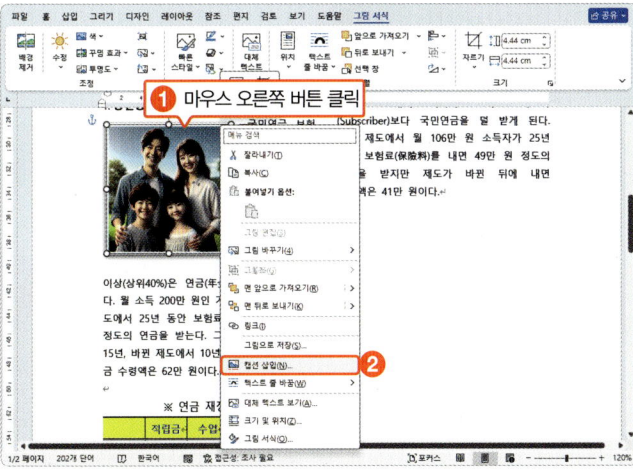

도형에 맞춰 그림 자르기

06 그림 자르기를 적용해보겠습니다.

❶ 이미지 클릭 ❷ [그림 서식] 탭–[크기] 그룹–[자르기]의 클릭 ❸ [도형에 맞춰 자르기] 클릭
❹ [사각형]–[사각형: 둥근 대각선 방향 모서리]를 선택합니다.

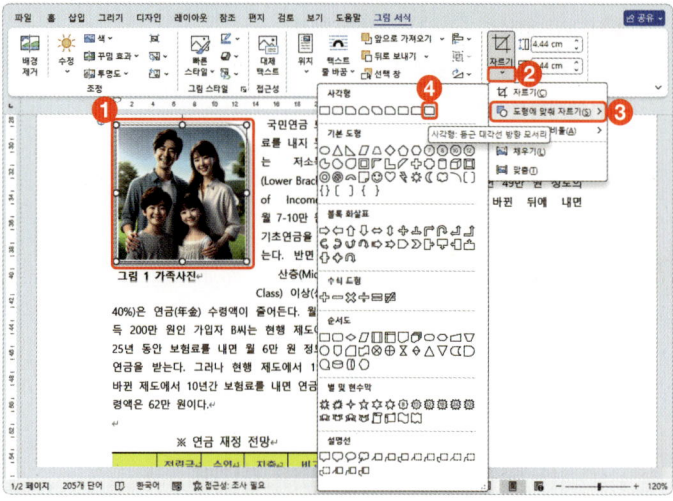

도형 이용하여 제목 상자 만들기

실습 파일 워드\4장\023_도형 이용하여 제목 상자 만들기.docx **완성 파일** 워드\4장\023_도형 이용하여 제목 상자 만들기_완성.docx

도형 삽입하기

01 2페이지에 제목 상자를 만들기 위해 도형을 삽입해보겠습니다.

❶ [삽입] 탭–[일러스트레이션] 그룹–[도형 🔲] 클릭 ❷ [사각형]–[사각형: 둥근 모서리] 선택 ❸ 다음과 같은 위치에 적당한 크기로 드래그합니다.

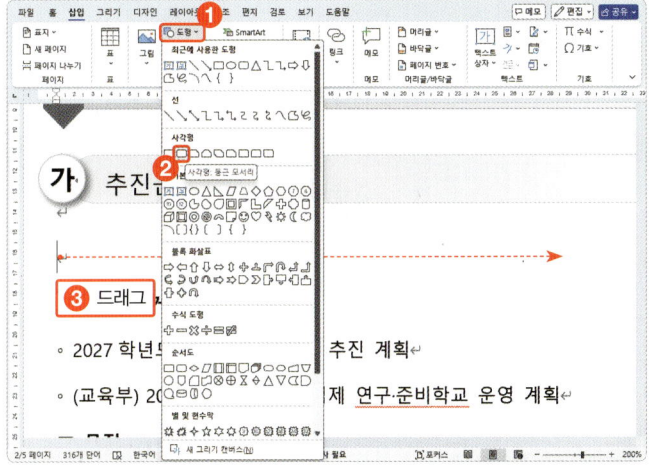

도형 크기와 모양 변경하기

02 제목 상자에 맞는 도형으로 변경해보겠습니다.

❶ 삽입된 도형의 노란색 조절점을 오른쪽으로 드래그하여 모양 변경 ❷ [도형 서식] 탭–[크기] 그룹에서 [높이]는 **1cm**, [너비]는 **14.74cm**로 설정합니다.

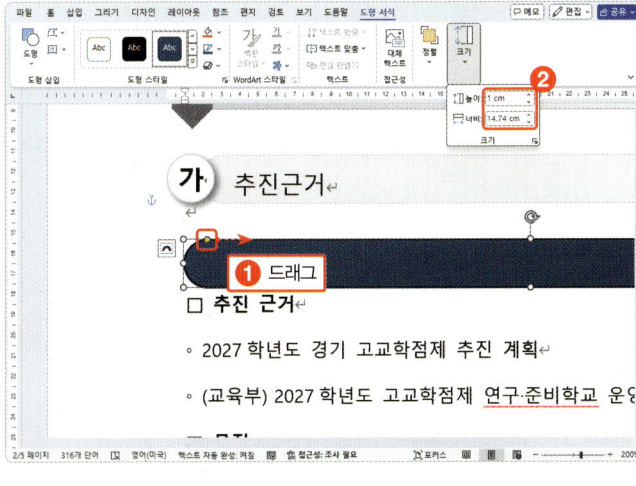

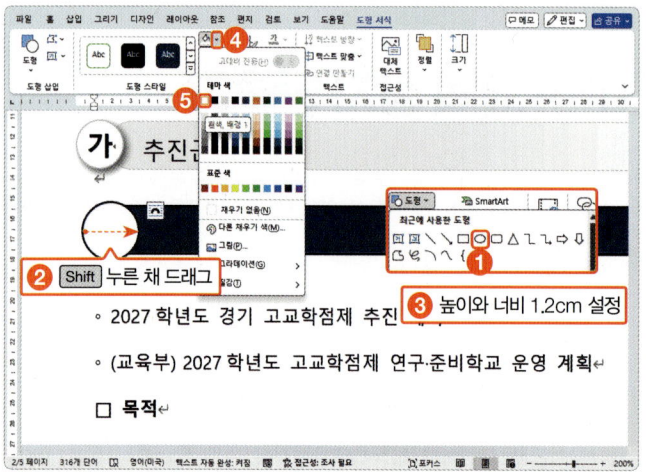

원을 삽입하고 채우기 색 변경하기

03 원을 삽입하고 채우기 색을 변경해보겠습니다.

❶ [삽입] 탭-[일러스트레이션] 그룹-[도형]-[타원] 선택

❷ Shift 를 누른 상태에서 드래그

❸ [도형 서식] 탭-[크기] 그룹에서 [높이]와 [너비] **1.2cm** 설정

❹ [도형 스타일] 그룹-[도형 채우기]의 클릭

❺ [흰색, 배경 1]을 선택합니다.

Tip Shift 를 누른 상태에서 도형을 드래그하여 그리면 가로세로 비율이 동일한 원이 삽입됩니다.

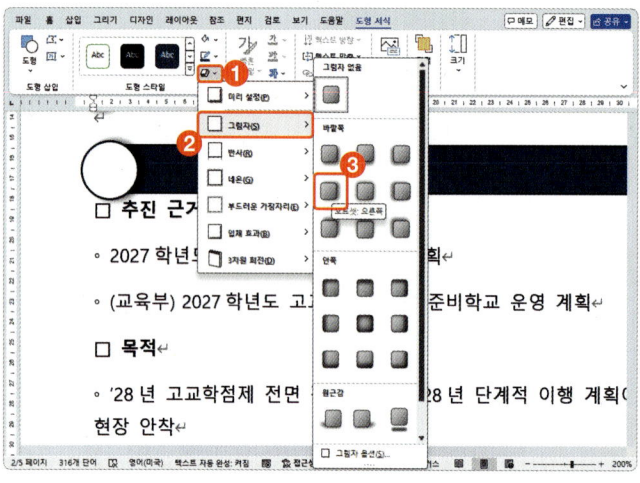

도형에 그림자 적용하기

04 도형에 그림자 효과를 적용해보겠습니다.

❶ 원이 선택된 상태에서 [도형 서식] 탭-[도형 스타일] 그룹-[도형 효과] 클릭

❷ [그림자] 클릭

❸ [오프셋: 오른쪽]을 선택합니다.

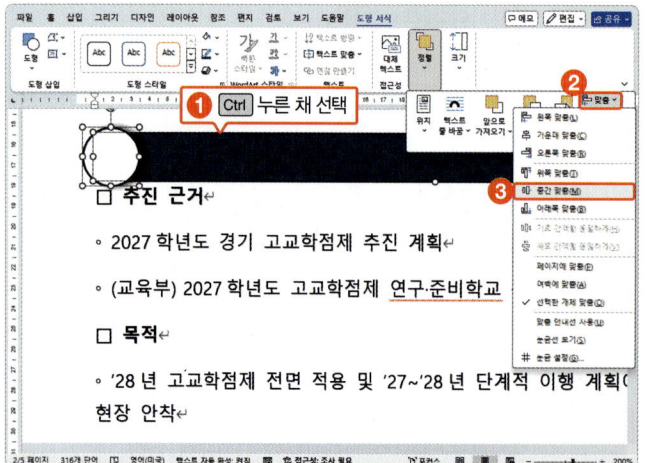

도형 정렬하기

05 두 도형의 위치를 중간 맞춤으로 변경해보겠습니다.

❶ [원]이 선택된 상태에서 Ctrl 을 누른 채 [모서리가 둥근 사각형] 선택

❷ [도형 서식] 탭-[정렬] 그룹-[맞춤] 클릭

❸ [중간 맞춤]을 선택합니다.

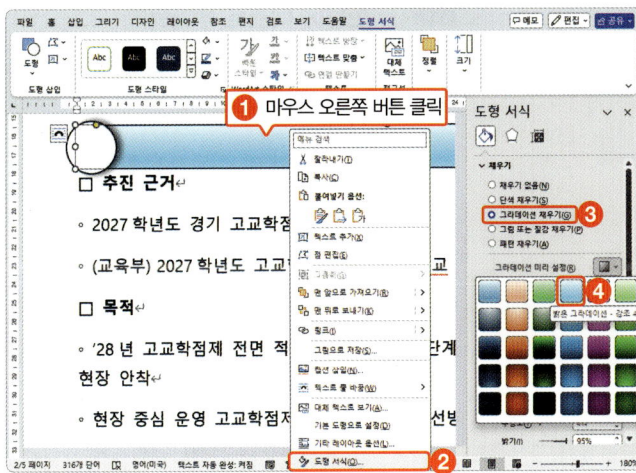

그러데이션 채우기

06 모서리가 둥근 사각형에 그러데이션을 적용해보겠습니다.

❶ 모서리가 둥근 사각형에서 마우스 오른쪽 버튼 클릭

❷ [도형 서식] 선택

❸ [도형 서식] 작업 창에서 [채우기]–[그러데이션 채우기] 선택

❹ [그러데이션 미리 설정]에서 [밝은 그러데이션–강조 4]를 선택합니다.

도형 윤곽선 변경하기

07 그러데이션 방향과 도형 윤곽선을 변경해보겠습니다.

❶ 모서리가 둥근 사각형이 선택된 상태에서 [도형 서식] 작업 창의 [채우기]–[방향]의 ▼ 클릭 ❷ [선형 대각선–오른쪽 위에서 왼쪽 아래로] 선택 ❸ 모서리가 둥근 사각형이 선택된 상태에서 Ctrl 누른 채 원 선택 ❹ [도형 서식] 탭–[도형 스타일] 그룹–[도형 윤곽선]의 ▼ 클릭 ❺ [옥색, 강조 4, 60% 더 밝게]를 선택합니다.

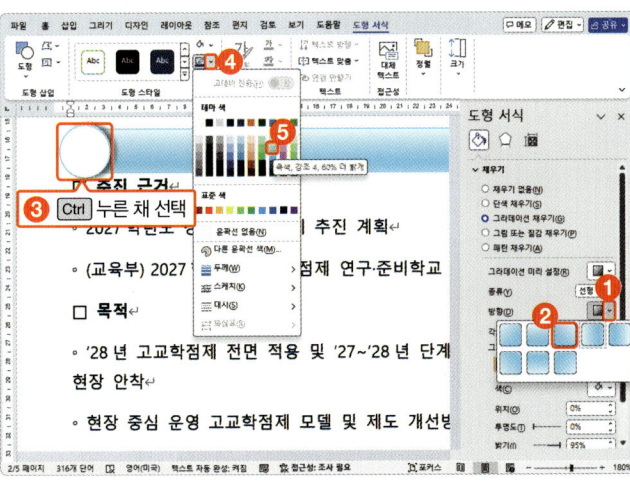

도형에 텍스트 추가하기

08 도형에 텍스트를 추가해보겠습니다.

① 원에서 마우스 오른쪽 버튼 클릭
② [텍스트 추가] 선택
③ 가 입력 후 드래그
④ [홈] 탭-[글꼴] 그룹-[글꼴 색]에서 [검정, 텍스트1]로 변경합니다.

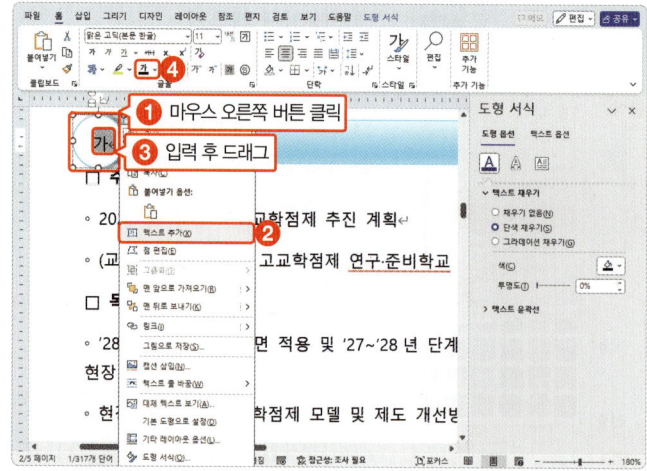

Tip 입력한 글자가 흰색으로 설정되어 있어서 보이지 않을 경우, 글자를 드래그하고 원하는 색으로 변경합니다.

텍스트 옵션 변경하기

09 도형 안에 텍스트를 어울리게 배치하기 위해 텍스트 옵션을 변경해보겠습니다.
① 원 테두리 클릭 ② [홈] 탭-[글꼴] 그룹-[글꼴 크기]에 **16** 입력 ③ [도형 서식] 작업 창에서 [텍스트 옵션] 탭 클릭 ④ [레이아웃 및 속성] 클릭 ⑤ [텍스트 상자]-[세로 맞춤]에서 [중간] 선택 ⑥ 도형의 여백을 모두 **0cm**로 변경합니다.

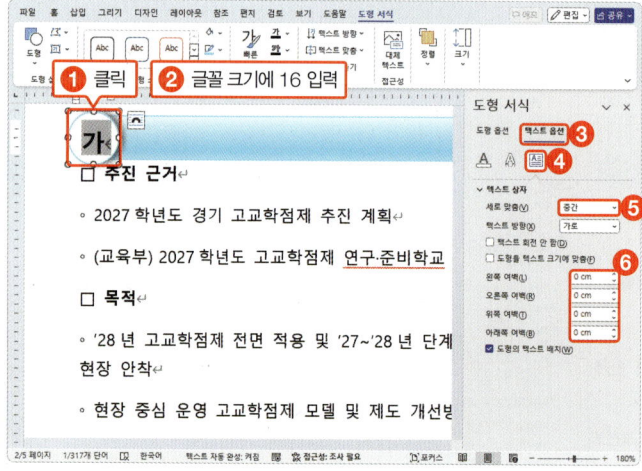

Note 도형 안의 텍스트를 가운데로 맞추기

도형 안에 텍스트가 한쪽으로 치우쳐 있을 때 다음과 같이 가운데로 맞춰봅니다.

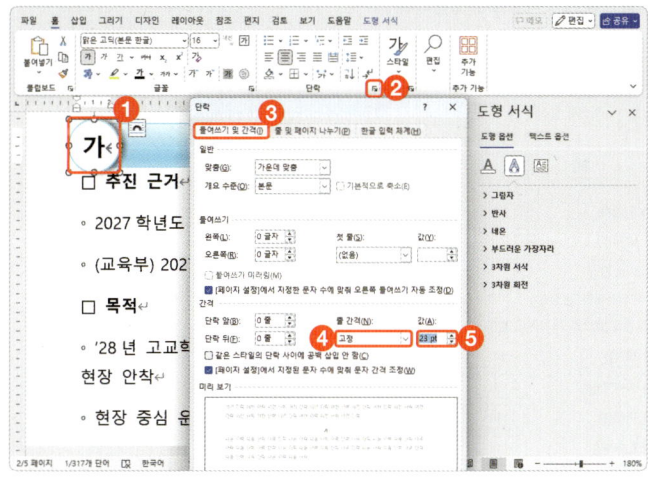

❶ '텍스트가 있는 원' 클릭
❷ [홈] 탭-[단락] 그룹-[단락 설정 ▣] 클릭
❸ [단락] 대화상자-[들여쓰기 및 간격] 탭 클릭
❹ [줄 간격]에 [고정] 선택
❺ [값]은 글꼴 크기인 16pt보다 큰 값부터 한 단계씩 키워보면서 도형 안의 텍스트 위치를 확인합니다.

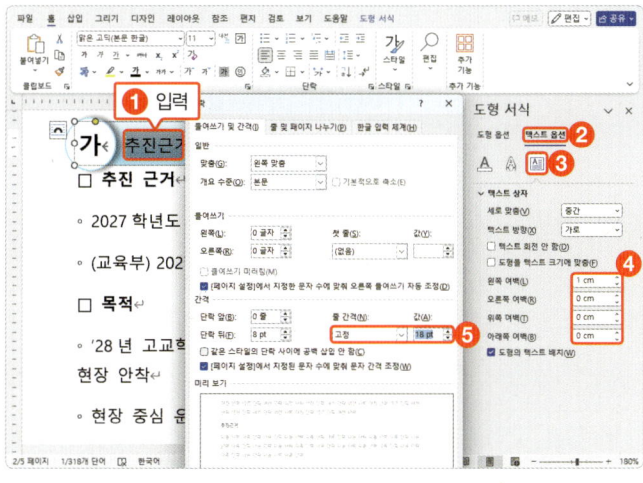

Tip '추진근거' 텍스트 드래그-마우스 오른쪽 버튼 클릭-[단락]을 클릭하면 [단락] 대화상자가 나옵니다.

모서리가 둥근 사각형에 텍스트 입력하기

10 모서리가 둥근 사각형에 텍스트를 입력하고 여백을 설정한 후 마무리합니다.

❶ 앞의 과정 참고하여 텍스트 입력
❷ [도형 서식] 작업 창에서 [텍스트 옵션] 클릭
❸ [레이아웃 및 속성 ▣] 클릭
❹ 여백을 그림과 같이 설정
❺ [단락] 대화상자에서 [줄 간격]은 [고정], [값]은 **18pt**로 설정합니다.

CHAPTER 04 도형 및 개체 활용하기

Note [도형 서식] 작업 창 살펴보기

도형을 클릭하고 [도형 서식] 탭-[도형 스타일] 그룹-[도형 서식]을 클릭하면 화면 오른쪽에 [도형 서식] 작업 창이 나타납니다. [도형 서식] 작업 창에서는 다양한 도형 효과를 쉽고 빠르게 적용할 수 있습니다.

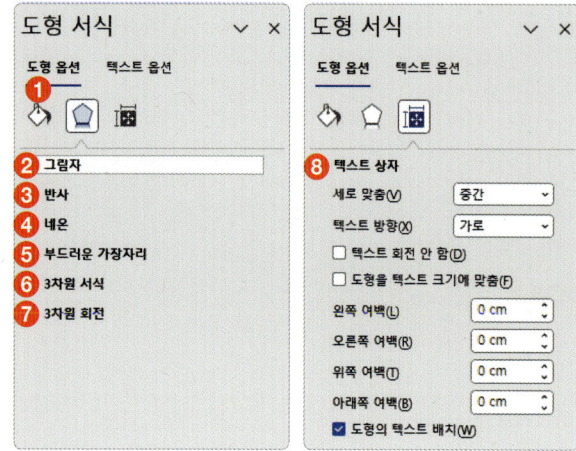

① **채우기 및 선** : 도형에 다양한 채우기 색과 선의 종류, 색 등을 설정합니다.
② **[효과]-[그림자]** : 도형의 그림자 모양, 색, 투명도, 크기, 각도 등을 설정합니다.
③ **[효과]-[반사]** : 도형이 유리에 비친 듯한 느낌을 주도록 설정합니다.
④ **[효과]-[네온]** : 도형에 네온을 설정하고 네온의 색, 크기, 투명도를 지정합니다.
⑤ **[효과]-[부드러운 가장자리]** : 도형의 가장자리를 부드럽게 처리합니다.
⑥ **[효과]-[3차원 서식]** : 3차원 입체 형식으로 설정하고 표면의 재질을 설정합니다.
⑦ **[효과]-[3차원 회전]** : 3차원으로 회전할 수 있으며 각도를 설정합니다.
⑧ **[레이아웃 및 속성]-[텍스트 상자]** : 도형의 텍스트 상자 속성을 설정합니다.

024 엑셀에서 차트 가져오기

실습 파일 워드\4장\024_엑셀에서 차트 가져오기.docx, 워드\4장\024_엑셀에서 차트 가져오기.xlsx
완성 파일 워드\4장\024_엑셀에서 차트 가져오기_완성.docx

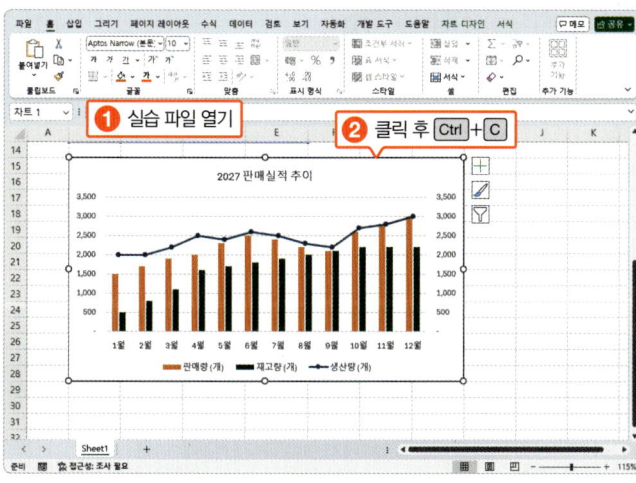

엑셀에서 작성한 차트 복사하기

01 엑셀에서 작성한 차트를 복사하여 클립보드에 저장해보겠습니다.
① 엑셀 실습 파일 열기
② 차트를 클릭하고 Ctrl + C 를 눌러 클립보드에 저장합니다.

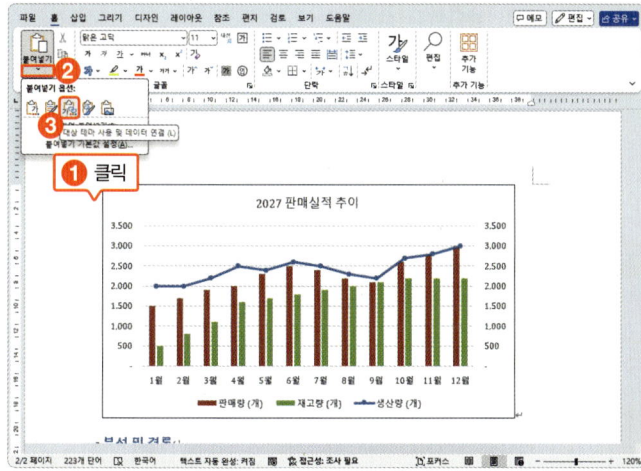

워드에 차트 붙여넣기

02 엑셀에서 복사한 차트를 워드에 붙여 넣어보겠습니다.
① 워드 실습 파일의 2페이지 첫 줄 클릭
② [홈] 탭-[클립보드] 그룹-[붙여넣기]의 클릭
③ [대상 테마 사용 및 데이터 연결]을 선택합니다. 엑셀에서 복사한 차트가 워드의 테마에 맞춰 데이터가 연결된 상태로 붙여넣기가 됩니다.

Tip 데이터를 연결해 붙여넣기를 하면 엑셀에서 내용을 수정할 경우, 워드에서도 수정된 내용으로 변경됩니다.

> **Note** 엑셀 차트를 복사한 후 워드에 붙여 넣을 때, [붙여넣기 옵션] 기능 살펴보기
>
>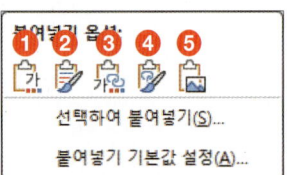
>
> ❶ **대상 테마 사용 및 통합 문서 포함** : 워드의 현재 테마에 맞추고 차트를 문서에 붙여 넣습니다.
> ❷ **원본 서식 유지 및 통합 문서 포함** : 엑셀 서식을 유지하고 차트를 문서에 붙여 넣습니다.
> ❸ **대상 테마 사용 및 데이터 연결** : 워드의 현재 테마에 맞추고 엑셀이 변경되면 워드에 연결하여 반영합니다.
> ❹ **원본 서식 유지 및 데이터 연결** : 엑셀 서식을 유지하고 엑셀이 변경되면 워드에 연결하여 반영합니다.
> ❺ **그림** : 차트를 그림 형태로 붙여 넣습니다.

차트 종류 변경하기

03 차트 종류를 변경해보겠습니다.

❶ 차트 클릭 ❷ [차트 디자인] 탭-[종류] 그룹- [차트 종류 변경] 클릭 ❸ [차트 종류 변경] 대화상자에서 [판매량] 계열의 차트 종류에 [표식이 있는 꺾은선형] 선택 ❹ [보조 축] 체크 ❺ [확인]을 클릭합니다.

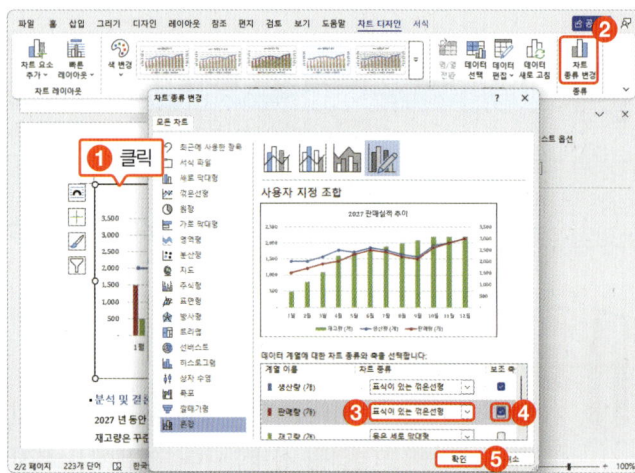

CHAPTER 05

표 꾸미기

025 표 삽입하고 기본 편집하기

실습 파일 워드\5장\025_표 삽입, 크기 조절, 이동, 셀 병합 및 분할하기.docx
완성 파일 워드\5장\025_표 삽입, 크기 조절, 이동, 셀 병합 및 분할하기_완성.docx

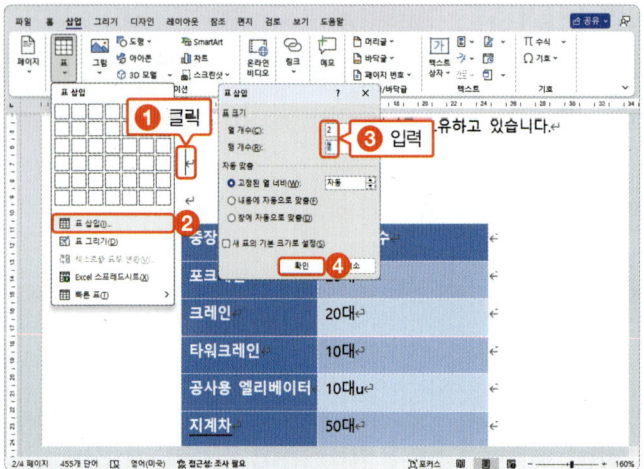

표 삽입하기

01 표 도구를 이용해서 표를 삽입해보겠습니다.

① 2쪽 '1. 보유 중장비 현황' 아래 빈 줄 클릭

② [삽입] 탭-[표] 그룹-[표]-[표 삽입] 클릭

③ [표 삽입] 대화상자에서 [열 개수]에 **2**, [행 개수]에 **7** 입력

④ [확인]을 클릭합니다.

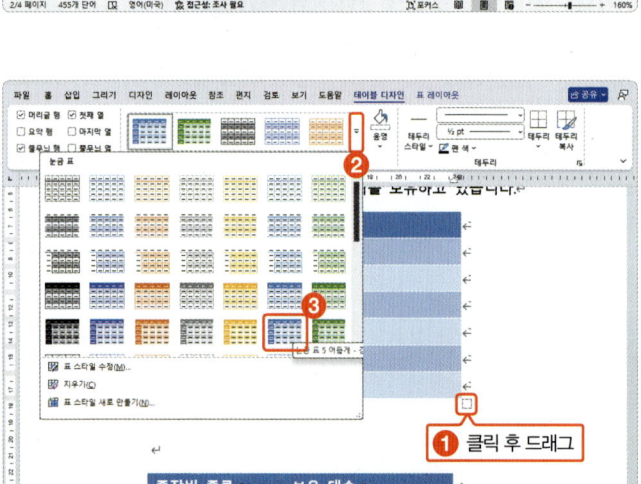

표 크기 변경하고 스타일 적용하기

02 삽입한 표의 크기를 변경해보겠습니다.

① 표의 오른쪽 아래 모서리에 있는 [크기 조절 도구 □]를 클릭하고 드래그하여 크기 변경

② [테이블 디자인] 탭-[표 스타일] 그룹-[표 스타일 ▼] 클릭

③ [눈금 표 5 어둡게-강조색 5]를 선택합니다.

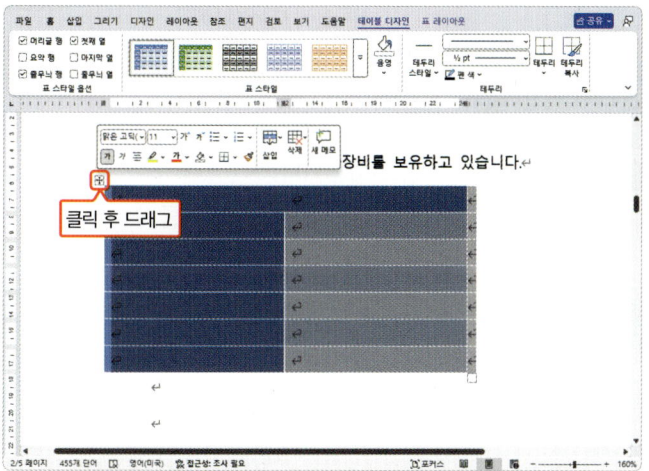

표 위치 변경하기

03 표의 [이동 도구 ⊞]를 이용하여 표 위치를 변경해보겠습니다. 표의 왼쪽 상단 모서리에 있는 [이동 도구 ⊞]를 클릭하고 드래그하여 적당한 위치에 배치합니다.

Note 표를 삭제하는 방법 알아보기

표의 [이동 도구 ⊞]를 클릭하고 [삭제 ⊞]-[표 삭제]를 선택하면 됩니다.

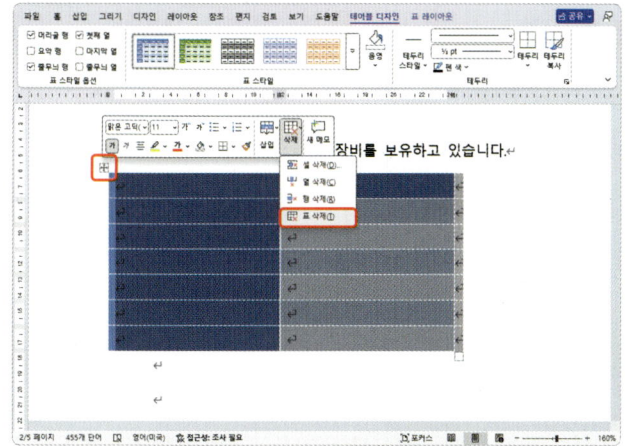

Tip 03 실습을 따라 한 후 표 삭제를 실행했다면, 실행 취소 단축키인 Ctrl + Z 를 눌러 표 삭제를 취소하고 계속해서 실습을 따라 합니다.

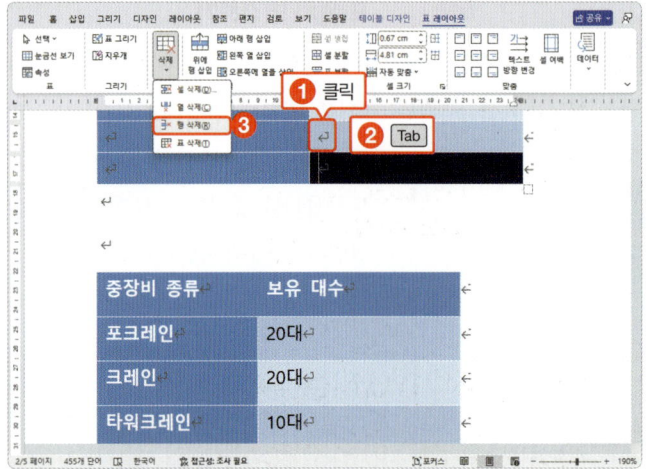

행 추가/삭제하기

04 표의 마지막 행에 새로운 행을 삽입하거나 삭제하는 방법을 알아보겠습니다.

❶ 표의 마지막 셀 클릭
❷ Tab 을 한 번 눌러 아래에 1행 추가
❸ [표 레이아웃] 탭-[행 및 열] 그룹-[삭제]-[행 삭제]를 클릭하면 행이 삭제됩니다.

Note 열 삽입하기

표에서 새로운 열을 삽입하는 방법을 알아보겠습니다.

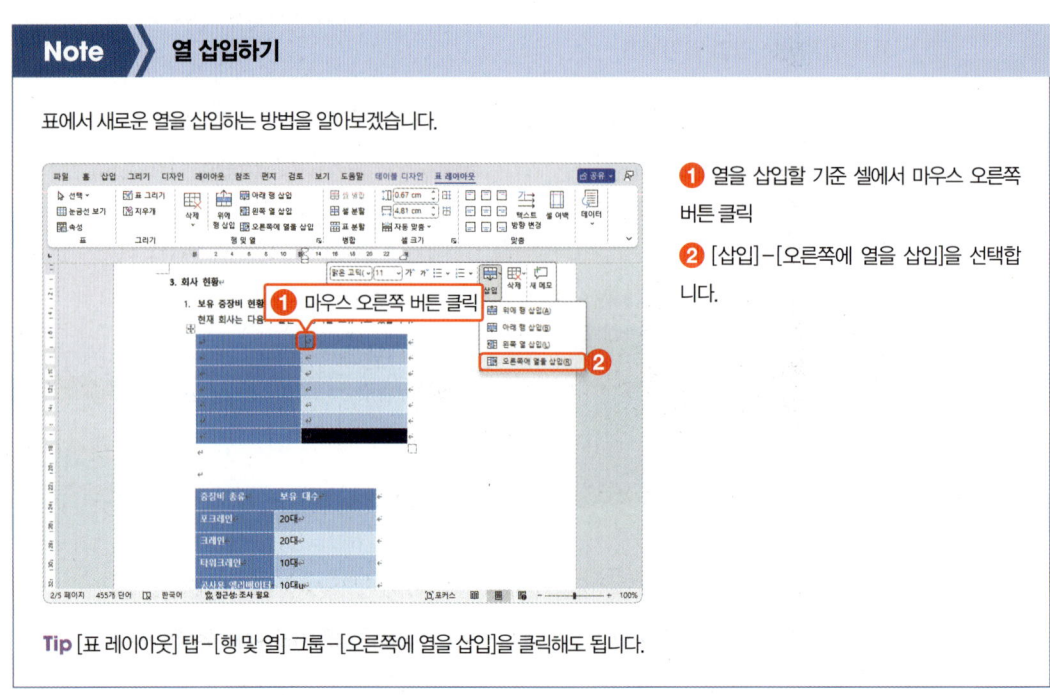

❶ 열을 삽입할 기준 셀에서 마우스 오른쪽 버튼 클릭
❷ [삽입]-[오른쪽에 열을 삽입]을 선택합니다.

Tip [표 레이아웃] 탭-[행 및 열] 그룹-[오른쪽에 열을 삽입]을 클릭해도 됩니다.

026 셀 병합 및 분할하고 텍스트 입력하기

실습 파일 워드\5장\026_셀 병합 및 분할하고 텍스트 입력하기.docx
완성 파일 워드\5장\026_셀 병합 및 분할하고 텍스트 입력하기_완성.docx

셀 병합하기

01 여러 셀을 하나의 셀로 병합하는 방법을 알아보겠습니다.

❶ 2페이지 첫 번째 표에서 그림과 같이 드래그

❷ 마우스 오른쪽 버튼 클릭

❸ [셀 병합]을 선택합니다.

Tip [표 레이아웃] 탭-[병합] 그룹-[셀 병합]을 클릭해도 됩니다.

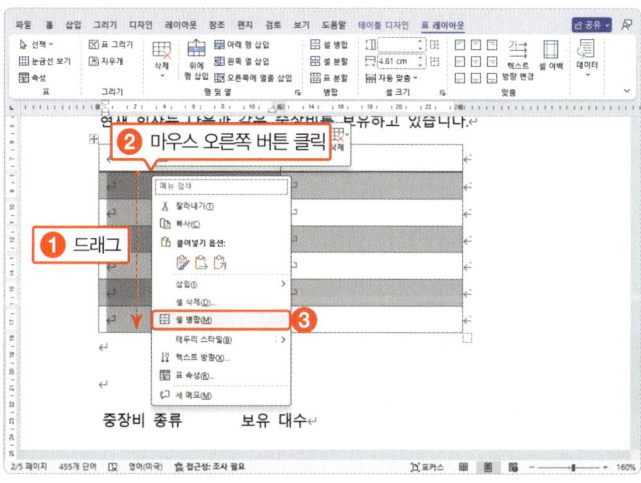

셀 분할하기

02 셀을 여러 개로 분할해보겠습니다.

❶ 병합된 셀에 마우스 포인터가 있는 상태에서 ❷ [표 레이아웃] 탭-[병합] 그룹-[셀 분할] 클릭

❸ [셀 분할] 대화상자에서 [열 개수]에 **1**, [행 개수]에 **3** 입력 ❹ [분할하기 전에 셀 병합]에 체크 해제

❺ [확인]을 클릭합니다.

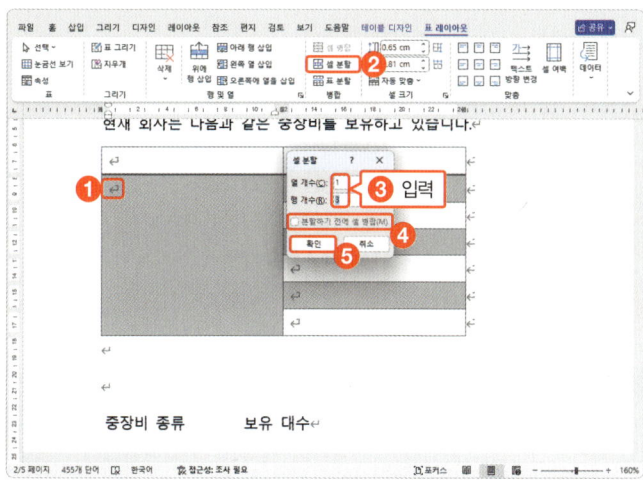

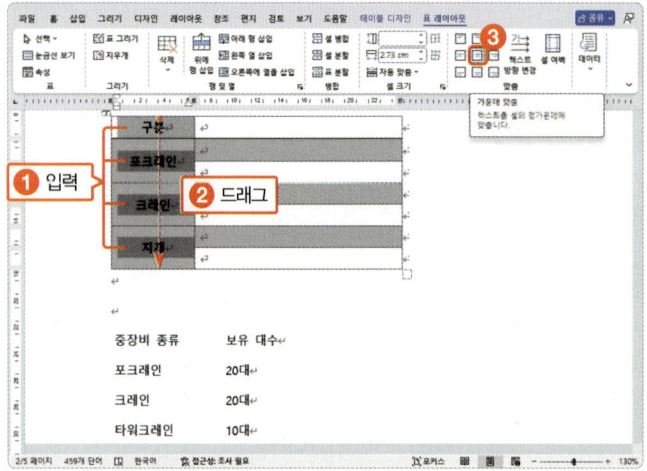

표에 텍스트 입력하고 가운데 맞춤하기

03 표에 텍스트를 입력하고 표 안에 텍스트 맞춤 정렬을 해보겠습니다.
❶ 그림과 같이 각 셀에 텍스트 입력
❷ 텍스트가 입력된 셀 드래그
❸ [표 레이아웃] 탭-[맞춤] 그룹-[가운데 맞춤]을 클릭합니다.

Tip 열 경계선을 마우스로 드래그하면 열 너비를 변경할 수 있습니다.

텍스트 균등 분할하기(Ctrl + Shift + J)

04 표 안에 텍스트를 균등 분할하여 열 너비에 맞게 빠르게 맞춰보겠습니다. 셀이 선택된 상태에서 [홈] 탭-[단락] 그룹-[균등 분할]을 클릭합니다.

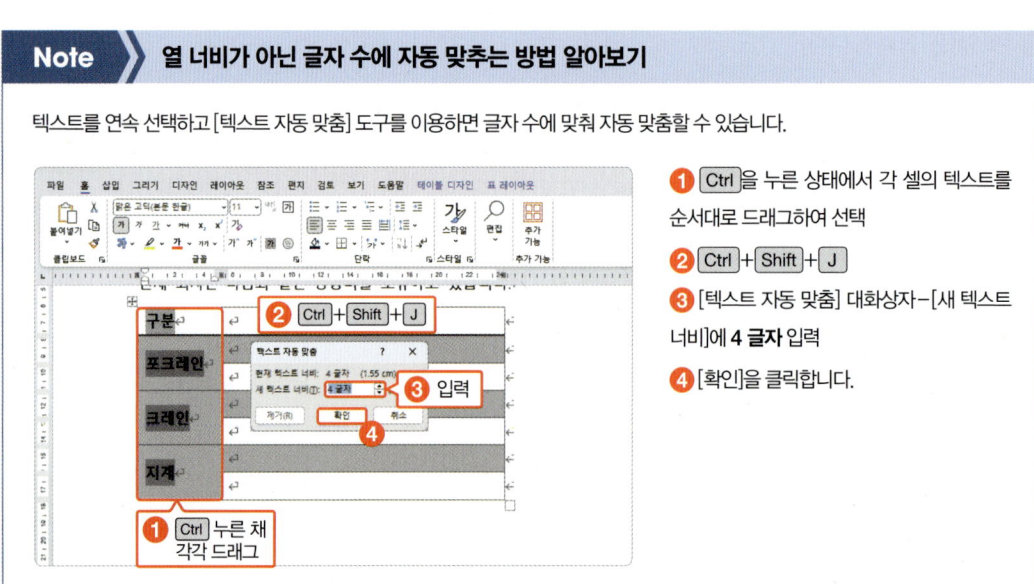

Note 열 너비가 아닌 글자 수에 자동 맞추는 방법 알아보기

텍스트를 연속 선택하고 [텍스트 자동 맞춤] 도구를 이용하면 글자 수에 맞춰 자동 맞춤할 수 있습니다.

❶ Ctrl 을 누른 상태에서 각 셀의 텍스트를 순서대로 드래그하여 선택
❷ Ctrl + Shift + J
❸ [텍스트 자동 맞춤] 대화상자-[새 텍스트 너비]에 **4 글자** 입력
❹ [확인]을 클릭합니다.

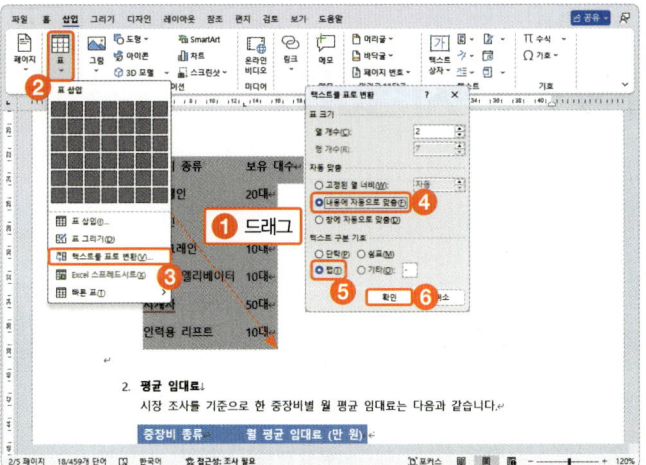

구분 기호로 나눠진 텍스트를 표로 변환하기

05 지정된 기호로 나눠진 텍스트는 표로 쉽게 변환할 수 있습니다.

❶ 그림과 같이 탭으로 구분된 텍스트 모두 드래그

❷ [삽입] 탭–[표] 그룹–[표] 클릭

❸ [텍스트를 표로 변환] 클릭

❹ [텍스트를 표로 변환] 대화상자–[내용에 자동으로 맞춤] 선택

❺ [텍스트 구분 기호]에서 [탭] 선택

❻ [확인]을 클릭합니다. 탭으로 구분된 텍스트가 표로 변환됩니다.

Note 표를 단락에 맞게 들여쓰기

표를 삽입하면 문단의 왼쪽에 맞춰 삽입됩니다. 삽입한 표도 들여쓰기를 적용해보겠습니다.

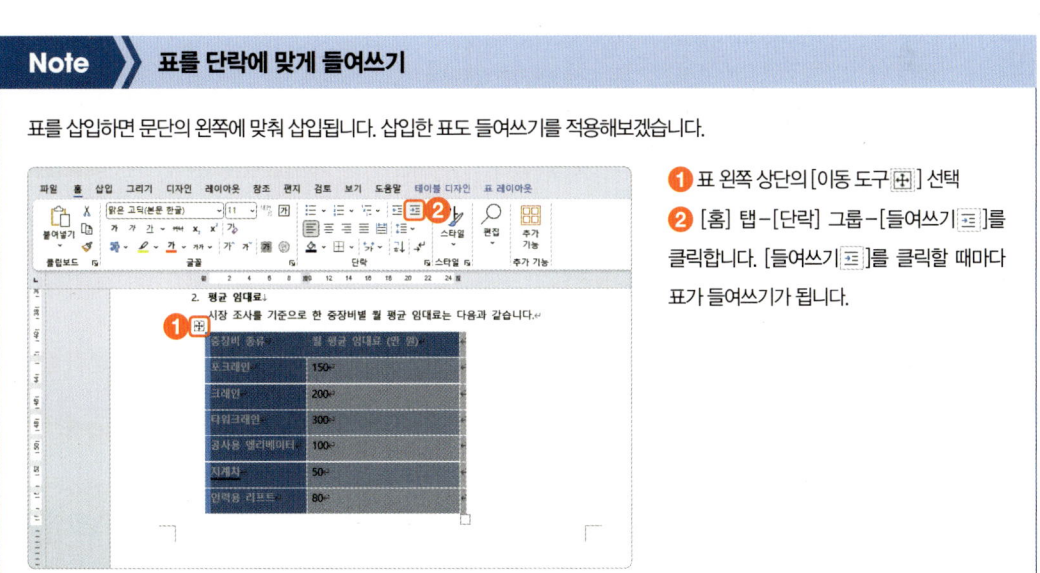

❶ 표 왼쪽 상단의 [이동 도구] 선택

❷ [홈] 탭–[단락] 그룹–[들여쓰기]를 클릭합니다. [들여쓰기]를 클릭할 때마다 표가 들여쓰기가 됩니다.

027 셀 테두리 및 음영 지정하기

실습 파일 워드\5장\027_셀 테두리 및 음영 지정하기.docx 완성 파일 워드\5장\027_셀 테두리 및 음영 지정하기_완성.docx

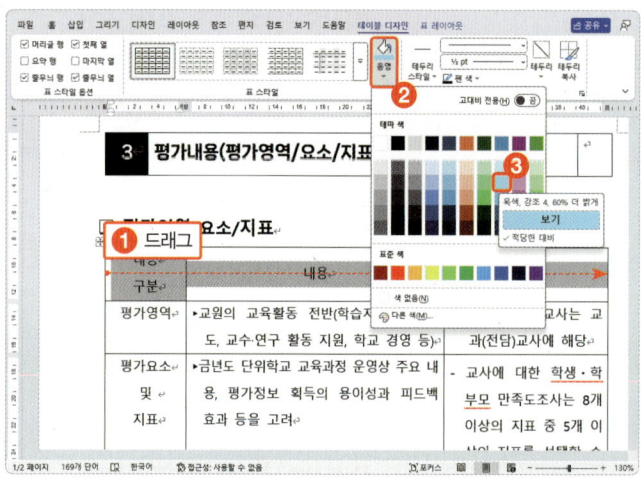

셀에 음영 채우기

01 셀에 음영을 채워 특정 셀을 강조해보겠습니다.

❶ 음영을 적용할 셀 드래그
❷ [테이블 디자인] 탭-[표 스타일] 그룹-[음영] 클릭
❸ [옥색, 강조 4, 60% 더 밝게]를 선택합니다.

셀에 대각선 테두리 적용하기

02 맨 왼쪽 상단에 있는 셀에 대각선 테두리를 적용해보겠습니다.
❶ 대각선 테두리를 적용할 셀 클릭 ❷ [테이블 디자인] 탭-[테두리] 그룹-[테두리]의 클릭 ❸ [하향 대각선 테두리] 선택 ❹ '내용' 클릭 후 Ctrl + R 눌러 텍스트 오른쪽 정렬 ❺ '구분'을 클릭하고 Ctrl + L 을 눌러 텍스트를 왼쪽 정렬합니다.

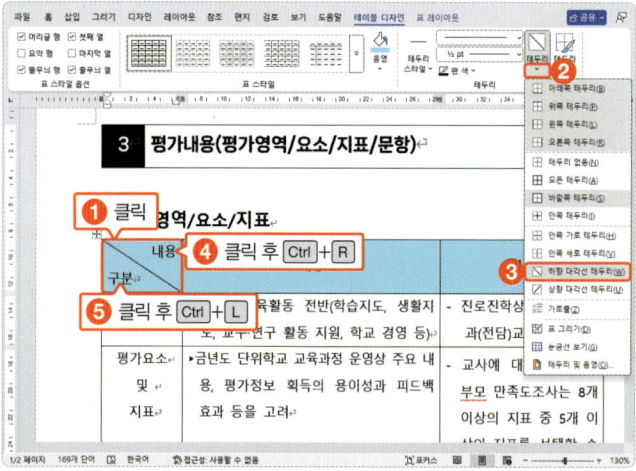

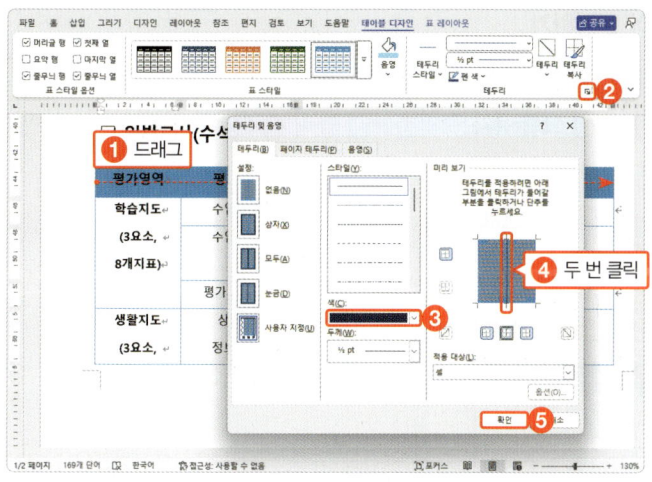

특정 테두리만 색 변경하기

03 표에 특정 테두리 색만 변경해보겠습니다.

① 테두리 색을 변경할 첫 행 드래그
② [테이블 디자인] 탭-[테두리] 그룹-[테두리 및 음영 🔽] 클릭
③ [테두리 및 음영] 대화상자에서 [색]-[진한 청록, 강조 1, 25% 더 어둡게] 선택
④ [미리 보기]에서 열 구분선 두 번 클릭
⑤ [확인]을 클릭합니다.

외곽선 서식 변경하기

04 표의 외곽선 서식을 변경해보겠습니다.

① 전체 셀 드래그 ② [테이블 디자인] 탭-[테두리] 그룹-[테두리 및 음영 🔽] 클릭 ③ [테두리 및 음영] 대화상자에서 [색]-[진한 청록, 강조 1, 25% 더 어둡게] 선택 ④ [두께]는 [2 1/4pt] 선택 ⑤ [미리 보기]에서 상하좌우 선택 ⑥ [확인]을 클릭합니다.

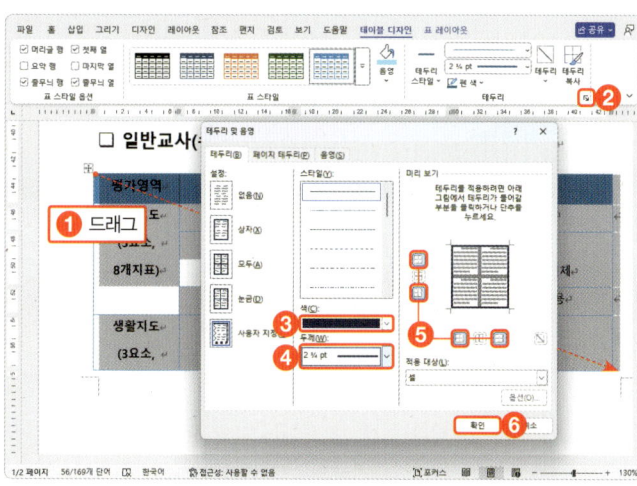

표를 화면 가로 크기에 맞추고 첫 행 높이 변경하기

05 표 크기를 화면 너비에 맞추고, 첫 행의 높이를 변경해보겠습니다.

❶ 첫 행 드래그 ❷ [표 레이아웃] 탭-[셀 크기] 그룹-[자동 맞춤] 클릭 ❸ [창에 자동으로 맞춤] 선택 ❹ [표 행 높이]는 **1.2cm**로 변경합니다.

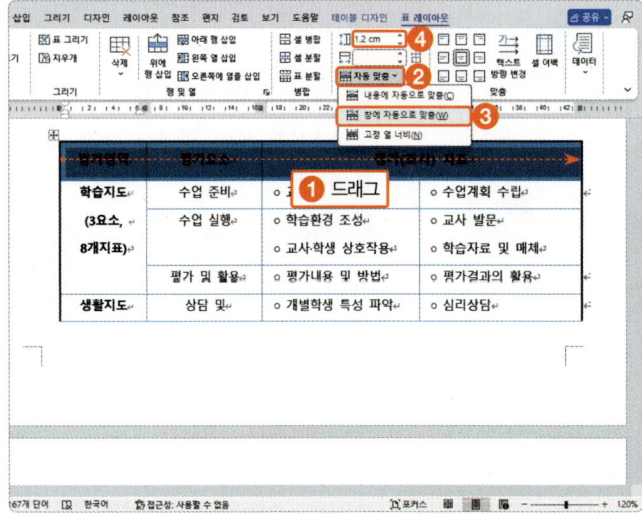

우선순위 028 표 분할하고 열 너비 같게 설정하기

실습 파일 워드\5장\028_표 분할하고 열 너비 같게 설정하기.docx
완성 파일 워드\5장\028_표 분할하고 열 너비 같게 설정하기_완성.docx

표 분할하고 불필요한 행 삭제하기

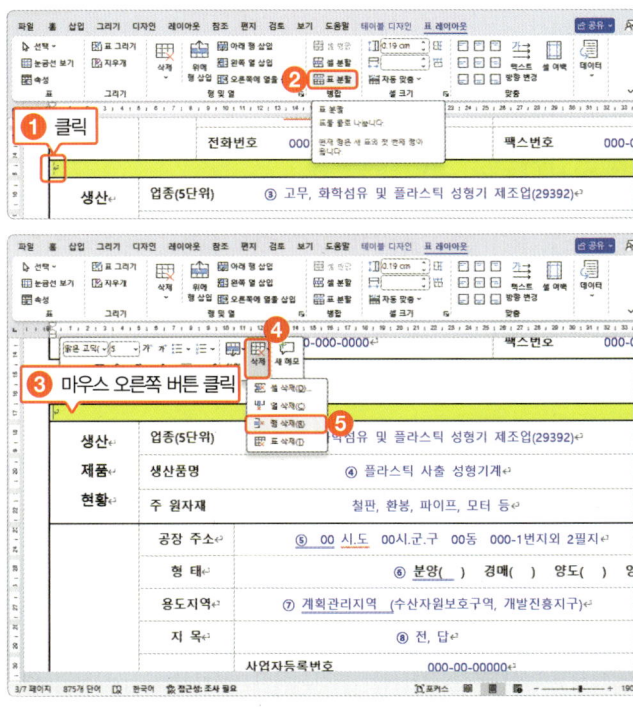

01 양식과 데이터가 많은 표를 작성하다 보면 페이지가 넘치기도 합니다. 이때 표를 분리하여 표시하면 보기에도 깔끔하고 관리하기도 쉽습니다. 표를 분할해보겠습니다.

① 3페이지에서 표를 분할할 셀 클릭
② [표 레이아웃] 탭-[병합] 그룹-[표 분할 ▦] 클릭
③ 노란색 셀에서 마우스 오른쪽 버튼 클릭
④ [미니 도구 모음]에서 [삭제 ▦] 클릭
⑤ [행 삭제]를 클릭해 불필요한 행을 삭제합니다.

Note 표와 표 사이 줄 간격 줄이기

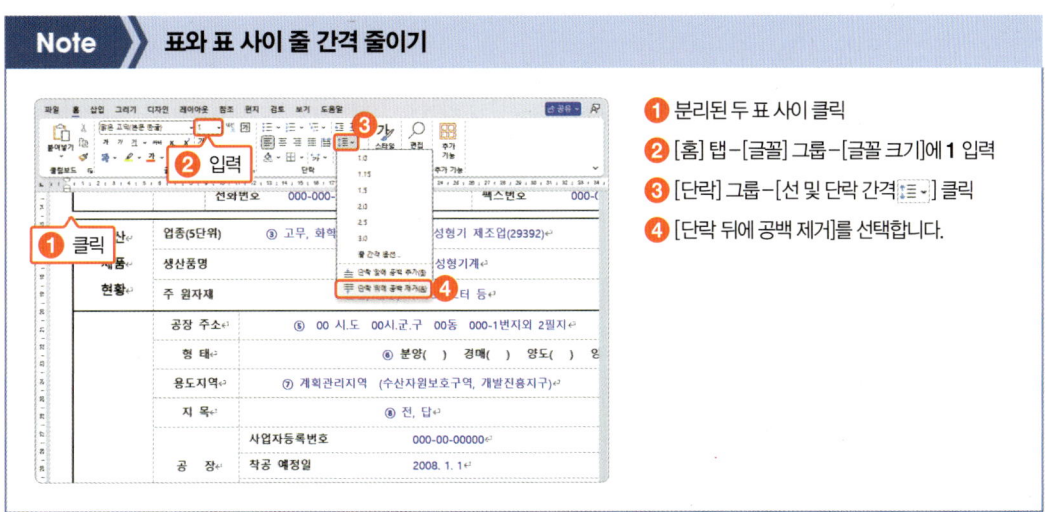

① 분리된 두 표 사이 클릭
② [홈] 탭-[글꼴] 그룹-[글꼴 크기]에 **1** 입력
③ [단락] 그룹-[선 및 단락 간격 ≡▾] 클릭
④ [단락 뒤에 공백 제거]를 선택합니다.

CHAPTER 05 표 꾸미기 **583**

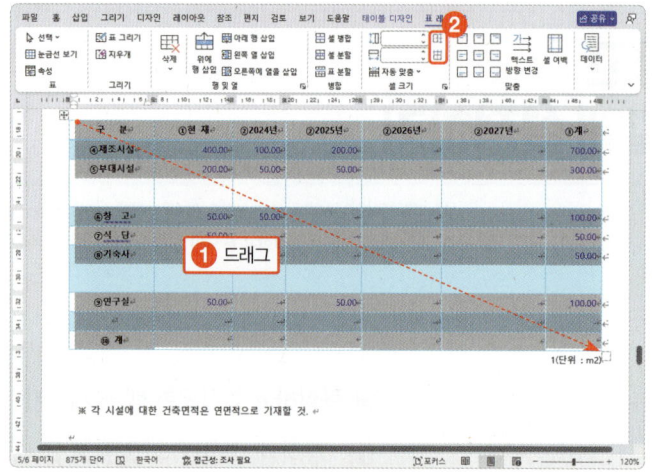

행 높이와 열 너비 같게 설정하기

02 행 높이와 열 너비를 같게 설정하여 표 모양을 정리해보겠습니다.
① 5페이지에 있는 표 드래그
② [표 레이아웃] 탭-[셀 크기] 그룹-[행 높이를 같게], [열 너비를 같게]를 클릭합니다.

입력된 행 순서를 빠르게 변경하기(Alt + Shift + ↑ ↓ ← →)

03 표에 데이터를 입력하는 중에 순서를 잘못 입력하는 경우가 생길 수 있습니다. 입력한 행의 순서를 빠르게 변경해보겠습니다.

① 입력 순서를 변경할 행 드래그 ② Alt + Shift + ↓ 눌러 행 순서 변경 ③ 전체 표를 드래그한 후 [홈] 탭-[단락] 그룹-[가운데 맞춤 ≡]을 클릭합니다.

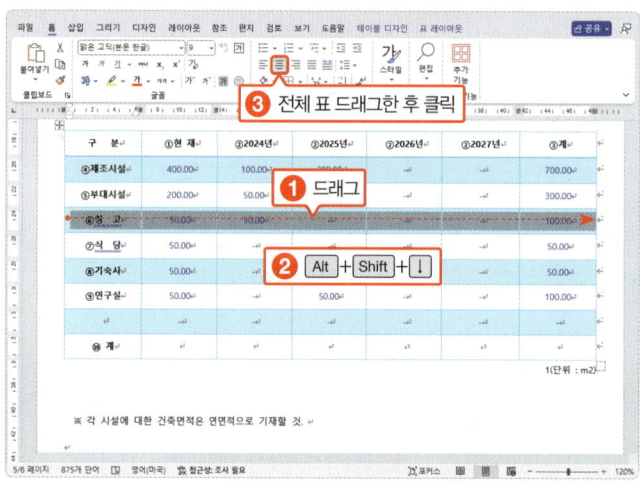

우선순위 029 표 내용 정렬하고 함수 입력하기

실습 파일 워드\5장\029_표 내용 정렬하고 함수 입력하기.docx
완성 파일 워드\5장\029_표 내용 정렬하고 함수 입력하기_완성.docx

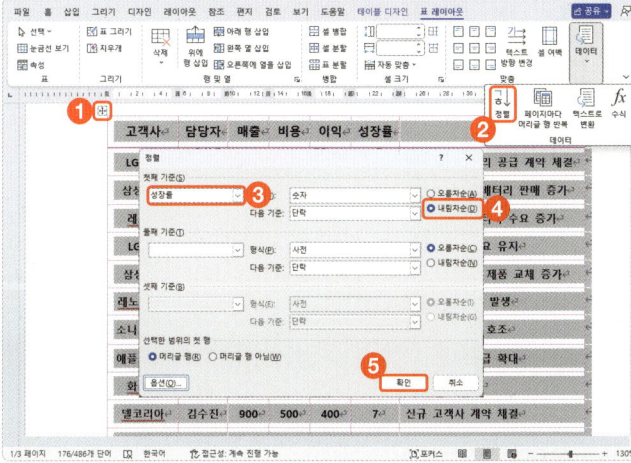

표 내용 정렬하기

01 표 내용을 '성장률'에 따라 내림차순으로 정렬해보겠습니다.

① 표 왼쪽 상단의 [이동 도구 ⊞] 클릭
② [표 레이아웃] 탭-[데이터] 그룹-[정렬] 클릭
③ [정렬] 대화상자-[첫째 기준]에 [성장률] 선택
④ [내림차순] 선택
⑤ [확인]을 클릭합니다.

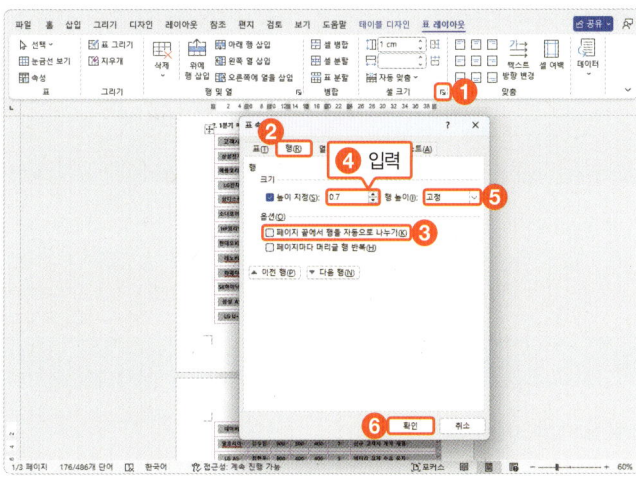

표를 한 페이지에 모두 표시하기

02 한 페이지에 다 표시하기에는 표 내용이 조금 많은 경우가 있습니다. 한 페이지에 모두 표시할 수 있도록 설정해보겠습니다.

① 표가 선택된 상태에서 [표 레이아웃] 탭-[셀 크기] 그룹-[표 속성 🔲] 클릭
② [표 속성] 대화상자-[행] 탭 클릭
③ [페이지 끝에서 행을 자동으로 나누기] 체크 해제
④ [높이 지정]에 **0.7** 입력
⑤ [행 높이]에 [고정] 선택
⑥ [확인]을 클릭합니다.

CHAPTER 05 표 꾸미기 **585**

데이터의 평균 계산하기

03 표에 입력된 데이터의 평균을 계산해보겠습니다.
❶ 표의 오른쪽 맨 아래 셀 클릭 후 Tab 한 번 눌러 행 추가 ❷ 평균을 구할 셀 클릭 ❸ [표 레이아웃] 탭-[데이터] 그룹-[수식 fx] 클릭 ❹ [수식] 대화상자-[수식]에 **=AVERAGE(above)** 입력 ❺ [숫자 형식]에 [#,##0] 선택 ❻ [확인]을 클릭합니다.

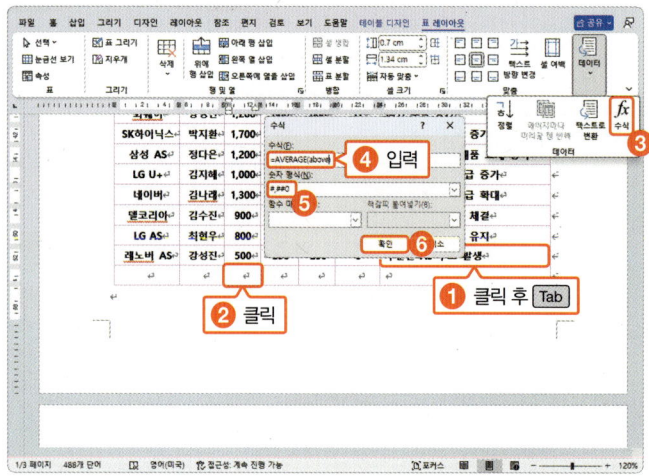

Tip [수식] 대화상자에서 [함수 마법사]를 이용하면 수식을 빠르게 입력할 수 있습니다.
[수식]에 =을 입력하고 [함수 마법사]에서 [AVERAGE]를 선택하면 됩니다.

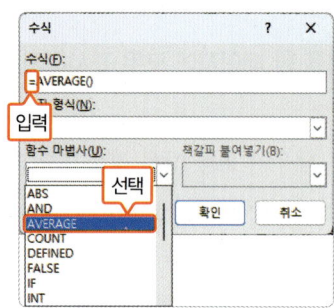

Note 함수 위치 참조 인수 알아보기

함수 위치 참조 인수는 특정 셀의 위치를 기준으로 값을 참조할 때 사용합니다.
- **ABOVE** : 현재 셀의 위쪽에 있는 모든 셀
- **BELOW** : 현재 셀의 아래쪽에 있는 모든 셀
- **LEFT** : 현재 셀의 왼쪽에 있는 모든 셀
- **RIGHT** : 현재 셀의 오른쪽에 있는 모든 셀

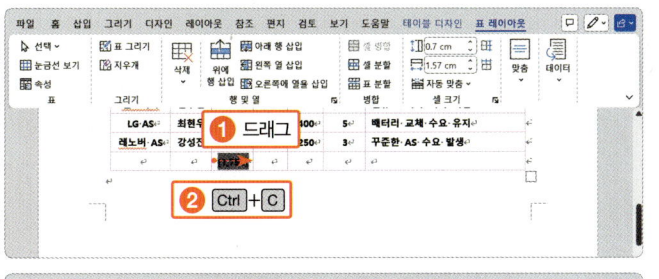

수식 복사하기

04 앞서 계산한 수식을 다른 열에 붙여 넣겠습니다.

❶ 수식 결괏값 드래그
❷ Ctrl + C

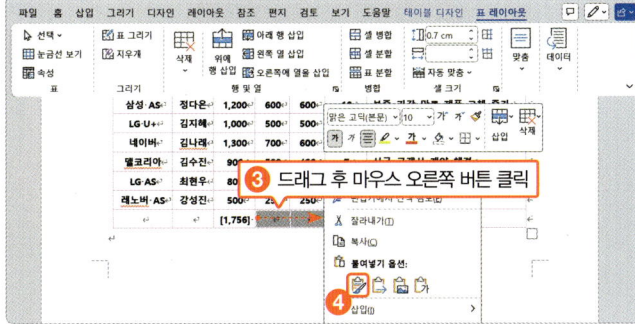

❸ 붙여 넣을 셀 드래그 후 마우스 오른쪽 버튼 클릭
❹ [원본 서식 유지]를 선택합니다.

수식 새로 고치기

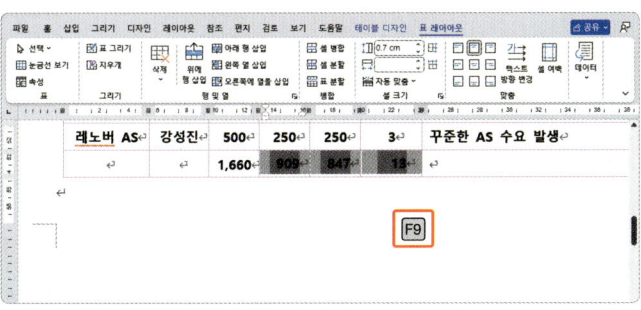

05 복사된 수식 값을 갱신해보겠습니다. 붙여 넣은 셀이 선택된 상태에서 F9 를 누릅니다. 결괏값이 각 열의 평균으로 새로 고침됩니다.

열 사이에 새로운 열 추가하기

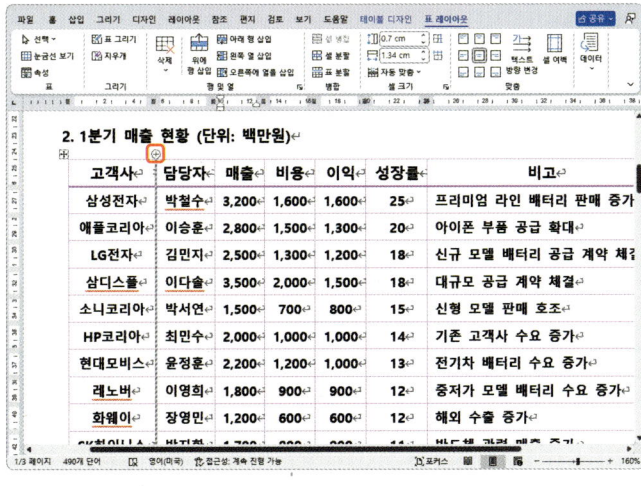

06 [고객사] 열과 [담당자] 열의 경계선에서 표 상단으로 마우스 포인터를 이동하면 [열 추가 도구 ⊕]가 표시됩니다. [열 추가 도구 ⊕]를 클릭하면 새로운 열이 추가됩니다.

행 번호 빠르게 입력하기

07 각 행에 번호를 순서대로 빠르게 입력해보겠습니다.

❶ 번호를 입력할 범위 드래그 ❷ [홈] 탭-[단락] 그룹-[번호 매기기 ≡]의 ⌄ 클릭 ❸ [새 번호 서식 정의] 클릭 ❹ [새 번호 서식 정의] 대화상자-[번호 서식]에 있는 온점 삭제 ❺ [맞춤]에 [가운데 맞춤] 선택 ❻ [확인]을 클릭합니다. 선택한 범위에 1부터 숫자가 채워집니다.

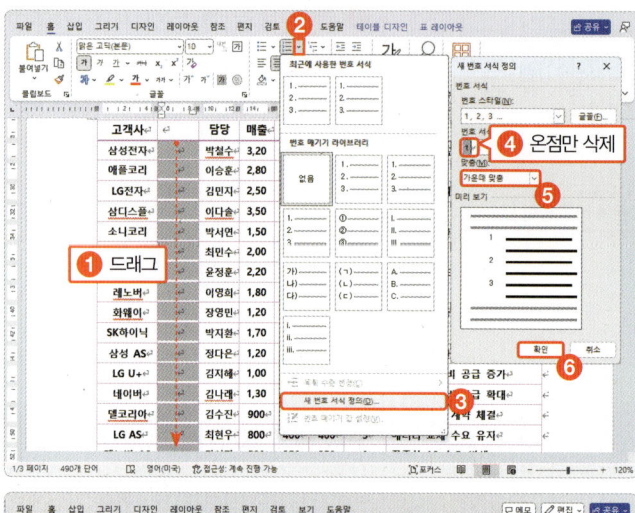

CHAPTER
06

페이지 관리 및 출력하기

구역별로 페이지 방향 다르게 설정하기

실습 파일 워드\6장\030_구역별로 페이지 방향 다르게 설정하기.docx
완성 파일 워드\6장\030_구역별로 페이지 방향 다르게 설정하기_완성.docx

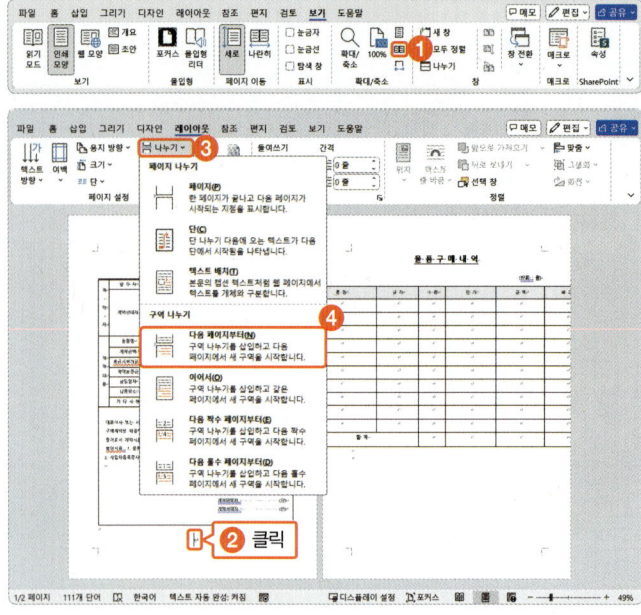

페이지 구역 나누기

01 한 문서 안에 세로 방향, 가로 방향 페이지를 모두 작성할 때, 페이지 구역을 나누어 표현할 수 있습니다. 2페이지를 새로운 구역으로 설정해보겠습니다.

❶ [보기] 탭-[확대/축소] 그룹-[여러 페이지] 클릭

❷ 1페이지의 마지막 줄 클릭

❸ [레이아웃] 탭-[페이지 설정] 그룹-[나누기] 클릭

❹ [다음 페이지부터]를 선택합니다. 2페이지 첫 줄로 커서가 이동하면서 페이지 구역이 나누어집니다.

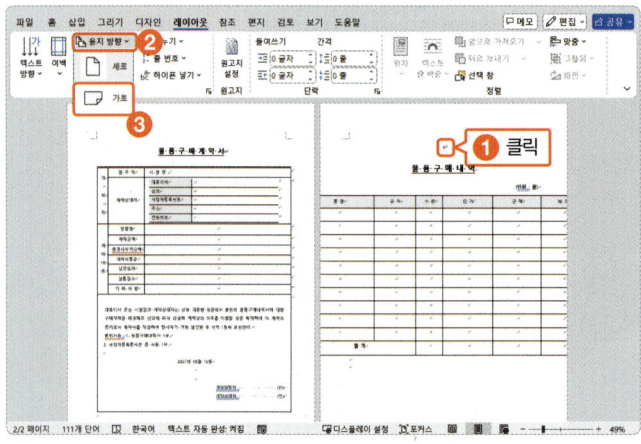

2페이지 용지 방향 변경하기

02 2페이지의 용지 방향을 가로형으로 변경해보겠습니다.

❶ 2페이지 첫 행에 커서가 깜박이는 상태에서

❷ [레이아웃] 탭-[페이지 설정] 그룹-[용지 방향] 클릭

❸ [가로]를 선택합니다.

Tip 페이지 구역 나누기는 다음과 같이 응용할 수 있습니다.
- 용지 방향 변경
- 구역별로 페이지 번호 다르게 지정하기
- 구역별로 머리글/바닥글 다르게 지정하기
- 구역별로 페이지 여백 다르게 지정하기

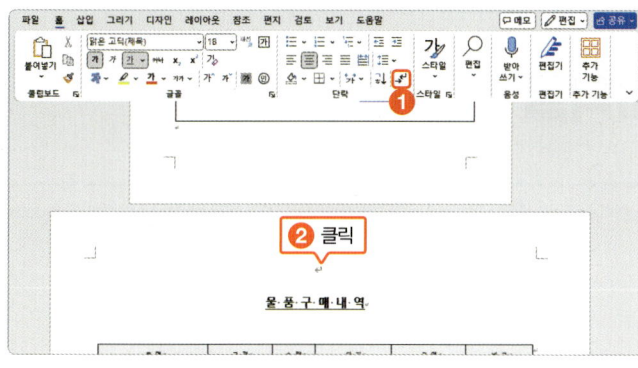

구역 나누기 삭제하기

03 구역 나누기를 삭제해보겠습니다. 먼저 2페이지 용지 방향을 다시 세로로 변경하고 시작합니다.

❶ [홈] 탭-[단락] 그룹-[편집 기호 표시/숨기기 ¶] 클릭

❷ 앞서 구역 나누기한 위치에 편집 기호가 표시되면 맨 앞을 클릭합니다.

Tip Delete 를 누르면 편집 기호가 삭제됩니다.

페이지에 테두리 적용하기

04 한 페이지만 보기를 설정하고 2페이지에만 테두리를 적용해보겠습니다.

❶ 2페이지에서 [보기] 탭-[확대/축소] 그룹-[한 페이지] 클릭 ❷ [디자인] 탭-[페이지 배경] 그룹-[페이지 테두리 🗋] 클릭 ❸ [테두리 및 음영] 대화상자에서 [적용 대상]에 [이 구역] 선택 ❹ [설정]-[그림자] 선택 ❺ [확인]을 클릭합니다.

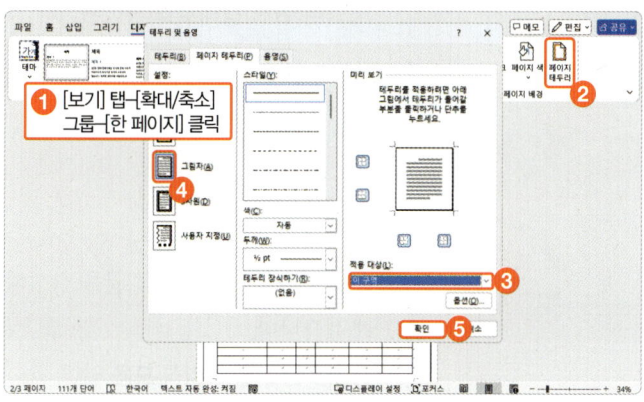

우선순위
031 머리글/바닥글 작성하기

실습 파일 워드\6장\031_머리글바닥글 설정하기.docx 완성 파일 워드\6장\031_머리글바닥글 설정하기_완성.docx

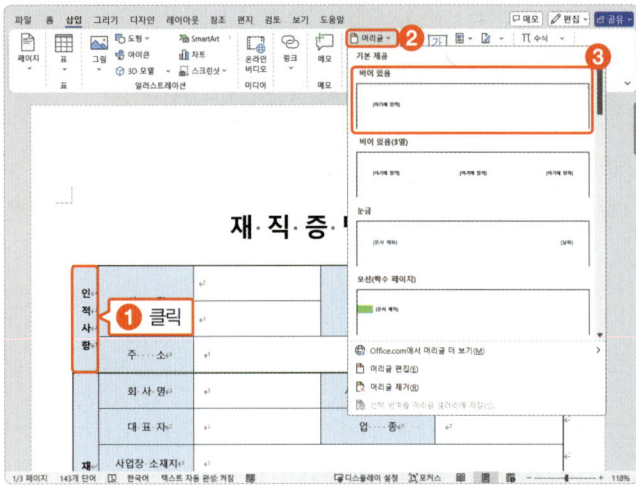

머리글 편집 영역 활성화하기

01 머리글 작성을 위해 머리글 영역을 활성화해보겠습니다.

❶ 1페이지 첫 행 클릭
❷ [삽입] 탭-[머리글/바닥글] 그룹-[머리글 📄] 클릭
❸ [비어 있음]을 선택합니다. 머리글 영역이 편집 상태로 활성화됩니다.

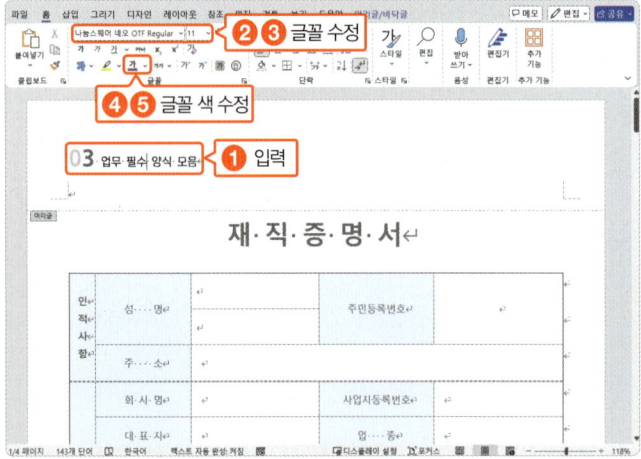

Tip '나눔스퀘어 네오' 폰트는 네이버에서 제공하는 무료 폰트입니다. 네이버에서 '나눔스퀘어 네오' 폰트를 검색하고 다운로드한 후 설치합니다.

머리글 작성하기

02 머리글 영역에 머리글을 작성해보겠습니다.

❶ **03 업무 필수 양식 모음** 입력
❷ '03'의 글꼴은 [나눔스퀘어 네오 OTF Extra Bold], 크기는 **22**, [굵게] 설정
❸ '업무 필수 양식 모음'의 글꼴은 [나눔스퀘어 네오 OTF Regular], 크기는 **11**로 설정
❹ '0'의 글꼴 색은 [흰색, 배경 1, 15% 더 어둡게] 설정
❺ '3 업무 필수 양식 모음'의 글꼴 색은 [검정, 텍스트 1, 50% 더 밝게]로 설정합니다.

Note 폰트 설치 방법 알아보기

인터넷에서 무료로 제공하는 폰트를 다운로드해둡니다. 다운로드한 폰트를 설치해보겠습니다.

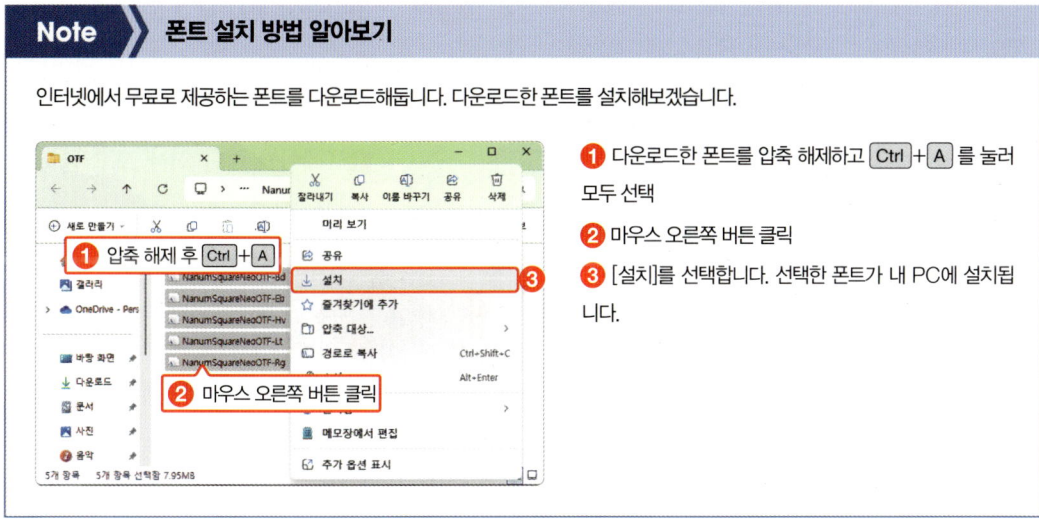

❶ 다운로드한 폰트를 압축 해제하고 Ctrl + A 를 눌러 모두 선택

❷ 마우스 오른쪽 버튼 클릭

❸ [설치]를 선택합니다. 선택한 폰트가 내 PC에 설치됩니다.

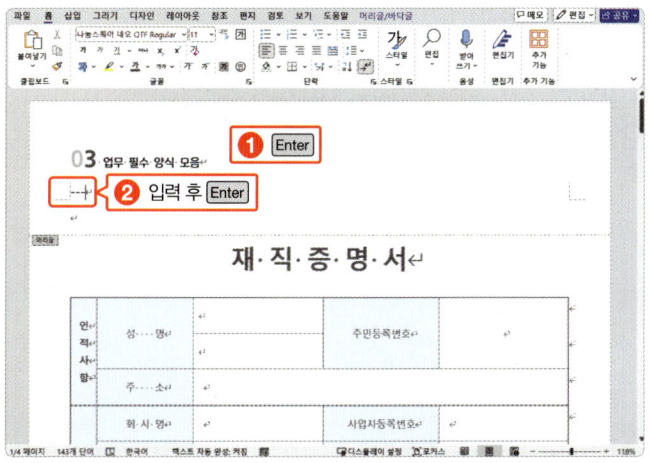

밑줄 입력하기

03 머리글에 빠르게 밑줄을 입력해보겠습니다.

❶ Enter 를 눌러 다음 줄로 이동

❷ ---를 입력한 후 Enter 를 누릅니다. 점선이 직선으로 변환됩니다.

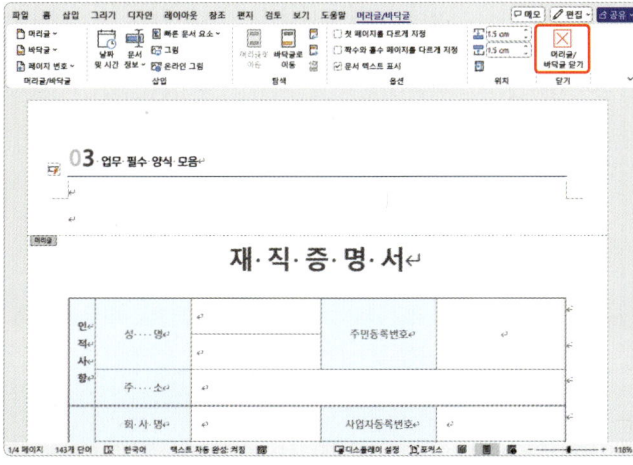

머리글 편집 상태 닫기

04 머리글 편집을 완료하고 머리글 편집 상태를 닫습니다. [머리글/바닥글] 탭-[닫기] 그룹-[머리글/바닥글 닫기 ⊠]를 클릭합니다. 머리글 편집 상태를 종료합니다.

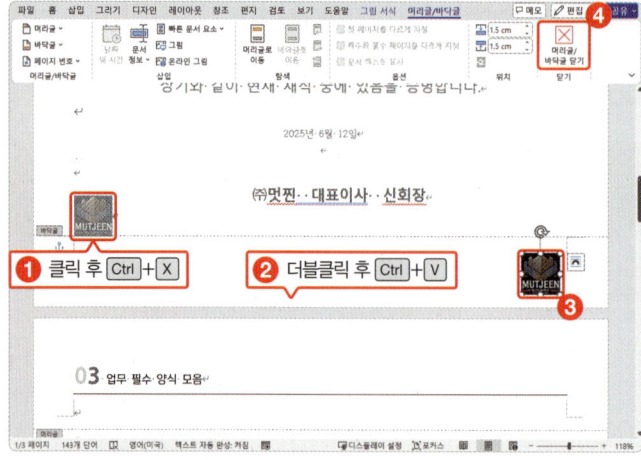

바닥글에 회사 로고 넣기

05 바닥글에 회사 로고를 넣어보겠습니다.

❶ 1페이지 하단 회사 로고 클릭 후 Ctrl + X

❷ 바닥글 영역 더블클릭 후 Ctrl + V

❸ 적당한 위치로 드래그

❹ [머리글/바닥글] 탭-[닫기] 그룹-[머리글/바닥글 닫기 ⓧ]를 클릭합니다.

빠르게 구분선 만들기

06 위쪽 문단과 아래쪽 문단을 구분하는 구분선을 빠르게 작업해보겠습니다.

❶ 3페이지에서 '상기 본인은' 윗줄에 '하이픈(-) 30개' 입력 ❷ **서명란** 입력 ❸ 30개 입력한 하이픈을 드래그한 후 Ctrl + C ❹ '서명란' 뒤에 Ctrl + V 를 눌러 붙여넣기 ❺ 해당 줄을 드래그하고 Ctrl + Shift + J 를 눌러 균등 분할을 적용합니다.

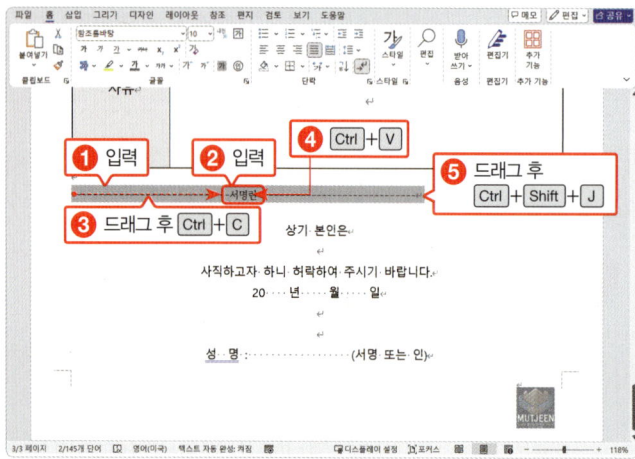

Tip [홈] 탭-[단락] 그룹-[균등 분할]을 클릭해도 됩니다.

우선순위
032 구역별로 머리글 작성하기

실습 파일 워드\6장\032_구역별로 머리글 작성하기.docx 완성 파일 워드\6장\032_구역별로 머리글 작성하기_완성.docx

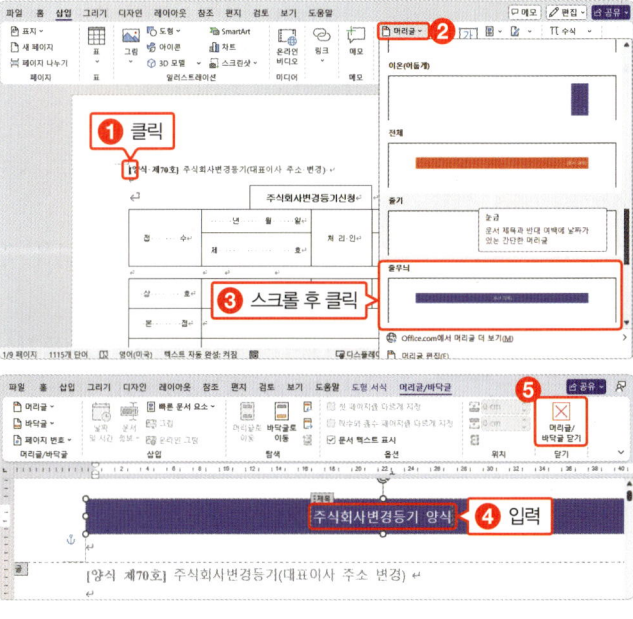

줄무늬 머리글 작성하기

01 워드에서 제공하는 줄무늬 스타일 머리글을 작성해보겠습니다.
① '[양식 제70호]' 앞 클릭
② [삽입] 탭-[머리글/바닥글] 그룹-[머리글 📄] 클릭
③ 스크롤 내리고 [줄무늬] 선택
④ 머리글 제목 영역에 **주식회사변경등기 양식** 입력
⑤ [머리글/바닥글] 탭-[닫기] 그룹-[머리글/바닥글 닫기 ⊠]를 클릭합니다.

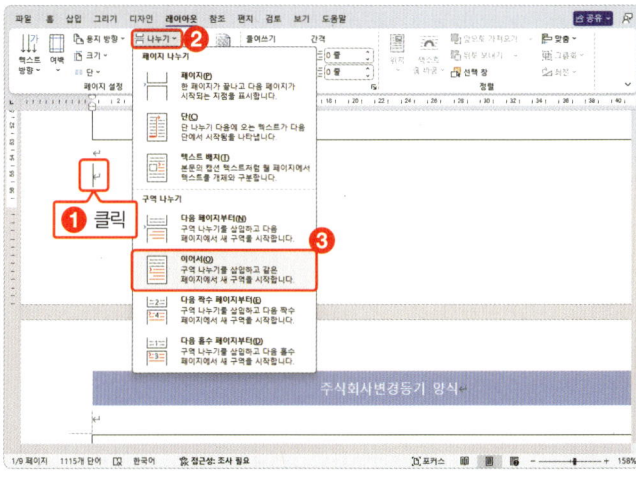

구역 이어서 나누기

02 2페이지부터 다른 머리말을 작성하기 위해 구역을 나눠보겠습니다.
① 1페이지 마지막 줄 클릭
② [레이아웃] 탭-[페이지 설정] 그룹-[나누기] 클릭
③ [이어서]를 선택합니다. 화면에 변화는 없지만 구역 나누기가 적용됩니다.

Tip 구역 나누기 편집 기호를 화면에서 확인하고 싶다면 Ctrl + Shift + 8 을 누릅니다.

CHAPTER 06 페이지 관리 및 출력하기 **595**

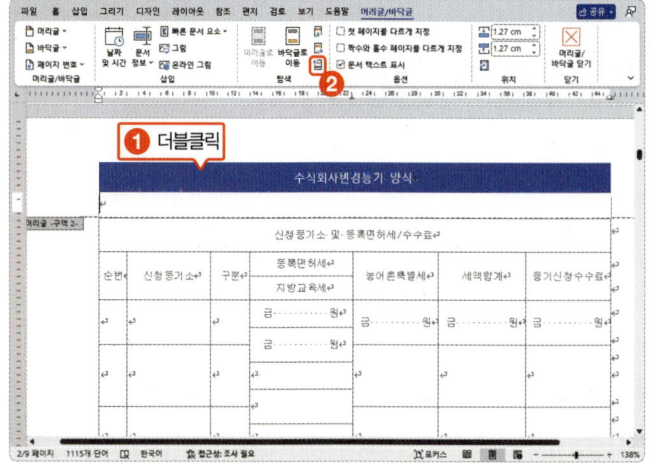

이전 머리글에 연결 해제하기

03 이전 머리글과 다른 머리글을 입력하기 위해 연결을 해제해보겠습니다.

❶ 2페이지 머리글 영역 더블클릭
❷ 머리글 아래에 커서가 깜박이면 [머리글/바닥글] 탭-[탐색] 그룹-[이전 머리글에 연결]을 클릭하여 해제합니다.

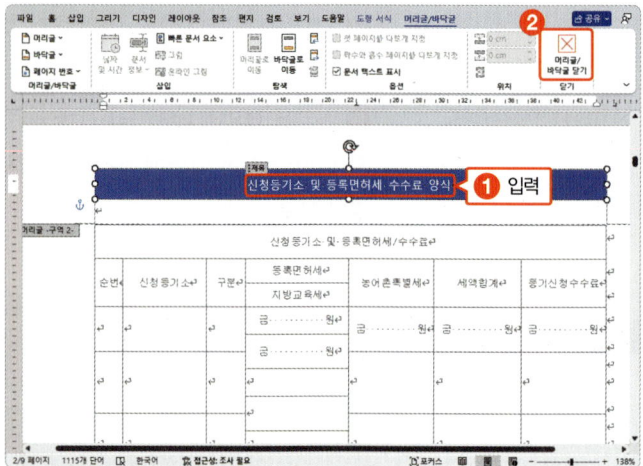

새 구역 머리글 입력하기

04 2페이지에 새로운 머리글을 작성해보겠습니다.

❶ 기존 머리글을 지우고 **신청등기소 및 등록면허세 수수료 양식** 입력
❷ [머리글/바닥글] 탭-[닫기] 그룹-[머리글/바닥글 닫기 ⊠]를 클릭합니다.

Tip 머리글 바탕색은 [도형 서식] 탭-[도형 스타일] 그룹-[도형 채우기]를 클릭해 원하는 색으로 변경합니다.

033 페이지 번호 삽입하기

실습 파일 워드\6장\033_페이지 번호 삽입하기.docx 완성 파일 워드\6장\033_페이지 번호 삽입하기_완성.docx

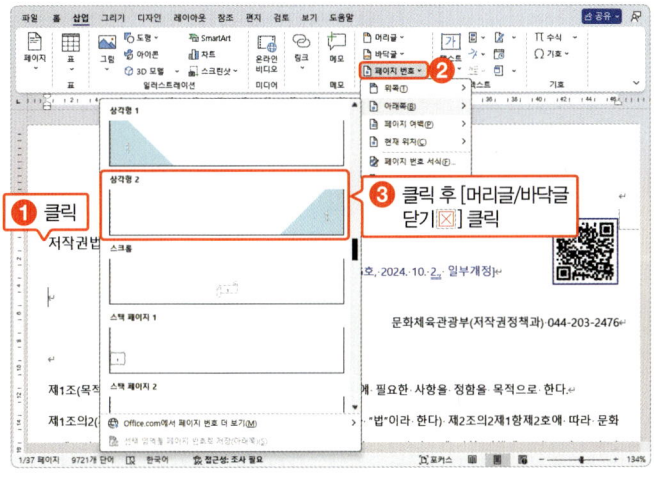

페이지 번호 삽입하기

01 페이지 바닥글 영역에 페이지 번호를 삽입해보겠습니다.

❶ 1페이지 첫 줄의 맨 앞 클릭

❷ [삽입] 탭-[머리글/바닥글] 그룹-[페이지 번호] 클릭

❸ [아래쪽]-[삼각형 2]를 선택하고 [머리글/바닥글] 탭-[닫기] 그룹-[머리글/바닥글 닫기]를 클릭합니다.

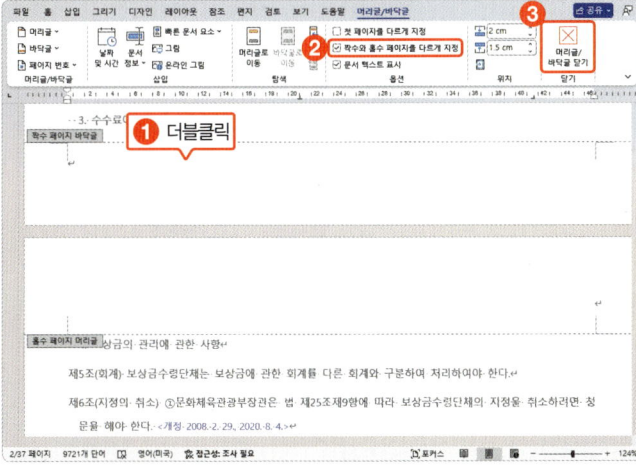

짝수와 홀수 페이지 번호 다르게 설정하기

02 짝수와 홀수 페이지 번호를 다르게 설정해보겠습니다.

❶ 2페이지 바닥글 영역 더블클릭

❷ [머리글/바닥글] 탭-[옵션] 그룹-[짝수와 홀수 페이지를 다르게 지정]에 체크

❸ [머리글/바닥글] 탭-[닫기] 그룹-[머리글/바닥글 닫기]를 클릭합니다. 짝수 페이지 바닥글에는 페이지 번호가 표시되지 않습니다.

CHAPTER 06 페이지 관리 및 출력하기

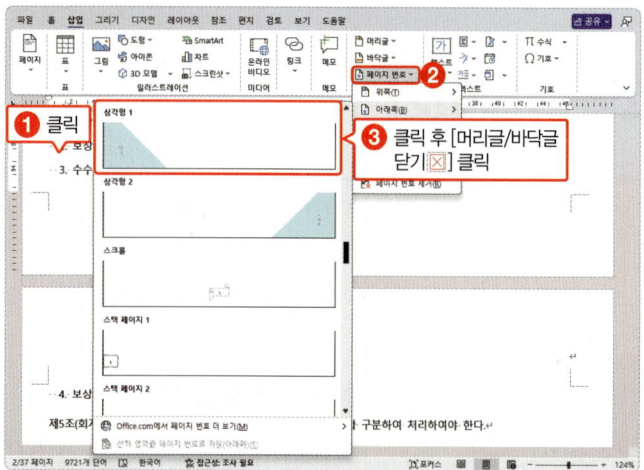

짝수 페이지 번호 삽입하기

03 짝수 페이지에 번호를 삽입해보겠습니다.

❶ 2페이지 임의의 위치 클릭

❷ [삽입] 탭-[머리글/바닥글] 그룹-[페이지 번호 🖹] 클릭

❸ [아래쪽]-[삼각형 1]을 선택하고 [머리글/바닥글] 탭-[닫기] 그룹-[머리글/바닥글 닫기 ☒]를 클릭합니다.

Note 시작 페이지 번호 변경하기

본문을 3쪽부터 시작하기 위해 시작 페이지 번호를 변경해보겠습니다.

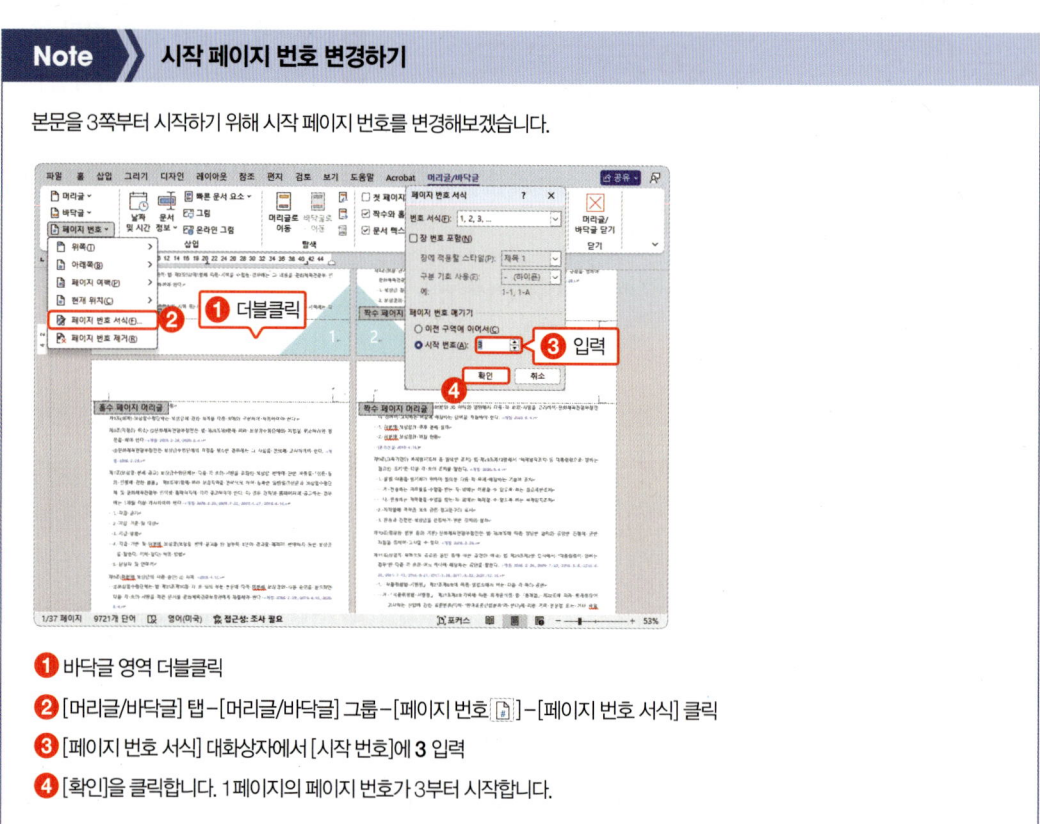

❶ 바닥글 영역 더블클릭

❷ [머리글/바닥글] 탭-[머리글/바닥글] 그룹-[페이지 번호 🖹]-[페이지 번호 서식] 클릭

❸ [페이지 번호 서식] 대화상자에서 [시작 번호]에 **3** 입력

❹ [확인]을 클릭합니다. 1페이지의 페이지 번호가 3부터 시작합니다.

각주와 미주 삽입하기

실습 파일 워드\6장\034_각주와 미주 삽입하기.docx **완성 파일** 워드\6장\034_각주와 미주 삽입하기_완성.docx

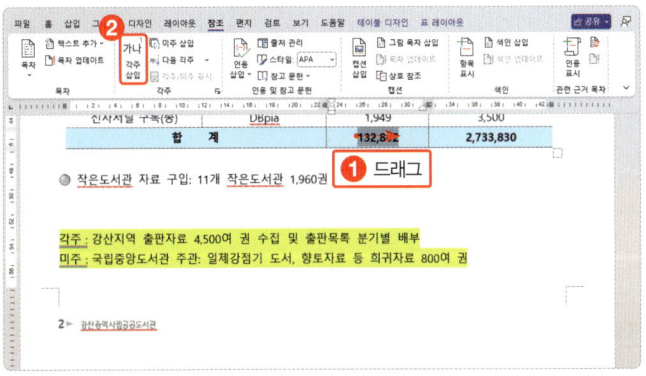

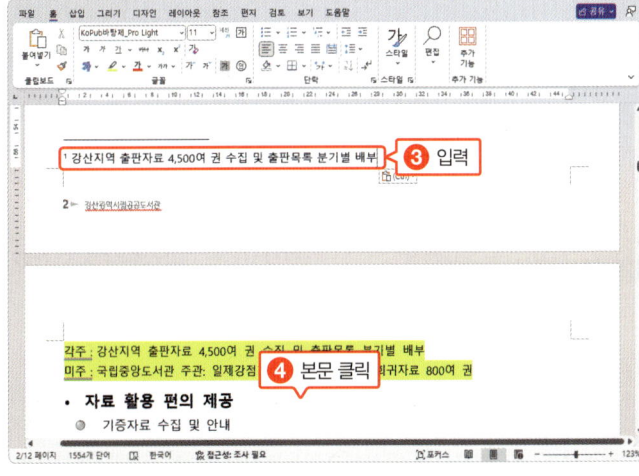

각주 삽입하기(Alt + Ctrl + F)

01 특정 단어의 보충 설명을 각 페이지 하단에 표시하는 각주를 삽입해보겠습니다.

❶ '132,802' 드래그
❷ [참조] 탭－[각주] 그룹－[각주 삽입 가나] 클릭
❸ 각주 내용 입력
❹ 본문을 클릭합니다. 현재 페이지 하단에 각주가 추가됩니다.

미주 삽입하기

02 특정 단어의 보충 설명을 마지막 페이지에 모아서 표시하는 미주를 삽입해보겠습니다.
❶ '2,733,830' 드래그 ❷ [참조] 탭-[각주] 그룹-[미주 삽입] 클릭 ❸ 마지막 페이지에 미주 영역이 활성화되면 미주 내용 입력 ❹ 본문을 클릭합니다.

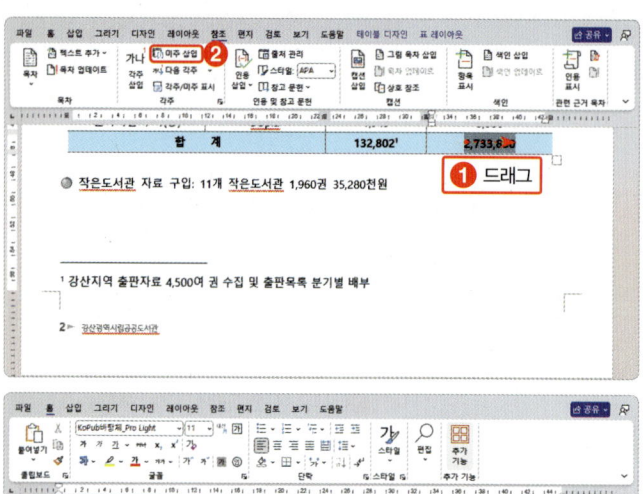

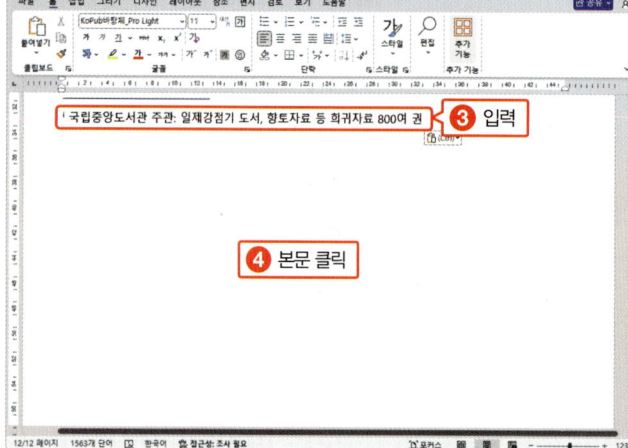

035 여러 문서를 하나로 합치기

실습 파일 워드\6장\035_여러 문서 합치기 폴더   완성 파일 워드\6장\035_여러 문서 합치기_완성.docx

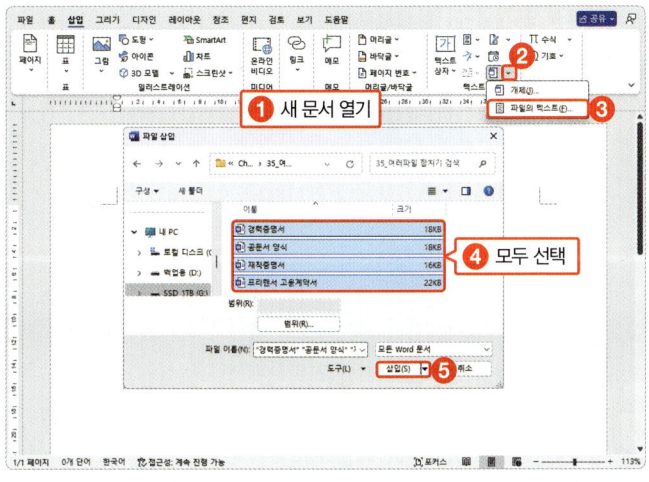

여러 문서를 하나로 합치기

01 여러 파일로 나눠진 문서를 하나로 합쳐보겠습니다.

① 워드에서 [새 문서] 열기
② [삽입] 탭-[텍스트] 그룹-[개체 📄]의 ▼ 클릭
③ [파일의 텍스트] 선택
④ [파일 삽입] 대화상자에서 예제 소스의 [035_여러 문서 합치기] 폴더의 모든 파일 선택
⑤ [삽입]을 클릭합니다.

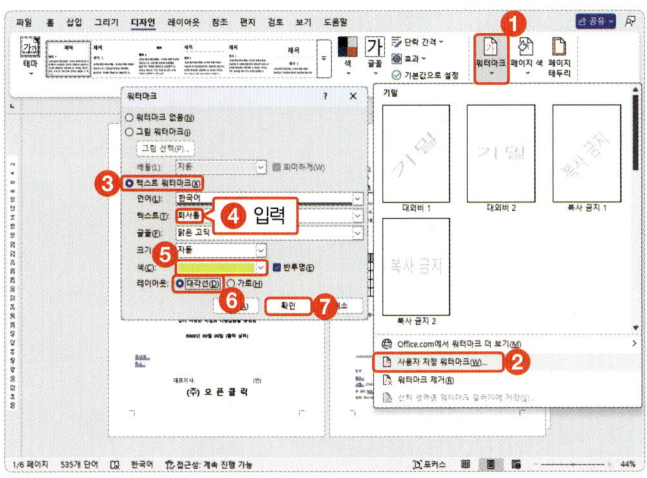

문서에 워터마크 삽입하기

02 문서의 소유권 보호를 위해 워터마크를 추가해보겠습니다.

① [디자인] 탭-[페이지 배경] 그룹-[워터마크 📄] 클릭
② [사용자 지정 워터마크] 선택
③ [워터마크] 대화상자-[텍스트 워터마크] 선택
④ [텍스트]에 **회사통** 입력
⑤ [색]은 [표준 색]-[노랑] 선택
⑥ [레이아웃]-[대각선] 선택
⑦ [확인]을 클릭합니다.

CHAPTER 06 페이지 관리 및 출력하기

CHAPTER
07

ChatGPT 활용하여 보고서 작성하기

ChatGPT 활용하여 출장 보고서 작성하기

실습 파일 워드\7장\036_부산공장 출장 보고서.docx   완성 파일 워드\7장\036_부산공장 출장 보고서_완성.docx

저는 자동차 부품 공급 업체인 '모두차'의 인사 담당자인 신선율 사원으로서 부산 공장에 대해 꼼꼼하고 상세한 출장 보고서를 대표 신채원 님에게 제출해야 합니다.

보고서는 대기업 표준 양식을 준수하고 최근 업계 동향과 모범 사례를 포함해야 합니다. 2027년 3월 3일부터 3월 7일까지의 출장에 대해 다음과 같은 주요 활동을 중심으로 종합적으로 설명해주시기를 바랍니다.

1. 출장 기본 정보
– 출장 목적 : 부산 공장장이 50억 원 상당의 원자재 횡령
– 출장 기간 : 2027년 3월 3일부터 3월 7일까지

2. 주요 일정
– 부산 공장장 횡령 감사
– 지점 직원 사기 앙양
– 손실금에 대한 대출 관련해서 주거래 은행 IBK 부산 지점장 면담
– 부산지방검찰청 담당 검사 면담 및 진술

3. 활동 비용
– 최근 대한민국 물가를 고려해줘.
– 4박 5일간 숙박비, 교통비(KTX, 현지 렌터카), 식사비(1식 15,000원)

ChatGPT 프롬프트 작성하기

01 ChatGPT에 작업을 지시하거나 질문할 때 입력하는 문장을 프롬프트라고 합니다. ChatGPT에 왼쪽과 같이 프롬프트를 입력해보겠습니다. ChatGPT(**chatgpt.com**)에 접속하고 프롬프트에 실습 파일에 있는 내용을 복사하여 붙여 넣습니다. 작성 후 Enter 를 누르면 ChatGPT가 출장 보고서를 작성해줍니다.

답변 결과를 워드 파일로 내려받기

02 앞서 요청한 답변을 워드 파일로 다운로드해보겠습니다.

❶ 프롬프트 입력 후 Enter

> 작성해준 출장 보고서를 MS Word 파일로 내려받을 수 있게 도와줘.

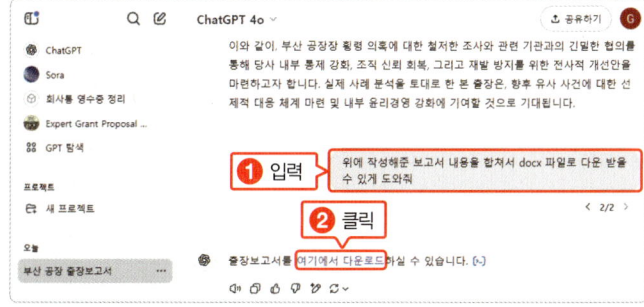

❷ [여기에서 다운로드]를 클릭합니다. [다운로드] 폴더에 파일이 저장됩니다.

Tip 답변 결과를 워드 파일로 다운로드하는 기능은 ChatGPT 4o에서 지원됩니다. 답변 결과를 드래그하여 워드의 새 문서에 붙여 넣어도 됩니다.

우선순위 037 출장 경비 종이 영수증 정리하기

실습 파일 워드\7장\037_출장 경비 종이 영수증 정리하기.docx, [037_영수증] 폴더
완성 파일 워드\7장\037_출장 경비 종이 영수증 정리하기_완성.docx

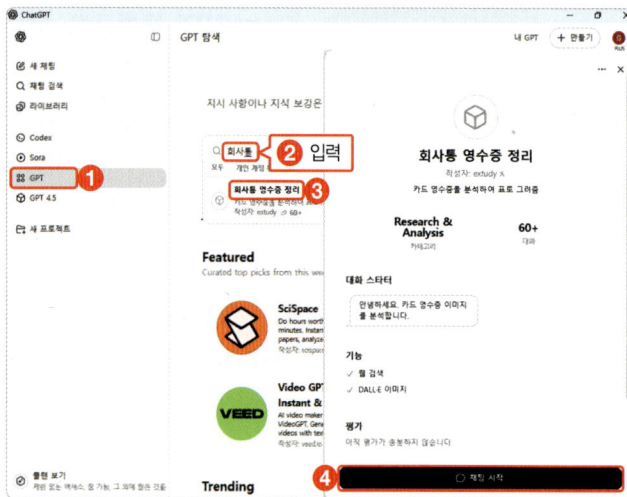

GPT 활용하기

01 경리부에 제출해야 할 영수증을 정리할 때, GPT를 활용하면 편리합니다. 미리 만들어둔 GPT로 영수증을 정리해보겠습니다.

❶ 왼쪽 창에서 [GPT] 클릭
❷ **회사통** 입력
❸ [회사통 영수증 정리] 클릭
❹ [채팅 시작]을 클릭합니다. 회사통 영수증 정리 GPT가 실행됩니다.

Note [회사통 영수증 정리] GPT 활용하기

GPT는 휴대폰 애플리케이션의 앱스토어와 유사한 개념입니다. 사용자가 특정 업무를 자동화하기 위해 프롬프트를 작성해 등록하면, 다른 사용자가 해당 기능을 검색하여 자유롭게 활용할 수 있습니다. 실습에서 활용한 [회사통 영수증 정리]는 저자가 직접 프롬프트를 작성해 사전에 구성해둔 GPT입니다. GPT 생성은 유료 가입자만 가능하지만, 생성된 GPT는 무료 사용자도 제한 없이 사용할 수 있습니다.

> 나는 회계부 홍대리야. 각 부서 출장 중 사용한 카드 영수증을 분석해서 출장 경비를 산출하고 싶어.
>
> – 첨부한 영수증 이미지를 분석해줘. 만약 압축 파일이라면 압축을 해제하고 분석해줘.
> – 필드 구성은 거래일자, 사용처, 수량, 단가, 부가세, 금액, 용도로 구성하고, 거래일자가 빠른 순으로 정렬하고 항목별 합계를 계산하는 표를 그려줘.
> – 단가, 부가세, 금액 수량 등의 값은 모두 숫자만 표시해줘.
> – 용도는 사용처별로 주유, 식사비, 기타 경비로 분류해줘.
> – 주유 금액 영수증의 경우 취소 금액, 재승인 금액 항목이 있는데 재승인 금액만 포함해줘.

Tip ChatGPT는 이미지를 열 개만 첨부할 수 있습니다. 열 개 이상의 종이 영수증을 첨부해야 한다면 영수증을 모두 압축하여 압축 파일로 첨부합니다. ChatGPT는 환경 및 프롬프트, 버전에 따라 다른 결과를 가져올 수 있습니다.

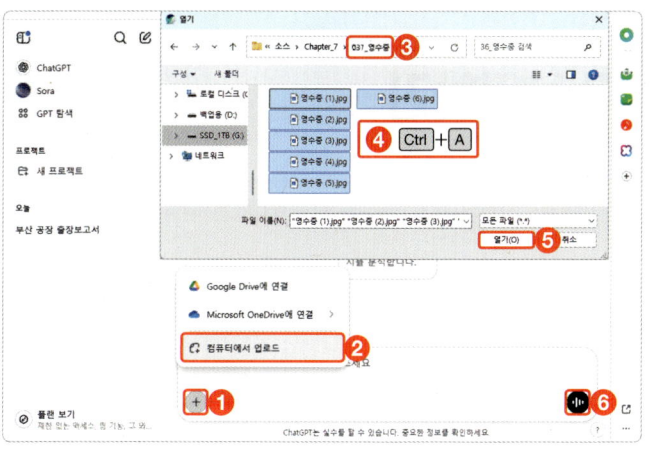

종이 영수증 정리하기

02 '회사통 영수증 정리' GPT에 영수증을 첨부하여 정리해보겠습니다.

❶ [첨부] 클릭

❷ [컴퓨터에서 업로드] 선택

❸ [열기] 대화상자에서 예제 소스의 [037_영수증] 폴더 선택

❹ Ctrl + A 눌러 파일 모두 선택

❺ [열기] 클릭

❻ [요청]을 클릭합니다. 첨부한 영수증을 분석해 결과를 표시합니다.

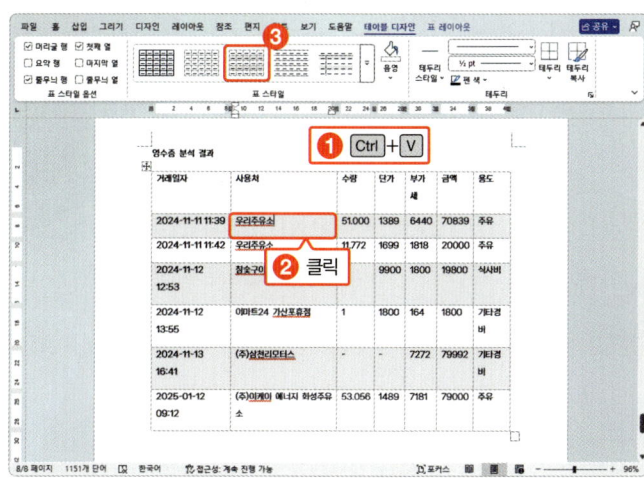

GPT 결과표 복사하기

03 GPT 결과로 작성된 표를 복사하고 워드로 가져오겠습니다. 표의 윗줄부터 표 전체를 드래그하고 Ctrl + C 를 눌러 복사합니다. 워드의 실습 파일을 실행합니다.

Tip 표의 윗줄을 같이 선택하는 이유는 HTML을 붙여 넣을 때 표가 틀어져서 붙여넣기가 되는 것을 방지하기 위함입니다. 표만 선택하지 말고 윗줄 또는 아랫줄을 같이 드래그합니다.

복사한 표를 워드에 붙여넣기

04 GPT에서 복사한 표를 워드에 붙여 넣겠습니다.

❶ 마지막 페이지로 이동하여 Ctrl + V

❷ 복사한 표에서 임의의 셀 클릭

❸ [테이블 디자인] 탭-[표 스타일] 그룹-[일반 표1]을 선택합니다.

Tip 'CHAPTER 05 표 꾸미기'를 참고하여 표를 정리합니다.

038 문서에 표지 삽입하기

실습 파일 워드\7장\038_문서에 표지 삽입하기.docx   완성 파일 워드\7장\038_문서에 표지 삽입하기_완성.docx

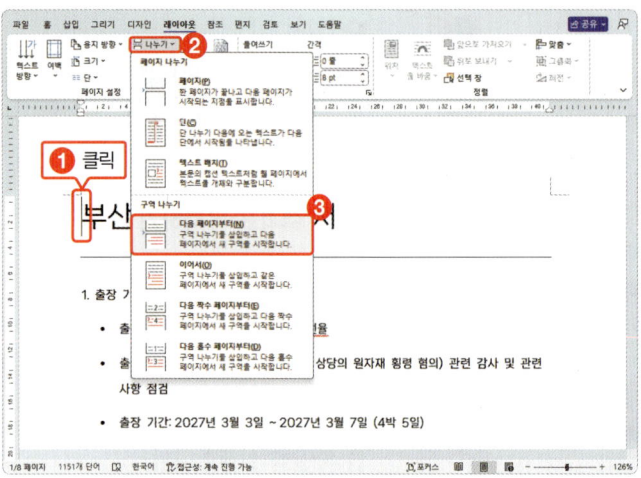

표지 구역 나누기

01 표지 영역을 확보하기 위해서 표지 구역을 설정하겠습니다.

❶ 1페이지 맨 앞 클릭

❷ [레이아웃] 탭-[페이지 설정] 그룹-[나누기] 클릭

❸ [다음 페이지부터]를 선택합니다. 본문 내용이 2페이지로 밀려나면 1페이지로 이동합니다.

Tip Ctrl + Enter 를 눌러도 페이지 나누기를 할 수 있습니다.

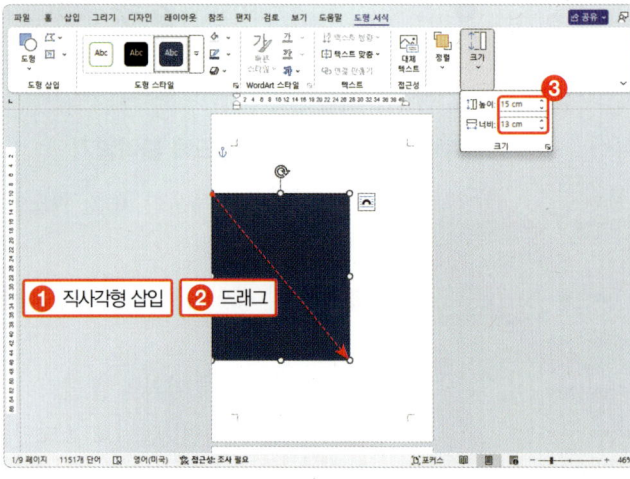

도형 삽입하기

02 1페이지에 다음과 같이 사각형을 삽입합니다.

❶ [삽입] 탭-[일러스트레이션] 그룹-[도형]-[직사각형] 선택

❷ 그림과 같은 위치에 드래그

❸ 도형이 선택된 상태에서 [도형 서식] 탭-[크기] 그룹에서 [높이]는 **15cm**, [너비]는 **13cm**로 설정합니다.

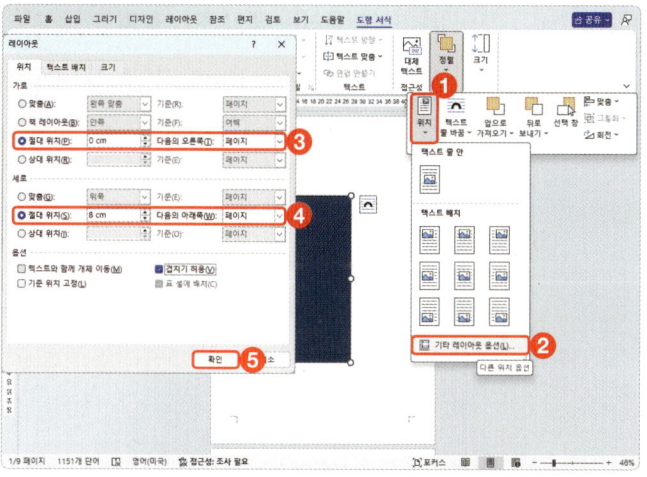

도형 절대 위치 설정하기

03 도형을 드래그해서 움직이지 않고 페이지 기준으로 배치해보겠습니다.

① 도형이 선택된 상태에서 [도형 서식] 탭-[정렬] 그룹-[위치 📄] 클릭
② [기타 레이아웃 옵션] 선택
③ [레이아웃] 대화상자에서 [가로]-[절대 위치]는 **0**, [다음의 오른쪽]은 [페이지] 설정
④ [세로]-[절대 위치]에 **8**, [다음의 아래쪽]은 [페이지] 설정
⑤ [확인]을 클릭합니다.

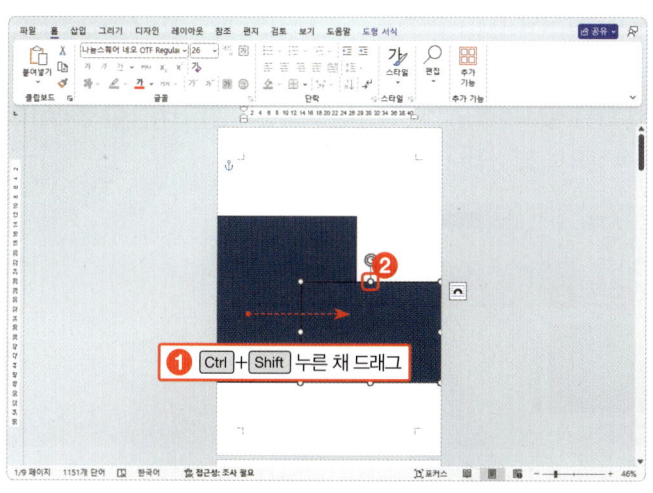

도형 복사하고 크기 줄이기

04 도형을 복사해보겠습니다.

① 도형이 선택된 상태에서 Ctrl + Shift 를 누른 채 오른쪽으로 드래그
② 복사된 도형의 크기 조절점을 드래그하여 그림과 같이 크기를 조절합니다.

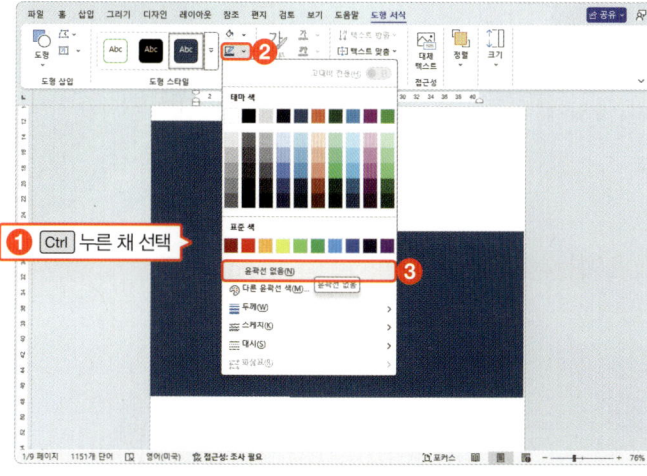

도형의 윤곽선 숨기기

05 표지 디자인용 도형이므로 윤곽선을 숨겨보겠습니다.

① Ctrl 눌러 왼쪽 도형도 선택
② [도형 서식] 탭-[도형 스타일] 그룹-[도형 윤곽선] 클릭
③ [윤곽선 없음]을 선택합니다.

CHAPTER 07 ChatGPT 활용하여 보고서 작성하기 **607**

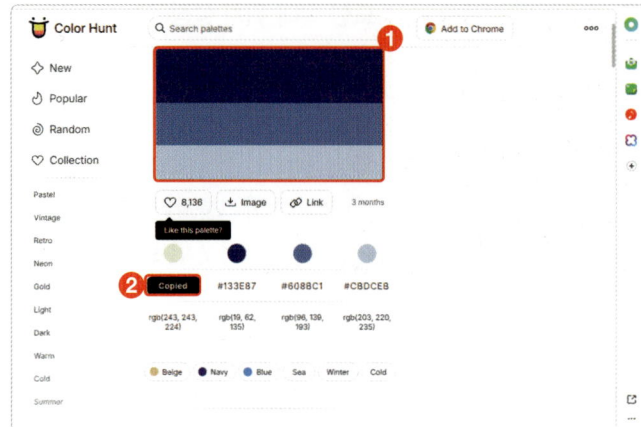

어울리는 색상 조합 찾기

06 Color Hunt 사이트를 참고하여 표에 색상을 적용해보겠습니다.
❶ **colorhunt.co** 접속 후 원하는 색상 조합 클릭
❷ 아래 색상 코드를 클릭합니다. 'Copied'로 표시되면서 색상 코드가 복사됩니다.

Tip 색상 조합을 도와주는 다양한 사이트가 있지만, 실습에서는 colorhunt.co를 참고했습니다.

도형에 색상 코드 붙여넣기

07 도형에 어울리는 색상 코드를 적용해보겠습니다.
❶ 첫 번째 도형 선택 ❷ [도형 서식] 탭-[도형 스타일] 그룹-[도형 채우기] 클릭 ❸ [다른 채우기 색] 선택 ❹ [색] 대화상자에서 [사용자 지정] 탭 클릭 ❺ [16진수]에 기존 코드 지우고 Ctrl + V ❻ [확인]을 클릭합니다. 첫 번째 도형이 복사한 코드 색상으로 변경됩니다.

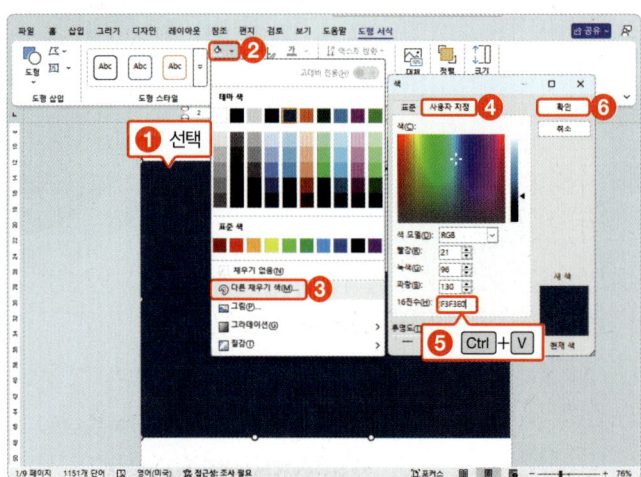

Tip 나머지 도형도 같은 방식으로 채우기 색을 변경합니다.

도형 투명도 변경하기

08 겹친 두 도형 중에서 위쪽에 위치한 도형의 투명도를 변경해보겠습니다.

① 오른쪽 도형 선택

② [도형 서식] 탭-[도형 스타일] 그룹-[도형 서식 🖻] 클릭

③ [도형 서식] 작업 창에서 [채우기]-[투명도]를 **25%**로 변경합니다.

Note 페이지에 배경 적용하기

도형으로 페이지 배경 패턴을 적용해보겠습니다.

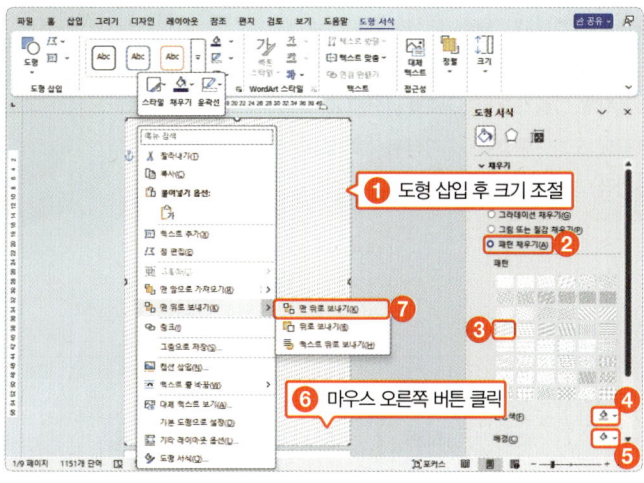

① 사각형을 삽입하고 페이지 크기로 조절

② [도형 서식] 작업 창에서 [패턴 채우기] 선택

③ [세로 줄무늬: 밝음] 선택

④ [전경색]에 [흰색, 배경 1, 15% 더 어둡게] 선택

⑤ [배경]에 [흰색, 배경 1] 선택

⑥ 도형이 선택된 상태에서 마우스 오른쪽 버튼 클릭

⑦ [맨 뒤로 보내기]-[맨 뒤로 보내기]를 선택합니다.

Tip 워드에서는 페이지 배경을 설정할 수 있지만 구역별로 페이지 배경을 다르게 적용할 수는 없습니다.

도형에 그림자 적용하기

09 위쪽에 배치된 도형에 그림자 효과를 적용해보겠습니다.

① 오른쪽 도형 선택

② [도형 서식] 작업 창에서 [효과 ◯] 클릭

③ [그림자]-[미리 설정]에서 [오프셋: 왼쪽 위]를 선택합니다.

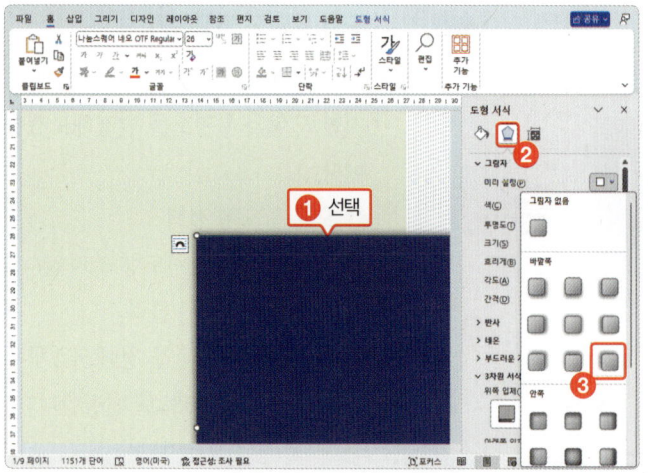

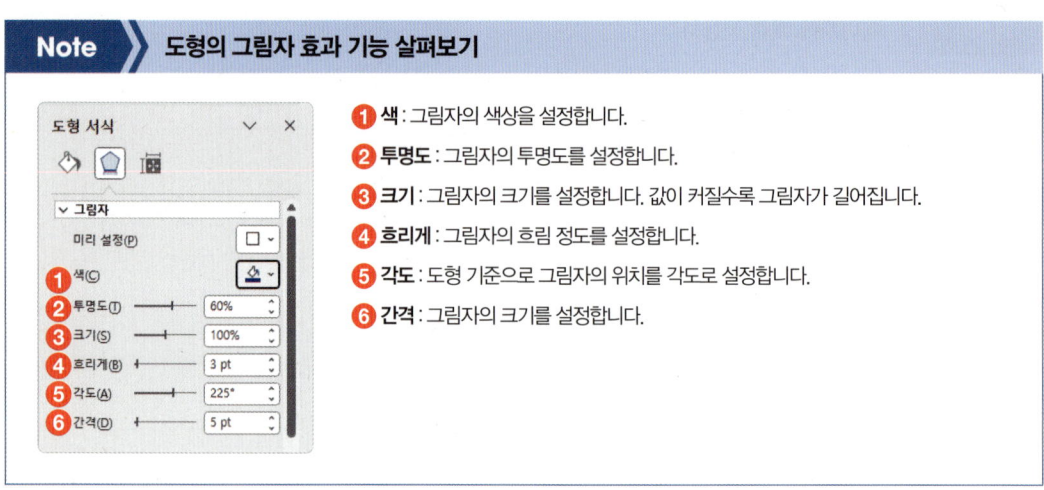

보고서 제목 작성하기

10 도형에 텍스트를 입력하여 보고서 제목을 작성해보겠습니다.

① 도형이 선택된 상태에서 **부산 공장 출장 보고서** 입력

② 글꼴과 글꼴 크기 변경

③ [도형 서식] 작업 창에서 [텍스트 옵션] 클릭

④ [레이아웃 및 속성 ▦] 클릭

⑤ [왼쪽 여백]에 **0.9cm**를 입력합니다. 나머지 도형에도 임의로 텍스트를 입력하고 날짜와 직책, 이름을 넣어 표지를 완성해봅니다.

우선순위
039 표 활용하여 제목 상자 만들기

실습 파일 워드\7장\039_표 활용하여 제목 상자 만들기.docx   완성 파일 워드\7장\039_표 활용하여 제목 상자 만들기_완성.docx

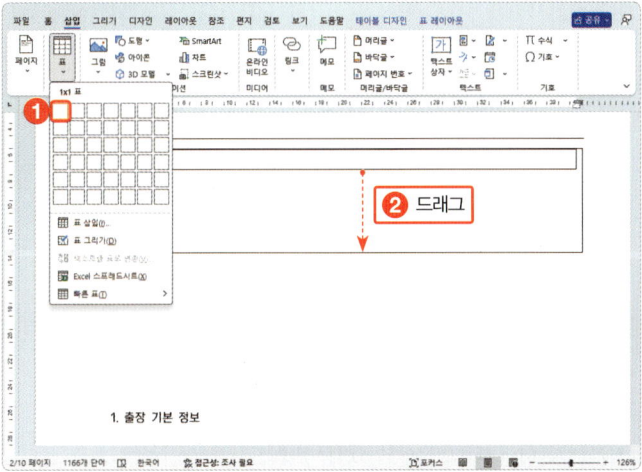

표 삽입하기

01 제목 상자를 만들기 위해 1×1 표를 본문에 삽입하고 높이를 변경해보겠습니다.

❶ 2페이지의 제목 아래에서 [삽입] 탭-[표] 그룹-[표]-[1×1 표] 클릭
❷ 삽입된 표의 아래쪽 선을 드래그하여 높이를 변경합니다.

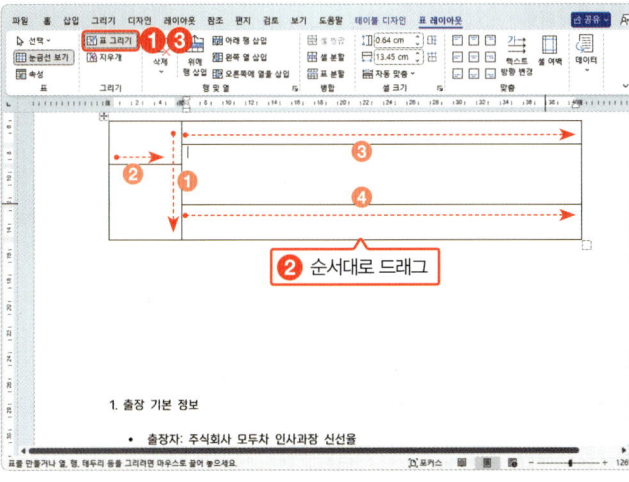

표 그리기 도구로 셀 나누기

02 [표 그리기]를 이용하여 셀을 나눠보겠습니다.

❶ 표 안에 커서가 깜박이는 상태에서 [표 레이아웃] 탭-[그리기] 그룹-[표 그리기] 클릭
❷ 그림의 순서대로 드래그하여 선 그리기
❸ [표 그리기]를 클릭하여 기능을 해제합니다.

셀에 음영 채우기

03 색상 코드를 이용하여 셀에 색을 채워보겠습니다. 색상 코드는 실습 파일에 임의로 적어두었습니다.

① 색상 코드 복사
② 셀 클릭
③ [테이블 디자인] 탭-[표 스타일] 그룹-[음영 🎨]의 ⌄ 클릭
④ [다른 색] 선택
⑤ [색] 대화상자에서 [사용자 지정] 탭 클릭
⑥ [16진수]에 기존 코드 지우고 Ctrl + V
⑦ [확인]을 클릭합니다.

테두리 색 변경하기

04 표의 바깥쪽 테두리를 변경해보겠습니다.

① 셀 모두 드래그
② [테이블 디자인] 탭-[테두리] 그룹-[펜 색] 클릭
③ [최근에 사용한 색]-[파랑] 선택
④ [펜 두께]-[2 1/4pt] 선택
⑤ [테두리]-[바깥쪽 테두리]를 선택합니다.

셀 한쪽 면의 테두리 지우기

05 셀 한쪽 면의 테두리를 없애보겠습니다.

① 왼쪽 아래 셀 클릭
② [테이블 디자인] 탭-[테두리] 그룹-[펜 스타일]-[테두리 없음] 선택
③ [테두리 ⊞]-[오른쪽 테두리]를 선택합니다.

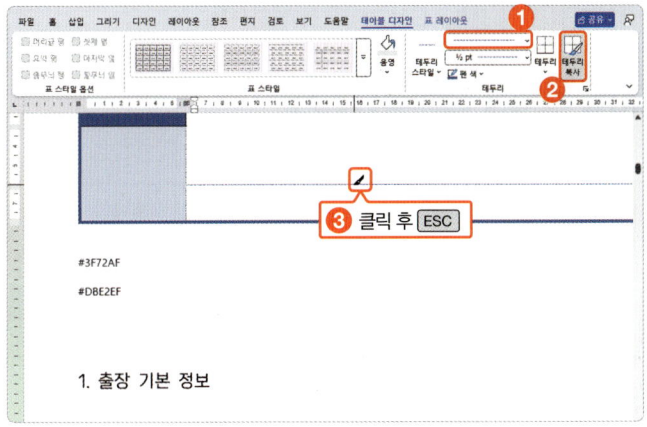

[테두리 복사]로 스타일 변경하기

06 [테두리 복사]를 이용하면 쉽고 직관적으로 테두리 스타일을 변경할 수 있습니다.

① [테이블 디자인] 탭-[테두리] 그룹-[펜 스타일]-[점선] 선택
② [테두리 복사 🖉] 클릭
③ 테두리 스타일을 변경하고 싶은 선을 클릭하고 ESC 를 누릅니다.

텍스트 입력 및 정리

07 제목 상자에 텍스트를 입력하고 마무리해보겠습니다.

① 각 셀에 텍스트 입력
② 글꼴 종류 변경
③ 각 셀의 글꼴 크기를 변경하고 완성합니다.

Note 표를 글자처럼 취급하는 방법 알아보기

[텍스트와 같이 이동]을 활용하면 워드에서도 표를 글자처럼 취급할 수 있습니다.

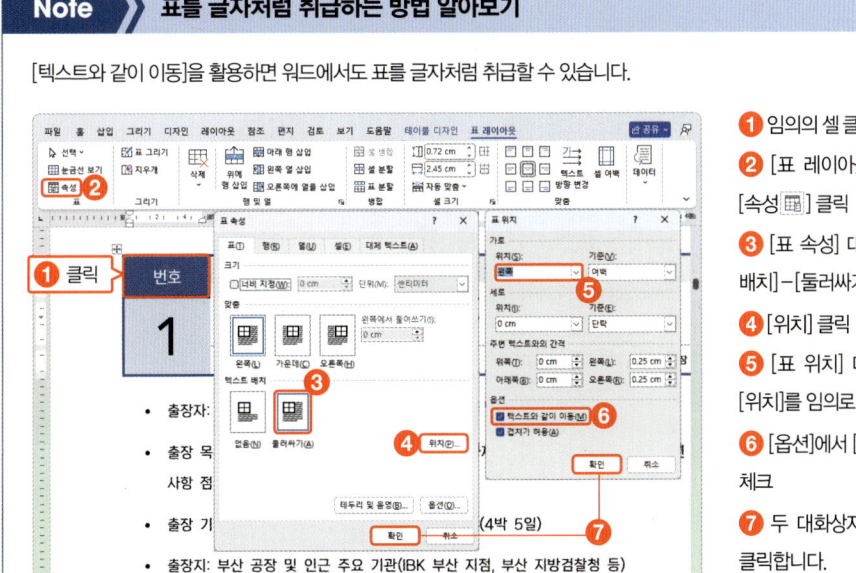

① 임의의 셀 클릭
② [표 레이아웃] 탭-[표] 그룹-[속성 🗔] 클릭
③ [표 속성] 대화상자에서 [텍스트 배치]-[둘러싸기] 선택
④ [위치] 클릭
⑤ [표 위치] 대화상자의 [가로]-[위치]를 임의로 선택
⑥ [옵션]에서 [텍스트와 같이 이동] 체크
⑦ 두 대화상자에서 모두 [확인]을 클릭합니다.

우선순위
040 한 페이지에 맞춰 출력하기

실습 파일 워드\7장\040_한 페이지에 맞춰 출력하기.docx 완성 파일 워드\7장\040_한 페이지에 맞춰 출력하기_완성.docx

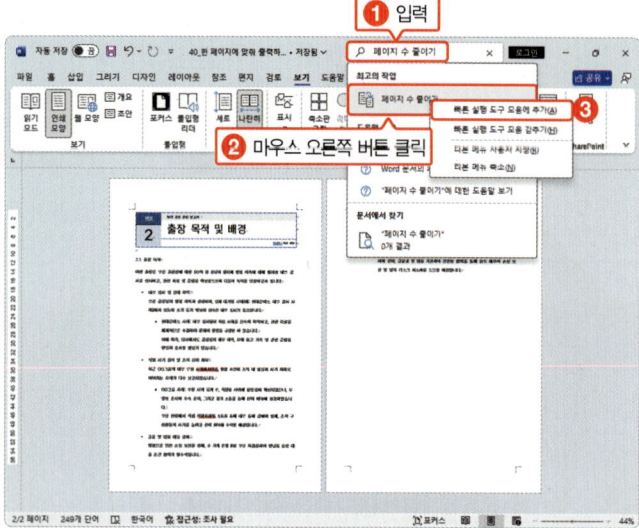

페이지 수 줄이기 활성화하기

01 워드에는 메뉴에 표시되지 않지만 활용할 수 있는 기능이 있습니다. [페이지 수 줄이기] 기능을 찾고 활용해보겠습니다.

① 제목 표시줄의 검색 필드에 **페이지 수 줄이기** 검색

② 검색된 [페이지 수 줄이기]에서 마우스 오른쪽 버튼 클릭

③ [빠른 실행 도구 모음에 추가]를 선택합니다.

Note 빠른 실행 도구 모음의 역할 살펴보기

빠른 실행 도구 모음은 화면의 왼쪽 상단에 빠르게 실행할 수 있는 도구를 모아둔 것입니다. 빠른 실행 도구 모음에 다양한 기능을 추가하거나 삭제할 수 있습니다. 화면 왼쪽 상단에서 [빠른 실행 도구 모음 사용자 지정 ▼]을 클릭하면, 빠른 실행 도구 모음에 추가할 수 있는 도구 목록이 나타납니다. 이 중 체크된 항목은 현재 빠른 실행 도구 모음에 활성화되어 있습니다.

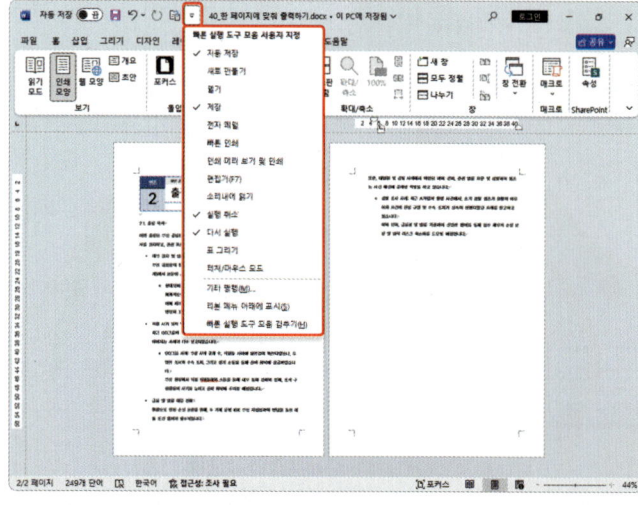

페이지 수 줄이기

02 1페이지가 살짝 넘는 문서 내용을 한 페이지에 맞춰 줄여보겠습니다. [빠른 실행 도구 모음]에서 [페이지 수 줄이기]를 클릭합니다. 글꼴 크기 등 다양한 요소를 고려하여 2페이지 분량이 1페이지 분량으로 줄어듭니다.

페이지 및 여백 설정하기

실습 파일 워드\7장\041_페이지 및 여백 설정하기.docx 완성 파일 없음

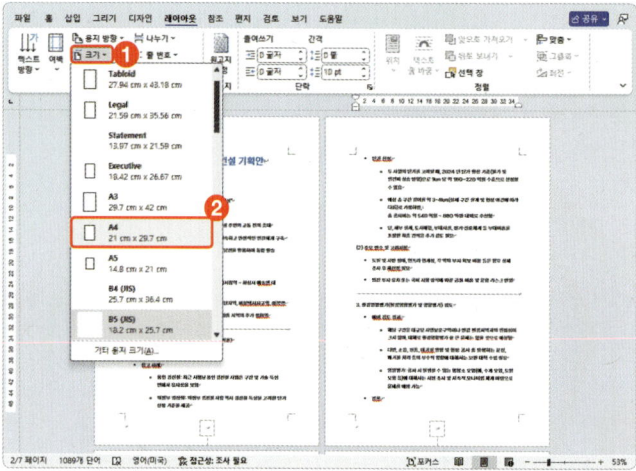

인쇄 용지 변경하기

01 작성한 보고서를 인쇄한 후 배포하기 위해 A4용지 크기로 변경해보겠습니다.

❶ [레이아웃] 탭-[페이지 설정] 그룹-[크기] 클릭

❷ [A4]를 선택합니다. 편집 용지가 A4로 변경됩니다.

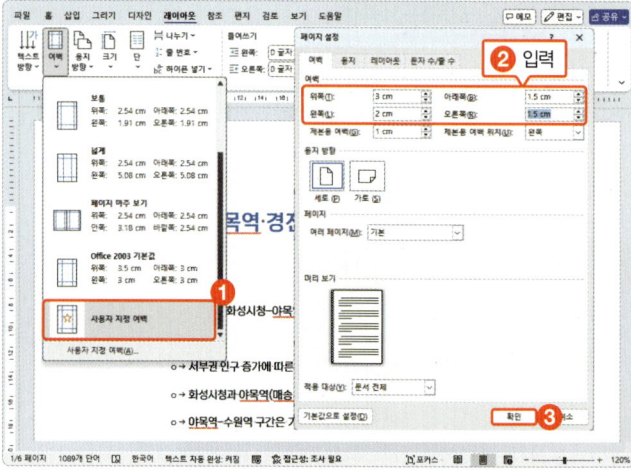

용지 여백 변경하기

02 대한민국 공문서 작성 기준에 따라 위쪽: 30mm, 아래쪽: 15mm, 왼쪽: 20mm, 오른쪽: 15mm로 여백을 설정해보겠습니다.

❶ [레이아웃] 탭-[페이지 설정] 그룹-[여백]-[사용자 지정 여백] 선택

❷ [페이지 설정] 대화상자에서 여백 설정

❸ [확인]을 클릭합니다.

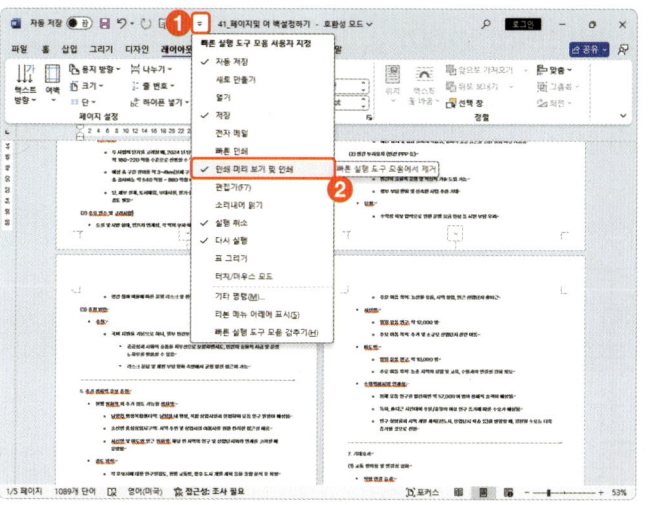

인쇄 미리 보기 및 인쇄 도구 표시하기

03 인쇄 미리 보기와 인쇄 작업을 빠르게 수행할 수 있도록 빠른 실행 도구에 추가해보겠습니다.

❶ [빠른 실행 도구 모음 사용자 지정 ▼] 클릭

❷ [인쇄 미리 보기 및 인쇄]를 클릭합니다. 빠른 실행 도구 모음에 [인쇄 미리 보기 및 인쇄 🖨]가 추가됩니다.

인쇄 미리 보기 및 일부 페이지만 출력하기

04 인쇄 미리 보기 상태로 전환하고 전체 페이지 중 일부 페이지만 골라 인쇄해보겠습니다.

❶ [빠른 실행 도구 모음]에서 [인쇄 미리 보기 및 인쇄 🖨] 클릭
❷ [설정]에서 [사용자 지정 인쇄] 선택
❸ [페이지 수]에 **3,4** 입력
❹ [인쇄]를 클릭하면 3~4 페이지만 인쇄됩니다.

Tip '2-4'처럼 하이픈(-)으로 페이지를 연결하면 해당 구역을 인쇄합니다.

> **Note** 용지 한 면에 여러 페이지를 인쇄하는 방법 알아보기
>
> 배포용 문서처럼 일회성 문서의 경우 출력 용지를 줄이기 위해 1페이지에 여러 페이지를 모아 인쇄할 수 있습니다.
>
>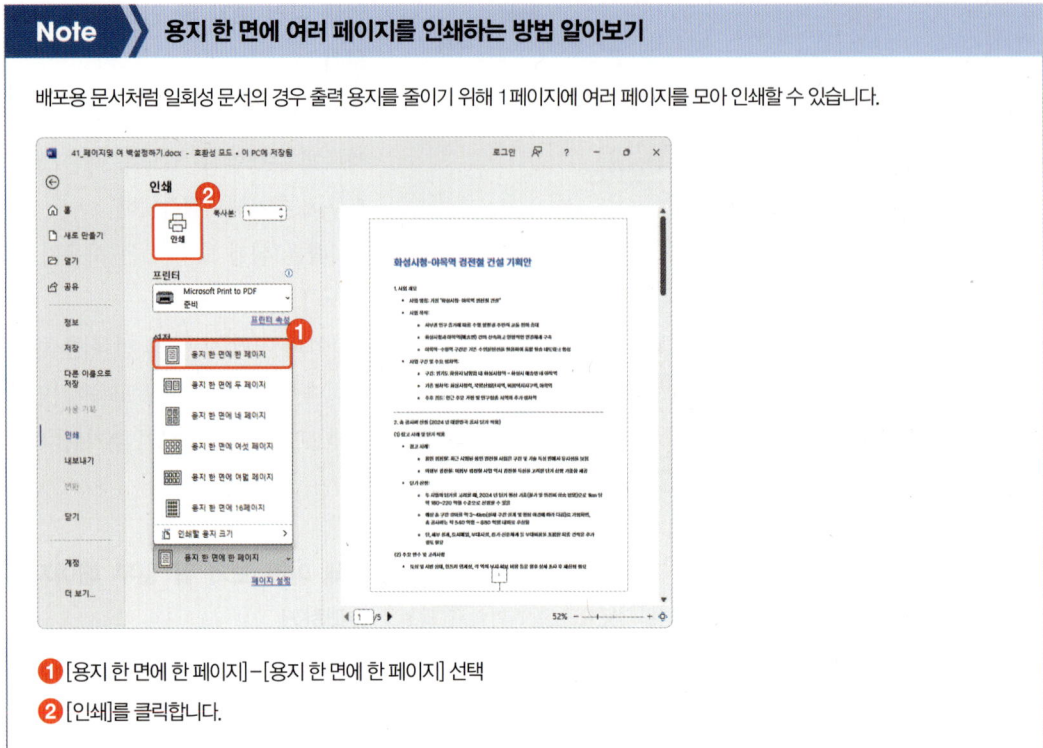
>
> ❶ [용지 한 면에 한 페이지]-[용지 한 면에 한 페이지] 선택
> ❷ [인쇄]를 클릭합니다.

제본 여백 설정하기

05 문서를 인쇄하고 제본할 때 본문 내용이 가려지지 않도록 제본 여백을 설정해보겠습니다.
❶ [페이지 설정] 클릭 ❷ [페이지 설정] 대화상자에서 [여백] 탭 클릭 ❸ [제본용 여백]에 **1cm** 입력 ❹ [제본용 여백 위치]에 [왼쪽] 선택 ❺ [확인]을 클릭합니다. 제본용 여백 1cm가 문서의 왼쪽에 적용됩니다.

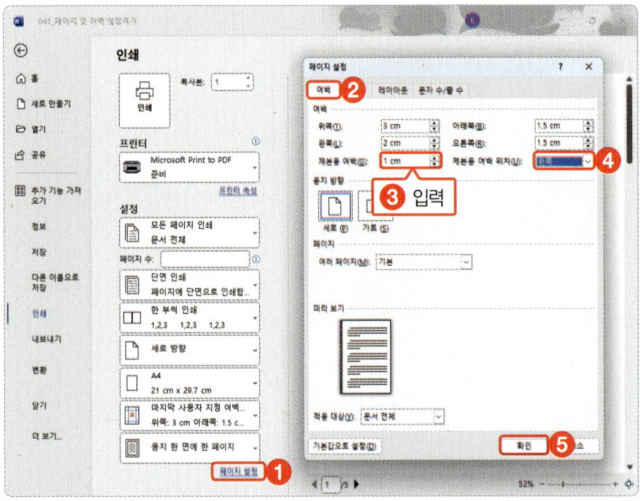

문서에 줄 번호 표시하기

06 문서에 총 몇 줄이 입력되어 있는지 확인할 수 있도록 줄 번호를 표시해보겠습니다.
❶ [레이아웃] 탭-[페이지 설정] 그룹-[줄 번호] 클릭 ❷ [페이지마다 다시 매기기] 선택 ❸ 왼쪽 여백 영역에 줄 번호가 표시됩니다.

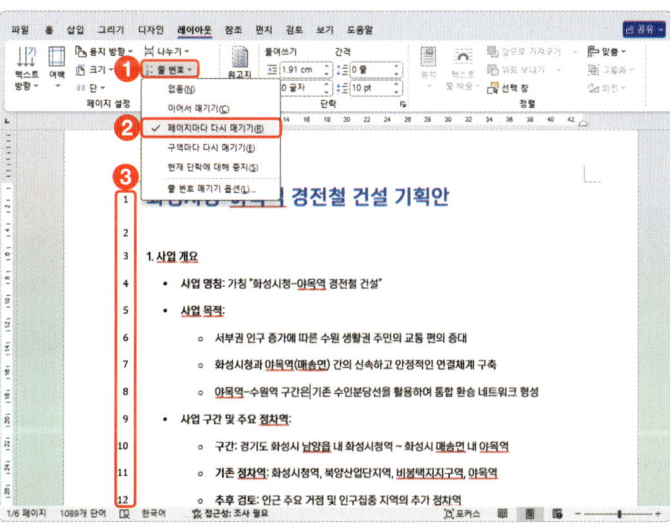

우선순위
042 스타일 기준으로 목차 만들기

실습 파일 워드\7장\042_스타일 기준으로 목차 만들기.docx 완성 파일 워드\7장\042_스타일 기준으로 목차 만들기_완성.docx

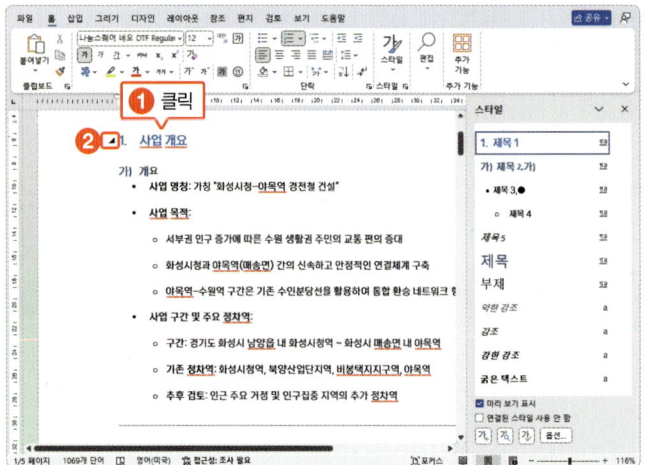

스타일 확인하기

01 문서에 스타일이 적용되어 있으면 쉽게 목차를 만들 수 있습니다. 스타일이 적용된 문서인지 확인해보겠습니다.

❶ '1. 사업 개요' 임의의 위치 클릭

❷ ▲ 기호가 표시되는지 확인합니다. ▲ 기호가 표시되는 경우 스타일이 적용된 문서입니다.

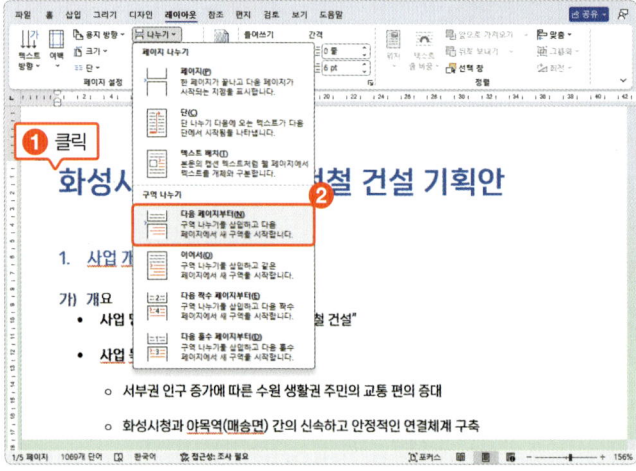

목차 구역 만들기

02 목차를 표시할 새로운 구역을 1페이지에 추가해보겠습니다.

❶ 1페이지 첫 줄의 맨 앞 클릭

❷ [레이아웃] 탭-[페이지 설정] 그룹-[나누기]-[다음 페이지부터]를 선택합니다.

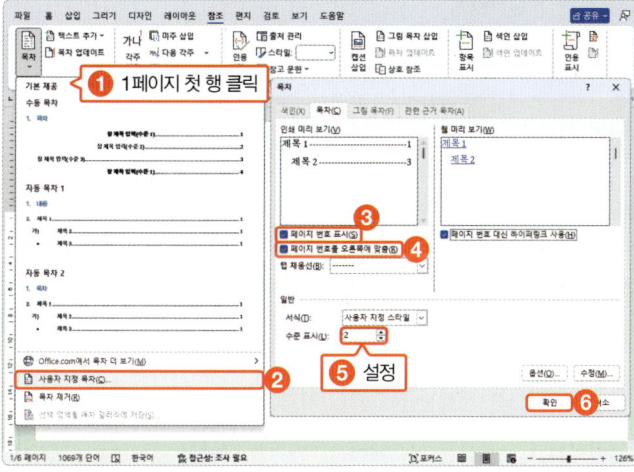

스타일 활용하여 목차 만들기

03 스타일을 활용해서 목차를 만들어보겠습니다.

❶ 목차를 1페이지 상단에 삽입하기 위해서 1페이지 첫 행 클릭

❷ [참조] 탭-[목차] 그룹-[목차 📄]-[사용자 지정 목차] 선택

❸ [목차] 대화상자에서 [목차] 탭의 [페이지 번호 표시] 체크

❹ [페이지 번호를 오른쪽에 맞춤] 체크

❺ [수준 표시]에 **2** 설정

❻ [확인]을 클릭합니다. 현재 커서 위치인 1페이지에 스타일 2 수준으로 목차가 삽입됩니다.

> **Note** 목차를 클릭하여 해당 페이지로 빠르게 이동하기
>
> Ctrl 을 누른 상태에서 목차 제목을 클릭하면 해당 페이지 위치로 빠르게 이동합니다.

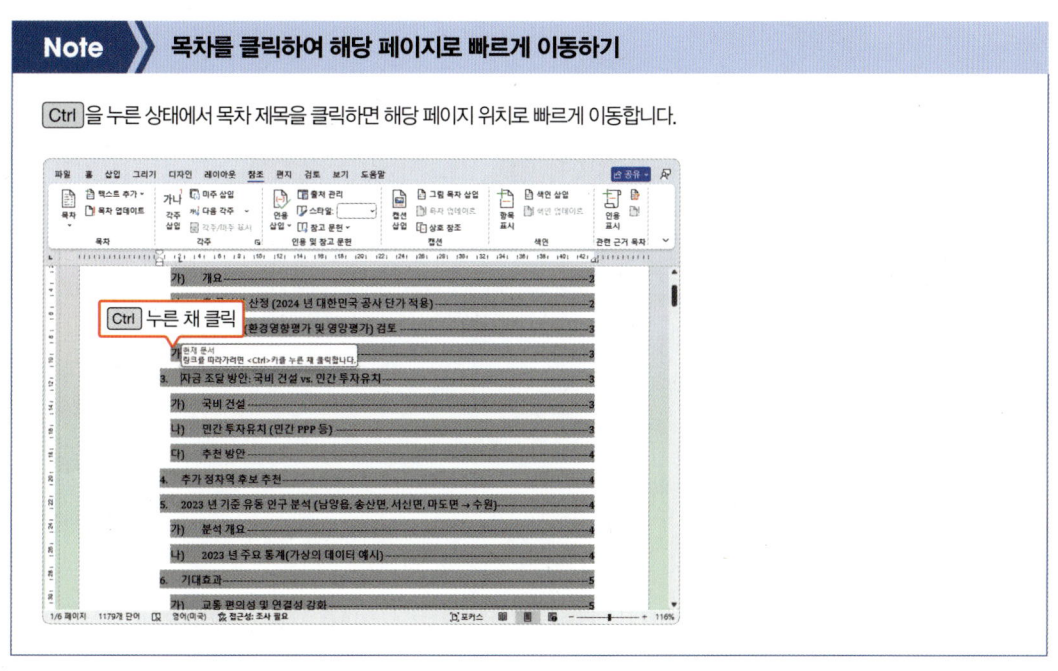

CHAPTER 07 ChatGPT 활용하여 보고서 작성하기

PART 04

한글

CHAPTER
01

한글 기본기 다지기

한글 시작 화면과 기본 화면 구성 살펴보기

실습 파일 없음 완성 파일 없음

기본 화면 구성

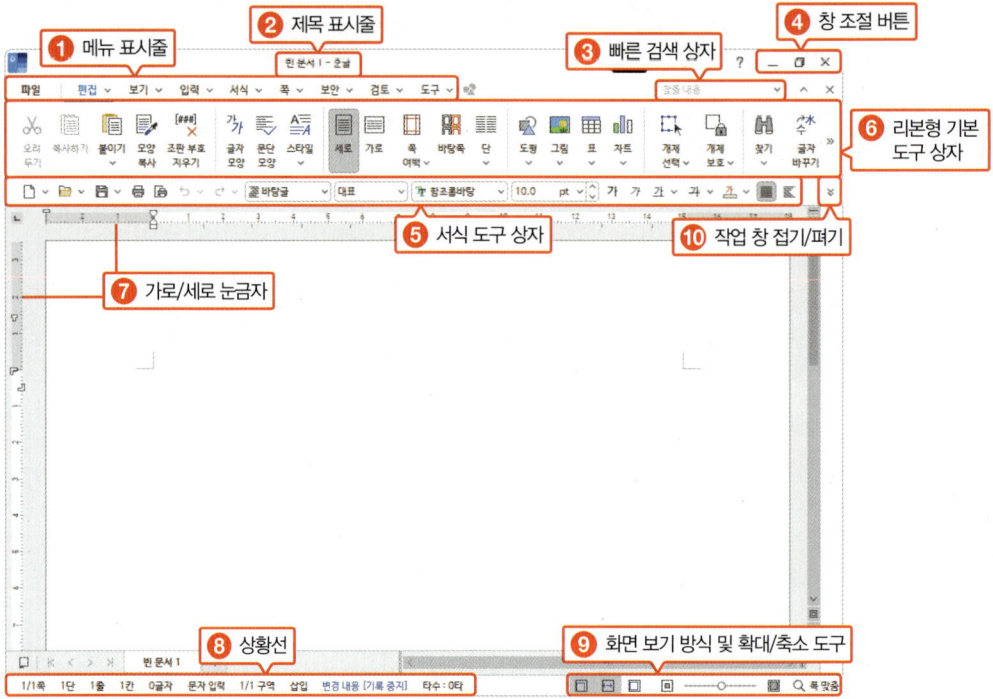

① **메뉴 표시줄** : 탭 방식으로 메뉴가 표시되며 펼침 메뉴 기능별 하위 기능을 사용할 수 있습니다.

② **제목 표시줄** : 현재 작업 중인 문서의 이름이 표시됩니다.

③ **빠른 검색 상자** : 찾기 도구를 이용하지 않고도 문서 내용을 빠르게 찾을 수 있습니다.

④ **창 조절 버튼** : 작업 중인 창을 닫거나 창의 크기를 수정할 때 사용합니다. [최대화], [이전 크기로], [끝] 중에서 선택할 수 있습니다.

⑤ **서식 도구 상자** : 문서 작성 시 가장 자주 사용되는 [새 문서], [불러오기], [저장하기], [인쇄] 등의 메뉴와 글꼴이나 문단 서식 등에 관련된 도구들이 아이콘 형태로 표시되어 있습니다.

⑥ **리본형 기본 도구 상자** : 자주 사용하는 기능이 아이콘 형태로 표시되어 있어 빠르게 메뉴를 찾고 실행할 수 있습니다.

⑦ **가로/세로 눈금자** : 문서의 상하좌우 여백, 도형이나 표의 위치와 크기, 문단 여백 등을 확인할 수 있습니다.

❽ **상황선** : 현재 문서의 페이지 수, 커서의 현재 위치, 문자의 삽입/수정 상태, 변경 내용 기록 등의 상태가 표시됩니다.

❾ **화면 보기 방식 및 확대/축소 도구** : 화면 보기 방식을 [쪽 윤곽], [폭 맞춤], [쪽 맞춤] 중에서 선택할 수 있고, 화면을 확대하거나 축소할 수 있습니다.

❿ **작업 창 접기/펴기** : 스타일, 탐색 등의 작업 창을 접거나 펼 수 있습니다([보기] 탭-[작업 창]을 클릭하면 오른쪽에 작업 창 영역이 활성화됩니다).

기본 도구 상자 접기/펴기

메뉴 표시줄 오른쪽에 있는 [기본 도구 상자 접기/펴기 ^]를 클릭하거나 Ctrl + F1 을 눌러 도구 상자를 접거나 펼 수 있습니다.

한글 문서 시작 도우미

한글을 실행하면 첫 화면에서 다양한 경로로 문서를 불러와 편집을 시작할 수 있습니다.

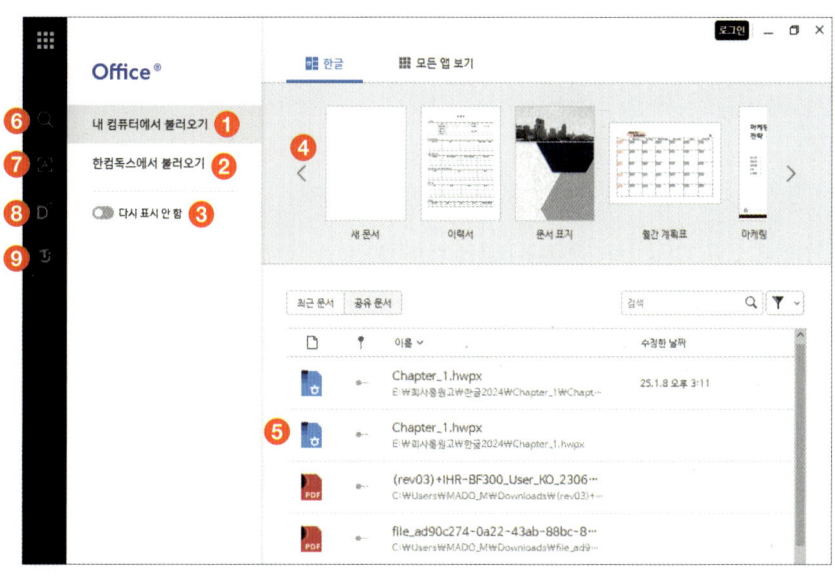

❶ **내 컴퓨터에서 불러오기** : 내 컴퓨터에 저장된 문서를 불러올 수 있습니다.

❷, ❽ **한컴독스에서 불러오기** : 한컴에서 제공하는 클라우드 저장 공간인 한컴독스 저장소에서 문서를 불러올 수 있습니다.

❸ **다시 표시 안 함**: 해당 기능을 활성화하면, 한글을 다시 실행할 때 '문서 시작 도우미'가 더 이상 표시되지 않습니다. 다시 활성화하려면 한글에서 [파일] 탭-[문서 시작 도우미]를 클릭하면 됩니다.
❹ **기본 문서 양식**: 한글에서 제공하는 기본 양식을 표시합니다.
❺ **최근 문서 목록**: 내가 최근 사용한 문서 목록을 표시합니다.
❻ **한컴 문서 찾기**: 한컴 문서 찾기가 실행되며, 지정한 위치에서 문서를 쉽게 찾도록 도와줍니다.
❼ **한OCR**: 이미지 속 문자를 인식해 편집할 수 있도록 도와주는 기능입니다.
❾ **한컴 타자 연습**: 한컴 타자 연습을 바로 실행할 수 있습니다.

> **Note 한컴 문서 찾기로 파일 검색하기**
>
> 한컴 문서 찾기에서는 지정한 폴더 내에 파일명, 또는 문서 내의 문자열을 빠르게 찾을 수 있습니다. 여러 개의 파일 내에 원하는 문자열을 빠르게 찾을 때도 사용할 수 있습니다. HWPX, HWP, DOCX, PPTX, PDF 문서 등 다양한 양식의 문서 검색을 지원합니다.
>
>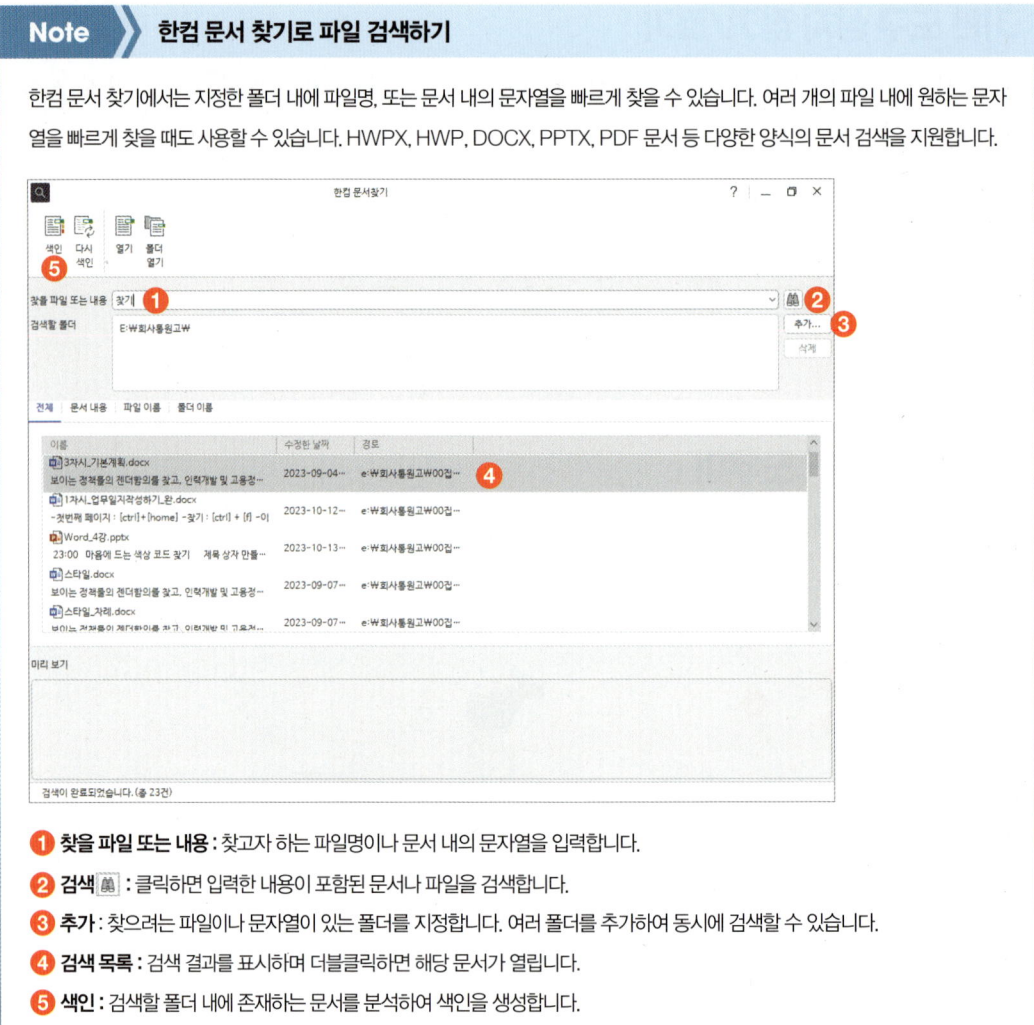
>
> ❶ **찾을 파일 또는 내용**: 찾고자 하는 파일명이나 문서 내의 문자열을 입력합니다.
> ❷ **검색**: 클릭하면 입력한 내용이 포함된 문서나 파일을 검색합니다.
> ❸ **추가**: 찾으려는 파일이나 문자열이 있는 폴더를 지정합니다. 여러 폴더를 추가하여 동시에 검색할 수 있습니다.
> ❹ **검색 목록**: 검색 결과를 표시하며 더블클릭하면 해당 문서가 열립니다.
> ❺ **색인**: 검색할 폴더 내에 존재하는 문서를 분석하여 색인을 생성합니다.

새 문서 만들고 저장하기

실습 파일 없음 완성 파일 없음

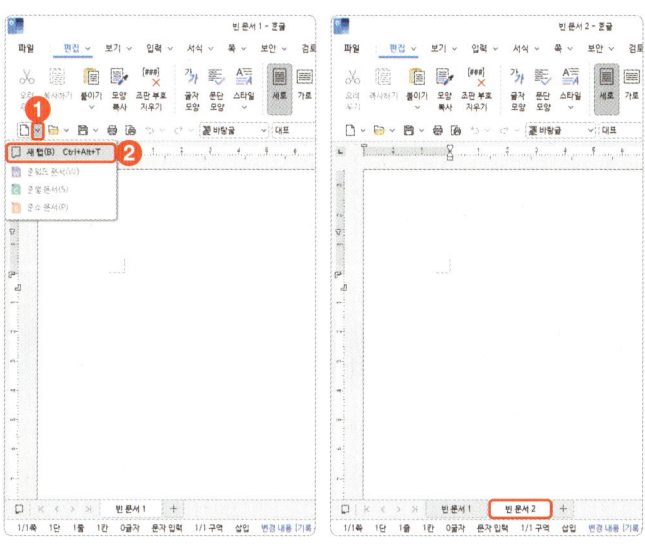

Tip [파일] 탭-[새 문서]-[새 탭]을 클릭해도 됩니다.

새 탭으로 새 문서 만들기
(Ctrl + Alt + T)

01 새 창을 열지 않고 현재 열려 있는 작업 창에 탭을 추가하여 새 문서를 작성하겠습니다. 한 문서 창에서 여러 개의 문서를 탭 형식으로 배열하면 다른 문서로 전환하거나 참조할 때 빠르게 작업할 수 있습니다. 각 탭은 각기 다른 파일로 저장해야 합니다.

❶ 서식 도구 상자에서 [새 문서 □] 의 ▽ 클릭

❷ [새 탭]을 클릭하면 [빈 문서 2] 탭이 새로 추가됩니다.

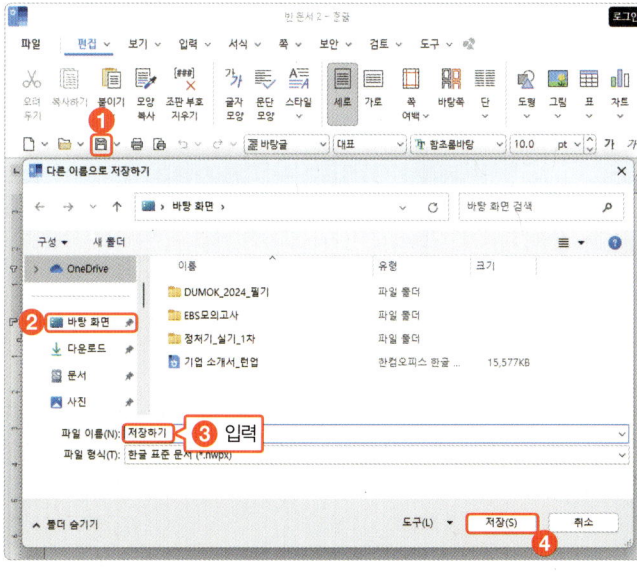

문서 저장하기(Alt + S)

02 ❶ 서식 도구 상자에서 [저장하기 💾] 클릭

❷ [다른 이름으로 저장하기] 대화상자에서 [바탕 화면] 선택

❸ [파일 이름]에 **저장하기** 입력

❹ [저장]을 클릭합니다.

Tip 현재 선택된 탭이 바탕 화면에 '저장하기.hwpx' 파일로 저장됩니다.

| Note | 탭별로 문서 저장하기 |

각각의 탭은 별개의 문서이므로 종료 시에는 각 탭을 별도의 파일로 저장해야 합니다.

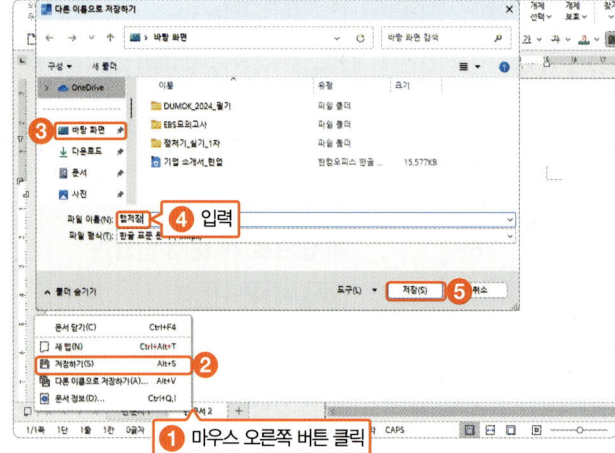

❶ [빈 문서 2] 탭에서 마우스 오른쪽 버튼 클릭
❷ [저장하기] 클릭
❸ [다른 이름으로 저장하기] 대화상자에서 [바탕 화면] 선택
❹ [파일 이름]에 **탭저장** 입력
❺ [저장]을 클릭하면 [빈 문서 2] 탭만 저장됩니다.

| Note | 편집 중인 파일 내용은 유지하고 다른 이름으로 저장하기(Alt + V) |

현재 편집 중인 문서 파일을 그대로 두고 작업 내용을 새로운 파일로 저장하려면 [다른 이름으로 저장하기]를 사용합니다. 예를 들어 한글에서 기본으로 제공하는 이력서 서식 문서를 불러와 개인 이력서를 작성했다면 불러온 서식 파일을 그대로 두고 별도의 파일로 저장할 수 있습니다.

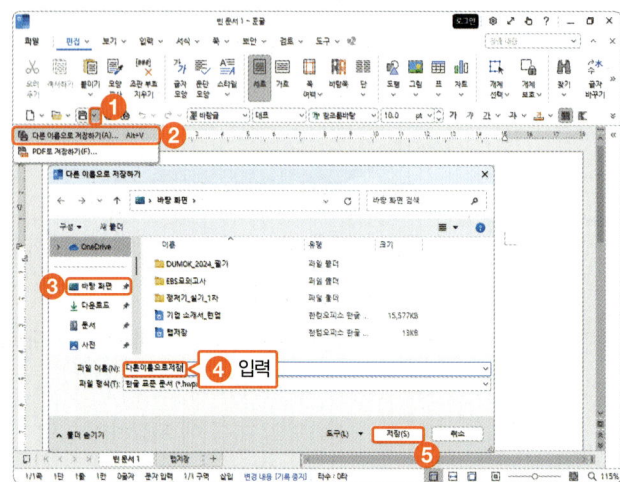

❶ 서식 도구 상자에서 [저장하기 📄]의 ⌄ 클릭
❷ [다른 이름으로 저장하기] 클릭
❸ [다른 이름으로 저장하기] 대화상자에서 [바탕 화면] 선택
❹ [파일 이름]에 **다른이름으로저장** 입력
❺ [저장]을 클릭하면 파일이 다른 이름으로 저장됩니다.

Tip [탭저장.hwpx] 파일은 유지되고 [다른이름으로저장.hwpx] 파일이 별도로 저장됩니다.

002 문서 불러와 암호 지정 및 해제하기

실습 파일 한글\1장\002_문서 불러와 암호 지정 및 해제하기.hwp   완성 파일 한글\1장\002_문서 불러와 암호 지정 및 해제하기_완성.hwp

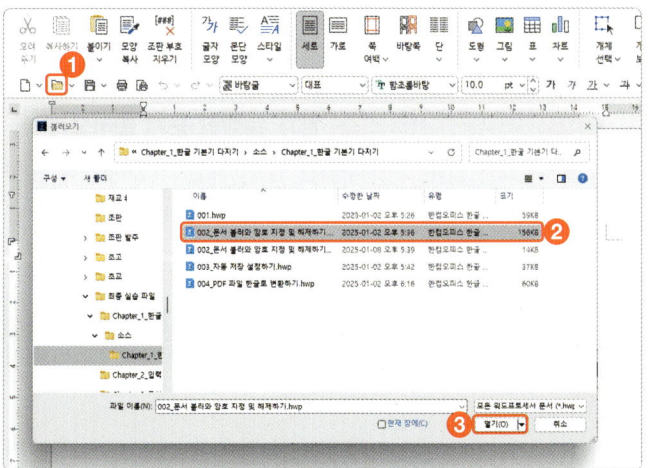

문서 불러오기(Alt+O)

01 저장한 문서를 불러오겠습니다.
❶ 서식 도구 상자에서 [불러오기 📂] 클릭
❷ [불러오기] 대화상자에서 '002_문서 불러와 암호 지정 및 해제하기.hwp' 파일 선택
❸ [열기]를 클릭합니다.

문서에 암호 설정하기(Alt+V)

02 불러온 문서에 암호를 지정하여 타인이 무단으로 문서를 열람하지 못하도록 설정하겠습니다.
❶ 서식 도구 상자에서 [저장하기 💾]의 ▼ 클릭 ❷ [다른 이름으로 저장하기] 클릭 ❸ [다른 이름으로 저장하기] 대화상자-[도구]-[문서 암호] 클릭 ❹ [문서 암호 설정] 대화상자에서 [문서 암호]와 [암호 확인]을 5자 이상 동일하게 입력한 후 [설정] 클릭 ❺ [파일 이름]을 **002_문서 불러와 암호 지정 및 해제하기_암호**로 변경 ❻ [저장]을 클릭합니다.

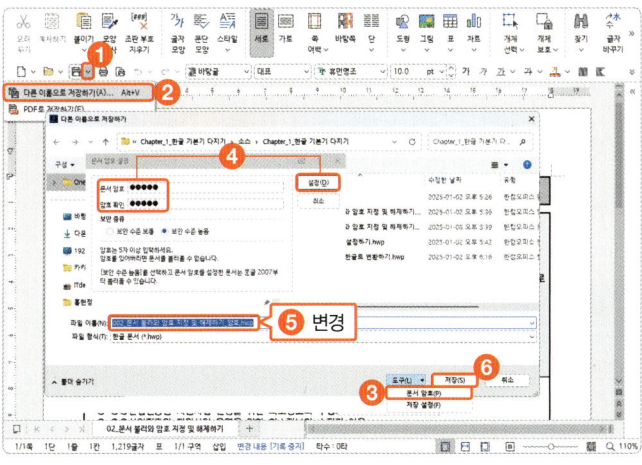

Note [문서 암호 설정] 알아보기

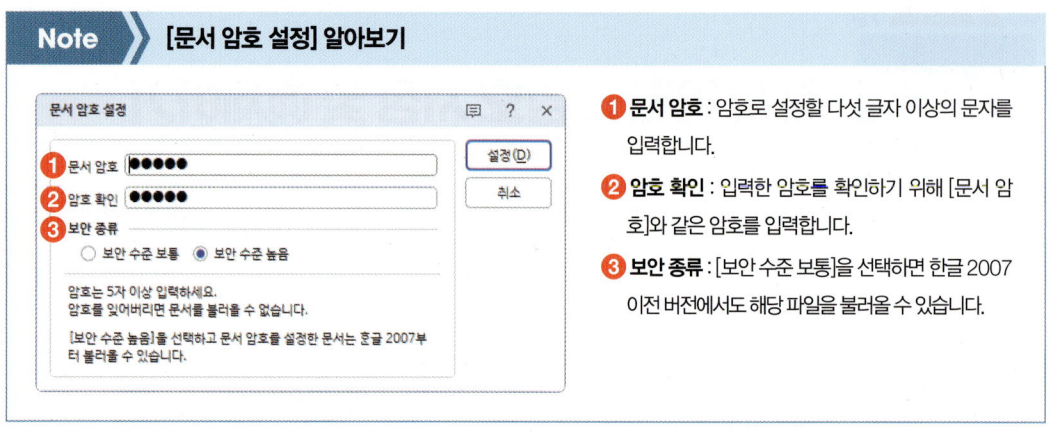

① **문서 암호** : 암호로 설정할 다섯 글자 이상의 문자를 입력합니다.

② **암호 확인** : 입력한 암호를 확인하기 위해 [문서 암호]와 같은 암호를 입력합니다.

③ **보안 종류** : [보안 수준 보통]을 선택하면 한글 2007 이전 버전에서도 해당 파일을 불러올 수 있습니다.

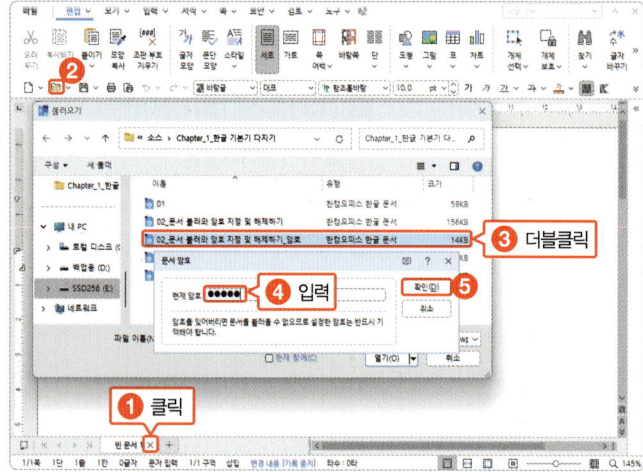

Tip 암호를 지정한 파일이 편집 가능한 문서로 불러와집니다.

03 암호 설정한 문서 불러오기

적용된 암호가 잘 작동하는지 확인하기 위해 작업 중인 한글 문서를 닫았다가 다시 실행해보겠습니다.

① 하단 탭에서 ⓧ 클릭

② 서식 도구 상자에서 [불러오기 📁] 클릭

③ 암호를 적용한 [002_문서 불러와 암호 지정 및 해제하기_암호.hwp] 파일 더블클릭

④ [문서 암호] 대화상자−[현재 암호]에 앞서 입력한 암호 입력

⑤ [확인]을 클릭하여 암호가 지정된 문서를 불러옵니다.

Note 설정된 암호 해제하기

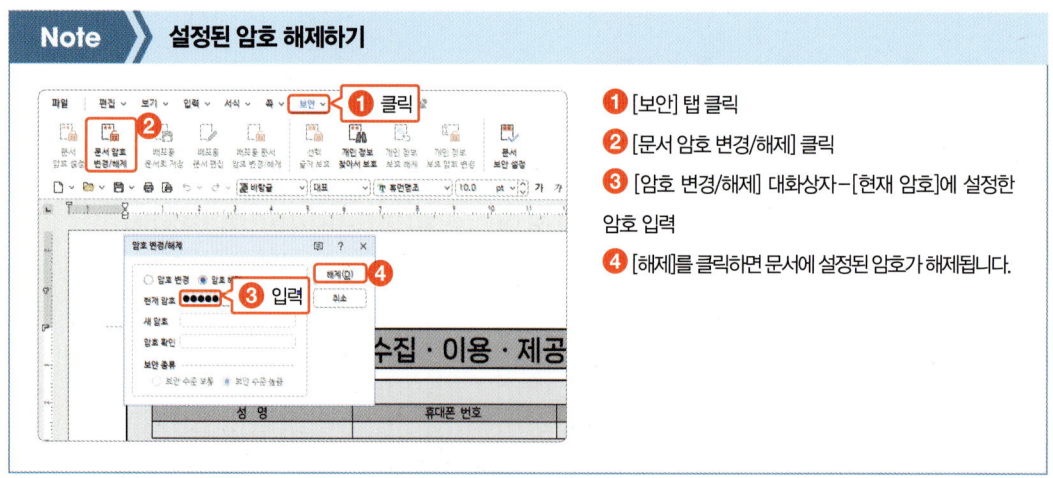

① [보안] 탭 클릭
② [문서 암호 변경/해제] 클릭
③ [암호 변경/해제] 대화상자−[현재 암호]에 설정한 암호 입력
④ [해제]를 클릭하면 문서에 설정된 암호가 해제됩니다.

003 자동 저장 설정하기

실습 파일 한글\1장\003_자동 저장 설정하기.hwp 완성 파일 없음

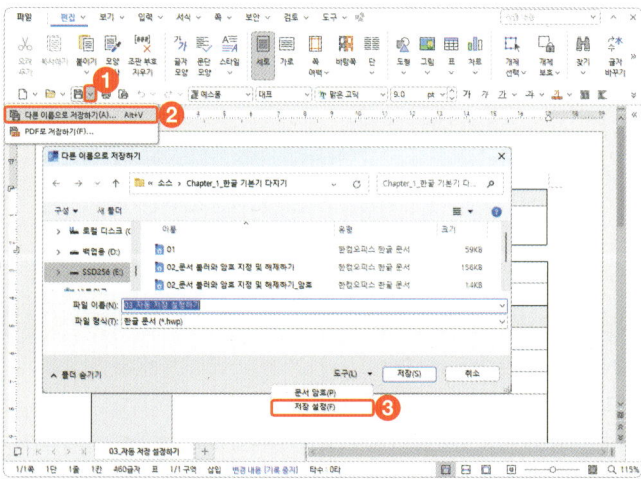

자동 저장 옵션 설정하기

01 예기치 않은 상황으로부터 문서 소실을 방지하기 위해 일정 시간마다 자동 저장되도록 설정하겠습니다.
❶ 서식 도구 상자에서 [저장하기 📄]의 ☑ 클릭
❷ [다른 이름으로 저장하기] 클릭
❸ [다른 이름으로 저장하기] 대화상자-[도구]-[저장 설정]을 클릭합니다.

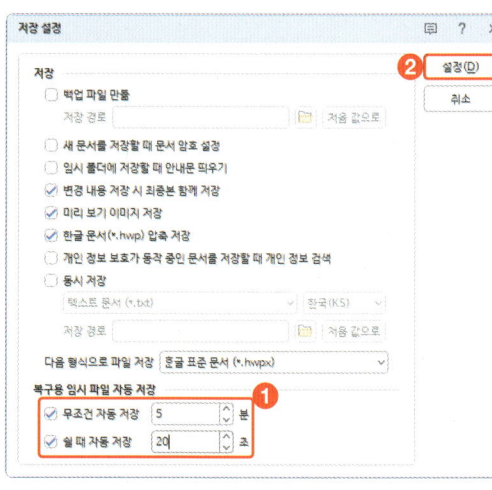

자동 저장 시간 설정하기

02 ❶ [저장 설정] 대화상자에서 [무조건 자동 저장]을 [5분], [쉴 때 자동 저장]을 [20초]로 설정 ❷ [설정]을 클릭하고 문서를 저장합니다.

TIP 자동 저장 시간을 설정한 후 문서를 저장해야 자동 저장 시간이 설정됩니다.

TIP [도구] 탭-[환경 설정]을 클릭한 후 [환경 설정] 대화상자의 [파일] 탭에서 자동 저장 시간 설정을 변경할 수 있습니다.

Note [저장 설정] 대화상자에서 환경 설정하기

[저장 설정] 대화상자에서는 문서를 저장하는 환경을 미리 설정할 수 있습니다.

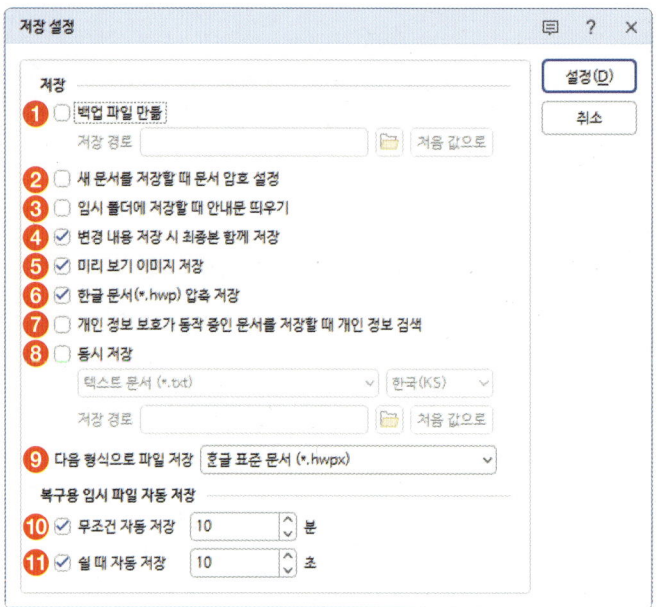

① **백업 파일 만듦** : 문서를 저장할 때 백업 파일을 별도로 저장합니다.

② **새 문서를 저장할 때 문서 암호 설정** : 새 문서로 저장할 때마다 [문서 암호 설정] 대화상자가 자동으로 나타나 암호를 설정할 수 있습니다.

③ **임시 폴더에 저장할 때 안내문 띄우기** : 임시 폴더에서 불러온 파일을 임시 폴더에 다시 저장하는 경우 문서가 삭제될 수 있으므로 다른 위치에 저장하는 것이 좋다는 안내문을 보여줍니다.

④ **변경 내용 저장 시 최종본 함께 저장** : 문서를 저장할 때 변경 내용과 이전 최종본을 함께 저장해 변경 이력을 관리할 수 있는 기능입니다.

⑤ **미리 보기 이미지 저장** : [불러오기] 대화상자의 미리 보기 창에 나타난 이미지를 문서에 저장합니다. 이 항목을 선택하면 [불러오기] 대화상자에서 문서를 선택할 때, 미리 보기 이미지가 더 빠르게 표시됩니다.

⑥ **한글 문서(*.hwp) 압축 저장** : 문서를 압축해서 저장합니다.

⑦ **개인 정보 보호가 동작 중인 문서를 저장할 때 개인 정보 검색** : 개인 정보 보호가 포함된 문서를 다른 이름으로 저장할 때 문서 안에 개인 정보가 포함돼 있는지 자동으로 검사해줍니다.

⑧ **동시 저장** : 문서를 저장할 때 다른 형식의 파일로 동시에 저장할 수 있습니다.

⑨ **다음 형식으로 파일 저장** : 저장할 문서의 형식을 변경할 수 있습니다.

⑩ **무조건 자동 저장** : 문서를 작성할 때 일정한 시간마다 무조건 자동 저장합니다. 1~60분 사이의 값을 지정할 수 있습니다.

⑪ **쉴 때 자동 저장** : 문서 작성 중 일정 시간 이상 작업하지 않을 때 자동 저장합니다. 1~360초 사이의 값을 지정할 수 있습니다.

우선순위

004 PDF 파일을 한글로 변환하기

실습 파일 한글\1장\004_PDF 파일을 한글로 변환하기.hwp 완성 파일 한글\1장\004_PDF 파일을 한글로 변환하기_완성.hwp

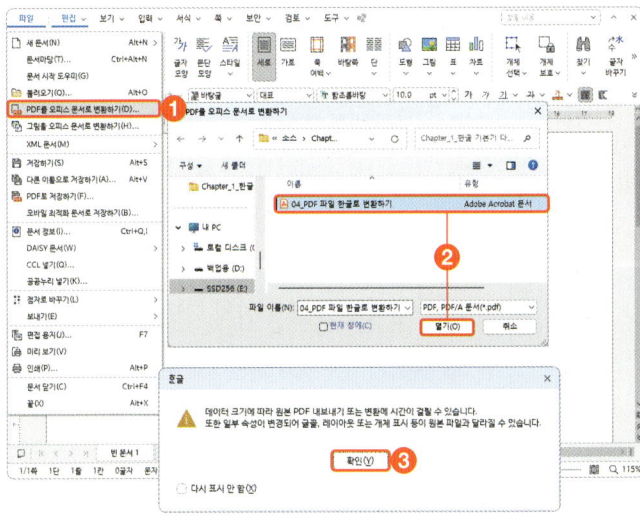

PDF 파일을 한글로 변환하기

❶ [파일] 탭-[PDF를 오피스 문서로 변환하기] 클릭

❷ [PDF를 오피스 문서로 변환하기] 대화상자에서 변환할 PDF 문서를 선택한 후 [열기] 클릭

❸ 경고 창에서 [확인]을 클릭하면 PDF 파일이 한글 문서로 변환됩니다.

Tip 복잡한 표나 그림이 많은 문서는 변환이 원활하지 않을 수 있습니다.

Tip Adobe Acrobat, 알PDF, Wondershare PDFelement 등의 PDF 편집 프로그램을 이용해 PDF 파일을 HWP 파일로 변환할 수도 있습니다.

Note 한글 문서를 PDF로 저장할 수 있나요?

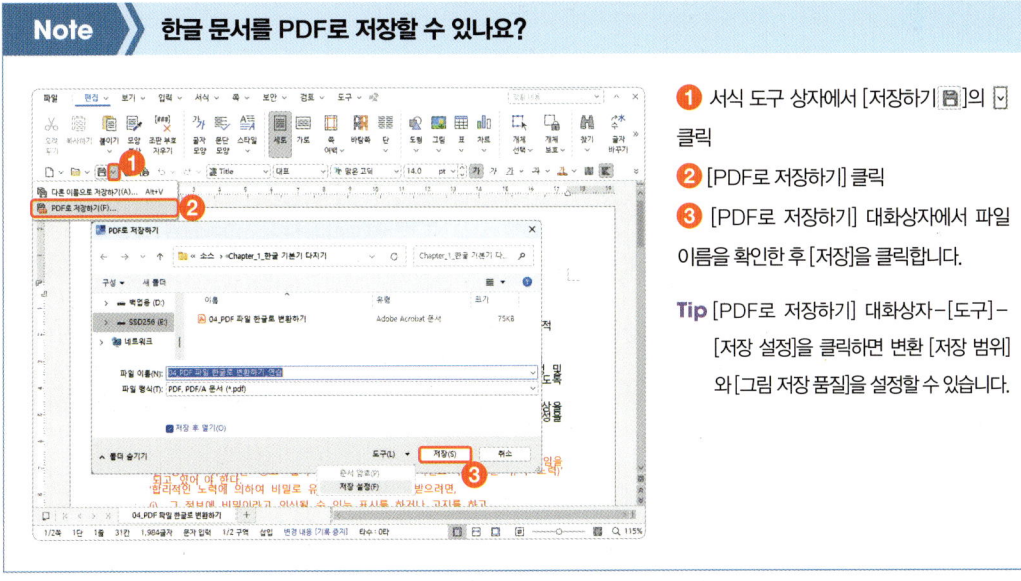

❶ 서식 도구 상자에서 [저장하기]의 ⌄ 클릭

❷ [PDF로 저장하기] 클릭

❸ [PDF로 저장하기] 대화상자에서 파일 이름을 확인한 후 [저장]을 클릭합니다.

Tip [PDF로 저장하기] 대화상자-[도구]-[저장 설정]을 클릭하면 변환 [저장 범위]와 [그림 저장 품질]을 설정할 수 있습니다.

CHAPTER 01 한글 기본기 다지기 **633**

005 한컴 애셋 활용하여 글꼴 설치하기

실습 파일 없음   완성 파일 없음

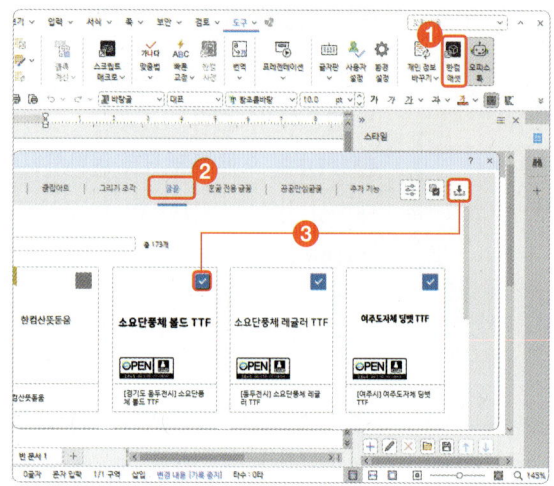

한컴 애셋 활용하여 글꼴 설치하기

한컴 애셋을 활용해 무료로 사용할 수 있는 글꼴을 설치해보겠습니다.

❶ [도구] 탭-[한컴 애셋] 클릭
❷ [한컴 애셋] 대화상자-[글꼴] 탭 클릭
❸ 원하는 글꼴을 선택하고 [내려받기]를 클릭하면, 선택한 글꼴의 설치 화면이 실행됩니다.

Tip '공공누리' 사이트에서 다양한 무료 글꼴과 미디어 소스를 내려받을 수 있습니다.

Note 한컴 애셋 더 알아보기

한컴 애셋에서는 한글 서식, 클립아트, 그리기 조각 등 문서에 활용할 수 있는 다양한 소스를 제공합니다. 이력서 서식을 다운로드해보겠습니다.

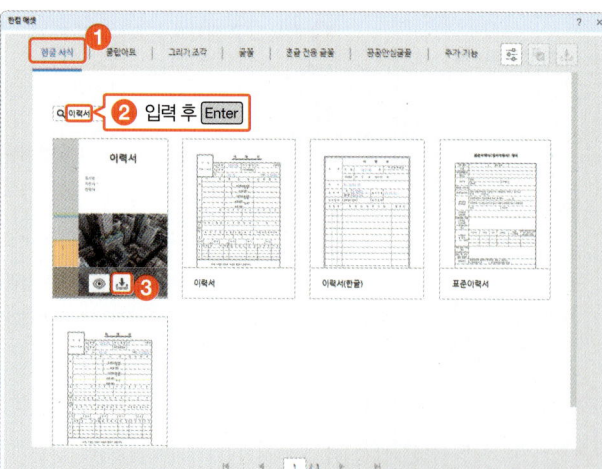

❶ [한컴 애셋] 대화상자-[한글 서식] 탭 클릭
❷ 검색 창에 **이력서** 입력 후 Enter
❸ 원하는 이력서 서식을 선택한 후 [내려받기]를 클릭합니다.

CHAPTER
02

입력 및 기본 편집하기

한자 입력 및 변환하기

실습 파일 한글\2장\006_한자 입력 및 변환하기.hwp   완성 파일 한글\2장\006_한자 입력 및 변환하기_완성.hwp

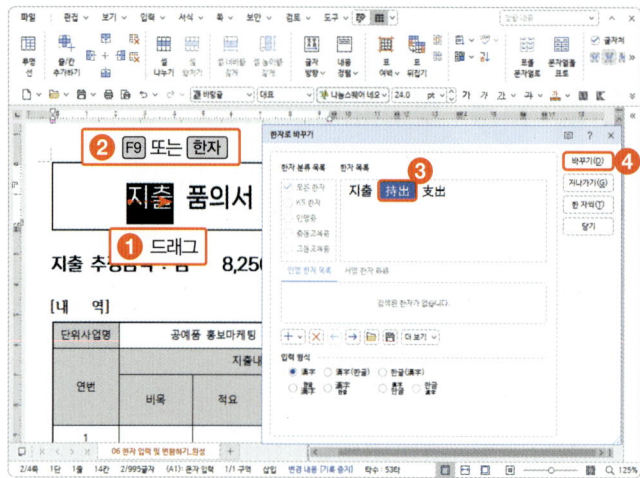

한글을 한자로 변환하기(F9)

01 한글에서 한자, 한자에서 한글 변환은 글자나 단어 단위로 변경할 수 있습니다. 실습 문서에서 '지출품의서'를 한자로 변환해보겠습니다.

① '지출' 드래그
② F9 또는 한자
③ [한자로 바꾸기] 대화상자의 [한자 목록]에서 [持出] 선택
④ [바꾸기]를 클릭합니다.

Tip '지출 품의서'를 모두 선택하고 [한자로 바꾸기]에서 [바꾸기]를 클릭하면 '품의서'도 연속해 변경할 수 있습니다.

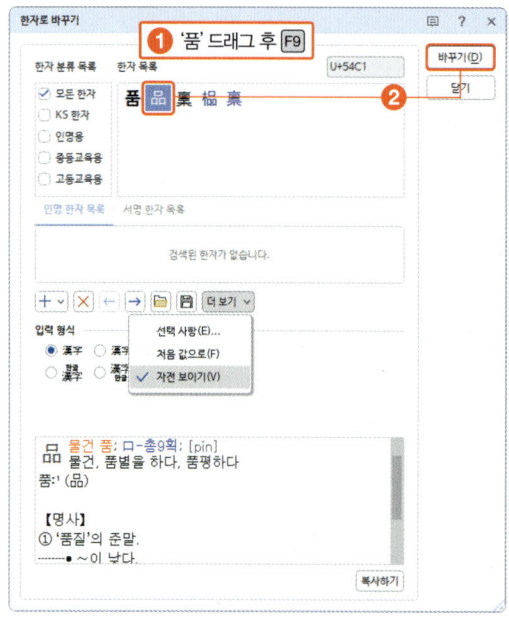

자전 이용하여 한 글자씩 한자로 변환하기

02 한자 사전에 등록되지 않은 단어는 한 글자씩 한자로 변환해야 합니다. [한자로 바꾸기] 대화상자의 [한자 목록]에 같은 음의 한자를 제시하므로, [자전 보이기]를 이용하여 음과 뜻을 보고 알맞은 한자로 변환해보겠습니다.

① '품의서'의 '품'만 드래그한 후 F9
② '품'에 맞는 음과 뜻을 찾아 한자를 선택한 후 [바꾸기]를 클릭합니다.

Tip 음과 뜻을 보여주는 [자전]이 보이지 않을 경우, [더 보기]에서 [자전 보이기]를 클릭하면 [한자로 바꾸기] 대화상자 하단에 자전이 표시됩니다.

Note [한자로 바꾸기] 대화상자 알아보기

한자로 변환할 한글 단어나 글자 뒤에서 한자 를 누르면 [한자로 바꾸기] 대화상자가 나타납니다. 선택 가능한 한자 목록을 확인할 수 있으며 입력 형식을 설정할 수 있습니다.

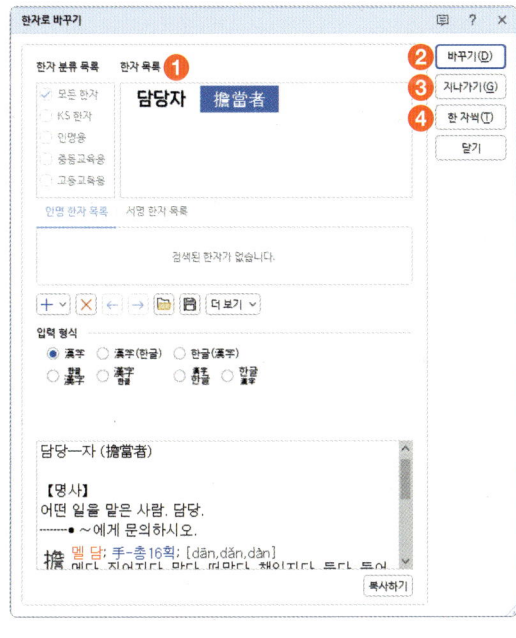

❶ **한자 목록** : 한자 사전에 수록된 한자 중 선택 가능한 한자가 나타납니다. 한자는 다양한 뜻이 있으므로 하단에 표시되는 자전에서 뜻을 확인한 후 선택합니다.

❷ **바꾸기** : 선택한 한자로 변환합니다.

❸ **지나가기** : 선택한 단어를 한자로 변경하지 않을 때 클릭합니다.

❹ **한 자씩** : 한자 사전에 등록되어 있지 않아 한자가 단어 단위로 제시되지 않을 때는 사용자가 직접 한자를 선택해 한 자씩 변환합니다.

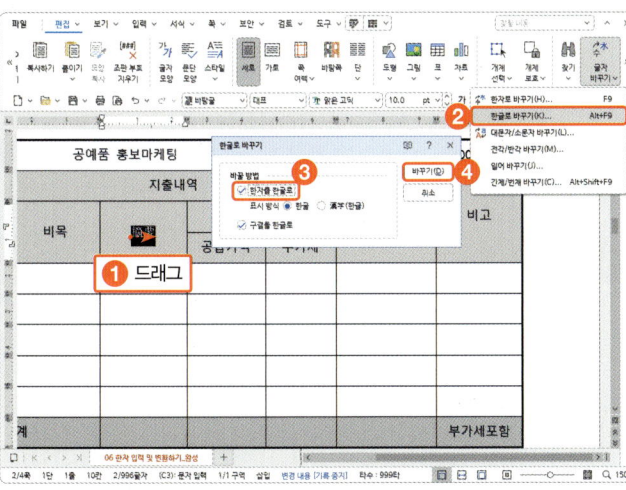

한자를 한글로 변환하기(Alt + F9)

03 한자로 입력된 지출내역 '摘要'를 한글로 변환해보겠습니다.

❶ 한글로 변환할 단어인 '摘要'를 드래그

❷ [편집] 탭-[글자 바꾸기]-[한글로 바꾸기] 클릭(Alt + F9)

❸ [한글로 바꾸기] 대화상자에서 [한자를 한글로] 체크

❹ [바꾸기]를 클릭합니다.

Tip [한글로 바꾸기] 대화상자의 [표시 방식]에서 [漢字(한글)]을 클릭하면 '摘要(적요)'와 같이 한자와 한글이 병기됩니다.

한글과 한자 함께 적기

04 한자에 익숙하지 않은 사람을 위해 한글과 한자를 함께 적는 방법을 알아보겠습니다.
❶ '비목' 드래그 ❷ F9 또는 한자 누르기 ❸ [한자로 바꾸기] 대화상자에서 의미에 맞는 한자 선택
❹ [입력 형식]에서 [한글(漢字)] 선택 ❺ [바꾸기]를 클릭합니다.

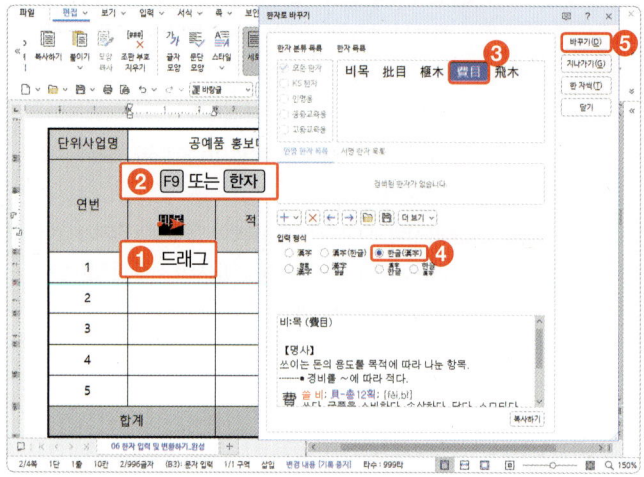

007 한자 사전에 자주 사용할 단어 직접 등록하기

실습 파일 한글\2장\007_한자 사전에 자주 사용할 단어 직접 등록하기.hwp
완성 파일 한글\2장\007_한자 사전에 자주 사용할 단어 직접 등록하기_완성.hwp

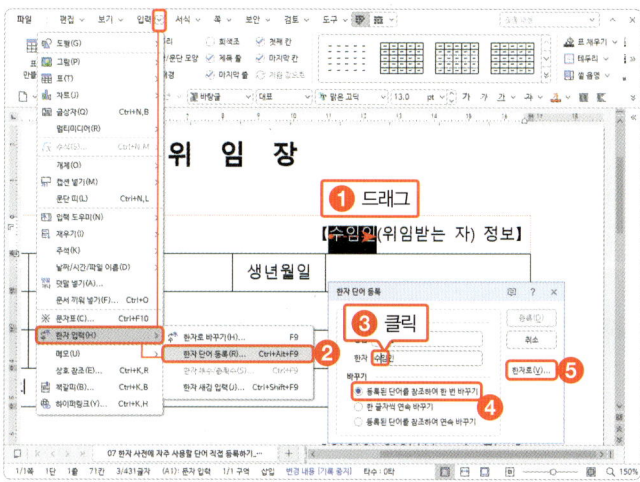

한자 단어 등록하기(Ctrl + Alt + F9)

01 실습 문제의 '수임인'을 한자 사전에 추가해보겠습니다.

❶ '수임인' 드래그

❷ [입력] 탭-[한자 입력]-[한자 단어 등록] 클릭(Ctrl + Alt + F9)

❸ [한자 단어 등록] 대화상자의 [한자]에서 '수임' 오른쪽 클릭

❹ [등록된 단어를 참조하여 한 번 바꾸기] 선택

❺ [한자로]를 클릭합니다.

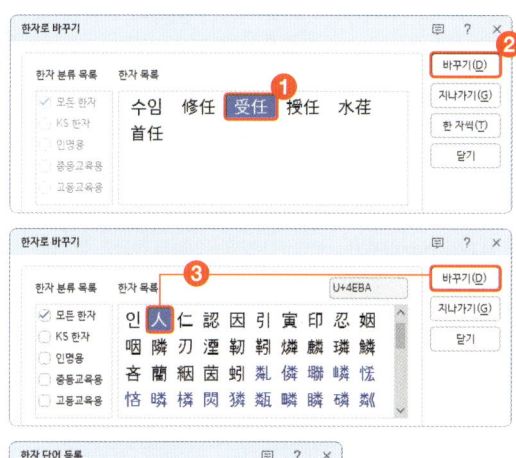

등록할 단어를 한자로 변환하기

02 [한자로 바꾸기] 대화상자에서 한자 사전에 등록할 단어를 한자로 변환해보겠습니다.

❶ [한자로 바꾸기] 대화상자의 [한자 목록]에서 [受任] 선택

❷ [바꾸기] 클릭

❸ 이어서 [人] 선택한 후 [바꾸기] 클릭

❹ [한자 단어 등록] 대화상자에서 [등록]을 클릭합니다.

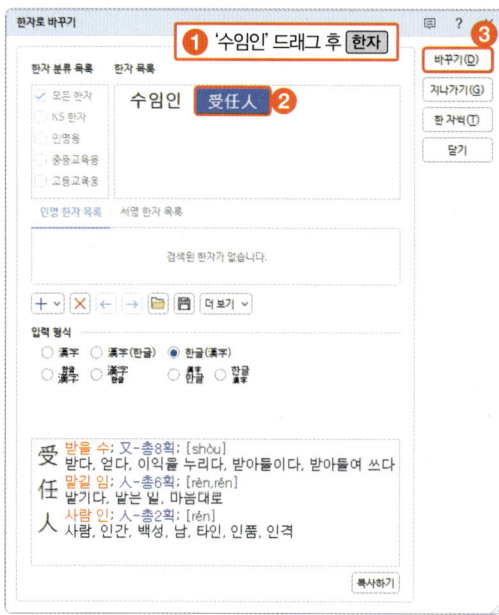

등록된 한자 확인하고 한자로 바꾸기

03 한자 사전에 한자가 등록되었는지 확인한 후 등록한 한자로 변환해보겠습니다.

① 본문의 '수임인'을 드래그한 후 [한자] 또는 [F9]
② [한자로 바꾸기] 대화상자에서 앞서 등록한 [受任人] 선택
③ [바꾸기]를 클릭합니다.

Note [한자 단어 등록] 대화상자 알아보기

[한자 단어 등록] 대화상자는 사용자가 한자 사전에 등록되어 있지 않은 단어를 사전에 추가할 때 사용합니다.

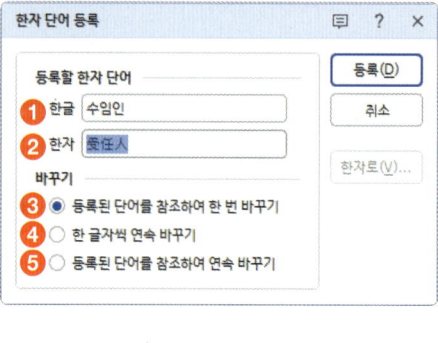

① **한글** : 문서에서 선택한 한글이 표시됩니다. 등록할 한자 음을 직접 입력할 수 있습니다.

② **한자** : 등록할 한자 음을 한자로 변환하여 입력합니다. 우선 한글로 단어를 입력하고 [한자로]를 클릭하거나 [한자]를 눌러 [한자로 바꾸기] 대화상자를 불러온 후 [한자 목록]에서 한자를 찾아 변환합니다.

③ **등록된 단어를 참조하여 한 번 바꾸기** : [한글] 입력란에 입력된 한글 단어 중 한자 사전에 등록된 단어가 있다면 한자 사전 내용을 참고하여 한 번 변환합니다.

④ **한 글자씩 연속 바꾸기** : [한글] 입력란에 입력된 한글을 한자로 바꿀 때 한 번에 한 글자씩 연속적으로 변환합니다.

⑤ **등록된 단어를 참조하여 연속 바꾸기** : [한글] 입력란에 입력된 한글을 한자 사전에 등록된 단어를 참조하여 한 단어씩 연속적으로 변환합니다.

문자표를 이용하여 특수 문자 입력하기

실습 파일 한글\2장\008_문자표를 이용하여 특수 문자 입력하기.hwp
완성 파일 한글\2장\008_문자표를 이용하여 특수 문자 입력하기_완성.hwp

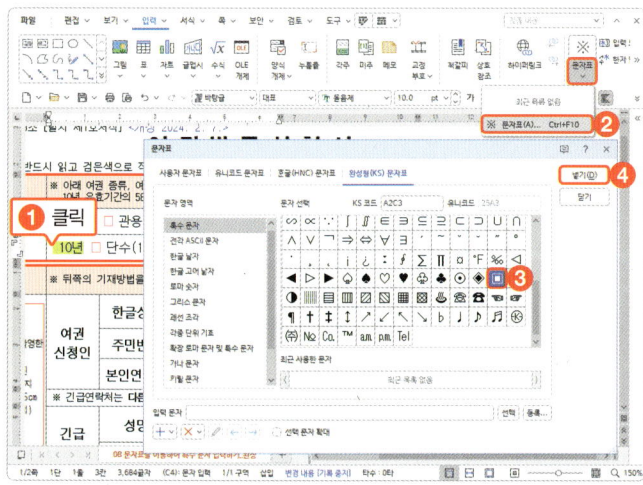

문자표를 이용해 특수 문자 입력하기 (Ctrl+F10)

01 여권 발급 신청서에서 여권 기간 '10년' 앞에 특수 문자 '■'를 입력해보겠습니다.

❶ '10년' 앞 클릭
❷ [입력] 탭-[문자표 ※]의 ⌄ 클릭 (Ctrl+F10)
❸ [문자표] 대화상자에서 [완성형 (KS) 문자표] 중 [■] 선택
❹ [넣기]를 클릭하여 선택한 특수 문자를 본문에 추가합니다.

Tip [입력] 탭-[문자표 ※]를 클릭하면 최근에 사용한 문자를 확인할 수 있습니다.

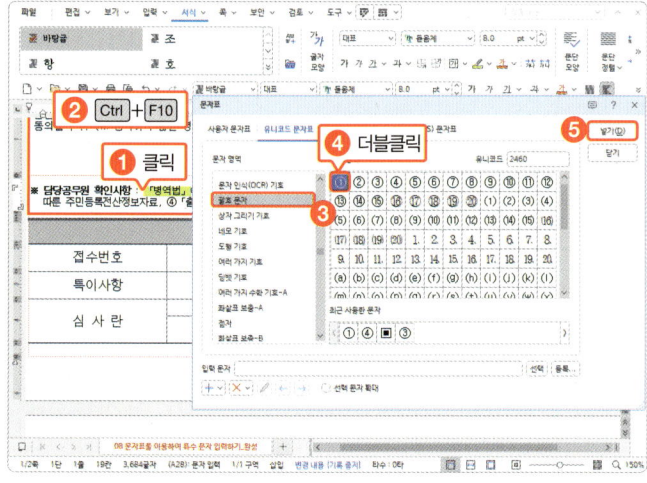

원문자 입력하기

02 '담당공무원 확인사항'에 원문자 번호를 입력하겠습니다.

❶ '「병역법」에 따른 병역 관계 서류' 앞 클릭
❷ Ctrl+F10
❸ [문자표] 대화상자에서 [유니코드 문자표] 탭-[문자 영역]의 [괄호 문자] 클릭
❹ [문자 선택]에서 [①] 더블클릭
❺ [넣기]를 클릭합니다.

Tip [문자표] 대화상자에서 [한글(HNC) 문자표] 탭-[전각 기호(원)]에서도 원문자를 입력할 수 있습니다.

Note 문서에 입력된 특수 문자 영역의 다른 기호를 빠르게 찾기

본문에 입력된 기호를 비슷한 모양의 다른 기호로 변경해보겠습니다.

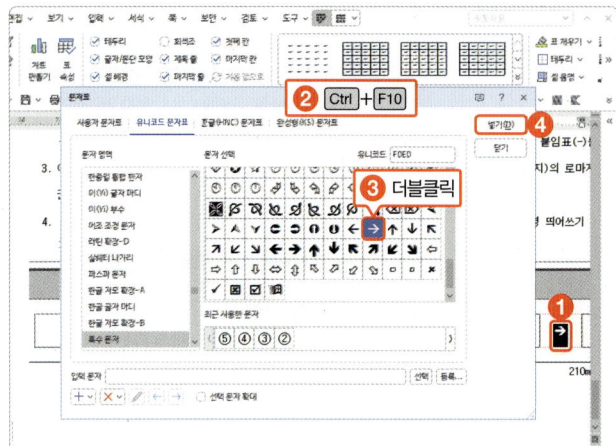

❶ 본문의 '➜' 기호 드래그
❷ Ctrl + F10 을 누르면 선택한 화살표의 특수 문자 영역이 자동으로 선택됨
❸ [➜] 더블클릭
❹ [넣기]를 클릭하여 본문의 화살표 기호를 변경합니다.

Tip [문자표] 대화상자를 다시 실행하면 앞서 사용한 문자 영역이 유지되어 유사한 특수 문자를 빠르게 입력할 수 있습니다.

단위 기호 입력하기

실습 파일 한글\2장\009_단위 기호 입력하기.hwp   완성 파일 한글\2장\009_단위 기호 입력하기_완성.hwp

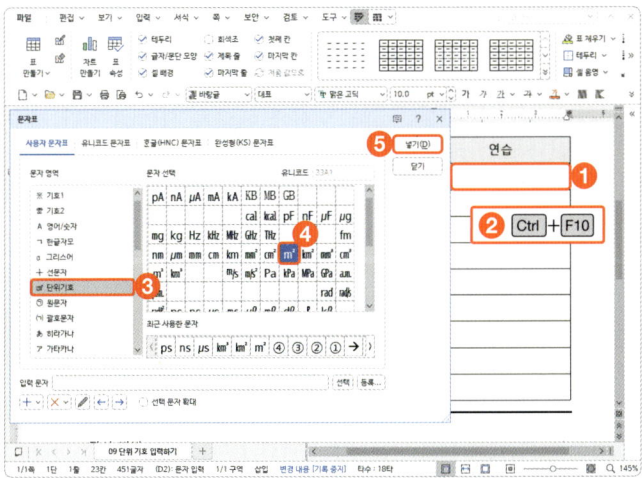

면적 단위 입력하기

01 '면적 단위'인 '연습' 셀에 제곱미터 단위를 입력해보겠습니다.

❶ '연습' 열의 첫 셀 클릭
❷ Ctrl + F10
❸ [문자표] 대화상자–[사용자 문자표] 탭–[단위 기호] 클릭
❹ [m²] 더블클릭
❺ [넣기]를 클릭합니다.

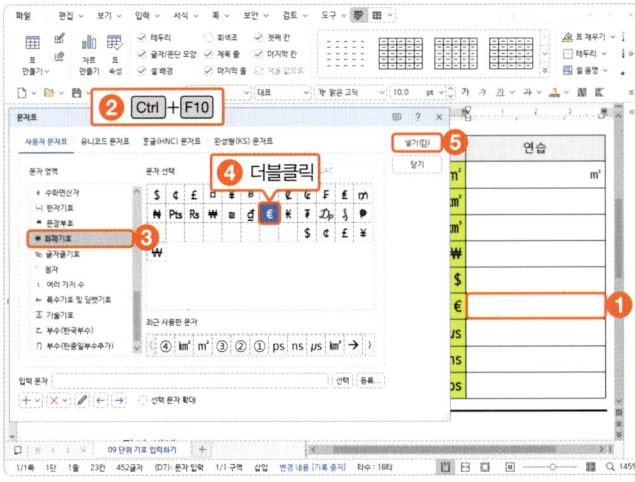

통화 단위 입력하기

02 통화와 관련된 화폐 단위도 [문자표] 대화상자에서 찾아 입력할 수 있습니다.

❶ '통화 단위'인 '유로'의 '연습' 셀 클릭
❷ Ctrl + F10
❸ [문자표] 대화상자–[사용자 문자표] 탭–[화폐 기호] 클릭
❹ [€] 더블클릭
❺ [넣기]를 클릭합니다.

 **메모 사용하기**

실습 파일 한글\2장\010_메모 사용하기.hwp 완성 파일 한글\2장\010_메모 사용하기_완성.hwp

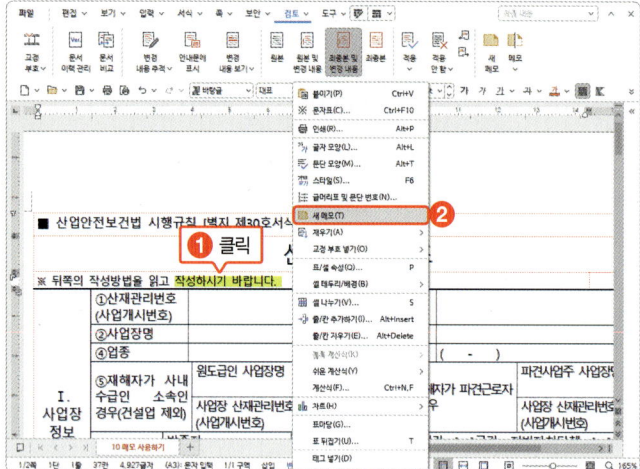

메모 삽입하기

01 다른 사용자와 공동으로 작업하는 문서에 메모를 삽입해 전달 사항을 남겨보겠습니다.

① 메모를 삽입할 위치 클릭

② [검토] 탭-[새 메모 📝]를 클릭하면 화면 오른쪽에 메모 내용이 표시됩니다.

Tip 마우스 오른쪽 버튼을 클릭한 후 [새 메모 📝] 를 선택해도 됩니다.

Tip [쪽 윤곽]이 설정되어 있지 않으면 메모는 화면 하단에 표시됩니다. [보기] 탭-[쪽 윤곽]을 클릭하면 해당 기능을 활성화하거나 비활성화할 수 있습니다.

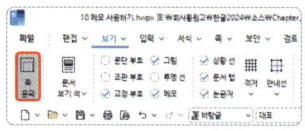

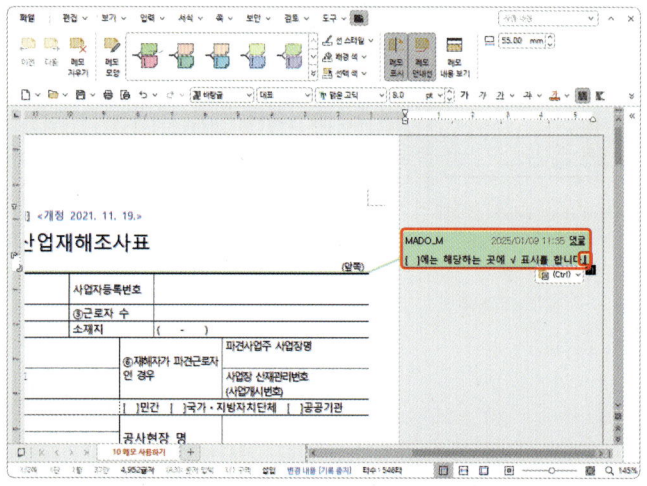

메모에 전달 사항 입력하기

02 메모에 입력할 문장을 작성합니다.

Tip 메모가 삽입되면 해당 단어와 메모가 안내선으로 연결됩니다. 메모가 어느 단어에 삽입되었는지 쉽게 확인할 수 있습니다.

메모 숨기기

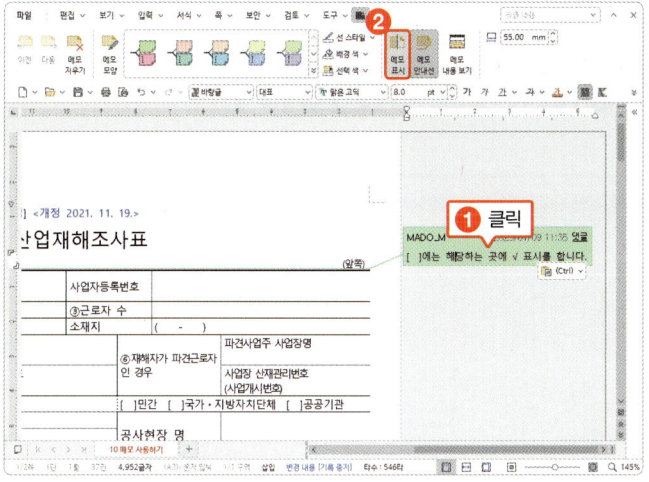

03 삽입한 메모가 거추장스럽다면 작업하는 동안 숨겼다가 원할 때 다시 표시할 수 있습니다. 표시된 메모를 숨겨보겠습니다.

❶ 입력된 [메모] 클릭
❷ [메모] 탭-[메모 표시]를 클릭한 후 [모든 메모 표시]를 선택합니다.

Tip [메모] 탭은 메모를 클릭했을 때 활성화됩니다.

메모 표시하기

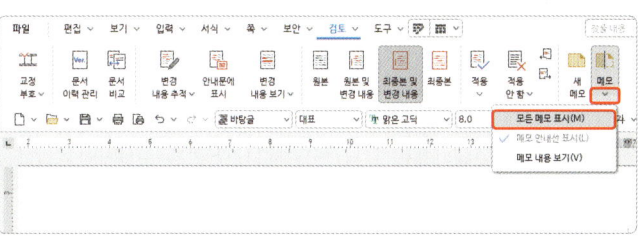

04 숨긴 메모를 다시 표시하는 방법을 살펴보겠습니다.

[검토] 탭-[메모]의 를 클릭한 후 [모든 메모 표시]를 선택합니다.

메모 지우기

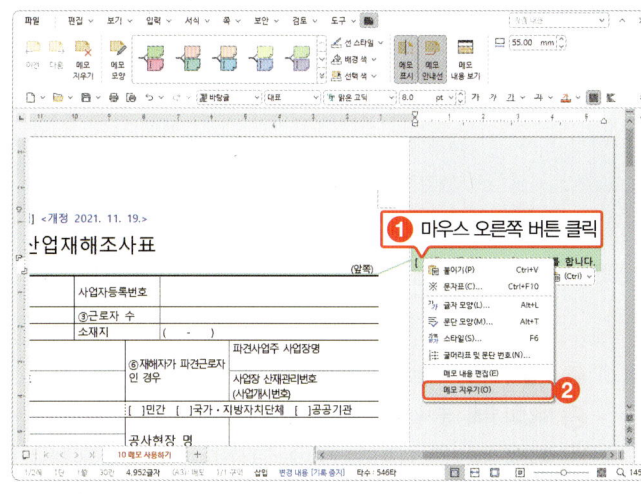

05 문서에서 필요 없는 메모를 지워보겠습니다.

❶ 삭제할 메모에서 마우스 오른쪽 버튼 클릭
❷ [메모 지우기]를 선택합니다.

Tip 삭제할 메모를 클릭한 후 [메모] 탭-[메모 지우기]를 클릭해도 됩니다.

책갈피/하이퍼링크 이용하기

실습 파일 한글\2장\011_책갈피하이퍼링크 이용하기.hwp   완성 파일 한글\2장\011_책갈피하이퍼링크 이용하기_완성.hwp

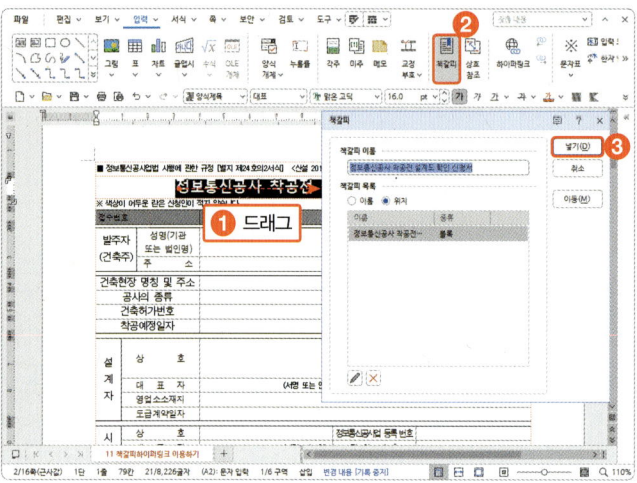

책갈피 추가하기(Ctrl+K+B)

01 쪽수가 많은 문서에서 자주 찾는 위치에 책갈피를 표시하여 해당 위치를 편리하게 찾아가도록 설정해 보겠습니다.

① 2쪽에 있는 '정보통신공사 착공전 설계도 확인 신청서' 드래그
② [입력] 탭-[책갈피 📘] 클릭
③ [책갈피] 대화상자에서 [넣기]를 클릭합니다.

Tip 4, 5, 6쪽 표 제목을 모두 책갈피로 추가합니다.

Note   [책갈피] 대화상자 알아보기

[책갈피] 대화상자에서는 새로운 책갈피를 추가하거나 기존의 책갈피를 편집, 수정, 삭제할 수 있습니다. 책갈피를 여러 개 추가했다면 이름이나 위치 순서로 정렬해서 볼 수 있습니다. 책갈피 목록에서 책갈피 이름을 선택한 후 [이동]을 클릭하면 해당 위치로 커서가 이동합니다.

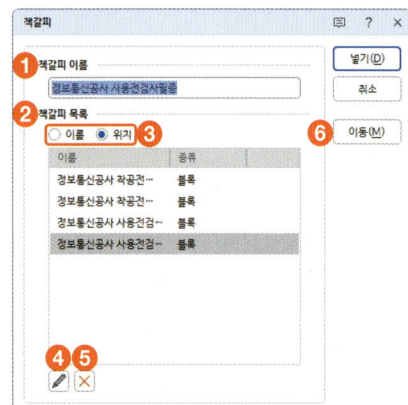

① **책갈피 이름** : 책갈피로 사용할 이름을 입력합니다.
② **책갈피 목록** : 문서에 추가한 책갈피가 나타납니다.
③ **책갈피 정렬 기준** : 이름 또는 위치 순서로 정렬을 변경할 수 있습니다.
④ **책갈피 이름 바꾸기** ✏️ : 책갈피 이름을 변경할 수 있습니다.
⑤ **삭제** ✕ : 책갈피를 삭제할 수 있습니다.
⑥ **이동** : 선택한 책갈피 위치로 이동합니다.

차례에 하이퍼링크 추가하기

02 하이퍼링크를 추가한 단어를 클릭하면 작성 중인 문서 내에 설정해둔 위치로 이동할 수 있도록 설정해보겠습니다.

❶ Ctrl + Page Up 을 눌러 1쪽으로 이동 ❷ '정보통신공사 착공전 설계도 확인 신청서'에서 마우스 오른쪽 버튼 클릭 ❸ [하이퍼링크] 선택 ❹ [하이퍼링크] 대화상자-[한글 문서] 탭-[정보통신공사 착공전 설계도 확인 신청서] 선택 ❺ [넣기]를 클릭합니다.

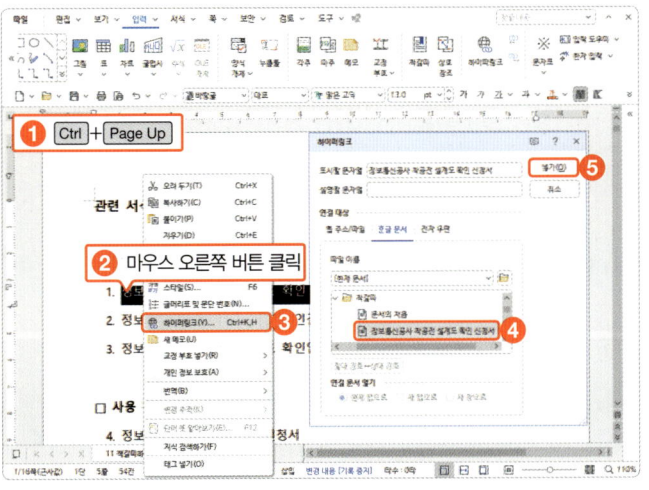

Tip 하이퍼링크를 설정하면 인터넷 웹페이지, 전자우편 프로그램 등으로도 바로 연결할 수 있습니다.

하이퍼링크 확인하기

03 하이퍼링크가 적용된 글자는 그림과 같이 글자 색이 파란색으로 변경되며 밑줄이 표시됩니다.

하이퍼링크가 설정된 '정보통신공사 착공전 설계도 확인 신청서'를 클릭하면 설정해둔 위치로 빠르게 이동합니다.

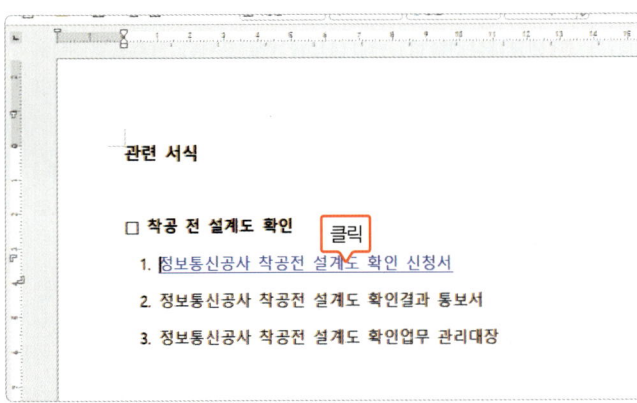

Tip 하이퍼링크가 설정된 후 방문 이력이 없으면 글자가 파란색으로 표시되며, 클릭해서 이동한 후에는 보라색으로 표시됩니다.

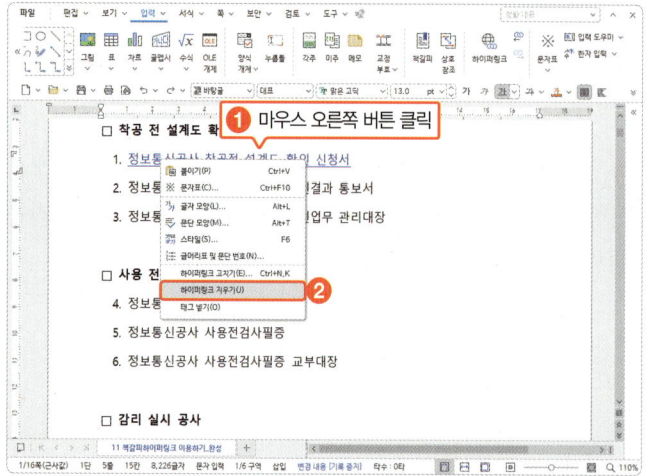

하이퍼링크 지우기

04 ① 하이퍼링크가 적용된 내용에서 마우스 오른쪽 버튼 클릭
② [하이퍼링크 지우기]를 선택하면 설정한 하이퍼링크가 지워집니다.

Tip 하이퍼링크를 수정하려면 같은 방법으로 단축 메뉴에서 [하이퍼링크 고치기]를 선택합니다.

Note [하이퍼링크 고치기] 대화상자 알아보기

선택한 단어나 문구에 하이퍼링크를 설정할 때 나타나는 대화상자입니다. 같은 문서 내에서 이동할 수 있을 뿐만 아니라 외부 문서나 웹사이트로도 쉽게 이동할 수 있습니다.

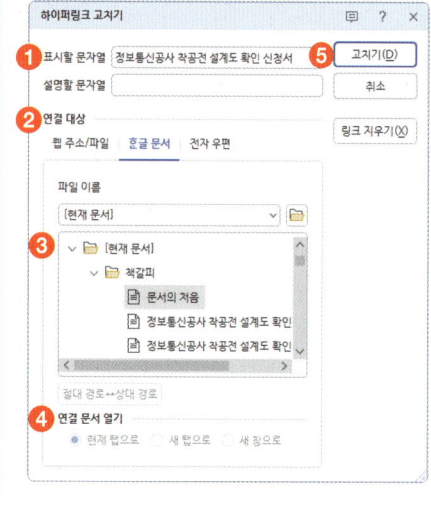

① **표시할 문자열** : 하이퍼링크를 표시할 문자열을 입력합니다. 표시할 문자열을 변경하면 문서에서도 해당 텍스트가 수정되어 하이퍼링크가 적용됩니다.

② **연결 대상** : 하이퍼링크로 연결할 대상을 선택합니다. 웹 주소/파일, 한글 문서, 전자우편 중에서 선택할 수 있습니다.

③ **연결 대상 선택 창** : [연결 대상]을 [한글 문서]나 [웹 주소]로 선택하였을 때 연결 대상 선택 창에서 하이퍼링크로 이동할 파일이나 인터넷 주소를 선택할 수 있습니다.

④ **연결 문서 열기** : 하이퍼링크에 연결된 문서를 여는 방식을 선택합니다. 현재 문서를 닫고 연결된 문서를 불러오거나 새 탭 혹은 새 창으로 문서를 열 수 있습니다.

⑤ **넣기/고치기** : 하이퍼링크를 설정하고 문서에 적용할 때 [넣기]를 클릭합니다. [고치기]는 이미 적용된 하이퍼링크를 수정할 때 사용합니다.

012 맞춤법 검사하기

실습 파일 한글\2장\012_맞춤법 검사하기.hwp | 완성 파일 한글\2장\012_맞춤법 검사하기_완성.hwp

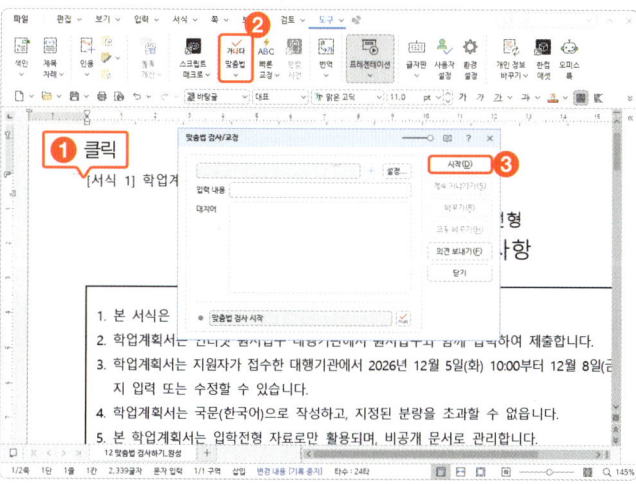

맞춤법 검사하기

01 맞춤법 검사기를 이용하여 오탈자를 찾아 수정해보겠습니다.

❶ 문서의 시작 위치인 '[서식 1] 학업계획서' 왼쪽 클릭
❷ [도구] 탭-[맞춤법 커니다] 클릭
❸ [맞춤법 검사/교정] 대화상자-[시작]을 클릭하면 맞춤법 검사가 시작됩니다.

Tip 맞춤법 검사는 클릭한 위치부터 검사가 시작됩니다.

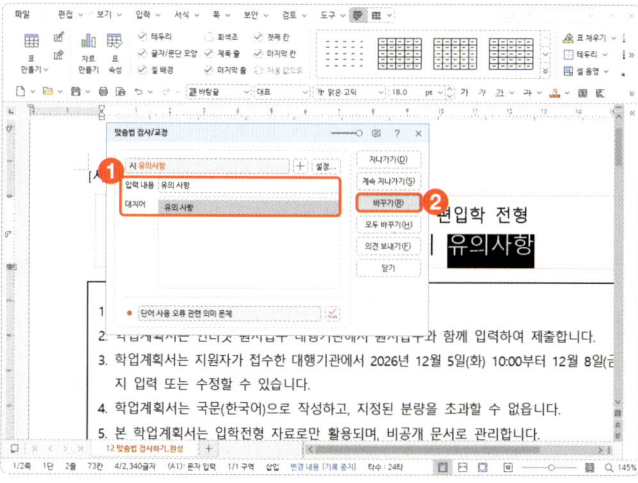

오탈자 수정하기

02 [맞춤법 검사/교정] 대화상자에서 [입력 내용]과 [대치어]를 보고 검출한 오류를 확인합니다. [대치어]가 정확하다면 [바꾸기]를 클릭하여 오류를 수정합니다.

❶ 맞춤법 오류 단어 '유의사항' 확인
❷ [바꾸기]를 클릭하여 띄어쓰기를 수정합니다.

CHAPTER 02 입력 및 기본 편집하기 **649**

Note [맞춤법 검사/교정] 대화상자 알아보기

① **입력 내용** : 맞춤법에 어긋나는 단어가 나타납니다.
② **대치어** : 맞춤법 사전의 내용을 검색해 맞춤법에 맞는 추천 단어를 표시합니다.
③ **지나가기** : 발견한 오류를 수정하지 않고 지나갑니다.
④ **계속 지나가기** : 이하 문서에 같은 오류가 있더라도 수정 없이 지나갑니다.
⑤ **바꾸기** : 발견된 오류를 선택한 [대치어]로 수정합니다.
⑥ **모두 바꾸기** : 이하 문서에 같은 오류가 있다면 한 번에 모두 변경합니다.
⑦ **의견 보내기** : 기능 또는 제품 개선에 대한 피드백을 보냅니다.
⑧ **닫기** : [맞춤법 검사/교정] 대화상자를 종료합니다.

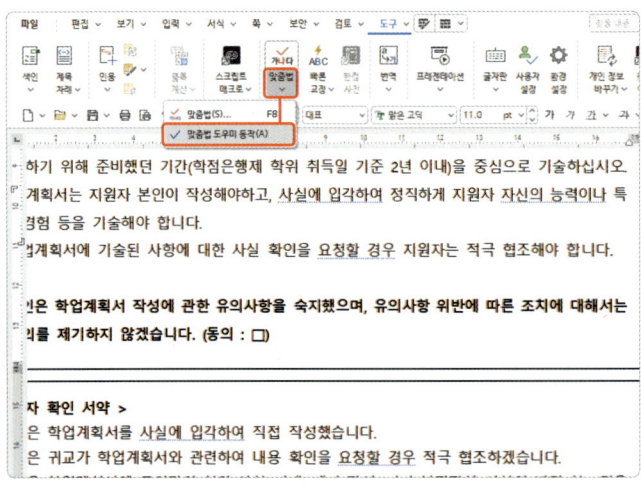

맞춤법 도우미 동작 활성화/비활성화하기

03 맞춤법 도우미가 활성화되면 오류 문장에 빨간색 밑줄이 나타납니다. 오류 표시가 보이지 않게 설정해 보겠습니다.

[도구] 탭-[맞춤법]의 -[맞춤법 도우미 동작]을 클릭합니다.

우선순위
013 찾기 및 찾아 바꾸기

실습 파일 한글\2장\013_찾기 및 찾아 바꾸기.hwp   완성 파일 한글\2장\013_찾기 및 찾아 바꾸기_완성.hwp

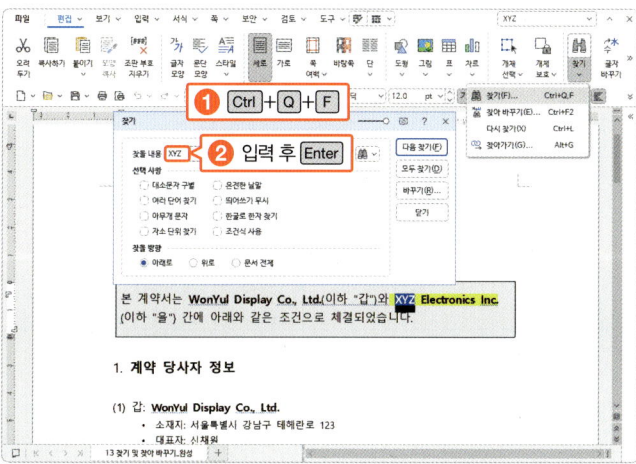

특정 단어 빠르게 찾기
(Ctrl + Q + F)

01 본문에 찾고자 하는 단어를 빠르게 찾아 그 위치로 이동할 수 있는 다양한 방법에 대해서 알아보겠습니다.

❶ Ctrl + Q + F

❷ [찾기] 대화상자에서 [찾을 내용]에 **XYZ**를 입력한 후 Enter 를 누르면 본문에 있는 'XYZ' 위치로 빠르게 이동합니다.

Tip Enter 를 다시 누르면 본문에서 다음 'XYZ' 단어 위치로 이동합니다.

Tip [편집] 탭-[찾기 🔍]를 클릭하여 [찾기] 대화상자-[찾을 내용]에 **XYZ**를 입력한 후 [다음 찾기]를 클릭해도 됩니다.

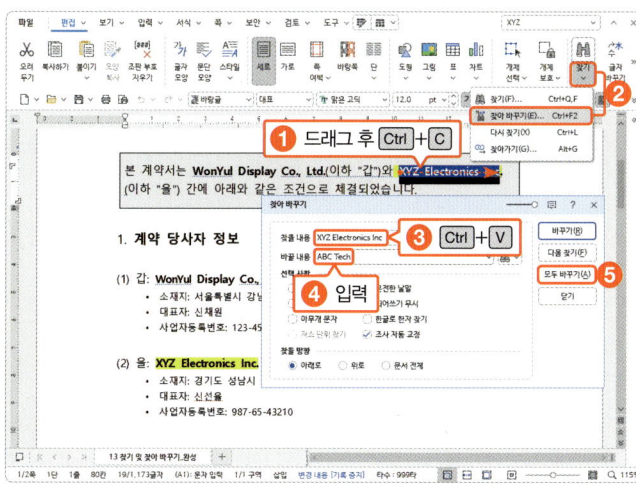

특정 단어 찾아 바꾸기(Ctrl + F2)

02 회사에서 사용하는 고정된 양식에서 특정 거래처명을 찾아 다른 거래처명으로 변경하는 작업을 해보겠습니다.

❶ 바꿀 내용인 'XYZ Electronics Inc' 드래그한 후 Ctrl + C

❷ [편집] 탭-[찾기 🔍]의 ▼-[찾아 바꾸기] 클릭

❸ [찾아 바꾸기] 대화상자-[찾을 내용]에 Ctrl + V

❹ [바꿀 내용]에 **ABC Tech** 입력

❺ [모두 바꾸기]를 클릭합니다.

> **Note** [찾아 바꾸기] 대화상자 알아보기

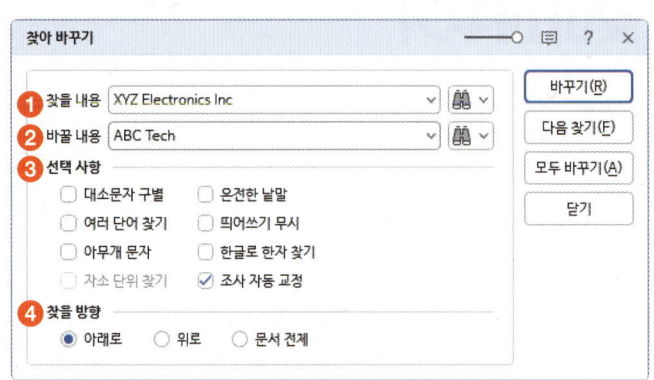

① **찾을 내용** : 본문에서 찾을 단어나 문장을 입력합니다.
② **바꿀 내용** : 찾을 내용에 입력한 단어나 문장을 대체할 내용을 입력합니다.
③ **선택 사항** : 대소문자 구별, 여러 단어 찾기, 온전한 낱말 등의 옵션을 선택할 수 있습니다. 여러 단어 찾기는 각 단어를 쉼표(,)로 구분하여 입력합니다.
④ **찾을 방향** : 찾아 바꾸기를 시작한 위치에서 아래, 위 방향을 선택하거나 전체 문서에서 찾기를 선택할 수 있습니다.

CHAPTER 03

문서 편집과 글꼴 꾸미기

클립보드 사용하기

실습 파일 한글\3장\014_클립보드 사용하기.hwp   완성 파일 한글\3장\014_클립보드 사용하기_완성.hwp

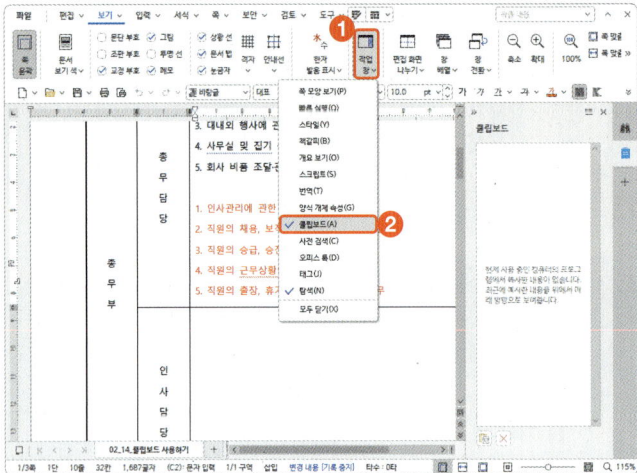

[클립보드] 작업 창 표시하기

01 클립보드는 복사한 내용을 저장해두었다가 문서에 붙여 넣을 수 있도록 도와줍니다. [클립보드] 작업 창을 통해 복사한 내용의 기록을 확인할 수 있습니다.

❶ [보기] 탭-[작업 창 ▭] 클릭
❷ [클립보드]를 클릭하면 화면의 오른쪽에 [클립보드] 작업 창이 펼쳐집니다.

Note [클립보드] 작업 창 알아보기

[클립보드] 작업 창은 복사한 내용을 클립보드에 순서대로 기록해 문서 편집의 효율성을 높여줍니다. 가장 최근에 저장된 클립보드 내용이 위쪽에 표시됩니다.

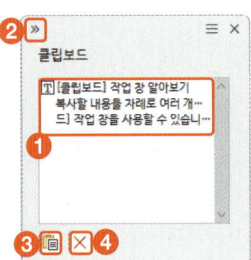

❶ 본문에서 복사하여 클립보드에 저장된 내용입니다.
❷ 작업 창 접기/펴기 : 작업 창을 접거나 펼 수 있습니다.
❸ 모두 붙이기 : 현재 [클립보드] 작업 창에 저장된 내용을 문서에 모두 붙여 넣습니다.
❹ 모두 지우기 : [클립보드] 작업 창에 저장된 내용을 모두 지웁니다.

Tip 저장된 클립보드 내용 중 특정 내용만 삭제하려면, 해당 내용에서 마우스 오른쪽 버튼을 클릭한 후 [지우기]를 클릭합니다.

Tip 윈도우 기본 클립보드에 기록된 내용은 컴퓨터를 재부팅하면 삭제됩니다. 하지만 한글 2024 문서 내에서 사용한 클립보드 내용은 재부팅한 후에도 유지됩니다.

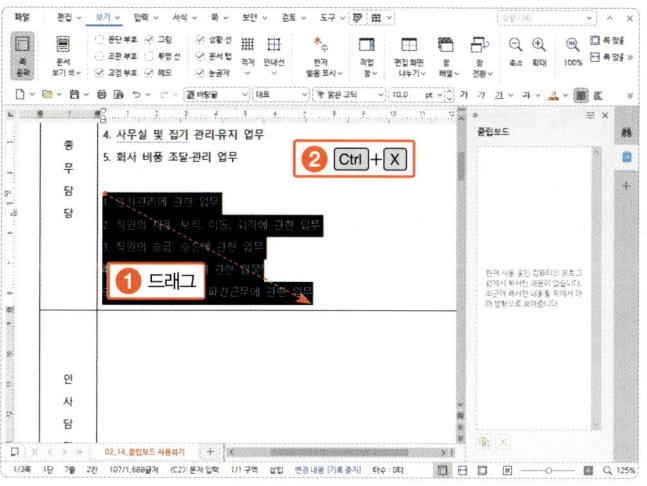

문단 오려두어 클립보드에 추가하기

02 실습 파일에서 '총무 담당'의 '분장 업무' 중에서 빨간 글씨로 적힌 내용을 '인사 담당' 부분으로 이동해 보겠습니다.

❶ 이동할 문단을 드래그
❷ Ctrl + X 를 누르면 잘라낸 문단이 클립보드 창에 표시됩니다.

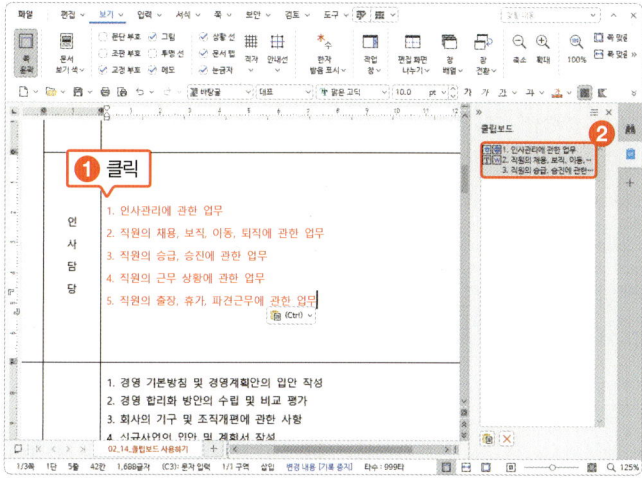

클립보드 내용을 다른 위치에 붙여 넣기

03 클립보드에 저장된 내용을 문서 내의 다른 위치에 붙여 넣어보겠습니다.

❶ '인사 담당'의 빈칸 클릭
❷ [클립보드] 작업 창에서 앞서 복사한 내용을 클릭합니다.

Tip Ctrl + V 로 붙여 넣으면 가장 마지막에 기록된 클립보드 내용이 입력됩니다.

Note 내용을 더 빠르게 이동하는 방법이 있을까요?

텍스트를 이동할 때는 클립보드를 이용하지 않고 드래그하면 쉽게 이동할 수 있습니다.

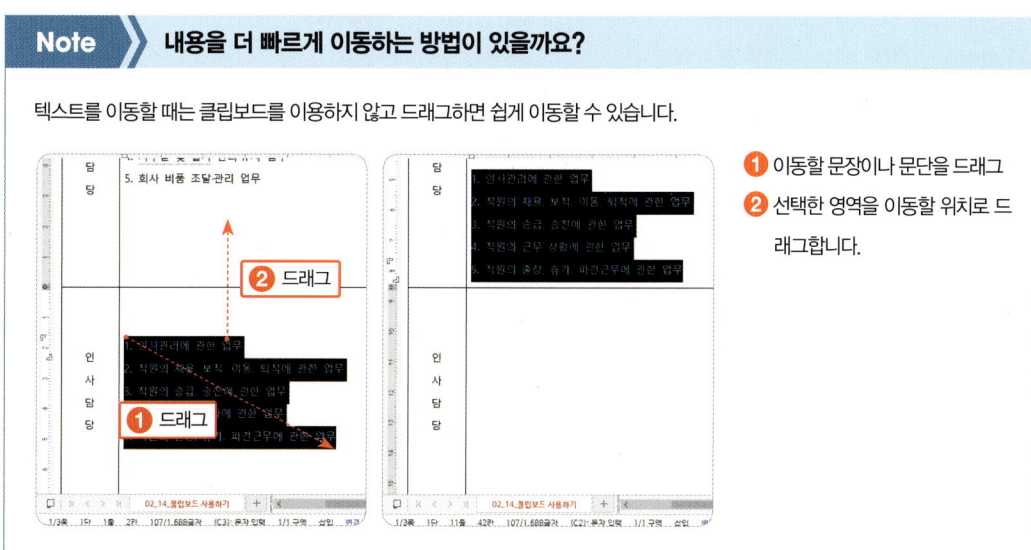

❶ 이동할 문장이나 문단을 드래그
❷ 선택한 영역을 이동할 위치로 드래그합니다.

글꼴, 글자 색, 글자 크기 변경하기

실습 파일 한글\3장\015_글꼴, 글자 색, 글자 크기 변경하기.hwp   완성 파일 한글\3장\015_글꼴, 글자 색, 글자 크기 변경하기_완성.hwp

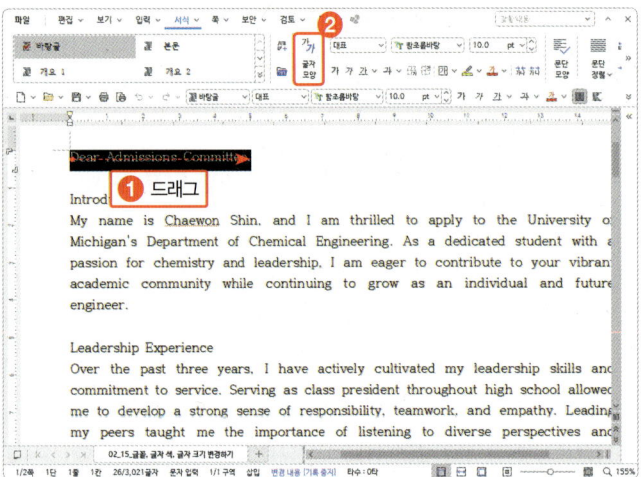

[글자 모양] 기능으로 글꼴 변경하기 (Alt + L)

01 문서 제목의 글꼴을 변경해보겠습니다.

❶ 'Dear Admissions Committee,' 드래그

❷ [서식] 탭-[글자 모양 가]을 클릭합니다.

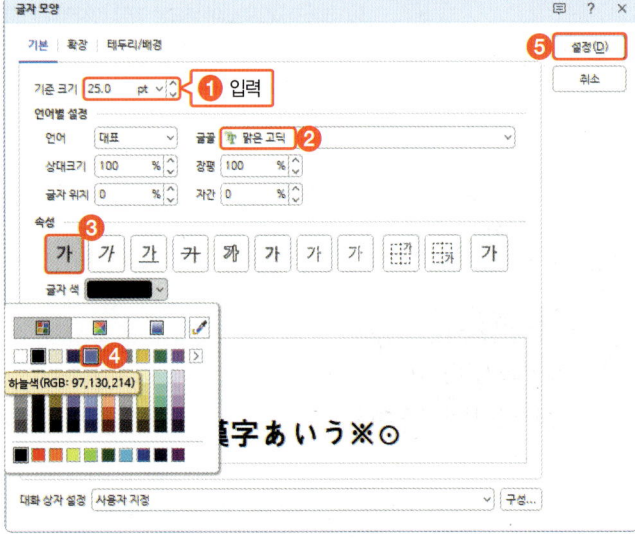

글꼴 속성 변경하기

02 ❶ [글자 모양] 대화상자에서 [기준 크기] **25** 입력

❷ [글꼴]-[맑은 고딕]

❸ [속성]-[진하게]

❹ [글자 색]-[하늘색]

❺ [설정]을 클릭합니다.

Note | [글자 모양] 대화상자의 [기본] 탭 알아보기

[글자 모양] 대화상자의 [기본] 탭에서는 글꼴, 크기, 장평 및 자간, 글자 색 등을 설정할 수 있습니다.

❶ **상대 크기** : 기준 크기에 대한 언어별 글자 크기를 정합니다. 한 문서 내에서 한글과 영문, 한자를 함께 쓸 때는 글꼴 크기가 서로 다른 경우 언어별로 적당한 상대 크기를 정해놓을 수 있습니다. 기본 기준 크기는 100%입니다.

❷ **장평** : 기준 크기는 그대로 유지하면서 글자의 가로 폭을 줄이거나 늘려 글자 모양에 변화를 줄 때 사용합니다.

❸ **글자 위치** : 기본 선을 기준으로 글자를 위나 아래로 움직입니다.

❹ **자간** : 글자와 글자 사이의 간격을 조절합니다.

❺ **속성** : 글꼴에 굵기, 기울임, 밑줄, 외곽선, 그림자, 첨자 등을 설정합니다.

❻ **미리 보기** : 설정된 글자 모양을 미리 확인할 수 있습니다.

❼ **대화 상자 설정** : 설정 패턴이 정형화되어 있는 경우 그 값을 파일로 저장해두었다가 필요할 때 선택하여 사용할 수 있는 기능입니다.

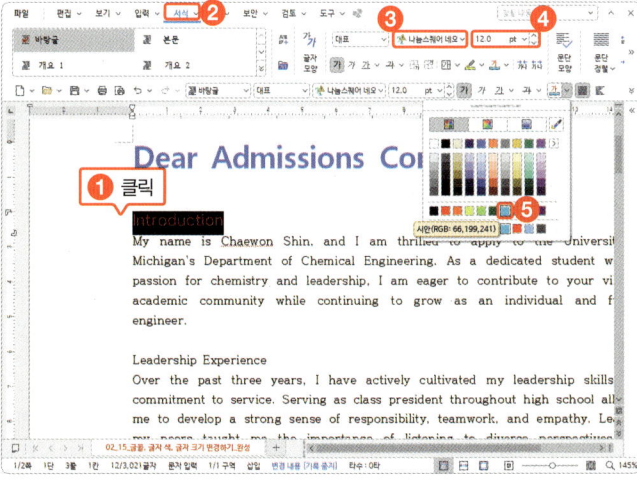

[서식] 탭의 도구를 이용해 글꼴 속성 변경하기

03 [서식] 탭의 도구를 이용하여 좀 더 빠르게 글꼴 속성을 변경해보겠습니다.

❶ 'Introduction' 왼쪽 여백 클릭

❷ [서식] 탭 클릭

❸ [글꼴]-[나눔스퀘어 네오 OTF Bold]

❹ [글자 크기]-[12]

❺ [글자 색]-[시안]을 클릭합니다.

Tip 문장을 줄 단위로 선택하려면 해당 문장의 왼쪽 여백을 클릭하면 됩니다.

Tip 이번 실습에서 사용한 '나눔스퀘어' 글꼴은 네이버에서 배포하는 무료 글꼴로, 다운로드하여 내 컴퓨터에 설치한 후 사용할 수 있습니다.

016 밑줄, 음영, 테두리/배경 지정하기

실습 파일 한글\3장\016_밑줄, 음영, 테두리/배경 지정하기.hwp 완성 파일 한글\3장\016_밑줄, 음영, 테두리/배경 지정하기_완성.hwp

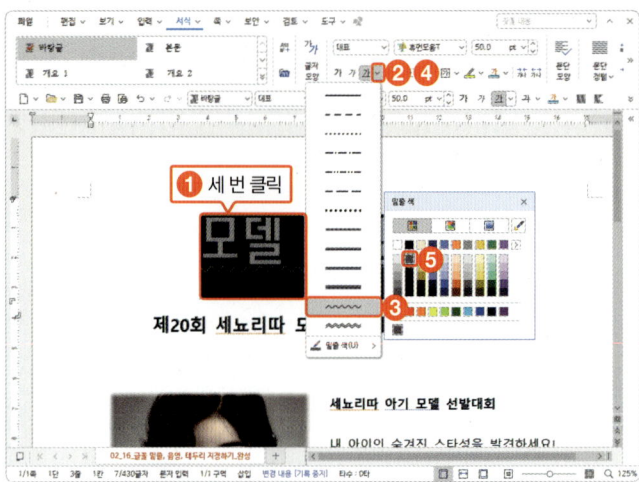

글자에 밑줄 넣기

01 문서 제목에 밑줄을 적용하고 밑줄 색을 변경해보겠습니다.

① '모델 선발대회'를 빠르게 세 번 클릭하여 선택(또는 드래그하여 선택)

② [서식] 탭-[밑줄]의 ▼ 클릭

③ [물결선] 클릭

④ 다시 [서식] 탭-[밑줄]의 ▼ 클릭

⑤ [밑줄 색]-[검정 50%, 밝게]를 클릭합니다.

Tip 낱말은 더블클릭, 줄 단위는 빠르게 세 번 클릭하면 쉽게 선택할 수 있습니다.

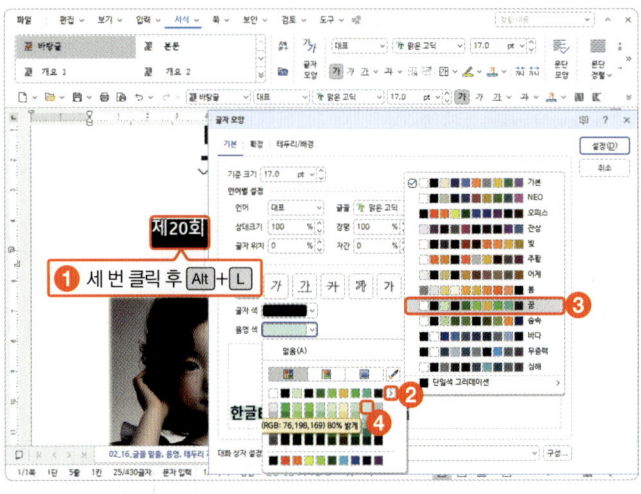

글자에 음영 지정하기(Alt+L)

02 문서 본문 첫 번째 줄에 음영과 테두리를 지정해보겠습니다.

① '제20회~개최합니다'를 빠르게 세 번 클릭한 후 Alt+L

② [글자 모양] 대화상자에서 [음영 색]-[테마 색상표 ▶]] 클릭

③ [꿈] 클릭

④ [(RGB: 76,198,169) 80% 밝게]를 클릭합니다.

Tip 음영 색을 다양한 형태로 지정할 수 있습니다.

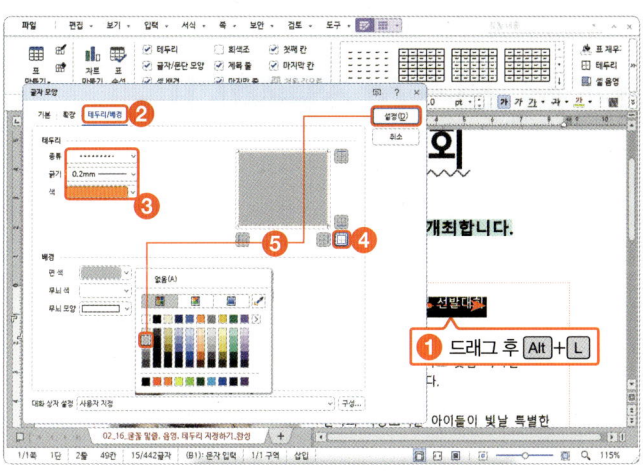

글자에 테두리/배경 설정하기

03 문장을 강조하기 위해 배경색과 테두리를 적용해보겠습니다.

❶ '세뇨리따 아기 모델 선발대회'를 드래그 후 Alt + L

❷ [글자 모양] 대화상자에서 [테두리/배경] 탭 클릭

❸ [테두리]에서 [종류]-[점선], [굵기] -0.2mm, [색]-[주황] 클릭

❹ 테두리 적용 상자에서 [모두 □] 클릭

❺ [배경]-[면 색]-[하양(RGB: 255, 255,255) 15% 어둡게]를 클릭한 후 [설정]을 클릭합니다.

Tip [글자 모양] 대화상자에서 적용한 설정과 서식 도구 상자의 [테두리]와 [표 채우기]에서 적용한 결과는 같습니다.

Note 인쇄되지 않는 음영 적용 방법 알아보기

형광펜 기능을 사용하면 중요 부분을 강조하면서 인쇄할 때는 표시되지 않도록 설정할 수 있습니다.

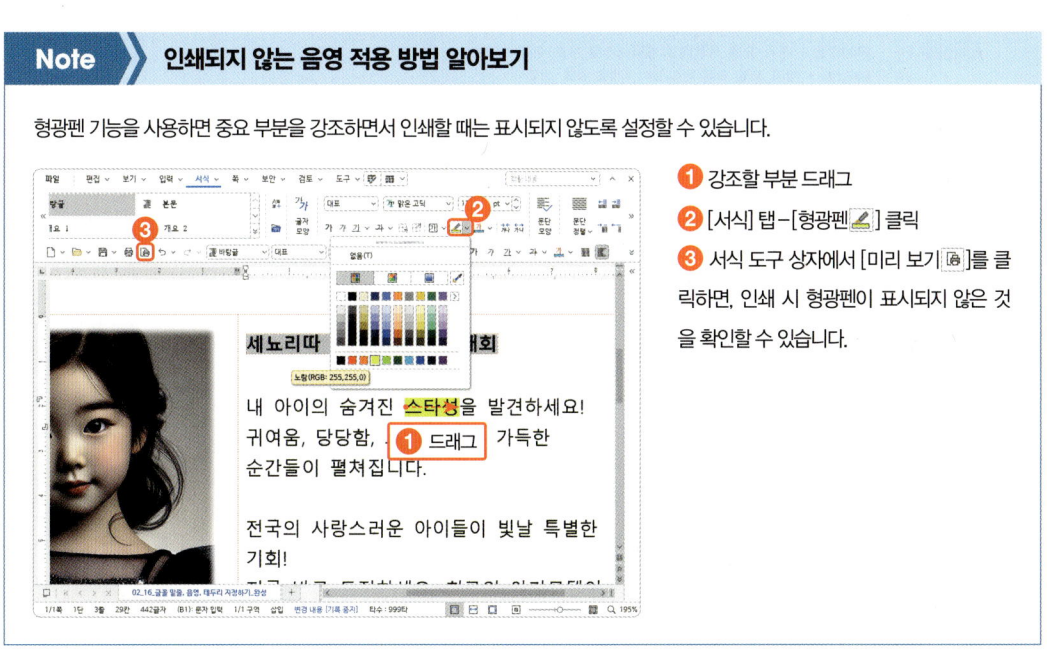

❶ 강조할 부분 드래그

❷ [서식] 탭-[형광펜 ✎] 클릭

❸ 서식 도구 상자에서 [미리 보기 🔍]를 클릭하면, 인쇄 시 형광펜이 표시되지 않은 것을 확인할 수 있습니다.

그림자, 강조점, 취소선 적용하기

실습 파일 한글\3장\017_그림자, 강조점, 취소선 적용하기.hwp   완성 파일 한글\3장\017_그림자, 강조점, 취소선 적용하기_완성.hwp

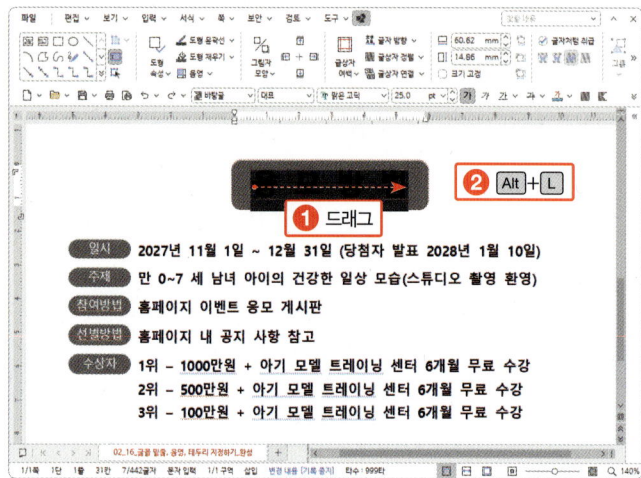

글자에 그림자 지정하기

01 글자에 그림자를 지정해보겠습니다.
① '응모방법' 드래그
② Alt + L 을 누릅니다.

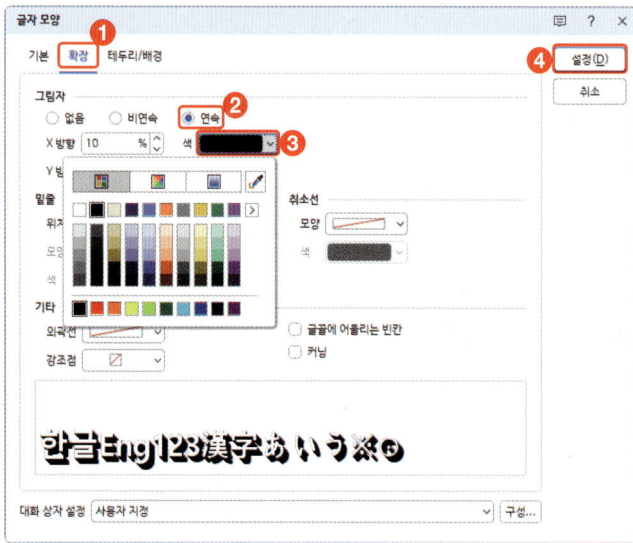

그림자 색 설정하기

02 [글자 모양] 대화상자에서
① [확장] 탭 클릭
② [그림자]-[연속] 클릭
③ [색]-[검정] 클릭
④ [설정]을 클릭합니다.

Tip 문단 내 임의의 위치를 더블클릭하면 문단 전체가 빠르게 선택됩니다.

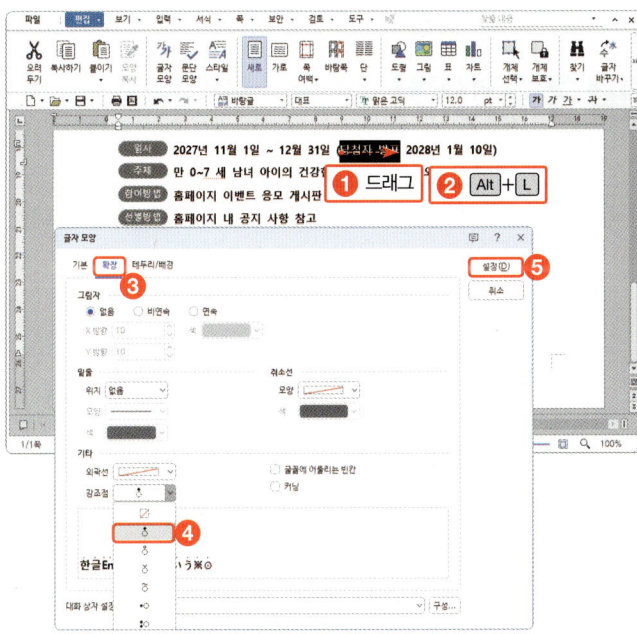

글자에 강조점 지정하기

03 글자에 강조점을 넣어보겠습니다.

❶ '당첨자 발표' 드래그

❷ Alt + L

❸ [글자 모양] 대화상자에서 [확장] 탭 클릭

❹ [기타]-[강조점]- 클릭

❺ [설정]을 클릭합니다.

Note [글자 모양] 대화상자의 [확장] 탭 알아보기

[글자 모양] 대화상자의 [확장] 탭에서는 글자의 그림자, 밑줄, 취소선, 외곽선, 강조점 등을 설정합니다.

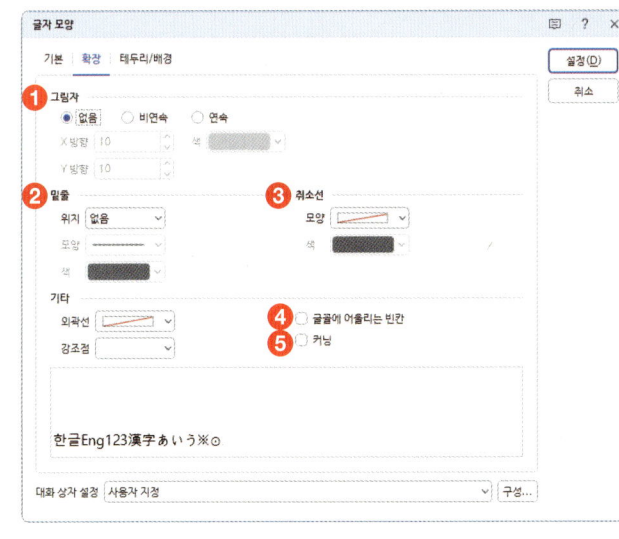

❶ **그림자** : 글자의 그림자 모양을 [없음], [비연속], [연속] 중에 선택하여 설정합니다.

❷ **밑줄** : 밑줄의 위치, 모양, 색을 선택합니다.

❸ **취소선** : 취소선의 모양과 색을 선택합니다.

❹ **글꼴에 어울리는 빈칸** : 글자 사이 빈칸의 폭을 현재 입력하는 글꼴이 가지고 있는 본래의 폭으로 나타냅니다. 이 항목에 표시가 되어 있지 않으면 빈칸의 폭을 글자 크기의 1/2로 설정합니다.

❺ **커닝** : 영문을 입력할 때 연속되는 두 글자 사이의 간격을 자동으로 보기 좋게 조정합니다.

018 자간과 장평 조정하기

실습 파일 한글\3장\018_자간과 장평 조정하기.hwp   완성 파일 한글\3장\018_자간과 장평 조정하기_완성.hwp

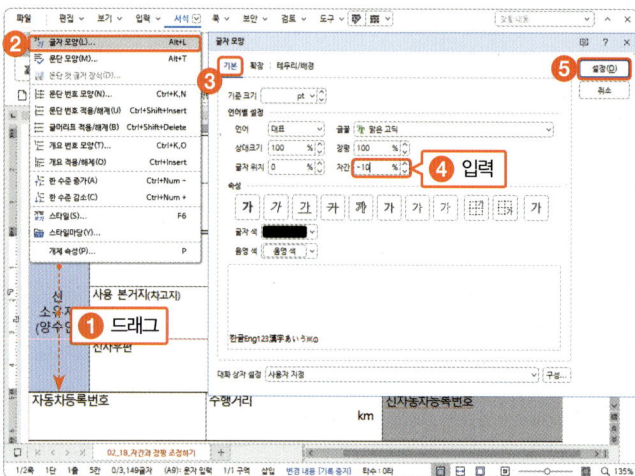

자간 변경하기(Alt + Shift + W)

01 표의 특정 셀에 글자가 한 줄로 표시되도록 자간을 조정해보겠습니다.

① 표의 '구 소유자', '신 소유자' 셀 드래그

② [서식] 탭-[글자 모양 가] 클릭 (Alt + L)

③ [글자 모양] 대화상자-[기본] 탭 클릭

④ [자간]을 -10으로 입력

⑤ [설정]을 클릭합니다.

도구 모음 이용해 자간 변경하기

02 도구 모음에서 자간을 조금씩 조정하는 방법도 있습니다.

① '이전등록신청서' 드래그

② [서식] 탭-[글자 자간 좁게]를 클릭할 때마다 자간이 1%씩 줄어듭니다.

Tip • Alt + Shift + W : 자간 늘리기
• Alt + Shift + N : 자간 줄이기

장평 변경하기

03 장평을 조정하면 한 글자를 기준으로 가로 너비를 늘리거나 줄일 수 있습니다.

❶ '이전등록신청서' 드래그
❷ Alt + L
❸ [글자 모양] 대화상자-[기본] 탭 클릭
❹ [장평]에 **150** 입력
❺ [설정]을 클릭합니다.

Tip 장평의 범위는 50~200% 범위에서 변경할 수 있으며 기본값은 100%입니다.

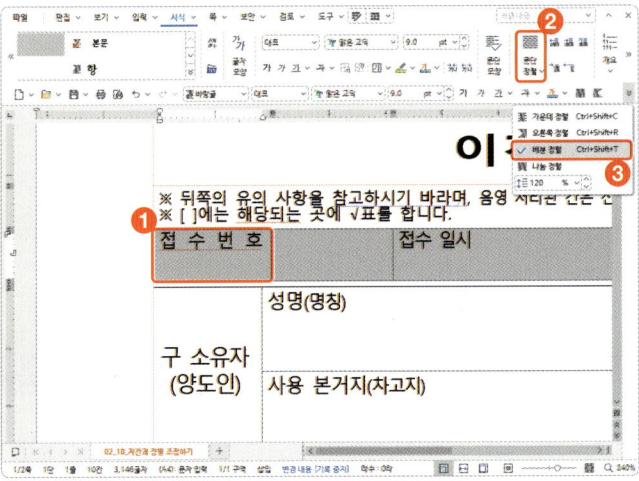

문단 배분 정렬하기 (Ctrl + Shift + T)

04 정해진 너비에 맞게 문장의 자간을 자동으로 맞춰보겠습니다.

❶ '접수번호' 셀 클릭
❷ [서식] 탭-[문단 정렬] 클릭
❸ [배분 정렬]을 클릭하면 '접수번호'가 셀 너비에 맞게 자간이 변경됩니다.

Tip 배분 정렬 시 셀뿐만 아니라 본문의 가로 너비에 맞춰 조정할 수 있습니다.

글자 모양 복사하기

실습 파일 한글\3장\019_글자 모양 복사하기.hwp 완성 파일 한글\3장\019_글자 모양 복사하기_완성.hwp

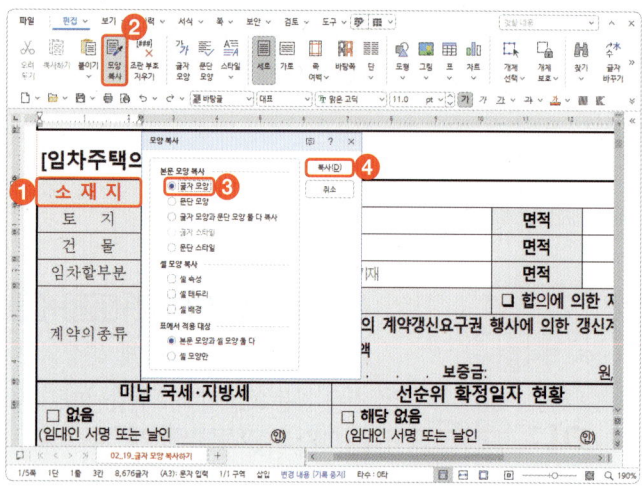

글자 모양 복사하기(Alt+C)

01 문서에서 사용한 글자 모양을 다른 내용에도 동일하게 적용해보겠습니다.

❶ '소재지' 셀 클릭
❷ [편집] 탭-[모양 복사] 클릭
❸ [모양 복사] 대화상자에서 [글자 모양] 선택
❹ [복사]를 클릭합니다.

Tip 글자 모양이 클립보드에 복사되며 화면에는 변화가 없습니다.

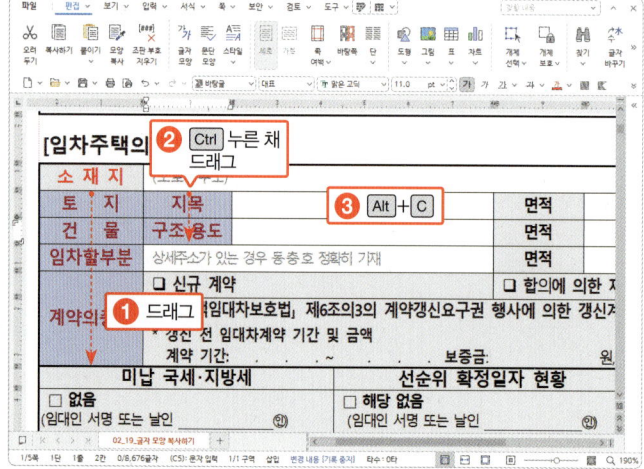

글자 모양 붙여넣기(Alt+C)

02 복사한 글자 모양을 다른 문장에 적용해보겠습니다.

❶ '토지' ~ '계약의종류' 셀 드래그
❷ Ctrl을 누른 채 '지목' ~ '구조·용도' 셀 드래그
❸ Alt+C를 누릅니다.

Note [모양 복사] 대화상자 알아보기

문서를 만들다 보면 같은 스타일로 글자나 문단을 꾸며야 하는 경우가 많은데, 이때 일일이 서식을 찾아 적용하려면 번거롭습니다. [모양 복사] 기능을 사용하면 본문에 사용된 글자 서식뿐 아니라 문단 서식까지 복사해 원하는 부분에 똑같이 적용할 수 있습니다.

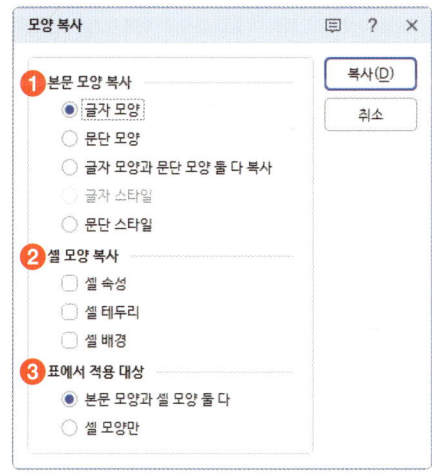

① **본문 모양 복사** : 복사할 모양이나 스타일을 선택합니다.

② **셀 모양 복사** : 표 안에서만 사용할 수 있는 옵션으로 커서 위치의 글자나 문단 모양, 스타일뿐만 아니라 현재 셀의 셀 속성이나 셀 테두리, 셀 배경까지 함께 복사해 다른 셀에 그대로 덮어쓸 수 있습니다.

③ **표에서 적용 대상** : 본문 모양과 셀 모양을 둘 다 복사할지, 셀 모양만 복사할지를 설정합니다.

020 문서 내 글꼴 종류 한 번에 변경하기

실습 파일 한글\3장\020_문서 내 글꼴 종류 한 번에 변경하기.hwp   완성 파일 한글\3장\020_문서 내 글꼴 종류 한 번에 변경하기_완성.hwp

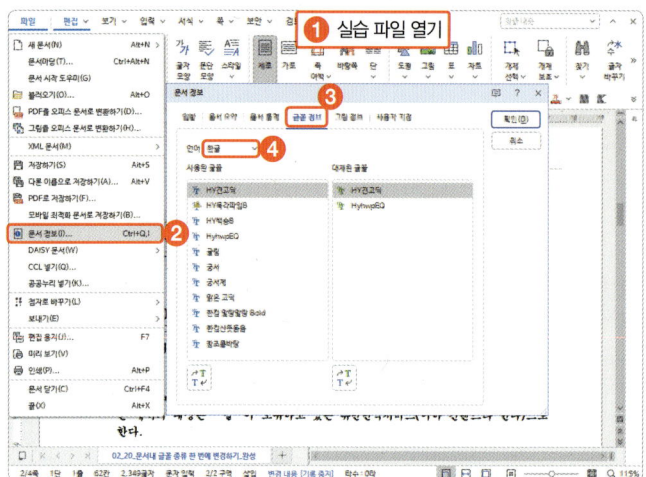

문서 내 글꼴을 한 번에 변경하기

01 인터넷, 거래처에서 전달받은 한글 파일에 사용된 글꼴이 내 컴퓨터에 없거나 너무 많은 글꼴이 사용되어 복잡해보일 때, 내 컴퓨터에 설치된 글꼴로 한 번에 변경하는 방법을 알아보겠습니다.

❶ 실습 파일 실행
❷ [파일] 탭-[문서 정보] 클릭
❸ [문서 정보] 대화상자-[글꼴 정보] 탭 클릭
❹ [언어]-[한글]을 선택합니다.

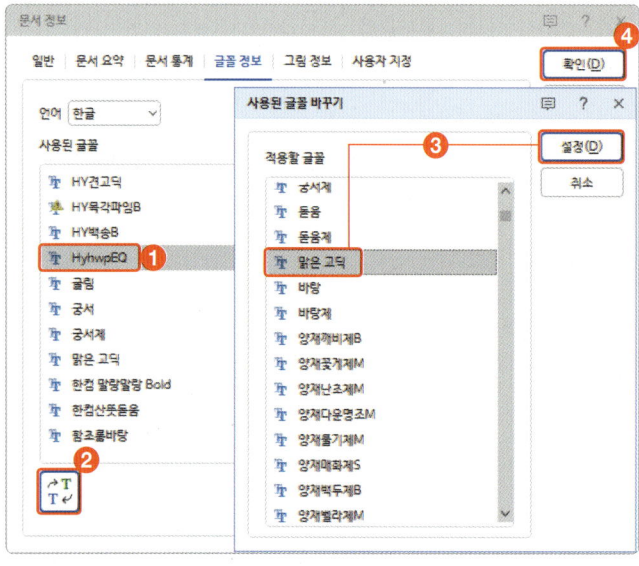

사용된 글꼴 변경하기

02 문서에서 사용된 'HyhwpEQ' 글꼴을 '맑은 고딕'으로 변경하겠습니다.

❶ [HyhwpEQ] 선택
❷ [사용된 글꼴 바꾸기] 클릭
❸ [사용된 글꼴 바꾸기] 대화상자-[맑은 고딕] 선택 후 [설정] 클릭
❹ [문서 정보] 대화상자에서 [확인]을 클릭합니다.

내 컴퓨터에 없는 글꼴 변경하기

03 타인이 작성한 문서에 사용된 글꼴 중 내 컴퓨터에 없는 글꼴은 대체 글꼴로 변경됩니다. 이때 대체 글꼴을 내 컴퓨터에 설치된 글꼴로 변경해보겠습니다.

❶ [파일] 탭-[문서 정보] 클릭 ❷ [문서 정보] 대화상자-[글꼴 정보] 탭 클릭 ❸ [언어]-[한글] 클릭 ❹ [대체된 글꼴]-[HY목각파임B] 선택 ❺ [대체된 글꼴 바꾸기 🔁] 클릭 ❻ [대체된 글꼴 바꾸기] 대화상자-[맑은 고딕] 선택 후 [설정] 클릭 ❼ [확인]을 클릭합니다.

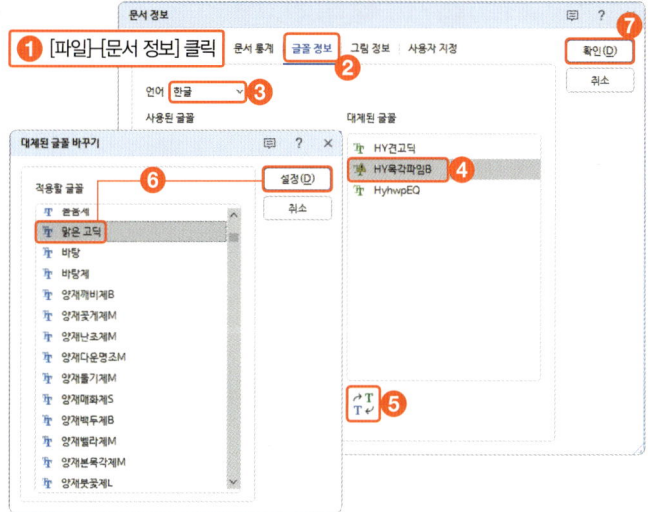

Tip 본문에 영문이 있다면 [언어]의 [영문] 항목을 같은 방법으로 글꼴을 변경합니다.

찾아 바꾸기 기능으로 글꼴 변경하기(Ctrl + F2)

04 본문에 사용된 글꼴을 [찾아 바꾸기] 기능을 이용하여 변경해보겠습니다.

❶ [편집] 탭-[찾기 🔍]의 ⌄ 클릭 ❷ [찾아 바꾸기] 클릭 ❸ [찾아 바꾸기] 대화상자-[찾을 내용]의 🔍 클릭 ❹ [찾을 글자 모양] 클릭 ❺ [글자 모양] 대화상자-[글꼴]- 한컴 말랑말랑 Bold]로 설정한 후 [설정]을 클릭합니다.

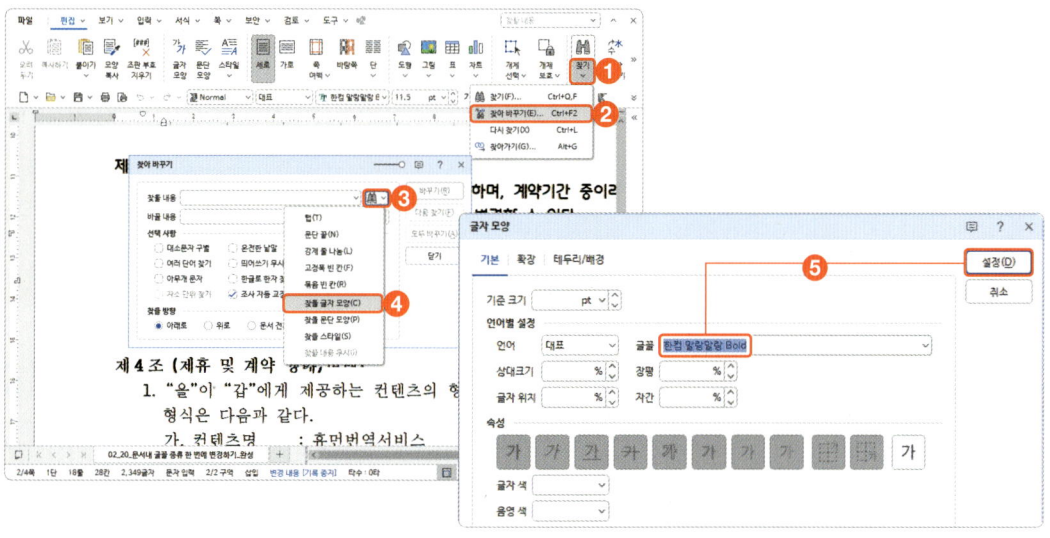

CHAPTER 03 문서 편집과 글꼴 꾸미기 **667**

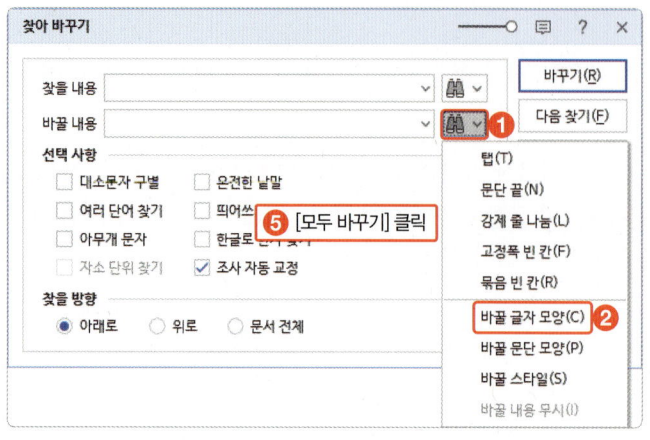

바꿀 글꼴 설정하기

05 ❶ [찾아 바꾸기] 대화상자에서 [바꿀 내용]의 🔍 클릭

❷ [바꿀 글자 모양] 클릭

❸ [글자 모양] 대화상자-[글꼴]-[맑은 고딕], [글자 색]-[빨강] 클릭

❹ [설정] 클릭

❺ [찾아 바꾸기] 대화상자-[모두 바꾸기]를 클릭합니다.

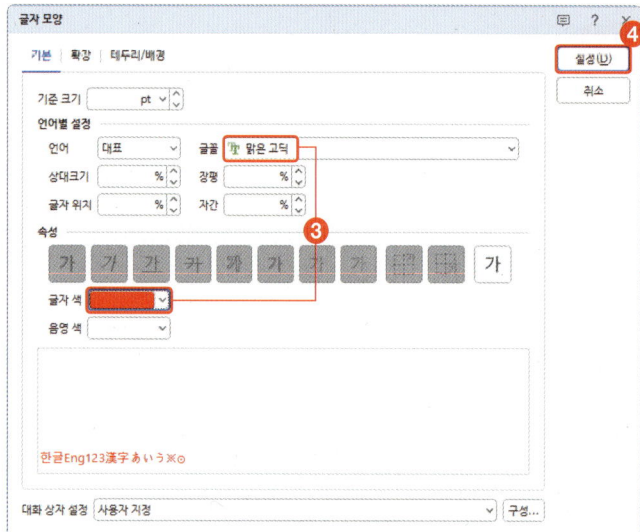

Tip [찾아 바꾸기]를 활용하면 글꼴뿐만 아니라 글꼴 색 등 다양한 속성을 빠르게 변경할 수 있습니다.

CHAPTER 04

스타일 활용하여 문단 꾸미기

우선순위

021 내어쓰기, 들여쓰기 적용하고 스타일 만들기

실습 파일 한글\4장\021_내어쓰기, 들여쓰기 적용하고 스타일 만들기.hwp
완성 파일 한글\4장\021_내어쓰기, 들여쓰기 적용하고 스타일 만들기_완성.hwp

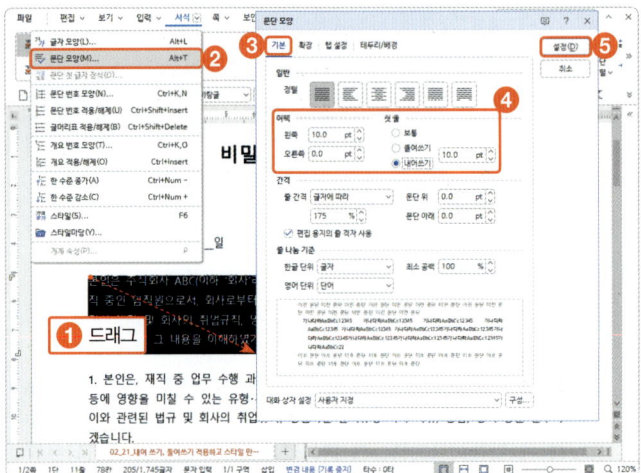

문단에 첫 줄 내어쓰기(Alt + T)

01 문단의 왼쪽 여백과 첫 줄 내어쓰기를 적용해보겠습니다.

❶ '본인은~서약합니다.' 드래그

❷ [서식] 탭-[문단 모양 📋] 클릭

❸ [문단 모양] 대화상자에서 [기본] 탭 클릭

❹ [여백]-[왼쪽]에 10, [첫 줄]-[내어쓰기]에 10 입력

❺ [설정]을 클릭합니다.

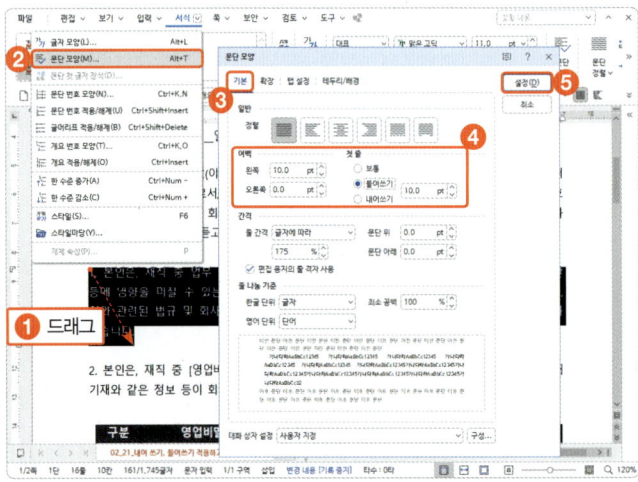

문단 첫 줄 들여쓰기(Alt + T)

02 문단의 왼쪽 여백과 첫 줄 들여쓰기를 적용해보겠습니다.

❶ '1. 본인은,~준수하겠습니다.' 드래그

❷ [서식] 탭-[문단 모양 📋] 클릭

❸ [문단 모양] 대화상자-[기본] 탭 클릭

❹ [여백]-[왼쪽]에 10, [첫 줄]-[들여쓰기]에 10 입력

❺ [설정]을 클릭합니다.

Tip 첫 줄 내어쓰기와 들여쓰기 차이는 다음과 같습니다.

첫 줄 내어쓰기 | 본인은 주식회사 ABC(이하 '회사'라 함)에 [ ]년 [ ]월 [ ]일에 입사하여 현재 재직 중인 임직원으로서, 회사로부터 영업비밀 및 영업자산의 중요성과 영업비밀 등의 보호와 관련한 법령 및 회사의 취업규칙, 영업비밀 관리규정 기타 사규, 방침, 정책 등에 관하여 충분한 설명을 듣고 그 내용을 이해하였기에, 다음 사항을 준수할 것을 서약합니다.

첫 줄 들여쓰기 | 1. 본인은, 재직 중 업무 수행 과정에서 취득한 회사의 영업비밀, 회사의 연구개발·영업·재산 등에 영향을 미칠 수 있는 유형·무형의 정보 기타 회사의 주요 영업자산을 비밀로 유지하고, 이와 관련된 법규 및 회사의 취업규칙, 영업비밀 관리규정 기타 사규, 방침, 정책 등을 준수하겠습니다.

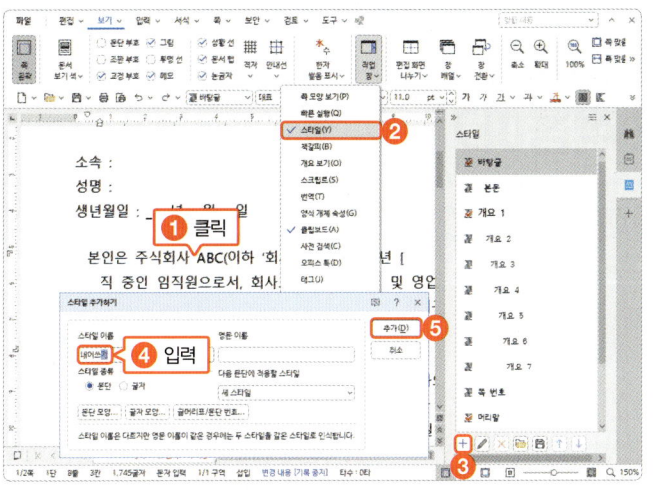

문단 스타일 추가하기

03 앞서 설정한 문단 스타일을 저장하여 다른 문단에 적용해보겠습니다.

❶ '본인은~서약합니다.' 문단 임의 위치 클릭

❷ [보기] 탭-[작업 창 ▣]-[스타일] 선택

❸ [스타일] 작업 창이 활성화되면 [스타일 추가 +] 선택

❹ [스타일 추가하기] 대화상자-[스타일 이름]에 **내어쓰기** 입력

❺ [추가]를 클릭합니다.

Tip 설정한 문단 모양, 글꼴 모양을 모두 스타일로 저장할 수 있습니다. 이후 다른 문단을 선택한 후 [스타일] 작업 창에서 [내어쓰기]를 클릭하면 동일한 스타일이 적용됩니다.

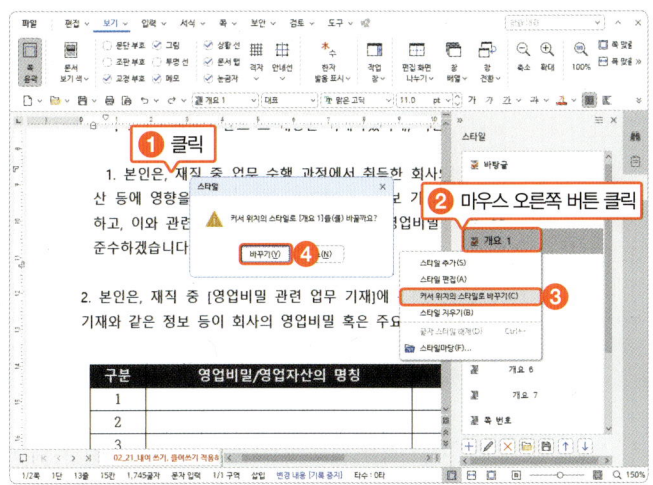

기존 문단 스타일을 커서 위치의 스타일로 바꾸기

04 실습 파일에는 [개요 1]이라는 스타일이 본문 번호 문단에 적용되어 있습니다. [개요 1] 스타일을 앞서 설정한 들여쓰기 문단의 스타일로 일괄 변경해보겠습니다.

❶ '1. 본인은,~' 문단의 임의 위치 클릭

❷ [스타일] 작업 창-[개요 1]에서 마우스 오른쪽 버튼 클릭

❸ [커서 위치의 스타일로 바꾸기] 선택

❹ [스타일] 대화상자에서 [바꾸기]를 클릭합니다.

Tip [커서 위치의 스타일로 바꾸기]는 문서에 적용된 스타일을 커서가 위치한 문단의 모양으로 한 번에 갱신할 수 있는 기능입니다.

스타일 활용하여 개요 번호 적용하기

실습 파일 한글\4장\022_스타일 활용하여 개요 번호 적용하기.hwp
완성 파일 한글\4장\022_스타일 활용하여 개요 번호 적용하기_완성.hwp

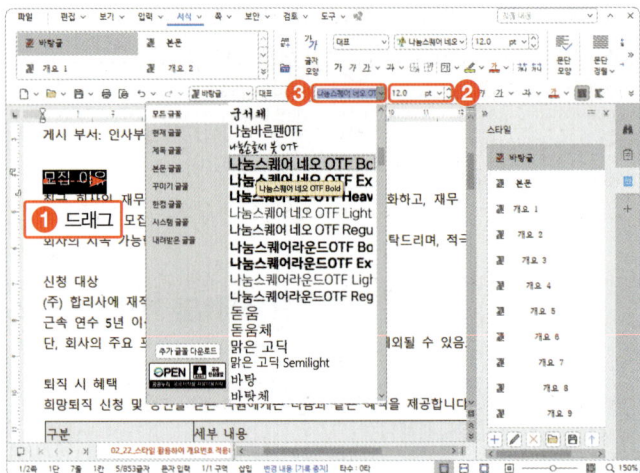

글꼴 변경하기

01 문서 전체에 일관된 형식으로 번호를 적용해보겠습니다.

❶ '모집 이유' 드래그

❷ 서식 도구 상자에서 [글자 크기] **12**로 변경

❸ [글꼴]은 [나눔스퀘어 네오 Bold] 로 변경합니다.

Tip '나눔스퀘어 네오' 글꼴은 네이버에서 다운로드하여 설치할 수 있습니다. 다른 글꼴을 사용해도 됩니다.

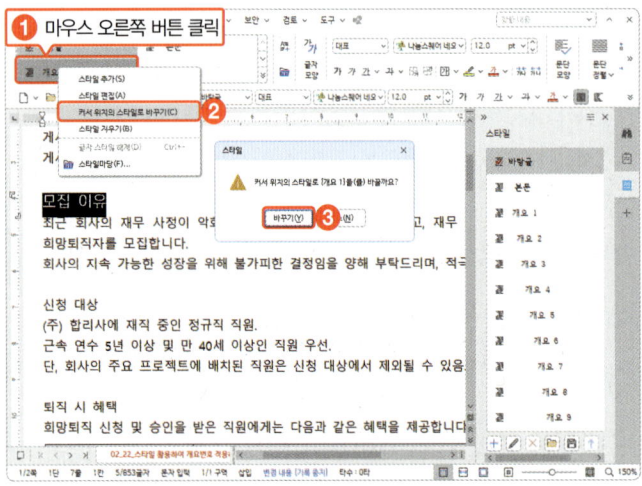

커서 위치의 스타일로 바꾸기

02 설정한 글꼴을 [개요 1] 스타일에 적용해보겠습니다.

❶ '모집 이유'가 선택된 상태에서 [서식] 탭-[스타일] 작업 창의 [개요 1]에서 마우스 오른쪽 버튼 클릭

❷ [커서 위치의 스타일로 바꾸기] 선택

❸ [스타일] 대화상자에서 [바꾸기] 를 클릭합니다.

Tip [보기] 탭-[작업 창 ▢]-[스타일]을 클릭한 후 화면 오른쪽의 [스타일] 작업 창에서 작업해도 됩니다.

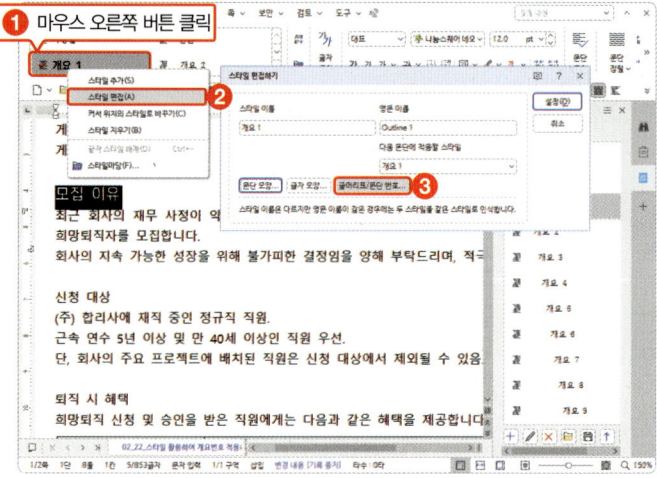

스타일 편집하여 개요 번호 적용하기

03 [개요 1] 스타일을 편집하여 문서의 전체적인 번호 체계를 설정하는 개요 번호를 적용해보겠습니다.

❶ '모집 이유'가 선택된 상태에서 [서식] 탭-[스타일] 작업 창의 [개요 1]에서 마우스 오른쪽 버튼 클릭

❷ [스타일 편집] 클릭

❸ [스타일 편집하기] 대화상자-[글머리 표/문단 번호]를 클릭합니다.

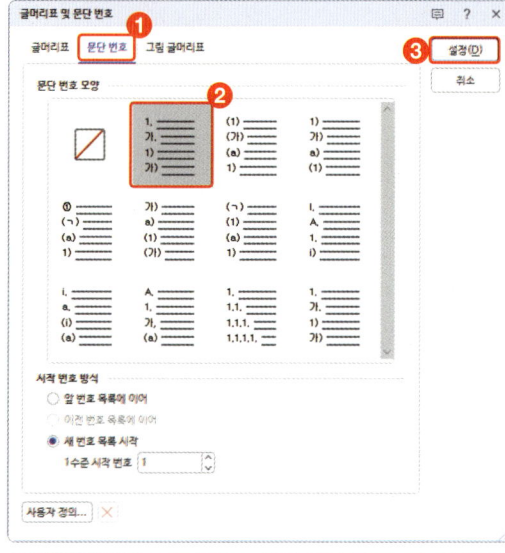

개요 번호 설정하기

04 [글머리표 및 문단 번호] 대화상자에서 [문단 번호 모양]을 선택하여 개요 번호를 적용해보겠습니다.

❶ [글머리표 및 문단 번호] 대화상자에서 [문단 번호] 탭 클릭

❷ 첫 번째 문단 번호 모양 선택

❸ [설정] 클릭

❹ [스타일 편집하기] 대화상자로 돌아오면 [설정]을 클릭합니다.

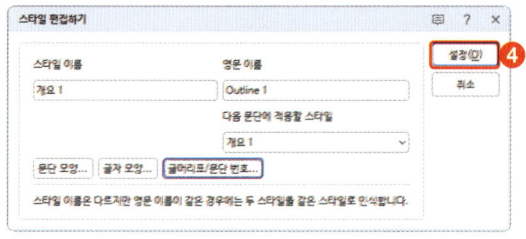

CHAPTER 04 스타일 활용하여 문단 꾸미기 **673**

Note > [글머리표 및 문단 번호] 대화상자 알아보기

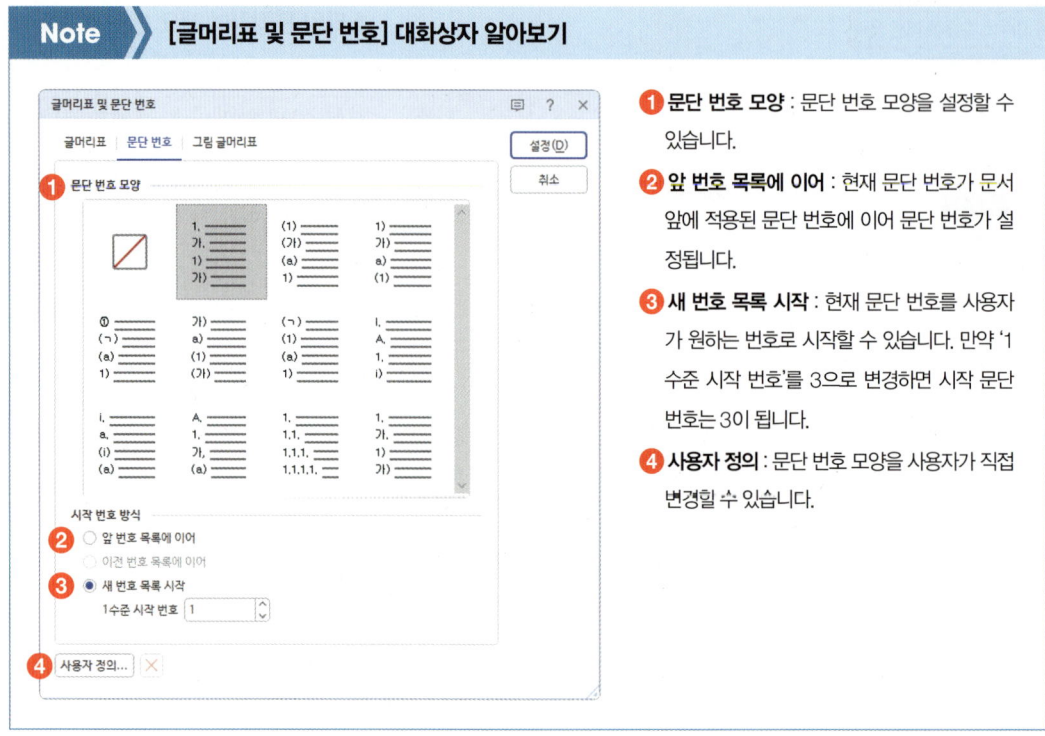

❶ **문단 번호 모양** : 문단 번호 모양을 설정할 수 있습니다.

❷ **앞 번호 목록에 이어** : 현재 문단 번호가 문서 앞에 적용된 문단 번호에 이어 문단 번호가 설정됩니다.

❸ **새 번호 목록 시작** : 현재 문단 번호를 사용자가 원하는 번호로 시작할 수 있습니다. 만약 '1 수준 시작 번호'를 3으로 변경하면 시작 문단 번호는 3이 됩니다.

❹ **사용자 정의** : 문단 번호 모양을 사용자가 직접 변경할 수 있습니다.

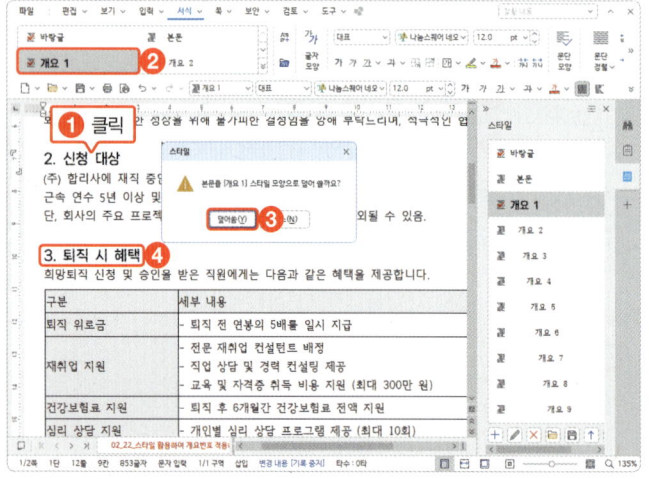

문서에 스타일 적용하기

05 앞서 변경한 '개요 1' 스타일을 다른 문단에 적용해보겠습니다.

❶ '신청 대상'에서 임의 위치 클릭
❷ [서식] 탭-[스타일] 작업 창에서 [개요 1] 클릭
❸ [스타일] 대화상자에서 [덮어씀] 클릭
❹ 문단 번호를 적용할 다른 문단에도 [개요 1] 스타일을 적용합니다.

Note 개요 번호와 문단 번호의 차이점 알아보기

개요 번호는 문서 전체의 번호 체계를 설정하는 기능이고, 문단 번호는 개요 번호의 하위 문단에 번호를 설정하는 기능입니다. 문단 번호를 설정하는 방법은 다음과 같습니다.

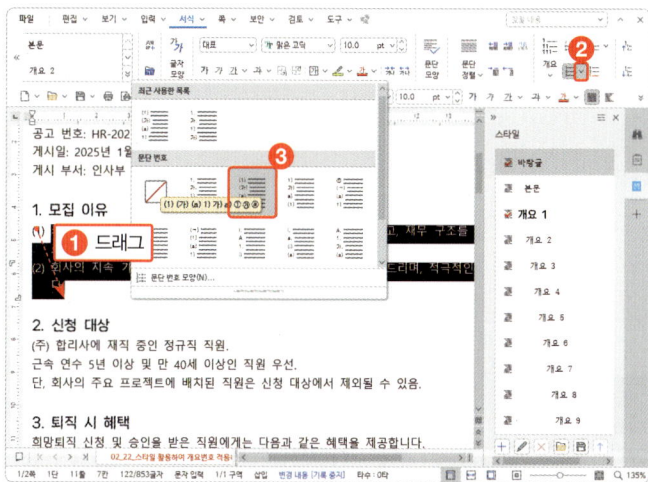

① '1. 모집 이유' 아래 문단 드래그
② [서식] 탭-[문단 번호]의 클릭
③ [문단 번호]에서 세 번째 문단 번호를 선택합니다.

Tip 나머지 하위 문단에도 같은 순서로 적용하면 문서의 번호 체계를 쉽게 설정할 수 있습니다.

Tip [서식] 탭-[개요]의 를 클릭하면 개요 번호를 적용할 수 있지만, 이때 한글 2024에서 제공하는 기본 스타일로 변경되므로 글자와 문단 스타일을 다시 설정해야 합니다.

Note 스타일 적용 단축키 설정하기

[스타일] 대화상자에 표시된 스타일 순서에 따라 Ctrl + 숫자 단축키로 스타일을 적용할 수 있습니다. 예를 들어, [개요 1]은 세 번째 순서이므로 Ctrl + 3 을 누르면 해당 스타일을 적용할 수 있습니다. 또한 스타일의 순서를 바꾸면 단축키를 변경할 수 있습니다.

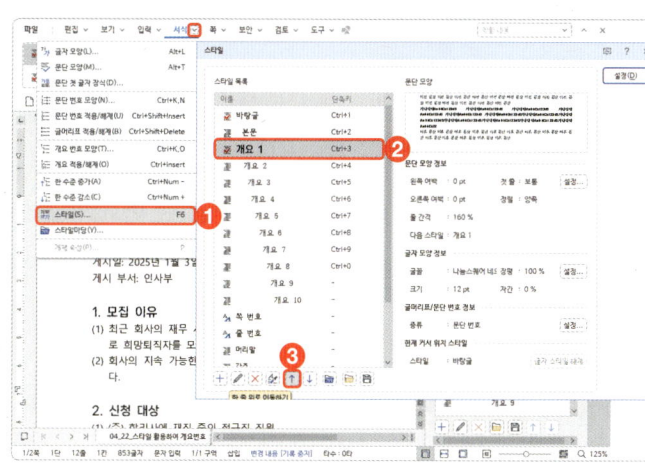

① [서식] 탭의 -[스타일] 클릭(F6)
② [스타일] 대화상자-[개요 1] 클릭
③ [한 줄 위로 이동하기]를 클릭하면 [개요 1] 스타일의 단축키가 Ctrl + 2 로 변경됩니다.

Tip [스타일] 작업 창에서 순서를 변경해도 됩니다.

023 스타일 적용된 문서의 문단 번호 수정하기

실습 파일 한글\4장\023_스타일 적용된 문서의 문단 번호 수정하기.hwp
완성 파일 한글\4장\023_스타일 적용된 문서의 문단 번호 수정하기_완성.hwp

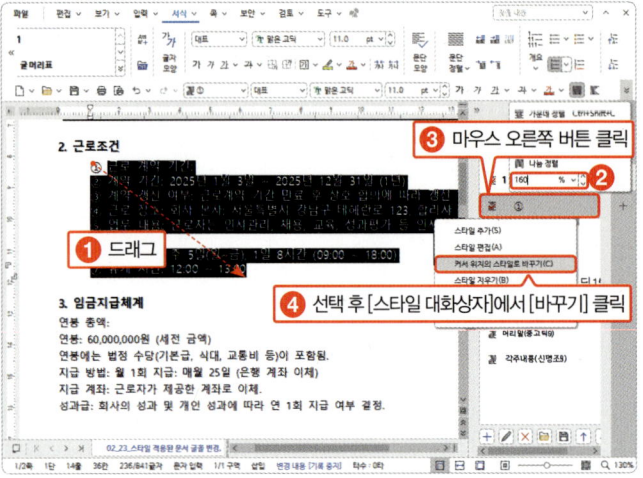

문단 줄 간격 변경하기

01 문단의 줄 간격을 변경하여 문서의 가독성을 높여보겠습니다.
① '2. 근로조건' 하위 문단 드래그
② 서식 도구 상자에서 [줄 간격]을 **160%**로 변경
③ [스타일] 작업 창의 [①]에서 마우스 오른쪽 버튼 클릭
④ [커서 위치의 스타일로 바꾸기]를 선택하고 [스타일] 대화상자에서 [바꾸기]를 클릭합니다.

Tip 스타일을 수정하면 해당 스타일이 적용된 모든 문단의 줄 간격이 함께 변경됩니다.

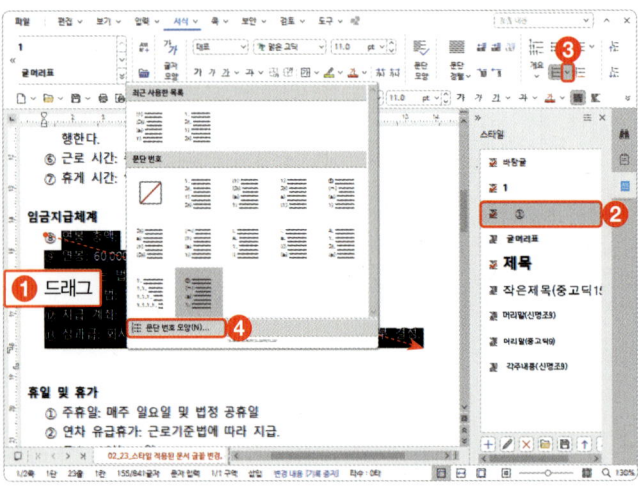

여러 문단에 문단 번호 적용하기

02 앞서 설정한 스타일을 다른 문단에도 적용해보겠습니다.
① '임금지급체계' 하위 문단 드래그
② [스타일] 작업 창의 [①] 클릭
③ [서식] 탭-[문단 번호]의 ▼ 클릭
④ [문단 번호 모양]을 클릭합니다.

문단 번호 새 번호로 시작하기

03 스타일을 이용해 문단 번호를 지정하면 앞 번호가 이어지도록 설정되는데, 원하는 부분에서 새 번호로 시작하도록 수정해보겠습니다.

❶ [글머리표 및 문단 번호] 대화상자-[문단 번호] 탭 클릭 ❷ [새 번호 목록 시작] 선택 후 [1수준 시작 번호]에 **1** 입력 ❸ [설정]을 클릭합니다.

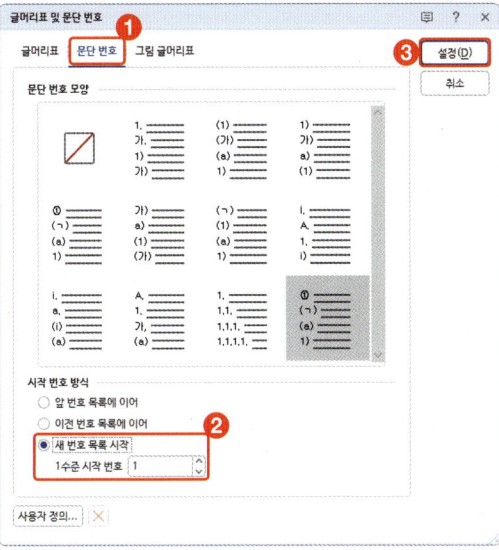

Tip 문서 아래쪽 다른 문단 번호도 같은 방법으로 변경합니다.

CHAPTER 05

쪽 꾸미기

우선순위 024 편집 용지 설정하기

실습 파일 한글\5장\024_편집 용지 설정하기.hwp 완성 파일 한글\5장\024_편집 용지 설정하기_완성.hwp

용지 종류 및 여백 변경하기(F7)

01 실습 파일의 용지 종류는 B5로, 편집 용지보다 문서 내용이 크게 작성되어 화면에서 표가 잘려 보입니다. 작성된 문서 내용에 맞게 용지 종류와 여백을 재설정해보겠습니다.

❶ [쪽] 탭 – [편집 용지 📄] 클릭(F7) ❷ [편집 용지] 대화상자 – [기본] 탭 – [용지 종류] – [종류] – [A4(국배판)] 선택 ❸ [용지 여백] – [왼쪽]과 [오른쪽]에 **20** 입력 ❹ [설정]을 클릭합니다.

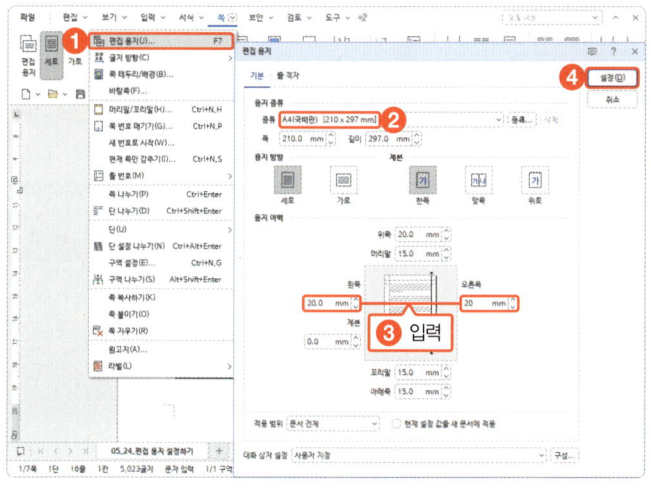

제본 영역 만들기

02 문서를 출력해 제본하면 제본되는 부분의 본문이 가려질 수 있습니다. 제본 여백을 설정하여 왼쪽 영역이 가려지지 않도록 설정해보겠습니다.

❶ F7

❷ [편집 용지] 대화상자에서 [제본]에 **10**을 입력합니다.

Tip 문서의 왼쪽 영역에 제본 영역 10mm가 추가되면서 왼쪽 여백이 10mm 늘어나게 됩니다.

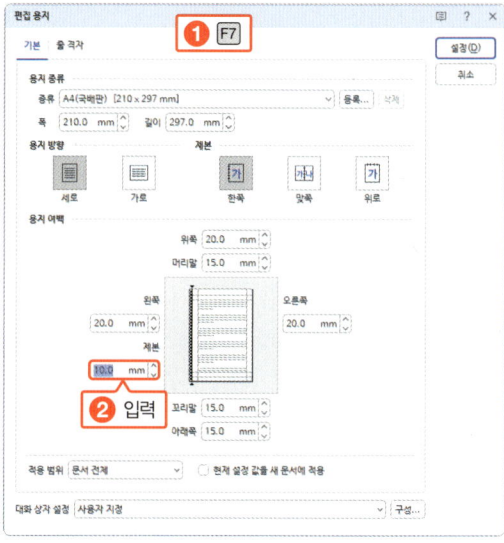

CHAPTER 05 쪽 꾸미기 **679**

제본 영역 확인하기

03 [확대/축소] 도구를 이용하여 제본 영역 설정을 확인해보겠습니다.
❶ 화면 오른쪽 하단 모서리에서 [확대/축소 🔍] 클릭 ❷ [확대/축소] 대화상자-[배율]-[폭 맞춤] 선택
❸ [쪽 모양]-[맞쪽] 선택 ❹ [설정]을 클릭합니다.

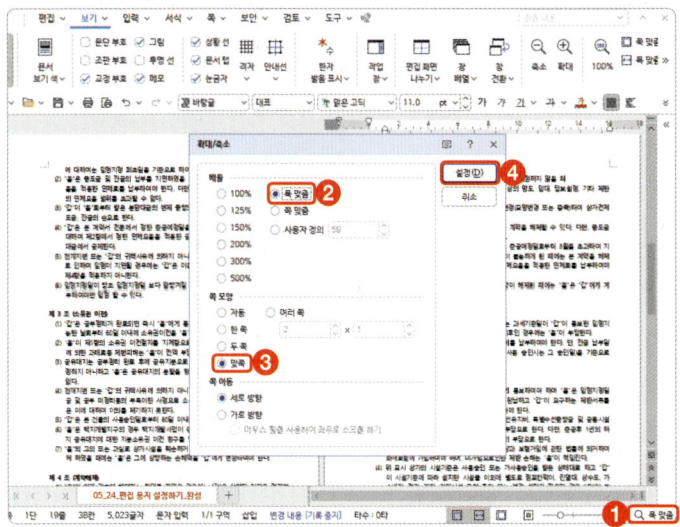

Tip 맞쪽 부분에 좀 더 여백이 생겨 제본 영역이 확보된 것을 확인할 수 있습니다.

Tip [제본]-[맞쪽]으로 문서를 출력해 제본하면 문서를 양면으로 인쇄해 묶게 되므로 홀수 쪽은 문서의 왼쪽에, 짝수 쪽은 문서의 오른쪽에 여백이 추가됩니다.

025 머리말/꼬리말 적용하기

실습 파일 한글\5장\025_머리말/꼬리말 적용하기.hwp   완성 파일 한글\5장\025_머리말/꼬리말 적용하기_완성.hwp

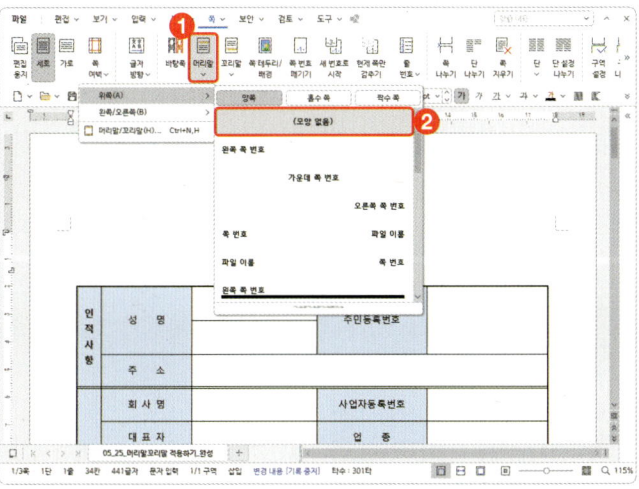

머리말 추가하기

01 문서 매 페이지 상단에 출력할 머리말을 추가해보겠습니다.

❶ [쪽] 탭–[머리말 📄] 클릭

❷ [위쪽]–[양쪽]–[(모양 없음)]을 클릭합니다.

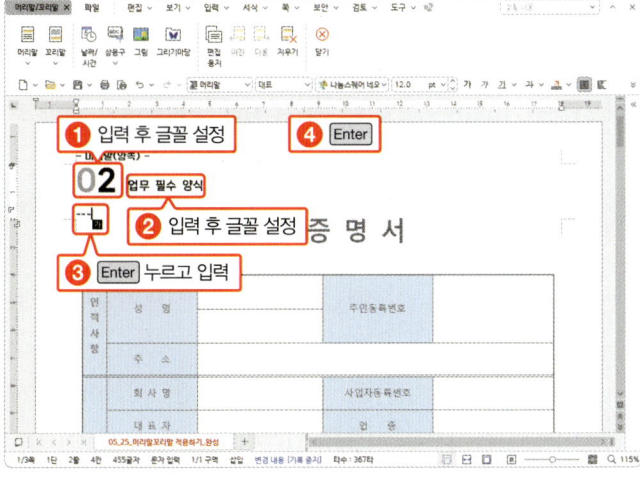

머리말 편집하기

02 실습 파일은 회사에서 사용하는 양식을 모아놓은 문서입니다. 머리말에 '업무 필수 양식'을 입력해보겠습니다.

❶ **02** 입력 후 서식 도구 상자에서 글꼴 설정(나눔스퀘어 네오 Extra Bold, 글자 크기 30pt)

❷ **업무 필수 양식** 입력 후 서식 도구 상자에서 글꼴 설정(나눔스퀘어 네오 Bold, 글자 크기 12pt)

❸ Enter 누르고 --- 입력

❹ 다시 Enter 를 누릅니다.

CHAPTER 05 쪽 꾸미기

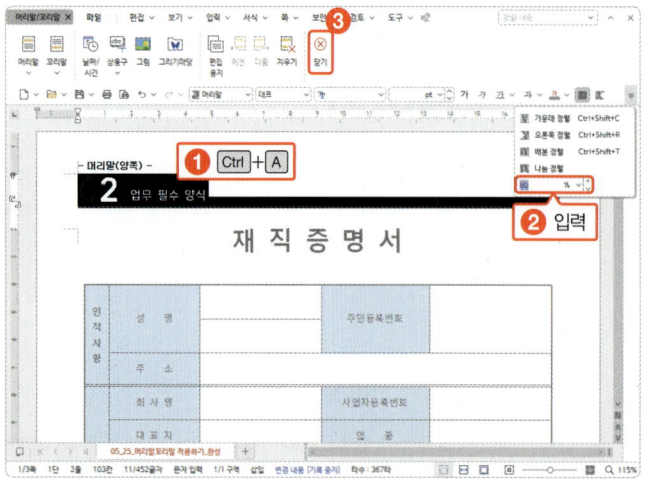

줄 간격 변경하기

03 머리말 문단과 단 구분선의 줄 간격을 줄여보겠습니다.

① 머리말 영역에서 Ctrl + A

② 서식 도구 상자에서 [줄 간격] **80** 입력

③ [머리말/꼬리말] 탭-[닫기⊗]를 클릭합니다.

Tip 머리말/꼬리말이 추가된 후에는 해당 영역을 더블클릭하면 바로 [머리말/꼬리말] 편집 모드로 전환됩니다.

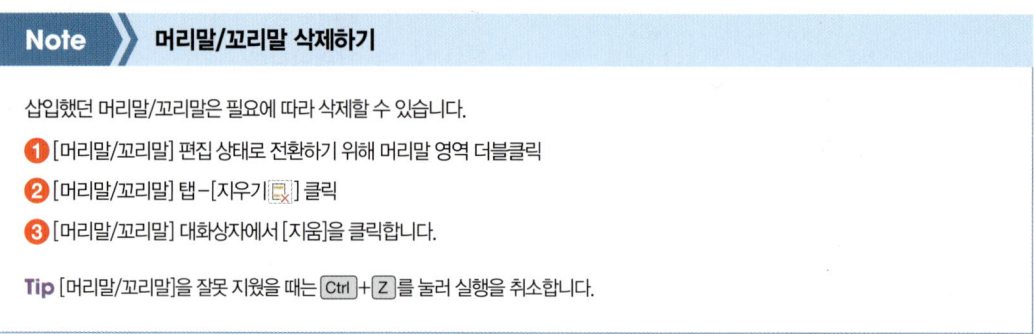

Note 머리말/꼬리말 삭제하기

삽입했던 머리말/꼬리말은 필요에 따라 삭제할 수 있습니다.

① [머리말/꼬리말] 편집 상태로 전환하기 위해 머리말 영역 더블클릭

② [머리말/꼬리말] 탭-[지우기🗙] 클릭

③ [머리말/꼬리말] 대화상자에서 [지움]을 클릭합니다.

Tip [머리말/꼬리말]을 잘못 지웠을 때는 Ctrl + Z 를 눌러 실행을 취소합니다.

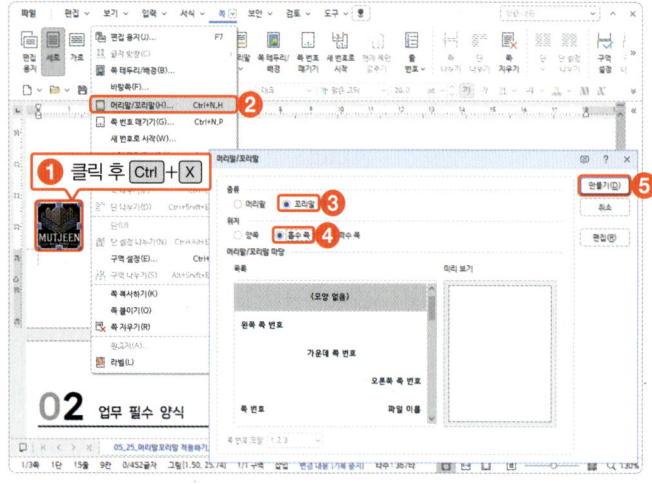

홀수 쪽에만 꼬리말 추가하기

04 홀수 쪽의 꼬리말에만 회사 로고를 추가해보겠습니다.

① 1쪽 왼쪽 하단에 있는 로고 클릭 후 Ctrl + X

② [쪽] 탭의 ⌄ -[머리말/꼬리말] 클릭

③ [머리말/꼬리말] 대화상자에서 [종류]-[꼬리말] 선택

④ [위치]-[홀수 쪽] 선택

⑤ [만들기]를 클릭합니다.

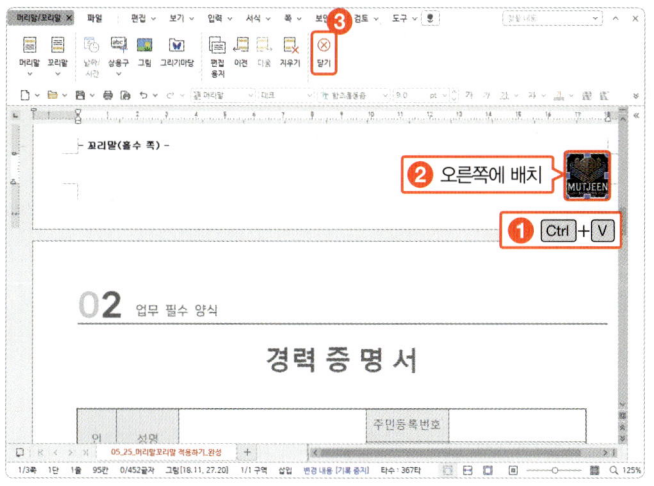

꼬리말에 로고 붙여 넣고 오른쪽 정렬하기

05 ❶ 꼬리말 편집 영역에서 Ctrl + V

❷ 로고를 오른쪽에 배치

❸ [머리말/꼬리말] 탭-[닫기 ⊗]를 클릭합니다.

Note 머리말/꼬리말 적용된 상태 확인하기

인쇄 미리 보기 상태로 전환하면 머리말/꼬리말이 페이지별로 어떻게 적용되었는지 확인할 수 있습니다.

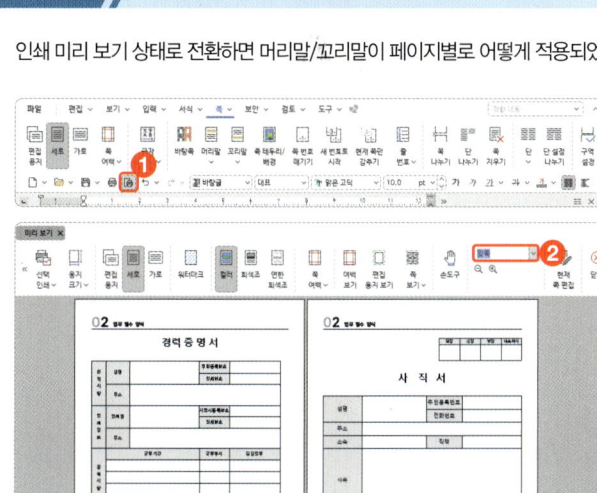

❶ 서식 도구 상자에서 [미리 보기 🖨] 클릭

❷ [미리 보기] 탭-[화면 확대 및 축소]-[맞쪽]을 클릭하면 양쪽 머리말과 홀수 쪽 꼬리말을 확인할 수 있습니다.

Tip [미리 보기] 탭-[닫기 ⊗]를 클릭하면 다시 편집 화면으로 전환됩니다.

우선순위
026 쪽 번호 넣기

실습 파일 한글\5장\026_쪽 번호 넣기.hwp 완성 파일 한글\5장\026_쪽 번호 넣기_완성.hwp

쪽 번호 넣기

01 문서의 꼬리말 영역에 쪽 번호를 표시해보겠습니다.

① [쪽] 탭-[쪽 번호 매기기] 클릭
② [쪽 번호 매기기] 대화상자-[번호 위치]-[가운데 아래] 선택
③ [넣기]를 클릭합니다.

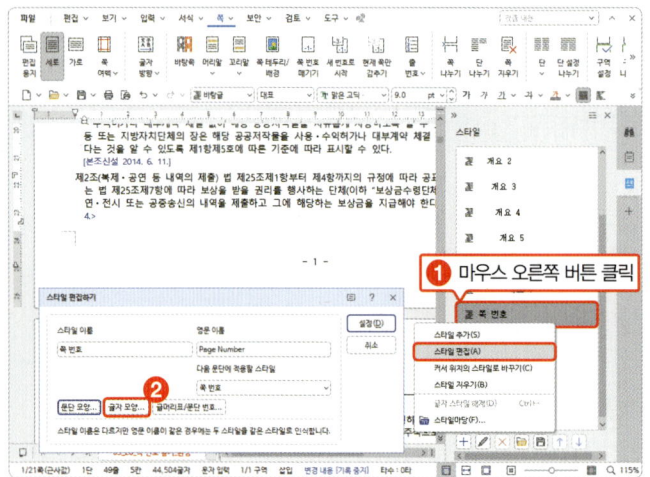

쪽 번호 모양 편집하기

02 ① [스타일] 작업 창-[쪽 번호]에서 마우스 오른쪽 버튼 클릭-[스타일 편집] 선택
② [스타일 편집하기] 대화상자-[글자 모양]을 클릭합니다.

Tip [보기] 탭-[작업 창]-[스타일]을 클릭하면 [스타일] 작업 창이 활성화됩니다.

쪽 번호 글자 모양 변경하기

03 [글자 모양] 대화상자에서 쪽 번호의 글자 모양을 변경해보겠습니다.
❶ [글자 모양] 대화상자-[기본] 탭-[기준 크기]-**12**, [글꼴]-[맑은 고딕], [속성]-[진하게] 설정
❷ [테두리/배경] 탭-[테두리]-[종류], [색] 변경 후 [모두 ▣] 클릭 ❸ [배경] 스타일을 임의로 변경한 후 [설정] 클릭 ❹ [스타일 편집하기] 대화상자에서 [설정]을 클릭합니다.

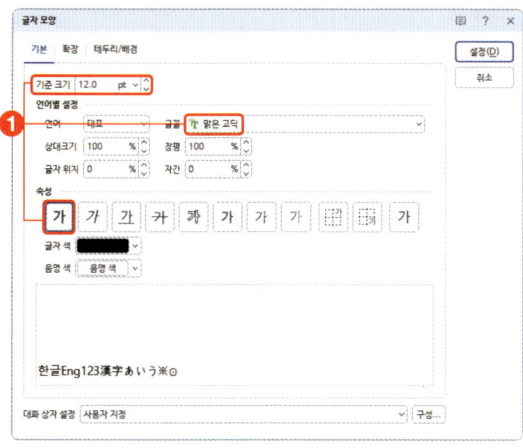 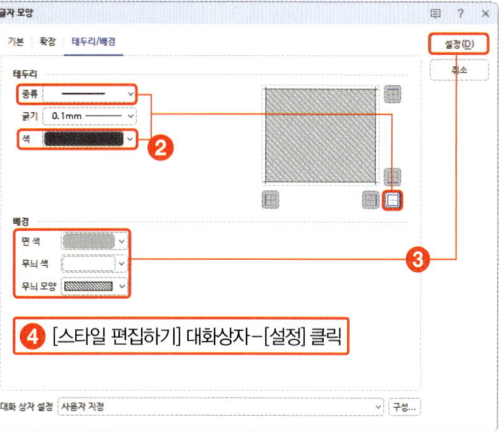

Note [꼬리말] 활용해서 쪽 번호 넣기

[꼬리말] 도구를 이용해서 간단하게 쪽 번호를 추가할 수 있습니다. 이때는 스타일을 편집하지 않고 직접 꼬리말을 편집하듯이 글꼴 등을 변경할 수 있습니다.

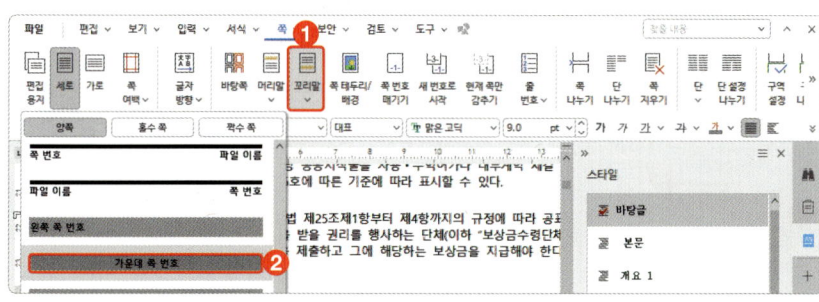

❶ [쪽] 탭-[꼬리말 ▣] 클릭
❷ [가운데 쪽 번호]를 선택하면 선택한 스타일의 꼬리말 형태의 쪽 번호가 추가됩니다.

027 쪽 번호를 새 번호로 시작하기

실습 파일 한글\5장\027_쪽 번호를 새 번호로 시작하기.hwp 완성 파일 한글\5장\027_쪽 번호를 새 번호로 시작하기_완성.hwp

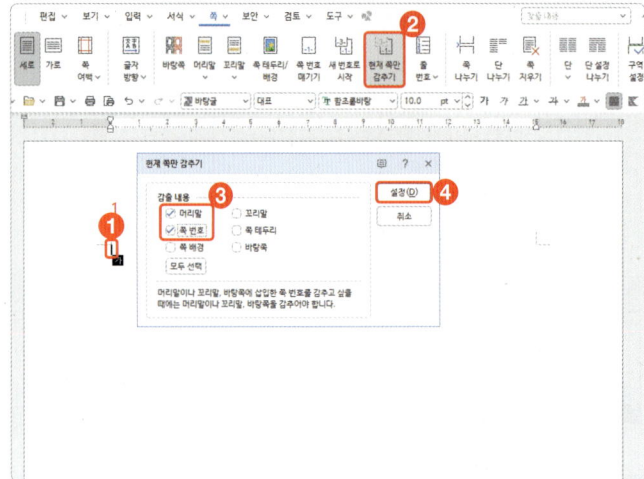

현재 쪽만 쪽 번호 감추기

01 문서 작성 중 표지처럼 쪽 번호가 표시되지 않아야 하는 경우가 있습니다. 이때 현재 쪽 번호를 숨기는 방법을 알아보겠습니다.
❶ 1쪽의 임의 위치 클릭
❷ [쪽] 탭-[현재 쪽만 감추기] 클릭
❸ [현재 쪽만 감추기] 대화상자에서 [머리말], [쪽 번호] 체크
❹ [설정]을 클릭합니다.

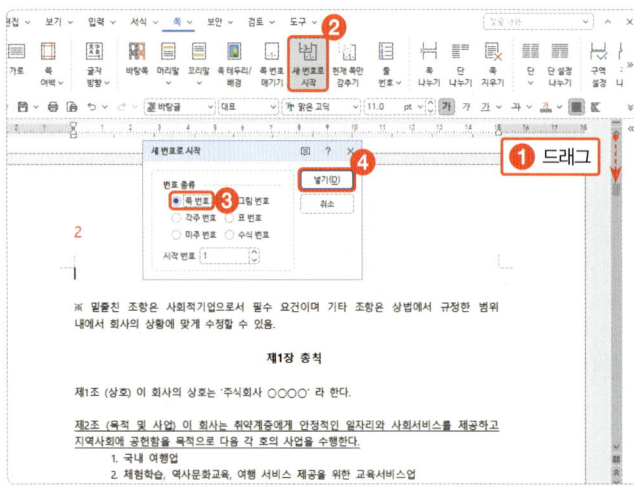

시작 쪽 번호 변경하기

02 표지를 제외한 2쪽부터 쪽 번호가 시작되도록 설정해보겠습니다.
❶ 스크롤을 내려 2쪽으로 이동
❷ [쪽] 탭-[새 번호로 시작] 클릭
❸ [새 번호로 시작] 대화상자-[쪽 번호] 선택
❹ [넣기]를 클릭합니다.

Tip [새 번호로 시작] 대화상자에서 쪽 번호뿐만 아니라 캡션의 그림 번호, 각주 번호, 표 번호 등의 시작 번호를 변경할 수 있습니다.

| Note | 쪽 번호 삭제하기 |

쪽 번호가 [머리말/꼬리말] 형식으로 삽입된 경우는 [머리말/꼬리말] 삭제로 제거할 수 있지만, [조판 부호], [문단 부호] 보기를 통해 쪽 번호를 더 간편하게 삭제할 수 있습니다.

① 1쪽으로 이동(Ctrl + Page up)
② [보기] 탭-[조판 부호] 체크([문단 부호]도 같이 선택됩니다.)
③ 문서 내에 존재하는 부호를 찾아 Delete 를 눌러 삭제합니다.

Tip 머리말 형태로 삽입된 쪽 번호, 머리말, 꼬리말 모두 찾아 삭제할 수 있습니다.

Tip [문단 부호], [조판 부호] 보기 상태에서 첫 쪽부터 아래쪽으로 이동하면서 삭제하고 싶은 기능을 지우면 해당 기능을 삭제할 수 있습니다. 간혹 쪽 번호가 여러 번 설정되어 엉망이 된 경우 이 기능을 통해 쉽게 정리할 수 있습니다.

028 다단으로 문단 꾸미기

실습 파일 한글\5장\028_다단으로 문단 꾸미기.hwp   완성 파일 한글\5장\028_다단으로 문단 꾸미기_완성.hwp

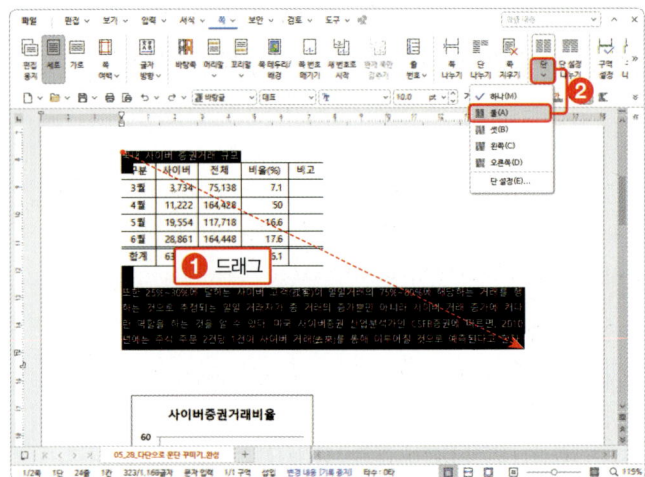

문단을 둘로 나눠 다단 만들기

01 한 문단을 둘로 나눠보겠습니다.

❶ '국내 사이버 증권거래 규모~예측된다고 한다.' 드래그

❷ [쪽] 탭-[단▥]의 ✓-[둘]을 클릭합니다.

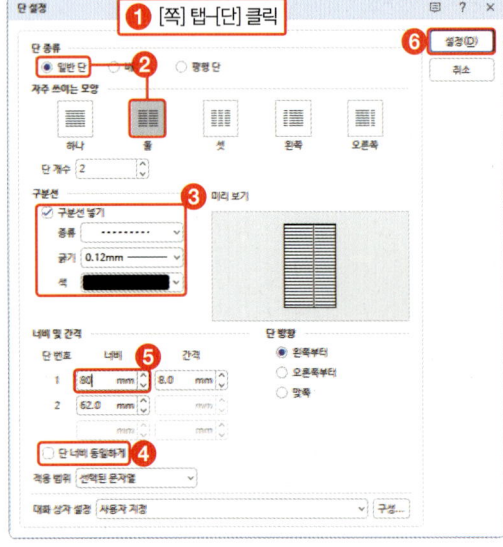

[단 설정] 대화상자에서 단 모양 설정하기

02 [단 설정] 대화상자를 이용하여 좀 더 다채로운 다단을 설정해보겠습니다.

❶ [쪽] 탭-[단▥] 클릭

❷ [자주 쓰이는 모양]-[둘], [단 종류]-[일반 단] 선택

❸ [구분선 넣기]에 체크하고 [종류], [굵기], [색] 변경

❹ [단 너비 동일하게] 체크 해제

❺ [단 번호]-[1 너비]를 **80**으로 변경

❻ [설정]을 클릭하면 2단 비대칭 다단이 적용됩니다.

Tip 새로 다단을 설정할 때는 [자주 쓰이는 모양]을 먼저 선택해야 [단 종류]가 활성화됩니다.

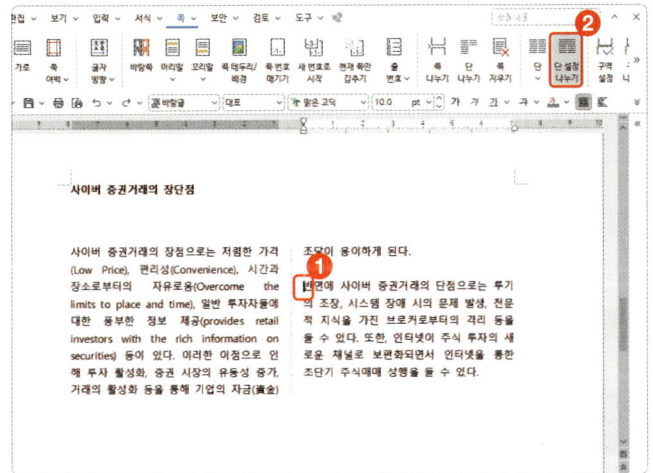

다단 설정 나누기
(Ctrl + Alt + Enter)

03 설정된 다단 중 일부를 분리하는 다단 설정 나누기를 적용해보겠습니다.

❶ 2쪽 '반면에~' 왼쪽 클릭
❷ [쪽] 탭-[단 설정 나누기]를 클릭합니다.

Note 다단 형식 알아보기

한글에서 제공하는 다단의 형식은 일반, 배분, 평행 세 가지입니다.

❶ **일반 다단** : 가장 많이 사용하는 형식으로 한 단씩 차례로 내용이 채워지며 한 단이 가득 차야 다음 단으로 내용이 넘어갑니다.

❷ **배분 다단** : 마지막 줄에서 각 단의 높이가 가능한 한 같아지도록 각 단에 포함되는 내용의 양을 자동으로 조절합니다.

❸ **평행 다단** : 한 단의 내용이 다 채워지지 않더라도 [쪽] 탭-[단 나누기]를 클릭해 다른 단으로 이동할 수 있습니다. 일반적으로 사전 형식의 용어 설명집처럼 제목과 설명이 번갈아 나열되는 형식의 문서에서 주로 사용됩니다.

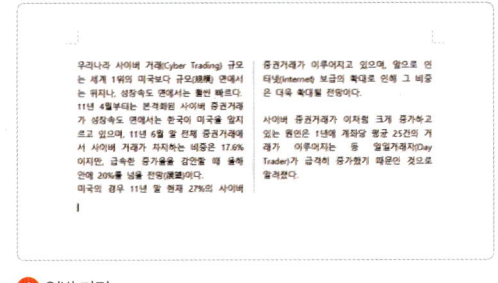

❶ 일반 다단   ❷ 배분 다단

❸ 평행 다단

다단 해제하기

04 다단을 해제해보겠습니다.

❶ 다단으로 설정된 문단 드래그 ❷ [쪽] 탭-[단▤]의 ▽ -[하나]를 클릭합니다.

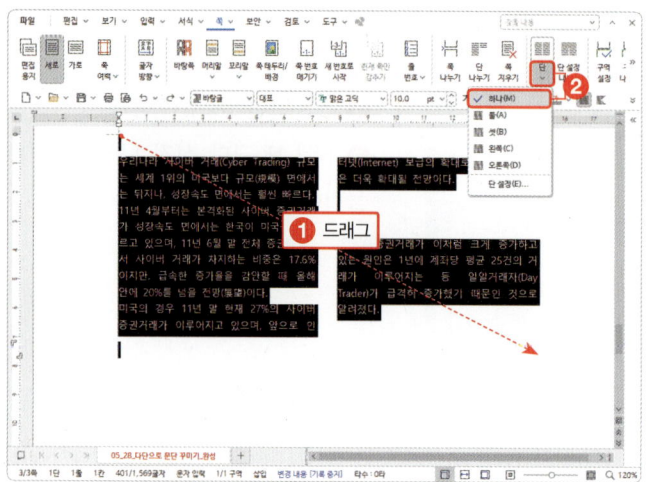

Tip 문서 전체의 다단을 해제하고 싶다면 모두 선택(Ctrl + A)한 뒤 단을 [하나]로 변경하면 됩니다.

문서 방향이 다른 문서 작성하기

실습 파일 한글\5장\029_문서 방향이 다른 문서 작성하기.hwp 완성 파일 한글\5장\029_문서 방향이 다른 문서 작성하기_완성.hwp

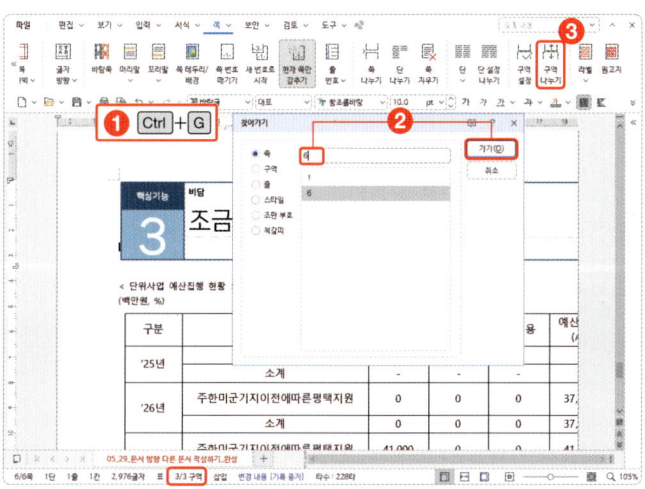

문서 구역 나누기

01 한 문서 내에 구역을 나누어 페이지 설정을 다르게 구성해보겠습니다.

① Ctrl + G

② [찾아가기] 대화상자의 [쪽]이 선택된 상태에서 **6** 입력 후 [가기] 클릭

③ [쪽] 탭-[구역 나누기]를 클릭하면 구역이 나누어지면서 빈 쪽이 추가됩니다.

Tip 구역을 나누고자 하는 쪽의 앞쪽 마지막 행을 선택해야 빈 쪽이 생기지 않습니다.

Tip 구역 나누기는 화면 하단 상태 표시줄에서 확인할 수 있습니다.

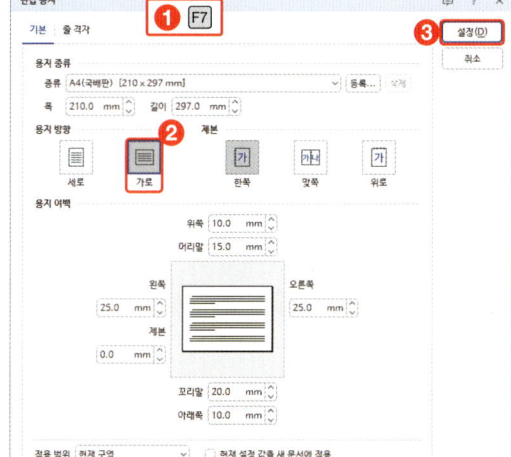

구역별로 용지 방향 변경하기 (F7)

02 한 문서 내에서 가로와 세로 방향을 모두 표현할 수 있게 구역을 나누고 용지 방향을 변경해보겠습니다.

① [쪽] 탭-[편집 용지] 클릭(F7)

② [편집 용지] 대화상자-[용지 방향]-[가로] 선택

③ [설정]을 클릭합니다.

구역 지우기

03 설정된 구역을 삭제하는 방법을 알아보겠습니다.

❶ 상태 표시줄을 확인하면서 구역을 지울 쪽으로 이동 ❷ [편집] 탭-[조판 부호 지우기 ####] 클릭
❸ [조판 부호 지우기] 대화상자에서 [구역 시작] 체크 ❹ [지우기]를 클릭합니다.

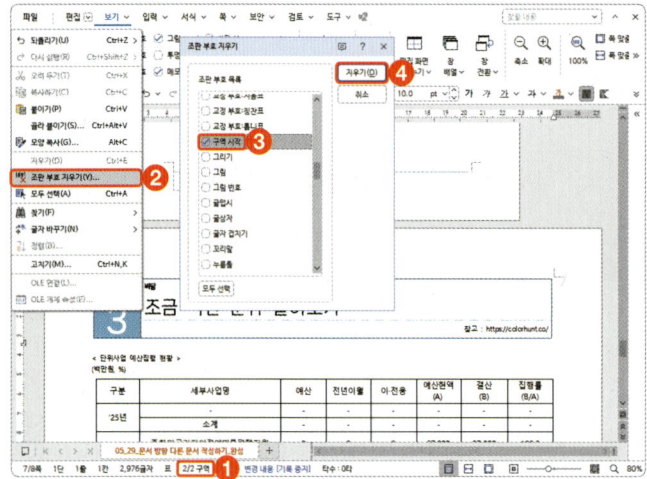

각주/미주로 부연 설명 작성하기

실습 파일 한글\5장\030_각주 미주로 부연 설명 작성하기.hwp　**완성 파일** 한글\5장\030_각주 미주로 부연 설명 작성하기_완성.hwp

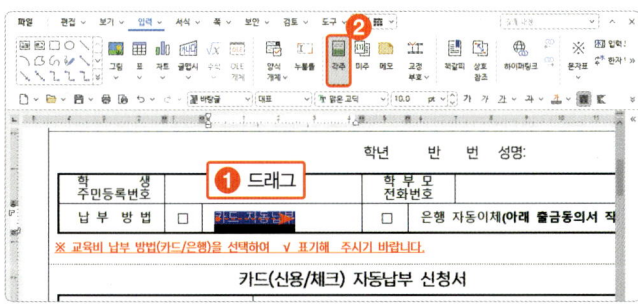

각주 작성하기(Ctrl+N+N)

01 실습 파일에서 부연 설명이 필요한 단어에 각주를 삽입해 쪽 하단에 표시해보겠습니다.

❶ '카드 자동납부' 드래그
❷ [입력] 탭-[각주]를 클릭합니다.

각주 문구 입력하기

02 주석 영역에 부연 설명할 각주를 입력해보겠습니다.

❶ 주석 내용 입력
❷ [주석] 탭-[닫기]를 클릭합니다.

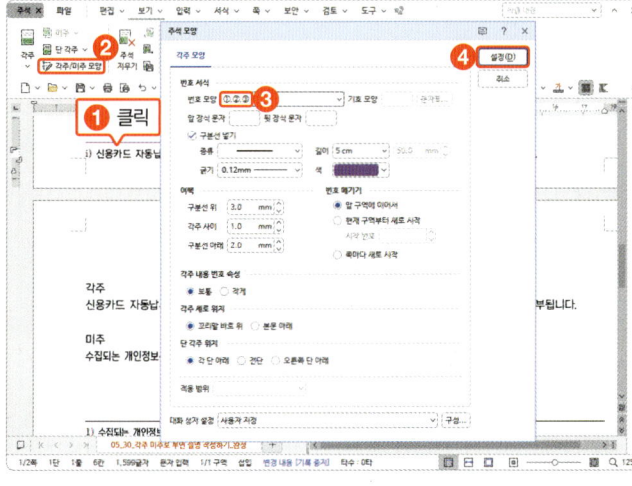

각주 번호 모양 변경하기

03 입력한 각주 번호 모양을 변경해보겠습니다.

❶ 쪽 하단 각주 영역 클릭
❷ [주석] 탭-[각주/미주 모양] 클릭
❸ [주석 모양] 대화상자-[번호 모양]-[①,②,③] 선택
❹ [설정]을 클릭합니다.

CHAPTER 05 쪽 꾸미기　**693**

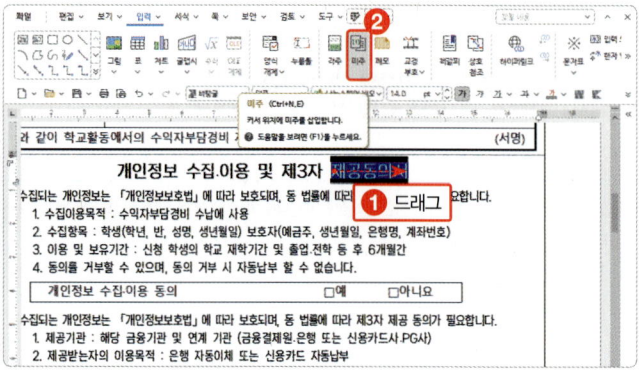

미주 작성하기 (Ctrl + N + E)

04 미주를 삽입해 문서의 맨 마지막 쪽 하단에 표시해보겠습니다.

❶ '제공동의서' 드래그

❷ [입력] 탭-[미주]를 클릭하면 마지막 쪽에 주석 편집 영역이 활성화됩니다.

Tip 각주는 각 쪽 하단에 작성되고, 미주는 마지막 쪽에 작성됩니다.

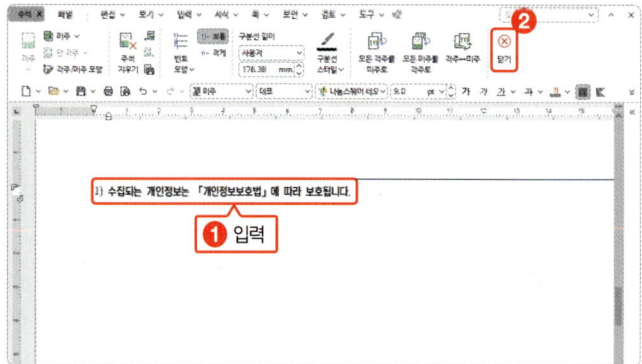

미주 내용 입력하기

05 문서 마지막에 주석 내용을 모아 표시하는 미주 내용을 입력해보겠습니다.

❶ 미주 영역에 내용 입력

❷ [주석] 탭-[닫기]를 클릭합니다.

Tip 미주 내용을 작성한 후 본문에서 임의의 위치를 클릭해도 [주석] 탭을 닫을 수 있습니다.

> **Note** 각주와 미주가 제대로 표시되었는지 확인하기
>
> 각주와 미주가 삽입되면 각 낱말 뒤에 각주, 미주 번호가 표시됩니다.
>
>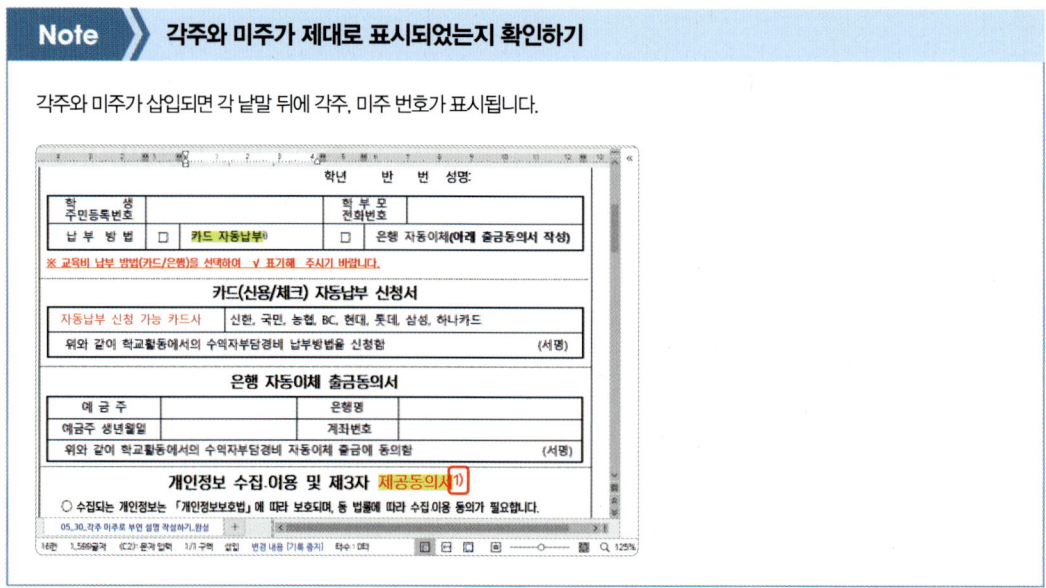

CHAPTER 06

도형 및 개체 활용하기

우선순위
031 그림 삽입하고 위치 설정하기

실습 파일 한글\6장\031_그림 삽입하고 위치 설정하기.hwp   완성 파일 한글\6장\031_그림 삽입하고 위치 설정하기_완성.hwp

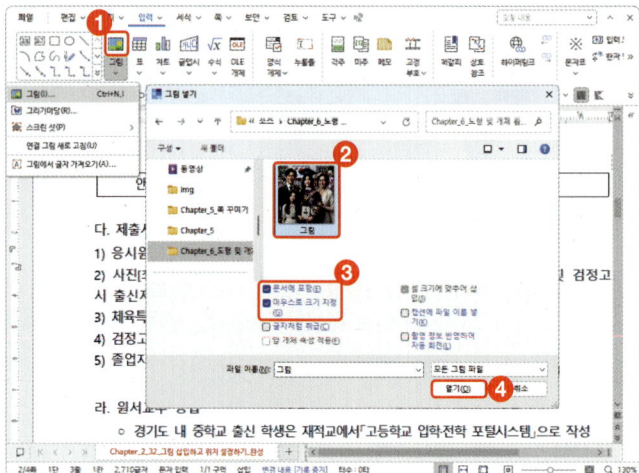

그림 삽입하기(Ctrl+N+I)

01 실습 파일에 그림을 삽입하여 꾸며보겠습니다.

❶ [입력] 탭-[그림 🖼] 클릭
❷ [그림 넣기] 대화상자 – 예제 파일인 '그림.png' 선택
❸ [문서에 포함], [마우스로 크기 지정] 체크
❹ [열기]를 클릭합니다.

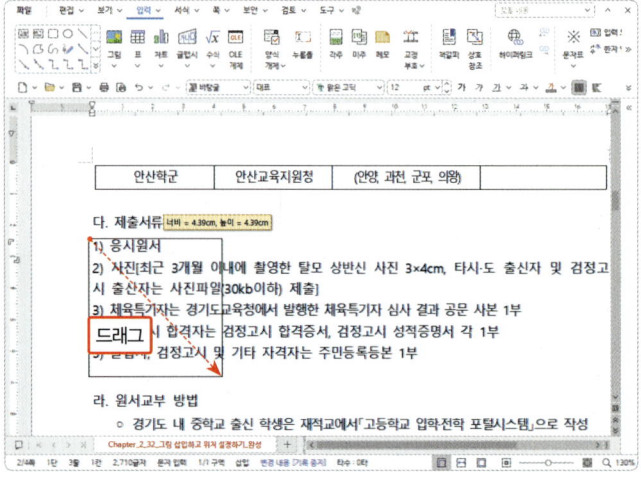

본문에 그림 삽입하기

02 그림을 삽입할 위치인 '다. 제출 서류' 아래에서 드래그합니다.

Tip 그림을 배치하는 방법은 아직 설정하지 않았으므로 텍스트와 그림이 배치된 모양은 각각 다를 수 있습니다.

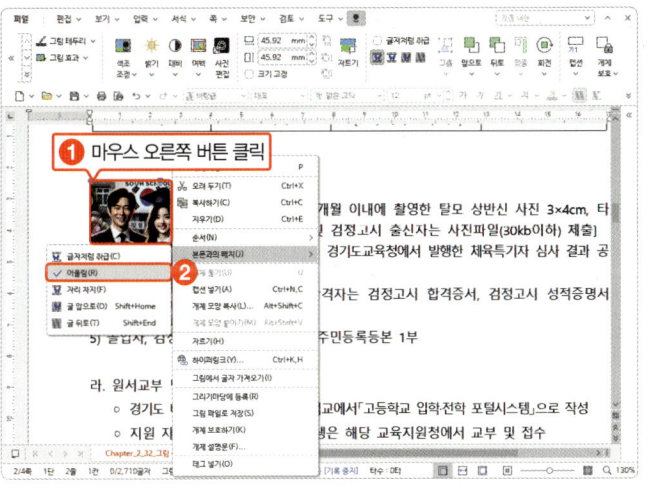

그림 위치 설정하기

03 본문에 그림을 배치하는 방법은 다양합니다. 텍스트와 그림이 나란히 배치되도록 설정해보겠습니다.

❶ 삽입된 그림에서 마우스 오른쪽 버튼 클릭

❷ [본문과의 배치]-[어울림]을 선택합니다.

Tip 그림을 삽입하면 기본값으로 [어울림]이 적용됩니다.

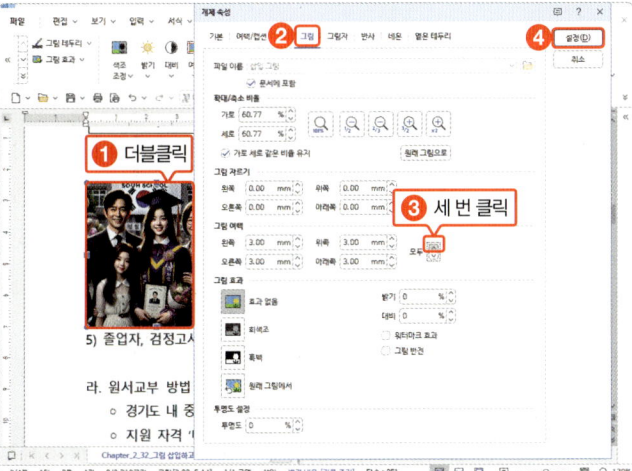

그림과 본문 사이 여백 설정하기

04 그림이 본문과 자연스럽게 어우러지도록 여백을 설정해보겠습니다.

❶ 그림 더블클릭

❷ [개체 속성] 대화상자에서 [그림] 탭 클릭

❸ [그림 여백]-[모두]의 위쪽 버튼 세 번 클릭

❹ [설정]을 클릭합니다.

Note 삽입한 그림의 크기를 수치로 조절하기

한글에 삽입된 개체 크기는 mm 단위로 변경할 수 있습니다.

❶ 그림 클릭하여 선택

❷ [그림] 탭-[너비], [높이]에서 수치를 수정합니다.

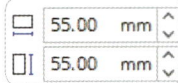

| Note | 그림 삽입 후에 달라진 글자 간격 변경하기 |

그림을 삽입하면 줄 나눔 기준에 따라 한글과 영문 표현 방식의 차이로 글자 간격이 달라질 수 있습니다. 이를 수정해보겠습니다.

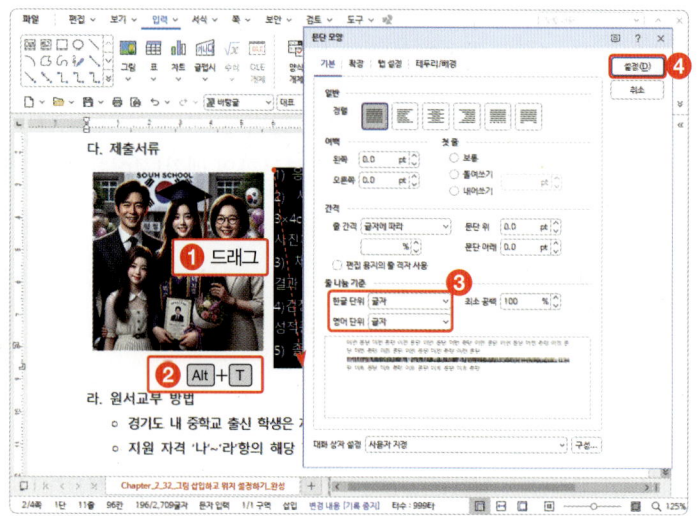

❶ '다. 제출서류' 하단 문단 드래그
❷ Alt + T
❸ [문단 모양] 대화상자 - [줄 나눔 기준] - [한글 단위] - [글자], [영어 단위] - [글자] 설정
❹ [설정]을 클릭하면 번호와 첫 어절의 시작 위치가 같게 맞춰집니다.

| Note | 쉽고 빠르게 문단 들여쓰기 하기 |

그림을 배치하다 보면 문단 들여쓰기가 필요할 때가 있습니다. 스타일 등을 사용하지 않고 쉽게 수정하는 방법을 알아보겠습니다.

❶ '2) 사진~' 문단에서 '사진' 왼쪽 클릭
❷ Shift + Tab 을 누르면 커서 위치를 기준으로 문단 들여쓰기가 적용됩니다.

Tip 나머지 번호도 같은 방법으로 들여쓰기를 적용합니다.

Note 문서에 그림을 배치하는 방법 알아보기

문서에 그림을 배치하는 방식에는 [글자처럼 취급], [어울림], [자리 차지], [글 앞으로], [글 뒤로]가 있습니다. 옵션별로 글과 그림을 배치하면 다음과 같습니다.

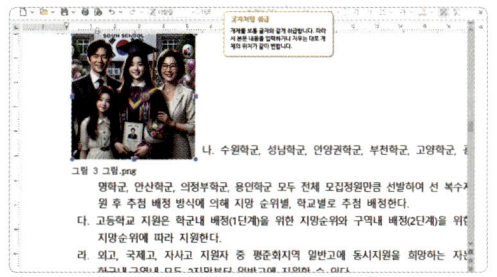

▲ 글자처럼 취급 : 그림을 글자와 같게 취급합니다.

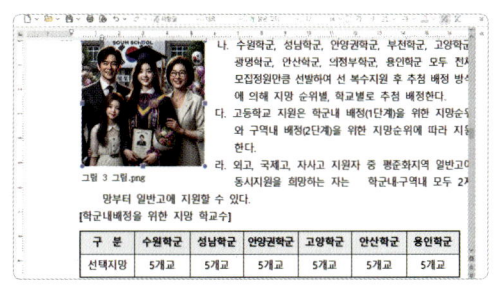

▲ 어울림 : 그림과 문장이 조화롭게 배치됩니다.

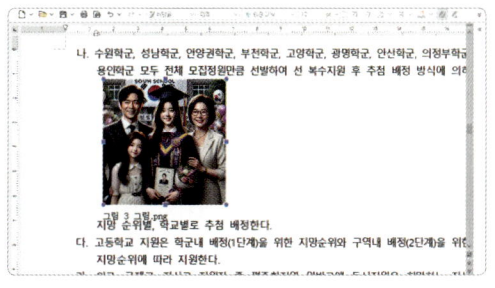

▲ 자리 차지 : 그림 높이만큼 줄을 차지합니다.

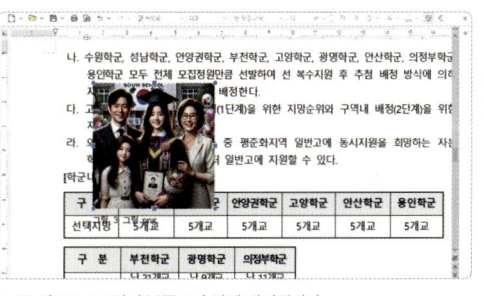

▲ 글 앞으로 : 그림이 본문보다 앞에 배치됩니다.

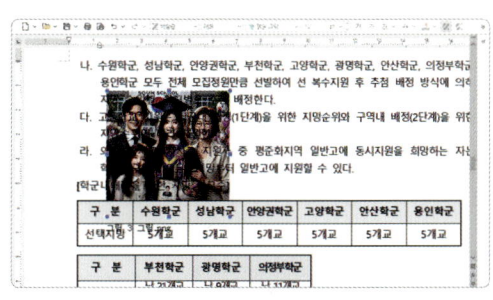

▲ 글 뒤로 : 그림이 본문보다 뒤에 배치됩니다.

우선순위

032 그림 꾸미기

실습 파일 한글\6장\032_그림 꾸미기.hwp   완성 파일 한글\6장\032_그림 꾸미기_완성.hwp

그림에 액자 테두리 꾸미기

01 그림에 액자 테두리를 적용해보겠습니다.

① 본문의 그림 클릭

② [그림] 탭-그림자 서식 중에 [회색 아래쪽 그림자] 클릭

③ [그림] 탭-[그림 테두리] 클릭

④ [선 굵기]-[1mm]를 선택합니다.

Note 사진 보정하기

[사진 편집] 기능을 활용하면 사진의 밝기, 선명도 등을 간편하게 보정할 수 있습니다.

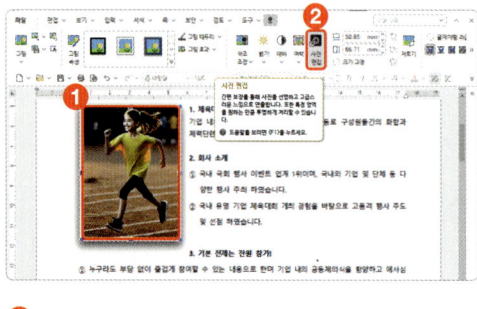

① 본문의 사진 클릭

② [그림] 탭-[사진 편집] 클릭

③ [사진 편집기]에서-[간편 보정]-[밝게] 체크

④ [5단계] 선택

⑤ [적용]을 클릭합니다.

그림 스타일 해제하기

02 그림에 적용한 스타일 효과를 없애보겠습니다.

❶ 본문의 그림 클릭
❷ [그림] 탭-그림자 서식의 펼침 단추 ≫ 클릭
❸ [그림 스타일 없음]을 클릭합니다.

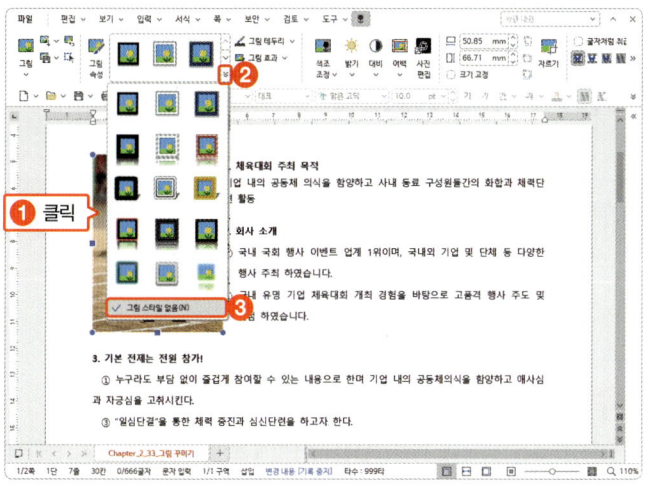

Tip [그림 스타일 없음]을 적용해도 사진 편집 효과는 사라지지 않습니다.

그림에 옅은 테두리 지정하기

03 그림에 옅은 테두리 효과를 적용해보겠습니다.

❶ 본문의 그림 클릭
❷ [그림] 탭-[그림 효과]-[옅은 테두리]-[5pt]를 선택합니다.

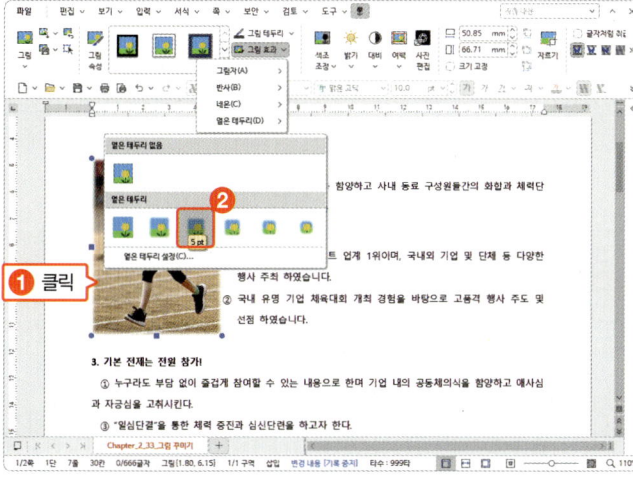

033 문서에 내 서명 추가하기

실습 파일 한글\6장\033_문서에 내 서명 추가하기.hwp   완성 파일 한글\6장\033_문서에 내 서명 추가하기_완성.hwp

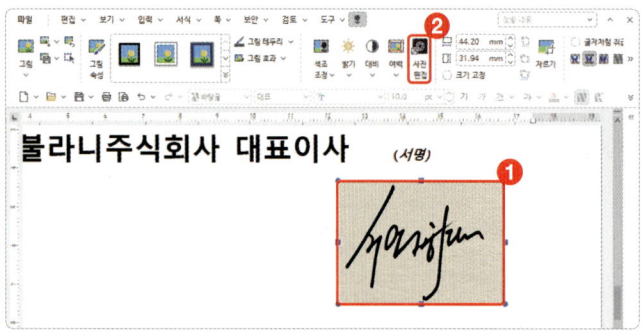

사진 편집 도구 활용하기

01 종이에 서명을 작성하고 스캔하거나 스마트폰으로 촬영하여 문서에 삽입해보겠습니다.

❶ 서명 이미지 클릭

❷ [그림] 탭-[사진 편집 ▣]을 클릭합니다.

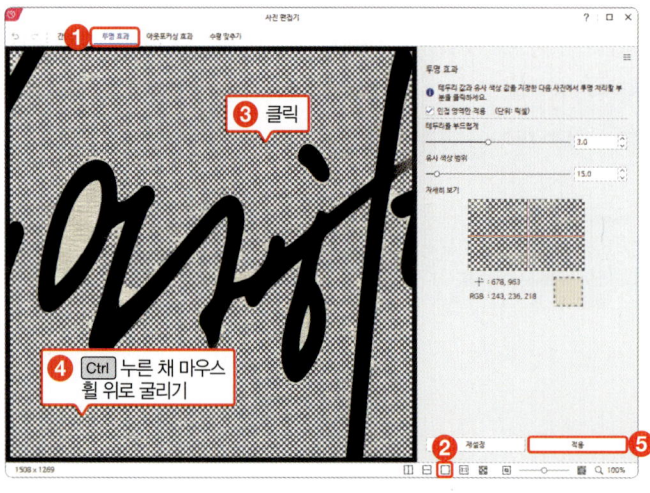

사진 투명 효과 적용하기

02 사진 편집기의 '투명 효과'를 이용하여 배경을 제거해보겠습니다.

❶ [사진 편집기]-[투명 효과] 탭 클릭

❷ [단일 화면 ☐] 클릭

❸ 배경 제거 도구를 이용하여 배경 클릭

❹ 화면 확대([Ctrl]+마우스 휠 위로 굴리기)하여 세부 배경 제거

❺ [적용]을 클릭합니다.

서명 배치하기

03 배경이 투명해진 서명을 본문에 배치해보겠습니다.

❶ 서명 이미지 클릭

❷ 본문과의 배치 [글 앞으로 ▣] 클릭

❸ 서명을 적당한 위치에 배치하고 크기 조절점을 이용하여 크기를 수정합니다.

034 도형 이용하여 제목 상자 만들기

실습 파일 한글\6장\034_도형 이용하여 제목 상자 만들기.hwp **완성 파일** 한글\6장\034_도형 이용하여 제목 상자 만들기_완성.hwp

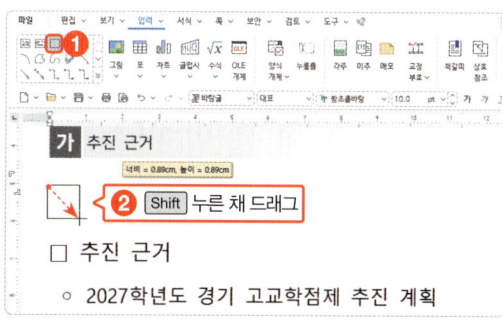

문서에 도형 삽입하기

01 도형을 삽입하여 제목 상자를 만들어보겠습니다.

❶ [입력] 탭-[직사각형 □] 클릭

❷ 본문 임의의 위치에 Shift 를 누른 채 드래그하여 도형을 삽입합니다.

Tip 도형을 그릴 때 Shift 를 누르면 가로와 세로 크기가 같은 정사각형을 그릴 수 있습니다.

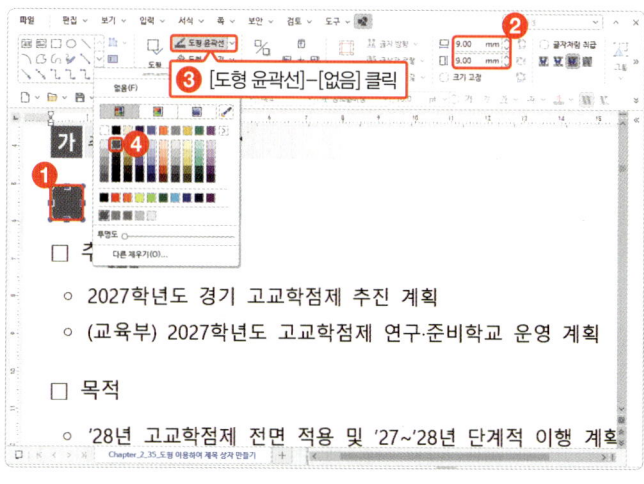

도형에 색 채우기

02 [도형 채우기]로 도형에 색을 적용해보겠습니다.

❶ 도형이 선택된 상태에서

❷ [도형] 탭-[너비]와 [높이] 모두 9 입력

❸ [도형] 탭-[도형 윤곽선]-[없음] 클릭

❹ [도형 채우기]-[검정 50% 밝게] 를 클릭합니다.

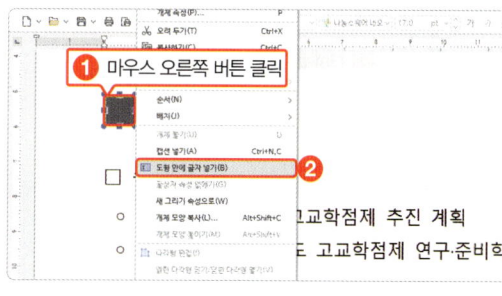

[도형 안에 글자 넣기] 속성 적용하기

03 도형에 글자를 넣기 위해 속성을 변경해보겠습니다.

❶ 도형에서 마우스 오른쪽 버튼 클릭

❷ [도형 안에 글자 넣기]를 선택합니다.

CHAPTER 06 도형 및 개체 활용하기 **703**

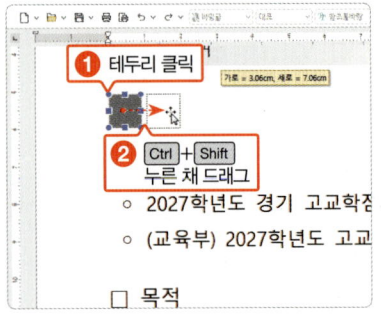

도형 복사하기

04 속성을 변경한 도형을 복사하여 제목을 입력할 도형을 만들어보겠습니다.

❶ 도형 테두리 클릭 ❷ Ctrl + Shift 를 누른 채로 오른쪽으로 드래그하여 복사합니다.

Tip Ctrl 을 누른 채로 드래그하면 도형이 복사됩니다. Ctrl + Shift 를 누른 채로 드래그하면 수직 또는 수평 방향에 맞춰 복사할 수 있습니다.

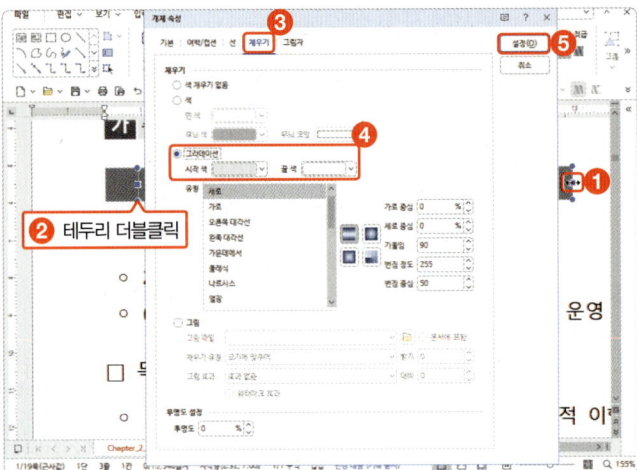

도형에 그러데이션 적용하기

05 제목이 입력될 도형에 그러데이션을 적용해보겠습니다.

❶ 두 번째 도형의 오른쪽 크기 조절점 드래그(세로로 길어짐)

❷ 도형 테두리 더블클릭

❸ [개체 속성] 대화상자-[채우기] 탭 클릭

❹ [그러데이션]-[시작 색]-[하양 5% 어둡게], [끝 색]-[하양] 선택

❺ [설정]을 클릭합니다.

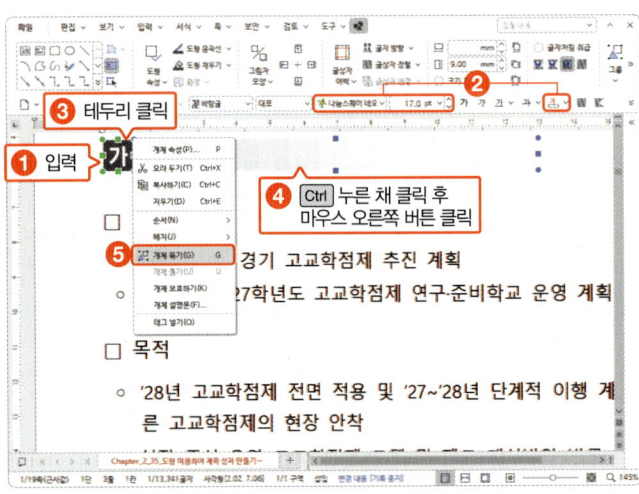

도형에 글 입력하고 두 도형 묶기

06 여러 도형을 하나의 개체로 관리하기 위해 묶어주겠습니다.

❶ 첫 번째 도형에 **가** 입력

❷ [글꼴]-[나눔 스퀘어네오 Extra Bold], [크기]-[17], [색]-[하양] 적용

❸ 첫 번째 도형 테두리 클릭

❹ Ctrl 을 누른 채 두 번째 도형 테두리 클릭 후 마우스 오른쪽 버튼 클릭

❺ [개체 묶기]를 선택합니다.

Tip 이렇게 작성된 제목 상자는 본문과의 배치에서 [글자처럼 취급]이 적용되어, 개요 수준에 맞게 '복사-붙여넣기'하여 사용할 수 있습니다.

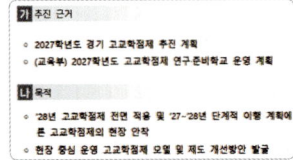

CHAPTER 07

표 꾸미기

035 표 삽입, 크기 조절, 위치 설정하기

실습 파일 한글\7장\035_표 삽입, 크기 조절, 위치 설정하기.hwp **완성 파일** 한글\7장\035_표 삽입, 크기 조절, 위치 설정하기_완성.hwp

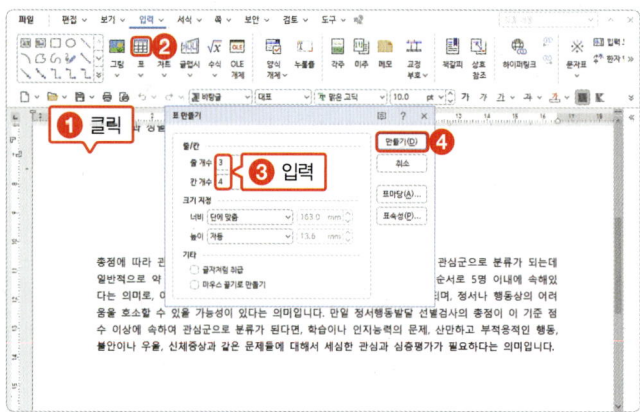

문서에 표 삽입하기

01 표는 다양한 방법으로 삽입할 수 있습니다. [입력] 댑-[표]를 이용해서 표를 삽입해보겠습니다.

❶ 본문에 빈 문단의 첫 행 클릭
❷ [입력] 탭-[표] 클릭
❸ [표 만들기] 대화상자-[줄 개수]-3, [칸 개수]-4 입력
❹ [만들기]를 클릭합니다.

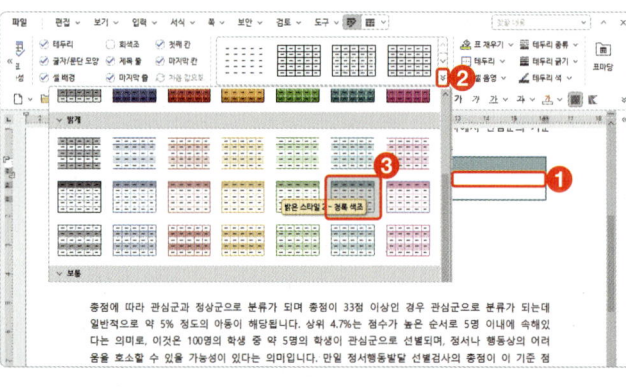

표 스타일 적용하기

02 표 스타일을 적용하여 간편하게 표를 꾸며보겠습니다.

❶ 표 임의의 셀 클릭
❷ [표 디자인] 탭-표 스타일의 클릭
❸ [밝게]-[밝은 스타일 2-청록 색조]를 클릭합니다.

> **Note** 마우스 끌기로 표 그리기
>
> 본문에 마우스 끌기로 원하는 크기의 표를 삽입해보겠습니다.
>
>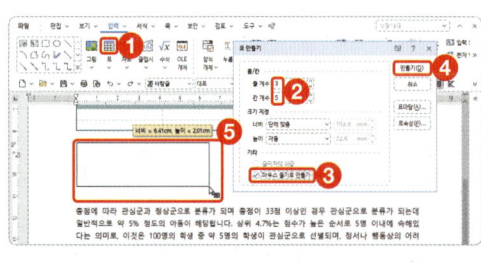
>
> ❶ [입력] 탭-[표] 클릭
> ❷ [표 만들기] 대화상자-[줄 개수]-3, [칸 개수]-5 입력
> ❸ [마우스 끌기로 만들기] 체크
> ❹ [만들기] 클릭
> ❺ 본문에 마우스 끌기로 원하는 크기의 사각형을 만듭니다.

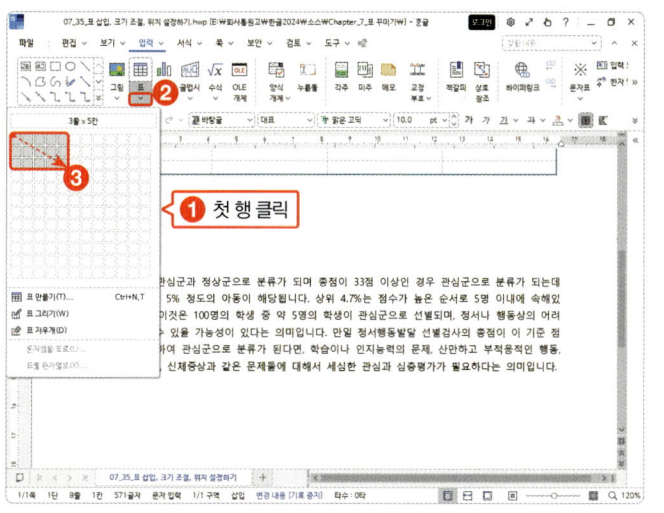

표 그리기 도구 이용하여 표 삽입하기

03 다음으로 표 그리기 도구를 이용하여 표를 삽입하는 방법을 알아보겠습니다.

❶ 방금 삽입한 표 아래 빈 문단의 첫 행 클릭

❷ [입력] 탭-[표]의 ▼ 클릭

❸ 3줄×5칸을 드래그합니다.

Tip 표 테두리를 선택한 후 Delete 를 누르면 표가 삭제됩니다.

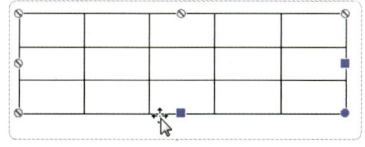

Note   표 전체 크기 조절하기

표 전체 크기는 테두리를 클릭한 후 파란색 조절점을 드래그하면 조정할 수 있습니다.

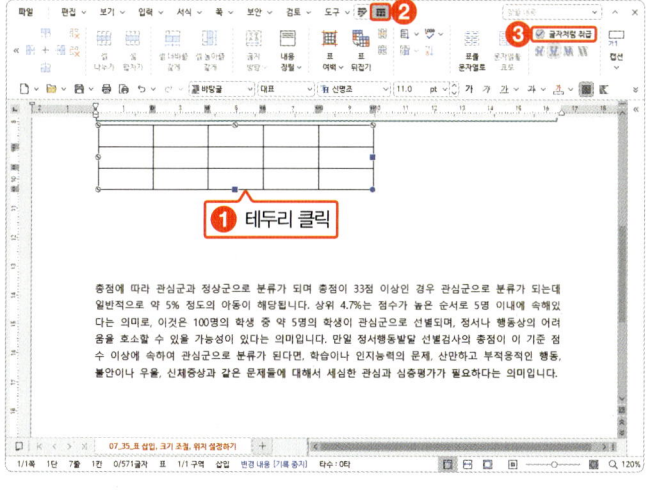

표를 글자처럼 취급하기

04 문서를 쉽게 편집할 수 있도록 표를 글자 단위로 이동할 수 있게 설정해보겠습니다.

❶ 표 테두리 클릭

❷ [표 레이아웃] 탭 클릭

❸ [글자처럼 취급]을 체크합니다.

Tip 표를 글자처럼 취급하지 않으면 표 앞에서 Enter 를 누르거나 이동할 때 레이아웃이 흐트러질 수 있습니다. [글자처럼 취급]을 설정하면 조정이 쉬워집니다.

036 줄/칸 삽입 및 지우기

실습 파일 한글\7장\036_줄칸 삽입 및 지우기.hwp   완성 파일 한글\7장\036_줄칸 삽입 및 지우기_완성.hwp

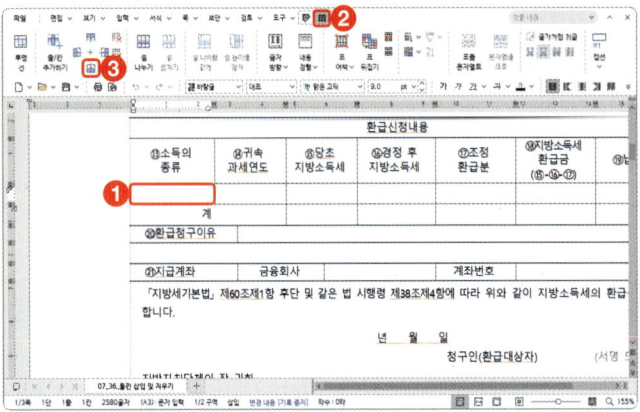

표 중간에 줄 삽입하기(Alt + Insert)

01 표를 작성하다 보면 실수로 줄을 빠뜨리는 경우가 있습니다. 표 중간에 줄을 추가해보겠습니다.

❶ 줄을 추가할 한 줄 위 셀 클릭
❷ [표 레이아웃] 탭 클릭
❸ [아래에 줄 추가하기]를 클릭합니다.

Note 표 마지막 줄 아래에 줄 추가하기

표의 마지막 줄 아래에 줄을 간편하게 추가하는 방법을 살펴보겠습니다.

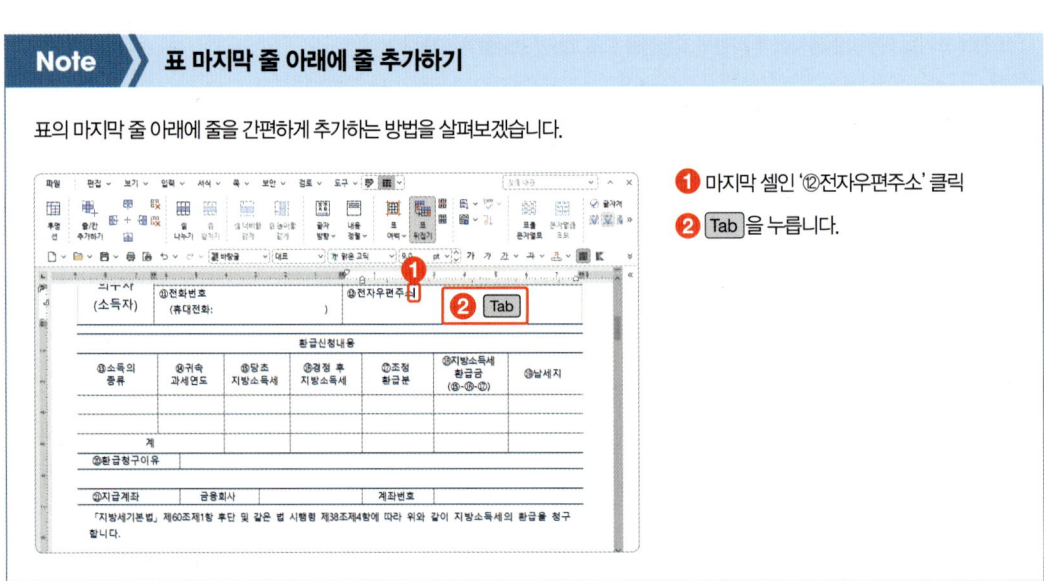

❶ 마지막 셀인 '⑫전자우편주소' 클릭
❷ Tab 을 누릅니다.

표에 여러 칸 추가하기(Alt + Insert)

02 표 오른쪽에 열을 추가해보겠습니다.

① Ctrl + Page Down 을 눌러 마지막 쪽으로 이동한 후 '협조' 셀 클릭 ② [표 레이아웃] 탭–[줄/칸 추가하기] 클릭 ③ [줄/칸 추가하기] 대화상자–[오른쪽에 칸 추가하기] 선택 ④ [줄/칸 수]에 **2** 입력 ⑤ [추가]를 클릭합니다.

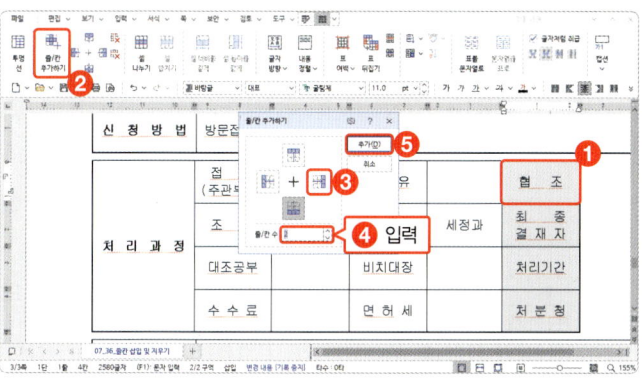

줄/칸 지우기

03 표의 특정 줄이나 칸을 지우는 방법을 알아보겠습니다.

① '협조' 셀 클릭 후 마우스 오른쪽 버튼 클릭
② [줄/칸 지우기] 선택
③ [줄/칸 지우기] 대화상자에서 [칸] 선택
④ [지우기]를 클릭합니다.

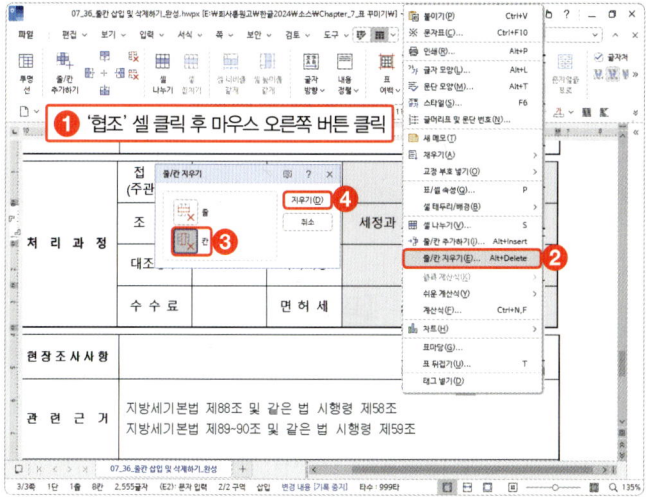

Tip [표 레이아웃] 탭–[칸 지우기]를 클릭해도 됩니다.

우선순위
037 셀 합치고 나누기(테두리 변경)

실습 파일 한글\7장\037_셀 합치고 나누기(테두리 변경).hwp   완성 파일 한글\7장\037_셀 합치고 나누기(테두리 변경)_완성.hwp

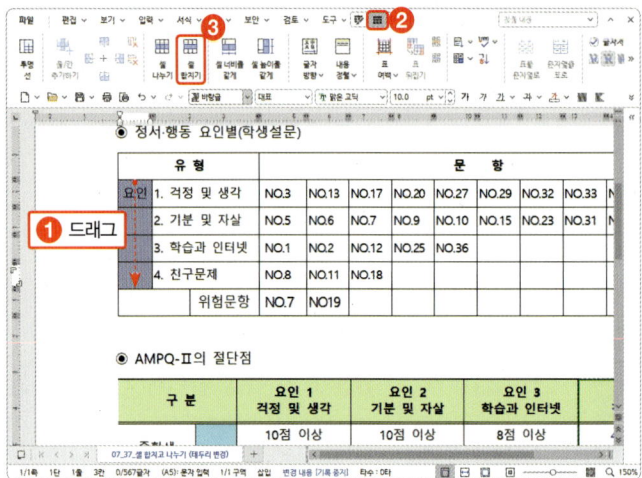

셀 합치기(M)

01 표의 여러 셀을 합치는 방법을 알아보겠습니다.

❶ '요인' 셀부터 네 번째 셀까지 드래그

❷ [표 레이아웃] 탭 클릭

❸ [셀 합치기]를 클릭합니다.

Tip 셀 범위를 드래그한 후 M을 눌러도 됩니다.

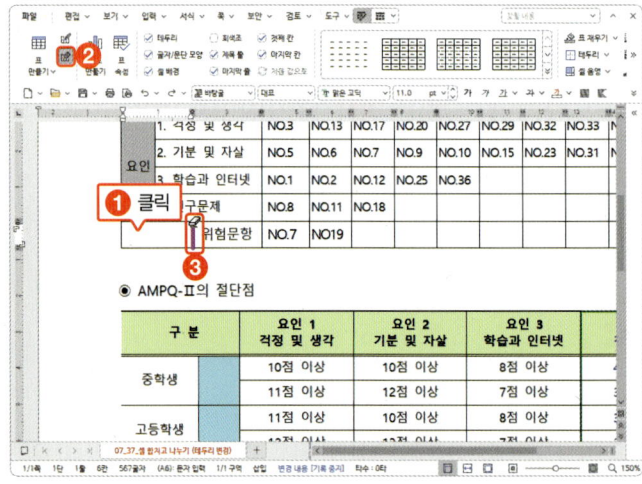

[표 지우개]로 셀 합치기

02 한글에서는 다양한 방법으로 셀을 합칠 수 있습니다. 이번에는 [표 지우개]를 이용하는 방법을 알아보겠습니다.

❶ 임의의 셀 클릭

❷ [표 지우개] 클릭

❸ 삭제할 선을 길게 클릭합니다.

Tip 선택한 선은 분홍색으로 표시되며, 마우스 왼쪽 버튼을 놓으면 셀이 합쳐집니다.

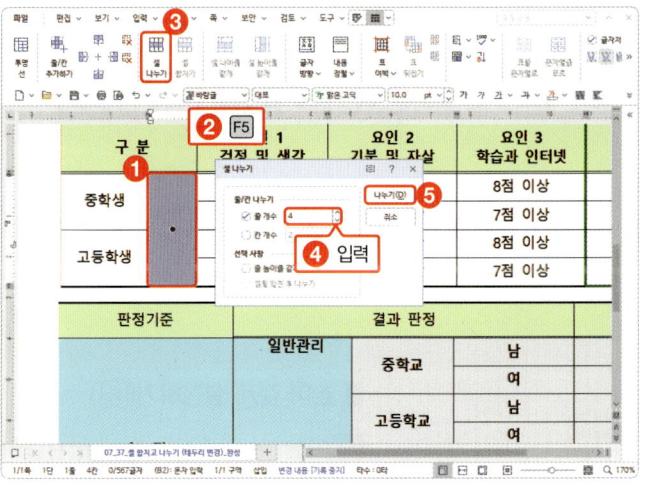

셀 선택하고 셀 나누기(셀 선택 F5, 셀 나누기 S)

03 표 작업 중 셀을 나눠야 할 때가 많습니다. 한 개의 셀을 선택한 후 셀을 나누는 방법을 알아보겠습니다.

❶ '구분'에서 병합된 셀 클릭

❷ F5

❸ [표 레이아웃] 탭-[셀 나누기 ⊞] 클릭

❹ [셀 나누기] 대화상자에서 [줄 개수]에 **4** 입력

❺ [나누기]를 클릭합니다.

Tip F5 를 세 번 누르면 표 전체 셀이 선택됩니다.

Note ▶ 줄 나누기 후 테두리 수정하기

줄 나누기를 하면 위쪽 선 스타일이 상속되는 경우가 있습니다. 테두리 선 종류를 변경해보겠습니다.

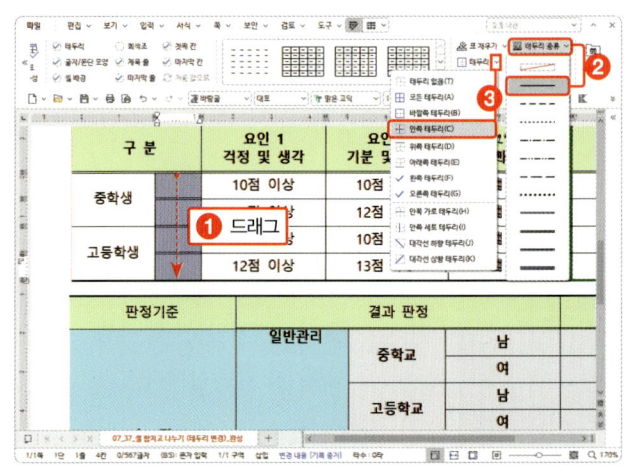

❶ '구분'에서 빈 셀 드래그

❷ [표 디자인] 탭-[테두리 종류]-[실선] 클릭

❸ [표 디자인] 탭-[테두리]의 ⌄ -[안쪽 테두리]를 클릭합니다.

038 셀 높이와 폭 같게 설정하기(배분정렬)

실습 파일 한글\7장\038_셀 높이와 폭 같게 설정하기(배분정렬).hwp 완성 파일 한글\7장\038_셀 높이와 폭 같게 설정하기(배분정렬)_완성.hwp

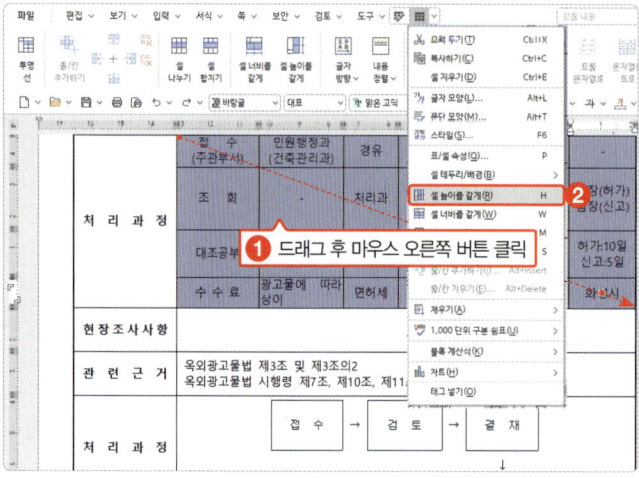

셀 높이 같게 설정하기(H)

01 표에서 텍스트의 양에 상관없이 셀 높이를 일정하게 설정해보겠습니다.

❶ 셀 범위 드래그 후 마우스 오른쪽 버튼 클릭

❷ [셀 높이를 같게]를 선택합니다.

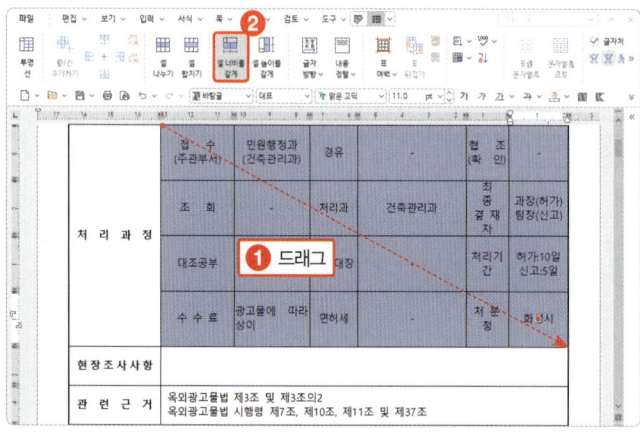

셀 너비 같게 설정하기(W)

02 셀 너비를 같게 설정해보겠습니다.

❶ 셀 범위 드래그

❷ [표 레이아웃] 탭-[셀 너비를 같게]를 클릭합니다.

Note 셀 크기를 변경하는 단축키 살펴보기

표의 셀 크기를 키보드로 변경하는 방법을 알아보겠습니다.

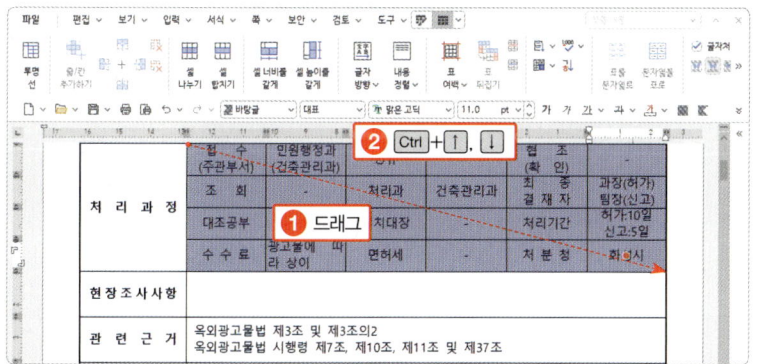

❶ 셀 범위 드래그
❷ Ctrl + ↑ , ↓ 를 누르면 행 높이가 조절됩니다.

Note 셀 너비에 맞춰 글자 간격 조정하기

문자 자간이 셀 너비에 맞게 자동으로 조정되도록 설정해보겠습니다.

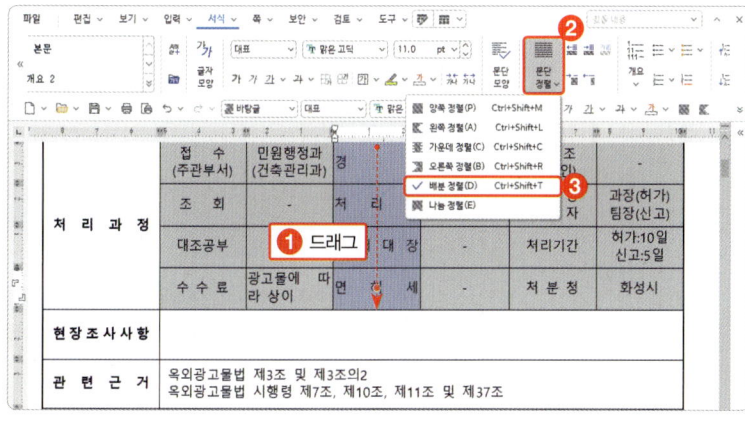

❶ 셀 범위 드래그
❷ [서식] 탭-[문단 정렬] 클릭
❸ [배분 정렬]을 선택합니다.

039 표 나누기, 붙이기, 여러 쪽 지원 기능 이용하기

실습 파일 한글\7장\039_표 나누기, 붙이기, 여러 쪽 지원 기능 이용하기.hwp
완성 파일 한글\7장\039_표 나누기, 붙이기, 여러 쪽 지원 기능 이용하기_완성.hwp

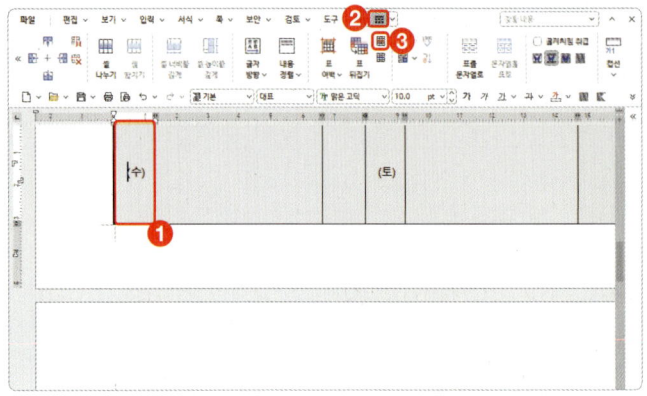

표 나누기(Ctrl+N+A)

01 문서의 표가 길어 마지막 칸의 일부가 다음 쪽으로 넘어가는 경우, 표 내용이 두 쪽에 걸쳐 나타납니다. 이때 해당 행을 분리하여 다음 쪽에 배치해보겠습니다.

❶ '(수)' 셀 클릭
❷ [표 레이아웃] 탭 클릭
❸ [표 나누기]를 클릭합니다.

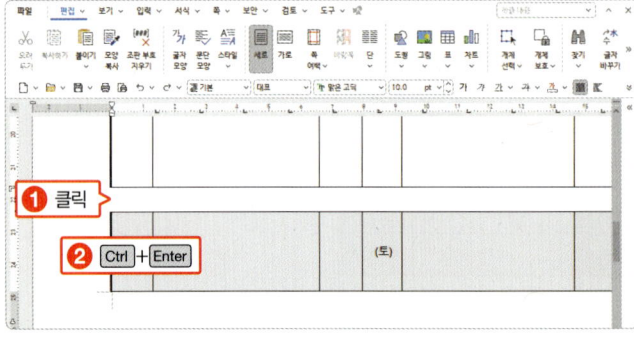

나눠진 표를 다음 쪽으로 넘기기

02 나눠진 표를 2쪽으로 넘겨보겠습니다.

❶ 본문의 나누어진 표 윗줄 클릭
❷ Ctrl + Enter 를 누릅니다.

Tip 쪽 나누기를 적용하면 1쪽과 2쪽 내용이 분리되면서, 1쪽 내용이 늘어나 2쪽으로 넘어갈 때 분리된 2쪽은 3쪽으로 밀려나게 됩니다.

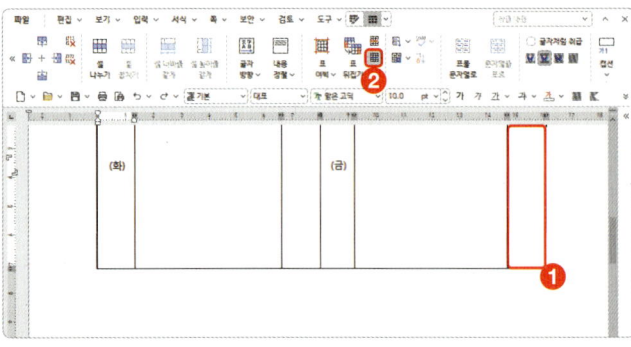

표 붙이기(Ctrl+N+Z)

03 구조가 비슷한 표를 붙이는 방법을 알아보겠습니다. 표의 구조가 다르면 이 기능은 작동하지 않을 수 있습니다.

❶ 위쪽 표 마지막 줄의 임의의 셀 클릭
❷ [표 레이아웃] 탭-[표 붙이기]를 클릭합니다.

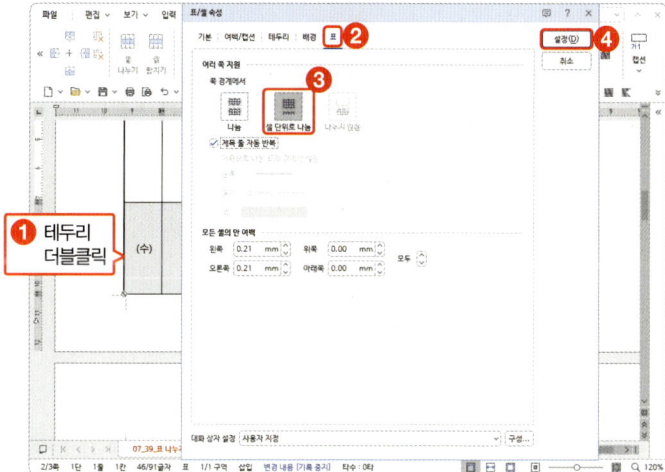

여러 쪽 지원 기능으로 표 나누기

04 여러 쪽 지원 기능은 표가 여러 쪽에 걸쳐 표시될 때, 직접 표를 나누지 않아도 표가 잘리지 않게 여러 쪽에 표시해주는 기능입니다. 여러 쪽 지원 기능을 이용해 표를 배치해보겠습니다.

❶ 표 테두리 더블클릭
❷ [표/셀 속성] 대화상자에서 [표] 탭 클릭
❸ [셀 단위로 나눔] 클릭
❹ [설정]을 클릭합니다.

Note 표 셀 내에 여백 설정하기

셀 안의 문장을 '배분정렬'했는데 좌우 여백이 좁게 느껴질 때, 셀 내부 여백을 조정하는 방법을 알아보겠습니다.

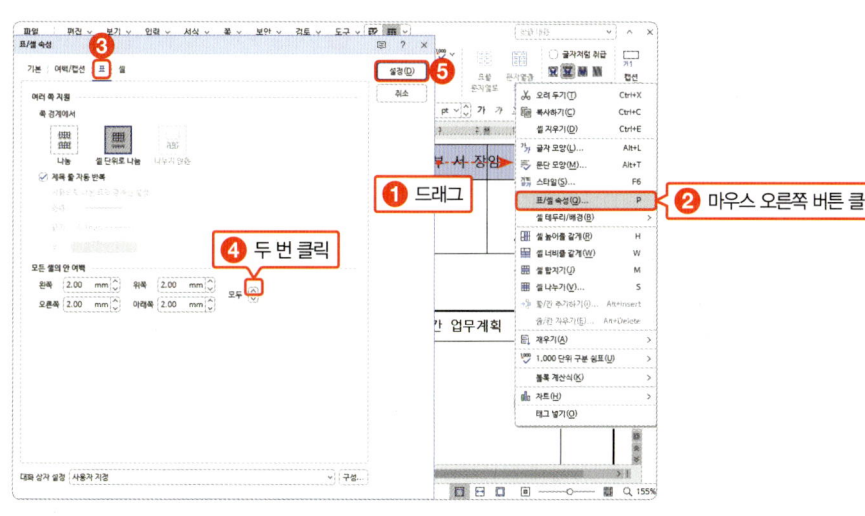

❶ '담당~사장' 셀 드래그
❷ 마우스 오른쪽 버튼 클릭 – [표/셀 속성] 선택
❸ [표/셀 속성] 대화상자에서 [표] 탭 클릭
❹ [모든 셀의 안 여백] – [모두]의 위쪽 화살표를 두 번 클릭
❺ [설정]을 클릭합니다.

표 셀 속성 지정하기(대각선, 채우기)

실습 파일 한글\7장\040_표 셀 속성 지정하기(대각선, 채우기).hwp 완성 파일 한글\7장\040_표 셀 속성 지정하기(대각선, 채우기)_완성.hwp

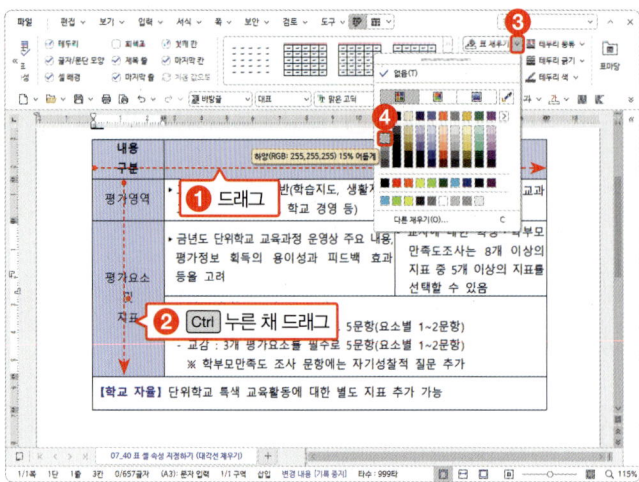

셀 배경색 채우기

01 표의 셀에 채우기 색을 적용해보겠습니다.

❶ 표의 첫 행 드래그
❷ Ctrl 을 누른 채로 '평가 영역~평가요소 및 지표' 드래그
❸ [표 디자인] 탭-[표 채우기]의 ▼ 클릭
❹ [하양 15% 어둡게]를 클릭합니다.

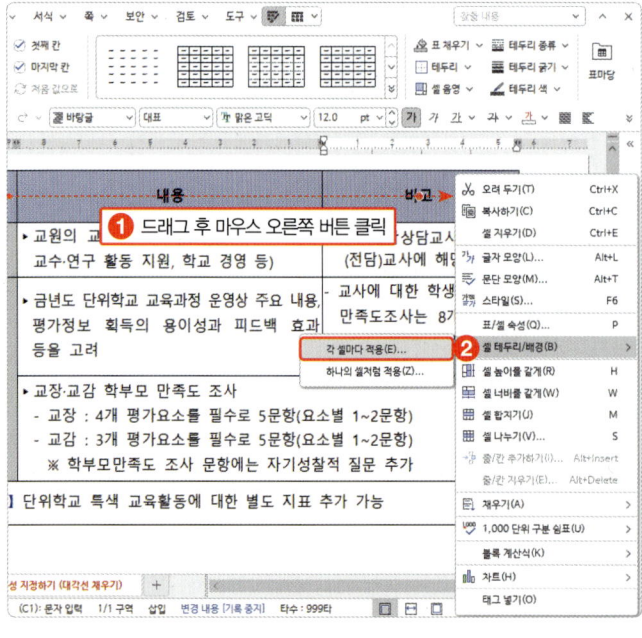

표 안쪽 테두리 스타일 변경하기

02 [표 디자인] 탭의 도구를 이용해서 테두리를 변경할 수 있지만, [셀 테두리/배경] 대화상자를 이용하여 좀 더 세부적으로 변경해보겠습니다.

❶ 첫 행 드래그 후 마우스 오른쪽 버튼 클릭
❷ [셀 테두리/배경]-[각 셀마다 적용] 선택

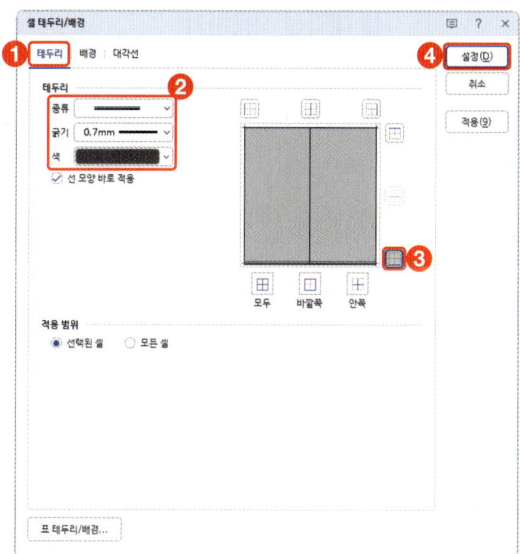

[셀 테두리/배경] 대화상자 설정하기

03 ❶ [셀 테두리/배경] 대화상자–[테두리] 탭 클릭

❷ [종류]–[얇고 굵은 이중선], [굵기]–[0.7mm], [색]–[하양, 50% 어둡게]로 설정

❸ [아래쪽 테두리] 클릭

❹ [설정]을 클릭합니다.

표 바깥쪽 테두리 변경하기

04 표 바깥쪽 좌우 테두리를 없애보겠습니다.

❶ 표 전체 드래그(F5 세 번) ❷ [표 디자인] 탭–[테두리 종류]–[없음] 선택 ❸ [표 디자인] 탭–[테두리]의 ▼ 클릭 ❹ [왼쪽 테두리] 클릭 ❺ [오른쪽 테두리]도 클릭합니다.

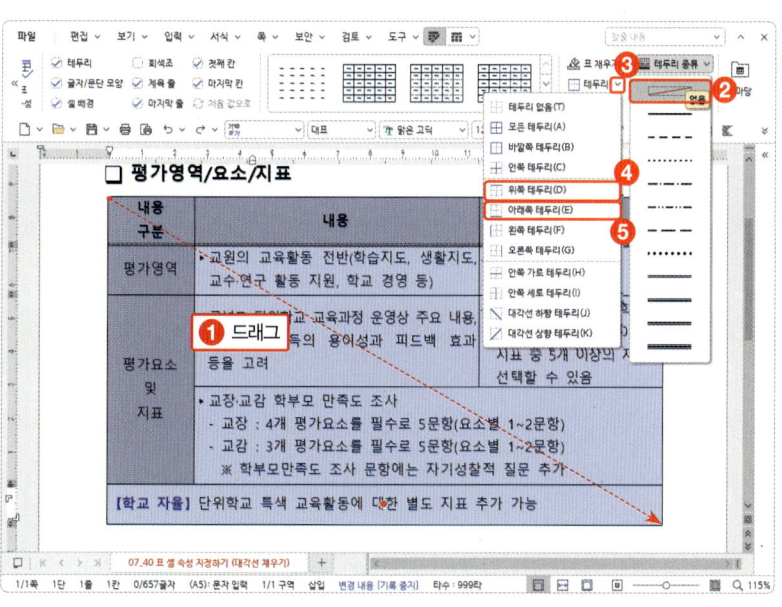

CHAPTER 07 표 꾸미기 **717**

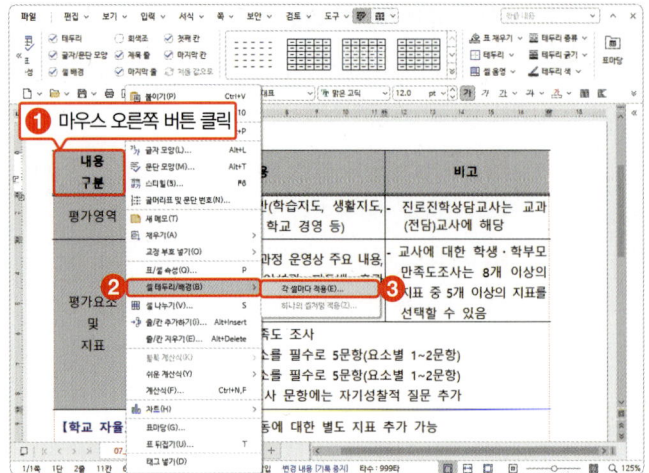

셀 대각선 적용하기

05 셀에 대각선을 적용해보겠습니다.

❶ '내용 구분' 셀에서 마우스 오른쪽 버튼 클릭

❷ [셀 테두리/배경] 클릭

❸ [각 셀마다 적용]을 선택합니다.

[셀 테두리/배경] 대화상자 설정하기

06 [셀 테두리/배경] 대화상자에서 대각선의 종류를 선택하겠습니다.

❶ [대각선] 탭 클릭

❷ [대각선]-[5] 클릭

❸ [설정]을 클릭합니다.

표 내용 정렬하고
천 단위 구분 쉼표 표시하기

실습 파일 한글\7장\041_표 내용 정렬하고 천 단위 구분 쉼표 표시하기.hwp
완성 파일 한글\7장\041_표 내용 정렬하고 천 단위 구분 쉼표 표시하기_완성.hwp

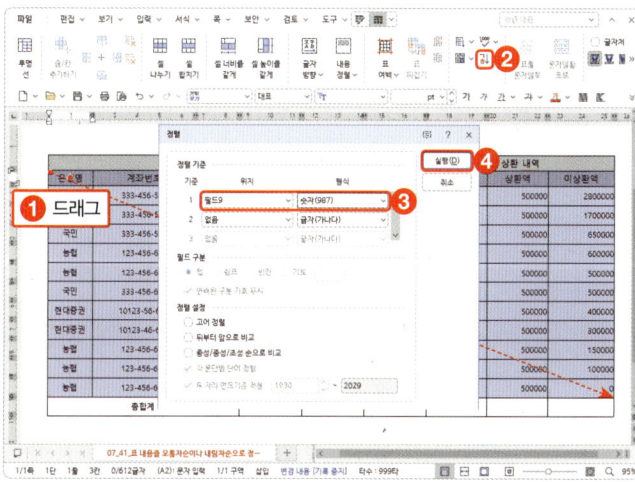

표 내용 정렬하기

01 표에 입력된 자료를 '미상환액' 열 기준으로 내림차순 정렬해보겠습니다.

❶ '은행명' 셀부터 마지막 셀까지 드래그

❷ [표 레이아웃] 탭-[정렬] 클릭

❸ [정렬] 대화상자-[기준1]-[위치]-[필드9], [형식]-[숫자(987)] 선택

❹ [실행]을 클릭합니다.

값 블록 합계 계산하기

02 표에 입력된 값의 합계를 빠르게 계산해보겠습니다.

❶ 합계할 범위와 결과를 입력할 셀까지 드래그하고 마우스 오른쪽 버튼 클릭 ❷ [블록 계산식]-[블록 합계]를 클릭하면 선택 영역 마지막 행에 선택한 범위의 합계가 계산됩니다.

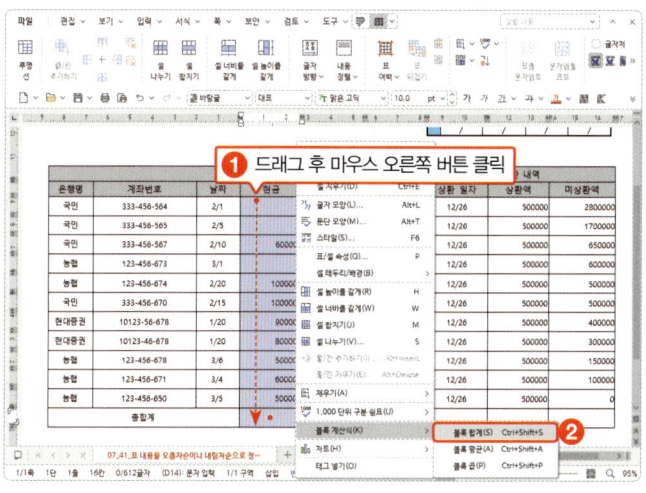

CHAPTER 07 표 꾸미기 **719**

Note 숫자 값에 천 단위 구분 쉼표 넣기

한글에서 표에 입력된 숫자 값에 천 단위 구분 쉼표를 표시해보겠습니다.

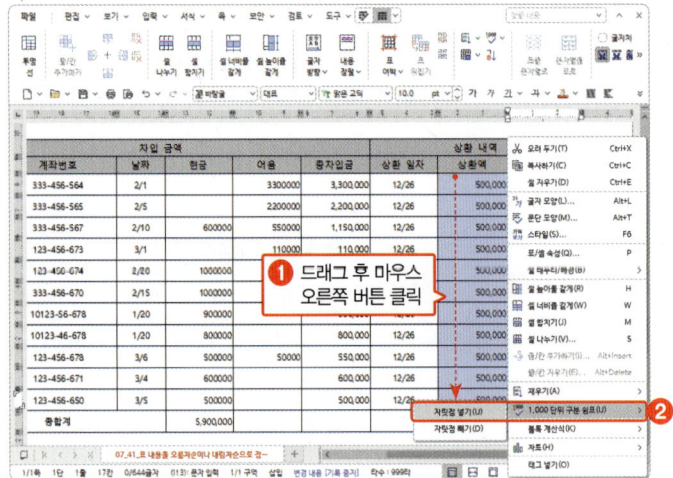

① '상환액' 열에 있는 숫자 셀 드래그 후 마우스 오른쪽 버튼 클릭

② [1,000 단위 구분 쉼표]-[자릿점 넣기]를 선택합니다.

042 표 뒤집기와 표 마당 활용하기

실습 파일 한글\7장\042_표 뒤집기와 표 마당 활용하기.hwp 완성 파일 한글\7장\042_표 뒤집기와 표 마당 활용하기_완성.hwp

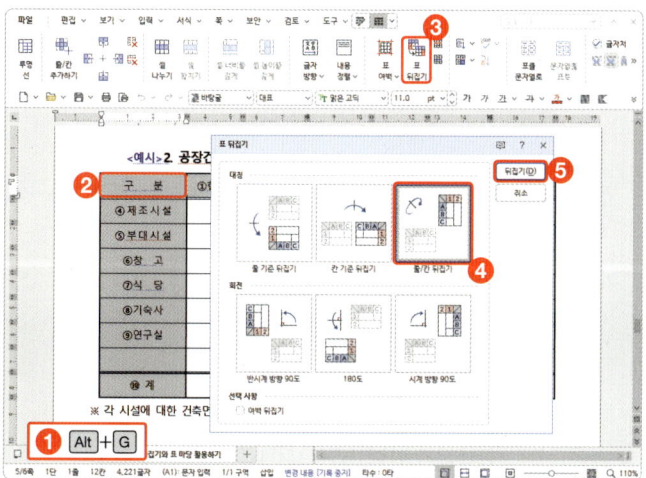

표 뒤집기

01 표 내용 중 줄/칸을 뒤집어보겠습니다.

❶ Alt + G 누르고 6쪽으로 이동
❷ 표 임의의 셀 클릭
❸ [표 레이아웃] 탭–[표 뒤집기] 클릭
❹ [표 뒤집기] 대화상자에서 [줄/칸 뒤집기] 선택
❺ [뒤집기]를 클릭합니다.

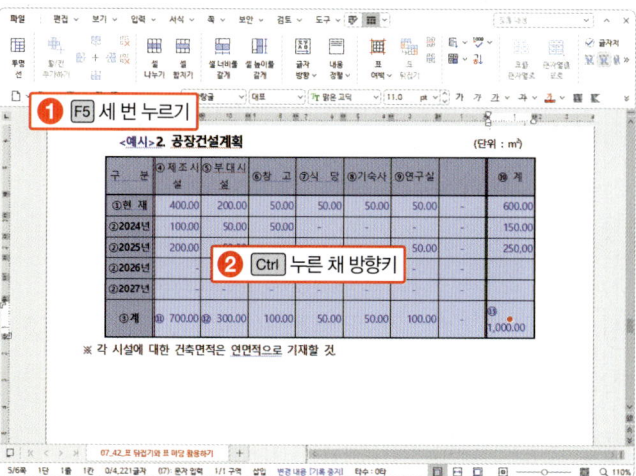

표 크기 변경하기

02 표가 뒤집어지면 표의 모양이 변하게 됩니다. 이때 키보드를 이용하여 표 크기를 수정해보겠습니다.

❶ F5 세 번 누르기
❷ Ctrl 을 누른 채로 방향키를 여러 번 눌러 표 크기를 수정합니다.

Tip → 를 누르면 표의 너비가 늘어나고, ↑ 를 누르면 표의 높이가 줄어듭니다.

CHAPTER 07 표 꾸미기 **721**

표 마당 이용하여 표 스타일 변경하기

03 표 마당을 이용하여 빠르게 표 스타일을 변경해보겠습니다.
❶ 임의의 셀 클릭 ❷ [표 디자인] 탭-[표 마당] 클릭 ❸ [표 마당] 대화상자-[밝은 스타일 3-파란 색조] 선택 ❹ [적용할 서식]-[글자/문단 모양], [셀 배경], [회색조] 모두 체크 해제 ❺ [설정]을 클릭합니다.

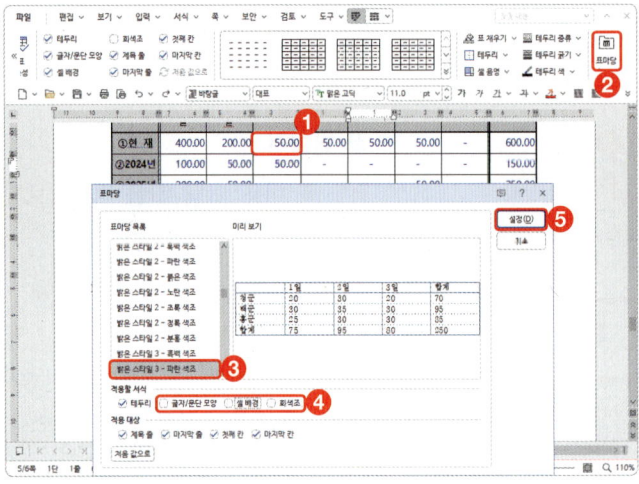

CHAPTER

08

ChatGPT 활용해서
문서 작성하고 인쇄하기

043 ChatGPT 활용하여 출장보고서 작성하기

실습 파일 한글\8장\043_ChatGPT 활용하여 출장보고서 작성하기.hwp
완성 파일 한글\8장\043_ChatGPT 활용하여 출장보고서 작성하기_완성.hwp

ChatGPT 프롬프트 작성하기

01 ChatGPT에 명령하거나 질문할 때 입력하는 문장을 프롬프트라고 합니다. 왼쪽과 같은 프롬프트를 ChatGPT에 입력해보겠습니다. 먼저 ChatGPT(**chatgpt.com**)에 접속합니다.

❶ ChatGPT 프롬프트에 실습 파일 내용 복사하여 붙여넣기
❷ Enter 를 누릅니다.

> 니는 주식회사 빈나리 인사과장 신선율이야. 다음과 같은 사유로 출장을 다녀왔어! 그룹 회장 신채원 님께 제출할 출장보고서를 작성해줘.
>
> 한국 대기업의 출장보고서 형식에 맞게 작성해주고, 최근 다른 회사의 유사 사례를 분석해서 자세하게 작성해줘.
> 마지막에 작성일과 회사명을 작성해줘.
>
> 1. 출장 기본 정보
> – 출장 목적 : 부산 지점장 20억 원 횡령으로 인한 감사
> – 출장 기간 : 2025년 3월 3일부터 3월 7일까지
> – 주요 일정 : 부산 지점장 20억 원 횡령 감사, 부산 기업은행 지점장 면담
> – 주요 활동 : 부산 지점장 감사, 지점 직원 사기 앙양, 주거래 은행 지점장 면담
>
> 2. 활동 비용
> – 최근 대한민국 물가를 고려해서 작성해줘.

❶ 실습 파일 내용 붙여넣기
❷

Tip 출장 보고서의 형식이나 문구는 요청에 따라 달라질 수 있습니다.

답변 결과를 MS Word 파일로 다운로드하기

02 앞서 요청한 답변을 한글에 붙여 넣어도 되지만 부수적인 작업이 많아지므로 MS Word 파일로 달라고 요청해보겠습니다. 다음과 같은 프롬프트를 ChatGPT에 한 번 더 입력하고 [부산 지점 출장 보고서 다운로드]를 클릭합니다.

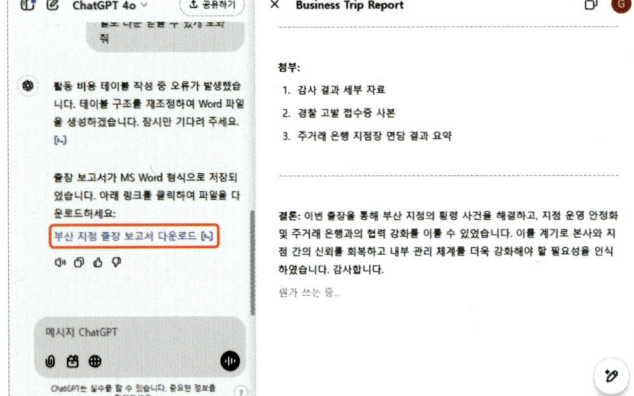

Tip ChatGPT는 답변을 한글 2024 파일 형식으로 변환해 제공하는 기능을 지원하지 않습니다. Ms Word 파일로 다운로드하여 한글 2024에서 사용해야 합니다(2025년 7월 기준).

> 작성해준 출장보고서를 MS Word 파일로 다운로드할 수 있게 도와줘.

한글에서 MS Word 파일 불러오기

03 한글을 실행하고 다운로드한 MS Word 파일을 불러오겠습니다.
① 서식 도구 상자에서 [불러오기 📁] 클릭 ② [불러오기] 대화상자에서 [다운로드] 클릭 ③ [파일 형식]-[워드 문서(*.docx)] 선택 ④ 다운로드한 파일 선택 ⑤ [열기]를 클릭합니다.

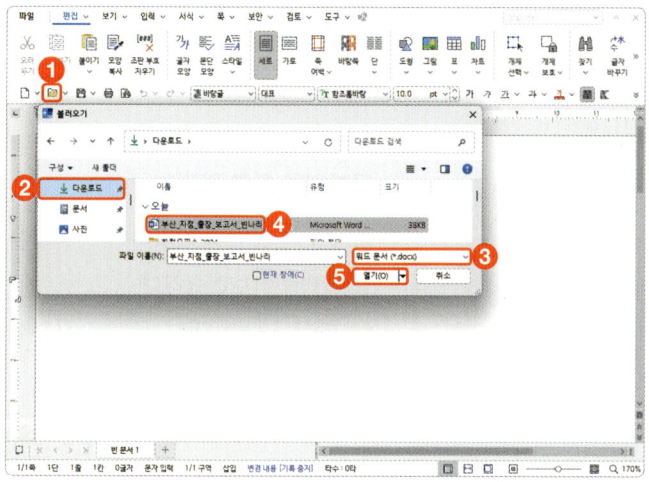

MS Word 파일을 한글 파일로 저장하기(Alt + V)

04 불러온 MS Word 파일을 한글 파일로 저장해보겠습니다.
① 서식 도구 상자에서 [저장하기 💾]의 ▼ 클릭 ② [다른 이름으로 저장하기] 클릭 ③ [다른 이름으로 저장하기] 대화상자에서 저장할 위치 선택 ④ [파일 형식]-[한글 표준 문서(*.hwpx)] 선택 ⑤ [저장]을 클릭합니다.

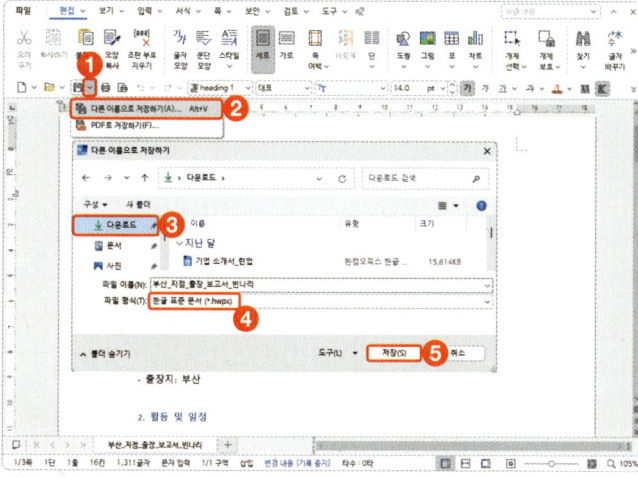

우선순위

044 문자열을 표로 만들기

실습 파일 한글\8장\044_문자열을 표로 만들기.hwp 완성 파일 한글\8장\044_문자열을 표로 만들기_완성.hwp

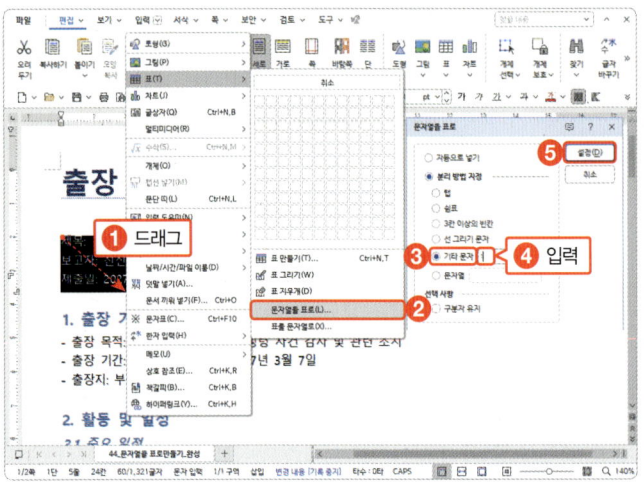

Tip F5를 세 번 눌러 모든 셀을 선택한 후 Ctrl 과 방향키를 사용해 표의 크기를 조정합니다.

문자열을 표로 만들기

01 분리 방법을 지정하여 문자열을 표로 만들어보겠습니다.

❶ '제목:~○○' 구분 문자로 구분된 문자열 드래그

❷ [입력] 탭-[표]-[문자열을 표로] 클릭

❸ [문자열을 표로] 대화상자에서 [분리 방법 지정]-[기타 문자] 선택

❹ : 입력

❺ [설정]을 클릭하면 구분 기호 ':'를 기준으로 열이 분리되는 표가 삽입됩니다.

Note 표의 열 너비를 변경하기

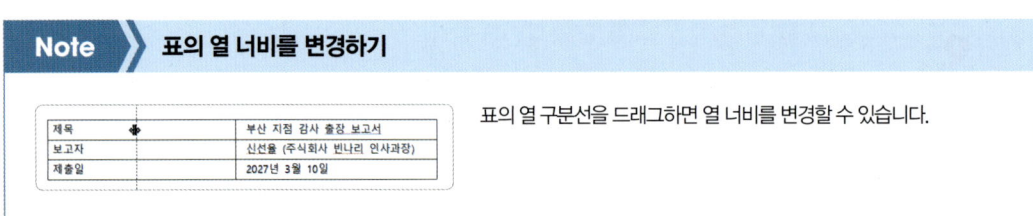

표의 열 구분선을 드래그하면 열 너비를 변경할 수 있습니다.

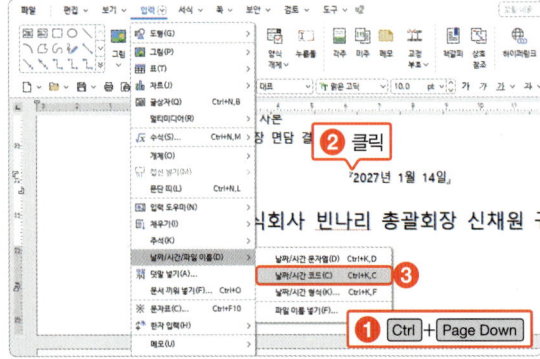

문서에 날짜/시간 코드 추가하기

02 문서에 작성 일자를 입력해보겠습니다.

❶ Ctrl + Page Down 을 눌러 마지막 페이지로 이동

❷ '날짜/시간 코드'를 추가할 위치 클릭

❸ [입력] 탭-[날짜/시간/파일 이름]-[날짜/시간 코드]를 클릭합니다.

045 표 활용하여 제목 상자 만들기

실습 파일 한글\8장\045_표 활용하여 제목 상자 만들기.hwp   완성 파일 한글\8장\045_표 활용하여 제목 상자 만들기_완성.hwp

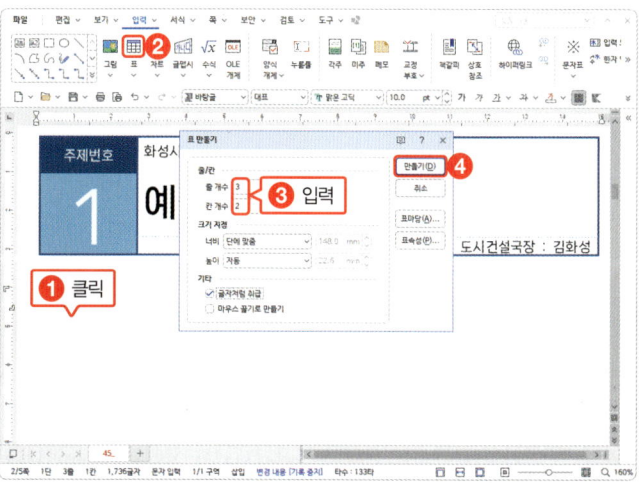

표 활용하여 제목 상자 만들기

01 보고서를 작성하다 보면 챕터 제목 등을 실제 책처럼 디자인하고 싶을 때가 있습니다. ChatGPT로 작성한 기획안을 한글의 표 기능을 활용해 제목을 꾸며보겠습니다.

❶ 표를 입력할 본문 위치 클릭
❷ [입력] 탭-[표] 클릭
❸ [표 만들기] 대화상자-[줄 개수]-3, [칸 개수]-2 입력
❹ [만들기]를 클릭합니다.

표의 줄/칸 수정하기

02 표의 줄/칸을 제목 구조에 맞게 수정해보겠습니다.

❶ 열 경계 드래그하여 줄이기 ❷ '1열의 2행과 3행'을 드래그한 후 M ❸ 표 테두리 클릭 후 맨 아래 줄 경계 드래그하여 표 늘리기 ❹ 줄 경계 드래그하여 늘리기 ❺ 1행 2열 클릭 후 F5 ❻ Shift + ↑ 를 눌러 줄 경계가 어긋나게 줄입니다.

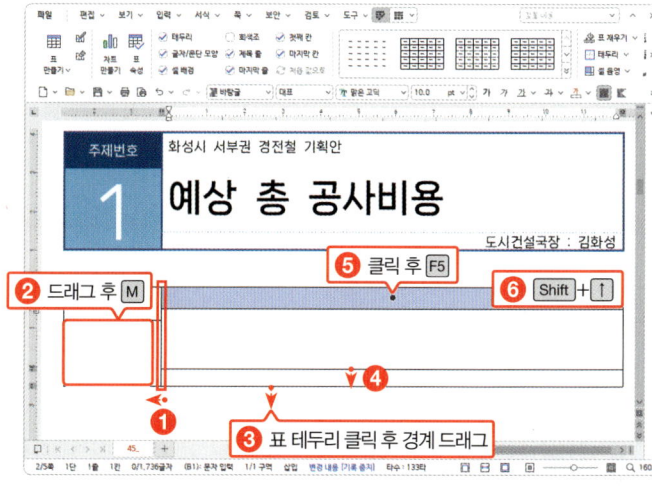

CHAPTER 08 ChatGPT 활용해서 문서 작성하고 인쇄하기

표에 색상 조합하기

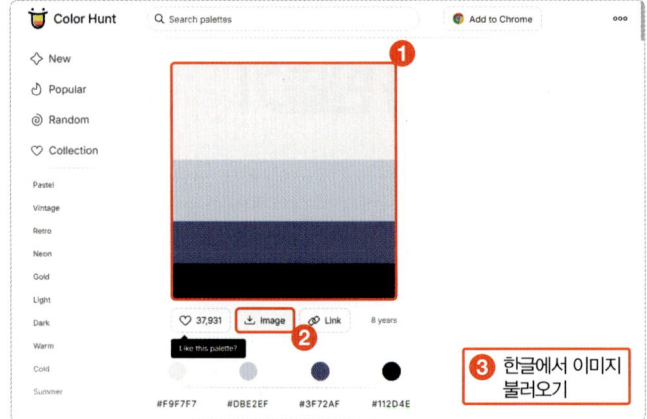

03 Color Hunt 사이트를 참고하여 표에 색상을 적용해보겠습니다.

① **colorhunt.co** 접속 후 원하는 색상 조합 클릭

② [Image ⬇] 클릭

③ 한글에서 Ctrl + N + I 를 눌러 다운로드한 이미지를 본문에 추가합니다.

Tip 색상 조합을 도와주는 다양한 사이트가 있지만, 실습에서는 colorhunt.co를 참고했습니다. 색상 조합을 다운로드하지 않고, 스크린숏이나 색상 코드표를 활용해도 됩니다.

Tip 실습의 편의를 위해 색상 조합 이미지는 실습 파일에 추가해두었으니, 해당 색상 조합을 활용해도 됩니다.

[색 골라내기] 사용하기

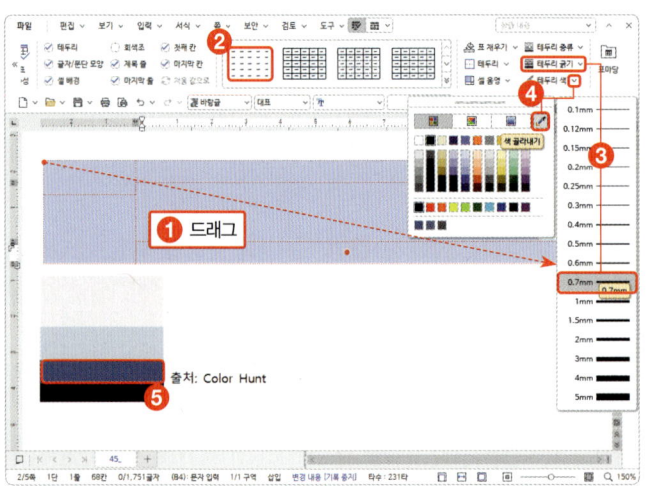

04 [색 골라내기]를 이용해서 표 테두리 색을 적용해보겠습니다.

① 전체 표 드래그

② [표 디자인] 탭-[일반-투명] 선택

③ [테두리 굵기]-[0.7mm]

④ [테두리 색]의 ⌄-[색 골라내기] 🖉 클릭

⑤ 스포이트가 표시되면 본문의 색상표에서 아래에서 두 번째에 위치한 색상을 클릭합니다.

Tip 표에 채우기 색을 적용할 때 테두리와 배경색을 통일하면 디자인이 한결 정돈되어 보입니다.

바깥쪽 테두리 적용하기

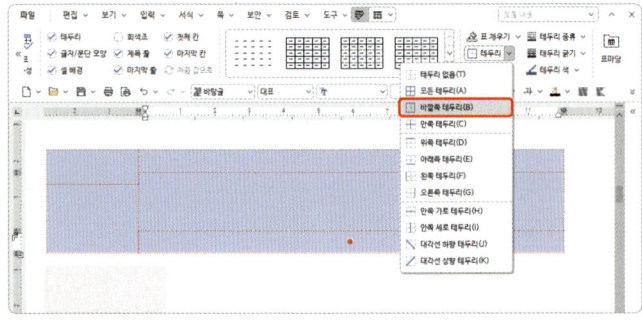

05 앞서 설정한 테두리 색을 바깥쪽 테두리에 적용해보겠습니다.

표가 선택된 상태에서 [표 디자인] 탭-[테두리 ▦]-[바깥쪽 테두리]를 클릭합니다.

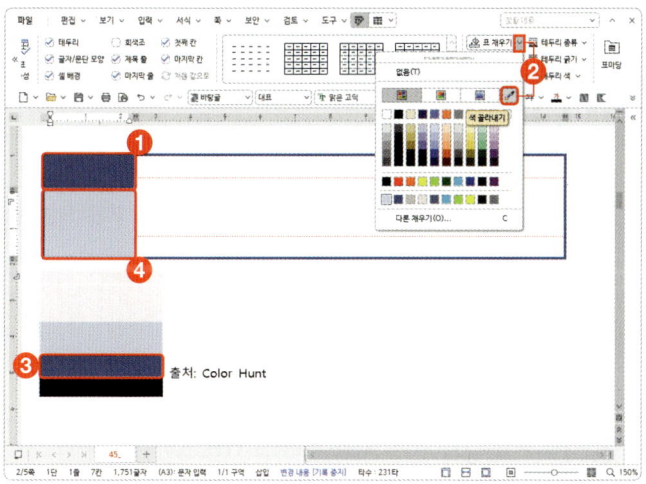

표 색 채우기

06 [색 골라내기]를 이용하여 각 셀에 채우기 색을 적용해보겠습니다.

① 1행 1열 클릭

② [표 디자인] 탭-[표 채우기]의 ∨-[색 골라내기 🖉] 클릭

③ 스포이트가 표시되면 색상표에서 색상 클릭

④ 같은 방식으로 다음 셀의 색 채우기를 진행합니다.

내부 테두리 선 변경하기

07 내부 테두리 선을 변경해보겠습니다.

① 3행 2열 클릭 ② [표 디자인] 탭-[테두리 굵기]-[0.3mm] 클릭 ③ [테두리 종류]-[점선] 클릭 ④ [테두리]-[위쪽 테두리]를 클릭합니다.

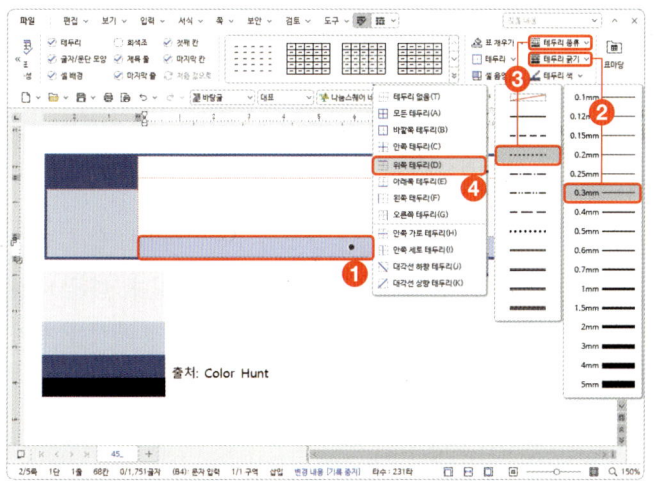

Tip 각 셀에 문자열을 입력하여 제목 디자인을 완성합니다. 만들어진 제목 디자인을 각 챕터에 '복사-붙여넣기'하여 전체 문서의 체계를 구조화합니다.

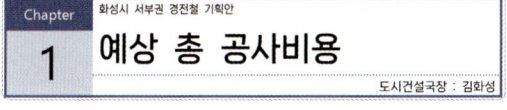

 기획안 표지 만들기

실습 파일 한글\8장\046_기획안 표지 만들기.hwp 완성 파일 한글\8장\046_기획안 표지 만들기_완성.hwp

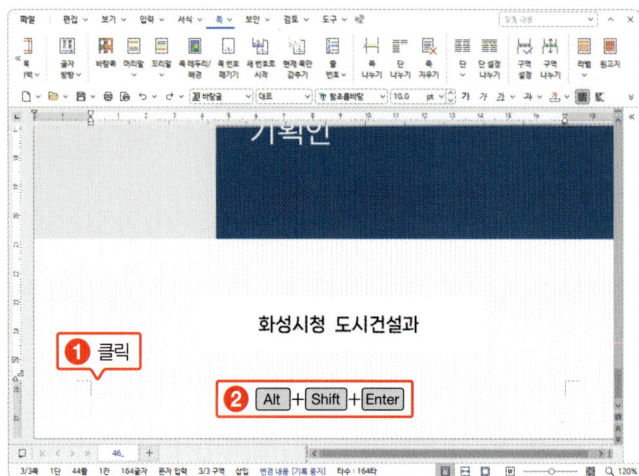

표지 구역 나누기
(Alt + Shift + Enter)

01 표지에 배경 서식을 적용하려면 본문과 구분되도록 별도의 구역을 설정해야 합니다. 실습 파일에서 표지를 위한 구역을 나눠보겠습니다.

❶ 본문 마지막 위치 클릭
❷ Alt + Shift + Enter 를 눌러 구역을 분리합니다.

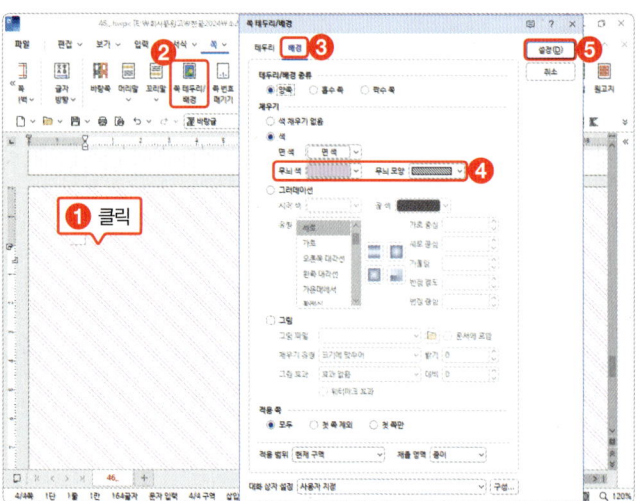

앞 구역 배경 제거하기

02 구역을 구분하더라도 앞 구역의 배경 서식이 상속됩니다. 다른 배경을 적용하기 위해 배경 서식을 제거해보겠습니다.

❶ 4쪽 첫 줄 클릭
❷ [쪽] 탭-[쪽 테두리/배경 📄] 클릭
❸ [쪽 테두리/배경] 대화상자에서 [배경] 탭 클릭
❹ [채우기]-[색]-[무늬 색]-[초록 (RGB: 0,128,0)], [무늬 모양]-[하향 대각선] 선택
❺ [설정]을 클릭합니다.

Tip 구역 설정의 기능을 연습하기 위해 무늬를 적용해보았습니다. 디자인 구성상 배경색을 제거하면 깔끔한 표지를 만들 수 있습니다.

도형 삽입하기

03 본문에 도형을 삽입해보겠습니다.

❶ [입력] 탭-도형-[사각형 □] 클릭

❷ 본문에 드래그하여 적당한 크기로 도형 삽입

❸ [도형] 탭-[너비]-**140**, [높이]-**160** 입력

❹ [도형] 탭-[도형 윤곽선]의 ∨ -[없음]을 클릭합니다.

도형 복사하기

04 두 개의 사각형 디자인이 돋보이는 표지를 만들어보겠습니다. 사각형이 선택된 상태에서 Ctrl + Shift 를 누른 채 오른쪽으로 드래그하여 왼쪽 사각형을 오른쪽에 복사합니다.

도형 크기 변경하고 채우기 색 적용하기

05 두 번째 도형의 크기를 변경하고 채우기 색을 적용해보겠습니다.

❶ 복사한 도형 선택

❷ [도형] 탭-[너비]-**140**, [높이]-**88** 입력

❸ 도형 더블클릭

❹ [개체 속성] 대화상자에서 [채우기] 탭 클릭

❺ [면 색]에서 원하는 색상 선택, [투명도]-**20** 입력

❻ [설정]을 클릭합니다.

Tip 같은 방식으로 왼쪽 도형은 [면색]-[하양(RGB: 255,255,255)], [투명도]는 **5**를 적용합니다.

글상자로 제목 입력하기

06 글상자를 이용해서 제목을 입력해보겠습니다.
❶ [입력] 탭-[가로 글상자 🔲] 클릭 ❷ 본문에 드래그하여 글상자 삽입 ❸ **|화성서부 경전철 노선 공사 기획안|** 입력 ❹ 글상자 클릭 ❺ [도형] 탭-[도형 윤곽선]의 ⌄-[없음]을 클릭합니다.

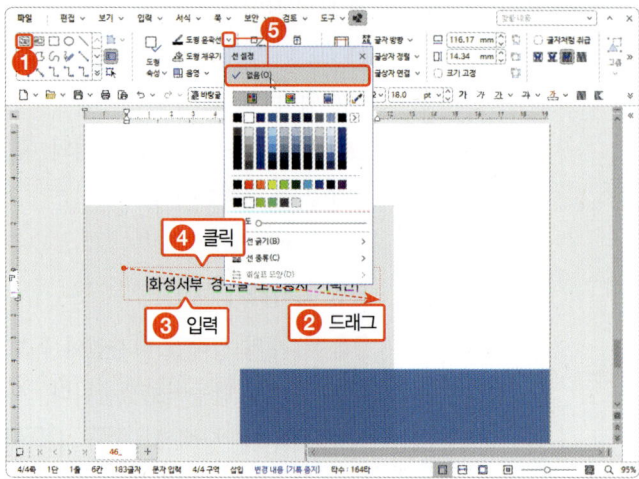

Tip 다른 페이지의 표지도 글상자를 이용해 입력합니다.

047 문서 끼워 넣고 차례 만들기

실습 파일 한글\8장\047_기획안.hwp, 한글\8장\047_문서 끼워 넣고 차례 만들기.hwp
완성 파일 한글\8장\047_문서 끼워 넣고 차례 만들기_완성.hwp

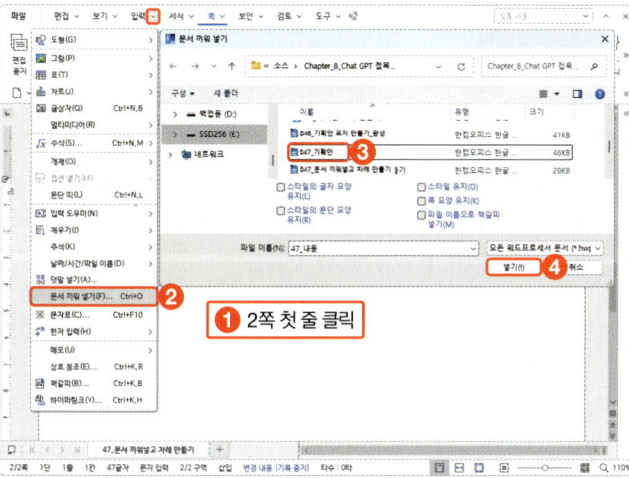

표지 아래 본문 끼워 넣기(Ctrl+D)

01 앞서 작성한 표지에 기획안 문서를 끼워 넣어 연결해보겠습니다.

❶ 2쪽 첫 줄 클릭
❷ [입력] 탭의 ∨-[문서 끼워 넣기] 클릭
❸ [문서 끼워 넣기] 대화상자에서 '047_기획안.hwp' 선택
❹ [넣기]를 클릭합니다.

Tip 실습 파일은 1쪽과 2쪽이 구역으로 구분되어 있습니다. 실제 파일을 만들 때도 구역을 나눠 작업하면 됩니다.

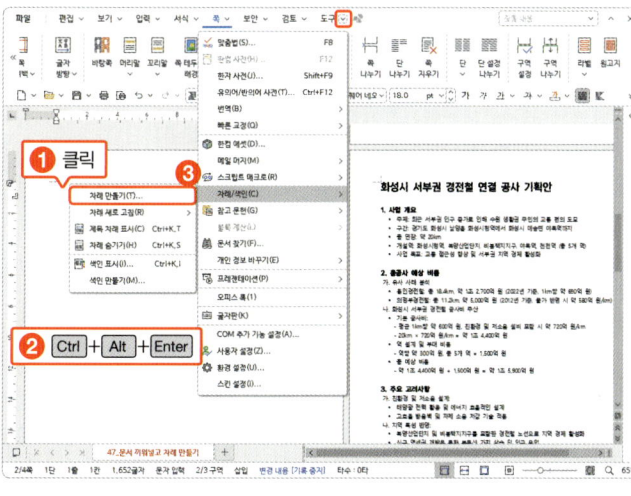

차례 넣을 구역 설정하기

02 차례를 삽입할 구역을 추가해보겠습니다.

❶ 차례를 추가할 구역을 설정하기 위해 2쪽 맨 앞쪽 클릭
❷ Ctrl+Alt+Enter를 눌러 구역 나누기
❸ [도구] 탭의 ∨-[차례/색인]-[차례 만들기]를 클릭합니다.

CHAPTER 08 ChatGPT 활용해서 문서 작성하고 인쇄하기

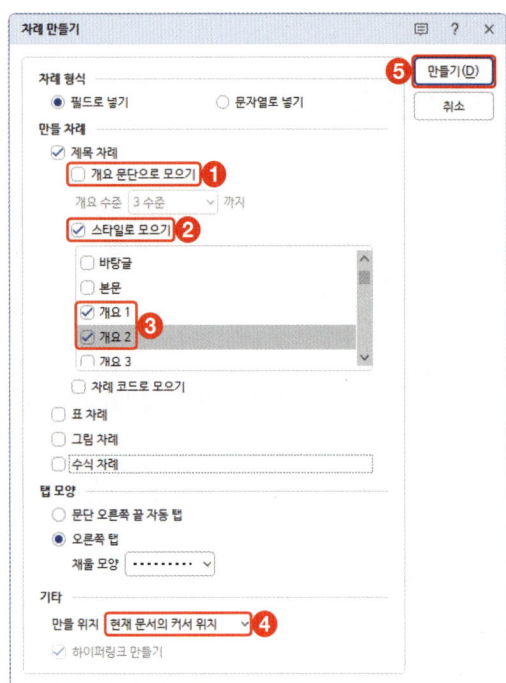

[차례 만들기] 대화상자 설정하기

03 [차례 만들기] 대화상자에서 스타일을 적용하여 차례를 만들어보겠습니다.

❶ [차례 만들기] 대화상자–[개요 문단으로 모으기] 체크 해제

❷ [스타일로 모으기] 체크

❸ [개요 1], [개요 2] 체크

❹ [만들 위치]–[현재 문서의 커서 위치] 선택

❺ [만들기]를 클릭합니다.

Tip [차례 만들기] 대화상자–[만들 위치]에서 [현재 문서의 새 구역]을 선택하면 새 구역이 추가되면서 차례가 추가되지만, 클릭한 위치의 문단 스타일이 바뀌는 문제가 발생할 수 있습니다.

Note 문단 첫 글자 장식하기

문단의 첫 글자 장식 기능으로 문단을 꾸며보겠습니다.

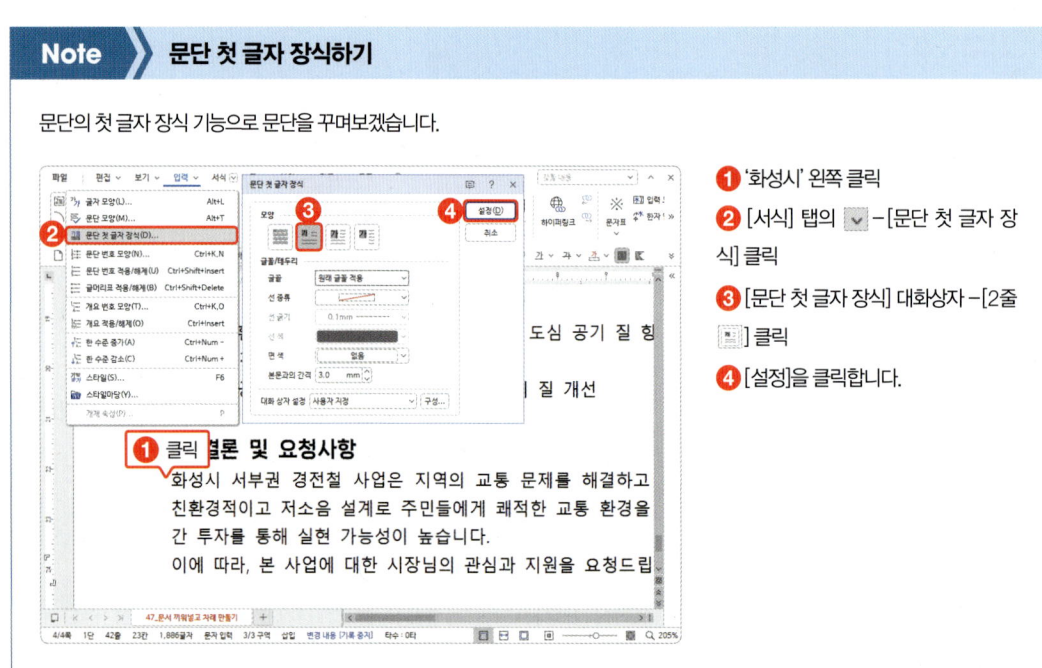

❶ '화성시' 왼쪽 클릭

❷ [서식] 탭의 ▼ –[문단 첫 글자 장식] 클릭

❸ [문단 첫 글자 장식] 대화상자 –[2줄] 클릭

❹ [설정]을 클릭합니다.

048 종이 영수증 경비 정리하기

실습 파일 한글\8장\048_종이 영수증 경비 정리하기.hwp   **완성 파일** 한글\8장\048_종이 영수증 경비 정리하기_완성.hwp

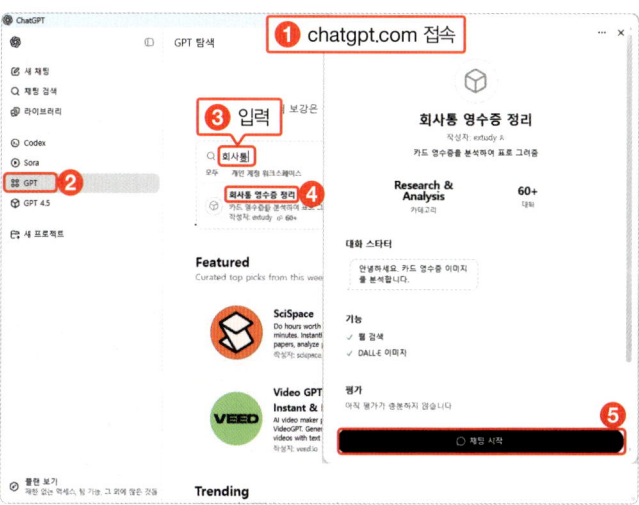

ChatGPT 사용하기

01 출장 중에 발생한 경비를 종이 영수증으로 받아 경리부에 제출한다고 가정할 때 ChatGPT를 활용하면 쉽게 종이 영수증을 정리할 수 있습니다. 미리 작성해둔 GPT를 활용하여 영수증을 정리해보겠습니다.

❶ chatgpt.com 접속
❷ [GPT] 클릭
❸ **회사통** 입력
❹ [회사통 영수증 정리] 클릭
❺ [채팅 시작]을 클릭합니다.

> **Note** [회사통 영수증 정리] GPT 활용하기
>
> GPT는 휴대폰 애플리케이션의 앱스토어와 유사한 개념입니다. 사용자가 특정 업무를 자동화하기 위해 프롬프트를 작성해 등록하면, 다른 사용자가 해당 기능을 검색하여 자유롭게 활용할 수 있습니다. 실습에서 활용한 [회사통 영수증 정리]는 저자가 직접 프롬프트를 작성해 사전에 구성해 둔 GPT입니다. GPT 생성은 유료 가입자만 가능하지만, 생성된 GPT는 무료 사용자도 제한 없이 사용할 수 있습니다.
>
> ---
>
> 나는 회계부 홍대리야. 각 부서 출장 중 사용한 카드 영수증을 분석해서 출장 경비를 산출하고 싶어.
>
> – 첨부한 영수증 이미지를 분석해줘. 만약 압축 파일이라면 압축을 해제하고 분석해줘.
> – 필드 구성은 거래일자, 사용처, 수량, 단가, 부가세, 금액, 용도로 구성하고, 거래일자가 빠른 순으로 정렬하고 항목별 합계를 계산하는 표를 그려줘.
> – 단가, 부가세, 금액 수량 등의 값은 모두 숫자만 표시해줘.
> – 용도는 사용처별로 주유, 식사비, 기타 경비로 분류해줘.
> – 주유 금액 영수증의 경우 취소 금액, 재승인 금액 항목이 있는데 재승인 금액만 포함해줘.

Tip ChatGPT는 이미지를 열 개만 첨부할 수 있습니다. 열 개 이상의 종이 영수증을 첨부해야 한다면 영수증을 모두 압축하여 압축 파일로 첨부합니다.

Tip ChatGPT는 환경 및 프롬프트, 버전에 따라 다른 결과를 가져올 수 있습니다.

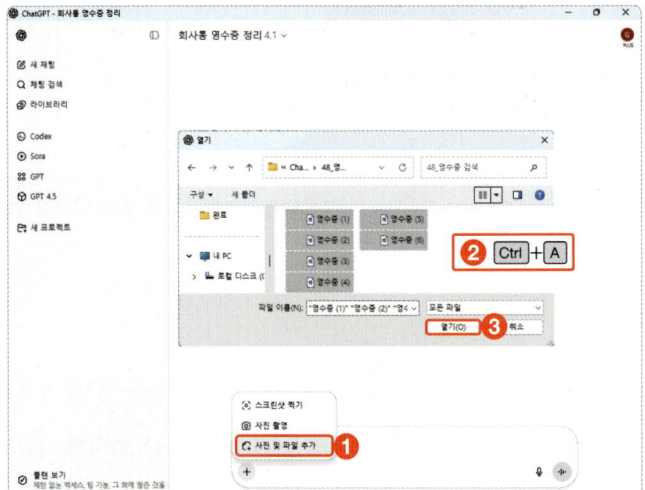

종이 영수증 정리하기

02 '회사통 영수증 정리' GPT에 영수증을 첨부하여 정리해보겠습니다.
① [첨부 +]-[사진 및 파일 추가] 클릭
② [열기] 대화상자-[048_영수증] 폴더에서 파일 모두 선택(Ctrl + A)
③ [열기]를 클릭합니다.

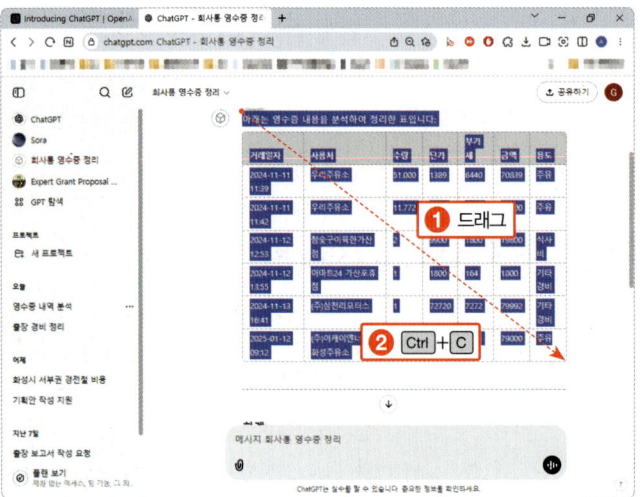

GPT 결과표 복사하기

03 GPT 결과표를 복사해서 한글로 가져오겠습니다.
① 표의 위쪽 문자열부터 표 전체를 드래그하여 선택
② Ctrl + C 를 누른 후 실습 파일로 화면을 전환합니다.

Tip 표의 윗줄을 같이 선택하는 이유는 HTML 붙여 넣기할 때 표가 틀어지는 것을 방지하기 위함입니다. 표만 선택하지 말고 윗줄 또는 아랫줄을 같이 드래그해야 합니다.

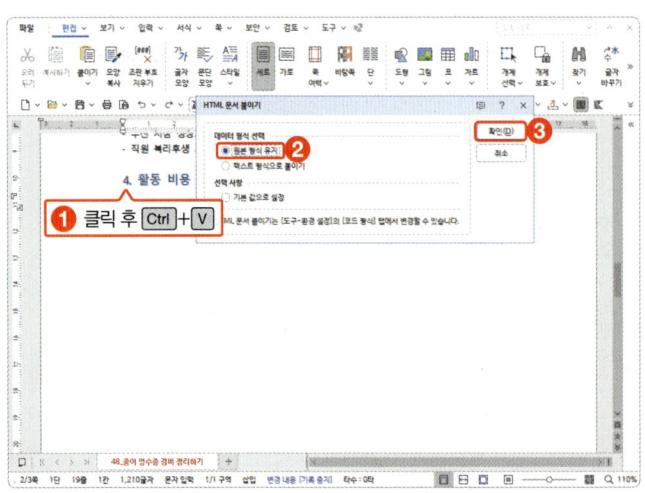

복사한 표를 한글에 붙여넣기

04 GPT에서 복사한 표를 실습 파일에 붙여 넣어보겠습니다.
① 실습 파일 2쪽 '4. 활동 비용' 아래 클릭 후 Ctrl + V
② [HTML 문서 붙이기] 대화상자에서 [원본 형식 유지] 선택
③ [확인]을 클릭합니다.

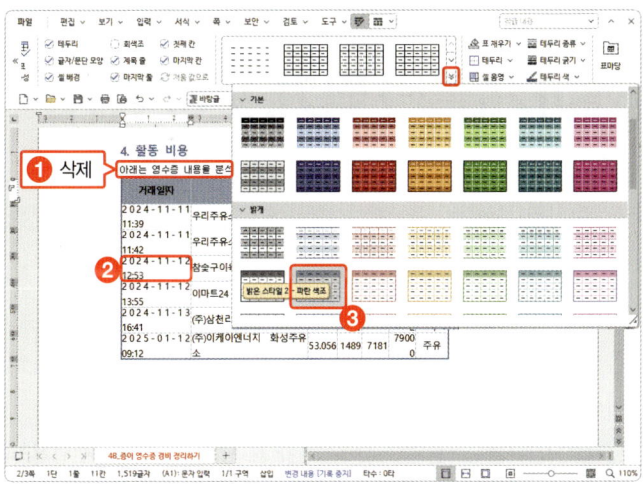

붙여 넣은 표 스타일 적용하기

05 웹에서 복사한 표를 붙여 넣으면 표 스타일이 유지되지 않는 경우가 있습니다. 표 스타일을 이용해 해결해보겠습니다.

❶ 표 위에 같이 붙여 넣은 '아래는 영수증~' 문장 삭제

❷ 표의 임의의 셀 클릭

❸ [표 디자인] 탭-[표 스타일]의 ▽를 클릭하고 [밝은 스타일 2-파란 색조]를 선택합니다.

Note 표 너비와 높이 쉽게 수정하기

표를 선택하고 Ctrl+방향키를 눌러 표 크기를 빠르게 변경해보겠습니다.

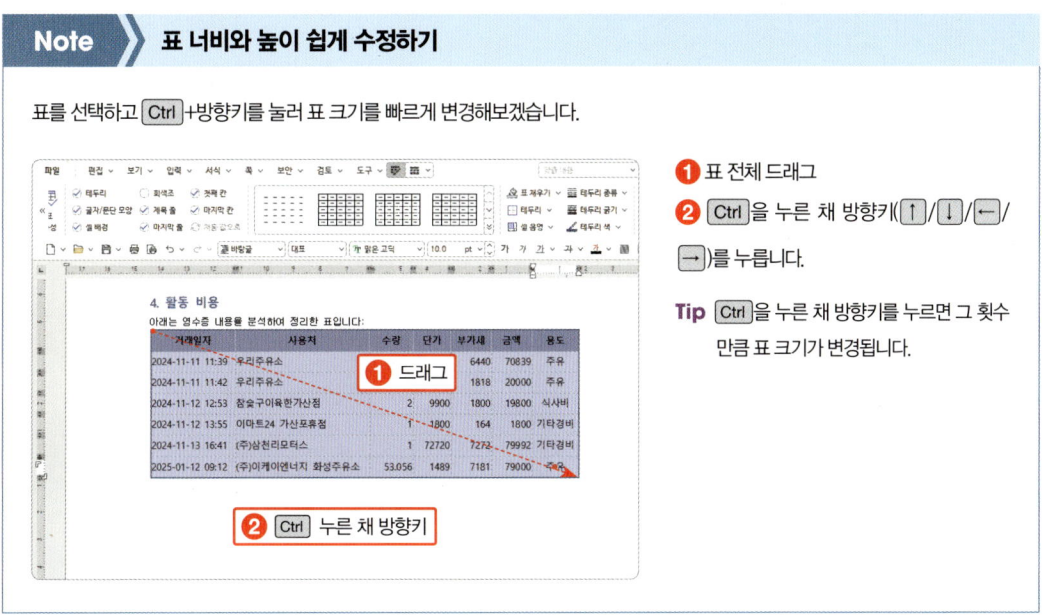

❶ 표 전체 드래그

❷ Ctrl 을 누른 채 방향키(↑/↓/←/→)를 누릅니다.

Tip Ctrl 을 누른 채 방향키를 누르면 그 횟수만큼 표 크기가 변경됩니다.

보고서 인쇄하기(골라 찍기, 모아 찍기)

실습 파일 한글\8장\049_보고서 인쇄하기(골라 찍기, 모아찍기).hwp   완성 파일 한글\8장\049_보고서 인쇄하기(골라 찍기, 모아찍기)_완성.hwp

인쇄 미리 보기

01 인쇄될 내용을 미리 화면으로 확인할 수 있는 인쇄 미리 보기를 실행해보겠습니다.
서식 도구 상자에서 [미리 보기 📄]를 클릭합니다.

Note 미리 보기 살펴보기

미리 보기에서 설정할 수 있는 기능을 살펴보겠습니다.

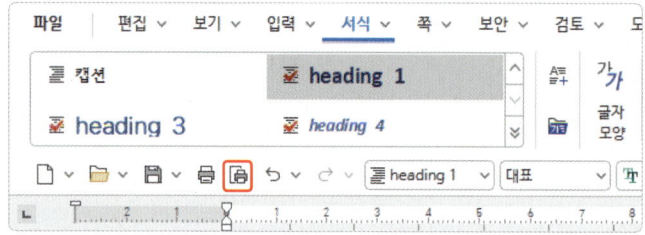

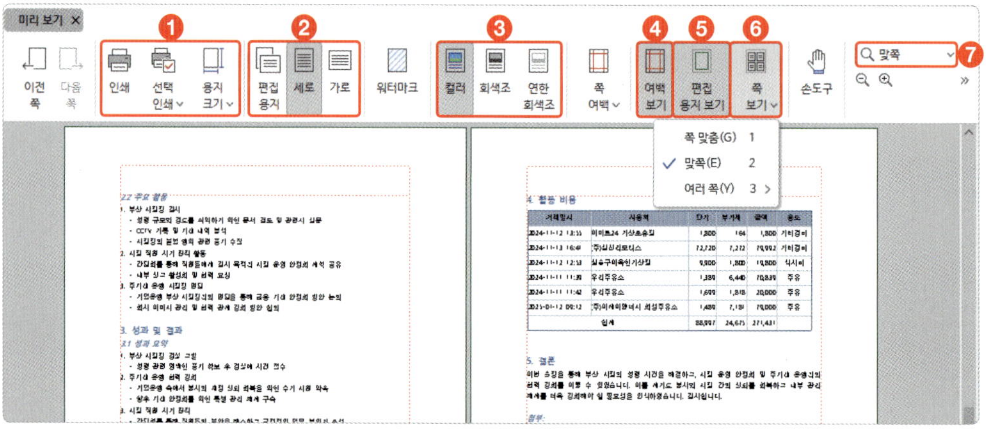

① **인쇄** : [인쇄], [선택 인쇄(그리기, 그림, 양식, 누름틀, 형광펜 등)], [용지 크기]를 변경할 수 있습니다.
② **용지 설정** : [편집 용지], [세로], [가로] 인쇄를 설정할 수 있습니다.
③ **색조 선택** : [컬러], [회색조], [연한 회색조]를 설정할 수 있습니다.
④ **여백 보기** : 여백 영역을 빨간색 점선으로 표시합니다.
⑤ **편집 용지 보기** : 편집 용지 영역을 초록색 선으로 표시합니다.
⑥ **쪽 보기** : 쪽 보기 방식을 [쪽 맞춤], [맞쪽], [여러 쪽]으로 전환할 수 있습니다.
⑦ **화면 확대 및 축소** : 현재 쪽 보기 상태를 확인할 수 있습니다.

Note   형광펜을 같이 출력하는 방법 알아보기

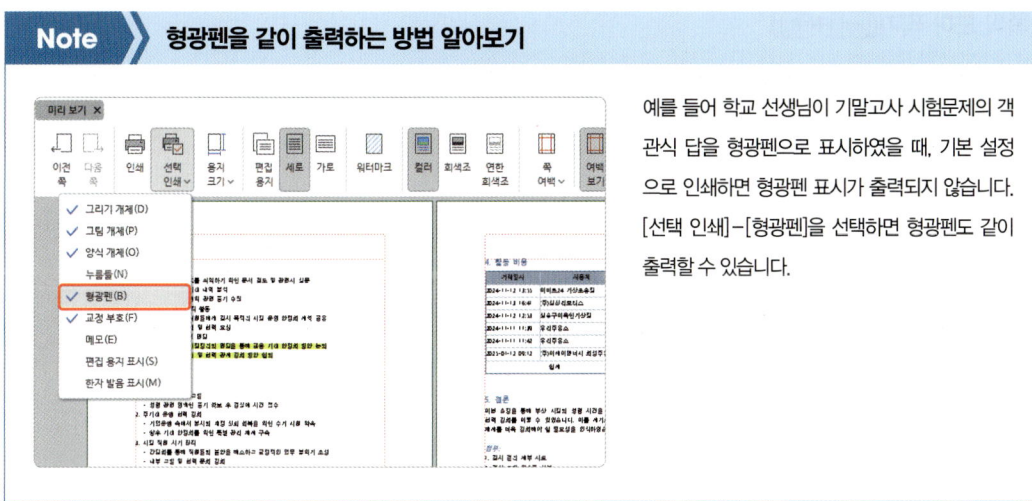

예를 들어 학교 선생님이 기말고사 시험문제의 객관식 답을 형광펜으로 표시하였을 때, 기본 설정으로 인쇄하면 형광펜 표시가 출력되지 않습니다. [선택 인쇄]-[형광펜]을 선택하면 형광펜도 같이 출력할 수 있습니다.

원하는 쪽만 인쇄하기

02 여러 쪽 중 1~2쪽과 4쪽만 인쇄해보겠습니다.

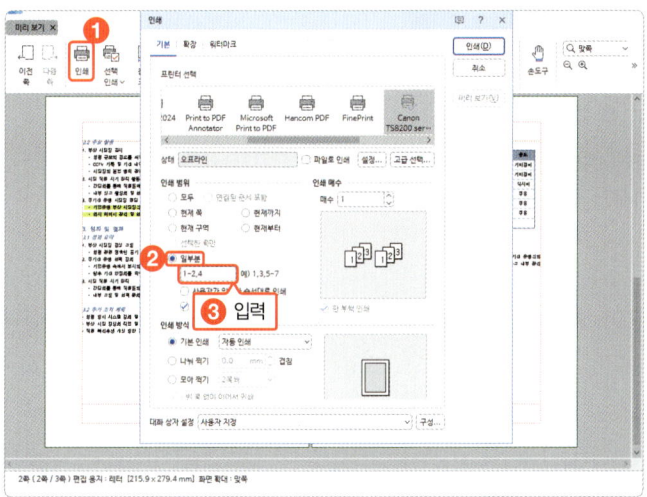

❶ [인쇄 🖨] 클릭
❷ [인쇄] 대화상자에서 [일부분] 선택
❸ **1-2, 4**를 입력합니다.

Tip • **구간 인쇄** : 1-5처럼 하이픈(-)으로 구분합니다. 1~5쪽이 모두 인쇄됩니다.
• **선택 인쇄** : '5, 10'처럼 쉼표(,)로 구분합니다. 5쪽과 10쪽만 인쇄됩니다.

Note   미리 보기 닫기

미리 보기 상태에서 ESC 를 누르거나 [미리 보기 닫기]를 클릭합니다.

2쪽씩 모아 찍기(Alt + P)

03 회의용 문서를 한 페이지에 2쪽씩 인쇄하는 방법을 알아보겠습니다.

❶ 서식 도구 상자에서 [인쇄 🖨] 클릭 ❷ [인쇄] 대화상자-[인쇄 방식]-[모아 찍기] 선택 ❸ [2쪽씩] 선택 ❹ [인쇄]를 클릭합니다.

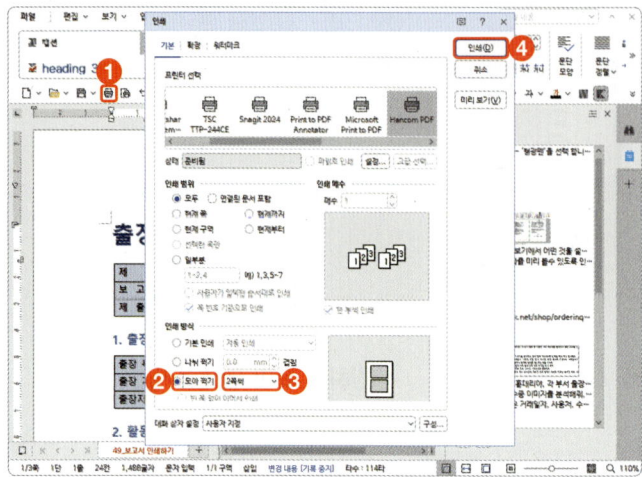

Tip 서식 도구 상자에서 [미리 보기 🔍]를 클릭하면 인쇄될 내용을 화면으로 미리 확인할 수 있습니다.

050 워터마크 인쇄하기
(꼬리말에 문서 정보 출력하기)

실습 파일 한글\8장\050_워터마크 인쇄하기(꼬리말에 문서 정보 출력하기).hwp
완성 파일 한글\8장\050_워터마크 인쇄하기(꼬리말에 문서 정보 출력하기)_완성.hwp

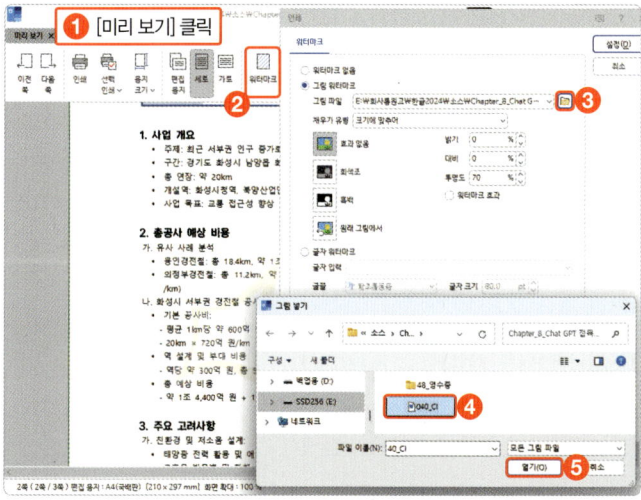

Tip 편집 상태에서 [인쇄 🖨]를 클릭한 후 [인쇄] 대화상자-[워터마크] 탭에서도 설정할 수 있습니다.

문서에 워터마크 포함하여 인쇄하기

01 문서를 인쇄할 때 회사 로고 등의 워터마크를 함께 인쇄하는 방법을 알아보겠습니다.

❶ 서식 도구 상자에서 [미리 보기 🖨] 클릭

❷ [미리 보기] 창에서 [워터마크 🖼] 클릭

❸ [인쇄] 대화상자-[그림 파일]의 📁 클릭

❹ [그림 넣기] 대화상자에서 '040_CI.png' 파일 선택

❺ [열기]를 클릭합니다.

[인쇄] 대화상자에서 워터마크 설정하기

02 [인쇄] 대화상자에서 워터마크 세부 설정을 적용해보겠습니다.

❶ [채우기 유형]-[가운데로] 선택

❷ [워터마크 효과] 체크

❸ [설정]을 클릭합니다.

Note [인쇄] 대화상자에서 [워터마크] 탭 살펴보기

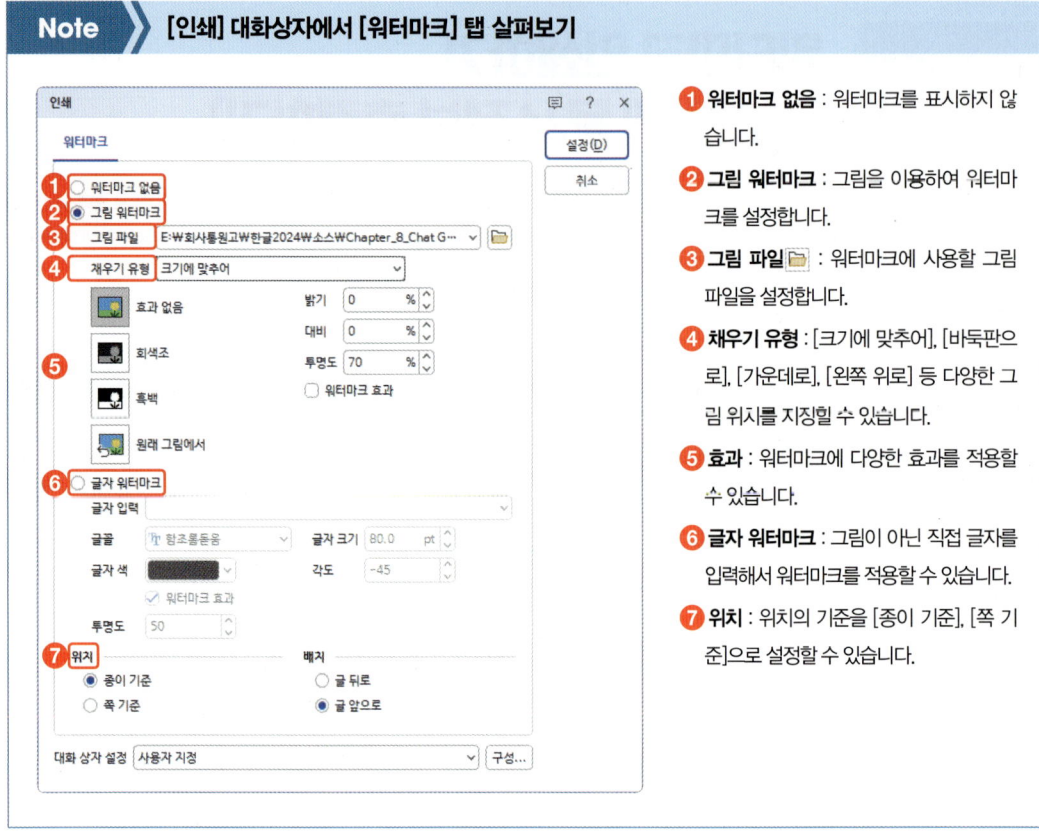

① **워터마크 없음** : 워터마크를 표시하지 않습니다.

② **그림 워터마크** : 그림을 이용하여 워터마크를 설정합니다.

③ **그림 파일** : 워터마크에 사용할 그림 파일을 설정합니다.

④ **채우기 유형** : [크기에 맞추어], [바둑판으로], [가운데로], [왼쪽 위로] 등 다양한 그림 위치를 지정힐 수 있습니다.

⑤ **효과** : 워터마크에 다양한 효과를 적용할 수 있습니다.

⑥ **글자 워터마크** : 그림이 아닌 직접 글자를 입력해서 워터마크를 적용할 수 있습니다.

⑦ **위치** : 위치의 기준을 [종이 기준], [쪽 기준]으로 설정할 수 있습니다.

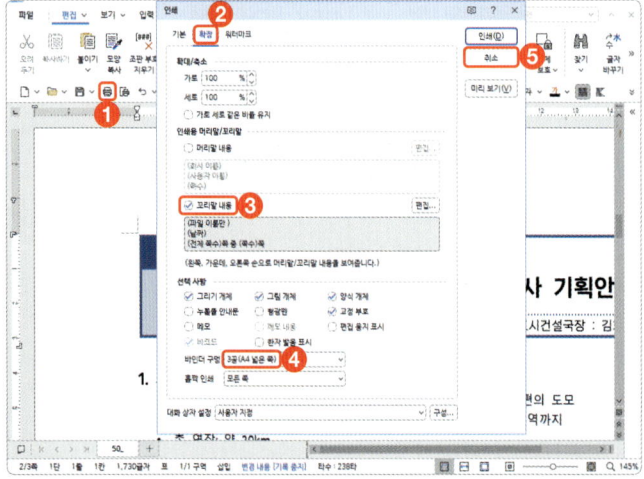

꼬리말 위치에 정보 표시하고 바인더 구멍 표시하기

03 꼬리말을 별도로 설정하지 않아도 인쇄할 문서 정보와 제본을 위한 바인더 구멍이 같이 출력되게 해보겠습니다.

① 서식 도구 상자에서 [인쇄] 클릭
② [인쇄] 대화상자에서 [확장] 탭 클릭
③ [꼬리말 내용] 체크
④ [바인더 구멍]-[3공(A4 넓은 쪽)] 선택
⑤ [취소]를 클릭합니다.

Tip 바인더 구멍이 표시되고 꼬리말에 문서 정보, 날짜, 쪽 번호가 출력됩니다.

Tip 미리 보기 상태에서 작업하면 설정한 내용을 인쇄하기 전에 확인할 수 있습니다.

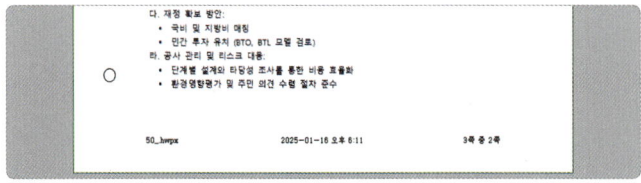

찾아보기

엑셀

ㄱ

가로축	203
값 붙여넣기	048
값 필드 설정	251
구분 기호	226
구분선	118
구조적 참조	137
그림 서식	123
그림 영역	203
그림으로 붙여넣기	047
기타 붙여넣기	048
기호 입력	060

ㄴ

날짜 데이터	058
날짜 및 시간 함수	185
노트 추가	062
논리 함수	191
눈금선	036
눈금자	116

ㄷ-ㄹ

다시 실행	054
다중 부분합	241
단축키	040, 054
데이터 계열	203
데이터 레이블	203, 207
데이터 유효성 검사	072
데이터 정렬 순서	233
데이터 형식	089, 096
리본 메뉴 표시 옵션	029

ㅁ

머리글	119
머리글 편집	121
머리글 포함	078
메모와 노트	063
문자 데이터	055
문자 연결 연산자	130
미디어텍	211

ㅂ

바닥글	119
바닥글 편집	121
바둑판식 정렬	112
범례	203
범위로 변환	081
병합하고 가운데 맞춤	085
보고서 레이아웃	253
보조 축	212
부분합	242
붙여넣기	046, 048
비교 연산자	130
빠른 분석 도구	109, 216
빠른 실행 도구 모음	029, 038
빠른 채우기	071

ㅅ

사용자 지정	089, 092
사용자 지정 자동 필터	239
사용자 지정 형식	093, 099
산술 연산자	130
상대 참조	125
상태 표시줄	030
새 서식 규칙	103
새로운 값으로 대치	242
서식 규칙 편집	106
서식 기호	096
서식 없이 채우기	128
서식 지우기	065
선 스파크라인	217
선버스트 차트	214
선택하여 붙여넣기	046
세로축	203
셀 강조 규칙	100
셀 서식	083
셀 스타일	079
소수점 자릿수	087
수식 복사	126
수학/삼각 함수	237
숫자 데이터	055
숫자 필터	240
스파크라인	216, 218
슬라이서	255
시간 데이터	058
시트 보호	053
실행 취소	054

ㅇ

아이콘 집합	102
아이콘만 표시	103
엑셀 표	223
여백 설정	114
연산자 기호	130
열 너비	043
열 레이블	251
열 스파크라인	217
워크시트	031, 051
이 PC	032
이동 옵션	245
이름 상자	030, 131
이름 정의	041, 131
이중 축 콤보	212
이중 축 혼합	212

찾아보기

인쇄 미리 보기	113
인쇄 제목	116

ㅈ

자동 줄 바꿈	086
자동 채우기 옵션	128
자동 필터	238
자동 필터를 이용한 필터링	224
자동 합계 기능	136
절대 참조	127
정렬	235
정렬 및 다중 부분합 작성	225
정보 함수	191
조건부 서식	100, 103
중복 데이터 삭제	224, 228
중첩 IF	159
지우기	065

ㅊ

차트 레이아웃	204
차트 배경	208
차트 스타일	203
차트 영역	203
차트 요소	203
차트 테마	211
차트 필터	203
창 나란히 비교	112
창 전환	112
찾기/참조 영역 함수	189
채우기 및 선	208
채우기 핸들	030, 067
추세 차트	217
추천 차트	201
추천 피벗 테이블	246

ㅋ

쿼리 및 연결	222
쿼리 삭제	222
키워드 분류	268
키워드 추출	267

ㅌ

텍스트 나누기	224
텍스트 마법사	226
텍스트 함수	178, 181
텍스트/CSV에서	221
토큰	260
통합 문서 참조	134
통합하기	224
특수문자 입력	060
틀 고정	111

ㅍ

페이지 나누기 미리 보기	117
페이지 레이아웃	116
페이지 설정	114
페이지 확대/축소	115
표 만들기	078, 137
표 서식	078, 109
표시 형식	088, 091
표식 색	219
프롬프트	258
피벗 테이블 레이아웃	252
피벗 테이블 삽입	247
피벗 테이블 스타일 옵션	253
피벗 테이블 옵션	254
피벗 테이블 필드	248
피벗 테이블로 크로스 탭 집계표와 피벗 차트 만들기	225
필드 목록	249

ㅎ

하이퍼링크 제거	065
하이퍼링크 해제	065
한자 변환	059
한자 입력	059
함수 라이브러리	141
함수의 구조	142
행 높이	043
행 삭제	066
행 삽입	065
형식 기호	089, 091
혼합 참조	129
확인란	061, 158

A - C

AND	163
AVERAGE	165
AVERAGEIF	165
ChatGPT	258
CHOOSE	176
COLUMN	153
COUNTA	145
COUNTBLANK	145
COUNTIF	170
COUNTIFS	171

D - E

DATE	182
DATEDIF	184
EOMONTH	185

F - H

FILTER	195
FIND	179
HLOOKUP	188

─ I ─

IF	156, 162
IFERROR	190
IFS	160
IMAGE	198
INDEX	192
INT	147

─ L - M ─

LARGE	143, 144
LEFT	179
MATCH	192
MAX	142, 144
MID	176
MIN	168
MINIFS	169
MOD	150

─ O - Q ─

OpenAI	258
OR	163
PDF 파일 크기	035
PDF/XPS 만들기	035
QUOTIENT	150

─ R ─

RANK	155
RANK.AVG	154
RANK.EQ	154
ROUND	147
ROUNDDOWN	149
ROUNDUP	149
ROW	152

─ S - T ─

SORT	196
SUBSTITUTE	180
SUBTOTAL	236
SUM	141, 144
SUMIF	174
SUMIFS	174
SUMPRODUCT	152
TEXTJOIN	181
TRIMMEAN	167

─ U - X ─

UNIQUE	173
VLOOKUP	186
XLOOKUP	187

─ 기타 ─

#N/A	191
3차원 서식	211

파워포인트

─ ㄱ ─

가로축	380
개체 그룹화	357
개체 수직 복사	357
고품질 인쇄	282
구역 이름 바꾸기	430
구역 추가	430
구역 확대/축소	459, 461
그룹 해제	368
그리기 도구	407
그리기 잠금 모드	353
그림 레이아웃	371
그림 삽입	307
그림 영역	380
그림 원래대로 만들기	394
그림 프레젠테이션	440
그림 효과	390, 393
그림자 적용	363
글머리 기호	340
글머리 기호 및 번호 매기기	340

─ ㄴ ─

내 PC의 오디오	413
내어쓰기	341
냅킨	484, 488
녹음/녹화	478
녹음/녹화 창의 구성 요소	481
눈금 및 안내선	358
눈금 설정	290
눈금선 표시	289
눈금자	289, 408
눈누	338

─ ㄷ ─

단축키	409
데이터 계열/요소	380
데이터 레이블	380
도형 다중 선택	354
도형 모양 변경	367
도형 병합	354
도형 빼기	355
도형 윤곽선	360
도형 채우기	360
도형으로 변환	368, 404
뒤로 보내기	306, 352

찾아보기

들여쓰기	349
들여쓰기 및 간격	345
디자이너	386
디자인 다시 설정	422

ㄹ

레이아웃 마스터	323
리본 메뉴	273
리본 메뉴 이름 바꾸기	286

ㅁ

맞춤 확인	297
머리글/바닥글	330
모든 그림 아래에 캡션 넣기	401
모든 그림을 흑백으로	401
모양 조절 핸들	357
모핑 전환 효과	453
목록 수준 늘림	347
목록 수준 줄임	348
목업	493
목차 레이아웃	330
목차 슬라이드	330
무료 폰트	338
문서 암호화	443
미드저니	494, 496
미디어 압축	428

ㅂ

발표자 도구 표시	469
발표자 도구의 구성 요소	473
발표자 보기	482
배경 그래픽 숨기기	324
배경 제거	395
배수	344
번호 매기기	342
범례	377

변경 내용 유지	396
보관할 영역 표시	395
부드러운 가장자리	390
붙여넣기 옵션	300, 363
비디오 삽입	417
비디오 세이프	421
비디오 스타일	417
비디오 옵션	418
비디오 클립	425
비디오 트리밍	423
비디오 파일 형식	419
비디오 품질	439
비디오 형식	420
비디오 효과	422
빠른 레이아웃	377
빠른 실행 도구 모음	272, 283

ㅅ

사용자 지정	319
사용자 지정 슬라이드 크기	331
사용자 지정 여백	375
사진 앨범	400
사진 앨범 서식 다운로드	402
새 슬라이드	323
새 테마 글꼴	316, 318
새 텍스트 상자	401
색상 코드	319
생성 작업	498
샷츠	489
서식 복사	361
서식 파일	274
서식 파일로 저장	381
선택 창	292
선택하여 붙여넣기	376
세로축	380
셀 병합	374

셀 여백	375
쇼 설정 옵션	456
쇼 재구성	457
스마트 가이드 해제	358
스마트 가이드로 도형 배치	358
스크린샷	411
스텐실	409
스톡 3D 모델	405
스포이트	359
슬라이드 노트	462
슬라이드 레이아웃	323
슬라이드 마스터	321, 323
슬라이드 번호	330
슬라이드 쇼	410, 415
슬라이드 자동 전환	454
슬라이드 크기	296
슬라이드 크기 변경 옵션	297
슬라이드 화면 전환	450, 434, 454
슬라이드 확대/축소 삽입	461
시간 표시 막대	416
시작 번호	343
실행 취소 최대 횟수	281

ㅇ

아이콘 삽입	403
안내선 색 변경	291
안내선 표시	290, 351
애니메이션 복사	449
애니메이션 적용	445
애니메이션 창	447
애니메이션 추가	448
앨범 레이아웃	401
앨범에서 그림 위치	401
언어 교정	278
엑셀 표 연동	376
연결 업데이트	376

연결하여 붙여넣기	376	제목 슬라이드 레이아웃	324	**ㅍ**			
영어 글꼴	316	줄 간격	344	파이 그래프	382		
예행 연습	466	줄 간격 옵션	345	파일/디스크	401		
오디오 삽입	413	지우개	373	파일에 연결	413		
오디오 옵션	414			파일의 글꼴 포함	281		
오디오 트리밍	416	**ㅊ**		페이드 인/아웃	416, 427		
오디오 파일 형식	415	차트 레이아웃	377	펜 및 레이저 포인트 도구	470		
온라인 3D 모델	405	차트 삽입	311	포스터 프레임	426		
온라인 그림	383	차트 서식 파일 저장	381	표 삽입	309		
온라인 비디오	418	차트 스타일	380	표 스타일	372		
왼쪽 들여쓰기	341	차트 영역	380	프레젠테이션 보호	442		
요약 확대/축소 삽입	461	차트 요소	377, 380	프롬프트	494		
유인물	465	차트 종류 변경	378				
유인물 마스터	464	차트 필터	378, 380	**ㅎ**			
음영	373	책갈피 제거	425	하이퍼링크 설정	279		
이 그림에만 적용	398	책갈피 추가	425	한/영 자동 고침	280		
이 디바이스	307, 386	첫 줄 들여쓰기	341	한글 글꼴	316		
이동 및 확대/축소	406			한글을 한자로 변경	336		
이름 바꾸기	326	**ㅋ**		행 높이를 같게	375		
이미지 무료로 다운로드	385	카메라 토글	472	현재 테마 저장	332		
이미지 핸들	406	카메오 위치 변경	477	화면 캡처	411		
일반 글꼴	317	카메오 추가	474	확장자	415, 419		
일반 색	320	크기 조절 핸들	357	회전 조절 핸들	357		
잉크 리플레이	410			회전 핸들	406		
		ㅌ		효과 옵션	445		
ㅈ		터치/마우스 모드	274				
자동 고침 옵션	279	테마	323	**A – C**			
자동 맞춤법 검사	278	테마 글꼴	317	Aesthetics	495		
자동 복구 정보 저장 간격	280	테마 색	320	ChatGPT	494		
자동 실행	414	테마 색 적용 범위	320	Creation Actions	498		
자동 저장 끔/켬	436	텍스트 개체 틀	326	Creative Commons만	383		
자르기	390, 397	텍스트 상자	301				
자막 설정	472	텔레프롬프터	479	**G – I**			
자막 켜기/끄기	471	투명도	391	Generate Visual	485		
잘려진 그림 영역 삭제	398	투명한 색 설정	396	Image	488		
전체 화면 재생	418	특수 문자 입력	337	Image Size	495		

찾아보기

워드

ㄴ - ㄴ

Label	488
Microsoft Bing 검색	384
midjourney.com	494
Mockup	490
More Options	495
napkin.ai	484

ㅇ - ㄹ

Office 테마 슬라이드 마스터	321
PDF 또는 XPS로 게시	437
PDF/XPS 만들기	437
PowerPoint Designer	276
PowerPoint 옵션	275
RGB 값	319

ㅅ - ㅈ

shots.so	489
Sketch	488
SmartArt 그래픽	365, 370
SmartArt 디자인	365
Spark Search	488
Vary Subtle	497
WordArt 스타일	303, 380

기타

3D 모델 삽입	405
3D 모델 형식 지정	406
3D 컨트롤	406
3차원 서식	362

ㄱ

각도	610
각주 삽입	599
강조점	540
고정	556, 585
구분선	594
구역 나누기 편집 기호	595
균등 분할	524, 578, 594
그라데이션 채우기	567
그림자 효과	610
글꼴 밑줄	535
글머리 기호	544
글자 간격	537
기호 대화상자	515

ㄴ - ㄷ

나눔스퀘어 네오	592
내어쓰기	542
눈금자 표시	541
다단 설정	549
단락 뒤에 공백 제거	583
단락 번호	541
단락 탭 설정	549
단락의 첫 문자 장식	547
단위 기호	518
단축키	550
대각선 테두리	580
대상 스타일 사용	528
대상 스타일 연결 및 사용	528
대상 테마 사용 및 데이터 연결	571
대상 테마 사용 및 통합 문서 포함	572
도형 서식 작업 창	570
도형에 맞춰 자르기	564

ㄹ - ㅁ

레이아웃 및 속성	568, 610
리본 메뉴	502
만능 문자	523
머리글/바닥글	592, 596
메모 및 변경 내용 간단히	532
메모 삽입	531
목차 구역 만들기	620
목차 클릭	621
문서 보호 적용	532
미니 도구 모음	534, 583
미주 삽입	600

ㅂ

바로 가기 키	516, 553
배수	556
번호 매기기	541, 588
변경 내용 추적	529
보조 축	572
분수 수식	517
붙여넣기 옵션	528, 572
빠른 스타일	561
빠른 실행 도구 모음	502, 614

ㅅ

사용자 지정 목차	621
사용자 지정 여백	616
색상 코드	608
서식 병합	526
선 및 단락 간격	583
세로 문단 범위	538
셀 병합	577
셀 분할	577
수식	517
스마트 태그	525
스타일 갤러리	552

스타일 만들기	554	자르기	559	**ㅍ**	
스타일 적용	551	작업 표시줄의 보기 도구 기능	510	파일의 텍스트	601
시작 페이지 번호 변경	598	장평	537	패턴 채우기	609
실행 취소	575	줄 간격	555, 556	페이지 구역 나누기	590
쓰기 암호	507	줄무늬 머리글	595	페이지 끝에서 행을 자동으로 나누기	585

ㅇ

ㅊ

연결 및 원본 서식 유지	527	차트 종류 변경	572	페이지 나란히 보기	510
열 너비를 같게	584	창에 자동으로 맞춤	582	페이지 번호	597
열 삽입	576	찾기 및 바꾸기	521	페이지 수 줄이기	614
열 추가 도구	587	채우기 및 선	562	페이지 크기에 맞게	509
열기 암호	507	채움선	549	페이지 테두리	591
와일드카드	523	첫 줄 들여쓰기	541, 546	페이지마다 다시 매기기	619
외곽선 서식	581	취소선	529	펜 스타일	612
왼쪽 들여쓰기	542			편집 기호 표시/숨기기	591
워터마크	601	**ㅋ**		편집 제한	532
원 문자	539	캡션 삽입	563	포커스 모드	510
원본 서식 유지	526, 587	크기 조절 도구	574	폰트 설치	593
원본 서식 유지 및 데이터 연결	572	클립보드	526	표 그리기	611
원본 서식 유지 및 통합 문서 포함	572	키보드 사용자 지정	516	표 분할	583
웹 모양	510			표 삭제	575
위 첨자 설정	539	**ㅌ**		표 속성	585
음영	580, 612	탭 도구	542	표지 구역 나누기	606
이 디바이스	561	테두리 및 음영	581	프롬프트	603
이동 도구	575, 579, 585	테두리 복사	613		
이전 머리글에 연결	596	텍스트 강조 색	535	**ㅎ**	
인쇄 모양	510	텍스트 배치	558, 561	하위 버전으로 저장	505
인쇄 미리 보기	617	텍스트 자동 맞춤	524, 550, 578	한글 단어 잘림 허용	563
일반 옵션	507	텍스트 줄 바꿈	558	한글 입력 체계	563
읽기 모드	510	텍스트를 표로 변환	579	한글/한자 변환	512
		텍스트만 유지	526	한글과 숫자 간격을 자동으로 조절	548

ㅈ

		텍스트와 같이 이동	613	한자 단어 등록	514
자동 고침	518	텍스트와의 간격	562	한자 사전	513
자동 고침 옵션	519	투명도	609	함수 마법사	586
자동 고침 취소	519	투명한 색 설정	560	행 높이를 같게	584
자동 맞춤	582			행 삭제	576
				형광펜 표시	536

찾아보기

화면의 확대/축소 비율	509	그림 여백	697	맞춤법 도우미 동작	650
확장자	505	그림 워터마크	742	머리말 편집	681
		그림 효과	701	머리말/꼬리말 삭제	682
		그림자	660	메모 삽입	644

— A – C —

ABOVE	586	글 뒤로	699	메모 지우기	645
Adobe PDF로 저장	506	글 앞으로	699, 702	메모 표시	645
AVERAGE	586	글꼴에 어울리는 빈칸	661	면적 단위 입력	643
BELOW	586	글머리표 및 문단 번호	673	모아 찍기	740
ChatGPT	603	글상자	732	모양 복사	664
Color Hunt	608	글자 모양	656, 662	문단 들여쓰기	698
		글자 워터마크	742	문단 모양	670

— G – W —

		글자처럼 취급	699, 704, 707	문단 번호	675, 677
GPT	604	기본 도구 상자 접기/펴기	625	문단 스타일	671
LEFT	586	꼬리말	685	문자표	641
RIGHT	586	꼬리말 내용	742	문단 정렬	663, 713
Wingdings	544			문단의 첫 글자 장식	734
				문서 끼워 넣기	733

— ㄴ – ㄷ —

		나눔스퀘어 네오	672	문서 암호 설정	629, 630
		날짜/시간 코드 추가	726	문서 정보	666
		다단 만들기	688	문자열을 표로	726
		다단 해제	690	물결선	658
		다단 형식	689	미주 작성	694
		단 너비 동일하게	688		
		단 설정 나누기	689		

한글

		단일 화면	702	— ㅂ —	
		대체된 글꼴 바꾸기	667	바인더 구멍	742

— ㄱ —

가운데 쪽 번호	685	대치어	649	배경 제거 도구	702
각 셀마다 적용	716	대화상자 설정	657	배분 다단	689
각주 작성	693	도형 안에 글자 넣기	703	배분 정렬	663, 713
강조점	661	도형에 그러데이션 적용	704	백업 파일 만듦	632
개요 번호	675	동시 저장	632	보안 종류	630
개체 묶기	704			본문과의 배치	697
개체 속성	697	— ㅁ —		본문 모양 복사	665
골라 찍기	738			분리 방법 지정	726
구간 인쇄	739	마우스 끌기로 만들기	706	블록 계산식	719
구분선 넣기	688	마우스로 크기 지정	696	빠른 검색 상자	624
구역 나누기	691	맞춤법 검사/교정	650		
구역 시작	692				
그림 삽입	696				

ㅅ

사용된 글꼴 바꾸기	666
사용자 문자표	643
사용자 정의	674
사진 보정	700
사진 편집	702
상황선	625
새 메모	644
새 번호 목록 시작	674, 677
새 번호로 시작	686
색 골라내기	728
색조 선택	738
서식 도구 상자	624, 683, 725
선택 인쇄	739
셀 나누기	711
셀 너비를 같게	712
셀 높이를 같게	712
셀 단위로 나눔	715
셀 대각선 적용	717
셀 모양 복사	665
셀 테두리/배경	718
셀 합치기	710
쉴 때 자동 저장	632
스타일 적용 단축키	675
스타일 추가	671
스타일 편집	673
스타일로 모으기	734
스포이트	728

ㅇ

아래에 줄 추가하기	708
암호 해제	630
앞 번호 목록에 이어	674
어울림	697, 699
여러 쪽 지원 기능	715
여백 변경	679
여백 보기	738
연결 대상	648
연결 대상 선택 창	648
연결 문서 열기	648
오탈자 수정	649
용지 방향	691
용지 종류	679
워터마크	741
워터마크 없음	742
원본 형식 유지	736
음영	658
인쇄	738
인쇄 미리 보기	738
일반 다단	689

ㅈ

자간	657, 662
자동 저장 옵션	631
자리 차지	699
자릿점 넣기	720
자전 보이기	636
작업 창	672, 684
장평	657, 663
저장 설정	632
제본 영역 만들기	679
조판 부호	687
조판 부호 지우기	692
주석 모양	693
줄 간격	676, 682
줄 나누기	711
줄 나눔 기준	698
줄/칸 뒤집기	721
줄/칸 지우기	709
줄/칸 추가하기	709
쪽 모양	680
쪽 번호 넣기	684
쪽 번호 매기기	684
쪽 번호 모양 편집	684
쪽 번호 삭제	687
쪽 보기	738
쪽 윤곽	644
쪽 테두리/배경	730

ㅊ

차례 만들기	734
차례에 하이퍼링크 추가	647
차례/색인	733
찾아 바꾸기	652
채우기 유형	742
채팅 시작	735
책갈피	646
책갈피 목록	646
천 단위 구분 쉼표	720
첫 줄 내어쓰기	670
첫 줄 들여쓰기	670
취소선	661

ㅋ

칸 지우기	709
커닝	661
커서 위치의 스타일로 바꾸기	671, 676
클립보드	654

ㅌ

탭별로 문서 저장	628
투명도	731
특수 문자 입력	641

ㅍ

파란색 조절점	707
편집 용지 보기	738
평행 다단	689

찾아보기

표 그리기 도구	707
표 나누기	714
표 뒤집기	721
표 디자인	737
표 레이아웃	719
표 바탕	722
표 만들기	706
표 붙이기	714
표 지우개	710
표 채우기	716
표/셀 속성	715
표시할 문자열	648
표에서 적용 대상	665
표의 열 구분선	726
표의 줄/칸 수정	727
표지 구역 나누기	730
프롬프트	724

ㅎ

하이퍼링크	648
하이퍼링크 지우기	648
하이퍼링크 추가	647
한글 문서 압축 저장	632
한 글자씩 연속 바꾸기	640
한자 목록	637
한 줄 위로 이동하기	675
한글 표준 문서	725
한글과 한자 함께 적기	638
한글로 바꾸기	637
한자 단어 등록	639, 640
한자로 바꾸기	636
한컴 문서 찾기	626
한컴 애셋	634
한OCR	626
현재 문서의 새 구역	734
현재 문서의 커서 위치	734

현재 쪽만 감추기	686
형광펜	659, 739
화면 확대 및 축소	738
환경 설정	631

A – Z

ChatGPT	724
Color Hunt	728
GPT	735
PDF로 저장하기	633
PDF를 오피스 문서로 변환하기	633